A CONSTITUIÇÃO DA DEMOCRACIA EM SEUS 35 ANOS

FSC
www.fsc.org
MISTO
Papel | Apoiando
o manejo florestal
responsável
FSC® C092828

2021
CARBON
NEUTRAL
SAVE
cerrado

LUIZ EDSON FACHIN
LUÍS ROBERTO BARROSO
ÁLVARO RICARDO DE SOUZA CRUZ
Coordenadores

Prefácio
Álvaro Ricardo de Souza Cruz

A CONSTITUIÇÃO DA DEMOCRACIA EM SEUS 35 ANOS

Belo Horizonte

2023

FÓRUM
CONHECIMENTO JURÍDICO

Luís Cláudio Rodrigues Ferreira
Presidente e Editor

Coordenação editorial: Leonardo Eustáquio Siqueira Araújo
Aline Sobreira de Oliveira

Rua Paulo Ribeiro Bastos, 211 – Jardim Atlântico – CEP 31710-430
Belo Horizonte – Minas Gerais – Tel.: (31) 99412.0131
www.editoraforum.com.br – editoraforum@editoraforum.com.br

Técnica. Empenho. Zelo. Esses foram alguns dos cuidados aplicados na edição desta obra. No entanto, podem ocorrer erros de impressão, digitação ou mesmo restar alguma dúvida conceitual. Caso se constate algo assim, solicitamos a gentileza de nos comunicar através do *e-mail* editorial@editoraforum.com.br para que possamos esclarecer, no que couber. A sua contribuição é muito importante para mantermos a excelência editorial. A Editora Fórum agradece a sua contribuição.

Dados Internacionais de Catalogação na Publicação (CIP) de acordo com a AACR2

C758 A constituição da democracia em seus 35 anos / Luiz Edson Fachin, Luís Roberto Barroso, Álvaro Ricardo de Souza Cruz. Belo Horizonte: Fórum, 2023.
656 p. 17x24cm

ISBN 978-65-5518-597-3

1. Direito constitucional. 2. Constituição Federal. 3. Constitucionalismo. 4. Estado democrático de direito. 5. Direitos fundamentais. I. Fachin, Luiz Edson. II. Barroso, Luís Roberto. III. Cruz, Álvaro Ricardo de Souza. IV. Título.

CDD: 342
CDU: 342

Elaborado por Daniela Lopes Duarte – CRB-6/3500

Informação bibliográfica deste livro, conforme a NBR 6023:2018 da Associação Brasileira de Normas Técnicas (ABNT):

FACHIN, Luiz Edson; BARROSO, Luís Roberto; CRUZ, Álvaro Ricardo de Souza (Coord.). *A constituição da democracia em seus 35 anos.* Belo Horizonte: Fórum, 2023. 656 p. ISBN 978-65-5518-597-3.

PREFÁCIO

Tempo é curso. Tempo é fluxo. Tempo é interrupção. Movimento e pulsão. Pausa e reflexão. Segundo Mia Couto, o tempo é um rio cujas margens transcendem quaisquer limites. Uma coisa suspensa que pende sobre nossas cabeças e sob nossos pés.

A pulsão de controle nos fez construir relógios e calendários. Cronos é a esperança de retê-lo na e pela episteme. "Com-pre-endê-lo" em nosso cotidiano privado é "im-possível". Explicá-lo no plano coletivo e social é infinito (Kairós).

Cinco de outubro de 2023. Já se vão 35 anos. Como e onde estávamos no dia em que Ulisses Guimarães disparou seu nojo à ditadura erguendo em suas mãos o texto da nova Constituição do Brasil. Como e onde estamos hoje? Qual a gramática falada pelos brasileiros? A cacofonia da multidão é capaz de se tornar uma sinfonia? Há ordem em nosso caos?

Cada qual de nós (autores) ouviu um acorde. Cada autor recebeu uma fração da verdade que traduziu em seu texto. Vivemos tempos difíceis. Já vivemos tempos fáceis? Arbítrio. Polarização. Crispação. Limites aos/dos poderes. Inclusão de marginais/marginalizados.

Após tantas voltas que o mundo deu, cada autor trouxe aqui o retrato que vê da nossa casa brasileira. Uma casa chamada Terra, insiste Mia Couto. Um retrato batido agora. Um flash que ilumina pontos cegos do outro. Uma fotografia que pretende parar o tempo para que possamos lembrar o presente (divino?) que é estar vivo. Lembrar o presente passado. Atestar um testemunho único. Sonhar com o presente futuro.

Novas/velhas palavras. Ativismo ou democracia militante? Devemos tolerar a intolerância? Devemos marcar o tempo do marco temporal das terras indígenas? Devemos visibilizar os invisíveis? O que dizer da propriedade e dos tributos? E do papel da Administração? E da tal liberdade de expressão?...

Trinta e seis textos. Cada qual a partir de si projeta a sua visão aos outros. Ministros, professores, advogados, promotores e magistrados. Homens e mulheres que doam sua visão ao Outro/leitor. Um doar de si para o Outro. Verdadeira evasão para a alteridade.

Esse foi o projeto que ajustei com os amigos Fachin e Barroso. Amigos que sempre tiveram paciência em me ensinar. E que o fazem republicanamente aprendendo no dia a dia no ofício de magistrados supremos desse país. Uma alegria compartilhar com todos/todas o esforço de visão do momento do turbilhão desse rio chamado tempo e dessa casa chamada Brasil.

Álvaro Ricardo de Souza Cruz

Pós-Doutor pela UFMG. Mestre e Doutor em Direito pela UFMG. Desembargador do Tribunal Regional Federal da 6ª Região. Professor Adjunto da Pontifícia Universidade Católica de Minas Gerais.

O ATESTADO TESTEMUNHADO POR 35 ANOS DA CONSTITUIÇÃO NO BRASIL: A INFLUÊNCIA DA METODOLOGIA DO DIREITO CIVIL NA LEGALIDADE CONSTITUCIONAL; DOUTRINA E JURISPRUDÊNCIA BRASILEIRAS EM JULGAMENTOS DO SUPREMO TRIBUNAL FEDERAL[1]

LUIZ EDSON FACHIN

Esclarecimento preambular para esta publicação

Oferecemos aqui a lume o texto em português ainda inédito de conferência recentemente proferida na Itália. A publicação no Brasil conserva plena simetria com o texto que serviu de base para a apresentação em Camerino, porquanto assim se mantém fiel ao original. Gerado para servir de base àquela exposição oral, o texto também guarda fidelidade com a metodologia apropriada a tal fim, nomeadamente no modo de redação e na referência menos formal a autores clássicos e a pensadores e juristas conhecidos pelo mundo acadêmico. Além disso, do mesmo modo preserva as saudações pessoais que espelham o contexto daquele evento, seus participantes, as homenagens levadas a efeito, como também as entidades representadas.

Afirmação, transformação e reflexão são três pilares que perpassam o historiado a partir do direito civil, vincado pelos liames entre *escolas* italianas e brasileiras nesse campo e com essa específica perspectiva, com o objetivo de expor o que atestam, no Brasil, os 35 anos da Constituição. Daí a justificativa desta publicação que na forma e no conteúdo veste a correspondência da apresentação acadêmica.

---

[1] Texto em português da conferência de abertura proferida em italiano na Scuola di Giurisprudenza, Università di Camerino – UNICAM, no evento realizado de 3 a 6.7.2023, denominado "Itinerari della civilística brasiliana e italiana nella legalità costituzionale".

1 Nota prévia

Para iniciar, cumprimento o Professor Rocco Favale, Professor de Direito Privado Comparado da Universidade de Camerino, Presidente deste painel; o Reitor da Universidade de Camerino, Professor Claudio Pettinari, e Domenico Fornari, Cônsul Italiano em São Paulo, e também Celso Azzi, Presidente do Instituto Norberto Bobbio.

Agradeço ao amável convite que recebi da Professora Maria Cristina De Cicco, Professora Associada de Direito Privado na Faculdade de Direito da Universidade de Camerino, organizadora desta Conferência de Direito Civil "Itinerari della civilística brasiliana e italiana nella legalità costituzionale", convite que me honra ao estar *en me coudoyant* com grandes sumidades desta verdadeira Academia de Direito Civil.

Muitos são os professores, professoras, estudantes, pesquisadores e pesquisadoras que têm se dedicado, nas últimas décadas, à construção de pontes culturais entre Itália e Brasil no campo do direito privado. Vários estão reunidos nestes dias de julho, aqui em Camerino.

Neste grupo, ocupa espaço de especial relevo, quem tem consagrado sua vida a este belo trabalho no direito privado comparado, a Professora Maria Cristina De Cicco. Sem sua vocação, ensino, pesquisa e atividade magistério, não poderíamos percorrer estes itinerários da civilística brasileira e italiana na legalidade constitucional.

Cumprimento, assim, todos os demais presentes na pessoa da Professora De Cicco, com as nossas mais sinceras homenagens, *et nunc et semper*.

Não poderia, ainda, começar sem relembrar os Professores Danilo Doneda e Denis Franco da Silva.[2]

O Professor Danilo Doneda, mestre e doutor em Direito Civil pela Universidade Federal do Paraná, dedicou vida e obra ao tema da proteção de dados pessoais.

O Professor Denis Franco da Silva foi mestre e doutor pela Universidade Federal de Juiz de Fora, onde também lecionou.

Morre-se sempre demasiado cedo, escreveu José Saramago.

Ambos foram brilhantes juristas. Deixaram legado que segue inspirando e moldando o futuro do Direito Civil.

Aqui presentes, oriundos do Brasil, estão juristas dessa grandeza, representando diversas gerações que traduzem, mais fortemente nestes últimos anos, a influência do Direito Civil na legalidade constitucional na doutrina[3] e na jurisprudência brasileira.

---

[2] Nota para a publicação em português: o evento prestou homenagem póstuma aos ilustres dois professores brasileiros referidos no texto.

[3] A exemplo: CORTIANO JUNIOR, Eroulths. *O discurso jurídico da propriedade e suas rupturas*: uma análise do ensino do direito de propriedade. Rio de Janeiro: Renovar, 2002; CORTIANO JUNIOR, Eroulths; EHRHARDT JÚNIOR, Marcos (Org.). *Transformações no direito privado nos 30 anos da Constituição*: estudos em homenagem a Luiz Edson Fachin. Belo Horizonte: Fórum, 2019; CORTIANO JUNIOR, Eroulths; EHRHARDT JÚNIOR, Marcos; CATALAN, Marcos Jorge. O direito civil constitucional e a pandemia. *Revista Brasileira de Direito Civil*, v. 26, p. 247-256, out./dez. 2020; GIRARDI, Viviane. O direito fundamental da criança e do adolescente à convivência familiar, o cuidado como valor jurídico e a adoção por homossexuais. *Revista do Advogado*, v. 28, n. 101, p. 116-123, dez. 2008; GIRARDI, Viviane. *Famílias contemporâneas, filiação e afeto*: a possibilidade jurídica da adoção por homossexuais. Porto Alegre: Livraria do Advogado, 2005; MATOS, Ana Carla Harmatiuk; TEIXEIRA, Ana Carolina Brochado; TEPEDINO, Gustavo (Coord.). *Direito civil, Constituição e unidade do sistema*: anais do Congresso de Direito Civil Constitucional: V Congresso do IBDCivil. Belo Horizonte: Fórum, 2019; MORAES, Maria Celina Bodin de. Perspectivas a partir do direito civil-constitucional. *In*: LEAL, Pastora do Socorro Teixeira (Coord.). *Direito civil constitucional e outros estudos em homenagem ao professor Zeno Veloso* – Uma visão luso-brasileira. São

O Brasil gerou um acervo de ideias e práticas presentes nas obras[4] de numerosos autores e em trabalhos acadêmicos de excelência. Saudações a todos e a todas.

2 Introdução: três premissas

Feitas estas anotações, cabe a mim, nesta *relazione di apertura*, discorrer sobre a influência da metodologia do direito na legalidade constitucional. Parto, assim, de três premissas, considerando que essa influência pode ser constatada além do direito civil.

A *primeira premissa* diz com o diálogo entre conhecimento (na teoria da interpretação) e experiência (na prática da hermenêutica). Esse diálogo trava-se entre norma (como produto da interpretação) e fato (como propulsor da nova cultura jurídica), e entre valor (como base do sistema jurídico) e pessoa (como núcleo essencial do direito, sob o princípio constitutivo da dignidade humana).

A interação entre conhecimento e experiência é vital. Leitor e texto travam entre si, afinal, comunicação, submetendo as normas aos preceitos constitucionais e, também, à contraprova da realidade.[5] O direito, afinal, é mais que uma técnica de resolução de conflitos que se baseia em normas finitas para dar conta de um universo infinito de fatos.

Nesse processo, está o fato que desempenha papel essencial, na medida em que reflete o movimento das mudanças sociais, culturais e econômicas que apreendem o direito – ou são por ele apreendidos; vale dizer: "as categorias jurídicas cujos sentidos

---

Paulo: Método, 2014. p. 997-1010; MORAES, Maria Celina Bodin de. Por um ensino humanista do direito civil. *In*: NEVES, Thiago Ferreira Cardoso (Coord.). *Direito & Justiça social* – Por uma sociedade mais justa, livre e solidária: estudos em homenagem ao professor Sylvio Capanema. São Paulo: Atlas, 2013. p. 208-884; NALIN, Paulo Roberto Ribeiro. O contrato como ferramenta de realização dos direitos humanos no âmbito empresarial: as cláusulas éticas. *Revista Internacional Consinter de Direito*, v. 5, n. 8, p. 459-478, jan./jun. 2019; NALIN, Paulo Roberto Ribeiro; SIRENA, Hugo. O patrimônio mínimo na obra de Luiz Edson Fachin e sua abordagem em três tempos: estatuto existencial da pessoa humana, trânsito jurídico e titularidades. *Revista Fórum de Direito Civil – RFDC*, v. 8, n. 21, p. 241-252, maio/ago. 2019; NALIN, Paulo Roberto Ribeiro. *Do contrato*: conceito pós-moderno (em busca de sua formulação na perspectiva civil-constitucional). Curitiba: Juruá, 2006; NEVARES, Ana Luiza Maia; GIRARDI, Viviane. Pessoa idosa: um novo sujeito e a tutela jurídica dos seus interesses nas relações familiares. *In*: CORTIANO JUNIOR, Eroulths; EHRHARDT JÚNIOR, Marcos (Org.). *Transformações no direito privado nos 30 anos da Constituição*: estudos em homenagem a Luiz Edson Fachin. Belo Horizonte: Fórum, 2019. p. 737-751; NEVARES, Ana Luiza Maia. Apontamentos sobre a aplicação das normas constitucionais na interpretação dos testamentos. *Revista Trimestral de Direito Civil – RTDC*, v. 4, n. 15, p. 225-239, jul./set. 2003; RUZYK, Carlos Eduardo Pianovski. *Institutos fundamentais do direito civil e liberdade(s)*: repensando a dimensão funcional do contrato, da propriedade e da família. Rio de Janeiro: GZ, 2011.

[4] Cito alguns entre tantas lições: MORAES, Maria Celina Bodin de. Constituição e direito civil: tendências. *Revista dos Tribunais*, São Paulo, n. 779, 2000. p. 63; CORTIANO JUNIOR, Eroulths. Para além das coisas (breve ensaio sobre o direito, a pessoa e o patrimônio mínimo. *In*: RAMOS, Carmen Lucia Silva (Org.). *Diálogos sobre o direito civil*. Rio de Janeiro: Renovar, 2022. p. 157; MENEZES, Joyceane Bezerra de; TEIXEIRA, Ana Carolina Brochado. Desvendando o conteúdo da capacidade civil a partir do Estatuto da Pessoa com Deficiência. *Pensar*, Fortaleza, v. 21, n. 2, p. 568-599, maio/ago. 2016; MONTEIRO FILHO, Carlos Edison do Rêgo. *Elementos de responsabilidade civil por dano moral*. Rio de Janeiro: Renovar, 2000; NALIN, Paulo. A função social do contrato no futuro Código Civil brasileiro. *Revista de Direito Privado*, São Paulo, n. 12, p. 50-60, out./dez. 2002; NEVARES, Ana Luiza Maia. *A tutela sucessória do cônjuge e do companheiro na legalidade constitucional*. Rio de Janeiro: Renovar, 2004; NEVARES, Ana Luiza Maia. O erro, o dolo, a lesão e o estado de perigo no Código Civil [artigos 138-150 e 156-157]. *In*: TEPEDINO, Gustavo (Coord.). *O Código Civil na perspectiva civil-constitucional*. Rio de Janeiro: Renovar, 2013. p. 289-330; TEIXEIRA, Ana Carolina Brochado. *Família, guarda e autoridade parental*. Rio de Janeiro: Renovar, 2005; TEIXEIRA, Ana Carolina Brochado; TEPEDINO, Gustavo (Org.). *Direito de família* – Fundamentos do direito civil. 1. ed. Rio de Janeiro: Forense, 2020. v. 6; TEPEDINO, Gustavo; MORAES, Maria Celina de; LEWICKI, Bruno. O Código Civil e o direito civil constitucional. *Revista Trimestral de Direito Civil – RTDC*, v. 13, 2003. Editorial. p. iii.

[5] FACHIN, Luiz Edson. *Direito civil*: sentidos, transformações e fim. Rio de Janeiro: Renovar, 2015. p. 144.

deixam de ser precisos, estáveis ou duradouros [...] passam a ter novos significados, [...], a traduzir em regras jurídicas fatos da vida".[6]

O Código Civil brasileiro de 2002 é exemplo de codificação emblemática que, a pretexto de completude, ambiciona uma apreensão da vida e das coisas; ocorre que estamos diante do que é incompleto por essência.[7]

Esta bússola nos leva diretamente à *segunda premissa*, ou seja, aquela que está contida na racionalidade constitucional como superação do ideário das codificações civis e como fundamento de princípios, construções e conceitos ordenados pela função e não mais apenas pela estrutura, na perspectiva dos direitos humanos e fundamentais.

Assim, se o antigo Código Civil é produto do pensamento vigente durante o século dezenove no Brasil, o novo Código, embora irrompa no século vinte e um, reverbera as concepções jurídicas da década de 1970.[8] Essa aparente incongruência encontra solução no que se convencionou chamar de abertura semântica, que foi (e ainda é) vivenciada no meio jurídico brasileiro, e que enfoca não somente a força criativa dos fatos e o pluralismo jurídico, como também a heterogeneidade social. Deságua, portanto, em um vindouro que se edifica baseado na pluralidade, na diversidade, vale dizer, na democracia, nos princípios constitucionais e na dignidade da pessoa humana.[9]

Dessa força viva dos fatos deriva o caminho aqui proposto para a *terceira premissa*. Revela-se, esta terceira premissa, como contraprova das formulações teóricas, o que sugere pensar por problemas. Por isso mesmo, hoje iremos nos concentrar em exemplos práticos a partir da realidade brasileira.

Nessa perspectiva histórica, os vinte anos iniciais de vigência do Código Civil brasileiro consubstanciam apenas o começo de uma trajetória em permanente construção. É a prática que robustece o arcabouço teórico e legislativo. Nascem possibilidades hermenêuticas para aplicação das normas na força construtiva dos fatos.

A influência desse sistema na doutrina[10] do direito civil brasileiro é notável em diversas escolas, juristas e tendências, em manuais, dissertações e teses, além de congresso no Brasil e no exterior.[11] Centros de pesquisas, estudos e diálogos institucionais do direito

---

[6] FACHIN, L. E.; ARRUDA, D. T. B. T. Código Civil brasileiro em suas duas décadas. *In*: PASQUALOTTO, A.; MELGARÉ, P. (Org.). *20 anos do Código Civil brasileiro*. Indaiatuba: Foco, 2023. p. 140.

[7] FACHIN, L. E.; ARRUDA, D. T. B. T. Código Civil brasileiro em suas duas décadas. *In*: PASQUALOTTO, A.; MELGARÉ, P. (Org.). *20 anos do Código Civil brasileiro*. Indaiatuba: Foco, 2023. p. 142.

[8] FACHIN, Luiz Edson. *Direito civil*: sentidos, transformações e fim. Rio de Janeiro: Renovar, 2015. p. 44.

[9] FACHIN, L. E.; ARRUDA, D. T. B. T. Código Civil brasileiro em suas duas décadas. *In*: PASQUALOTTO, A.; MELGARÉ, P. (Org.). *20 anos do Código Civil brasileiro*. Indaiatuba: Foco, 2023. p. 142.

[10] A propósito: MENEZES, Joyceane Bezerra de. *Direitos das pessoas com deficiência psíquica e intelectual nas relações privadas*. Convenção sobre os Direitos Da pessoa com Deficiência e Lei Brasileira de Inclusão. Rio de Janeiro: Processo, 2016; FACHIN, Rosana Amara Girardi. *Dever alimentar para um novo direito de família*. Rio de Janeiro: Renovar, 2005; MONTEIRO FILHO, Carlos Edison do Rego. Problemas do campo e cidade no ordenamento jurídico brasileiro em tema de usucapião. *In*: MORAES FILHO, Eduardo Guerra de; RIBEIRO, Ricardo Lodi (Coord.). *Direito civil*. Rio de Janeiro: Renovar, 2005.

[11] Somente a título de exemplo: FACHIN, Luiz Edson. Código civil brasileiro: entre avanços e retrocessos: Das brasilianische Zivilgesetzbuch zwischen Fortschritten und Rückschritten. *In*: MEYER, Cord; SCHMIDT, Jan Peter; WOLF, Burkard J. (Coord.). *O Código Civil brasileiro de 2002 e a lei imobiliária*: contribuições para a XXXIII Reunião anual da DBJV de 20 a 23 de novembro de 2014 em Hannover, Das brasilianische Zivilgesetzbuch von 2002 und die Realitäten des Grundstücksrechts: beiträge zur XXXIII Jahrestagung der DBJV vom 20 bis 23 November 2014 in Hannover. Aachen: Shaker Verlag, 2016. p. 5-54. (Escritos da Associação Alemã-Brasileira de Advogados, Schriften der Deutsch-Brasilianischen Juristenvereinigung); LÔBO, Paulo Luiz Neto. *Direito civil*: parte geral. 8. ed. São Paulo: SaraivaJur, 2019. v. 1. Coleção Direito Civil; MORAES, Maria Celina Bodin de. *Na*

civil constitucional se erigiram a partir da Universidade do Estado do Rio de Janeiro, da Universidade Federal do Paraná (Faculdade de Direito, Programa de Pós-Graduação, Núcleo *Virada de Copérnico*) e da Universidade Federal de Pernambuco. Outros núcleos e demais ambientes acadêmicos com essa perspectiva congregaram estudantes e mestres em todo o país, a exemplo, Maria Celina Bodin de Moraes (inclusive na Pontifícia Universidade Católica do Rio de Janeiro), Marcos Ehrhardt (Universidade Federal de Alagoas), Joyceane Bezerra de Menezes (Universidade de Fortaleza). Destaca-se o protagonismo de inúmeros professores, entre eles (e de modo especial) dos Professores Doutores Gustavo Tepedino, Maria Celina Bodin de Moraes, Paulo Lôbo e Fabíola Albuquerque.

É mais que isso. O primado constitucional no direito privado e em todo o direito público no Brasil é um fenômeno que representou uma evolução como método na doutrina, nos tribunais e nas pesquisas de pós-graduação em direito. O direito civil influenciou e foi influenciado por meio de *input* e *output* entre os diversos ramos da ciência do direito e dos demais saberes conexos, como sociologia, história e economia política. Por isso, estudar a teoria crítica do direito civil e o direito civil constitucional é, ao menos entre nós, um método que se faz presente em todos os campos de conhecimento jurídico. Queremos demonstrar isso nestas palavras de abertura.

Busca-se aqui um especial enfoque para a casuística do Supremo Tribunal Federal no Brasil, iluminada pela principiologia axiológica de índole constitucional. É ali que se refletem da legalidade constitucional os princípios positivados pelo legislador constituinte brasileiro de 88.

Nesse sentido, tomando alguma das bases teóricas que são pressupostas,[12] o objetivo principal desta reflexão é o percurso que se concentra, com especial ênfase, na análise casuística do Supremo Tribunal Federal no contexto brasileiro constitucional.

---

medida da pessoa humana: estudos de direito civil. 1. reimpr. Rio de Janeiro: Processo, 2016; RUZYK, Carlos Eduardo Pianovski. *Institutos fundamentais do direito civil e liberdade(s)*: repensando a dimensão funcional do contrato, da propriedade e da família. 1. ed. Rio de Janeiro: GZ, 2011. 354 p. Originalmente apresentada como tese de doutorado na Universidade Federal do Paraná, em 2003; SCHREIBER, Anderson. *Direito civil e Constituição*. 1. ed. São Paulo: Atlas, 2013; TEPEDINO, Gustavo (Coord.). *O Código Civil na perspectiva civil-constitucional*: parte geral. Rio de Janeiro: Renovar, 2013; TEPEDINO, Gustavo; FACHIN, Luiz Edson (Org.); SALES, Ana Amélia Ribeiro *et al*. *Pensamento crítico do direito civil brasileiro*. Curitiba: Juruá, 2011.

[12] Entre elas, as ideias desenvolvidas no Brasil por autoras e autores como: MATOS, Ana Carla Harmatiuk. A família na Constituição Federal de 1988: união homoafetiva, adoção e famílias simultâneas. *In*: *Direito Constitucional brasileiro*. São Paulo: Revista dos Tribunais, 2021. p. 798-819; MATOS, Ana Carla Harmatiuk; OLIVEIRA, Ligia Ziggiotti de. A equidade de gênero no programa constitucional das relações familiares. *In*: NOVAK, Bruna (Org.). *Constitucionalismo feminista*: expressão das políticas públicas voltada à igualdade de gênero. Salvador: JusPodivm, 2020. v. 2. p. 353-370; MATOS, Ana Carla Harmatiuk; RUZYK, Carlos Eduardo Pianovski. Diálogos entre a Lei Geral de Proteção de Dados e a Lei de Acesso à Informação. *In*: TEPEDINO, Gustavo *et al*. (Org.). *Lei Geral de Proteção de Dados e suas repercussões no direito brasileiro*. São Paulo: Revista dos Tribunais, 2020. p. 199-218; MATOS, Ana Carla Harmatiuk; PEREIRA, Jacqueline Lopes. Filiação no direito de família brasileiro: da paternidade presumida à repercussão geral número 622 do Supremo Tribunal Federal. *In*: CORTIANO JUNIOR, Eroulths; EHRHARDT JÚNIOR, Marcos (Org.). *Transformações no direito privado nos 30 anos da Constituição*: estudos em homenagem a Luiz Edson Fachin. Belo Horizonte: Fórum, 2019. p. 637-654; MORAES, Maria Celina Bodin de; TEIXEIRA, Ana Carolina Brochado. Contratos no ambiente familiar. *In*: *Contratos, família e sucessões*: diálogos interdisciplinares. Indaiatuba: Foco, 2020. p. 1-18; MORAES, Maria Celina Bodin de; TEPEDINO, Gustavo; BARBOZA, Heloísa Helena. *Código Civil interpretado conforme a Constituição da República*. Rio de Janeiro: Renovar, 2014; MORAES, Maria Celina Bodin de; KONDER, Carlos Nelson. *Dilemas de direito civil-constitucional*: casos e decisões sobre os novos desafios para a tutela da pessoa humana nas relações existenciais. Rio de Janeiro: Renovar, 2012.

Enfatiza-se, assim, a aplicação dos princípios constitucionais estabelecidos pelo legislador. São eles os elementos de aplicação na tarefa exercida pelo Supremo Tribunal Federal, também por mandamento da Constituição. Neste passo, o roteiro nos leva a seis exemplos que traduzem minha experiência de intérprete e magistrado constitucional.

Em balanço recente, numa obra que contou com a presença da Professora Maria Cristina de Cicco, indicou-se[13] com acerto que "supera-se a metodologia tradicional de isolamento do sistema de direito civil, para o qual a ordem constitucional é a ele estranha". Com efeito, esse é o atestado testemunhado por 35 anos da Constituição no Brasil. Um passo adiante é amplificar essa compreensão para uma metodologia do próprio direito civil como verdadeiro direito geral das pessoas, centro dessa renovada arquitetura jurídica, idônea a espargir seus reflexos em todos os espaços do conhecimento jurídico.

Para a teoria crítica do direito civil, a força construtiva vem dos fatos por intermédio da jurisprudência[14] e da doutrina.[15] Os programas de pós-graduação em direito no Brasil produziram, na vigência da Constituição, na área do direito civil, um relevante contributo para a compreensão dos novos fenômenos jurídicos das relações sociais, vincados pelas interrogações e possibilidades da constitucionalização do direito.

---

[13] Como escreveu no prefácio o Professor Paulo Luiz Netto Lôbo: MENEZES, Joyceane Bezerra de; DE CICCO, Maria Cristina; RODRIGUES, Francisco Luciano Lima (Coord.). *Direito civil na legalidade constitucional*: algumas aplicações. Indaiatuba: Foco, 2021. Autores: Ana Carla Harmatiuk Matos, Ana Carolina Brochado Teixeira, Ana Carolina Contin Kosiak, Ana Paola de Castro e Lins, Anderson Schreiber, André Luiz Arnt Ramos, Carlos E. Elias de Oliveira, Carlos Edison do Rêgo Monteiro Filho, Carlos Nelson Konder, Caroline Pomjé, Daniel Bucar, Daniela de Carvalho Mucilo, Daniele Chaves Teixeira, Danielle Tavares Peçanha, Eduardo Nunes de Souza, Ewerton Gabriel Protázio de Oliveira, Fabiola Lathrop, Francisco Luciano Lima Rodrigues, Gabriel Rocha Furtado, Gabriel Schulman, Gustavo Tepedino, José de Alencar Neto, Joyceane Bezerra de Menezes, Luciana Pedroso Xavier, Marcos Ehrhardt Jr., Maria Celina Bodin de Moraes, Maria Cristina De Cicco, Marília Pedroso Xavier, Pablo Malheiros da Cunha Frota, Rodrigo da Guia Silva, Rose Melo Vencelau Meireles, Simone Tassinari Cardoso Fleischmann, Thamis Dalsenter e Vitor Almeida.

[14] FACHIN, L. E.; ARRUDA, D. T. B. T. Código Civil brasileiro em suas duas décadas. *In*: PASQUALOTTO, A.; MELGARÉ, P. (Org.). *20 anos do Código Civil brasileiro*. Indaiatuba: Foco, 2023. p. 143.

[15] Entre esses importantes programas, da Faculdade de Direito da Universidade Federal do Paraná podem ser citadas algumas das seguintes dissertações e teses: CALDERON, Ricardo Lucas. *O percurso construtivo do princípio da afetividade no direito de família brasileiro contemporâneo*: contexto e efeitos. Dissertação (Mestrado em Direito) – Universidade Federal do Paraná, Curitiba, 2011; SCHULMAN, Gabriel. *Direito fundamental no plano de saúde*: do contrato clássico à contratualidade contemporânea. Dissertação (Mestrado em Direito) – Universidade Federal do Paraná, Curitiba, 2009; FROTA, Pablo Malheiros da Cunha. *A posse como atividade jurídica*: elementos para a construção de uma teoria de posse democrática no direito civil brasileiro contemporâneo. Tese (Doutorado em Direito) – Universidade Federal do Paraná, Curitiba, 2009; SILVA, Marcos Alves da. *O rompimento dos laços de autoridade parental*: pais e filhos perante o Estado Juiz. Dissertação (Mestrado em Direito) – Universidade Federal do Paraná, Curitiba, 1999; MEIRELLES, Jussara Maria de. *Gestação por outrem e determinação da maternidade*. Dissertação (Mestrado em Direito) – Universidade Federal do Paraná, Curitiba, 1993; PEREIRA, Rodrigo da Cunha. *Princípios fundamentais e norteadores para a organização jurídica da família*. Tese (Doutorado em Direito) – Universidade Federal do Paraná, Curitiba, 2004; MATOS, Ana Carla Harmatiuk. *União entre pessoas do mesmo sexo* – Aspectos jurídicos e sociais. Tese (Doutorado em Direito) – Universidade Federal do Paraná, Curitiba, 2003; NALIN, Paulo Roberto Ribeiro. *Conceito pós-moderno de contrato*: em busca de sua formulação na perspectiva civil-constitucional. Tese (Doutorado em Direito) – Universidade Federal do Paraná, Curitiba, 2000; ARONNE, Ricardo. *Por uma nova hermenêutica dos direitos reais limitados*: das raízes aos fundamentos contemporâneos. Tese (Doutorado em Direito) – Universidade Federal do Paraná, Curitiba, 2000; RAMOS, Carmem Lúcia Silveira. *De relação existencial de fato à realidade jurídica*: uma perspectiva da família sem casamento. Tese (Doutorado em Direito) – Universidade Federal do Paraná, Curitiba, 1997; SZANIAWSKI, Elimar. *Limites e possibilidades do direito de redesignação do estado sexual*. Tese (Doutorado em Direito) – Universidade Federal do Paraná, Curitiba, 1997.

3 Elementos da casuística de constitucionalização do direito pelo Supremo Tribunal Federal no Brasil (STF) segundo princípios da legalidade constitucional

Trazemos, portanto, seis casos que foram objeto de apreciação e julgamento, e que demonstram os princípios da legalidade constitucional lidos e aplicados na metodologia da filtragem constitucional não apenas da legislação civil, como também em vários outros espaços legislativos e do conhecimento jurídico, como direito eleitoral, direito penal, direito à saúde, entre outros.

São seis julgamentos que evidenciam o papel exercido pela Constituição brasileira como centro do ordenamento jurídico, farol da interpretação das normas e guia do legislador, do intérprete e da execução de políticas públicas na tarefa de assegurar os direitos fundamentais das cidadãs e cidadãos brasileiros.

3.1 Primeiro exemplo

O primeiro exemplo está na apreciação da medida cautelar[16] em ação direta de inconstitucionalidade ajuizada pela Confederação Nacional dos Estabelecimentos de Ensino (Confenen), a qual questionou dispositivo da Lei Brasileira de Inclusão da Pessoa com Deficiência, também conhecida como Estatuto da Pessoa com Deficiência.[17]

A Suprema Corte brasileira deparou-se, nesse julgamento, com a discussão sobre a obrigatoriedade das escolas particulares ou privadas de oferecer atendimento educacional adequado e inclusivo às pessoas com deficiência.

A Confederação requerente alegava, em resumo, que a lei impugnada estabelecia medidas de alto custo para as escolas particulares ou privadas e que isso violaria a Constituição.

A discussão referiu-se à possibilidade de uma lei federal formular obrigações a estabelecimentos privados, por emanação do princípio da igualdade. A tese que prevaleceu foi a de que a lei[18] assume o compromisso ético de acolhimento e pluralidade democrática adotado pela Constituição. Exige que não apenas as escolas públicas, como também as instituições de ensino particulares, deverão pautar sua atuação educacional a partir de todas as potencialidades que o direito fundamental à educação possui.

Trata-se de analisar aquela lei por meio da cláusula de abertura.[19] Esse dispositivo compreende direitos fundamentais previstos em outras fontes, sobretudo os tratados, convenções e declarações internacionais de direitos humanos. Consiste, pois, no reconhecimento formal de que o rol de direitos fundamentais previstos na lei maior não é (nem poderia ser) taxativo.

---

[16] STF, Plenário. ADI-Medida Cautelar nº 5.357. Rel. Min. Edson Fachin, j. 9.6.2016.

[17] Lei nº 13.146, de 6.7.2015, Lei Brasileira de Inclusão da Pessoa com Deficiência (Estatuto da Pessoa com Deficiência).

[18] Lei Federal nº 13.146, 2015.

[19] A Constituição da República prevê, em seu art. 5º, §2º, que "os direitos e garantias expressos na Carta não excluem outros decorrentes do regime, princípios e de tratados internacionais dos quais o Brasil seja parte".

Também permite[20] a incorporação com *status* de norma constitucional de normas internacionais. Trata-se, assim, da previsão formal de incorporação de normas que asseguram os direitos da pessoa humana.

Nesse contexto, relevante enfatizar que a Convenção Internacional sobre os Direitos das Pessoas com Deficiência (Convenção de Nova York) foi o primeiro tratado internacional de direitos humanos incorporado pelo Brasil com *status* de norma constitucional.

O estudo deste caso nos leva à conclusão seguinte: os direitos humanos e fundamentais das pessoas com deficiência devem ser assegurados nos planos interno e internacional. Essa tutela reverbera no ordenamento nacional, criando direitos, deveres e obrigações, como a obrigação das escolas particulares ou privadas de garantirem o ensino inclusivo.

A conclusão ali contida é no sentido do ensino inclusivo, uma política pública estável, desenhada, amadurecida e depurada ao longo do tempo. Logo, há inconstitucionalidade em lei que veda às instituições privadas de ensino a recusa de matrícula de pessoas com deficiência e, também, a cobrança de adicional de qualquer natureza.

3.2 Segundo exemplo

O segundo exemplo pode ser encontrado no julgamento de ação direta[21] que versou sobre a destinação de recursos do fundo partidário para financiamento de campanhas de candidatas mulheres. A legislação brasileira[22] impôs normas mínimas que asseguram a participação de mulheres na política, por meio de cotas. A ação direta em análise não tratou diretamente das quotas fixadas para as campanhas, mas sim da distribuição de recursos partidários posteriormente fixada.

Questionou-se, portanto, a fixação de patamares mínimos e máximos para o acesso a recursos públicos do fundo partidário. A lei estabeleceu um piso de 5% dos valores; na prática, contudo, constatou-se que o cumprimento de tal percentual implicava que o partido que adotasse esse parâmetro poderia destinar 95% dos recursos às candidaturas de homens. Se a opção fosse pelo patamar máximo, ou seja, 15% para as candidaturas femininas, os homens receberiam, em contrapartida, 85% dos recursos.

O argumento pela inconstitucionalidade sustentou-se na violação dos princípios constitucionais da igualdade, da democracia e de uma sociedade livre, justa e solidária.

Concluiu-se que a melhor interpretação conforme à Constituição garante o patamar legal mínimo de candidaturas femininas e de recursos do fundo partidário. Se houver candidaturas femininas acima do mínimo, os recursos do partido destinados a campanhas devem ser alocados na mesma proporção.

Como se pode perceber, a tese nuclear refere-se à questão de gênero, igualdade, diferença, respeito aos direitos das mulheres. Reservar espaço de participação das mulheres na *polis* deve, também, ter correspondência no acesso das candidatas aos

---

[20] Da Constituição da República, art. 5º, §3º: "Os tratados e convenções internacionais sobre direitos humanos que forem aprovados, em cada Casa do Congresso Nacional, em dois turnos, por três quintos dos votos dos respectivos membros, serão equivalentes às emendas constitucionais".

[21] STF, Plenário. Ação Direta de Inconstitucionalidade (ADI) nº 5.617. Rel. Min. Edson Fachin, j. 15.3.2018.

[22] Do número de vagas resultante das regras previstas neste artigo, cada partido ou coligação preencherá o mínimo de 30% (trinta por cento) e o máximo de 70% (setenta por cento) para candidaturas de cada sexo (Lei nº 12.034, de 2009).

recursos públicos para financiamento de suas candidaturas. A igualdade entre homens e mulheres exige não apenas que as mulheres tenham garantidas iguais oportunidades, mas também que lhes seja assegurado um ambiente que permita atingir a igualdade de resultados.

Portanto, uma vez assegurada a igualdade entre homens e mulheres pela Constituição, esse preceito reflete-se na vida em sociedade e nos papéis desempenhados na vida pública e privada, na *vita activa*, para usar a expressão de Hannah Arendt. Embora o processo fosse de uma lei eleitoral, ele envolveu direito à igualdade na vida civil, ou seja, a questão de gênero e os postos exercidos em sociedade, de modo que é exemplo da aplicação do princípio da igualdade pela filtragem constitucional.

3.3 Terceiro exemplo

Chegamos ao julgamento do recurso[23] que revela mais um exemplo segundo os princípios da legalidade constitucional para o ressarcimento de danos morais.

Trata-se da controvérsia, à luz dos artigos constitucionais pertinentes,[24] da obrigação de o Estado indenizar pessoa privada de liberdade por danos morais decorrentes de tratamento desumano e degradante a que submetido em estabelecimento prisional com excessiva população carcerária.

O Supremo Tribunal deu provimento ao recurso, fixando a seguinte tese:

> Considerando que é dever do Estado, imposto pelo sistema normativo, manter em seus presídios os padrões mínimos de humanidade previstos no ordenamento jurídico, é de sua responsabilidade[25] [...] a obrigação de ressarcir os danos, inclusive morais, comprovadamente causados aos detentos, em decorrência da falta ou insuficiência das condições legais de encarceramento.

Em decisão unânime, entendeu que o Estado tem obrigação de ressarcir os danos morais ou materiais, comprovadamente causados aos detentos em decorrência da falta ou insuficiência das condições legais de encarceramento.

A ponderação constitucional neste tema envolveu não apenas a responsabilidade civil do Estado, mas, também o princípio da dignidade da pessoa humana.

Trata-se de julgamento que reconhece a prevalência desse princípio da dignidade da pessoa humana e o dever consequente do Estado em proteger os direitos básicos das pessoas privadas de liberdade, na medida em que não há permissão do ordenamento para violar este princípio, que dimana da própria condição humana, em qualquer hipótese.

Esta afirmação pode parecer redundante, todavia, dadas as condições degradantes a que muitos detentos, no Brasil, são submetidos, é necessário voltar a ela e é também urgente que as instituições do sistema de justiça exerçam o poder de fiscalização que lhes cabe, para que os direitos sejam, efetivamente, observados e assegurados.

---

[23] STF, Plenário. Recurso Extraordinário nº 580.252, Tema nº 365. Rel. originário Min. Teori Zavascki, Red. final Min. Gilmar Mendes, j. 16.2.2017.

[24] Constituição brasileira de 1988, arts. 5º, incs. III, X, XLIX, e 37, §6º.

[25] Nos termos do art. 37, §6º da Constituição.

A importância do julgamento revela o reconhecimento da responsabilidade civil do Estado brasileiro pelas violações aos direitos humanos. Assim foi reconhecida a natureza estrutural e sistêmica das inconstitucionalidades que se verificam no sistema carcerário brasileiro, desaguando na obrigação de indenização.

3.4 Quarto exemplo

Na sequência do percurso aqui proposto, trazemos o quarto exemplo, que também demonstra os princípios da legalidade constitucional.

Refiro-me à ação[26] proposta pelo Partido Socialista Brasileiro (PSB). Eram normas administrativas do Ministério da Saúde e da Agência Nacional de Vigilância Sanitária que impediam doação sanguínea para indivíduos do sexto masculino que tiveram relações sexuais com outros indivíduos do mesmo sexo, nos doze meses subsequentes a tal prática.

Prevaleceu a seguinte tese, como se pode extrair da ementa do acórdão respectivo:

> Não se pode tratar os homens que fazem sexos com outros homens e/ou suas parceiras como sujeitos perigosos, inferiores, restringindo deles a possibilidade de serem como são, de serem solidários, de participarem de sua comunidade política. Não se pode deixar de reconhecê-los como membros e partícipes de sua própria comunidade.

O núcleo do debate envolveu, portanto, o princípio da dignidade da pessoa humana, o direito fundamental à igualdade, o objetivo fundamental da República Federativa do Brasil de promover o bem de todos, sem preconceitos ou outras formas de discriminação.

O princípio da dignidade da pessoa humana tem por escopo proteger de forma integral o sujeito na qualidade de pessoa vivente em sua existência concreta. Desse modo, a restrição à doação de sangue por homossexuais afronta a sua autonomia privada, na medida em que impede que eles exerçam plenamente sua cidadania. Há, ainda, ofensa à autonomia pública, pois a vedação restringe a possibilidade de auxiliarem aqueles que necessitam, por qualquer razão, de transfusão de sangue.

A política restritiva prevista nas normas declaradas inconstitucionais, ainda que de forma não intencional, violava a igualdade. Impacta desproporcionalmente os homens homossexuais e bissexuais e/ou seus parceiros ou parceiras, ao injungir-lhes a proibição da fruição livre e segura da própria sexualidade para exercício do ato empático de doar sangue. Tratou-se, assim, de discriminação injustificável, tanto do ponto de vista do direito interno, quanto do ponto de vista da proteção internacional dos direitos humanos.

3.5 Quinto exemplo

Para o quinto exemplo, valemo-nos de um caso de mandado de injunção[27] (mecanismo jurídico previsto pela Constituição brasileira na falta de atuação legislativa) julgado pelo Supremo Tribunal Federal que tratou da criminalização da homofobia.

---

[26] STF, Plenário. ADI nº 5.543. Rel. Min. Edson Fachin, j. 11.05.2020.

[27] STF, Plenário. Mandado de Injunção nº 4.733. Rel. Min. Edson Fachin, j. 13.06.2019.

O mandado de injunção é uma ação constitucional que, no direito brasileiro, é cabível sempre que a falta de norma legislativa regulamentadora (ou seja, omissão do Parlamento) torne inviável o exercício dos direitos e liberdades constitucionais e das prerrogativas inerentes à nacionalidade e à cidadania.

O mandado de injunção em comento foi impetrado a fim de obter a criminalização específica de todas as formas de homofobia e transfobia, especialmente das ofensas, dos homicídios, das agressões, ameaças e discriminações motivadas pela orientação sexual e/ou identidade de gênero.

A tese principal que prevaleceu no julgamento[28] foi a seguinte:

> À luz dos tratados internacionais dos quais a República Federativa do Brasil é parte, infere-se do texto da Carta de 1988 um mandado constitucional de criminalização a toda [...] discriminação atentatória dos direitos e liberdades fundamentais, na medida em que é atentatório ao Estado Democrático de Direito qualquer tipo de discriminação, inclusive a que se fundamenta na orientação sexual das pessoas ou em sua identidade de gênero.

A discussão envolveu o direito à dignidade, à igualdade, à garantia constitucional do acesso à justiça e ao próprio mandado constitucional de criminalização contra qualquer discriminação atentatória dos direitos e liberdades fundamentais.

Fixou-se que o direito à igualdade sem discriminações abrange a identidade ou expressão de gênero e a orientação sexual. A omissão legislativa em tipificar a discriminação ofende um sentido mínimo de justiça, ao sinalizar que seriam consentidos o sofrimento e a violência, como se uma pessoa não fosse digna de viver em igualdade. A Constituição não autoriza tolerar o sofrimento que a discriminação impõe. A discriminação é nefasta porque retira das pessoas a justa expectativa de que tenham igual valor.

Constatou-se omissão inconstitucional do Parlamento por não editar lei que criminalize tais atos, reconheceu-se a mora legislativa. A homofobia e a transfobia foram enquadradas como tipo de racismo.[29]

3.6 Sexto exemplo

O sexto exemplo escolhido está no julgamento de ação,[30] ajuizada pela Procuradoria-Geral da República em face de regra[31] da lei de registros públicos, almejando interpretação conforme à Constituição, de modo a admitir a substituição do prenome por apelidos públicos.

Prevaleceu a seguinte tese:

> A pessoa transgênero [...] dispõe do direito fundamental subjetivo à alteração do prenome e da classificação de gênero [...] no registro civil pela via administrativa ou judicial,

---

28 O julgamento do Mandado de Injunção (MI) nº 4.733 foi em conjunto com a Ação Direta de Inconstitucionalidade por Omissão (ADO) nº 26, Rel. Celso de Mello.

29 Definido na Lei do Racismo (Lei nº 7.716/1989); é o que vale até que venha lei sobre a matéria.

30 STF, Plenário. Ação Direta de Inconstitucionalidade nº 4.275. Rel. originário Min. Marco Aurélio, Rel. final Min. Edson Fachin, j. 1º.3.2018.

31 Art. 58 da Lei nº 6.015/1973.

independentemente de procedimento cirúrgico [...], por se tratar de tema relativo ao direito fundamental ao livre desenvolvimento da personalidade.

O argumento é este: "A identidade de gênero é manifestação da própria personalidade da pessoa humana e, como tal, cabe ao Estado apenas o papel de reconhecê-la, nunca de constituí-la".

O direito ao nome é um dos direitos da personalidade, tal como previsto no Código Civil. Integra o conjunto de signos por meio dos quais a pessoa se apresenta e se insere na sociedade, designa a forma como ela é conhecida em seu meio e indica, ainda, pelos apelidos de família, sua ancestralidade, suas origens, seu patrimônio histórico e cultural. É o seu *modo de ser*.

Essas características que marcam o direito inserem o nome como atributo da personalidade, derivação direta do princípio da dignidade da pessoa humana, centro e fundamento do ordenamento jurídico.

O nome, portanto, deve traduzir a realidade vivida pela pessoa, de modo que não seria condizente com a leitura constitucional desse direito obrigar a pessoa a submeter-se a procedimentos cirúrgicos para poder identificar-se na vida social.

Com este sexto exemplo, concluímos o caminho aqui proposto.

4 A legalidade constitucional no Brasil numa sala de emergência: a pandemia de Covid

Encerro estas palavras por meio das quais pretendi tratar da influência da metodologia na legalidade constitucional brasileira em casos práticos no direito civil e em outros campos do conhecimento jurídico.

O direito contido na legalidade constitucional presta contas também ao momento presente. O contexto contemporâneo está marcado pela pandemia. Esse cenário recente evidencia, com ainda maior intensidade, a autonomia do conceito de problema jurídico. Quero assim dizer, o Código Civil e as leis são desafiados por dificuldades que, se em primeiro período, eram apenas sanitários, passaram a ser, também, jurídicos.

A pandemia de Covid-19 converteu o planeta numa espécie de sala de emergência. Transformou o presente numa interrogação. O século passado foi denominado pelo historiador Eric Hobsbawn como "a era dos extremos". Será o século atual a era dos restos de humanidade? De barbáries? De autocracias, de autoritarismos? Ou a era da esperança renovada?

Como lembra Stephen Holmes, no estudo *In case of emergency*,[32] todo profissional de saúde responsável por uma emergência sabe que é a adesão estrita aos protocolos médicos que pode promover uma melhor coordenação entre os profissionais médicos. Os protocolos, afinal, são engendrados por pessoas que já tiveram experiência em outras situações, o que tende a ser mais eficiente do que a discricionariedade absoluta. A estrita adesão aos protocolos, ademais, oferece outra vantagem: retira a pressão psicológica sobre os profissionais submetidos a uma emergência.

---

[32] HOLMES, Stephen. In case of emergency: misunderstanding tradeoffs in the war on terror. *California Law Review*, v. 97, n. 2, abr. 2009. p. 354.

A analogia de Stephen Holmes com uma sala de emergência é relevante porque é compatível com o constitucionalismo, o Estado democrático de direito e a eficácia irradiadora dos direitos fundamentais nas relações interprivadas.

O Estado democrático de direito garante também o que Madison chamava de liberdade pública: o direito de examinar as razões governamentais e o direito de criticá-las. Os atos dos poderes e os agentes públicos agem melhor, mesmo durante emergências, quando são obrigados a justificar suas ações.[33]

O desafio metodológico consiste, exatamente, em melhor decodificar a realidade, para então contribuir com a mais hábil apreensão do direito e da sociedade em que estamos inseridos.

A humanidade está cindida entre o desejo e o querer. Depende racionalmente da ciência, como a pandemia demonstrou com crueza, no entanto, ao mesmo tempo, quiçá exista quem ainda sonhe com soluções mágicas, num realismo fantástico de *wishful thinking*.

Defende-se a segurança jurídica, a Constituição, a democracia, a eficácia dos direitos fundamentais nas relações privadas; sem embargo, os juristas e as leis não falam a *língua dos anjos*, mas, contudo, se hospedam na casa dos seres humanos, que podem, simultaneamente, ser trágicos e ridículos e bem-aventurados. Não há contradição: somos humanos.

A sociedade justa, livre e solidária pode ser *um mundo ainda não nascido* e que requer acolhimento, pedagogia da solidariedade, práticas democráticas, respeito aos direitos humanos, pluralidade e tolerância.

5 Conclusões: três desafios

É então hora de concluir, mas não sem antes reiterar o profundo reconhecimento que dedicamos à Professora Maria Cristina De Cicco, a quem renovo meus cumprimentos e agradeço o honroso convite. A contribuição da Professora De Cicco edifica pontes importantes no direito civil da legalidade constitucional e para a constitucionalização do direito em geral.

Retomo o contido na premissa inicial e antevejo três desafios que se colocam em nosso horizonte.

O primeiro é aquele travado entre conhecimento e experiência, ou seja, o desafio da cultura da fundamentação, naquilo que chamamos de adensamento do grau de institucionalização. Os tribunais, os poderes Legislativo e Executivo, no Ocidente, não só na Itália ou no Brasil, cada vez mais, respondem ao dever de fundamentação das escolhas públicas que exercem em nome da coletividade.

O segundo está contido na norma como resultado da interpretação viva e nos fatos como propulsores da nova cultura jurídica.

Coloca-se ainda o desafio de fomento à cultura de precedentes, à valorização da experiência prévia, como complemento à cultura da fundamentação.

---

[33] HOLMES, Stephen. In case of emergency: misunderstanding tradeoffs in the war on terror. *California Law Review*, v. 97, n. 2, abr. 2009. p. 354.

Valorizar os precedentes[34] é também fomentar o princípio da igualdade, da segurança jurídica, da confiança nas legítimas expectativas. Norma e fato levam essa finalidade para o diálogo, por mais ásperas que sejam as circunstâncias – como aquela da pandemia de Covid.

Há mais: além da pandemia, outros fenômenos de nosso tempo nos ofertam provocações, como a emergência climática, os desafios da inteligência artificial e tantos outros próprios dos tempos voláteis.

É imprescindível volver ao diálogo entre valor e pessoa. É tempo de recuperar o próprio qualificativo de humanidade para que sejamos dela merecedores.

Esse panorama nos leva ao desafio (quiçá mesmo à necessidade) de perspectiva transterritorial, ou seja, transnacional, na medida em que soluções circunscritas ou limitadas não serão suficientes para as questões cujas respostas este século nos exige. São os direitos humanos e fundamentais que reclamam compreensões da humanidade.

Os direitos humanos dos deslocamentos populacionais internos e dos migrantes são desafios para os sistemas de proteção. A crise climática já vem agravando os direitos fundamentais. A pandemia de Covid também evidenciou esta perspectiva transnacional com vigor e tragédia.

Temos ainda na memória o que se verificou na emergência sanitária. Esse olhar de *mente alargada* pode abrir caminho para o que significa o conhecimento jurídico nesses novos tempos e para as próximas gerações.

Compreender o direito não pode, afinal, significar meramente uma operação mecânica, porquanto se trata de uma tarefa somente possível a partir do permanente diálogo entre seres humanos.

A jurisprudência que mencionei trilha este caminho, seja na garantia da igualdade de gênero em disputas eleitorais; seja ao assegurar os direitos das pessoas com deficiência nas escolas; das pessoas privadas de liberdade nos presídios; ou ao permitir às pessoas doarem sangue sem obstáculos discriminatórios, ou usarem o nome com o qual se autoidentificarem.

Os reflexos da metodologia na legalidade constitucional são imensos, e não apenas para o direito civil como dogmática jurídica. Tanto na doutrina quanto na jurisprudência, as concordâncias e as próprias dissonâncias ampliam os horizontes, quer no direito privado, quer também no direito público.

Esses saberes transmitem respostas e interrogações. No direito civil, o regime jurídico dos contratos, das propriedades e das famílias permite questionar a quem serve o próprio direito. *Cui prodest*? O direito serve à autonomia privada ou à liberdade substancial, ou a ambos? Serve à propriedade exclusiva ou à função social? Serve aos modelos excludentes ou ao reconhecimento do valor jurídico da afetividade?

O direito entendido não apenas como técnica de resolução de conflitos, e sim como vocação pelo senso transformador da própria vida,[35] serve à justiça, à inclusão e à fraternidade. Desse modo, poderemos viver num amanhã que seja digno e habitável,

---

[34] É regra do Código de Processo Civil brasileiro, em seu art. 926, que "Os tribunais devem uniformizar sua jurisprudência e mantê-la estável, íntegra e coerente".

[35] FACHIN, Luiz Edson. *Direito civil*: sentidos, transformações e fim. Renovar: Rio de Janeiro, 2015. p. 48.

com respeito aos direitos humanos e num Estado democrático. Eis um caminho para sociedades plurais, com diversidade e paz. Teremos o futuro por testemunha.

Informação bibliográfica deste texto, conforme a NBR 6023:2018 da Associação Brasileira de Normas Técnicas (ABNT):

FACHIN, Luiz Edson. O atestado testemunhado por 35 anos da Constituição no Brasil: a influência da metodologia do direito civil na legalidade constitucional; doutrina e jurisprudência brasileiras em julgamentos do Supremo Tribunal Federal. *In*: FACHIN, Luiz Edson; BARROSO, Luís Roberto; CRUZ, Álvaro Ricardo de Souza (Coord.). *A Constituição da democracia em seus 35 anos*. Belo Horizonte: Fórum, 2023. p. 21-35. ISBN 978-65-5518-597-3.

TRINTA E CINCO ANOS DA CONSTITUIÇÃO DE 1988: AS VOLTAS QUE O MUNDO DÁ

LUÍS ROBERTO BARROSO

Introdução

Vai se tornando um ritual, na minha vida, escrever artigos por ocasião dos aniversários emblemáticos da Constituição de 1988. Em cada um desses textos, procuro narrar as realizações e frustrações do período, bem como capturar o estado de espírito do momento. Aos dez anos da Carta, em tom otimista, sob o subtítulo "Foi bom pra você também?", celebrei a travessia bem-sucedida de uma longa ditadura de quase um quarto de século para um Estado democrático de direito. Aos vinte anos, sob o subtítulo "O Estado a que chegamos", fiz um paralelo com os 200 anos da vinda da Família Real para o Brasil, registrando os avanços que havíamos conseguido como nação, ao longo de dois séculos. Quando a Constituição completou trinta anos, em "A República que ainda não foi", procurei contabilizar avanços e revezes, que incluíam conquistas nos direitos fundamentais e a crônica apropriação privada do espaço público no Brasil.

Agora, aos trinta e cinco anos, é impossível não comemorar a vitória da democracia e das instituições sobre as maiores ameaças ocorridas desde o fim do Regime Militar. Foram tempos de sobressaltos e temores de retrocesso. Mas precisamos cicatrizar feridas e fazer com que pessoas que pensam de forma diferente possam sentar-se à mesma mesa e discutir os caminhos do país. É preciso paz, harmonia e um projeto de futuro, para voltarmos a crescer de maneira consistente, como fizemos na maior parte do século passado, e podermos distribuir renda para o enfrentamento da pobreza e das desigualdades injustas. O texto que se segue procura recuperar a memória dos antecedentes da Constituição, analisar e avaliar as promessas e mudanças por ela introduzidas e narrar o seu desempenho no mundo real ao longo desses trinta e cinco anos e sete presidentes. Ao final, procuro apresentar uma agenda consensual e construtiva para o Brasil.

Parte I – Revivendo o passado: antecedentes históricos da Constituição

I Do golpe de 64 ao Ato Institucional nº 5/68

Na madrugada de 31 de março para 1º de abril de 1964, um golpe de Estado destituiu João Goulart da Presidência da República, cargo que veio a ser ocupado, dias depois, pelo chefe do Estado-Maior do Exército, Marechal Castelo Branco.[1] Não se tratou de um *movimento* ou de uma *revolução*, mas de um *golpe*, que é o nome que se dá em ciência política e em teoria constitucional para as situações em que o chefe de governo é afastado por um procedimento que não é o previsto na Constituição. As palavras precisam ser preservadas em seus sentidos mínimos. Fatos objetivos não podem se desvirtuar em narrativas fictícias. A partir da terminologia correta e da realidade incontroversa, cada um pode desenvolver a interpretação e opinião que corresponder à sua visão de mundo, no pluralismo que caracteriza as sociedades abertas e democráticas.

É certo, também, que o golpe contou com o apoio de inúmeros setores da sociedade, não majoritários, mas expressivos, como boa parte das classes empresariais, dos produtores rurais, da classe média e da Igreja, assim como dos militares e da imprensa, além dos Estados Unidos. Cada um desses atores com seus temores próprios: a república sindicalista, as reformas de base, a reforma agrária, as ligas camponesas, o comunismo, a desordem, a quebra da hierarquia nas Forças Armadas, a justiça social etc. No geral, os apoiadores acreditavam que o regime de exceção só duraria até o final do mandato de João Goulart e que as eleições de 1965 se realizariam normalmente. Para justificar o golpe e procurar demonstrar sua legitimidade, os novos donos do poder – os comandantes do Exército, da Marinha e da Aeronáutica – editaram o Ato Institucional de 9.4.1964.[2] Foi o primeiro de uma longa série de 17 atos de exceção.

A ditadura começou a se desenhar com a prorrogação do mandato de Castelo Branco. Embora a medida tenha sido aprovada por emenda constitucional, tratava-se de um Congresso cujos integrantes estavam ameaçados de cassação. Com a prorrogação, foi cancelada a eleição presidencial de 3.10.1965, remarcada para novembro do ano seguinte. A presidência de Castelo Branco, que deveria terminar em 31.1.1966, foi estendida em mais de um ano, até 15.3.1967. Alguns estados realizaram eleições para governador, que ocorreram em 3.10.1965. Nesses pleitos, candidatos vistos com antipatia pelo regime militar saíram vitoriosos, inclusive na Guanabara e em Minas Gerais.[3] Tais derrotas

---

[1] Humberto de Alencar Castelo Branco tomou posse em 15.4.1964. Foi "eleito" pelo Congresso Nacional com maioria expressiva, inclusive com o voto do Ex-Presidente Juscelino Kubitschek. Tal apoio não impediu que JK viesse a ser cassado em 8.6.1964. Juscelino era o candidato favorito nas eleições que não se realizaram, em 1965.

[2] Assim dispunha o preâmbulo do ato que veio a ser conhecido, posteriormente, como Ato Institucional nº 1, em razão da sucessão de outros atos institucionais: "A revolução vitoriosa se investe no exercício do Poder Constituinte. Este se manifesta pela eleição popular ou pela revolução. Esta é a forma mais expressiva e mais radical do Poder Constituinte. Assim, a revolução vitoriosa, como Poder Constituinte, se legitima por si mesma. Ela destitui o governo anterior e tem a capacidade de constituir o novo governo. Nela se contém a força normativa, inerente ao Poder Constituinte. Ela edita normas jurídicas sem que nisto seja limitada pela normatividade anterior à sua vitória. Os Chefes da revolução vitoriosa, graças à ação das Forças Armadas e ao apoio inequívoco da Nação, representam o Povo e em seu nome exercem o Poder Constituinte, de que o Povo é o único titular".

[3] No Rio de Janeiro, venceu Francisco Negrão de Lima e em Minas Gerais, Israel Pinheiro.

motivaram o "endurecimento" do processo político, com a edição do Ato Institucional de nº 2, de 27.10.1965.

O AI-2 pavimentaria de forma indelével a estrada para a ditadura militar, com a imposição de mudanças institucionais e concentração de poderes no general-presidente. No seu elenco de providências, veio a extinção dos partidos políticos existentes, com a criação de um bipartidarismo artificial: a Aliança Renovadora Nacional (Arena), de sustentação do governo militar, e o Movimento Democrático Brasileiro (MDB), que constituía uma oposição consentida e ameaçada, diante da possibilidade de cassação de mandatos, com suspensão dos direitos políticos. E não foi só: o mesmo ato tornou indireta a eleição para presidente da República, previu a possibilidade de decretação do recesso do Congresso Nacional, aumentou de 11 para 16 o número de ministros do Supremo Tribunal Federal e renovou a possibilidade de cassação, suspensão de direitos políticos, demissão arbitrária de servidores e aposentadoria compulsória. Na sequência histórica, o AI nº 3, de 5.2.1966, tornou indiretas as eleições para governadores e aboliu a eleição para prefeitos de capitais, que passaram a ser indicados pelo chefe do Executivo estadual. Só por negação absoluta seria possível deixar de ver a ditadura que se implantou.

A expectativa de volta à normalidade democrática foi progressivamente se dissipando. Nas Forças Armadas, a "linha dura", liderada pelo Ministro da Guerra,[4] Arthur da Costa e Silva, prevaleceu sobre a corrente moderada, representada por Castelo Branco. Castelo ainda tentou oferecer alguma contenção ao processo, elaborando um projeto de Constituição enviado ao Congresso Nacional, transformado em Assembleia Constituinte pelo Ato Institucional nº 4, de 7.12.1966. O projeto foi aprovado, em regime de urgência e sob prazos peremptórios. Como previsível, a nova Carta não foi capaz de mudar o rumo da degeneração institucional. Na sociedade civil, o desencanto com o avanço autoritário fomentou um crescente sentimento contestatório por parte de entidades de classe, da imprensa e de agremiações estudantis, tendo levado ao surgimento de grupos urbanos e rurais de resistência armada ao regime ditatorial.

A nova Constituição entrou em vigor no dia 24.1.1967, data da posse do Marechal Costa e Silva na presidência, eleito indiretamente por um Congresso Nacional sem autonomia. Até que veio o fatídico ano de 1968, que mobilizou corações e mentes de jovens de todo o mundo, em manifestações por causas diversas, de reformas universitárias à Guerra do Vietnã. No Brasil, somaram-se os protestos estudantis, por falta de vagas nas universidades e contra a ditadura – com a emblemática passeata dos cem mil –, um inflamado discurso do Deputado Márcio Moreira Alves contra os militares e ações armadas de organizações de esquerda (assaltos a bancos, roubo de armas e, posteriormente, sequestros de embaixadores). Tudo desaguou na edição, por Costa e Silva, do Ato Institucional nº 5, de 13.12.1968.

A partir daí, a ditadura tornou-se escancarada,[5] com a atribuição ao presidente da República do poder de decretar o recesso do Congresso Nacional, podendo legislar sobre

---

[4] Em 1967 o nome mudaria para Ministério do Exército.

[5] Esse é o título do volume II da coleção de cinco volumes escritos por Elio Gaspari: *A ditadura envergonhada*, *A ditadura escancarada*, *A ditadura derrotada*, *A ditadura encurralada* e *A ditadura acabada*. As obras foram publicadas a partir de 2002 e constituem um notável e documentado relato do Regime Militar, que durou de 1964 a 1985.

todas as matérias; decretar a intervenção em estados e municípios; suspender direitos políticos e cassar mandatos eletivos; decretar estado de sítio; confiscar bens; demitir ou aposentar qualquer servidor público. Suspendeu-se, também, a garantia do *habeas corpus* para diversos crimes e excluiu-se da apreciação pelo Poder Judiciário todos os atos baseados no AI-5. Logo à frente, em 16.1.1969, foram aposentados compulsoriamente três ministros do STF.[6] Os veículos de imprensa passaram a estar sob censura, todas as músicas precisavam ser submetidas à prévia aprovação governamental e episódios de tortura a adversários políticos se multiplicavam. Mas não foi só.

II Dos anos de chumbo à abertura política

O Presidente Costa e Silva sofreu uma trombose cerebral e foi afastado da presidência pelo Ato Institucional nº 12, de 31.8.1969, vindo a falecer em 17.12.1969. Seu sucessor constitucional era o Vice-Presidente Pedro Aleixo, que era civil. E aí veio o inevitável: o golpe dentro do golpe. Os comandantes militares assumiram o poder, impediram a posse de Pedro Aleixo e outorgaram a Emenda Constitucional nº 1, de 17.10.1969. Na verdade, em lugar de publicarem, como de praxe, apenas as alterações, publicou-se a íntegra do texto constitucional. A razão era simples: sob a roupagem formal de emenda, impunha-se uma nova Constituição, materializando o projeto autoritário que se consolidara. O Ato Institucional nº 5, seus atos complementares e toda a legislação repressiva que havia sido editada permaneceram em vigor.

Nuvens cinzentas anunciavam a chegada dos "Anos de Chumbo", como ficou conhecido o governo do Presidente Emílio Garrastazu Médici. Após intensa disputa interna nas Forças Armadas, Médici foi "eleito" indiretamente por um Congresso subjugado, que foi reaberto para homologar o seu nome. Governou sob o signo de expressiva prosperidade, conhecido como "milagre econômico". Foi, também, o período de mobilização armada contra o regime militar ditatorial por grupos de esquerda, organizados em movimentos guerrilheiros.[7] Houve sequestros de avião e de embaixadores, como os dos Estados Unidos, da Alemanha e da Suíça, para obter, como resgate, a troca por prisioneiros. A repressão por parte do governo foi brutal, incluindo homicídios, desaparecimentos forçados, presos políticos e centenas de torturados, em quarteis e prisões clandestinas.[8] Muitos brasileiros partiram para o exílio.

Em 31.1.1974, terminou o mandato de Médici, que foi substituído na presidência pelo General Ernesto Geisel, também eleito indiretamente. Concorreu com ele, em atitude simbólica de resistência democrática, o presidente do MDB, Ulysses Guimarães. Geisel deu início a um processo de abertura política "lenta, gradual e segura", que alternou

---

[6] Foram eles os Ministros Hermes Lima, Evandro Lins e Silva e Victor Nunes Leal. Logo em seguida, em 18.1.1969, o Presidente do STF, Gonçalves de Oliveira, renunciou à presidência em sinal de protesto. Sobre o episódio, v. Felipe Recondo, *Tanques e togas*. São Paulo: Cia das Letras, 2018.

[7] Entre eles, a Vanguarda Popular Revolucionária (VPR), a Ação Libertadora Nacional (ALN) e a Vanguarda Popular Revolucionária Palmares (VAR Palmares).

[8] V. Relatório Final da Comissão Nacional da Verdade (Disponível em: http://cnv.memoriasreveladas.gov.br/index.php/outros-destaques/574-conheca-e-acesse-o-relatorio-final-da-cnv).

medidas liberalizantes e repressão violenta.[9] O governo sofreu o impacto do primeiro choque do petróleo – redução drástica da oferta pelos países produtores, com elevação exponencial dos preços – e não pôde manter os índices de crescimento do período anterior. As eleições de 1974 assistiram a uma expressiva expansão da oposição. A reação autoritária, porém, veio com o "Pacote de Abril".

Após a decretação do recesso do Congresso, em 13.4.1977, Geisel editou as emendas constitucionais nºs 7 e 8. A segunda veiculava uma Reforma do Judiciário de pouco relevo, mas a primeira modificava as regras eleitorais para favorecer o governo, ampliava o mandato do próximo presidente para seis anos, com eleição indireta, e criava a estigmatizada figura do senador "biônico", eleito indiretamente pelas assembleias legislativas. Tudo para prorrogar a duração do regime militar. Em 12.10.1977, Geisel exonerou o comandante do Exército, General Sylvio Frota, que articulava candidatura própria à Presidência da República, procurando aglutinar os radicais da "linha dura". Exonerou, igualmente, o comandante do II Exército, após a morte do jornalista Vladimir Herzog e do operário Manuel Fiel Filho, ambos sob tortura.

III Do ocaso do regime militar à convocação da Assembleia Constituinte

Não são claras as razões que levaram Geisel a escolher como sucessor o General João Baptista de Oliveira Figueiredo, militar de pouco traquejo político e autor de declarações desastradas, como "prefiro cheiro de cavalo a cheiro de povo". Eleito indiretamente em 15.10.1978, Figueiredo sofria contestações dentro das próprias Forças Armadas.[10] Seu período foi marcado, no plano internacional, pelo segundo choque do petróleo (1979) e, no plano doméstico, por baixo crescimento econômico e elevada inflação. Foi também na gestão de Figueiredo que a linha dura militar e a extrema direita protagonizaram atentados terroristas diversos, que incluíram o incêndio de bancas de jornais que vendiam publicações de esquerda, o envio de cartas-bomba, como a que foi endereçada à Ordem dos Advogados do Brasil, matando a Sra. Lyda Monteiro, e o estarrecedor episódio do Atentado do Riocentro, em que militares planejaram a colocação de bombas em um *show* de música popular, no dia 30.4.1981.

Figueiredo não pôde, não soube ou não quis punir os autores do ato terrorista do Riocentro e ali se deu a morte moral do regime militar. O General Golbery do Couto Silva, grande articulador da abertura política desde o Governo Geisel, pediu exoneração da chefia da Casa Civil em protesto. Apesar de tudo, Figueiredo deu continuidade ao lento processo de redemocratização, extinguindo os atos institucionais (Emenda Constitucional nº 11, 13.10.1978) e sancionando a anistia política (Lei nº 6.683, de 28.8.1979), o que permitiu a volta ao Brasil de perseguidos políticos e exilados, como Miguel Arraes e Leonel Brizola. Pouco à frente foi extinto o bipartidarismo (Lei nº 6.767, de 20.12.1979), com o surgimento de inúmeros novos partidos, inclusive os de esquerda, que estiveram

---

[9] V. Vitor Sorano, Amanda Polato, Vanessa Fajardo, Carol Prado e Luiza Tenente, 89 morreram ou desapareceram após reunião relatada pela CIA em que Geisel autoriza mortes. *G1*, 11 jun. 2018. Disponível em: https://g1.globo.com/politica/noticia/mais-de-80-morreram-ou-desapareceram-na-ditadura-apos-geisel-autorizar-a-execucao-de-subversivos-perigosos-veja-lista.ghtml.

[10] V. Hugo de Abreu, *O outro lado do poder*. Nova Fronteira: Rio de Janeiro, 1979.

banidos por longo período. Em 1984, aproximando-se o final do governo, uma ampla campanha popular tomou as ruas, num movimento conhecido como "Diretas Já", que pleiteava a volta de eleições diretas para presidente da República. Na votação da emenda constitucional no Congresso Nacional, não se obteve o *quorum* para sua aprovação.

Todavia, Figueiredo chegou ao final do seu mandato enfraquecido e sem condições de liderar o processo de sucessão entre os integrantes da base governamental, agrupados no partido que substituíra a Arena, o Partido Democrático Social (PDS). Após intensa disputa interna, o indicado do partido foi Paulo Maluf, ex-governador de São Paulo. A oposição, por sua vez, organizou-se em torno de uma de suas lideranças mais moderadas, Tancredo Neves, que formou aliança com dissidentes do partido governamental, à frente, José Sarney. Lançados candidatos a presidente e vice-presidente, sagraram-se vitoriosos na eleição indireta realizada em 15.1.1985, pondo um ponto final no regime militar. Tragicamente, Tancredo Neves adoeceu e não pôde tomar posse, vindo a falecer em 21.4.1985. Assumiu a presidência da República José Sarney, que governou o Brasil de 15.3.1985 a 15.3.1990.

Parte II – Sonhando com o futuro: as promessas da Constituição

I "Carta cidadã" e "Constituição chapa branca"

Cumprindo compromisso assumido por Tancredo Neves, o Presidente José Sarney encaminhou ao Congresso Nacional proposta de convocação de Assembleia Nacional Constituinte (ANC), em 28.6.1985. Na mesma ocasião, foi instalada a Comissão Provisória de Estudos Constitucionais, conhecida como Comissão Arinos, com o propósito de elaborar um anteprojeto de Constituição. O bom trabalho realizado pela Comissão foi desprezado pelo Executivo – em grande parte pela proposta parlamentarista do projeto – e pelos constituintes, que não queriam ter o seu trabalho pautado por documento externo a eles. Esse fato, aliado a circunstâncias do processo de eleição do presidente da ANC, fizeram com que os trabalhos se desenvolvessem sem um texto-base.[11] Formaram-se, assim, oito comissões temáticas, cada uma subdividida em três subcomissões, num total de 24. A consolidação e sistematização do trabalho foi tarefa árdua, cujo produto foi um texto longo, detalhista e por vezes prolixo, com 250 artigos no corpo principal e 70 no ato das disposições constitucionais transitórias. A Emenda Constitucional nº 26, de 27.11.1985, formalizou a convocação da Constituinte, cujos integrantes foram eleitos em 15.11.1986 e se reuniram a partir de 1º.2.1987, somando-se aos senadores que já se encontravam no Congresso.

Promulgada em 5.10.1988, a nova Carta foi apelidada pelo presidente da Assembleia Constituinte, Ulysses Guimarães, de "Constituição cidadã". De fato, ela abre o seu

[11] Ulysses Guimarães, principal candidato à presidência da Assembleia Constituinte, tinha a ideia de constituir uma comissão preliminar para elaborar um anteprojeto. Porém, o Deputado Fernando Lyra também se lançou candidato, denunciando que a fórmula de Ulysses, baseada na experiência de 1946, criaria constituintes de primeira e de segunda categoria. Ulysses foi obrigado a recuar da ideia e não houve anteprojeto. V. Nelson de Azevedo Jobim, A constituinte vista por dentro – Vicissitudes, superação e efetividade de uma história real. *In*: José Adércio Leite Sampaio (coord.), *Quinze anos de Constituição*. Belo Horizonte: Del Rey, 2004, p. 11.

Preâmbulo anunciando a ambição de criar uma sociedade "fraterna, pluralista e sem preconceitos", tendo como um dos seus princípios fundamentais, enunciados no art. 1º, III, "a dignidade da pessoa humana". Ademais, em mudança simbolicamente importante, o título dedicado aos *direitos e garantias fundamentais* foi inserido no início do texto, quando as Constituições anteriores começavam pela *organização dos poderes*. Nos diferentes capítulos cuidando dos direitos fundamentais estão enunciados os *direitos individuais* – cujas matrizes são a vida, a liberdade, a igualdade, a segurança e a propriedade (CF, art. 5º) –, os *direitos sociais* – educação, saúde, alimentação, trabalho, moradia, transporte, lazer, segurança, previdência social, proteção à maternidade e à infância e assistência aos desamparados (CF, art. 6º) – e os *direitos políticos*, consistentes no direito de participar da vida pública, notadamente votando e sendo votado (CF, arts. 14 a 16).

Alguns críticos, porém, referem-se ao texto constitucional como "Constituição chapa branca", pelo número expressivo de dispositivos que cuidam de categorias profissionais, especialmente no âmbito do serviço público.[12] Em muitos casos, instituindo prerrogativas e privilégios. De fato, estão contemplados na Constituição a magistratura, o Ministério Público, a Advocacia-Geral da União, as procuradorias dos estados e do Distrito Federal, as Forças Armadas, os tribunais de contas, a Polícia Federal, as polícias estaduais, civis e militares, e os cartórios, em meio a outras. Ademais, na sua versão original, a Constituição mantinha inúmeros monopólios estatais, em áreas como telecomunicações, energia elétrica, petróleo e gás canalizado, bem como várias restrições à participação do capital estrangeiro em setores da economia. Somente ao longo dos anos 90 do século passado reformas diversas flexibilizaram monopólios, aboliram certas restrições ao investimento externo e abriram caminho para a desestatização de alguns setores da economia.

A Carta de 1988 foi elaborada com grande participação dos movimentos sociais e de setores organizados da sociedade, todos em busca de acolhimento constitucional. A consequência foi uma Constituição extremamente abrangente e detalhista, que incorporou ao seu texto inúmeras matérias que em outras partes do mundo são relegadas para o âmbito das escolhas políticas e da legislação ordinária. A Constituição brasileira não trata apenas das questões tipicamente constitucionais, como a definição dos direitos fundamentais, a organização do Estado e a repartição de competências entre os poderes, tendo ido além para abrigar no seu texto: o sistema tributário, o sistema previdenciário, o sistema de saúde, o sistema de educação, a organização econômica e financeira, a proteção do meio ambiente, a proteção das comunidades indígenas, a proteção da criança, do adolescente, do jovem e do idoso, a proteção do patrimônio histórico, a promoção da cultura, da ciência e da tecnologia, em meio a outros temas. Inserir uma matéria na Constituição é, em ampla medida, retirá-la da política e trazê-la para o direito. Aí a razão da judicialização ampla da vida brasileira.

---

[12] V. Carlos Ari Sundfeld, O fenômeno constitucional e suas três forças. *Revista de Direito do Estado*, 21:305, 2006.

II A separação de poderes

1 Poder Executivo

O Plenário da Assembleia Constituinte rejeitou o modelo parlamentarista (na verdade, semipresidencialista),[13] que fora proposto pela Comissão de Sistematização, mantendo o sistema presidencialista. Em contrapartida, previu a realização de um plebiscito (ADCT, art. 2º), que veio a se concretizar em 21.4.1982, para que os eleitores escolhessem entre os dois modelos. Prevaleceu o presidencialismo, por larga margem. Uma das dificuldades do presidencialismo é a ausência de um mecanismo institucional e não traumático de destituição de presidentes que perderam a sustentação política. Paraguai, Peru, Equador e Brasil são exemplos de países que, em tempos recentes, viveram as agruras, instabilidades e ressentimentos de processos de *impeachment*.[14] Sob a Constituição de 1988, como é sabido, os presidentes Fernando Collor e Dilma Rousseff foram afastados por essa via. Enfim, com o modelo presidencial, reincidimos na fórmula que tem sido uma usina de crises políticas na América Latina, não raras vezes desaguando em regimes autoritários, de Perón a Chávez, de Getúlio a Ortega.

Característica do modelo brasileiro é o denominado *presidencialismo de coalizão*,[15] produto da combinação do sistema presidencial com o federalismo e, sobretudo, com o multipartidarismo, em um quadro de fragmentação partidária. O rótulo identifica o tipo de articulação e de concessões que o presidente precisa fazer para a construção de bases de apoio político no Legislativo. Tal arranjo é indispensável para a governabilidade, permitindo a formação de maiorias necessárias à aprovação de legislação e de emendas constitucionais e mesmo para evitar processos de *impeachment*. A fórmula não é necessariamente negativa e, inclusive, já viabilizou boas políticas públicas, como o Plano Real e o Bolsa-Família. Coalizões, portanto, podem ser formadas por métodos legítimos, baseadas em valores e programas comuns.[16] O presidencialismo de coalizão, no entanto, tem descambado, muitas vezes, para um modelo fisiológico, envolvendo distribuição de cargos públicos, loteamento de empresas estatais e liberação discricionária de verbas orçamentárias. Os critérios nem sempre são republicanos e transparentes, com casos de

---

[13] Embora separando as figuras do chefe de governo da do chefe de Estado, a proposta mantinha a eleição direta para presidente da República e atribuía competências limitadas, mas importantes ao presidente da República.

[14] Nos últimos 30 anos, houve pelo menos uma dezena de casos de *impeachment* na América Latina, concentrados nos países mencionados no texto. V. Brendan O'Boyle, Presidents no longer. *American Quarterly*, [s.d.]. Disponível em: https://www.americasquarterly.org/fullwidthpage/impeached-assassinated-and-overthrown-a-graphic-history-of-latin-american-presidencies-cut-short/. Na Argentina, desde a redemocratização, em 1983, já houve mais de 80 pedidos de *impeachment* apresentados perante o Congresso. V. Gregory Ross, Impeachment fever. *Wilson Center*, 22 jan. 2021. Disponível em: https://www.wilsoncenter.org/blog-post/impeachment-fever.

[15] A expressão foi utilizada pela primeira vez por Sérgio Abranches, em artigo intitulado "Presidencialismo de coalizão: o dilema institucional brasileiro", publicado em 1988, isto é, antes da experiência prática da nova Constituição. O tema foi retomado por ele no excelente livro *Presidencialismo de coalizão*: raízes e evolução do modelo político brasileiro. São Paulo: Companhia das Letras, 2018. O presente parágrafo se beneficia de suas reflexões.

[16] Sérgio Abranches, *Presidencialismo de coalizão*, 2018, p. 9; 13.

grande condescendência com o desvio de dinheiros públicos, perpetuando um padrão de apropriação privada do Estado.[17]

Outro traço marcante do presidencialismo brasileiro é o papel do chefe do Executivo no processo legislativo, que vai bem além da competência para sanção e veto, que é padrão nas democracias presidencialistas. Uma novidade particularmente importante instituída pela Constituição de 1988 foi a competência do presidente da República para editar medidas provisórias,[18] atos normativos primários, com força imediata de lei, e que são submetidos ao Congresso Nacional *a posteriori*. Abusos na sua utilização e omissões na sua apreciação, levando a sucessivas reedições sem deliberação do Poder Legislativo, levaram à promulgação da Emenda Constitucional nº 32, de 11.9.2001. A partir daí, medidas provisórias passaram a vigorar pelo prazo de 60 dias (antes eram 30), mas admitida uma única reedição. Caso não venha a ser aprovada pelo Congresso e convertida em lei, deixa de viger. Também se impôs a vedação de medidas provisórias em diversas matérias (CF, art. 62 e parágrafos).

Além disso, o Poder Executivo no Brasil, em contraste com a matriz estadunidense do presidencialismo, dispõe de iniciativa privativa para deflagrar o processo legislativo em diversas matérias, como criação de cargos, aumento de remuneração e regime jurídico de servidores públicos (CF, art. 61, §1º). Por fim, algumas mudanças impactantes, relativas ao Poder Executivo, serão analisadas adiante, como a redução do mandato presidencial, a possibilidade de reeleição dos chefes do Executivo e a criação do Ministério da Defesa.

2 Poder Legislativo

O Poder Legislativo foi o mais abalado durante o regime militar, com fechamento do Congresso, cassações e imposição de um bipartidarismo forçado, com a extinção dos partidos existentes. Nos 35 anos de vigência da Constituição de 1988, nada parecido se passou, a despeito de crises relevantes que resultaram na perda de mandatos por corrupção ou quebra de decoro. O Congresso Nacional também teve grande protagonismo nos dois processos de *impeachment* pós-redemocratização: o do Presidente Collor, cuja acusação foi recebida pela Câmara em 29.9.1992, e que veio a ter a perda de mandato decretada pelo Senado em 30.12.1992, apesar de haver renunciado ao cargo na véspera; e o da Presidente Dilma Rousseff, com acusação recebida pela Câmara em 2.12.2015 e afastamento definitivo por julgamento do Senado em 31.8.2016. No caso da Presidente Dilma, a despeito de terem sido cumpridos os ritos procedimentais constitucionais, houve uma percepção ampla de diferentes setores da sociedade de que seu afastamento equivaleu a um voto de desconfiança – instituto típico do sistema parlamentar – e não exatamente a crime de responsabilidade, ante a menor gravidade das alegadas violações de normas orçamentárias. No fundo, como costuma ocorrer em procedimentos dessa natureza, a perda do cargo se deu por falta de sustentação política no Congresso.

---

[17] Nas palavras de Sérgio Abranches, *Presidencialismo de coalizão*, 2018, p. 371: "Nosso sistema político-econômico encontrou no presidencialismo de coalizão os instrumentos para reprodução do domínio oligárquico. [...] Seja nos governos do PSDB, seja nos governos do PT, a maior fatia de renda pública foi transferida para os mais ricos".

[18] Para uma discussão original e valiosa sobre as medidas provisórias e o seu papel, v. Pedro Abramovay, *Separação de Poderes e medidas provisórias*. Rio de Janeiro: Elsevier, 2012.

Um dos destaques na atuação do Legislativo, ao longo do período, foi a instalação de diferentes comissões parlamentares de inquérito (CPIs) – por cada uma das casas legislativas ou mistas (CPMIs) – para apuração de episódios relevantes da vida política nacional. Diversas delas tiveram grande destaque e consequências significativas. A *CPI do PC Farias* (1992) apurou episódios graves de corrupção no Governo Collor e levou ao *impeachment*/renúncia do presidente. A *CPI do Orçamento* (1993) revelou um imenso esquema de corrupção, conhecido como o dos "Anões do Orçamento", pelo recebimento de propinas e envio de recursos a empresas fantasmas ou de propriedade de parentes. A *CPI do Judiciário* (1999) expôs esquema de superfaturamento envolvendo a construção do Tribunal Regional do Trabalho, em São Paulo, e resultou na cassação de um senador. A *CPI dos Correios* (2005) exibiu esquema de corrupção na empresa estatal e foi a ponta do novelo que desaguou no escândalo do *Mensalão*. A *CPI da Petrobras* (2015), que se originou da denominada *Operação Lava Jato*, apurou denúncias de desvios de recursos da empresa por partidos políticos, mediante a indicação de diretores que participavam do esquema. Em 2021, a *CPI da Covid*, cuja instauração foi determinada pelo STF, investigou omissões e irregularidades na atuação do governo durante a pandemia.

O Congresso Nacional desempenha, igualmente, papel de destaque na elaboração do orçamento público. Esse é um espaço frequentemente negligenciado no debate público brasileiro, tratado como um campo inacessível aos cidadãos. Não obstante isso, é no orçamento que se fazem as principais escolhas políticas na vida do país. Note-se que a Constituição foi obsessiva ao tratar do orçamento, prevendo um plano plurianual, uma lei de diretrizes orçamentárias e a lei orçamentária anual (CF, art. 165). Alguns dos episódios mais graves de corrupção e patrimonialismo da vida brasileira estiveram associados ao orçamento, do escândalo PC Farias ao orçamento secreto, passando pelo episódio dos "Anões do Orçamento". No modelo atual, o Congresso participa do orçamento, não apenas na aprovação global, como também na apresentação de emendas de comissão, de bancada, individuais e de relator. As emendas de relator, originariamente destinadas a corrigir erros e omissões de ordem técnica ou legal, foram desvirtuadas no que se veio a apelidar de *orçamento secreto*: excesso de discricionariedade pessoal do relator e não identificação do parlamentar patrocinador da emenda. A prática foi julgada inconstitucional pelo STF,[19] por violação à separação de poderes e ao princípio da transparência, mas subsistiu, ao menos em parte, por acordos políticos com o Executivo.

3 Poder Judiciário

Há quem afirme que o século XIX foi o século do Legislativo, o século XX, do Executivo, e que o século XXI é do Judiciário.[20] É possível que haja exagero nessa avaliação. São ainda os poderes políticos que definem os rumos da sociedade. É fato, porém, que, desde o final da 2ª Guerra Mundial, assistiu-se a uma vertiginosa ascensão institucional do Poder Judiciário. Juízes e tribunais deixaram de constituir um

---

[19] STF. ADIs nºs 850, 851, 854 e 1.014. Rel. Min. Rosa Weber, j. 19.12.2022.

[20] O século XXI marca a era dos direitos e do Poder Judiciário, afirma Lewandowski (*Conselho Nacional de Justiça*, 14 ago. 2014. Disponível em: https://www.cnj.jus.br/o-seculo-xxi-marca-a-era-dos-direitos-e-do-poder-judiciario-afirma-ricardo-lewandowski/).

departamento técnico-especializado do Estado para se transformarem em verdadeiro poder político, que disputa espaço com os outros dois. São muitas as causas para esse processo histórico, entre as quais: a percepção de que um Judiciário forte e independente é importante para preservar a democracia e os direitos fundamentais; a insuficiência da representação política majoritária para atender a todas as demandas da sociedade; e a circunstância de que, em relação a várias matérias, sobretudo aquelas em que há desacordo moral razoável – interrupção de gestação, uniões homoafetivas, restrições de direitos –, o Poder Legislativo não consegue formar maiorias ou superar bloqueios. Esse quadro é global. No Brasil, seguindo essa tendência, a Constituição de 1988 positivou novos direitos (*e.g.*, consumidor),[21] novas ações (*e.g.*, ação civil pública)[22] e instituiu modelos simplificados de julgamento (juizados especiais),[23] ampliando o acesso à justiça.

Além disso, o Judiciário, entre nós, sofreu o impacto de alguns processos históricos e arranjos institucionais que ampliaram sua atuação. Entre eles, a passagem da Constituição para o centro do sistema jurídico, a constitucionalização do direito (v. *infra*) e uma Constituição abrangente. Matérias que em outras partes do mundo pertencem à política e à legislação ordinária, no Brasil, tornam-se jurídicas e judicializáveis. Ademais, pelo sistema de controle de constitucionalidade aqui adotado, tem-se a seguinte realidade: (i) todos os juízes e tribunais do país aplicam e interpretam a Constituição (controle incidental e difuso); e (ii) é possível ajuizar ações constitucionais diretamente perante o Supremo Tribunal Federal (controle principal e concentrado). A soma desses fatores – ascensão institucional do Judiciário, novos direitos e ações, juridicização dos temas mais variados e acesso amplo à jurisdição, inclusive constitucional – trouxe duas consequências muito visíveis no Brasil: a judicialização da vida e certo protagonismo do Supremo Tribunal Federal.

A judicialização tem sido quantitativa e qualitativa. A *judicialização quantitativa* se manifesta na existência de cerca de 80 milhões de ações em curso no país, um dos maiores índices de litigiosidade do planeta, em demandas que vão de direitos do consumidor a questões previdenciárias, passando por todos os ramos do direito. Considerando que a população adulta do Brasil é de cerca de 159 milhões,[24] se a estatística fosse uma ciência simples, seria possível afirmar que um em cada dois adultos está em juízo. Por evidente, não é bem assim, porque a Justiça tem muitos clientes preferenciais, entre os quais, no setor público, o INSS e, no privado, as instituições financeiras. O lado positivo da realidade aqui descrita é que ela revela um grau elevado de confiança na atuação do Judiciário. A faceta negativa é que não há estrutura que possa atender, com a celeridade desejável, a esse volume de demanda. O país precisa passar por um processo de desjudicialização, que inclui os meios alternativos de resolução de disputas (mediação, conciliação e arbitragem), mas não se limita a eles. O advogado do futuro será mais um negociador de bons acordos do que um formulador de ações judiciais.

---

[21] O Código de Defesa do Consumidor (Lei nº 8.078) é de 11.9.1970. A defesa do consumidor foi incluída no art. 5º, XXXII, da Constituição Federal.

[22] A Lei da Ação Civil Pública (Lei nº 7.347) é de 24.7.1985 e sua constitucionalização se deu pelo art. 129, III.

[23] CF, art. 98, I, Lei nº 9.099, de 26.9.1995, no âmbito da Justiça Estadual, e Lei nº 10.259, de 12.7.2001, no âmbito da Justiça Federal.

[24] Ana Luíza Albuquerque, 95% da população acima de 18 anos se diz heterossexual, estima IBGE pela primeira vez. *Folha de S.Paulo*, 25 maio 2022.

A judicialização qualitativa é a que tem levado ao Poder Judiciário algumas das grandes questões nacionais, políticas, econômicas, sociais e éticas. Temas como instalação de CPIs, planos econômicos, vacinação da população, interrupção de gestação, pesquisas com células-tronco embrionárias, uniões homoafetivas e preservação da Amazônia, para citar apenas alguns exemplos, têm tido seu último capítulo perante juízes e tribunais. Na prática, esse fenômeno tem dado grande protagonismo ao Supremo Tribunal Federal, que acaba sendo a instância final – e, por vezes, a primeira e única – de tais discussões. As causas para isso incluem: (i) Constituição abrangente e detalhista; (ii) existência de múltiplas ações diretas discutindo a constitucionalidade das leis;[25] e (iii) ampla legitimação ativa para propor tais ações.[26] A elas se somam uma competência criminal ampla para julgar parlamentares e autoridades do Executivo – o que sempre atrai cobertura midiática – e o fato de os julgamentos serem transmitidos pela TV Justiça. Não há dia, no Brasil, em que não haja alguma notícia acerca de decisão judicial na primeira página dos jornais e *sites* de notícias. Esse excesso de visibilidade, fruto do arranjo institucional brasileiro, é por vezes impropriamente confundido com *ativismo judicial*, o que não é o caso.[27]

III As transformações da teoria constitucional

A Constituição de 1988, sob a influência de movimentos históricos, políticos e doutrinários – domésticos e internacionais –, abriu caminho para transformações profundas no modo como se pensa e se pratica o direito constitucional no Brasil. Tais concepções inovadoras podem ser sistematizadas, de maneira sumária, em três grandes blocos: a conquista de *status* normativo e de efetividade pela Constituição; o surgimento de um novo constitucionalismo, sobre bases filosóficas e teóricas diversas; e a constitucionalização do direito, vale dizer, a irradiação dos valores e princípios constitucionais por todo o sistema jurídico.

1 A doutrina brasileira da efetividade

Uma das disfunções históricas mais graves do constitucionalismo brasileiro, desde a Carta de 1824, sempre foi a "insinceridade normativa", isto é, a previsão no texto

[25] Existem, no direito constitucional brasileiro, as seguintes ações diretas: (i) ação direta de inconstitucionalidade (CF, art. 102, I, "a"); (ii) ação direta de inconstitucionalidade por omissão (CF, art. 103, §2º); (iii) ação declaratória de constitucionalidade (CF, art. 102, I, "a"); (iv) arguição de descumprimento de preceito fundamental (CF, art. 102, §1º). A elas se soma a ação direta interventiva, para fins de intervenção federal nos estados, que nunca foi utilizada no regime da Constituição de 1988.

[26] O art. 103 da Constituição contém o elenco de agentes, órgãos e entidades com direito de propositura, que inclui o presidente da República, as mesas da Câmara, do Senado e de todas as assembleias legislativas, os governadores de estado, o procurador-geral da República, o Conselho Federal da OAB, todos os partidos políticos com representação no Congresso Nacional, todas as entidades de classe de âmbito nacional e confederações sindicais.

[27] Ativismo judicial, em sentido pejorativo, significa o exercício impróprio da jurisdição, imiscuindo-se em áreas dos outros poderes. Em sentido mais técnico, identifica a aplicação de algum princípio ou analogia para reger situação não expressamente contemplada pelo legislador ou pelo constituinte, importando, em alguma medida, em criação judicial de direito. São raros os exemplos na jurisprudência do STF, o mais notório sendo a equiparação das uniões homoafetivas às uniões estáveis convencionais. À falta de norma específica e sendo necessário regular a matéria, o Tribunal produziu uma solução baseada nos princípios da igualdade, da dignidade humana e da segurança jurídica.

constitucional de promessas que de antemão se sabia não seriam cumpridas.[28] Na verdade, seguindo a tradição que vigorou na Europa até o segundo pós-guerra, a Constituição não era vista como uma norma invocável perante os tribunais. As proposições nela contidas funcionavam como mera convocação à atuação do Legislativo e do Executivo. Ao Judiciário não se reconhecia qualquer papel relevante na realização do conteúdo da Constituição. Somente quando tais conteúdos eram desenvolvidos por atos do parlamento ou administrativos é que se tornavam exigíveis judicialmente.[29] Ao longo da década de 80 do século passado, sob o rótulo de *doutrina brasileira da efetividade*,[30] articulou-se um movimento cuja essência foi tornar as normas constitucionais aplicáveis direta e imediatamente, na extensão máxima de sua densidade normativa.[31] Como consequência, sempre que violado um mandamento constitucional, a ordem jurídica deve prover mecanismos adequados de tutela – por meio da *ação* e da *jurisdição* –, disciplinando os remédios jurídicos próprios e a atuação efetiva de juízes e tribunais. O Poder Judiciário, como consequência, passa a ter atuação decisiva na realização da Constituição. Essa tornou-se uma das marcas do constitucionalismo pós-88 no Brasil.

2 Neoconstitucionalismo ou direito constitucional contemporâneo[32]

Outro processo histórico transformador, referido inicialmente como *neoconstitucionalismo*, pode ser descrito em três marcos fundamentais. O marco *histórico* foi a reconstitucionalização da Europa, após a 2ª Guerra Mundial, com a aprovação de constituições mais analíticas, com capítulos mais minuciosos dedicados aos direitos fundamentais e a introdução do controle de constitucionalidade das leis. O marco *filosófico* foi o surgimento de uma cultura pós-positivista, que, sem desprezar a importância da lei, promoveu uma reaproximação entre o direito e a ética, subordinando a interpretação jurídica aos valores, a uma pretensão de correção moral[33] e, em última análise, à ideia de justiça, tal como extraída do texto constitucional. Por fim, esse processo de mudança

---

[28] Dois exemplos emblemáticos: a Carta de 1824 estabelecia que a "a lei será igual para todos", dispositivo que conviveu, sem que se assinalassem perplexidade ou constrangimento, com os privilégios da nobreza, o voto censitário e o regime escravocrata. Outro: a Carta de 1969, outorgada pelo ministro da Marinha de Guerra, do Exército e da Aeronáutica Militar, assegurava um amplo elenco de liberdades públicas inexistentes e prometia aos trabalhadores um pitoresco rol de direitos sociais não desfrutáveis, que incluíam "colônias de férias e clínicas de repouso". Buscava-se na Constituição não o caminho, mas o desvio; não a verdade, mas o disfarce.

[29] Acerca desse paradigma anterior e sua superação no modelo europeu, v. Konrad Hesse, La fuerza normativa de la Constitución. In: *Escritos de derecho constitucional*, 1983. Madrid: Centro de Estudios Constitucionales, 1983. Trata-se da tradução para o espanhol de um ensaio seminal, de 1958. V. tb., Eduardo García de Enterría, *La Constitución como norma y el Tribunal Constitucional*. Madrid: Civitas, 2006.

[30] A expressão "doutrina brasileira da efetividade" foi empregada por Cláudio Pereira de Souza Neto, Fundamentação e normatividade dos direitos fundamentais: uma reconstrução teórica à luz do princípio democrático. In: Luís Roberto Barroso (Org.), *A nova interpretação constitucional: ponderação, direitos fundamentais e relações privadas*. Rio de Janeiro: Renovar, 2003.

[31] Sobre o tema, v. Luís Roberto Barroso, *O direito constitucional e a efetividade de suas normas*. Rio de Janeiro: Renovar, 1990 (a primeira versão do texto é de 1987). Importantes textos precursores do movimento foram J.H. Meirelles Teixeira, *Curso de direito constitucional*. Rio de Janeiro, Forense Universitária, 1991. Texto revisto e atualizado por Maria Garcia (compilação de aulas ministradas no final dos anos 50); José Afonso da Silva, *Aplicabilidade das normas constitucionais*. São Paulo: RT, 1968; Celso Antonio Bandeira de Mello, Eficácia das normas constitucionais sobre justiça social, *RDP*, 57:233, 1981.

[32] V. Luís Roberto Barroso, Neoconstitucionalismo e constitucionalização do direito: o triunfo tardio do direito constitucional no Brasil. *Revista de Direito Administrativo*, 240:1, 2005.

[33] Robert Alexy, *La institucionalización de la justicia*. Granada: Comares, 2005, p. 58.

da compreensão do direito constitucional teve como marco *teórico* três grandes fatores: (i) o reconhecimento de normatividade à Constituição; (ii) a expansão da jurisdição constitucional, com o surgimento de tribunais constitucionais ou de supremas cortes em quase todas as democracias; e (iii) o surgimento de uma nova interpretação constitucional, menos formalista, com princípios e categorias próprias, que incluíram a normatividade dos princípios, o reconhecimento das colisões de normas constitucionais, a técnica da ponderação e a reabilitação da argumentação jurídica.[34] Hoje já não mais se justifica o uso do prefixo *neo*, pois este se tornou o direito constitucional contemporâneo, praticado no Brasil e em diferentes partes do mundo, e representa, de certa forma, a prevalência do modelo norte-americano, que vigorava desde a decisão de Marbury *v.* Madison, de 1803.[35]

3 A constitucionalização do direito

"Ontem os Códigos; hoje as Constituições. A revanche da Grécia contra Roma".[36] O fenômeno da constitucionalização do direito tem como ponto de partida a passagem da Constituição para o centro do sistema jurídico, de onde foi deslocado o Código Civil.[37] No Brasil, a partir de 1988 e, especialmente, nos últimos anos, a Constituição passou a desfrutar, além da supremacia formal que sempre teve, também de uma supremacia material, axiológica, potencializada pela abertura do sistema jurídico e pela normatividade dos princípios. Compreendida como uma ordem objetiva de valores, transformou-se no filtro através do qual se deve ler todo o ordenamento jurídico.[38] Nesse ambiente, a Constituição passa a ser não apenas um sistema em si – com a sua ordem, unidade e harmonia –, mas também um modo de olhar e interpretar todos os demais ramos do direito. A constitucionalização identifica um efeito expansivo

---

[34] Sobre a interpretação constitucional contemporânea, v. Luís Roberto Barroso, *Curso de direito constitucional contemporâneo*, 2022, especialmente o capítulo "Novos paradigmas e categorias da interpretação constitucional".

[35] Luís Roberto Barroso, A americanização do direito constitucional e seus paradoxos: teoria e jurisprudência constitucional no mundo contemporâneo. *Interesse Público*, 59, 2010.

[36] A primeira parte da frase ("Ontem os Códigos; hoje as Constituições") foi pronunciada por Paulo Bonavides, ao receber a Medalha Teixeira de Freitas, no Instituto dos Advogados Brasileiros, em 1998. O complemento foi feito por Eros Roberto Grau, ao receber a mesma medalha, em 2003, em discurso publicado em avulso pelo IAB: "Ontem, os códigos; hoje, as Constituições. A revanche da Grécia sobre Roma, tal como se deu, em outro plano, na evolução do direito de propriedade, antes justificado pela origem, agora legitimado pelos fins: a propriedade que não cumpre sua função social não merece proteção jurídica qualquer".

[37] V. Pietro Perlingieri, *Perfis do direito civil*. Rio de Janeiro: Renovar, 1997, p. 6: "O Código Civil certamente perdeu a centralidade de outrora. O papel unificador do sistema, tanto nos seus aspectos mais tradicionalmente civilísticos quanto naqueles de relevância publicista, é desempenhado de maneira cada vez mais incisiva pelo Texto Constitucional". Vejam-se, também, Maria Celina B. M. Tepedino, A caminho de um direito civil constitucional, *RDC*, 65:21, 1993 e Gustavo Tepedino, O Código Civil, os chamados microssistemas e a Constituição: premissas para uma reforma legislativa. *In*: Gustavo Tepedino (Org.), *Problemas de direito civil-constitucional*. Rio de Janeiro: Renovar, 2001.

[38] Na Alemanha, a ideia da Constituição como ordem objetiva de valores, que condiciona a leitura e interpretação de todos os ramos do direito, foi fixada no julgamento do célebre caso *Lüth*, julgado em 1958, pelo Tribunal Constitucional Federal alemão, que assentou: "Los derechos fundamentales son ante todo derechos de defensa del ciudadano en contra del Estado; sin embargo, en las disposiciones de derechos fundamentales de la Ley Fundamental se incorpora también un orden de valores objetivo, que como decisión constitucional fundamental es válida para todas las esferas del derecho" (Jürgen Schwabe, *Cincuenta años de jurisprudência del Tribunal Constitucional Federal alemán*, 2003, Sentencia 7, 198). No caso concreto, o tribunal considerou que a conduta de um cidadão convocando ao boicote de determinado filme, dirigido por cineasta de passado ligado ao nazismo, não violava os bons costumes, por estar protegida pela liberdade de expressão.

das normas constitucionais, que se irradiam por todo o sistema jurídico. Os valores, os fins públicos e os comportamentos contemplados nos princípios e nas regras da Lei Maior passam a condicionar a validade e o sentido de todas as normas do direito infraconstitucional. Muitos dos institutos do direito civil, do direito administrativo, do direito penal e do direito processual, em meio a todos os outros, passam a ser ressignificados e reinterpretados.

Parte III – Enfrentando a realidade: o desempenho da Constituição

I Os diferentes governos

1 Os governos Sarney, Collor e Itamar Franco

O governo do Presidente José Sarney estendeu-se até 15.3.1990, pouco mais de um ano sob a vigência da Constituição de 1988, que reduziu o mandato presidencial de seis para cinco anos. Ao primeiro governo civil desde o movimento militar de 1964 pode-se creditar o início bem-sucedido da transição democrática, embora o presidente tenha conservado uma visão crítica da Carta constitucional. Na economia, porém, viveu-se um quadro de hiperinflação que persistiu a despeito de seguidos planos econômicos[39] e mudanças de moeda.[40] O saldo final do período incluiu um aumento médio anual do PIB de 4,54%, um incremento global de 12,51% da renda *per capita*[41] e uma inflação recorde, que em março de 1990 chegou a 84,5%.[42]

Fernando Collor de Mello venceu a primeira eleição direta no período pós-ditadura militar, na campanha presidencial à sucessão de José Sarney, tendo tomado posse em 15.3.1990. A disputa envolveu, em primeiro turno, vinte e cinco candidatos e, em segundo turno, Collor derrotou Luiz Inácio Lula da Silva. Com um discurso fundado no combate à inflação, na moralidade administrativa e na liberalização econômica, sua campanha contou com o apoio dos grandes grupos empresariais e de setores liberais e conservadores. Logo ao início do governo foi lançado um controvertido plano econômico que envolveu a retenção de ativos depositados em instituições financeiras e o congelamento de preços (Plano Collor).[43] Os resultados não vieram. O período foi

---

[39] A inflação, desde o início da década de 80 até meados da década de 90, assombrou o país com índices mensais de mais de dois dígitos, desorganizando a economia, impedindo o planejamento de médio e longo prazos e corroendo os salários. O Plano Cruzado, deflagrado em 28.2.1986, trouxe resultados iniciais e ajudou o PMDB a eleger 22 dos 23 governadores nas eleições de 1986, bem como 46 dos 72 senadores e 260 dos 487 deputados. (Cabe relembrar que esses parlamentares, eleitos em 1986, exerceriam o papel de constituintes). No entanto, pouco após as eleições de 15 de novembro, voltou-se à situação de descontrole inflacionário. Ainda no Governo Sarney, foram lançados os planos Cruzado II (novembro de 1986), Bresser (1987) e Verão (1989). Na passagem do governo a Fernando Collor, a inflação disparou, e ultrapassou os 80% ao mês.

[40] No período, tivemos cruzeiro (1970-1986), cruzado (1986-1989), cruzado novo (1989-1990). Com o Plano Collor, houve a volta ao cruzeiro (1990-1993).

[41] The World Bank, *GDP Growth (annual %) – Brazil*. Disponível em: https://data.worldbank.org/indicator/NY.GDP.MKTP.KD.ZG?locations=BR, consultado em 15 jul. 2023.

[42] FGV/CPDOC, *Atlas histórico do Brasil*. Disponível em: https://atlas.fgv.br/marcos/governo-jose-sarney-1985-1990/mapas/inflacao-do-governo-sarney-mes-mes. Acesso em: 15 jul. 2023.

[43] No seu governo, ainda sobreviriam os planos Collor II e Marcílio.

marcado por esforços de abertura da economia brasileira ao mercado internacional, pela privatização de empresas estatais e por uma inusual exposição midiática do presidente. Uma desavença provinciana entre o tesoureiro da campanha presidencial, PC Farias, e o irmão do presidente, Pedro Collor, terminaria por trazer à tona um universo de manipulação privada do poder e de benefícios indevidos ao chefe do Executivo. Uma comissão parlamentar de inquérito colheu depoimentos altamente incriminadores e o presidente veio a perder definitivamente o mandato nos últimos dias de dezembro de 1992, por renúncia e por deliberação do Senado Federal, quase simultaneamente. No período, o PIB brasileiro sofreu uma contração de 1,3%.[44]

O Vice-Presidente Itamar Franco, que assumira interinamente a presidência após a decisão da Câmara dos Deputados que importou no afastamento de Fernando Collor, foi efetivado no cargo no apagar das luzes de 1992. Poucos meses depois, em 21.4.1993, realizou-se o plebiscito sobre a forma e o sistema de governo, previsto no art. 2º do Ato das Disposições Constitucionais Transitórias. Por 66% contra 10,2%, venceu a República sobre a Monarquia; e, por 55,4% a 24,6%, prevaleceu o presidencialismo sobre o parlamentarismo. Itamar recebeu o governo em meio à grave crise econômica, tendo a inflação atingido 1.100% em 1992 e chegado a 2.484% no ano seguinte.[45] Após diversas trocas de ministros da Fazenda, o presidente convidou para o cargo o então ministro das Relações Exteriores, Fernando Henrique Cardoso. Em fevereiro de 1994, foi lançado o Plano Real, primeiro plano de estabilização econômica, entre os muitos deflagrados desde 1986, que produziu resultados de longo prazo, permitindo que a inflação fosse finalmente controlada. Embalado pelo sucesso do Real, Fernando Henrique, lançado pelo PSDB (Partido da Social Democracia Brasileira), saiu vitorioso nas eleições presidenciais de 3.10.1994, derrotando o candidato do PT, Luiz Inácio Lula da Silva. Com FHC, finalmente chegou ao poder a geração que fora perseguida pelo regime militar.

2 O Governo Fernando Henrique Cardoso

Fernando Henrique Cardoso foi eleito por maioria absoluta para dois mandatos, entre 1º.1.1995 e 31.12.2002. Seus dois períodos de governo foram marcados pelo esforço bem-sucedido de consolidação da estabilidade econômica – ao custo de juros elevadíssimos e de períodos de recessão –, de combate ao déficit público e por reformas econômicas e administrativas que mudaram a face do Estado. Adiante comento essas transformações, bem como a polêmica emenda constitucional que permitiu a reeleição. Merecem registro a promulgação da Lei de Responsabilidade Fiscal, bem como o saneamento e a venda dos bancos públicos estaduais, com renegociação da dívida dos estados e seu enquadramento no programa de ajuste fiscal. O governo também conseguiu

---

[44] Marcelo Osakabe, PIB de governo Bolsonaro só vence os governos Dilma e Collor. *Valor Investe*, 3 mar. 2023. Disponível em: https://valorinveste.globo.com/mercados/brasil-e-politica/noticia/2023/03/03/pib-de-governo-bolsonaro-so-vence-os-governos-dilma-e-collor.ghtml#. Acesso em: 15 jul. 2023.

[45] De acordo com o DIEESE – Departamento Intersindical de Estatísticas e Estudos Socioeconômicos (Disponível em: http://www.dieese.org.br/notatecnica/notatec36SalariosеBaixaInflacao.pdf). Fernando Henrique Cardoso, que assumiria a área econômica quase sete meses depois, em 19.5.1993, afirmou em seu *A arte da política*, 2006, p. 141: "Fui o quarto ministro da Fazenda em sete meses [...]. A inflação poderia ultrapassar, se anualizada nos momentos de pico, os 3.000% ao ano".

aprovar, no Congresso Nacional, uma necessária Reforma da Previdência e uma Reforma Administrativa de alto custo político e poucos resultados práticos. O PIB no período cresceu a uma média anual de 2,42%.[46] Apesar da avaliação histórica merecidamente positiva, Fernando Henrique Cardoso não conseguiu fazer o seu sucessor. O candidato do PSDB, José Serra, foi derrotado pelo candidato do PT, Luiz Inácio Lula da Silva. Em sua quarta tentativa, Lula chegou finalmente ao poder.

3 O Governo Luiz Inácio Lula da Silva

Lula governou, igualmente, por dois mandatos, entre 1º de janeiro e 31 de dezembro de 2010. Surpreendendo adversários e desagradando aliados, o governo perseguiu a estabilidade econômica e o controle da inflação, apesar de ter recebido, ao longo do tempo, críticas quanto a um crescente relaxamento fiscal. No plano social, o *Bolsa Família* mereceu destaque mundial como um bem-sucedido programa de transferência condicionada de renda para famílias muito pobres. O governo conseguiu aprovar, também, mais uma importante Reforma Previdenciária, assim como a Reforma do Judiciário, que criou o Conselho Nacional de Justiça e introduziu importantes institutos de racionalização da prestação jurisdicional.[47] Houve, do mesmo modo, êxitos significativos em termos de diminuição da pobreza, aumento do salário-mínimo, extinção prática da dívida externa e conquista da confiança de investidores estrangeiros.[48] A repercussão da crise global de 2008 foi pequena no Brasil. Um balanço do período registra, no plano social, a redução expressiva do número de pobres, que teria caído de 50 milhões para 29,9 milhões.[49] No plano econômico, ao longo dos oito anos do mandato presidencial, o PIB teve o significativo crescimento médio anual de 4%. No plano político, o governo e o PT arcaram com o ônus grave de não terem procurado mudar o modo fisiológico e nebuloso de se fazer política no país. Nada obstante, o Presidente Lula deixou o cargo com 83% de aprovação popular[50] e conseguiu eleger com razoável folga a sucessora.

4 O Governo Dilma Rousseff

A Presidente Dilma Rousseff tomou posse em 1º.1.2011 e desfrutou de elevada aprovação popular nos dois primeiros anos de governo. Os sintomas de desgaste começaram a aparecer em maio e junho de 2013, em manifestações populares que levaram centenas de milhares de pessoas às ruas de diferentes cidades. Os protestos não tinham uma agenda clara e homogênea e revelavam uma insatisfação difusa em

---

46 The World Bank, *GDP Growth (annual %) – Brazil*. Disponível em: https://data.worldbank.org/indicator/NY.GDP.MKTP.KD.ZG?locations=BR. Acesso em: 15 jul. 2023.

47 A Emenda Constitucional nº 45, de 8.12.2004, introduziu a súmula vinculante e a repercussão geral.

48 No início de maio de 2008, a agência de classificação de risco Standard & Poors elevou a avaliação do país para "grau de investimento" (*investment grade*), fato celebrado pelo governo, pela comunidade financeira e pela imprensa (v. *Revista Veja*, 7 maio 2008).

49 As estatísticas, como não é incomum acontecer, são um tanto desencontradas. Segundo o economista Marcelo Néri, da FGV, no período Lula a pobreza caiu 50,6%, enquanto com FHC caiu 31,9% (Disponível em: http://economia.estadao.com.br/noticias/geral,fgv-pobreza-caiu-50-6-com-lula-e-31-9-com-fhc,65287e).

50 Lula encerra mandato com aprovação de 83%, afirma IBOPE. *Veja*, 19 dez. 2010. Disponível em: https://veja.abril.com.br/politica/lula-encerra-mandato-com-aprovacao-de-83-afirma-ibope.

relação aos governantes em geral – no plano federal, estadual e municipal. Ainda assim, a presidente conseguiu se reeleger em segundo turno nas eleições presidenciais de 2014. Logo após, porém, a deterioração das finanças públicas e das perspectivas de crescimento econômico abalou sua sustentabilidade política. O PIB deixou de crescer – em realidade, sofreu uma contração de 0,4% –, o país perdeu o grau de investimento e o desemprego aumentou. Nesse cenário, embora a presidente não tivesse sofrido qualquer acusação de natureza penal e fosse percebida pela maioria da sociedade como uma pessoa íntegra, foi arrastada pela crise econômica, política e ética que se irradiou pelo país. Seu pedido de *impeachment* foi aberto em razão de circunstâncias pessoais do então presidente da Câmara dos Deputados, e seguiu seu curso diante da falta de sustentação política no Congresso, resultando no seu afastamento definitivo em 31.8.2016.

5 O Governo Michel Temer

O Presidente Michel Temer tomou posse, provisoriamente, em 12.5.2016, data em que o Senado Federal instaurou o processo de *impeachment* contra a Presidente Dilma Rousseff, após autorização da Câmara dos Deputados. Em 31 de agosto seguinte, depois do julgamento final do Senado afastando a presidente, tomou posse no cargo de forma definitiva. No plano econômico, o novo governo herdou um quadro de recessão, inflação e juros altos, que enfrentou com relativo sucesso.[51] Com apoio do Congresso, foi aprovada importante e controvertida medida de política fiscal, que foi a emenda constitucional estabelecendo o teto de gastos públicos.[52] Também foi aprovada uma Reforma Trabalhista, inclusive com a regulamentação da terceirização. As mudanças foram saudadas como modernização das relações de trabalho, por alguns, e como sua precarização, por outros. Igualmente importante foi a reforma do ensino médio e a subsequente aprovação da Base Nacional Comum Curricular. Já a Reforma da Previdência foi abatida em meio à crise resultante de acusações de corrupção no governo. O presidente sofreu duas denúncias criminais quando ainda no cargo: uma por corrupção passiva e outra por organização criminosa e obstrução de justiça. Em ambos os casos, a Câmara dos Deputados recusou autorização para a instauração de ação penal. Contudo, boa parte da energia política do governo foi consumida nesses processos. Apesar de medidas apoiadas pelo mercado e da melhoria dos indicadores econômicos, a aprovação pessoal do presidente e do seu governo bateu recordes negativos.[53]

6 O Governo Jair Bolsonaro

Em 28.10.2018, Jair Bolsonaro foi eleito presidente da República pelo Partido Social Liberal (PSL), em segundo turno, com 57.797.487 votos (55,13%). Derrotou Fernando Haddad, candidato do Partido dos Trabalhadores (PT), na oitava eleição presidencial

---

[51] De fato, houve expressiva queda na inflação e na taxa de juros, embora tenha havido aumento no número de desempregados. Guilherme Mazui, Filipe Matoso e Alexandro Martello, Aos 2 anos, governo Temer festeja economia, mas enfrenta impopularidade, denúncias e crise política. *G1*, 12 maio 2018.

[52] Emenda Constitucional nº 95, de 15.12.2016.

[53] Igor Gadelha e Renan Truffi, Pesquisa mostra Temer com a pior aprovação da série histórica. *O Estado de São Paulo*, 19 set. 2017.

após a promulgação da Constituição de 1988. Uma confluência de razões levou Bolsonaro ao poder. A primeira e mais óbvia foi a recessão econômica que se abateu sobre o país nos anos anteriores às eleições. Em segundo lugar, o descenso social de segmentos que haviam ascendido à condição de "nova classe média", ingressando no mercado de consumo, e que em parte voltaram aos patamares anteriores de pobreza. Em terceiro lugar, a eclosão de escândalos de corrupção, tendo por centro de gravidade a Petrobras – mas não apenas –, e que foi revelado pela Operação Lava Jato. O imaginário social brasileiro costuma vislumbrar a corrupção como mãe de todos os males. Formou-se, assim, nesse ambiente, uma onda de descontentamento e frustração, capitalizada pelo candidato vencedor. A essas causas, somaram-se dois outros fatores: a condenação criminal de Lula, vigente à época, tornava-o inelegível pela Lei da Ficha Limpa, que ele próprio havia sancionado; e a ascensão global da extrema direita, capturando, em diferentes partes do mundo, o pensamento conservador.

Jair Bolsonaro se elegeu com uma agenda conservadora nos costumes, liberal na economia e forte discurso anticorrupção. A atuação contra a corrupção foi a primeira a fenecer, com tentativas de blindar pessoas próximas e a aliança política com diversos réus. A diminuição do tamanho do Estado também não aconteceu, tendo ocorrido um único caso de privatização relevante (Eletrobras) e um pico assistencialista, com o *Auxílio Brasil*, que substituiu o Bolsa-Família. Merece registro a aprovação, pelo Congresso Nacional, de uma importante Reforma da Previdência. O governo conviveu com a gravidade da pandemia da Covid-19, gerida de maneira desastrosa, e com a guerra da Ucrânia. Tais contingências comprometeram os resultados econômicos, produzindo um aumento médio anual do PIB de 1,5%.[54] A dramática colisão do presidente e parte dos seus apoiadores com as instituições democráticas será analisada adiante.

7 O início do terceiro mandato de Luiz Inácio Lula da Silva

Por fim, em 30.10.2022, Luiz Inácio Lula da Silva elegeu-se para seu terceiro mandato como presidente da República, derrotando Jair Bolsonaro com diferença de menos de dois pontos percentuais. Na eleição mais acirrada desde a redemocratização, Lula recebeu 60.345.999 votos (50,9% dos votos válidos), contra 58.206.354 votos recebidos por Bolsonaro (49,1% dos votos válidos). Apesar de ter votação nominal maior em comparação com 2018, Jair Bolsonaro foi o primeiro candidato presidencial a perder uma disputa para reeleição. Já Luiz Inácio Lula da Silva registrou novo recorde de votos no país, em um pleito marcado pela polarização e ampla circulação de desinformação por meio das plataformas digitais e aplicativos de mensagens. É cedo para qualquer avaliação mais consistente, embora, claramente, o ambiente de risco institucional tenha se desanuviado. Nos primeiros seis meses de mandato, a aposta do governo foi numa importante agenda econômico-social, que incluiu a proposta de novo arcabouço fiscal, a reforma tributária e a retomada de programas sociais. Um ponto a observar é que

[54] Ivan Martinez Vargas, PIB sob Bolsonaro cresceu em média 1,5% ao ano, menos que Lula e Temer e só maior que o de Dilma. *O Globo*, 2 mar. 2023. Disponível em: https://oglobo.globo.com/economia/noticia/2023/03/pib-sob-bolsonaro-cresceu-em-media-15percent-ao-ano-menos-que-lula-e-temer-e-so-maior-que-o-de-dilma.ghtml#. Acesso em: 15 jul. 2023.

as relações com o Congresso Nacional se tornaram mais complexas do que nos dois mandatos anteriores do atual presidente.

II As principais emendas à Constituição

Até o recesso de julho de 2023, a Constituição brasileira já havia recebido 129 emendas, além das seis emendas de revisão promulgadas em 1994. O texto constitucional, por seu caráter abrangente e analítico, faz com que pequenas alterações na vida política exijam uma mudança na Constituição. Não seria exagero afirmar que a política ordinária, no Brasil, faz-se muitas vezes por via de emendas constitucionais. No fundo, o constituinte parece ter feito um *trade off*, uma espécie de compensação: diante da quantidade grande de matérias constitucionalizadas, instituiu um processo de reforma da Constituição relativamente simples. De fato, reduziu o *quorum* de 2/3 para 3/5 e, ao contrário de outros países, basta votação em dois turnos, que podem ser bem próximos um do outro, sem a dilação temporal prevista em outras Constituições. Abaixo, uma breve seleção, bastante discricionária, de algumas dessas principais emendas.

1 Mudanças na Constituição econômica

A Assembleia Nacional Constituinte foi convocada em 1986 e desenvolveu seus trabalhos ao longo de 1987 e boa parte de 1988. Era um mundo que vivia a polarização entre o socialismo, com suas economias planificadas, e o capitalismo, com o livre mercado. A Guerra Fria ainda pairava no ar. Refletindo essa dualidade, a Constituição brasileira se dividia entre os valores sociais do trabalho e da livre-iniciativa, com algumas ênfases estatizantes e nacionalistas. De fato, reservava-se grau elevado de protagonismo para o Estado, em áreas que se situavam entre a prestação de serviços públicos e o desempenho de atividades econômicas, bem como criava reservas de mercado, com restrições ao investimento estrangeiro. Todavia, sem que ninguém tivesse pressentido com nitidez, o mundo sofreu imensa reviravolta: em novembro de 1989, cai o muro de Berlim e o modelo socialista entra em colapso, consumido pela pobreza, pela insatisfação popular e pelo autoritarismo. Pouco mais à frente, em dezembro de 1991, dissolve-se a União Soviética. A Constituição brasileira reservara espaço amplo para o estatismo e o protecionismo num mundo em que prevaleceu a economia de mercado e a globalização. No curso dos anos 90, foi preciso reescrever parte da ordem econômica constitucional, por meio de emendas constitucionais e legislação ordinária.

De fato, foram aprovadas emendas e legislação: (i) suprimindo restrições ao capital estrangeiro, em áreas como mineração e navegação de cabotagem, bem como abolindo o conceito de empresa brasileira de capital nacional;[55] (ii) flexibilizando os monopólios

---

[55] A Emenda Constitucional nº 6, de 15.8.1995, suprimiu o art. 171 da Constituição, que trazia o conceito de "empresa brasileira de capital nacional", à qual poderiam ser outorgados proteção, benefícios especiais e preferências. A mesma emenda eliminou a exigência de controle por capital nacional para as empresas da área de mineração. Já a Emenda Constitucional nº 7, também de 15.8.1995, modificou o art. 178, extinguindo restrições protecionistas na navegação de cabotagem.

estatais, em domínios como gás canalizado, telecomunicações e petróleo;[56] e (iii) implantando um amplo programa de desestatização.[57] Nesse processo, foram privatizadas inúmeras empresas controladas pelo governo federal, tanto as que exploravam atividades econômicas – *e.g.*, siderurgia e mineração – como as prestadoras de serviços públicos, em áreas como telefonia e energia elétrica. Outros serviços públicos relevantes, como a construção, recuperação e manutenção de rodovias foram dados em concessão à iniciativa privada.[58] A diminuição da atuação direta do Estado no domínio econômico foi acompanhada pelo surgimento e pela multiplicação de agências reguladoras.[59]

2 Possibilidade de reeleição dos chefes do Executivo

A possibilidade de reeleição dos chefes do Executivo para um mandato imediatamente seguinte jamais fez parte da tradição brasileira, salvo no período ditatorial de Vargas, que esteve no poder por 15 anos em seu primeiro governo. As Constituições de 1891, 1934 e 1988, na sua versão original, eram expressas na proibição. As Cartas de 1937, 1946 e 1967 não faziam menção ao tema. Sob a Carta de 88, foi aprovada a Emenda Constitucional nº 16, de 4.6.1997, que deu nova redação ao art. 14, §5º, prevendo a reeleição "para um único período subsequente". A inovação se deu sob a crítica de muitos – o próprio Presidente Fernando Henrique fez *mea culpa* anos depois –[60] e sob acusações de compra de votos de parlamentares.[61] Há um grande debate na comunidade acadêmica e no meio político acerca da conveniência de tal possibilidade. Os que a criticam sustentam que desde o primeiro dia o presidente empossado começa a governar em função da reeleição, muitas vezes sacrificando o interesse público de longo prazo por essa contingência eleitoral. De outro lado, há os que afirmam que, sem reeleição, o presidente ficaria enfraquecido a partir da metade do seu mandato, quando todo o sistema passa a gravitar em torno da perspectiva de poder futuro.

Nos países parlamentaristas a questão não se coloca com a mesma intensidade, pelas funções predominantemente protocolares do presidente e pela aceitação pacífica da permanência prolongada de primeiros-ministros, desde que conservem a sustentação

---

[56] A Emenda Constitucional nº 5, de 15.8.1995, permitiu que os estados-membros concedessem a empresas privadas a exploração dos serviços locais de distribuição de *gás canalizado*, que antes só podiam ser delegados a empresa sob controle estatal. A Emenda Constitucional nº 8, de 15.8.1995, suprimiu a exigência de que serviços de *telecomunicações* só poderiam ser explorados por empresa sob controle acionário estatal, permitindo a privatização das empresas de telefonia. E a Emenda Constitucional nº 9, de 9.11.1995, permitiu a contratação de empresas privadas para as atividades relativas à lavra, às pesquisas e a outras etapas do ciclo econômico do *petróleo*.

[57] A Lei nº 8.031, de 12.4.1990, ainda do Governo Collor, instituiu o Programa Nacional de Desestatização, sendo depois substituída pela Lei nº 9.491, de 9.9.1997. Os anos 90 foram assinalados por fecunda produção legislativa em temas econômicos, que incluiu diferentes setores, como energia (Lei nº 9.427, de 26.12.96), telecomunicações (Lei nº 9.472, de 16.7.1997) e petróleo (Lei nº 9.478, de 6.8.1997), com a criação das respectivas agências reguladoras; modernização dos portos (Lei nº 8.630, de 25.2.1993) e defesa da concorrência (Lei nº 8.884, de 11.6.1994).

[58] Sobre concessões e permissões, vejam-se as leis nºs 8.987, de 13.2.1995 e 9.074, de 7.7.1995.

[59] V. Luís Roberto Barroso, Agências reguladoras. Constituição, transformações do Estado e legitimidade democrática. *In*: *Temas de direito constitucional*, v. II. Rio de Janeiro: Renovar, 2003, p. 283.

[60] Fernando Henrique faz *mea culpa* e afirma que emenda que permitiu reeleição foi um erro. *Folha de São Paulo*, 6 set. 2020. Disponível em: https://www1.folha.uol.com.br/poder/2020/09/fhc-faz-mea-culpa-e-afirma-que-reeleicao-foi-um-erro.shtml. Acesso em: 16 jul. 2023.

[61] Entenda como foi a compra de votos a favor da emenda da reeleição em 1997, *Poder 360*, 8 set. 2020. Disponível em: https://www.poder360.com.br/brasil/entenda-como-foi-a-compra-de-votos-a-favor-da-emenda-da-reeleicao-em-1997/.

política. Já em sistemas presidencialistas, há exemplos de países que permitem uma reeleição, como Estados Unidos, Argentina e Chile. À luz da experiência brasileira e tendo em vista os riscos de abuso do poder político para a continuidade no poder, tem ganhado aceitação a tese favorável à vedação da reeleição, com previsão de um mandato de cinco anos.

3 A criação do Ministério da Defesa

A ideia de criação de um Ministério da Defesa vem de longe e foi debatida na Assembleia Constituinte, não tendo prosperado em razão da forte resistência das Forças Armadas.[62] O tema foi reavivado, no entanto, no governo do Presidente Fernando Henrique, quando foi aprovada a Lei Complementar nº 97, de 9.6.1999. A conclusão do processo, todavia, exigia alteração na Constituição, para extinguir os ministérios militares (Marinha, Exército, Aeronáutica e Estado-Maior das Forças Armadas) e entronizar o Ministro de Estado da Defesa nos diversos dispositivos pertinentes, o que foi feito pela Emenda Constitucional nº 23, de 2.9.1999. Do ponto de vista administrativo, a inovação se justificava por proporcionar uma coordenação integrada da defesa nacional, com unidade de planejamento e racionalização das atividades. Do ponto de vista político, sua principal motivação foi passar a mensagem simbólica – muito importante à luz da história brasileira – de submissão do poder militar ao poder civil, como é da essência da democracia. Desde a criação do Ministério da Defesa até 2018,[63] todos os ministros nomeados eram efetivamente civis.[64] Nos governos Temer e Bolsonaro, foram nomeados militares. Em janeiro de 2023, o Presidente Lula nomeou o ex-presidente do Tribunal de Contas da União, José Múcio, com a missão relevante de pacificar o ambiente e liderar o processo de despolitização das Forças Armadas.

4 Reformas da Previdência

O sistema previdenciário brasileiro é amplamente regulado pela Constituição. Para os fins aqui visados, é possível dividi-lo em Regime Geral, aplicável aos trabalhadores da iniciativa privada e gerido pelo INSS, e em Regime Próprio, aplicável aos servidores públicos e gerido por cada ente estatal (União, estados, Distrito Federal e municípios).[65] No *Regime Geral*, o sistema sempre foi contributivo, desde o início de vigência da Constituição, mas não no Regime Próprio. Em ambos, o regime original era de repartição simples, pago com verbas do orçamento público, e não de capitalização, em que cada segurado constitui a sua própria poupança ao longo do tempo. O Regime

---

[62] Pedro Paulo Rezende, Militares são contrários ao Ministério da Defesa. *O Globo*, 24 maio 1987. Disponível em: https://www2.senado.leg.br/bdsf/bitstream/handle/id/131449/maio87%20-%200140.pdf?sequence=1&isAllowed=y. Acesso em: 16 jul. 2023.

[63] Luciana Amaral, Pela primeira vez desde criação em 1999, Ministério da Defesa será comandado por militar. *UOL*, 26.02.2018. Disponível em: https://noticias.uol.com.br/politica/ultimas-noticias/2018/02/26/pela-primeira-vez-desde-criacao-em-1999-ministerio-da-defesa-sera-comandado-por-um-militar.htm.

[64] Foram nomeados políticos (*e.g.*, Raul Jungmann), diplomatas (*e.g.*, Celso Amorim) e juristas (*e.g.*, Nelson Jobim).

[65] Também existe um sistema de aposentadoria complementar, de natureza privada e facultativa, e um regime jurídico específico para os militares.

Geral sempre conteve um teto de benefícios, ao passo que no Regime Próprio os proventos da inatividade eram integrais – vale dizer, no mesmo valor da remuneração em atividade – assegurando-se aos inativos a paridade, isto é, os mesmos reajustes e aumentos dos que estavam em atividade.

Ao longo dos anos, todavia, o sistema foi sendo sucessivamente reformado, por emendas constitucionais e legislação integradora, para adaptá-lo às novas realidades fiscais, demográficas e de expectativa de vida. Isso porque, além da demanda por serviços do Estado (e do fim da inflação, que antes mascarava as contas públicas), as pessoas passaram a viver mais[66] e as famílias a terem menos filhos.[67] A seguir, uma breve resenha das principais reformas, feitas nos governos Fernando Henrique, Lula e Bolsonaro:

a) *Emenda Constitucional nº 3*, de 17.3.1993: tornou o Regime Próprio contributivo, isto é, o sistema passou a ser custeado não apenas com recursos provenientes da União, como também por contribuição dos servidores;
b) *Emenda Constitucional nº 20*, de 15.12.1998: constitucionalizou a previdência complementar (privada e facultativa), estabeleceu idade mínima para passagem voluntária para a inatividade no setor público e previu uma combinação de tempo de serviço e tempo de contribuição para a aposentadoria, tanto no Regime Próprio quanto no Regime Geral;[68]
c) *Emenda Constitucional nº 43*, de 19.12.2003: extinguiu a integralidade e a paridade no Regime Próprio (com regras de transição) e instituiu contribuição previdenciária para os servidores inativos. A aposentadoria dos servidores deixou de ser calculada pela última remuneração e passou a considerar a média das contribuições;
d) *Emenda Constitucional nº 88*, de 7.5.2015: conhecida como "PEC da Bengala", elevou a idade para aposentadoria no serviço público para 75 anos;
e) *Emenda Constitucional nº 103*, de 12.11.2019: elevou para 62 anos a idade mínima para aposentadoria de mulheres, instituiu novos critérios de cálculo da pensão por morte, a progressividade das alíquotas e a segregação de massas, com dois fundos distintos: *financeiro*, sob a regra de repartição simples; e *previdenciário*, sob o regime de capitalização.

---

[66] De acordo com o IBGE, a expectativa de vida no Brasil, hoje, é de 77 anos. Em 1980, ela era de 65,7. Disponível em: https://noticias.uol.com.br/cotidiano/ultimas-noticias/2022/11/25/ibge-expectativa-de-vida.htm e https://www.google.com/search?q=expectativa+de+vida+no+Brasil+em+1980&oq=expectativa+de+vida+no+Brasil+em+1980&aqs=chrome..69i57j0i22i30l3j0i390i650l2.18725j1j4&sourceid=chrome&ie=UTF-8.

[67] Em 1950, uma mulher tinha em média 6,2 filhos. Em 2019, ano da última Reforma da Previdência, tinha 1,7. V. Pedro Malan, Introdução: Uma perspectiva geral, in Edmar Bacha et al. (Org.), *130 anos:* em busca da República. Rio de Janeiro: Intrínseca, 2019.

[68] A regra geral, *no setor público*, ficou assim: "a) sessenta anos de idade e trinta e cinco de contribuição, se homem, e cinqüenta e cinco anos de idade e trinta de contribuição, se mulher; b) sessenta e cinco anos de idade, se homem, e sessenta anos de idade, se mulher, com proventos proporcionais ao tempo de contribuição". *No setor privado:* "trinta e cinco anos de contribuição, se homem, e trinta anos de contribuição, se mulher; II - sessenta e cinco anos de idade, se homem, e sessenta anos de idade, se mulher".

5 Outras reformas

A Reforma Trabalhista ou, antes, as modificações na legislação trabalhista não se deram pela via da emenda constitucional, apesar de sua importância e seu impacto. Muitas questões decorrentes das relações de trabalho trazem grande preocupação, entre as quais: o desemprego, a informalidade e o excesso de litigiosidade. Não é singelo o ponto de equilíbrio entre a proteção necessária do trabalhador e o excesso de proteção que desestimula, muitas vezes, a contratação e a formalização do emprego. O domínio é polêmico. No governo do Presidente Michel Temer, foram editadas leis validando a terceirização, inclusive nas atividades-fim[69] e eliminando a contribuição sindical obrigatória.[70] Ambas as iniciativas foram chanceladas pelo Supremo Tribunal Federal.

Merece registro, igualmente, a Emenda Constitucional nº 35, de 20.12.2001, que deixou de exigir autorização prévia da Casa legislativa para a instauração de ação penal contra parlamentares. A partir de então, centenas de ações penais e inquéritos tramitaram no STF contra membros do Congresso Nacional.

Por fim, vale mencionar alguns novos direitos individuais acrescentados à Constituição, no longo elenco do capítulo dos direitos individuais e coletivos (art. 5º): "a duração razoável do processo" (inc. LXXVIII) e, como fruto da Revolução Tecnológica, da internet e da era digital, "a proteção dos dados pessoais". Mais recentemente, ainda sem previsão expressa, vai se desenhando um novo direito, que é o "direito à inclusão digital".

III Os momentos críticos

1 Dois *impeachments*

Já se fez o registro do impacto produzido pelos dois *impeachments* presidenciais ocorridos na vigência da Constituição de 1988. O de Fernando Collor trouxe o trauma da destituição do primeiro presidente eleito pelo voto popular após a redemocratização do país. Já o *impeachment* da Presidente Dilma Rousseff foi ainda mais problemático. Apesar da falta de sustentação política no Congresso e da baixa aprovação em pesquisas de opinião pública, a verdade é que os fatos a ela imputados, segundo a avaliação de muitos, não tinham a gravidade necessária a justificar a medida extrema. O Supremo Tribunal Federal chegou a anular o procedimento, determinando que fosse seguido o rito do *impeachment* do Presidente Collor. O processo foi reiniciado. O mérito da decisão do Congresso, todavia, é universalmente considerado questão política, insuscetível, como regra, à apreciação do Poder Judiciário. O episódio revelou a insuficiência do modelo presidencialista para lidar com situações em que o governante, embora eleito democraticamente, perdeu o apoio no curso do mandato. A exigência de crime de responsabilidade, quando a questão é essencialmente política, leva a distorções graves. Essa é uma das razões da minha simpatia pela fórmula semipresidencialista, em que

---

[69] Lei nº 13.429, de 31.3.2017.

[70] CLT, arts. 579 e 582, na redação dada pela Lei nº 13.467, de 13.7.2017.

o presidente é eleito, conserva competências importantes como chefe de Estado, mas não cuida do varejo da política, que fica a cargo do primeiro-ministro, que é o chefe de governo. Em caso de perda do apoio da maioria, o primeiro-ministro pode ser substituído por deliberação parlamentar, sem que isso importe em abalo institucional.

2 Mensalão e Operação Lava Jato

O escândalo que ficou conhecido como *Mensalão* veio à tona em 2005, durante o primeiro mandato do Presidente Lula. Ele consistiu num esquema de pagamento de valores a parlamentares de diferentes partidos para votarem favoravelmente aos projetos do governo na Câmara dos Deputados. O episódio teve ampla divulgação na imprensa, foi objeto de uma Comissão Parlamentar Mista de Inquérito e resultou na perda do mandato dos deputados Roberto Jefferson, principal delator, e José Dirceu, acusado de mentor do esquema. O episódio teve por consequência denúncia criminal apresentada contra quarenta acusados, resultando na Ação Penal nº 470, que tramitou perante o STF e teve seu julgamento concluído em finais de 2013. Pela primeira vez na história, crimes de colarinho branco praticados por políticos e empresários levaram à condenação e à prisão efetiva dos seus autores, por delitos como corrupção ativa, corrupção passiva, peculato, lavagem de dinheiro e gestão temerária de instituição financeira. Embora tenha causado abalo momentâneo no governo, o escândalo não impediu a reeleição do presidente.

Iniciada em 2014 e encerrada em 2021, a *Operação Lava Jato* ocupou, por anos, o imaginário social brasileiro e é objeto de avaliações contraditórias e ambíguas. Nas reviravoltas da vida, ela foi do endeusamento à demonização. Como não é incomum acontecer na vida, um pouco de mediania pode ajudar a compreender o que se passou, nas suas facetas positivas e negativas. A verdade é que será necessário algum distanciamento histórico para uma avaliação liberta das paixões e circunstâncias que a envolvem. No lado positivo, a operação ajudou a revelar a existência de um quadro de corrupção estrutural, sistêmica e institucionalizada que marca a história do Brasil de longa data. Não foi fenômeno de um governo ou de um partido, mas um processo cumulativo que vem de longe e um dia transbordou. A partir de esquemas de corrupção na Petrobras, veio à tona o loteamento da estatal por partidos políticos e um espantoso universo de superfaturamentos, propinas e outros comportamentos desviantes. Parte da elite política e econômica foi efetivamente punida, com seus malfeitos devidamente comprovados.

Por outro lado, os métodos empregados na condução dos processos e a proximidade das relações entre procuradores e magistrados foram crescentemente colocados em xeque, inicialmente por advogados e depois também pela imprensa. Alguns erros visíveis da operação envolveram o ex e atual Presidente Lula da Silva, como o vazamento de uma conversa telefônica com a então Presidente Dilma Rousseff, uma condução coercitiva desnecessária, um célebre *Power Point* que condenava o denunciado logo ao início do processo e a divulgação em momento eleitoral da colaboração premiada do Ex-Ministro Antônio Palocci. O fato de o juiz protagonista da operação ter aceitado o cargo de ministro no governo que se iniciava – após haver sido responsável pela condenação que afastou o adversário do páreo – deu plausibilidade ao discurso de motivação política na condução de, pelo menos, alguns dos processos. A Operação Lava Jato vem sendo fortemente contestada, tanto pelos que não perdoam os seus erros quanto pelos que não se conformam com os seus acertos. Muitos dos condenados em casos graves e evidentes de corrupção ativa, passiva e lavagem de dinheiro tiveram seus processos anulados.

Independentemente da visão que cada um possa ter sobre a Operação Lava Jato em si, a triste verdade é que a corrupção continua entranhada na vida brasileira, assombrando diversas gerações. O Índice de Percepção da Corrupção no Brasil é pior do que a média global, regional e dos BRICS, sem falar nos países do G-20. O Brasil amarga o 94º lugar entre 180 países.[71]

3 Populismo autoritário

A democracia constitucional foi a ideologia vitoriosa do século XX. Porém, nos últimos tempos, algo parece não estar indo bem, num quadro descrito como de *recessão democrática*. A expressão se refere a processos históricos ocorridos em países como Hungria, Polônia, Turquia, Rússia, Filipinas, Venezuela e Nicarágua, entre outros. O que se viu, em diferentes partes do mundo, foi a ascensão de um populismo autoritário,[72] com vieses extremistas, que utiliza como estratégias: (i) a comunicação direta com seus apoiadores, mais recentemente por via das redes sociais; (ii) o consequente *by-pass* das instituições intermediárias, como Legislativo, imprensa e sociedade civil; e (iii) ataques às instituições de controle do poder, notadamente às supremas cortes, com a intenção de enfraquecê-las ou capturá-las. Tudo acompanhado do uso intenso das plataformas digitais e aplicativos de mensagens, com a disseminação de desinformação, discursos de ódio, teorias conspiratórias e destruição de reputações. Embora o populismo autoritário e extremista possa ser de direita ou de esquerda, nos últimos tempos tem prevalecido o avanço da extrema direita, com um ideário muitas vezes racista, misógino, homofóbico e antiambientalista, além de uma preocupante mistura de religião com política.

O Brasil não escapou dessa onda, tendo vivido, entre 2018 e 2022, uma série de situações que levaram as agências internacionais a detectarem um declínio da democracia no país.[73] Ataques à imprensa e às instituições, inclusive e notadamente, o Supremo Tribunal Federal e o Tribunal Superior Eleitoral foram constantes. Também se procurou desacreditar o sistema de votação eletrônica – que eliminou as fraudes eleitorais no país – com acusações não comprovadas e falsas. A tais componentes se somaram um desfile de tanques de guerra na Praça dos Três Poderes, no dia da votação da volta do voto impresso; requerimento de *impeachment* de ministros do STF; ameaça de descumprimento de decisões judiciais; a não concessão da vitória ao candidato vencedor, após as eleições, com recusa da passagem da faixa presidencial, importante

---

[71] Gustavo Zanfer, Brasil mantém nota abaixo da média e aparece estagnado em ranking da corrupção. *CNN Brasil*, 31 jan. 2023. Disponível em: https://www.cnnbrasil.com.br/nacional/brasil-mantem-nota-ruim-e-aparece-estagnado-em-ranking-mundial-da-corrupcao/. Acesso em: 18 jul. 2023.

[72] V. Luís Roberto Barroso, Populismo, autoritarismo e resistência democrática: as cortes constitucionais no jogo do poder. *Direito e Práxis*, ahead of print, 2022. E, também, do mesmo autor, Populism, authoritarianism and institutional resistance: constitutional courts in the game of power. *Texas International Law Journal*, 57:259, 2022.

[73] IDEA, Global State of Democracy Initiative: Brazil. https://idea.int/democracytracker/country/brazil. Disponível em: Acesso em 18 jul. 2023: "Brazil is a mid-performing democracy that has experienced significant declines over the past five years in Clean Elections, Civil Liberties, Gender Equality and Personal Integrity and Security".

tradição democrática brasileira; e acampamentos na frente de quartéis com clamores de intervenção das Forças Armadas para anular a eleição. Por fim, vieram os ataques físicos à sede dos três poderes, no fatídico 8.1.2023 – "Dia da infâmia", nas palavras da Ministra Rosa Weber, então presidente do STF –,[74] por milhares de manifestantes apoiadores do presidente derrotado, num ensaio de golpe de Estado que veio a ser repudiado pela quase totalidade da sociedade brasileira.

Conclusão – Tocando em frente

I Uma agenda para o Brasil

A Constituição brasileira chega aos 35 anos com importantes conquistas a celebrar, que incluem: (i) o mais longo período de *estabilidade institucional* da história republicana; (ii) a conquista de *estabilidade monetária*, após anos de descontrole inflacionário; e (iii) algum grau de *inclusão social*, embora afetado, nos últimos anos, por recessão e baixo crescimento. Por outro lado, seguimos com problemas não resolvidos no sistema político, nos índices de percepção da corrupção e nos níveis de violência na sociedade, que afeta, sobretudo, pobres, negros, mulheres e a comunidade LGBTQI+. Olhando para frente, num mundo e num país polarizados, é possível tentar construir uma agenda de consensos que deverá incluir:

1. *Combate à pobreza e à desigualdade*. Em dados de 2021, 8,4% da população brasileira vive em estado de extrema pobreza (menos de R$5,60 por dia). E 29% estão abaixo da linha da pobreza (R$16,20).[75] O Brasil é um dos maiores produtores de alimentos do mundo, mas tem cerca de 30,7% da população em estado de insegurança alimentar moderada ou grave, em dados de 2022.[76] Ademais, somos um dos países mais desiguais do planeta, no qual os 10% mais ricos ganham quase 60% da renda nacional total e a metade mais pobre possui menos de 1% da riqueza.[77] Combater a pobreza e a desigualdade há de ser a principal prioridade do país.
2. *Retomada do crescimento*. A economia brasileira teve um desempenho exuberante durante o século XX. Medida pelo PIB, ela cresceu, entre 1900 e 1980, a uma média anual superior a 5,5%.[78] Porém, entre 2002 e 2022, o PIB brasileiro cresceu

[74] 8 de Janeiro: saiba o que aconteceu no STF nesses seis meses seguintes ao ataques golpistas. *STF*, 8 jul. 2023. Disponível em: https://portal.stf.jus.br/noticias/verNoticiaDetalhe.asp?idConteudo=510262&ori=1.

[75] Estadão, Brasil teve recorde da população abaixo da linha de pobreza em 2021, diz IBGE. *UOL*, 2 dez. 2022. Disponível em: https://economia.uol.com.br/noticias/estadao-conteudo/2022/12/02/brasil-teve-recorde-da-populacao-abaixo-da-linha-de-pobreza-em-2021-diz-ibge.htm#:~:text=Em%202021%2C%20havia%20um%20ápice,nesta%20sexta%2Dfeira%2C%202.

[76] Inflação de alimentos e insegurança alimentar no Brasil. *World Bank*, 19 jun. 2023. Disponível em: https://www.worldbank.org/pt/country/brazil/publication/brazil-food-insecurity-and-food-inflation. Acesso em 26 jul. 2023.

[77] Daniela Fernandes, 4 dados mostram por que Brasil é um dos países mais desiguais do mundo, segundo relatório. *BBC*, 7 dez. 2021. Disponível em: https://www.bbc.com/portuguese/brasil-59557761. Acesso em: 22 jul. 2023.

[78] Gabriela Soares, Brasil tem a pior década para a economia em 120 anos. *Poder 360*, 3 mar. 2021. Disponível em: https://www.poder360.com.br/economia/brasil-tem-pior-decada-para-a-economia-em-120-anos/.

apenas 2,2%.[79] E na última década foi ainda pior. A média de crescimento de cada governo recente foi: FHC, 2,4%; Lula, 4,1%; Dilma, 0,4%; Michel Temer, 1,6%; Jair Bolsonaro, 1,5%.[80] A dura verdade é que sem crescimento econômico contínuo e sustentável não há como enfrentar a pobreza e distribuir riquezas.

3. *Prioridade máxima para a educação básica*. A pobreza e a baixa produtividade do trabalhador estão associadas diretamente aos níveis e à qualidade da educação. Os grandes problemas da educação básica no Brasil já estão bem diagnosticados[81] e incluem: (i) a não alfabetização da criança na idade certa; (ii) a evasão escolar no ensino médio; e (iii) o déficit de aprendizado, que se traduz na conclusão das etapas da educação básica (fundamental e médio) sem que o jovem tenha aprendido o mínimo necessário. Maior atratividade das carreiras do magistério, ensino em tempo integral, despolitização da indicação de diretores e ensino desde a primeira idade estão entre as soluções consensuais para os problemas.
4. *Saneamento básico*. O saneamento básico é a principal política pública de saúde preventiva, além de ser vital para impedir o comprometimento do solo, dos mananciais (fontes de água para abastecimento), rios e praias. Ele consiste em ações de abastecimento de água, coleta e tratamento de esgoto, bem como manejo das águas pluviais e dos resíduos sólidos. Nossos indicadores nessa área são muito ruins. Cerca de metade dos domicílios brasileiros não tem acesso a uma rede de coleta de esgoto. Além disso, mais de 50% dos municípios brasileiros não têm qualquer sistema de tratamento de esgoto instalado, despejando-o diretamente no meio ambiente.[82] No tocante aos resíduos sólidos, mais de 50% dos municípios os destinam a vazadouros a céu aberto, conhecidos como lixões.[83] Como o Estado não tem recursos para os investimentos necessários, é indispensável a participação da iniciativa privada para a superação desse quadro.
5. *Investimento em ciência e tecnologia*. A Revolução Tecnológica transformou o mundo em que vivemos. Algumas das principais fontes de riqueza deixaram de ser os bens físicos e passaram a ser o conhecimento, a inovação, os dados, a propriedade intelectual. Vivemos a era das novas tecnologias – inteligência artificial, robótica avançada, computação nas nuvens, *streaming*, *blockchain* –, que trouxeram novos paradigmas para as relações econômicas, de produção e de trabalho. Um mundo de novos modelos de negócio, da Amazon, do Google

---

[79] Agência O Globo, Bolsonaro, Lula, Temer ou Dilma: qual presidente conseguiu o maior crescimento do PIB? *Exame*, 2 mar. 2023. Disponível em: https://exame.com/economia/bolsonaro-lula-temer-ou-dilma-qual-presidente-conseguiu-maior-crescimento-do-pib/#.

[80] *Idem*.

[81] Luís Roberto Barroso, A educação básica no Brasil: do atraso prolongado à conquista do futuro. *Revista Direitos Fundamentais e Justiça*, 41:117, 2019.

[82] Técnicos do MDR estimam que quase metade da população abrangida pelo sistema não tem acesso a redes de esgoto. Isso significa que, de um total de 208,7 milhões de brasileiros, 94,1 milhões não dispõem do serviço. Outro desafio é que apenas a metade do esgoto coletado (50,8%) é tratada (Disponível em: https://agenciabrasil.ebc.com.br/geral/noticia/2021-12/quase-50-dos-brasileiros-nao-tem-acesso-redes-de-esgoto-diz-mdr. Matéria de 17.12.2021).

[83] Resíduos sólidos urbanos no Brasil: desafios tecnológicos, políticos e econômicos. *IPEA*, 9 jul. 2020. Disponível em: https://www.ipea.gov.br/cts/pt/central-de-conteudo/artigos/artigos/217-residuos-solidos-urbanos-no-brasil-desafios-tecnologicos-politicos-e-economicos.

e da Netflix, entre incontáveis outros. Se não investirmos pesado em ciência, tecnologia, pesquisa e inovação, vamos ficar para trás na história, eternos exportadores de *commodities*.

6. *Habitação popular*. A questão do direito à moradia – direito social fundamental – remete ao déficit habitacional e à inadequação de domicílios no Brasil. O *déficit habitacional* identifica a necessidade de construção de novas moradias e tem em conta pessoas que vivem em condições precárias, com excessivo número de famílias convivendo em um mesmo ambiente e sem condições de pagar aluguel. A *inadequação de domicílios* significa, principalmente, a carência de infraestrutura urbana, compreendendo itens como energia elétrica, água, esgotamento sanitário e banheiro. E há também o problema da regularização fundiária e das áreas de risco. Em números redondos de 2019, o Brasil tem um déficit habitacional de aproximadamente 6 milhões de unidades, concentrado, sobretudo, na faixa de renda de até três salários-mínimos.[84] É necessária, assim, a adoção constante e consistente de políticas públicas voltadas para a construção de novas unidades habitacionais e para a oferta de infraestrutura, urbanização de favelas, cuidados ambientais, saneamento básico e transporte público.
7. *A questão ambiental*. O Brasil tem todas as condições para se tornar a grande liderança ambiental global e, assim, contribuir para enfrentar um dos problemas mais críticos de nosso tempo, que é a mudança climática e o consequente aquecimento global. Temos uma matriz energética predominantemente limpa, que é a hidráulica, e grande potencial de energias renováveis, que são a solar, eólica e biomassa, com destaque para as potencialidades da cana-de-açúcar. A Amazônia, por sua vez, contém a maior biodiversidade do planeta, desempenha papel decisivo no ciclo da água e é grande armazenadora de carbono. Precisamos tratá-la como o ativo relevante que é, desenvolvendo uma bioeconomia da floresta que dê sustentabilidade aos seus 25 milhões de habitantes e respeite as comunidades originárias.[85]

Ah, sim! Há um capítulo implícito em toda a agenda proposta acima: integridade e civilidade são pressupostos de tudo o mais e devem vir antes da ideologia e das escolhas políticas.

---

[84] Segundo a Fundação João Pinheiro, instituição de pesquisa do estado de Minas Gerais, em 2019, o déficit habitacional no Brasil era de aproximadamente 5,8 milhões de domicílios, considerando a falta total e a inadequação das condições de moradia. A pesquisa não contabiliza, ainda, o impacto da pandemia (Disponível em: https://habitatbrasil.org.br/deficit-habitacional-brasil/#:~:text=A%20última%20pesquisa%20da%20Fundação,no%20número%20de%20pessoas%20despejadas).

[85] Luís Roberto Barroso e Patrícia Perrone Campos Mello, Como salvar a Amazônia: por que a floresta de pé vale mais do que derrubada. *Revista de Direito da Cidade*, 12:331, 2020. Dos mesmos autores, v. In defense of the Amazon. *Harvard International Law Journal*, 62, 2021.

II Encerramento

Na vida, nunca cessamos de procurar.
E o final de toda procura
Nos leva ao ponto de onde partimos
Para conhecê-lo pela primeira vez.
(T.S. Elliot)[86]

Como o Brasil pós-eleição de 2022 bem demonstra, o mundo dá voltas e a vida é, por vezes, uma viagem redonda, na qual se volta ao ponto de partida. O aniversário de 35 anos da Constituição encontra o país polarizado, com inúmeros bolsões de intolerância. Cada um com suas razões e seus inconformismos. Nos diferentes tons do espectro político, há um consenso: o de um país aquém do seu destino. Essa a razão de certo mal-estar civilizatório entre nós, a frustração de não sermos tudo o que podemos ser. Para seguir adiante e derrotar o atraso, será preciso que a sociedade – independentemente das convicções políticas de cada um – possa ter uma compreensão correta do passado e um projeto comum a concretizar. Divergências e visões diferentes de mundo não precisam significar desconfiança ou inimizade. Onde existe boa-fé e boa-vontade, quase tudo é possível.

Essa foi a inspiração deste texto: reconstituir a história recente e encontrar alguns consensos, aptos a preparar o caminho para um futuro que se atrasou, mas ainda está no horizonte. A existência das pessoas e das nações é feita de muitos recomeços. De oportunidades que se renovam.

Informação bibliográfica deste texto, conforme a NBR 6023:2018 da Associação Brasileira de Normas Técnicas (ABNT):

BARROSO, Luís Roberto. Trinta e cinco anos da Constituição de 1988: as voltas que o mundo dá. *In*: FACHIN, Luiz Edson; BARROSO, Luís Roberto; CRUZ, Álvaro Ricardo de Souza (Coord.). *A Constituição da democracia em seus 35 anos*. Belo Horizonte: Fórum, 2023. p. 37-66. ISBN 978-65-5518-597-3.

[86] Tradução livre.

FEDERALISMO COOPERATIVO ECOLÓGICO EFETIVO: COORDENAÇÃO, FINANCIAMENTO E PARTICIPAÇÃO

ROSA WEBER

1 Notas introdutórias

Ao ensejo dos trinta e cinco anos da Constituição brasileira, merece consideração, à luz desenvolvimento jurisprudencial havido desde a sua promulgação, a forma federativa de Estado, cláusula pétrea (art. 60, §4º, I, CF), em particular o federalismo em sua conformação cooperativa, como orquestrada pela ordem constitucional de 1988.

Explicitado o princípio federativo, no texto constitucional, tanto na repartição das competências legislativas como administrativas (arts. 21 a 25 e 30, CF), um dos desafios enfrentados pela Assembleia Constituinte de 1987-1988 foi, justamente, a *reconstrução federativa*, como registrado por Raul Machado Horta antes do início dos trabalhos:

> Entre as grandes tarefas da geração atual destaca-se a de reconstruir a Federação, modelando instituições que possam projetá-la no próximo milênio. O centro da reconstrução da Federação Constitucional reside na repartição das competências, para redefinir as áreas de atuação da União Federal, dos Estados-membros e de outros níveis de Governo. A Federação projetada para o futuro requer repartição de competências ajustada a tal objetivo.[1]

Nessa linha, a enfrentar os dilemas *intra* e *intergeracionais* e a complexidade do mundo contemporâneo, necessária a acolhida do federalismo cooperativo, em contraposição ao federalismo de viés competitivo. Com efeito, como salientado por Gilberto Bercovici, o "grande objetivo do federalismo, na atualidade, é a busca da cooperação entre União e entes federados, equilibrando a descentralização federal com os imperativos da integração econômica nacional".[2]

Em síntese, o estabelecimento, na Constituição de 1988, de competências comuns e concorrentes tem sido apontado pela doutrina como fórmula típica da passagem do federalismo hegemônico e centrípeto, que marcou a história republicana brasileira,

---

[1] HORTA, Raul Machado. Estrutura da Federação. *Revista de Direito Público*, v. 20, n. 81, p. 52-56, jan./mar. 1987.

[2] BERCOVICI, Gilberto. *Dilemas do Estado Federal brasileiro*. Porto Alegre: Livraria do Advogado Ed., 2004.

para um federalismo de equilíbrio e de cooperação, comprometido com a proteção dos direitos fundamentais.[3] Buscou-se, com isso, aperfeiçoar as instituições republicanas, atenuando a tendência excessivamente centralizadora e valorizando a autonomia dos entes federados e o seu potencial de capilaridade para a consecução da descentralização administrativa e desconcentração política, sem, no entanto, abandonar os compromissos com o projeto constitucional. Esse, é sabido, requer certo grau de uniformidade para o desenvolvimento e o bem-estar em escala nacional.

Igualmente, tanto na perspectiva *intra* como *intergeracional*, em contexto altamente dinâmico e complexo, a Constituição de 1988 albergou a imperiosa proteção ambiental, dando-lhe nova e importante configuração. O meio ambiente sadio e equilibrado não apenas é alicerçado como *direito*, mas também como *dever fundamental* de todos, é dizer, "*todos* têm direito ao meio ambiente ecologicamente equilibrado, bem de uso comum do povo e essencial à sadia qualidade de vida, impondo-se *ao Poder Público e à coletividade* o dever de defendê-lo e preservá-lo para as presentes e futuras gerações" (art. 225, CF).

Delineada, nesses termos, estrutura jurídica complexa, de dúplice direção normativa. Uma voltada ao reconhecimento do direito fundamental ao meio ambiente ecologicamente equilibrado, na perspectiva intergeracional. Outra relativa aos deveres de proteção e responsabilidades atribuídos conjuntamente aos poderes constituídos, aos atores públicos e à sociedade civil.

É certo que, de um modo ou de outro, ao menos no plano normativo, a preocupação ambiental remonta a séculos longínquos, podendo-se encontrar a proteção de alguns aspectos da flora e da fauna em legislações passadas. Assim, por exemplo, as Ordenações Afonsinas (1446) tipificavam o corte de árvore frutíferas como crime de injúria ao rei. Conduta já antes vedada por lei do ano de 1393, subsequentemente incorporada ao texto compilado (Livro V, Título LIX). No mesmo passo, as Ordenações Manuelinas (1521) proibiam a caça de animais com determinados instrumentos, que lhes causassem dor e sofrimento, e traziam um conceito embrionário de zoneamento ambiental, a vedar a caça em determinados locais. Ainda, as Ordenações Filipinas (1603), no que toca à poluição, desautorizavam o despejo de materiais que pudessem matar os peixes ou degradar as águas.[4]

Contudo, muito mais recente é a virada propriamente ecológica, em transição de paradigmas e com preocupação holística – isto é, não voltada a apenas alguns atributos ambientais, de maneira fragmentada. Com a paulatina construção de um consenso global a respeito, a viragem ocorre a partir da segunda metade do século XX, especialmente nos últimos cinquenta anos.

Nesse sentido, destaque devido à Declaração de Estocolmo sobre o Meio Ambiente Humano (1972). Nela se reconheceu que "a proteção e a melhoria do meio ambiente humano constituem desejo premente dos povos do globo e dever de todos os Governos, por constituírem o aspecto mais relevante que afeta o bem-estar dos povos e o desenvolvimento do mundo inteiro". E, como enuncia o princípio 2:

---

[3] FARIAS, Paulo José Leite. *Competência federativa e proteção ambiental*. Porto Alegre: Sergio Antonio Fabris Editor, 1999.

[4] Cf. WAINER, Ann Helen. Legislação Ambiental brasileira: evolução histórica do direito ambiental. *Revista de Informação Legislativa*, ano 30, n. 118, p. 191-206, abr./jun. 1993.

os recursos naturais da Terra, incluídos o ar, a água, o solo, a flora e a fauna e, especialmente, parcelas representativas dos ecossistemas naturais, devem ser preservados em benefício das gerações atuais e futuras, mediante um cuidadoso planejamento ou administração adequada.

Não se pode esquecer, ademais, o nascimento oficial do conceito de *desenvolvimento sustentável* com o *Relatório Brundtland* (1987), da Comissão Mundial sobre o Meio Ambiente e o Desenvolvimento das Nações Unidas (CMED). Sugestivo o nome do documento, *Nosso futuro comum*. "O desenvolvimento sustentável é – justamente, anotou-se – aquele que atende às necessidades do presente sem comprometer a possibilidade de as gerações futuras atenderem a suas próprias necessidades". Tampouco se olvide, no limiar constitucional, o passo fundamental dado em 1992 com a Declaração do Rio de Janeiro sobre Meio Ambiente e Desenvolvimento, a Convenção sobre a Diversidade Biológica e a Convenção-Quadro das Nações Unidas sobre Mudança do Clima.

Internamente, a década de 1980 mostrou-se significativa para a reorientação da política ambiental brasileira, com influxos do movimento global, não obstante o choque das mudanças com a realidade e políticas regionais. É o que se teve, por exemplo, com o impulso normativo traduzido na Lei nº 6.938/1981, a instituir a Política Nacional do Meio Ambiente (PNMA), e posteriormente na Lei nº 7.347/1985, a instrumentalizar a tutela coletiva pela via da ação civil pública, conferindo abrigo processual aos chamados *novos direitos*, como o meio ambiente, marcados pela proteção integral e inclusive preventiva.[5]

Mais ainda, o ano de 1992, após a Conferência das Nações Unidas sobre o Meio Ambiente e Desenvolvimento, ocorrida no Rio de Janeiro (CNUMAD ou Rio-92), foi determinante para a inserção de uma nova perspectiva na formulação das políticas ambientais nacionais. A partir desse marco, as políticas foram discutidas e construídas como resultado de diálogo institucional entre sociedade civil e governo, cujo vetor de ação reside no modelo de desenvolvimento ambientalmente sustentável e no eixo conservacionista.

Ilustrativos dessa alteração de postura estatal, em particular no tocante à proteção florestal, são *(i)* o Programa-Piloto para Proteção das Florestas Tropicais do Brasil (ratificado na Rio-92), cuja finalidade estava centrada no desenvolvimento de estratégias inovadoras para a proteção e o uso sustentável da Floresta Amazônica e da Mata Atlântica, associadas às melhorias na qualidade de vida das populações locais, e *(ii)* o Sistema de Proteção da Amazônia – Sipam, iniciativa da Política de Defesa Nacional (Decreto nº 1.049/1994), que teve como um de seus produtos o Projeto do Sistema de Vigilância da Amazônia – Sivam, em que se definiu a infraestrutura tecnológica (Decreto de 18.10.1999).

Nesse contexto é que se apresenta a nossa Constituição Cidadã de 1988, a amalgamar ambos os desafios, a saber, a proteção ambiental e a reconstrução federativa. Por um lado, na linha do que dispõe o art. 225, §1º, impostos ao Poder Público os deveres de tutela e preservação do meio ambiente ecologicamente equilibrado, exigida atuação

---

[5] Cf. CAPELLETTI, Mauro. Vindicating the public interest through the courts: a comparativist's contribution. *Buffalo Law Review*, v. 25, p. 643-690, 1976; MOREIRA, José Carlos Barbosa. A proteção jurídica dos interesses coletivos. *Revista de Direito Administrativo*, v. 139, p. 1-10, 1980; MOREIRA, José Carlos Barbosa. A ação popular do direito brasileiro como instrumento de tutela jurisdicional dos chamados "interesses difusos". *In*: MOREIRA, José Carlos Barbosa. *Temas de direito processual* (Primeira Série). São Paulo: Saraiva, 1977. p. 110-123; e GRINOVER, Ada Pellegrini. Novas tendências na tutela jurisdicional dos interesses difusos. *Revista da Faculdade de Direito*, Universidade de São Paulo, v. 79, p. 283-307, 1984.

de todos os entes federados nas ações administrativas e de governança desse bem de uso comum e de interesse de toda a sociedade. E assim fez a Constituição tomando em conta três razões normativas. A primeira diz respeito à dimensão objetiva do direito fundamental ao meio ambiente. A segunda relaciona-se com o projeto constitucional de democracia participativa na governança ambiental. A terceira guarda relação com o arranjo institucional do federalismo cooperativo, como resposta organizacional de distribuição de poderes e deveres comprometida com os valores da democracia e do desenvolvimento sustentável e social.

Nessa lógica, ao lado do que dispõe o capítulo próprio do meio ambiente, a Constituição imbrica a proteção ambiental com a cooperação federativa, particularmente ao distribuir as competências das diferentes esferas da federação, quais sejam, a competência legislativa concorrente (art. 24, VI, VII e VIII) e, sobretudo, a competência administrativa comum (art. 23, III, VI e VII). Como bem observam Ingo Sarlet e Tiago Fensterseifer, cuida-se de autêntico desenho do *federalismo cooperativo ecológico*.[6]

Nesse cenário, o presente artigo busca explicitar, em compasso com a linha decisória do Supremo Tribunal Federal, um tripé de sustentação do federalismo cooperativo ecológico, composto *(i)* pela colaboração interfederativa, em particular mediante o equacionamento das competências administrativas comuns, *(ii)* por políticas financeiras coordenadas e complementares que viabilizem a efetiva tutela ambiental e *(iii)* pela participação federativa e popular, estruturante do constitucionalismo democrático brasileiro.

Referido tripé também se apresenta permeado pelo direito internacional, em especial o direito internacional dos direitos humanos, reconhecido o direito ao meio ambiente sadio como direito (e dever) humano já na Declaração de Estocolmo de 1972.[7] Em outras palavras, cooperação federativa entrelaçada com a cooperação internacional e transnacional, de modo a possibilitar o alcance dos objetivos comuns da humanidade.

A ilustrar esse suporte que confere estabilidade e efetividade ao federalismo cooperativo ecológico, trago três ações de controle de constitucionalidade que tive a oportunidade de relatar, recentemente decididas pelo Supremo Tribunal Federal, que dizem com a Lei Complementar nº 140/2011 (ADI nº 4.757, Pleno, j. 2 a 12.12.2022, *DJe* de 17.3.2023), o Fundo Amazônia (ADO nº 59, Pleno, j. 3.11.2022) e a composição e o processo decisório do Conama (ADPF nº 623, Pleno, j. 12 a 19.5.2023, *DJe* de 18.7.2023).

---

6 SARLET, Ingo; FENSTERSEIFER, Tiago. *Direito constitucional ambiental*. 5. ed. rev., ampl. e atual. São Paulo: Revista dos Tribunais, 2017. p. 165.

7 É o que se pode dizer do seu primeiro enunciado principiológico: "Princípio 1 – O homem [a pessoa humana] tem o direito fundamental à liberdade, à igualdade e ao desfrute de condições de vida adequadas, em um meio ambiente de qualidade tal que lhe permita levar uma vida digna, gozar de bem-estar e é portador solene de obrigação de proteger e melhorar o meio ambiente, para as gerações presentes e futuras. A esse respeito, as políticas que promovem ou perpetuam o 'apartheid', a segregação racial, a discriminação, a opressão colonial e outras formas de opressão e de dominação estrangeira permanecem condenadas e devem ser eliminadas".

2 Federalismo cooperativo ecológico e o equacionamento das competências administrativas – Um tripé incompleto

Adotado o federalismo cooperativo ecológico pela Constituição, assume especial relevância, em conjugação com o art. 225, a consagração, no art. 23, parágrafo único, da fórmula da *competência comum não cumulativa*, expressão do ideal da cooperação interfederativa, como vetor normativo para a consecução do equilíbrio do desenvolvimento e do bem-estar nacional. Segundo Raul Machado Horta, "a competência comum, embora possa ser exercida isoladamente em cada área do poder federal, estadual e municipal, contém o chamamento à cooperação intergovernamental, consagrando a moderna tendência do federalismo cooperativo".[8]

Essa clara opção constitucional contrasta com o modelo de competência comum idealizado no agir administrativo sobreposto e irracional. No modelo do federalismo cooperativo, não deve haver superposição de atribuições, não obstante a autonomia dos entes federados para o exercício de suas competências, porque vinculados pelo princípio da subsidiariedade. Com a sua adoção, pretendeu-se imprimir racionalidade e eficiência nas ações administrativas, mediante o emprego dos instrumentos de cooperação.

A articulação da competência comum, nesse quadro, não guarda pertinência com a plena autonomia dos entes federados, tampouco significa a conversão das competências em privativas. Antes, atende ao chamado da responsabilidade solidária e do princípio da eficiência na Administração Pública, além de levar em consideração as duas faces do federalismo, a estática e a dinâmica.

Nesses moldes, o art. 23 da Constituição traduz a soma de esforços para a consecução da tutela dos direitos fundamentais e dos objetivos fundamentais da República. Ou seja, na conformação da competência comum, não cabe ao legislador formular disciplina normativa que exclua o exercício administrativo de qualquer dos entes federados, mas sim que organize a cooperação federativa, assegurando racionalidade e efetividade nos encargos constitucionais de proteção dos valores e direitos fundamentais.

Deve-se destacar que a interpretação atribuída ao art. 23 da Constituição, muitas vezes, oculta a complexidade que lhe é própria, ao expressar leitura no sentido de que centrada a competência comum na distribuição funcional do agir político a todos os entes federados, cabendo a esse conjunto político atuar de forma sobreposta e simultânea no desempenho dos deveres constitucionais. O que potencializa os conflitos, com resultados negativos na proteção dos direitos fundamentais e na estabilidade necessária ao desenvolvimento e ao bem-estar nacional, como prescreve o parágrafo único do art. 23.

Como destaca Paulo José Farias:

> Com efeito, a circunstância de o Estado-membro, juntamente com o Município, a União e o Distrito Federal, comporem único e indivisível sistema de administração pública de interesses ambientais, não implica – nem se pode conceber que implique – superposição de poderes, de modo a propiciar manifestações conflitantes ou contraditórias das diferentes pessoas políticas, em face de um mesmo. Sem qualquer dúvida, um dos principais objetivos

---

[8] HORTA, Raul Machado. O meio ambiente na legislação ordinária e no direito constitucional brasileiro. *Revista Brasileira de Estudos Políticos*, n. 80, p. 21-42, jan. 1995.

> da ordem constitucional é o da segurança e certezas jurídicas, circunstância que se deve ter em mente ao interpretar o dispositivo em apreço.
>
> Igualmente, se o art. 23 da Constituição Federal estabelece competência comum da União, Estados-membros e Distrito Federal e Municípios, colocando, na mesma linha de competência, pessoas políticas que administram a questão ambiental (art. 23, VI, VII e parágrafo único), também é certo que o próprio parágrafo único do mencionado art. 23 ressalta que a linha de competência comum deve harmonizar-se pela cooperação, tendo em vista o equilíbrio do desenvolvimento e do bem-estar em âmbito nacional.
>
> Idêntica consequência extrai-se da exegese do art. 225 da Constituição Federal, quando imputa ao Poder Público o dever de defender e preservar o meio ambiente para as presentes e futuras gerações. Obviamente que este "Poder Público", mencionado pela letra constitucional [...], abrange todas as pessoas políticas que, segundo o art. 23, titularizam a competência comum.[9]

Nesse sentido, a equacionar as competências administrativas comuns dos entes federados na seara ambiental, editada, não sem tardar, a Lei Complementar nº 140/2011, cuja higidez constitucional foi, de modo geral, declarada ao julgamento da ADI nº 4.757, de minha relatoria (Plenário, j. 2 a 12.12.2022, *DJe* de 17.3.2023).[10]

O diploma, justamente, disciplina a cooperação entre a União, os estados, o Distrito Federal e os municípios nas ações administrativas decorrentes do exercício das competências comuns relativas à proteção das paisagens naturais notáveis e do meio ambiente, ao combate à poluição em qualquer de suas formas e à preservação das florestas, da fauna e da flora, em resposta ao dever de legislar prescrito no art. 23, parágrafo único, da Constituição Federal. É dizer, no marco da Política Nacional do Meio Ambiente, instituída pela Lei nº 6.938/1981, e da forma federalista de organização do Estado constitucional e ecológico, a Lei Complementar nº 140/2011 foi a responsável pelo desenho institucional cooperativo de atribuição das competências executivas ambientais às diferentes esferas federativas.

O desenho institucional do federalismo cooperativo constituído pelo diploma legal em questão, deve-se notar, trouxe alterações ao modelo antecedente criado pela Lei nº 6.939/1981, em especial no que diz com o seu art. 10, outrora responsável pela articulação das competências em matéria de licenciamento e fiscalização, com base no critério do impacto ambiental para regular a competência fiscalizadora.

Nessa linha, o papel assumido pela Lei Complementar nº 140/2011, além do adimplemento constitucional do dever de legislar, passadas mais de duas décadas de omissão, amolda-se ao objetivo de correção da prática administrativa ambiental fundada em sobreposições de ações e de conflitos de atribuições, os quais sempre foram levados

---

9 FARIAS, Paulo José Leite. *Competência federativa e proteção ambiental*. Porto Alegre: Sergio Antonio Fabris Editor, 1999.

10 Julgados improcedentes os pedidos de declaração de inconstitucionalidade dos arts. 4º, V e VI, 7º, XIII, XIV, "h", XV e parágrafo único, 8º, XIII e XIV, 9º, XIII e XIV, 14, §3º, 15, 17, *caput* e §§2º, 20 e 21, Lei Complementar nº 140/2011, e, por arrastamento, da integralidade da legislação. De outra parte, conferida interpretação conforme à Constituição Federal: *(i)* ao §4º do art. 14 da Lei Complementar nº 140/2011, para estabelecer que a omissão ou mora administrativa imotivada e desproporcional na manifestação definitiva sobre os pedidos de renovação de licenças ambientais instaura a competência supletiva do art. 15, e *(ii)* ao §3º do art. 17 da Lei Complementar nº 140/2011, a esclarecer que a prevalência do auto de infração lavrado pelo órgão originalmente competente para o licenciamento ou autorização ambiental não exclui a atuação supletiva de outro ente federado, desde que comprovada omissão ou insuficiência na tutela fiscalizatória.

ao Poder Judiciário. Cenário que em nada fortalecia o agir administrativo eficiente e racional, tampouco a tutela preventiva e protetiva do meio ambiente.

A normatização do equacionamento das competências ambientais comuns, ademais, permite evitar estado de *inação administrativa*, ou seja, que nada seja feito quando todos devem agir. Com efeito, na ausência da lei complementar prescrita no parágrafo único do art. 23 da Constituição, possível a configuração de cenário em que "nenhum dos entes realiza tarefa alguma, estabelecendo-se entre eles um jogo de empurra: o que é de todos não é rigorosamente de ninguém".[11]

Ou seja, como apontam Ingo Sarlet e Tiago Fensterseifer:

> O que se almeja, ao fim e ao cabo, a partir da regulamentação infraconstitucional da competência executiva em matéria ambiental levada a efeito pela LC 140/2011, é transpor a legislação ambiental para o "mundo da vida", assegurando a sua aplicação e efetividade, ou seja, estabelecer a "mediação" entre o marco legislativo ambiental e a efetivação da proteção ambiental, por intermédio das práticas administrativas levadas a efeito pelos diversos entes federativos e instâncias estatais.[12]

A Lei Complementar nº 140/2011, portanto, em face da intricada teia normativa ambiental, logrou equacionar o sistema descentralizado de competências administrativas em matéria ambiental com os vetores da uniformidade decisória e da racionalidade, valendo-se para tanto da cooperação como superestrutura do diálogo interfederativo.

O arcabouço adequado do sistema administrativo de proteção ambiental, por conseguinte, dos órgãos administrativos integrantes do Sistema Nacional do Meio Ambiente, conforme prescreve o art. 6º da Lei nº 6.938/1981, é o elemento nuclear na constelação dos deveres fundamentais de proteção adequada e efetiva do ambiente. O que significa dizer que é a condição operacional para a normatividade constitucional construída no art. 225, notadamente, em seu §1º.

Nessa toada, a Lei Complementar nº 140/2011, em seu art. 3º, contempla os conceitos essenciais para interpretar o desenho federativo proposto, quais sejam: *(i)* o licenciamento ambiental; *(ii)* a atuação supletiva, com a substituição do ente originalmente detentor das atribuições; e *(iii)* a atuação subsidiária, com auxílio de outro ente no desempenho das atribuições decorrentes das competências comuns, quando solicitado pelo ente federativo originalmente detentor das atribuições.

Ao lado das bases conceituais, antecedentes à aplicação dinâmica do federalismo cooperativo ecológico, a Lei Complementar nº 140/2011, de forma exemplificativa, elenca os instrumentos de materialização desse arranjo administrativo (art. 4º), que são: a) consórcios públicos; b) convênios, acordos de cooperação técnica e outros instrumentos similares com órgãos e entidades do Poder Público; c) Comissão Tripartite Nacional, Comissões Tripartites Estaduais e Comissão Bipartite do Distrito Federal, com o objetivo de fomentar a gestão ambiental compartilhada e descentralizada entre os entes; d)

---

[11] LINCK, Lorena Carvalho; IANONI, Marcus. O federalismo cooperativo no Brasil e o sistema multinível de gestão ambiental. *Desenvolvimento e Meio Ambiente*, v. 60, p. 271-292, jul./dez. 2022. p. 274.

[12] SARLET, Ingo; FENSTERSEIFER, Tiago. *Direito constitucional ambiental:* constituição, direitos fundamentais e proteção do ambiente. 5. ed. São Paulo: Revista dos Tribunais, 2017. p. 207.

delegação de atribuições de um ente federativo a outro; e) delegação da execução de ações administrativas de um ente federativo a outro.

Ainda, partindo desse quadro organizativo, atribui as competências aos entes federados (arts. 7º, 8º e 9º), em especial os âmbitos de atuação no licenciamento ambiental de empreendimentos e atividades. Essa atribuição funcional tem como nota principal a implementação da competência federativa estática para a licença e a autorização ambientais, marcada pela unicidade da responsabilidade federativa. De outra parte, como resposta à premissa do federalismo cooperativo ecológico, o legislador buscou conciliar a dimensão estática das competências administrativas com a de caráter dinâmico, a partir do emprego das ações supletiva (art. 15) e subsidiária (art. 17), com vistas a conferir coesão, racionalidade e efetividade às políticas ambientais.

A lógica subjacente da convivência entre as dimensões estáticas e dinâmicas do sistema de repartição de competências, mediante a supletividade e a subsidiariedade, decorre justamente dos imperativos federalistas, traduzidos nos fundamentos da descentralização, da democracia e da efetividade institucional. Quanto mais próximo ao problema, às pessoas e às particularidades locais, mais adequada, responsiva e efetiva será, potencialmente, a ação ambiental. Desde que presentes capacidade e suficiência institucionais na gestão dos órgãos administrativos, de fiscalização e de controle, por parte dos entes subnacionais (estados e municípios).

Em síntese, como forma de responder ao compromisso constitucional com o federalismo cooperativo ecológico, como prescrito no art. 23, III, VI e VII e parágrafo único, a Lei Complementar nº 140/2011, ao articular o dinamismo do federalismo com a subsidiariedade e a supletividade, estabeleceu correlação entre autonomia e integração federativa. Para tanto, cria as hipóteses de interpenetração para o exercício funcional das atividades fiscalizatórias e sancionatórias, conforme os arts. 15, 16 e 17.

Esse o quadro, consoante reconhecido pelo Supremo Tribunal Federal ao julgamento da ADI nº 4.757, insubsistente o argumento da inversão da fórmula federalista, consistente na substituição da competência comum por competência privativa. Não há falar em inversão do regime federativo, porque a dimensão estática das competências administrativas para licenciamento e atividades de controle e fiscalizadoras é articulada à dimensão dinâmica, performada pelas atuações supletivas e subsidiárias, como regulamentado nos arts. 15, 16 e 17. Por isso, compreendido, pelo Plenário, que a realocação das competências no desenho federativo de cooperação não deve, de forma abstrata e generalizada, ser refutada.

Ao lado do equacionamento das competências de licenciamento e fiscalização, acrescente-se, também expressamente reputada constitucional, no compasso colaborativo, a previsão de instrumentos de cooperação institucional interfederativa, a exemplo da delegação voluntária de atribuições e da execução de ações administrativas, nos limites da moldura legislativa, com prazo indeterminado, uma vez fortalecido o viés cooperativo do modelo federativo engendrado pela Lei Complementar nº 140/2011, ao autorizar e fomentar a conversação institucional para o remanejamento das competências federativas, seja de licenciamento, seja de controle e fiscalização, previstas nos arts. 7º, XIII e XIV, 8º XIII e XIV, e 9º, XIII e XIV.

Em poucas palavras, a Lei Complementar nº 140/2011, tal como desenhada, estabelece fórmulas capazes de assegurar a permanente cooperação entre os órgãos ambientais, a partir da articulação entre as dimensões estática e dinâmica das competências comuns dos entes federados. Desse modo, concluiu-se respeitada a moldura constitucional do pacto federativo e dos deveres de proteção adequada e suficiente do meio ambiente, salvo no que diz com as prescrições dos arts. 14, §4º, e 17, §3º, que não passaram no teste de validade constitucional. Por isso a tais dispositivos atribuída interpretação conforme à Constituição, de modo a compatibilizá-los com o modelo constitucional do federalismo cooperativo ecológico.

Enfim, na linha do decidido, os deveres de proteção impostos ao Poder Público, em particular, na governança ambiental, requerem da dimensão organizacional das ações administrativas o fino ajuste responsivo aos imperativos de tutela, sendo que tanto a Política Nacional do Meio Ambiente, em todas as suas dimensões, quanto o conjunto orgânico responsável por sua implementação, a exemplo do Sistema Nacional do Meio Ambiente, dos Conselhos Nacionais, Estaduais e Municipais, devem traduzir os vetores normativos do constitucionalismo ecológico e do modelo federal cooperativo.

Tudo isso sem prejuízo de, em relação a políticas públicas setoriais, para além do equacionamento de competências operado pela Lei Complementar nº 140/2011, serem desenhados arranjos cooperativos específicos, com maior ou menor grau de centralização e com engrenagens colaborativas específicas, a conferir maior efetividade possível ao princípio federativo e ao dever de proteção ambiental. Ou seja, a melhor engenharia federativa poderá ser definida conforme as necessidades ambientais e institucionais *in concreto*, sempre à luz do federalismo cooperativo ecológico e demais valores constitucionais.

Nesse sentido, cogita-se:

> [...] cada política pública, e a realidade na qual ela se insere, deverá definir qual é o melhor arranjo federativo para ela, segundo o ideal do federalismo cooperativo, a ser sempre perseguido, que se caracteriza pelo compartilhamento de funções pelas diferentes esferas de governo, sem que haja padrões de autoridade e responsabilidade claramente delimitados para cada ente, mas com todos eles apoiando-se mutuamente, na perspectiva de superar as respectivas deficiências em suas capacidades estatais.[13]

Lembrando também que, segundo delineado pelo Supremo Tribunal Federal, a colaboração equacionada nas leis complementares que concretizam o dever de legislar, estabelecido no parágrafo único do art. 23 da Constituição – como é o caso, em matéria ambiental, da Lei Complementar nº 140/2011 –, não esgota o instrumental cooperativo albergado pela ordem constitucional. Nessa linha, explicitadas como razões de decidir da ADI nº 3.499 (Rel. Min. Luiz Fux, Plenário, j. 23 a 29.8.2019, *DJe* de 5.12.2019):

> 1. O artigo 23, parágrafo único, da Constituição Federal reservou à lei complementar a disciplina da cooperação interfederativa, mas não veda que União, Estados, Municípios e Distrito Federal recorram à utilização de instrumentos negociais para a salutar racionalização

[13] LINCK, Lorena Carvalho; IANONI, Marcus. O federalismo cooperativo no Brasil e o sistema multinível de gestão ambiental. *Desenvolvimento e Meio Ambiente*, v. 60, p. 271-292, jul./dez. 2022. p. 289.

e coordenação das suas atividades, em conformidade com a perspectiva consensual e pragmática da Administração Pública contemporânea em sua vertente *gerencial*.

2. A competência para instituir normas uniformizadoras da cooperação interfederativa não se confunde com a competência para que os entes federados celebrem acordos entre si, exercendo sua prerrogativa de autoadministração, dentro dos limites constitucionalmente delineados.

Ademais, no instrumento cooperativo, a Lei Complementar nº 140/2011, em suas dimensões estática e dinâmica, como expressão do equacionamento das competências administrativas comuns, apresenta-se como uma das facetas do federalismo cooperativo ecológico, ao qual, segundo compreendo, devem ser agregadas outras duas, a conformar um tripé de sustentação – de estabilidade e de efetividade – da reconstrução federativa visada pela Constituição e, ao final, da efetiva tutela dos direitos fundamentais. Em particular, aqui, do direito fundamental ao meio ambiente sadio e equilibrado, mediante o adimplemento dos deveres fundamentais correlatos.

As duas outras facetas que completam a sustentação do federalismo cooperativo ecológico, na linha decisória do Supremo Tribunal Federal, dizem, por um lado, com a instrumentalização financeiro-orçamentária a cargo dos integrantes da federação, para o efetivo cumprimento do dever de tutela ecológica. Consabido necessário o correspondente aporte de recursos para a concretização dos direitos fundamentais, mais ainda no tocante à sua dimensão objetiva ou prestacional. Igualmente indispensável o elemento financeiro para as atividades de perfil clássico, como o exercício do poder de polícia, traduzido, na espécie, sobretudo, no licenciamento e na fiscalização ambiental, a evitar a prática, a continuidade ou a repetição de ilícitos, bem assim impulsionar a prevenção e a pronta reparação de eventuais danos ambientais. De outra parte, o tripé se integra com a expressão participativa do federalismo cooperativo, em especial no tocante a órgãos consultivos e deliberativos de composição múltipla, seja mediante a integração dos próprios entes federados, seja, mais ainda, com a incorporação de segmentos da sociedade civil.

Nessa perspectiva, complementam o quanto reconhecido na ADI nº 4.757, as razões de decidir da ADO nº 59 (Fundo Amazônia enquanto política financeira) e da ADPF nº 623 (institucionalidade democrático-participativa do Conama), a seguir articuladas.

3 Para além da coordenação administrativa mediante o equacionamento de competências: a faceta financeira de um federalismo cooperativo ecológico efetivo

A realização do federalismo, seja para o alcance da autonomia dos entes federados, seja para a concretização dos direitos fundamentais, perpassa necessariamente o campo orçamentário-financeiro e a repartição de receitas, diante da impositiva alocação de recursos para o adimplemento dos deveres fundamentais correspondentes. Como afirma Heleno Torres:

o federalismo cooperativo brasileiro impõe o encontro entre as competências e princípios da Constituição financeira com todos os fins do Estado Democrático de Direito, desde a assunção dos custos com a efetividade de direitos e liberdades fundamentais, passando pela manutenção e continuidade do Estado (burocracia), aos regimes de intervencionismo e redistribuição de rendas.[14]

Possível constatar, contudo, tensões no federalismo brasileiro, uma vez não concretizado o mesmo grau de cooperação no que diz com a sua dimensão fiscal. Atribuído aos entes subnacionais elevado número de competências administrativas, sem igual paralelismo quanto à sua real autonomia financeira. É dizer, conquanto se possa identificar desenhado pela Constituição um federalismo cooperativo *fiscal*,[15] ainda não superada a dependência dos estados e municípios em relação à União.

Como considerado ao julgamento da ADI nº 7.191, nos termos do voto do relator, o Ministro Gilmar Mendes, a autonomia financeira e a partilha dos recursos tributários traduzem problemáticas centrais do federalismo brasileiro. Infrutífera cuidadosa

> partilha de competências constitucionais, entre os diferentes entes federativos, se essa repartição não é acompanhada da divisão de recursos próprios e suficientes para fazer frente às diversas tarefas que lhes foram conferidas pelo Poder Constituinte. As competências constitucionais esvaziam-se sem as condições materiais para o seu exercício. (ADI nº 7.191-2ºJULG, Rel. Min. Gilmar Mendes, Pleno, j. 26.5 a 2.6.2023. *DJe*, 28 jun. 2023)

No que diz com a tutela ambiental, não poderia ser diferente. A efetividade dos desenhos federativos está atrelada ao grau de institucionalidade dos entes federados, em termos de capacidade orçamentária e técnica e de operacionalidade. Em exercício comparativo entre os sistemas nacionais de proteção da saúde e do meio ambiente, pode-se dizer que o sucesso alcançado no Sistema Nacional de Saúde, descentralizado por meio do Sistema Único de Saúde (SUS), deve-se, em grande medida, à igual descentralização orçamentária. Vale dizer, à delegação de competências administrativas da União para os entes subnacionais soma-se o devido alocamento orçamentário, como método de financiamento da estrutura organizacional desses entes federados (art. 195, CF). O agir administrativo tem como premissa a adequação institucional de seus órgãos.

Entretanto, esse projeto constitucional não foi replicado para o Sistema Nacional do Meio Ambiente e a repartição de competências administrativas. Autoriza-se a conformação comum de competências entre União, estados, Distrito Federal e municípios, com a ampliação das atribuições dos entes subnacionais locais e regionais, mas não se ampara esse sistema com semelhante regime de financiamento.

---

[14] TORRES, Heleno Taveira. Constituição financeira e o federalismo financeiro cooperativo equilibrado brasileiro. *Revista Fórum de Direito Financeiro e Econômico*, ano 3, n. 5, p. 25-54, mar./ago. 2014. p. 44.

[15] Cf. TORRES, Heleno Taveira. Constituição financeira e o federalismo financeiro cooperativo equilibrado brasileiro. *Revista Fórum de Direito Financeiro e Econômico*, ano 3, n. 5, p. 25-54, mar./ago. 2014. Destaca o autor: "A *Constituição financeira cooperativa* brasileira tem um sistema de financiamento sobremodo aperfeiçoado. Não se basta com o federalismo financeiro vertical de distribuição de rendas dos tributos, ou seja, da União para Estados e, destes, para os Municípios. Entre as próprias unidades, a Constituição autoriza meios funcionais de financiamento recíproco, segundo os princípios de desenvolvimento equilibrado e redução das desigualdades locais e regionais. Descortina-se, assim, a importância do nosso *federalismo cooperativo horizontal*, que é algo não encontrável em outras constituições, ainda que persista em alguns federalismos cooperativos, como o americano, sem que se confunda com este" (p. 40-41).

Por isso, de um lado, a idealização do projeto federalista cooperativo ecológico, fundamentado na prevalência da autonomia local, requer fiscalização no âmbito de constituição dos órgãos ambientais, para se aferir a real capacidade de operação, ainda mais na presente matéria, permeada por questões de alta complexidade técnica, sobretudo nos licenciamentos. Em especial na fase de estabelecimento das condicionantes necessárias às salvaguardas ambientais e da respectiva fiscalização do cumprimento. Eventualmente pode ser ativada, inclusive, a atuação supletiva, nos termos da Lei Complementar nº 140/2011, como visto no tópico anterior.

O que, de outra parte, não exclui o exercício da competência tributária e a destinação de recursos para o progressivo aprimoramento institucional próprio. Tem destaque, nesse sentido, a instituição de taxas de fiscalização ambiental. Como reconhecido ao julgamento da ADI nº 5.480, existente relação entre o direito tributário e o direito ambiental, na medida em que os tributos, em particular as taxas, viabilizam os recursos necessários para o cumprimento das ações de fiscalização por parte dos órgãos ambientais, além de possíveis medidas de indução à adoção de condutas ambientalmente preferidas (ADI nº 5.480, Rel. Min. Alexandre de Moraes, Pleno, j. 20.4.2020, *DJe* de 4.9.2020). É o que justifica concluir, por exemplo, que o estado-membro possui "competência administrativa fiscalizatória sobre recursos hídricos e minerais, nos termos do art. 23, IX, da Constituição da República, desde que informado pelo princípio da subsidiariedade emanado de uma concepção própria do federalismo cooperativo brasileiro" (ADI nº 4.785, Rel. Min. Edson Fachin, Pleno, j. 1º.8.2022, *DJe* de 14.10.2022 – também, as ADIs nºs 4.786 e 4.787, julgadas na mesma oportunidade).

Assim, o equacionamento das competências comuns, sobremaneira aquela operada pela Lei Complementar nº 140/2011, não dispensa – ao contrário, exige – a alocação de recursos em patamar suficiente para a adequada e efetiva tutela do meio ambiente.

Em termos cooperativos, além do apoio material e eventual atuação supletiva diante da incapacidade institucional do outro ente, interessa a colaboração financeira direta. É dizer, sobretudo, que, ao lado da devida alocação orçamentária por cada esfera federativa, ganha relevo o aporte de recursos de maneira colaborativa e complementar. Inclusive em diálogo com instrumentos de direito internacional, como demonstrado pela discussão havida na ADO nº 59, de minha relatoria, relativa à paralização do Fundo Amazônia, autêntica política financeira possibilitadora da preservação e proteção da floresta. Mecanismo, mais especificamente, que capta recursos de doadores internacionais e nacionais e reverte em aplicações não reembolsáveis para ações de prevenção, monitoramento e controle ao desmatamento e promoção da conservação e uso sustentável da Amazônia Legal.

O caso é paradigmático do federalismo cooperativo ecológico em sua faceta financeira, dada, em primeiro lugar, a realidade ambiental da região. Segundo, por revelar a importância dos recursos para a efetividade da tutela ambiental com a participação dos diferentes entes da federação, além da sociedade civil. Ainda, também merece destaque por expressar a cooperação da comunidade internacional na proteção ecológica.

Cabe relembrar que a Amazônia Legal compreende as áreas dos estados do Amazonas, Amapá, Acre, Maranhão (parcialmente), Mato Grosso, Pará, Rondônia, Roraima e Tocantins, com uma superfície aproximada de 5.015.067.749 km2, correspondente a cerca de 59% do território brasileiro. A amplitude e a diversidade dos entes subnacionais integrantes da Amazônia Legal são refletidas nos biomas que a compõem, que não se restringem ao amazônico, englobando também parte do cerrado e do pantanal. Esse contexto traduz a confluência de uma rica e complexa biodiversidade (permeada por ecótonos e singularidades ecológicas), assim como grandes desafios para a sua proteção.

Por sua vez, o Fundo Amazônia é um mecanismo de pagamento por redução de emissões de gases de efeitos estufa (GEE) decorrentes do desmatamento e da degradação de florestas, chamado de REDD+, no cenário normativo internacional. Em outras palavras, é um incentivo de compensação financeira dispensado a países em desenvolvimento, formulado no âmbito da Convenção-Quadro das Nações Unidas sobre Mudanças do Clima.

Como a finalidade do REDD+ é compensatória, o Fundo configura instrumento financeiro condicionado à apresentação de resultados por parte dos países candidatos ao recebimento dos recursos, por isso a sua operação é sempre posterior aos resultados alcançados. Vale dizer, é um pagamento por performance no combate ao desmatamento e na proteção das florestas, considerada a função de conservação de estoques de carbono florestal.

O Fundo Amazônia, em dimensão mais genérica, integra o quadro de instrumentos econômicos de cooperação internacional no que diz com a proteção ambiental e climática e o desenvolvimento sustentável, conformado por diversos fundos (como o *Green Climate Fund* –[16] Fundo Verde para o Clima – e o Fundo Clima). Em uma dimensão específica, integra o conjunto de instrumentos financeiros dedicados à proteção das florestas, como método de combate ao declínio e à deterioração das condições da alteração climática, cuja causa decorra do desmatamento.

Formalmente, o Fundo Amazônia foi apresentado pelo Brasil à comunidade internacional no âmbito da 13ª Conferência das Partes da Convenção-Quadro das Nações Unidas sobre Mudança do Clima (COP-13), realizada em Bali, na Indonésia, em 2007. O objetivo da iniciativa consistia na proposta de transformação da redução das emissões por desmatamento em um sistema de financiamento da conservação e do uso sustentável da floresta.

Para tanto, o Brasil explicitou os resultados alcançados, derivados da implementação da política pública consubstanciada no *Plano de Ação para Prevenção e Controle do Desmatamento na Amazônia Legal (PPCDAm)*, em sua primeira fase, compreendido o período entre os anos de 2004-2008 (cujos eixos de ação se concentraram na combinação entre os instrumentos de comando e controle e de incentivos à gestão sustentável do território), consistente em redução significativa do desmatamento e da emissão de CO2 derivado.

Nessa toada, a criação do Fundo Amazônia, com fundamento normativo no art. 225, *caput* e §4º, da Constituição Federal, efetivou-se com o Decreto nº 6.527, de 1º.8.2008, e sua operacionalização em 2009, conforme texto expresso desse ato normativo.

[16] Formalizado na COP-16, no cenário da Convenção-Quadro das Nações Unidas sobre Mudanças do Clima, teve seu instrumento de governança adotado na Conferência das Nações Unidas sobre Mudança Climática de 2011 (COP-17) em Durban, África do Sul, e atua como principal instrumento financeiro para o adimplemento dos compromissos assumidos no âmbito do Acordo de Paris.

O Fundo Amazônia traduz, portanto, política pública ambiental de índole financeira, adotada pelo Estado brasileiro, como uma das prestações normativas de adimplemento dos deveres fundamentais de proteção adequada da Floresta Amazônica, enquanto patrimônio nacional, e do meio ambiente em dimensão ampla, conforme prescreve o art. 225, *caput* e §4º, da Constituição Federal, em consonância com os compromissos internacionais assumidos.

A classificação do Fundo Amazônia, como instrumento financeiro de captação de recursos por performance dos resultados na implementação de políticas públicas florestais relacionadas ao REDD+, não invalida a natureza de autêntica política pública ambiental. O seu diferencial está no caráter instrumental de concretização das políticas nacionais de controle, prevenção e combate ao desmatamento e conservação das florestas e biomas. Afinal, a execução dos planos nacionais de larga escala no campo climático e de conservação ambiental demanda financiamento para sua realização.

Por se tratar de fundo voltado à realização de aplicações financeiras não reembolsáveis e sem ingerência normativa e administrativa dos seus doadores, previsto um quadro de regras e procedimentos de governança participativa e deliberativa para guiar a atuação do BNDES, gestor do Fundo. Referida governança, materializada no Comitê Orientador do Fundo Amazônia – Cofa, tem, como principal característica, a participação tripartite do governo federal, dos governos estaduais da região e da sociedade civil (art. 4º do Decreto nº 6.527/2008, revogado pelo Decreto nº 10.223/2020, composição agora regulada pelo art. 4º-A), conformação que incorpora e reafirma a federalismo cooperativo ecológico. A assegurar prática de governança democrática e responsiva, a imprescindibilidade da sociedade civil, em especial das comunidades indígenas e tradicionais habitantes da região e dos estados.

No âmbito da ADO nº 59, restou comprovada a centralidade do Fundo Amazônia, como principal política pública financeira em vigor de apoio às ações de prevenção, controle e combate ao desmatamento, conservação das florestas e desenvolvimento sustentável. Nesse sentido, os resultados fáticos obtidos com a implementação do PPCDAm e os depoimentos das organizações não governamentais, dos secretários de Estado do Meio Ambiente, dos entes federados da Amazônia Legal e dos órgãos de controle e fiscalização envolvidos.

Elucidativas as exposições, na audiência pública realizada no bojo da ação direta, dos secretários de Estado do Meio Ambiente da Amazônia Legal, que detalharam os projetos financiados pelo Fundo, seu funcionamento e sua relevância para as ações de controle ao desmatamento e ordenação territorial no espaço de cada ente federado. No tocante à importância do Fundo Amazônia como instrumento financeiro necessário à implementação das políticas públicas ambientais, referidos agentes foram uníssonos.

Rememoro, ademais, as manifestações juntadas pelos estados do Acre, Pará, Maranhão, Mato Grosso, Rondônia e Roraima, a demonstrar os projetos financiados pelo Fundo, os quais, em sua essência, concentram-se nos seguintes objetos: *(i)* apoio ao fortalecimento da gestão ambiental, *(ii)* constituição e aprimoramento do processo de emissão do Cadastro Ambiental Rural e *(iii)* apoio das ações de monitoramento, prevenção e combate ao desmatamento, por meio da estruturação física e operacional de unidades do Corpo de Bombeiros Militar.

Quanto à destinação dos recursos, vale ainda consignar que, de acordo com o BNDES, a carteira do Fundo, até o final do exercício do ano 2021, apoiou 102 projetos, dos quais 47 já então concluídos, no valor total aproximado de R$1.800.000.000 (um bilhão e oitocentos milhões reais). Desse montante, destinado cerca de 77% para os projetos concluídos e para aqueles contratados e ainda em desenvolvimento, de forma a garantir a execução das ações planejadas.[17] Segundo informa, o apoio do Fundo está distribuído da seguinte maneira: 61% destinados a projetos apresentados pelo setor público (sendo 31% a projetos de governos estaduais, 28% a projetos da União Federal, 1% a municípios e 1% a universidades públicas); 38% destinados a projetos de organizações da sociedade civil; e 1% destinado a um projeto internacional da Organização do Tratado de Cooperação Amazônica (OTCA), organização intergovernamental formada por oito países: Bolívia, Brasil, Colômbia, Equador, Guiana, Peru, Suriname e Venezuela.

Demonstrada, em síntese, a grande importância do Fundo Amazônia como instrumento de política pública de captação de recursos, para a implementação do PPCDAm e suas respectivas ações, a impulsionar a colaboração federativa na proteção ambiental e, em particular, da Amazônia – e de tudo que daí deriva.

De todo modo, a centralidade do Fundo Amazônia como política pública financeira não significa – ou não deve significar – inércia estatal, inclusive dos entes subnacionais, em formular outros instrumentos financeiros necessários ao financiamento das ações e planos de concretização da tutela do meio ambiente. Não se mostra compatível com o modelo de federalismo cooperativo em matéria ambiental, nem com a normativa climática, a exclusividade de atuação da União. Aos estados e municípios igualmente compete concretizar os objetivos de tutela dos seus biomas por meio de apresentação de resultados suficientes de redução do desmatamento para lograr políticas financeiras alternativas.

Ademais, a importância do Fundo Amazônia não dispensa futuros avanços institucionais. Nessa linha, ressalto que considerações críticas também foram explicitadas na audiência pública realizada na ADO nº 59, por exemplo, por autoridades estaduais, no sentido de serem necessários aprimoramentos, sobretudo quanto à continuidade dos projetos ante trocas governamentais e a dificuldade para a apresentação e o tempo de tramitação e aprovação dos projetos a serem financiados. Problemas do gênero, contudo, em absoluto afastam a necessidade de que o Fundo opere continuamente, nos moldes até então estabelecidos, consoante reconhecido pelo Supremo Tribunal Federal, ao declarar inconstitucional a omissão do Governo Federal, resultante na paralização do funcionamento desse relevante mecanismo financeiro.

Em semelhante compasso, no que diz com a importância de políticas financeiras para a tutela ambiental no arranjo federativo de cooperação, o *Fundo Clima*, acima referido, também propulsor da interação cooperativa e colaborativa das diferentes esferas federativas – entre si e com a sociedade civil –, no cumprimento dos deveres legais, supralegais e constitucionais. Ao julgamento da ADPF nº 708, estabelecida tese no seguinte sentido:

---

[17] Os dados podem ser confirmados na página eletrônica do Fundo Amazônia (http://www.fundoamazonia.gov.br/pt/fundo-amazonia/doacoes/), donde constam os relatórios e informes das atividades desenvolvidas.

o Poder Executivo tem o dever constitucional de fazer funcionar e alocar anualmente os recursos do Fundo Clima, para fins de mitigação das mudanças climáticas, estando vedado seu contingenciamento, em razão do dever constitucional de tutela ao meio ambiente (CF, art. 225), de direitos e compromissos internacionais assumidos pelo Brasil (CF, art. 5º, §2º), bem como do princípio constitucional da separação dos poderes (CF, art. 2º, c/c o art. 9º, §2º, LRF). (ADPF nº 708, Rel. Min. Roberto Barroso, Pleno, j. 24.6 a 1º.7.2022. *DJe*, 28 set. 2022)

Entre os projetos apoiados ao longo da existência do Fundo Clima, mediante descentralização financeira, convênios e contratos, incluem-se aqueles com instituições públicas, nas três esferas federativas,[18] o que explicita a importância de mecanismos da espécie para o federalismo cooperativo e a correlata capilarização da proteção ecológica, a possibilitar o progressivo aprimoramento institucional de todos os entes federativos, sem prejuízo da necessária alocação de recursos orçamentários próprios.

De outra parte, também é de se destacar que, embora não nos mesmos moldes do Cofa do Fundo Amazônia, o Comitê Gestor do Fundo Clima igualmente apresenta, em sua composição, representantes de setores da sociedade civil e dos entes federados. Especificamente, quanto aos últimos, na composição originária, um representante dos estados e um dos municípios (art. 10, III e IV, do Decreto nº 7.343/2010). Atualmente, especificadas as vagas estadual e municipal para representantes da Associação Brasileira de Entidades Estaduais de Meio Ambiente (Abema) e da Associação Nacional de Municípios e Meio Ambiente (ANAMMA) (art. 14, IV e V, do Decreto nº 9.578/2018, conforme modificações pelo Decreto nº 11.549/2023). O que dialoga, justamente, com o terceiro elemento de sustentação do viés cooperativo do federalismo ecológico, vale dizer, a participação federativa e popular, estruturante do constitucionalismo democrático brasileiro.

4 Completando o tripé: a faceta participativa do federalismo cooperativo ecológico brasileiro

O elemento participativo apresenta-se como o terceiro elemento do tripé de sustentação do federalismo cooperativo ecológico, ao lado do equacionamento das competências administrativas e dos aportes financeiros. Seja quanto à participação dos próprios entes da federação, seja, mais ainda, no que diz com os diferentes segmentos da sociedade civil.

Cabe lembrar que a justificativa da adoção do modelo do federalismo cooperativo também reside no fato de este arranjo institucional facilitar a realização dos valores caros ao projeto constitucional brasileiro, como a democracia participativa, a proteção dos direitos fundamentais e a desconcentração vertical de poderes, como fórmula responsiva aos controles social e institucional. A autonomia regional, com a consequente descentralização administrativa, com efeito, ao aproximar os fatos, as políticas públicas e a sociedade, potencializa e incentiva a participação democrática de determinada comunidade nas atividades fiscalizadoras e nos resultados prometidos pela ação política.

---

[18] Os projetos apoiados desde 2011 podem ser consultados em: https://www.gov.br/mma/pt-br/acesso-a-informacao/apoio-a-projetos/fundo-nacional-sobre-mudanca-do-clima/todos-os-projetos-fnmc.pdf.

Isso porque o imediatismo ou a proximidade física dos cidadãos com os fatos e a política propicia a formação de juízos de conhecimentos e, por conseguinte, a participação informada nos processos públicos decisórios, assim como nas atividades de controle e fiscalização perante os órgãos locais e regionais. Especificamente na presente matéria, como dito acima, a proximidade do problema e da realidade concreta tendencialmente se apresenta mais adequada, responsiva e efetiva em termos de ação ambiental, embora sempre condicionada à comprovação da capacidade e suficiência institucional dos órgãos estaduais e municipais.

Essa leitura do federalismo cooperativo, inclusive, converge para o nível de exigência feita à sociedade para o adimplemento dos deveres procedimentais e de participação ambientais, conforme justificativa do voto que proferi na ADPF nº 623, que tratou das alterações operadas na composição e no processo decisório do Conselho Nacional do Meio Ambiente (Conama).

Como anotei, as dimensões participativa e deliberativa da democracia, ao reposicionarem a insuficiência e os limites da democracia representativa, ressignificam o papel da cidadania política nas instituições e nos processos decisórios governamentais. Do polo de sujeito de direito político em legislaturas representativas exige-se dos cidadãos a condição de autor na arena pública, seja no controle das políticas públicas, seja na tomada de decisão governamental. Na democracia constitucional, o cidadão deve se engajar nos processos decisórios para além do porte de título de eleitor.

O engajamento cívico oferece alternativas procedimentais para suprir as assimetrias e deficiências do modelo democrático representativo e partidário. Melhor explicando, a efetiva influência de cada cidadão no exercício do poder estatal retira o caráter retórico e genérico da democracia como um ideal e a densifica em termos concretos, experimentando as potencialidades institucionais.

Ademais, particularmente no que diz com a tutela ecológica, do art. 225 da Constituição Federal deriva norma descritiva do direito fundamental ao meio ambiente e normas prescritivas direcionadas aos legisladores, aos administradores e à sociedade civil. Esta última, igualmente destinatária dos deveres de proteção ao ambiente, devido à dimensão objetiva do direito fundamental. Em outras palavras, a participação da coletividade na defesa e preservação do meio ambiente ecologicamente equilibrado assume o *status* de dever fundamental, a ser exercido em colaboração com o Poder Público, em trabalho de compartilhamento de responsabilidades, poderes, direitos e deveres entre todos os entes federativos.

Não distante disso, as ponderações mais uma vez trazidas por Ingo Sarlet e Tiago Fensterseifer:

> Os mecanismos de controle e participação da sociedade proporcionados por tais direitos ou posições jurídicas subjetivas, derivados dos direitos ambientais procedimentais, configuram importante instrumento a serviço dos indivíduos e entidades associativas protetoras do ambiente para exigir o estrito cumprimento da legislação ambiental por parte dos agentes públicos e privados, devendo os mesmos assumir postura ativa na defesa do regime jurídico (constitucional e infraconstitucional) ecológico à luz de uma democracia participativa ecológica [...].
>
> É a dimensão procedimental dos direitos fundamentais que mais nos interessa para o desenvolvimento dos direitos ambientais procedimentais, já que esta última é que diz

respeito diretamente à conformação de procedimentos e instrumentos administrativos e judiciais voltados à efetivação dos direitos fundamentais.[19]

Com efeito, como salienta Paulo Affonso Machado, em um

> mundo de intervenções tão rápidas e tão transformadoras, não podemos pensar que o meio ambiente ficará saudável e equilibrado sem um controle social ambiental contínuo e vigoroso. [...] Exercer esse controle não deve ser somente um direito dos cidadãos, mas um dever ético de todos para com a sobrevivência planetária.[20]

Nesse sentido, ao conferir à coletividade o direito-dever de tutelar e preservar o meio ambiente ecologicamente equilibrado (art. 225), a Constituição Federal está a exigir a participação popular na administração desse bem de uso comum e de interesse de toda a sociedade. E assim o faz tomando em conta duas razões normativas: a dimensão objetiva do direito fundamental ao meio ambiente e o projeto constitucional de democracia participativa na governança ambiental.

O modelo da democracia participativa e paritária, informado pelas condições da participação e igualdade política, justamente por constituir a estrutura medular do nosso Estado constitucional, edifica na mesma medida o Estado de direito ambiental e sua governança.

Na Administração Pública, especificamente, a institucionalização da participação direta realiza-se preponderantemente nos orçamentos participativos e conselhos (sentido amplo),[21] que são órgãos colegiados formuladores de políticas públicas vinculantes e de diretrizes técnicas para as áreas a que direcionados. Por se tratar de instituições de processamento e resolução de conflitos por meio de decisões coletivas, os conselhos devem igualmente obedecer aos vetores da pluralidade, da deliberação e da igualdade política em sua conformação.

O desenho institucional de uma administração pública sem órgãos colegiados, que potencializem a democracia no acesso, e sem a igualitária participação dos cidadãos nos processos decisórios públicos, indica a prevalência de uma ordem jurídica de perfil concentrado e autoritário, incompatível com o modelo da democracia constitucional, cujos fundamentos se baseiam na soberania popular, na cidadania e no pluralismo político, a teor do art. 1º, I, II e V, da Constituição Federal.

Particularmente no que diz com o Conama, cumpre lembrar que constitui órgão consultivo e deliberativo com as funções precípuas de *(i)* assessorar, estudar e propor diretrizes de políticas governamentais para o meio ambiente e os recursos naturais e *(ii)* deliberar, no âmbito de sua competência, sobre normas e padrões compatíveis com o meio ambiente ecologicamente equilibrado e essencial à qualidade de vida sadia.

---

[19] SARLET, Ingo; FENSTERSEIFER, Tiago. *Direito constitucional ecológico*: constituição, direitos fundamentais e proteção da natureza. 6. ed. São Paulo: Revista dos Tribunais, 2019. p. 466-469.

[20] MACHADO, Paulo Affonso Leme. Instrumentos democráticos ambientais e inovações da jurisprudência ambiental na vigência da Constituição de 1988. *In*: TOFFOLI, José Antonio Dias (Org.). *30 anos da Constituição brasileira:* democracia, direitos fundamentais e instituições. Rio de Janeiro: Forense, 2018. p. 705-717; p. 706-707.

[21] Cf. SANTOS, Boaventura de Souza; AVRITZER, Leonardo. Introdução: para ampliar o cânone democrático. *In*: SANTOS, Boaventura de Souza (Org.). *Democratizar a democracia*: os caminhos da democracia participativa. Rio de Janeiro: Civilização Brasileira, 2002.

Integra a estrutura do Sisnama – Sistema Nacional do Meio Ambiente –, conjunto dos órgãos e entidades responsáveis pela proteção e melhoria da qualidade ambiental nos âmbitos da União, dos estados, do Distrito Federal, dos territórios e dos municípios. Dentro dessa estrutura, as competências do Conama, em particular, estão articuladas no art. 8º da Lei nº 6.938/1981.

O Conama, enquanto órgão colegiado, é, portanto, instância administrativa coletiva com função não só consultiva, mas também deliberativa. Esse perfil funcional, a cumular funções consultiva e deliberativa, autoriza a sua categorização como autêntico fórum público de criação de políticas ambientais amplas e setoriais, de vinculatividade para o setor ambiental e para a sociedade, com obrigação de observância aos deveres de tutela do meio ambiente. Por meio de suas resoluções promove, em conjunto e de forma compartilhada com a atividade legislativa primária, a *real estruturação do Estado de direito ambiental*, vale dizer, do desenho normativo de proteção e regulação do meio ambiente.

Entretanto, para além do controle repressivo e posterior das suas decisões, consubstanciadas em resoluções, o Conama, enquanto instância decisória normativa vinculante da Administração Pública em matéria ambiental, *está submetido em termos de estruturação procedimental aos parâmetros democráticos e constitucionais*. Ou seja, a organização e o funcionamento do Conselho hão de observar os vetores e limites da moldura da democracia constitucional, vale dizer, das condições procedimentais necessárias para a realização do projeto democrático.

A governança ambiental exercida pelo Conama deve ser, assim, a expressão da democracia enquanto método de processamento dos conflitos. A sua composição e a sua estrutura devem refletir a interação e o arranjo dos diferentes setores sociais e governamentais. Para tanto, necessária uma organização procedimental que potencialize a participação marcada pela pluralidade e pela igualdade política, bem como a real capacidade de influência dos seus decisores ou votantes. Enquanto expressão de uma cultura democrática constitucional, ao Conama compete o dever de incremento das ferramentas de acesso às informações por todos e de promoção das possibilidades procedimentais de realização e fortalecimento da cidadania participativa.

Nesse sentido, ao julgamento da ADPF nº 623 pelo Supremo Tribunal Federal, reputadas inconstitucionais as alterações promovidas pelo Decreto nº 9.806/2019, que obstaculizavam, quando não impediam, as reais oportunidades de participação social na arena decisória ambiental, ocasionando déficit democrático, procedimental e qualitativo irrecuperável.

Em relação à alocação do poder de voto no Conama, cabe registrar, o Executivo Federal, com as modificações intentadas, concentrou 43%; os entes federados, como resultado da junção entre estados e municípios, agregaram 29,6%, e à sociedade civil restaram 25,9%, sendo que deste percentual 17,3% representavam as entidades ambientalistas e 8,6% as entidades empresariais.

Quadro que explicita que os representantes da sociedade civil não tinham, na nova conformação pretendida, efetiva capacidade de influência na tomada de decisão, ficando circunscritos à posição isolada de minoria quanto à veiculação de seus interesses na composição da vontade coletiva. Igual posição foi destinada aos entes subnacionais e às entidades empresariais. Dito de outro modo, o Executivo Federal, ao deter 43%

do poder de voto no colegiado, em contraponto aos 30% do modelo anterior, assumia posição de hegemonia e controle no processo decisório, eliminando o caráter competitivo e responsivo do Conama.

Ademais, verificado que o processo deliberativo do Conama, como projetado pelo Decreto nº 9.806/2019, ao prever regra de maioria simples para a tomada de decisão, ao excluir das câmaras técnicas a participação das categorias heterogêneas e uma composição multissetorial, abertamente construiu uma instituição em que o Executivo Federal teria hegemonia decisória e incapacitaria a deliberação com os setores sociais e entes subnacionais. O arranjo amplificava a voz governamental da União e isolava a participação social e federativa, ao colocá-las em um espaço de figuração. Assim, também, inconstitucional a modificação do processo decisório.

Igual importância da participação da sociedade civil e da representação federativa foi reconhecida, acrescente-se, ao julgamento da ADPF nº 651, em que declarada a inconstitucionalidade das normas que implicavam a exclusão da sociedade civil do conselho deliberativo do Fundo Nacional do Meio Ambiental (FNMA) e dos governadores do Conselho Nacional da Amazônia Legal, bem como a extinção do Cofa do Fundo Amazônia (ADPF nº 651, Rel. Min. Cármen Lúcia, Pleno, j. 28.4.2022, *DJe* de 29.8.2022).

5 Porosidade cooperativa: influxos, diálogos e contribuições de direito internacional

As três facetas do federalismo cooperativo ecológico acima explicitadas – coordenação administrativa, aportes financeiros e participação popular e federativa – não apenas servem à realização dos deveres e direitos fundamentais previstos na Constituição Federal. Igualmente, traduzem elementos de possibilidade para o cumprimento dos compromissos internacionais assumidos pelo Brasil, máxime no caso do meio ambiente, cuja proteção e conservação se apresenta como problema genuinamente global. Seja em razão das consequências da degradação ambiental e das mudanças climáticas, que podem inviabilizar a sobrevivência de populações nas mais diferentes partes do mundo, seja porque o enfrentamento dos desafios ecológicos demanda a cooperação da comunidade internacional.

Em outras palavras, há de se ter cooperação para além das fronteiras estatais, a exigir não apenas efetivas engrenagens federativas internas, mas também o cabível diálogo com atores e instituições estrangeiras e internacionais, até mesmo supranacionais, em compasso com a natureza *transnacional* da tutela ecológica. Tutela que, na porosidade cooperativa, assume caráter multinível e dialógico em prol da efetividade do direito fundamental e humano ao meio ambiente sadio e equilibrado.

Nesse sentido, o Estado constitucional ganha o atributo *cooperativo*. É dizer, o *Estado constitucional cooperativo* é aquele que "justamente encontra a sua identidade também no Direito Internacional, no entrelaçamento das relações internacionais e supranacionais, na percepção da cooperação e da responsabilidade internacional, assim como no campo da solidariedade".[22] Outra não é a compreensão traduzida em um dos

---

[22] HÄBERLE, Peter. *Estado constitucional cooperativo*. Tradução de Marcos Augusto Maliska e Elisete Antoniuk. Renovar: Rio de Janeiro, 2007. p. 4.

princípios regentes das relações internacionais brasileiras, a *cooperação entre os povos para o progresso da humanidade* (art. 4º, IX, CF), além da específica previsão quanto aos direitos fundamentais, vale dizer, que aqueles estabelecidos no texto constitucional não excluem as normas implícitas nem os direitos reconhecidos nos tratados internacionais (art. 5º, §2º, CF).[23]

A cooperação incide, nesses moldes, na *realização cooperativa* dos direitos fundamentais, a abarcar, ao lado do instrumental do federalismo cooperativo propriamente dito, a adoção das convenções regionais e globais de direitos humanos.[24] Em síntese, no Estado constitucional de matriz cooperativa, tem-se a valorização da *pessoa*, em detrimento do elemento *nacional-estatal*. O que se traduz em abertura da interpretação constitucional tanto para a comunidade interna como em diálogo com os influxos oriundos da comunidade internacional. "A sociedade aberta dos intérpretes da Constituição torna-se internacional!".[25]

A evidenciar a cooperação multidimensional para a realização dos direitos fundamentais e o enfrentamento dos desafios transnacionais, os dois mecanismos de política ambiental financeira vistos no tópico antecedente, a saber, o Fundo Amazônia e o Fundo Clima, ambos instituídos em diálogo com a Convenção-Quadro das Nações Unidas sobre Mudanças do Clima, integrantes do quadro de instrumentos econômicos de cooperação internacional em matéria de proteção ambiental e climática e de desenvolvimento sustentável. O primeiro, particularmente, conforme manifestações e dados colhidos no bojo da ADO nº 59, constitui exemplo por excelência do entrelaçamento da cooperação externa e interna, expressão tanto do federalismo cooperativo como de sua porosidade à colaboração que não conhece fronteiras.

Se, como lembrado nas notas iniciais, a Declaração de Estocolmo (1972) já enunciava o direito ao meio ambiente sadio e equilibrado como verdadeiro direito e dever humano, o direito internacional se desenvolveu a corroborar essa qualificação. Consoante premissa acolhida pelo Supremo Tribunal Federal ao julgamento da ADPF nº 708 (Fundo Clima), os tratados de direito ambiental são tratados de direitos humanos e, por isso, na linha decisória da Corte, têm *status* supralegal, isso se não aprovados pelo Congresso Nacional no procedimento das emendas constitucionais (art. 5º, §3º, CF), hipótese em que a sua incorporação ganha caráter constitucional. Ademais de reconhecida, na mesma oportunidade, a questão das mudanças climáticas e seus impactos nos deveres de proteção ambiental como matéria constitucional.

Nessa linha interpretativa, exteriorizada, pela Corte Interamericana de Direitos Humanos, nos termos da Opinião Consultiva nº 23/2017, a responsabilidade dos Estados para com a proteção do meio ambiente, inclusive para fora de seus territórios. Densificado, na ocasião, o significado do direito ao meio ambiente sadio como direito

---

[23] Ainda: "Art. 4º [...] Parágrafo único. A República Federativa do Brasil buscará a integração econômica, política, social e cultural dos povos da América Latina, visando à formação de uma comunidade latino-americana de nações"; e "Art. 5º [...] §4º O Brasil se submete à jurisdição de Tribunal Penal Internacional a cuja criação tenha manifestado adesão".

[24] Cf. HÄBERLE, Peter. *Estado constitucional cooperativo*. Tradução de Marcos Augusto Maliska e Elisete Antoniuk. Renovar: Rio de Janeiro, 2007. p. 65-66.

[25] HÄBERLE, Peter. *Estado constitucional cooperativo*. Tradução de Marcos Augusto Maliska e Elisete Antoniuk. Renovar: Rio de Janeiro, 2007. p. 71.

humano (art. 26 da Convenção Americana de Direitos Humanos e art. 11 do Protocolo de San Salvador) e assentada a necessária atuação preventiva, repressiva e colaborativa dos membros da comunidade internacional, ao lado da imperiosa participação social na tutela ecológica, com a correlata criação de normas e procedimentos que a viabilizem na realidade da vida. Reconhecida a indissociabilidade entre a salubridade ambiental e o desfrute dos direitos humanos, que é impactado tanto pela degradação ambiental como pelos efeitos da mudança climática.[26]

No contexto cooperativo, em particular nos diálogos transfronteiriços, é ainda possível prosseguir na efetivação dos direitos, de modo a reconhecer a permeabilidade normativa das diferentes ordens normativas. Especialmente a traduzir a incorporação dos tratados internacionais de direitos humanos com substância constitucional, integrantes do bloco de constitucionalidade, independentemente do procedimento de aprovação pelo Congresso Nacional. Cuida-se de interpretação autorizada já pela redação constitucional originária (art. 5º, §2º, CF), vale dizer, pela amálgama entre os direitos fundamentais reconhecidos pela Constituição (expressa ou implicitamente) e os direitos humanos previstos em convenções internacionais. Sem prejuízo da cláusula procedimental posteriormente introduzida pela Emenda Constitucional nº 45/2004 (art. 5º, §3º, CF).

Com efeito, como pontua Peter Häberle, no Estado constitucional cooperativo, desconhecida a existência de *primazia* entre o direito constitucional e o direito internacional. Diferentemente, referido modelo "considera tão seriamente o observado efeito recíproco entre as relações externas ou Direito Internacional, e a ordem constitucional interna (nacional), que partes do Direito Internacional e do direito constitucional interno crescem juntas num *todo*".[27]

6 Considerações finais

Como procurei demonstrar ao longo do presente artigo, o federalismo cooperativo ecológico albergado pela Constituição Federal tem maior potencial de realização se dotado de suporte de sustentação que contemple não apenas a colaboração interfederativa mediante o equacionamento das competências administrativas comuns, como operado pela Lei Complementar nº 140/2011, mas também políticas financeiras coordenadas e complementares, que viabilizem a efetiva tutela ambiental, e a participação popular e federativa, nos moldes do constitucionalismo democrático brasileiro. Foi o que ilustraram a ADI nº 4.757, a ADO nº 59 e a ADPF nº 623, controvérsias constitucionais que, reitero, tive a oportunidade de relatar.

Em outros termos, a efetivar a reconstrução federativa pretendida pelo Poder Constituinte, na complexidade e dinamicidade da contemporaneidade, e enfrentar os

---

[26] Registre-se, ademais, solicitada, em janeiro de 2023, à Corte Interamericana, pela Colômbia e o Chile, opinião consultiva a respeito da emergência climática e os direitos humanos, objetivando sejam esclarecidas as obrigações estatais nessa seara. Além disso, provocada a competência consultiva da Corte Internacional de Justiça pela Assembleia-Geral das Nações Unidas, conforme pedido aprovado consensualmente em 29.3.2023 (Resolução A/77/L.58. Disponível em: https://www.un.org/en/ga/77/resolutions.shtml).

[27] HÄBERLE, Peter. *Estado constitucional cooperativo*. Tradução de Marcos Augusto Maliska e Elisete Antoniuk. Renovar: Rio de Janeiro, 2007. p. 12.

desafios que perpassam fronteiras e põem em risco a sustentabilidade ambiental e as possibilidades de vida no planeta, imprescindíveis os devidos aportes financeiros e a participação federativa e social, inclusive de modo a conferir capacidade institucional a todos os entes da federação para que, dentro das competências comuns equacionadas pela Lei Complementar nº 140/2011, possam aumentar cada vez mais o grau de adimplemento dos deveres fundamentais ambientais e concretizar o direito fundamental ao meio ambiente sadio e equilibrado, suporte necessário para a vida e todos os outros direitos fundamentais.

Apenas com a concretização desta tríade cooperativa da colaboração interfederativa, do financiamento e da participação, como sustentáculo mínimo, segundo penso, e em diálogo com o direito internacional, é que os reclamos constitucionais ganham densidade institucional – normativa e prática – e permitem progredir na concretização dos objetivos fundamentais da República (art. 3º, CF). A cooperação interna, ao lado da cooperação transnacional, na conformação de um *Estado constitucional cooperativo*, confere um mínimo de possibilidade para alcançar uma sociedade mais justa e igualitária, calcada no desenvolvimento sustentável e voltado ao bem de todos, sem qualquer discriminação.

Os trinta e cinco anos da Constituição Federal consubstanciam significativos avanços na tutela ambiental, ao impulso do novo quadro de direitos e deveres fundamentais delineado pelo Poder Constituinte e pelo direito internacional dos direitos humanos. Nesse sentido, relevantes o desenvolvimento interpretativo que o federalismo cooperativo ecológico brasileiro teve, nessas mais de três décadas, ao abrigo da linha decisória do Supremo Tribunal Federal, e a abertura reconhecida ao direito internacional, com vista ao cumprimento dos compromissos assumidos pelo Brasil.

O caminho, contudo, ainda se apresenta longo, sobre tudo considerada a necessidade de prosseguir no aprimoramento institucional e no adimplemento dos deveres fundamentais. Tal como sinalizado, por exemplo, na ADI nº 4.757, relativa à Lei Complementar nº 140/2011, em que, ainda que a título de *obter dictum*, feito apelo ao legislador no sentido de avaliar se o equacionamento das competências operado apresentou os resultados almejados em termos de gestão, eficiência e efetividade ambiental, bem como legislar sobre a proteção e uso da Floresta Amazônia (art. 225, §4º), região que carece de efetiva e especial regulamentação, em particular das atividades fiscalizadoras, ante as características dos crimes e ilícitos ambientais na região da Amazônia Legal.

Além do aprimoramento institucional – a tornar efetivo o federalismo cooperativo ecológico em todas as suas frentes – é preciso dar passos largos para uma real virada paradigmática, a superar a elevada carga antropocêntrica que ainda permeia a proteção do meio ambiente, em direção ao paradigma da vida.

Relembro que, partindo do imperativo de tutela ao meio ambiente, imposta aos poderes públicos e à coletividade, o Constituinte elencou as obrigações descritas no §1º do art. 225 como fórmulas iniciais de proteção a serem cumpridas por todos. Com o objetivo de assegurar o direito ao mínimo ecológico para a garantia da dignidade da pessoa humana na relação com o meio em que inserida e baseada no desenvolvimento econômico sustentável (ética antropocêntrica), como também para a qualidade do meio ambiente e de seus elementos constituintes como valor inerente em si (ética biocêntrica).

Esse quadro ecológico permite – ou exige – acolher a tutela mais protetiva do meio ambiente, na engenharia do federalismo cooperativo, como reiteradamente reconhecido pelo Supremo Tribunal Federal, em particular no que diz com a competência legislativa concorrente. Nessa linha, por exemplo, declarada a constitucionalidade de lei estadual que, indo adiante em relação ao previsto na legislação federal, vedou o uso de animais para o desenvolvimento, experimentos e testes de produtos cosméticos (ADI nº 5.996, Rel. Min. Alexandre de Moraes, j. 15.4.2020, *DJe* de 30.4.2020).

Necessário reconhecer, nessa lógica, dignidade para além da pessoa e da vida humana, com o acolhimento da dimensão ecológica do Estado de direito. O art. 225, §1º, VII, da Constituição possibilita superar a limitação antropocêntrica que coloca a pessoa humana no centro e todo o resto como instrumento a seu serviço e entender, como afirmei ao julgamento da ADI nº 4.983 (vaquejada), inclusive, que os animais possuem dignidade própria, merecedora de igual respeito.

Enfim, no *Estado constitucional ecológico e cooperativo*, compete compreender o ser humano como um dos seres que compartilham o planeta. Há muito superada a ideia de que a Terra seria o centro do Universo, já é hora de, no mesmo compasso, adotar visão biocêntrica na tutela ambiental. É dizer, o mundo não existe para a pessoa humana, mas com ela. Se certamente não se chegou ao *fim da história* da humanidade, as possibilidades de vida – humana ou não humana – e de vida digna são postas em xeque pelo não cumprimento dos deveres ambientais, como resultado de demasiado antropocentrismo.

Informação bibliográfica deste texto, conforme a NBR 6023:2018 da Associação Brasileira de Normas Técnicas (ABNT):

WEBER, Rosa. Federalismo cooperativo ecológico efetivo: coordenação, financiamento e participação. *In*: FACHIN, Luiz Edson; BARROSO, Luís Roberto; CRUZ, Álvaro Ricardo de Souza (Coord.). *A Constituição da democracia em seus 35 anos*. Belo Horizonte: Fórum, 2023. p. 67-90. ISBN 978-65-5518-597-3.

A CONSTITUCIONALIZAÇÃO DO PROCESSO E OS SEUS REFLEXOS NA JURISPRUDÊNCIA DO SUPREMO TRIBUNAL FEDERAL

LUIZ FUX

Introdução

É com desvanecimento que me associo às comemorações dos trinta e cinco anos da Constituição de 1988, grande marco do projeto de nação livre e democrática no Brasil.

Genuinamente apelidada de "Carta Cidadã", porquanto fruto da amálgama de tantos e salutares dissensos, costumo dizer que consolidou definitivamente o regime democrático neste país, calcando a nação brasileira no pluralismo político, na separação dos poderes e nas liberdades públicas, valores maximizados pela soberania popular exercida durante o processo eleitoral e pela diuturna participação cívica nas deliberações dos grandes temas da vida pública da nação.

Deveras, a nossa Constituição positivou pioneiramente uma série de direitos fundamentais e estabeleceu um arcabouço normativo voltado a efetivar esses direitos. Esse arcabouço foi concebido no contexto do pós-positivismo, o que revela a preocupação com valores éticos, que devem pautar toda a atuação do Estado brasileiro, preservando preceitos como a liberdade, a igualdade e a segurança jurídica, e estabelecendo a dignidade da pessoa humana como o centro de gravidade da nossa ordem jurídica.

Conforme aponta o Ministro Ayres Britto, na seara doutrinária, a Constituição é um "divisor jurídico de águas", podendo-se afirmar, a partir de tal constatação, que a exegese do texto constitucional é um critério de classificação de todo o direito.[1]

Nota-se, assim, uma tendência de abrangência normativa dos elementos primordiais de diversos ramos jurídicos, para que sejam tutelados no âmbito de proteção

[1] "Como a Constituição não pode deixar de se por na linha de partida do Direito – filha unigênita que é do Poder Constituinte –, uma nova ilação é de ser feita: a Constituição é um divisor jurídico de águas; ou seja, a primeira classificação que se faz sobre o Direito legislado é com os olhos postos na Constituição, no sentido de que há um Direito-Constituição e um Direito-pós Constituição. O primeiro, nascido do Poder Constituinte; o segundo, nascido de um Poder Constituído [...]" (BRITTO, Carlos Ayres. *Teoria da Constituição*. Rio de Janeiro: Forense, 2003. p. 95).

constitucional, considerando o seu grau de importância para a consolidação dos princípios fundamentais que devem reger nosso ordenamento.[2]

Essa tendência, percebida em diversas democracias ao redor do mundo, reflete o fenômeno da "constitucionalização" do direito,[3] que reposiciona as estruturas de diversas esferas legais, sendo aí incluído o ramo do direito processual, dada a sua relação direta com os valores éticos acima mencionados, porquanto se trata do "instrumento através do qual a parte pede justiça e o Estado dela se desincumbe".[4]

O Supremo Tribunal Federal tem atentado para esse fenômeno, tendo em conta as diversas controvérsias que dizem respeito a esse campo de incidência, o que ressalta a necessidade de sua atuação para resguardar as garantias constitucionais processuais, compatibilizando-as com o primado da eficiência e da efetividade na prestação jurisdicional, porque, em assim procedendo, estará cumprindo a sua função de protetor da Constituição.

Assim, no presente estudo, pretendem-se analisar os contornos teóricos do fenômeno da constitucionalização do processo, e, posteriormente, examinar alguns julgados em que o STF interpretou as garantias processuais na Constituição na aplicação de casos concretos.

É, assim, com muita honra, que ofereço minha singela contribuição a essa notável obra, celebrando um importante marco de vigência da nossa Carta Magna, congratulando a iniciativa dos seus ilustres organizadores: o Ministro Luiz Edson Fachin e o Desembargador Álvaro Ricardo de Souza Cruz.

1 O fenômeno da constitucionalização do processo

Conforme visto, um dos mais importantes fenômenos para a compreensão do processo em sua concepção contemporânea é o da "constitucionalização" de diversos instrumentos e princípios processuais.

Tem-se sugerido, então, o surgimento do "direito processual constitucional", que disciplina o processo das ações de exercício da jurisdição constitucional; e do "direito

---

2 "Nos Estados de democratização mais tardia, como Portugal, Espanha e, sobretudo, o Brasil, a constitucionalização do direito é um processo mais recente, embora muito intenso. Verificou-se, entre nós, o mesmo movimento translativo ocorrido inicialmente na Alemanha e em seguida na Itália: a passagem da Constituição para o centro do sistema jurídico. A partir de 1988, e mais notadamente nos últimos cinco ou dez anos, a Constituição passou a desfrutar já não apenas da supremacia formal que sempre teve, mas também de uma supremacia material, axiológica, potencializada pela abertura do sistema jurídico e pela normatividade de seus princípios. Com grande ímpeto, exibindo força normativa sem precedente, a Constituição ingressou na paisagem jurídica do país e no discurso dos operadores jurídicos" (BARROSO, Luís Roberto. A constitucionalização do direito e suas repercussões no âmbito administrativo. *In*: ARAGÃO, Alexandre Santos de; MARQUES NETO, Floriano de Azevedo (Coord.). *Direito administrativo e seus novos paradigmas*. Belo Horizonte: Fórum, 2008. p. 41-42).

3 É como aponta Arruda Alvim: "A Constituição Federal de 1988 representou uma retomada da ideia de crença e de realização de uma prática democrática plena. Valorizou aspectos sociais do direito, procurou descartar marcas individualistas (individualistas no sentido de afastar direitos sociais) e, do ponto de vista processual, manteve instrumentos precedentes e incorporou outros instrumentos. Na linha da constitucionalização de direitos em que se insere a promulgação da Constituição vigente, as normas relativas à estrutura e organização dos Poderes refletem a necessidade de salvaguardar o ordenamento jurídico, sobretudo no tocante à aplicação das normas constitucionais" (ALVIM NETTO, José Manoel de Arruda. Processo e Constituição. *In*: DANTAS, Bruno *et al.* (Coord.). *Constituição de 1988*: o Brasil 20 anos depois. Brasília: Senado Federal, Instituto Legislativo Brasileiro, 2008. p. 388-483).

4 FUX, Luiz. *Curso de direito processual civil*. 5. ed. Rio de Janeiro: Forense, 2022. p. 3.

constitucional processual", estudado neste trabalho, tratando dos princípios e regras constitucionais em matéria processual, cuja exegese influi em toda a interpretação da legislação ordinária.[5]

Ainda nas décadas de 1940 e 1950, recordamos em alguns clássicos, como os professores Eduardo Juan Couture, no Uruguai; Leonardo Prieto Castro e Niceto Alcalá-Zamora y Castillo, na Espanha; e Pietro Calamandrei, na Itália, a ideia da subordinação do direito processual à Constituição, especialmente depois de diversas tentativas de imposição de ideologias autoritárias nas legislações processuais ao redor do mundo, naquela época.

Essa tendência foi captada, no Brasil, por José Frederico Marques, que, ainda em 1952, na tese de concurso para professor catedrático da Pontifícia Universidade Católica de São Paulo, com declarada inspiração nos autores acima aludidos, já vislumbrava as normas fundamentais do processo como consectários do direito constitucional.[6]

O autor sistematiza, assim, as categorias de normas constitucionais processuais em:

1) *Os princípios fundamentais das leis de organização judiciária*: "a) definindo quais os órgãos do Poder Judiciário; b) estatuindo sobre as garantias constitucionais dos juízes; c) estabelecendo a competência *ratione materiae* dos órgãos constitucionais do Poder Judiciário".
2) *Os princípios fundamentais do processo*: "garantia individual da administração da Justiça pelo Estado, através de órgãos imparciais e providências legais que assegurem a justa aplicação da lei nos conflitos sobre direitos subjetivos dos particulares entre si, ou do indivíduo com o Estado (o direito de ação, do art. nº XXXV §5º; a plenitude de defesa, o princípio do juiz natural, a proibição de juízos de exceção, etc.)".
3) *Remédios processuais constitucionais*: "com a especificação de garantias sobre o direito de agir, através de medidas tendentes à restauração do direito violado ou do interesse lesado: é o direito de petição individualizado ou em remédios rápidos (*Habeas-corpus* e mandado de segurança), ou em procedimentos destinados a garantir o império uniforme da lei e da Constituição (recurso extraordinário, recurso especial, controle de constitucionalidade das leis e *judicial control* dos atos administrativos), ou ainda em providências pertinentes

---

5 A distinção é de Nelson Nery Júnior: "Naturalmente, o direito processual se compõe de um sistema uniforme, que lhe dá homogeneidade, de sorte a facilitar sua compreensão e aplicação para a solução das ameaças e lesões a direito. Mesmo que se reconheça essa unidade processual, é comum dizer-se didaticamente que existe um direito constitucional processual, para significar o conjunto dos textos normativos de direito processual que se encontra na Constituição Federal, ao lado de um direito processual constitucional, que seria a reunião dos princípios para o fim de regular a denominada jurisdição constitucional. Não se trata, portanto, de ramos novos do direito processual. Exemplos de textos normativos de direito constitucional processual podemos encontrar na CF 5.º XXXV, 8.º III etc. De outra parte, são institutos de direito processual constitucional o mandado de segurança, o habeas data, a ação direta de inconstitucionalidade etc." (NERY JÚNIOR, Nelson. *Princípios do processo na Constituição Federal*. 13. ed. São Paulo: Revista dos Tribunais, 2017. p. 55).

6 "A Constituição ainda funciona como fonte material do processo. A lei ordinária precisa moldar seus imperativos segundo as diretrizes políticas da Lei Maior. Nos preceitos pragmáticos da Constituição, e em seu substrato ideológico, deita raízes o Direito Processual para plasmar o seu procedimento. Não é qualquer processo que pode ter esse nome, como lembra COUTURE, mas tão-só aquele que em consonância com os dogmas da democracia e as garantias aos direitos do homem, estruture as formas do juízo assegurando o respeito às liberdades individuais e aos direitos proclamados pela Constituição" (MARQUES, José Frederico. *Ensaio sobre a jurisdição voluntária*. Ed. rev., atual. e ampl. por Ovídio Rocha Barros Sandoval. Campinas: Millennium, 2000. p. 14).

à colaboração do cidadão com o poder público, ou para garantir o *jus sufragii* (justiça eleitoral), ou para impedir o mau emprego do dinheiro público (ação popular e ação civil pública)".

4) *Regras incidentalmente constitucionais*: "destinadas a fixar de maneira rígida, sob a tutela da Constituição, certos preceitos de processo, como *verbi gratia*, a homologação de sentenças estrangeiras pelo Supremo Tribunal, o fôro das ações contra a Fazenda Nacional, etc.".[7]

Destarte, observamos que o processo se fortaleceu como um importante meio de limitação do poder estatal, através da segurança atribuída às partes na busca da efetivação de seus direitos.

Com a Constituição de 1988, o processo civil brasileiro consolidou fortemente o seu *status constitucional*, a partir da previsão de diversos dispositivos, em seu conteúdo, tratando de matéria processual. O Professor Barbosa Moreira, meses após a promulgação da Constituição, escreveu o singular estudo *Aspectos processuais civis na nova Constituição*, em que lembra:

> Poucas normas se encontravam nessas Cartas a respeito do processo civil. E é justamente por esse ângulo que a nova Constituição assinala, sem dúvida, uma mudança de rumo. Nela são bem mais abundantes os textos concernentes ao processo civil. É claro que alguns deles dizem respeito, indiferentemente, a ambos os ramos do direito processual. Mas não deixa de ser interessante notar, desde logo, que a Constituição ora em vigor estende, expressamente, ao processo civil determinadas garantias que até então só estavam elevadas a nível constitucional com referência ao processo penal.[8]

O referido professor, mestre da Escola Carioca de Direito Processual, trata de alguns dos principais dispositivos na Constituição de 1988 a esse respeito, que listamos aqui:

1) O *direito de ação*, (art. 5º, XXXV, da CF88), que tem sido interpretado como a necessidade de conferir-se ao cidadão uma acessibilidade a uma ordem jurídica "efetiva", "justa" e "tempestiva".
2) A *garantia de assistência jurídica integral e gratuita* aos que comprovarem insuficiência de recursos (art. 5º, LXXIV da CF88), conferindo instrumentos ao cidadão hipossuficiente para que possa exercer seu direito de ação.
3) A *vedação de juízo ou tribunal de exceção*, no art. 5º, XXXVII, da CF88, reafirmando o novo ideário da existência de um direito processual que tenha como premissa o respeito às garantias das partes.
4) A previsão de que "ninguém será processado, nem sentenciado, senão pela autoridade competente" (art. 5º, LIII, da CF88), assegurando a imparcialidade e independência do órgão judicial.

---

7 MARQUES, José Frederico. *Ensaio sobre a jurisdição voluntária*. Ed. rev., atual. e ampl. por Ovídio Rocha Barros Sandoval. Campinas: Millennium, 2000. p. 13-14.

8 MOREIRA, José Carlos Barbosa. Aspectos processuais civis na nova Constituição. *Revista de Direito da Procuradoria-Geral de Justiça do Rio de Janeiro*, n. 29, 1989. p. 56.

5) A garantia da *ampla defesa e contraditório* (art. 5º, LV, da CF88), possibilitando a atuação eficaz dos litigantes no desenrolar do processo, cujas manifestações serão imprescindíveis para a tomada de decisões judiciais.
6) A *inadmissibilidade de provas ilícitas* (art. 5º, LVI, da CF88), permitindo que as partes tenham a prerrogativa de ver somente a produção das provas pelos meios admitidos em direito, nos processos que venham a integrar.
7) A *publicidade dos atos processuais* (art. 5º, LX, da CF88), assegurando o ideal da transparência nos atos judiciais, ressalvando os casos de preservação da intimidade ou de interesse social, em que pode ser decretado o seu sigilo.
8) O *dever de fundamentação das decisões judiciais* (art. 93, IX, da CF88), vedando a tomada de decisões, por parte do magistrado, sem cientificar as partes sobre as razões pelas quais se chegou àquele *decisum*.
9) O *devido processo legal* (art. 5º, LIV, da CF88), positivando um princípio de tradução milenar, que guia o jurista na interpretação de todos os dispositivos processuais.[9]

Deveras, considerando a mudança paradigmática do sistema processual brasileiro com o Código de Processo Civil de 2015, impende ressaltar que a Comissão de Juristas responsável pela elaboração do seu anteprojeto chegou à conclusão de que haveria três cernes importantíssimos a serem adotados em seu conteúdo.

Inicialmente, menciona-se a tendência pela busca de *adoção de institutos do common law*, constatando-se a necessidade de evolução do sistema jurídico brasileiro, antes baseado na justiça e na moral, para as ideias dos sistemas anglo-saxônicos, tendo como paradigmas a justiça e a razão, preconizando a utilização de parâmetros objetivos para a uniformização do ordenamento jurídico.

Em segundo lugar, vale evidenciar a finalidade de *aplicação da análise econômica do direito*, considerando a importância de adaptação do sistema processual à luz dessa nova escola do pensamento jurídico, que preconiza a utilização dos conceitos econômicos no direito, notadamente a eficiência.

Por fim, e em consonância com objeto do presente estudo, destaca-se a *incorporação dos valores do neoconstitucionalismo e do neoprocessualismo*, porquanto o Novo CPC passou a contemplar, pela primeira vez na história, uma parte geral, garantindo a observância de normas fundamentais do processo e dos princípios constitucionais em sua aplicação.

Em relação a este último aspecto, dizendo respeito ao novo constitucionalismo, tomaram-se como referências as lições de Ronald Dworkin, em seu seminal *Freedom's Law: The Moral Reading of the American Constitution*,[10] para posicionar os princípios

---

[9] MOREIRA, José Carlos Barbosa. Aspectos processuais civis na nova Constituição. *Revista de Direito da Procuradoria-Geral de Justiça do Rio de Janeiro*, n. 29, 1989. p. 57-63.

[10] São suas palavras: "Our legal tradition gives a very different, less metaphorical and superficial, answer to the question how abstract constitutional provisions should be interpreted. Judges should seek to identify the principles latent in the Constitution as a whole, and in past judicial decisions applying the Constitution's abstract language, in order to enforce the same principles in new areas and so make the law steadily more coherent. In that way, the principles that have been relied on to justify rights for one group or in one situation are extended, so far as that is possible, to everyone else to whom they equally apply. [...] the Constitution must be understood not as a list of discrete rules but as a charter of principle that must be interpreted and enforced as a coherent system. That view of the Constitution entails two central judicial responsibilities. First, judges must decide particular cases in the light of general principles they can responsibly assign to the text of the abstract clauses of the Constitution, and

constitucionais como parâmetros de interpretação de todo o direito, o que, no Brasil, é potencializado por valores centrais como a dignidade da pessoa humana.

Deveras, o CPC de 2015, considerando todos estes referenciais, estabelece a moldura constitucional do processo em seu art. 1º, ao dispor que "o processo civil será ordenado, disciplinado e interpretado conforme os valores e as normas fundamentais estabelecidos na Constituição da República Federativa do Brasil, observando-se as disposições deste Código".

Assim, conseguimos perceber um esforço normativo empreendido não só no sentido de "apenas conformar o processo às normas constitucionais, mas de empregá-las no próprio exercício da função jurisdicional, com reflexo direto no seu conteúdo, naquilo que é decidido pelo órgão judicial e na maneira como o processo é por ele conduzido".[11]

Destarte, considerando a natureza do direito processual como legítimo propulsor da efetivação da justiça, que "não pode ser compreendido como mera técnica mas, sim, como instrumento de realização de valores e especialmente de valores constitucionais", forçosa é a necessidade de "considerá-lo como direito constitucional aplicado".[12]

Diante de todo esse arcabouço jurídico, consagrando garantias fundamentais processuais na Constituição, cabe-nos examinar de que modo são aplicadas em juízo, com foco na atuação do Supremo Tribunal Federal nesta missão de salvaguarda.

2 Aplicações do direito constitucional processual na jurisprudência do Supremo Tribunal Federal[13]

A função constitucional exercida pelo Supremo Tribunal Federal, atuando como guarda da Constituição, implica a interpretação das garantias processuais contidas em seu texto, conferindo-lhes plena incidência nas causas postas sob o seu julgamento. Serão, aqui, estudadas algumas destas causas.

Na recém julgada Ação Direta de Inconstitucionalidade nº 5.941, j. 9.2.2023, de minha relatoria, o Supremo Tribunal Federal apreciou a constitucionalidade dos arts. 139, IV; 297, *caput*; 380, parágrafo único; 403, parágrafo único, 536, *caput* e §1º; e 773, do Código de Processo Civil de 2015.

Os dispositivos tratavam, em síntese, da possibilidade de determinação de medidas atípicas, de natureza coercitiva, sub-rogatória, mandamental ou indutiva, para assegurar o cumprimento de decisões judiciais. Sustentava-se a declaração de sua nulidade sem redução de texto, para assentar a inconstitucionalidade de eventuais medidas coercitivas que dissessem respeito à suspensão do direito de dirigir, apreensão de carteira nacional de habilitação ou de passaporte, além da proibição de participação em concurso ou licitação públicos para o executado, sob pena de ofensa, entre outros.

---

they must respect those principles even when the decisions the principles dictate are controversial or unpopular" (DWORKIN, Ronald. *Freedom's Law*: the moral reading of the American Constitution. Oxford: Oxford University Press, 1999. p. 53; 124).

[11] OLIVEIRA, Carlos Alberto Álvaro de. O processo civil na perspectiva dos direitos fundamentais. *Cadernos do Programa de Pós-Graduação em Direito – PPGDir./UFRGS*, v. 2, n. 4, 2014. p. 121.

[12] OLIVEIRA, Carlos Alberto Álvaro de. O processo civil na perspectiva dos direitos fundamentais. *Cadernos do Programa de Pós-Graduação em Direito – PPGDir./UFRGS*, v. 2, n. 4, 2014. p. 120.

[13] O presente tópico representa uma versão adaptada dos votos proferidos nas respectivas ações, neste, tratadas.

Conforme assentei na ocasião, vislumbravam-se dois possíveis resultados, ambos indesejáveis, da eventual declaração de inconstitucionalidade, sem redução de texto, dos dispositivos examinados naquele caso: ou bem (i) as medidas indutivas listadas pelo requerente seriam extirpadas, *tout court*, do âmbito de atuação do Poder Judiciário, ou bem (ii) seria exarada decisão absolutamente tautológica por esta Corte, afirmando-se que as medidas de *suspensão da carteira nacional de habilitação ou do passaporte* e da *proibição de participação em concurso ou em licitação pública* apenas seriam constitucionais quando proporcionais ao caso concreto.

Ora, a primeira das alternativas representaria indevida intromissão na atividade judicante, calcada numa compreensão ultrapassada sobre os poderes do magistrado e numa hierarquização absoluta e apriorística dos princípios constitucionais em jogo.

A segunda, por sua vez, corresponderia a um *nada jurídico*, porquanto a Corte simplesmente estaria reiterando o que o próprio Código de Processo Civil já afirma: que "[a]o aplicar o ordenamento jurídico, o juiz atenderá aos fins sociais e às exigências do bem comum, resguardando e promovendo a dignidade da pessoa humana e observando a proporcionalidade, a razoabilidade, a legalidade, a publicidade e a eficiência" (art. 8º).

Consoante já assinalado, o Novo Código de Processo Civil, provido de uma racionalidade que a literatura tem denominado *neoprocessualismo*, vem atentando, de um lado, para a dimensão processual da tutela dos direitos fundamentais, e, de outro, para um processo de constitucionalização das próprias garantias processuais.[14]

O neoprocessualismo é imbuído de lógica que preza pela duração razoável do processo e pelo reconhecimento de uma instrumentalidade que, *relativizando o binômio substance-procedure, permite a construção de técnicas processuais efetivas, rápidas e adequadas à realização do direito processual*.[15]

Irradiações desse fenômeno no Código de Processo Civil não são poucas, a começar pelo que expõe o próprio art. 1º desse diploma legal, já mencionado acima. O Capítulo I do Livro I expressa de forma clara, entre outros, o direito à duração razoável do processo (art. 4º), a garantia de paridade de tratamento entre as partes (art. 7º), e a observância da proporcionalidade, razoabilidade, legalidade, publicidade e eficiência (art. 8º).

Dessa forma, a improcedência daquela ação direta era medida que se impunha, tanto para proteger a organicidade do novel Código de Processo Civil, cuja interpretação sistemática não esteia as objeções contidas na inicial, quanto para resguardar a própria técnica da declaração de inconstitucionalidade sem redução de texto, a qual deve ser utilizada com parcimônia por esta Corte, para que não se venha a banalizar o instituto.

Não se trata, como pude frisar, de desprezar a preocupação do requerente com a tutela da dignidade da pessoa do devedor em face de potenciais abusos perpetrados pelo juízo com o fito de assegurar o cumprimento de ordens judiciais.

Foi demonstrado que quaisquer discussões relativas à proporcionalidade das medidas indutivas, coercitivas, mandamentais ou sub-rogatórias tomadas para assegurar o cumprimento de ordem judicial apenas podem ser travadas *in concreto*, por meio

---

[14] GOZAÍNI, Osvaldo Alfredo. El neoprocesalismo. *Revista Iberoamericana de Derecho Procesal*, Buenos Aires, ano VI, n. 9, p. 227-241, 2006.

[15] CAMBI, Eduardo. Neoconstitucionalismo e neoprocessualismo. *Panóptica*, Vitória, ano 1, n. 6, fev. 2007. p. 1-44.

do sopesamento dos bens jurídicos efetivamente em conflito, a partir da motivação externalizada pelo órgão julgador.

Concluiu-se, pois, pela inviabilidade da pretensão, de forma apriorística e abstrata, de retirar determinadas medidas do leque de ferramentas disponíveis ao magistrado para fazer valer o provimento jurisdicional. Deveras, era necessária a verificação se, diante das circunstâncias do litígio concreto, a medida requerida ou cogitada *ex officio* ofenderia, injustificadamente, direitos fundamentais de maior relevo, sob pretexto de, de maneira desmedida, garantir o legítimo direito de satisfação do exequente.

Também podem ser verificados alguns julgados em que as mencionadas garantias processuais foram aplicadas no bojo de processos administrativos. No Recurso Extraordinário nº 594.296, j. 21.9.2011, Rel. Min. Dias Toffoli, o Plenário do Tribunal enfrentou a seguinte questão: pode a Administração Pública anular seus próprios atos, ainda que ilegais, sem a prévia observância do contraditório e da ampla defesa do administrado cuja situação individual seja afetada pela anulação?

Naquela controvérsia, a servidora recorrida percebeu a maior, por cerca de três anos, gratificação por tempo de serviço – ao que parece, de boa-fé (não há, pelo menos, indício do contrário). Apercebendo-se do erro, cuidou a Administração Pública recorrente de, em observância da lei, retificar os vencimentos da recorrida e proceder à cobrança dos valores indevidamente pagos.

Deveras, como pude frisar, a Constituição de 1988 impôs a releitura da autotutela administrativa, balizando-a pelos princípios do contraditório e da ampla defesa, entre outros. Assim, como norma geral, é de se entender que os atos administrativos que gerem efeitos sobre a situação jurídica de um indivíduo devam ser precedidos de momento em que se conceda ao administrado o direito à manifestação e à demonstração de suas razões.

A Carta pós-positivista estabeleceu, desse modo, como uma cláusula pétrea, que ninguém será privado de seus bens e de sua propriedade sem obediência do devido processo legal, conforme dispõe o seu art. 5º, LIV.

Na realidade, quando há uma supressão de um salário necessário *in vitae*, é mister que, na supressão de um bem, ou da própria propriedade – que constituem meios de sobrevivência humana –, seja necessariamente observado o devido processo legal.

Como assentei, era evidente que a Administração Pública estaria subordinada ao princípio da legalidade e, por outro lado, também se reconheceria o seu poder geral de cautela, no sentido de que ela pode suspender um pagamento e até submeter a ampla defesa ou o contraditório à questão relativa aos descontos. Mas, naquele caso, ressaltei a importância de observarmos que a mencionada servidora requereu administrativamente essa averbação, tendo sido deferida, de sorte que a desconstituição desse ato teria necessariamente que perpassar um procedimento que obedecesse ao contraditório e ao devido processo legal.[16]

---

[16] Entre os aspectos destacados, foi mencionado o voto do Ministro Celso de Mello, na Medida Cautelar em Mandado de Segurança nº 27.422, com as seguintes razões: "A essencialidade do postulado da segurança jurídica e a necessidade de se respeitarem situações consolidadas no tempo, amparadas pela boa-fé do cidadão (seja ele servidor público, ou não), representam fatores a que o Judiciário não pode ficar alheio, como resulta da jurisprudência que se formou no Supremo Tribunal Federal".

Em outras palavras, sabemos que o direito vive em função do homem, e não o homem em função do direito. Ora, consoante fora apontado nas discussões em Plenário, seria possível a recepção de alguma parcela no contracheque do servidor, sem que soubesse a sua origem daquela parcela, ou sem que soubesse da necessidade até de ter que devolver aquela parcela. Seria caracterizada, então, uma intromissão abrupta no direito de propriedade do servidor a mencionada supressão do adicional, e, mais ainda, o desconto imediato daquilo que unilateralmente a Administração entendeu indevido.

Prevaleceu, então, o entendimento da possibilidade de a Administração, verificando eventual ilegalidade, suprimir qualquer adicional percebido de forma irregular, mas, ressaltando a necessidade de que o faça obedecendo aos cânones constitucionais do devido processo legal, do contraditório e da ampla defesa.

Em outro recurso extraordinário, o de nº 597.133, j. 17.11.2010, Rel. Min. Ricardo Lewandowski, o Plenário do Supremo Tribunal Federal apreciou a seguinte controvérsia: viola o princípio do juiz natural o julgamento de apelação por órgão composto majoritariamente por juízes convocados?

No mencionado caso, pretendia-se a anulação de acórdão proferido pela 7ª Turma do Tribunal Regional Federal da 5ª Região, em que, à exceção do presidente daquela sessão de julgamento, todos os outros componentes eram juízes federais convocados.

O relator do recurso, Ministro Ricardo Lewandowski, imbuído de legítimas preocupações sobre a efetividade e a celeridade da prestação jurisdicional, ressaltou que tais garantias, conforme a exegese do art. 5º, §1º, da Constituição Federal, também têm aplicação imediata. "Outra, pois, não poderia ser a reação da Corte Regional que a de dar pronto cumprimento a esse comando constitucional", além das próprias disposições legais que autorizam a convocação de juízes.[17]

Para S. Exa., "o âmago teleológico do princípio do juiz natural consiste na estrita prevalência de um julgamento imparcial e isonômico para as partes, levado a cabo por magistrados togados, independentes e regularmente investidos em seus cargos".

Deveras, em importante interpretação sobre as garantias processuais, notadamente a do juiz natural, com vistas a assegurar sua finalidade prática, colocou como condições essenciais à validade do julgamento, ali, discutido, o respeito ao direito do "duplo grau de jurisdição, como também se observou, de maneira escrupulosa, o postulado da presunção de não culpabilidade, a garantia do devido processo legal, da publicidade dos julgamentos, da ampla defesa e do contraditório".

Por tal razão, o Tribunal negou provimento ao recurso, fixando, em sede de repercussão geral, a seguinte tese: "Não viola o postulado constitucional do juiz natural

---

[17] As mencionadas razões coadunam-se com o entendimento de Barbosa Moreira, para quem: "a) o processo deve dispor de instrumentos de tutela adequados, na medida do possível, a todos os direitos (e outras posições jurídicas de vantagem) contemplados no ordenamento, quer resultem de expressa previsão normativa, quer se possam inferir do sistema; b) esses instrumentos devem ser praticamente utilizáveis, ao menos em princípio, sejam quais forem os supostos titulares dos direitos (e das outras posições jurídicas de vantagem) de cuja preservação ou reintegração se cogita, inclusive quando indeterminado ou indeterminável o círculo dos eventuais sujeitos; c) impende assegurar condições propícias à exata e completa reconstituição dos fatos relevantes, a fim de que o convencimento do julgador corresponda, tanto quanto puder, à realidade; d) em toda a extensão da possibilidade prática, o resultado do processo há de ser tal que assegure à parte vitoriosa o gozo pleno da específica utilidade a que faz jus segundo o ordenamento; e) cumpre que se possa atingir semelhante resultado com o mínimo dispêndio de tempo e energias" (MOREIRA, José Carlos Barbosa. Efetividade do processo e técnica processual. *Revista de Processo*, v. 77, jan. 1995. p. 168-169).

o julgamento de apelação por órgão composto majoritariamente por juízes convocados, autorizado no âmbito da Justiça Federal pela Lei 9.788/1999".

Podem, também, ser listados diversos precedentes da Corte assegurando garantias processuais em matéria penal.

Citamos, por todos, o HC nº 94.016, j. 16.9.2008, Rel. Min. Celso de Mello, impetrado para, em síntese, requerer a participação de advogados do paciente, réu estrangeiro e não domiciliado no Brasil, em interrogatórios de demais corréus em processo tramitando perante a 6ª Vara Criminal da 1ª Subseção Judiciária da Justiça Federal em São Paulo.

Nas razões discutidas, um dos pontos em relação aos quais se cingia a controvérsia dizia respeito à condição de estrangeiro do paciente, e se, diante de tais circunstâncias, possuiria as mesmas garantias processuais previstas na Constituição de 1988.

O relator, Ministro Celso de Mello, pontuou:

> o fato de o paciente ostentar a condição jurídica de estrangeiro e de não possuir domicílio no Brasil não lhe inibe, só por si, o acesso aos instrumentos processuais de tutela da liberdade nem lhe subtrai, por tais razões, o direito de ver respeitadas, pelo Poder Público, as prerrogativas de ordem jurídica e as garantias de índole constitucional que o ordenamento positivo brasileiro confere e assegura a qualquer pessoa que sofra persecução penal instaurada pelo Estado.[18]

Deveras, ao conceder a ordem, assentou que a observância ao imperativo do devido processo legal implicaria a conclusão de que "a condição jurídica de não-nacional do Brasil e a circunstância de esse mesmo réu estrangeiro não possuir domicílio em nosso país não legitimam a adoção, contra tal acusado, de qualquer tratamento arbitrário ou discriminatório".

Adotou, como consectários do primado do *due process*, os seguintes direitos:

(a) "direito ao processo (garantia de acesso ao Poder Judiciário)";
(b) "direito à citação e ao conhecimento prévio do teor da acusação";
(c) "direito a um julgamento público e célere, sem dilações indevidas";
(d) direito ao contraditório e à plenitude de defesa (direito à autodefesa e à defesa técnica)";
(e) "direito de não ser processado e julgado com base em leis ex post facto";
(f) "direito à igualdade entre as partes";
(g) "direito de não ser processado com fundamento em provas revestidas de ilicitude";
(h) "direito ao benefício da gratuidade";
(i) "direito à observância do princípio do juiz natural";
(j) "direito ao silêncio (privilégio contra a auto-incriminação)";

[18] "Nesse contexto, impõe-se, ao Judiciário, o dever de assegurar, mesmo ao réu estrangeiro sem domicílio no Brasil, os direitos básicos que resultam do postulado do devido processo legal, notadamente as prerrogativas inerentes à garantia da ampla defesa, à garantia do contraditório, à igualdade entre as partes perante o juiz natural e à garantia de imparcialidade do magistrado processante. A essencialidade dessa garantia de ordem jurídica reveste-se de tamanho significado e importância no plano das atividades de persecução penal que ela se qualifica como requisito legitimador da própria *persecutio criminis*. Daí a necessidade de se definir o alcance concreto dessa cláusula de limitação que incide sobre o poder persecutório do Estado".

(k) "direito à prova";
(l) "direito de presença e de participação ativa nos atos de interrogatório judicial dos demais litisconsortes penais passivos, quando existentes".

É assente, portanto, na jurisprudência da Suprema Corte, a necessidade de respeito aos princípios e regras constitucionais relacionados às garantias processuais das partes. Confere-se, assim, efetividade ao fenômeno da constitucionalização do processo.

Conclusão

Conforme se pôde depreender dos fundamentos acima esposados, houve uma clara opção legislativa do Constituinte de 1988 em ampliar o rol de garantias processuais destinadas ao âmbito da tutela constitucional, tornando imprescindível, assim, o empreendimento dos esforços necessários para a sua proteção.

Convém repetir o quanto assentado acima: a função constitucional exercida pelo Supremo Tribunal Federal, atuando como guarda da Constituição, implica a interpretação dessas garantias processuais contidas em seu texto, conferindo-lhes plena incidência nas causas postas sob o seu julgamento.

Cabe assinalar, no entanto, que a partir da exegese da jurisprudência estudada, infere-se que a análise dos mencionados direitos não pode se dar de forma isolada, porquanto devem ser também examinados à luz de outros primados de importância monumental, como a efetividade e a celeridade na prestação jurisdicional, além do direito fundamental à duração razoável dos processos, introduzido pela Emenda Constitucional nº 45, de 2004.

Interessados nesse cenário e pretendendo melhor elucidar seus contornos teóricos, ao longo deste texto, buscou-se (i) definir genericamente o escopo doutrinário do fenômeno da constitucionalização do processo; (ii) apresentar os principais consectários desse fenômeno, ou seja, as garantias processuais imprimidas na Constituição de 1988; e (iii) analisar a concretização de tais primados na jurisprudência do Supremo Tribunal Federal.

Em suma, tal perspectiva ressalta a necessidade de atuar pelo resguardo dessas garantias, com a utilização de instrumentos, em grande parte conferidos pela análise econômica do direito, que permitam a sua confluência harmoniosa com ideal de eficiência no processo. É, como dito, o caminho para atribuir efetividade ao fenômeno da constitucionalização do direito processual.

Afinal, conforme enunciava o grande Ulysses Guimarães, "a Constituição deve ser – e será – o instrumento jurídico para o exercício da liberdade e da plena realização do homem brasileiro".

Referências

ALVIM NETTO, José Manoel de Arruda. Processo e Constituição. *In*: DANTAS, Bruno *et al.* (Coord.). *Constituição de 1988*: o Brasil 20 anos depois. Brasília: Senado Federal, Instituto Legislativo Brasileiro, 2008. p. 388-483.

BARROSO, Luís Roberto. A constitucionalização do direito e suas repercussões no âmbito administrativo. *In*: ARAGÃO, Alexandre Santos de; MARQUES NETO, Floriano de Azevedo (Coord.). *Direito administrativo e seus novos paradigmas*. Belo Horizonte: Fórum, 2008.

BRASIL. *Constituição da República Federativa do Brasil*. Disponível em: https://www.planalto.gov.br/ccivil_03/constituicao/constituicaocompilado.htm. Acesso em: 23 mar. 2023.

BRASIL. *Lei 13.105, de 16 de março de 2015*. Código de Processo Civil. Disponível em: https://www.planalto.gov.br/ccivil_03/_ato2015-2018/2015/lei/l13105.htm. Acesso em: 23 mar. 2023.

BRASIL. Supremo Tribunal Federal. *Ação Direta de Inconstitucionalidade 5941/DF*. Rel. Min. Luiz Fux, j. 9.2.2023, public. 28.4.2023.

BRASIL. Supremo Tribunal Federal. *Habeas Corpus 94016*. Rel. Min. Celso de Mello, j. 16.9.2008, public. 1º.4.2013.

BRASIL. Supremo Tribunal Federal. *Mandado de Segurança 27.422/DF*. Rel. Min. Celso de Mello, j. 14.4.2015, public. 11.5.2015.

BRASIL. Supremo Tribunal Federal. *Recurso Extraordinário 594.296/MG*. Rel. Min. Dias Toffoli, j. 21.09.2011, public. 13.2.2012.

BRASIL. Supremo Tribunal Federal. *Recurso Extraordinário 597.133/RS*. Rel. Min. Ricardo Lewandowski, j. 17.11.2010, public. 6.4.2011.

BRITTO, Carlos Ayres. *Teoria da Constituição*. Rio de Janeiro: Forense, 2003.

CAMBI, Eduardo. Neoconstitucionalismo e neoprocessualismo. *Panóptica*, Vitória, ano 1, n. 6, fev. 2007.

DWORKIN, Ronald. *Freedom's Law*: the moral reading of the American Constitution. Oxford: Oxford University Press, 1999.

FUX, Luiz. *Curso de direito processual civil*. 5. ed. Rio de Janeiro: Forense, 2022.

GOZAÍNI, Osvaldo Alfredo. El neoprocesalismo. *Revista Iberoamericana de Derecho Procesal*, Buenos Aires, ano VI, n. 9, p. 227-241, 2006.

MARQUES, José Frederico. *Ensaio sobre a jurisdição voluntária*. Ed. rev., atual. e ampl. por Ovídio Rocha Barros Sandoval. Campinas: Millennium, 2000.

MOREIRA, José Carlos Barbosa. Aspectos processuais civis na nova Constituição. *Revista de Direito da Procuradoria-Geral de Justiça do Rio de Janeiro*, n. 29, 1989.

MOREIRA, José Carlos Barbosa. Efetividade do processo e técnica processual. *Revista de Processo*, v. 77, jan. 1995.

NERY JÚNIOR, Nelson. *Princípios do processo na Constituição Federal*. 13. ed. São Paulo: Revista dos Tribunais, 2017.

OLIVEIRA, Carlos Alberto Álvaro de. O processo civil na perspectiva dos direitos fundamentais. *Cadernos do Programa de Pós-Graduação em Direito – PPGDir./UFRGS*, v. 2, n. 4, 2014.

Informação bibliográfica deste texto, conforme a NBR 6023:2018 da Associação Brasileira de Normas Técnicas (ABNT):

FUX, Luiz. A constitucionalização do processo e os seus reflexos na jurisprudência do Supremo Tribunal Federal. *In*: FACHIN, Luiz Edson; BARROSO, Luís Roberto; CRUZ, Álvaro Ricardo de Souza (Coord.). *A Constituição da democracia em seus 35 anos*. Belo Horizonte: Fórum, 2023. p. 91-102. ISBN 978-65-5518-597-3.

ERRADICAÇÃO DA POBREZA E COMBATE À FOME À LUZ DA CONSTITUIÇÃO DE 1988

CRISTIANO ZANIN MARTINS

1 Introdução

A celebração dos 35 anos da promulgação da Constituição Federal de 1988 convida à reflexão sobre o pacto de concretização dos direitos sociais (art. 6º), que simboliza, mais do que um rompimento com a ordem normativa anterior, o comprometimento com a justiça social, com o intuito de garantir a dignidade da pessoa humana (art. 1º, III), construir uma sociedade livre, justa e solidária (art. 3º, I), incentivar o desenvolvimento nacional (art. 3º, II) e erradicar a pobreza e a marginalização com a redução das desigualdades sociais (art. 3º, III).

A Carta Cidadã foi a primeira, na história constitucional brasileira, a prever efetivamente os objetivos da República de forma específica e os direitos sociais como direitos fundamentais. À semelhança dos demais direitos fundamentais, eles não se limitam aos elencados no art. 6º da Carta Magna, mas abrangem também direitos e garantias previstos em outras partes do texto constitucional. A eles se aplica a previsão do art. 5º, §1º, da CF/1988, que atribui aos direitos sociais a máxima efetividade e a imediata eficácia, assim como reconhece o princípio da vedação de retrocesso social.[1]

Nesse contexto, trago à reflexão o tema da erradicação da pobreza, com destaque para o combate à fome. Afirma-se, com frequência, que "a pobreza é, por si só, uma violação de vários direitos fundamentais,[2] e que "a fome, além de ser uma consequência

---

[1] O princípio da vedação de retrocesso social foi reconhecido pelo Supremo Tribunal Federal em algumas oportunidades, tendo como referência o julgamento do ARE nº 639.337/SP, de relatoria do Ministro Celso de Mello, segundo o qual "[o] princípio da proibição do retrocesso impede, em tema de direitos fundamentais de caráter social, que sejam desconstituídas as conquistas já alcançadas pelo cidadão ou pela formação social em que ele vive. [...] Em consequência desse princípio, o Estado, após haver reconhecido os direitos prestacionais, assume o dever não só de torná-los efetivos, mas, também, se obriga, sob pena de transgressão ao texto constitucional, a preservá-los, abstendo-se de frustrar — mediante supressão total ou parcial – os direitos sociais já concretizados" (ARE nº 639.337/SP AgR, Segunda Turma. *DJe*, 15 set. 2011).

[2] Em 1997, Mary Robinson, Alta Comissária da ONU para os Direitos Humanos, afirmou que "pobreza é, por si só, uma violação de vários direitos humanos fundamentais". *Vide* ROBINSON, Mary. *Realizing human rights*: the Romanes lecture. Oxford: Clarendon, 1997.

da pobreza, é também sua causa". Por isso, é enorme a necessidade de implantação de políticas redistributivas, cujos efeitos se reverteriam para o combate às causas da pobreza, podendo, em longo prazo, constituir-se em fator para quebrar o ciclo retroalimentador da miséria, como defendido por Gunnar Myrdal.[3] Assim, embora sejam conceitos distintos, há uma forte semelhança entre a pobreza e a fome, especialmente no Brasil, em que esses dois fatores acabam gerando mais pobreza e mais fome.

A história recente do país apresenta um cenário complexo na construção de arranjos institucionais de enfrentamento da pobreza e da fome. Diante disso, questiona-se: em mais de três décadas de vigência da Constituição, quais foram os principais avanços e retrocessos no combate à pobreza e à fome, tendo em vista a efetividade dos direitos fundamentais sociais?

A pandemia de Covid-19 marcou o fim de uma fase de progresso global na redução da pobreza – provavelmente o máximo revés desde a Segunda Guerra Mundial. Em 2020, houve o maior aumento, em um ano, da pobreza extrema desde o início do monitoramento global na década de 1990, afastando-se da meta global de abolir a pobreza extrema até 2030.[4] Em 2023, a Pesquisa Nacional por Amostra de Domicílios (PNAD) indicou que 70,7 milhões de brasileiros vivem na linha da pobreza e 13,7 milhões em condições de pobreza extrema.[5]

Como o Brasil não define uma linha de pobreza oficial, o Instituto Brasileiro de Geografia e Estatística (IBGE) analisa as condições de vulnerabilidade da população brasileira com base nas linhas sugeridas pelo Banco Mundial e nos critérios adotados em programas sociais do Governo Federal.[6] De acordo com a Síntese dos Indicadores Sociais do IBGE, 62,5 milhões de brasileiros (29,4%) viviam na linha da pobreza em 2021, com base no critério do Banco Mundial para países de renda média-alta – que considera US$5,50 PPC 2011 de R$486 *per capita*/mês – e 18,7 milhões (8,8%), se adotada a linha de elegibilidade ao programa Bolsa Família – no valor de R$178 *per capita*/mês.[7]

Os números são ainda mais estarrecedores se consideradas as linhas da pobreza extrema, ou seja, a indigência: 17,8 milhões de pessoas (8,4%), considerado o critério do Banco Mundial – de US$1,90 PPC 2011 de R$R$168 *per capita*/mês – e 10 milhões (4,7%), de acordo com a linha para concessão do benefício básico do programa Bolsa

---

[3] MYRDAL, Gunnar. *An American Dilemma*: The Negro Problem and Modern Democracy. [s.l.], [s.d.], 1944. Neste trabalho, Myrdal apresentou sua teoria da causação circular, que se transformou em característica principal de seus estudos sobre economia do desenvolvimento.

[4] Na década de 1990, a pobreza extrema global caiu de mais de 1 em cada 3 pessoas (38% da população global) para menos de 1 em cada 10 indivíduos (8,4%), em 2019. Contudo, a pandemia aumentou a pobreza extrema para 9,3%, em 2020, o que indica que mais de 70 milhões de pessoas entraram para a estatística, aumentando o total global para mais de 700 milhões. Ver BANCO MUNDIAL. *Poverty and Shared Prosperity 2022*: Correcting Course. Washington, DC, 2022. Disponível em: https://www.worldbank.org/en/publication/poverty-and-shared-prosperity. Acesso em: 30 jul. 2023.

[5] Os valores consideram as métricas do Banco Mundial de US$6,85 e US$2,15 *per capita*/dia PPC/2017 – ou seja, R$665,02 e R$208,73, em valores de 2022.

[6] As linhas de pobreza administrativas são aquelas criadas com objetivo de identificação do público beneficiário de programas sociais. No Brasil, os principais programas são o BPC e o Bolsa Família (até novembro de 2021, eram elegíveis as famílias pobres com renda familiar *per capita* de até R$178 e as extremamente pobres até R$89. Esse valor do rendimento familiar *per capita* passou a ser de R$218 em 2023).

[7] IBGE. *Síntese de indicadores sociais*: uma análise das condições de vida da população brasileira. Rio de Janeiro: IBGE, 2022. p. 61. Disponível em: https://biblioteca.ibge.gov.br/visualizacao/livros/liv101979.pdf. Acesso em: 30 jul. 2023.

Família – no valor de R$89 *per capita*/mês.[8] A pobreza no Brasil é ainda maior se avaliados cor ou raça, em que negros ou pardos representavam mais de 70% dos pobres e extremamente pobres.[9]

Nos últimos anos, os indicadores da fome cresceram, o que culminou com o retorno do Brasil ao Mapa da Fome da Organização das Nações Unidas (ONU). De acordo com os dados divulgados no II Inquérito Nacional sobre Insegurança Alimentar no Contexto da Pandemia da Covid-19 no Brasil (II VIGISAN), em dezembro de 2021, 15,5% da população brasileira (33,1 milhões de pessoas) vivia em situação de fome.[10] Em dezembro de 2020, esse percentual era de 9% (19 milhões de pessoas), indicando que 14 milhões de brasileiros foram deslocados para essa condição em um ano.

O II VIGISAN conclui que esses indicadores de pobreza e suas consequências são piores nas regiões Norte e Nordeste, nos domicílios rurais do país, bem como em moradias com a pessoa de referência autodeclarada de cor preta ou parda, ou que eram mulheres. Leia-se:

> A desigualdade de acesso aos alimentos se manifesta com maior força em domicílios rurais, 18,6% dos quais enfrentando a fome em seu cotidiano. Em termos geográficos, 25,7% das famílias em IA grave residem na região Norte; 21,0%, no Nordeste. A IA está também diretamente relacionada a outras condições de desigualdade. A fome está presente em 43,0% das famílias com renda per capita de até 1/4 do salário mínimo, e atinge mais as famílias que têm mulheres como responsáveis e/ou aquelas em que a pessoa de referência (chefe) se denomina de cor preta ou parda.[11]

Ainda, o relatório *O Estado da Segurança Alimentar e Nutrição no Mundo (SOFI)*, publicado em 2023, pela Organização das Nações Unidas para a Alimentação e a Agricultura (FAO), mostra uma piora dos apontadores de fome e insegurança alimentar no Brasil. Segundo o relatório, 70,3 milhões de pessoas estavam, em 2022, em estado de insegurança alimentar moderada, que é quando possuem dificuldade para se alimentar. O levantamento também aponta que 21,1 milhões de indivíduos no país estavam em insegurança alimentar grave, caracterizado por estado de fome.[12]

Essa realidade contrasta com o fato de que o Brasil não é um país pobre, mas um país injusto com muitos pobres. A desigualdade é o principal elemento de justificação do excessivo nível de pobreza e de fome, exposto ao desafio histórico de enfrentar uma

---

[8] IBGE. *Síntese de indicadores sociais*: uma análise das condições de vida da população brasileira. Rio de Janeiro: IBGE, 2022. p. 62. Disponível em: https://biblioteca.ibge.gov.br/visualizacao/livros/liv101979.pdf. Acesso em: 30 jul. 2023.

[9] IBGE. *Síntese de indicadores sociais*: uma análise das condições de vida da população brasileira. Rio de Janeiro: IBGE, 2022. p. 66. Disponível em: https://biblioteca.ibge.gov.br/visualizacao/livros/liv101979.pdf. Acesso em: 30 jul. 2023.

[10] REDE PENSSAN. *II Inquérito Nacional sobre Insegurança Alimentar no Contexto da Pandemia da Covid-19 no Brasil*. São Paulo: Fundação Friedrich Ebert, Rede PENSSAN, 2022. Disponível em: https://olheparaafome.com.br/. Acesso em: 30 jul. 2023.

[11] REDE PENSSAN. *II Inquérito Nacional sobre Insegurança Alimentar no Contexto da Pandemia da Covid-19 no Brasil*. São Paulo: Fundação Friedrich Ebert, Rede PENSSAN, 2022. Disponível em: https://olheparaafome.com.br/. Acesso em: 30 jul. 2023.

[12] Disponível em: https://www.gov.br/mds/pt-br/noticias-e-conteudos/desenvolvimento-social/noticias-desenvolvimento-social/fome-no-brasil-piorou-nos-ultimos-tres-anos-mostra-relatorio-da-fao/. Acesso em: 30 jul. 2023.

herança de injustiça social que excluiu parte significativa de sua população do acesso a condições mínimas de dignidade e cidadania.

2 Pobreza

Não é surpresa que há muitas definições e debates intensos sobre a pobreza,[13] um fenômeno complexo e multidimensional com impactos profundos sobre as condições de vida das populações. Contudo, ainda hoje persistem mitos que a consideram uma questão de escolha individual, um produto da cultura, ou até mesmo um resultado inevitável e tolerável do progresso econômico generalizado.[14]

Em termos de definição, Jeffrey Sachs distingue três graus de pobreza: pobreza extrema (ou absoluta), pobreza moderada e pobreza relativa. Confira-se:

> *Pobreza extrema* ou miséria significa que as famílias não podem satisfazer as necessidades básicas de sobrevivência. Elas sofrem de fome crônica, não têm acesso à saúde, não dispõem de água potável e esgoto, não podem oferecer educação para alguns ou todos os filhos e talvez não tenham um abrigo rudimentar – um teto para proteger da chuva, uma chaminé para tirar a fumaça do fogão – e artigos básicos do vestuário, como sapatos. Ao contrário das pobrezas relativa e moderada, a miséria só ocorre nos países em desenvolvimento. A *pobreza moderada* refere-se, em geral, a condições de vida em que as necessidades básicas são satisfeitas, mas com muita dificuldade. A *pobreza relativa* é, em geral, interpretada como sendo uma renda familiar abaixo de uma determinada proporção da renda média nacional. Os relativamente pobres, em países de alta renda, não têm acesso a bens culturais, entretenimento, recreação e à saúde e educação de qualidade, bem como a outros privilégios da mobilidade social ascendente.[15] (Grifos nossos)

Registre-se que a noção de pobreza absoluta foi cunhada, inicialmente, em 1973, por Robert McNamara, para diferenciá-la do tipo de pobreza verificado em países desenvolvidos. Segundo ele, a extrema pobreza consiste numa "condição de privação abaixo de qualquer definição razoável de decência humana".[16]

A mensuração da pobreza tem demandado o desenvolvimento de metodologias quantitativas voltadas à captação da população considerada pobre. Em linhas gerais, até meados da década de 1990, a pobreza era definida em termos puramente monetários – como falta de renda. Hoje, ao contrário, é vista como um fenômeno multidimensional.

---

[13] Entre as possíveis classificações, temos: pobreza absoluta, pobreza relativa, pobreza multidimensional, pobreza estrutural, pobreza urbana, pobreza rural e outras. Há também determinadas expressões empregadas como equivalentes (*e.g.*, miséria, indigência, carência, exclusão e vulnerabilidade).

[14] Segundo Simon Kuznets, em níveis baixos de renda, o crescimento econômico e o aumento da renda média tendem a criar mais desigualdade de renda (CYPHER, J. M. *The process of economic development*. 3. ed. London; New York: Routledge, 2008).

[15] SACHS, Jeffrey. *O fim da pobreza* – Como acabar com a miséria mundial nos próximos 20 anos. São Paulo: Companhia das Letras, 2005. p. 46.

[16] Tradução livre de: "condition of deprivation that 'falls below any rational definition of human decency". Trecho do discurso de MacNamara em Nairobi, em 1973 (Disponível em: https://www.worldbank.org/en/about/archives/president-mcnamara-nairobi-speech-1973. Acesso em: 30 jul. 2023).

A pobreza monetária se refere à insuficiência de rendimentos das famílias para provisão de seu bem-estar.[17] Os indivíduos são classificados em relação às chamadas linhas de pobreza. Como já indicado, o Brasil não define uma linha de pobreza oficial e analisa as condições de vida de sua população considerando as linhas sugeridas pelo Banco Mundial, que utiliza um complexo padrão estatístico para definir a pobreza, cujos valores dependem dos níveis de renda dos países. A linha de extrema pobreza está fixada atualmente em US$1,90 ou US$5,5 por dia em termos de poder de paridade de compra – PPC (ou, em inglês, PPP, *purchasing power parity*).[18]

O reconhecimento de que as medidas monetárias são capazes de capturar apenas um subconjunto das dimensões de bem-estar estimulou um amplo corpo de pesquisa sobre métricas da pobreza multidimensional, que, por sua vez, é definida a partir da restrição de acesso a condições consideradas fundamentais para que um indivíduo não seja considerado pobre em determinada sociedade.

O programa de ação adotado na Cúpula Mundial para o Desenvolvimento Social de 1995 afirma:

> A pobreza tem várias manifestações, incluindo falta de renda e de recursos produtivos suficientes para garantir meios de subsistência sustentáveis; fome e desnutrição; problemas de saúde; acesso limitado ou falta de educação e outros serviços básicos; aumento da morbidade e mortalidade por doenças; falta de moradia e moradia inadequada; ambientes inseguros; e discriminação e exclusão social. Caracteriza-se também pela falta de participação na tomada de decisões e na vida civil, social e cultural.[19]

Central para a definição da pobreza multidimensional é a contribuição de Amartya Sen. Seu trabalho seminal *Poverty and Famines* teve origem no contexto da crise alimentar mundial da década de 1970, que teve um papel importante na crescente preocupação com a pobreza e a fome, bem como sua associação a situações de crise naturais, econômicas ou políticas – ou seja, para Sen, a ênfase está na ausência de oportunidades e não na disponibilidade de recursos.[20]

A mesma ênfase informa a definição de pobreza como "privação de capacidade". Nas palavras de Sen:

> muitas das terríveis privações do mundo surgiram da falta de liberdade para escapar da miséria. Embora a indolência e a inatividade tenham sido temas clássicos na antiga literatura

---

[17] IBGE. *Síntese de indicadores sociais*: uma análise das condições de vida da população brasileira. Rio de Janeiro: IBGE, 2022. p. 59. Disponível em: https://biblioteca.ibge.gov.br/visualizacao/livros/liv101979.pdf. Acesso em: 30 jul. 2023.

[18] BANCO MUNDIAL. *Poverty and inequality platform*. Washington, DC, 2023. Disponível em: https://pip.worldbank.org/country-profiles/BRA. Acesso em: 30 jul. 2023.

[19] Tradução livre de: "Poverty has various manifestations, including lack of income and productive resources sufficient to ensure sustainable livelihoods; hunger and malnutrition; ill health; limited or lack of access to education and other basic services; increased morbidity and mortality from illness; homelessness and inadequate housing; unsafe environments; and social discrimination and exclusion. It is also characterized by a lack of participation in decision-making and in civil, social and cultural life" (UN Doc A/Conf.166/9 (14 March 1995) ch 2 art 19. Disponível em: http://www.un-documents.net/aconf166-9.pdf. Acesso em: 30 jul. 2023).

[20] SEN, Amartya. *Poverty and famines*: an essay on entitlements. [s.l.]: Clarendon Press, 1981.

sobre a pobreza, as pessoas passaram fome e sofreram devido à falta de possibilidades alternativas.[21]

Estas privações referem-se, inclusive, à liberdade de obter uma nutrição satisfatória, de desfrutar um nível de vida adequado, de não sofrer uma morte prematura e de ler e escrever. Essa perspectiva foi particularmente importante para situar a pobreza nos estudos de desenvolvimento.

Em seu livro *Development as freedom*, Sen apresenta a expansão das liberdades (individuais, sociais, econômicas e políticas) como elemento central do processo de desenvolvimento. Para ele, o desenvolvimento consiste na eliminação de privações de liberdades que limitam as escolhas e as oportunidades das pessoas de exercer ponderadamente a sua condição de agente. Sugere-se que as liberdades humanas são simultaneamente constitutivas e instrumentais ao desenvolvimento. O papel constitutivo relaciona-se à importância da liberdade substantiva no enriquecimento da vida humana, distinguindo-se do argumento instrumental de que as liberdades também podem contribuir muito eficazmente para o crescimento econômico.[22]

A mensuração da pobreza multidimensional adota uma combinação de indicadores monetários (*i.e*, acesso ao rendimento do trabalho, aposentadoria e pensão, programas sociais etc.) e não monetários, podendo ser considerados o acesso à educação, saúde, saneamento, moradia, tecnologia. A definição dos indicadores, assim como do peso de cada dimensão no resultado obtido, depende da metodologia utilizada.[23]

Em 1990, o Programa das Nações Unidas para o Desenvolvimento (PNUD) começou a publicar os relatórios de desenvolvimento humano anuais, que usam o Índice de Desenvolvimento Humano (IDH).[24] Desde então, os relatórios foram ampliados com a introdução de diferentes indicadores, como o Índice de Pobreza Humana,[25] em 1997, e o Índice de Pobreza Multidimensional, em 2010, que constituem valiosas fontes de informação para a pesquisa comparativa da pobreza.

2.1 Previsão constitucional de erradicação da pobreza

A Constituição da República de 1988 foi a primeira, na história constitucional brasileira, a estabelecer, de forma específica, a erradicação da pobreza como um dos

---

[21] Tradução livre de: "Many of the terrible deprivations in the world have arisen from a lack of freedom to escape destitution. Even though indolence and inactivity had been classic themes in the old literature on poverty, people have starved and suffered because of a lack of alternative possibilities" (SEN, Amartya. Human rights and capabilities. *Journal of Human Development*, v. 151, 2005. p. 155).

[22] SEN, Amartya. *Development as freedom*. Reprint ed. New York, NY: Anchor, 2000. p. 36.

[23] IBGE. *Síntese de indicadores sociais*: uma análise das condições de vida da população brasileira. Rio de Janeiro: IBGE, 2022. p. 59. Disponível em: https://biblioteca.ibge.gov.br/visualizacao/livros/liv101979.pdf. Acesso em: 30 jul. 2023.

[24] O Índice de Desenvolvimento Humano, divulgado pelo PNUD, é obtido a partir da média aritmética de três indicadores: renda *per capita* nacional, expectativa de vida ao nascer e nível educacional. O nível educacional considera a média de anos de estudos entre adultos e a expectativa de anos de estudos para crianças. O índice varia entre zero e um.

[25] O Índice de Pobreza Humana elaborado pelo PNUD considera três elementos capazes de mensurar diferentes privações a que as pessoas em condição de pobreza são submetidas: vulnerabilidade à morte, falta de educação elementar e ausência de níveis satisfatórios de vida (PNUD. *Human Development Report 2003*: Millennium Development Goals: A Compact Among Nations to End Human Poverty. Nova York: Oxford University Press, 2003. p. 61).

objetivos da República (art. 3º, III).[26] Historicamente, as Constituições brasileiras anteriores previram, por meio de normas esparsas e elencadas como direitos individuais, tão somente certos direitos sociais, como a assistência jurídica, a proteção à maternidade e à infância, o direito à educação e, em 1934, o "direito à subsistência". Pouco se discutiu sobre a adoção de políticas sociais voltadas aos mais pobres.

Assim concebidos, tais objetivos compreendem a razão de ser do Estado brasileiro, as cláusulas de nosso pacto social, para as quais os direitos fundamentais são o meio de sua efetivação. Não se trata, portanto, de simples normas programáticas, destinadas apenas a pacificar o conflito social pela positivação, e cuja ineficácia deveria ser objeto de puro conformismo. Esses objetivos fundamentais da República são obrigações a serem cumpridas.

Com vistas à construção de uma sociedade livre, justa e solidária, princípio dos quais os demais relacionados no art. 3º são corolários diretos, a Constituição estabelece os direitos à vida, à liberdade e à igualdade, em todas as suas formas e meios descritos no art. 5º; os direitos sociais como a assistência aos desamparados e o direito à alimentação.

O combate à pobreza é mandamento constitucional com assento expresso também nas normas contidas em outros dispositivos, como o princípio da dignidade da pessoa humana (art. 1º, III), a competência comum da União, dos estados, do Distrito Federal e dos municípios para "combater as causas da pobreza e os fatores de marginalização, promovendo a integração social dos setores desfavorecidos" (art. 23, X),[27] e os objetivos da assistência social (art. 203, VI).

O princípio da dignidade humana, por ser o fundamento nuclear do direito ao mínimo existencial, está intimamente relacionado com as razões para o combate à pobreza absoluta.[28] Daniel Sarmento confere a Pontes de Miranda a inicial formulação jurídica do direito ao mínimo existencial, quando, em 1933, assim o formula:

> Como direito público subjetivo, a subsistência realiza, no terreno da alimentação, das vestes e da habitação, o *standard of living* segundo três números, variáveis para maior indefinidamente e para menor até o limite, limite que é dado, respectivamente, pelo indispensável à vida quanto à nutrição, ao resguardo do corpo e à instalação.
>
> É o mínimo vital absoluto. Sempre, porém, que nos referirmos ao mínimo vital, deve-se entender o mínimo vital relativo, aquele que, atentando-se às circunstâncias de lugar e de tempo, se fixou para cada zona em determinado período [...]. O mínimo vital relativo tem de ser igual ou maior que o absoluto.

---

[26] "Art. 3º Constituem objetivos fundamentais da República Federativa do Brasil: [...] III - erradicar a pobreza e a marginalização e reduzir as desigualdades sociais e regionais".

[27] "Art. 23. É competência comum da União, dos Estados, do Distrito Federal e dos Municípios: [...] X - combater as causas da pobreza e os fatores de marginalização, promovendo a integração social dos setores desfavorecidos".

[28] O sistema constitucional introduzido pela Carta de 1988 sobre a dignidade é bastante complexo, tanto porque especialmente disperso ao longo de todo o texto, como também porque a Constituição, partindo do princípio mais fundamental exposto no art. 1º, III ("A República Federativa do Brasil [...] tem como fundamentos: [...] III - a dignidade da pessoa humana; [...]"), vai utilizar na construção desse quadro temático várias modalidades de enunciados normativos, a saber: princípios, subprincípios de variados níveis de determinação e regras. Cf. BARCELLOS, Ana Paula de. *A eficácia jurídica dos princípios constitucionais*: o princípio da dignidade humana. 3. ed. rev. e atual. Rio de Janeiro: Renovar, 2011. p. 185.

> O direito à subsistência torna sem razão de ser a caridade, a esmola, a humilhação do homem ante o homem. [...]. Não se peça a outrem, porque falte; exija-se do Estado, porque êste deve. Em vez da súplica, o direito.[29]

O autor entende que o fundamento ético do direito ao mínimo existencial não está alicerçado no princípio da liberdade, como defendido por Rawls e Alexy, e não decorre do princípio democrático, segundo a fórmula de Habermas, de que deve haver condições mínimas para que cada pessoa possa atuar como um cidadão na esfera pública. De acordo com o autor, a proteção do mínimo existencial deve ter uma perspectiva independente e não instrumental.[30] Assim, não há nada mais avesso ao mínimo existencial do que a persistência de pessoas em situação de fome.

O art. 23, X, da CF/1988 afirma claramente que a competência material comum é não apenas para implementar medidas para reduzir ou aliviar a pobreza, mas também para adotar e implementar políticas eficazes que combatam as causas que a originam e os fatores que promovem a exclusão. Nesse sentido, é um dever promover a integração social dos setores desfavorecidos.

Ainda, o art. 203, VI, da CF/1988, após as alterações promovidas pela Emenda Constitucional nº 114/2021, prevê que a assistência social tem por objetivo "a redução da vulnerabilidade socioeconômica de famílias em situação de pobreza ou de extrema pobreza".[31]

Outrossim, os Atos das Disposições Constitucionais Transitórias (ADCT) tratam da criação do Fundo de Combate e Erradicação da Pobreza (arts. 79 a 84). Instituído, no ano 2000, por meio da Emenda à Constituição nº 31/2000, visa promover benefícios à sociedade e erradicar a desigualdade social.

De acordo com o art. 79 do ADCT, o objetivo do Fundo é viabilizar a todos os brasileiros acesso a níveis dignos de subsistência, cujos recursos serão aplicados em ações suplementares de nutrição, habitação, educação, saúde, reforço de renda familiar e outros programas de relevante interesse social voltados para melhoria da qualidade de vida.

Inicialmente, o referido Fundo foi criado para vigorar até 2010 e deveria ser regulado por lei complementar. Em dezembro de 2010, por meio da Emenda Constitucional nº 67/2010, o prazo de vigência a que se refere o *caput* do art. 79 do ADCT foi prorrogado por tempo indeterminado.

Em decisão recente do Supremo Tribunal Federal, no julgamento do Mandado de Injunção nº 7.300/DF, que tratou do caso de um homem desempregado e em situação de rua em busca de auxílio financeiro para sobreviver, foi determinado que o Governo Federal implementasse, a partir de 2022, o pagamento do programa de renda básica de cidadania para os brasileiros em situação *de pobreza e de extrema pobreza*, em acórdão assim ementado:

---

[29] SARMENTO, Daniel. *Dignidade da pessoa humana* – Conteúdo, trajetórias e metodologia. Belo Horizonte: Fórum, 2016. p. 191.

[30] SARMENTO, Daniel. *Dignidade da pessoa humana* – Conteúdo, trajetórias e metodologia. Belo Horizonte: Fórum, 2016.

[31] "Art. 203. A assistência social será prestada a quem dela necessitar, independentemente de contribuição à seguridade social, e tem por objetivos: [...] VI - a redução da vulnerabilidade socioeconômica de famílias em situação de pobreza ou de extrema pobreza".

Mandado de injunção. Renda básica de cidadania. Lei 10.835/2004. Art. 2º. Omissão do Poder Executivo Federal em fixar o valor do benefício. 2. Colmatação da inconstitucionalidade omissiva. Equilíbrio entre o indeclinável dever de tutela dos direitos e liberdades constitucionais (CF, art. 5º, XXXV) e o princípio da divisão funcional dos poderes (CF, art. 2º), além da observância às regras fiscal-orçamentárias. Precedentes. 3. A falta de norma disciplinadora enseja o conhecimento do *writ* apenas quanto à implementação de renda básica para pessoas em situação de vulnerabilidade socioeconômica (*pobreza e extrema pobreza*), na linha dos arts. 3º, III; 6º; e 23, X, da Constituição Federal. 4. O Fundo Federal de Combate à Pobreza possui receitas próprias e prioriza o atendimento de famílias situadas abaixo da linha da pobreza. Art. 81, *caput* e §1º, do ADCT c/c arts. 1º e 3º, I, da Lei Complementar 111/2001. 5. Bolsa Família. Lei 10.836/2004. De 2014 a 2017, milhões de concidadãos retornaram à extrema pobreza. Inexistência de atualização adequada do valor limite para fins de enquadramento e também da quantia desembolsada pelo Poder Público. Política pública que necessita de atualização ou repaginação de valores. Proteção insuficiente de combate à pobreza. 6. Lei 10.835/2004 e suas variáveis sociais, econômicas e jurídicas. Risco de grave despesa anual. Realidade fiscal, econômica e social, na quadra atualmente vivenciada e agravada pelas consequências da pandemia em curso. 7. Determinação para que o Poder Executivo Federal implemente, no exercício fiscal seguinte ao da conclusão do julgamento do mérito (2022), a fixação do valor disposto no art. 2º da Lei 10.835/2004 para o estrato da população brasileira em situação de vulnerabilidade socioeconômica. Art. 8º, I, da Lei 13.300/2016. 8. Apelo aos Poderes Legislativo e Executivo para que adotem as medidas administrativas e/ou legislativas necessárias à atualização dos valores dos benefícios básicos e variáveis do programa Bolsa Família (Lei 10.836/2004), isolada ou conjuntamente, e, ainda, para que aprimorem os programas sociais de transferência de renda atualmente em vigor, mormente a Lei 10.835/2004, unificando-os, se possível. 9. Concessão parcial da ordem injuncional.[32]

Na sessão do Plenário Virtual encerrada em 26.4.2021, o Pleno julgou, por maioria, parcialmente procedente o pedido e reconheceu que houve omissão no que tange à implementação do benefício, previsto na Lei nº 10.835/2004, que instituiu um programa de "renda básica de cidadania", para pessoas em situação de vulnerabilidade socioeconômica.

Na decisão, o STF argumentou que um dos objetivos da República é "erradicar a pobreza e a marginalização e reduzir as desigualdades sociais e regionais" (art. 3º, III, da CF/88), cuja determinação é repassada a todos os níveis da Federação (art. 23, X), com auxílio da sociedade, bem assim que a assistência aos desamparados é direito social básico (art. 6º). Dessa forma, concluiu que os direitos constitucionais das pessoas em situação de vulnerabilidade não estão sendo desempenhados pela falta da norma regulamentadora.

2.2 Tratados internacionais: direitos humanos e pobreza

No âmbito internacional, a Declaração Universal dos Direitos Humanos de 1948 estabelece que os direitos econômicos, sociais e culturais são indispensáveis à dignidade da pessoa e ao livre desenvolvimento da personalidade e que sua realização constitui

[32] STF, Tribunal Pleno. MI nº 7.300. Rel. Min. Marco Aurélio, Rel. p/ Acórdão: Min. Gilmar Mendes, j. 27.4.2021 (grifos nossos).

direito de cada membro da sociedade (art. XXII). A Declaração consagrou a liberdade da miséria e do medo.

O Pacto Internacional dos Direitos Econômicos Sociais e Culturais e o Pacto Internacional dos Direitos Civis e Políticos explicitam em preâmbulo de idêntica redação a relação entre a privação no âmbito econômico e o gozo dos direitos econômicos, sociais e culturais, ao dispor que os Estados-Partes reconhecem:

> que, em conformidade com a Declaração Universal dos Direitos Humanos, o ideal do ser humano livre, liberto do temor e da miséria, não pode ser realizado a menos que se criem condições que permitam a cada um gozar de seus direitos econômicos, sociais e culturais, assim como de seus direitos civis e políticos.

A Declaração e o Programa de Ação de Viena de 1993 trazem expressamente que "a existência de situações generalizadas de extrema pobreza inibe o pleno e efetivo exercício dos direitos humanos" (I -14). Afirma, também:

> a pobreza extrema e a exclusão social constituem uma violação da dignidade humana e que devem ser tomadas medidas urgentes para o conhecimento maior do problema da pobreza extrema e de suas causas, particularmente aquelas relacionadas ao problema do desenvolvimento, visando a promover os direitos das camadas mais pobres, pôr fim à extrema pobreza e à exclusão social e promover uma melhor distribuição dos frutos do progresso social. É essencial que os Estados estimulem a participação das camadas mais pobres nas decisões adotadas em relação às suas comunidades, à promoção dos direitos humanos e aos esforços para combater a pobreza extrema.

Assim, com base no caráter indivisível, interdependente e inter-relacionado de todos os direitos humanos, passou-se a reconhecer a preocupação internacional com a pobreza.

O tema também está presente nas agendas internacionais, como exemplo, os Objetivos de Desenvolvimento do Milênio – ODM que vigoraram entre 2000 e 2015 e, mais recentemente, a Agenda 2030 dos Objetivos de Desenvolvimento Sustentável (ODS), que teve início em 2015, com término previsto para 2030. Em ambos os casos, a erradicação da pobreza se constituiu em objetivo específico. Veja-se:

> ODS 1: "Acabar com a pobreza em todas as suas formas, em todos os lugares".[33]
>
> ODS 2: "Acabar com a fome, alcançar a segurança alimentar e melhoria da nutrição e promover a agricultura sustentável".[34]

Uma perspectiva de direitos humanos levanta questões importantes sobre o papel das instituições na perpetuação da pobreza. No entanto, surgem questões sobre até que ponto a linguagem dos direitos humanos está em conformidade com o enquadramento dos direitos sociais nas discussões sobre a pobreza extrema.

Nesse sentido, Samuel Moyn argumenta que, após a Segunda Guerra Mundial, os direitos sociais integravam os direitos humanos e estavam ligados a ideais igualitários.

---

[33] Disponível em: https://nacoesunidas.org/tema/ods1. Acesso em: 30 jul. 2023.

[34] Disponível em: https://nacoesunidas.org/tema/od2. Acesso em: 30 jul. 2023.

Contudo, no Pós-Guerra Fria, o movimento de direitos humanos priorizou a "suficiência" (*sufficiency*) sobre a igualdade e a política de igualdade foi substituída por uma nova versão de preocupação humanitária com os pobres do mundo.[35]

Portanto, a superação da perspectiva humanitária depende da prevalência de uma noção de igualdade material, que homenageia a máxima aristotélica de que a verdadeira igualdade consiste em tratar igualmente os iguais e desigualmente os desiguais, conforme prelecionou Rui Barbosa: "a regra da igualdade não consiste senão em quinhoar desigualmente aos desiguais, na medida em que se desigualam. Nesta desigualdade social, proporcionada à desigualdade natural, é que se acha a verdadeira igualdade",[36] já que "tratar com desigualdade a iguais, ou a desiguais com igualdade, seria desigualdade flagrante, e não igualdade real".[37]

Nas palavras de Flávia Piovesan:

> são, assim, necessários avanços na expansão contínua do alcance conceitual de direitos humanos, contemplando as necessidades básicas de justiça social. Neste cenário, é fundamental consolidar e fortalecer o processo de afirmação do direito à inclusão social como um direito humano inalienável, constituindo a pobreza uma violação aos direitos humanos.[38]

A autora complementa que "a efetiva proteção do direito à inclusão social demanda não apenas políticas universalistas, mas específicas, endereçadas a grupos socialmente vulneráveis, enquanto vítimas preferenciais da pobreza". Amparada em Nancy Fraser, afirma que "a justiça exige, simultaneamente, redistribuição e reconhecimento de identidades".[39]

3 Fome

Josué de Castro, em seu clássico livro *Geografia da fome*, de 1946, analisa o fenômeno como processo e produto da ação humana. Em suas palavras:

> A fome no Brasil que perdura, apesar dos enormes progressos alcançados em vários setores de nossas atividades, é consequência, antes de tudo, de seu passado histórico, com os seus grupos humanos, sempre em luta e quase nunca em harmonia com os quadros naturais. Luta, em certos casos, provocada e por culpa, portanto, da agressividade do meio, que iniciou abertamente hostilidades, mas, quase sempre, por inabilidade do elemento colonizador, indiferente a tudo que não significasse vantagem direta e imediata para os seus planos de aventura mercantil. Aventura desdobrada, em ciclos sucessivos de economia destrutiva ou, pelo menos, desequilibrante da saúde econômica da nação: o do pau-brasil, o da cana-

[35] MOYN, Samuel. *Not enough*: human rights in an unequal world. [s.l.]: Belknap Press, 2018.

[36] BARBOSA, Rui. *Oração aos moços*. São Paulo: Martin Claret, 2003. p. 19.

[37] BARBOSA, Rui. *Oração aos moços*. São Paulo: Martin Claret, 2003. p. 19.

[38] PIOVESAN, Flávia. Pobreza como violação de direitos humanos. *In*: NOLETO, Marlova Jovchelovitch; WERTHEIN, Jorge (Org.). *Pobreza e desigualdade no Brasil*: traçando caminhos para a inclusão social. Brasília: Unesco, 2003. p. 146.

[39] PIOVESAN, Flávia. Pobreza como violação de direitos humanos. *In*: NOLETO, Marlova Jovchelovitch; WERTHEIN, Jorge (Org.). *Pobreza e desigualdade no Brasil*: traçando caminhos para a inclusão social. Brasília: Unesco, 2003. p. 146.

de-açúcar, o da caça ao índio, o da mineração, o da "lavoura nômade", o do café, o da extração da borracha e, finalmente o de certo tipo de industrialização artificial, baseada no ficcionismo das barreiras alfandegárias e no regime de inflação. É sempre o mesmo espírito aventureiro se insinuando, impulsionando, mas logo a seguir corrompendo os processos de criação de riqueza no país.[40]

Dessa forma, é importante destacar que a fome não é um elemento da natureza, mas um problema produzido pelas relações sociais, que pode ser enfrentado por meio de medidas estruturais que ataquem seus processos determinantes.

Em um passado recente, o Brasil teve êxito em conter a desnutrição infantil, expressão mais cruel da fome, como também conquistou sua saída, pela primeira vez na história, do Mapa da Fome da ONU, em 2014. Contudo, após queda considerável dos índices de insegurança alimentar, nos últimos anos, houve uma piora considerável nesses apontadores.

Assim como a pobreza, é possível mensurar a fome. O projeto *Voices of the Hungry*, da FAO, estabeleceu uma métrica de gravidade da insegurança alimentar (FIES),[41] que auxilia os países no acesso a informações sobre o tema. De acordo com a classificação, a insegurança alimentar *leve* acontece quando existe incerteza sobre a capacidade para conseguir alimentos; a insegurança alimentar *moderada*, por sua vez, ocorre quando a qualidade dos alimentos e sua variedade estão comprometidas, a quantidade ingerida se reduz de forma drástica ou, ainda, diretamente, determinadas refeições não são realizadas; e a insegurança alimentar *grave* incide quando não são consumidos alimentos durante um dia inteiro ou mais.

3.1 Direito à alimentação

O direito à alimentação adequada está previsto no art. 25 da Declaração Universal de Direitos Humanos,[42] no art. 11 do Pacto Internacional de Direito Econômicos, Sociais e Culturais,[43] e no art. 12 do Protocolo de San Salvador. [44] Ele foi reconhecido

---

[40] CASTRO, Josué de. *Geografia da fome* – O dilema brasileiro: pão ou ação. 11. ed. Rio de Janeiro: Gryphus, 1992. p. 280-281.

[41] Disponível em: https://www.fao.org/in-action/voices-of-the-hungry/en/. Acesso em: 30 jul. 2023.

[42] "Artigo 25º. 1. Toda a pessoa tem direito a um nível de vida suficiente para lhe assegurar e à sua família a saúde e o bem-estar, principalmente quanto à alimentação, ao vestuário, ao alojamento, à assistência médica e ainda quanto aos serviços sociais necessários, e tem direito à segurança no desemprego, na doença, na invalidez, na viuvez, na velhice ou noutros casos de perda de meios de subsistência por circunstâncias independentes da sua vontade".

[43] "Art. 11.1 – Direito a um nível adequado para a pessoa e sua família 'Os Estados Partes do presente Pacto reconhecem o direito de toda pessoa a um nível de vida adequando para si próprio e sua família, inclusive à alimentação, vestimenta e moradia adequadas, assim como a uma melhoria contínua de suas condições de vida. Os Estados Partes tomarão medidas apropriadas para assegurar a consecução desse direito, reconhecendo, nesse sentido, a importância essencial da cooperação internacional fundada no livre consentimento"; "Art. 11.2 – Direito a toda pessoa estar protegida contra a fome 'Os Estados Partes do presente Pacto, reconhecendo o direito fundamental de toda pessoa de estar protegida contra a fome, adotarão, individualmente e mediante cooperação internacional, as medidas, inclusive programas concretos, que se façam necessárias para [...]"; "Art. 11.13 – Distribuição mundial dos alimentos deverá ser equitativa de acordo com as necessidades 'b) Assegurar uma repartição eqüitativa dos recursos alimentícios mundiais em relação às necessidades, levando-se em conta os problemas tanto dos países importadores quanto dos exportadores de gêneros alimentícios".

[44] "Artigo 12. 1. Toda pessoa tem direito a uma nutrição adequada que assegure a possibilidade de gozar do mais alto nível de desenvolvimento físico, emocional e intelectual. 2. A fim de tornar efetivo esse direito e de eliminar

pela Comissão de Direitos Humanos da ONU, em 1993, na Declaração e Programa de Ação de Viena, como um direito de todas as pessoas a um nível de vida adequado à sua saúde e bem-estar.[45]

No âmbito interno, o direito à alimentação foi recentemente incorporado à Constituição Federal, em seu art. 6º, *caput*, por meio da Emenda Constitucional nº 64/2010. Com efeito, foi necessário esperar mais de 22 anos para que isto acontecesse. Na época da promulgação da Carta de 1988, não houve força política suficiente para incluir a alimentação como direito social no texto constitucional – o máximo que se conseguiu foi inserir a alimentação escolar como direito na Carta Magna.[46]

Tal inovação, no entanto, positivou o direito à alimentação, antes reconhecido por força da indivisibilidade dos direitos fundamentais, prevista no art. 5º, §2º, da CF/1988, na condição de direito fundamental previsto em tratado internacional ratificado pelo Brasil, conforme acima descrito.

No plano infraconstitucional, a Lei nº 11.346/2000 cria o Sistema Nacional de Segurança Alimentar e Nutricional (Sisan) l, com vistas a assegurar o direito humano à alimentação adequada. Em seu art. 2º, a lei estabeleceu o seguinte:

> Art. 2º A alimentação adequada é direito fundamental do ser humano, inerente à dignidade da pessoa humana e indispensável à realização dos direitos consagrados na Constituição Federal, devendo o pode público adota as políticas e ações que se façam necessárias para promover e garantir a segurança alimentar e nutricional da população.

Como se vê, tal diploma antecipou a própria modificação constitucional ocorrida em 2010, reconhecendo, no seu texto, o direito à alimentação adequada como direito fundamental social. E não é possível ter uma alimentação saudável sem que esta seja sustentável em todas as suas dimensões.

Logo, a fome endêmica ou epidêmica, sem resposta estatal adequada, consubstancia violações ao sistema internacional de direitos humanos, à Constituição de 1988 e às normas infraconstitucionais.

3.2 Iniciativas de combate à fome

Em 1943, as Nações Unidas convocaram a Conferência de Alimentação de *Hot Springs*, que deu origem à atual Organização de Alimentação e Agricultura das Nações Unidas (FAO), agência especializada no combate à fome e à pobreza por meio da melhoria da segurança alimentar e do desenvolvimento agrícola.

Nesse contexto, no Brasil, em 1940, foi criado o Serviço de Alimentação da Previdência Social (SAPS), com o objetivo de

---

a desnutrição, os Estados Partes comprometem-se a aperfeiçoar os métodos de produção, abastecimento e distribuição de alimentos, para o que se comprometem a promover maior cooperação internacional com vistas a apoiar as políticas nacionais sobre o tema".

[45] Há também disposições importantes no direito internacional humanitário, estabelecidas principalmente nas quatro Convenções de Genebra de 1949 e nos dois Protocolos Adicionais de 1977.

[46] BURLANDY, Luciene. A atuação da sociedade civil na construção do campo da Alimentação e Nutrição no Brasil: elementos para reflexão. *Ciência & Saúde Coletiva*, v. 16, n. 1, p. 63-72, 2011.

promover a instalação de refeitórios em empresas maiores; fornecer refeições nas menores; vender alimentos a preço de custo a trabalhadores com família numerosa; proporcionar educação alimentar; formar pessoal técnico especializado; e apoiar pesquisas sobre alimentos e situação alimentar da população.[47]

Em 1942, foi instalada a Coordenação da Mobilização Econômica (CME), seguida pela Comissão Nacional de Alimentação (CNA), criada em 1945, com o objeto de definir a política nacional de alimentação.

Em 1952, foi elaborado o plano Conjuntura Alimentar e Problemas de Nutrição no Brasil, abrangendo a expansão da merenda escolar, sob o controle do Ministério da Educação. Nesse período, a merenda recebia apoio do Programa Mundial de Alimentos (PMA) da ONU e da Agência dos Estados Unidos para o Desenvolvimento Internacional (USAID). [48] Apesar dessas iniciativas, estudos revelaram que, nas décadas de 1950 a 1960, havia altos índices de desnutrição no Brasil.

Com a crise alimentar dos anos 1970, organismos internacionais, como OMS, FAO e Unicef passaram a defender a necessidade da incorporação do enfrentamento à fome. No Brasil, são instituídos os I e II Planos Nacionais de Desenvolvimento (PNDs), incorporando ao planejamento econômico instrumentos de políticas sociais, que pautaram o Programa Nacional de Alimentação e Nutrição (Pronan).

Em 1992, a Ação da Cidadania Contra a Fome, a Miséria e pela Vida, liderada pelo sociólogo Herbert de Souza, mobilizou o Brasil. A Ação da Cidadania evocou sentimento de solidariedade nacional em favor dos excluídos e promoveu, entre outras atividades, inúmeras campanhas de distribuição de alimentos em todo o país, impulsionadas pelo sentimento de indignação contra a fome, a miséria e a exclusão vigentes. Como resposta, o governo anunciou o Plano de Combate à Fome e à Miséria e, no mesmo ano, criou, no âmbito da Presidência da República, o Consea.[49]

Em 1995, o tema da fome perde força e o Brasil adere à agenda do combate à pobreza, criando o Comunidade Solidária, que incorporou as ações definidas do Consea e ampliou o leque para incluir programas nas áreas da saúde, da educação, da moradia, do desenvolvimento rural e da geração de renda. É também dessa época a elaboração da Política Nacional de Alimentação e Nutrição (PNAN), articulada em torno do direito à alimentação adequada e saudável.

Importante destacar que até então as iniciativas de combate à fome se limitaram à esfera das políticas compensatórias.

Em 1996, a FAO realizou a Cúpula Mundial da Alimentação, conferência na qual foram aprovados uma declaração e um plano de ação destinados a combater a fome no mundo. Esses são considerados marcos iniciais da disseminação do termo "segurança alimentar", o qual descreve o acesso físico, social e econômico permanente a alimentos

[47] BEGHIN, Nathalie. O combate à fome: de Vargas a Bolsonaro. *Notas de Política Social*, n. 3, 2022. p. 4. Disponível em: https://repositorio.ipea.gov.br/bitstream/11058/11545/1/BPS_29_nps3_combate_fome.pdf. Acesso em: 30 jul. 2023.

[48] BEGHIN, Nathalie. O combate à fome: de Vargas a Bolsonaro. *Notas de Política Social*, n. 3, 2022. p. 4. Disponível em: https://repositorio.ipea.gov.br/bitstream/11058/11545/1/BPS_29_nps3_combate_fome.pdf. Acesso em: 30 jul. 2023.

[49] BURLANDY, Luciene. A atuação da sociedade civil na construção do campo da Alimentação e Nutrição no Brasil: elementos para reflexão. *Ciência & Saúde Coletiva*, v. 16, n. 1, p. 63-72, 2011.

seguros, nutritivos e em quantidade suficiente para satisfazer necessidades nutricionais e preferências alimentares das pessoas, possibilitando uma vida ativa e saudável.

Em 2003, o tema da fome voltou com toda a força para a agenda nacional, o Consea foi recriado, foi implantado o Sistema Nacional de Segurança Alimentar e Nutricional (Sisan) e diversos programas de combate à fome foram criados, como será abordo a seguir.

Influenciado por esse novo paradigma, o ano de 2010 representou um marco, pois foi aprovada pelo Congresso Nacional a Emenda Constitucional nº 64, que transformou a alimentação em direito social.

Em 2016, a FAO publicou o relatório *Superação da Fome e da Pobreza Rural – Iniciativas Brasileiras*. Nele, reconhece que o Brasil alcançou o marco histórico de sair do Mapa Mundial da Fome, em 2014, reduzindo em 82,1% o número de pessoas subalimentadas, anotando que a maneira como o país enfrentou a questão traduz boas práticas, a serem replicadas por outros países.[50]

Nesse sentido, o relatório afirma:

> É importante destacar que o Brasil na Constituição Federal de 1988 reconhece o Direito à Alimentação como uma obrigação do Estado (Emenda Constitucional n.º 64/2010). O país conta ainda com uma lei de Segurança Alimentar muito progressista que institucionaliza a Política e cria as bases para uma ampla participação social na definição das prioridades. Se destaca nesse sentido, entre outros, o Conselho Nacional de Segurança Alimentar e Nutricional (Consea).
>
> É a partir dessa ampla e rica experiência, em conjunto com a implementação dos programas Fome Zero, Bolsa Família e Brasil sem Miséria em todo o território no período de 2003-2013, e outras iniciativas que em conjunto resultaram na saída do país do mapa da Fome em 2014.[51]

Sob a égide da Constituição de 1988, foram criadas algumas iniciativas para abolição da pobreza e da fome. Merecem destaque algumas delas, que serão abordadas a seguir.

3.2.1 Programa Bolsa Família

Criado em 2003, o Bolsa Família é o maior programa de transferência de renda do mundo,[52] instituído pela Lei nº 10.836/2004 e regulamentado pelo Decreto nº 5.209/2004, para atender a famílias em situação de pobreza e de extrema pobreza, caracterizadas pela renda familiar mensal *per capita* de até R$178,00 e R$89,00, respectivamente.

São objetivos do programa: combater a fome e promover a segurança alimentar e nutricional; combater a pobreza e outras formas de privação das famílias; e promover o acesso à rede de serviços públicos, em especial, saúde, educação, segurança alimentar e assistência social.

---

[50] FAO. *Superação da fome e da pobreza rural*: iniciativas brasileiras. Brasília: FAO, 2016. Disponível em: http://www.fao.org/3/a-i5335o.pdf. Acesso em: 30 jul. 2023.

[51] FAO. *Superação da fome e da pobreza rural*: iniciativas brasileiras. Brasília: FAO, 2016. Disponível em: http://www.fao.org/3/a-i5335o.pdf. Acesso em: 30 jul. 2023.

[52] IPEA. *O programa bolsa família e os pobres "não merecedores"*: poder discricionário e os limites da consolidação de direitos sociais. Rio de Janeiro: Ipea, 2017. Disponível em: https://repositorio.ipea.gov.br/bitstream/11058/8090/12/Bapi_13_programa.pdf. Acesso em: 30 jul. 2023.

Até novembro de 2021, o programa resultava no pagamento dos seguintes benefícios financeiros, cuja concessão dependia do cumprimento de condicionalidades relativas ao exame pré-natal, ao acompanhamento nutricional, ao acompanhamento de saúde e à frequência escolar de 85% em estabelecimento de ensino regular:

a) benefício básico, no valor mensal de R$89,00 para famílias em situação de extrema pobreza;
b) benefício variável, no valor mensal de R$41,00 por beneficiário, até o limite de R$205,00 por família, destinado às unidades familiares que se encontrem em situação de pobreza ou de extrema pobreza e que tenham em sua composição: a) gestantes; b) nutrizes; c) crianças entre zero e doze anos; ou d) adolescentes até quinze anos;
c) benefício variável vinculado ao adolescente, no valor de R$48,00 por beneficiário, até o limite de R$96,00 por família, destinado às unidades familiares que se encontrem em situação de pobreza ou de extrema pobreza e que tenham em sua composição adolescentes com idade de dezesseis a dezessete anos matriculados em estabelecimentos de ensino;
d) benefício para superação da extrema pobreza, para família cuja soma da renda mensal e dos benefícios acima citados seja igual ou inferior a R$89,00 *per capita*, no valor da diferença da renda per capita da família e R$89,01, multiplicado pela quantidade de membros.

A execução e a gestão do Bolsa Família são descentralizadas. A concessão dos benefícios, em síntese, é feita por meio da identificação e inscrição, pelos municípios, das famílias em situação de pobreza e extrema pobreza no Cadastramento Único para Programas Sociais do Governo Federal (CadÚnico).

Em 17 anos de existência, o Bolsa Família angariou reconhecimento internacional. Segundo pesquisa publicada pelo Ipea e intitulada *Os efeitos do programa bolsa família sobre a pobreza e a desigualdade: um balanço dos primeiros quinze anos*, cujo objetivo foi o de avaliar o Programa Bolsa Família e seus impactos na redução da pobreza e da desigualdade,

> O PBF é, por uma larga margem, a mais progressiva transferência de renda feita pelo governo federal. Cerca de 70% dos seus recursos alcançam os 20% mais pobres (computados antes da transferência do programa). Sua excelente focalização explica por que, apesar do seu pequeno orçamento (0,5% do produto interno bruto – PIB) e da sua limitada participação na renda das famílias da PNAD (0,7%), o programa tem um impacto tão relevante na redução da pobreza: suas transferências reduzem a pobreza em 15% e a extrema pobreza em 25%. As decomposições dinâmicas do coeficiente de Gini sugerem que o programa foi responsável por 10% da redução da desigualdade entre 2001 e 2015. Entre 2001 e 2006 (período de sua maior expansão), o PBF explicou quase 17% da redução observada da desigualdade. As conclusões sugerem que a focalização do programa já é muito boa e que o principal limitador do seu impacto na pobreza não é o foco, mas o baixo valor das transferências.[53]

---

[53] IPEA. *Os efeitos do programa bolsa família sobre a pobreza e a desigualdade*: um balanço dos primeiros quinze anos. Rio de Janeiro: Ipea, 2018. Disponível em: http://repositorio.ipea.gov.br/bitstream/11058/9356/1/td_2499.pdf. Acesso em: 30 jul. 2023.

Em 2021, o Bolsa Família foi substituído pelo Auxílio Brasil, e os valores de referência foram alterados para atender a famílias em situação de pobreza e de extrema pobreza, caracterizadas pela renda familiar mensal *per capita* de até R$210,00 e R$105,00, respectivamente. Em 2023, a Lei nº 14.601 restabeleceu o Bolsa Família e o valor do rendimento familiar *per capita* passou a ser de R$218,00.

A recriação do Programa Bolsa Família busca atender às recomendações proferidas pelo Tribunal de Contas da União, que, por meio do Acórdão nº 2.725/2022, sugeriu "promover pagamentos *per capita* mais equitativos entre as famílias beneficiárias, de forma a obter melhor equidade e custo-efetividade" e "promover a atualização cadastral do CadÚnico por meio de cronograma mais célere de revisões, focalizações, averiguações cadastrais e ações de administração de benefícios".

De acordo com a Exposição de Motivos da Medida Provisória nº 1.164/2023, que originou a Lei nº 14.601/2023, o novo Bolsa Família "beneficiará em 2023 aproximadamente de 21 milhões de famílias, com orçamento no exercício aproximadamente R$175,7 bilhões".[54]

3.2.2 Programa Nacional de Alimentação Escolar

Programa Nacional de Alimentação Escolar (PNAE), implantado na década de 1950 no Brasil com o nome de Campanha da Merenda Escolar, é considerado um dos maiores programas de alimentação escolar do mundo. O programa atua no oferecimento de alimentação escolar e ações de educação alimentar e nutricional a estudantes de todas as etapas da educação básica pública.

O direito à alimentação escolar está previsto no art. 208 da Constituição Federal e na Lei nº 11.947/2009, que estabelece as diretrizes do PNAE. Para muitos estudantes, a refeição fornecida pela escola é a única ou a principal do dia, por isso, o programa é estratégico no enfrentamento da fome no Brasil.

De acordo com a referida lei, o PNAE deve buscar a universalidade do atendimento, o emprego da alimentação saudável e adequada, a inclusão da educação alimentar e nutricional no processo de ensino e aprendizagem, a participação da comunidade no controle social, o apoio ao desenvolvimento sustentável, com incentivos para a aquisição de gêneros alimentícios diversificados, produzidos em âmbito local e preferencialmente pela agricultura familiar e pelos empreendedores familiares rurais, priorizando as comunidades tradicionais indígenas e de remanescentes de quilombos.

3.2.3 Programa de Aquisição de Alimentos

O Programa de Aquisição de Alimentos (PAA) foi criado pelo art. 19 da Lei nº 10.969/2003, com ampla participação da sociedade civil, e tem como finalidades principais

> incentivar a agricultura familiar, promovendo a inclusão econômica e social dos agricultores familiares mais pobres, e promover o acesso à alimentação, em quantidade, qualidade e

---

[54] Disponível em: https://www.planalto.gov.br/ccivil_03/_ato2023-2026/2023/Exm/Exm-1164-23.pdf. Acesso em: 30 jul. 2023.

regularidade necessárias, pelas pessoas em situação de insegurança alimentar e nutricional, sob a perspectiva do direito humano à alimentação adequada e saudável.[55]

Em 2011, a Lei nº 12.512 detalhou os objetivos do Programa e o integrou ao Sisan. Ainda, o Decreto nº 7.775/2012, que regulamenta o PAA, definiu finalidades e beneficiários consumidores e fornecedores, indicando que os últimos devem atender aos requisitos do agricultor familiar, incluindo nessa categoria povos indígenas, quilombolas e demais povos e comunidades tradicionais.

Em 2021, o PAA foi extinto e substituído pelo Programa Alimenta Brasil, tendo sido recriado em 2023 pela Medida Provisória nº 1.166/2023, convertida na Lei nº 14.628/2023.

4 Conclusão

A Constituição de 1988 representou o resultado de um processo bem-sucedido de transição democrática, pelo qual uma sociedade altamente desigual produziu uma promessa de erradicação da pobreza e combate à fome. Apesar de retrocessos recentes, o balanço da inclusão social no Brasil nos últimos 35 anos é positivo e merece ser celebrado.

Importa, portanto, reforçar a ideia de que a luta contra a pobreza e a fome não pode esgotar-se na sua mera positivação em tratados internacionais ou na Constituição. Estes são, sem nenhuma dúvida, marcos importantes. No entanto, de nada servem sem a concomitante ação político-legislativa e executiva, ou sem uma exigente monitorização dos tribunais e da sociedade civil.

A criação e implementação das políticas públicas aqui descritas revela uma grande preocupação do Poder Legislativo e do Poder Executivo sobre os temas da pobreza e da fome. A atuação do Poder Judiciário, representado pelo seu órgão de cúpula, o Supremo Tribunal Federal, também demonstra que os generosos termos da Constituição Cidadã devem guiar a aplicação do direito, de sorte a garantir uma vida digna aos indivíduos mais vulneráveis.

Dito de outra forma, trata-se, no fundo, de uma responsabilidade partilhada. Somente assim o Brasil poderá superar o terrível flagelo da pobreza e da fome e concretizar os objetivos proclamados na Carta de 1988.

Referências

BANCO MUNDIAL. *Poverty and inequality platform*. Washington, DC, 2023. Disponível em: https://pip.worldbank.org/country-profiles/BRA. Acesso em: 30 jul. 2023.

BANCO MUNDIAL. *Poverty and Shared Prosperity 2022*: Correcting Course. Washington, DC, 2022. Disponível em: https://www.worldbank.org/en/publication/poverty-and-shared-prosperity. Acesso em: 30 jul. 2023.

BARBOSA, Rui. *Oração aos moços*. São Paulo: Martin Claret, 2003.

BARCELLOS, Ana Paula de. *A eficácia jurídica dos princípios constitucionais*: o princípio da dignidade humana. 3. ed. rev. e atual. Rio de Janeiro: Renovar, 2011.

---

[55] Disponível em: https://www.planalto.gov.br/ccivil_03/_Ato2023-2026/2023/Exm/Exm-1166-23.pdf. Acesso em: 30 jul. 2023.

BEGHIN, Nathalie. O combate à fome: de Vargas a Bolsonaro. *Notas de Política Social*, n. 3, 2022. Disponível em: https://repositorio.ipea.gov.br/bitstream/11058/11545/1/BPS_29_nps3_combate_fome.pdf. Acesso em: 30 jul. 2023.

BURLANDY, Luciene. A atuação da sociedade civil na construção do campo da Alimentação e Nutrição no Brasil: elementos para reflexão. *Ciência & Saúde Coletiva*, v. 16, n. 1, p. 63-72, 2011.

CASTRO, Josué de. *Geografia da fome* – O dilema brasileiro: pão ou ação. 11. ed. Rio de Janeiro: Gryphus, 1992.

CYPHER, J. M. *The process of economic development*. 3. ed. London; New York: Routledge, 2008.

FAO. *Superação da fome e da pobreza rural*: iniciativas brasileiras. Brasília: FAO, 2016. Disponível em: http://www.fao.org/3/a-i5335o.pdf. Acesso em: 30 jul. 2023.

IBGE. *Síntese de indicadores sociais*: uma análise das condições de vida da população brasileira. Rio de Janeiro: IBGE, 2022. Disponível em: https://biblioteca.ibge.gov.br/visualizacao/livros/liv101979.pdf. Acesso em: 30 jul. 2023.

IPEA. *O programa bolsa família e os pobres "não merecedores"*: poder discricionário e os limites da consolidação de direitos sociais. Rio de Janeiro: Ipea, 2017. Disponível em: https://repositorio.ipea.gov.br/bitstream/11058/8090/12/Bapi_13_programa.pdf. Acesso em: 30 jul. 2023.

IPEA. *Os efeitos do programa bolsa família sobre a pobreza e a desigualdade*: um balanço dos primeiros quinze anos. Rio de Janeiro: Ipea, 2018. Disponível em: http://repositorio.ipea.gov.br/bitstream/11058/9356/1/td_2499.pdf. Acesso em: 30 jul. 2023.

MOYN, Samuel. *Not enough*: human rights in an unequal world. [s.l.]: Belknap Press, 2018.

PIOVESAN, Flávia. Pobreza como violação de direitos humanos. *In*: NOLETO, Marlova Jovchelovitch; WERTHEIN, Jorge (Org.). *Pobreza e desigualdade no Brasil*: traçando caminhos para a inclusão social. Brasília: Unesco, 2003.

PNUD. *Human Development Report 2003*: Millennium Development Goals: A Compact Among Nations to End Human Poverty. Nova York: Oxford University Press, 2003.

REDE PENSSAN. *II Inquérito Nacional sobre Insegurança Alimentar no Contexto da Pandemia da Covid-19 no Brasil*. São Paulo: Fundação Friedrich Ebert, Rede PENSSAN, 2022. Disponível em: https://olheparaafome.com.br/. Acesso em: 30 jul. 2023.

ROBINSON, Mary. *Realizing human rights*: the Romanes lecture. Oxford: Clarendon, 1997.

SACHS, Jeffrey. *O fim da pobreza* – Como acabar com a miséria mundial nos próximos 20 anos. São Paulo: Companhia das Letras, 2005.

SARMENTO, Daniel. *Dignidade da pessoa humana* – Conteúdo, trajetórias e metodologia. Belo Horizonte: Fórum, 2016.

SEN, Amartya. *Development as freedom*. Reprint ed. New York, NY: Anchor, 2000.

SEN, Amartya. Human rights and capabilities. *Journal of Human Development*, v. 151, 2005.

SEN, Amartya. *Poverty and famines*: an essay on entitlements. [s.l.]: Clarendon Press, 1981.

Informação bibliográfica deste texto, conforme a NBR 6023:2018 da Associação Brasileira de Normas Técnicas (ABNT):

MARTINS, Cristiano Zanin. Erradicação da pobreza e combate à fome à luz da Constituição de 1988. *In*: FACHIN, Luiz Edson; BARROSO, Luís Roberto; CRUZ, Álvaro Ricardo de Souza (Coord.). *A Constituição da democracia em seus 35 anos*. Belo Horizonte: Fórum, 2023. p. 103-121. ISBN 978-65-5518-597-3.

HANNAH ARENDT E A DEFESA DA DEMOCRACIA[1]

JOSÉ ANTONIO DIAS TOFFOLI

1 Introdução

De minha formação humanística e jurídica, que tem nas Arcadas do Largo do São Francisco e em seus mestres uma referência para toda a vida, guardo, com especial carinho, as primeiras reflexões aprofundadas que ouvi, como estudante da disciplina de Filosofia do Direito, em 1989, ministrada pelo Professor Celso Lafer, sobre a obra de Hannah Arendt (1906-1975).

As duras lições da história da humanidade no século XX e as reflexões de Hannah Arendt, de indiscutível atualidade neste início de milênio, foram generosamente compartilhadas pelo Professor Lafer em cada oportunidade que teve para discutir os rumos do Brasil democrático legado à minha geração e às gerações futuras, resultante da coragem, do trabalho e da capacidade de dialogar e construir consensos das brasileiras e brasileiros que nos antecederam. Na obra *Hannah Arendt: pensamento, persuasão e poder*, Celso Lafer oferece um fascinante panorama sobre a vida e a obra da pensadora corajosa e independente que ele define, com propriedade, como "intérprete autêntica do século XX".[2]

Nos momentos turbulentos que marcam as primeiras décadas do século XXI, as reflexões de Arendt assumem redobrada relevância por representarem um profundo e apurado olhar sobre os ensinamentos das tragédias humanas e institucionais legadas, ao longo do século XX, pelo autoritarismo e pelo totalitarismo em seus mais variados formatos e roupagens ideológicas. A eclosão do ovo da serpente totalitária naquele período e a rica análise sobre esse fenômeno histórico contida na obra de Hannah Arendt oferecem instrumentos válidos ainda hoje para entender a natureza humana e suas relações com o poder no novo contexto em que vivemos.

---

[1] Versão adaptada e atualizada do artigo "Hannah Arendt e sua atualidade na era da pós-verdade" (em SOLON, Ari Marcelo; PERRONE-MOISÉS, Cláudia; ALMEIDA, Fernando Menezes de; MONACO, Gustavo Ferraz de Campos; RANIERI, Nina (Coord.). *Múltiplos olhares sobre o direito*. Homenagem aos 80 anos do Professor Emérito Celso Lafer. São Paulo: Quartier Latin, 2022. v. 1. p. 425-450).

[2] LAFER, Celso. *Hannah Arendt*: pensamento, persuasão e poder. 3. ed. rev. e ampl. Rio de Janeiro/São Paulo: Paz e Terra. 2018.

2 A sociedade em rede e a quebra da tradição na esfera pública

Em texto de características visionárias, escrito em 1972 e publicado no prefácio da 8ª edição brasileira do livro *Entre o passado e o futuro*, de Arendt, Celso Lafer chamou a atenção para a crise profunda do mundo contemporâneo, que tem como uma de suas características o esfacelamento da tradição e suas repercussões na esfera pública. Naquele momento, Celso Lafer já fazia referência à importância da era da "comunicação ilimitada e sem fronteiras" para a natureza dialógica da política, ressaltada pela autora.[3]

Vivemos, na atualidade, em um contexto de inovações tecnológicas disruptivas no campo da comunicação, o que é notório na dinâmica das forças políticas e na atitude de seus militantes e simpatizantes em relação ao jornalismo profissional e às mídias de massa. Não podemos esquecer que, até há pouco, esses meios de comunicação ditavam, quase exclusivamente, o debate público, fazendo seu enquadramento (*framing*), termo cunhado na década de setenta por Erving Goffman e que pode ser resumido na capacidade da mídia tradicional de eleger e formatar os temas prioritários do debate público.[4]

Essa capacidade de iniciativa e o próprio modelo de negócios da mídia foi posto em xeque pelo novo paradigma da chamada "sociedade em rede". Ao mesmo tempo, a própria noção de respeito nas interações sociais foi igualmente abalada pelo recurso ao anonimato nas plataformas digitais e pela crispação política e social, alimentada por forças políticas e por algoritmos que fornecem aos clientes de plataformas de redes sociais elementos que reforçam suas próprias visões de mundo.

No campo da comunicação, essencial para o debate público, o sociólogo espanhol Manuel Castells foi um dos pioneiros, ainda na década de noventa, em alertar para o fato de que vivemos um novo paradigma da sociedade em rede, que se caracteriza por ter como base as redes de comunicação digital e por funcionar a partir de redes globais. Naquele momento, as observações do autor já representavam um contraponto à atitude predominantemente eufórica da sociedade em relação ao advento das novas tecnologias e a seu impacto social.

O autor afirma que "as redes de comunicação digital são a coluna vertebral da sociedade em rede, assim como as redes de potência (ou redes de energia) constituíam as infraestruturas sobre as quais a sociedade industrial foi construída".[5] Ademais, "sua lógica chega a países de todo o planeta e é difundida por meio do poder integrado nas redes globais de capital, bens, serviços, comunicação, informação, ciência e tecnologia".[6]

Manuel Castells também observa que não é a tecnologia que determina a sociedade, ela constitui a própria realidade. Sociedade e tecnologia estão unidas de maneira indissociável. As ferramentas tecnológicas dessa nova era e as redes de comunicação digital são moldadas pela sociedade e, ao mesmo tempo, moldam a própria sociedade. Somos, portanto, uma sociedade digital, hiperconectada e global.

---

[3] LAFER, Celso. Da dignidade da política: sobre Hannah Arendt (Prefácio). *In*: ARENDT, Hannah. *Entre o passado e o futuro*. Tradução de Mauro W. Barbosa. 8. ed. São Paulo: Perspectiva, 2016. Edição digital. p. 19.

[4] GOFFMAN, Erving. *Frame analysis* – An essay on the organization of experience. New York: Harper & Row, 1974.

[5] CASTELLS, Manuel; CARDOSO, Gustavo (Org.). *A sociedade em rede*: do conhecimento à acção política. Debates – Presidência da República. Lisboa: Imprensa Nacional, 2005. Edição digital. p. 17-30.

[6] CASTELLS, Manuel; CARDOSO, Gustavo (Org.). *A sociedade em rede*: do conhecimento à acção política. Debates – Presidência da República. Lisboa: Imprensa Nacional, 2005. Edição digital. p. 18.

Em *A morte da verdade*, Michiko Kakutami também faz contraponto à euforia inicial verificada com o advento da internet e das novas tecnologias digitais, afirmando que, "quando se trata da disseminação das *fake news* e de minar a crença na objetividade, a tecnologia se provou um combustível altamente inflamável. Cada vez mais nos damos conta do lado sombrio do que foi imaginado, a princípio, como um catalisador de inovação e mudanças".[7]

Castells aponta também em outra obra, *La era de la información*, lançada em 1996, uma importante mudança de paradigma na relação entre os meios de comunicação e seu público, propiciada pela tecnologia da informação: de consumidoras passivas de conteúdo produzido por esses meios, as pessoas passaram a ser também produtoras e disseminadoras de conteúdo informativo.[8]

A filmagem, com um celular, das cenas de violência policial que levaram à morte de George Floyd, em 25.5.2020, e a avalanche de indignação que se seguiu ao episódio são emblemas dessa nova realidade. A adolescente responsável pela filmagem, Darnella Frazier, recebeu em 2021 um prêmio especial dos Pullitzer Prizes,[9] maior distinção aos trabalhos jornalísticos e literários de destaque nos Estados Unidos, concedida anualmente.

A visão profética e inovadora de Castells captou o efeito disruptivo da internet no âmbito da comunicação social, com o fim da exclusividade da comunicação por parte da mídia profissional.

É importante mencionar também outra questão relevante, a do anonimato na esfera virtual, analisada pelo filósofo Byung-Chul Han, para quem esse elemento conspira contra a noção de respeito nas interações nas redes digitais, com reflexo na interação, por meio delas, com as instituições. No atual momento de quebra de paradigmas e do avanço dos algoritmos, o alto nível de ruído na comunicação deriva, em boa medida, do anonimato e da prevalência do espetáculo sobre o respeito. É dele a expressão *shitstorm*, que, numa tradução mais recatada, significaria tempestade de indignação.[10]

Han identifica, na origem do fenômeno, a perda da noção de respeito como alicerce da esfera pública. O respeito é entendido pelo autor como consideração e cautela na relação com o interlocutor. Para o autor, respeito é a base do comportamento na esfera pública, e está vinculado a nomes próprios. Essa perda e suas consequências negativas ocorrem a partir do recurso frequente ao anonimato e da prevalência da indiscrição nas interações nas redes.

Ao mencionar Marshall McLuhan e seus estudos pioneiros nos anos sessenta sobre o impacto das tecnologias eletrônicas nos meios de comunicação, Han alerta, já no prefácio do livro *No enxame: perspectivas do digital*, para uma nova e profunda mudança social provocada pelas ferramentas digitais:

---

[7] KAKUTANI, Michiko. *A morte da verdade*: notas sobre a mentira na era Trump. Tradução de André Czarnobai e Marcela Duarte. 1. ed. Rio de Janeiro: Intrínseca, 2018. Edição digital. p. 85.

[8] CASTELLS, Manuel. *La era de la información*. Madri: Alianza Editorial, 1996. v. 1 – La sociedad red.

[9] Para comunicado sobre prêmio, v. DARNELLA Frazier. Winners in Special Citations and Awards. *The Pullitzer Prizes*, 2021. Disponível em: https://www.pulitzer.org/winners/darnella-frazier.

[10] HAN, Byung-Chul. *No enxame*: perspectivas do digital. Tradução de Lucas Machado. Petrópolis: Vozes, 2018. Edição digital. p. 14. Nota do tradutor define *shitstorm* como "tempestade de indignação", e associa o termo a campanhas difamatórias de grandes proporções na internet.

> Somos desprogramados por meio dessa nova mídia, sem que possamos compreender inteiramente essa mudança radical de paradigma. [...]
> Embriagamo-nos hoje em dia da mídia digital sem que possamos avaliar inteiramente as consequências dessa embriaguez. Essa cegueira e a estupidez simultânea a ela constituem a crise atual.[11]

Em sua obra *They don't represent us – reclaiming our democracy*, lançada em 2019, o Professor norte-americano Lawrence Lessig define o momento histórico atual como o da "pós-difusão" por TV, rádio e imprensa escrita. Especialista no estudo da atual crise na representatividade política e dos desafios impostos à democracia pelo novo paradigma tecnológico e pelo modelo de negócio dos conglomerados empresariais que controlam as redes sociais, Lessig observa que, com raras exceções, as famílias já não se sentam diante da TV para repassar a atualidade do mundo, porque ela invade celulares e computadores a cada minuto.

A compreensão comum da realidade, a partir de fontes de informação que tendiam a certa homogeneidade na seleção e no tratamento dos assuntos, como os telejornais noturnos da TV aberta, passou a ser um dado do passado para parte significativa da cidadania, em razão da proliferação da oferta de informação e de entretenimento em diversas plataformas. Neste novo mundo, de intensa competição pela atenção do usuário, o autor assinala que decisões empresariais, orientadas por algoritmos, não hesitam em recorrer à divisão e ao conflito no debate político para ampliar lucros e números de seguidores, distribuídos por guetos virtuais.[12]

O dano colateral mais significativo dessa verdadeira babel é o que impede as pessoas de dialogar sobre uma base factual comum. A desconfiança permanente em relação ao outro e a intolerância levaram contingentes expressivos de indivíduos a se entrincheirarem em zonas de conforto ou guetos virtuais, nos quais acreditam firmemente ter direito a seus próprios fatos. Não se trata do direito a ter as próprias opiniões, e sim do direito de escolher os próprios fatos, ainda que totalmente dissociados de qualquer base factual ou empírica. O terraplanismo talvez seja o exemplo mais folclórico dessa tendência, e a resistência a vacinas, incluídas aquelas contra a Covid-19, o mais trágico.

3 A atualidade das reflexões de Hannah Arendt na era da pós-verdade

A obra de Hannah Arendt é anterior ao advento da internet e de suas reverberações, como a chamada era da "pós-verdade", termo inicialmente cunhado pelo dramaturgo Steve Tesich, em artigo de 1992 na revista *The Nation*,[13] e desenvolvido posteriormente

---

[11] HAN, Byung-Chul. *No enxame*: perspectivas do digital. Tradução de Lucas Machado. Petrópolis: Vozes, 2018. Edição digital. p. 10.

[12] LESSIG, Lawrence. *They don't represent us* – Reclaiming our democracy. Nova York: Dey Street Books, 2019. Edição digital. p. 84-93.

[13] TESICH, Steve. A government of lies. *The Nation*, Nova York, 6-13 jan. 1992. Disponível em: https://www.thefreelibrary.com/A+government+of+lies.-a011665982. Acesso em: 6 set. 2021. No artigo, Tesich argumenta, com base na análise de mentiras contadas pelo Governo norte-americano e aceitas pela sociedade nos episódios Irã-Contras e na primeira guerra contra o Iraque, que (em tradução livre) "estamos rapidamente nos transformando em protótipos de um povo com o qual monstros totalitários babariam em seus sonhos [...] de modo fundamental, nós, como pessoas livres, livremente decidimos que queremos viver em um mundo da pós-verdade".

por outros autores. *Post-truth*, a propósito, foi a "palavra do ano" em 2016, segundo levantamento anual do *Dicionário de Oxford*.[14] Na sequência, em 2017, sintomaticamente, *fake news* foi a palavra do ano escolhida pelo *Dicionário Collins*.[15]

No entanto, como é característico dos clássicos, a obra e as reflexões de Arendt seguem vigentes, com sua profundidade de análise e os elementos humanos envolvidos. Um exemplo claro de atualidade é a seguinte declaração dada por Arendt em entrevista concedida ao jurista e escritor francês Roger Errera em várias sessões de gravação em outubro de 1973:

> No momento em que não mais tivermos uma imprensa livre, tudo pode acontecer. O que torna possível que uma ditadura totalitária ou qualquer outra governe é que as pessoas não estejam informadas; como se pode ter uma opinião se não se está informado? Se todo mundo sempre mentir para você, a consequência não é que você vai acreditar em mentiras, mas sobretudo que ninguém passe a acreditar mais em nada. [...] E um povo que não acredita mais em nada não pode tomar decisões. Ele é privado não apenas de sua capacidade de agir, mas também de sua capacidade de pensar e julgar. E com esse povo você então pode fazer o que quiser.[16]

A declaração, curiosamente, ficou fora da versão editada da entrevista, transmitida pela TV pública francesa em julho de 1974. A transcrição da entrevista foi publicada, postumamente, em 2013, em um livro contendo entrevistas da autora.[17]

A filósofa falava tendo em mente as experiências totalitárias do século XX, em que a propaganda ideológica estatal tinha como base a manipulação do sentido de realidade das pessoas. Ainda que os instrumentos tecnológicos de manipulação possam ser distintos e que a imprensa livre siga cumprindo seu papel nas sociedades democráticas, os instrumentos psicológicos por trás da desinformação e das campanhas de ódio e de intolerância seguem plenamente vigentes.

Do falecimento de Arendt, em 1975, para cá, os tempos da história e do cotidiano adquiriram ritmo vertiginoso, e as seguidas quebras de paradigmas tecnológicos revolucionaram a convivência humana e em especial a dinâmica interna dos países. Os desdobramentos e as externalizações dessa aceleração em curso são um fascinante campo de estudos em tempo real. Representam também um enorme desafio, como nos têm mostrado as realidades brasileira e internacional no que se refere à efetividade das

---

[14] WORD of the Year 2016. *Oxford Languages*. Disponível em: https://languages.oup.com/word-of-the-year/2016/. Acesso em: 9 set. 2021.

[15] WORD of the Year Shortlist. *Collins*, 2017. Disponível em: https://blog.collinsdictionary.com/language-lovers/collins-2017-word-of-the-year-shortlist/. Acesso em: 22 set. 2021.

[16] Tradução livre ("The moment we no longer have a free press, anything can happen. What makes it possible for a totalitarian or any other dictatorship to rule is that people are not informed; how can you have an opinion if you are not informed? If everybody always lies to you, the consequence is not that you believe the lies, but rather that nobody believes anything any longer. [...] And a people that no longer can believe anything cannot make up its mind. It is deprived not only of its capacity to act but of its capacity to think and to judge. And with such a people you can then do what you please"). Trecho excluído da versão editada da entrevista a Roger Errera foi resgatado e publicado em 1978 pela revista *New York Review of Books* (ARENDT, Hannah. From an Interview. *The New York Review of Books*, Nova York, 26 out. 1978. Disponível em: https://www.nybooks.com/articles/1978/10/26/hannah-arendt-from-an-interview/. Acesso em: 11 dez. 2021).

[17] ARENDT, Hannah. *The last interview and other conversations*. Nova York: Melville House, 2013. Edição digital. p. 90-110. Vídeo da entrevista editada: ARENDT, Hannah. Interview with french writer Roger Errera (O.R.T.F., 1974). *YouTube*. Disponível em: https://www.youtube.com/watch?v=5oRpb8fo7jU. Acesso em: 6 set. 2021.

respostas do Estado democrático e de suas instituições às demandas de uma cidadania que, embora exigente e conectada, é vulnerável a notícias fraudulentas, a crimes transnacionais, à invasão da privacidade, ao terrorismo analógico e ao cibernético, a campanhas de ódio e intolerância e ao poder de manipulação dos algoritmos.

A atualidade da obra de Arendt, no entanto, permanece intacta.

Na obra *Origens do totalitarismo*, inicialmente publicada em 1951, Hannah Arendt nos ajuda a entender os movimentos de inspiração autoritária da atualidade, ao desnudar que "as massas haviam chegado a um ponto em que, ao mesmo tempo, acredita[vam] em tudo e em nada, julgavam que tudo era possível e nada era verdadeiro".[18]

Arendt cita, como um dos elementos na constituição de regimes totalitários, "a cega hostilidade das massas contra o mundo existente", aproveitada para "inspirar a mesma lealdade total, na vida e na morte, que caracterizava as sociedades secretas e conspiradoras".[19] Ainda segundo a autora, com esses elementos de inspiração,

> Os líderes totalitários basearam a sua propaganda no pressuposto lógico correto de que, em tais condições, era possível fazer com que as pessoas acreditassem nas mais fantásticas declarações em determinado dia, na certeza de que, se recebessem no dia seguinte a prova irrefutável de sua inverdade, apelariam para o cinismo; em lugar de abandonarem os líderes que lhes haviam mentido, diriam que sempre souberam que a afirmação era falsa, e admirariam os líderes pela esperteza tática.[20]

A distinção mais clara a fazer entre o período histórico no qual Arendt apresentou suas reflexões e a atual era da pós-verdade, na minha avaliação, tem a ver com o papel da mídia tradicional. Ao longo do período, a mídia deixou de ser, para muitos, uma referência. E passou também a ser alvo de discursos de ódio e de intolerância. Minar a credibilidade do jornalismo profissional passou a ser, no contexto atual, recurso à disposição de líderes políticos que priorizam a difusão de suas mensagens em canal direto com seus seguidores, por meio de plataformas de redes sociais.

Um episódio relatado pela jornalista Lesley Stahl, do programa de TV *60 Minutes*, da rede norte-americana CBS, e não desmentido por Donald Trump, ajuda a compreender a demonização da mídia como estratégia política da era da pós-verdade. Segundo Stahl, em uma conversa privada com o então candidato presidencial Trump, em 2016, ela o questionou sobre a retórica agressiva contra meios de comunicação adotada sistematicamente por ele, que incluía a expressão *fake news media*, e recebeu a seguinte resposta: "Ele disse: sabe a razão de eu fazer isso? Faço isso para desacreditar todos vocês, para humilhar todos vocês, para que ninguém acredite quando vocês escreverem matérias negativas a meu respeito".[21]

---

18 ARENDT, Hannah. *Origens do totalitarismo*. Tradução de Roberto Raposo. São Paulo: Companhia das Letras, 2013. Edição digital. p. 331-332.

19 ARENDT, Hannah. *Origens do totalitarismo*. Tradução de Roberto Raposo. São Paulo: Companhia das Letras, 2013. Edição digital. p. 330-331.

20 ARENDT, Hannah. *Origens do totalitarismo*. Tradução de Roberto Raposo. São Paulo: Companhia das Letras, 2013. Edição digital. p. 332.

21 Tradução livre ("He said: you know why I do it? I do it to discredit you all, to demean you all, so when you write negative stories about me no one will believe you") (DEADLINE Club Awards 2018 Dinner Conversation with Judy Woodruff and Lesley Stahl. *YouTube*. Disponível em: https://www.youtube.com/watch?v=nq6Tt--uAfs&t=1269s. Acesso em: 13 set. 2021).

Quatro anos depois, por ocasião da campanha à reeleição, o então Presidente Donald Trump foi confrontado pela mesma Lesley Stahl a respeito de sua afirmação de 2016, mas desconversou, em uma tensa entrevista para o mesmo programa jornalístico, no ar desde 1968 e um dos mais premiados da TV norte-americana.[22]

Como a "imprensa livre", citada por Arendt como parte da solução, virou alvo e parte do problema?

O escritor e ex-repórter norte-americano James Fallows, já na década de noventa, antecipou alguns elementos desse cenário distópico em uma dura crítica aos rumos da mídia no livro *Detonando a notícia – Como a mídia corrói a democracia americana*. O autor não isenta a política de sua responsabilidade nesse processo de desgaste da democracia, mas concentra seu foco na mídia como elemento importante da equação:

> Forças poderosas das estruturas políticas, econômicas e sociais da América são responsáveis pela frustração política contemporânea, mas as atitudes da mídia também tiveram um efeito surpreendentemente destrutivo. Assuntos que realmente afetam o interesse coletivo da população – crime, saúde, economia – são apresentados meramente como uma arena, na qual os políticos podem lutar.[23]

No livro, anterior ao advento de ferramentas como o *smartphone*, que transformou a maneira como se produz e se consome tanto informação como entretenimento, o ex-repórter Fallows critica com dureza o advento dos jornalistas que se tornam celebridades, o olhar depreciativo da mídia sobre a política e o modo como exerce seu poder de informar, que ele considera pouco responsável:

> Ao decidir apresentar a atual vida pública tal qual uma competição entre líderes políticos, a quem os leitores deveriam olhar com suspeita, a mídia ajuda a concretizar o que preconiza. [...] Cada vez mais, a imprensa apresenta principalmente a vida política atual como um espetáculo deprimente, em vez de apresentá-lo como uma atividade vital, na qual os cidadãos poderiam e deveriam estar engajados. Esse modo de encarar a vida pública deixa subentendido que o público só dará atenção à política se ela se tornar tão interessante quanto as outras opções de entretenimento à sua disposição – que vão desde os escândalos promovidos por celebridades aos melodramas apresentados nos *talk shows* pela manhã e à tarde, nos mais diversos canais de TV. Ao tentar competir cabeça a cabeça com programas de puro entretenimento, a imprensa "séria" se mete numa competição que simplesmente não pode vencer. Pior ainda, aumenta as chances de sua virtual extinção.[24]

Em período mais recente, e já em plena era dos *smartphones*, a Professora Nora Pavão, da Universidade Federal de Pernambuco, conduziu estudos muito interessantes a respeito do impacto das chamadas *fake news* sobre o voto e também sobre o que ela

---

[22] Para vídeo e transcrição da entrevista, v. THE 60 Minutes interview that President Trump cut short. *CBS News*. Disponível em: https://www.cbsnews.com/news/president-trump-60-minutes-interview-lesley-stahl/. Acesso em: 13 set. 2021.

[23] FALLOWS, James. *Detonando a notícia* – Como a mídia corrói a democracia americana. Rio de Janeiro: Civilização Brasileira, 1997. p. 14.

[24] FALLOWS, James. *Detonando a notícia* – Como a mídia corrói a democracia americana. Rio de Janeiro: Civilização Brasileira, 1997. p. 14-15.

chama de "cinismo político", alimentado pela noção que nivelou por baixo a percepção pública sobre a política e, de forma mais ampla, sobre as instituições democráticas.

Em entrevista dada ainda em 2017, Pavão alertava para os riscos da generalização negativa como fator desmobilizador – e, digo eu, mobilizador de sentimentos e orquestrações antidemocráticas. Essa generalização negativa se volta não somente contra as instituições democráticas, mas também contra a própria mídia, inclusive de modo violento, no mundo virtual e no real, com a hostilização cotidiana de repórteres na rua. Disse a professora nessa entrevista: "É um atalho cognitivo. Quando começa a achar que todo político é corrupto, em algum ponto o eleitor faz a generalização, porque, para ele[, isso] é mais fácil do que ter o trabalho de ir atrás da informação sobre cada um".[25]

Obras como a do Professor Eugênio Bucci, como seu brilhante livro *Existe democracia sem verdade factual?*,[26] são também muito reveladoras deste momento tão desafiador para as instituições democráticas e para a mídia tradicional. No cenário de acentuada fragmentação, de segmentação da mídia tradicional e do surgimento das redes sociais como fontes de informação, é premente haver bases factuais comuns para que o debate prospere.

Vários fatores sociais, econômicos e tecnológicos contribuem para a existência de uma multiplicidade de bases factuais sobre os mesmos acontecimentos. A própria mídia, fustigada pela concorrência e pela perda de receita em múltiplas frentes, é levada a apostar na segmentação, a falar para seu público mais fiel. Com isso, acabam se tornando ainda mais rígidas as posições desses públicos, que, por sua vez, vão ficando cada vez mais sectários.

4 O filisteísmo e a sociedade de massas

Na obra *Entre o passado e o futuro*, Arendt oferece outros elementos de fundamental importância para se entender a realidade atual: a noção de filisteísmo – "mentalidade que julgava todas as coisas em termos de utilidade imediata" e a conversão, por ele, de pretensos valores culturais em armas de ascensão social das classes médias europeias em sua luta por espaços contra a aristocracia.[27]

> Em outras palavras, os objetos culturais foram de início desprezados como inúteis pelo filisteu até que o filisteu cultivado lançasse mão deles como meio circulante mediante o qual comprava uma posição mais elevada na sociedade ou adquiria um grau mais alto de autoestima – quer dizer, mais alto do que, em sua própria opinião, ele merecia, quer por natureza ou nascimento. Nesse processo os valores culturais eram tratados como outros valores quaisquer, eram aquilo que os valores sempre foram, valores de troca, e, ao passar de mão em mão, se desgastaram como moedas velhas. Eles perderam a faculdade que

---

[25] MAIA, Gustavo. Onda de corrupção gera "cinismo" e desmobiliza eleitores, diz pesquisadora. *UOL*, São Paulo, 21 abr. 2017. Disponível em: https://noticias.uol.com.br/politica/ultimas-noticias/2017/04/21/onda-de-corrupcao-gera-cinismo-politico-e-desmobiliza-eleitores-diz-pesquisadora.htm. Acesso em: 26 ago. 2021.

[26] BUCCI, Eugênio. *Existe democracia sem verdade factual?* Barueri: Estação das Letras e Cores, 2019.

[27] ARENDT, Hannah. *Entre o passado e o futuro*. Tradução de Mauro W. Barbosa. 8. ed. São Paulo: Perspectiva, 2016. Edição digital. p. 165.

originariamente era peculiar a todos os objetos culturais, a faculdade de prender nossa atenção e de nos comover.[28]

Ao filisteísmo do passado, que transformava objetos culturais em simples mercadorias, Arendt agrega o efeito do apoderamento dos objetos culturais pela sociedade de massas e de consumo para satisfazer os "apetites pantagruélicos" da indústria do entretenimento:[29]

> O resultado não é, decerto, a cultura de massas, que em termos estritos não existe, mas sim o entretenimento de massas, alimentando-se dos objetos culturais do mundo. Crer que tal sociedade há de se tornar mais "cultivada" com o correr do tempo e com a obra da educação constitui, penso eu, um fatal engano.[30]

No prefácio da edição brasileira da obra *Entre o passado e o futuro*, de Arendt, escrito em 1972, o Professor Celso Lafer já alertava para as consequências danosas desse processo, que tem como elemento central o tratamento utilitário de valores humanos elaborados pela tradição:

> De fato, se no século XX o filistinismo da classe média em ascensão fez da cultura um instrumento de mobilidade social – uma mercadoria social –[,] iniciando a desvalorização dos valores, a sociedade de massas contemporânea levou este processo adiante ao consumir cultura na forma de diversão. [...] O risco deste processo reside no fato de que a indústria da diversão está confrontada com apetites imensos e os processos vitais da sociedade de massas poderão vir a consumir todos os objetos culturais, deglutindo-os e destruindo-os.[31]

Zygmunt Bauman cunhou o termo "modernidade líquida" para definir o contexto atual, em que a cultura, anteriormente de caráter homeostático, tranquilizante e mantenedor do *status quo*, hoje tem por função "não satisfazer necessidades existentes",[32] mas sim criar outras, "ao mesmo tempo que mantém as necessidades já entranhadas ou permanentemente irrealizadas".[33] Na pós-modernidade de Bauman, "nenhuma das formas consecutivas de vida social é capaz de manter seu aspecto por muito tempo"[34] e "'dissolver tudo que é sólido' tem sido a característica inata e definidora da forma de vida moderna desde o princípio".[35]

Para Bauman, o momento atual supera a clássica definição de Pierre Bourdieu sobre o gosto das elites pela chamada "alta cultura", o gosto médio ou "filisteu",

---

[28] ARENDT, Hannah. *Entre o passado e o futuro*. Tradução de Mauro W. Barbosa. 8. ed. São Paulo: Perspectiva, 2016. Edição digital. p. 167.

[29] ARENDT, Hannah. *Entre o passado e o futuro*. Tradução de Mauro W. Barbosa. 8. ed. São Paulo: Perspectiva, 2016. Edição digital. p. 169.

[30] ARENDT, Hannah. *Entre o passado e o futuro*. Tradução de Mauro W. Barbosa. 8. ed. São Paulo: Perspectiva, 2016. Edição digital. p. 172.

[31] LAFER, Celso. Da dignidade da política: sobre Hannah Arendt (Prefácio). *In*: ARENDT, Hannah. *Entre o passado e o futuro*. Tradução de Mauro W. Barbosa. 8. ed. São Paulo: Perspectiva, 2016. Edição digital. p. 11.

[32] BAUMAN, Zygmunt. *A cultura no mundo líquido moderno*. Rio de Janeiro: Zahar, 2013. Edição digital. p. 15.

[33] BAUMAN, Zygmunt. *A cultura no mundo líquido moderno*. Rio de Janeiro: Zahar, 2013. Edição digital. p. 15.

[34] BAUMAN, Zygmunt. *A cultura no mundo líquido moderno*. Rio de Janeiro: Zahar, 2013. Edição digital. p. 11.

[35] BAUMAN, Zygmunt. *A cultura no mundo líquido moderno*. Rio de Janeiro: Zahar, 2013. Edição digital. p. 11.

típico da classe média, e o gosto vulgar da classe baixa, na qual a cultura constituía um mecanismo tradicional de distinção de classes:[36]

> A cultura hoje se assemelha a uma das seções de um mundo moldado como uma gigantesca loja de departamentos em que vivem, acima de tudo, pessoas transformadas em consumidores. Tal como nas outras seções desta *megastore*, as prateleiras estão lotadas de atrações trocadas todos os dias, e os balcões são enfeitados com as últimas promoções, as quais irão desaparecer tão instantaneamente quanto as novidades em processo de envelhecimento que eles anunciam. Esses produtos exibidos nas prateleiras, assim como os anúncios nos balcões, são calculados para despertar fantasias irreprimíveis, embora, por sua própria natureza, momentâneas (como disse George Steiner numa frase famosa: "Feitas para o máximo impacto e a obsolescência instantânea").[37]

No mesmo prefácio à obra de Arendt, há mais de 50 anos, o Professor Lafer já propunha, no contexto da sociedade de massas, o necessário debate sobre a natureza essencialmente dialógica da política – o "pensar no plural" – e sobre questões fundamentais como a liberdade, a verdade factual e o próprio conceito de autoridade, que são elementos centrais na atual era de desinformação e de afronta às instituições que se abate sobre importantes países do mundo, aí incluído o Brasil.

Ao citar recursos de manipulação política como o de reescrever a História, já naquele momento, Lafer salientava a importância de mecanismos sociais de defesa contra essas ameaças: "Daí a importância de alguns mecanismos de defesa da verdade factual, criados pelas sociedades modernas, fora do seu sistema político, mas indispensáveis para a sua sobrevivência, como a universidade autônoma e o judiciário independente".[38]

A confluência entre filisteísmo e o consumismo da sociedade de massas, aplicada ao debate público e à política, soma-se aos desafios impostos pela modernidade líquida e pelos novos paradigmas tecnológicos em matéria de informação, o que impõe às sociedades democráticas urgentes tarefas no sentido de reiterar a necessidade de respeito às leis, às regras do jogo e à autoridade das instituições que zelam por elas. Isso impõe também que essas sociedades façam uma autocrítica sobre seu papel na origem das frustrações sociais das últimas décadas, as quais têm sido apropriadas por movimentos políticos cuja retórica e prática são, na essência, antidemocráticas.

Não se trata de mera coincidência que o Judiciário, a academia e a mídia estejam entre os alvos prioritários de campanhas de intolerância e desprestígio promovidas por movimentos antidemocráticos e que sejam as vítimas preferenciais de arbitrariedades de líderes autoritários contemporâneos em suas ofensivas contra os clássicos mecanismos de freios e contrapesos dos regimes democráticos.

O Instituto de Internet da Universidade de Oxford produziu, em 2020, a atualização de um interessante trabalho de monitoramento sobre o que define como "desinformação industrializada" na rede, conduzida por atores governamentais ou privados. O emprego sistemático de tropas cyber (*cyber troops*) na manipulação da opinião pública por meio das

---

[36] BAUMAN, Zygmunt. *A cultura no mundo líquido moderno*. Rio de Janeiro: Zahar, 2013. Edição digital. p. 6.

[37] BAUMAN, Zygmunt. *A cultura no mundo líquido moderno*. Rio de Janeiro: Zahar, 2013. Edição digital. p. 15.

[38] LAFER, Celso. Da dignidade da política: sobre Hannah Arendt (Prefácio). *In*: ARENDT, Hannah. *Entre o passado e o futuro*. Tradução de Mauro W. Barbosa. 8. ed. São Paulo: Perspectiva, 2016. Edição digital. p. 16.

mídias sociais foi detectado em 81 países em 2020, 11 a mais que os 70 países identificados no ano anterior. O estudo destaca 17 países na categoria de "alta capacidade" dessas tropas, entre os quais se mesclam, indistintamente, regimes democráticos e ditatoriais. Entre esses países, encontram-se a Arábia Saudita, a China, os Estados Unidos, a Índia, o Irã, Israel, o Reino Unido, a Rússia e a Venezuela. O Brasil encontra-se entre os 37 países considerados de "capacidade média".[39]

Myanmar, país asiático palco de golpe militar em fevereiro de 2021, encontra-se na categoria dos países de "alta capacidade", e recente reportagem da rede de TV norte-americana CBS mostrou como as redes sociais foram usadas no esforço sistemático de perseguição e limpeza étnica da etnia rohingya, que produziu crise humanitária de grandes proporções.[40]

O livro *Engenheiros do caos*, de Giuliano Da Empoli, oferece uma leitura reveladora sobre o uso da tecnologia e dos algoritmos como arma política pelos movimentos antissistema e de direita no mundo. Nele, Da Empoli adverte para o que chama de "era do narcisismo em massa" e para o novo paradigma da "política quântica", em que,

> para além da dimensão física, é no terreno virtual que a adesão aos movimentos nacional-populistas encontra sua realização mais completa. Lá, os algoritmos desenvolvidos e instaurados pelos engenheiros do caos dão a cada indivíduo a impressão de estar no coração de um levante histórico e de, enfim, ser ator de uma história que ele achava que estaria condenado a suportar passivamente como figurante.[41]

O autor cita como "fenômeno decisivo" para os tempos atuais a produção de "um fluxo maciço de dados" sobre os comportamentos humanos, a partir de sua mensuração na internet e nas redes sociais.[42] Esse fenômeno, aplicado à política, dá ao físico estatístico expressiva vantagem comparativa sobre os tradicionais operadores políticos, por sua capacidade de lidar com grandes quantidades de dados e simulações voltadas a desenhar mensagens sob medida para cada categoria de eleitor. "Em termos políticos, a chegada do Big Data poderia ser comparada à invenção do microscópio", argumenta.[43]

Ao contrastar o que chama de "política quântica" à política "newtoniana" da democracia liberal, baseada na separação dos poderes, e em uma realidade objetiva compartilhada, Da Empoli apresenta um novo cenário no qual a empatia e o diálogo estão ausentes:

> Assim, na política quântica, a versão do mundo que cada um de nós vê é literalmente invisível aos olhos de outros. O que afasta cada vez mais a possibilidade de um entendimento

---

[39] BRADSHAW, Samantha; BAILEY, Hannah; HOWARD, Philip. *Industrialized Disinformation*. 2020 Global Inventory of Organized Social Media Manipulation. Disponível em: https://demtech.oii.ox.ac.uk/wp-content/uploads/sites/127/2021/02/CyberTroop-Report20-Draft9.pdf. Acesso em: 18 mar. 2021.

[40] WEAPONIZING social media: the rohingya crisis. *CBS News*. Disponível em: https://www.cbsnews.com/video/weaponizing-social-media-the-rohingya-crisis/. Acesso em: 28 fev. 2021.

[41] EMPOLI, Giuliano Da. *Os engenheiros do caos*. Tradução de Arnaldo Bloch. 1. ed. São Paulo: Vestígio, 2019. Edição digital. p. 122-123.

[42] EMPOLI, Giuliano Da. *Os engenheiros do caos*. Tradução de Arnaldo Bloch. 1. ed. São Paulo: Vestígio, 2019. Edição digital. p. 104.

[43] EMPOLI, Giuliano Da. *Os engenheiros do caos*. Tradução de Arnaldo Bloch. 1. ed. São Paulo: Vestígio, 2019. Edição digital. p. 110.

> coletivo. Segundo a sabedoria popular, para se entender seria necessário "colocar-se no lugar do outro", mas na realidade dos algoritmos essa operação se tornou impossível. Cada um marcha dentro de sua própria bolha, no interior da qual certas vozes se fazem ouvir mais que outras e alguns fatos existem mais do que os outros. E nós não temos nenhuma possibilidade de sair disso, e menos ainda de trocar com outra pessoa.[44]

Movimentos de inspiração autoritária e totalitária prosperaram, na primeira metade do século passado, a partir de frustrações populares e do uso de determinadas estratégias, como revelado por Hannah Arendt.

A monumental obra de Arendt e de seus alunos e discípulos, como Celso Lafer, continua a servir como guia e inspiração para a solução de desafios similares com os quais se defrontam as sociedades democráticas contemporâneas. As ferramentas virtuais de disseminação, em velocidade supersônica, da desinformação, do ódio e da intolerância são o elemento novo de uma equação que, a cada ciclo histórico, tende a desafiar a convivência democrática e o respeito às instituições.

5 A defesa das instituições democráticas pelo Supremo Tribunal Federal

A reação das sociedades, governos, instituições judiciais e das próprias plataformas de redes sociais ao avanço dos discursos de ódio e orquestrações antidemocráticas foi seguida de um interessante debate, no qual, não raras vezes, supostos infratores tentaram invocar a liberdade de expressão como escudo diante de acusações como as de incitação à violência, de ameaças à integridade física de pessoas e de flagrantes crimes contra a honra e contra princípios da convivência democrática consagrados, no caso brasileiro, pela Constituição de 1988.

A complacência e o apaziguamento diante das campanhas de ódio e de desinformação, no contexto das orquestrações antidemocráticas, teriam sido fatais para a saúde institucional do país. Atento a esses riscos, o STF não tem se furtado a responder às agressões à ordem democrática do país, tão arduamente conquistada.

Ainda em março de 2019, tomei a mais difícil decisão do período em que ocupei a Presidência do Supremo Tribunal Federal (2018-2020): a abertura de inquérito para apurar *fake news* e ataques à Corte e a seus integrantes (Inquérito nº 4.781), a qual se baseou na aplicação do regimento interno do Tribunal. Para conduzir as investigações, o Ministro Alexandre de Moraes foi designado como relator do inquérito.

Ainda que a medida tenha sido recebida, inicialmente, com incompreensões e críticas, inclusive no mundo jurídico, havia, de minha parte, plena convicção quanto a sua legalidade e a sua absoluta necessidade. Era minha obrigação – como então presidente da Suprema Corte – exercer o direito de autodefesa do Supremo diante de orquestrações antidemocráticas claras, de contornos violentos e totalitários que hoje são mais bem compreendidos pela sociedade brasileira.

Em junho de 2020, o Plenário do STF, no julgamento da ADPF nº 572, confirmou a constitucionalidade e a legalidade o inquérito, por dez votos a um. A necessidade de

[44] EMPOLI, Giuliano Da. *Os engenheiros do caos*. Tradução de Arnaldo Bloch. 1. ed. São Paulo: Vestígio, 2019. Edição digital. p. 127.

autodefesa da Corte contra ameaças na esfera virtual impôs-se, no caso. Infelizmente, aos poucos, os fatos encarregaram-se de demonstrar a importância da defesa das instituições e o que estava em jogo nesse embate.

O inquérito foi fundamental para apurar a existência de esquemas de financiamento e de divulgação em massa de notícias fraudulentas nas redes sociais com o intuito de lesar ou expor a perigo de lesão a independência do Supremo Tribunal. As investigações trouxeram, ainda, à luz o uso de robôs para provocar o caos, para difundir o ódio e o medo. O objetivo era o de disseminar uma ideia falsa, uma imagem e um sentimento que não existiam, de que milhões de pessoas endossavam esse ódio contra as instituições. Os ataques também visavam intimidar a Corte e o Poder Judiciário como um todo.

Sem dúvida, esse inquérito e outras investigações no âmbito da Corte foram essenciais para a defesa da democracia no Brasil contra ofensivas ainda mais cruéis que estavam por vir. Os ataques criminosos, em 8.1.2023, às sedes dos três pilares da democracia brasileira – Executivo, Legislativo e Judiciário – foram o culminar de um processo de desinformação em massa, de discurso de ódio e de ataques às instituições democráticas. Mas todo esse processo poderia ter resultado em algo muito pior, não fosse a resiliência das instituições democráticas e o papel decisivo do Judiciário brasileiro.

Já no dia 8 de janeiro, o Supremo Tribunal Federal, a partir de decisões do Ministro Alexandre de Moraes, atuou com rapidez e firmeza na defesa incondicional da democracia e na condução das investigações dos responsáveis, sejam eles agentes públicos ou privados.

O Tribunal já recebeu mais de 1.290 denúncias, passando os investigados a ser réus em ações penais por crimes como incitação pública ao crime, associação criminosa, dano qualificado, extinção violenta do Estado democrático de direito e golpe de Estado. Ademais, foram concluídas as instruções processuais de 228 ações penais contra réus que seguem presos e são acusados de crimes mais graves.

Vê-se, portanto, que o Poder Judiciário brasileiro tem atuado, de forma precisa e ágil, contra aqueles que quiseram destruir, atacar ou afrontar as instituições democráticas do Brasil. Tendo a Constituição de 1988 como guia, a jovem democracia brasileira tem mostrado forte resiliência institucional e dispõe hoje de instrumentos de autodefesa, capazes de enfrentar as ameaças, as mentiras e os ataques à democracia, sejam eles analógicos ou digitais.

6 Conclusão

O ovo da serpente da violência política e do totalitarismo é uma realidade contemporânea no mundo e, no âmbito institucional, sua eclosão deve ser evitada pelos meios legais e constitucionais. Ataques frontais à democracia e às regras da Constituição não podem ficar sem resposta, como deixou claro, há 35 anos, Ulysses Guimarães por ocasião da promulgação da Constituição Federal de 1988.

A história mostra que a democracia precisa defender-se de discursos de ódio e de estratégias totalitárias, ampliadas hoje pelo acesso da maioria das pessoas a ferramentas tecnológicas como os *smartphones*. Essas ferramentas promovem o conhecimento e aproximam as pessoas, mas são usadas também para desinformar e para disseminar o ódio, o medo e a intolerância. Moldam comportamentos e têm aplicações bélicas virtuais e reais, não apenas construtivas.

A própria Constituição e a legislação brasileira oferecem antídotos contra inimigos da democracia, sejam eles analógicos, sejam digitais. Cabe às instituições democráticas, nesse contexto, exercer sua autoridade, sem hesitações e com base nas regras do jogo democrático, segundo as quais a liberdade de expressão não é, e nunca foi, escudo para atitudes criminosas e para orquestrações antidemocráticas.

A democracia não é um dado da natureza, é uma construção, é fruto da cultura humana. Requer aprimoramento constante, respeito às regras do jogo, e precisa ser cultivada e cuidada pela sociedade. Quando isso não acontece, o caos abre caminho para tentações destrutivas e forças totalitárias. A primeira metade do século XX é rica em exemplos trágicos dessas consequências.

No julgamento da ADPF nº 572, a respeito da constitucionalidade do Inquérito nº 4.781, citei passagem de autobiografia de Hans Kelsen relativa ao "caso das licenças matrimoniais", julgado na Corte Constitucional austríaca, cuja decisão representou um divisor de águas na história pessoal de Kelsen e da própria institucionalidade daquele país.

A decisão, baseada no voto de Kelsen, motivou duros e sistemáticos ataques à Corte e a ele próprio por parte de setores religiosos, de membros da imprensa e do governo. A manchete do *Correio* do Reich de 19.1.1928 sintetizava a animosidade predominante: "Caminho livre para a bigamia. A insustentável decisão errônea da Corte Constitucional e suas consequências absurdas".

O próprio jurista descreveu no livro as repercussões daquela decisão:

> Como minha participação nas decisões da Corte havia obviamente se tornado conhecida, também me tornei pessoalmente objeto de ataques por vezes absolutamente sórdidos. Fui acusado de favorecer a bigamia, e assim por diante. Entre outras coisas, lembro-me que minhas duas filhas pequenas, ao voltar da escola para casa, disseram-me, muito abaladas, que na porta de entrada do nosso apartamento havia sido colocada uma espécie de cartaz no qual estavam escritas coisas horríveis sobre mim [...] O partido social-cristão sob a presidência de Seipel estava visivelmente decidido a eliminar a Corte Constitucional na primeira oportunidade que se apresentasse. Esta surgiu com a reforma constitucional de 1929.[45]

Kelsen terminou por deixar a Corte Constitucional austríaca logo após o episódio. Todos sabemos o que ocorreu com a democracia austríaca, com a Europa e com o mundo nos tenebrosos anos que se seguiram.

Sem dúvida, o momento histórico requer atenção às lições de Arendt. A inação e a nostalgia não podem ser as opções de nossos contemporâneos. Afinal, como ensina Hannah Arendt na conclusão do prefácio à primeira edição de *Origens do totalitarismo*, escrito em 1950, ainda sob o impacto da sombria e dolorosa primeira metade do século XX:

---

[45] KELSEN, Hans. *Autobiografia de Hans Kelsen*. Estudo introdutório de José Antonio Dias Toffoli e Otavio Luiz Rodrigues Jr. Tradução de Gabriel Nogueira Dias e José Ignácio Coelho Mendes Neto. 4. ed. Rio de Janeiro: Forense Universitária, 2012. p. 39.

Já não podemos nos dar ao luxo de extrair aquilo que foi bom no passado e simplesmente chamá-lo de nossa herança, deixar de lado o mau e simplesmente considerá-lo um peso morto, que o tempo, por si mesmo, relegará ao esquecimento. A corrente subterrânea da história ocidental veio à luz e usurpou a dignidade de nossa tradição. Essa é a realidade em que vivemos. E é por isso que todos os esforços de escapar do horror do presente, refugiando-se na nostalgia por um passado ainda eventualmente intacto ou no antecipado olvido de um futuro melhor, são vãos.[46]

A "corrente subterrânea da história ocidental", citada por Arendt, trouxe de volta, na virada do milênio e com novas embalagens, discursos de ódio e de intolerância, e tentações autoritárias que já causaram profundos danos, antes de sucumbirem. A defesa das instituições democráticas contra os "engenheiros do caos" apontados por Da Empoli e os perigos da manipulação da "política quântica" requerem inteligência, perspectiva histórica, atenção à realidade doméstica e internacional, lucidez, autocrítica, diálogo permanente e ação coordenada daqueles que têm responsabilidade institucional e compromisso com as regras da convivência em democracia e em paz.

Trata-se de uma tarefa necessariamente coletiva, em defesa do grande legado da Constituição de 1988. Não há espaços para retrocessos! E o Supremo Tribunal Federal, como guarda supremo do nosso Pacto Fundante, estará sempre a postos e fiel à missão de defender o Estado democrático de direito e de zelar pelos direitos civis, sociais, políticos, econômicos e culturais.

Vida longa à Constituição de 1988!

Referências

ARENDT, Hannah. *Entre o passado e o futuro*. Tradução de Mauro W. Barbosa. 8. ed. São Paulo: Perspectiva, 2016. Edição digital.

ARENDT, Hannah. From an Interview. *The New York Review of Books*, Nova York, 26 out. 1978. Disponível em: https://www.nybooks.com/articles/1978/10/26/hannah-arendt-from-an-interview/. Acesso em: 11 det. 2021.

ARENDT, Hannah. Interview with french writer Roger Errera (O.R.T.F., 1974). *YouTube*. Disponível em: https://www.youtube.com/watch?v=5oRpb8fo7jU. Acesso em: 6 set. 2021.

ARENDT, Hannah. *Origens do totalitarismo*. Tradução de Roberto Raposo. São Paulo: Companhia das Letras, 2013. Edição digital.

ARENDT, Hannah. *The last interview and other conversations*. Nova York: Melville House, 2013. Edição digital.

BAUMAN, Zygmunt. *A cultura no mundo líquido moderno*. Rio de Janeiro: Zahar, 2013. Edição digital.

BRADSHAW, Samantha; BAILEY, Hannah; HOWARD, Philip. *Industrialized Disinformation*. 2020 Global Inventory of Organized Social Media Manipulation. Disponível em: https://demtech.oii.ox.ac.uk/wp-content/uploads/sites/127/2021/02/CyberTroop-Report20-Draft9.pdf. Acesso em: 18 mar. 2021.

BUCCI, Eugênio. *Existe democracia sem verdade factual?* Barueri: Estação das Letras e Cores, 2019.

CASTELLS, Manuel. *La era de la información*. Madri: Alianza Editorial, 1996. v. 1 – La sociedad red.

CASTELLS, Manuel; CARDOSO, Gustavo (Org.). *A sociedade em rede*: do conhecimento à acção política. Debates – Presidência da República. Lisboa: Imprensa Nacional, 2005. Edição digital.

[46] ARENDT, Hannah. *Origens do totalitarismo*. Tradução de Roberto Raposo. São Paulo: Companhia das Letras, 2013. Edição digital. p. 7.

DARNELLA Frazier. Winners in Special Citations and Awards. *The Pullitzer Prizes*, 2021. Disponível em: https://www.pulitzer.org/winners/darnella-frazier.

DEADLINE Club Awards 2018 Dinner Conversation with Judy Woodruff and Lesley Stahl. *YouTube*. Disponível em: https://www.youtube.com/watch?v=nq6Tt--uAfs&t=1269s. Acesso em: 13 set. 2021.

EMPOLI, Giuliano Da. *Os engenheiros do caos*. Tradução de Arnaldo Bloch. 1. ed. São Paulo: Vestígio, 2019. Edição digital.

FALLOWS, James. *Detonando a notícia* – Como a mídia corrói a democracia americana. Rio de Janeiro: Civilização Brasileira, 1997.

GOFFMAN, Erving. *Frame analysis* – An essay on the organization of experience. New York: Harper & Row, 1974.

HAN, Byung-Chul. *No enxame*: perspectivas do digital. Tradução de Lucas Machado. Petrópolis: Vozes, 2018. Edição digital.

KAKUTANI, Michiko. *A morte da verdade*: notas sobre a mentira na era Trump. Tradução de André Czarnobai e Marcela Duarte. 1. ed. Rio de Janeiro: Intrínseca, 2018. Edição digital.

LAFER, Celso. Da dignidade da política: sobre Hannah Arendt (Prefácio). *In*: ARENDT, Hannah. *Entre o passado e o futuro*. Tradução de Mauro W. Barbosa. 8. ed. São Paulo: Perspectiva, 2016. Edição digital.

LAFER, Celso. *Hannah Arendt*: pensamento, persuasão e poder. 3. ed. rev. e ampl. Rio de Janeiro/São Paulo: Paz e Terra. 2018.

LESSIG, Lawrence. *They don't represent us* – Reclaiming our democracy. Nova York: Dey Street Books, 2019. Edição digital.

MAIA, Gustavo. Onda de corrupção gera "cinismo" e desmobiliza eleitores, diz pesquisadora. *UOL*, São Paulo, 21 abr. 2017. Disponível em: https://noticias.uol.com.br/politica/ultimas-noticias/2017/04/21/onda-de-corrupcao-gera-cinismo-politico-e-desmobiliza-eleitores-diz-pesquisadora.htm. Acesso em: 26 ago. 2021.

TESICH, Steve. A government of lies. *The Nation*, Nova York, 6-13 jan. 1992. Disponível em: https://www.thefreelibrary.com/A+government+of+lies.-a011665982. Acesso em: 6 set. 2021.

THE 60 Minutes interview that President Trump cut short. *CBS News*. Disponível em: https://www.cbsnews.com/news/president-trump-60-minutes-interview-lesley-stahl/. Acesso em: 13 set. 2021.

WEAPONIZING social media: the rohingya crisis. *CBS News*. Disponível em: https://www.cbsnews.com/video/weaponizing-social-media-the-rohingya-crisis/. Acesso em: 28 fev. 2021.

WORD of the Year 2016. *Oxford Languages*. Disponível em: https://languages.oup.com/word-of-the-year/2016/. Acesso em: 9 set. 2021.

WORD of the Year Shortlist. *Collins*, 2017. Disponível em: https://blog.collinsdictionary.com/language-lovers/collins-2017-word-of-the-year-shortlist/. Acesso em: 22 set. 2021.

Informação bibliográfica deste texto, conforme a NBR 6023:2018 da Associação Brasileira de Normas Técnicas (ABNT):

TOFFOLI, José Antonio Dias. Hannah Arendt e a defesa da democracia. *In*: FACHIN, Luiz Edson; BARROSO, Luís Roberto; CRUZ, Álvaro Ricardo de Souza (Coord.). *A Constituição da democracia em seus 35 anos*. Belo Horizonte: Fórum, 2023. p. 123-138. ISBN 978-65-5518-597-3.

AGREGAÇÃO E DESAGREGAÇÃO REGIONAIS – O FEDERALISMO BRASILEIRO

PAULO DIAS DE MOURA RIBEIRO

1 Apresentação

Como vem no convite que me foi gentilmente enviado pelo ilustre colega dos bancos de pós-graduação da PUC-SP, Ministro Edson Fachin, a Constituição de 1988 merece comemoração pelos seus 35 anos de vigência.

Sem dúvida alguma, foi ela um marco histórico no rumo do país à democracia e à garantia dos direitos fundamentais.

Tão evoluída, que inúmeros dos princípios da Rio 92, posteriores a ela, já estavam em seu bojo, demonstrando os seus significativos avanços em direitos básicos como saúde, previdência, educação, entre outros.

Não custa acrescentar que também os Objetivos de Desenvolvimento Sustentável, a Agenda 2030, também ela já previa, como a promoção do crescimento econômico sustentado, inclusivo e sustentável, emprego pleno e produtivo e trabalho decente para todos.

Por tudo isso, e outros tantos a serem agregados nesta obra coletiva, aderi, de imediato, ao irresistível convite para dela participar porque, no final das contas, não se pode deixar de aplaudir a iniciativa de prestigiar um documento que destaca, como fundamento seguro do Estado democrático de direito brasileiro, a soberania, a cidadania, a dignidade da pessoa humana, os valores sociais do trabalho e da livre iniciativa e o pluralismo político.

Bem-vinda, CF/88!

2 Introdução

No mundo do direito, compreendi que "caminhar contra o vento" também me levou a muitas agregações por amizades que insistem, felizmente, em persistir.

A procura de qualquer dicionário vai nos ensinar que *agregar* pode ter o sentido de reunir em uma só várias partes que não têm ligação natural (agregou em um só volume vários ensaios), mas também tem o sentido de fazer com que se juntem (pessoas ou coisas, reunir ou congregar – os fiéis para a oração).

Lembra, e muito, as disposições dos arts. 90 e 91, do Código Civil brasileiro, cuidando o primeiro da universalidade de fato (reunião de bens singulares por vontade humana – biblioteca), e o segundo, da universalidade de direito (reunião de relações jurídicas, patrimônio – acervo de bens conversível em dinheiro).

> Art. 90. Constitui universalidade de fato a pluralidade de bens singulares que, pertinentes à mesma pessoa, tenham destinação unitária.
>
> Parágrafo único. Os bens que formam essa universalidade podem ser objeto de relações jurídicas próprias.
>
> Art. 91. Constitui universalidade de direito o complexo de relações jurídicas, de uma pessoa, dotadas de valor econômico.

Não discrepa o Código Civil português que dispõe em seu art. 206º que "1.- é havida como coisa composta, ou universalidade de facto, a pluralidade de coisas móveis que, pertencendo à mesma pessoa, têm um destino unitário", e "2.- as coisas singulares que constituem a universalidade podem ser objeto de relações jurídicas próprias".

A Magistratura paulista, e agora o Tribunal da Cidadania, me deram tudo que logrei agregar materialmente e espiritualmente.

"Que seria de mim, meu Deus, sem a fé em Antônio", diz a letra da música popular, porque foi ele quem me deu os bons amigos que angariei e a eles deixo o ensinamento de Vinicius de Moraes: "Que morram todos os meus amores, mas enlouquecerei se morrerem os meus amigos, pois não há nada mais precioso do que uma amizade verdadeira".

3 Posição jurídica

Feita a introdução social do tema, de louvação da agregação maior pela amizade despretensiosa ("salve, como é que vai, amigo, há quanto tempo, um ano ou mais" – MPB4), é chegada a hora de pedir a Fernando Pessoa: "dá-me tempo para acertar as nossas distâncias" (poema do "Amigo Aprendiz").

A agregação jurídica condiz com a origem histórica da federação, que pode ser de fora para dentro, puxando para o centro, dita centrípeta, originária de Estados soberanos que se juntaram em um movimento de fora para dentro (ex.: EUA).

Por outro lado, é possível que a federação tenha tido origem em um Estado unitário que se fragmentou, num movimento do centro para fora, dita centrífuga, como a Federação brasileira (Rede de Ensino Flávio Gomes, Jusbrasil).

Doutrinam Janaína de Castro Marchi Medina e José Miguel Garcia Medina:[1]

> o modelo de federalismo dualista adotado em 1891 foi resultado de uma força centrífuga, ou seja, a transformação de um Estado Unitário (onde competências do poder central passaram para os Estados-membros) em Estado Federal. Neste sentido, o máximo de descentralização

---

[1] MEDINA, Janaína de Castro Marchi; MEDINA, José Miguel Garcia. Saúde e contornos do federalismo brasileiro. Bases constitucionais para a solução de conflitos relacionados à Pandemia (Covid-19, Coronavírus). *Breves Considerações*, São Paulo, v. 109, n. 1017, jul. 2020. p. 351.

é sempre um ideal a ser perseguido, contudo, nem sempre é alcançado. A exemplo do que ocorreu durante a vigência das Constituições de 1937 e 1967, qualquer movimento político centralizador encontra terreno fértil para se desenvolver, pois o processo de descentralização é mais frágil do que aquele que ocorre nos Estados de formação federal centrípeta (onde determinadas competências dos Estados-membros são cedidas à União). ("A centralização do Estado brasileiro", Revista do IASP 22/115).

Federação,[2] ensina o Prof. Michel Temer, significa aliança, pacto, união, ou seja, agregação, como antes ponderado.

E prossegue o professor a dizer que o que importa indagar, afinal, é que pacto é esse e qual é a natureza dessa união?

As respostas vamos encontrar na mesma obra acima destacada, orientando o professor que *descentralizar* implica a retirada da competência de um centro para transferi-las a outro, passando elas a ser próprias do novo centro.

No aspecto, a descentralização pode ser administrativa (existência de novos centros administrativos independentes de outros) e pode ser política (capacidade de legislar).

Já a centralização política implica a existência de um centro único emanador de comandos legislativos e, por isso mesmo, exclusiva de competências.[3]

Hans Kelsen se debruçou sobre o tema cravando que a organização territorial do Estado resulta das disposições que, no interior do seu território, regulam a validade local das normas jurídicas.

Neste caminhar, destaca que estas normas

> ou têm todas o mesmo domínio de validade –, todo o território do Estado –, ou, pelo contrário, umas são válidas para todo o território e outras apenas para uma parte desse território: chamaremos as primeiras normas centrais e as segundas normas não-centrais ou locais. As normas locais formam ordens jurídicas parciais, constituem comunidades jurídicas subordinadas, que são consideradas como "membros", territorialmente diferenciados do Estado. Esta forma de organização territorial do Estado é a "descentralização".

E, sobre

> o grau de descentralização, – e, por consequência, de centralização, porque os dois termos são correlativos – depende da proporção, em número e em importância, das normas centrais e das normas não-centrais. A centralização seria total se todas as regras do sistema estatal, sem exceção, fossem válidas em todo o território; a descentralização seria total se cada regra fosse válida só para uma parte desse território.[4]

Por outro viés, mas em outra obra, Hans Kelsen,[5] a propósito da teoria do Estado como teoria do direito, aponta para o conhecimento de que o Estado é um ordenamento jurídico e que no campo do âmbito de validade espacial das normas constituídas pelo

---

2 TEMER, Michel. *Elementos de direito constitucional*. 23. ed. rev. e atual. São Paulo: Malheiros, 2010. p. 59.

3 TEMER, Michel. *Elementos de direito constitucional*. 23. ed. rev. e atual. São Paulo: Malheiros, 2010. p. 60.

4 KELSEN, Hans. *Teoria geral do Estado*. Porto: Livraria Acadêmica, 1938. p. 86-87.

5 KELSEN, Hans. *Teoria pura do direito*. Versão condensada. São Paulo: RT, 2012.p. 177.

ordenamento estatal permite vislumbrar a natureza jurídica delas, que resultam de uma divisão territorial dos Estados, implicando problemas de centralização e descentralização.

Daí se concluir que na centralização o ordenamento jurídico vale para todo o território do Estado, ao passo que na comunidade descentralizada a ordem jurídica vale para certos espaços territoriais.

Mas o Professor Gomes Canotilho[6] fala em desmistificação do Estado social, no sentido de buscar uma mudança de paradigmas. Eis a lição:

> O paradigma jurídico-político, ainda hoje dominante na maior parte das análises e compreensões do Estado, deverá ser substituído pelo paradigma econômico, hoje dominante nas teorias econômicas mas insuficientemente testado no domínio da teoria do Estado. No plano de análise microeconômica, o paradigma econômico obrigará a uma revolução da organização interna da administração pública através de esquemas de *management* e orçamentação privados. Numa palavra, o "código econômico" imporá a revogação do "código constitucional". Não Estado máximo mas "Estado mínimo", não "dirigismo estatal" mas apenas "supervisão", não voluntarismo político mas racionalidade econômico-decisória, não retórica política mas resolução econômica de problemas concretos.

4 Rumos do federalismo

Segundo o art. 1º, *caput*, da Constituição brasileira, a República Federativa do Brasil é formada pela união indissolúvel dos estados, municípios e do Distrito Federal.

Embora a história da Federação não tenha plantado seus rumos agregadores assim, no Brasil a nossa Constituição criou três ordens de autoridades parciais: a total (União), as regionais (estados-membros e Distrito Federal), e as locais (municípios), porque têm competência para legislar (arts. 18; 24; 25, §1º; 30, I e 32, §1º, da CF/88).

E, nessa toada, segundo a doutrina de Raul Machado Horta, em que se ampararam Janaína de Castro Marchi Medina e José Miguel Medina:[7]

> na origem da ondulação secular, floresceu o federalismo dual e centrífugo, caracterizando atividade mais intensa da União e dos Estados, exercida nos domínios intransponíveis dos poderes enumerados da União e dos poderes reservados dos Estados (Raul Machado Horta, "Tendências atuais da federação brasileira", Revista de Direito Constitucional e Internacional 16/7).

Por isso mesmo, aqui é possível somar a lição do Prof. Michel Temer,[8] que lastreado em Paulo Bonavides propõe o "federalismo das regiões", ou seja, uma forma de Estado que adotaria uma nova esfera de governo, "as Regiões" (além da União, estados e

---

6 CANOTILHO, José Joaquim Gomes. O Estado adjetivado e a teoria da Constituição. *Revista da Procuradoria-Geral do Estado do Rio Grande do Sul*, Porto Alegre, v. 25, n. 56, jul./dez. 2002. p. 8.

7 MEDINA, Janaína de Castro Marchi; MEDINA, José Miguel Garcia. Saúde e contornos do federalismo brasileiro. Bases constitucionais para a solução de conflitos relacionados à Pandemia (Covid-19, Coronavírus). *Breves Considerações*, São Paulo, v. 109, n. 1017, jul. 2020. p. 351.

8 TEMER, Michel. *Elementos de direito constitucional*. 23. ed. rev. e atual. São Paulo: Malheiros, 2010. p. 76.

municípios), que seriam a institucionalização de regiões brasileiras (por exemplo, a Sudene, a Sudam, a Sudeco), como pessoas de capacidade política.

5 A origem da Federação americana

Este último capítulo ficará centrado na obra do Prof. Michel Temer,[9] que elucida de forma didática que só a história do direito constitucional pode explicar a sua origem, seu nascimento nos EUA, nos seguintes termos:

> As treze colônias inglesas, ao se liberarem da dominação inglesa, constituíram Estados soberanos (ordens jurídicas independentes) que firmaram um tratado internacional criando a Confederação.
>
> Posteriormente, em face das dificuldades para a execução daquele tratado internacional, políticos e juristas norte-americanos, como John Jay, Alexander Hamilton e James Madison, pregaram a necessidade do estabelecimento de outro pacto entre os Estados contratantes, de modo a que a união entre eles fosse duradoura.
>
> Convocou-se uma reunião dos Estados em Filadélfia para a discussão dessa tese e, eventualmente de uma Constituição reunificadora, pois pretendia-se a revisão dos "Artigos da Confederação".
>
> A essa Convenção os Estados mandaram representantes, verdadeiros embaixadores seus, que levavam a ela a manifestação da vontade dos Estados norte-americanos.
>
> Vencida a resistência de alguns Estados que não pretendiam abdicar de sua soberania, foi editada a Constituição, a qual previu que "os poderes legislativos pela presente Constituição serão atribuídos ao Congresso dos EUA, composto do Senado e da Câmara dos Representantes" (art. I, seção I).
>
> Estava aí corporificada a ideia segundo a qual não se poderia legislar para o Estado recém-criado sem a participação da vontade de cada Estado federado.
>
> Registre-se a peculiaridade: os senadores eram designados pelas Assembleias Legislativas de seus Estados, em indicação clara de que eram representantes das unidades federadas.
>
> Esta concepção, nascida do constitucionalismo norte-americano, acabou por servir de modelo para vários Estados que se constituíram mais tarde. Tanto para Estados soberanos que se agregaram, em movimento centrípeto, como para aqueles, unitários, num movimento centrífugo, em que o Direito criou autonomias regionais.
>
> Em outras palavras: passou a entender-se como federal o Estado em que a Constituição repartia as competências entre pessoas distintas (União e Estados ou Províncias), mantendo, estas, representantes no órgão legislativo nacional (Senado).
>
> Somente com a presença desta ideia se pode compreender o fenômeno federal.

O Brasil, copiando os padrões históricos americanos, também se chamou "Estados Unidos do Brasil" (Constituição de 1891 e teve por base a federalização dos estados e a descentralização do poder).

Assim também continuou na Constituição Federal de 1934 (art. 1º) e prosseguiu na Constituição Federal de 1937 (art. 3º), até a Constituição Federal de 1946 (art. 1º).

---

[9] TEMER, Michel. *Elementos de direito constitucional*. 23. ed. rev. e atual. São Paulo: Malheiros, 2010. p. 72-73.

Art. 1º - A Nação brasileira, constituída pela união perpétua e indissolúvel dos Estados, do Distrito Federal e dos Territórios em Estados Unidos do Brasil, mantém como forma de Governo, sob o regime representativo, a República federativa proclamada em 15 de novembro de 1889.

Art. 3º - O Brasil é um Estado federal, constituído pela união indissolúvel dos Estados, do Distrito Federal e dos Territórios. É mantida a sua atual divisão política e territorial.

Art. 1º - Os Estados Unidos do Brasil mantêm, sob o regime representativo, a Federação e a República.

Todo poder emana do povo e em seu nome será exercido.

§1º - A União compreende, além dos Estados, o Distrito Federal e os Territórios.

§2º - O Distrito Federal é a Capital da União.

Tal designação só cessou na Constituição Federal de 1967 (art. 1º) e se manteve na Emenda Constitucional nº 1/69 (art. 1º) e também na atual Constituição Federal (1988, art. 1º):

Art. 1º. O Brasil é uma República Federativa, constituída, sob o regime representativo, pela união indissolúvel dos Estados, do Distrito Federal e dos Territórios.

Art. 1º A República Federativa do Brasil, formada pela união indissolúvel dos Estados e Municípios e do Distrito Federal, constitui-se em Estado Democrático de Direito e tem como fundamentos:

I - a soberania;

II - a cidadania

III - a dignidade da pessoa humana;

IV - os valores sociais do trabalho e da livre iniciativa;

V - o pluralismo político.

Parágrafo único. Todo o poder emana do povo, que o exerce por meio de representantes eleitos ou diretamente, nos termos desta Constituição.

6 Jurisprudência selecionada sobre federalismo (STF e STJ)

TUTELA DE URGÊNCIA EM ARGUIÇÃO DE DESCUMPRIMENTO DE PRECEITO FUNDAMENTAL. CONCESSÃO MONOCRÁTICA. COMPETÊNCIA COMUM DOS ENTES FEDERADOS PARA CUIDAR DA SAÚDE. ARTS. 23, II, E 196 DA CF. *FEDERALISMO COOPERATIVO*. LEI 13.979/2020, QUE DISPÕE SOBRE MEDIDAS PARA O ENFRENTAMENTO DA EMERGÊNCIA DE SAÚDE PÚBLICA DECORRENTE DA COVID-19. VACINAÇÃO. MEDIDA CAUTELAR REFERENDADA PELO PLENÁRIO.

I - A Constituição Federal prevê, ao lado do direito subjetivo público à saúde, a obrigação de o Estado dar-lhe efetiva concreção, por meio de "políticas sociais e econômicas que visem à redução do risco de doença e de outros agravos e ao acesso universal e igualitário às ações e serviços para a sua promoção, proteção e recuperação" (art. 196).

II – Esse dever abrange todos os entes federados, inclusive as comunas, os quais, na seara da saúde, exercem uma competência administrativa comum, nos termos do art. 23, II, do Texto Constitucional.

III - O federalismo cooperativo, adotado entre nós, exige que a União e as unidades federadas se apoiem mutuamente no enfrentamento da grave crise sanitária e econômica decorrente da pandemia desencadeada pelo novo coronavírus.

IV - Embora o ideal, em se tratando de uma moléstia que atinge o País por inteiro, seja a inclusão de todas as vacinas seguras e eficazes no PNI, de maneira a imunizar uniforme e tempestivamente toda a população, o certo é que, nos diversos precedentes relativos à pandemia causada pela Covid-19, o Supremo Tribunal Federal tem ressaltado a possibilidade de atuação conjunta das autoridades estaduais e locais para o enfrentamento dessa emergência de saúde pública, em particular para suprir lacunas ou omissões do governo central.

V- O Plenário do STF já assentou que a competência específica da União para legislar sobre vigilância epidemiológica, da qual resultou a Lei 13.979/2020, não inibe a competência dos demais entes da federação no tocante à prestação de serviços da saúde (ADI 6.341-MC-Ref/DF, redator para o acórdão Ministro Edson Fachin).

VI - A Constituição outorgou a todos aos integrantes da Federação a competência comum de cuidar da saúde, compreendida nela a adoção de quaisquer medidas que se mostrem necessárias para salvar vidas e garantir a higidez física das pessoas ameaçadas ou acometidas pela nova moléstia, incluindo-se nisso a disponibilização, por parte dos governos estaduais, distrital e municipais, de imunizantes diversos daqueles ofertados pela União, desde que aprovados pela Anvisa, caso aqueles se mostrem insuficientes ou sejam ofertados a destempo.

VI – Medida cautelar referendada pelo Plenário do Supremo Tribunal Federal para assentar que os Estados, Distrito Federal e Municípios (i) no caso de descumprimento do Plano Nacional de Operacionalização da Vacinação contra a Covid-19, recentemente tornado público pela União, ou na hipótese de que este não proveja cobertura imunológica tempestiva e suficiente contra a doença, poderão dispensar às respectivas populações as vacinas das quais disponham, previamente aprovadas pela Anvisa, ou (ii) se esta agência governamental não expedir a autorização competente, no prazo de 72 horas, poderão importar e distribuir vacinas registradas por pelo menos uma das autoridades sanitárias estrangeiras e liberadas para distribuição comercial nos respectivos países, conforme o art. 3°, VIII, a, e §7°-A, da Lei 13.979/2020, ou, ainda, quaisquer outras que vierem a ser aprovadas, em caráter emergencial, nos termos da Resolução DC/ANVISA 444, de 10/12/2020. (STF, Tribunal Pleno. ADPF nº 770 MC-Ref. Rel. Min. Ricardo Lewandowski, j. 24.2.2021. *DJe*, 9 mar. 2021)

CONSTITUCIONAL. *FEDERALISMO E RESPEITO ÀS REGRAS DE DISTRIBUIÇÃO DE COMPETÊNCIA.* LEI ESTADUAL 7.202/2016 DO RIO DE JANEIRO. RESTRIÇÃO À COBRANÇA DE TAXAS POR INSTITUIÇÕES PARTICULARES DE ENSINO SUPERIOR. PROTEÇÃO DO CONSUMIDOR. FORTALECIMENTO DO FEDERALISMO CENTRÍFUGO. EXERCÍCIO DE COMPETÊNCIA SUPLEMENTAR EM MATÉRIA DE DIREITO DO CONSUMIDOR. CONSTITUCIONALIDADE DA LEGISLAÇÃO ESTADUAL.

1. *As regras de distribuição de competências legislativas são alicerces do federalismo e consagram a fórmula de divisão de centros de poder em um Estado de Direito. Princípio da predominância do interesse.*

2. A própria Constituição Federal, presumindo de forma absoluta para algumas matérias a presença do princípio da predominância do interesse, estabeleceu, *a priori*, diversas competências para cada um dos entes federativos, União, Estados-Membros, Distrito Federal e Municípios, e, a partir dessas opções, pode ora acentuar maior centralização de poder, principalmente na própria União (CF, art. 22), ora permitir uma maior descentralização nos Estados-Membros e Municípios (CF, arts. 24 e 30, inciso I).

3. *Cabe ao intérprete priorizar o fortalecimento das autonomias regionais e locais e o respeito às suas diversidades como pontos caracterizadores e asseguradores do convívio no Estado Federal, que garantam o imprescindível equilíbrio federativo.*

4. A Constituição Federal, no tocante à proteção e à defesa do consumidor, estabelece competência concorrente entre a União, os Estados-Membros e o Distrito Federal. Cabe àquela editar normas gerais, e, a estes, legislar de forma supletiva ou complementar (art. 24, §§1º e 2º, da CF).

5. A Lei 7.202/2016 do Estado do Rio de Janeiro não substitui a disciplina do Código de Defesa do Consumidor (Lei 8.078/1990), mas a complementa, com o objetivo de ampliar a proteção dos consumidores fluminenses em aspectos peculiares a exigências locais, conforme faculta a Constituição Federal.

6. Ação Direta de Inconstitucionalidade julgada improcedente. (STF, Tribunal Pleno. ADI nº 5.462. Rel. Min. Alexandre de Moraes, j. 11.10.2018. *DJe*, 29 out. 2018)

AÇÃO DIRETA DE INCONSTITUCIONALIDADE. DIREITO CONSTITUCIONAL E TRIBUTÁRIO. LEI ESTADUAL. CONCESSÃO DE BOLSAS DE ESTUDO A *PROFESSORES. COMPETÊNCIA LEGISLATIVA CONCORRENTE (ART. 24, IX, DA CRFB/88). COMPREENSÃO AXIOLÓGICA E PLURALISTA DO FEDERALISMO BRASILEIRO (ART. 1º, V, DA CRFB/88).* NECESSIDADE DE PRESTIGIAR INICIATIVAS NORMATIVAS REGIONAIS E LOCAIS SEMPRE QUE NÃO HOUVER EXPRESSA E CATEGÓRICA INTERDIÇÃO CONSTITUCIONAL. EXERCÍCIO REGULAR DA COMPETÊNCIA LEGISLATIVA PELO ESTADO DO RIO GRANDE DO SUL. INSTITUIÇÃO UNILATERAL DE BENEFÍCIO FISCAL RELATIVO AO ICMS. EXIGÊNCIA CONSTITUCIONAL DE PRÉVIO CONVÊNIO INTERESTADUAL (ART. 155, §2º, XII, 'g', da CRFB/88). DESCUMPRIMENTO. RISCO DE DESEQUILÍBRIO DO PACTO FEDERATIVO. GUERRA FISCAL. PROCEDÊNCIA PARCIAL DO PEDIDO, COM EFEITOS *EX NUNC*.

1. *O princípio federativo reclama o abandono de qualquer leitura inflacionada e centralizadora das competências normativas da União, bem como sugere novas searas normativas que possam ser trilhadas pelos Estados, Municípios e pelo Distrito Federal.*

2. A *prospective overruling*, antídoto ao engessamento do pensamento jurídico, possibilita ao Supremo Tribunal Federal rever sua postura *prima facie* em casos de litígios constitucionais em matéria de competência legislativa, viabilizando o prestígio das iniciativas regionais e locais, ressalvadas as hipóteses de ofensa expressa e inequívoca de norma da Constituição de 1988.

3. A competência legislativa de Estado-membro para dispor sobre educação e ensino (art. 24, IX, da CRFB/88) autoriza a fixação, por lei local, da possibilidade de concessão de bolsas de estudo a professores, em aprimoramento do sistema regional de ensino.

4. O pacto federativo reclama, para a preservação do equilíbrio horizontal na tributação, a prévia deliberação dos Estados-membros para a concessão de benefícios fiscais relativamente ao ICMS, na forma prevista no art. 155, §2º, XII, 'g', da Constituição e como disciplinado pela Lei Complementar nº 24/75, recepcionada pela atual ordem constitucional.

5. *In casu*, padece de inconstitucionalidade o art. 3º da Lei nº 11.743/02, do Estado do Rio Grande do Sul, porquanto concessiva de benefício fiscal de ICMS sem antecedente deliberação dos Estados e do Distrito Federal, caracterizando hipótese típica de exoneração conducente à guerra fiscal em desarmonia com a Constituição Federal de 1988.

6. Pedido de declaração de inconstitucionalidade julgado parcialmente procedente, conferindo à decisão efeitos ex nunc, a partir da publicação da ata deste julgamento (art. 27 da Lei nº 9.868/99). (STF, Tribunal Pleno. ADI nº 2.663. Rel. Min. Luiz Fux, j. 8.3.2017. *DJe*, 29 maio 2017)

ADMINISTRATIVO, CIVIL E PROCESSUAL CIVIL. DIREITO DE REGRESSO DO MUNICÍPIO CONTRA O ESTADO. OBRIGAÇÃO SOLIDÁRIA. INEXISTÊNCIA. INAPLICABILIDADE

DOS ARTS. 275 e 283 DO CÓDIGO CIVIL. VIOLAÇÃO DO ART. 535 DO CPC/73. INEXISTÊNCIA. PARCELA RECURSAL. AUSÊNCIA DE PREQUESTIONAMENTO. INCIDÊNCIA SÚMULAS 211/STJ. DIVERGÊNCIA JURISPRUDENCIAL. AUSÊNCIA DE SIMILITUDE FÁTICA. RECURSO ESPECIAL PROVIDO. [...]

4. Para o exercício do direito de regresso, disciplinado no art. 283 do Código Civil, faz-se necessário que a obrigação seja solidária, da forma prevista nos arts. 264 e 265 do código civil, ou seja, quando concorrer, na mesma obrigação, mais de um devedor obrigado e que tal vínculo seja determinado por lei ou pela vontade das partes (contrato).

5. Nas demandas cujo objeto do pedido consiste no fornecimento de medicamentos ou serviços de saúde, a obrigação é direcionada na formação da relação processual, ocasião em que o autor indica qual o ente da federação deve ser o sujeito passivo da relação obrigacional para cumprir o mandamento constitucional, podendo indicar mais de uma entidade em litisconsórcio.

6. *A formação da dívida solidária, nas demandas cujo objeto do pedido consiste no fornecimento de medicamentos ou serviços de saúde, somente é possível quando houver litisconsórcio passivo entre as entidades da federação, devendo tal comunhão ocorrer na propositura da demanda, com a formação da relação processual, possibilitando o julgador, no comando decisório, determinar a partilha da obrigação entre os litisconsortes.*

7. Não integrando o Estado do Rio de Janeiro, originalmente, o pólo passivo da demanda, não há como se estabelecer a solidariedade descrita no arts. 275 e 283 do Código Civil, tendo em vista que, na formação do título executivo judicial, não constava como devedor da obrigação o referido ente federativo.

Recurso especial provido. (STJ, Segunda Turma. REsp nº 1.316.030/RJ. Rel. Min. Humberto Martins, j. 4.8.2016. *DJe*, 17 ago. 2016)

7 Conclusões

1) A federação é forma de Estado que une as autonomias regionais, criada por uma força centrífuga, que age do centro para fora, desagregando.
2) A força centrípeta, que age de fora para o centro, dá origem ao Estado unitário, agregador.
3) Compreender uma ou outra forma de Estado é compreender o âmbito de atuação do ordenamento jurídico de cada qual.
4) O federalismo brasileiro criou quatro ordens de autoridade: União, estados-membros, Distrito Federal e municípios.
5) A doutrina se bate por um novo federalismo regional.

Referências

CANOTILHO, José Joaquim Gomes. O Estado adjetivado e a teoria da Constituição. *Revista da Procuradoria-Geral do Estado do Rio Grande do Sul*, Porto Alegre, v. 25, n. 56, jul./dez. 2002.

KELSEN, Hans. *Teoria geral do Estado*. Porto: Livraria Acadêmica, 1938.

KELSEN, Hans. *Teoria pura do direito*. Versão condensada. São Paulo: RT, 2012.

MEDINA, Janaína de Castro Marchi; MEDINA, José Miguel Garcia. Saúde e contornos do federalismo brasileiro. Bases constitucionais para a solução de conflitos relacionados à Pandemia (Covid-19, Coronavírus). *Breves Considerações*, São Paulo, v. 109, n. 1017, jul. 2020.

TEMER, Michel. *Elementos de direito constitucional*. 23. ed. rev. e atual. São Paulo: Malheiros, 2010.

Informação bibliográfica deste texto, conforme a NBR 6023:2018 da Associação Brasileira de Normas Técnicas (ABNT):

RIBEIRO, Paulo Dias de Moura. Agregação e desagregação regionais – O federalismo brasileiro. *In*: FACHIN, Luiz Edson; BARROSO, Luís Roberto; CRUZ, Álvaro Ricardo de Souza (Coord.). *A Constituição da democracia em seus 35 anos*. Belo Horizonte: Fórum, 2023. p. 139-148. ISBN 978-65-5518-597-3.

AS FRONTEIRAS DA NOÇÃO CONTEMPORÂNEA DA LEGALIDADE

JOEL ILAN PACIORNIK
VALDIR RICARDO LIMA POMPEO MARINHO

Introdução

O ser humano é uma espécie eminentemente social. Desde os primórdios, percebeu que a reunião de pessoas em grupos era um fator imprescindível à sobrevivência, uma vez que a colaboração mútua de seus membros viabilizava a segurança e o bem-estar de todos.

O progressivo desenvolvimento dos agrupamentos sociais, porém, tornou a sociedade cada vez mais numerosa e complexa, o que exigiu o desenvolvimento de sistemas de controle social destinados a manter harmônica e produtiva a convivência de seus membros.

Na medida em que a evolução cognitiva do ser humano permitiu o desenvolvimento da consciência, da formulação mais aprofundada de pensamentos e de indagações sobre as coisas, as leis passaram a ser não somente uma forma de controle social, como também um instrumento de garantia dos indivíduos contra os interesses do Estado.

Apesar desse genuíno propósito, a supremacia da lei como portadora única do direito, arte e obra humana incorrigível e aplicável no limite de seus textos, fora o instrumento de legitimação e validade para a consecução de interesses individuais, setoriais, no lugar de plenamente coletivos, bem como de atos atrozes, como os praticados à época da Segunda Guerra Mundial.

O trauma causado pelas maldades realizadas em nome e sob a autoridade da lei escancarou a necessidade de se repensarem mecanismos eficazes contra o mau uso das normas jurídicas, adotando, para tanto, a dignidade da pessoa humana como o fim supremo do Estado, parametrizando a partir dela toda a produção legislativa.

Outro aspecto peculiar e altamente desafiador para preservação da eficácia da ordem jurídica positivada da sociedade contemporânea é a velocidade hipersônica das mudanças do *fato social*, nele compreendido o múltiplo espectro das relações sociais. Obviamente, é de se questionar a capacidade do Poder Legislativo de responsavelmente regulamentar o convívio social dentro de uma realidade que está em frenética transformação.

Alternativas inovadoras precisam ser pensadas para que, dentro desse contexto, as expectativas normativas dos indivíduos sejam atendidas e o direito evolua. Porém, apesar das fortes resistências por parte dos atores jurídicos, é previsível que o Poder Judiciário seja ainda mais instado a garantir, com maior dinamismo, a integridade e a funcionalidade do sistema jurídico, o que impelirá um comportamento institucional mais ativo.

Esse processo evolutivo implica a complexa e paradoxal necessidade de pensar um "direito resiliente", em grande medida voltado à interpretação e tonificação da eficácia plena dos princípios constitucionais, compatível com uma realidade tão dinâmica quanto a atual. Ao mesmo tempo, a fronteira dessa nova noção de legalidade deve ficar circunscrita pela redoma da segurança jurídica e do Estado democrático de direito.

1 A gênese do direito não legislado

Tudo começou por uma questão de sobrevivência. Vigia a *lei do mais forte* como instrumento de perpetuação num mundo ainda hostil aos seres humanos. Embora empregado metaforicamente com o termo *lei*, na verdade, o apotegma traduz a latência do instinto. Nossos ancestrais nem sempre foram inteligentes o bastante para distinguir valores e comportarem-se em conformidade com aquilo que parecia ser o correto.

No entanto, o gênero humano, em milhões de anos, paulatinamente desenvolveu competências que o tornou superior aos demais espécimes animais. Sua capacidade cognitiva foi o atributo responsável por equalizar a tibieza dos humanos ante os demais animais.

A força, resistência e opulência dos outros residentes da Terra eram seus atributos de sobrevivência e o do ser humano, indubitavelmente, repousava na potência mental, com a qual construiu ferramentas úteis contra diversas intempéries da natureza, bem como para a coleta de alimentos, exploração, abrigo e incremento da força. Com o domínio do fogo, tornou-se possível suportar baixas temperaturas e afugentar os animais mais poderosos, até então os ocupantes do topo da cadeia alimentar.

Segundo Yuval Noah Harari, os humanos eram – e ainda são – incapazes de, em tenra idade, participar de forma ativa e, mormente, produtiva das tarefas do grupo, indispensáveis para a manutenção da vida e da segurança de seus membros. O "filhote" desses seletos espécimes é totalmente dependente de sua família por longos anos. De forma enfática, aduziu que "é necessária uma tribo para criar um humano" (HARARI, 2020, p. 21).

Isso exigia do grupamento humano uma associação mais organizada, estrutural, sob auspícios de um espírito coletivo no qual a cooperação fora a mais bem-sucedida metodologia encontrada pelos antigos habitantes para o desenvolvimento das famílias, tribos e clãs.

Inolvidável que para alcançar essa colaboração *superior* os seres humanos faziam uso de sua aperfeiçoada capacidade de se comunicar, produto de uma inteligência não encontrável em outros animais. Embora o gênero humano abrigue mais de uma espécie – inclusive a dos nossos ancestrais, o *Homo sapiens* –, todas elas possuíam um potencial cognitivo maior.

A partir do que se conhece como *revolução cognitiva*, representada por essa capacidade *sui generis* do *homem*, a mobilização do grupamento transcendeu progressivamente, de modo que as associações humanas passaram a ser cada vez mais numerosas.

E para gerir uma vasta quantidade de pessoas com personalidades distintas, os seres humanos aplicaram outra ferramenta de indiscutível importância, de fato um desdobramento de sua aptidão intelectual. Trata-se da capacidade de abstrair, ou seja, de criar algo que existe somente no mundo da imaginação.

A capacidade de abstrair seres superiores, da qual emana uma série de *leis*, indubitavelmente é uma das razões pelas quais "[...] os sapiens dominam o mundo [...]", como assevera Harari (2020, p. 36). Essa mesma competência na consolidação de *deuses* e *leis* fora, portanto, o instrumento de perpetuação da espécie hoje dominante.

Ocorre que de nada adiantaria a criação de regras se não houvesse alguém para julgar as transgressões dos membros da coletividade. Os *proclamadores* do direito, inicialmente, eram os antigos sacerdotes. Membros mais velhos do grupo e portadores de uma notável sabedoria. Seu conhecimento se adquiria oralmente, de geração em geração.

Efetivamente, o direito principiou como a repetida aplicação das sentenças dos sacerdotes, dos colegiados de anciões, que promoveram a transcendentalidade das regras e das *leis* dos grupamentos humanos. Em dado momento, pela conveniência de agrupar o conhecimento acumulado dos antecessores e por uma questão de segurança jurídica, as normas passaram a ser também escritas e públicas, sem prejuízo da manutenção do direito costumeiro, enraizado no sistema da *common law*.

2 A consolidação do direito escrito

Não se ignora a importante contribuição das decisões judiciais e dos costumes para a formação do direito e para a regulação da vida social. O dolo e a culpa, institutos jurídicos até hoje aplicados no âmbito da responsabilidade civil e penal, por exemplo, surgiram como produto da interpretação dos julgadores romanos e não de leis (BRANDÃO, 2009, p. 45).

Muito do que se produziu na ciência jurídica, aliás, tem origem na sabedoria dos pretores e jurisconsultos de Roma.[1] Além deles, inquestionável também a colaboração dos glosadores e pós-glosadores da Escola de Bolonha, conhecidos como "comentadores", que, na Idade Média, interpretaram as leis romanas, "esquecidas" até aproximadamente 1.000 d.C., no continente europeu do lado ocidental.

A influência romana e de seus métodos de sistematização de leis iluminou a percepção do povo germânico para o fato de que a imortalização das normas costumeiras através da escrita se mostrava útil para a manutenção da estabilidade do grupo social, considerando-se a quantidade de associações fragmentadas e de normas vigentes naquela época. A conveniência da simbiose das técnicas romanas e dos costumes dos

---

1 Conforme aduz Paulo Dourado de Gusmão (2018, p. 292), "é o direito herdado pelo Ocidente, que se encontra nas raízes de nossos códigos".

bárbaros deu início à construção do sistema romano-germânico de direito, a *civil law* (PALMA, 2018, p. 249-250).

Todavia, ainda não foi nesse momento histórico que aconteceu a virada que tornaria a legalidade um princípio de garantia do indivíduo oposto em face do Estado. Para a conversão dos costumes até a positivação, tomando emprestado o pensamento de Jhering, houve uma verdadeira "luta pelo direito", que percorreu, indubitavelmente, uma longa jornada de "avanços e recuos", segundo Cezar Roberto Bitencourt (2020, p. 58).

Paradoxalmente, o *direito natural*, isto é, aquele que "[...] tem validade em si, legitimado por uma ética superior [...]" (BARROSO, 2001, p. 58) e, por conseguinte, independe de norma positivada, consubstanciou-se num dos principais fundamentos da burguesia contra a autoridade e as injustiças do absolutismo. As revoluções esculpiram a base dos direitos do homem.

Conquanto distintas as teorias do direito natural e do direito positivo (leis e costumes), a oposição entre um e outro fora convenientemente mitigada para abolir os efeitos deletérios do absolutismo da modernidade. A ideia de um direito atemporal, espontâneo e evidente como fonte primária de garantias ao ser humano impregnou o texto da Declaração dos Direitos do Homem e do Cidadão de 1789, desde o seu preâmbulo:

> *Les Représentants du Peuple Français, constitués en Assemblée Nationale, considérant que l'ignorance, l'oubli ou le mépris des droits de l'Homme sont les seules causes des malheurs publics et de la corruption des Gouvernements, ont résolu d'exposer, dans une Déclaration solennelle, les droits naturels, inaliénables et sacrés de l'Homme, afin que cette Déclaration, constamment présente à tous les Membres du corps social, leur rappelle sans cesse leurs droits et leurs devoirs; afin que les actes du pouvoir législatif, et ceux du pouvoir exécutif, pouvant être à chaque instant comparés avec le but de toute institution politique, en soient plus respectés; afin que les réclamations des citoyens, fondées désormais sur des principes simples et incontestables, tournent toujours au maintien de la Constitution et au bonheur de tous.* (FRANCE, 1789) (Grifos nossos)

Traduzindo-se como *l'expression de la volonté générale*, a lei se sobrepõe às aspirações individuais e rege tanto a atividade estatal quanto a de seus cidadãos, todos devendo a ela obediência. Significa, portanto, que, "com o primado da lei, cessa o privilégio da vontade caprichosa do detentor do poder [...]" (MORAES, 2021, p. 115), de modo que a legalidade, como princípio, "[...] opõe-se a qualquer tipo de poder arbitrário e a toda tendência de exacerbação individualista e personalista dos governantes" (MENDES; BRANCO, 2022, p. 458).

A proposta filosófica de Jean-Jacques Rousseau acerca do *contrato social*, desenvolvida no agito da Revolução Francesa, constrói a ideia de um pacto para a constituição do Estado e da sociedade civil. Ao renunciar à liberdade, as pessoas unem forças para concretizar feitos impossíveis de serem realizados sem o esforço coletivo.[2] A vontade geral oriunda desse pacto visa à igualdade "[...] que deverá governar o pensamento comum dos pactuantes, pois é ela que garante a realização do interesse comum dos

---

[2] Segundo o autor, "[...] esse ato de associação produz um corpo moral e coletivo composto de tantos membros quantos são os votos da assembléia, o qual recebe, por esse mesmo ato, sua unidade, seu eu comum, sua vida e sua vontade. Essa pessoa pública, assim formada pela união de todas as demais, tomava outrora o nome de *Cidade*, e hoje o de *República* ou de *corpo político*, o qual é chamado por seus membros de *Estado* quando passivo, *soberano* quando ativo e *Potência* quando comparado aos seus semelhantes" (ROUSSEAU, 1996, p. 22).

membros", sendo essa a sua base teleológica (BITTAR; ALMEIDA, 2022, p. 241). Decai o direito divino dos reis para emergir a soberania popular.

Apesar dos propósitos para os quais foram cunhados tais conceitos, não se ignora que, posteriormente, a legalidade serviu como instrumento utilizado pelo Estado liberal com o propósito de consolidar a nova forma de governo e impedir o ressurgimento do absolutismo, originando o que seria conhecido como o *Império das Leis*, as quais, embora produto da vontade majoritária de seus representantes, acabaram por fomentar os interesses de grupos dominantes, afastando-se da finalidade principal do movimento revolucionário de aproximação da justiça (CALSAVARA; PAMPLONA, 2014) e do bem comum.

A partir do movimento legiferante, desencadeou-se o chamado *positivismo jurídico*. O fato social, realidade observável e de possível comprovação, é a matéria-prima da lei. Reflete adequadamente a ideia de direito como objeto de estudo científico o pensamento de Augusto Comte (*apud* NADER, 2022b, p. 209, grifos nossos): "[...] *o espírito humano deve contentar-se com o mundo já dado e se ater ao campo da experiência*".

Dessarte, ao se transplantar as teorias do positivismo filosófico para o mundo do direito, concebeu-se a ciência jurídica em moldes semelhantes às ciências exatas e naturais, preponderando os dados empíricos com o desprezo à "especulação filosófica", distanciando-se o direito dos valores morais (BARROSO, 2001, p. 62).

O alinhamento do direito como um ramo da ciência é evidente, por exemplo, na teoria pura de Kelsen, em cuja obra o célebre autor propôs um estudo com a finalidade de responder *o que é e como é o direito*, decantando o que não pertence ao objeto de estudo. A teoria idealizada pelo autor alemão concretizou-se, então, a partir de uma clara e inequívoca metodologia: trata-se do estudo da ciência jurídica libertado de "[...] *todos* os elementos que lhe são estranhos" (KELSEN, 2021, p. 13, grifos nossos).

A onipotência do legislador e de suas leis foi corroborada pela escola exegética francesa, que vislumbrava no *código* a perfeição, supervalorizando-o, de modo que nele "se encerrava todo o Direito", porquanto não havia outra fonte a ser perquirida pelo intérprete[3] (NADER, 2022a, p. 252). Afinal, o próprio sistema desenvolveu métodos para se legitimar, ratificando sua *completude* através de mecanismos que fizessem cumprir estritamente o princípio da legalidade, como a subsunção e a analogia (GONTIJO, 2009, p. 115).

O positivismo cunhou de tal modo a legalidade que

> A construção desta nova organização jurídica, política e social promoveu não só redução do Direito à lei, como também forjou um Judiciário destituído de poder e incumbido da tarefa de aplicação mecânica lógico-silogística das normas legais, priorizando o valor segurança e fazendo com que a atividade do juiz se assemelhasse a um trabalho lógico de subsunção almejado na construção de sistemas especialistas, lógico-matemáticos, o que era possível graças à crença em uma norma contida inteiramente em seu texto e que comportava somente um sentido, atemporal e permanente. (CALSAVARA; PAMPLONA, 2014, p. 9-10)

---

3 Segundo Aurora Tomazini de Carvalho (2009, p. 69), "[...] como a lei contém todo 'direito' e este é certo e completo, o processo de aplicação passa a ser mero silogismo. O trabalho do julgador, resume-se apenas em aplicar as leis e o do jurista em revelá-las. Ambos atêm-se com rigor absoluto ao texto legal, exercendo função meramente mecânica".

Ignoravam os *cientistas* do direito a impropriedade de a lei dispor sobre todas as circunstâncias da vida social, mormente quando a sociedade não é algo estático. O que hoje dispõe a norma pode refletir os anseios da coletividade, resolver conflitos e promover a ordem. Contudo, amanhã ou depois, a lei, estritamente considerada, tenderá a ser incapaz de acompanhar a evolução constante de uma sociedade complexa.

Embora correta a premissa de que a lei é a maior baliza de um Estado que adota o sistema da *civil law*, olvidavam-se os positivistas que, diferentemente do direito natural, ela não transcende eficazmente no tempo, principalmente por sua especificidade. Enquanto para o primeiro se fala em "vida" e "liberdade", nestes termos bem amplos e moldáveis conforme assim exigir a concepção de determinado Estado, a lei é mais contundente, certa, com a finalidade de organizar administrativa e politicamente a sociedade e para determinar e proibir certas condutas.

Com efeito, a transposição dos métodos das ciências naturais à área de humanidades não foi totalmente satisfatória, porquanto, "[...] o Direito, ao contrário de outros domínios, não tem nem pode ter uma postura puramente descritiva da realidade, voltada para relatar o que existe" (BARROSO, 2001, p. 63).

Apesar de o direito positivo representar a expressão legítima da soberania estatal, as deliberações dos representantes faziam o movimento pendular entre os próprios interesses e os anseios da sociedade, ora servindo ao desenvolvimento humano, ora impedindo-o (NADER, 2022b, p. 336).

Sem uma base constitucional sólida e vinculante, que então representava meras aspirações políticas, a lei serviu aos mais nefastos propósitos, de modo que a objetificação e eliminação de certos grupos humanos, numa verdadeira carnificina, foram realizadas dentro da legalidade, um fato estranhamente válido num ordenamento jurídico, dado bem captado por Luís Roberto Barroso (2001, p. 63-64) ao retratar o cenário posto ao tempo da Segunda Guerra Mundial:

> Esses movimentos políticos e militares ascenderam ao poder dentro do quadro da legalidade vigente e promoveram a barbárie em nome da lei. Os principais acusados de Nuremberg invocaram o cumprimento da lei e a obediência a ordens emanadas da autoridade competente.

Dessarte, a lei como fora concebida pelo positivismo, racional, sistemática, *completa*, divorciada de valores e fincada somente em *fatos*, já não gozava do mesmo prestígio. Sem valor, o direito deixa de ser um instrumento pelo bem e contra o mal (NADER, 2022a, p. 77). A oposição entre os dois vocábulos pode representar uma miríade de valores importantes para a sociedade, como exemplo, a vida. Se o valor é o que vale, como disse Miguel Reale Jr. (2002, p. 183), inconcebível defender a legitimidade de alguma lei que sem uma justificativa plausível desvalorize a vida, que é o bem superior de todo ser humano em qualquer quadrante do planeta.

Contudo, a lei como única fonte do direito e da justiça, formada a partir do pensamento racional-iluminista, que serviu a propósitos elitistas e desumanos, cedeu espaço ao fenômeno da constitucionalização. As constituições contemporâneas, normas superiores e "[...] repletas de princípios e valores condicionantes de toda a produção e interpretação/aplicação da lei" (MENDES; BRANCO, 2022, p. 459), ostentam a posição de norma-paradigma da qual deflui o direito.

3 A subordinação das leis aos primados constitucionais e o pós-positivismo

Apesar das duras – e justas – críticas à cega metodologia do positivismo jurídico, sustentou Bobbio (1995, p. 233-234) que nem tudo do que foi produzido deve ser abandonado, porquanto o positivismo comporta aspectos fundamentalmente diferentes: como método de estudo; como teoria do direito; e como ideologia do direito.

Enquanto teoria, o positivismo jurídico corresponde a seis concepções, as quais não devem ser completamente refutadas. Para o autor, as teorias coativas, legislativas e imperativas do direito são consistentes, embora possam se rechaçar os aspectos da coerência, completude e interpretação lógica do ordenamento jurídico. No tocante à *ideologia*, isto é, a avaliação defronte a uma realidade, da qual se forma um conjunto de juízo de valores, aduz o autor que é pertinente distinguir as vertentes extremistas e moderadas do juspositivismo.

No primeiro caso, avalia-se a corrente extrema como defensora de um dever *absoluto ou incondicional de obediência à lei enquanto tal*, cuja justiça repousa meramente na sua validez – embora possa não ser ontologicamente justa –, traduzindo-se não apenas como obrigação jurídica, senão também como obrigação moral (BOBBIO, 1995, p. 226).

O seguimento moderado, embora também considere o cumprimento da lei obrigatório *enquanto tal*, não o faz no sentido de que a validade da norma a torne *sempre* justa, nem a considera algo inexorável; intenta-se a realização da *ordem*, servindo a lei, geral e abstrata, como um *instrumento* e não um *fim*; ademais, diferente dos sectários da corrente extremada, os moderados não alçam a ordem como um valor supremo, na medida em que não objetam a sua ruptura através de um movimento revolucionário (BOBBIO, 1995, p. 229-232).

Como aludiu o autor, deve-se "[...] distinguir a crítica dos *erros* da crítica dos *horrores* do positivismo jurídico" (BOBBIO, 1995, p. 225):

> A Ideologia jurídica no nazismo era, por outro lado, nitidamente contrária ao princípio juspositivista, segundo o qual o juiz deve decidir exclusivamente com base na lei, sustentando, ao contrário, que o juiz devia decidir com base no interesse político do Estado (em particular, em oposição ao princípio nullum crimen, nullum poena sine lege, a ideologia nazista sustentava que deveriam ser considerados como delitos todos os atos contrários ao "são sentimento popular" – gesundes Volksempfinden – mesmo se não previstos como crimes pela lei). (BOBBIO, 1995, p. 236)

No entanto, bem observou Luís Roberto Barroso (2001, p. 64) que "o Direito, a partir da segunda metade do século XX, já não cabia mais no positivismo jurídico". De fato, após a Segunda Guerra Mundial, reavivou-se a necessidade de resgatar a dignidade humana como o fim principal do Estado, o que não seria adequado com uma fórmula manchada com notável fracasso.

No dia 10.12.1948, a Assembleia-Geral das Nações Unidas adotou e proclamou a Declaração Universal dos Direitos Humanos, principiando no preâmbulo que "[...] o reconhecimento da dignidade inerente a todos os membros da família humana e dos seus direitos iguais e inalienáveis *é o fundamento da liberdade, da justiça e da paz no mundo*" (UN, 1948, grifos nossos).

O panorama que se formou após aquele sangrento conflito exigiu dos países-membros, em cooperação com as Nações Unidas, o respeito e a observância aos direitos e liberdades fundamentais do ser humano, que deverão ser essencialmente protegidos "através de um regime de direito", proibindo-se *toda* interpretação de seus preceitos no sentido de praticar atividades com o fim de destruir os direitos e liberdades nela enunciados, conforme assim dispõe o art. 30[4] (UN, 1948).

Se existir, a partir de então, algum "império da lei", este será consolidado em conformidade e fundado na liberdade, na justiça, na paz e no desenvolvimento humano. Esse modelo forjou as bases da maioria das constituições contemporâneas, cujo objeto em muito se assemelha ao direito natural, inerente ao ser humano, transcendente e atemporal. Conquanto esse direito inato tenha sido desprezado e açoitado em certos momentos da história, ele nunca deixou de existir.

Não se trata, no entanto, de relegar ao segundo plano o importante papel da lei como eficiente mecanismo de controle social, mas de agregar à norma o valor e a ética, anteriormente desprezados no positivismo puro, orientando-se o processo de produção legislativa. Se antes a lei encerrava todo o direito, hoje o direito constitucionalmente integrado está repleto de valores e é quem norteia a lei. É dessa premissa que parte o pós-positivismo.

O caminho traçado pelo direito *posto* não retroagirá à anomia ou à mera abstração universal do direito da natureza. Contudo, as críticas lançadas sobre o modelo inicial, científico e "*imperfeitamente* completo, coerente e lógico", construíram um novo positivismo, mais avançado, acorde com o estágio civilizatório e os anseios mais recentes da humanidade.

Para além de regras, cujos preceitos são normalmente assimilados num sistema binário de lícito-ilícito, incorporam-se (ou reincorporam-se) os princípios, espécie normativa com maior carga de abstração, caracterizados como mandamentos de otimização, ou, nas palavras de Alexy (2008, p. 588 *apud* BITTAR; ALMEIDA, 2022, p. 444), "[...] normas que ordenam que algo seja realizado na maior medida possível dentro das possibilidades jurídicas e fáticas existentes".

Não se cuida, conforme leciona Luís Roberto Barroso (2001, p. 65), de uma inovação, motivo pelo qual se falou em "reincorporação" dos princípios, posto que já identificados há milhares de anos na tradição judaico-cristã (*respeito ao próximo*), grega (*não contradição* ou da vedação à antinomia) e romana (viver honestamente, não lesar a outrem e dar a cada um o que é seu), mas do fato de que agora é reconhecida a sua *normatividade*.

É dizer que esse novo cariz da legalidade "[...] coloca as Constituições no centro de toda a ordem jurídica, com o reconhecimento de sua eficácia normativa e submetendo todo o sistema jurídico à sua conformação" (CASAVARA; PAMPLONA, 2014, p. 10).

Suas regras, afinadas com o ideal humanitário civilizatório, são protegidas e potencializadas pelos princípios explícita ou implicitamente adotados. Se a Constituição declara que "nenhuma pena passará da pessoa do acusado" (art. 5º, XLV, da CF), por exemplo, além de um comando direto ao legislador derivado de que uma pessoa não

[4] "Artigo 30º Nenhuma disposição da presente Declaração pode ser interpretada de maneira a envolver para qualquer Estado, agrupamento ou indivíduo o direito de se entregar a alguma actividade ou de praticar algum acto destinado a destruir os direitos e liberdades aqui enunciados".

pode sofrer a condenação por outra, é também um princípio que revela a *intranscendência da pena* – relativamente a pessoas naturais, porquanto não se há estender essa regra absoluta às pessoas jurídicas – aplicável sempre que algum fato jurídico desencadear uma responsabilização indevida. Desse modo, sequer é permitido que uma pessoa seja processada quando é certo que não tenha cometido ou concorrido para a realização da conduta criminosa.

O reconhecimento da normatividade constitucional, aliás, é cada vez mais tendente a uma imediata eficácia, mormente quando a própria Constituição assim o determina, como no caso do art. 5º, §1º da Lei Maior brasileira, sem embargo dos preceitos que dependem de uma regulamentação específica, a exemplo das normas constitucionais de *eficácia limitada*, na medida em que não são completas (SILVA *apud* FERREIRA FILHO, 2022, p. 337).

A constitucionalização, contemporaneamente, é o mecanismo depurador de uma época em que há notável produção legiferante por vezes impertinente, outras inoportuna, talvez açodada pela pressão social, ou, ainda, sem as devidas reflexões, com potencial de desestabilizar a ordem jurídica consolidada. Como obtemperam Ferreira Mendes e Gonet Branco (2022), é o contemporâneo "legislador motorizado", expressão talhada por Zagrebelsky, um fenômeno que

> [...] faz transparecer uma evidente "crise de legalidade", cujo remédio mais imediato pode ser observado no intento das Constituições de estabelecer uma unidade normativa por meio de princípios capazes de permitir a convivência social em meio ao pluralismo inerente às sociedades complexas. (MENDES; BRANCO 2022, p. 459)

Na atualidade, catalisando essas vicissitudes, destaca-se a progressão geométrica do dinamismo do *fato social*, com potencial enorme de comprometimento da atividade legiferante por obsolescência.

Dito de outra maneira, é uma quadra histórica na qual ainda remanesce "[...] a falta de integração entre a produção legislativa e os reais anseios e necessidades da sociedade – resultando a chamada legislação de ocasião" (PORTO; TORRES, 2014, p. 39).

Nessa senda, são cabíveis as críticas ao positivismo cético, que acreditava na perfeição do ordenamento e, principalmente, na sua coerência. Assim como qualquer outra atividade humana, a formação da ordem jurídica também se faz com erros e acertos. Não se ignora que com o referido movimento legiferante, a despeito dos mecanismos de filtragem, são promulgadas leis com preceitos incompatíveis com as normas constitucionais, abalando a harmonia e a segurança jurídica, os grandes predicados da legalidade. A correção das distorções promovidas pela inflação legislativa desordenada corresponde a uma importante missão do Poder Judiciário.

4 A atividade jurisdicional como instrumento de ratificação dos primados constitucionais

Aparelhando o cumprimento dessa missão constitucional, ao Poder Judiciário é conferida uma margem interpretativa suficiente para encontrar no caso concreto o verdadeiro propósito da lei, à luz dos princípios e normas constitucionais, a fim de adequar o texto ao contexto, corrigindo as atecnias e incongruências da norma vigente. Não se realiza mais, como outrora, *sempre e somente* um mero silogismo.

Não significa, no entanto, que o direito tenha deixado de ser aplicado em sua literalidade, porque a lei fomenta a segurança jurídica (MAZZARESE, 2000, p. 598-599). E assim precisa sê-lo porquanto a lei é o referencial não somente aos operadores do direito, mas da própria sociedade. A aplicação do direito conforme o texto expresso na lei de nenhuma forma é um equívoco, exceto se esta for a única forma permitida para resolver as cada vez mais complexas contendas sociais.

Nesse sentido é o pensamento de Quintero Olivares, reproduzido por Eduardo Ramón Ribas (2014), segundo o qual, além das qualidades inerentes – e desejáveis – das normas, ou seja, um texto escrito, claro e coeso com o ordenamento, há também outra preocupação:

> [...] la sumisión al principio de legalidad, hoy no puede conformarse com la simple y escrupulosa aplicación de la «lex strict et scripta» y las demás garantias: há de ir más allá y llegar al ideal de justicia material que el derecho positivo disse perseguir. (OLIVARES, 1996, p. 2 *apud* RIBAS, 2014, p. 114)

Essa concepção pode ser exemplificada na decisão proferida pelo Supremo Tribunal Federal no Habeas Corpus nº 82.959, julgado em 23.2.2006, relatada pelo então Ministro Marco Aurélio, que reconheceu, incidentalmente, a inconstitucionalidade do art. 2º, §1º da Lei nº 8.072/1990,[5] dispositivo no qual o legislador, desatento aos direitos fundamentais consagrados na Carta Magna, proibiu a progressão de regime de pena nos crimes hediondos.[6]

Esse exemplo demonstra bem o que se sustentou aqui sobre a falibilidade dos mecanismos de controle legislativo de constitucionalidade das leis: o aludido dispositivo, embora formalmente constitucional, é com ela materialmente incompatível, porque colide frontalmente com o *princípio da individualização da pena*, que orienta o Estado nos planos legislativo, judiciário e executivo a evitar a padronização da sanção penal.

Sua aplicação literal e acrítica impediria a modulação da pena conforme o crime praticado, desprezando a personalidade do agente e o comportamento do condenado durante o cumprimento da pena. Significa que, independentemente de sua evolução pessoal, não haveria clemência quanto à progressão de regime de cumprimento da pena.

Nas palavras do Ministro Ayres Britto, "[...] se o regime de execução da pena é integralmente fechado, parece-me que teremos a hediondez desse regime. Ou seja, o Estado estará praticando a Lei de Talião: olho por olho, dente por dente".

Ademais, cabe ressaltar o importante papel desempenhado pelo Superior Tribunal de Justiça na uniformização da interpretação das leis federais aplicadas por milhares de juízes, dezenas de tribunais de apelação, num país de dimensões continentais.

---

[5] "Art. 2º Os crimes hediondos, a prática da tortura, o tráfico ilícito de entorpecentes e drogas afins e o terrorismo são insuscetíveis de: [...] §1º A pena por crime previsto neste artigo será cumprida integralmente em regime fechado".

[6] O referido dispositivo legal fora modificado com a Lei nº 11.464/2007, que passou a ter a seguinte redação: "A pena por crime previsto neste artigo será cumprida *inicialmente* em regime fechado" (grifos nossos).

Com efeito, não são raros os momentos nos quais o Tribunal da Cidadania é instado a resolver as celeumas que naturalmente surgem quando a lei não oferece uma resposta suficientemente precisa para resolver o caso concreto, de modo que uma solução "com pontas soltas" acaba por clamar por um pronunciamento definitivo, forjando-se um precedente que, se reiterado, consubstancia a jurisprudência a respeito do tema.

Com semelhante matiz, outro julgamento emblemático foi o caso oriundo das recentes alterações promovidas pela Lei nº 13.964/2019 (Pacote Anticrime), precisamente a que se refere ao art. 492, I, alínea "e", do Código de Processo Penal, cujo enunciado declara que o órgão judiciário que preside o Tribunal do Júri *determinará* a execução provisória da pena, independentemente de estarem presentes os requisitos necessários à prisão preventiva, se houver sido condenado a uma pena igual ou superior a 15 (quinze) anos de reclusão.

A indagação sobre a constitucionalidade do aludido dispositivo já alcançou o Supremo Tribunal Federal, com o reconhecimento da repercussão geral no RE nº 1.235.340/SC, *leading case* objeto do Tema nº 1.068, ainda pendente de julgamento.[7]

No Superior Tribunal de Justiça, mesmo antes da vigência da Lei nº 13.964/2019 (Pacote Anticrime), a jurisprudência estava orientada a reconhecer como ilegal a negativa do direito de recorrer em liberdade apenas com fundamento na premissa de que a condenação perante o Tribunal do Júri *deve ser prontamente executada*, sem a presença dos elementos concretos aptos a justificar a custódia cautelar.[8] Essa posição, aliás, refere-se ao *recurso em habeas corpus* que deu origem ao recurso extraordinário, objeto da repercussão geral anteriormente citada.[9]

Vale dizer que as decisões proferidas no *leading case* são anteriores às alterações promovidas pelo Pacote Anticrime. Todavia, não há dúvidas de que a solução desse caso refletirá na conduta dos órgãos judiciários de todo o país. Apesar disso, a Corte da Cidadania já teve a oportunidade de se manifestar especificamente sobre o art. 492, I, alínea "e", do Código de Processo Penal.

No Habeas Corpus nº 665.784/PE, o relator, Ministro Reynaldo Soares da Fonseca, da Quinta Turma, em 13.5.2021, concedeu liminarmente a ordem e determinou a suspensão da execução penal do paciente, condenado à pena de 15 (quinze) anos de

---

[7] Por ora, votaram os ministros Roberto Barroso e Dias Toffoli, conhecendo e dando provimento ao recurso extraordinário para negar provimento ao recurso ordinário em *habeas corpus*, fixando, em síntese, a tese de que "a soberania dos veredictos do Tribunal do Júri autoriza a imediata execução de condenação imposta pelo corpo de jurados, independentemente do total da pena aplicada"; por outro lado, o Ministro Gilmar Mendes votou para negar provimento ao recurso extraordinário, mantendo a vedação à execução imediata da pena imposta pelo Tribunal do Júri. Atualmente, os autos estão no Gabinete do Ministro Ricardo Lewandowski.

[8] A princípio, há jurisprudência do Pretório Excelso no sentido de que "não viola o princípio da presunção de inocência ou da não culpabilidade a execução da condenação pelo Tribunal do Júri, independentemente do julgamento da apelação ou de qualquer outro recurso" (ARE nº 964.246-RG, Rel. Min. Teori Zavascki).

[9] "AGRAVO REGIMENTAL NO RECURSO EM HABEAS CORPUS. TRIBUNAL DO JÚRI. FEMINICÍDIO QUALIFICADO E POSSE DE ARMA DE FOGO. EXECUÇÃO PROVISÓRIA DA PENA. CONDENAÇÃO AINDA NÃO TRANSITADA EM JULGADO OU CONFIRMADA POR COLEGIADO DE SEGUNDO GRAU. EXPEDIÇÃO DE MANDADO DE PRISÃO OBSTADA. AGRAVO REGIMENTAL IMPROVIDO. 1. É pacífica a jurisprudência desta Corte no sentido de que a negativa do direito de recorrer em liberdade somente fundada na premissa de que a decisão condenatória proferida pelo Tribunal do Júri deve ser executada prontamente, sem qualquer elemento do caso concreto para justificar a custódia cautelar, não transitada em julgado ou não confirmada a condenação por Colegiado de segundo grau, torna a prisão ilegal. Precedentes. 2. Agravo regimental improvido" (AgRg no RHC nº 111.960/SC. Rel. Min. Nefi Cordeiro, Sexta Turma, j. 4.6.2019. *DJe*, 11 jun. 2019).

reclusão em regime fechado, em virtude da prática do delito tipificado no art. 121, §2º, I, do Código Penal.

O referido entendimento, frise-se, era compatível com a orientação jurisprudencial do Supremo Tribunal Federal desde o julgamento do Habeas Corpus nº 126.292/SP em 17.2.2016, posteriormente modificado com a decisão proferida nas ações declaratórias de constitucionalidade nºs 43, 44 e 54.

Aos 11.10.2021, o relator confirmou a liminar deferida e, ao ensejo do agravo regimental interposto pelo Ministério Público Federal, a 5ª Turma do Superior Tribunal de Justiça proferiu o acórdão a seguir resumido:

> [...] 2. Para a decretação da prisão preventiva, é indispensável a demonstração da existência da prova da materialidade do crime e a presença de indícios suficientes da autoria. Exige-se, mesmo que a decisão esteja pautada em lastro probatório, que se ajuste às hipóteses excepcionais da norma em abstrato (art. 312 do CPP), demonstrada, ainda, a imprescindibilidade da medida. Precedentes do STF e STJ.
>
> 3. No caso, como visto, o magistrado Presidente do Tribunal do Júri, ao proferir a sentença, assegurou ao réu o direito de recorrer em liberdade, tendo em conta que respondeu ao processo em liberdade. Porém, determinou a prisão com base na nova regra prevista no art. 492, I, e, do Código de Processo Penal, que estabelece a execução provisória da sentença do Tribunal do Júri com pena superior a 15 anos, contrariando o entendimento firmado nesta Corte de que não cabe a prisão para execução provisória de pena como decorrência automática da condenação proferida pelo Tribunal do Júri. Precedentes.
>
> 4. Agravo regimental a que se nega provimento. (AgRg no HC nº 665.784/PE. Rel. Min. Reynaldo Soares da Fonseca, Quinta Turma, j. 16.11.2021. *DJe*, 19 nov. 2021)

Infere-se dos exemplos ilustrados a relevância da prerrogativa do Poder Judiciário de não ser um mero reprodutor da lei. Inconcebível o "juiz-robô", exclusivamente limitado à opaca e banal operação do silogismo, sem uma avaliação crítica e parametrizada das normas infraconstitucionais. O atual estágio evolutivo da sociedade, cada vez mais complexa e intrincada, requer uma flexibilização, ainda que moderada, da legalidade estática, à luz da invulgar compreensão de que a lei não mais vale só porque é vigente, como à época do positivismo.

Conclusão

Há milhares de anos, as sociedades humanas são organizadas por leis. O caminho percorrido pela legalidade – baseada na crença, na metafísica ou na racionalidade, até ser erigida como princípio fundamental – foi marcado por progressos e retrocessos.

Como diz Paulo Nader (2022, p. 133), "não constitui, como outrora, a expressão de uma vontade individual (*L'État c'est moi*), pois traduz aspirações coletivas". A primeira batalha, logo, teve como objetivo fazer da lei a avalista dos direitos naturais à vida, liberdade, propriedade e igualdade em oposição ao absolutismo.

Desviada de seu interesse fundamental, a legalidade representou os interesses de uma classe dominante, afastou-se do valor e da ética para conceber, sob a influência do positivismo filosófico, o direito como ciência natural, enclausurado na racionalidade, com a prepotente aspiração a uma completude do ordenamento jurídico.

Como resultado de leis que encerravam um direito de "ordem" e não necessariamente de "justiça", fechados à interpretação e limitados ao silogismo, criaram-se contextos em que a lei era obrigatória porque válida, embora fosse explicitamente nefasta, como se percebeu na década de 1940 com o nazismo e o fascismo.

Atualmente, prevalece uma ordem jurídica na qual o ser humano é o centro das atenções e a finalidade principal do Estado. Consolidou-se uma imunização contra as leis segregadoras, sangrentas e lancinantes. A legalidade, com a perspectiva do pós-positivismo, tem outra cor, nova forma: ela é condicionada à dignidade humana, valor supremo gravado nas Constituições e nos tratados internacionais.

Referências

BARROSO, Luís Roberto. Fundamentos teóricos e filosóficos do novo direito constitucional brasileiro (pós-modernidade, teoria crítica e pós-positivismo). *Revista de Direito da Procuradoria Geral do Estado do Rio de Janeiro*, Rio de Janeiro, v. 54, p. 47-78, 2001. Disponível em: https://bondesdesantateresa.rj.gov.br/revista-de-direito/2001-volume-54. Acesso em: 14 jun. 2022.

BITENCOURT, Cezar Roberto. *Tratado de direito penal*: parte geral. 26. ed. São Paulo: Saraiva Educação, 2020. v. 1.

BITTAR, Eduardo Carlos Bianca; ALMEIDA, Guilherme de Assis. *Curso de filosofia do direito*. 16. ed. Barueri: Atlas, 2022. *E-book*. ISBN 9786559772681.

BOBBIO, Norberto. *O positivismo jurídico*: lições de filosofia do direito. Compilação de Nello Morra. Tradução e notas de Márcio Pugliesi, Edson Bini, Carlos E. Rodrigues. São Paulo: Ícone, 1995.

BRASIL. [Constituição (1988)]. *Constituição da República Federativa do Brasil, de 1988*. Brasília, DF: Presidência da República. Disponível em: http://www.planalto.gov.br/ccivil_03/constituicao/constituicao.htm. Acesso em: 12 ago. 2022.

BRASIL. Decreto-Lei nº 3.689, de 3 de outubro de 1941. Código de Processo Penal. *Diário Oficial da União*, Rio de Janeiro, de 13 out. 1941, retificado em 24 out. 1941. Disponível em: http://www.planalto.gov.br/ccivil_03/decreto-lei/del3689compilado.htm. Acesso em: 12 ago. 2022.

BRASIL. Superior Tribunal de Justiça (Quinta Turma). Agravo regimental no Habeas Corpus nº 665784/PE. Parte: Eriovaldo Ribeiro da Rocha (agravado). Relator: Ministro Reynaldo Soares da Fonseca. Julgado em 16.11.2021. *DJe*, 19 nov. 2021. Disponível em: https://processo.stj.jus.br/processo/pesquisa/?src=1.1.3&aplicacao=processos.ea&tipoPesquisa=tipoPesquisaGenerica&num_registro=202101432618. Acesso em: 12 ago. 2022.

BRASIL. Superior Tribunal de Justiça (Sexta Turma). Habeas Corpus nº 21633/ES. Parte: Walter Barbosa de Oliveira (paciente). Relator: Ministro Vicente Leal. Julgado em 15.08.2002. *DJ*, 2 set. 2002. Disponível em: https://processo.stj.jus.br/processo/pesquisa/?src=1.1.3&aplicacao=processos.ea&tipoPesquisa=tipoPesquisaGenerica&num_registro=200200442894. Acesso em: 12 ago. 2022.

BRASIL. Superior Tribunal de Justiça (Sexta Turma). Recurso em Habeas Corpus nº 111.960/SC. Parte: Joel Fagundes da Silva (recorrente). Relator: Ministro Nefi Cordeiro. Julgado em 4.06.2019. *DJe*, 11 jun. 2019. Disponível em: https://processo.stj.jus.br/processo/pesquisa/?tipoPesquisa=tipoPesquisaNumeroRegistro&termo=201901195953&totalRegistrosPorPagina=40&aplicacao=processos.ea. Acesso em: 12 ago. 2022.

BRASIL. Supremo Tribunal Federal (Pleno). Recurso Extraordinário nº 1235340/SC. Repercussão Geral: Tema nº 1068. Parte: Joel Fagundes da Silva (recorrido). Relator: Ministro Roberto Barroso. Disponível em: https://portal.stf.jus.br/processos/detalhe.asp?incidente=5776893. Acesso em: 12 ago. 2022.

BRASIL. Supremo Tribunal Federal (Segunda Turma). Recurso Extraordinário nº 201.819/RJ. Partes: União Brasileira de Compositores (UBC); Arthur Rodrigues Vilarinho. Relatora: Ministra Ellen Gracie. Julgado em 11.10.2005, publicado em 27.10.2006. *DJ*, p. 64, 27 out. 2006. Disponível em: https://redir.stf.jus.br/paginadorpub/paginador.jsp?docTP=AC&docID=388784. Acesso em: 17 jun. 2022.

CALSAVARA, Elayne Auxiliadora de Freitas; PAMPLONA, Danielle Anne. A constitucionalização do direito, a judicialização e o ativismo judicial: o papel do judiciário nas sociedades democráticas. *In*: BELLINETTI, Luiz Fernando; BOSCO, Maria Goretti Dal; REBOUÇAS, Gabriela Maia (Org.); CONPEDI/UFPB. *Acesso à justiça III*. Florianópolis: Conpedi, 2014. ISBN 9788568147498. Disponível em: http://www.publicadireito.com.br/publicacao/ufpb/livro.php?gt=225. Acesso em: 13 jun. 2022.

CARVALHO, Aurora Tomazini de. *Teoria geral do direito (o constructivismo lógico-semântico)*. 2009. Tese (Doutorado em Filosofia do Direito) – Faculdade de Direito, Pontifícia Universidade de São Paulo, São Paulo, 2009. Disponível em: https://repositorio.pucsp.br/jspui/handle/handle/8649. Acesso em: 2 ago. 2022.

FERREIRA FILHO, Manoel Gonçalves. *Curso de direito constitucional*. 42. ed. Rio de Janeiro: Forense, 2022. *E-book*. ISBN 9786559644582.

FRANCE. *Déclaration des Droits de l'Homme et du Citoyen de 1789*. Disponível em: https://www.legifrance.gouv.fr/contenu/menu/droit-national-en-vigueur/constitution/declaration-des-droits-de-l-homme-et-du-citoyen-de-1789. Acesso em: 9 ago. 2022.

GOMES, Luiz Flávio. Legislação penal emergencial e seus limites constitucionais. *Revista Jus Navigandi*, Teresina, ano 11, n. 1010, 7 abr. 2006. ISSN 15184862. Disponível em: https://jus.com.br/artigos/8216. Acesso em: 17 jun. 2022.

GOMES, Luiz Flávio; BIACHINI, Alice. Maioridade penal e o direito penal emergencial e simbólico. *Migalhas de Peso*, 17 jun. 2022. Disponível em: https://www.migalhas.com.br/depeso/40746/maioridade-penal-e-o-direito-penal-emergencial-e-simbolico. Acesso em: 17 jun. 2022.

GONTIJO, Lucas de Alvarenga. Discussão crítica sobre as relações entre o princípio da legalidade, o fenômeno da codificação e a teoria da sistematização do direito. *In*: BRANDÃO, Cláudio; CAVALCANTI, Francisco; ADEODATO, João Maurício (Coord.). *Princípio da legalidade*: da dogmática jurídica à teoria do direito. Rio de Janeiro: Forense, 2009. ISBN 9788530928223.

GUSMÃO, Paulo Dourado de. *Introdução ao estudo do direito*. 49. ed. Rio de Janeiro: Forense, 2018. *E-book*. ISBN 9788530979751.

HARARI, Yuval Noah. *Sapiens*: uma breve história da humanidade. Tradução de Jorio Dauster. 1. ed. São Paulo: Companhia das Letras, 2020.

KELSEN, Hans. *Teoria pura do direito*: introdução à problemática jurídico-científica. Tradução de Alexandre Travessoni Gomes Trivisonno. Rio de Janeiro: Forense Universitária, 2021. *E-book*. ISBN 9788530994181.

LOBATO, Anderson Oreste Cavalcante. O reconhecimento e as garantias constitucionais dos direitos fundamentais. *Revista de Informação Legislativa*, Brasília, v. 33, n. 12, jan./mar. 1996. Disponível em: http://www2.senado.leg.br/bdsf/handle/id/176384. Acesso em: 17 jun. 2022.

MAZZARESE, Tecla. Interpretación literal: juristas y lingüistas frente a frente. *Doxa – Cuadernos de Filosofía del Derecho*, n. 23, p. 597-631, nov. 2000. ISSN 2386-4702. DOI: https://doi.org/10.14198/DOXA2000.23.22. Disponível em: https://doxa.ua.es/article/view/2000-n23-interpretacion-literal-juristas-y-linguistas-frente-a-frente. Acesso em: 1º ago. 2022.

MENDES, Gilmar Ferreira; BRANCO, Paulo Gustavo Gonet. *Curso de direito constitucional*. 17. ed. São Paulo: SaraivaJur, 2022. Série IDP – Linha Doutrina. *E-book*. ISBN 9786553621329.

MORAES, Alexandre de. *Direito constitucional*. 38. ed. Barueri: Atlas, 2022a. *E-book*. ISBN 9786559771851.

MORAES, Guilherme Peña de. *Curso de direito constitucional*. 13. ed. Barueri: Atlas, 2022b. *E-book*. ISBN 9786559772308.

NADER, Paulo. *Filosofia do direito*. 28. ed. Rio de Janeiro: Forense, 2022a. *E-book*. ISBN 9786559641956.

NADER, Paulo. *Introdução ao estudo do direito*. 44. ed. Rio de Janeiro: Forense, 2022b. *E-book*. ISBN 9786559642748.

PALMA, Rodrigo Freitas. *História do direito*. 8. ed. São Paulo: Saraiva Educação, 2019. *E-book*.

PORTO, Antonio Augusto Cruz; TORRES, Cibele Merlin. Desconexão entre direito e sociedade: um apanhado crítico. *Revista Jurídica Cesumar*, Maringá, v. 14, n. 1, p. 31-48, jan./jun. 2014. ISSN 167764402; ISSN 21769184 (*on-line*). Disponível em: https://periodicos.unicesumar.edu.br/index.php/revjuridica/article/view/3459. Acesso em: 16 jun. 2022.

RIBAS, Eduardo Ramón. Interpretación extensiva y analogía en el derecho penal. *Revista de Derecho Penal y Criminología*, n. 12, p. 111-164, 3ª Época, jul. 2014. Disponível em: https://revistas.uned.es/index.php/RDPC/article/view/24523. Acesso em: 1º ago. 2022.

ROUSSEAU, Jean-Jacques. *Contrato social*. Tradução de Antonio de Pádua Danesi. 3. ed. São Paulo: Martins Fontes, 1996.

UNITED NATIONS. *Declaração Universal dos Direitos Humanos*. Disponível em: https://www.ohchr.org/en/human-rights/universal-declaration/translations/portuguese?LangID=por. Acesso em: 10 ago. 2022.

Informação bibliográfica deste texto, conforme a NBR 6023:2018 da Associação Brasileira de Normas Técnicas (ABNT):

PACIORNIK, Joel Ilan; MARINHO, Valdir Ricardo Lima Pompeo. As fronteiras da noção contemporânea da legalidade. *In*: FACHIN, Luiz Edson; BARROSO, Luís Roberto; CRUZ, Álvaro Ricardo de Souza (Coord.). *A Constituição da democracia em seus 35 anos*. Belo Horizonte: Fórum, 2023. p. 149-163. ISBN 978-65-5518-597-3.

O PRINCÍPIO DA CAPACIDADE CONTRIBUTIVA E SUA PREVISÃO EM NORMA EXPRESSA NA CONSTITUIÇÃO DE 1988

REGINA HELENA COSTA

1 Introdução

Honra-nos o convite formulado pelo ilustre Ministro Edson Fachin para celebrar o aniversário da Constituição de 1988, que ora completa 35 anos.

Cremos oportuno ressaltar que, no que diz com o sistema tributário nacional, o atual diploma constitucional trouxe aperfeiçoamentos em relação à disciplina da tributação contemplada anteriormente.

Entre eles, desponta a previsão, em norma expressa, do princípio da capacidade contributiva.

Pensamos oportuno um brevíssimo escorço histórico.

No Brasil, após a Constituição imperial, as Cartas de 1891, 1934 e 1937 mostraram-se tímidas ou omissas a respeito de algum dispositivo que prestigiasse o princípio da capacidade contributiva. Foi somente com o advento da democrática Constituição de 1946 que o princípio ganhou o merecido destaque, em face da dicção de seu art. 202, assim expresso:

> Art. 202. Os tributos terão caráter pessoal sempre que isso for possível, e serão graduados conforme a capacidade econômica do contribuinte.

A Emenda Constitucional nº 18, de 1965, contudo, ao veicular reforma tributária, eliminou tal dispositivo do texto. Após, permaneceram silentes sobre o assunto a Constituição de 1967 e a Emenda Constitucional nº 1, de 1969.

Embora entendemos que a ideia tenha permanecido no ordenamento jurídico como norma implícita, dedutível do princípio da igualdade tributária, a ausência de norma constitucional expressa contribuiu para a pouca atenção dada à noção de capacidade contributiva na interpretação e na aplicação da legislação tributária durante esse hiato.

Neste singelo estudo, lembraremos sucintamente do conceito e suas acepções, bem como apontaremos alguns importantes julgados dos tribunais superiores relativos ao tema.

2 Capacidade contributiva: conceito e acepções

O princípio da capacidade contributiva encontra-se positivado, na acepção subjetiva do conceito, no art. 145, §1º, da Constituição, segundo o qual "sempre que possível, os impostos terão caráter pessoal e serão graduados consoante a capacidade econômica do contribuinte [...]".

Em nosso entender, averbado de longa data,[1] constitui a diretriz para a *modulação da carga tributária* em matéria de *impostos*, porquanto sendo esses tributos não vinculados a uma atuação estatal, sua graduação deve levar em conta circunstância que diga respeito ao próprio sujeito passivo.[2] A noção de igualdade está na essência do conceito de capacidade contributiva, que não pode ser dissociada daquela.

O conceito de capacidade contributiva pode ser definido, numa primeira aproximação, como *a aptidão, da pessoa colocada na posição de destinatário legal tributário, para suportar a carga tributária, numa obrigação cujo objeto e o pagamento de imposto, sem o perecimento da riqueza lastreadora da tributação.*[3]

Note-se que o conceito em tela pode, ainda, ser compreendido em dois sentidos distintos.

Em primeiro lugar, a *capacidade contributiva absoluta ou objetiva* refere-se a um fato que se constitua numa manifestação de riqueza; nessa acepção, o conceito designa a atividade de eleição, pelo legislador, de eventos que demonstrem aptidão para concorrer às despesas públicas. Tais eventos, assim escolhidos, apontam para a existência de um sujeito passivo em potencial – por exemplo, auferir renda, ser proprietário de veículo automotor, ser proprietário de imóvel urbano etc.

Funciona, desse modo, como *pressuposto ou fundamento jurídico do imposto*, ao condicionar a atividade de eleição, pelo legislador, dos fatos que ensejarão o nascimento de obrigações tributárias. Representa sensível restrição à discrição legislativa, uma vez que não autoriza, como pressuposto de impostos, a escolha de fatos que não sejam reveladores de alguma riqueza.

Diversamente, a *capacidade contributiva relativa ou subjetiva* – como a própria designação indica – reporta-se a um sujeito individualmente considerado. Expressa aquela aptidão de contribuir na medida das possibilidades econômicas de determinada pessoa. Nesse plano, presente a capacidade contributiva *in concreto*, aquele potencial sujeito passivo torna-se efetivo, apto, pois, a absorver o impacto tributário.

---

1 Conforme o nosso *Princípio da capacidade contributiva*. 4. ed. São Paulo: Malheiros, 2012.

2 Discordamos daqueles que proclamam ser o princípio da capacidade contributiva aplicável a tributos vinculados a uma atuação estatal – taxas e contribuições –, porquanto estes são orientados por princípios diversos, os da *retributividade* e do *benefício*, respectivamente, relacionados à atuação estatal a ser remunerada. Para maior aprofundamento sobre a questão, veja-se o nosso *Princípio da capacidade contributiva*. 4. ed. São Paulo: Malheiros, 2012. p. 56-64.

3 COSTA, Regina Helena. *Princípio da capacidade contributiva*. 4. ed. São Paulo: Malheiros, 2012. p. 112.

Opera, inicialmente, como *critério de graduação dos impostos*, pois a apuração do *quantum* do imposto tem como medida a própria capacidade contributiva do sujeito passivo.

Em sendo critério de graduação do imposto, a capacidade contributiva atuará, outrossim, como *limite da tributação*, permitindo a manutenção do *mínimo vital* – aquela quantidade de riqueza mínima a propiciar ao sujeito passivo uma vida digna – e obstando que a *progressividade* tributária atinja níveis de *confisco* ou de *cerceamento de outros direitos constitucionais.*

3 Princípios derivados

O denso teor do princípio da capacidade contributiva remete a outros princípios dele derivados, os quais, igualmente, encontram-se abrigados em normas expressas na Constituição de 1988: o da *solidariedade contributiva* e o da *vedação da utilização de tributo com efeito de confisco.*

3.1 Solidariedade contributiva[4]

A Constituição, ao apontar os objetivos fundamentais da República Federativa do Brasil (art. 3º), arrola a "construção de uma sociedade livre, justa e *solidária*" (inc. I), erigindo a solidariedade social a uma diretriz que ilumina todo o ordenamento jurídico, orientando a interpretação e aplicação de suas normas.

Essa solidariedade, genericamente apontada, constitui a matriz de diversas aplicações do conceito, que se espraiam pelo texto constitucional.

Na seara tributária, a solidariedade social impõe a todos contribuírem para a consecução dos objetivos que a sociedade pretende alcançar, vale dizer, exige uma *solidariedade contributiva.*

Essa noção, como parece evidente, compõe o conteúdo do *princípio da capacidade contributiva*, revelando-se, com toda a sua intensidade, por exemplo, quando protege da tributação o mínimo existencial.

Autoriza, igualmente, a modulação da tributação para o alcance de finalidades não arrecadatórias, dada a sua conexão com a *extrafiscalidade.*

No plano das contribuições, por sua vez, o art. 195, *caput*, prescreve que "a seguridade social será financiada por toda a sociedade, de forma direta e indireta, nos termos da lei, mediante recursos provenientes dos orçamentos da União, dos Estados, do Distrito Federal e dos Municípios", bem como das *contribuições sociais* que aponta.

Cuida-se do princípio da solidariedade contributiva ora voltado especificamente para as contribuições destinadas à seguridade social, a significar que o Estado e a sociedade são corresponsáveis pela sua manutenção financeira.

Acrescenta o art. 201, *caput*, que "a previdência social será organizada sob a forma de regime geral, de caráter contributivo e de filiação obrigatória [...]".

---

[4] A solidariedade ora tratada não se confunde com a noção de solidariedade tributária, típica do direito das obrigações. Neste, qualifica-se como *obrigação solidária* aquela em que cada um dos devedores está adstrito ao cumprimento da obrigação por inteiro e cada um dos credores tenha o direito a esse cumprimento também por inteiro.

Ainda, quanto à previdência dos servidores públicos, o art. 40, na redação dada pela EC nº 41/2003, prescreve:

> aos servidores titulares de cargos efetivos da União, dos Estados, do Distrito Federal e dos Municípios, incluídas suas autarquias e fundações, é assegurado regime de previdência de caráter contributivo e *solidário*, mediante contribuição do respectivo ente público, dos servidores ativos e inativos e dos pensionistas, observados critérios que preservem o equilíbrio financeiro e atuarial e o disposto neste artigo.[5]

A solidariedade social, por derradeiro, revela-se igualmente nas disposições constitucionais voltadas ao *cooperativismo*. No art. 174, §2º, estatui que "a lei apoiará e estimulará o cooperativismo e outras formas de associativismo", sendo que, ao regrar o sistema tributário, proclama que a lei complementar estabelecerá "adequado tratamento tributário ao ato cooperativo praticado pelas sociedades cooperativas" (art. 146, III, "c").

3.2 Vedação da utilização de tributo com efeito de confisco

Inovação trazida pelo texto constitucional vigente foi a declaração expressa da vedação da utilização de tributo com efeito de confisco. Preceitua que "sem prejuízo de outras garantias asseguradas ao contribuinte, é vedado à União, aos Estados, ao Distrito Federal e aos Municípios utilizar tributo com efeito de confisco" (art. 150, *caput*, e inc. IV).

No que tange aos impostos, cuida-se de princípio derivado do princípio da capacidade contributiva, já examinado, pois constitui efeito deste, visto que preconiza que esses tributos serão graduados segundo a capacidade econômica do contribuinte (art. 145, §1º).

Consiste, portanto, num dos limites postos pela capacidade contributiva à progressão fiscal, ao lado do não cerceamento de outros direitos constitucionais.

O *confisco*, em definição singela há muito por nós proposta,[6] é a *absorção total ou substancial da propriedade privada, pelo Poder Público, sem a correspondente indenização.*

Em nosso ordenamento jurídico, diante da grande proteção conferida ao direito de propriedade, o confisco é, portanto, *medida de caráter sancionatório*, sendo admitida apenas excepcionalmente.

A Constituição da República autoriza duas hipóteses de confisco de bens. A primeira, ao tratar de dispositivos referentes à matéria penal:

> Art. 5º [...]
>
> XLV - nenhuma pena passará da pessoa do condenado, podendo a obrigação de reparar o dano e a decretação do *perdimento de bens* ser, nos termos da lei, estendidas aos sucessores e contra eles executadas até o limite do valor do patrimônio transferido;
>
> XLVI - a lei regulará a individualização da pena e adotará, entre outras, as seguintes: [...]
>
> b) *perda de bens* [...].[7]

---

[5] Grifos nossos.

[6] COSTA, Regina Helena. *Princípio da capacidade contributiva*. 4. ed. São Paulo: Malheiros, 2012. p. 83.

[7] Grifos nossos.

E, também entre as disposições gerais, encontramos permissão constitucional para o confisco:

> Art. 243. As propriedades rurais e urbanas de qualquer região do País onde forem localizadas culturas ilegais de plantas psicotrópicas ou a exploração de trabalho escravo na forma da lei serão *expropriadas* e destinadas à reforma agrária e a programas de habitação popular, *sem qualquer indenização* ao proprietário e sem prejuízo de outras sanções previstas em lei, observado, no que couber, o disposto no art. 5º.
>
> Parágrafo único. Todo e qualquer bem de valor econômico apreendido em decorrência do tráfico ilícito de entorpecentes e drogas afins e da exploração de trabalho escravo será *confiscado* e reverterá a fundo especial com destinação específica, na forma da lei.[8]

Ademais, se o tributo, na própria dicção legal, é prestação pecuniária compulsória "que não constitua sanção de ato ilícito" (art. 3º, CTN), lógica a conclusão segundo a qual não pode ser ele utilizado com efeito confiscatório. Embora o tributo traduza uma absorção compulsória da propriedade privada pelo Estado, sem indenização, tal absorção há, evidentemente, de ser parcial.

Desse modo, pode-se afirmar que o tributo será confiscatório quando exceder a capacidade contributiva relativa ou subjetiva visada.

Registre-se nem sempre ser fácil, contudo, aquilatar até que ponto um tributo não é confiscatório e a partir de quando passa a sê-lo. Certo é que a resposta variará conforme o caso concreto e deverá apoiar-se na equidade e na razoabilidade.

4 A aplicação do princípio da capacidade contributiva nos tribunais superiores

Neste tópico, destacaremos alguns julgados do Supremo Tribunal Federal e do Superior Tribunal de Justiça que nos pareceram mais representativos sobre a aplicação do princípio da capacidade contributiva, apontados em ordem cronológica crescente.

4.1 Jurisprudência do Supremo Tribunal Federal

Para ilustrar a jurisprudência do Supremo Tribunal Federal sobre o assunto, colacionamos quatro julgados da Corte, proferidos nos últimos anos, que nos pareceram bastante expressivos.

O primeiro deles diz com a possibilidade de fixação de alíquotas diferenciadas da Cofins em função da atividade econômica desenvolvida pela contribuinte. Ao julgar o Tema nº 515, a Corte concluiu positivamente, invocando os princípios da isonomia, da capacidade contributiva e da vedação ao confisco, em acórdão assim ementado:

> Recurso extraordinário. Repercussão geral. Tributário. Alcance do art. 195, §9º, da CF/88. COFINS. *Alíquotas diferenciadas em razão da atividade econômica. Instituições financeiras e entidade a elas legalmente equiparadas.* Entes objetivamente considerados. *Maior capacidade contributiva. Ausência de afronta aos princípios da isonomia, da capacidade contributiva e da vedação de confisco.*

[8] Grifos nossos.

Lei nº 10.684/03. Alíquota diferenciada. Majoração. Constitucionalidade. 1. O art. 195, §9º, da CF/88 autoriza, expressamente, desde a edição da EC nº 20/98, em relação às contribuições sociais previstas no art. 195, I, da CF/88 (o que inclui a COFINS), a adoção de alíquotas ou de bases de cálculo diferenciadas em razão, dentre outros critérios, da atividade econômica desenvolvida pelo contribuinte. 2. A imposição de alíquotas diferenciadas em razão da atividade econômica pode estar fundada nas funções fiscais ou nas funções extrafiscais da exação. *A priori, estando fundada nas funções fiscais, deve a distinção corresponder à capacidade contributiva; estando embasada nas funções extrafiscais, deve ela respeitar a proporcionalidade, a razoabilidade e o postulado da vedação do excesso.* Em todo caso, a norma de desequiparação e seu critério de discrímen (a atividade econômica) devem respeitar o conteúdo jurídico do princípio da igualdade. 3. O tratamento constante do art. 18 da Lei nº 10.684/03 é legítimo. O próprio texto constitucional permite que o faturamento ou a receita possam ser utilizados como signos presuntivos de riqueza – ambas as expressões são aptas, portanto, para receber tributação. Ele ainda possibilita, de maneira expressa (desde a EC nº 20/98), a utilização da atividade econômica como critério de discriminação para a imposição de alíquotas diferenciadas das contribuições para a seguridade social previstas no art. 195, I, da CF/88. Ademais, o fator de desigualação eleito (à primeira vista, a atividade econômica) retrata traço existente nas pessoas jurídicas referidas nos §§6º e 8º do art. 3º da Lei nº 9.718/98 que as diferencia das demais, além de possuir correlação lógica, em abstrato, com a desequiparação estabelecida, isto é, a majoração da alíquota da COFINS. 4. *Não invalida o dispositivo legal impugnado a existência de algum segmento econômico que, individualmente considerado, tenha maior capacidade contributiva em comparação com o setor financeiro.* Embora, a priori, esse outro segmento também deva ter maior colaboração para o custeio da seguridade social, é imprescindível também ter em mente que a imposição de alíquotas diferenciadas (art. 195, §9º, da CF/88) deve ser sopesada não apenas com a função fiscal da exação, mas também com suas finalidades extrafiscais, constitucionalmente amparadas. Nesse sentido, é possível que o legislador deixe de exigir essa maior colaboração visando, ponderadamente, a outros preceitos constitucionais, como, por exemplo, equalizar as desigualdades sociais. Sobre o assunto: ADI nº 1.276/SP, Tribunal Pleno, Relatora a Ministra Ellen Gracie, DJ de 29/11/02. 5. A mera existência de alguma instituição financeira (ou de pessoa jurídica a ela legalmente equiparável) com faturamento ou receita relativamente inferior à de instituição congênere ou de eventual época adversa por que passa o setor financeiro, por si só, não macula a validade do dispositivo questionado. Isso porque sua feição genérica e abstrata revela-se compatível com os princípios da isonomia e da capacidade contributiva. De mais a mais, não pode o Poder Judiciário, a pretexto de conceder tratamento em conformidade com o princípio da capacidade contributiva, excluir determinada pessoa jurídica, por razões meramente individuais, do âmbito de aplicação da alíquota majorada da COFINS prevista no dispositivo impugnado, sob pena de se conceder privilégio odioso. 6. O art. 18 da Lei nº 10.684/03 está condizente com a justiça tributária, com a equidade na forma de participação no custeio da seguridade social e com a diversidade de sua base de financiamento. 7. *Tomando por base a função fiscal da COFINS, é proporcional e razoável entender que os contribuintes que exercem atividade econômica reveladora de grande capacidade contributiva contribuam com maior grau para o custeio da seguridade social.* No caso, esse maior grau de colaboração dá-se tanto pela incidência da exação sobre os vultosos faturamentos ou sobre as volumosas receitas que auferem as pessoas jurídicas enquadradas no conceito de instituições financeiras ou as entidades legalmente equiparáveis a elas quanto pela imposição de uma alíquota diferenciada, que, em consonância com a justiça tributária, é superior à aplicável às demais pessoas jurídicas (levando-se em conta o regime comum da contribuição). 8. A jurisprudência

> da Corte aponta para o sentido da constitucionalidade do dispositivo legal ora combatido. Recentemente, o Tribunal Pleno, no exame do RE nº 598.572/SP, Relator o Ministro Edson Fachin, reconheceu ser constitucional o adicional de 2,5% na contribuição sobre a folha de salários das instituições financeiras e demais entidades legalmente equiparáveis a elas (art. 22, §1º, da Lei nº 8.212/91). Na ocasião, fixou-se a seguinte tese: "é constitucional a previsão legal de diferenciação de alíquotas em relação às contribuições previdenciárias incidentes sobre a folha de salários de instituições financeiras ou de entidades a elas legalmente equiparáveis, após a edição da EC nº 20/98". 9. Recurso extraordinário ao qual se nega provimento. 10. Em relação ao tema nº 515 da Gestão por Temas da Repercussão Geral do portal do STF na internet, proponho a seguinte tese: É constitucional a previsão legal de diferenciação de alíquotas em relação às contribuições sociais incidentes sobre o faturamento ou a receita de instituições financeiras ou de entidades a elas legalmente equiparáveis. (RE nº 656.089/MG, Tema nº 515. Rel. Min. Dias Toffoli, j. 6.6.2018) (Grifos nossos)[9]

Tratando, igualmente, de alíquotas, agora em relação à contribuição previdenciária sobre a folha de salários, o Supremo Tribunal Federal assim concluiu:

> RECURSO EXTRAORDINÁRIO COM REPERCUSSÃO GERAL RECONHECIDA. INSTITUIÇÕES FINANCEIRAS. *ALÍQUOTA ADICIONAL DE 2,5% SOBRE A CONTRIBUIÇÃO PREVIDENCIÁRIA INCIDENTE NA FOLHA DE SALÁRIOS. §2º DO ART. 3º DA LEI 7.787/1989. CONSTITUCIONALIDADE. EXAÇÃO FUNDADA NOS PRINCÍPIOS DA SOLIDARIEDADE, EQUIDADE E CAPACIDADE CONTRIBUTIVA.* POSTULADOS CONSTITUCIONAIS QUE NORTEIAM A SEGURIDADE SOCIAL. APORTES ORIGINADOS DE DISTINTAS FONTES DE CUSTEIO. INEXIGIBILIDADE DE CONTRAPARTIDA. PODER JUDICIÁRIO. ATUAÇÃO COMO LEGISLADOR POSITIVO. IMPOSSIBILIDADE. I - É constitucional a alíquota adicional de 2,5% (dois e meio por cento), estabelecida pelo §2º do art. 3º da Lei 7.787/1989, incidente sobre a folha de salários de bancos e entidades assemelhadas. II - É defeso ao Poder Judiciário atuar na condição anômala de legislador positivo, com base no princípio da isonomia, para suprimir ou equiparar alíquotas de tributos recolhidos pelas instituições financeiras em relação àquelas suportadas pelas demais pessoas jurídicas. III - Recurso extraordinário ao qual se nega provimento. (RE nº 599.309/SP. Rel. Min. Ricardo Lewandowski, j. 6.6.2018) (Grifos nossos)[10]

Desse julgado, extraiu-se a seguinte tese: "É constitucional a contribuição adicional de 2,5% (dois e meio por cento) sobre a folha de salários instituída para as instituições financeiras e assemelhadas pelo art. 3º, §2º, da Lei n. 7.787/1989, mesmo considerado o período anterior à Emenda Constitucional 20/1998".

A respeito de ambos os temas de repercussão geral, vale lembrar que, em se tratando de contribuições sociais cuja materialidade de suas hipóteses de incidência assuma a feição de imposto, o princípio da capacidade contributiva é plenamente aplicável, conforme temos defendido há muito.[11]

No julgamento da ADI nº 5.489/RJ, por seu turno, o Supremo Tribunal Federal pronunciou-se sobre aplicação do princípio da capacidade contributiva em relação à

---

[9] Disponível em: portal.stf.jus.br. Acesso em: 24 jul. 2023.

[10] Disponível em: portal.stf.jus.br. Acesso em: 24 jul. 2023.

[11] COSTA, Regina Helena. *Princípio da capacidade contributiva*. 4. ed. São Paulo: Malheiros, 2012. p. 62; 113.

taxa de polícia. Embora entendamos que tal princípio somente é aplicável aos impostos e contribuições sociais com materialidade análoga,[12] a solução apontada prestigiou a isonomia tributária, em acórdão cuja ementa é a seguinte:

> DIREITO CONSTITUCIONAL E TRIBUTÁRIO. AÇÃO DIRETA DE INCONSTITUCIONALIDADE. COMPETÊNCIA COMUM DE FISCALIZAÇÃO AMBIENTAL. TAXA DE POLÍCIA. DESPROPORCIONALIDADE DA BASE DE CÁLCULO. 1. A questão central nesta ação direta está em saber (i) se lei estadual pode instituir tributo na modalidade taxa com fundamento no poder de polícia exercido sobre a atividade de geração, transmissão e ou distribuição de energia no território do respectivo Estado; e, em sendo positiva a resposta, (ii) se o tributo estabelecido pela Lei nº 7.184/2015 do Estado do Rio de Janeiro extrapolou, de alguma forma, essa competência tributária. 2. A competência político-administrativa comum para a proteção do meio ambiente legitima a criação de tributo na modalidade taxa para remunerar a atividade de fiscalização dos Estados. 3. É legítima a inserção da energia elétrica gerada como elemento de quantificação da obrigação tributária. Razoável concluir que quanto maior a energia elétrica gerada por aquele que explora recursos energéticos, maior pode ser o impacto social e ambiental do empreendimento, e, portanto, maior também deve ser o grau de controle e fiscalização do Poder Público. 4. *No entanto, os valores de grandeza fixados pela lei estadual (1 megawatt-hora) em conjunto com o critério da energia elétrica gerada fazem com que o tributo exceda desproporcionalmente o custo da atividade estatal de fiscalização, violando o princípio da capacidade contributiva, na dimensão do custo/benefício, que deve ser aplicado às taxas.* 5. Ação direta de inconstitucionalidade julgada procedente. Fixação da seguinte tese: Viola o princípio da capacidade contributiva, na dimensão do custo/benefício, a instituição de taxa de polícia ambiental que exceda flagrante e desproporcionalmente os custos da atividade estatal de fiscalização. (ADI nº 5.489/RJ. Rel. Min. Roberto Barroso, j. 24.2.2021) (Grifos nossos)[13]

Outro acórdão cuja referência se impõe pela relevância e sensibilidade do tema envolvido foi o proferido na ADI nº 5.583/DF. Ao apreciar a ação, a Corte fixou a seguinte tese: "Na apuração do imposto sobre a renda de pessoa física, a pessoa com deficiência que supere o limite etário e seja capacitada para o trabalho pode ser considerada como dependente quando a sua remuneração não exceder as deduções autorizadas por lei".

E a ementa restou assim expressa:

> DIREITO CONSTITUCIONAL E TRIBUTÁRIO. AÇÃO DIRETA DE INCONSTITUCIONALIDADE. DEDUÇÃO DA BASE DE CÁLCULO DO IRPF. DEPENDENTE COM DEFICIÊNCIA.
>
> 1. Ação direta proposta pelo Conselho Federal da Ordem dos Advogados do Brasil contra o art. 35, III e V, da Lei nº 9.250/1995, que não qualifica como dependentes, para fins de apuração do imposto sobre a renda, as pessoas que superem o limite etário e que sejam capacitadas física e mentalmente para o trabalho. Pedido de interpretação conforme a Constituição, para que as pessoas com deficiência sejam consideradas como dependentes mesmo quando superem o limite etário e tenham capacidade laboral. 2. O pleito formulado nesta ação põe em discussão os limites da atuação do Poder Judiciário para estender determinado tratamento legal a um grupo que não fora inicialmente contemplado pelo legislador. Esse

[12] *Vide* nota de rodapé n. 2 deste texto.

[13] Disponível em: portal.stf.jus.br. Acesso em: 24 jul. 2023.

debate se torna ainda mais sensível em matéria tributária, dados os efeitos sistêmicos que uma decisão judicial pode produzir nesse campo. 3. Todavia, o tema envolve a tutela de direitos fundamentais de um grupo de pessoas vulneráveis que recebem especial proteção constitucional, especialmente após a aprovação da Convenção Internacional sobre os Direitos das Pessoas com Deficiência – CDPD com *status* de emenda à Constituição (art. 5º, §3º, da CF/1988). Por essa razão, esta Corte está autorizada a adotar uma conduta mais proativa, sem que incorra em ofensa ao princípio da separação de poderes (art. 2º da CF/1988). 4. *Ofensa à igualdade material* (art. 5º, *caput*, da CF/1988; arts. 2, 4, 5, 8 e 19 da CDPD). O art. 35, III e V, da Lei nº 9.250/1995 introduz uma discriminação indireta contra as pessoas com deficiência. A aparente neutralidade do critério da capacidade física ou mental para o trabalho oculta o efeito anti-isonômico produzido pela norma. Para a generalidade dos indivíduos, a aptidão laborativa pode ser o critério definidor da extinção da condição de dependente, tendo em vista que, sob essa circunstância, possuem chances de se alocarem no mercado de trabalho. Tal probabilidade se reduz de forma drástica quando se trata de pessoa com deficiência, cujas condições físicas ou mentais restringem intensamente as oportunidades profissionais. Portanto, não é legítimo que a lei adote o mesmo critério, ainda que objetivo, para disciplinar situações absolutamente distintas. 5. *Afronta ao direito ao trabalho* (art. 6º da CF/1988; art. 27 da CDPD). O dispositivo impugnado traz um *desestímulo* a que as pessoas com deficiência busquem alternativas para se inserir no mercado de trabalho, principalmente quando incorrem em elevadas despesas médicas – que não raro estão atreladas a deficiências mais graves. Nessa hipótese, seu genitor ou responsável deixaria de deduzir tais gastos da base de cálculo do imposto devido. E, dados os baixos salários comumente pagos a elas, tal dedução dificilmente seria possível na sua própria declaração de imposto sobre a renda. 6. *Violação do conceito constitucional de renda e da capacidade contributiva (arts. 153, III, e 145, §1º, da CF/1988). Ao adotar como critério para a perda da dependência a capacidade para o trabalho, a norma questionada presume o que normalmente acontece: o então dependente passa a arcar com as suas próprias despesas, sem mais representar um ônus financeiro para os seus genitores ou responsáveis. Todavia, não é o que ocorre, como regra, com aqueles que possuem alguém com deficiência, sobretudo grave, na família. Nesse caso, justifica-se a diminuição da base de cálculo do imposto, para que não incida sobre valores que não representam verdadeiro acréscimo patrimonial.* 7. Procedência parcial do pedido, fixando-se interpretação conforme a Constituição do art. 35, III e V, da Lei nº 9.250/1995, para estabelecer que, na apuração do imposto sobre a renda de pessoa física, a pessoa com deficiência que supere o limite etário e seja capacitada para o trabalho pode ser considerada como dependente quando a sua remuneração não exceder as deduções autorizadas por lei. 8. Fixação da seguinte tese de julgamento: "*Na apuração do imposto sobre a renda de pessoa física, a pessoa com deficiência que supere o limite etário e seja capacitada para o trabalho pode ser considerada como dependente quando a sua remuneração não exceder as deduções autorizadas por lei*". (ADI nº 5.583/DF. Rel. Min. Marco Aurélio; Red. p/ o acórdão Min. Roberto Barroso, j. 17.5.2021) (Grifos nossos)[14]

Digna de aplauso a solução abraçada, reveladora da inafastável conexão entre a tributação e o exercício de direitos fundamentais.

4.2 Jurisprudência do Superior Tribunal de Justiça

Embora o Superior Tribunal de Justiça não exerça, como regra, controle de constitucionalidade, a invocação do princípio da capacidade contributiva emerge em vários julgados para iluminar a interpretação de normas infraconstitucionais, cuja uniformização, em sede recursal, é missão precípua dessa Corte.

[14] Disponível em: portal.stf.jus.br. Acesso em: 24 jul. 2023.

Dois temas repetitivos bem demonstram tal assertiva.

O primeiro, de nº 238, foi apreciado em acórdão assim ementado:

PROCESSUAL CIVIL. RECURSO ESPECIAL REPRESENTATIVO DA CONTROVÉRSIA. ART. 543-C, DO CPC. TRIBUTÁRIO. OPÇÃO PELO SIMPLES. INSTITUIÇÕES DE ENSINO MÉDIO QUE SE DEDIQUEM EXCLUSIVAMENTE ÀS ATIVIDADES DE CRECHE, PRÉ-ESCOLAS E ENSINO FUNDAMENTAL. ARTIGO 9º, XIII, DA LEI 9.317/96. ARTIGO 1º, DA LEI 10.034/2000. LEI 10.684/2003.

1. A Lei 9.317, de 5 de dezembro de 1996 (revogada pela Lei Complementar 123, de 14 de dezembro de 2006), dispunha sobre o regime tributário das microempresas e das empresas de pequeno porte, instituindo o Sistema Integrado de Pagamento de Impostos e Contribuições das Microempresas e das Empresas de Pequeno Porte - SIMPLES. 2. O inciso XIII, do artigo 9º, do aludido diploma legal, ostentava o seguinte teor: "Art. 9º Não poderá optar pelo SIMPLES, a pessoa jurídica: [...] XIII - que preste serviços profissionais de corretor, representante comercial, despachante, ator, empresário, diretor ou produtor de espetáculos, cantor, músico, dançarino, médico, dentista, enfermeiro, veterinário, engenheiro, arquiteto, físico, químico, economista, contador, auditor, consultor, estatístico, administrador, programador, analista de sistema, advogado, psicólogo, professor, jornalista, publicitário, fisicultor, ou assemelhados, e de qualquer outra profissão cujo exercício dependa de habilitação profissional legalmente exigida; [...]" 3. A constitucionalidade do inciso XIII, do artigo 9º, da Lei 9.317/96, *uma vez não vislumbrada ofensa ao princípio da isonomia* tributária, restou assentada pelo Supremo Tribunal Federal, em sessão plenária, quando do julgamento da Medida Cautelar em Ação Direta de Inconstitucionalidade nº 1.643-DF, oportunidade em que asseverou: "... a lei tributária - esse é o caráter da Lei nº 9.317/96 - pode discriminar por motivo extrafiscal entre ramos de atividade econômica, desde que a distinção seja razoável, como na hipótese vertente, derivada de uma finalidade objetiva e se aplique a todas as pessoas da mesma classe ou categoria. *A razoabilidade da Lei nº 9.317/96 consiste em beneficiar as pessoas que não possuem habilitação profissional exigida por lei, seguramente as de menor capacidade contributiva e sem estrutura bastante para atender a complexidade burocrática comum aos empresários de maior porte e os profissionais liberais. Essa desigualdade factual justifica tratamento desigual no âmbito tributário, em favor do mais fraco, de modo a atender também à norma contida no §1º, do art. 145, da Constituição Federal, tendo-se em vista que esse favor fiscal decorre do implemento da política fiscal e econômica, visando o interesse social. Portanto, é ato discricionário que foge ao controle do Poder Judiciário, envolvendo juízo de mera conveniência e oportunidade do Poder Executivo.*" (ADI-MC 1643/UF, Rel. Ministro Maurício Corrêa, Tribunal Pleno, julgado em 30.10.1997, DJ 19.12.1997) 4. A Lei 10.034, de 24 de outubro de 2000, alterou a norma inserta na Lei 9.317/96, determinando que: "Art. 1o Ficam excetuadas da restrição de que trata o inciso XIII do art. 9o da Lei no 9.317, de 5 de dezembro de 1996, as pessoas jurídicas que se dediquem às seguintes atividades: creches, pré-escolas e estabelecimentos de ensino fundamental." 5. A Lei 10.684, de 30 de maio de 2003, em seu artigo 24, assim dispôs: "Art. 24. Os arts. 1o e 2o da Lei no 10.034, de 24 de outubro de 2000, passam a vigorar com a seguinte redação: 'Art. 1o Ficam excetuadas da restrição de que trata o inciso XIII do art. 9o da Lei no 9.317, de 5 de dezembro de 1996, as pessoas jurídicas que se dediquem exclusivamente às seguintes atividades: I - creches e pré-escolas; II - estabelecimentos de ensino fundamental; III - centros de formação de condutores de veículos automotores de transporte terrestre de passageiros e de carga; IV - agências lotéricas; V - agências terceirizadas de correios; VI - (VETADO) VII - (VETADO)' (NR) [...]" 6. A irretroatividade da Lei 10.034/2000, que excluiu as pessoas jurídicas dedicadas às atividades de creche, pré-escola e ensino fundamental das restrições à opção pelo SIMPLES, impostas pelo artigo 9º, da Lei n.º 9.317/96, restou sedimentada pelas Turmas de Direito Público desta Corte consolidaram o entendimento da irretroatividade da Lei uma vez inexistente a subsunção a quaisquer das hipóteses previstas no artigo 106, do CTN, *verbis*: "Art. 106. A lei aplica-se a ato ou fato pretérito: I - em qualquer caso, quando seja

> expressamente interpretativa, excluída a aplicação de penalidade à infração dos dispositivos interpretados; II - tratando-se de ato não definitivamente julgado: a) quando deixe de defini-lo como infração; b) quando deixe de tratá-lo como contrário a qualquer exigência de ação ou omissão, desde que não tenha sido fraudulento e não tenha implicado em falta de pagamento de tributo; c) quando lhe comine penalidade menos severa que a prevista na lei vigente ao tempo da sua prática."7. Precedentes das Turmas de Direito Público: REsp 1056956/MG, Rel. Ministro LUIZ FUX, PRIMEIRA TURMA, julgado em 26/05/2009, DJe 01/07/2009; AgRg no REsp 1043154/SP, Rel. Ministro HUMBERTO MARTINS, SEGUNDA TURMA, julgado em 18/12/2008, DJe 16/02/2009; AgRg no REsp 611.294/PB, Rel. Ministro HERMAN BENJAMIN, SEGUNDA TURMA, julgado em 26/08/2008, DJe 19/12/2008; REsp 1.042.793/RJ, Rel. Ministro José Delgado, Primeira Turma, julgado em 22.04.2008, DJe 21.05.2008; REsp 829.059/RJ, Rel. Ministra Denise Arruda, Primeira Turma, julgado em 18.12.2007, DJ 07.02.2008; e REsp 721.675/ES, Rel. Ministro Castro Meira, Segunda Turma, julgado em 23.08.2005, DJ 19.09.2005). 8. *In casu*, à data da impetração do mandado de segurança (07/07/1999), bem assim da prolatação da sentença (11/10/1999), não estava em vigor a Lei 10.034/2000, cuja irretroatividade reveste de legalidade o procedimento administrativo que inadmitiu a opção do SIMPLES pela escola recorrida. 9. Recurso Especial provido. Acórdão submetido ao regime do art. 543-C do CPC e da Resolução STJ 08/2008. (REsp nº 1.021.263/SP, Tema Repetitivo nº 238. Rel. Min. Luiz Fux, 1ª Seção, j. 25.11.2009) (Grifos nossos)[15]

Apontou-se, assim, a capacidade contributiva como fundamento a justificar a opção pelo sistema do Simples, justificando o tratamento distintivo dos contribuintes a ele sujeitos.

Assunto de bastante repercussão foi o Tema Repetitivo nº 351, relativo à incidência do imposto sobre a renda sobre benefícios previdenciários pagos acumuladamente, consoante espelha a ementa que segue:

> TRIBUTÁRIO. IMPOSTO DE RENDA PESSOA FÍSICA. AÇÃO REVISIONAL DE BENEFÍCIO PREVIDENCIÁRIO. PARCELAS ATRASADAS RECEBIDAS DE FORMA ACUMULADA. 1. O Imposto de Renda incidente sobre os benefícios pagos acumuladamente deve ser calculado de acordo com as tabelas e alíquotas vigentes à época em que os valores deveriam ter sido adimplidos, observando a renda auferida mês a mês pelo segurado. Não é legítima a cobrança de IR com parâmetro no montante global pago extemporaneamente. Precedentes do STJ. 2. Recurso Especial não provido. Acórdão sujeito ao regime do art. 543-C do CPC e do art. 8º da Resolução STJ 8/2008. (REsp nº 1.118.429/SP, Tema Repetitivo 351. Rel. Min. Herman Benjamin, 1ª Seção, j. 24.3.2010)[16]

Restou fixada a seguinte tese jurídica:

> O Imposto de Renda incidente sobre os benefícios previdenciários atrasados pagos acumuladamente deve ser calculado de acordo com as tabelas e alíquotas vigentes à época em que os valores deveriam ter sido adimplidos, observando a renda auferida mês a mês pelo segurado, não sendo legítima a cobrança de IR com parâmetro no montante global pago extemporaneamente.

Embora não mencionado na ementa, o princípio da capacidade contributiva figurou como um dos fundamentos da decisão.

---

[15] Disponível em: stj.jus.br. Acesso em: 24 jul. 2023.

[16] Disponível em: stj.jus.br. Acesso em: 24 jul. 2023.

Outro julgado relevante foi o proferido pela 1ª Turma, referente à base de cálculo do Imposto sobre Serviços, cuja ementa é do seguinte teor:

> TRIBUTÁRIO. IMPOSTO SOBRE SERVIÇOS. MENSALIDADES ESCOLARES. BASE DE CÁLCULO. VALORES REFERENTES À CORREÇÃO MONETÁRIA E AOS JUROS DE MORA DAS PARCELAS PAGAS EM ATRASO. INCLUSÃO. IMPOSSIBILIDADE.
>
> 1. *Nos termos dos arts. 1º e 7º da LC n. 116/2003, o Imposto Sobre Serviços de Qualquer Natureza - ISSQN tem como fato gerador a prestação de serviços, sendo a base de cálculo o preço do serviço, o qual, à luz dos princípios da capacidade contributiva, da legalidade e da justiça tributária, deve estar vinculado ao ganho financeiro proporcionado pelo serviço prestado. 2. Não é legal a inclusão, na base de cálculo do ISSQN, da correção monetária e dos juros de mora incidentes sobre as mensalidades atrasadas, porquanto os respectivos valores não se relacionam com a quantia, em si, da prestação do serviço, mas, condicionalmente, com a correção e a remuneração do respectivo capital.* 3. Os juros de mora têm natureza indenizatória, como se extrai do parágrafo único do art. 404 do Código Civil, razão pela qual não se pode caracterizá-los como parcela do preço do serviço. 4. Hipótese em que o recurso especial deve ser provido, porquanto não se pode entender legítima a autuação do contribuinte porque, à época do pagamento do ISSQN, pagou o tributo sem a inclusão dos juros de mora, uma vez que estes não integram o preço do serviço, mas constituem indenização inicial por eventual prejuízo decorrente da mora, a qual se dá, por sua natureza, após o vencimento da data estipulada para o pagamento da prestação do serviço.
>
> 5. Recurso especial provido. Agravo interno interposto contra o indeferimento da tutela provisória prejudicado. (REsp nº 1.584.736/SE, Rel. Min. Gurgel de Faria, j. 6.2.2018) (Grifos nossos)[17]

A orientação firmada pelo colegiado deixou claro que a observância do princípio da capacidade contributiva é exigência de justiça tributária, inviabilizando seja mensurada a aptidão para contribuir mediante a inclusão de aspectos estranhos à própria materialidade do tributo.

5 Conclusão

Consagrado em norma expressa, o princípio da capacidade contributiva teve resgatada sua merecida visibilidade pela Constituição de 1988, que lhe havia sido suprimida há mais de vinte anos, pela Emenda Constitucional nº 18, de 1965.

Essa relevante diretriz fortaleceu-se, assim, como vetor de justiça fiscal, com impacto crescente na interpretação e na aplicação das leis tributárias, como demonstrado na jurisprudência dos tribunais superiores.

Brasília, julho de 2023.

Referências

COSTA, Regina Helena. *Princípio da capacidade contributiva*. 4. ed. São Paulo: Malheiros, 2012.

SUPERIOR TRIBUNAL DE JUSTIÇA. Sítio eletrônico: stj.jus.br.

SUPREMO TRIBUNAL FEDERAL. Sítio eletrônico: portal.stf.jus.br.

[17] Disponível em: stj.jus.br. Acesso em: 24 jul. 2023.

Informação bibliográfica deste texto, conforme a NBR 6023:2018 da Associação Brasileira de Normas Técnicas (ABNT):

COSTA, Regina Helena. O princípio da capacidade contributiva e sua previsão em norma expressa na Constituição de 1988. *In*: FACHIN, Luiz Edson; BARROSO, Luís Roberto; CRUZ, Álvaro Ricardo de Souza (Coord.). *A Constituição da democracia em seus 35 anos*. Belo Horizonte: Fórum, 2023. p. 165-177. ISBN 978-65-5518-597-3.

ACESSO À JUSTIÇA E TRANSFORMAÇÃO DIGITAL: UMA PESQUISA SOBRE O AMBIENTE VIRTUAL EM QUE OCORRE A PRESTAÇÃO JURISDICIONAL

LUIZ ALBERTO GURGEL DE FARIA
RODRIGO MAIA DA FONTE

Introdução

A missiva enviada pelo Ministro Fachin como convite para participação nesta obra coletiva já antecipava a relevância da celebração dos 35 anos de promulgação da Constituição Federal, ao destacar que esta "é inequivocamente um marco histórico na trajetória do país em direção à democracia e à garantia dos direitos fundamentais". Afirmava, ainda, que "a celebração dos 35 anos da Constituição brasileira é uma oportunidade importante para refletir sobre a relevância desses avanços e sobre os desafios que ainda precisam ser enfrentados para que esses direitos sejam efetivamente garantidos a toda a população brasileira".

Inspirados nessas ideias, os coautores do presente artigo buscaram escrever texto que se inserisse no campo do acesso à justiça à luz da transformação digital pela qual passa o Poder Judiciário, por ser tema que, de uma só vez, trata de direito fundamental que teve inegável avanço após a Constituição (acesso à justiça), mas que reclama constante atenção, para que possa ser exercido em sua máxima amplitude pelos brasileiros.

Não se pretende, neste estudo, rememorar as clássicas concepções doutrinárias a respeito do acesso à justiça, nem revisitar os conceitos sobre transformação digital.

Busca-se, sobretudo, empregar tom mais pragmático, promovendo investigação empírica que ajude a compreender o quão preparado está o Judiciário para prestar seu serviço no ambiente virtual e se a digitalização da prestação jurisdicional já pode ampliar o acesso à justiça.

Visando contribuir com a construção de uma pequena peça desse "quebra-cabeça" em formação, tencionou-se avaliar, neste artigo, como a migração da prestação do serviço judicial para o ambiente (completa ou preponderantemente) virtual tem sido percebida por componente central da prestação jurisdicional: os magistrados.

O presente trabalho, pois, emprega pesquisa qualitativa (entrevistas semiestruturadas), realizada por um dos coescritores deste texto com juízes do Brasil, das mais diversas competências, a respeito da prestação jurisdicional virtual, oportunidade em que se pretendeu perquirir se o serviço judicial completa ou preponderantemente virtual, de modo geral, tem sido considerado exitoso pelos magistrados de primeiro grau.

Ao mesmo tempo, buscou-se identificar quais poderiam ser, na visão dos juízes, os obstáculos que hoje teriam que ser superados caso se desejasse ampliar o alcance do modelo de juízo 100% digital do CNJ, de modo a mitigar a associação entre o serviço judicial e o espaço físico das varas.

O artigo encontra-se estruturado em quatro partes: a primeira seção aborda o cenário de migração do serviço judicial do ambiente físico para o digital e a relação dessa transformação quanto ao direito de acesso à justiça; a segunda parte evidencia a metodologia empregada para elaboração da pesquisa; o terceiro item apresenta os resultados desta última; a quarta parte é conclusiva em relação ao artigo.

1 Transformação digital e acesso à justiça

A informatização dos processos judiciais atingiu, em 2019, montante equivalente a 90% dos feitos iniciados naquele ano.[1] Todavia, no mesmo período, a prestação do serviço judicial ainda era bastante vinculada à existência física/material da unidade jurisdicional e dos agentes públicos nesta. É que os magistrados e servidores, em regra, deveriam desempenhar suas funções no espaço físico da sede da vara, sendo o trabalho telepresencial a exceção.[2]

A necessidade de repensar essa relação de dependência entre a prestação jurisdicional e o espaço físico/sede do juízo, porém, tornou-se evidente após a irrupção da pandemia de Covid-19.[3] Entre os atos normativos, a Resolução CNJ nº 313/2020 determinou a suspensão do trabalho presencial de magistrados, servidores, estagiários e colaboradores, assegurando apenas a manutenção de serviços essenciais em cada tribunal.

Além disso, desde a virada do século, tecnologia, digitalização e automação estão revolucionando as organizações e as relações humanas. A existência de bilhões de pessoas conectadas por meio da internet, o aumento exponencial da capacidade de armazenar e processar dados e as constantes inovações tecnológicas implicaram transformações

---

1 CONSELHO NACIONAL DE JUSTIÇA. *Justiça em Números, 2020*. Brasília: Conselho Nacional de Justiça, 2020. Disponível em: https://www.cnj.jus.br/wp-content/uploads/2020/08/WEB-V3-Justi%C3%A7a-em-N%C3%BAmeros-2020-atualizado-em-25-08-2020.pdf. Acesso em: 27 jul. 2023.

2 Cite-se, exemplificativamente, a Resolução do Conselho Nacional de Justiça (CNJ) nº 227/2016, que regulamenta o teletrabalho no âmbito do Poder Judiciário. Em sua previsão originária, embora a norma autorizasse que as atividades dos servidores pudessem ser executadas fora de suas dependências físicas, de forma remota, sob a denominação de teletrabalho (art. 1º), disciplinava que a quantidade de servidores em teletrabalho, por unidade, estava limitada, de rigor, a 30% de sua lotação (art. 5º, III), a se confirmar que o serviço telepresencial era exceção à regra. Além disso, a regulamentação não abrangia os magistrados.

3 NUNES, Dirlene; PAOLINELLI, Camilla. Acesso à justiça e virada tecnológica no sistema de justiça brasileiro: gestão tecnológica de disputas e o alinhamento de expectativas para uma transformação com foco no cidadão – Novos designs, arquitetura de escolhas e tratamento adequado de disputas. *In*: NUNES, Dirlene; WERNECK, Isadora; LUCON, Paulo Henrique dos Santos (Coord.). *Direito processual e tecnologia*: os impactos da virada tecnológica no âmbito mundial. São Paulo: JusPodivm, 2022.

sociais profundas na forma como trabalhamos, nos comunicamos, nos informamos e até nos divertimos.[4]

O mesmo processo disruptivo impacta nossos governos e instituições. Ainda que em ritmo mais lento, as novas tecnologias de informação e comunicação modificaram as configurações do próprio Estado, que delas se valem para prestação de serviços públicos.[5] "Estruturalmente, o setor público se torna mais complexo e especializado, desempenhando tarefas cada vez mais específicas e utilizando mais tecnologia moderna ao longo do tempo".[6]

O Poder Judiciário se encontra diante desse mesmo cenário. Algumas ações protagonizadas pelo Conselho Nacional de Justiça sinalizam tal mudança. A Resolução CNJ nº 335/2020 criou a Plataforma Digital do Poder Judiciário Brasileiro PDPJ-Br; a Resolução CNJ nº 345/2020 disciplinou o funcionamento de unidades judiciárias de forma totalmente virtual, com a criação do Juízo 100% Digital; a Resolução CNJ nº 385/2021 criou os Núcleos de Justiça 4.0, o que permite que causas mais específicas do direito possam ser judicializadas independentemente da localidade onde a demanda tenha se originado; e, por fim, o CNJ lançou o Balcão Virtual, tornando "permanente o acesso remoto direto e imediato dos usuários dos serviços da Justiça às secretarias das Varas em todo o país".[7]

A conjugação de todas as normas acima citadas acaba constituindo o microssistema (ou subsistema) do sistema jurídico (ou do ordenamento jurídico positivo) brasileiro específico para o tema,[8] que procura promover o acesso à chamada justiça digital.[9]

No Brasil, o acesso digital (número de domicílios com acesso à internet) já contempla mais de 70% da população e o número cresce exponencialmente,[10] informação que se soma aos elementos acima destacados e oferece a visão prospectiva sobre a digitalização do serviço judicial.

Assim, a conjugação dos fatores acima citados tornou mais fácil enxergar a jurisdição de maneira mais ampla do que apenas vinculada à ideia de um imóvel/local onde um

---

[4] SCHWAB, Klaus. *A Quarta Revolução Industrial*. São Paulo: Edipro, 2016.

[5] PIAIA, Thami Covatti; COSTA, Bárbara Silva; WILLERS, Miriane Maria. Quarta Revolução Industrial e a proteção do indivíduo na sociedade digital: desafios para o Direito. *Paradigma*, Ribeirão Preto, v. 28, p. 122-140, 2019. Quadrimestral.

[6] CORRÊA, Priscilla Pereira Costa. *Direito e desenvolvimento*: aspectos relevantes do judiciário brasileiro sob a ótica econômica. Brasília: Conselho da Justiça Federal, Centro de Estudos Judiciários, 2014.

[7] CONSELHO NACIONAL DE JUSTIÇA. *Justiça em Números, 2021*. Brasília: Conselho Nacional de Justiça, 2021. Disponível em: https://www.cnj.jus.br/wp-content/uploads/2021/11/relatorio-justica-em-numeros2021-221121.pdf. Acesso em: 27 jul. 2023.

[8] PORTO, Fábio Ribeiro. O microssistema de justiça digital instituído pelas resoluções CNJ nº 335/2020, 345/2020, 354/2020, 372/2021, 385/2021 e 398/2021. *Direito em Movimento*, v. 19, n. 2, p. 130-152, dez. 2021. ISSN 2238-7110. Disponível em: https://emerj.com.br/ojs/seer/index.php/direitoemmovimento/article/view/371. Acesso em: 27 jul. 2023.

[9] NUNES, Dirlene; PAOLINELLI, Camilla. Acesso à justiça e virada tecnológica no sistema de justiça brasileiro: gestão tecnológica de disputas e o alinhamento de expectativas para uma transformação com foco no cidadão – Novos designs, arquitetura de escolhas e tratamento adequado de disputas. *In*: NUNES, Dirlene; WERNECK, Isadora; LUCON, Paulo Henrique dos Santos (Coord.). *Direito processual e tecnologia*: os impactos da virada tecnológica no âmbito mundial. São Paulo: JusPodivm, 2022.

[10] SENNER, Fábio (Coord.). *Survey on the use of information and communication technologies in Brazilian households*: ICT Households 2019. 1. ed. São Paulo: Comitê Gestor da Internet no Brasil, 2020. p. 25. Disponível em: https://cetic.br/media/docs/publicacoes/2/20201123121817/tic_dom_2019_livro_eletronico.pdf. Acesso em: 27 jul. 2023.

serviço é prestado, permitindo-se visualizar a existência do Judiciário como serviço em si mesmo,[11] inclusive desmaterializado.

Essa mudança tem grande potencial para impactar positivamente o direito de acesso à justiça.

É que, com a transmutação da prestação jurisdicional do meio físico para o digital, os alicerces clássicos nos quais sustentada a lógica de organização do Poder Judiciário (relacionada ao espaço físico/material/geográfico) certamente foram abalados, e esse impacto deve ter reflexos no direito de acesso à justiça, no mínimo porque atualmente o acesso ao Judiciário (do usuário mais pobre ao mais rico) é quase totalmente realizado pela internet, em ambiente digital.[12]

Além do mais, o uso de novas tecnologias pode contribuir para aprimorar o sistema de justiça e, consequentemente, "para melhoria da gestão dos conflitos, com o objetivo de redistribuir o acesso à justiça".[13] Exemplificativamente, registre-se que "a atividade de resolução de conflitos em ambiente virtual, com seu enorme banco de dados, fornece imensa oportunidade para prevenção, gestão adequada e resolução de conflitos".[14]

Aliás, uma vez que, como visto anteriormente, a quase totalidade dos novos processos é distribuída de maneira eletrônica, a maior parte dos conflitos, atualmente, desenvolve-se nesse meio, fornecendo dados digitalizados, reforçando-se a ideia de que o estudo "empírico desses dados, feito com base em análises estatísticas, pode ajudar a obter soluções e recomendações voltadas à prevenção de litígios e à criação de incentivos para a desjudicialização".[15]

Em suma, a transformação digital, que tem influenciado de maneira exponencial a organização do Judiciário, possui bastante potencial para figurar como uma importante ferramenta de acesso à justiça, seja por aumentar o alcance da faceta mais básica dessa garantia fundamental (exercício do direito de ação), seja como mecanismo de melhoria do próprio serviço (judicial) prestado, pois pode contribuir para reduzir o fenômeno da judicialização excessiva no Brasil, o qual contava com um acervo de 73 milhões de processos pendentes em dezembro de 2022.[16]

---

[11] SUSSKIND, Richards. *Online courts and the future of justice*. Oxford: Oxford University Press, 2019.

[12] 97,2% dos novos processos de 2021 foram distribuídos em meio eletrônico (CONSELHO NACIONAL DE JUSTIÇA. *Justiça em Números, 2022*. Brasília: Conselho Nacional de Justiça, 2022. Disponível em: https://www.cnj.jus.br/wp-content/uploads/2022/09/justica-em-numeros-2022-1.pdf. Acesso em: 27 jul. 2023).

[13] NUNES, Dirlene; PAOLINELLI, Camilla. Acesso à justiça e virada tecnológica no sistema de justiça brasileiro: gestão tecnológica de disputas e o alinhamento de expectativas para uma transformação com foco no cidadão – Novos designs, arquitetura de escolhas e tratamento adequado de disputas. *In*: NUNES, Dirlene; WERNECK, Isadora; LUCON, Paulo Henrique dos Santos (Coord.). *Direito processual e tecnologia*: os impactos da virada tecnológica no âmbito mundial. São Paulo: JusPodivm, 2022.

[14] NUNES, Dirlene; PAOLINELLI, Camilla. Acesso à justiça e virada tecnológica no sistema de justiça brasileiro: gestão tecnológica de disputas e o alinhamento de expectativas para uma transformação com foco no cidadão – Novos designs, arquitetura de escolhas e tratamento adequado de disputas. *In*: NUNES, Dirlene; WERNECK, Isadora; LUCON, Paulo Henrique dos Santos (Coord.). *Direito processual e tecnologia*: os impactos da virada tecnológica no âmbito mundial. São Paulo: JusPodivm, 2022.

[15] TAUK, Caroline Someson; CORREA, Priscilla Pereira Costa. O uso da jurimetria nos litígios previdenciários. *In*: NUNES, Dirlene; WERNECK, Isadora; LUCON, Paulo Henrique dos Santos (Coord.). *Direito processual e tecnologia*: os impactos da virada tecnológica no âmbito mundial. São Paulo: JusPodivm, 2022.

[16] CONSELHO NACIONAL DE JUSTIÇA. *Justiça em Números, 2022*. Brasília: Conselho Nacional de Justiça, 2022. Disponível em: https://www.cnj.jus.br/wp-content/uploads/2022/09/justica-em-numeros-2022-1.pdf. Acesso em: 27 jul. 2023.

2 A metodologia

Como dito anteriormente, este artigo se debruça sobre o seguinte problema: o quão preparado está o Judiciário a prestar seu serviço no ambiente virtual?

O objetivo geral deste trabalho, por sua vez, consiste em responder tal questão à luz do resultado das entrevistas realizadas para o desenvolvimento deste artigo. Ou seja, não se pretende apresentar resposta unívoca ou com precisão matemática, mas identificar tendências, a partir das respostas dos entrevistados, que possam contribuir com esse debate.

Para responder ao problema e atingir o fim colimado com este artigo, utilizou-se a investigação realizada por um dos coautores deste texto, na oportunidade em que desenvolveu pesquisa qualitativa por meio de entrevistas semiestruturadas.[17]

A escolha de usar uma pesquisa de natureza qualitativa se deveu a dois fatores principais: primeiro porque se antevia a necessidade de realização de mergulho em profundidade na realidade do tema investigado, de modo a se coletar como os sujeitos percebem e significam a prestação jurisdicional virtual –[18] e esse propósito poderia ser mais bem explorado por meio das entrevistas com quem, na prática, estava desempenhando o serviço dessa maneira –; segundo porquanto foi considerado que a prestação jurisdicional total ou preponderantemente virtual ainda estaria em sua fase embrionária e tinha sido pouco desenvolvida na prática pelos magistrados, já que o tema é bastante atual, razão pela qual uma pesquisa qualitativa praticada por meio de entrevistas poderia apresentar resultados muito relevantes.[19]

Como o estudo buscava investigar com mais profundidade algumas percepções dos entrevistados sobre a prestação jurisdicional virtual, a escolha de entrevista semiestruturada ocorreu para que se pudessem combinar perguntas fechadas e abertas, de modo que o informante tivesse a possibilidade de discorrer melhor sobre o tema proposto.[20] Isto é, durante as entrevistas, foram formuladas perguntas padronizadas para nortear a conversa, mas se permitiu que o pesquisador conduzisse a discussão com perguntas de esclarecimento, possibilitando "cobertura mais profunda sobre determinados assuntos".[21]

Escolhidos os métodos e técnicas, promoveu-se a preparação para a entrevista.

A princípio, foi elaborado o roteiro que continha várias perguntas, mas as utilizadas neste trabalho foram as direcionadas a saber se a prestação jurisdicional completa ou preponderantemente virtual tem sido considerada exitosa pelos magistrados brasileiros; e

---

[17] FONTE, Rodrigo Maia da. *Serviço judicial digital*: a percepção de magistrados brasileiros sobre o futuro do judiciário. Dissertação (Mestrado) – Enfam – Escola Nacional de Formação e Aperfeiçoamento de Magistrados, Brasília, 2022.

[18] DUARTE, Rosália. Entrevistas em pesquisas qualitativas. *Educar em Revista*, Curitiba, v. 24, p. 213-225, 2004.

[19] VILAROUCA, Márcio Grijó; RIBEIRO, Ludmila Mendonça Lopes. Como devo fazer entrevistas? *In*: QUEIROZ, Rafael Mafei Rabelo; FEFERBAUM, Marina (Coord.). *Metodologia da pesquisa em direito*: técnicas e abordagens para elaboração de monografias, dissertações e teses. 2. ed. São Paulo: Saraiva, 2019. p. 253-281.

[20] BONI, Valdete; QUARESMA, Sílvia Jurema. Aprendendo a entrevistar: como fazer entrevistas em ciências sociais. *Revista Eletrônica dos Pós-Graduandos em Sociologia Política da UFSC*, v. 2, n. 1, p. 68-80, 2005. Semestral. Disponível em: https://periodicos.ufsc.br/index.php/emtese/article/view/18027/16976. Acesso em: 20 abr. 2022.

[21] BONI, Valdete; QUARESMA, Sílvia Jurema. Aprendendo a entrevistar: como fazer entrevistas em ciências sociais. *Revista Eletrônica dos Pós-Graduandos em Sociologia Política da UFSC*, v. 2, n. 1, p. 68-80, 2005. Semestral. Disponível em: https://periodicos.ufsc.br/index.php/emtese/article/view/18027/16976. Acesso em: 20 abr. 2022.

quais poderiam ser, na visão dos juízes, os obstáculos que hoje teriam que ser superados caso se desejasse ampliar o alcance do modelo de juízo 100% digital do CNJ, de modo a mitigar a associação entre o serviço judicial e o espaço físico das varas.

Após, foram selecionados e entrevistados dezesseis juízes atuantes em distintas competências processuais.

Uma vez que a seleção dos respondentes não se pautou em critério exclusivamente objetivo (exemplo: oitiva de todos os juízes de determinado espaço geográfico), visou-se obter amostra de participantes que fosse heterogênea, de modo a mitigar o viés subjetivo do pesquisador na seleção dos entrevistados.

Procurou-se, portanto, selecionar amostra de juízes atuantes em distintas competências processuais, tanto no interior dos estados como nas capitais, contemplando todas as regiões geográficas do país, todos os Tribunais de Justiça de grande porte,[22] todos os Tribunais Regionais Federais, magistrados da Justiça Federal, Estadual e do Trabalho, entrevistados com idade entre 35 e 60 anos, e divididos proporcionalmente por gênero.

Registre-se, ainda, que metade dos entrevistados tinha aderido ao programa do Juízo 100% Digital no momento das entrevistas, e a outra metade, não.

As entrevistas ocorreram entre agosto de 2021 e maio de 2022.

3 Realização e achados da pesquisa

A princípio, embora a realização de pesquisa qualitativa não tenha como principal objetivo buscar resultados estatísticos/numéricos, no caso, a proporção das respostas dadas à primeira indagação investigada apresentou achado importante, que não poderia ser ignorado.

Ao reagirem à pergunta "na sua opinião, a experiência da tramitação de processos integralmente virtual tem sido exitosa?", quatorze, dos dezesseis entrevistados, responderam positivamente. Em outras palavras, 87,5% dos entrevistados consideram positivo o aumento do alcance da prática de atos virtuais.

Registre-se, ainda, que a pergunta em exame foi formulada esperando-se, nesse ponto, manifestações mais objetivas. Porém, ainda assim, foi possível sumarizar, a partir das respostas, alguns fatores externados como fundamentais para o caráter positivo da percepção dos entrevistados, os quais são aqui citados exemplificativamente: a praticidade gerada pelo atendimento virtual, teletrabalho e teleaudiências, dispensando o deslocamento de partes, procuradores, juízes e servidores à sede das varas, especialmente em relação àqueles residentes em localidades distantes da unidade física; a superação da necessidade de expedição de cartas precatórias e rogatórias; o aumento da produtividade relacionado ao teletrabalho; as ferramentas de automação cada vez melhores com a melhoria do processo eletrônico; e a economia de recursos com material de escritório e manutenção de imóveis.

[22] CONSELHO NACIONAL DE JUSTIÇA. *Justiça em Números, 2022*. Brasília: Conselho Nacional de Justiça, 2022. Disponível em: https://www.cnj.jus.br/wp-content/uploads/2022/09/justica-em-numeros-2022-1.pdf. Acesso em: 27 jul. 2023.

Resta apresentar as respostas à segunda pergunta, qual seja: que tipo de barreiras o entrevistado apontaria como obstáculos à transformação dessa unidade em vara completamente virtual?

Antes de sistematizar as manifestações colhidas em relação à pergunta agora em foco, é relevante destacar um achado específico verificado a partir de algumas respostas dadas pelos entrevistados, que levaram à mudança de compreensão do próprio problema de pesquisa ínsito à questão em exame.

É que a pergunta indagava que tipo de barreiras o entrevistado apontaria como obstáculos à transformação da respectiva unidade em uma vara completamente virtual, e aqui se pensou, inicialmente, numa unidade em que todos os atos praticados fossem virtuais, inclusive os de comunicação processual (citação e intimação eletrônica pelo sistema, *e-mail*, WhatsApp ou outra ferramenta) e perícias e audiências (telepresenciais).

Extraiu-se das respostas, porém, que os respondentes tiveram a percepção de que a ideia era entender o que precisaria ser superado para que a unidade em que eles atuavam deixasse de ter uma sede física e passasse a existir de maneira exclusivamente digital, sem que necessariamente todos os atos fossem praticados de maneira virtual.

Um exemplo pode tornar mais clara a singela diferença: os magistrados de competência trabalhista e os da execução fiscal, em resposta à pergunta acima destacada, não reportaram obstáculos materiais à transformação daquelas unidades em uma vara completamente virtual. Porém, durante a entrevista, mencionaram que realizavam a maioria das citações por carta, portanto, em meio físico. Assim, para os entrevistados, era possível que a unidade passasse a ser integralmente digital, desvinculada de sede material, porque, embora a citação se operasse por meio físico, não se necessitaria da sede da unidade para praticá-la.

Essa troca de experiência entre o entrevistador e o entrevistado resultou numa abertura quanto à identificação dos achados relevantes. Buscou-se, nas respostas, tentar identificar, ouvindo magistrados das mais diferentes realidades e competências, o que poderia, atualmente, figurar como um empecilho à manutenção ou aumento da prestação jurisdicional virtual. E mais: quais as competências ou unidades que possivelmente já permitiriam desenvolver o serviço judicial independentemente da existência material de uma sede, isto é, estariam mais adaptadas ao ambiente integralmente virtual.

Serão listadas, na sequência, as impressões colhidas dos magistrados entrevistados, na ordem em que ocorreram as entrevistas:

1) Juiz Federal titular da 25ª Vara (Iguatu) da Seção Judiciária do Ceará, do Tribunal Regional Federal da 5ª Região, com competência plena (cível, criminal, execução fiscal e juizado adjunto).

O entrevistado encontrou resistência dos peritos para a realização de teleperícias, mesmo diante da Resolução CNJ nº 317/2020, a qual admitiu a realização de perícias virtuais nos casos de benefícios por incapacidade. Por ser tratar de uma unidade com a atuação de Juizado Especial Federal adjunto, com a maioria do acervo tramitando nesse subsistema, entendeu o respondente que a necessidade de realização das perícias presenciais poderia figurar como obstáculo a ser superado caso se tencionasse transformar a unidade em questão em juízo integralmente virtual. Além disso, o respondente informou que, nos casos dos benefícios assistenciais, ele costuma autorizar a realização de inspeção *in loco* para verificar as condições socioeconômicas dos autores dessas ações, o que também reclamaria a presença física do oficial de justiça ou assistente social. Por fim, destacou o entrevistado que, por estar a unidade localizada no interior do Ceará, algumas partes ainda apresentam certa dificuldade de acesso à internet ou a equipamentos capazes de garantir a telepresença delas, o que poderia exigir a presença física do interessado na sede do juízo ou em outro local capaz de atender a essa necessidade.

2) Juiz de Direito substituto da Vara de Infância e Juventude de Jaboatão dos Guararapes, do Tribunal de Justiça de Pernambuco.

O respondente indicou que o principal obstáculo que teria que ser enfrentado para transformar a unidade em que atua em completamente virtual seria de natureza cultural. No entender dele, há uma resistência geral ao "novo", que pode dificultar o aumento do alcance da prestação jurisdicional completamente virtual. Compreende que a administração dos Tribunais tende a ser mais conservadora e que, portanto, pode se posicionar de maneira contrária a experiências dessa natureza. Isso, na visão do entrevistado, pode ser ainda mais comum em Tribunais cuja composição seja de magistrados mais antigos na carreira, refratários às novidades do processo judicial eletrônico e às novas ideias de gestão. Citou o exemplo do Tribunal de Justiça de São Paulo, que, ao regulamentar o teletrabalho dos magistrados, admitiu apenas um dia durante a semana da atuação a distância. Entende ainda que a Ordem dos Advogados do Brasil – OAB pode se posicionar contra a expansão do serviço judicial digital, por receio de que os advogados possam perder o suposto poder de convencimento no contato físico e pessoal com os magistrados nas reuniões extraprocessuais (popularmente conhecidas como "despachar" com o juiz).

Considerou ainda a dificuldade inicial que algumas partes poderiam ter de acessar os sistemas e se fazerem presentes na audiência sem a companhia de alguém para dar assistência.

3) Juiz de Direito titular da 6ª Vara de Família de Porto Alegre, do Tribunal de Justiça do Rio Grande do Sul.

Como titular de uma vara de família, o entrevistado ressaltou que, no seu entender, no geral, não enxergaria grandes óbices para transformar a sua unidade em um juízo completamente virtual. Mencionou, porém, que, na realização de audiências em que a participação de um menor fosse fundamental, exigir-se-ia a presença deste em uma sala segura e distinta do ambiente familiar, para garantia de maior fidedignidade das informações dadas por ele no ato. É que, no entender do respondente, em regra, o menor se encontra na guarda de um dos pais e, se as audiências fossem realizadas na residência das partes, não haveria como garantir que o menor estaria sozinho, podendo-se, pelo contrário, até pressupor que estaria na companhia de um dos pais, o que poderia esmorecer o próprio sentido do ato.

4) Juiz Federal titular da 15ª Vara (Porto Alegre) da Seção Judiciária do Rio Grande do Sul, do Tribunal Regional Federal da 4ª Região, especializada em matéria previdenciária (rito comum e de juizado especial).

O respondente, a princípio, não indicou obstáculos para a transformação da unidade por ele gerida em um modelo completamente virtual. Destacou não se lembrar de nenhuma barreira, na prática, que vivenciou e que pudesse impedir o funcionamento virtual da unidade. Porém, ressaltou que poderia eventualmente necessitar de um espaço físico para a realização de uma audiência excepcional em que nem a parte nem o advogado tivessem estrutura de aparelho ou internet suficiente para comparecer de maneira telepresencial a alguma audiência. Observou, ainda, que eventualmente alguma perícia também poderia exigir a presença física da parte junto ao perito, o qual poderia não ter consultório próprio, fato que necessitaria de sala da própria justiça.

5) Juíza de Direito titular da 2ª Vara da Comarca de Aparecida do Taboado, do Tribunal de Justiça do Mato Grosso do Sul, com competências cível e criminal residuais e exclusiva em infância e adolescência, protetiva e infracional.

A entrevistada destacou os casos dos excluídos digitais como impeditivo para a transformação da unidade em uma completamente virtual, embora tenha destacado ter se surpreendido com a quantidade de pessoas que conseguiram se fazer presentes de maneira digital, mencionando que conseguiu realizar ato telepresencial com indígena localizado numa aldeia e outro com uma parte em uma fazenda distante da zona rural do Mato Grosso do Sul.

A magistrada observou, ainda, que os casos relacionados à competência da infância protetiva exigem eventualmente o contato físico e pessoal da respondente e/ou dos técnicos com as crianças ou adolescentes. Segundo a respondente, esses menores já se encontram em um estado de vulnerabilidade tão grande que tendem a desconfiar de adultos, e o contato digital poderia implicar um distanciamento emocional não recomendado para a competência. O contato físico permite a transmissão de atos de cuidado (um abraço, por exemplo) mais humanos, essenciais na aproximação com os menores e no acolhimento destes, e seriam fundamentais para a criação de uma relação de confiança mais sólida.

6) Juiz Federal titular da 13ª Vara (Recife) da Seção Judiciária de Pernambuco, do Tribunal Regional Federal da 5ª Região, com competência exclusivamente criminal.

Entende que, hoje, os maiores obstáculos para que a unidade da qual é gestor funcione de modo completamente virtual seriam de natureza normativa. Ressalta que deveria haver uma modernização do Código de Processo Penal no que toca à admissão de citação eletrônica, bem como a alteração do ato normativo que disciplina as audiências de custódia, para que se autorizasse, de maneira perene e expressa, a prática daqueles atos de maneira telepresencial.

7) Juiz Federal titular da 13ª Vara (João Pessoa) da Seção Judiciária da Paraíba, do Tribunal Regional Federal da 5ª Região, com competência para processos

de matéria previdenciária do Regime Geral de Previdência Social e relativos aos benefícios assistenciais da Lei Orgânica da Assistência Social.

O entrevistado registrou que durante a pandemia facultou às partes a participação nas audiências de maneira telepresencial, desde que não houvesse o contato delas com os advogados no mesmo ambiente – em razão das medidas de segurança e isolamento –, e que a maioria do jurisdicionado optou por aguardar a audiência presencial. O respondente entende que a exigência da realização dos atos nessas condições e o fato de que muitas partes que litigam naquele Juízo não tinham o devido acesso aos aparelhos e/ou internet necessários à participação nas audiências virtuais justificariam a baixa adesão ao ato nesse modelo digital. Observou ainda que, durante as audiências realizadas virtualmente, vivenciou incidentes que sugeririam a presença de outras pessoas ocultas à gravação e que poderiam estar prestando algum tipo suporte ao depoente, com potencial de diminuir a fidedignidade das informações apresentadas.

Quanto às perícias, o magistrado mencionou que um número muito baixo de profissionais concordou em realizá-las de maneira virtual, implicando uma quantidade muito inferior à necessária para dar vazão à demanda desses casos. Além disso, informou que, nos casos em que a perícia foi realizada de maneira remota, o INSS, principal demandado nos Juizados Federais, impugnou o ato, provocando a necessidade de exame das impugnações em todos esses processos.

Em razão do somatório desses fatores, o respondente entendeu que a transformação da sua unidade em vara completamente virtual pressuporia a superação das questões acima relacionadas, seja em relação às audiências, seja no tocante às perícias, especialmente porque qualquer obstáculo à realização desses atos teria grande potencial de implicar aumento de acervo daquela Vara e do tempo de duração médio dos processos que ali tramitam.

8) Juiz Federal titular da 10ª Vara (São Paulo) da Seção Judiciária de São Paulo, do Tribunal Regional Federal da 3ª Região, com competência exclusiva para execução fiscal.

O entrevistado não vê nenhum obstáculo à transformação da unidade da qual é gestor em vara totalmente virtual, inclusive já tendo se colocado à disposição para pôr em prática a experiência.

9) Juíza do Trabalho substituta da 4ª Vara de João Pessoa, do Tribunal Regional do Trabalho da Paraíba.

A entrevistada informou que o trabalho poderia ser desenvolvido de maneira completamente virtual na unidade em que atua. Mencionou apenas que seria interessante a confirmação de que todos os agentes que ali trabalham estão com a estrutura de equipamentos suficiente para a prestação do serviço, bem como teria que se possibilitar a verificação da ergonomia para se aferir se os ambientes fora de uma sede da justiça estariam adequados para o desempenho do trabalho.

10) Juíza do Trabalho da 4ª Vara de Parauapebas, do Tribunal Regional do Trabalho do Amapá e Pará.

A entrevistada também informou que o trabalho poderia ser desenvolvido de maneira completamente virtual na unidade em que atua, ressaltando, porém, que eventualmente algum caso de exclusão digital poderia exigir a presença física da parte ou procurador em uma sala do Poder Judiciário.

11) Juíza de Direito da 1ª Vara Criminal do Tribunal de Justiça de Minas Gerais.

A respondente indicou, ao longo da entrevista, alguns obstáculos à transformação da sua unidade em vara completamente virtual, como: nem todos os serventuários, estagiários e terceirizados tem o token de acesso ao sistema PJe; ainda há quantitativo considerável de processos físicos; precisaria de telefones funcionais; as citações, em regra, ainda são praticadas de maneira presencial; as audiências de custódias teriam que ficar vinculadas a alguma "central" que não atuasse virtualmente.

12) Juíza Federal Titular da 4ª Vara Federal da Seção Judiciária do Amazonas, do Tribunal Regional Federal da 1ª Região, com competência exclusivamente criminal.

A entrevistada informou que o maior problema seria quanto à prática da citação, que hoje, no entender dela, deve ser presencial. Também teria que haver ajuste normativo em relação às audiências de custódia, para se admitir expressamente o ato telepresencial.

13) Juíza de Direito da 6ª Vara do Juizado Cível e Criminal de Londrina, do Tribunal de Justiça do Paraná.

Sobre a possibilidade de transformação em vara digital, mencionou que teria que haver alteração na cultura dos jurisdicionados para melhor compreensão do ambiente completamente virtual. Segundo a entrevistada, muitas partes pugnam pelo "100% digital", mas nem sequer informam meio para contato virtual. Além disso, a unidade em que trabalha acolhe partes sem advogado (pela atermação), e esse contato, muitas vezes, é realizado no balcão físico da unidade, o que também seria uma dificuldade a superar.

14) Juíza de Direito da 6ª Vara Cível da Comarca do Rio de Janeiro, do Tribunal de Justiça do Rio de Janeiro.

Destacou como barreiras a serem superadas para a transformação digital da sua unidade: necessidade de digitalizar dois mil processos e de vencer a barreira cultural. A entrevistada enxerga que acabar a relação (vida social) entre os servidores seria muito impactante. Apontou ainda a dependência de muitos expedientes de comunicação eletrônica como óbice e salientou que o atendimento ainda é frequentemente realizado fisicamente.

15) Juíza de Direito da Comarca de Arujá (região metropolitana de São Paulo/SP), do Tribunal de Justiça de São Paulo, com competência cumulativa (cível e penal, inclusive Tribunal do Júri).

A entrevistada, em relação às barreiras, lembrou da existência de acervo físico considerável, e da realização de atos de comunicação pela via física (citação ou intimação por carta ou oficial de justiça). Salientou, ainda, a necessidade de realização de atos presenciais (ex.: Tribunal do Júri e reconhecimento de pessoa no bojo do processo penal), bem como a dificuldade que existiria com a questão da perda do contato humano.

16) Juiz Federal Substituto da 3ª Vara Federal da Seção Judiciária do Espírito Santo, do Tribunal Regional Federal da 2ª Região, com competência exclusiva para execução fiscal.

O juiz não indicou obstáculos à transformação da unidade da qual é gestor em vara totalmente virtual, mas ressaltou que precisaria dar destino ao acervo dos processos físicos arquivados.

3.1 Considerações

Observa-se que, de maneira geral, as unidades responsáveis pelas competências cíveis de procedimentos comuns, as varas de execuções fiscais e as varas trabalhistas, da capital ou do interior, notadamente aquelas com o acervo total ou quase totalmente digital, comportariam preservar o alcance da prestação jurisdicional virtual, ampliado pela pandemia de Covid-19, especialmente em relação às audiências virtuais, comunicação digital dos atos processuais (citação, notificação e intimações) e teletrabalho dos magistrados e servidores.

As mesmas unidades permitem até mesmo se pensar na possibilidade de extinção física delas, admitindo a sua existência sem sede material, prestando-se o serviço de modo digital. Quando não possível a desvinculação total da vara a um espaço físico, como no caso das unidades com competência cível de direito de família e proteção à infância e juventude, bastaria, pelo que se colhe das entrevistas, a manutenção de uma sala no fórum, adequada para a realização dos poucos atos que reclamariam contato presencial.

Inclusive, nessa última hipótese, uma vez que a necessidade de utilização do espaço físico seria esporádica em relação a cada juízo, bastaria um único e mesmo local que pudesse ser usado por múltiplas unidades, em regime de revezamento e colaboração. Isso permitiria, por exemplo, cogitar a extinção de sedes materiais de unidades, mantendo-se, porém, a existência de um único espaço físico – muito menor do que o somatório da área das varas –, que pudesse ser utilizado de maneira coletiva pelas unidades materialmente extintas, mediante o compartilhamento de espaço e serviços de escritório, como características de um *coworking*.[23]

Também no que toca à competência criminal, não ficou evidenciado nenhum obstáculo material à manutenção ou ampliação da prestação jurisdicional virtual, inclusive em relação à extinção física da sede da unidade. Atualmente, o arcabouço normativo pode figurar como fator de maior dificuldade em relação à última hipótese, notadamente por conta das audiências de custódia, as quais reclamam, em regra, a

[23] EDINA, Paloma Fraga; KRAWULSKI, Edite. Coworking como modalidade e espaço de trabalho: uma análise bibliométrica. *Cadernos de Psicologia Social do Trabalho*, v. 18, n. 2, 31 dez. 2015. p. 181.

presença física, no mínimo, do custodiado e do magistrado no mesmo espaço. Essa situação, porém, poderia ser contornada com a manutenção dos espaços mencionados no parágrafo anterior, ou com ajuste normativo.

Por fim, no que se refere às competências relacionadas aos Juizados Especiais Federais Cíveis (JEF), constatou-se uma possível contradição entre os entrevistados. Enquanto dois deles enxergaram o modelo de prestação jurisdicional como satisfatório no geral, indicando poucos obstáculos em relação ao aumento do alcance do serviço judicial em suas unidades, outro respondente se mostrou bastante reticente no que toca ao modelo. Este último entende que, embora seja materialmente possível manter os avanços do alcance do serviço digital, eles podem implicar, em longo prazo, perda de eficiência quanto à realização de teleperícias e teleaudiências em grandes volumes.

Todavia, o exame crítico das respostas dos magistrados dessa específica competência possibilita concluir se tratar de contradição apenas aparente, pois se pode enxergar alinhamento entre os depoimentos, sendo divergentes apenas as impressões particulares dos magistrados. Aparentemente, o mesmo fato foi encarado de maneira subjetivamente divergente por esses respondentes: enquanto os dois primeiros, mais entusiastas do modelo telepresencial, compreenderam que as barreiras da exclusão digital poderiam ser superadas ou toleradas, o último, mais cauteloso quanto ao serviço virtual e declaradamente receoso em relação a este modelo, apresentou impressões pessoais pessimistas.

Registre-se, ainda, que o entrevistado que se mostrou dissonante informou que grande parte da dificuldade de realização dos atos telepresenciais, na unidade por ele gerida, devia-se ao fato de que naquela vara se exigia que as partes e testemunhas não comparecessem aos escritórios dos advogados para participação da audiência virtual, o que certamente excluiu, segundo o próprio respondente, uma parcela muito significativa do jurisdicionado da teleaudiência.

Assim, conclui-se que o resultado da pesquisa empírica é no sentido de ser materialmente possível a manutenção da prestação jurisdicional virtual nas unidades entrevistadas, notadamente em relação ao teletrabalho, teleatendimento e teleaudiências, pelo que o achado pode figurar como importante pista a respeito da adequação do sistema judicial brasileiro ao ambiente virtual.

Considerações finais

Os anos de 2020 e 2021 trouxeram inúmeras consternações aos brasileiros por conta da irrupção e disseminação do vírus Covid-19 e dos impactos por ele provocados. A situação de pandemia acarretou incontáveis infortúnios econômicos, sociais e sanitários, mas também foi processo catalizador de algumas transformações positivas, entre elas as de cunho tecnológico no âmbito do Poder Judiciário, objeto deste artigo.

Visando a não interromper o serviço judicial, o Conselho Nacional de Justiça editou uma sequência de atos normativos que ampliaram, durante o tempo da crise sanitária, o alcance da prestação jurisdicional virtual. E, dando sequência às medidas, mas não mais vinculadas apenas ao período de pandemia, ampliou as ações dirigidas à entrega de um serviço judicial digital, com a criação do programa Justiça 4.0, dando-se destaque para o Balcão Virtual, o Juízo 100% Digital e o Núcleo 4.0.

A ampliação desse alcance do serviço judicial digital permitiu se enxergar um cenário em que as unidades judiciais estejam cada vez mais desapegadas de suas sedes físicas, admitindo-se até mesmo a existência de varas completamente desmaterializadas (virtuais). Esse novo formato permite se pensar numa nova forma de prestação jurisdicional.

Esse horizonte de possibilidades oriundo dessa transformação digital, que tem influenciado de maneira exponencial a organização da prestação jurisdicional, possui bastante potencial para figurar como mais uma ferramenta a ser empregada como meio de acesso ao Poder Judiciário, como também em face do fenômeno da judicialização excessiva no Brasil.

O presente artigo, porém, não pretendeu investigar especificamente as oportunidades que essa transformação digital pode agregar ao Judiciário, mas identificar pistas sobre se o sistema de justiça está pronto para ao ambiente virtual e vice-versa. Para tanto, buscou-se perquirir se essa transformação tem sido recebida de maneira positiva pelos magistrados de primeiro grau e quais seriam, na visão desses, os obstáculos que existiriam caso se pretendesse ampliar os limites da prestação jurisdicional virtual.

Com efeito, após pesquisa empírica (entrevista semiestruturada) promovida com dezesseis magistrados das mais variadas competências em todas as regiões do Brasil, conclui-se que a quase totalidade dos respondentes avalia como exitosa a prestação jurisdicional virtual, que foi ampliada pela pandemia.

Além disso, infere-se que a imensa maioria dos entrevistados não apontou obstáculos materiais instransponíveis para que suas respectivas unidades fossem transformadas em juízos completamente virtuais, se necessário. Quando muito, a maioria dos óbices cogitados seriam resolvidos com a manutenção de um espaço coletivo em que pudessem ser realizadas audiências e perícias, mas sem a necessidade de preservação do *design* organizacional do sistema de justiça hoje existente.

Por fim, importante registrar que se tratou de pesquisa qualitativa e, portanto, o foco não foi ouvir grande quantidade de juízes na tentativa de prever a percepção da maioria dos magistrados sobre a temática pesquisada, ainda que possa contribuir para esse propósito. Buscou-se, na realidade, explorar com mais profundidade a experiência dos entrevistados em relação às suas respectivas competências, para se tentar lançar pistas sobre a percepção dos juízes a respeito do ambiente virtual de prestação jurisdicional.

Ainda que o resultado da pesquisa não tenha precisão matemática nessa visão prospectiva – nem é razoável obtê-la, principalmente neste momento –, é possível dizer que os resultados obtidos na análise das entrevistas expõem algumas tendências que podem e devem ser aprofundadas em outros estudos, principalmente voltados para o exame das potencialidades e limites da prestação jurisdicional virtual no Brasil como meio de melhorar o acesso à justiça.

Referências

BONI, Valdete; QUARESMA, Sílvia Jurema. Aprendendo a entrevistar: como fazer entrevistas em ciências sociais. *Revista Eletrônica dos Pós-Graduandos em Sociologia Política da UFSC*, v. 2, n. 1, p. 68-80, 2005. Semestral. Disponível em: https://periodicos.ufsc.br/index.php/emtese/article/view/18027/16976. Acesso em: 20 abr. 2022.

CONSELHO NACIONAL DE JUSTIÇA. *Justiça em Números, 2020*. Brasília: Conselho Nacional de Justiça, 2020. Disponível em: https://www.cnj.jus.br/wp-content/uploads/2020/08/WEB-V3-Justi%C3%A7a-em-N%C3%BAmeros-2020-atualizado-em-25-08-2020.pdf. Acesso em: 27 jul. 2023.

CONSELHO NACIONAL DE JUSTIÇA. *Justiça em Números, 2021*. Brasília: Conselho Nacional de Justiça, 2021. Disponível em: https://www.cnj.jus.br/wp-content/uploads/2021/11/relatorio-justica-em-numeros2021-221121.pdf. Acesso em: 27 jul. 2023.

CONSELHO NACIONAL DE JUSTIÇA. *Justiça em Números, 2022*. Brasília: Conselho Nacional de Justiça, 2022. Disponível em: https://www.cnj.jus.br/wp-content/uploads/2022/09/justica-em-numeros-2022-1.pdf. Acesso em: 27 jul. 2023.

CORRÊA, Priscilla Pereira Costa. *Direito e desenvolvimento*: aspectos relevantes do judiciário brasileiro sob a ótica econômica. Brasília: Conselho da Justiça Federal, Centro de Estudos Judiciários, 2014.

DUARTE, Rosália. Entrevistas em pesquisas qualitativas. *Educar em Revista*, Curitiba, v. 24, p. 213-225, 2004.

EDINA, Paloma Fraga; KRAWULSKI, Edite. Coworking como modalidade e espaço de trabalho: uma análise bibliométrica. *Cadernos de Psicologia Social do Trabalho*, v. 18, n. 2, 31 dez. 2015.

FONTE, Rodrigo Maia da. *Serviço judicial digital*: a percepção de magistrados brasileiros sobre o futuro do judiciário. Dissertação (Mestrado) – Enfam – Escola Nacional de Formação e Aperfeiçoamento de Magistrados, Brasília, 2022.

NUNES, Dirlene; PAOLINELLI, Camilla. Acesso à justiça e virada tecnológica no sistema de justiça brasileiro: gestão tecnológica de disputas e o alinhamento de expectativas para uma transformação com foco no cidadão – Novos designs, arquitetura de escolhas e tratamento adequado de disputas. *In*: NUNES, Dirlene; WERNECK, Isadora; LUCON, Paulo Henrique dos Santos (Coord.). *Direito processual e tecnologia*: os impactos da virada tecnológica no âmbito mundial. São Paulo: JusPodivm, 2022.

PIAIA, Thami Covatti; COSTA, Bárbara Silva; WILLERS, Miriane Maria. Quarta Revolução Industrial e a proteção do indivíduo na sociedade digital: desafios para o Direito. *Paradigma*, Ribeirão Preto, v. 28, p. 122-140, 2019. Quadrimestral.

PORTO, Fábio Ribeiro. O microssistema de justiça digital instituído pelas resoluções CNJ nº 335/2020, 345/2020, 354/2020, 372/2021, 385/2021 e 398/2021. *Direito em Movimento*, v. 19, n. 2, p. 130-152, dez. 2021. ISSN 2238-7110. Disponível em: https://emerj.com.br/ojs/seer/index.php/direitoemmovimento/article/view/371. Acesso em: 27 jul. 2023.

SCHWAB, Klaus. *A Quarta Revolução Industrial*. São Paulo: Edipro, 2016.

SENNER, Fábio (Coord.). *Survey on the use of information and communication technologies in Brazilian households*: ICT Households 2019. 1. ed. São Paulo: Comitê Gestor da Internet no Brasil, 2020. Disponível em: https://cetic.br/media/docs/publicacoes/2/20201123121817/tic_dom_2019_livro_eletronico.pdf. Acesso em: 27 jul. 2023.

SUSSKIND, Richards. *Online courts and the future of justice*. Oxford: Oxford University Press, 2019.

TAUK, Caroline Someson; CORREA, Priscilla Pereira Costa. O uso da jurimetria nos litígios previdenciários. *In*: NUNES, Dirlene; WERNECK, Isadora; LUCON, Paulo Henrique dos Santos (Coord.). *Direito processual e tecnologia*: os impactos da virada tecnológica no âmbito mundial. São Paulo: JusPodivm, 2022.

VILAROUCA, Márcio Grijó; RIBEIRO, Ludmila Mendonça Lopes. Como devo fazer entrevistas? *In*: QUEIROZ, Rafael Mafei Rabelo; FEFERBAUM, Marina (Coord.). *Metodologia da pesquisa em direito*: técnicas e abordagens para elaboração de monografias, dissertações e teses. 2. ed. São Paulo: Saraiva, 2019.

Informação bibliográfica deste texto, conforme a NBR 6023:2018 da Associação Brasileira de Normas Técnicas (ABNT):

FARIA, Luiz Alberto Gurgel de; FONTE, Rodrigo Maia da. Acesso à justiça e transformação digital: uma pesquisa sobre o ambiente virtual em que ocorre a prestação jurisdicional. *In*: FACHIN, Luiz Edson; BARROSO, Luís Roberto; CRUZ, Álvaro Ricardo de Souza (Coord.). *A Constituição da democracia em seus 35 anos*. Belo Horizonte: Fórum, 2023. p. 179-193. ISBN 978-65-5518-597-3.

REFLEXÕES SOBRE O DIREITO FUNDAMENTAL À SAÚDE

HUMBERTO MARTINS

Com a sabedoria se edifica a casa, e com o entendimento ela se estabelece.
(Provérbios 24:3)

1 Introdução

Com muita alegria, recebi o convite do Ministro Edson Fachin para oferecer uma pequena contribuição à obra coletiva coordenada por S. Exa. e pelo Desembargador Federal Álvaro Ricardo de Souza Cruz, destinada a celebrar os 35 anos da promulgação da Constituição da República Federativa do Brasil.

O tema sobre o qual farei pequenas reflexões versa sobre o direito fundamental à saúde. A Constituição da República de 1988 inovou ao prever os direitos sociais (art. 6º, *caput*) em paralelo com outros bens públicos que também implicam deveres do Estado relacionados ao bem-estar da sociedade brasileira.

Desde a promulgação da Constituição Federal, os poderes Executivo, Legislativo e Judiciário trabalham incessantemente para a concretização de um dos mais desafiadores direitos sociais: o direito fundamental à saúde.

A saúde, "direito de todos e dever do Estado", destaca-se pela universalidade[1] e pela igualdade de acesso (art. 196), o que a torna exigível por titulares individuais e transindividuais, características que a fazem um tema sempre contemporâneo e prestigioso, ainda mais quando se debate o seu efetivo adimplemento pelo Estado.

Nessa linha, este texto objetiva traçar uma exposição sobre as principais questões enfrentadas pela disciplina do direito fundamental à saúde, examinando, ainda que brevemente, a jurisprudência do Supremo Tribunal Federal e do Superior Tribunal de Justiça.

---

[1] Sobre a discussão quanto à extensão do direito fundamental à saúde a estrangeiros não residentes no Brasil, v.: SARLET, Ingo Wolfgang. A titularidade simultaneamente individual e transindividual dos direitos sociais analisada à luz do exemplo do direito à proteção e promoção da saúde. *Revista Brasileira de Direitos Fundamentais & Justiça*, v. 4, n. 10, p. 205-228, jan./mar. 2010. p. 209 e ss.

2 Consolidação do direito fundamental à saúde

É sabido que o texto constitucional de 1988 inaugurou uma nova espécie de exercício da cidadania, cujo conceito amplo envolve, em especial, direitos individuais e coletivos.

Reconhecidos há mais tempo, direitos individuais vinculam-se à cidadania. A Constituição Política do Império do Brasil, de 1824, já previa direitos civis e políticos (art. 179). Nessa esteira, a Constituição da República dos Estados Unidos do Brasil, de 1891, que trouxe a estrutura normativa para o sistema republicano, também contemplou direitos civis e políticos para brasileiros e estrangeiros residentes no país (art. 72, *caput* e parágrafos).

Somente com o advento da Constituição da República Federativa do Brasil de 1988, os direitos coletivos da cidadania passaram a ser constitucionalmente previstos.

Dentro da construção dessa nova ordem constitucional, a saúde, de modo inovador, é trazida como um direito fundamental e situada no bojo de um complexo sistema de seguridade social. Quanto a esse particular, descreve José Afonso da Silva:

> É espantoso como um bem extraordinariamente relevante à vida humana só na atual Constituição de 1988 tenha sido elevado à condição de direito fundamental do homem. E há de informar-se pelo princípio de que o direito à vida de todos os seres humanos significa também que, nos casos de doença, cada um tem o direito a um tratamento condigno no acordo com o estado atual da Ciência Médica, independentemente de sua situação econômica, sob pena de não ter muito valor sua consignação em normas constitucionais.[2]

De fato, os direitos fundamentais sociais consagrados pela Constituição Federal de 1988 devem ser entendidos como verdadeiros direitos fundamentais. A lição é do Ministro Gilmar Mendes em trecho de voto proferido na STA nº 175-AgR/CE:

> A Constituição brasileira não só prevê expressamente a existência de direitos fundamentais sociais (artigo 6º), especificando seu conteúdo e forma de prestação (artigos 196, 201, 203, 205, 215, 217, entre outros), como não faz distinção entre os direitos e deveres individuais e coletivos (capítulo I do Título II) e os direitos sociais (capítulo II do Título II), ao estabelecer que os direitos e garantias fundamentais têm aplicação imediata (artigo 5º, §1º, CF/88). Vê-se, pois, que os direitos fundamentais sociais foram acolhidos pela Constituição Federal de 1988 como autênticos direitos fundamentais.

Note-se que o Superior Tribunal de Justiça reconhece, inclusive, o direito ao fornecimento de medicamentos não incorporados ao Sistema Único de Saúde – SUS, desde que preenchidos três requisitos cumulativos, como se vê no Verbete nº 106 extraído segundo a sistemática dos recursos repetitivos:

> A concessão dos medicamentos não incorporados em atos normativos do SUS exige a presença cumulativa dos seguintes requisitos: i) Comprovação, por meio de laudo médico fundamentado e circunstanciado expedido por médico que assiste o paciente, da

---

[2] SILVA, José Afonso. *Comentário contextual à Constituição*. 5. ed. São Paulo: Malheiros, 2008. p. 185. No mesmo sentido, cf.: VERONESE, Alexandre. Artigo 6º. *In*: BONAVIDES, Paulo; MIRANDA, Jorge; AGRA, Walber Moura (Org.). *Comentários à Constituição Federal de 1988*. Rio de Janeiro: Forense/GEN, 2009. p. 353-369.

imprescindibilidade ou necessidade do medicamento, assim como da ineficácia, para o tratamento da moléstia, dos fármacos fornecidos pelo SUS; ii) incapacidade financeira de arcar com o custo do medicamento prescrito; iii) existência de registro do medicamento na ANVISA, observados os usos autorizados pela agência.

No direito estrangeiro, a doutrina também destaca a saúde como um bem essencial, que, a despeito de assento constitucional mais ou menos tardio, independe da condição de norma programática para sua concretização ou mesmo da imposição constitucional. É o que assegura a doutrina de J. J. Gomes Canotilho:

> Ao contrário do que geralmente se afirma, um direito económico, social e cultural não se dissolve numa mera norma programática ou numa imposição constitucional. Exemplifique-se: o direito à saúde é um direito social, independentemente das imposições constitucionais destinadas a assegurar a sua eficácia (ex.: a criação de um serviço nacional de saúde, geral e tendencialmente gratuito [...] e das prestações fornecidas pelo Estado para assegurar o mesmo direito (por exemplo, cuidados de medicina preventiva, curativa e de reabilitação).[3]

A manifestação de J. J. Gomes Canotilho é harmônica com a Constituição da República Portuguesa de 1976, que trouxe a saúde como um direito social ao qual "[t] odos têm direito à proteção", bem como "o dever de a defender e promover" (art. 64, 1).

Além do mais, como exemplo de texto constitucional de nova geração, a Constituição de Portugal inspirou a Constituição Federal de 1988, em particular no sentido da abertura para que o intérprete e o aplicador do direito busquem soluções efetivas para os problemas jurídicos.

É interessante pontuar que J. J. Gomes Canotilho lança luzes sobre o processo evolutivo pelo qual passaram os direitos sociais. Mais especificamente, seriam quatro espécies de direitos sociais, positivadas sob a forma de: "normas sociais" como normas programáticas; "normas sociais" como normas de organização; "normas sociais" como "garantias institucionais"; e "normas sociais" como direitos subjetivos públicos.

Essa explanação pode ser compreendida pela sistematização a seguir:

(continua)

Modelo de positivação	Descrição	Destinação
"Normas sociais" como normas programáticas	Normas jurídicas que fixam princípios de ação para as políticas públicas e que "servem apenas para pressão política sobre os órgãos competentes" (p. 464).	Dirigida primariamente aos poderes políticos na forma de "programas constitucionais" e como fundamento na concretização do direito social.

[3] CANOTILHO, José Joaquim Gomes. *Direito constitucional e teoria da Constituição*. 4. ed. Coimbra: Almedina, 1997. p. 467.

(conclusão)

Modelo de positivação	Descrição	Destinação
"Normas sociais" como normas de organização	Normas jurídicas que determinam a organização de sistemas normativos de caráter legal, porém cuja inobservância não enseja "sanções jurídicas, mas apenas efeitos políticos" (p. 465).	Dirigida aos legisladores ordinários como determinação para construção de sistemas legais e para administradores com a imposição de construção de estruturas para proteção de direitos sociais.
"Normas sociais" como "garantias institucionais"	Normas jurídicas que descrevem e fixam imposições ao legislador ordinário para que ele construa determinados tipos de sistemas normativos em prol de direitos.	Igualmente dirigida aos legisladores ordinários, porém com alguma substância em seu cerne. Assim, tais normas obrigam "a respeitar a essência da instituição" e "protegê-la, tendo em atenção os dados sociais, econômicos e políticos" (p. 465).
"Normas sociais" como direitos subjetivos públicos	Normas jurídicas que fixam direitos sociais cuja fruição, na forma de direitos subjetivos, pode ser reivindicada coletivamente ou mesmo por indivíduos.	Este é o modelo mais atual dos direitos constitucionais sociais, os quais são vistos como "imposições constitucionais, donde derivariam direitos reflexos para os cidadãos" (p. 466).

Essas quatro espécies de "normas sociais" teriam se desenvolvido a partir de normas constitucionais condicionadas a ações futuras dos legisladores e dos gestores, até que chegaram ao modelo contemporâneo representado por um direito subjetivo público dos cidadãos oponível ao Estado.[4]

O estudo dessa evolução permite compreender as questões enfrentadas em matéria de exigibilidade do direito fundamental à saúde, bem como o fenômeno da judicialização desse bem essencial e indisponível.

3 Dos titulares e da fruição do direito fundamental à saúde

Em relação aos titulares, a Constituição Federal de 1988 é clara ao situar, no art. 196, a saúde como um direito simultaneamente individual e coletivo, com largo âmbito de proteção ("A saúde é direito de todos e dever do Estado, garantido mediante políticas sociais e econômicas que visem à redução do risco de doença e de outros agravos e ao acesso universal e igualitário às ações e aos serviços para sua promoção, proteção e recuperação").

Gilmar Ferreira Mendes e Paulo Gustavo Gonet Branco afirmam essa dimensão individual e transindividual do direito à saúde:

---

[4] V.: MARTINS, Humberto. O direito à saúde e a jurisprudência do Superior Tribunal de Justiça: desafios à imaginação institucional. *Cadernos Adenauer*, v. 18, n. 1, p. 217-229, 2017. p. 220.

> É possível identificar na redação do artigo constitucional tanto um direito individual quanto um direito coletivo de proteção à saúde. [...] A dimensão individual do direito à saúde foi destacada pelo Ministro Celso de Mello, do Supremo Tribunal Federal, relator do AgR-RE 271.286-8/RS, ao reconhecer o direito à saúde como um direito público subjetivo assegurado à generalidade das pessoas, que conduz o indivíduo e o Estado a uma relação jurídica obrigacional. Ressaltou o Ministro que "a interpretação da norma programática não pode transformá-la em promessa constitucional inconsequente", impondo aos entes federados um dever de prestação positiva. Concluiu que "a essencialidade do direito à saúde fez com que o legislador constituinte qualificasse como prestações de relevância pública as ações e serviços de saúde (art. 197)", legitimando a atuação do Poder Judiciário nas hipóteses em que a Administração Pública descumpra o mandamento constitucional em apreço.
>
> Não obstante, esse direito subjetivo público é assegurado mediante políticas sociais e econômicas. Ou seja, não há um direito absoluto a todo e qualquer procedimento necessário para a proteção, promoção e recuperação da saúde, independentemente da existência de uma política pública que o concretize. Há um direito público subjetivo a políticas públicas que promovam, protejam e recuperem a saúde.[5]

Obviamente, a positivação do direito fundamental à saúde no ordenamento estrangeiro repercutiu no cenário jurídico brasileiro, tanto por inspirar o assento constitucional do bem *saúde* quanto pelo desafio de definir seus respectivos titulares, o que foi debatido em estudos específicos sobre o tema:

> Na verdade, o direito fundamental à saúde adveio de um contexto internacional de reconhecimento de direitos sociais, ou seja, de um momento focado na pessoa humana enquanto ser social, e não como componente individualizado na sociedade. Tal constatação não equivale a dizer que o direito fundamental à saúde esteja destituído de uma faceta individual, pois, como direito, a saúde possui um alcance social, mas também uma extensão subjetiva individual. O próprio art. 196 da Constituição permite a identificação de um direito individual e coletivo ou social no tocante à promoção, proteção e recuperação da saúde [...]. Ao reconhecer a obrigatoriedade de distribuição gratuita de medicamentos a pessoas carentes portadoras do vírus HIV, o Supremo Tribunal Federal [RE 271.286-AgR], dando concretude ao art. 196 da Constituição, definiu o direito à saúde como direito público subjetivo indisponível e estendido à generalidade das pessoas, apto a conferir aos entes federados uma solidariedade obrigacional (dever de prestação positiva), independentemente de sua esfera de atuação na organização na organização federativa brasileira.[6]

Ingo Wolfgang Sarlet levanta a questão da coexistência das dimensões dessa titularidade do direito à saúde, sem que, por exemplo, o recurso à titularidade individual impeça o exercício da titularidade coletiva e vice-versa:

> [C]omo bem demonstra José Ledur, as dimensões individual e coletiva (assim como difusa) coexistem, de tal sorte que a titularidade individual não resta afastada pelo fato do exercício do direito ocorrer na esfera coletiva, como ocorre, além dos casos já referidos, dentre outros que poderiam ser colacionados, no caso do mandado de segurança coletivo. Aliás, embora

---

[5] MENDES, Gilmar Ferreira; BRANCO, Paulo Gustavo Gonet. *Curso de direito constitucional*. 17. ed. São Paulo: SaraivaJur, 2022. p. 779.

[6] FERREIRA, Patrícia Cândido Alves. *Direito fundamental à saúde*: a questão de sua exigibilidade. Dissertação (Mestrado em Direito) – Faculdade de Direito do Largo de São Francisco, Universidade de São Paulo, São Paulo, 2015. p. 30.

não argumentando com base na generalidade dos direitos sociais, tal linha argumentativa foi desenvolvida também em julgado do Supremo Tribunal Federal, precisamente sustentando a coexistência de uma titularidade individual e coletiva do direito à saúde, sem prejuízo da existência de significativa jurisprudência reconhecendo – há muito tempo – um direito subjetivo individual a prestações em matéria de saúde.[7]

Em termos processuais, observe-se que, com o advento da Constituição Federal de 1988, houve nítida divisão do recurso extraordinário (*lato sensu*): uma via recursal destinada à análise de possível ofensa a normas constitucionais (o recurso extraordinário, como hoje é conhecido); e outra via recursal voltada à análise de suposta ofensa à legislação infraconstitucional (o recurso especial).

Nesse ínterim, a saúde, que, com o texto constitucional de 1988, alcança o patamar de direito fundamental, passa a ser apreciada também pelo Superior Tribunal de Justiça, a Corte Superior de Justiça criada pela atual Constituição Federal para a função jurisdicional de uniformizar a interpretação da lei federal nacionalmente.

Assim como para os demais direitos sociais, a Constituição Federal de 1988 representa um marco no acesso à saúde pelos titulares individuais e transindividuais, ampliando e aperfeiçoando a via jurisdicional respectiva.

Ademais, logo após o advento da Constituição Federal, a Lei nº 8.078/1990 (Código de Defesa do Consumidor) situou a saúde como um direito básico do consumidor (art. 6º, inc. I),[8] além de conceituá-la como um direito difuso, haja vista corresponder a um bem indivisível e pertencente a titulares indeterminados.

Tem-se, por conseguinte, a superveniência de vários tipos de postulações positivas relacionadas à saúde, as quais são pleiteadas pelos movimentos sociais oriundos da nova concepção jurídico-pragmática que cria esse direito fundamental e possibilita a compreensão de quem vêm a ser seus titulares.

Nessa chave, a produção jurisprudencial do Supremo Tribunal Federal e do Superior Tribunal de Justiça corrobora que o direito à saúde tem se desenvolvido rumo ao reconhecimento da exigibilidade de prestações positivas pelos titulares.

Essa exigibilidade de prestações positivas por titulares diversos demanda do Poder Judiciário brasileiro um desempenho cada vez mais ativo em relação a esses pleitos de prestação subjetiva relativos à saúde (pedidos não apenas pontuais, mas também sociais), além de um juízo hermenêutico inovador, consentâneo com os reclamos da sociedade e atento à efetividade da decisão jurídica.

Importa lembrar que, embora as ações e serviços de saúde sejam de interesse público, compete ao Estado, por força do art. 197 da Constituição Federal,[9] regulamentar, fiscalizar e controlar essas ações e serviços, mas a exploração desses também pode ser realizada pela participação complementar de pessoas físicas ou de instituições e pessoas

---

[7] SARLET, Ingo Wolfgang. A titularidade simultaneamente individual e transindividual dos direitos sociais analisada à luz do exemplo do direito à proteção e promoção da saúde. *Revista Brasileira de Direitos Fundamentais & Justiça*, v. 4, n. 10, p. 205-228, jan./mar. 2010. p. 215.

[8] "Art. 6º São direitos básicos do consumidor: I - a proteção da vida, saúde e segurança contra os riscos provocados por práticas no fornecimento de produtos e serviços considerados perigosos ou nocivos; [...]".

[9] "Art. 197. São de relevância pública as ações e serviços de saúde, cabendo ao Poder Público dispor, nos termos da lei, sobre sua regulamentação, fiscalização e controle, devendo sua execução ser feita diretamente ou através de terceiros e, também, por pessoa física ou jurídica de direito privado".

jurídicas de direito privado, tanto que o constituinte tratou dos serviços público e privado de saúde no capítulo da Seguridade Social (Capítulo II) e na mesma seção (Seção II).[10]

Ratificando o art. 197 da Constituição Federal de 1988, o art. 199 é expresso ao dispor sobre a liberdade de atuação da iniciativa privada na assistência complementar à saúde, respeitadas as condições e os requisitos previstos nos parágrafos do referido dispositivo,[11] visto que o setor privado também está jungido ao cumprimento dos preceitos da Lei Maior e da legislação infraconstitucional (*v.g.*, Lei nº 8.080/1990 – Lei Orgânica da Saúde) destinados à proteção sistêmica do direito fundamental à saúde.

Como já dito, a atual Constituição impulsionou o ordenamento jurídico brasileiro a consolidar o direito social à saúde como alicerce para a postulação de uma prestação subjetiva dos titulares contra o Estado. Por óbvio, existe uma vultosa judicialização da saúde contra o setor privado, movida por consumidores que aderem aos "planos de saúde" (no sentido amplo da expressão) e por contratantes da modalidade civil de seguro de saúde. Todas essas modalidades "privadas" se desenvolvem na esfera sistêmica do direito fundamental à saúde, mas, devido aos lindes deste estudo, serão a seguir descritas apenas as principais prestações invocadas pelos titulares contra do Estado.

3.1 Prestação de serviços relativos à saúde e repartição de competências no SUS – Legitimidade passiva nas ações visando à efetivação do direito fundamental à saúde

O art. 196 da Constituição Federal, ao encartar o direito à saúde, preconiza que se trata de dever do Estado, que justifica a responsabilidade solidária da União, dos estados, do Distrito Federal e dos municípios, como já assentado há muito pelo Supremo Tribunal Federal:

> MANDADO DE SEGURANÇA - ADEQUAÇÃO - INCISO LXIX, DO ARTIGO 5º, DA CONSTITUIÇÃO FEDERAL. Uma vez assentado no acórdão proferido o concurso da primeira condição da ação mandamental - direito líquido e certo - descabe concluir pela transgressão ao inciso LXIX do artigo 5º da Constituição Federal. SAÚDE - AQUISIÇÃO E FORNECIMENTO DE MEDICAMENTOS - DOENÇA RARA. Incumbe ao Estado (gênero) proporcionar meios visando a alcançar a saúde, especialmente quando envolvida criança e adolescente. O Sistema Único de Saúde torna a responsabilidade linear alcançando a União, os Estados, o Distrito Federal e os Municípios. (RE nº 195.192. Rel. Marco Aurélio, Segunda Turma, j. 22.2.2000. *DJ*, 31 mar. 2000 PP-00057 ement vol-01985-02 PP-00266)

---

[10] FERREIRA, Patrícia Cândido Alves. *Direito fundamental à saúde*: a questão de sua exigibilidade. Dissertação (Mestrado em Direito) – Faculdade de Direito do Largo de São Francisco, Universidade de São Paulo, São Paulo, 2015. p. 57.

[11] "Art. 199. A assistência à saúde é livre à iniciativa privada. §1º As instituições privadas poderão participar de forma complementar do sistema único de saúde, segundo diretrizes deste, mediante contrato de direito público ou convênio, tendo preferência as entidades filantrópicas e as sem fins lucrativos. §2º É vedada a destinação de recursos públicos para auxílios ou subvenções às instituições privadas com fins lucrativos. §3º É vedada a participação direta ou indireta de empresas ou capitais estrangeiros na assistência à saúde no País, salvo nos casos previstos em lei. §4º A lei disporá sobre as condições e os requisitos que facilitem a remoção de órgãos, tecidos e substâncias humanas para fins de transplante, pesquisa e tratamento, bem como a coleta, processamento e transfusão de sangue e seus derivados, sendo vedado todo tipo de comercialização".

Após amplos debates realizados em audiência pública determinada nos autos da STA nº 175, o Supremo Tribunal Federal reafirmou a solidariedade dos entes federativos em relação à concretização do direito fundamental à saúde, como se observa da ementa do acórdão:

> EMENTA: Suspensão de Segurança. Agravo Regimental. Saúde pública. Direitos fundamentais sociais. Art. 196 da Constituição. Audiência Pública. Sistema Único de Saúde - SUS. Políticas públicas. Judicialização do direito à saúde. Separação de poderes. Parâmetros para solução judicial dos casos concretos que envolvem direito à saúde. Responsabilidade solidária dos entes da Federação em matéria de saúde. Fornecimento de medicamento: Zavesca (miglustat). Fármaco registrado na ANVISA. Não comprovação de grave lesão à ordem, à economia, à saúde e à segurança públicas. Possibilidade de ocorrência de dano inverso. Agravo regimental a que se nega provimento. (STA nº 175 AgR. Rel. Gilmar Mendes (Presidente), Tribunal Pleno, j. 17.3.2010. *DJe*-076 divulg. 29.4.2010 public. 30.4.2010 ement vol-02399-01 PP-00070)

Nesse contexto, a jurisprudência do Supremo Tribunal Federal consolidou a solidariedade dos entes federativos nas prestações de saúde, como se observa do Tema nº 793, assentado em repercussão geral, com a seguinte tese:

> Os entes da federação, em decorrência da competência comum, são solidariamente responsáveis nas demandas prestacionais na área da saúde, e diante dos critérios constitucionais de descentralização e hierarquização, compete à autoridade judicial direcionar o cumprimento conforme as regras de repartição de competências e determinar o ressarcimento a quem suportou o ônus financeiro.

No entanto, a controvérsia sobre a solidariedade dos entes federativos tem gerado alguns reflexos na definição da competência para o julgamento das ações e na responsabilidade pelo custeio da efetivação de tão importante direito fundamental,[12] notadamente quanto à inclusão no polo passivo das ações judiciais da União Federal e a fixação da competência da Justiça Federal (CF, art. 109, I).

Veja, por exemplo, que, em se tratando de medicamentos e serviços de saúde oncológicos, diante da repartição legal das competências do SUS, há decisões do Supremo Tribunal Federal reconhecendo a necessidade de inclusão no polo passivo da União, justificando a competência da Justiça Federal (CF, art. 109, I). Veja-se, a título

---

[12] Note-se que o custeio e ressarcimento entre os entes federativos está no centro do debate como já enunciado no Tema nº 793. Veja-se a ementa dos embargos de declaração no RE nº 855.178: "Ementa: CONSTITUCIONAL E ADMINISTRATIVO. EMBARGOS DE DECLARAÇÃO EM RECURSO EXTRAORDINÁRIO COM REPERCUSSÃO GERAL RECONHECIDA. AUSÊNCIA DE OMISSÃO, CONTRADIÇÃO OU OBSCURIDADE. DESENVOLVIMENTO DO PROCEDENTE. POSSIBILIDADE. RESPONSABILIDADE DE SOLIDÁRIA NAS DEMANDAS PRESTACIONAIS NA ÁREA DA SAÚDE. DESPROVIMENTO DOS EMBARGOS DE DECLARAÇÃO. 1. *É da jurisprudência do Supremo Tribunal Federal que o tratamento médico adequado aos necessitados se insere no rol dos deveres do Estado, porquanto responsabilidade solidária dos entes federados. O polo passivo pode ser composto por qualquer um deles, isoladamente, ou conjuntamente.* 2. *A fim de otimizar a compensação entre os entes federados, compete à autoridade judicial, diante dos critérios constitucionais de descentralização e hierarquização, direcionar, caso a caso, o cumprimento conforme as regras de repartição de competências e determinar o ressarcimento a quem suportou o ônus financeiro.* 3. As ações que demandem fornecimento de medicamentos sem registro na ANVISA deverão necessariamente ser propostas em face da União. Precedente específico: RE 657.718, Relator Min. Alexandre de Moraes. 4. Embargos de declaração desprovidos" (RE nº 855.178 ED. Rel. Luiz Fux, Rel. p/ acórdão Edson Fachin, Tribunal Pleno, j. 23.5.2019, Processo Eletrônico Repercussão Geral – Mérito *DJe*-090 divulg. 15.4.2020 public. 16.4.2020).

exemplificativo, a decisão do Ministro Dias Toffoli na Rcl nº 51.456/MS, que, após discorrer sobre a estruturação do Sistema Único de Saúde – SUS, trata de estabelecer a competência do Ministério da Saúde para dispor sobre o financiamento e as diretrizes terapêuticas do tratamento especializado de pessoas com câncer e, por conseguinte, a competência da Justiça Federal no julgamento das ações sobre o tema.[13]

A legitimidade da União e, por conseguinte, a competência da Justiça Federal nas ações visando ao fornecimento de medicamentos registrados na Anvisa, mas não incorporados ao Sistema Único de Saúde – SUS, são objeto de repercussão geral em exame no Tema nº 1.234 do STF. Ao manifestar-se pela existência de repercussão geral, o Ministro Luiz Fux fez um alentado panorama da elevação do número de demandas sobre o direito fundamental à saúde e a jurisprudência do Supremo Tribunal Federal no enfrentamento de tão importante questão, delineando o cerne da controvérsia:

> Assim, o objeto do presente recurso extraordinário, ao discutir a obrigatoriedade de a União Federal integrar o polo passivo de demanda que trate do fornecimento de medicamento não padronizado no SUS, embora registrado na Anvisa, tem clara relação com o decidido e fixado no Tema 793 do Supremo Tribunal Federal.
>
> Necessário atinar para o fato de que esta Corte concluiu pela solidariedade dos entes federados no fornecimento de medicamentos como forma de não obstar o acesso à Justiça, principalmente no que se refere a habitantes de municípios longínquos. Por outro lado, não se pode desconsiderar que o processamento de ações contra entes que não sejam os responsáveis primeiros pelo cumprimento da obrigação leva a demandas de ressarcimento desnecessárias, que apenas contribuem para o abarrotamento do Poder Judiciário.[14]

Nos autos do RE nº 1.366.243, foi determinada a suspensão nacional do processamento dos recursos especiais e extraordinários que tratam da questão controvertida no Tema nº 1.234 da Repercussão Geral, inclusive dos processos em que se discute a aplicação do Tema nº 793 da Repercussão Geral, até o julgamento definitivo do referido recurso extraordinário, sem prejuízo do exame de medidas cautelares.

No entanto, após referida decisão, a Primeira Seção do Superior Tribunal de Justiça examinou o IAC nº 14,[15] no qual se debatia o juízo competente nas ações judiciais referentes ao tratamento médico não incluído nas políticas públicas do Sistema Único de Saúde – SUS, diante dos conflitos de competência inaugurados entre as justiças comuns estadual e federal. Foram fixadas as seguintes teses:

> a) Nas hipóteses de ações relativas à saúde intentadas com o objetivo de compelir o Poder Público ao cumprimento de obrigação de fazer consistente na dispensação de medicamentos não inseridos na lista do SUS, mas registrado na ANVISA, deverá prevalecer a competência

---

[13] Rcl nº 51.456. Rel. Min. Dias Toffoli, j. 16.5.2022, public. 18.5.2022.

[14] "RECURSO EXTRAORDINÁRIO. CONSTITUCIONAL E ADMINISTRATIVO. FORNECIMENTO DE MEDICAMENTOS REGISTRADOS NA AGÊNCIA NACIONAL DE VIGILÂNCIA SANITÁRIA - ANVISA, MAS NÃO PADRONIZADOS NO SISTEMA ÚNICO DE SAÚDE - SUS. INTERESSE PROCESSUAL DA UNIÃO. SOLIDARIEDADE DOS ENTES FEDERADOS. COMPETÊNCIA PARA PROCESSAMENTO DA CAUSA. MULTIPLICIDADE DE RECURSOS EXTRAORDINÁRIOS. PAPEL UNIFORMIZADOR DO SUPREMO TRIBUNAL FEDERAL. RELEVÂNCIA DA QUESTÃO CONSTITUCIONAL. MANIFESTAÇÃO PELA EXISTÊNCIA DE REPERCUSSÃO GERAL" (RE nº 1.366.243 RG. Rel. Min. Presidente, Tribunal Pleno, j. 8.9.2022. Processo Eletrônico *DJe*-182 divulg. 12.9.2022 public. 13.9.2022).

[15] CC nº 187.276/RS. Rel. Min. Gurgel de Faria, Primeira Seção, j. 12.4.2023. *DJe*, 18 abr. 2023, entre outros.

do juízo de acordo com os entes contra os quais a parte autora elegeu demandar; b) as regras de repartição de competência administrativas do SUS não devem ser invocadas pelos magistrados para fins de alteração ou ampliação do polo passivo delineado pela parte no momento da propositura da ação, mas tão somente para fins de redirecionar o cumprimento da sentença ou determinar o ressarcimento da entidade federada que suportou o ônus financeiro no lugar do ente público competente, não sendo o conflito de competência a via adequada para discutir a legitimidade ad causam, à luz da Lei n. 8.080/1990, ou a nulidade das decisões proferidas pelo Juízo estadual ou federal, questões que devem ser analisada no bojo da ação principal. c) a competência da Justiça Federal, nos termos do art. 109, I, da CF/88, é determinada por critério objetivo, em regra, em razão das pessoas que figuram no polo passivo da demanda (competência ratione personae), competindo ao Juízo federal decidir sobre o interesse da União no processo (Súmula 150 do STJ), não cabendo ao Juízo estadual, ao receber os autos que lhe foram restituídos em vista da exclusão do ente federal do feito, suscitar conflito de competência (Súmula 254 do STJ).

Diante da decisão acima, os estados e o Distrito Federal formularam pedido de tutela incidental no recurso extraordinário com repercussão geral reconhecida para que fosse afirmada a competência da Justiça Federal para o processamento e julgamento das ações de fornecimento de medicamentos e prestação de serviços de saúde, até que concluído o julgamento do Tema nº 1.234.

Em referendo de tutela incidental, o Supremo Tribunal Federal assentou, inicialmente, que as alterações legislativas na Lei nº 8.088/1990, em especial após o decidido na STA nº 175, pretenderam dar concretude à solidariedade constitucional e federativa do dever do Estado à saúde, inclusive quanto ao seu custeio, o que não pode ser desconsiderado pelo Poder Judiciário. Como apontou o relator, Ministro Gilmar Mendes:

> É dizer, há um esforço de construção dialógica e verdadeiramente federativa do conceito constitucional de solidariedade ao qual o Poder Judiciário não pode permanecer alheio, sob pena de incutir graves desprogramações orçamentárias e de desorganizar a complexa estrutura do SUS, sobretudo quando não estabelecida dinâmica adequada de ressarcimento.

Ademais, no Tema nº 793, o Excelso Pretório indica que as ações judiciais sobre o fornecimento de medicamentos padronizados devem ter seu polo passivo integrado pelo ente responsável de acordo com a repartição de atribuições definidas pelo SUS, não cabendo ao cidadão a livre escolha do ente contra o qual quer litigar. No caso de medicamentos não padronizados, a inclusão obrigatória da União no polo passivo das ações judiciais pode gerar tumulto processual e causar prejuízos à efetivação do direito à saúde. Nesse sentido, confira-se a ementa do acórdão no RE nº 1.366.243 TPI-Ref, de relatoria do Ministro Gilmar Mendes:

> Ementa: REFERENDO NA TUTELA PROVISÓRIA INCIDENTAL. RECURSO EXTRAORDINÁRIO COM REPERCUSSÃO GERAL. TEMA 1.234. LEGITIMIDADE PASSIVA DA UNIÃO E COMPETÊNCIA DA JUSTIÇA FEDERAL NAS DEMANDAS QUE VERSAM SOBRE FORNECIMENTO DE MEDICAMENTOS REGISTRADOS NA ANVISA, MAS NÃO PADRONIZADOS NO SUS. DECISÃO DO STJ NO IAC 14. DEFERIMENTO PARCIAL DA MEDIDA CAUTELAR PLEITEADA. 1. O julgamento do IAC 14 pelo Superior Tribunal de Justiça constitui fato novo relevante que impacta diretamente o desfecho do Tema 1234, tanto

pela coincidência da matéria controvertida – que foi expressamente apontada na decisão de suspensão nacional dos processos – quanto pelas próprias conclusões da Corte Superior no que concerne à solidariedade dos entes federativos nas ações e serviços de saúde. 2. Reflexões conduzidas desde o julgamento da STA 175, em 2009, inclusive da respectiva audiência pública, incentivaram os Poderes Legislativo e Executivo a buscar organizar e refinar a repartição de responsabilidades no âmbito do Sistema Único de Saúde. Reporto-me especificamente (i) às modificações introduzidas pelas Leis 12.401/2011 e 12.466/2010 na Lei 8.080/1990, (ii) ao Decreto 7.508/2011; e (iii) às sucessivas pactuações no âmbito da Comissão Intergestores Tripartite. 3. Há um esforço de construção dialógica e verdadeiramente federativa do conceito constitucional de solidariedade ao qual o Poder Judiciário não pode permanecer alheio, sob pena de incutir graves desprogramações orçamentárias e de desorganizar a complexa estrutura do SUS, sobretudo quando não estabelecida dinâmica adequada de ressarcimento. O conceito de solidariedade no âmbito da saúde deve contemplar e dialogar com o arcabouço institucional que o Legislador, no exercício de sua liberdade de conformação, deu ao Sistema Único de Saúde. 4. No julgamento do Tema 793 da sistemática a repercussão geral, a compreensão majoritária da Corte formou-se no sentido de observar, na composição do polo passivo de demandas judiciais relativas a medicamentos padronizados, a repartição de atribuições no SUS. A solidariedade constitucional pode ter se revestido de inúmeros significados ao longo do desenvolvimento da jurisprudência desta Corte, mas não se equiparou, sobretudo após a reforma do SUS e o julgamento do Tema 793, à livre escolha do cidadão do ente federativo contra o qual pretende litigar. 5. Tutela provisória concedida em parte para estabelecer que, até o julgamento definitivo do Tema 1.234 da Repercussão Geral, sejam observados os seguintes parâmetros: 5.1. nas demandas judiciais envolvendo medicamentos ou tratamentos padronizados: a composição do polo passivo deve observar a repartição de responsabilidades estruturada no Sistema Único de Saúde, ainda que isso implique deslocamento de competência, cabendo ao magistrado verificar a correta formação da relação processual; 5.2. nas demandas judiciais relativas a medicamentos não incorporados: devem ser processadas e julgadas pelo Juízo, estadual ou federal, ao qual foram direcionadas pelo cidadão, sendo vedada, até o julgamento definitivo do Tema 1234 da Repercussão Geral, a declinação da competência ou determinação de inclusão da União no polo passivo; 5.3. diante da necessidade de evitar cenário de insegurança jurídica, esses parâmetros devem ser observados pelos processos sem sentença prolatada; diferentemente, os processos com sentença prolatada até a data desta decisão (17 de abril de 2023) devem permanecer no ramo da Justiça do magistrado sentenciante até o trânsito em julgado e respectiva execução (adotei essa regra de julgamento em: RE 960429 ED-segundos Tema 992, de minha relatoria, DJe de 5.2.2021); 5.4. ficam mantidas as demais determinações contidas na decisão de suspensão nacional de processos na fase de recursos especial e extraordinário. 6. Tutela provisória referendada. (RE nº 1.366.243 TPI-Ref. Rel. Gilmar Mendes, Tribunal Pleno, j. 19.4.2023, Processo Eletrônico *DJe*-s/n divulg. 24.4.2023 public. 25.4.2023)

Portanto, a tese a ser proclamada no julgamento do Tema nº 1.234 definirá o polo passivo nas ações que versem sobre pedidos de prestações de saúde incluídas no Sistema Único de Saúde, como também aquelas que envolvem o fornecimento de medicamentos de saúde registrados na Anvisa mas ainda não incorporados ao SUS.

Outro aspecto a ser considerado diz respeito às ações que tratem das chamadas terapias experimentais não registradas na Anvisa. O tema também foi objeto de análise pelo Supremo Tribunal Federal. Inicialmente foi feita a distinção de terapias experimentais e terapias eficazes e seguras, mas sem registro na Anvisa. Em relação às primeiras, como se trata de terapias sem comprovação científica de eficácia e segurança, não cabe ao Poder Judiciário obrigar o Poder Público a fornecê-las, ou seja, apenas a medicina baseada em evidências científicas está inserida no direito à saúde do art. 196 da Constituição Federal. No que concerne aos medicamentos seguros e eficazes, mas sem registro ainda na Anvisa, o seu fornecimento por medida judicial se reveste de excepcionalidade absoluta, desde que ultrapassado o prazo, sem justificativa razoável, contido na legislação da agência para exame do pedido de registro de medicamento. Além disso, é necessária a presença de três requisitos:

> (i) a existência de pedido de registro do medicamento no Brasil (salvo no caso de medicamentos órfãos para doenças raras e ultrarraras); (ii) a existência de registro do medicamento pleiteado em renomadas agências de regulação no exterior (e.g., EUA, União Europeia e Japão); e (iii) a inexistência de substituto terapêutico registrado na ANVISA.

No entanto, em tais casos, como se trata de mora de entidade vinculada à União, as ações judiciais visando ao fornecimento de medicamentos pendentes de registro na Anvisa devem ser propostas contra o ente federativo nacional, ou seja, a União. Em repercussão geral, o STF editou a Tese nº 500.[16]

4 Conclusão

Há temas predestinados ao constante debate, e a saúde é um deles, já que se trata de um direito fundamental cujo acesso é universal e igualitário e, portanto, complexo e sistêmico.

Por ser "direito de todos", a saúde, direito público subjetivo e indisponível, tem titulares (sujeitos ativos da relação jurídico-subjetiva) que vão desde a pessoa determinada até os grupos de pessoas ou a generalidade de pessoas.

O direito fundamental à saúde abrange tanto o interesse individual quanto os interesses individuais homogêneos, difusos e coletivos (logo, de classe transindividual), todos eles passíveis de defesa por seus titulares e, inclusive, pela Defensoria Pública e pelo Ministério Público.

Por ser "dever do Estado", a prestação do serviço público de saúde apresenta relevância pública, devendo ser satisfeita, de modo solidário, por todos os entes federativos, nas três esferas de governo.

Acertadamente, pontua Ingo Sarlet sobre a premência de uma maior racionalidade e eficácia quanto às estratégias para a efetivação dos direitos sociais em geral e, especialmente, do direito fundamental à saúde:

> A preferência (mas não exclusividade) da tutela coletiva e preventiva há de vir acompanhada do aperfeiçoamento dos processos administrativos, do controle social, da ampliação e isonomia no campo do acesso à justiça, sem prejuízo de outras medidas (como a participação efetiva na definição do orçamento público e sua execução, inclusive com maior atuação do Ministério Público nessa seara) que, no seu conjunto, poderão assegurar maior equidade ao

---

[16] RE nº 657.718. Rel. Min. Marco Aurélio, Rel. p/ acórdão: Roberto Barroso, Tribunal Pleno, j. 22.5.2019, Processo Eletrônico Repercussão Geral – Mérito *DJe*-267 divulg. 6.11.2020 public. 9.11.2020.

sistema, o que certamente não passa pela supressão da possibilidade da tutela individual e do exame cuidadoso das violações e ameaças de violação da dignidade de cada pessoa humana. Além do mais, como já tivemos oportunidade de destacar em outra oportunidade, não há como desconsiderar que o direito de cada indivíduo (individual ou coletivamente) buscar no âmbito do Poder Judiciário a correção de uma injustiça e a garantia de um direito fundamental, acaba, numa perspectiva mais ampla, por reforçar a esfera pública, pois o direito de ação assume a condição de direito de cidadania ativa e instrumento de participação do indivíduo no controle dos atos do poder público.

De fato, os poderes Executivo, Legislativo e Judiciário devem estar em constante união para a efetividade de ações e serviços para promoção, proteção e recuperação da saúde. Todos os entes políticos e todas as esferas do Poder Público devem ser sensíveis e eficientes em relação às adversidades enfrentadas pela saúde, sob pena de comportamento omissivo e/ou inconstitucional.

Aos julgadores, em específico, cabe prestar uma tutela jurisdicional inclusiva e coerente com a utilidade e a efetividade de suas decisões, de modo a atender-se à postulação individual sem prejuízo das postulações transindividuais e sem detrimento das alocações orçamentárias e das regras constitucionais de distribuição de competências.

Neste ano de 2023, o Estado democrático de direito no Brasil, inaugurado com a Constituição Federal de 1988, completa 35 anos. Os poderes constituídos funcionam com normalidade. Temos, no Brasil, uma democracia consolidada, trabalhando para construir um país de todos e para todos, com estabilidade econômica e justiça social em prol dos mais necessitados pela efetivação dos direitos fundamentais, redução das desigualdades e promoção da dignidade da pessoa humana.

Referências

BARROSO, Luís Roberto. A efetividade das normas constitucionais: por que não uma constituição para valer? *In*: BARROSO, Luís Roberto. *O novo direito constitucional brasileiro*: contribuições para a construção teórica e prática da jurisdição constitucional no Brasil. Belo Horizonte: Fórum, 2013. p. 57-97.

BARROSO, Luís Roberto. Da falta de efetividade à judicialização excessiva: direito à saúde, fornecimento gratuito de medicamentos e parâmetros para a atuação judicial. *Jurisprudência Mineira*, Belo Horizonte, ano 60, n. 188, p. 29-60, jan./mar. 2009.

CANOTILHO, José Joaquim Gomes. *Direito constitucional e teoria da Constituição*. 4. ed. Coimbra: Almedina, 1997.

CURY, Ieda Tatiana. *Direito fundamental à saúde*. Evolução, normatização e efetividade. Rio de Janeiro: Lumen Juris, 2005.

FERREIRA, Patrícia Cândido Alves. *Direito fundamental à saúde*: a questão de sua exigibilidade. Dissertação (Mestrado em Direito) – Faculdade de Direito do Largo de São Francisco, Universidade de São Paulo, São Paulo, 2015.

FIGUEIREDO, Mariana Filchtiner. *Direito fundamental à saúde*: parâmetros para sua eficácia e efetividade. Porto Alegre: Livraria do Advogado, 2007.

KELBERT, Fabiana Okchstein. *Reserva do possível e a efetividade dos direitos sociais no direito brasileiro*. Porto Alegre: Livraria do Advogado, 2011.

LEWANDOWSKI, Enrique Ricardo. A formação da doutrina dos direitos fundamentais. *Revista da Faculdade de Direito da Universidade de São Paulo*, v. 98, p. 411-422, 2003.

LEWANDOWSKI, Enrique Ricardo. A ideia de democracia no mundo contemporâneo. *In*: PEREIRA, Erick Wilson (Org.). *Reforma política*. Brasil República: em homenagem ao Ministro Celso de Mello. Brasília: OAB, Conselho Federal, 2017. p. 105-114.

MARTINS, Humberto. O direito à saúde e a jurisprudência do Superior Tribunal de Justiça: desafios à imaginação institucional. *Cadernos Adenauer*, v. 18, n. 1, p. 217-229, 2017.

MENDES, Gilmar Ferreira; BRANCO, Paulo Gustavo Gonet. *Curso de direito constitucional*. 17. ed. São Paulo: SaraivaJur, 2022.

ROCHA, Márcio Oliveira. *Ativismo judicial e direito à saúde*. Rio de Janeiro: Lumen Juris, 2013.

SARLET, Ingo Wolfgang. A titularidade simultaneamente individual e transindividual dos direitos sociais analisada à luz do exemplo do direito à proteção e promoção da saúde. *Revista Brasileira de Direitos Fundamentais & Justiça*, v. 4, n. 10, p. 205-228, jan./mar. 2010.

SARLET, Ingo Wolfgang; FIGUEIREDO, Mariana Filchtiner. Reserva do possível, mínimo existencial e direito à saúde: algumas aproximações. *In*: SARLET, Ingo Wolfgang; TIMM, Luciano Benetti (Org.). *Direitos fundamentais*: orçamento e reserva do possível. Porto Alegre: Livraria do Advogado, 2008.

SILVA, José Afonso. A dignidade da pessoa humana como valor supremo da democracia. *In*: SILVA, José Afonso. *Direito constitucional*: estudos e pareceres. Brasília: Conselho Federal da Ordem dos Advogados do Brasil; Fórum, 2014. p. 45-52.

SILVA, José Afonso. *Aplicabilidade das normas constitucionais*. 8. ed. São Paulo: Malheiros, 2015.

SILVA, José Afonso. *Comentário contextual à Constituição*. 5. ed. São Paulo: Malheiros, 2008.

SOUZA NETO, Cláudio Pereira; SARMENTO, Daniel. *Direito constitucional*: teoria, história e métodos de trabalho. 2. ed. Belo Horizonte: Fórum, 2014.

VERONESE, Alexandre. Artigo 6º. *In*: BONAVIDES, Paulo; MIRANDA, Jorge; AGRA, Walber Moura (Org.). *Comentários à Constituição Federal de 1988*. Rio de Janeiro: Forense/GEN, 2009. p. 353-369.

Informação bibliográfica deste texto, conforme a NBR 6023:2018 da Associação Brasileira de Normas Técnicas (ABNT):

MARTINS, Humberto. Reflexões sobre o direito fundamental à saúde. *In*: FACHIN, Luiz Edson; BARROSO, Luís Roberto; CRUZ, Álvaro Ricardo de Souza (Coord.). *A Constituição da democracia em seus 35 anos*. Belo Horizonte: Fórum, 2023. p. 195-208. ISBN 978-65-5518-597-3.

OS 35 ANOS DA PROMULGAÇÃO DA CONSTITUIÇÃO FEDERAL DE 1988 E A DEFESA DA DEMOCRACIA E DOS DIREITOS FUNDAMENTAIS

BENEDITO GONÇALVES
CAMILE SABINO

Introdução

De maneira ampla, a democracia pode ser vista como o exercício do poder político por parte do povo. A democracia, dessa forma, estaria intrinsicamente ligada a uma sociedade civil livre.

Indubitavelmente, a promulgação da Constituição Federal do Brasil em 1988 trouxe ao nosso país, com tamanhos recursos naturais, dimensão, população e diversificadas identidades culturais, o indiscutível aprimoramento da democracia e dos direitos fundamentais.

Também conhecida como "Constituição Cidadã", a Constituição de 1988 representa um importante balizador na história brasileira. Resultado do trabalho de uma Assembleia Nacional Constituinte, ela ostenta importantes avanços em relação aos direitos sociais, políticos e individuais no Brasil.

De fato, a Constituição de 1988 difundiu o compromisso do novo Estado brasileiro, reorganizado naquele momento, com a promoção dos direitos fundamentais. Tal realidade, por si, não se traduz em consenso do significado de tais direitos sob todas as suas perspectivas, vez que a acepção de diversos direitos abrange visões pluralistas de mundo, concepções filosóficas, políticas, ideológicas e religiosas.

Não obstante a complexidade própria do pluralismo, é plausível conceber a ideia de que a Constituição de 1988, conforme bem destacado por Barcellos,[1] denotou uma "decisão majoritária no sentido do respeito, da garantia e da promoção dos direitos fundamentais".

---

[1] BARCELLOS, Ana Paula de. Trinta anos da Constituição de 1988: direitos fundamentais, políticas públicas e novas questões. *Revista dos Tribunais*, São Paulo, ano 107, v. 996, p. 79-95, out. 2018.

A comemoração dos 35 anos da edição da Constituição de 1988 demonstra, portanto, que inúmeras têm sido as vitórias e também enormes os desafios, seja nos âmbitos normativo, doutrinário ou jurisprudencial, com o escopo de promover a liberdade e os direitos fundamentais a partir de então normatizados.

Este artigo tem como objetivo, portanto, uma análise, ainda que perfunctória, da Constituição Federal de 1988, destacando seus pontos fundamentais e como ela moldou o quadro jurídico e social do Brasil nas últimas décadas.

Para isso, será apresentado um breve estudo das principais características, conquistas e dificuldades de implementação apresentados pela Constituição, desde a sua promulgação.

1 Histórico da democracia

Sabe-se que a Grécia Antiga foi o berço da democracia, especialmente no período clássico. O significado do termo remonta a duas palavras gregas: *demos* (povo) e *kratos* (poder).

Ainda que o presente artigo não objetive o aprofundamento das origens da democracia, dos aspectos sociais e políticos que culminaram com o seu aparecimento na Grécia do século IV a.C.,[2] é importante rememorar, em linhas gerais, suas principais qualidades e deficiências.

Como bem observado por Segundo,[3] ao citar Del Vecchio – o estudo da história provê ponderações e experiências que "a um homem só, no decurso da vida, seria impossível ocorrer". Desprezá-la, de acordo com Del Vecchio, conduz à mesma situação que a do "artífice actual que, agora, seria incapaz de ser o inventor de todos os instrumentos da sua arte".

Na Grécia do século IV, as leis eram elaboradas por meio da argumentação e não perante os costumes ou uso da força. O ateniense fazia a diferença entre a restrição que é decorrente de sua sujeição à arbitrariedade de outro homem e a que decorre da lei, em cuja feitura ele participou, e cuja necessidade de respeito ele reconhece, podendo se considerar, nesse sentido, autoimposta.

Os problemas mais complexos eram solucionados à luz da opinião da maioria, em um processo no qual os homens livres tinham oportunidade de participar. O Estado de direito e o devido processo legal ali plantaram suas primeiras sementes.

Liberdade e igualdade, dessa forma, estavam intrinsicamente unidas, somente sendo possível o exercício de uma porque se assegurava, também, a outra.

Todavia, a democracia ateniense abriga algumas críticas. A primeira delas é a de que eram cidadãos apenas os atenienses homens, livres e os maiores de vinte anos. Os descendentes de imigrantes, mulheres, crianças e escravos não possuíam direito a voto nem à participação nos assuntos da pólis.

---

2 HELD, David. *Modelos de democracia*. Tradução de Alexandre Sobreira Martins. Belo Horizonte: Paidéia, 1987.

3 SEGUNDO, Hugo de Brito Machado. Notas sobre democracia, liberdade e igualdade. *Revista Opinião Jurídica*.

Por essa razão, Held[4] chega mesmo a questionar se, a rigor, pode-se efetivamente referir a estrutura ateniense da época como sendo uma democracia, o que pode ter sido um dos motivos para que sua duração tenha sido limitada.

A Revolução Francesa, por sua vez, marcou a ampliação do conceito de cidadania e, por conseguinte, o que se entendia por democracia. Inspirados pelos ideais iluministas, os então revolucionários franceses acreditavam que a liberdade da participação popular na política levaria a grandes avanços sociais, morais e científicos.

A democracia cresceu no ocidente a partir do século XVIII. França, Inglaterra e Estados Unidos foram algumas das primeiras democracias do mundo. Nesses países, o absolutismo, em vigor na França e na Inglaterra, e o colonialismo, nos Estados Unidos, foram substituídos pelos sistemas parlamentar e republicano de organização política.

Basicamente o funcionamento desses sistemas tinha como base um corpo político, eleito pelos cidadãos, responsáveis pela representação do povo no governo. Não obstante a aparente democracia, inúmeras minorias sociais até então não possuíam o direito de sufrágio. Entre esses grupos, estavam as mulheres.

A participação feminina nas decisões políticas surgiu apenas no século XIX, com a conquista do voto feminino em 1893, na Nova Zelândia. Na Inglaterra, em 1897, iniciou-se o movimento pelo sufrágio feminino. Apenas em 1918 as mulheres inglesas conquistaram o direito ao voto.

O Brasil foi o primeiro país da América Latina a abolir as restrições de gênero ao voto, concedendo às mulheres esse direito em 1932, sendo uma referência importantíssima na história da democratização nacional.[5]

2 A evolução democrática mundial

Em 1790, havia três democracias no mundo. Em 1900, havia por volta de duas dúzias, e hoje há mais de 130.[6] Após cada onda de democratização, quase metade das novas democracias não conseguiu sobreviver. Assim, o número de democracias declinou agudamente durante o período entre as duas Grandes Guerras, e novamente nos anos 60 e 70, e algumas das democracias hoje provavelmente não sobreviverão. Mesmo assim, em longo prazo, o número de democracias no mundo tem aumentado, e tudo indica que esta tendência continue.

Uma das razões para isso é que essa sequência reflete mudanças intergeracionais de longo prazo entre os povos da sociedade industrial avançada.[7]

A democracia tem enfrentado momentos tumultuosos, gerando uma inquietação global com a estabilidade desses regimes. Como bem observado no brilhante trabalho de

---

4 HELD, David. *Modelos de democracia*. Tradução de Alexandre Sobreira Martins. Belo Horizonte: Paidéia, 1987.

5 BRASIL. Câmara dos Deputados. *A conquista do voto feminino*. Disponível em: https://www.camara.leg.br/internet/agencia/infograficos-html5/a-conquista-do-voto-feminino/index.html. Acesso em: 29 jul. 2023.

6 BOTELHO, Julia. Democracia Plena: os países mais democráticos do mundo. *Politize*. Disponível em: https://www.politize.com.br/democracia-plena/. Acesso em: 11 jul. 2023.

7 INGLEHART, R. Democratização em perspectiva global. *Opinião Pública*, Campinas, v. I, n. 1, p. 9-67, jul./ago. 1993.

Luna Van Brussel Barroso,[8] "[...] Apesar de o número de democracias formais continuar elevado, o número de países que efetivamente garantem liberdades e direitos políticos à oposição e às minorias é significativamente mais baixo".

O respeito às liberdades e aos direitos políticos basicamente engloba o acesso à justiça, às liberdades civis, aos direitos sociais e à igualdade. Em geral, mede o ingresso justo e igualitário à justiça, até que ponto as liberdades civis, como a liberdade de expressão, são respeitadas e até que ponto os países estão oferecendo a seus cidadãos bem-estar básico e igualdade política.

Torna-se cada vez mais comum os governos democráticos lutarem para respeitar e proteger as liberdades civis das pessoas, como o reconhecimento legal de seis novos territórios indígenas pelo Presidente Luiz Inácio Lula da Silva, em abril de 2023.[9] Este reconhecimento implica uma proteção especial dos povos que habitam aqueles territórios. Também visa acabar com a mineração ilegal e outras atividades de exploração de recursos que contribuíram para a deterioração da saúde e do bem-estar de certas comunidades indígenas.

Essa decisão do Presidente Lula demonstra uma tendência democrática, que começou mundialmente há pouco mais de uma década, sobretudo após a pandemia do coronavírus ter testado a capacidade dos governos de alcançar o equilíbrio correto entre saúde pública e respeito aos direitos e liberdades das pessoas.

Tal dificuldade foi agravada por uma onda de protestos mundiais, desencadeada pela insatisfação com as respostas à pandemia, mas também por outras queixas há muito não resolvidas e, principalmente, pelas desigualdades persistentes em diversos países, incluindo o Brasil.

Nesse sentido, Schimmter e Karl,[10] no ensaio *What democracy is... And is not*, afirmam que a democracia existe sob diversos prismas e que a condição socioeconômica, as instituições e as políticas de um Estado determinam a forma de democracia que está sendo praticada.

Eles definem a democracia como um sistema moderno de governança no qual os governantes são responsabilizados por seus cidadãos. Os autores acrescentam que, como todas as outras formas de governança, as democracias dependem dos líderes que ocupam cargos de autoridade.[11]

Schimmter e Karl sustentam, ainda, que o aspecto final da democracia é um Estado realizando eleições livres e justas. Nota-se que democracias liberais produzem melhores mercados econômicos e qualidade de vida que democracias não liberais.

Todavia, democracia nem sempre é sinônimo de liberdade, ao sopesar-se que a própria ideia de democracia não é unânime. O conhecido corolário governo do povo, pelo povo e para o povo, no qual cada cidadão deve ter igual e expressiva participação, traz

---

[8] BARROSO, Luna Van Brussel. Recessão democrática, populismo e um papel possível para as cortes constitucionais. *In*: COSTA, Daniel Castro Gomes da *et al.* (Coord.). *Democracia, justiça e cidadania*: desafios e perspectivas – Homenagem ao Ministro Luís Roberto Barroso. Belo Horizonte: Fórum, 2020.

[9] BOADLE, Anthony. *Brazil's Lula recognizes Indigenous territories halted by Bolsonaro*. Disponível em: https://perma.cc/A7WJ-XXQM. Acesso em: 30 jul. 2023.

[10] SCHIMITTER, Phillipe C.; KARL, Terry Lynn. What democracy is... And is not. *In*: O'NEIL, Patrick H.; ROGOWSKI, Ronald (Ed.). *Essential readings in comparative politics*. 4. ed. New York: W.W. Norton and Company, 2013. p. 204.

[11] SCHIMITTER, Phillipe C.; KARL, Terry Lynn. What democracy is... And is not. *In*: O'NEIL, Patrick H.; ROGOWSKI, Ronald (Ed.). *Essential readings in comparative politics*. 4. ed. New York: W.W. Norton and Company, 2013. p. 189.

consigo várias abordagens, considerando-se que o conceito de democracia é subjetivo e muito controverso.

Em 2005, por exemplo, os Estados Unidos colaboraram diretamente para que houvesse a substituição de um regime secular e autoritário por um democrático no Iraque, por meio da realização das primeiras eleições provisórias e nacionais naquele país.

Todavia, os resultados das eleições, assim como a atual conjuntura política vigente, demonstram que o Iraque é ostensivamente um país democrático, mas, como outros países, é autoritário e religiosamente tendencioso. Por conseguinte, denota-se que a democracia não rendeu melhores resultados naquele país.

3 O constitucionalismo democrático

O constitucionalismo democrático mundial evoluiu de um sistema comprometido apenas com o Estado de direito e as garantias mínimas de liberdades negativas para um sistema que promove a dignidade humana e os direitos fundamentais como finalidades que visam orientar e limitar a atuação estatal.

O Estado democrático de direito significa o ponto de equilíbrio entre o governo da maioria, o respeito às regras do jogo democrático e a promoção dos direitos fundamentais. De acordo com Barroso,[12] "Trata-se de uma fé racional que ajuda a acreditar no bem e na justiça, mesmo quando não estejam ao alcance dos olhos".

Tal evolução promoveu um conjunto de princípios e direitos básicos a serem garantidos nas democracias constitucionais, o que inclui, entre vários, os direitos políticos promovidos por meio da liberdade de expressão e do direito ao voto.[13]

Como bem definido por Lafuente e Castro,[14] observa-se o crescimento do processo definido como mobilização cognitiva. Tal processo consiste no interesse cada vez maior do cidadão em se informar e participar da política.

Nesse sentido, destaca-se que a mobilização cognitiva do povo é elementar à democracia estável, assim como o vínculo entre desenvolvimento econômico e democracia estável existe a partir do exercício da liberdade, em seus mais variados contextos.

Sob tal prisma, pode-se afirmar que a democracia constitucional é marcada como a ideologia vitoriosa da história na virada do século.[15]

---

[12] BARROSO, Luís Roberto. O constitucionalismo democrático ou neoconstitucionalismo como ideologia vitoriosa do século XX. *Revista Publicum*, Rio de Janeiro, v. 4, p. 14-36, 2018. Edição Comemorativa. Disponível em: http://www.e-publicacoes.uerj.br/index.php/publicum. DOI: 10.12957/publicum.2018.35777.

[13] GRABER, Mark A. What's in crisis? The postwar constitutional paradigm, transformative constitutionalism, and the fate of constitutional democracy. *In*: GRABER, Mark A.; LEVINSON, Sanford; TUSHNET, Mark. *Constitutional democracy in crisis?* Nova Iorque: Oxford University Press, 2018. p. 665.

[14] LAFUENTE, Adolfo; CASTRO, Consuelo. Atlas de elecciones y partidos políticos en España (1977-2016). *Revista Española de Ciencia Política*, n. 48, p. 247-251, nov. 2018.

[15] GRABER, Mark A. What's in crisis? The postwar constitutional paradigm, transformative constitutionalism, and the fate of constitutional democracy. *In*: GRABER, Mark A.; LEVINSON, Sanford; TUSHNET, Mark. *Constitutional democracy in crisis?* Nova Iorque: Oxford University Press, 2018.

4 A preocupação com a estabilidade democrática brasileira

De acordo com dados da Freedom House,[16] o Brasil é uma democracia que realiza eleições competitivas, e a arena política, embora polarizada, é caracterizada por um debate público vibrante.

Por seu turno, de acordo com o Índice de Democracia coordenado pela revista *The Economist*,[17] o Brasil não é considerado uma democracia plena, mas sim uma democracia falha.

Fatores como as desigualdades sociais, a baixa participação política e os baixos níveis de cultura política impedem que o Brasil integre o rol de países considerados plenamente democráticos.

O índice analisa a capacidade de domínio político dos cidadãos, a capacidade de participação direta de militares e o controle de monitoramento do governo.

O índice de 2022 mostra o Brasil na 51ª posição. Como notas baixas, tivemos funcionamento do governo (5,00), cultura política (5,00) e participação política (6,67). As notas maiores foram nos quesitos de liberdades civis (7,65) e processo eleitoral e pluralismo (9,58). A nota geral do Brasil foi de 6,78.

De acordo com a visão internacional, as leis e o quadro eleitoral nacionais são tidos como justos e implementados de forma imparcial pelos órgãos de gestão eleitoral relevantes.

As pessoas geralmente são capazes de expressar opiniões pessoais em público, sem medo de vigilância ou retaliação. Sem embargo, a liberdade de expressão não pode ser confundida com a divulgação de informações inverídicas e o cometimento de atos de violência.

A despeito das inúmeras conquistas democráticas nacionais, as fragilidades da democracia são vistas quando percebemos que a liberdade de expressão, em nossa democracia, muitas vezes tem gerado polarizações políticas calorosas.

Primando incessantemente pela boa aplicação das leis eleitorais brasileiras, o Tribunal Superior Eleitoral (TSE) tem herculeamente trabalhado contra violações da lei eleitoral, em prol da manutenção da estabilidade democrática brasileira.

5 Dos 35 anos da promulgação da Constituição Federal de 1988

No dia 5.10.2023, comemora-se o 35º aniversário da promulgação da Constituição Federal do Brasil. Aprovada em 1988, a Constituição foi um marco histórico para a consolidação da democracia brasileira, uma vez que trouxe importantes avanços e direitos fundamentais para todos os cidadãos.

Para melhor compreender a relevância da Constituição Federal de 1988, é necessário destacar o contexto histórico em que ela foi promulgada.

---

[16] FREEDOM HOUSE. *Expanding Freedom and Democracy*. Disponível em: https://freedomhouse.org/. Acesso em: 11 jul. 2023.

[17] DEMOCRACY Index 2022. *The Economist*. Disponível em: https://pages.eiu.com/rs/753-RIQ-438/images/DI-final-version-report.pdf?mkt_tok=NzUzLVJJUS00MzgAAAGNTB0Og3hbusxv5zNdyAvw7rVrCbt6sNd2bvPV5xf6KvDjcjhoImY2d_I6GsikXGH-VEJPACuY_BAqO6ex6CrUUcwhC85aw4ss_WLkI2eh. Acesso em: 31 jul. 2023.

O Brasil acabara de sair de um regime militar de mais de 20 anos, que cerceou liberdades individuais e políticas, além de violar os direitos humanos de inúmeras pessoas. A redemocratização do país, ocorrida no final da década de 1980, possibilitou a reconstrução das instituições democráticas e a construção de um regime baseado na participação popular e na garantia dos direitos fundamentais.

6 Contexto histórico e motivações para a Constituição de 1988

6.1 Ditadura militar e a redemocratização do Brasil

A Ditadura Militar no Brasil foi um período de regime autoritário que durou de 1964 a 1985. O golpe militar que depôs o Presidente João Goulart em 1964 foi justificado pelos militares como uma resposta à crise política, econômica e social que o país enfrentava na época. A ditadura começou com um governo militar provisório, mas logo foi seguida por diversos governos militares de forma sucessiva.

Durante esse período, ocorreu uma forte repressão política, com perseguição, tortura e morte de opositores do regime. Liberdades civis foram suspensas, partidos políticos foram fechados e a censura à imprensa foi intensificada. O governo militar também implementou políticas econômicas conservadoras, como o chamado "milagre econômico", que alavancou o crescimento econômico do país, mas beneficiou principalmente os setores mais ricos da sociedade.

A partir da década de 1970, o regime militar começou a enfrentar uma crise de legitimidade. Protestos contra a ditadura se intensificaram, com a participação de diversos setores da sociedade, incluindo estudantes, sindicatos, intelectuais, artistas e religiosos. A repressão do regime a esses movimentos gerou grande descontentamento popular.

A redemocratização do Brasil teve início no final dos anos 1970 e foi consolidada com a promulgação da Constituição de 1988. Várias medidas foram tomadas para garantir a transição democrática, como a anistia a presos políticos e a criação de espaços de participação política, como as eleições diretas para governadores de estados e a volta dos partidos políticos.

A abertura política no Brasil também foi influenciada por mudanças no contexto internacional, como o enfraquecimento das ditaduras militares na América Latina e o fim da Guerra Fria. Pressões internas e externas, aliadas à insustentabilidade do modelo político e econômico autoritário, foram fundamentais para o processo de redemocratização.

A redemocratização também significou a consolidação de direitos civis e políticos, como a liberdade de expressão, de organização e o direito a eleições livres. A criação de novos partidos políticos e a realização de eleições presidenciais diretas em 1989 foram fatos importantes nesse processo.

Nesse ínterim, é importante destacar que a redemocratização não trouxe apenas avanços. O país ainda enfrentou muitas adversidades, como o desequilíbrio social e econômico, a corrupção e a impunidade. De fato, as sequelas do autoritarismo ainda são sentidas, como a falta de justiça em relação aos crimes cometidos durante a ditadura e a persistência de práticas autoritárias na política brasileira.

Em suma, a Ditadura Militar no Brasil foi um período de governo autoritário que durou por mais de duas décadas. A redemocratização foi um processo gradual que trouxe avanços significativos para a garantia dos direitos civis e políticos, mas também enfrentou pelejas para consolidar a democracia e superar as marcas do autoritarismo.

6.2 Movimentos sociais e a luta por direitos humanos

Os movimentos sociais desempenham um papel fundamental na luta por direitos humanos no contexto da Constituição Federal de 1988 no Brasil. A Magna Carta de 1988 é conhecida por ser uma das mais progressistas do mundo, garantindo uma série de direitos e garantias fundamentais para a população.

Dentro dessa perspectiva, os movimentos sociais surgem como forma de pressão e reivindicação por direitos que muitas vezes não são atendidos pelo Estado e suas instituições. São grupos de pessoas organizadas que se mobilizam em prol de uma causa específica, como movimentos feministas, LGBTQIA+, negros, indígenas, trabalhadores rurais, entre outros.

Esses movimentos buscam transformar as estruturas sociais e políticas para garantir o exercício pleno da cidadania e dos direitos humanos, atuando como fiscalizadores da implementação das políticas públicas e muitas vezes são os responsáveis por colocar na agenda pública pautas até então negligenciadas pelo poder público.

No contexto da Constituição de 1988, os movimentos sociais foram fundamentais na conquista de diversos direitos. O movimento feminista, por exemplo, desempenhou um papel fundamental na inclusão de princípios de igualdade de gênero na legislação e na criação de políticas públicas voltadas para as mulheres. Não menos relevante, o movimento negro também lutou e continua lutando pela inclusão de políticas de ação afirmativa e combate ao racismo, visando à redução das desigualdades históricas.

Para mais, os movimentos sociais têm atuado na defesa do direito à moradia, à saúde, à educação, ao trabalho digno, à liberdade de expressão e de manifestação, entre outros direitos. Eles têm sido fundamentais na construção de uma sociedade mais igualitária e inclusiva.

Portanto, os movimentos sociais são essenciais para a efetivação dos direitos humanos no contexto da Constituição Federal de 1988. Eles atuam como agentes de mudança, pressionam o Estado a agir e colocam na agenda pública pautas necessárias para a construção de uma sociedade mais justa e igualitária. Seu trabalho contribui para a consolidação dos direitos fundamentais e para a garantia de um Estado democrático de direito.

6.3 Assembleia Nacional Constituinte: processo de elaboração da Constituição

A última Assembleia Nacional Constituinte no Brasil ocorreu em 1987, após o período de ditadura militar que assolou o país por mais de duas décadas. Essa Constituinte teve a importante tarefa de elaborar uma Constituição democrática e pluralista, que garantisse os direitos civis e políticos tão suprimidos durante a ditadura.

O processo de elaboração da Constituição contou com a participação de 487 deputados constituintes, eleitos em 1986, representando diferentes partidos políticos. Ao todo, foram realizadas 17 subcomissões temáticas, compostas por deputados, que foram responsáveis pela elaboração dos capítulos específicos do novo texto constitucional.

Foram travados debates acalorados e intensas negociações entre as diversas correntes ideológicas e políticas presentes na Assembleia. Questões como a forma de governo (monarquia ou república), a organização federativa do país e os direitos fundamentais foram amplamente discutidas e debatidas.

A Assembleia Nacional Constituinte durou cerca de 20 meses, com várias etapas de discussões, votações e modificações do texto constitucional. O resultado desse processo foi a promulgação da Constituição de 1988, conhecida como Constituição Cidadã, que trouxe importantes avanços e garantias de direitos para os cidadãos brasileiros.

Entre os principais pontos da Constituição de 1988, podemos destacar a consolidação do Estado democrático de direito, a divisão dos poderes, a garantia dos direitos individuais e sociais, a previsão de um sistema de seguridade social, a criação do Superior Tribunal de Justiça e a instituição de um regime democrático e representativo.

A Assembleia Nacional Constituinte significou, portanto, um processo fundamental, pilar indispensável para a construção de uma sociedade democrática e justa. É nesse momento que se estabelecem as bases e os princípios do país, garantindo a participação popular na definição de sua Lei Maior. A Constituição resultante desse processo reflete os anseios e os valores da nossa sociedade brasileira, além de servir como um instrumento de transformação e proteção dos direitos dos cidadãos.

7 Características e inovações da Constituição de 1988

7.1 Desafios para a implementação dos direitos fundamentais e garantias individuais

A Constituição de 1988, também conhecida como "Constituição Cidadã", estabelece um extenso rol de direitos e garantias fundamentais. Entre os direitos previstos estão a igualdade, a liberdade, a segurança, o direito à vida, à dignidade, à privacidade e à propriedade. Estão expressas também as garantias processuais, como o devido processo legal, o contraditório e a ampla defesa. Esses direitos e garantias têm como meta proteger os indivíduos contra abusos do Estado e assegurar o pleno exercício de suas liberdades e sua participação ativa na sociedade.

Ainda que existentes, a efetividade desses direitos e garantias na Constituição de 1988 ainda não foi plenamente alcançada. Um dos principais obstáculos é a sobrecarga processual no sistema judiciário, que muitas vezes impede a rápida solução dos conflitos e a garantia dos direitos violados. A falta de conhecimento da população sobre seus direitos também se torna um obstáculo para sua efetivação, uma vez que muitas vezes as pessoas não sabem como buscar a proteção de seus direitos ou não têm acesso à assistência jurídica adequada.

Outro desafio enfrentado na efetivação dos direitos e garantias individuais é a persistência de desigualdades socioeconômicas. Conquanto os avanços proporcionados pela Constituição de 1988, notoriamente ainda existem grupos vulneráveis que são marginalizados e excluídos socialmente. A falta de acesso a serviços básicos, como saúde, educação e moradia, prejudica frontalmente o pleno exercício dos direitos fundamentais.

A Constituição de 1988 estabeleceu um importante divisor de águas na proteção dos direitos fundamentais e garantias individuais no Brasil, apesar de a sua efetividade ainda envidar esforços. É necessário investir constantemente na melhoria do sistema judiciário, garantir a conscientização da população sobre seus direitos e promover a redução das desigualdades socioeconômicas. Somente assim será possível assegurar a plena realização dos direitos fundamentais e garantias individuais.

7.2 Consolidação dos direitos sociais

Um dos principais avanços da Constituição de 1988 foi a consolidação dos direitos sociais, que são aqueles relacionados às condições de vida digna e bem-estar social. Entre esses direitos, destacam-se o direito à saúde, à educação, à segurança, à moradia, ao trabalho, à previdência social, à cultura, ao lazer, ao meio ambiente, entre outros.

No que diz respeito à saúde, a Constituição estabeleceu o Sistema Único de Saúde (SUS) como forma de garantir acesso universal, integral e equânime à saúde, sendo um modelo de assistência pública que prioriza a prevenção e a promoção da saúde. Essa conquista foi fundamental para ampliar o acesso à saúde no país e diminuir as desigualdades regionais.

No âmbito da educação, a Constituição garante o direito à educação básica obrigatória e gratuita, sendo dever do Estado fornecer infraestrutura adequada e pessoal qualificado para o ensino. O ensino deverá ser ministrado com base em alguns princípios, como o pleno desenvolvimento da pessoa, o exercício da cidadania e a preparação para o trabalho.

Na seara trabalhista, a Constituição prevê uma série de direitos, como jornada de trabalho de 44 horas semanais, férias remuneradas, salário mínimo, 13º salário, entre outros. Foram reconhecidos, ainda, o direito à greve, a liberdade sindical e a proteção aos trabalhadores em situações de calamidade pública.

A Constituição de 1988 também avançou no que diz respeito à seguridade social, estabelecendo a proteção social aos trabalhadores e suas famílias. Essa proteção abrange a previdência social, a assistência social e a saúde. Dessa forma, busca-se garantir a dignidade e o bem-estar dos cidadãos em momentos de doença, desemprego, velhice e outras situações de vulnerabilidade.

Ao longo dos 35 anos de promulgação da Constituição, houve avanços e contratempos na consolidação dos direitos sociais. Alguns avanços incluem a ampliação do acesso à educação, com um aumento significativo da taxa de matrículas e ações afirmativas para garantir inclusão de grupos historicamente marginalizados.

Ainda que haja inúmeras dificuldades a serem superadas, a Constituição de 1988 representa a consolidação dos direitos sociais no Brasil. Ela estabeleceu uma base sólida para garantir a dignidade e o bem-estar dos cidadãos, reconhecendo a importância de políticas públicas e da participação da sociedade na garantia desses direitos. Comemorar os 35 anos de promulgação da Constituição é lembrar de sua importância e reforçar o compromisso com a busca por uma sociedade mais justa e igualitária.

7.3 Organização dos poderes e sistema de governo

A Constituição de 1988 estabelece a organização dos poderes e o sistema de governo do Brasil. Ela adota o sistema presidencialista e estabelece três poderes independentes e harmônicos entre si: o Poder Executivo, o Poder Legislativo e o Poder Judiciário.

O Poder Executivo é exercido pelo presidente da República, que é eleito pelo voto popular para um mandato de quatro anos, podendo ser reeleito por apenas uma vez consecutiva. O presidente possui a função de chefe de Estado e de governo, sendo responsável por administrar o país, formular políticas públicas, sancionar ou vetar leis, entre outras atribuições.

Por seu turno, o Poder Legislativo é representado pelo Congresso Nacional, que é bicameral e composto pela Câmara dos Deputados e pelo Senado Federal. A Câmara dos Deputados é formada por representantes eleitos pelo voto popular, enquanto o Senado Federal é composto por representantes eleitos pelo voto direto e secreto, de forma que cada estado da Federação e o Distrito Federal elegem três senadores. O Congresso Nacional tem como principais atribuições legislar, fiscalizar e controlar as ações do Executivo.

Por derradeiro, o Poder Judiciário é responsável pela interpretação das leis e pela aplicação da justiça. O Supremo Tribunal Federal (STF) é o órgão máximo da Justiça brasileira e é composto por 11 ministros indicados pelo presidente da República e aprovados pelo Senado Federal. Além do STF, o Poder Judiciário é constituído também pelos tribunais superiores, tribunais regionais federais, tribunais regionais do trabalho, tribunais de justiça estaduais, entre outros.

Além dos poderes Executivo, Legislativo e Judiciário, a Constituição de 1988 também estabelece o Ministério Público como uma instituição independente, encarregada de promover a defesa da ordem jurídica, dos direitos sociais e individuais indisponíveis e dos interesses da sociedade.

A Constituição de 1988, ao estabelecer a organização dos poderes e o sistema de governo, busca garantir a separação e a independência entre eles, a fim de assegurar o equilíbrio entre os poderes e a proteção dos direitos e garantias individuais dos cidadãos brasileiros.

7.4 Relações entre os entes federativos

Após a promulgação da Constituição de 1988, houve uma mudança significativa nas relações entre os entes federativos no Brasil. A Constituição estabeleceu um modelo de federação cooperativa, no qual os três níveis de governo – União, estados e municípios – possuem autonomia e competências próprias, mas também têm a obrigação de colaborar entre si e coordenar suas ações em busca do bem-estar da população.

Um dos principais aspectos das relações entre os entes federativos após a Constituição de 1988 foi o aumento da descentralização de poderes. A Carta Magna garantiu maior autonomia financeira aos estados e municípios, com a criação do Fundo de Participação dos Estados e do Fundo de Participação dos Municípios, que repassam recursos da União para esses entes. Outrossim, foi estabelecido o princípio da repartição de competências, no qual cada ente federativo possui atribuições específicas, evitando assim concentração excessiva de poder no Governo federal.

Insta destacar outra mudança importante, no que tange à ampliação dos direitos e garantias fundamentais. A Constituição de 1988 estabeleceu diversos direitos sociais, como a saúde, a educação, a assistência social e o meio ambiente equilibrado, que deveriam ser garantidos pelos três níveis de governo. Isso exigiu uma maior cooperação entre os entes federativos na implementação de políticas públicas e na alocação de recursos para essas áreas.

Nas relações entre os entes federativos, foi instituído o Sistema Único de Saúde (SUS), que tem como premissa garantir o acesso universal e igualitário à saúde em todo o território nacional. Essa política demandou uma maior articulação entre União, estados e municípios na gestão e financiamento do sistema, promovendo a descentralização das ações de saúde.

A Constituição de 1988 também estabeleceu a obrigatoriedade da existência de planos de educação em todos os níveis de governo, buscando a universalização e a qualidade do ensino. Essa exigência demandou uma maior cooperação entre os entes federativos na definição de políticas educacionais e na gestão dos recursos destinados à educação.

A descentralização de poderes nem sempre é acompanhada da transferência de recursos suficientes para a implementação de políticas públicas nos estados e municípios. A falta de harmonização de normas e legislações entre os entes federativos muitas vezes gera conflitos de competência e dificuldades na articulação das ações governamentais.

Após a promulgação da Constituição de 1988, as relações entre os entes federativos no Brasil passaram a ser pautadas pela descentralização de poderes, pela repartição de competências e pela cooperação na implementação de políticas públicas. A despeito dos obstáculos, o modelo federativo cooperativo busca promover o desenvolvimento e o bem-estar da população em todas as regiões do país.

8 Avanços e conquistas advindos da Constituição de 1988

8.1 Igualdade de gênero e combate à discriminação racial

No contexto da igualdade de gênero, a Constituição Federal de 1988 trouxe avanços significativos. O art. 5º estabelece que homens e mulheres são iguais perante a lei, sem qualquer forma de distinção. Esse princípio de igualdade de gênero tem o escopo de promover a igualdade de oportunidades e direitos entre homens e mulheres em todas as esferas da sociedade.

A Constituição Federal também instituiu a licença-maternidade, que concede às mulheres um período de afastamento remunerado do trabalho após o parto, visando garantir a proteção à maternidade e aos filhos. Essa medida contribui para a valorização das mulheres e reconhecimento dos seus direitos reprodutivos.

Entrementes, a igualdade de gênero ainda é um grande problema no Brasil. As mulheres enfrentam desigualdades salariais e acesso limitado a cargos de liderança e representatividade política. A violência de gênero persiste como um problema grave, com altos índices de feminicídio e outros tipos de violência contra as mulheres.

No que diz respeito ao combate à discriminação racial, a Constituição Federal também apresenta dispositivos importantes. O art. 3º estabelece como objetivo fundamental da República a promoção do bem de todos, sem nenhum tipo de discriminação. Por sua vez, o art. 4º afirma que o país se rege nas relações internacionais pelos princípios da não intervenção, da autodeterminação dos povos, da igualdade entre os estados e da solução pacífica dos conflitos.

Um dos aspectos mais relevantes nessa luta é a criação de mecanismos que visam combater o racismo estrutural e garantir a igualdade de oportunidades para todos os cidadãos. As políticas públicas de ações afirmativas, como a reserva de vagas para negros em universidades e concursos públicos, são exemplos de medidas adotadas visando superar as desigualdades raciais.

A discriminação racial ainda é uma realidade no país. A população negra continua sendo alvo de violência, desigualdade social e limitações no acesso a serviços públicos de qualidade. A luta contra o racismo e a promoção da igualdade racial são pontos que devem ser frontalmente enfrentados pelo Estado e por toda a sociedade.

Em suma, nos 35 anos de vigência da Constituição Federal, houve avanços significativos no campo da igualdade de gênero e combate à discriminação racial. Apesar disso, é imprescindível que sejam implementadas políticas públicas voltadas para a promoção da igualdade de gênero e racial, além do fortalecimento da educação e conscientização da população, visando à erradicação de preconceitos e estereótipos arraigados na sociedade brasileira.

8.2 Direito à saúde, educação e moradia

Nos últimos 35 anos, diversas políticas públicas foram implementadas visando garantir o direito à saúde. Houve um aumento significativo no número de unidades de saúde, ações de prevenção e promoção da saúde, programas de imunização e campanhas de conscientização sobre doenças. A criação de mecanismos de participação social, como os conselhos de saúde, possibilita a participação da sociedade na formulação e acompanhamento das políticas de saúde.

Quanto ao direito à educação, a Constituição estabelece que é direito de todos, garantindo o acesso à educação de qualidade, em diferentes níveis e modalidades de ensino. O Estado tem o dever de promover a universalização do ensino, garantindo o acesso, a permanência e a qualidade da educação em todos os níveis, desde a educação infantil até o ensino superior.

Ao longo dos últimos 35 anos, foram implementadas diversas políticas educacionais visando à universalização do ensino. Foram ampliadas as vagas em creches e pré-escolas, expandiu-se o número de escolas e foram criados programas de valorização dos profissionais da educação. A instituição do Fundo de Manutenção e Desenvolvimento da Educação Básica e de Valorização dos Profissionais da Educação (Fundeb) visa garantir recursos para a educação em todo o país.

Em relação ao direito à moradia, a Constituição estabelece que é dever do Estado promover políticas públicas para garantir o acesso à moradia digna e adequada para todos os cidadãos. Nesse sentido, a legislação prevê a criação de programas de habitação popular, a regularização fundiária e a promoção de políticas de combate à segregação urbana.

Nos últimos 35 anos, foram implementadas várias ações e programas voltados para o direito à moradia. Foram criados programas habitacionais, como o Programa Minha Casa, Minha Vida, que possibilitaram a construção e aquisição de moradias para famílias de baixa renda. Além disso, foram elaboradas leis e políticas de regularização fundiária e combate à ocupação irregular de áreas urbanas.

8.3 Proteção do meio ambiente e direitos indígenas

A Constituição de 1988 trouxe avanços significativos na proteção do meio ambiente em seu art. 225, ao afirmar que é dever do Estado e da coletividade proteger e preservar o meio ambiente para as presentes e futuras gerações. Esse artigo reconhece o meio ambiente como um bem de uso comum do povo e um patrimônio nacional.

A partir desse reconhecimento, diversas legislações foram criadas para garantir a preservação do meio ambiente, como a Lei de Crimes Ambientais e o Estatuto da Cidade. A Constituição estabelece a necessidade de estudos de impacto ambiental para a realização de obras e empreendimentos, de modo a evitar danos ao meio ambiente.

No contexto dos direitos indígenas, a Constituição Federal reconhece e garante aos índios a posse permanente das terras que tradicionalmente ocupam, ou seja, as terras indígenas. Essa garantia busca proteger não apenas os territórios indígenas, mas também a cultura, a tradição e os modos de vida dessas comunidades.

A Constituição disciplina como dever do Estado a demarcação e a proteção das terras indígenas, garantindo-lhes o direito ao uso exclusivo dos recursos naturais existentes em suas terras. A criação de reservas indígenas também é assegurada, visando à preservação da cultura e dos modos de vida dessas comunidades.

A importância da Constituição Federal na proteção do meio ambiente e dos direitos indígenas é fundamental para a garantia de um desenvolvimento sustentável e equitativo. A preservação do meio ambiente é essencial para a sobrevivência das espécies e para o equilíbrio ecológico. A proteção dos direitos indígenas reconhece, portanto, a importância dessas comunidades na preservação da biodiversidade e valoriza a diversidade cultural do país.

A Constituição Federal também estimula a participação da sociedade na proteção do meio ambiente e na defesa dos direitos indígenas. Ela reconhece a importância de movimentos sociais e organizações não governamentais na fiscalização e monitoramento das políticas públicas.

Em síntese, a Constituição Federal desempenha um papel crucial na proteção do meio ambiente e dos direitos indígenas, estabelecendo princípios e garantias que visam preservar a natureza e assegurar os direitos e a cultura dessas comunidades. A sua importância não se restringe ao papel jurídico, mas também à promoção de uma consciência ambiental e do respeito aos povos indígenas.

9 Limitações da Constituição de 1988

9.1 Reformas constitucionais e necessidades contemporâneas

Reformas constitucionais têm sido cada vez mais necessárias para lidar com as demandas enfrentadas pelas sociedades contemporâneas. Com as mudanças rápidas e a evolução das circunstâncias políticas, econômicas e sociais, as constituições precisam ser atualizadas para garantir a efetividade e a adequação do ordenamento jurídico.

Uma das principais necessidades contemporâneas que têm exigido reformas constitucionais é a garantia dos direitos humanos e a promoção da igualdade. A maioria das constituições modernas tem como princípio fundamental a proteção dos direitos individuais, mas com o avanço da conscientização e da luta por igualdade de gênero, raça, orientação sexual e outras formas de discriminação, muitos países têm promovido reformas constitucionais para incluir essas perspectivas e garantir a igualdade de direitos para todos os cidadãos.

Outra necessidade contemporânea que tem sido abordada por reformas constitucionais é a proteção do meio ambiente e o enfrentamento das mudanças climáticas. Com a crescente preocupação com a sustentabilidade e a preservação do planeta, muitos países têm atualizado suas constituições para incluir princípios e direitos ambientais, assim como medidas para garantir o desenvolvimento sustentável e mitigar os impactos das mudanças climáticas.

A dinâmica das relações internacionais e a integração regional têm exigido reformas constitucionais. Com a globalização e a formação de blocos econômicos e organizações internacionais, muitos países têm modificado suas constituições para estabelecer regras e princípios de cooperação internacional, bem como para garantir direitos e obrigações decorrentes dessas relações.

Esses são apenas alguns exemplos das necessidades contemporâneas que têm exigido reformas constitucionais. A literatura acadêmica sobre o tema é vasta e conta com diversas referências bibliográficas relevantes. A obra *Constitucionalismo contemporâneo e direitos fundamentais*, de Antunes Rocha[18] aborda primorosamente a temática das reformas constitucionais e suas relações com as necessidades.

9.2 Obstáculos à efetivação dos direitos sociais

A efetivação dos direitos sociais no Brasil enfrenta diversos obstáculos que limitam o alcance e a implementação dessas garantias. Os principais obstáculos podem ser identificados em diferentes áreas, como política, economia, cultura e estrutura social, da seguinte forma:

a) desigualdade socioeconômica: a desigualdade social no Brasil é um dos principais obstáculos à efetivação dos direitos sociais. A concentração de renda e a pobreza limitam o acesso da população aos direitos básicos, como saúde, educação, moradia e alimentação adequada;

[18] ROCHA, Cármen Lúcia Antunes. *O constitucionalismo contemporâneo e a instrumentalização para a eficácia dos direitos fundamentais*. Disponível em: file:///D:/Users/csbezerr/Downloads/116-Texto%20do%20artigo-304-1-10-20071120.htm. Acesso em: 11 jul. 2023.

b) desvio de recursos públicos: a corrupção no país prejudica a efetivação dos direitos sociais, uma vez que desvia recursos públicos que poderiam ser investidos nessas áreas. A má gestão dos recursos compromete a qualidade e a abrangência dos serviços públicos;
c) fragmentação das políticas sociais: a falta de uma coordenação efetiva entre os diferentes programas e políticas sociais dificulta o acesso da população aos direitos sociais. A ausência de uma abordagem integrada impede a articulação entre as diversas áreas, dificultando o enfrentamento das desigualdades sociais;
d) falta de educação de qualidade: a qualidade da educação no Brasil é um fator limitante para a efetivação dos direitos sociais. A falta de investimentos, a precarização das escolas e a formação inadequada dos professores contribuem para a reprodução das desigualdades sociais, dificultando o acesso igualitário à educação como um direito universal;
e) resistências políticas e conservadorismo: o conservadorismo presente na sociedade brasileira dificulta o avanço dos direitos sociais, principalmente em determinadas áreas como o direito das minorias, a igualdade de gênero e as políticas de inclusão social. A resistência política de grupos e indivíduos contrários a essas mudanças dificulta a efetivação desses direitos;
f) discriminação e preconceito: a discriminação racial, de gênero, de orientação sexual e outras formas de preconceito são obstáculos à efetivação dos direitos sociais no Brasil. A violência e a exclusão social desses grupos dificultam o pleno exercício de direitos básicos, como trabalho, saúde, moradia e educação; e
g) instabilidade política e falta de continuidade das políticas públicas: a instabilidade política e a falta de continuidade das políticas públicas são obstáculos para garantir a efetivação dos direitos sociais. Falta de planejamento e falta de recursos destinados a essas políticas geram incertezas e prejudicam a realização desses direitos.

Em resumo, a efetivação dos direitos sociais no Brasil enfrenta inúmeros obstáculos que vão desde as desigualdades socioeconômicas até problemas estruturais e culturais. Para superá-los, é necessário um esforço conjunto do Estado, da sociedade civil e de outros atores envolvidos, além de uma ampla conscientização sobre a importância dos direitos sociais e da sua realização plena para o desenvolvimento e a justiça social.

9.3 Judicialização da política e do direito constitucional

A judicialização da política e do direito constitucional no Brasil é um fenômeno complexo que tem ganhado cada vez mais destaque nos últimos anos. Trata-se do uso recorrente do Poder Judiciário para resolver questões políticas e constitucionais que deveriam ser decididas pelos poderes Legislativo e Executivo.

Esse fenômeno pode ser explicado por diversos fatores. Em primeiro lugar, a Constituição Federal de 1988 é bastante detalhada e garante uma série de direitos e garantias fundamentais, o que amplia o campo de atuação do Judiciário. Outrossim, há uma crescente demanda da sociedade por justiça em relação a problemas estruturais do país, como a corrupção, as desigualdades sociais e a ineficiência do Estado.

Outro motivo para a judicialização é a falta de confiança da população nas instituições políticas tradicionais, especialmente no Congresso Nacional. A percepção de que parlamentares não estão trabalhando em prol dos interesses da população leva as pessoas a buscar no Judiciário uma forma de obter justiça.

A judicialização da política e do direito constitucional também está relacionada ao ativismo judicial. Isso significa que juízes e tribunais têm adotado posturas mais assertivas na interpretação e aplicação das leis, de forma a suprir lacunas legislativas e garantir o respeito aos direitos fundamentais.

No entanto, a judicialização da política e do direito constitucional também implica o risco de enfraquecimento dos poderes Legislativo e Executivo, gerando um desequilíbrio entre os poderes e prejudicando o sistema de freios e contrapesos.

Além do mais, a judicialização excessiva pode gerar uma sobrecarga do Judiciário, que muitas vezes enfrenta um grande volume de processos e recursos a serem julgados e pode comprometer a eficiência e a celeridade da Justiça.

É importante destacar que a judicialização da política e do direito constitucional não é necessariamente algo negativo. O Judiciário desempenha um papel fundamental na proteção dos direitos e garantias individuais, especialmente em um contexto de vulnerabilidade política e social. Porém, é necessário buscar um equilíbrio entre o ativismo judicial e a preservação dos princípios democráticos e republicanos.

Em suma, a judicialização da política e do direito constitucional no Brasil é um fenômeno complexo e multifacetado, que resulta de uma série de fatores históricos, sociais e políticos, mas que também pode ser considerada uma forma de garantir a efetivação dos direitos e a justiça social.

9.4 O papel do poder público na promoção dos direitos garantidos na Constituição

A Constituição brasileira de 1988 é um instrumento que garante uma série de direitos e liberdades aos seus cidadãos. Mas, para que esses direitos sejam efetivamente assegurados, é necessário que o poder público exerça um papel fundamental na sua promoção e proteção.

O papel do poder público na promoção dos direitos garantidos na Constituição inclui ações nas esferas legislativa, executiva e judiciária.

No âmbito legislativo, cabe aos representantes eleitos pelo povo a elaboração de leis que assegurem os direitos fundamentais e promovam a igualdade de todos perante a lei. É importante que essas leis sejam justas, equitativas e alinhadas com os princípios democráticos.

Na esfera executiva, cabe ao poder público garantir que a legislação seja efetivamente implementada. Isso pode envolver a criação de programas, políticas públicas e projetos que visem à promoção dos direitos previstos na Constituição. É do setor público, portanto, a responsabilidade de fiscalizar o cumprimento das leis e punir eventuais violações.

No âmbito judiciário, o poder público deve zelar pela observância dos direitos fundamentais, garantindo o acesso à justiça e a imparcialidade dos julgamentos. É responsabilidade dos tribunais aplicar e interpretar a legislação de forma a garantir a proteção e o respeito aos direitos legalmente estabelecidos.

O poder público tem o dever de promover a conscientização e educação dos cidadãos sobre seus direitos e como exercê-los. Isso pode ser feito através de campanhas de conscientização, inclusão de temas pertinentes nos currículos escolares e criação de canais de informação e orientação.

Uma outra responsabilidade do poder público é a de combater a discriminação e a desigualdade, promovendo a inclusão social e econômica de todos os cidadãos. Essa atuação deve ser especialmente atenta a grupos vulneráveis e historicamente marginalizados, como mulheres, negros, indígenas, pessoas com deficiência, entre outros.

O papel do poder público na promoção dos direitos garantidos na Constituição é essencial para que esses direitos se tornem realidade na vida dos cidadãos e pode se dar através do estímulo à criação de organizações da sociedade civil, consultas públicas e canais para manifestação da vontade popular. Essa construção envolve ainda a criação de leis justas, sua implementação efetiva, garantia de acesso à justiça, conscientização da população, combate à discriminação, promoção da inclusão social e econômica, e garantia da participação dos cidadãos na vida política.

Considerações finais

Este artigo analisou a Constituição Federal de 1988, sua importância na democracia liberal brasileira e as transformações provocadas desde o seu advento na sociedade. A Carta Magna de 1988 é, portanto, o documento que marcou o retorno à democracia no Brasil.

O decorrer desses últimos 35 anos demonstra o importante papel da Constituição Federal de 1988 no que tange à diuturna superação dos mais diversos desafios para tornar o Brasil uma nação mais justa, igualitária e democrática. O fortalecimento do Estado de direito e o cumprimento efetivo da Constituição são fundamentais para a construção de uma sociedade em que todos possam desfrutar plenamente de seus direitos e deveres.

A efetividade dos direitos e garantias nela conferidos ainda enfrenta diversos obstáculos, como a sobrecarga processual do sistema judiciário, a falta de conscientização da população sobre seus direitos e a persistência de desigualdades socioeconômicas.

É possível concluir que, embora tenha trazido significativos avanços em relação aos direitos individuais e sociais, a Constituição ainda caminha rumo à sua plena efetivação. É necessário, por conseguinte, um constante esforço de aprimoramento e implementação das suas disposições com o escopo de garantir uma sociedade mais justa e igualitária, a fim de ver implementada no Brasil uma verdadeira democracia liberal.

Como Zakaria[19] apresenta em seu ensaio *The rise of illiberal democracy*, nem todas as democracias são liberais. Infelizmente, democracias não liberais estão em ascensão em muitas partes do mundo, do Paquistão à Malásia.

Governos que não investiram em valores liberais podem ter uma estrutura democrática, mas são considerados democracias não liberais. Isso porque a verdadeira

---

[19] ZAKARIA, Fareed. The rise of illiberal democracies. *Foreign Affairs*, v. 26, 1997.

democracia é mais do que um método de eleição de liderança política e aprovação de leis e orçamentos por meio de uma legislatura eleita.

O espírito da democracia liberal reside na noção de que a soberania última de um Estado pertence ao povo, que constrói e elege democraticamente um governo para servi-lo.

Daí a necessidade de atenção e cuidado especial nas democracias onde se pretende defender uma correlação entre liberdade e democracia, tal como no Brasil. Os governos e as sociedades democráticas devem lutar diuturnamente pelo exercício da liberdade.

O Judiciário, por seu turno, deve ser deferente para com as escolhas políticas do Legislativo e para com a discricionariedade administrativa razoável do Poder Executivo.

As situações que autorizam uma performance mais direta das supremas cortes dizem respeito à proteção das regras do jogo democrático, com vistas a evitar abusos e, simultaneamente, salvaguardar os direitos fundamentais, que constituem uma reserva mínima de justiça nas sociedades democráticas.

Os direitos fundamentais salvaguardados na Constituição Federal de 1988 demarcam importância suprema na democracia brasileira e em defesa da garantia dos direitos fundamentais de todos os cidadãos. Ela inegavelmente trouxe avanços significativos e influenciou positivamente o desenvolvimento do país ao longo desses últimos 35 anos.

Por fim, em defesa da relação entre as conquistas democráticas e o exercício das liberdades, garantidos pela Carta Magna pátria de 1988, o Judiciário tem se mostrado cada dia mais ativo, em um trabalho incansável a favor da defesa dos cidadãos.

Referências

BARCELLOS, Ana Paula de. Trinta anos da Constituição de 1988: direitos fundamentais, políticas públicas e novas questões. *Revista dos Tribunais*, São Paulo, ano 107, v. 996, p. 79-95, out. 2018.

BARROSO, Luís Roberto. O constitucionalismo democrático ou neoconstitucionalismo como ideologia vitoriosa do século XX. *Revista Publicum*, Rio de Janeiro, v. 4, p. 14-36, 2018. Edição Comemorativa. Disponível em: http://www.e-publicacoes.uerj.br/index.php/publicum. DOI: 10.12957/publicum.2018.35777.

BARROSO, Luna Van Brussel. Recessão democrática, populismo e um papel possível para as cortes constitucionais. *In*: COSTA, Daniel Castro Gomes da *et al.* (Coord.). *Democracia, justiça e cidadania*: desafios e perspectivas – Homenagem ao Ministro Luís Roberto Barroso. Belo Horizonte: Fórum, 2020.

BOADLE, Anthony. *Brazil's Lula recognizes Indigenous territories halted by Bolsonaro*. Disponível em: https://perma.cc/A7WJ-XXQM. Acesso em: 30 jul. 2023.

BOBBIO, Norberto. *Dicionário de política*. 13. ed. Brasília: Editora Universidade de Brasília, 2010. v. 1-2.

BOBBIO, Norberto. *Estado, governo, sociedade*: para uma teoria geral da política. 7. ed. São Paulo: Paz e Terra, 1999.

BOBBIO, Norberto. *Liberalismo e democracia*. São Paulo: Brasiliense, 2005.

BOBBIO, Norberto. *O futuro da democracia*. 11. ed. São Paulo: Paz e Terra, 2009.

BRASIL. Câmara dos Deputados. *A conquista do voto feminino*. Disponível em: https://www.camara.leg.br/internet/agencia/infograficos-html5/a-conquista-do-voto-feminino/index.html. Acesso em: 29 jul. 2023.

BRASIL. *Constituição da República Federativa do Brasil (1988)*. Brasília, DF: Senado Federal, 1988.

CÂMARA, Alexandre Freitas. *Manual do mandado de segurança*. São Paulo: Atlas, 2013.

DEL VECCHIO, Giorgio. *Lições de filosofia do direito*. Tradução de Antônio José Brandão. 5. ed. Coimbra: Armênio Amado Editor Sucessor, 1979.

DEMOCRACY Index 2022. *The Economist*. Disponível em: https://pages.eiu.com/rs/753-RIQ-438/images/DI-final-version-report.pdf?mkt_tok=NzUzLVJJUS00MzgAAAGNTB0Og3hbusxv5zNdyAvw7rVrCbt6sNd2bvPV5xf6KvDjcjholmY2d_I6GsikXGH-VEJPACuY_BAqO6ex6CrUUcwhC85aw4ss_WLkI2eh. Acesso em: 31 jul. 2023.

DI PIETRO, Maria Sylvia Zanella. *Curso de direito administrativo*. 23. ed. São Paulo: Atlas, 2010.

FREEDOM HOUSE. *Expanding Freedom and Democracy*. Disponível em: https://freedomhouse.org/. Acesso em: 11 jul. 2023.

GRABER, Mark A. What's in crisis? The postwar constitutional paradigm, transformative constitutionalism, and the fate of constitutional democracy. *In*: GRABER, Mark A.; LEVINSON, Sanford; TUSHNET, Mark. *Constitutional democracy in crisis?* Nova Iorque: Oxford University Press, 2018.

HELD, David. *Modelos de democracia*. Tradução de Alexandre Sobreira Martins. Belo Horizonte: Paidéia, 1987.

INGLEHART, R. Democratização em perspectiva global. *Opinião Pública*, Campinas, v. I, n. 1, p. 9-67, jul./ago. 1993.

LAFUENTE, Adolfo; CASTRO, Consuelo. Atlas de elecciones y partidos políticos en España (1977-2016). *Revista Española de Ciencia Política*, n. 48, p. 247-251, nov. 2018.

SCHIMITTER, Phillipe C.; KARL, Terry Lynn. What democracy is... And is not. *In*: O'NEIL, Patrick H.; ROGOWSKI, Ronald (Ed.). *Essential readings in comparative politics*. 4. ed. New York: W.W. Norton and Company, 2013.

SEGUNDO, Hugo de Brito Machado. Notas sobre democracia, liberdade e igualdade. *Revista Opinião Jurídica*.

ZAKARIA, Fareed. The rise of illiberal democracies. *Foreign Affairs*, v. 26, 1997.

Informação bibliográfica deste texto, conforme a NBR 6023:2018 da Associação Brasileira de Normas Técnicas (ABNT):

GONÇALVES, Benedito; SABINO, Camile. Os 35 anos da promulgação da Constituição Federal de 1988 e a defesa da democracia e dos direitos fundamentais. *In*: FACHIN, Luiz Edson; BARROSO, Luís Roberto; CRUZ, Álvaro Ricardo de Souza (Coord.). *A Constituição da democracia em seus 35 anos*. Belo Horizonte: Fórum, 2023. p. 209-228. ISBN 978-65-5518-597-3.

O SUPREMO TRIBUNAL FEDERAL E A PROTEÇÃO DOS DIREITOS FUNDAMENTAIS NO ÂMBITO PENAL NOS 35 ANOS DE VIGÊNCIA DA CONSTITUIÇÃO DE 1988

MARIA THEREZA ROCHA DE ASSIS MOURA
MARCELO COSTENARO CAVALI

1 Introdução

Há 35 anos era editada a Constituição de 1988. Conhecida como "Constituição Cidadã", por ter sido concebida no processo de redemocratização, iniciado com o encerramento da ditadura militar no Brasil (1964–1985), trouxe alento e esperança de estabelecimento, enfim, de uma democracia estável e respeitadora dos direitos fundamentais.

Ao fundar um novo ordenamento jurídico, a Constituição de 1988 exigiu uma releitura das normas então existentes. Com efeito, para permanecer válida no regime inaugurado pela nova Constituição, toda a legislação anterior teve de passar por um processo de filtragem constitucional.[1] Realizado esse processo, há três destinos possíveis para as normas anteriores à edição do novo texto constitucional: a) caso sejam compatíveis com a Constituição, serão consideradas recepcionadas, passando a extrair seu fundamento de validade do novo texto constitucional; b) caso sejam absolutamente incompatíveis com a Constituição, serão consideradas não recepcionadas e, portanto, revogadas; e, finalmente, c) caso possuam mais de um sentido possível, deve-se privilegiar a interpretação que seja mais adequada ao novo texto constitucional.

Entre as normas que necessitaram passar por esse filtro, destacam-se aquelas relacionadas ao fenômeno criminal. As principais leis relacionadas a este tema no Brasil foram promulgadas antes da Constituição de 1988: o Código de Processo Penal (CPP) foi editado em 1941, durante o período ditatorial conhecido como Estado Novo, inspirado no modelo fascista italiano de 1930 (*Codice Rocco*), de matriz ideológica inquisitorial; é do mesmo período o Código Penal (CP), publicado em 1940 – a grande revisão de

1 SCHIER, Paulo Ricardo. *Filtragem constitucional*: construindo uma nova dogmática jurídica. Porto Alegre: Safe, 1999.

sua parte geral também é anterior à Constituição (Lei nº 7.209/1984); a lei promulgada em seguida à revisão da parte geral do CP previu as regras para a execução penal no Brasil (Lei nº 7.210/1984).

Assim, as bases do nosso sistema jurídico-penal, em sentido amplo, foram construídas em períodos nos quais, no mínimo, não havia amplo espaço para discussão e críticas doutrinárias. Diante desse panorama, o processo de filtragem constitucional se apresentava, desde o início, como fundamental para uma releitura do sistema.

Independentemente de alterações pontuais realizadas na legislação, especialmente a partir da Constituição de 1988, a jurisprudência do Supremo Tribunal Federal vem exercendo papel fundamental na filtragem constitucional dos institutos penais e processuais penais, notadamente aqueles mais diretamente vinculados ao direito fundamental à liberdade.

Evidentemente, o controle de constitucionalidade também se mostrou relevante em relação às normas editadas posteriormente à Constituição. Mais do que isso: em alguns casos, verificou-se uma evolução jurisprudencial, no sentido de se conferir maiores garantias aos cidadãos em detrimento da prerrogativa estatal de aplicar sanções criminais.

A norma jurídica em geral, e a Constituição em especial, é obra viva, mutável conforme a evolução da sociedade que regula.[2] Como já afirmou o Ex-Ministro do Supremo Tribunal Federal Eros Grau:

> [A] Constituição é a ordem jurídica de uma sociedade em um determinado momento histórico e, como ela é um dinamismo, é contemporânea à realidade – repito: o direito, instância da realidade social, é movimento, e não linguagem congelada. Por isso podemos dizer que em verdade não existe a Constituição, do Brasil, de 1988. Pois o que realmente hoje existe, aqui e agora, é a Constituição do Brasil, tal como hoje, aqui e agora, está sendo interpretada/aplicada.[3]

Para homenagear os 35 anos da nossa Constituição, optamos por homenagear o seu principal intérprete que, afinal, é quem paulatinamente vem moldando-a ao sabor do acolhimento de críticas doutrinárias e de avanços da sociedade. Procuraremos, então, apresentar os principais julgados por meio dos quais o Supremo Tribunal Federal, ao interpretar o alcance de garantias e direitos fundamentais, desenhou a atual conformação do nosso sistema jurídico-penal.

2 Direitos fundamentais e processo penal

O sistema processual penal brasileiro fundado no CPP possuía, ao menos em sua origem, marca nitidamente inquisitória, a qual vem sendo progressivamente abandonada em um favor de um sistema tendencialmente acusatório.

Ao longo do tempo, o CPP sofreu diversas alterações legais voltadas a fortalecer as garantias dos investigados e acusados, adequando o sistema à nova ordem constitucional.

---

2 Sobre a alteração da interpretação da Constituição, sem mudança de texto, cf. SUNSTEIN, Cass R. *A Constitution of many minds*: why the founding document doesn't mean what it meant before. Princeton/Oxford: Princeton University Press, 2009.

3 Voto proferido no RE nº 390.840. Rel. Min. Marco Aurélio, Tribunal Pleno, j. 9.11.2005.

Entre tais alterações, destacam-se as promovidas pelas leis nº 11.719/2011 (que modificou a regras relacionadas à suspensão do processo, à *emendatio libelli* e à *mutatio libelli*), nº 11.689/2008 (que alterou regras do procedimento do júri), nº 12.403/2011 (que alterou dispositivos relativos à prisão processual, fiança, liberdade provisória e demais medidas cautelares) e nº 13.964/2019 (que, entre outras providências, criou a figura do juiz de garantias e o acordo de não persecução penal).

Paralelamente, no âmbito jurisprudencial, esse processo de transformação tem recebido notável estímulo do STF.

No campo da proteção da liberdade, a Corte reconheceu a inconstitucionalidade de dispositivo do Estatuto do Desarmamento (Lei nº 10.826/2003) que vedava a concessão de liberdade provisória a presos em flagrante por crimes de posse ou porte ilegal de arma de fogo de uso restrito, comércio ilegal ou tráfico internacional de arma de fogo.[4] Entendeu-se que essa norma representa a possibilidade de prisão *ex lege*, o que afrontaria os princípios da presunção de inocência (art. 5º, LVII) e da obrigatoriedade de fundamentação dos mandados de prisão pela autoridade judiciária competente (art. 5º, LXI). Assim, será sempre necessária a análise dos requisitos de cautelaridade para a manutenção da restrição de liberdade.[5]

O Tribunal reconheceu, também, pelas mesmas razões,[6] a inconstitucionalidade da vedação legal da liberdade provisória para acusados de tráfico de drogas, então prevista no art. 44 da Lei nº 11.343/2006.[7]

Decisão relevante, igualmente, deu-se na ADPF nº 444. Na oportunidade, o STF entendeu por não recepcionada a norma do art. 260 do CPP, que prevê a possibilidade de decretação de condução coercitiva de investigados ou acusados para a realização de interrogatório.[8]

O acórdão assentou a possível violação, pela norma do art. 260, de diversos direitos fundamentais: a) violação à presunção de inocência e à liberdade de locomoção, já que haveria restrição temporária absoluta da liberdade de locomoção sem fundamento cautelar; b) potencial violação ao direito à não autoincriminação, na modalidade direito ao silêncio, já que este compreende até mesmo o direito de ausência ao ato de interrogatório; c) violação à dignidade humana, dado que o investigado ou acusado seria tratado como mero objeto ao ser conduzido coercitivamente como meio de desenvolvimento da investigação.[9]

A propósito, um tema em que a jurisprudência do STF se desenvolveu bastante, estabelecendo ampla garantia aos acusados, é o do direito à não autoincriminação. Na verdade, a Constituição prevê expressamente o direito do preso de "permanecer

---

[4] "Art. 21. Os crimes previstos nos arts. 16, 17 e 18 são insuscetíveis de liberdade provisória".

[5] ADI nº 3.112. Rel. Min. Ricardo Lewandowski, Tribunal Pleno, j. 2.5.2007.

[6] HC nº 104.339. Rel. Min. Gilmar Mendes, Tribunal Pleno, j. 10.5.2012.

[7] "Art. 44. Os crimes previstos nos arts. 33, *caput* e §1º, e 34 a 37 desta Lei são inafiançáveis e insuscetíveis de sursis, graça, indulto, anistia e liberdade provisória, vedada a conversão de suas penas em restritivas de direitos".

[8] "Art. 260. Se o acusado não atender à intimação para o interrogatório, reconhecimento ou qualquer outro ato que, sem ele, não possa ser realizado, a autoridade poderá mandar conduzi-lo à sua presença".

[9] ADPF nº 444. Rel. Min. Gilmar Mendes, Tribunal Pleno, j. 14.6.2018.

calado" (art. 5º, LXIII). Apesar disso, o STF extrai dessa previsão um direito contra a autoincriminação amplo.[10]

O núcleo desse direito consiste no direito de não depor contra si mesmo. Não apenas o acusado tem o direito de deixar de se manifestar sobre imputações que lhe são feitas, como não pode ser coagido, indiretamente, a fazê-lo. Sua declaração deve ser voluntária e consciente. Por isso, a garantia veda que, para forçá-lo a falar, seja o suspeito ameaçado, lesionado ou torturado; logrado ou enganado; drogado ou hipnotizado.

A fim de que possa ser validamente utilizado como prova, portanto, o depoimento do acusado deve ser prestado de acordo com o devido processo legal, sendo precedido da advertência sobre o direito ao silêncio. Não se admitem os depoimentos obtidos de forma sub-reptícia. Por essa razão, considera-se ilícita a gravação clandestina de "conversas informais" entre investigados e policiais.[11]

Diferentemente do que ocorre no direito anglo-saxão – em que a mentira do réu caracteriza perjúrio –, no Brasil, de acordo com a jurisprudência do STF, do direito à não autoincriminação decorre a prerrogativa de mentir em sua própria defesa, desde que isso não signifique imputar falsamente o crime a outrem. Mais do que optar por não depor, portanto, o acusado pode decidir se manifestar e, como medida de autopreservação, negar a autoria dos fatos que lhe são imputados.[12]

Dada essa amplitude do direito ao silêncio, que permite ao réu sustentar até o fim uma versão falsa dos fatos, o Tribunal reconhece que a confissão extrajudicial, mesmo se retratada em Juízo, deve ser considerada circunstância atenuante (alínea "d" do inc. III do art. 65 do CP) quando embasar a sentença penal condenatória. Se o réu poderia mentir, sem sofrer qualquer punição decorrente dessa atitude, deve-se privilegiar aquele que confessa voluntariamente sua responsabilidade.[13]

Ainda no âmbito das provas, vale recordar o acolhimento pelo STF da teoria estadunidense dos frutos da árvore venenosa (*fruits of the poisonous tree*), para justificar a ilegalidade por derivação das provas produzidas a partir de provas ilícitas.[14] Trata-se de uma interpretação extensiva da regra do art. 5º, LVI, da Constituição, de acordo com a qual "são inadmissíveis, no processo, as provas obtidas por meios ilícitos".[15]

---

[10] Cf., a respeito, BARROSO, Luís Roberto; CAVALI, Marcelo Costenaro. O direito à não autoincriminação: conteúdo e limites na jurisprudência do Supremo Tribunal Federal. *In*: ESPIÑERA, Bruno; COLAVOLPE, Luis Eduardo; MATTOS FILHO, Maurício (Org.). *A prova e o processo penal constitucionalizado*. 1. ed. Belo Horizonte: D'Plácido, 2021. p. 367-378.

[11] HC nº 80.949. Rel. Sepúlveda Pertence, Primeira Turma, j. 30.10.2001.

[12] HC nº 68.742. Rel. p/ Acórdão: Min. Ilmar Galvão, Tribunal Pleno, j. 28.6.1991; HC nº 68.929. Rel. Min. Celso de Mello, Primeira Turma, j. 22.10.1991.

[13] HC nº 91.654. Rel. Min. Carlos Britto, Primeira Turma, j. 8.4.2008.

[14] A respeito da aplicação dessa teoria no Brasil, cf. MOURA, Maria Thereza Rocha de Assis; CAVALI, Marcelo Costenaro. A inadmissibilidade da prova derivada da ilícita e suas exceções no direito processual penal brasileiro. *In*: LOUREIRO, J. C. (Org.). *Estudos em homenagem ao Prof. Doutor Manuel da Costa Andrade*: direito penal, direito processual penal. Portugal: Concepção Gráfica, 2017. v. II. p. 649-663.

[15] HC nº 72.588. Rel. Min. Maurício Corrêa, Tribunal Pleno, j. 12.6.1996.

3 A conformação do direito penal material à Constituição de 1988

Também se encontram na jurisprudência do Supremo Tribunal Federal julgados relevantes de verificação de compatibilidade de normas de direito penal material à Constituição.

Especial importância nesse âmbito possui o princípio da proporcionalidade. Foram várias as hipóteses em que o STF submeteu tipos penais ao exame do princípio da proporcionalidade, como critério limitador da atividade legislativa penal.

Em um primeiro precedente que merece menção, o Tribunal reconheceu a proporcionalidade – e a constitucionalidade – do delito de porte de arma de fogo (art. 14 da Lei nº 10.826/2003). Consignou-se que a criação de crimes de perigo abstrato não representa, por si só, inconstitucionalidade, mas que deve haver respaldo empírico para essa escolha do legislador. Na hipótese examinada, a opção legislativa estaria legitimada pelo fato de que a "arma de fogo, diferentemente de outros objetos e artefatos (faca, vidro etc.) tem, inerente à sua natureza, a característica da lesividade", sendo, portanto, a danosidade "intrínseca ao objeto".[16]

A Corte também declarou a inconstitucionalidade do preceito secundário do art. 273-B, §1º-B, I, do Código Penal, que previa a pena de 10 a 15 anos de reclusão para a conduta de importar medicamento sem registro no órgão de vigilância sanitária competente. Consignou-se que, "como decorrência da vedação de penas cruéis e dos princípios da dignidade humana, da igualdade, da individualização da pena e da proporcionalidade, a severidade da sanção deve ser proporcional à gravidade do delito". Desse modo, entendeu-se desproporcional a pena prevista, especialmente quando comparada com as penas mais brandas previstas para delitos claramente mais graves, como o tráfico de drogas (Lei nº 11.343/2006, art. 33), o estupro de vulnerável (CP, art. 217-A), a extorsão mediante sequestro (CP, art. 159) e a tortura seguida de morte (Lei nº 9.455/1997, art. 1º, §3º).[17]

A Primeira Turma do Tribunal também chegou a reconhecer a inconstitucionalidade da criminalização do aborto no primeiro trimestre de gestação. Entendeu-se que a criminalização seria incompatível com os seguintes direitos fundamentais:

> os direitos sexuais e reprodutivos da mulher, que não pode ser obrigada pelo Estado a manter uma gestação indesejada; a autonomia da mulher, que deve conservar o direito de fazer suas escolhas existenciais; a integridade física e psíquica da gestante, que é quem sofre, no seu corpo e no seu psiquismo, os efeitos da gravidez; e a igualdade da mulher, já que homens não engravidam e, portanto, a equiparação plena de gênero depende de se respeitar a vontade da mulher nessa matéria.[18]

Em outro precedente, a Corte também declarou a inconstitucionalidade de tipo penal por violação aos princípios da dignidade humana e da isonomia (arts. 1º, III; e 5º, *caput* e inc. I, da Constituição), ao declarar não recepcionada a contravenção de posse não justificada de instrumento de emprego usual na prática de furto (art. 25 do

---

[16] HC nº 104.410. Rel. Min. Gilmar Mendes, Segunda Turma, j. 6.3.2012.

[17] RE nº 979.962. Rel. Min. Roberto Barroso, Tribunal Pleno, j. 24.3.2021.

[18] HC nº 124.306. Rel. p/ Acórdão Min. Roberto Barroso, Primeira Turma, j. 9.8.2016.

Decreto-Lei nº 3.688/1941).[19] Consignou-se que a criação de infrações de perigo abstrato não representa, por si só, comportamento inconstitucional por parte do legislador penal. Nesse sentido, não se vislumbrou violação à proporcionalidade decorrente da presunção legal a respeito da periculosidade da conduta de posse dos instrumentos descritos no tipo diante dos bens jurídicos tutelados (patrimônio e incolumidade pública). Contudo, reconheceu-se que a previsão da norma da condição especial do sujeito ativo ("ser conhecido como vadio ou mendigo") caracteriza violação aos princípios da dignidade da pessoa humana e da isonomia.

Em precedente mais polêmico, o Supremo Tribunal Federal estendeu a aplicação de tipo penal para hipóteses originariamente nele não previstas. Na hipótese, a Corte reconheceu a mora do Congresso Nacional para incriminar atos atentatórios a direitos fundamentais dos integrantes da comunidade LGBT, determinando a aplicação, até que o Congresso Nacional venha a legislar a respeito, da Lei nº 7.716/89 a fim de estender a tipificação prevista para os crimes resultantes de discriminação ou preconceito de raça, cor, etnia, religião ou procedência nacional à discriminação por orientação sexual ou identidade de gênero.[20]

Encontram-se pendentes de julgamento, ainda, o RE nº 966.177 (Rel. Min. Luiz Fux), em que se alega a desproporcionalidade da previsão como contravenção penal dos jogos de azar (art. 50 do Decreto-Lei nº 3.688/1941), e o RE nº 901.623 (Rel. Min. Edson Fachin), no qual se alega a desproporcionalidade da previsão como contravenção penal do porte de arma branca (art. 19 do Decreto-Lei nº 3.688/1941).

E vale citar, finalmente, a análise atualmente em andamento, no RE nº 635.659 (Rel. Min. Gilmar Mendes), sobre a constitucionalidade do tipo penal do art. 28 da Lei nº 11.343/2006, que pune a conduta de porte de drogas para consumo pessoal.

4 Controle de constitucionalidade da execução penal

Por fim, também no que se refere à execução penal, o STF estabeleceu precedentes importantes para a conformidade do nosso sistema às normas constitucionais.

O tema mais polêmico relacionado à execução penal diz respeito ao seu termo inicial da execução da pena privativa de liberdade, ou seja, a saber se é possível o início da execução antes do trânsito em julgado da condenação. A jurisprudência do STF sobre esse assunto é marcada por algumas idas e vindas.[21]

Embora o art. 5º, LVII, da Constituição preveja expressamente que "ninguém será considerado culpado até o trânsito em julgado de sentença penal condenatória", o STF, num primeiro momento, admitia a execução da pena enquanto ainda pendentes recursos especial ou extraordinário.

Somente em 2009, no HC nº 84.078, de relatoria do Ministro Eros Grau, a matéria foi afetada ao Plenário, com o fim de se proceder à revisão da jurisprudência histórica.

---

[19] RE nº 583.523. Rel. Min. Gilmar Mendes, Tribunal Pleno, j. 3.10.2013.

[20] ADO nº 26. Rel. Min. Celso de Mello, Tribunal Pleno, j. 13.6.2019; MI nº 4.733. Rel. Min. Edson Fachin, Tribunal Pleno, j. 13.6.2019.

[21] Cf., a respeito, RAMOS, Carla. Execução provisória da pena na jurisprudência do STF. *In*: PEDRINA, Gustavo Mascarenha Lacerda; NUNES, Mariana Madera; SOUZA, Rafael Ferreira de; VASCONCELLOS, Vinicius Gomes de (Org.). *Habeas Corpus no Supremo Tribunal Federal*. São Paulo: RT, 2019. p. 367-400.

Na ocasião, decidiu-se que o princípio da presunção de inocência exige que a execução da pena somente se inicie após o trânsito em julgado da condenação.[22]

Posteriormente, contudo, em 2016, houve um retorno à compreensão original, decidindo o tribunal que "a execução provisória de acórdão penal condenatório proferido em grau de apelação, ainda que sujeito a recurso especial ou extraordinário, não compromete o princípio constitucional da presunção de inocência afirmado pelo artigo 5º, inciso LVII da Constituição Federal".[23]

Foram necessários mais três anos para que, mais uma vez, o STF voltasse a dar plena aplicabilidade ao art. 5º, LVII. Ao examinar a constitucionalidade do art. 283 do Código de Processo Penal,[24] que expressamente condiciona o início do cumprimento da pena ao trânsito em julgado da sentença penal condenatória, reconheceu sua compatibilidade com o princípio da presunção de inocência e estabeleceu, portanto, a impossibilidade da execução antecipada da pena.

Acerca de outro tópico relevante, ao julgar o HC nº 82.959, a Corte reconheceu que a imposição de cumprimento da pena em regime integralmente fechado, nos casos de condenação por crimes hediondos, então prevista no art. 2º, §1º, da Lei nº 8.072/1990,[25] conflitava com a garantia da individualização da pena, estabelecida no art. 5º, XLVI, da Constituição.[26]

Destaque-se que, até esse julgamento, a Corte já havia julgado vários casos em que assentou a constitucionalidade da regra. Houve, assim, uma evolução jurisprudencial, tendo sido acolhidos argumentos doutrinários críticos à norma, como o de Alberto Silva Franco, que defendia que "excluir, portanto, o sistema progressivo, também denominado 'sistema de individualização científica', da fase de execução é impedir que se faça valer, nessa fase, o princípio constitucional da individualização da pena", de modo que "lei ordinária que estabeleça regime prisional único, sem possibilidade de nenhuma progressão atenta, portanto, contra tal princípio, de indiscutível embasamento constitucional".[27]

Finalmente, ainda merece menção o reconhecimento, pelo Supremo Tribunal Federal, de que o sistema penitenciário nacional – diante de quadro de violação massiva e persistente de direitos fundamentais, decorrente de falhas estruturais e falência de políticas públicas e cuja modificação depende de medidas abrangentes de natureza normativa, administrativa e orçamentária – representa um "estado de coisas inconstitucional".[28]

Trata-se de conceito desenvolvido pela Corte Constitucional colombiana, justamente em casos de descumprimento contundente e generalizado de direitos e garantias

---

[22] HC nº 84.078. Rel. Min. Eros Grau, Tribunal Pleno, j. 5.2.2009.

[23] HC nº 126.292. Rel. Teori Zavascki, Tribunal Pleno, j. 17.2.2016.

[24] "Art. 283. Ninguém poderá ser preso senão em flagrante delito ou por ordem escrita e fundamentada da autoridade judiciária competente, em decorrência de prisão cautelar ou em virtude de condenação criminal transitada em julgado".

[25] "Art. 2º [...] §1º A pena por crime previsto neste artigo será cumprida integralmente em regime fechado".

[26] HC nº 82.959. Rel. Min. Marco Aurélio, Tribunal Pleno, j. 23.2.2006.

[27] FRANCO, Alberto Silva. *Crimes hediondos*. 4. ed. São Paulo: RT, 2000. p. 163.

[28] ADPF nº 347 MC. Rel. Min. Marco Aurélio, Tribunal Pleno, j. 9.9.2015.

fundamentais, por ação e omissão de diversos órgãos públicos responsáveis por sua tutela.[29]

Diante disso, o Tribunal determinou a liberação das verbas do Fundo Penitenciário Nacional, bem como estabeleceu a obrigação a juízes e tribunais, nos termos do art. 9.3 do Pacto dos Direitos Civis e Políticos e do art. 7.5 da Convenção Interamericana de Direitos Humanos, de realizarem, em até noventa dias, audiências de custódia, viabilizando o comparecimento do preso perante a autoridade judiciária no prazo máximo de 24 horas, contado do momento da prisão.

5 Conclusão

Desta breve síntese da jurisprudência do Supremo Tribunal Federal é possível identificar, de forma geral, os contornos da conformação constitucional do sistema jurídico-penal brasileiro atual.

Sendo a Constituição obra viva, construída cotidianamente pelos juízes e Tribunais, em especial pela mais alta Corte do país, augura-se que os seus próximos 35 anos possam trazer ainda mais segurança jurídica e proteção aos direitos fundamentais dos brasileiros.

Referências

BARROSO, Luís Roberto; CAVALI, Marcelo Costenaro. O direito à não autoincriminação: conteúdo e limites na jurisprudência do Supremo Tribunal Federal. *In*: ESPIÑERA, Bruno; COLAVOLPE, Luis Eduardo; MATTOS FILHO, Maurício (Org.). *A prova e o processo penal constitucionalizado*. 1. ed. Belo Horizonte: D'Plácido, 2021.

CAMPOS, Carlos Alexandre de Azevedo. *Estado de coisas inconstitucional*. Salvador: JusPodivm, 2019.

MOURA, Maria Thereza Rocha de Assis; CAVALI, Marcelo Costenaro. A inadmissibilidade da prova derivada da ilícita e suas exceções no direito processual penal brasileiro. *In*: LOUREIRO, J. C. (Org.). *Estudos em homenagem ao Prof. Doutor Manuel da Costa Andrade*: direito penal, direito processual penal. Portugal: Concepção Gráfica, 2017. v. II.

RAMOS, Carla. Execução provisória da pena na jurisprudência do STF. *In*: PEDRINA, Gustavo Mascarenha Lacerda; NUNES, Mariana Madera; SOUZA, Rafael Ferreira de; VASCONCELLOS, Vinicius Gomes de (Org.). *Habeas Corpus no Supremo Tribunal Federal*. São Paulo: RT, 2019.

RODRIGUEZ GARAVITO, César; RODRIGUEZ FRANCO, Diana. *Cortes y cambio social*: cómo la Corte Constitucional transformó el desplazamiento forzado en Colombia. Bogotá: Centro de Estudios de Derecho, Justicia y Sociedad Dejusticia, 2010.

SCHIER, Paulo Ricardo. *Filtragem constitucional*: construindo uma nova dogmática jurídica. Porto Alegre: Safe, 1999.

SUNSTEIN, Cass R. *A Constitution of many minds*: why the founding document doesn't mean what it meant before. Princeton/Oxford: Princeton University Press, 2009.

[29] Cf. RODRIGUEZ GARAVITO, César; RODRIGUEZ FRANCO, Diana. *Cortes y cambio social*: cómo la Corte Constitucional transformó el desplazamiento forzado en Colombia. Bogotá: Centro de Estudios de Derecho, Justicia y Sociedad Dejusticia, 2010; CAMPOS, Carlos Alexandre de Azevedo. *Estado de coisas inconstitucional*. Salvador: JusPodivm, 2019.

Informação bibliográfica deste texto, conforme a NBR 6023:2018 da Associação Brasileira de Normas Técnicas (ABNT):

MOURA, Maria Thereza Rocha de Assis; CAVALI, Marcelo Costenaro. O Supremo Tribunal Federal e a proteção dos direitos fundamentais no âmbito penal nos 35 anos de vigência da Constituição de 1988. *In*: FACHIN, Luiz Edson; BARROSO, Luís Roberto; CRUZ, Álvaro Ricardo de Souza (Coord.). *A Constituição da democracia em seus 35 anos*. Belo Horizonte: Fórum, 2023. p. 229-237. ISBN 978-65-5518-597-3.

RECLAMAÇÃO E CONTROLE DE CONSTITUCIONALIDADE: UMA ANÁLISE EVOLUTIVA DO INSTITUTO A PARTIR DA RECLAMAÇÃO Nº 4.374/PE E À LUZ DO SISTEMA DE PRECEDENTES DO CPC/2015

MAURO LUIZ CAMPBELL MARQUES

1 Introdução

O presente artigo busca analisar a reclamação quanto à sua função relacionada com as decisões vinculantes do STF, em especial, as proferidas em controle concentrado de constitucionalidade.

A reclamação nasceu da criação jurisprudencial do STF para garantir a competência e autoridade das decisões da Corte. Mas, com o julgamento da Reclamação nº 4.374/PE pelo STF, na qual a Corte superou entendimento firmado na ADI nº 1.232, abriu-se um novo capítulo sobre o papel da ação no ordenamento jurídico. Some-se, a isso, a positivação da ação no Código de Processo Civil inaugurado em 2015.

Desde sua origem, houve uma grande evolução sobre as hipóteses de cabimento da reclamação no STF, que hoje admite o manejo da ação para "(re)interpretação da decisão proferida em controle de constitucionalidade abstrato" (BRASIL, 2013, p. 1).

Neste aspecto, a conclusão da Reclamação nº 4.374/PE foi e ainda é objeto de estudo e discussão, seja em razão da aparente distorção do controle de constitucionalidade, cujo rito é específico e não é aberto a toda sociedade de maneira geral, seja em razão da finalidade da própria reclamação, que é uma ação também específica e que visa garantir a competência e autoridade de decisões dos tribunais.

O escopo do presente artigo é primordialmente entender a relação da reclamação com estas decisões vinculantes específicas do STF, analisando a finalidade da ação e os argumentos positivos e negativos de seu papel de reinterpretação, superação e distinção de decisão vinculante proferida em sede de controle de constitucionalidade.

O CPC/2015 inovou ao trazer um sistema de observância de decisões vinculantes ou sistema de precedentes. Neste sentido, a reclamação ganhou um maior destaque no ordenamento, pois seu cabimento foi alargado pela lei infraconstitucional. No mesmo cenário, é de se dizer que o código, apesar de ter previsto a possibilidade de superação e distinção de precedentes, não previu mecanismo específico para realizar a tarefa.

Desta forma, talvez de maneira intuitiva ou lógico-sistemática, a reclamação tem ganhado força para interpretar este papel. Como ação que tem por objeto a garantia da autoridade de decisões, tem-se percebido um maior uso da reclamação quando da não aplicação de decisão vinculante ou quando ela é feita de maneira inadequada em determinado caso concreto.

Com estas considerações, este estudo buscará compreender como se deu esta evolução da reclamação, especialmente no âmbito do STF e a partir do julgamento da Reclamação nº 4.374, bem como à luz do sistema de precedentes vinculantes estabelecido pelo CPC/2015, almejando despretensiosamente propor um prognóstico dos caminhos da ação de reclamação no nosso ordenamento jurídico.

Neste sentido, a partir da análise do efeito vinculante das decisões proferidas em controle de constitucionalidade, será feita uma revisão de literatura do cabimento da reclamação no STF, utilizando-se tanto de doutrina quanto jurisprudência.

2 Reclamação: breve histórico e evolução

Marcelo Navarro Ribeiro Dantas (2000), em vasta obra sobre o tema, nos guia pelo caminho percorrido pela reclamação desde o seu surgimento, a partir da teoria dos poderes implícitos, por criação jurisprudencial, para garantir a competência do STF e a autoridade de suas decisões, até a sua constitucionalização.

A teoria dos poderes implícitos, importa esclarecer, foi trazida ao Brasil por Ruy Barbosa e tem origem no caso julgado na Suprema Corte norte-americana, *Mac-Culloch v. Maryland*, em 1819, em que se entendeu que, se a determinado órgão a Constituição atribuiu uma competência específica, também lhe são constitucionalmente outorgados, de maneira implícita, os poderes necessários para exercer a sua função (XAVIER, 2022).

Da obra de José da Silva Pacheco (2012), há importante contribuição, especialmente quanto à cronologia da evolução histórica da reclamação. Foi o autor que discorreu sobre as quatro fases iniciais da ação no direito brasileiro, a saber:

> 1ª) a primeira vai desde a criação do Supremo Tribunal até 1957; 2ª) a segunda começa em 1957, com a inserção da medida no RISTE até 1967;, 3ª) a terceira, a partir do disposto na Constituição de 1967, art. 115, parágrafo único, c, que foi reproduzido na Emenda Constitucional de 1969, art: 120 parágrafo único, c, e, posteriormente, após a Emenda 7, de 13.04.1977, com o disposto no art. 119, I, o, sobre a avocatória, e no §3º, c, autorizando que o RISTF estabelecesse "o processo e o julgamento dos feitos de sua competência originária ou recursal e da arguição de relevância da questão federal"; e 4ª) a quarta, com o advento da Constituição de 05.10.1988, cujos arts. 102, I, l, e 105, I, f, preveem, expressamente, a reclamação como da competência originária do STF e do STJ. (PACHECO, 2012, p. 554)

A partir deste estudo, Marcelo Navarro Ribeiro Dantas (2000) incluiu uma outra fase na cronologia da reclamação, que seria a sua constitucionalização, com a Carta de 1988, e seu estudo após a sua inclusão no texto constitucional ao lado de outros remédios heroicos, como mandado de segurança e *habeas corpus*.

Na atualidade, já se vê um momento de expansão constitucional e processual da ação, inaugurando uma sexta e sétima fases (XAVIER, 2022), em que sua função está atrelada à observância da súmula vinculante e, por fim, a sua codificação, ocorrida com a promulgação do CPC/2015.

Da análise de todo o desenvolvimento da reclamação, merece destaque o momento em que ela foi institucionalizada. Naquela época, as garantias do jurisdicionado e do Poder Judiciário ainda não existiam com a força imperativa que se vê atualmente, foi preciso que a Suprema Corte buscasse uma ferramenta para garantir a aplicação de suas decisões (DANTAS, 2000).

Além disso, não há dúvidas de que a reclamação se constituiu como mecanismo constitucional de competência originária do STF e do STJ para garantir a competência e autoridade das decisões das referidas Cortes, essencialmente. Portanto, a reclamação, que teve um início jurisprudencial e sua aplicação esbarrava na casuística, ganhou notoriedade e importância a ponto de ter sido incorporada ao direito positivo nacional com *status* de norma constitucional.

3 Reclamação e controle de constitucionalidade

Inicialmente, é importante para o presente estudo demonstrar as formas em que ocorrem o controle de constitucionalidade no Brasil e seus efeitos.

No Brasil, adotou-se um sistema misto de controle de constitucionalidade. Assim, de maneira concentrada, os legitimados previstos em lei podem impetrar ações objetivas que buscam analisar a compatibilidade de determinado ato normativo com a constituição federal como parâmetro. Também é chamado de controle abstrato de constitucionalidade, já que sua análise não decorre de um caso concreto, mas sim da hipótese abstrata prevista na lei.

Esse tipo de controle originou-se na Áustria e ocorreu em países de tradição de *civil law*, servindo de tutela da hierarquia constitucional. Assim, ocorrido o julgamento, a corte constitucional profere uma decisão vinculante aos demais órgãos jurisdicionais, cujo efeito é contra todos (XAVIER, 2022).

Por outro lado, há também o controle de constitucionalidade exercido de maneira difusa, por todos os órgãos jurisdicionais no Brasil. Este tipo de controle vê-se com maior destaque em países de costume de *common law*, em que existe a previsão do *judicial review*, no qual compete a qualquer juiz, quando do julgamento de qualquer causa, analisar as normas a ela cabíveis, inclusive sua constitucionalidade. A análise, via de regra, é incidental e seus efeitos apenas *inter partes* (XAVIER, 2022).

Essa heterogeneidade do controle de constitucionalidade brasileiro, por si só, já é capaz de gerar obstáculos à uniformização da interpretação constitucional. Nesta perspectiva, Mauro Cappelletti (1992) já alertava para a confusão que pode ocorrer em países de tradição de *civil law* que implementam o controle difuso de constitucionalidade, tendo em vista a possibilidade de decisões diferentes para uma mesma causa, a depender do juiz que a julgasse.

A reclamação constitucional está diretamente relacionada com o caráter vinculante das decisões proferidas pelas Cortes (MARTOS; BARUFI; VOLPE FILHO, 2022). Assim, do que já foi explicado, é possível extrair a ideia de que caberia reclamação, por qualquer interessado, quando algum órgão não aplicasse a decisão proferida pelo STF em controle concentrado, bem como seria possível seu manejo por uma das partes do processo de controle difuso, que precisarem garantir a autoridade da decisão anterior.

Mas é preciso alinhar melhor o que é uma decisão vinculante e quais são seus limites, a fim de compreender a potencialidade a que pode chegar a reclamação.

Gilmar Mendes (1999) explica que, nos debates sobre a PEC nº 130/1992, havia uma distinção sobre os conceitos de eficácia geral e efeito vinculante, em se tratando de decisões proferidas em controle abstrato de constitucionalidade, que foi inspirada em conceito trazido da doutrina alemã. No qual há, inclusive, a vinculação do objeto da decisão que engloba apenas decisões de mérito e não as que têm cunho eminentemente processual (MARTINS, 2011).

De fato, da leitura do próprio texto constitucional, é possível ver que a norma traz as duas nomenclaturas (eficácia *erga omnes* e efeito vinculante),[30] corroborando a premissa de que há distinção entre os dois conceitos, que merecem ser mais bem elucidados.

O estudo sobre o efeito vinculante da decisão tem relação com os limites da coisa julgada, já que acaba obrigando terceiros não integrantes da relação processual principal a observarem determinada decisão (MENDES, 1999).

No direito alemão, não é uníssona a doutrina sobre a extensão do efeito vinculante, se ele diz respeito aos motivos determinantes da decisão e/ou à parte dispositiva (MENDES, 1999).

O próprio autor reforça que se o efeito vinculante se dá apenas sobre o dispositivo da decisão, tanto o debate sobre seu alcance quanto à sua própria função no ordenamento se tornam diminutas, eis que não haveria grande contribuição "para a preservação e desenvolvimento da ordem constitucional" (MENDES, 1999).

Neste viés, a teoria da transcendência dos motivos determinantes exsurge com importância e pertinência, já que pressupõe que o efeito da decisão vá além do conteúdo de seu dispositivo, englobando também a norma abstrata definida pela decisão paradigma a ser observada pelos demais tribunais e juízes (MENDES, 1999).

Desta forma, ainda que se trate de uma decisão vinculante, tal qual uma súmula de mesmo efeito, o órgão judiciário aplicador da norma deve ainda fazer uma interpretação sobre sua aplicabilidade no caso concreto. A reclamação, portanto, é uma ponte que vai conectar o aplicador do direito ao órgão criador da decisão adequando o enunciado ao caso cabível.

Em complementação a tal argumento, cumpre esclarecer o sentido hermenêutico que há por trás da aplicação do texto legal. É no julgamento do caso concreto que o juiz aplica o direito, não há como aplicar a norma sem a observância do contexto em que a decisão vinculante foi prolatada, visto que "não há norma sem relação social" (STRECK, 2006, p. 219).

---

30 A exemplo do teor do art. 102, §2º, da CF/1988, cujo teor é: "§2º As decisões definitivas de mérito, proferidas pelo Supremo Tribunal Federal, nas ações diretas de inconstitucionalidade e nas ações declaratórias de constitucionalidade produzirão eficácia contra todos e efeito vinculante, relativamente aos demais órgãos do Poder Judiciário e à administração pública direta e indireta, nas esferas federal, estadual e municipal".

Neste contexto, quando se faz a leitura da decisão proferida na Reclamação nº 4.374, conforme se propõe mais adiante, à luz das premissas teóricas estabelecidas, parece uma decorrência lógica a possibilidade de se reinterpretar uma decisão vinculante a partir de substratos concretos demonstrados no caso. Resta saber se é da reclamação o papel de fazer o "balançar dos olhos" na situação específica analisada.

No entanto, na prática o que se percebe é que o STF tem tido entendimentos divergentes quanto ao manejo da reclamação a depender de ser o caso de controle concentrado ou difuso de constitucionalidade. Nos casos de controle concentrado, é admitida a reclamação para garantir a autoridade da decisão, por uma razão hermenêutica, inclusive; enquanto que em controle difuso, a Corte concluiu que a índole subjetiva da demanda não permite a extensão dos efeitos a quem não tenha tomado parte da lide (ROSSI; MUNDIM, 2021).

A atribuição desse efeito diferente a depender do tipo de controle de constitucionalidade reflete diretamente no entendimento da Corte quanto à extensão da vinculação de suas decisões e a teoria dos motivos determinantes, ora rechaçada pelo STF.

Assevera-se ainda, que o CPC/2015 propiciou um salto hermenêutico quanto à reclamação, tornando mais abrangentes suas atribuições e estendendo-as para todo e qualquer tribunal nacional. Sua maior importância se deve, em muito, ao fato de a nova legislação privilegiar a jurisprudência e os precedentes como formas de garantir a isonomia de tratamento aos jurisdicionados, bem como promover a segurança jurídica e contribuir para a manutenção da coesão de todo o sistema. Assim, ela tem uma relação estreita com a eficácia vinculante das decisões.

Neste sentido, o art. 988 do CPC/2015 e seguinte preveem o cabimento da reclamação para: preservar a competência do tribunal; garantir a autoridade das decisões do tribunal; garantir a observância de enunciado de súmula vinculante e de decisão do Supremo Tribunal Federal em controle concentrado de constitucionalidade; garantir a observância de acórdão proferido em julgamento de incidente de resolução de demandas repetitivas ou de incidente de assunção de competência.

Dentro do controle concentrado de constitucionalidade, encontram-se as ações objetivas que servem para discutir abstratamente o parâmetro do bloco de constitucionalidade de determinada norma, a exemplo da ADC, ADPF, ADI, todas, como já dito, com efeitos vinculantes.

O mesmo código, em seu art. 504, dispõe que não fazem coisa julgada os motivos, ainda que importantes para determinar o alcance da parte dispositiva da sentença. A despeito de coisa julgada e efeito vinculante não serem sinônimos, aponta-se para o fato de o STF não considerar vinculante também os motivos e fundamentos de uma decisão proferida em controle de constitucionalidade, rechaçando a aplicação da teoria dos motivos determinantes.

Neste ponto, merece destaque o papel pedagógico que a reclamação tem ao cassar a decisão de tribunal que atua em confronto com a posição vinculante dos órgãos superiores, promovendo a uniformização do direito (ALI, 2019).

Outrossim, Anwar M. Ali (2019) lembra, ao citar José Afonso da Silva, que o efeito vinculante vai operar sobre os atos posteriores àquele desconciliado da necessidade de propositura de novas ações de inconstitucionalidade.

3.1 A Reclamação nº 4.374/PE

A reclamação é um importante instrumento de controle de estabilidade de decisões e permite, ainda, um acesso relativamente amplo do jurisdicionado ao Poder Judiciário, ao mesmo tempo em que torna possível a distinção e superação de precedentes (ANDRADE, 2019).

Além disso, a reclamação vai permitir que um interessado consiga demonstrar que um precedente de observância obrigatória de determinado tribunal (e do qual ele não fez necessariamente parte da formação) não foi aplicado ou o foi de maneira equivocada (ANDRADE, 2019).

Neste contexto, percebe-se que a reclamação conseguiu ir além da sua função garantidora em um caso específico do STF: o julgamento da Reclamação nº 4.374. Naquela ocasião, o STF foi instado a revisitar sua decisão proferida na ADI nº 1.232, em que a Corte havia considerado constitucional o art. 20, §3º, da Lei nº 8.742/93. O INSS ajuizou reclamação ao STF, pois o órgão judiciário local não estava considerando válidos os requisitos dispostos naquele dispositivo. A partir disso, o STF reformulou seu entendimento anterior proferido em ADI e, na reclamação, declarou a inconstitucionalidade do art. 20, §3º, da Lei nº 8.742/93 (BRASIL, 2013).

Assim, o STF, ao analisar uma reclamação de caso específico, observou nuances importantes e redimensionou o alcance do dispositivo federal discutido, reconsiderando a sua constitucionalidade.

Da evolução do instituto, vê-se que a reclamação ganha contorno de ferramenta de integração jurídica, ao proporcionar a reinterpretação, superação ou distinção de decisão proferida em controle concentrado de constitucionalidade; e ainda, condutora da revogação de decisão dada em controle concentrado de constitucionalidade (ANDRADE, 2019).

A reclamação, que teve origem jurisprudencial e hoje encontra-se positivada no ordenamento jurídico nacional, já teve um papel de garantidora da autoridade da decisão, no sentido mais objetivo da desobediência. Isso devido a um cenário político e sociológico diferente do que se vê hoje no Brasil, especialmente em que ao Poder Judiciário não eram dadas as garantias necessárias para o exercício da função, poderes locais paralelos ao estatal acabavam por tornar inócuas decisões judiciais (XAVIER, 2022).

Contudo, na atual conjuntura, em que o Poder Judiciário já conta com as garantias necessárias à sua afirmação e imperatividade, a função de garantir a autoridade da decisão judicial da reclamação caminha para uma análise mais abstrata, por assim dizer.

Não é que não ocorram casos de desobediência de decisões judiciais *per si*, no entanto, a evolução do próprio direito permite interpretar essa função da reclamação não apenas para garantir a decisão, mas garantir que a decisão seja corretamente aplicada no caso concreto, isso implica um papel interpretativo do juiz, bem como o uso da ação como ferramenta de distinção, superação e reinterpretação do precedente no tribunal que o formou.

A reclamação passou a exercer uma função integrativa no sistema. No qual, ela serve para interpretar e conformar a jurisprudência do STF, resultando numa reclamação integrativa, conforme nomenclatura dada por José dos Santos Carvalho Filho e Marco Alexandre de Oliveira Archanjo (2019, p. 324).

4 Cabimento de reclamação em controle de constitucionalidade no STF: um balanço positivo

A análise da reclamação e seu uso em controle de constitucionalidade deve ser feita com cautela e é cabível a partir de vários pontos de vista.

A partir da teoria do neoconstitucionalismo, no qual o juiz se volta para o julgamento não como boca da lei, mas como peça-chave na real implementação da justiça, buscando aproximar a aplicação do direito e a moral, a posição ativista do juiz exsurge como elemento fundamental na construção do direito e vai ensejar uma carga argumentativa alta, já que deverá ser buscada a melhor solução para aquele determinado caso (ARCHANJO; CARVALHO FILHO, 2019). Neste sentido, destaca-se a função de intérprete da Constituição que o STF detém, que irá proferir decisões vinculantes para todos os demais órgãos do Poder Judiciário.

Isso implica uma atuação ainda mais coerente de todos os atores do sistema jurídico, já que as decisões proferidas não podem fugir da lei. Assim, as cortes de vértice são responsáveis pela articulação da norma, cabendo aos órgãos inferiores a interpretação do caso concreto e a aplicação da norma à luz dos precedentes emanados pelas Cortes hierarquicamente superiores.

Neste contexto, a reclamação seria uma importante ponte de diálogo entre o juiz aplicador do direito concreto e o precedente. Não se quer dizer com isso que a reclamação vá se tornar uma via *per saltum*, a impugnação ao julgamento em si continua a ser feita pela via recursal.

No entanto, em um contexto de aplicação direta e equivocada de determinado precedente vinculante, cabe ao STF a análise desta ofensa diretamente, por via da reclamação.

Do ponto de vista da legitimidade, o uso da reclamação dentro da sistemática do controle de constitucionalidade desponta como fator de preocupação do resultado dos processos, em especial quanto à segurança jurídica (ARCHANJO; CARVALHO FILHO, 2019).

Deve-se lembrar que o controle abstrato de constitucionalidade detém um rol específico e taxativo de legitimados a iniciá-lo. Todavia, a exemplo do que ocorreu na Rcl nº 4.374/PE, em que houve uma inércia de tais pessoas, mas diante da mudança do contexto fático e social, e sendo necessária uma reinterpretação do dispositivo legal à luz dos princípios e normas constitucionais, existe uma lacuna para casos semelhantes de falta de interesse dos legitimados. Viu-se, então, na reclamação, uma oportunidade para o reexame de inconstitucionalidade de norma em determinado caso concreto.

Para além disto, o princípio da segurança jurídica é um dos pilares do próprio Estado de direito, encontra-se salvaguardado no texto constitucional e é garantidor de que o jurisdicionado vai ter uma resposta imparcial, justa e igual a de outros jurisdicionados na mesma situação fático-jurídica (ARCHANJO; CARVALHO FILHO, 2019). No campo das decisões, a segurança jurídica se traduz na previsibilidade do direito.

Neste sentido, a previsibilidade da aplicação do direito é um dos fatores que vai manter a estabilidade na interpretação do direito e, via de consequência, a isonomia entre os jurisdicionados (ARCHANJO; CARVALHO FILHO, 2019).

As decisões proferidas pelo STF em controle concentrado de constitucionalidade são vinculantes e permeiam a previsibilidade do direito. Quando o jurisdicionado, baseado em uma decisão vinculante proferida em ADI, se socorre ao STF para garantir a aplicação de tal julgado, por meio da reclamação, é possível dizer que ele não espera que a reclamação vá alterar o entendimento da Corte.

No entanto, a premissa da constância do direito não pode engessar a sua análise nem tornar o juiz refém diante da aplicação equivocada de determinada norma. Além disso, a solução a que o tribunal chegou em determinado momento pode não ser (e dificilmente o será) adequada para as gerações futuras, em razão da mudança de contexto, adequação ou surgimento de conceitos etc.

Ou seja, a estabilidade da jurisprudência é um vetor de valorização e preservação do próprio sistema jurídico, contudo, não se quer que ela torne o direito algo imutável. Este tipo de situação ensejaria, em determinado momento, o enfraquecimento ou colapso do próprio Poder Judiciário, que não poderia alterar o que já fora decidido.

Para que possa haver, portanto, a harmonia entre a reclamação e as decisões de controle de constitucionalidade, é preciso que se observem as garantias processuais ao devido processo legal, de maneira ampla. Neste contexto, o art. 10 do CPC, que veda que o juiz profira decisão surpresa, demonstra bem a preocupação do legislador com situações como tal, além de corroborar a conclusão de que não está vedada a atuação do juiz neste sentido, mas que ela deve ser pautada numa construção dialógica do direito.

A revisão jurisprudencial deve se dar de maneira concatenada com a segurança jurídica, sem que se viole tal princípio (ARCHANJO; CARVALHO FILHO, 2019). Mas, além da questão das garantias processuais, em caso de reinterpretação do julgado paradigma, outro ponto-chave é a questão fática, que deve estar bem delimitada em relação ao caso concreto, pois é isto que vai ensejar a distinção entre ele e o precedente vinculante, ou é o que vai demonstrar a necessidade de readequação social daquela decisão, cabendo aí a superação (ARCHANJO; CARVALHO FILHO, 2019).

Como já mencionado, no âmbito do controle de constitucionalidade, o rito processual e a legitimidade de ação obedecem a regras específicas legalmente vinculadas, e isto torna a análise do cabimento da reclamação para superação destes precedentes mais meticulosa.

O controle de constitucionalidade abstrato, por ensejar uma análise objetiva da norma em face da Constituição, legitima alguns personagens do Estado democrático de direito a enfrentarem a análise da legislação em face do texto constitucional.

Contudo, tal qual o caso da Reclamação nº 4.374, em que não houve interesse dos reais legitimados do controle de constitucionalidade, a inércia deste rol de pessoas fez com que a causa chegasse ao STF como reclamação.

Assim, José dos Santos Carvalho Filho e Marco Alexandre de Oliveira Archanjo (2019, p. 337) sintetizam a possibilidade de revisão de precedente vinculante de controle de constitucionalidade por reclamação da seguinte maneira:

> Assim, sempre que defrontar situação em que não mais social ou sistemicamente congruente norma outrora reconhecida válida, para a qual nenhum dos legitimados revele interesse em inaugurar a Justiça constitucional, pode a Corte Suprema, respeitando a confiança legítima dos jurisdicionados e mediante profundo esforço argumentativo, valer-se da reclamação

como meio de levar a efeito a superação de seu precedente (*overruling*). Isso porque não se coaduna com a melhor hermenêutica a ideia da prevalência de aspectos de ordem formal em detrimento da substância, que deve ser a da busca da melhor interpretação do direito à luz da Lei Maior.

Para os autores (ARCHANJO; CARVALHO FILHO, 2019), ainda que se considere que, em tal situação, a reclamação descaminha da sua verdadeira função, de preservar decisões vinculantes, além de efetivamente rescindir (na prática) um julgado prolatado em controle de constitucionalidade, o que se buscou preservar foi a efetividade social e jurídica de um precedente, que, se mantido como estava, prejudicaria os jurisdicionados.

Os limites "revisores" da reclamação, no entanto, devem ser considerados com parcimônia, sob pena de se desfigurar o uso da referida ação. Desta forma, para José dos Santos Carvalho Filho e Marco Alexandre de Oliveira Archanjo (2019), a reclamação não poderia, por exemplo, ser utilizada com intuito de revisar súmula vinculante ou entendimento firmado sob a sistemática da repercussão geral, por já haver previsão legislativa de modificação ou superação de tais entendimentos.

Assim, apenas no âmbito do controle abstrato de constitucionalidade é que se poderia alterar o entendimento já firmado com o auxílio da reclamação, eis que não haveria outro meio de modificar tal precedente (ARCHANJO; CARVALHO FILHO, 2019).

Neste sentido, citando Melvin Eisenberg, William Pugliese e Thiago Pessoa (2019) assentam, entre outros, o dever de *responsiveness* da Corte de precedentes, que tem a obrigação de se manter acessível para que os jurisdicionados possam validar a justeza do precedente, bem como promover sua modificação futura, em caso de necessidade.

Há doutrina, ainda, que assevera ser papel do recurso, tal qual se vê no direito da *common law*, a modificação de um precedente ou o meio para forçar seu cumprimento (ABBOUD; VAUGHN, 2019).

Contudo, deve-se atentar também para o caminho procedimental que o jurisdicionado percorre em um caso concreto. Em que pese a ideia do precedente vinculante ter se inspirado na *common law*, a parte que pretender questionar a aplicação equivocada, superação ou distinção, encontrará a barreira imposta pelo art. 1.040 do CPC, que impõe ao tribunal de origem, após o julgamento da causa repetitiva, a análise da demanda sob o manto do precedente formado.

Além disso, a forma em que se implementou a vinculação do precedente no direito brasileiro, a despeito do aspecto histórico e cultural que a originou, não corresponde ao modelo de vinculação dos países do sistema *common law*, no qual a codificação ficou em segundo plano em relação aos pronunciamentos judiciais das cortes superiores.

Ademais, o sistema do *civil law*, adotado no Brasil, evoluiu historicamente para compreender que o seu modelo de decisão judicial (livre convencimento motivado do juiz) deve admitir alguma forma de controle e os precedentes podem e devem servir a este fim (LEISTER; CHIAPPIN, 2016). Por conseguinte, a reclamação exerce um importante papel nesta função de controle dos precedentes e da aplicação do direito, demonstrando uma preocupação de regulação da aplicação do precedente.

Neste prisma, a reclamação exerce um controle de jurisdicionalidade (LEISTER; CHIAPPIN, 2016), no qual seria possível a modificação, alteração ou até extinção de decisões vinculantes especialmente em se tratando do STF, corte suprema do país. Por consequência, a reclamação tem como um de seus papéis a garantia da estabilidade jurisdicional estabelecida na hierarquia entre os órgãos judiciários com intuito de preservar a previsibilidade e segurança jurídicas. Neste contexto, a reclamação serve ainda como mecanismo restritivo da interpretação das normas para as instâncias inferiores ao STF (LEISTER; CHIAPPIN, 2016), desde que observadas as garantias e direitos processuais das partes interessadas no julgamento do tema em debate.

5 Considerações finais

No atual cenário jurídico brasileiro, o controle de constitucionalidade, no âmbito do Supremo Tribunal Federal (STF), pode ser feito de modo concentrado ou difuso. O CPC/2015 foi bem claro ao admitir o cabimento de reclamação para garantir a observância de decisão do STF em controle concentrado de constitucionalidade, cujas decisões produzem eficácia contra todos e efeito vinculante.

No entanto, a própria Corte Suprema tem admitido o cabimento de reclamação não apenas para garantir a observância das decisões, mas também a superação e revisitação de precedentes seus de efeitos vinculantes.

Pelo histórico evolutivo da reclamação, foi possível ver que sua origem jurisprudencial ainda traz reflexos na função que deve desempenhar atualmente. Isso porque, a despeito da sua constitucionalização e codificação, há ainda vieses não explorados na reclamação. A atuação das cortes superiores, em especial do STF, demonstra que, dentro da atribuição de garantir a autoridade de seu julgamento da reclamação, cabem muitas interpretações.

Demonstrou-se aqui que a origem da reclamação foi uma construção jurisprudencial necessária para garantir a autoridade das decisões e a competência do STF, em um momento histórico em que o Poder Judiciário não tinha as garantias atuais, necessárias à entrega da prestação jurisdicional efetiva. Sua importância foi tamanha que o instituto ganhou assento constitucional e hoje se encontra em um momento de expansão processual.

Posteriormente, buscou-se, de maneira geral, explicar como se dá o controle de constitucionalidade no Brasil, estabelecendo-se uma relação entre o efeito vinculante da decisão e o cabimento da reclamação. Para além disso, não se pode esquecer que o papel do STF não é apenas de ser a boca da lei, mas fazer a construção do direito, ao menos a interpretação constitucional. Neste contexto, a Suprema Corte entende que a reclamação adquire um papel de possibilitar a contínua reinterpretação do direito, trazendo para o Judiciário questão já decidida de maneira abstrata, mas a sua aplicação ao fato social merece ainda ponderação.

Com a Reclamação nº 4.374/PE, o STF determinou uma mudança de paradigma importante no estudo da reclamação. Ao entender ser possível reinterpretar decisão proferida em ADI, a Suprema Corte concedeu um caráter integrativo à ação. Dada a evolução histórica da reclamação, a Corte parece ter compreendido não ser mais tão simples a compreensão da função da reclamação de garantir a autoridade da decisão, possibilitando que se interprete mais amplamente o alcance deste papel.

Viu-se ainda, que, com a Reclamação nº 4.374/PE, o STF apercebeu-se da necessidade de manter aberta a porta de reinterpretação de decisões proferidas em controle concentrado de constitucionalidade e, diante da inatividade dos legalmente legitimados, permitiu que o cidadão comum pudesse entrar no debate constitucional por meio da reclamação.

Com o neoconstitucionalismo, que é uma teoria de reinterpretação de todas as áreas do direito a partir do marco constitucional, exigiu-se uma função mais ativa do juiz, mas, ao mesmo tempo, um dever de observância de decisões para a manutenção da coesão da jurisprudência. Aqui, a reclamação é vista pelo STF como grande aliado desta coesão, mantendo aberto o diálogo entre a referida Corte e o precedente.

A despeito de alguns problemas que poderia haver na admissão da reclamação para reinterpretação de decisões proferidas em controle de constitucionalidade, como legitimidade e segurança jurídica, viu-se que a previsibilidade do direito não pode engessá-lo e impedir que hajam as alterações necessárias para a efetiva entrega da prestação jurisdicional.

Assim, na busca do equilíbrio entre esta função integrativa da reclamação e a segurança jurídica, é preciso que se observem as garantias processuais, com destaque para o devido processo legal e todos os seus princípios corolários. A aplicação destas garantias também permitirá que a reclamação não se perca dentro de sua esfera de aplicabilidade, desvirtuando a ação.

A expansão processual da reclamação nos encaminhou para discussões muito mais profundas sobre o direito, limites e forma de atuação jurisdicional. Para quem defende a reclamação como instrumento pedagógico do direito, servindo como fator de integração de todo o sistema, há ainda bastante evolução para ser desenhada nas balizas de atuação desta ação.

Por outro lado, há doutrina que encara que a reclamação deveria ter um papel mais restrito e que a observância de decisões vinculantes se dá pelo sistema em si e não por esta ação específica e que o contrário faria a reclamação adquirir um viés recursal.

Considerando as duas linhas de raciocínio, vê-se que, ao implementar melhorias e expandir o uso da reclamação, o legislador não quer dizer que ela tenha sempre que ser usada para reinterpretar ou garantir a vinculação de uma decisão, mas, ao contrário, nos passa a mensagem de que o juiz deve julgar com base em toda a interpretação já existente da lei, especialmente quando for vinculante, sob pena de receber uma ordem de cumprimento diretamente da Suprema Corte. A ideia, portanto, é de que não fosse necessário usá-la.

Não se pode esquecer que o processo não é um fim em si mesmo, ele serve a um bem maior: à pacificação social e ao sentimento de efetiva justiça.

Referências

ABBOUD, Georges; VAUGHN, Gustavo Favero. Notas críticas sobre a reclamação e os provimentos judiciais vinculantes do CPC. *Revista de Processo*, São Paulo, v. 287, n. 44, p. 409-441, jan. 2019. Disponível em: https://bdjur.stj.jus.br/jspui/handle/2011/128872. Acesso em: 30 jun. 2022.

ALI, Anwar Mohamad. Reclamação e transcendência dos motivos determinantes no controle concentrado de constitucionalidade. *Revista Brasileira de Direito Processual*, Uberaba, v. 27, n. 106, p. 97-118, abr./jun. 2019. Disponível em: https://bdjur.stj.jus.br/jspui/handle/2011/131930. Acesso em: 23 jun. 2023.

ANDRADE, Tatiane Costa de. Reclamação constitucional: uma alternativa possível para a superação de precedentes ante a barreira imposta pelo artigo 1.030 do CPC. *Revista Eletrônica de Direito Processual*, v. 20, n.

3, 2019. Disponível em: https://www.e-publicacoes.uerj.br/index.php/redp/article/view/40549. Acesso em: 23 jun. 2023.

ARCHANJO, Marco Alexandre de Oliveira; CARVALHO FILHO, José dos Santos. Reclamação como ferramenta de superação de precedente formado em controle concentrado de constitucionalidade. *Revista da Advocacia Pública Federal*, Brasília, v. 3, n. 1, p. 315-342, 2019. Disponível em: https://seer.anafenacional.org.br/index.php/revista;/article/view/77. Acesso em: 31 maio 2022.

BRASIL. Supremo Tribunal Federal. Reclamação 4.374. Relator: Ministro Gilmar Mendes, 18 de abril de 2013. *Diário da Justiça Eletrônico*, n. 173, 4 set. 2013. Disponível em: https://jurisprudencia.stf.jus.br/pages/search/sjur240579/false. Acesso em: 28 jun. 2023.

CAPPELLETTI, Mauro. *O controle judicial de constitucionalidade das leis no direito comparado*. Tradução de Aroldo Plínio Gonçalves. 2. ed. Porto Alegre: Fabris, 1992.

DANTAS, Marcelo Navarro Ribeiro. *Reclamação constitucional no direito brasileiro*. Porto Alegre: Fabris, 2000.

LEISTER, Carolina; CHIAPPIN, José Raymundo Novaes. Reclamação constitucional: a possibilidade de construção de um controle de jurisdicionalidade na civil law brasileira. *Revista Brasileira de Direito Processual – RCDPro*, Belo Horizonte, ano 24, n. 94, p. 53-90, abr./jun. 2016.

MARTINS, Leonardo. *Direito processual constitucional alemão*. São Paulo: Atlas, 2011.

MARTOS, José Antônio Faria; BARUFI, Renato Brito; VOLPE FILHO, Clovis Alberto. A reclamação constitucional como instrumento inadequado para superação de precedentes e de acesso à justiça. *Revista de Processo, Jurisdição e Efetividade da Justiça*, v. 8, n. 1, p. 66-82, 2022. Disponível em: https://www.indexlaw.org/index.php/revistaprocessojurisdicao/article/view/8696. Acesso em: 23 jun. 2023.

MENDES, Gilmar Ferreira. O efeito vinculante das decisões do Supremo Tribunal Federal nos processos de controle abstrato de normas. *Revista Jurídica da Presidência*, v. 1, n. 4, 1999. Disponível em: https://revistajuridica.presidencia.gov.br/index.php/saj/article/view/1067. Acesso em: 29 jun. 2023.

PACHECO, José da Silva. *Mandado de segurança e outras ações constitucionais típicas*. 6. ed. São Paulo: Revista dos Tribunais, 2012.

PUGLIESE, William Soares; PESSOA, Thiago Simões. A reclamação como instrumento de unidade no direito brasileiro. *Revista Eletrônica de Direito Processual*, Rio de Janeiro, v. 20, n. 3, p. 575-596, 2019. Disponível em: https://bit.ly/3PIBuRT. Acesso em: 13 maio 2022.

ROSSI, Júlio César; MUNDIM, Luis Gustavo Reis. O "estado da arte" da reclamação no STF e no STJ: o gato de Schrödinger está vivo-morto? *Revista Eletrônica de Direito Processual*, v. 22, n. 3, 2021. Disponível em: https://www.e-publicacoes.uerj.br/index.php/redp/article/view/59868. Acesso em: 23 jun. 2023.

STRECK, Lenio Luiz. A hermenêutica jurídica e o efeito vinculante da jurisprudência no Brasil: o caso das súmulas. *Bol. Fac. Direito U. Coimbra*, v. 82, p. 213, 2006. Disponível em: https://heinonline.org/hol-cgi-bin/get_pdf.cgi?handle=hein.journals/boltfdiuc82§ion=9. Acesso em: 29 jun. 2023.

XAVIER, Renata Lyra Alves. *Reclamação constitucional e sistema de precedentes brasileiro*: realidade, obstáculos e desafios. 2022. 161 f. Dissertação (Mestrado em Direito) – Universidade de Brasília, Brasília, 2022.

Informação bibliográfica deste texto, conforme a NBR 6023:2018 da Associação Brasileira de Normas Técnicas (ABNT):

MARQUES, Mauro Luiz Campbell. Reclamação e controle de constitucionalidade: uma análise evolutiva do instituto a partir da Reclamação nº 4.374/PE e à luz do sistema de precedentes do CPC/2015. *In*: FACHIN, Luiz Edson; BARROSO, Luís Roberto; CRUZ, Álvaro Ricardo de Souza (Coord.). *A Constituição da democracia em seus 35 anos*. Belo Horizonte: Fórum, 2023. p. 239-250. ISBN 978-65-5518-597-3.

OS 35 ANOS DO SUPERIOR TRIBUNAL DE JUSTIÇA

LUIS FELIPE SALOMÃO
MÔNICA DRUMOND

1 Um Tribunal Nacional para as questões de direito comum: sua criação

Criado pela Constituição da República de 1988 para ser o guardião do direito federal, uniformizando a interpretação da legislação infraconstitucional, o Superior Tribunal de Justiça desempenha com galhardia o papel de "Tribunal da Cidadania".

Instalado em 7.4.1989, ano seguinte à promulgação da Carta, a criação do Superior Tribunal de Justiça foi precedida de amplo debate, especialmente sobre o funcionamento do Judiciário no Brasil.

Em boa medida, o STJ é um desmembramento do Supremo Tribunal Federal, assoberbado naquela virada da história (1988) com os recursos extraordinários que tanto controlavam a constitucionalidade das leis como também realizavam a adequada interpretação do direito infraconstitucional, sem contar o restante de sua grande competência originária e o controle concentrado de constitucionalidade.

A propósito, anotou Mancuso:

> visto que o recurso extraordinário tinha a peculiaridade de ser exercitável em qualquer dos ramos do direito objetivo onde houvesse questão federal ou constitucional, é compreensível que nessa alta Corte para logo se tenha instalado um formidável acúmulo de processos, problema que, agregado à demora no efetivo enfrentamento, com o tempo tornou-se crônico, passando a ser referido como a "crise do Supremo".[1]

É que, conforme detectado por José Carlos Barbosa Moreira, a crise do Supremo foi a crise do recurso extraordinário, e essa situação angustiante resultou numa série de providências legais e regimentais – algumas implementadas e outras cogitadas – para que a Corte não naufragasse em face do volume de recursos que a ela subiam.[2]

---

[1] MANCUSO, Rodolfo de Camargo. *Recurso extraordinário e recurso especial*. 13. ed. rev., atual. e ampl. São Paulo: RT, 2015. p. 78.

[2] MANCUSO, Rodolfo de Camargo. *Recurso extraordinário e recurso especial*. 13. ed. rev., atual. e ampl. São Paulo: RT, 2015. p. 80.

Nesse ponto, imprescindível a menção a evento histórico ocorrido em 1965, convocado pelo Conselho Diretor do Instituto de Direito Público e Ciência Política da Fundação Getúlio Vargas, consistente em mesa-redonda composta por ilustres juristas para discutir a "Reforma do Poder Judiciário" e, nesse âmbito, o debate acerca da viabilidade da criação de um Tribunal Superior, para julgar recursos extraordinários relativos ao direito federal comum.

A proposta apresentada pelo Professor Miguel Reale recebeu apoio unânime dos participantes. Concluídos os trabalhos, constou nos *itens 9 e 10* do extenso relatório apresentado pelo grupo de juristas:[3]

> 9 – Decidiu-se, sem maior dificuldade, pela criação de um novo tribunal. As divergências sobre a sua natureza e o número de tribunais que a princípio suscitaram debates, pouco a pouco, se encaminharam por uma solução que mereceu afinal o assentimento de todos. Seria criado um único tribunal que teria uma função eminente como instância federal sobre matéria que não tivesse, com especificidade, natureza constitucional, ao mesmo tempo que teria a tarefa de apreciar os mandados de segurança e habeas corpus originários, os contra atos de Ministros de Estado e os recursos ordinários das decisões denegatórias em última instância federal ou dos Estados. 10 – Assim também, os recursos extraordinários fundados exclusivamente na lei federal seriam encaminhados a esse novo Tribunal, aliviando o Supremo Tribunal de uma sobrecarga.

A respeito da crise do Supremo e criação do STJ, Athos Gusmão Carneiro assinalou:

> a vigente Carta Magna operou a substituição do Tribunal Federal de Recursos – até então principal tribunal de 2º graus da Justiça Federal – por cinco Tribunais Regionais Federais, mais bem aparelhados para servir como instância recursal ordinária das decisões dos juízes federais. Finalmente, o Superior Tribunal de Justiça, como tribunal nacional, posto acima dos Tribunais Regionais Federais e dos Tribunais dos Estados, irá exercer, sem óbices regimentais, a tutela da legislação federal infraconstitucional, nos casos previstos na Lei Maior.[4]

Por outro lado, embora não tenha substituído o extinto Tribunal Federal de Recursos – que era a mais elevada instância do sistema de justiça federal –, sobretudo porque o Superior é nitidamente um Tribunal de Superposição – na lição de Marinoni, "uma *Corte de* Vértice, nada existindo acima dela no que diz respeito ao direito federal" –, não há negar que seu surgimento sofreu influência daquele Tribunal (antigo TFR), cuja criação ocorreu com a Constituição Federal de 1946. É que, já em 1965, a Emenda Constitucional nº 16, 26.11.1965, introduziu alterações à Constituição, dispondo em seu art. 6º a nova composição do Poder Judiciário, constando, como órgãos daquele poder, o Tribunal Federal de Recursos e Juízes Federais, além do Supremo Tribunal Federal, Tribunais e Juízes Militares, Eleitorais e do Trabalho.

Ao seu tempo, o TFR surgiu como verdadeira inovação, após longo período de exceção democrática no país – o Estado Novo –, e por mais de 40 anos foi o responsável pelo julgamento em segunda instância das causas que envolviam interesse da União

---

[3] Disponível em: http://bibliotecadigital.fgv.br/ojs/index.php/rdpcp/article/view/59662/58007.

[4] CARNEIRO, Athos Gusmão. *Recurso especial, agravos e agravo interno*: exposição didática: área do processo civil, com invocação à jurisprudência do Superior Tribunal de Justiça. 6. ed. Rio de Janeiro: Forense, 2009. p. 10-11.

ou autoridade federal, ressalvada a competência da Justiça Eleitoral e da Militar. As competências do TRF extinto, em grande parte, transferiram-se aos Tribunais Regionais Federais, como dito, criados também pela Constituição de 1988.[5]

Antes mesmo que fosse promulgada a Constituição Federal em outubro de 1988, o presidente do Tribunal Federal de Recursos editou o Ato nº 1.141, de 6 de setembro daquele ano, por meio do qual foram criadas, em caráter temporário, comissões incumbidas de apresentar estudos e sugestões para a implantação do Superior Tribunal de Justiça, bem como dos respectivos Tribunais Regionais Federais. Até a efetiva instalação da nova Corte de sobreposição, o Supremo Tribunal Federal foi o órgão incumbido das atribuições e competências definidas na ordem constitucional precedente (art. 27, §1º do ADCT).

Nesse passo, nos termos do art. 27, I e II, do ADCT da CF/1988 e da Lei nº 7.746, de 3.3.1989 (art. 2º), ficou definido que a composição inicial do Superior Tribunal de Justiça seria integrada pelos ministros do extinto Tribunal Federal de Recursos, observadas as classes de que provinham quando de sua nomeação, bem como pelos ministros necessários para completar o número estabelecido (33).

No que respeita aos "Ministros necessários para completar o número estabelecido", o próprio Ato de Disposições Transitórias cuidou de estabelecer, no §5º, ao art. 27, que seriam indicados em lista tríplice pelo Tribunal Federal de Recursos, observado o disposto no art. 104, parágrafo único, da Constituição.

Em 10.4.1989, entrou em vigor o Ato Regimental nº 1, elaborado pelos ministros do Superior Tribunal de Justiça, que tratou da organização do Superior Tribunal de Justiça; da competência do Plenário, da Corte Especial, das seções e das turmas; e do registro, classificação e distribuição dos feitos. Em 14.4.1989, a Resolução nº 1 dispôs sobre a estrutura organizacional do tribunal. O Regimento Interno foi aprovado em Sessão Plenária de 22.6.1989.

Assim, com sede na Capital Federal e jurisdição em todo o território nacional, o Superior Tribunal de Justiça compõe-se de 33 (trinta e três) ministros vitalícios, nomeados pelo presidente da República, entre brasileiros com mais de 35 (trinta e cinco) anos e menos de 65 (sessenta e cinco) anos, de notável saber jurídico e reputação ilibada, depois de aprovada a escolha pela maioria absoluta do Senado Federal.

Ainda sobre a Corte de Vértice, Marinoni[6] acrescenta que a posição do STJ "no sistema lhe confere a última palavra no que pertine à atribuição judicial de sentido ao direito federal". Conclui que não é o caso de simplesmente dizer que os tribunais inferiores estão submetidos ao STJ, mas de perceber que os tribunais inferiores devem respeito ao direito delineado pela Corte que, no sistema judicial, exerce função de vértice.

2 A composição do Superior Tribunal de Justiça

O STJ é composto por 33 ministros escolhidos e nomeados pelo presidente da República, a partir de lista tríplice formulada pelo próprio tribunal. Havendo mais de

---

[5] VASCONCELOS FILHO, J. T. da Cunha. *O tribunal federal de recursos*. Disponível em: http://bibliotecadigital.fgv.br/ojs/index.php/rda/article/viewFile/10403/9401.

[6] MARINONI, Luiz Guilherme. *O STJ enquanto corte de precedentes*: recompreensão do sistema processual da corte suprema. 2. ed. rev., atual. e ampl. São Paulo: RT, 2014. p. 158.

uma vaga a ser provida entre juízes ou desembargadores (só nestes casos), o Tribunal pode elaborar listas mantendo os nomes anteriores, acrescidos de mais um (art. 27, §4º a 6º do Regimento Interno). O indicado passa ainda por sabatina do Senado Federal antes da nomeação, consoante já assinalado.

Esta nomeação é ato administrativo complexo, porque somente se aperfeiçoa mediante três impulsos distintos: a) a participação do presidente da República, que indica o nome; b) a do Senado Federal que aprova (art. 52, III, "a", CF/1988) e, por fim, c) a edição do ato formal da nomeação feita pelo chefe do Executivo da União. Além disso, é ato discricionário, porque o presidente da República pode escolher qualquer integrante da lista, desde que este reúna os requisitos que a regra jurídica constitucional enumera, quais sejam, a brasilidade, idade, saber jurídico e reputação.[7]

Ressalte-se que a previsão constitucional do número de membros do Superior Tribunal, exposta no *caput* do art. 104, é *mínima*, sendo possível, nos termos do art. 96, I cominado com o art. 61, *caput*, da CF, sua ampliação por meio de lei ordinária de competência privativa do próprio STJ.

O Senado, após a sabatina e votação na Comissão de Constituição e Justiça, aprecia o nome no Plenário, e é exigida maioria absoluta para aprovação. O procedimento seguido pela Casa Legislativa é regulamentado por seu Regimento Interno, art. 383, II, especificamente.[8]

A Constituição prevê, ainda, que os ministros tenham origem diversificada: um terço deve ser escolhido entre juízes de tribunais regionais federais, um terço entre desembargadores de tribunais de justiça e, por fim, um terço entre advogados e membros do Ministério Público.

Ocorrendo vaga destinada a advogado ou a membro do Ministério Público, o presidente do Tribunal, nos cinco dias seguintes, solicitará ao órgão de representação da classe que providencie a lista sêxtupla dos candidatos, observados os requisitos constitucionais (art. 26, §1º, RISTJ). No caso dos advogados e membros do Ministério Público, serão indicados na forma das regras para o "quinto constitucional" (art. 94, CF/1988).

Tratando-se de vaga a ser preenchida por juiz ou desembargador, o presidente solicitará aos tribunais regionais federais e aos tribunais de justiça que enviem, no prazo de dez dias, relação dos magistrados que têm mais de trinta e cinco e menos de sessenta e cinco anos de idade, com indicação das datas de nascimento (art. 26, §2º, RISTJ).

As exigências aqui especificadas são as mesmas previstas para os ministros do Supremo Tribunal Federal. O traço diferencial é que, para serem nomeados, os ministros do STJ devem integrar as carreiras mencionadas anteriormente e figurar em lista elaborada pelo próprio Tribunal.

Note-se que não atuam no Superior os membros do Ministério Público do Trabalho e do Ministério Público Militar, porque são órgãos especializados.

Os ministros do STJ têm assento previsto em alguns outros órgãos do Judiciário.

---

[7] CRETELLA JÚNIOR, José. *Comentários à Constituição brasileira de 1988*. 2. ed. Rio de Janeiro: Forense Universitária, 1993. p. 3119.

[8] Disponível em: https://www25.senado.leg.br/documents/12427/45868/RISFCompilado.pdf/cd5769c8-46c5-4c8a-9af7-99be436b89c4.

Com efeito, no Conselho Nacional de Justiça (CNJ), um ministro do STJ compõe o Conselho e atua como corregedor nacional de Justiça. O STJ também indica o juiz federal e o desembargador federal na composição do CNJ, além de um integrante do CNMP. No Conselho da Justiça Federal (CJF), um dos ministros do STJ é o corregedor-geral da Justiça Federal, sendo cinco ministros integrantes do Conselho. No Tribunal Superior Eleitoral (TSE), dois dos ministros do Tribunal são integrantes do STJ, sendo que um dos ministros do STJ atua como corregedor-geral eleitoral.[9]

No que respeita à organização, os 33 ministros da Corte dividem-se, internamente, em órgãos especializados. O Plenário, com competência administrativa, é composto por todos os ministros da Casa, que se reúnem para a eleição de membros para os cargos diretivos e de representação, votam alterações no Regimento Interno, assim como cuidam da elaboração das listas tríplices de indicados a compor o tribunal, entre outras atribuições previstas no regimento interno.

A Corte Especial, composta pelos 15 (quinze) ministros mais antigos, é o órgão responsável pelo julgamento, por exemplo, das ações penais contra governadores, conselheiros de tribunais de contas, desembargadores, juízes dos TRFs, TRTs e TREs, e procuradores da República que ali oficiam, e dos recursos que apontam divergência de interpretação de determinada matéria entre os órgãos especializados do Tribunal (seções). Há, ainda, três seções especializadas, responsáveis pelo julgamento dos recursos repetitivos e embargos de divergência entre turmas da mesma seção, por exemplo. Cada seção reúne ministros de duas turmas (5 em cada uma), também especializadas (direito público, privado e penal – competência prevista no art. 9º do Regimento Interno do STJ).

3 O art. 104 da Constituição Federal de 1988 – Estrutura do Superior

Desde a promulgação da Carta de 1988 até o ano de 2004, os preceitos constitucionais dedicados à disciplina do Superior Tribunal de Justiça não conheceram inovação significativa. No que tange ao Poder Judiciário, de forma mais ampla, foram duas únicas emendas constitucionais, promulgadas, ambas, em 1999 (EC nº 22 e EC nº 23).

Contudo, em 2004, após treze anos de tramitação no Congresso Nacional, a Emenda Constitucional nº 45 – conhecida como Reforma do Poder Judiciário – cuidou de alterar os artigos da Carta Magna, notadamente quanto ao procedimento de escolha dos integrantes do Superior Tribunal de Justiça, assim como às atribuições a eles conferidas pelo Constituinte e às mudanças referentes ao funcionamento do Tribunal.

Além disso, a EC nº 45/2004 trouxe modificações nas competências do Tribunal Superior do Trabalho, Tribunais Regionais do Trabalho, Tribunais Regionais Federais, da Justiça Militar e dos Tribunais de Justiça.[10]

Em relação ao Superior, a redação do art. 104, anterior à reforma promovida pela EC nº 45/2004, previa maioria simples do Senado como quórum para aprovação do pretendente indicado ao cargo de ministro do Superior Tribunal de Justiça. Após a emenda referida, assim como para escolha dos ministros do Supremo Tribunal Federal, a maioria absoluta dos membros do Senado passou a ser exigida. Na verdade,

---

[9] Disponível em: http://www.stj.jus.br/sites/STJ/default/pt_BR/Institucional/Composição.

[10] BRASIL. Exposição de Motivos/MJ nº 204. *Diário Oficial da União*, p. 8, 16 dez. 2004. Seção 1.

a alteração operou verdadeira padronização no quórum de escolha para indicações de ministros do STF, STJ, TST (art. 111-A) e Conselhos Nacional de Justiça (art. 103-B, §2º) e do Ministério Público (art. 130-A), estes últimos criados pela emenda.

A partir da promulgação da EC nº 45, outras importantes inovações se verificaram, como a transferência de competência do STF para o STJ no tocante à homologação de sentenças estrangeiras e a concessão de *exequatur* às cartas rogatórias (arts. 102, I, "h" [revogada] e 105, I, "i", e 9º da EC nº 45/2004). O Superior Tribunal de Justiça, da mesma forma, assumiu o julgamento de atos de governos locais contestados ante leis federais (arts. 102, III, "d", e 105, III, "b").

Houve, ainda, a criação da Escola Nacional de Formação e Aperfeiçoamento de Magistrados (Enfam), abrigada pelo STJ, responsável por regulamentar cursos oficiais para ingresso e promoção na carreira de juiz, entre outras funções.

O Conselho da Justiça Federal, que já era ligado ao STJ, teve suas atribuições ampliadas, pois, além da supervisão administrativa e orçamentária, assumiu também poderes correcionais de caráter vinculante (art. 105, parágrafo único, I e II).[11]

Segundo José Renato Nalini, tem sido elaborada pelo Superior Tribunal de Justiça a jurisprudência mais criativa e dinâmica da Justiça brasileira. Ele destaca três fatores, pois:

> a construção pretoriana do Superior Tribunal de Justiça mostra-se impregnada dos valores disseminados na comunidade, sem desconhecer a realidade cambiante. Os julgados, em regra, penetram na substância do conflito, priorizando sua solução, não os aspectos meramente formais. Por derradeiro, a resposta célere considerada a lentidão geral de tantos outros Tribunais.[12]

Em se tratando de recurso especial, o Superior Tribunal de Justiça, ao apreciar a alegada violação legal, poderá aplicar "o direito à espécie, com observância da regra prevista no art. 10 do Código de Processo Civil" (art. 255, §5º, do RISTJ). Ao contrário do que acontece em Cortes de Cassação puras (por exemplo, França, Itália e alguns outros países da Europa Continental), onde o Tribunal Superior – equivalente ao STJ –, em regra, apenas proscreve a decisão para que outra seja proferida novamente pela Corte da instância anterior, no Brasil o Superior Tribunal de Justiça pode, ao apreciar o recurso, desde logo aplicar a regra jurídica ao caso concreto.

A Súmula nº 456 do Supremo Tribunal Federal preconiza: "O Supremo Tribunal Federal, conhecendo do recurso extraordinário, julgará a causa, aplicando o direito à espécie".

Esse entendimento foi incorporado ao art. 1.034, do novo CPC (Lei nº 13.105/15), estabelecendo o *caput* que "[a]dmitido o recurso extraordinário ou o recurso especial, o Supremo Tribunal Federal ou o Superior Tribunal de Justiça julgará o processo, aplicando o direito".

No Estado democrático de direito, é indispensável a aplicação igualitária das normas em relação a todos os que a elas se subordinam. Nessa linha, a maior razão do sistema de precedentes, prestigiado pelo diploma processual civil de 2015, é, exatamente,

---

[11] Disponível em: http://cnj.jus.br/noticias/cnj/62369-competencias-dos-tribunais-e-de-ramos-da-justica-foram-alteradas-com-ec-45.

[12] BULOS, Uadi Lammêgo. *Constituição federal anotada*. 11. ed. rev. e atual. São Paulo: Saraiva, 2015. p. 1138.

efetivar a igualdade. É que "nada nega tanto a igualdade quanto dar, a quem já teve o seu direito violado ou sofre iminente ameaça de tê-lo, uma decisão desconforme com o padrão de racionalidade já definido pelo Judiciário em casos iguais ou similares".[13]

Assim, deve o STJ, enquanto Corte de Vértice, "não só insculpir o direito federal infraconstitucional, mas também fazê-lo dotado de autoridade perante os demais tribunais e juízes do país". Por essa razão, é possível afirmar "que um tribunal de apelação viola o direito federal ao contrariar um precedente".[14]

O Código de Processo de 2015, firme nessa ideia, como salientado, instituiu sistema de precedentes vinculantes, definindo em seu art. 927 quais os pronunciamentos judiciais a serem obrigatoriamente observados pelas demais instâncias, atendendo a valores como segurança jurídica, igualdade e eficiência.

Luís Roberto Barroso afirma que, no caso brasileiro, busca-se, com o novo sistema de precedentes vinculantes, superar a incerteza e a desigualdade decorrentes de decisões conflitantes em situações idênticas, um quadro de sobrecarga e de morosidade da justiça e de insatisfação da sociedade com a prestação da tutela jurisdicional.[15]

4 Competências de um Tribunal de Superposição

Após estabelecer o novo sistema de autoridade do direito federal, e, também, alterar o controle de constitucionalidade no Brasil – com a criação do Superior Tribunal de Justiça –, o constituinte atribuiu ao novo Tribunal considerável parcela da matéria antes de competência exclusiva do Supremo, praticamente toda a parte infraconstitucional, de natureza não especializada.

Com a promulgação da Constituição de 1988, as seguintes competências, que na Carta de 1967/1969 pertenciam ao Supremo, foram transferidas ao STJ:

> *I* – processar e julgar originariamente os conflitos de atribuições entre autoridades administrativas e judiciárias da União ou entre autoridades judiciárias de um Estado e as administrativas de outro, ou do Distrito Federal e dos Territórios, ou entre as destes e as da União (art. *105, I "g"*); *II* – julgar em recurso ordinário: *a)* os *habeas corpus* decididos em única ou última instância pelos tribunais federais ou tribunais de justiça dos Estados, se denegatória a decisão (*art. 105, II, "a"*); b) as causas em que forem partes Estado estrangeiro ou organismo internacional, de um lado, e, de outro, município ou pessoa domiciliada ou residente no País (*art. 105, II, "c"*); *III* – julgar, mediante recurso especial, antes, extraordinário, as causas decididas em única ou última instância por outros tribunais, quando a decisão recorrida: *a)* contrariar ou negar vigência de tratado ou lei federal (*art. 105, II, "a"*); b) julgar válida lei ou ato do governo local contestado em face de lei federal (*art. 105, II, "b"*, posteriormente modificado*; c) der à lei federal interpretação divergente da que lhe tenha dado outro Tribunal (*art. 105, II, "c"*).

[13] MARINONI, Luiz Guilherme. *O STJ enquanto corte de precedentes*: recompreensão do sistema processual da corte suprema. 2. ed. rev., atual. e ampl. São Paulo: RT, 2014. p. 164.

[14] MARINONI, Luiz Guilherme. *O STJ enquanto corte de precedentes*: recompreensão do sistema processual da corte suprema. 2. ed. rev., atual. e ampl. São Paulo: RT, 2014. p. 175.

[15] BARROSO, Luís Roberto; MELLO, Patrícia Perrone Campos. Trabalhando com uma nova lógica: a ascensão dos precedentes no direito brasileiro. *Revista da AGU*, Brasília, v. 15, n. 3, p. 9-52, jul./set. 2016.

Após a EC nº 45 de 2004, novas competências foram transferidas ao STJ:

> *I* – processar e julgar, originariamente a homologação de sentenças estrangeiras e a concessão de *exequatur* às cartas rogatórias (*art. 105, I "i"*); *II* – julgar, em recurso ordinário, válido ato de governo local contestado em face de lei federal (*art. 105, II, "b"*).

Ademais, em 2004, voltou a ser da competência do STF julgar, mediante recurso extraordinário, válida lei local contestada em face de lei federal (art. 102, III, "d").

Assim é que, nestes termos, com a reforma, reforçou-se ainda mais a ideia de construção de um Tribunal especializado na fixação da interpretação do direito federal, com atributos de alta qualificação, capaz de proferir, no âmbito das questões federais legais, decisões paradigmáticas. Consoante ressalta Marinoni, em obra já referida, "[...] a função do Superior Tribunal de Justiça é identificar, entre as várias normas jurídicas extraíveis do texto legal, aquela que está de acordo com os valores da sociedade e do Estado, sempre mediante as melhores razões".[16]

Nesse ponto, aliás, há uma inquietação no sentido de saber se o Superior, na interpretação do direito infraconstitucional, pode, ou melhor, deve, em algumas circunstâncias, adotar posição contramajoritária – tal como o Supremo o faz, em temas relacionados à afirmação de direitos fundamentais –, ou se, na verdade, ao interpretar o direito federal, esta atividade poderá ser considerada a própria negação da lei elaborada pelo Parlamento.

Aqui, no direito federal, assim como em relação aos mandamentos da Constituição, segundo penso, não pode haver *ativismo* (em outras palavras, arbítrio do julgador), mas será sim possível a atuação contramajoritária sempre que a interpretação da lei ensejar a potencialização de direitos fundamentais, em que o Poder Legislativo tem dificuldade de garantir o direito das minorias. Temas como discriminação racial, religiosa e de gênero, por exemplo, surgem tanto em relação à Constituição como no direito infraconstitucional, e caberá ao Superior atuar no âmbito de sua competência.

No seu primeiro ano de exercício (a partir de abril/1989), o Superior Tribunal de Justiça recebeu 6.103 processos. Em sequência, em 1990, 14.087 processos chegaram ao Tribunal. Em 2007, registrou-se uma distribuição de 313.364 feitos. Dez anos depois, em 2017, 332.284 processos foram recebidos na Corte.[17] A análise desses números indica um crescimento exponencial nos primeiros anos de existência do Tribunal, mas, recentemente, com algumas medidas adotadas – e um imenso esforço de trabalho –, o número de distribuição, ainda em alta, está sendo mais bem administrado.

Com efeito, nesta sequência histórica, uma vez mais buscando solução para a crise, editou-se, em 2006, a Lei nº 11.417, responsável pela regulamentação do art. 103-A da CF/1988, incluído pela Emenda Constitucional nº 45, cuidando de disciplinar a edição, revisão e o cancelamento de enunciado de súmula vinculante pelo Supremo Tribunal Federal. Somado a esse esforço, na mesma data, publicou-se a Lei nº 11.418, que alterou dispositivos do Código de Processo Civil de 1973, permitindo ao Supremo Tribunal

---

[16] MARINONI, Luiz Guilherme. *O STJ enquanto corte de precedentes*: recompreensão do sistema processual da corte suprema. 2. ed. rev., atual. e ampl. São Paulo: RT, 2014. p. 77.

[17] Disponível em: http://intranet/docs_intranet/UserFiles/File/CGIN/boletim%20mensal%202014/Relatorio_Estatistico.v1.pdf.

Federal, em decisão irrecorrível, não conhecer do recurso extraordinário quando a questão constitucional nele versada não oferece repercussão geral.

Seguiu-se a Lei nº 11.672, publicada em maio de 2008, que estabeleceu o procedimento para julgamento de recursos repetitivos no âmbito do Superior Tribunal de Justiça, determinando o processamento do recurso especial, de forma específica, quando houver multiplicidade de recursos com fundamento em idêntica questão de direito. Nos termos da legislação, ao presidente do tribunal de origem caberá admitir um ou mais recursos representativos da controvérsia, os quais serão encaminhados ao Superior Tribunal de Justiça, ficando suspensos os demais recursos especiais até o pronunciamento definitivo do Superior Tribunal de Justiça.

Inserido ainda neste esforço de racionalização do trabalho, e objetivando reforçar a ideia de Corte Superior e de precedentes, foi promulgada a EC nº 125, que acresceu parágrafos ao art. 105:

> *Art. 105* (CF)
>
> *§1º* ...
>
> *§2º* No recurso especial, o recorrente deve demonstrar a relevância das questões de direito federal infraconstitucional discutidas no caso, nos termos da lei, a fim de que a admissão do recurso seja examinada pelo Tribunal, o qual somente pode dele não conhecer com base nesse motivo pela manifestação de 2/3 (dois terços) dos membros do órgão competente para o julgamento.
>
> *§3º* Haverá a relevância de que trata o §2º deste artigo nos seguintes casos:
>
> I - ações penais;
>
> II - ações de improbidade administrativa;
>
> III - ações cujo valor da causa ultrapasse 500 (quinhentos) salários mínimos;
>
> IV - ações que possam gerar inelegibilidade;
>
> V - hipóteses em que o acórdão recorrido contrariar jurisprudência dominante do Superior Tribunal de Justiça;
>
> VI - outras hipóteses previstas em lei." (NR)
>
> *Art. 2º* A relevância de que trata o §2º do art. 105 da Constituição Federal será exigida nos recursos especiais interpostos após a entrada em vigor desta Emenda Constitucional, ocasião em que a parte poderá atualizar o valor da causa para os fins de que trata o inciso III do §3º do referido artigo.
>
> *Art. 3º* Esta Emenda Constitucional entra em vigor na data de sua publicação.

A ideia, portanto, é a existência de um requisito de admissibilidade ao recurso especial, tal como ocorre com o recurso extraordinário, de tal modo que o Superior passe a apreciar os temas realmente relevantes para a sociedade, cumprindo adequadamente sua missão constitucional.

5 O art. 105 da Constituição Federal e a atuação do Superior Tribunal de Justiça

A Constituição explicita de modo exaustivo a competência do Superior Tribunal de Justiça, no que diz respeito ao processamento e julgamento de causas, quer em caráter originário, quer em via recursal, tanto nos crimes comuns, como nos crimes de responsabilidade.

Com efeito, a competência do STJ é muito ampla, tendo em sua lista atribuições antes pertencentes ao extinto Tribunal Federal de Recurso e, outras, a maioria, que eram do Supremo Tribunal Federal.

A doutrina, em geral, classifica as competências do Superior Tribunal de Justiça em: a) *originárias* (105, I); b) *recursal ordinária* (105, II) e *recursal especial* (105, III).

A competência originária do STJ diz respeito àquelas matérias, circunstâncias e atores envolvidos que fazem com que determinadas ações, especificadamente discriminadas na Constituição Federal, se iniciem diretamente no próprio Tribunal.

José Afonso da Silva esclarece que a competência recursal, por sua vez, é a que confere característica própria ao STJ, quando, então, ele exerce as atribuições de controle da inteireza positiva, da autoridade e uniformidade de interpretação da lei federal, consubstanciando-se aí jurisdição de tutela do princípio da incolumidade do direito objetivo, e que constitui um valor jurídico – que resume certeza, garantia e ordem –, valor esse que impõe a necessidade de um órgão de cume e um instituto processual para sua real efetivação no plano processual.[18]

A competência recursal divide-se na possibilidade de manejo do recurso ordinário ou do recurso especial.

O recurso ordinário é admitido nos *habeas corpus* e mandados de segurança decididos em única ou última instância pelos tribunais regionais federais e pelos Tribunais de Justiça, quando houver decisão denegatória, assim como as causas em que forem partes Estado estrangeiro ou organismo internacional, de um lado, e, do outro, município ou pessoa residente ou domiciliada no país. Estas causas serão processadas e julgadas por juízes federais (art. 109, II, da CF/1988), com recurso ordinário diretamente ao Superior.

Outrossim, de origem puramente constitucional, os recursos extraordinário e especial, este último o representante mais significativo da competência do Superior Tribunal de Justiça, são importantes meios impugnatórios. Ao cabo de toda a sua jornada, a Assembleia de 1987-88 se estendeu por 20 meses, trabalhando por mais tempo do que qualquer outra congregação constituinte já reunida no país espécies do gênero *recursos excepcionais*. Vale dizer, não comuns ou não ordinários.

5.1 Art. 105, I, "a" – Competência originária em crimes comuns e de responsabilidade

Quanto ao ponto, vale salientar que o Supremo Tribunal Federal já fixou a tese segundo a qual é vedado às unidades federativas instituírem normas que condicionem a instauração de ação penal contra governador, por crime comum, à prévia autorização da casa legislativa, cabendo ao Superior Tribunal de Justiça dispor, fundamentadamente, sobre a aplicação de medidas cautelares penais, inclusive afastamento do cargo e/ou a prisão.

---

[18] SILVA, José Afonso da. *Curso de direito constitucional positivo*. 28. ed. rev. e atual. Belo Horizonte: Malheiros, 2007. p. 573.

Conforme entendimento da Corte, não há na CF previsão expressa acerca da exigência de autorização prévia de Assembleia Legislativa para o processamento e julgamento de governador por crimes comuns perante o STJ, inexistindo fundamento normativo-constitucional expresso que faculte aos estados-membros fazerem essa exigência em suas Constituições estaduais, o que representaria, a despeito de se fundamentarem em suposto respeito à Constituição Federal, ofensa e usurpação das regras constitucionais. Essa previsão afrontaria a responsividade exigida dos gestores públicos, o princípio republicano do Estado e a separação de poderes, pois estabelece condição não prevista pela CF para o exercício da jurisdição pelo Poder Judiciário.

Além disso, a previsão do estabelecimento de condição de procedibilidade para o exercício da jurisdição penal pelo STJ consiste em norma processual, matéria de competência privativa da União (CF, art. 22, I), portanto, impossível de ser prevista pelas Constituições estaduais.[19]

É bem de ver que, em relação aos casos de governador, o STJ só possui competência nos crimes comuns, pois os crimes de responsabilidade ficam a cargo das assembleias legislativas.

A questão posta, em seguida, é quanto à aplicação da deliberação da Suprema Corte, restringindo o foro por prerrogativa de função (QO na AP nº 937) e estabelecendo que este só poderá ser reconhecido se o eventual delito for praticado durante o mandato e em razão dele, quanto aos casos de competência originária no Superior Tribunal de Justiça.

De outra parte, está pacificado no âmbito do Superior que o foro por prerrogativa de função não se aplica aos casos de improbidade administrativa (AgRg na Rcl nº 10.037/MT, Rel. Min. Luis Felipe Salomão, Corte Especial, *DJe* de 25.11.2015).

Em relação às demais autoridades apontadas no dispositivo constitucional, a competência originária do STJ é para crimes comuns e também de responsabilidade (desembargadores dos Tribunais de Justiça dos estados e do Distrito Federal, os membros dos Tribunais de Contas dos estados e do Distrito Federal, os dos Tribunais Regionais Federais, dos Tribunais Regionais Eleitorais e do Trabalho, os membros dos Conselhos ou Tribunais de Contas dos municípios e os do Ministério Público da União que oficiem perante tribunais).

No âmbito do STJ, é da Corte Especial a competência para processar e julgar esses crimes (art. 11, I, do RISTJ).

É de se esclarecer, por fim, que são membros do Ministério Público da União que oficiam perante tribunais os de segundo e terceiro graus do Ministério Público Federal (procuradores regionais da República e subprocuradores-gerais da República) do Ministério Público Militar (subprocuradores-gerais da Justiça Militar), do Ministério Público do Trabalho (procuradores regionais do Trabalho e subprocuradores-gerais do Trabalho) e do Ministério Público do Distrito Federal (procuradores de Justiça).[20]

---

[19] BRASIL. ADI n. 5540/DF. *Informativo de Jurisprudência do STF*, Brasília, n. 851, 12/19 dez. 2016.

[20] LC nº 75/1993, arts. 66, 68, 107, 110, 140 e 175.

5.2 Art. 105, I, "b" – Competência originária para os mandados de segurança e os *habeas data*

Compete ao STJ processar e julgar as ações destacadas contra ato de ministro de Estado, dos comandantes da Marinha, do Exército e da Aeronáutica ou do próprio Tribunal.

Acerca dos "atos do próprio tribunal", dispõe o parágrafo único do art. 79 do RISTJ, que a distribuição do mandado de segurança contra ato do próprio Tribunal far-se-á de preferência a ministro que não haja participado da decisão impugnada.

5.3 Art. 105, I, "c" – Competência originária para o *habeas corpus*

A alínea em comento sofreu diversas alterações ao longo dos tempos. Num primeiro momento, a EC nº 22/1999 tratou de incluir no rol de *coatores* o tribunal sujeito à jurisdição do STJ, juntamente com ministro de Estado, originalmente pertencente a essa lista.

Em seguida, a EC nº 23, do mesmo ano, criou o Ministério da Defesa e acresceu ao rol o julgamento de *habeas corpus* de comandantes da Marinha, do Exército e da Aeronáutica, ressalvada, sempre, a competência da Justiça Eleitoral.

Nesses termos, a competência originária do Supremo Tribunal Federal foi mantida para processar e julgar os *habeas corpus* ajuizados em face de decisões colegiadas dos tribunais superiores e a competência do STJ se estabeleceu para processar e julgar, originariamente, o *habeas corpus*, quando o ato de coação emanar de decisão colegiada dos demais tribunais do país e dos comandantes da Forças Armadas, ressalvada a competência da Justiça Eleitoral e do Superior Tribunal Militar.

5.4 Art. 105, I, "d" – Conflitos de competência entre tribunais, entre tribunais e juízes e entre juízes de tribunais diversos

O NCPC trata da matéria no art. 66 combinado com arts. 951 e seguintes, enquanto no Regimento Interno os arts. 193 a 198 cuidam do tema e disciplinam o processamento do incidente.

Súmula nº 236, STJ: "Não compete ao Superior Tribunal de Justiça dirimir conflitos de competência entre juízes trabalhistas vinculados a Tribunais Regionais do Trabalho diversos".

5.5 Art. 105, I, "e" – Revisões criminais e as ações rescisórias de seus julgados

RISTJ, art. 239: "À Corte Especial caberá a revisão de decisões criminais que tiver proferido, e à Seção, das decisões suas e das Turmas".

RISTJ, art. 242: "Dirigida ao Presidente, será a petição distribuída, quando possível, a um relator que não haja participado do julgamento objeto da revisão".

5.6 Art. 105, I, "f" – Reclamação

Para preservar a competência do Tribunal, garantir a autoridade de suas decisões e a observância de julgamento proferido em incidente de assunção de competência, caberá reclamação da parte interessada ou do Ministério Público desde que, na primeira hipótese, haja esgotado a instância ordinária (art. 187, RISTJ, redação dada pela Emenda Regimental nº 24, de 2016).

A Corte Especial do STJ aprovou a Resolução nº 3/16, que trata de antiga controvérsia envolvendo o processamento no Tribunal das reclamações destinadas a dirimir divergência entre acórdão prolatado por turma recursal estadual e a jurisprudência da Corte. A competência para processar e julgar tais reclamações passou às câmaras reunidas ou seção especializada dos tribunais de justiça.

5.7 Art. 105, I, "g" – Conflitos de atribuições entre autoridades administrativas e judiciárias

O STJ passou a ser competente para processar e julgar a questão expressa nessa alínea com o advento da Constituição Federal de 1988. Anteriormente, na Carta de 1969 (EC nº 1/1969), a competência pertencia ao Supremo Tribunal Federal, nos termos do art. 119, I, "f"):

> Art. 119. Compete ao Supremo Tribunal Federal:
>
> I - processar e julgar originariamente; [...]
>
> f) os conflitos de atribuições entre autoridades administrativas e judiciárias da União ou entre autoridades judiciárias de um Estado e as administrativas de outro, ou do Distrito Federal e dos Territórios, ou entre as dêstes e as da União.

RISTJ, art. 193: "O conflito de competência poderá ocorrer entre autoridades judiciárias; o de atribuições, entre autoridades judiciárias e administrativas".

5.8 Art. 105, I, "h" – Mandado de injunção

Compete ao STJ processar e julgar o mandado de injunção, quando a elaboração da norma regulamentadora for atribuição de órgão, entidade ou autoridade federal, da Administração direta ou indireta, excetuados os casos de competência do Supremo Tribunal Federal e dos órgãos da Justiça Militar, da Justiça Eleitoral, da Justiça do Trabalho e da Justiça Federal.

Como se sabe, o mandado de injunção, previsto no art. 5º, inc. LXXI da Constituição do Brasil de 1988, é um dos remédios-garantias constitucionais, sendo, segundo o Supremo Tribunal Federal (STF), uma ação constitucional utilizada apenas em caso concreto, individual ou coletivamente, com objetivo de cientificar o Poder Legislativo sobre a ausência de norma regulamentadora.

5.9 Art. 105, I, "i" – Homologação de sentença estrangeira e *exequatur*

A homologação de sentença estrangeira competia inicialmente ao Supremo Tribunal Federal, nos termos dos arts. 15 a 17 da Lei de Introdução às Normas do Direito Brasileiro (LINDB) e 483 do Código de Processo Civil. Com a edição da Emenda Constitucional nº 45/2004, tal competência foi transferida para o Superior Tribunal de Justiça.

Na precisa lição de Pontes de Miranda:

> a homologação de sentença estrangeira é o conteúdo de ação de homologação, que se funda na pretensão, regida pelo direito interno, mas de base interestatal ou supraestatal, a conseguir que a sentença estrangeira seja reconhecida (existência) e tenha eficácia (força e efeito) noutro país que aquele de cuja justiça emana.[21]

O objeto, pois, do pedido de homologação não é propriamente o mérito da ação precedente, mas a viabilidade de se introduzir, no âmbito da jurisdição brasileira, a sentença alienígena.

No Superior Tribunal de Justiça, a matéria vinha sendo disciplinada, inicialmente, por meio da Resolução nº 9/2005. No final de 2014, o Regimento Interno do Superior Tribunal de Justiça passou a regulamentar o tema, assim como no tocante à concessão de *exequatur* a cartas rogatórias, por meio dos arts. 216-A a 216-X.

A petição inicial deve ser instruída com cópia da sentença homologanda, devidamente traduzida por tradutor público juramentado no Brasil e com a chancela consular brasileira. Além disso, a sentença precisa ter sido proferida pela autoridade competente e transitado em julgado. Não são homologadas as sentenças estrangeiras que ofendam a soberania nacional, a dignidade da pessoa humana ou a ordem pública.

Cabe ao presidente do STJ homologar as sentenças estrangeiras. No entanto, em havendo contestação, o feito é distribuído para julgamento pela Corte Especial. O Ministério Público Federal deve ter vista dos autos sempre que necessário, podendo impugnar o pedido.

A principal inovação trazida pela emenda regimental é que o relator pode decidir, monocraticamente, nas hipóteses em que já houver jurisprudência consolidada da Corte Especial a respeito da matéria (art. 216-K, parágrafo único). Outrossim, das decisões do presidente ou do relator, cabe agravo (art. 216-M).

5.10 Art. 105, II, "a" – Competência recursal ordinária para o *habeas corpus*

A competência deste Superior Tribunal de Justiça está expressamente prevista no art. 105 e incisos da Constituição Federal, exigindo para conhecimento da matéria trazida, em caso de *habeas corpus* e do recurso ordinário, a existência de ato coator de Tribunal sujeito à sua jurisdição ou de quaisquer das outras autoridades elencadas no inc. I, alíneas "b" e "c", da Carta Magna (AgInt no HC nº 336.362/AM, Rel. Ministro Jorge Mussi, Quinta Turma, *DJe* de 29.5.2018).

5.11 Art. 105, II, "b" – Competência recursal ordinária para o mandado de segurança

A competência recursal ordinária do Superior Tribunal de Justiça possui extração constitucional. É indisponível e inderrogável, quer pelo ministério da lei, quer pela interpretação dos juízes e, na concreção do seu alcance, qualifica essa elevada Corte judiciária nacional a exercer – à semelhança dos demais tribunais e juízes – o controle difuso de constitucionalidade, ainda que este venha a ser instaurado, como e processualmente lícito,

---

[21] PONTES DE MIRANDA, Francisco Cavalcante. *Tratado da ação rescisória*. Das sentenças e de outras decisões. 5. ed. São Paulo: RT, 1976. p. 109.

no âmbito do recurso ordinário cabível nos termos do art. 105, II, "b", da Constituição Federal (AI nº 145.395 AgR, Rel. Min. Celso de Mello, Primeira Turma, julgado em 29.3.1994).

5.12 Art. 105, II, "c" – Competência recursal ordinária nas causas entre Estado estrangeiro ou organismo internacional e município ou pessoa residente ou domiciliada no país

No campo relativo à jurisdição brasileira, sob o viés da alegada imunidade de Estado estrangeiro, o STJ manteve entendimento jurisprudencial de que, tratando-se de ato de império, o Estado estrangeiro não está submetido, em tese, à jurisdição de outro país soberano, mas, em virtude de o instituto da imunidade de jurisdição não ter aplicação imediata, tendo em vista a prerrogativa do Estado estrangeiro de renunciar à sua imunidade e submeter-se ao processo, deve haver citação formal para se manifestar (RO nº 74/RJ, Rel. Ministro Fernando Gonçalves, Quarta Turma, DJe de 8.6.2009).

Malgrado essa posição, contudo, entendi, em voto vencido naquela ocasião, que se tratava de exceção à regra da imunidade soberana, seja porque a hipótese analisada – morte decorrente de ato de guerra – cuida de lesão praticada dentro do território brasileiro, seja porque presente violação a disposições de direitos humanos e humanitários, relativas a valores e princípios fundamentais para a comunidade internacional, resultando no afastamento das regras costumeiras que garantem a imunidade de jurisdição, ante a prevalência das normas peremptórias de direito internacional.

Esse entendimento, segundo penso, reflete a evolução do direito internacional no sentido de limitar a imunidade gozada pelos países, a fim de possibilitar a reparação dos danos causados por Estados estrangeiros decorrentes de atos ilícitos, especialmente se praticados em território nacional.

5.13 Art. 105, III, "a" – Recurso especial em caso de contrariedade a tratado ou lei federal, ou negar-lhes vigência

Compete ao STJ o julgamento das causas decididas pelos TRFs e TJs, quando a decisão recorrida contrariar tratado ou lei federal ou negar-lhe vigência.

Entende-se por contrariar não apenas a interpretação equivocada da lei, mas, da mesma forma, a aplicação dessa lei a hipóteses inadequadas, assim como quando à lei é negada aplicação, quando a situação de fato descrita no acórdão a ela se subsumir.

Lei federal são todos os atos normativos de caráter geral e abstrato editados por órgão da União com base em competência derivada da própria Constituição: leis, medidas provisórias, decretos autônomos ou regulamentares expedidos pelo presidente da República. Excluem-se desse rol as resoluções, circulares, portarias, e instruções normativas produzidas por autoridades administrativas. A ofensa há de ser direta (súmulas nºs 280 e 636 do STF).

O inc. III do art. 105 ressalta, ainda, que serão analisadas as questões impugnadas que tiverem sido enfrentadas pelo acórdão acusado de contrariar a lei. Noutros termos, é imprescindível, das razões do acórdão resulte inequívoco que os julgadores tiveram em mira o dispositivo legal dado por contrariado no recurso.

É bem de ver que o Plenário do Superior Tribunal de Justiça, pouco antes da entrada em vigor do novo Código de Processo Civil, editou 7 enunciados administrativos para fins de orientar a comunidade jurídica sobre a questão de direito intertemporal, indicando as hipóteses de aplicação da regra nova e da antiga em cada caso.

O primeiro deles – interpretando o art. 1.045 do novo Código de Processo Civil – enunciou que o Código de Processo Civil aprovado pela Lei nº 13.105/2015 entrou em vigor no dia 18.3.2016.

Os demais enunciados aprovados foram os seguintes: "2 – Aos recursos interpostos com fundamento no CPC/1973 (relativos a decisões publicadas até 17 de março de 2016) devem ser exigidos os requisitos de admissibilidade na forma nele prevista, com as interpretações dadas, até então, pela jurisprudência do Superior Tribunal de Justiça"; "3 – Aos recursos interpostos com fundamento no CPC/2015 (relativos a decisões publicadas a partir de 18 de março de 2016) serão exigidos os requisitos de admissibilidade recursal na forma do novo CPC"; "4 – Nos feitos de competência civil originária e recursal do STJ, os atos processuais que vierem a ser praticados por julgadores, partes, Ministério Público, procuradores, serventuários e auxiliares da Justiça a partir de 18 de março de 2016, deverão observar os novos procedimentos trazidos pelo CPC/2015, sem prejuízo do disposto em legislação processual especial"; "5 – Os recursos tempestivos interpostos com fundamento no CPC/1973 (relativos a decisões publicadas até 17 de março de 2016), não caberá a abertura de prazo prevista no art. 932, parágrafo único, c/c o art. 1.029, §3º, do novo CPC"; "6 – Nos recursos tempestivos interpostos com fundamento no CPC/2015 (relativos a decisões publicadas a partir de 18 de março de 2016), somente será concedido o prazo previsto no art. 932, parágrafo único, c/c o art. 1.029, §3º, do novo CPC para que a parte sane vício estritamente formal"; "7 – Somente nos recursos interpostos contra decisão publicada a partir de 18 de março de 2016, será possível o arbitramento de honorários sucumbenciais recursais, na forma do art. 85, §11, do novo CPC".

Os pressupostos *subjetivos* dos recursos são interesse e legitimidade, conforme dispõe o art. 996 do CPC de 2015. No caso do recurso especial, na qualidade de recurso extraordinário e com previsão constitucional, sua finalidade precípua não é o resguardo do interesse da parte que sucumbiu, mas sim a garantia da inteireza e eficácia da norma infraconstitucional.

Quanto aos requisitos *objetivos* do recurso especial, destacam-se: cabimento, lesividade, tempestividade, regularidade formal, preparo.

São pressupostos *específicos* do recurso especial: a) questão de direito; b) prequestionamento; c) exaurimento de instância.

Em relação ao recurso especial, não basta a sucumbência – como em regra se exige para os recursos ordinários –, mas há de ser demonstrada a existência de uma "causa" decidida em "única ou última instância" pelos Tribunais Regionais Federais ou Tribunais de Justiça dos Estados e Distrito Federal, além da "questão de direito federal", não sendo suficiente mera questão de fato, com o prequestionamento dos dispositivos legais alegadamente violados.

5.14 Art. 105, III, "b" – Recurso especial contra decisão que considerar válido ato de governo local ante lei federal

Vicente Greco Filho, acerca da hipótese, anota:

> [O] acórdão deve julgar válida lei ou ato do governo local contestado em face de lei federal. Esta situação é uma espécie de negativa de vigência ou contrariedade à lei federal. Se a decisão recorrida afirmou a validade de lei ou ato local (entenda-se estadual ou municipal) que está confrontando com norma federal é porque deixou de aplicá-la. Prevalecendo o ato ou a lei local é porque foi afastada a federal, daí o cabimento do recurso.[22]

A Emenda Constitucional nº 45/2004, que tratou da Reforma do Poder Judiciário, também nesta matéria promoveu mudanças, acrescentando ao inc. III do art. 102 a alínea "d" e alterando a redação desta alínea "b".

Assim, "com EC 45/2004 deu-se *novo desmembramento*: o cotejo entre ato de governo local *versus* lei federal passou a desafiar recurso especial (art. 105, II, *b*), ao passo que o cotejo entre lei local e lei federal passou a ensejar recurso extraordinário (art. 102, III, *d*)".[23]

Ato de governo local são normas legais *lato sensu* (leis, decretos, portarias, regulamentos), provindas dos estados ou dos municípios, seja de autoria do governador, prefeito, secretário, diretores de órgãos públicos, agentes públicos dotados de certa parcela de poder. Podem ser emanados do Executivo, Legislativo ou Judiciário, salvo os jurisdicionais.[24]

5.15 Art. 105, III, "c" – Recurso especial em caso de interpretação divergente da lei federal entre tribunais

> Se um grupo de casos envolve o mesmo ponto, as partes esperam a mesma decisão. Grande injustiça seria decidir casos alternados tomando como base princípios opostos. Se um caso foi decidido contra mim ontem, quando eu era o réu, esperarei o mesmo julgamento hoje, se for o autor. Decidir de modo diferente levantaria um sentimento de injustiça e de ressentimento em meu íntimo; seria uma infração material e moral de meus direitos'. Todos sentem a força desse sentimento, quando dois casos são semelhantes. A adesão ao precedente deve, pois, ser a regra e não a exceção, se se quer que os litigantes tenham fé na igualdade de condições na distribuição de justiça pelos tribunais. Sentimento igual em espécie, embora diferente em grau, está na fonte da tendência demonstrada pelo precedente, de estender-se ao longo das linhas de desenvolvimento lógico.[25]

A ausência de entendimento uniforme em torno da aplicação de uma mesma lei é causa de insegurança jurídica.

---

22 GRECO FILHO, Vicente. *Direito processual civil brasileiro*. 17. ed. São Paulo: Saraiva, 2006. v. 2. p. 374.

23 MANCUSO, Rodolfo de Camargo. *Recurso extraordinário e recurso especial*. 13. ed. rev., atual. e ampl. São Paulo: RT, 2015. p. 300.

24 MANCUSO, Rodolfo de Camargo. *Recurso extraordinário e recurso especial*. 13. ed. rev., atual. e ampl. São Paulo: RT, 2015. p. 307.

25 CARDOZO, Benjamim Nathan. *A natureza do processo e a evolução do direito*. São Paulo: Nacional de Direito, 1956. p. 15.

Canotilho, na mesma linha que, de resto, é a da maciça doutrina, também preceitua que o Estado de direito possui como princípios constitutivos a segurança jurídica e a confiança do cidadão, ambos instrumentos de condução, planificação e conformação autônoma e responsável da vida;

> que o homem necessita de segurança jurídica para conduzir, planificar e conformar autônoma e responsavelmente a sua vida. Por isso, desde cedo se consideravam os princípios da segurança jurídica e proteção à confiança como elementos constitutivos do Estado de direito.[26]

Especificamente em relação à segurança jurídica, o mestre português entende que tal princípio reconduz-se a dois outros princípios materiais concretizadores daquele geral relativo à segurança, quais sejam, o princípio da determinabilidade das leis (exigência de leis claras e densas) e o princípio da proteção da confiança, consubstanciado na necessidade de que as ações emanadas do Estado e dirigidas aos administrados sejam estáveis, ou, ao menos, "não lesivas de previsibilidade e calculabilidade dos cidadãos relativamente aos seus efeitos jurídicos" .

Diante dessa força irradiante para todo o sistema jurídico, parece claro que, para além do respeito à coisa julgada, ao ato jurídico perfeito e ao direito adquirido – aos quais se pode somar a necessidade de leis de aplicação prospectiva, claras e relativamente estáveis –, há mais a se descortinar.

No ponto, a postura do Poder Judiciário é de elevada importância para concretização da segurança jurídica, notadamente pela entrega de uma prestação jurisdicional previsível e que não atente contra a confiança legítima do jurisdicionado.

Deveras, parece não haver dúvida de que, se a ideia de previsibilidade e estabilidade está intrínseca à de coisa julgada, direito adquirido, ato jurídico perfeito, leis de aplicação prospectiva, claras e estáveis – ou seja, manifestações particulares do valor segurança jurídica –, a atividade jurisdicional não pode extraviar-se desse prumo. Do contrário, causaria grave insegurança ao jurisdicionado e, em última conta, um significativo desajuste no sistema.

Com efeito, presta elevada reverência à segurança jurídica a jurisprudência previsível, que efetivamente contribua com a ordenação da sociedade, ou, novamente com Canotilho, uma jurisprudência de condução, planificação e conformação autônoma e responsável da vida, qualidade que é atingida, em alguma medida, com a prestação jurisdicional uniforme e relativamente estável, o que, por certo, não se confunde nem é sinônimo de imutável.

De fato, a dispersão jurisprudencial deve ser preocupação de todos e, exatamente por isso, deve-se afirmar que, se a divergência de índole doutrinária é saudável e constitui importante combustível ao aprimoramento da ciência jurídica, o dissídio jurisprudencial é absolutamente indesejável.

Quando se interpõe recurso de natureza extraordinária, deve a parte recorrente demonstrar a existência de questão federal controvertida, que é um dos pressupostos específicos de admissibilidade do recurso. No caso do recurso especial pela alínea "c",

---

[26] CANOTILHO, J. J. Gomes. *Direito constitucional e teoria da Constituição*. Coimbra: Almedina, 2000. p. 256.

essa questão federal controvertida é a existência de interpretações divergentes, dadas por tribunais diversos, acerca de um mesmo dispositivo de lei federal.

Assim, é possível afirmar que a finalidade *imediata* do recurso especial pela divergência é a uniformização interpretativa acerca de um mesmo dispositivo de lei federal, tendo por escopo a preservação da ordem pública, no que diz respeito à manutenção da unidade do ordenamento jurídico, bem como a manutenção da segurança das relações jurídicas.

Também a hipótese da alínea "c" exige o devido debate da questão federal pelo acordão recorrido, tendo ele dado a determinado dispositivo de lei federal interpretação divergente da que lhe foi conferida por outro tribunal. Esse "outro tribunal" não pode ser tribunais integrantes de outro ramo do Poder Judiciário (tribunais do trabalho, eleitorais e o STM). Também não cabe recurso especial por divergência com acórdão do mesmo tribunal do qual originou o acórdão recorrido (Súmula nº 13 do STJ). Anote-se, ainda, que não se conhece do recurso especial pela divergência, quando a orientação do tribunal se firmou no mesmo sentido da decisão recorrida (Súmula nº 83 do STJ).

A divergência jurisprudencial deve ser comprovada, cabendo ao recorrente demonstrar as circunstâncias que identificam ou assemelham os casos confrontados, com indicação da similitude fática e jurídica entre eles. Indispensável a transcrição de trechos do relatório e do voto dos acórdãos recorrido e paradigma, realizando-se o cotejo analítico entre ambos, com o intuito de bem se caracterizar a interpretação legal divergente. O desrespeito a esses requisitos legais e regimentais (art. 541, parágrafo único, do CPC, e art. 255, do RI/STJ) impede o conhecimento do recurso especial, com base na alínea "c" do art. 105, III, da Constituição Federal.

5.16 Art. 105, parágrafo único, I – Escola Nacional de Formação e Aperfeiçoamento de Magistrados

Criada pela Emenda Constitucional nº 45, de 30.12.2004, a Escola Nacional de Formação e Aperfeiçoamento de Magistrados (Enfam) funciona junto ao Superior Tribunal de Justiça. À escola compete regulamentar, habilitar, autorizar e fiscalizar cursos oficiais para ingresso, vitaliciamento, promoção e formação continuada na carreira das magistraturas federal e estadual, além de promover ou credenciar cursos oferecidos pelas escolas judiciais e da magistratura, nos termos do inc. II, alínea "c", incs. IV e VIII-A do art. 93, da Constituição Federal (art. 2º, RIENFAM).

Com atuação em todo território nacional, a Enfam funciona como órgão autônomo, e possui natureza de escola de governo, nos termos do art. 39, §2º, da CF/1988. É o órgão encarregado de elaborar as políticas públicas de seleção, formação e aperfeiçoamento de juízes estaduais e federais. Como se sabe, funções vitais para a boa conformação do Judiciário, pois não há Justiça eficaz sem juízes bem recrutados e com formação adequada.

O Superior Tribunal de Justiça, por meio da Resolução nº 3 de 30.11.2006, instituiu a Escola, atribuindo-lhe, ainda, a competência para fiscalizar os cursos oficiais para ingresso e promoção na carreira da magistratura.

Compõem a estrutura orgânica da Enfam o Conselho Superior e a Direção-Geral (art. 9º, Rienfam). Os órgãos responsáveis pela execução das funções da Enfam são a diretoria-geral, a cargo de um ministro do Superior Tribunal de Justiça, e o Conselho

Superior, integrado pelo diretor-geral, pelo vice-diretor, também ministro do Superior Tribunal de Justiça e diretor do Centro de Estudos Judiciários do Conselho da Justiça Federal, por mais dois ministros do Superior Tribunal de Justiça e quatro magistrados, sendo dois da Justiça federal e dois da Justiça estadual.

Ao Conselho Superior, também por previsão regimental, compete a edição de resoluções e de instruções normativas.[27]

Sobre o tema: "A Constituição Federal e a Preparação/Formação do Juiz Brasileiro", publicado no livro *Superior Tribunal de Justiça – Doutrina – Edição Comemorativa – 25 anos*, 2014.

5.17 Art. 105, parágrafo único, II – Conselho da Justiça Federal

O Conselho da Justiça Federal funciona junto ao STJ, tendo como principais atribuições a supervisão administrativa e orçamentária da Justiça Federal e os Tribunais Regionais Federais, com poderes correcionais, por meio de decisões vinculantes, sendo de observância obrigatória por todas as unidades da Justiça Federal de primeiro e segundo graus (art. 1º, RICJF e art. 3º da Lei nº 11.798/2008).

Integram a estrutura orgânica do Conselho a Corregedoria-Geral da Justiça Federal, o Centro de Estudos Judiciários e a Turma Nacional de Uniformização dos Juizados Especiais Federais. O Colegiado do CJF é formado pelo presidente e pelo vice-presidente do Superior Tribunal de Justiça (STJ), três outros ministros deste mesmo tribunal e pelos presidentes dos cinco tribunais regionais federais (TRFs) do país.[28]

E o órgão responsável pelo julgamento de processos administrativos disciplinares relativos a membros dos Tribunais Regionais Federais, imputando, quando for o caso, as penalidades cabíveis, assegurada a ampla defesa. A possibilidade de representar ao Ministério Público para a promoção de ações judiciais contra magistrados, inclusive para a decretação de perda do cargo ou cassação de aposentadoria, e a competência para decidir, em grau de recurso, sobre matérias relacionadas a direito e deveres dos servidores e juízes, quando a eles for aplicada pelo TRF sanção em processo disciplinar.[29]

No rol de classes processuais para os processos administrativos que tramitam no CJF estão: 1) processo administrativo comum; 2) procedimento normativo; 3) inspeção; 4) correição; 5) reclamação disciplinar; 6) sindicância; 7) processo administrativo disciplinar; 8) representação por excesso de prazo; 9) avocação; 10) procedimento de controle administrativo; 11) pedido de providências; 12) emendas regimentais; 13) revisão disciplinar; 14) recurso disciplinar de magistrado; 15) recurso administrativo; e 16) recurso das decisões do corregedor-geral.

Uma das mais importantes alterações recentes, no âmbito do CJF, foi transformação da Coordenação-Geral da Justiça Federal em Corregedoria-Geral, que incorpora poderes e atribuições correcionais. O cargo será sempre exercido pelo ministro do STJ mais antigo no Colegiado do CJF, à exceção do presidente e do vice. O Regulamento da Corregedoria-Geral da Justiça Federal for instituído pelo Provimento nº 1, de 5.1.2009.

[27] Disponível em: https://www.enfam.jus.br/institucional/legislacao/.

[28] Disponível em: http://www.cjf.jus.br/cjf/conheca-o-cjf/.

[29] Disponível em: http://www.cjf.jus.br/cjf/conheca-o-cjf/01-regimento-interno-cjf.pdf.

Também por força de alteração regimental do STJ, deliberou-se que o cargo de Corregedor do CJF será exercido cumulativamente com a Vice-Presidência do STJ (RISTJ, Emenda Regimental nº 29, de 22.5.2018).

Referências

BARROSO, Luís Roberto; MELLO, Patrícia Perrone Campos. Trabalhando com uma nova lógica: a ascensão dos precedentes no direito brasileiro. *Revista da AGU*, Brasília, v. 15, n. 3, p. 9-52, jul./set. 2016.

BRASIL. ADI n. 5540/DF. *Informativo de Jurisprudência do STF*, Brasília, n. 851, 12/19 dez. 2016.

BRASIL. Exposição de Motivos/MJ nº 204. *Diário Oficial da União*, p. 8, 16 dez. 2004. Seção 1.

BULOS, Uadi Lammêgo. *Constituição federal anotada*. 11. ed. rev. e atual. São Paulo: Saraiva, 2015.

CANOTILHO, J. J. Gomes. *Direito constitucional e teoria da Constituição*. Coimbra: Almedina, 2000.

CARDOZO, Benjamim Nathan. *A natureza do processo e a evolução do direito*. São Paulo: Nacional de Direito, 1956.

CARNEIRO, Athos Gusmão. *Recurso especial, agravos e agravo interno*: exposição didática: área do processo civil, com invocação à jurisprudência do Superior Tribunal de Justiça. 6. ed. Rio de Janeiro: Forense, 2009.

CRETELLA JÚNIOR, José. *Comentários à Constituição brasileira de 1988*. 2. ed. Rio de Janeiro: Forense Universitária, 1993.

GRECO FILHO, Vicente. *Direito processual civil brasileiro*. 17. ed. São Paulo: Saraiva, 2006. v. 2.

MANCUSO, Rodolfo de Camargo. *Recurso extraordinário e recurso especial*. 13. ed. rev., atual. e ampl. São Paulo: RT, 2015.

MARINONI, Luiz Guilherme. *O STJ enquanto corte de precedentes*: recompreensão do sistema processual da corte suprema. 2. ed. rev., atual. e ampl. São Paulo: RT, 2014.

PONTES DE MIRANDA, Francisco Cavalcante. *Tratado da ação rescisória*. Das sentenças e de outras decisões. 5. ed. São Paulo: RT, 1976.

SILVA, José Afonso da. *Curso de direito constitucional positivo*. 28. ed. rev. e atual. Belo Horizonte: Malheiros, 2007.

VASCONCELOS FILHO, J. T. da Cunha. *O tribunal federal de recursos*. Disponível em: http://bibliotecadigital.fgv.br/ojs/index.php/rda/article/viewFile/10403/9401.

Sites

Disponível em: http://bibliotecadigital.fgv.br/ojs/index.php/rdpcp/article/view/59662/58007.

Disponível em: http://cnj.jus.br/noticias/cnj/62369-competencias-dos-tribunais-e-de-ramos-da-justica-foram-alteradas-com-ec-45.

Disponível em: http://intranet/docs_intranet/UserFiles/File/CGIN/boletim%20mensal%202014/Relatorio_Estatistico.v1.pdf.

Disponível em: http://www.cjf.jus.br/cjf/conheca-o-cjf/.

Disponível em: http://www.cjf.jus.br/cjf/conheca-o-cjf/01-regimento-interno-cjf.pdf.

Disponível em: http://www.stj.jus.br/sites/STJ/default/pt_BR/Institucional/Composição.

Disponível em: https://www.enfam.jus.br/institucional/legislacao/.

Disponível em: https://www25.senado.leg.br/documents/12427/45868/RISFCompilado.pdf/cd5769c8-46c5-4c8a-9af7-99be436b89c4.

Informação bibliográfica deste texto, conforme a NBR 6023:2018 da Associação Brasileira de Normas Técnicas (ABNT):

SALOMÃO, Luis Felipe; DRUMOND, Mônica. Os 35 anos do Superior Tribunal de Justiça. *In*: FACHIN, Luiz Edson; BARROSO, Luís Roberto; CRUZ, Álvaro Ricardo de Souza (Coord.). *A Constituição da democracia em seus 35 anos*. Belo Horizonte: Fórum, 2023. p. 251-272. ISBN 978-65-5518-597-3.

O DIREITO À CONSULTA E PARTICIPAÇÃO DOS POVOS ORIGINÁRIOS E TRADICIONAIS NOS 35 ANOS DE CONSTITUIÇÃO

ÁLVARO RICARDO DE SOUZA CRUZ
DIOGO BACHA E SILVA
GUILHERME FERREIRA SILVA

Introdução

As imagens que circularam no início do ano de 2023, de completa destruição das terras, rios e bioma das terras ocupadas pelo povo Yanomami, praticada pela mineração e garimpo de ouro e pedras preciosas, e o impacto causado a essa população, como fome, desnutrição, doenças das mais diversas espécies, remetem-nos aos horrores do extermínio das minorias, sobretudo da população judaica, praticado pelo nazismo durante a Segunda Guerra. A destruição das terras, rios, biomas pelo garimpo e pela mineração só foi possível graças à ausência de fiscalização e de políticas governamentais efetivas que levem em consideração a dignidade dos povos originários. Logo, essas imagens nos fazem refletir: como foi possível, em um tempo em que discutimos tecnologia, inteligência artificial, formas de comunicação quase instantânea, a violação à dignidade dessa população? Como foram possíveis tais acontecimentos sob a vigência da Constituição tão compromissada com os direitos fundamentais?

Vale lembrar que os Yanomamis habitam o norte da Floresta Amazônica e o sul do território venezuelano. São populações tradicionais que só no território brasileiro contam com mais de 20 mil indivíduos, situados na Terra Indígena Yanomami no estado de Roraima. O contato do homem branco com essa população é relativamente recente e só ocorreu em meados do séc. XX, exatamente por optarem pelo isolamento cultural e social. No entanto, essa coexistência trouxe inúmeros impactos, cujo grau mais danoso foi sentido sob o Governo Bolsonaro, e sua política de omissão deliberada em relação às práticas garimpeiras em terras tradicionalmente ocupadas por essa população.

Esses acontecimentos nos levam a refletir sobre como os direitos fundamentais dessas populações foram tratados em 35 anos de vigência da Constituição de 1988. É conhecida a clássica afirmação de Norberto Bobbio na qual o filósofo italiano atesta o caráter histórico dos direitos humanos. Para ele:

> os direitos do homem, por mais fundamentais que sejam, são direitos históricos, ou seja, nascidos em certas circunstâncias, caracterizadas por lutas em defesa de novas liberdades contra velhos poderes, e nascidos de modo gradual, não todos de uma vez e nem de uma vez por todas.[1]

Historicamente, os direitos das minorias sociais, políticas e econômicas só são reconhecidos, seja no plano nacional seja internacional, após um longo processo de luta e, não raro, enfrentam resistência das forças conservadoras no momento da concretização.

Por isso, esses direitos fundamentais estão sempre em um intenso e aberto processo de disputa por seu sentido. Dentro dessa ótica, o direito à consulta e participação dos povos originários, cronologicamente, foi um dos direitos reconhecidos tardiamente nas ordens jurídicas, tanto nos planos internos quanto no internacional, apesar de sua efetivação e concretização ainda esbarrarem em um longo caminho que coloca em confronto as forças progressistas e as conservadoras, os interesses de grupos em uma sociedade inclusivista e emancipatória e uma sociedade excludente, os interesses políticos e econômicos. A Constituição de 1988 talvez tenha tido o mérito de ser uma das primeiras constituições a reconhecer, após um longo processo de luta no interior da constituinte da população indígena, ainda que de modo incipiente, o direito à consulta dos povos originários. No entanto, seu reconhecimento no plano textual não implicou, como bem comprovou o caso da população Yanomami, entre outros, a efetividade desse direito. É que, dentro desse aspecto, enquanto fenômenos históricos, os direitos fundamentais se desenvolvem muitas vezes contraditoriamente. É a partir de sua negação que surgem as lutas pela sua efetivação.

Com esse texto, pretendemos levantar reflexões acerca do seu processo de reconhecimento no âmbito nacional, bem como as dificuldades de sua efetividade nesses 35 (trinta e cinco) anos de constitucionalismo democrático.

1 Uma breve história do direito à consulta e à participação no plano nacional: um direito fundamental que descortina os limites do monismo jurídico e do direito liberal

A Constituição de 1988 significou uma tentativa de rompimento no paradigma jurídico do tratamento das comunidades tradicionais. Dentro da questão indígena, por exemplo, a Constituição de 1988 significou a passagem de um regime assimilacionista vigente no início do séc. XX, modificado pelo regime tutelar do Estatuto do Índio (Lei nº 6.001/73), para um modelo de cidadania integral em uma sociedade multicultural.[2] Na

---

[1] BOBBIO, Norberto. *A era dos direitos*. Tradução de Carlos Nelson Coutinho. Rio de Janeiro: Elsevier, 2004. p. 5.

[2] BAHIA, Alexandre; BACHA E SILVA, Diogo. O direito à participação dos povos originários e o STF. *Suprema – Revista de Estudos Constitucionais*, Brasília, v. 2, n. 1, p. 119-155, jan./jun. 2022; ALMEIDA, Antonio C. Aspectos das políticas indigenistas no Brasil. *Interações*, Campo Grande, v. 19, n. 3, p. 611-626, jul./set. 2018. Disponível em: https://www.scielo.br/j/inter/a/rQk3vztRBF6WNbwCdwPTPFQ/?format=pdf&lang=pt. Acesso em: 25 jan. 2022.

categorização histórica do constitucionalismo plurinacional, o modelo da Constituição de 1988 encontra-se no limiar entre uma primeira fase multicultural que tem início com a Constituição do Canadá em 1982, na qual a ordem jurídico-constitucional começa a reconhecer o caráter multicultural e multiétnico das sociedades e prevê direitos à autodeterminação, sem o reconhecimento explícito de um pluralismo jurídico, e uma segunda fase pluricultural, que é inaugurada na ordem internacional pela Convenção nº 169 da OIT e no constitucionalismo doméstico pela Constituição da Colômbia de 1991, na qual se busca a afirmação de um direito coletivo à autodeterminação, avançando para uma redefinição do Estado que só ocorreu a partir das constituições do Estado Plurinacional do Equador de 2008 e da Bolívia de 2009.[3]

Os indígenas mereceram um capítulo próprio dentro do texto constitucional, que só se tornou possível graças à mobilização popular através da aprovação de emendas populares apresentadas após as lutas dos movimentos indigenistas. O Capítulo VIII recebeu a denominação Dos Índios e se encontra topograficamente inserido no Título VIII, que trata da ordem social. Ainda que de modo incipiente, através de dois artigos, a Constituição prevê direitos relativos à autodeterminação dos povos originários, então denominados "índios".[4] As comunidades quilombolas, de outra forma, tiveram menção apenas em duas passagens. Primeiro, no reconhecimento do valor cultural dos documentos e sítios que detêm parte de suas histórias, bem como no art. 68 dos Atos das Disposições Constitucionais Transitórias, que prevê o direito à propriedade definitiva que estiverem ocupando, devendo o Estado outorgar-lhes o título definitivo.

O *caput* do art. 231 da Constituição de 1988 estabelece a regra de autodeterminação dos povos indígenas, por meio do qual expressamente dispõe que "são reconhecidos aos índios sua organização social, costumes, línguas, crenças e tradições, e os direitos originários sobre as terras que tradicionalmente ocupam, competindo à União demarcá-las, proteger e fazer respeitar todos os seus bens". Essa regra geral de proteção à autodeterminação coletiva dos povos indígenas impõe o dever de proteção por parte dos poderes públicos. Essa obrigação de defesa, naturalmente, não se circunscreve apenas a um aspecto negativo, mas também positivo, por meio do qual os poderes públicos devem atuar através de políticas públicas para garantir que as comunidades indígenas vivam sob as condições relativas às suas organizações sociais, costumes, línguas, tradições, crenças etc.

---

[3] FAJARDO YRIGOYEN, Raquel Z. El horizonte del constitucionalismo pluralista: del multiculuralismo a la descolonización. *In*: GARAVITO, César Rodriguez (Coord.). *El Derecho en America Latina un mapa para el pensamiento jurídico del siglo XXI*. Buenos Aires: Siglo Veintiuno, 2012. Para a experiência do constitucionalismo plurinacional boliviano ver: BACHA E SILVA, Diogo. *Desconstruindo o novo constitucionalismo latino-americano*: o tribunal constitucional plurinacional e a jurisdição constitucional decolonial. Belo Horizonte: Conhecimento, 2020.

[4] Sabemos que a semântica carrega uma certa afecção, como reconhecem filósofos como Paul Ricoeur. Desse modo, o termo *índio* foi sendo empregado no cotidiano social nacional, ao menos, junto com conotações preconceituosas e associada à uma vida "selvagem", "atrasada". Esse emprego estava associado ao racismo e à discriminação historicamente dispensados pela sociedade brasileira às populações tradicionais, daí que se trata de um termo que, embora utilizado pelo texto constitucional, deve ser preterido por "indígenas" ou populações "tradicionais ou originárias". Trata-se de um termo anacrônico utilizado pelo constituinte que nos remete ainda a um regime assimilacionista. A própria Convenção nº 169 da OIT, promulgada menos de um ano depois da Constituição, já utilizava o termo *indígena*".

Dito de outro modo, tal norma inscreve um dever de respeito e atuação de entidades públicas e privadas às cosmovisões e à vida material concreta de cada uma das comunidades indígenas. Em virtude do histórico problema da questão agrária e da intensa disputa por terras que colocam essas comunidades indígenas em confronto direto com posseiros, grileiros e latifundiários, uma das principais preocupações do constituinte foi estabelecer uma conexão direta entre o exercício da autodeterminação das populações indígenas com a garantia de suas terras. Vale dizer, o constituinte bem compreendeu que os laços das comunidades originárias com suas terras são substancialmente distintos daqueles que o homem capitalista tem. Enquanto este a transforma em propriedade, através da qual poderá extrair mercadoria ou renda e realizar a circulação do valor para se apropriar do excedente, para as comunidades originárias ela é condição de sua própria existência. Não é apenas uma forma de apropriação dos meios materiais de existência – o que já seria muito –, mas uma forma de condição de sua própria identidade.

Assim é que o texto constitucional procurou definir o que seriam as "terras tradicionalmente ocupadas" por essa população (art. 231, §1º da CF/88), bem assim estabelecer de modo enfático a exclusividade da riqueza natural que decorre dessas terras (art. 231, §2º da CF/88). O §3º do art. 231 admite exceção no caso de exploração de recursos hídricos, pesquisa e lavra de riquezas minerais nas terras indígenas, com autorização do Congresso Nacional, ouvidas as comunidades afetadas e assegurada a participação no resultado da lavra, conforme disciplinado em lei.[5]

Essa previsão de oitiva das comunidades afetadas no art. 231, §3º, foi uma tímida instituição de um mecanismo de participação como decorrência de um direito coletivo à autodeterminação, mas, ao menos naquele momento, não significou um direito fundamental amplo à consulta e participação das comunidades tradicionais, que só teve sua previsão normativa com a edição da Convenção nº 169 da OIT – Organização Internacional do Trabalho. A própria jurisprudência do STF tem dificuldades de extrair dali um direito fundamental à oitiva prévia, interpretando-o literalmente. No caso da transposição do Rio São Francisco, por exemplo, o tribunal entendeu desnecessária a oitiva prévia, porque o canal apenas "passaria" por terra indígena, sem aproveitamento de recurso hídrico, daí que extrai um sentido literal determinando a oitiva em sentido formal e não substancial, a partir do qual as comunidades devem participar ativamente na realização de políticas que lhes digam respeito.[6]

A OIT sempre se preocupou com a exploração e a discriminação da população indígena e nativa. Um dos principais documentos normativos, a Convenção nº 29, que aboliu o trabalho forçado, aprovada em 1930 e vigente no plano internacional em 1932, teve inspiração direta no cenário de exploração e servidão a que eram submetidos os povos originários. Em 1957, a OIT adotou a Convenção nº 107, que tratava especificamente sobre as populações indígenas e tribais, ratificada pelo Brasil em 1965. Essa Convenção tinha um caráter assimilacionista na relação entre esses povos e o Estado. Em uma breve

[5] O STF considerou válida a edição de medida provisória que disciplinava a arrecadação e a venda de diamantes, com destinação da renda líquida para a comunidade, extraídos e em poder de comunidade indígena (STF. ADI nº 3.352/DF. Rel. Min. Sepúlveda Pertence, j. 2.12.2004).

[6] STF. ACO nº 876 MC – AgRg. Rel. Min. Menezes Direito, j. 19.12.2007.

síntese, esse ato normativo internacional estava imbuído do espírito reinante no direito internacional de que a autodeterminação dos povos ficava restrita à possibilidade de as comunidades constituírem Estados, daí que só se podia falar de um povo ou uma nação dentro de um território.[7] Essa concepção de soberania era o modelo de uma compreensão de Estado liberal, eurocêntrico e monocultural.[8]

E evolução dos direitos humanos fez implodir essa ideia. Com o reconhecimento de direitos coletivos a determinadas populações e a impossibilidade de assimilação das diferenças, uma comissão de especialistas, em 1985, denunciava que a Convenção nº 107 se tornou incompatível com uma concepção juridicamente adequada do direito internacional dos direitos humanos, razão pela qual a OIT adotou a Convenção nº 169, revogando a Convenção nº 107.

O aspecto principal dessa Convenção é o reconhecimento do direito à autodeterminação dos *povos*[9] indígenas e tribais e a concretização desse direito por dois mecanismos principais: o critério da autoidentificação e o direito à consulta e à participação com foco no livre desenvolvimento desses povos. Sob o aspecto subjetivo, a Convenção se aplica aos povos indígenas, assim considerados pelo fato de descenderem de populações que viviam no país ou região no momento de sua conquista ou colonização e mantenham algumas de suas instituições sociais, econômicas, culturais ou políticas ou todas elas. Os *povos* tribais são aqueles que, por suas condições sociais, culturais e econômicas, se distinguem de outros segmentos da população nacional (art. 1º da Convenção nº 169 da OIT). A identidade indígena e tribal é definida por meio da autodefinição (art. 2º). Assim é que a autoidentificação é um exercício de autonomia coletiva por parte desses povos e um direito assegurado contra Estado ou outros grupos sociais que eventualmente se neguem ou criem óbices à identidade que o próprio povo reconheça.

O principal guia de interpretação do direito à autodeterminação previsto na Convenção enquanto direito fundamental para esses povos são a consulta e a participação dos povos interessados e o direito deles próprios de definirem suas prioridades de desenvolvimento, na medida em que isso afeta suas vidas, suas crenças, suas visões de mundo, enfim, suas dignidades. O direito à consulta e à participação vem estabelecido em dois dispositivos: no primeiro, estabelecido no art. 6º, define-se o direito geral de consulta pelo qual os Estados devem realizar consulta, mediante procedimentos adequados e por meio de seus representantes legítimos, sempre que medidas administrativas ou legislativas possam afetar os interesses de alguns desses povos. Sob esse aspecto, a consulta não pode ser realizada por entidade privada e envolve um diálogo entre iguais, no qual se objetiva um acordo e um consentimento entre os interlocutores. Para tanto, exige-se um dever de informação clara, oportuna, objetiva e imparcial acerca das medidas para que os povos possam ter um fundamento na decisão final do processo; o segundo, previsto no art. 7º, prevê o direito à participação, que determina que os

---

[7] SOUZA FILHO, Carlos Frederico Marés de. *O renascer dos povos indígenas para o direito*. Curitiba: Juruá, 2012.

[8] SOUZA FILHO, Carlos Frederico Marés de. Multiculturalismo e direitos coletivos. *In*: SANTOS, Boaventura de Sousa (Org.). *Reconhecer para libertar*: os caminhos do cosmopolitismo multicultural. Porto: Afrontamento, 2004.

[9] A Convenção realiza uma distinção entre o termo *população*, que significaria transitoriedade e contingencialidade, e o termo *povo*, que caracteriza segmentos nacionais com identidade e organizações próprias (OIT – ORGANIZAÇÃO INTERNACIONAL DO TRABALHO. *Convenção nº 169 sobre povos indígenas e tribais e Resolução referente à ação da OIT*. Brasília: OIT, 2011). Portanto, o emprego correto para fins de aplicação da Convenção é o termo *povo*.

povos têm o direito de definir suas próprias prioridades no desenvolvimento de suas comunidades e, portanto, têm o direito de participação na formulação, implementação e avaliação dos planejamentos e programações realizados pelo Estado, que, de alguma forma, possam afetá-los diretamente.[10]

O Brasil foi um dos países que ratificaram a Convenção nº 169, adotada em 27.6.1989, mas vigente no plano internacional em 5.9.991. No total, 23 países ratificaram a norma internacional, dos quais 15 são latino-americanos: Argentina, Bolívia, Brasil, Chile, Colômbia, Costa Rica, Dominica, Equador, Guatemala, Honduras, México, Nicarágua, Paraguai, Peru e Venezuela. Os demais são República Centro-Africana, Dinamarca, Fiji, Luxemburgo, Nepal, Holanda, Noruega e Espanha.

No plano jurídico interno, a Convenção nº 169 só foi aprovada pelo Congresso Nacional por meio do Decreto-Legislativo nº 143, de 20.7.2002, após o que o governo depositou o instrumento de ratificação junto ao diretor executivo da OIT em 25.7.2002, tendo se tornado vinculante para o Brasil na referida data e vigente em 25.7.2003, conforme o art. 38 da própria Convenção. O Decreto nº 5.051, de 19.4.2004, do presidente da República, promulgou a Convenção.

Atualmente, a Convenção nº 169 da OIT encontra-se vigente por meio do Decreto nº 10.888, de 5.11.2009, que consolidou os atos normativos editados pelo Poder Executivo, os quais promulgavam as convenções e recomendações da OIT. Daquela tímida previsão constitucional acerca da "oitiva" dos povos indígenas, no caso de exploração de recursos hídricos ou extração mineral, a ordem jurídica incorporou um direito à consulta prévia, livre e informada e à participação. É bom relembrar que a cláusula de abertura dos direitos fundamentais do art. 5º, §2º, da CF/88, permite-nos atestar que o direito à consulta prévia, livre e informada e à participação dos povos indígenas e tradicionais (a utilização do termo *tribais* é carregada de um sentido pejorativo em nossa língua) é incorporado como um direito fundamental coletivo à autodeterminação dos povos autoidentificados.

2 Conteúdo, extensão e aplicação do direito à consulta e à participação no constitucionalismo brasileiro: as tensões constitutivas no direito à autodeterminação dos povos indígenas e tradicionais

A Convenção nº 169 da OIT utiliza um conceito geral, indeterminado para se referir aos destinatários de suas disposições, a fim de permitir que cada Estado, diante de sua realidade histórico-social, inclua os mais diversos grupos da cultura dominante. Assim, por exemplo, a utilização de conceitos como o de *povos tribais* como aqueles grupos que, por suas condições sociais, culturais e econômicas, se distinguem de outros segmentos da população nacional, estabelece uma cláusula normativa aberta que reconheça a exclusão e possibilite a inclusão desses sujeitos no desenvolvimento democrático-constitucional.[11]

---

[10] ALBUQUERQUE E SILVA, Silvio José. *A consulta prévia e a Convenção 169 sobre os povos indígenas e tribais da OIT*. Brasília: Thesaurus, 2012. p. 7-10.

[11] Sobre isso, os seminais trabalhos de: CARVALHO NETTO, Menelick de. A hermenêutica constitucional e os desafios postos aos direitos fundamentais. *In*: CARVALHO NETTO, Menelick de. *Teoria da Constituição e direito constitucional*: escritos selecionados. Belo Horizonte: Conhecimento, 2020. v. 1 e ROSENFELD, Michel. *A identidade do sujeito constitucional*. Belo Horizonte: Mandamentos, 2003.

Deve, assim, cada Estado, à luz de seu desenvolvimento histórico-social, promover a inclusão de povos historicamente excluídos, fornecendo mecanismos institucionais e possibilidades materiais para o exercício do direito fundamental à autodeterminação, em especial o direito à consulta e à participação. Dessa forma, saber se determinado grupo social, economicamente ou culturalmente distinto, foi e é excluído a merecer a proteção depende, em primeiro lugar, das determinações histórico-sociais da sociedade analisada.

No entanto, a Convenção nº 169, corretamente, reconhece a exclusão, em qualquer Estado que tenha passado pela colonização, dos povos indígenas como aqueles indivíduos que descendem da população que estava no momento da conquista ou colonização e mantenha alguma das suas instituições milenares e seculares. No Brasil, logo após a vigência da Convenção nº 169, iniciaram-se esforços no sentido de estabelecer políticas para o debate do tema e, sobretudo, para a definição dos povos destinatários do direito fundamental à autodeterminação. Assim é que o Decreto (sem número) de 24.12.2004 criou a Comissão Nacional de Desenvolvimento Sustentável das Comunidades Tradicionais, que foi, posteriormente, denominada Comissão Nacional de Desenvolvimento Sustentável dos Povos e Comunidades Tradicionais pelo Decreto (sem número) de 13.7.2006. A Política Nacional de Desenvolvimento Sustentável dos Povos e Comunidades Tradicionais, coordenada por esta Comissão, foi regulamentada no Decreto nº 6.040, de 7.2.2007. Em uma breve caracterização, o art. 3º, inc. I, definiu os povos tradicionais como aqueles

> grupos culturalmente diferenciados e que se reconhecem como tais, que possuem formas próprias de organização social, que ocupam e usam territórios e recursos naturais como condição para sua reprodução cultural, social, religiosa, ancestral e econômica, utilizando conhecimentos, inovações e práticas gerados e transmitidos pela tradição.

Dentro dos objetivos específicos da Política Nacional dos Povos Tradicionais, situa-se o reconhecimento, com celeridade, de sua própria autoidentificação como povo e comunidade tradicional para o gozo dos direitos individuais e coletivos, além da garantia dos direitos nas medidas que os afetassem, direta ou indiretamente, assim como a garantia dos processos dialogados para o desenvolvimento de seu próprio povo. Pouco a pouco, o desenvolvimento normativo da política nacional possibilitou o desvelamento de amplos grupos incluídos no conceito de povos tradicionais. O Conselho Nacional dos Povos e Comunidades Tradicionais passou a ser órgão de caráter consultivo, integrante, atualmente, do Ministério do Meio Ambiente e Mudança do Clima no Decreto nº 8.750, de 9.5.2016. Esse ato normativo reconheceu os seguintes segmentos como povos tradicionais: povos indígenas; comunidades quilombolas; povos e comunidades de terreiro/povos e comunidades de matriz africana; povos ciganos; pescadores artesanais; extrativistas; extrativistas costeiros e marinhos; caiçaras; faxinalenses; benzedeiros; ilhéus; raizeiros; geraizeiros; caatingueiros; vazanteiros; veredeiros; apanhadores de flores sempre vivas; pantaneiros; morroquianos; povo pomerano; catadores de mangaba; quebradeiras de coco babaçu; retireiros do Araguaia; comunidades de fundos e fechos de pasto; ribeirinhos; cipozeiros; andirobeiros; caboclos; juventude de povos e comunidades tradicionais.

Conquanto a Constituição de 1988 só tenha previsto a inclusão das comunidades indígenas e dos quilombolas como sujeitos constitucionais, dada a histórica discriminação desses povos e as lutas políticas travadas no seio da constituinte, tal ausência não exclui o reconhecimento de outros sujeitos constitucionais. A cada inclusão, reconhece-se nova exclusão em um processo permanente, aberto e *por vir*.[12] Como bem alerta Marcelo Cattoni, o constitucionalismo e a democracia são sempre um processo de aprendizagem social de longo prazo, sujeito a avanços e retrocessos, mas que se mantêm aberto às lutas por reconhecimento.[13] Esses povos, reconhecidos a título meramente exemplificativo, têm garantido o direito à autodeterminação e, sobretudo, à consulta e à participação.

Daí surgem algumas perguntas: o que é consulta? Quando e em quais hipóteses o Estado deve realizar a consulta? Existe uma forma predeterminada para a realização da consulta? Quais as consequências da sua não realização?

Em primeiro lugar, o direito à consulta não se resume em um ato, mas envolve um processo, isto é, não se trata de tentar obter um assentimento formal para dar validade e ares de legitimidade à decisão pública, mas de uma abertura ao diálogo a partir do qual as partes envolvidas tenham possibilidade de acrescer sua cosmovisão ao debate e, com isso, sofisticar e complexificar a decisão a ser tomada. Por isso que a consulta é qualificada como *prévia, livre, informada e de boa-fé*. Ou seja, a consulta aos povos interessados deve ser realizada antes da tomada da decisão, seja qual for sua natureza. Dentro desse procedimento, os povos interessados devem manifestar sua vontade e sua cosmovisão indene de coações, seja em relação a questões institucionais ou até mesmo temporais. Para que possam manifestar essa vontade, naturalmente, devem receber todas as informações de forma clara, objetiva e concisa quanto à decisão, mas também quanto aos impactos quantitativos e qualitativos da possível medida estatal. As partes envolvidas, por isso, devem se engajar na busca de um consenso.[14]

Como se trata de um processo de abertura ao diálogo, é natural a exigência de que os possíveis afetados recebam todas as informações possíveis de forma a que entendam efetivamente a pretendida medida a ser adotada. Isso significa, por parte do Estado e de seus agentes, um dever jurídico de tradução, ou seja, que se busque adequar o jogo de linguagem à cosmovisão do povo interessado.[15] O diálogo só pode se efetivar no seio de uma interculturalidade. É por isso que os protocolos de consulta são essenciais no processo. Por esse mecanismo, o povo interessado informa à sociedade e ao Estado como são organizados social e politicamente e como deve se desenvolver uma consulta adequada de acordo com sua própria cultura. Esses protocolos, definidos pelos próprios

---

[12] ROSENFELD, Michel. *A identidade do sujeito constitucional*. Belo Horizonte: Mandamentos, 2003.

[13] OLIVEIRA, Marcelo Andrade Cattoni de. *Contribuições para uma teoria crítica da Constituição*. 2. ed. Belo Horizonte: Conhecimento, 2021. p. 139.

[14] SILVA, Liana Lima Amim. *Consulta prévia e livre determinação dos povos indígenas e tribais na América Latina*: re-existir para co-existir. Tese (Doutorado em Direito) – Pontifícia Universidade Católica do Paraná, Curitiba, 2017.

[15] É nesse ponto que devemos falar em um diálogo intercultural obrigatório como decorrência do direito à consulta e à participação dos povos indígenas e tradicionais. Sobre a hermenêutica diatópica e diálogo intercultural ver: PANIKKAR, Raimon. *Sobre el diálogo intercultural*. Salamanca: San Esteban, 1990. No contexto das discussões descoloniais, ver a obra: WALSH, Catherine; GARCÍA LINERA, Álvaro; MIGNOLO, Walter. *Interculturalidad, descolonización del estado y del conocimiento*. Buenos Aires: Del Signo, 2005.

povos atingidos ou a serem atingidos pelas medidas, têm caráter vinculante para os agentes estatais.[16]

Sobre esse aspecto, necessário considerar quais são as medidas que devem ser submetidas à consulta. Tanto os atos legislativos quanto administrativos que afetem ou possam afetar os povos e comunidades tradicionais devem ser objeto de consulta, inclusive a própria e eventual regulamentação da consulta. Sobre isso, por exemplo, a Lei nº 13.123/2015, que dispôs sobre o acesso ao patrimônio genético e à biodiversidade, não teve qualquer consulta e participação direta das comunidades tradicionais que são diretamente afetadas, razão pela qual há grave inconstitucionalidade em referido ato normativo.[17] [18]

Nessa medida, deve-se tentar compreender o conceito de afetação da vida desses povos. Há, claramente, que se ter em conta que o significado comum e usual dos verbos *atingir* ou *afetar* denota uma ação que causa danos a outrem. Nossa pré-compreensão ou nossos pré-conceitos, desde a nossa organização social capitalista hegemônica, já relacionam a ação de afetar no aspecto financeiro ou de causar prejuízos. É por isso que se deve ter o extremo cuidado de entender que, para esses povos, enquanto a organização social hegemônica fala em bens e recursos naturais, esses povos travam uma outra relação, de espiritualidade, fraternidade e divindade. Assim, não só medidas que afetem as condições materiais de vida, mas também todas aquelas que afetem ou possam afetar o manto do intangível e imaterial de suas vidas devem ser consultadas.

Se é possível imaginarmos uma hermenêutica jurídica que busca romper o antropocentrismo, especialmente quando debatemos as normas de tutela ambiental,[19] neste aspecto é comum que as cosmovisões dos povos originários se apresentem com esta característica, razão pela qual se torna insuficiente qualquer tentativa de reparação que parta apenas de valores eurocêntricos.

Dessa forma, qualquer tentativa de regulamentação *ex ante* das medidas a serem submetidas ao dever de consultar falhará. É na sua concretude histórica que se deve analisar se tal ou qual medida legislativa ou administrativa deverá ser submetida à consulta de um ou outro povo. Ressalta-se, assim, que esse direito é autoaplicável e prescinde de regulamentação. Na ADI nº 3.239, que tratava da alegação de inconstitucionalidade do Decreto nº 4.887/2003, que regulamentou o art. 68 da ADCT, para tratar do procedimento de identificação, reconhecimento, delimitação, demarcação e titulação das terras da comunidade quilombola, o STF reconheceu que a Convenção nº 169 da OIT é fundamento de validade para os atos normativos.

---

[16] MARÉS, Carlos. A força vinculante do protocolo de consulta. *In*: GLASS, Verena (Org.). *Protocolos de consulta prévia e o direito à livre determinação*. São Paulo: Fundação Rosa Luxemburgo, 2019.

[17] MOREIRA, Eliane Cristina Pinto; PORRO, Noemi Miyasaka; SILVA, Liana Amin Lima da (Org.). *A "nova" Lei n. 13.123/2015 no velho Marco Legal da Biodiversidade*: entre retrocessos e violações de direitos socioambientais. São Paulo: Instituto O Direito por um Planeta Verde, 2017.

[18] A compreensão defendida é de que, diante da ausência da Consulta, o trâmite legislativo eivado de vício procedimental, a ser analisado a partir de um bloco de convencionalidade, acarreta a necessária declaração de inconstitucionalidade da norma.

[19] Sobre o tema, *vide* tese de Guilherme Ferreira Silva, um dos outros deste artigo, intitulada *A ética da alteridade como um fundamento para uma tutela ambiental ampliada – Uma leitura desconstrutivista da alteridade em Lévinas: entes ambientais como totalmente Outro*, de 2022.

Mas, o direito à consulta não se esgota apenas no assentimento obtido. É que, ao lado desse direito de participação, há também um direito ao veto. Vale dizer, no plano vertical, e talvez ainda mais importante, o direito à consulta e ao consentimento implica o poder de veto ou de aprovação quando se tratar de projetos de desenvolvimento ou intervenção de grande impacto nos territórios dos povos originários e tradicionais, isto é, a possibilidade dos povos originários e tradicionais rejeitarem a medida administrativa e/ou legislativa assim como eventual política pública se tal não trouxer um benefício coletivo para a identidade desses povos, ou seja, não basta apenas a consulta nos casos de megaprojetos, mas o efetivo consentimento prévio, livre e informado.[20]

Embora a Corte Interamericana tenha afirmado, no caso *Suramaka versus Suriname*, que a exigência de obtenção de assentimento e, por conseguinte, da possibilidade de veto acontece nos casos de projetos de grande escala que tenham significativos impactos no território. Reduzir o poder de veto apenas a tais hipóteses equivale a restringir o direito à consulta. É que a Convenção em nenhum momento especifica e delimita o assentimento aos projetos de grande impacto. O dever de consulta surge do afeto, em qualquer grau ou dimensão, e até mesmo como mecanismo preventivo. Se o direito à consulta significa apenas a prévia oitiva dos povos interessados sem que eles possam vedar a medida, se transforma em um direito meramente procedimental ou formal.

No entanto, é bom ressaltar que o direito à consulta é corolário do direito à autodeterminação coletiva desses povos e, nessa senda, um direito de cunho substancial a partir do qual se possibilita o desenvolvimento desses povos de acordo com suas próprias cosmovisões e a garantia de outros direitos fundamentais. Em outras palavras, o direito à consulta é um direito que não se reduz a uma dimensão formal ou material, mas que as consubstancia. Isto é, a forma determina a matéria e a matéria determina a forma.

A aplicação integral do instituto no Brasil vem sendo objeto de disputas. Embora reconhecendo sua incorporação ao ordenamento jurídico, inclusive com *status*, no mínimo, supralegal, o Supremo Tribunal Federal, todavia não tenha julgado diretamente a extensão do conteúdo do direito à consulta e à participação dos povos originários, enfrentou o tema incidentalmente no caso *Raposa Terra do Sol*. Na PET nº 3.388, a Corte forneceu uma interpretação absolutamente restritiva acerca do direito à autodeterminação dos povos originários. No julgado que trata do processo de demarcação de terras indígenas e o seu importante significado dentro da ordem constitucional, o STF entendeu pela possibilidade de que a instalação de equipamentos públicos, a construção de bases físicas para a prestação de serviços públicos ou de relevância devem ser realizadas com a liderança da União, do Ministério Público e coadjuvado por entidades públicas e entidades representativas dos povos indígenas. Assim, para o STF, sequer há necessidade de oitiva prévia e com poder de veto. Se e quando houver, a consulta servirá apenas como mecanismo de outorgar legitimidade à decisão tomada de antemão pelas autoridades públicas, que nada representam para essas comunidades.[21]

---

[20] SILVA, Liana Amin Lima. Sujeitos da Convenção nº 169 da Organização Internacional do Trabalho (OIT) e o direito à consulta e ao consentimento livre, prévio e informado. *In*: GLASS, Verena (Org.). *Protocolos de consulta prévia e o direito à livre determinação*. São Paulo: Fundação Rosa Luxemburgo, 2019.

[21] Um dos autores deste trabalho já alertou sobre esse ponto e como o STF lida com a ideia de desenvolvimento em confronto com a proteção do meio ambiente. Na cosmovisão das comunidades tradicionais, só há desenvolvimento quando houver respeito ao meio ambiente (BAHIA, Alexandre; BACHA E SILVA, Diogo. O direito à participação

O STF impõe restrições que não estão previstas na Convenção nº 169 da OIT e, o pior, a justificativa, conforme se lê em um voto como o de Gilmar Mendes, é que a normativa internacional deveria obedecer ao filtro constitucional. No entanto, a Constituição não prevê literalmente nem o próprio direito à consulta nem qualquer restrição. Trata-se de um argumento que não resiste à leitura do art. 231 da CF/88. Ali, há *oitiva* no caso de exploração de recursos nas terras dos povos originários, que é substancialmente o direito à consulta.

O pior ainda: ao julgar os embargos declaração opostos contra o acórdão da PET nº 3.388, o STF estabeleceu expressamente que o direito à consulta implica apenas que os interesses dos povos originários devam ser seriamente considerados, mas sem a possibilidade de veto. Sem a possibilidade de embargar ou interditar medida que lhes afeta, o direito à consulta se torna meramente a colheita de uma opinião e não o exercício de um direito com o correlato dever para o Estado.

Naturalmente, tratou-se de uma decisão paradigmática quanto à concretização do direito dos povos originários sobre as terras tradicionalmente ocupadas, mas foi uma decisão que fragilizou o direito à autodeterminação, ao estabelecer essa restrição ao direito à consulta, deixando-o como um aspecto procedimental de validade de decisões tomadas que afetem ou possam afetar os povos originários. No entanto, o STF tem oportunidade de rever tal posicionamento no Recurso Extraordinário nº 1.017.365, em que se discute o "marco temporal" para o reconhecimento das terras tradicionalmente ocupadas.

Após a eclosão da pandemia da Covid-19 e seus efeitos desastrosos em território nacional pela omissão do Governo federal, o STF estabeleceu na ADPF nº 709 que o direito à consulta aos povos originários era obrigatório na formulação e execução de políticas de saúde que lhes são destinadas, sobretudo em virtude da vulnerabilidade das comunidades tradicionais às doenças infectocontagiosas. Nessa decisão, inclusive, o Supremo determinou diretamente as medidas que deveriam ser tomadas, tal como a chamada Sala de Situação, que serviria como órgão para um diálogo intercultural.[22]

Há uma concepção liberal e hegemônica de fundo, uma teoria exegética da interpretação e uma sociologia excludente que determina a interpretação que o STF realiza sobre o direito à consulta e à participação. Primeiro, para o tribunal, não há como extrair da Constituição de 1988 o reconhecimento do mencionado direito. Trata-se de um apego à literalidade do texto. Sua normatividade está disposta na Convenção nº 169, que é integrada à ordem jurídica como norma supralegal, mas infraconstitucional. Segundo, há uma divisão social entre os povos originários e tradicionais e os não tradicionais. A função dos povos originários e tradicionais na ordem jurídica seria a de proteção ao meio ambiente, enquanto os não tradicionais e não originários devem realizar as funções ou a promoção do desenvolvimento econômico. Nada pode constituir óbice àquilo que o tribunal considera "desenvolvimento econômico", muito menos um direito à autodeterminação. Por essa concepção, o "desenvolvimento econômico" está

---

dos povos originários e o STF. *Suprema – Revista de Estudos Constitucionais*, Brasília, v. 2, n. 1, p. 119-155, jan./jun. 2022).

[22] GODOY, Miguel Gualano; SANTANA, Carolina Ribeiro; OLIVEIRA, Lucas Cravo de. STF, povos indígenas e Sala de Situação: diálogo ilusório. *Revista Direito e Práxis*, Rio de Janeiro, v. 12, n. 3, p. 2174-2205, 2021.

em contradição com a proteção do meio ambiente. Ao contrário dos "verdadeiros" direitos que são exigíveis contra o Estado e que são de natureza individual, o direito à consulta, como direito coletivo, reduz-se a uma mera participação, cuja inobservância não trará nenhuma consequência jurídica imediata.

Em um esforço de categorização, o direito à consulta e à participação é verdadeiro direito multidimensional. Vale dizer, se considerarmos a clássica divisão ou classificação dos direitos fundamentais em gerações ou dimensões, o direito à consulta e à participação é tanto direito de primeira geração ou dimensão como de prestação negativa, quanto de segunda geração ou dimensão como de prestação positiva e, ainda, direito de terceira geração ou dimensão de solidariedade. Ele se constitui, assim, em um direito fundamental que transcende a ideia de compartimentalização dos direitos fundamentais. É um direito individual, é um direito social e é direito coletivo. É, enfim, um direito que visa assegurar a própria existência digna desses povos marginalizados pela colonização e violência do paradigma dominante.

Como direito fundamental multidimensional que é, sua interpretação deve ser a mais ampla possível. Por isso, o STF só vem aplicando de forma parcial e fragmentada quando se tenha impacto direto sobre determinado povo tradicional. Para nós, no entanto, embora a Convenção nº 169 da OIT só fale em medidas legislativas ou administrativas de afetação direta, deve ser aplicado o dever de consulta para os casos de afetação indireta. Por exemplo, imaginemos a situação na qual se realizem pesquisas científicas para extrair os potenciais terapêuticos de determinada planta que seja, para determinado povo tradicional, objeto de uso em ritual religioso-cultural. Se, em uma primeira análise, a realização da pesquisa não impactará diretamente a possibilidade de esse povo continuar utilizando a planta em seus rituais, a questão muda de figura, seja pela coleta indiscriminada por parte dos pesquisadores, seja pela descoberta de potencial terapêutico e as consequências de sua comercialização. Há, dessa forma, imanente em um ato simples de pesquisa, impactos sistêmicos e a possibilidade de afetação indireta da cultura desse povo por meio do desequilíbrio do ecossistema com a coleta indiscriminada ou, então, com o esgotamento dessa planta. Mesmo nesse caso, as pesquisas só podem ser autorizadas pelo poder público com a prévia oitiva do povo interessado.

Por último, mas não menos importante, se quisermos levar a sério a eficácia horizontal dos direitos fundamentais, o direito à consulta e à participação dos povos tradicionais deve ser aplicado na relação entre particulares. Da mesma forma, imaginemos uma situação na qual uma empresa realize determinadas atividades no entorno da localização de determinado povo tradicional ou, ainda, que referida empresa contrate mão de obra desse povo. É preciso que, para a validade e legitimidade dessas atividades ou da própria contratação, o direito de consulta seja aplicado, isto é, é dever da própria empresa ouvir e chegar ao consenso com tal povo tradicional, tendo em vista o impacto que tais atividades particulares lícitas terão sobre a comunidade.

Este contexto se apresenta como motivador de uma regulamentação mais clara e efetiva, sugerindo a importância de criação de uma lei que traga parâmetros mais explícitos sobre a realização da consulta. Inclusive, para se evitar o ocorrido em Minas

Gerais, que possuía resolução[23] que normatizava a questão em licenciamentos ambientais, e simplesmente foi revogada, sem qualquer outro diploma normativo que viesse a substituí-la, gerando insegurança jurídica e esvaziamento de direitos fundamentais.

Considerações finais

Há um longo caminho a ser percorrido para a concretização integral do direito à consulta e à participação como emanação do direito à autodeterminação dos povos tradicionais no constitucionalismo brasileiro, mesmo após algumas recentes conquistas. Não desconhecemos as tensões existentes na concretização desse direito e que estão reveladas no caso do marco temporal que ainda será julgado pelo STF. De um lado, o capitalismo e os fortes e cristalizados interesses econômicos na fruição sem limites de todo e qualquer recurso que possa ser transformado em mercadoria para a circulação do valor-trabalho e do capital. De outro, formas de vida que, ainda que atravessadas por essa forma de organização social, resistem para reexistirem.

Longe de uma visão otimista pela qual a efetivação de determinado direito possa conduzir, por si só, à libertação desses povos que foram subjugados pela modernidade eurocêntrica, a existência de um direito fundamental como o direito à consulta e à participação abre um caminho de lutas possíveis que não pode ser descartado. O exercício desse direito possibilita uma irrupção da continuidade do tecido colonial.

O marco temporal simbólico dos trinta e cinco anos da Constituição permite a reflexão sobre os avanços advindos do que foi semeado pelos movimentos sociais expressados na constituinte, ao mesmo tempo que clama por nossa responsabilidade de caminhar sempre ao utópico lugar da justiça. O Supremo Tribunal Federal terá a oportunidade de efetivar de forma integral e completa o direito à consulta e à participação, retomando o fio histórico disputado pelo movimento indigenista na constituinte, em duas paradigmáticas ações que ainda serão julgadas. Na ADI nº 5.905, a governadora do estado de Roraima pleiteia a inconstitucionalidade parcial do decreto legislativo e o decreto que incorporou a Convenção nº 169, no sentido de que a Corte interprete inviável a consulta aos povos originários na hipótese de instalação de equipamentos elétricos, redes de comunicação, estradas e demais construções necessárias às prestações de serviços públicos. O julgamento de improcedência dessa ação será, *ipso facto*, a reafirmação de que não há restrições ou limites ao exercício desse direito fundamental. No julgamento do RE nº 1.017.365, o caso do marco temporal, o STF poderá, ao reconhecer que *terras tradicionalmente ocupadas* não estabelece nenhum critério temporal nos marcos da promulgação da Constituição ou em outro momento qualquer, possibilitar o exercício do direito à autodeterminação desses povos, ou seja, possibilitar que eles próprios definam os limites geográficos de suas terras a partir da relação essencial destas com suas próprias cosmovisões.

---

[23] A Resolução Conjunta Sedese/Semad nº 1/2022 foi revogada no dia 31.5.2023.

Referências

ALBUQUERQUE E SILVA, Silvio José. *A consulta prévia e a Convenção 169 sobre os povos indígenas e tribais da OIT*. Brasília: Thesaurus, 2012.

BACHA E SILVA, Diogo. *Desconstruindo o novo constitucionalismo latino-americano*: o tribunal constitucional plurinacional e a jurisdição constitucional decolonial. Belo Horizonte: Conhecimento, 2020.

BAHIA, Alexandre; BACHA E SILVA, Diogo. O direito à participação dos povos originários e o STF. *Suprema – Revista de Estudos Constitucionais*, Brasília, v. 2, n. 1, p. 119-155, jan./jun. 2022.

BOBBIO, Norberto. *A era dos direitos*. Tradução de Carlos Nelson Coutinho. Rio de Janeiro: Elsevier, 2004.

CARVALHO NETTO, Menelick de. A hermenêutica constitucional e os desafios postos aos direitos fundamentais. *In*: CARVALHO NETTO, Menelick de. *Teoria da Constituição e direito constitucional*: escritos selecionados. Belo Horizonte: Conhecimento, 2020. v. 1.

FAJARDO YRIGOYEN, Raquel Z. El horizonte del constitucionalismo pluralista: del multiculuralismo a la descolonización. *In*: GARAVITO, César Rodriguez (Coord.). *El Derecho en America Latina un mapa para el pensamiento jurídico del siglo XXI*. Buenos Aires: Siglo Veintiuno, 2012.

GODOY, Miguel Gualano; SANTANA, Carolina Ribeiro; OLIVEIRA, Lucas Cravo de. STF, povos indígenas e Sala de Situação: diálogo ilusório. *Revista Direito e Práxis*, Rio de Janeiro, v. 12, n. 3, p. 2174-2205, 2021.

MARÉS, Carlos. A força vinculante do protocolo de consulta. *In*: GLASS, Verena (Org.). *Protocolos de consulta prévia e o direito à livre determinação*. São Paulo: Fundação Rosa Luxemburgo, 2019.

MOREIRA, Eliane Cristina Pinto; PORRO, Noemi Miyasaka; SILVA, Liana Amin Lima da (Org.). *A "nova" Lei n. 13.123/2015 no velho Marco Legal da Biodiversidade*: entre retrocessos e violações de direitos socioambientais. São Paulo: Instituto O Direito por um Planeta Verde, 2017.

OLIVEIRA, Marcelo Andrade Cattoni de. *Contribuições para uma teoria crítica da Constituição*. 2. ed. Belo Horizonte: Conhecimento, 2021.

PANIKKAR, Raimon. *Sobre el diálogo intercultural*. Salamanca: San Esteban, 1990.

ROSENFELD, Michel. *A identidade do sujeito constitucional*. Belo Horizonte: Mandamentos, 2003.

SILVA, Guilherme Ferreira. *A ética da alteridade como um fundamento para uma tutela ambiental ampliada* – Uma leitura desconstrutivista da alteridade em Lévinas: entes ambientais como totalmente outro. Tese (Doutorado) – UFMG, Belo Horizonte, 2022.

SILVA, Liana Amin Lima. Sujeitos da Convenção nº 169 da Organização Internacional do Trabalho (OIT) e o direito à consulta e ao consentimento livre, prévio e informado. *In*: GLASS, Verena (Org.). *Protocolos de consulta prévia e o direito à livre determinação*. São Paulo: Fundação Rosa Luxemburgo, 2019.

SILVA, Liana Lima Amim. *Consulta prévia e livre determinação dos povos indígenas e tribais na América Latina*: re-existir para co-existir. Tese (Doutorado em Direito) – Pontifícia Universidade Católica do Paraná, Curitiba, 2017.

SOUZA FILHO, Carlos Frederico Marés de. Multiculturalismo e direitos coletivos. *In*: SANTOS, Boaventura de Sousa (Org.). *Reconhecer para libertar*: os caminhos do cosmopolitismo multicultural. Porto: Afrontamento, 2004.

SOUZA FILHO, Carlos Frederico Marés de. *O renascer dos povos indígenas para o direito*. Curitiba: Juruá, 2012.

WALSH, Catherine; GARCÍA LINERA, Álvaro; MIGNOLO, Walter. *Interculturalidad, descolonización del estado y del conocimiento*. Buenos Aires: Del Signo, 2005.

Informação bibliográfica deste texto, conforme a NBR 6023:2018 da Associação Brasileira de Normas Técnicas (ABNT):

CRUZ, Álvaro Ricardo de Souza; BACHA E SILVA, Diogo; SILVA, Guilherme Ferreira. O direito à consulta e participação dos povos originários e tradicionais nos 35 anos de Constituição. *In*: FACHIN, Luiz Edson; BARROSO, Luís Roberto; CRUZ, Álvaro Ricardo de Souza (Coord.). *A Constituição da democracia em seus 35 anos*. Belo Horizonte: Fórum, 2023. p. 273-286. ISBN 978-65-5518-597-3.

35 ANOS DA CONSTITUIÇÃO DE 1988: UM ACERTO DE CONTAS COM O NEOLIBERALISMO

ÁLVARO RICARDO DE SOUZA CRUZ
BERNARDO AUGUSTO FERREIRA DUARTE
BERNARDO GOMES BARBOSA NOGUEIRA

1 Introdução

Há exatos quinze anos, por ocasião do vigésimo aniversário de promulgação da Constituição de 1988, Alexandre de Morais da Rosa publicou um instigante artigo, no qual delineou ácidas críticas à *influência corrosiva* do ideário e ferramental neoliberal sobre o direito e a democracia no Brasil.[1] Neste ensaio, intentamos resgatar e aprofundar essa preocupação, a partir de perspectivas diferentes.

Pretendemos responder, ao longo do texto, às seguintes perguntas: como seria possível que uma entre tantas vertentes econômicas assumisse tamanha proeminência e adesão, a ponto de servir de base para a des-diferenciação sistêmica do direito pela economia, tanto no âmbito das narrativas de fundamentação, quanto de aplicação? Como serviu, anos a fio, como *pano de fundo* ideológico de uma fraude continuada à Constituição? Como aglutinou setores heterogêneos de nossa sociedade e catalisou os ataques que passaram a ser dirigidos cotidianamente contra a Constituição e nossas instituições? Como contribuiu para uma verdadeira escavação dos direitos fundamentais, principalmente sociais, no campo das narrativas de fundamentação e aplicação?

Em verdade, este artigo será um ensaio de uma obra mais ampla sobre o assunto, na qual pretendemos aprofundar estes e outros pontos centrais para uma crítica mais ampla sobre o neoliberalismo como ideologia reacionária, anticonstitucional e antidemocrática.

Aqui, inicialmente, intentamos avaliar como o ideário e o ferramental neoliberais atuam, a um só tempo, como *aglutinador* de conservadores e libertários e *catalisador* de ataques contra as pretensões *igualitária e inclusiva*, extraíveis da Constituição. Esse será essencialmente o assunto abordado no tópico 2.1 deste artigo, que almeja desvelar

---

[1] Intitulado *A Constituição no país do jeitinho: 20 anos à deriva do discurso neoliberal (Law and Economics)*, esse artigo foi publicado na obra coletiva *20 anos de constitucionalismo democrático – E agora?* (ROSA, 2008, p. 15-34).

algumas diferenças centrais entre o liberalismo e o neoliberalismo, além elucidar porque este último é, desde suas origens, intrinsecamente reacionário e conservador. Além disso, pretendemos explicar as bases da racionalidade econômico-utilitária, abraçada pelo neoliberalismo, de modo a explicar como ela corrói a ética deôntica dos direitos fundamentais.

Na sequência, no item 2.2, pretendemos aprofundar nossa análise do neoliberalismo como ideologia simbólica colonizante do "mundo da vida". Neste ponto, sobretudo a partir dos influxos da teoria de Han, intentamos explicar as marcas violentas deixadas pelo neoliberalismo sobre a própria mente (doente) de um indivíduo centrado na maximização da autoprodutividade. Logo, além de explicar como o neoliberalismo consiste em *uma reação* aos avanços social-democráticos galgados no início do século XX, tema central do tópico 2.1, pretendemos escancarar, no item 2.2, sua pretensão totalitária de aniquilar a noção de alteridade a partir da perspectiva economicista do "eu" e da "maximização do lucro".

Nesse contexto, pretendemos explicar como o neoliberalismo transforma a liberdade econômica de contratar, trabalhar, empreender, típica do liberalismo, em uma "verdadeira prisão do indivíduo". Almejamos aprofundar, então, diversos conceitos de modo a elucidar porque essa ideologia acaba por conduzir o sujeito à "sociedade do cansaço", além de contribuir para a morte da noção de alteridade e à impossibilidade da revolução. Ao fim, almejamos explicar porque ela opera um verdadeiro aprisionamento do indivíduo no imperativo da produtividade, calcado na leitura de dados que, ao fim e ao cabo, subvertem a democracia em infocracia.

Essas são as pretensões deste breve ensaio. Por evidente, nossa análise será *normativa* e não puramente descritiva. Ela se desenvolverá a partir da *perspectiva dos participantes* (e não de meros observadores externos).[2] Nesse sentido, de um lado, nossas considerações assumirão a postura do *fabulista* de Jacques Derrida. Afinal, na condição de participantes do contexto histórico que nossa narrativa pretende reconstruir, denunciaremos os abusos diários e a violência (permanente) do "soberano" (aprofundada pelo emprego do ideário e do ferramental neoliberais na colonização do "mundo da vida").

É sob essas bases que intentamos retomar, com a seriedade necessária, a própria discussão do papel desempenhado pelo ideário e ferramental neoliberal, a um só tempo, como (1) agente aglutinador e catalisador da crise democrático-constitucional no Brasil; e (2) ideário anticonstitucional e simbólico, que contribuiu para uma des-diferenciação sistêmica profunda, marcada pela corrosão interna e externa das forças *normativa* e *simbólica positiva* da Constituição, principalmente no que se refere à proteção dos direitos fundamentais.

---

[2] Sobre o assunto, por todos, *vide* Cruz (2011); Cruz e Duarte (2013) e Cruz e Wykrota (2018).

2 As bases anticonstitucionais do neoliberalismo: uma denúncia do fabulista

2.1 O neoliberalismo: aglutinador de conservadores e libertários e catalisador de ataques contra as pretensões igualitária e inclusiva extraíveis da Constituição

Iniciaremos o presente tópico já com uma afirmação forte, indo direto ao ponto. O ideário *econômico-neoliberal* serviu *como aglutinador* de pessoas ultraconservadoras, conservadoras e até "meramente libertárias na seara econômica"[3] em torno de um projeto frontalmente anticonstitucional, ao mesmo tempo em que operou como *catalisador* dos ataques desferidos cotidianamente contra a Constituição e o Estado democrático de direito no Brasil. Essa é uma constatação reveladora, na medida em que, de início, já expõe uma diferença fulcral entre o liberalismo, originalmente revolucionário, e o *neoliberalismo*, "essencialmente" ultraconservador e reacionário.[4]

Em linhas gerais, o liberalismo (político e econômico) representou uma revolução em diversos aspectos, não apenas pela sua pretensão iluminista no campo dos direitos, rompendo formalmente com os privilégios de nascimento da nobreza (Revolução Francesa, sobretudo), mas também pelo emprego de técnicas de produção em alta escala (Revolução Industrial). Certamente, a pretensão universalista das declarações de direitos

---

[3] Não há, necessariamente, uma homogeneidade na filosofia libertária. De acordo com Michael Sandel, "*os libertários defendem os mercados livres e se opõem à regulamentação do governo, não em nome da eficiência econômica, mas sim em nome da liberdade humana.* Sua alegação principal é que cada um de nós tem o direito fundamental à liberdade – temos o direito de fazer o que quisermos com aquilo que nos pertence, desde que respeitemos o direito dos outros que fazem o mesmo. *Se a teoria libertária estiver correta, muitas atividades do Estado moderno são ilegítimas e violam a liberdade. Apenas um Estado mínimo – aquele que faça cumprir contratos, proteja a propriedade privada contra roubos e mantenha a paz – é compatível com a teoria libertária dos direitos. Qualquer Estado que vá além disso é moralmente injustificável. O libertário rejeita três tipos de diretrizes e leis que o Estado moderno normalmente promulga: 1. Nenhum Paternalismo.* [...] 2. *Nenhuma legislação sobre a moral.* [...] 3. *Nenhuma redistribuição de renda ou riqueza.* [...] A filosofia libertária não se define com clareza no espectro político. Conservadores favoráveis à política econômica do laissez-faire frequentemente discordam dos libertários a respeito de questões culturais como oração nas escolas, aborto e restrições à pornografia. E muitos partidários do Estado de bem-estar social têm uma visão libertária de assuntos como direitos dos homossexuais, direitos de reprodução, liberdade de expressão e separação entre Estado e Igreja. *Na década de 1980, as ideias libertárias encontraram proeminente expressão na retória antigovernamental e pró-mercado de Ronald Reagan e Margaret Thatcher. Como doutrina intelectual, a teoria libertária já havia surgido antes, em oposição ao Estado de bem-estar social. Em The Constitution of Liberty (1960), o economista e filósofo austríaco Friedrich A. Hayek (1899-1992) argumentou que qualquer tentativa de forçar maior igualdade econômica tenderia a coagir e a destruir uma sociedade livre. Em Capitalism and Freedom (1962), o economista americano Milton Friedman (1912-2006) argumentou que muitas atividades estatais amplamente aceitas são infrações ilegítimas da liberdade individual*" (SANDEL, 2018, p. 79-80) (grifos nossos). Neste texto, chamamos de "libertários econômicos" os defensores das diretrizes 1 e 2, propugnadas na década de 1980 como mantra da ideologia neoliberal. Entretanto, não ignoramos que, no Brasil e no mundo, é comum que o liberalismo econômico seja defendido por antiliberais no campo político (conservadores e ultraconservadores). Essa sincrética união faz exsurgir discursos claramente incongruentes, ora a propugnar uma política econômica desregulatória, com redução do âmbito de ação estatal, ora a defender um Estado máximo (e repressivo), no campo das "políticas" de segurança pública, por exemplo.

[4] Como explica Nicolas Wapshott em *Keynes x Hayek: as origens – e a herança – do maior duelo econômico da história*, ainda na década de 1940 do século passado, em resposta ao entusiasmo em torno das ideias de Keynes, "*as ideias de livre mercado adquiriram uma dimensão quase religiosa que levaria alguns simpatizantes a parecer mais discípulos de uma seita secreta do que investigadores em busca da verdade.* [...] *Hayek queria liderar a oposição ao keynesianismo* [...] *Todos os seus colaboradores seria 'liberais econômicos'*, mas, de maneira alguma, adeptos, todos eles, da Escola Austríaca. *'Economistas liberais' acreditavam que a economia e os mercados deveriam ser livres de interferências. Não deveriam ser confundidos com os 'liberais' americanos que advogam liberdade para os indivíduos se comportarem como quiserem em suas vidas privadas, sem inibições de costumes sociais constritivos e que, frequentemente, eram tudo, menos liberais em suas economias. O uso conflitante da palavra 'liberal' se tornaria fonte de constante confusão*" (WAPSHOTT, 2019, p. 252-253) (grifos nossos).

dos períodos das revoluções liberais, manifesta, por exemplo, na afirmação de que os "homens nasciam livres e iguais", não alcançou as mulheres e os negros nem representou uma mudança material na vida de camponeses e, mais tarde, dos trabalhadores das indústrias. Entretanto, o só fato de romper com o privilégio de nascimento, que tinha fundamentos inclusive divinos, já era um avanço considerável no campo de direitos, pois colocava formalmente no mesmo nível um cidadão burguês, um camponês pobre e uma pessoa oriunda da nobreza. Obviamente, isso gerou descontentamento na aristocracia (conservadora), e, por evidente, representou um avanço em relação ao *status quo* anterior às revoluções liberais. Além disso, os direitos individuais (liberdades e propriedade privada) passaram a ser considerados barreiras protetoras (prerrogativas) contra os abusos do Estado (direitos de defesa), significando, ao lado da separação dos poderes, uma limitação do poder. Nascia o Estado de direito superando o Estado absolutista. Nesses sentidos, ao menos no passado, o liberalismo representou uma mudança considerável em relação ao *Ancien Régime*.[5]

Já o neoliberalismo, conceito que aprofundaremos ao longo deste texto, apresenta-se, inicialmente, como uma reação aos avanços sociais do final do século XIX e início do século XX. Conquanto seja muito mais que uma ideologia meramente economicista, ante a sua pretensão totalizante de colonização do "mundo da vida", mesmo no ambiente circunscrito à economia, o neoliberalismo já poderia ser descrito como reacionário.

> *A escola de economistas neoclássicos que defende o capitalismo de laissez-faire extremado representa a contrapartida contemporânea de Senior e Bastiat. Em certo sentido, este grupo representa duas escolas distintas, mas semelhantes – as escolas austríaca e de Chicago.* A linhagem da escola austríaca remonta diretamente a Carl Menger (ver Capítulo 10). O extremado individualismo metodológico de Menger é a base da filosofia social da escola austríaca.
>
> Embora a primeira geração de discípulos de Menger incluísse tanto reformadores sociais quanto conservadores, *a natureza ultraconservadora da escola austríaca é descrita mais adequadamente como o produto de dois pensadores da segunda geração de discípulos de Menger, Ludwig von Mises e Friederich A.Hayek. Tanto von Mises quanto Hayek lecionaram na Universidade de Chicago em vários períodos. Junto com Frank H. Knight, que também ensinou ali por vários anos, eles foram as influências mais significativas para a formação da Escola de Chicago. Para a geração passada, Milton Friedman foi o representante mais influente dessa escola.* Em 1976, Friedman recebeu o prêmio Nobel de Economia.
>
> *O problema de juntar a escola austríaca e a de Chicago numa mesma classificação é que, embora ambas destaquem os benefícios universais da troca, o individualismo extremado e a defesa doutrinária do laissez-faire, elas têm diferenças metodológicas.* De modo geral os austríacos defendem uma abordagem racionalista à teoria econômica, enquanto Milton Friedman e seus seguidores defendam a abordagem empírica. *Embora atualmente seja muito comum entre os profissionais da economia acadêmica denominar todos os defensores do laissez-faire extremamente individualista como sendo da "Escola de Chicago", seria provavelmente mais exato dizer que a ala mais conservadora do neoclassicismo contemporâneo se divide igualmente entre os que, em termos metodológicos, seguem a escola austríaca e os que seguem a Escola de Chicago de Milton Friedman.* Não acreditamos que essas diferenças metodológicas sejam demasiado significativas, de modo que consideraremos esses defensores contemporâneos do laissez-faire em conjunto. (HUNT; LAUTZENHEISER, 2013, p. 655) (Grifos nossos)

---

[5] Para mais detalhes, *vide* por exemplo, Sampaio (2013, p. 5-66) e Souza Neto e Sarmento (2012, p.70-79).

O neoliberalismo, diferentemente do liberalismo, sucede as revoluções sociais por melhores condições de vida, iniciadas ainda no final do século XIX e ampliadas nas primeiras décadas do século XX. Diferentemente de Adam Smith (1723-1790), que idealizou a *mão invisível do mercado*, os pais do neoliberalismo, com destaque para Von Mises e Friedrich Hayek – este, o organizador da *Conferência de Mont Pelerin*, na Suíça, realizada em abril de 1947 –,[6] vivenciaram a experiência da crise econômica de 1929, e, ainda assim, continuaram a propugnar a ideia de "equilíbrio natural de mercado".[7]

É verdade que Hayek posteriormente relativizaria a noção de equilíbrio natural,[8] passando a defender que intervenções estatais na economia deveriam ser evitadas por incapacidade dos gestores de definir adequadamente os preços, sabedoria que adviria *naturalmente* do mercado, e porque a pretensão de fazê-lo implicaria redução da felicidade e das liberdades dos indivíduos.[9] Esse argumento "utilitário-econômico", contudo, continuava a ignorar as contingências externas e os apelos sociais por socorro governamental, bem como a reproduzir, mesmo que de forma atenuada, a crença em um *equilíbrio possível*, decorrente da ação individual dos agentes de mercado.

Na prática, economistas neoliberais não poderiam ignorar que o mundo vivia a instabilidade de *mazelas sociais* causadas por reflexos da Revolução Industrial, pelo

---

6 Esse evento é visto como aquele que reuniu, pela primeira vez, vários defensores da "economia de livre mercado", e que, posteriormente, compuseram uma confraria de defensores do pensamento libertário-econômico ou neoliberal. Daí atrelarem a esse evento "as origens do neoliberalismo". De acordo com Nicolas Wapshott, "Hayek deu o primeiro passo na trilha contrarrevolucionária em abril de 1930. O destacado jornalista e comentarista americano Walter Lippmann se tornou o assunto de um colóquio em Paris para incentivar seu livro, The Good Society, que ressaltava a ameaça à liberdade inerente às sociedades planificadas, como a Rússia Soviética e a Alemanha Nazista. Hayek, Misses e Robbins foram convidados, juntos com o sociólogo francês antimarxista Raymond Aron, o economista da Universidade de Manchester Michael Polanyi, o pensador de livre mercado de Freiburg Wilhelm Röpke e vinte e tantos outros para discutir a 'crise do liberalismo'. As discussões fizeram pouco mais que estabelecer a base para mais debate, mas um programa ambicioso de ação para depois da guerra começou a se formar na mente de Hayek. Assim que a guerra foi vencida, Hayek contatou os participantes do 'Colóquio Walter Lippmann' e pensadores de ideias afins. Hayek propôs à cúpula no sentido mais literal, uma conferência de dez dias em abril de 1947 no vertiginoso Hôtel Du Parc, que ficava no topo do MontPèlerin, à beira do lago Genève, perto de Vevey, na Suíça.Um alto administrador do SchweirzerischeKreditanstalt subscreveu 93% dos 18 mil francos suíços gastos na montagem do simpósio. Albert Hunold, um homem de negócios de Zurich que chefiava os fabricantes de relógios suíços, desviou para o simpósio dinheiro destinado à criação de um jornal liberal. Houve bolsas para a Educação Econômica favorável ao livre mercado em Irvngton-on-Hudson, Nova York, e do libertário Willian VolkerCharities Fund de Kansas City, Missouri, que financiou a viagem dos Americanos. [...] Entre os presentes estavam Mises, Robbins, Frank Knigth, George Stigler, Economista da Escola de Chicago; Fritz Machlup, o economista da Escola Austríaca que fugiu para a América em 1933; John Jewkes, o economista britânico antiplanejamento. Karl Popper, o filósofo da ciência da LSE; Henry Hazlitt, cuja resenha laudatória de *The Road toSelfdom* no *New York Times* ajudou a assegurar o sucesso do livro nos Estados Unidos; William Rappard, chefe da École desHautesÉtudes em Genebra; Wilhelm Röpke, de Genebra, que iria reformar a moeda alemã; e Veronica Wedgwood, a historiadora inglesa da guerra civil, educada em Oxford, que escrevia artigos para Time and Tide" (WAPSHOTT, 2019, p. 252-253).

7 Nesse sentido, *vide* Wapshott (2019, p. 40; 58-60; 252-253).

8 Esse ponto representou certo distanciamento do pensamento de Hayek em relação ao de Mises e vários representantes da Escola Austríaca. *Vide*, a propósito Wapshott (2019, p. 215-217).

9 "Hayek chegou a duas conclusões importantes [...] é por meio dos preços que se reflete a sabedoria comum do que acontece em um mercado e que, quando forças externas, como os governos, interferem na fixação de preços, isso equivale a tentar regular a velocidade de um carro segurando o ponteiro do velocímetro; e que nenhuma pessoa isolada, nem mesmo um 'ditador onisciente' como ele coloca, pode conhecer as mentes, desejos e esperanças de todos os indivíduos que compõem a economia. Se um governante totalitário ou até 'planejadores' apolíticos aparentemente benignos interferissem na economia, na suposição de saber mais ou pensar que conheciam as mentes dos outros, eles, inevitavelmente, frustrariam os desejos, limitariam a felicidade e restringiriam as liberdades dos indivíduos em cujo interesse alegavam agir. Foi o momento 'eureka' de Hayek" (WAPSHOTT, 2019, p. 217-218).

Imperialismo que a sucedeu,[10] pela 1ª Guerra Mundial, pela ruptura caracterizada pela Revolução Russa, pelos efeitos nefastos do Tratado de Versalhes,[11] pela crise global do sistema financeiro de 1929,[12] pela ascensão do nazifascismo e, finalmente, pelos horrores da 2ª Guerra Mundial. Entretanto, continuaram a defender "austeridade" ante um cenário de falta de investimentos, desemprego, fome e empobrecimento crescentes, o que, em nosso entendimento, atesta o mencionado *ideal conservador e reacionário* na defesa cega e religiosa[13] dos "dogmas do livre mercado".[14]

Um nítido exemplo do que acabamos de afirmar é a publicação de *The road to serfdom* (*O caminho da servidão*). Quanto, em 1936, John Maynard Keynes publicou sua *Teoria geral do emprego, do juro e da moeda*, para muitos, a mais robusta justificativa da economia gerenciada[15] no contexto capitalista, ao invés da reflexão, Hayek preferiu o caminho "da Cruzada". Após um longo período de silêncio sobre a obra de Keynes,[16] em 1940, Hayek publicou sua *A teoria pura do capital*, em que apresentou objeções tímidas e superficiais à tese keynesiana.[17] Já em 1944, baseado em ensaios originalmente

---

[10] Para detalhes sobre o assunto, *vide* Arendt (2012, p. 181-412).

[11] Para uma compreensão das críticas de Keynes ao Tratado de Versalhes, *vide* Wapshott (2019, p. 21-27).

[12] Sobre o assunto, *vide* Galbraith (2010).

[13] "Hayek prosseguiu, levando *The Road to Serfdom* à última conseqüência: que, apenas voltando-se o conjunto da sociedade para as forças do mercado, os indivíduos podem tornar-se verdadeiramente livres. Em *The Constitution of Liberty*, de 1960, *Law, Legislation and Liberty*, de 1973-1979, e seu trabalho final, *A arrogância fatal: os erros do socialismo, de 1988, ele propôs uma utopia em todos os detalhes tão irrealizável quanto todas as sociedades ideais anteriores antevistas por pensadores, de Thomas More a Karl Marx. Ele exibia um sentimento missionário tão forte que deixou muitos hayekianos com o sentimento de que, inevitavelmente, se haviam unido a uma seita. Isso era intencional. Hayek declarou, em 1949, 'o que precisamos é de uma Utopia liberal, um programa que não pareça nem a mera defesa das coisas como são, nem uma espécie de socialismo diluído, mas de um radicalismo verdadeiramente liberal.* [...] *A utopia de Hayek frequentemente se derramava de religiosidade. Como descreveu seu discípulo Ralph Harris, 'uma vez...que você entenda que não existe outro caminho para preservar a substância da liberdade individual exceto por meio da propriedade privada dispersada...você pode dizer que é quase um sentimento religioso...Eu tenho dito – e isso tem ofendido alguns de meus outros amigos cristãos; eles dizem que é horrível, sacrilégio –...que o mercado é quase ordenado por Deus*" (WAPSHOTT, 2019, p. 345-346) (grifos nossos).

[14] Prevaleceu a "tendência confirmatória" do cérebro, a colocar em xeque a suposta hiper-racionalidade do *homo economicus*. Também em Duarte e Zouein (2020, p. 104), quando afirmamos, com base em Shermer (2012), que em geral as pessoas não se deixam convencer por nenhum tipo de argumento, independentemente de qual seja o assunto em questão (SHERMER, 2012, p. 275). Dissemos, naquela oportunidade, que "o grande problema dessa constatação neurocientífica, particularmente para os neoliberais, encontra-se no fato de que eles pressupõem (e trabalham) com uma hiper-racionalidade do *homo economicus*, ignorando que há na decisão humana apermanente incidência do irracional, do S1, para usar a semântica de Kahneman" (DUARTE; ZOUEIN, 2020, p. 104, nota 226). Em complemento, gostaríamos de dizer que mesmo a ativação de S2, diante da confrontação, pode conduzir a pessoa a um esforço de reafirmação de suas compreensões básicas. Ainda em 2011, no contexto de uma obra sobre o pensamento de Karl Popper, expusemos as críticas contra o cientificismo da teoria falsificacionista popperiana, a partir de vários exemplos sobre como os cientistas não abandonam suas posições diante de um problema insolúvel para a teoria com a qual trabalham (CRUZ, 2009, p. 122 *et. seq.*).

[15] "Em The General Theory, Keynes não apenas forneceu uma justificativa intelectual para a intervenção do governo, como inadvertidamente inventou todo um ramo da economia, a macroeconomia, que oferecia uma perspectiva de cima para baixo da atividade econômica para permitir os planejadores compreender melhor e, então, administrar a economia nacional. Até então, a economia tinha sido compreendida apenas em termos 'microeconômicos', isto é, olhando-se para cada elemento da atividade econômica por vez. Keynes estava tão à frente do seu tempo que os termos 'macroeconômico' e 'microeconômico' só foram cunhados após sua morte. A 'econometria' também foi uma invenção não intencional e muito denegrida de Keynes, a medida da atividade econômica que se tornou plenamente reconhecida assim que os planejadores chegaram a calcular as dimensões da economia e fixar metas" (WAPSHOTT, 2019, p. 236).

[16] Sobre o assunto, *vide* Wapshott (2019, p. 236).

[17] A teoria dos preços enfrentou alguns aspectos da tese de Keynes, apenas para dar continuidade ao seu raciocínio clássico acerca do funcionamento da economia. Segundo Wapshott (2019, p. 221), "os hayekianos remanescentes que esperavam seu herói, finalmente, confrontar ali o crescente culto do keynesianismo, ficaram desapontados. Era, entretanto, o mais próximo a que Hayek chegaria de especificar seu desacordo com The General Theory, embora isso se efetuasse com u mínimo de energia. 'Em geral, acho desaconselhável interromper o argumento

escritos em 1938 e 1939 –[18] portanto, poucos anos após a obra prima de Keynes –, Hayek publicou *The road to serfdom*, em que afirmou que a defesa de uma economia planejada ou gerencial, independentemente de suas bases e níveis, em substituição ao *laissez-faire*, conduziria inexoravelmente à tirania e à servidão (HAYEK, 1990). Segundo Hayek, impedir o "livre funcionamento do mercado", mesmo em certo grau, conduziria os planejadores "a estender seus controles até englobar tudo" (WAPSHOTT, 2019, p. 233).

Eis o ponto: o *Caminho da servidão* era totalizante em vários aspectos. Além de vender o *laissez-faire* como uma panaceia, a obra ainda simplificava, sem qualquer lastro empírico, a estrondosa diferença entre as inúmeras vertentes econômicas que, àquela altura, já se apresentavam como alternativas à visão *ortodoxa* da economia. Ela igualou propostas estrondosamente diferentes, inclusive nos métodos de análise e abordagem da relação entre o Estado e a economia, ao sugerir que todas produziriam o mesmo resultado, desde aquelas propugnadas por socialistas radicais e moderados, por social-democratas, até as delineadas por liberais progressistas, caso do próprio Keynes.[19] Com isso, inclusive, Hayek aproximou todas essas vertentes da experiência nazifascista, sugerindo, de forma superficial e descolada de embasamento histórico, que o caminho inexorável da economia regulada era a condução do indivíduo à escravidão e ao domínio da tirania. Esse foi um dos motivos do grande repúdio, à época, às conclusões da obra, exceção feita ao horizonte de conservadores norte-americanos.[20]

Foi, portanto, justamente nesta obra questionável, que Hayek desenvolveu as bases para a equivocada aproximação entre o nazifascismo e as ideologias de esquerda e centro-esquerda, noção repetida, por exemplo, por Bolsonaro e pelos bolsonaristas.[21] É bem verdade que Hayek não afirmou exatamente que o nazismo seria uma ideologia de

---

principal com referências explícitas a pontos de vista específicos', escreveu, No entanto, ele, de fato, tratou de alguns aspectos da análise de Keynes, mas, com freqüência, meramente para dar continuidade à velha discussão sobre termos econômicos que deveriam tentar refutar os apelos de Keynes para aumentar o emprego por meio de obras públicas".

18 Isso já consta do Prefácio à 1ª edição inglesa de 1944. *Vide* Hayek (1990, p. 9).

19 "Keynes nunca foi um socialista de espécie alguma, nem flertou com o socialismo, sequer com sua anêmica versão britânica, o fabianismo. Keynes era um membro muito antigo dos liberais que estavam envolvidos em uma batalha pela sobrevivência com os social-democratas do Trabalhismo. Acreditava em um 'meio caminho' entre capitalismo e socialismo, entre conservadorismo e a social-democracia e entre o que acreditava serem dogmatismos primitivos de ambos os lados. Inevitavelmente, foi repudiado por um dos lados como apologia ao capitalismo que ressuscitou a prosperidade de um sistema falido e, pelo outro lado, como socialista rasteiro que, por trás da fala macia, silenciosamente fazia entrar o marxismo pela porta dos fundos" (WAPSHOTT, 2019, p. 53).

20 "A rejeição de Hayek da opinião entre muitos intelectuais de que países social-democratas, como a Suécia, eram mais civilizados que as economias de livre mercado levou que ele fosse amplamente ridicularizado. Foi tratado como desdém por figuras importantes, tanto da esquerda quanto da direita. [...] Durante grande parte do século, Hayek foi alvo do ridículo, desprezo, ou, talvez pior, para um home de ideias, da indiferença. Hayek ainda é amplamente considerável inaceitável, principalmente na Europa. [...] O Partido Republicano, antes o lar de conservadores que Hayek tanto desprezava, tornou-se o principal agente do libertarianismohayekiano [...] os republicanos, estimulados pelo Tea Party, adotaram o grito de Hayek por um governo menor e desafiaram os democratas a defender o status quo. Nesse sentido, os políticos americanos se tornaram crescentemente hayekianos" (WAPSHOTT, 2019, p. 344-348).

21 Por todos, *vide* https://g1.globo.com/politica/noticia/2019/04/02/bolsonaro-diz-nao-haver-duvida-de-que-nazismo-era-de-esquerda.ghtml; https://veja.abril.com.br/politica/bolsonaro-afirma-que-nazismo-sem-duvidas-e-de-esquerda; https://exame.com/brasil/chanceler-ernesto-araujo-afirma-que-nazismo-e-de-esquerda/. Acesso em: jun. 2023. Essas afirmações foram fortemente criticadas pela própria Embaixada alemã, o que contou com a reação inflamada dos bolsonaristas. Nesse sentido, *vide* https://www.bbc.com/portuguese/brasil-47784368 e https://brasil.elpais.com/brasil/2018/09/13/politica/1536853605_958656.html. Acesso em: jun. 2023.

esquerda, mas seu raciocínio facilmente poderia induzir – como induziu – conservadores a aproximar o nazifascismo (iliberal) de outras concepções de esquerda, nem todas iliberais:[22]

> E importante esclarecer bem o seguinte: *o atual movimento favorável à planificação é um movimento contrário à concorrência, uma nova bandeira sob a qual se uniram os velhos inimigos do mercado livre.* E embora interesses de toda sorte estejam tentando agora restabelecer sob esta égide privilégios que a era liberal suprimiu, *foi a propaganda socialista em favor da planificação que restaurou, entre as pessoas de tendências liberais, a respeitabilidade, da oposição à concorrência, e que dissipou a saudável suspeita que toda tentativa de suprimir a concorrência costumava despertar. Na realidade, o que une os socialistas da esquerda e da direita é essa hostilidade comum à concorrência e o desejo de substituí-la por uma econômica dirigida. Não obstante os termos "capitalismo" e "socialismo" ainda serem usados, em geral, para designar respectivamente as formas passada e futura da sociedade, eles ocultam a natureza da transição que vivemos ao invés de elucidá-la.* (HAYEK, 1990, p. 67) (Grifos nossos)

De acordo com Wapshott (2019, p. 234), "Hayek afirmava que a percepção comum de [que] os extremos da esquerda e da direita [seriam] opostos polares era uma incompreensão", porquanto "ambos, ao substituir as forças do mercado por amplo planejamento estatal, assaltavam as liberdades individuais". A sugestão de Hayek, além de simplista e sem qualquer base histórica, serviria – ao longo do tempo – para acalentar libertários e ultraconservadores reacionários (efeito aglutinador).

A aproximação sugerida entre o nazifascismo e o socialismo marxista-leninista é indevida em quase todos os sentidos, exceção feita ao fato de ambos consistirem em regimes políticos *iliberais*. Suas bases econômicas são completamente distintas, visto que o nazifascismo jamais defendeu ou operou qualquer ruptura com a propriedade ou o grande capital privado, sendo, antes, por ele financiado. Em hipótese alguma o nazifascismo se apoiou na proposta de apropriação estatal de todos os meios de produção. Com a ressalva à espoliação do patrimônio dos judeus,[23] o grande capital alemão se aproveitou da ruptura da Alemanha com os termos do Tratado de Versalhes para se expandir, da mesma forma que se beneficiou do absoluto estado de exceção para ampliar a sua margem de lucros.[24]

Tampouco se deve imaginar que o nazifascismo propunha qualquer *igualdade material* no interior da sociedade alemã, que dirá pautada em uma ideologia de luta de classes, contra a qual se opunha intrinsecamente. Antes, a partir de uma ideologia

---

22 "Em 1933, Hayek afastou-se da teoria econômica quando descobriu que 'as pessoas acreditavam seriamente que o Nacional Socialismo era uma reação capitalista contra o socialismo... O maior expoente com quem cruzei foi LordBeveridge. Ele estava verdadeiramente convencido de que esses nacional-socialistas e capitalistas estavam reagindo contra o socialismo. Então, escrevi um memorando para Beveridge sobre o assunto. Socialismo e nazismo não eram opostos diametrais, argumentou, eram quase idênticos na remoção do mercado livre, restringindo, portanto, as liberdades essenciais para uma sociedade livre" (WAPSHOTT, 2019, p. 176).

23 Nesse sentido, é essencial a leitura de Arendt (1999).

24 "Isso era calculado de acordo com a 'capacidade de absorção' das diversas instalações de assassinatos e também de acordo com as solicitações de trabalhadores escravos por parte de numerosas empresas industriais que haviam descoberto ser lucrativo estabelecer filiais nas vizinhanças de alguns desses campos de extermínio. (Ao lado das indústrias não muito importantes da SS, famosas empresas alemãs como a I.G.Farben, a Krupp Werke, e a Siemens-Schuchert abriram fábricas perto dos campos de extermínio de Auschwitz e de Lublin. A cooperação entre a SS e os empresários era excelente. Höss, de Auschwitz, confirmou relações sociais muito cordiais com os representantes da I.G. Farben. Quanto às condições das fábricas, a ideia era, claramente, matar por meio do trabalho; segundo Hilberg, morreram pelo menos 25 mil dos aproximadamente 35 mil judeus que trabalhavam numa das fábricas da I.G, Farben" (ARENDT, 1999, p. 93-94).

ultranacionalista, autoritária, chauvinista e racista,[25] propôs uma *identidade calcada na pertença a uma raça supostamente superior* do povo alemão, cujos interesses seriam personificados na figura do Führer.[26] É, igualmente, um equívoco pensar que tenha sido adesão a uma *economia gerencial* que conduziu a Alemanha ao nazismo – como, aliás, o próprio Keynes advertiu Hayek –, mas o desemprego em massa e o fracasso do capitalismo (os quais, em última instância, poderiam alavancar o extremismo político que conduziu o mundo à Segunda Guerra).[27] Por tudo isso, a ideologia nazifascista compõe o espectro político de extrema-direita.

De outro lado, tampouco é possível deduzir que a Rússia soviética, símbolo do socialismo marxista-leninista, degringolou para uma ditadura pela adoção, *per se*, de uma economia planificada. O império russo nunca havia sido uma democracia liberal antes da revolução bolchevique. A Revolução de 1917 ocorreu no âmbito de uma sociedade no estágio embrionário de industrialização (período pré-industrial), com uma população predominantemente analfabeta e essencialmente agrária, ainda dividida em castas, sob liderança de um czar absolutista.[28] Foi nesse cenário, completamente diferente do alemão, que o ideário marxista-leninista se implantou.[29]

---

[25] "Segundo Leandro Konder, o fascismo e o nazismo, financiados pelo grande capital, na época nacional (o mesmo que hoje é globalizado), é ultranacionalista, antiliberal, antidemocrático, anti-socialista (embora assumo o discurso social e o nome de nacional socialismo), anticomunista, antioperariado, resolvendo o problema do grande capital nacional da Alemanha, da Itália, do Japão que, na época, excluídos da repartição do mundo que representou o tratado de Versalhes, queria a força para reivindicar espaço, a economia dirigida voltara para a guerra para organizar a economia caótica e a promessa social para afastar o socialismo, teoria internacionalista, combatida com o discurso social ultranascionalista do fascismo e do naszismo" (MAGALHÃES, 2002, p. 49-50)

[26] "[...] *entre o supremo poder (Führer)* e os governos, não existem níveis intermediários definidos, cada um com o seu devido quinhão de autoridade e de obediência. *O desejo do Führer pode encarnar-se em qualquer parte e a qualquer momento*, sem que o próprio Führer esteja ligado a qualquer hierarquia, nem mesmo àquela que ele mesmo possa ter criado. [...] *O absoluto monopólio do poder e da autoridade por parte do Líder* é mais evidente no seu relacionamento com o chefe de polícia que, num país totalitário, ocupa o cargo público mais poderoso. [...] *Hitler certa vez explicou isso* [...] *Como fator máximo, devo, com toda a modéstia, declarar-me insubstituível.* [...] *O destino do Reich depende exclusivamente de mim*" (ARENDT, 2012, p. 543-547) (grifos nossos).

[27] "Keynes lembrou a Hayek que a ascensão de Hitler fora facilitada não pelo *big government*, mas pelo fracasso do capitalismo e o desemprego em massa. 'O seu maior perigo à frente é o provável fracasso prático da aplicação de sua filosofia nos Estados Unidos de uma forma bastante extrema', continuou Keynes, sugerindo que, se, em tempos de paz, os Estados Unidos retornassem às taxas de desemprego dos anos 1930, isso poderia provocar o extremismo político que havia arrastado o mundo para a guerra" (WAPSHOTT, 2019, p. 240).

[28] Essa é uma das principais críticas da aproximação promovida por Hannah Arendt entre as bases do totalitarismo hitlerista e stalinista. Hannah parece ter inicialmente pensado em uma obra que descrevesse as origens do totalitarismo alemão. E, nesse sentido, os dois primeiros capítulos de sua obra são preparativos impecáveis e imprescindíveis. Contudo, no Cap. 3, ela parece ter sido forçada a incluir a experiência soviética, olvidando as bases distintas dessa outra forma totalitária, sem muito suporte em uma documentação histórica, diferentemente do que se vê quando ela trata do nazismo. Essa aproximação nitidamente forçada, ao que parece, é responsável por conduzi-la, contra os seus próprios pressupostos, a desenvolver uma análise categorial e abstrata do conceito de totalitarismo. É como se o livro perdesse concretude e assumisse uma feição categorial e abstrata a cada página do Cap. 3. Justamente por isso, parece que o livro perde contato com as bases lançadas nos Cap. 1 e 2, atinentes ao antissemitismo e ao imperialismo. Há trechos no Cap. 3 em que ela quase recai no absurdo de olvidar o que afirmou em *Eichmann em Jerusalém*. Chega a afirmar que, em parte, a Alemanha viveu em um cenário de aparente normalidade econômica até 1938. Isso é um atentado contra o que ela relatou em *Eichmann*. Uma desconsideração aos reflexos brutais das Leis de Nuremberg. Hannah não seria ingênua a este ponto. Parece ter sido compelida a escrever e criticar, a fórceps, o modelo soviético stalinista. Não que este não merecesse críticas. Mas precisaria de um novo livro, de um estudo pormenorizado das bases históricas em que se dera a Revolução Russa. Enfim, uma nova obra, pois, creio, até mesmo os estágios de desenvolvimento social eram completamente distintos. Ainda assim, há inegáveis conceitos que o livro trabalha e que podemos tomar como traços a caminho de um governo de atentado completo ao domínio das leis. E muitos deles, assustadoramente, percebi no governo Bolsonaro. O culto ao líder, o fanatismo dos adeptos, a ralé, o papel da mentira, o terror, as massas etc.

[29] "As ideias de Marx e Engels estimularam a ação dos bolcheviques, especialmente de Vladimir Lênin. *A Rússia, além da Turquia, era um país europeu que detinha ainda um regime absolutista no início do Século XX. A falta de liberdade*

Como ideologia de "extrema-esquerda", o socialismo marxista-leninista era essencialmente internacionalista e anticapitalista. Calcado supostamente nos "interesses da classe trabalhadora", defendia uma ruptura completa com valores da sociedade burguesa em busca de uma *igualdade material* que pusesse fim às bases de "toda a exploração do 'homem pelo homem'". Nesse contexto, a abolição da propriedade privada e dos direitos individuais de liberdade, a socialização das grandes propriedades campesinas, a apropriação estatal de todos os meios de produção, dos bancos, além da adoção de uma *economia planificada* – destinada a eliminar as possibilidades de crises econômicas e abolir o desemprego –, foram algumas das medidas adotadas para alcançar esses objetivos.[30]

À luz do socialismo real, aos *sovietes* – comitês que agrupavam trabalhadores, camponeses e soldados – o bolchevique Lênin defendeu que fosse entregue "todo o poder", num *slogan* claramente destinado a aglutinar as massas em torno de um projeto altamente revolucionário.[31] Entre alguns dos objetivos enunciados estavam "abolir definitivamente a divisão da sociedade em classes, derrotar sem piedade todos os exploradores, realizar a organização socialista da sociedade e fazer triunfar o socialismo em todos os países" (SAMPAIO, 2004, p. 229).

Logo, de uma monarquia absolutista passou-se, a partir da Revolução de 1917, a uma "ditadura do proletariado" no âmbito de uma federação de repúblicas soviéticas, cujas bases eram, de fato, *iliberais*, mas completamente diferentes daquelas que anos mais tarde se manifestariam no nazifascismo. Não houve, na Rússia que antecedeu a revolução bolchevique, uma sociedade capitalista guiada pelos valores de mercado sem limites. Não houve *laissez-faire*. Portanto, a aproximação proposta por Hayek não possuía qualquer lastro sociológico ou histórico.

Ainda mais absurdo foi supor que as sociais-democracias europeias, ou os Estados Unidos, após o *New Deal*, plano de recuperação econômico da era Roosevelt, fortemente influenciado pelo ideário keynesiano, pudessem degringolar para regimes ditatoriais pela adoção de uma economia gerenciada.[32] Supor que a adoção de programas calcados em

---

civil e política somava-se a um quadro de privilégios e profunda exclusão social. Os boiardos, nobres, situavam-se no pólo do domínio político, enquanto os mujiques, camponeses servos, compunham a base dos dominados, tendo ao meio uma frágil burguesia. Esse tempero, como vimos em outras circunstâncias, foi também aproveitado por uma elite revolucionária que se propunha, agora, a criar a primeira sociedade socialista da história, como assim se fez" (SAMPAIO, 2004, p. 227) (grifos nossos).

30 Nesse sentido, *vide* Sampaio (2004, p. 219-229).

31 "Diz Sukhanov que Lênin voltou estrategicamente com o *slogan* de todo poder para os sovietes. É nesse mesmo janeiro que o Terceiro Congresso de Todos os Sovietes Russos aprova a 'Declaração dos Direitos do Povo Trabalhador e Explorado', juntando-se, em 10 de julho seguinte, ao texto da Constituição aprovada pelo Quinto Congresso, de modo a formarem a única ' Lei Fundamental da República Russa, Socialista Federal Soviética'. A Declaração, convertida em artigo 1º do texto constitucional, projetava-se como o programa de uma nova sociedade emancipada sem reconhecimento de direitos individuais de liberdade e propriedade, base da injustiça do sistema capitalista, como anuncia textualmente o artigo 3º (cap. 2º), 'propondo-se essencialmente a suprimir toda exploração do homem pelo homem, abolir definitivamente a divisão da sociedade em classes, derrotar sem piedade todos os exploradores, realizar a organização socialista da sociedade e fazer triunfar o socialismo em todos os países'[...]. Do ponto de vista político, todo o poder era atribuído aos sovietes (art. 1º), representantes do poder 'total e exclusivo' das massas trabalhadoras (art. 7º)" (SAMPAIO, 2004, p. 229-230).

32 "Keynes não tinha intenção de marcar o início de um futuro sombrio e cinzento em que as liberdades individuais fossem perdidas sob um emaranhado de regulações estatais. Sua prescrição era mão leve no leme e uma tripulação próspera e satisfeita. Como um biógrafo Robert Skidelsky colocou, 'ele deu às pessoas a esperança de que o desemprego poderia se solucionado sem campos de concentração'. [...] Keynes devotou capítulos inteiros de General Theory à definição de conceitos econômicos, como 'poupança', 'poupança forçada' e 'investimento', de

gastos públicos voltados para alavancar investimento e, mediante o efeito multiplicador, gerar empregos (valor agregado), aliados a leis de proteção social,[33] pudessem de algum modo conduzir à tirania foi, para falar o mínimo, fruto de um devaneio de um fiel fanático na onipotência do *laissez-faire*. Seus resultados, aliás, foram uma prosperidade sem igual e a maior inclusão social vivenciada na história dos Estados Unidos[34] e da Europa,[35] numa verdadeira recuperação do sistema capitalista de produção, o oposto do que sugeria a tese apocalíptica de Hayek.

---

forma que aqueles que desejassem discordar de seu argumento central – aumentar a demanda agregada era a chave para o pleno emprego – não fossem atrapalhados pela semântica'. [...] O crash do mercado de ações de 1929 e a subseqüente Depressão ofereceram um solo fértil para as ideias Keynesianas, Do momento em que chegou à Casa Branca, Roosevelt estimulou sua equipe a buscar caminhos diferentes para aliviar as misérias da Depressão em um programa a que deu o nome de New Deal" (WAPSHOTT, 2019, p. 184-185; 190). Para mais detalhes, *vide* Wapshott (2019, p. 187-206).

[33] "Os Estados Unidos tentaram enfrentar sua grave crise socioeconômica com uma política de gastos públicos, de investimento social e de desvalorização da moeda perante o ouro, seguindo o receituário intervencionista e de pleno emprego prescrito por John M. Keynes, curiosamente, precedidos da Suécia e do Brasil no plano da política de pleno emprego. Era o presidente Franklin Delano Roosevelt com o New Deal que abria estradas, construía pontes e viadutos, ao mesmo tempo em que financiava a moradia e a conservação de recursos naturais. Em 1935, conseguia que o Congresso aprovasse a Lei Nacional de Relações de Trabalho (Lei Wagner), garantindo a liberdade de associação sindical. Seguiram-se outras tantas leis a fixar a jornada de trabalho máxima e o salário mínimo, sobre o seguro social que previam, entre outros benefícios, seguro-desemprego, subvenção aos incapazes, às mães carentes e aos idosos, bem como instituía um programa público de assistência à saúde. Em 1938, aprovaram-se normativas para proibir o trabalho infantil. Os direitos sociais surgiram para os norte-americanos como direitos legais e assim permanecem até hoje, erosões neoliberais a parte. A política do New Deal, desafiada inicialmente pela Suprema Corte, foi reputada constitucional em seguida, devido à ameaça de ampliação do número de juízes e redução de sua competência, o conhecido *courtpackingplan*. A Corte recuou porque o tempo havia mudado e os sinais de que apoio popular estava com o presidente e não com os juízes pareciam evidentes. A Constituição dos direitos não é apenas a Constituição dos juízes, o New Deal está aí para provar" (SAMPAIO, 2004, p. 224).

[34] Em dezembro de 1965, a *Time* deu seu laurel de "Homem do ano" a John Maynard Keynes: "'Hoje, pouco mais de vinte anos após sua morte, suas teorias exercem influência primordial nas economias do mundo livre', proclamou a Time. 'Em Washington, os homens que formulam as políticas econômicas do país têm usado os princípios de Keynes não apenas para evitar os violentos ciclos dos dias de pré-guerra, como para produzir um crescimento econômico fenomenal e conquistar preços notavelmente estáveis'. [...] Johnson, um New Dealer ávido dos anos 1930, embarcou em uma farra de gasto público. [...] Ele achava que sempre se podia estimular a economia melhor com gasto público do que com gasto privado. O programa e Johnson era mais radical do que qualquer coisa que Franklin Roosevelt tentara. Ele estendeu direitos civis para os afro-americanos, embarcou em uma 'guerra contra a pobreza' por meio da promoção social e instituiu o Medicare para dar atendimento médico a todos acima da idade de 65 anos e o Medicaid para aqueles que não podiam pagar seguro-saúde. *Os anos 1960 foram uma década de riqueza sem paralelo. Considerando que nos anos 1950 tinham sido de ampla afluência, os 1960 tornaram o trabalhador médio confortavelmente próspero. Luxos como televisão em cores, viagem de avião e um segundo carro na garagem tornaram-se lugar comum. O trabalho duro cedeu lugar ao aumento do lazer. Longe de introduzir um autoritarismo gradativo, como Hayek predissera, a nova riqueza que o planejamento keynesiano produziu ofereceu novas liberdades. Mulheres, afro-americanos e adolescentes começaram a usar a recém-adquirida liberdade. A Revolução Keynesiana foi acompanhada de uma revolução que questionou os hábitos sociais de uma sociedade mais pobre, mais singular. O milagre keynesiano continuou a trabalhar em prol de Johnson. A produtividade cresceu, o salário líquido real dobrou em comparação com o dos anos Eisenhower e o desemprego baixou de 4,5% em 1965 para uma média de 3,9% nos quatro anos subquentes*" (WAPSHOTT, 2019, p. 287-288) (grifos nossos).

[35] "Até aqueles de quem se poderia esperar que concordassem com Hayek rapidamente admitem que as opiniões apocalípticas dele não fazem justiça à benignidade de governos social-democratas no pós-guerra europeu. O pensador neoconservador Adam Wolfson concluiu que, 'as mais modernas democracias têm vivido em Estados de bem-estar social mais extensivos e altamente socializados que os Estados Unidos, sem de alguma forma, chegar 'ao cume', de onde caem no totalitarismo. *Não existe, na verdade, nenhuma estrada para a servidão por meio do Estado do bem-estar. Paul Samuelson, o principal propagandista do keynesianismo, foi, como se esperava, mais vigoroso. 'Como escrevi em 2007, a Suécia e outros lugares escandinavos...são mais 'socialisticos' pela definição crua de Hayek. Onde estão seus campos de câmaras de gás?' perguntou. 'Os elementos mais vis subiram ao poder? Quando pesquisas são compiladas sobre 'infelicidade mensurável' são lugares como Suécia, Dinamarca, Finlândia e Noruega que melhor exemplificam a escravidão? Não. Claro que não.' Mesmo pelas próprias medidas de Hayek do bem-estar, crescimento econômico, as sociais-democracias superam seus vizinhos de livre mercado*" (WAPSHOTT, 2019, p. 343) (grifos nossos).

O Estado social de direito (*Welfare State*), de bases social-democratas e keynesianas, jamais teve pretensões autoritárias, sendo, antes, uma alternativa revisionista ao *laissez-faire*,[36] sem a menor pretensão de romper com o modo de produção capitalista, mas de aprimorá-lo. Além de assentar-se em uma rede de proteção social, às vezes alçada ao nível constitucional, outras ao âmbito infraconstitucional,[37] também estava fundado em pressupostos sólidos que visavam alavancar a economia por meio de investimentos públicos e reduzir o desemprego (valor agregado), bem como conter práticas corrosivas de agentes de mercado, como a especulação financeira, a formação de monopólios e oligopólios.

Ele pretendia, portanto, fazer frente aos desafios socioeconômicos que se tornaram visíveis já no fim do século XIX e início do século XX, além de conter a "crescente adesão das forças sociais organizadas ao ideário marxista". A releitura das liberdades fundamentais e do direito de propriedade, com vistas a conectá-las aos imperativos sociais, além da previsão de direitos sociais, econômicos e culturais, jamais foram um projeto tirânico de "supressão da liberdade", mas uma busca por "inclusão social" no cenário democrático:

> Os precedentes do constitucionalismo social estavam desde então postos e haveriam de ser desenvolvidos pelo crescimento político dos movimentos operários e campesinos, do descontentamento dos extratos médios da sociedade e da crescente adesão das forças sociais organizadas ao ideário marxista. A segundo metade do Século XIX, por isso mesmo, assiste às crescentes reivindicações obreiras, às Internacionais Socialistas, aos levantes populares a exemplo da comuna de Paris, *e a uma busca de revisão da rota do liberalismo que, mesmo de alguns de seus defensores, sofria críticas por não ter cumprido os projetos de razoável igualdade social gerada pelo ganho de produtividade, notadamente após a Revolução Industrial, encontrando-se, ao contrário, um quadro de pobreza das classes populares em contraste com uma minoria poderosa e cada vez mais rica.* (SAMPAIO, 2004, p. 218) (Grifos nossos)

Logo, realmente o neoliberalismo pode ser visto como *uma reação* aos avanços social-democráticos galgados no início do século XX, sobretudo no pós-guerra.[38]

---

36 "Duas grandes correntes se formaram em torno das alternativas de superação do quadro de dificuldades apresentadas: *uma, de natureza mais revisionista*, defendia mudanças no sistema parlamentar representativo, especialmente por meio da universalização do voto, subtraindo a dimensão patrimonial dos direitos de participação, bem como postulava uma atuação mais efetiva do Estado, tanto para gerar oportunidades de igualação social, por meio de políticas públicas de educação, de assistência e organização das estruturas especializadas na defesa dos trabalhadores, a exemplo da institucionalização da liberdade de associação sindical, quanto para proteger o próprio mercado, que vivia os riscos de uma guinada estatizante de um lado e de um colapso decorrente da voraz concentração de empresas, de outro. *A segunda alternativa era mais radical e revolucionária, pois propugnava a substituição do modo de produção capitalista*, mediante a extinção da propriedade privada, a socialização dos meios de produção e a sua gestão pela nova classe revolucionária: o proletariado. [...] *A primeira de tais alternativas passou a ser conhecia como 'socialismo democrático' [ou social-democracia]. A segunda, como 'socialismo marxista-leninista'*" (SAMPAIO, 2004, p. 218-219) (grifos nossos).

37 "O constitucionalismo social foi, portanto, inaugurado nos Estados Unidos com uma série de leis infraconstitucionais, às quais se deve juntar a Lei Sherman de 1890, sem que o texto da Constituição, de origem e nítido caráter liberal, sofresse uma mudança formal sequer. Informal, com certeza, a lembrar Ackerman com sua democracia dualista. Era um tempo de 'democracia de crise', de difusa e geral reivindicação por mudanças que se materializaram nos programas públicos" (SAMPAIO, 2004, p. 224).

38 Não por acaso, no "Chile dos anos 1970, Hayek foi invocado para conter o comunismo" (WAPSHOTT, 2019, p. 347). *Vide*, ainda, https://economia.uol.com.br/noticias/bbc/2019/03/23/bolsonaro-no-chile-como-a-escola-de-chicago-transformou-pais-latino-americano-em-laboratorio-do-neoliberalismo.htm. Acesso em: jul. 2023.

Entretanto, ele se mostra ainda mais reacionário quando assume a pretensão totalitária de aniquilar a noção de alteridade a partir da perspectiva economicista do "eu" e da "maximização do lucro", noções que pretendemos aprofundar no próximo tópico, sobretudo a partir dos influxos do pensamento de Han. Ele transforma a liberdade econômica de contratar, trabalhar, empreender, típica do liberalismo, em uma "verdadeira prisão do indivíduo". Há uma construção de bases completamente individualistas de enxergar o mundo, nas quais as interações passam a ser lidas apenas a partir da perspectiva do "eu" e do "lucro", conduzindo à "sociedade do cansaço", à morte do outro, à impossibilidade da revolução. Há um completo aprisionamento do indivíduo no imperativo da produtividade, calcado na leitura de dados que, ao fim e ao cabo, subvertem a democracia em infocracia.[39]

Justamente nessa linha, a ideologia e o ferramental neoliberais são, igualmente, o *mote de uma reiterada fraude à Constituição de 1988*. Eles contribuem para *uma des-diferenciação sistêmica profunda*, marcada pela *corrosão interna e externa das forças normativa e simbólica positiva*[40] *da Constituição*, principalmente no que se refere à proteção dos direitos fundamentais.[41] Em última instância, num sentido comunitarista, eles acarretam uma verdadeira *corrosão* e *desalojamento valorativo* dos padrões morais extraíveis da Constituição, substituídos por "novos" *standards* econômico-neoliberais.[42] Transmuda-se,

---

39 Tornaremos a esses conceitos no tópico seguinte.

40 Como é cediço, em meados do século passado, Konrad Hesse se notabilizou no mundo jurídico por sua defesa à força normativa da Constituição. Em contraposição à tese de Ferdinand Lassale, para quem a Constituição não passaria de "um pedaço de papel" se não expressasse uma momentânea constelação de poder, em interação no âmbito da sociedade, Hesse propugnou que aquela, ainda que de forma limitada, seria dotada de uma "força própria, motivadora e ordenadora da vida do Estado" (HESSE, 1959, p. 11). Por sua vez, Marcelo Neves foi o jurista que avaliou o tema da simbologia constitucional. Segundo ele, "*a força simbólica envolve tanto a concretização quanto um certo grau socialmente relevante de realização da norma*. A descaracterização do processo concretizador com decisões totalmente incompatíveis com o sentido semântico-pragmático do texto normativo ou, simplesmente, a insuficiente realização (ineficácia e inefetividade) da norma significa a carência de sua força normativa. *A força simbólica, que se refere ao sentido conotativo, latente, dos respectivos textos ou discursos normativos pode, como já foi afirmado acima, contribuir para a intensificação da força normativa de preceitos jurídicos*. Mas a afirmação simbólica de textos normativos no processo constituinte ou legislativo, em convenções e tratados internacionais ou em formas de ordem jurídica, assim como em discursos políticos, pode dirigir-se exatamente ao encobrimento da ineficiente força normativa dos respectivos institutos jurídicos ou mesmo a prejudicá-la. *No tocante aos direitos humanos, a situação tem algo de singular, pois sua afirmação simbólica no discurso jurídico-político independe de textualização. Apesar disso, o discurso simbólico dos direitos humanos, fortemente conflituoso, não atua apenas negativamente com relação a sua força normativa, servindo também para incrementá-la*" (NEVES, 2008, p. 433) (grifos nossos).

41 Iniciamos um debate sobre o assunto com Leonardo Wykrota, por oportunidade do trigésimo aniversário de promulgação da Constituição de 1988. Como expusemos naquela oportunidade, "se considerarmos os 'Direitos e garantias fundamentais' são, além de padrões ou imperativos morais, importantes institutos jurídicos, claramente a des-diferenciação sistêmica admitida por Leornardo Martins Wykrota e Richard Posner poderia perfeitamente 'tombar instituições do sistema jurídico', ou, como preferimos, corroer o Direito em suas bases mais elementares" (DUARTE; VIEIRA; CARVALHO, 2019, p. 124). Neste texto, retomaremos este debate.

42 "Muitos economistas reconhecem atualmente que o mercado altera o caráter dos bens e práticas sociais por ele governadas. Nos últimos anos, um dos primeiros a enfatizar o efeito corrosivo do mercado nas normas alheias a ele foi Fred Hirsch, economista britânico que trabalhou como assessor do Fundo Monetário Internacional. [...] Hirsch considera que a ciência econômica em geral tem ignorado o que ele chama de 'efeito de comercialização'. [...] A 'pressuposição geral, quase sempre oculta, é que o processo de comercialização não afeta o produto'. Hirsch observa que essa pressuposição equivocada predominava no ascendente 'imperialismo econômico' da época, inclusive nas tentativas, por parte de Becker e outros, de estender a análise econômica a terrenos vizinhos da vida política e social. [...] Dois princípios do credo do mercado. O primeiro é que a comercialização de uma atividade não a altera. De acordo com esse pressuposto, o dinheiro nunca corrompe e as relações de mercado jamais sobrepujam as normas alheias a ele. Se isso for verdade, será difícil resistir à extensão dos mercados a todos os aspectos da vida [...] O segundo princípio do credo de mercado que consta da crítica de Arrow é que o comportamento ético é uma mercadoria e precisa ser economizada" (SANDEL, 2014, p. 119-120; 123).

assim, a racionalidade deôntica própria ao direito em uma ética "utilitário-economicista", consequencialista, calcada na busca por "maximização do lucro".

Expliquemos um pouco mais o que acabamos de dizer. A des-diferenciação sistêmica do direito pela economia de viés neoliberal, no Brasil e em diversos locais do mundo, manifestou-se, no plano constitucional e infraconstitucional, como abertura do mercado interno para capital estrangeiro, autorização "legal" para privatizações de empresas públicas, reformas "privatistas" da Administração Pública, cortes de gastos sociais, esgarçamento ou quebra dos marcos regulatórios estatais, independência do Banco Central, alteração das bases legais regulamentadoras de direitos trabalhistas e previdenciários (com destaque para a autorização da terceirização e o posterior fenômeno da "uberização"),[43] sucateamento do ensino e da saúde públicas, e, mais recentemente, esvaziamento das estruturas de proteção ambiental.[44]

O que justifica esse ferramental, como antes dissemos, é a ética econômico-utilitária. Sabemos que no utilitarismo clássico, inaugurado no pensamento de Jeremy Bentham, a correção das ações e comportamentos não é avaliada como intrínseca, mas a partir das consequências que dela decorrem. Daí o utilitarismo se enquadra entre as teorias normativas consequencialistas.[45] As ações e os comportamentos desejáveis, sob essa

[43] A "uberização" é um fenômeno mais recente, decorrente da relativização das normas regulatórias da relação de emprego. Trata-se da precarização da situação dos motoristas "de aplicativo", hoje marcante também na atividade desempenhada pelos "entregadores de alimentos por aplicativos". A massa de pessoas sujeitas a essa situação, ditos "colaboradores", é cada vez maior. Não há, atualmente, normas trabalhistas ou previdenciárias que os alcancem e a remuneração média que recebem está atrelada ao "número de corridas ou entregas". Com o aumento dos custos da atividade, depositados sobre os "ombros do colaborador", o serviço vem, gradativamente, se tornando cada vez mais precário. Não há vínculo de categoria entre os "colaboradores", mas uma cultura de "cada um por si". Otimizam-se os lucros da Uber e do IFood, por exemplo, e socializam-se os prejuízos. Isso também tem sido o berço de ressentimento e rancor por parte dos trabalhadores de aplicativo. Yascha Mounk bem analisa o assunto. "Vejamos o exemplo do Uber. Parece ser relativamente claro que os governos não devem nem proibir o serviço, conforme alguns países propõem, nem permitir que ele evada os direitos de seus trabalhadores, como na maior parte dos Estados Unidos. Deveriam, sim, buscar um meio-termo inovador – celebrando o grande aumento da conveniência e eficiência oferecidas pela carona remunerada e aprovando novas regras que garantam aos motoristas um salário digno. Porém, mesmo que os legisladores consigam a combinação ideal, é improvável que os motoristas de Uber um dia extraiam de seu trabalho o senso de identidade e sentido que os operários tinham antigamente. A razão disso não é nem que o trabalho necessariamente será menos bem pago nem que o serviço oferecido seja menos relevante. É que jamais estará mergulhado na cultura compartilhada das formas mais antigas de trabalho. Milhares de operários convergiam aos porões das fábricas nos mesmos horários todos os dias para começar o expediente. Escritórios tradicionais viabilizam interações sociais reiteradas em equipes e em reuniões, na sala do cafezinho e diante do bebedouro. Até taxistas encontram seus colegas ao pegar seus carros na garagem, e passam o dia inteiro interagindo com o mesmo despachante. Motoristas de Uber, por sua vez, não adquirem do trabalho uma comunidade: embora o sistema de avaliação do aplicativo estimule uma série de interações únicas agradáveis, não há ligação duradoura entre outros seres humanos. Como os velhos hábitos que integravam os trabalhadores em comunidade e ajudavam a dar sentido às suas funções estão sendo logo eliminados, precisa-se desesperadamente de uma nova sensação de orgulho em um tipo bem diferente de emprego em massa" (MOUNK, 2019, p. 277-278).

[44] Essas últimas foram defendidas abertamente por Ricardo Aquino Sales, então ministro do Meio Ambiente, durante uma famosa reunião ministerial do Governo Bolsonaro, ocorrida por ocasião da pandemia de Covid-19. Sales afirmou que o esgarçamento das normas e estruturas de proteção ambiental seria "oportuno", num momento em que o foco social e midiático se centrava nas medidas de combate ao coronavírus. Em suas palavras, seria uma grande oportunidade para "ir passando a boiada". Nesse sentido, *vide* https://g1.globo.com/politica/noticia/2020/05/22/ministro-do-meio-ambiente-defende-passar-a-boiada-e-mudar-regramento-e-simplificar-normas.ghtml. Acesso em: jun. 2023.

[45] Há que se diferenciar "dois tipos de teorias normativas – as que se centram nos resultados, convenientemente chamadas de 'consequencialistas', e as que se centra nas ações, convenientemente chamadas de 'deontológicas' (da palavra grega que significa 'dever'). Segundo as tórias consequencialistas da justificação, o critério máximo para a avaliação de um curso de ação ou de ume instituição é o valor de suas consequências globais – os benefícios menos os custos, para todos os afetados. Segundo as teorias deontológicas, existem outros critérios, independente

ótica, adviriam de *cálculos de custo e benefício*, medidos, justamente, a partir do critério de *"maximização da utilidade" (a felicidade)*.[46] A felicidade, aqui, é da "comunidade em geral", que, no utilitarismo de Bentham, consiste em "um corpo fictício", formado pela mera *soma dos indivíduos* que a compõem. Eis a métrica utilitária para a avaliação das consequências, que deveria ser utilizada não apenas pelos cidadãos comuns, mas por economistas, executivos e agentes públicos em geral.[47]

Para as teorias neoliberais, *felicidade (utilidade)* equivale à maximização do lucro individual e a *felicidade geral*, à elevação (não à distribuição) do PIB. Assim como o utilitarismo clássico, o utilitarismo-economicista considera a comunidade como a soma dos *indivíduos* (consumidores) que a compõem, os quais estão em frequente competição (o que contribuiria, ao menos em tese, para o aumento da qualidade e da produção). Essa é a métrica utilizada para a avaliação das ações e comportamentos, das "leis", das decisões administrativas e até das jurisdicionais: a maximização do lucro individual e a elevação do PIB. Para tanto, os neoliberais constroem uma concepção de sociedade que opera apenas em favor do empresariado. Assume-se, inclusive, uma visão que nada tem de liberal, ao fomentar um "capitalismo de compadrio", no qual alguns empresários (amigos do rei) são beneficiados em detrimento de todas as demais pessoas. A crítica de Jessé de Souza à elite do atraso é certeira nesse sentido. A ela tornaremos mais adiante.

Entretanto, não se deve olvidar que o ideário neoliberal também sofre influência da *concepção libertária econômica*. Portanto, por mais paradoxal que isso possa parecer, seus adeptos acreditam em pelos menos dois direitos que não deveriam ser submetidos ao cálculo utilitário, a saber, a "liberdade contratual" e a "propriedade individual".[48] Esse é um ponto complexo. Sob essa perspectiva, que complementa a análise anteriormente elaborada sobre a maximização do lucro e a elevação do PIB, nenhuma garantia que

---

das conseqüências globais, que determina como o governo pode ou não pode tratar as pessoas. Esses critérios identificam os direitos individuais, as exigências de imparcialidade e da igualdade de tratamento, a proibição de discriminações arbitrárias etc. e prescrevem o que se deve e o que não se deve fazer de um modo que, pelo menos em parte, independe das conseqüências. [...] Na verdade, as teorias consequencialistas geralmente aceitam a existência dos direitos, mas negam que os direitos sejam moralmente fundamentais. Antes, asseveram que eles devem ser justificados pelos benefícios globais de um sistema que os reconheça. Sob esse ponto de vista, os direitos e outras exigências, que para os deontológicos são fundamentais, têm de ser deduzidos de algo mais fundamental e só são válidos na medida em que podem justificar-se pelas suas conseqüências" (MURPHY; NAGEL, 2005, p. 57-58)

[46] "De acordo com Bentham, a coisa certa a fazer é aquela que maximizará a utilidade. Como 'utilidade' ele define qualquer coisa que produza prazer ou felicidade e que evite a dor ou sofrimento. [...] Todo argumento moral, diz ele, deve implicitamente inspirar-se na ideia de maximizar a felicidade. As pessoas podem dizer que acreditam em alguns deveres ou direitos absolutos e categóricos. Mas não teriam base para defender esses deveres ou direitos a menos que acreditassem que respeitá-los poderia maximizar a felicidade humana, pelo menos em longo prazo" (SANDEL, 2018, p. 48-49). Em outras palavras, "o critério último, qualquer que seja o objeto da avaliação – atos, leis, convenções ou cursos de ação política –, é o efeito global sobre a felicidade ou o bem-estar das pessoas. Trata-se, portanto, de uma teoria consequencialista" (MURPHY; NAGEL, 2005, p. 70).

[47] Nesse sentido, *vide* Sandel (2018, p. 48).

[48] A visão libertária é bem explicada por Sampaio, na sua panorâmica obra sobre os direitos fundamentais: "A distinção entre Estado e sociedade é o ponto fundamental para uma análise econômica dos direitos humanos. Ambas as esferas, a estatal e a social, acham-se reduzidas em seus conceitos. O Estado é entendido como um mal necessário, uma burocracia, tendenciosamente ineficaz, que se deve especializar na garantia de direitos e liberdades fundamentais. Esses direitos e liberdades, por certo, acham-se centrados no direito de propriedade (ou apropriação) e na liberdade contratual. A esfera da sociedade é reduzida ao mercado, centro [supostamente] eficiente de integração dos indivíduos e produtor de riquezas. Somente o mercado seria capaz de conduzir um número máximo de pessoas a realizar plenamente as suas capacidades e habilidades com mínimos custos" (SAMPAIO, 2004, p. 63).

visasse limitar a "liberdade contratual" haveria de ser tolerada. Qualquer restrição à propriedade deveria ser vista como verdadeira violação de um direito sagrado (natural).

Dentro dessa *racionalidade*, "custos sociais" jamais superariam os benefícios da maximização do lucro e da elevação do PIB. Esses seriam os imperativos por excelência da lógica de um mercado livre. A desigualdade, sob essa perspectiva, é naturalizada.[49] A "tirania meritocrata" não apenas é vendida como impera.[50] O *homo economicus* é louvado como "cidadão máximo". Os profetas do mercado propugnam seus dogmas e todos se congregam no tempo do mercado (idealizado). Nesse contexto, o ser humano é literalmente instrumentalizado em nome da busca pela felicidade (a maximização do lucro). Logo, não há dúvidas de que o ferramental econômico neoliberal possui seus "beneficiários bem definidos" e também produz "seus espólios"[51] (excluídos).

Evidentemente, para se legitimar, essa ideologia precisaria de uma narrativa "convincente", que pudesse traduzir a insatisfação de ultraconservadores e conservadores, bem como de "libertários econômicos", para uma "linguagem de massa". Nesse sentido, não é de se admirar que a tese de Hayek, no contexto da Guerra Fria, tenha deitado suas raízes entre os conservadores e libertários norte-americanos. Ela serve de *catalisador* para perspectivas como o *macarthismo* nos Estados Unidos,[52] tendência de

---

[49] "Na década de 1980, as ideias libertárias encontraram proeminente expressão na retória antigovernamental e pró-mercado de Ronald Reagan e Margaret Thatcher. Como doutrina intelectual, a teoria libertária já havia surgido antes, em oposição ao Estado de bem-estar social. Em *The Constitution of Liberty* (1960), o economista e filósofo austríaco Friedrich A. Hayek (1899-1992) argumentou que qualquer tentativa de forçar maior igualdade econômica tenderia a coagir e a destruir uma sociedade livre. Em *Capitalismand Freedom* (1962), o economista americano Milton Friedman (1912-2006) argumentou que muitas atividades estatais amplamente aceitas são infrações ilegítimas da liberdade individual. A previdência social, ou qualquer programa governamental obrigatório é um de seus principais exemplos: 'Se um homem conscientemente decidir viver o dia de hoje, usar seus recursos para usufruir o presente, escolhendo livremente uma velhice mais penosa, com que direito nós o impediremos de fazer isso?', Friedman pergunta. Podemos incentivar uma pessoa a poupar para a aposentadoria, 'mas teríamos o direito de usar a coação para evitar que ela faça o que decidir fazer?' Friedman é contra a regulamentação do salário mínimo pelo mesmo motivo. Para ele, o governo não tem o direito de interferir no salário pago pelos empregadores, mesmo que seja baixo, se os trabalhadores resolverem aceitá-lo. O governo também viola a liberdade individual quando cria leis contra a discriminação no mercado de trabalho. Se os empregadores quiserem discriminar com base em raça, religião ou qualquer outro fator, o Estado não tem o direito de impedir que eles ajam assim, Na opinião de Friedman, 'tal legislação envolve claramente a interferência na liberdade dos indivíduos de assinar contratos voluntários entre si'. As exigências para o exercício de profissões também interferem erroneamente na liberdade de escolha. Se um barbeiro sem treinamento quiser oferecer seus serviços ao público, e se alguns clientes aceitam arriscar um corte de cabelos mais barato, o Estado não tem competência para proibir a transação. Friedman estende sua lógica até mesmo para os médicos. Se eu quiser que me façam uma apendicectomia de baixo custo, devo ser livre para contratar quem eu quiser, diplomado ou não, para realizar o trabalho" (SANDEL, 2018, p. 80-81).

[50] Para mais detalhes, *vide* Sandel (2020, p. 171-216).

[51] "Nesse aspecto surge, pois, o totalitarismo economicista. O 'Direito de Exceção Econômico', em nome das consequências de mercado, suspende a racionalidade jurídica herdada da Modernidade, submetendo-a a lógica pragmática dos custos/benefícios, rumo a um ótimo. Assim é que, seguindo Agamben, é necessário se buscar parar essa máquina, para que os sujeitos (excluídos) não se transformem – mais ainda – na figura do 'musulmán' de Auschwitz retratada por Agamben. Embalados pela necessidade de crescimento econômico, no interesse do mercado, cria-se a necessidade de derrubar qualquer 'custo da transação', inclusive humano. [...] A construção fomentada e artificial de um estado de risco (econômico, social, penal etc.) faz com que o discurso se autorize, em face das ditas necessidades, a suspender o Estado Democrático de Direito, promovendo uma incisão de emergência total" (ROSA, 2008, p. 25-26).

[52] Essa fusão é percebida e destacada também por Rodrigo Farias de Souza (2021), no artigo intitulado *National Review, o moderno conservadorismo americano e a luta para 'salvar' os EUA do comunismo, do liberalismo e da integração social*. De acordo com Souza (2021, p. 7), "A narrativa clássica do nascimento do moderno conservadorismo americano é uma história intelectual: *The conservative intellectual movement in Americasince 1945*, de George H. Nash (1976), retrata os conservadores como um grupo de pensadores e ativistas dissidentes que, com esforço, brilhantismo

taxar todos os defensores de políticas de bem-estar social e oponentes dos conservadores de socialistas ou comunistas infiltrados.[53] No entanto, como pretendemos atestar no tópico seguinte, o neoliberalismo possui pretensões que deixam suas marcas sobre a própria mente (doente) do indivíduo centrado na maximização da autoprodutividade.

Seja como for, contra Hayek, para além do que se disse anteriormente, o atual contexto de recessão democrática não está ligado a pretensões regulatórias da economia capitalista ou a políticas públicas destinadas a minimizar os efeitos nefastos da desigualdade social. O "caminho para a servidão" está atrelado, antes, a uma extrema-direita que exsurge como forma de manutenção do atual *status quo*, com a ampliação dos mecanismos de força e controle social, destinados justamente a preservar o crescente descontentamento que deriva, entre outros, do emprego do ferramental neoliberal nas mais diversas esferas da vida, e, sobretudo, de suas nefastas consequências sociais e econômicas.[54]

Ainda que tentem se esquivar dessa crítica, os "libertários economicistas" do neoliberalismo construíram uma ideologia ultraconservadora, sob a justificativa de que estariam a exortar "a liberdade", "a propriedade" e "as virtudes inerentes ao mercado livre". Eles desenvolveram um amplo arcabouço teórico destinado a *naturalizar a desigualdade*; e, isso, inexoravelmente, contribuiu para a mantença do *status quo*, criando condições favoráveis para a ampliação sem precedentes do fosso social entre ricos e pobres, além de legitimar discursos autoritários que, como antevira Keynes, emergem nesse contexto.

---

e paixão, saem das margens de uma sociedade dominada pelo liberalismo do New Deal para uma posição de destaque no espectro político dos Estados Unidos. Quase meio século depois de sua publicação, e apesar do grande crescimento da historiografia sobre o assunto, a obra ainda é o mais importante estudo sobre a elaboração e difusão das ideias conservadoras do pós-Segunda Guerra Mundial. Um de seus méritos é metodológico: em vez de buscar uma *essência* conservadora, Nash reconhece de pronto a multiplicidade de correntes que viriam a formar o chamado moderno conservadorismo americano e as tensões entre elas, unidas mais por aquilo a que se opunham do que propriamente por uma identidade absoluta de princípios. *Assim, adota um critério prático: conservadores são aqueles que se identificaram e foram reconhecidos como tais no período. Esse compósito político não abrangia todas as forças da direita americana, mas uma seleção delas: os libertários, preocupados com a máxima liberdade individual e econômica frente a um governo intervencionista de cunho keynesiano; os tradicionalistas, focados na área cultural, não raro religiosos e influenciados por ideias europeias; e os anticomunistas, envolvidos com as disputas político-ideológicas da Guerra Fria. Da junção desses três grupos nasceria o 'fusionismo', uma síntese que se tornou a base do que viria a se chamar de movimento conservador, cujo porta-voz mais sofisticado era a revista National Review, fundada por William F. Buckley Jr. em 1955*" (grifos nossos).

[53] "O macarthismo representou o segundo desafio para as instituições do país, ameaçando normas de tolerância mútua no final dos anos 1950. A ascensão do comunismo amedrontou norte-americanos, sobretudo depois que a União Soviética emergiu como superpotência nuclear no final dos anos 1940. A histeria anticomunista podia ser usada para fins partidários. Políticos podiam fustigar e perseguir pessoas suspeitas de comunismo, ou buscar angariar votos dizendo que seus oponentes eram comunistas ou simpatizantes de comunistas. Entre 1946 e 1954, o anticomunismo conseguiu entrar na política partidária. O advento da Guerra Fria havia criado um frenesi de segurança nacional, e o Partido Republicano, fora do poder há quase vinte anos, procurava desesperadamente um novo apelo eleitoral. O senador Joseph McCarthy, do Wisconsin, encontrou esse apelo. Eleito pela primeira vez ao Senado em 1947, McCarthy conquistou projeção nacional em 9 de fevereiro de 1950, com um discurso infame na frente do Clube das Mulheres Republicanas do Condado de Ohio, em Wheesling, Virgínia Ocidental. McCarthy fez uma arenga bombástica contra o comunismo e a presença de 'traidores', até que topou numa frase que se tornou intrinsecamente icônica: 'Eu tenho em mãos uma lista com 205 nomes que chegaram ao conhecimento do secretário de Estado; no entanto, eles continuam a trabalhar e planejar a política do Departamento de Estado'. A reação foi imediata. A imprensa ficou polvorosa [...]. *Os democratas ficaram ultrajados. Os republicanos moderados estavam alarmados, mas os republicanos conservadores viram o potencial de benefício político e apoiaram McCarthy*" (LEVITSKY; ZIBLATT, 2018, p. 135-136) (grifos nossos).

[54] Nesse sentido, *vide* Mounk (2019, p. 258 *et seq.*), Sandel (2018, p. 327-330; 2014, p. 200-202; 2020) e Da Empoli (2020).

Como explicamos em outra obra, no contexto brasileiro, o bolsonarismo ajustou sem maiores dificuldades os *dogmas neoliberais* à sua retórica econômica,[55] simbolizada não apenas pela nomeação de Paulo Guedes para o cargo de ministro da Economia, mas, também, pelos amplos poderes que, em tese, lhe foram conferidos à frente do chamado, à época, "superministério". Ao lado das *fake news* e teorias conspiratórias, do *hate speech*, dos ataques *ad hominen* e às instituições, as teses e o ferramental neoliberais compuseram (e ainda compõem) o "conteúdo" da longa gama de "mensagens sob medida", dirigidas à população, produzidas, encaminhadas e compartilhadas a todo tempo, via aplicativos de internet, pelos *engenheiros do caos* ou pela *colmeia do ódio*.[56]

Nesse sentido, o neoliberalismo foi uma das ideologias que mais serviu ao tecnopopulismo de nossos dias atuais,[57] seja como inspiração, seja como ferramental de doutrinação e formação de seguidores/fãs/eleitores[58] (*efeito aglutinador*). De igual modo, ele forneceu argumentos "supostamente técnicos" contra pretensões igualitárias e inclusivas, inerentes ao constitucionalismo social-democrático, além de "desarticular" normas atinentes à regulação do mercado, tudo ao gosto dos crédulos do *laissez-faire* (*efeito catalisador*).

Entretanto, há ainda um último fator que não pode ser desconsiderado. Trata-se do papel desempenhado pelos efeitos catalisador e aglutinador no âmbito da mídia de massa. Em nossa visão, esses efeitos podem ser simbolizados, no Brasil, pela penetrabilidade dos ideais neoliberais, tanto na mídia de massa dita "liberal", quando na mídia de massa de extrema-direita. Isso fica nítido, de um lado, pelas ressalvas da mídia de massa "liberal", a exemplo da *Rede Globo*, do *Estadão* e da *Folha de S.Paulo*, a essa "esparrela" neoliberal. De outro, pela adesão apaixonada ao referido ideário no âmbito da mídia de massa de extrema-direita.

---

[55] "O 'bolsonarismo', de outro lado, é um desses 'filhos' do lavajatismo e que se apresentam como a instauração de uma nova ordem política. Seu viés ultraconservador agradava parcela significativa da sociedade. *Seu evidente contraste com a postura liberal foi 'ajeitado' pelo discurso de que os bolsonaristas eram 'conservadores nos costumes e liberais na economia'*. As aporias entre a visão 'nacional desenvolvimentista' das forças de segurança e a visão liberal do empresariado foram 'adormecidas' no interior da colméia pelo ataque ao inimigo comum: a esquerda!" (CRUZ; SILVA; GIBSON 2020, p. 109-110) (grifos nossos).

[56] Sobre a *colmeia do ódio*, *vide* Cruz, Silva e Gibson (2020, p. 59-105). Para uma compreensão mais profunda das bases do tecnopopulismo ou da política quântica, calcada na leitura dos dados e na disseminação de mensagens sob medida, a partir de algoritmos, *vide* Da Empoli (2020, p. 43-66; 165-177).

[57] Para a compreensão do assunto, a leitura de Da Empoli (2020) é simplesmente essencial.

[58] A técnica de leitura de dados dos consumidores com vistas à mobilização de comportamentos e maximização de ganhos econômicos surgiu inicialmente no campo empresarial e, hoje, é marcante na política quântica, para usar a semântica de Giuliano Da Empoli (2020). Como explicamos em obra recente, "a difusão de uma era da pós-verdade encontra razões que transcendem o debate filosófico sobre a objetividade da verdade. Nossa aposta está na combinação dos avanços tecnológicos dos meios de comunicação bem como nas oportunidades de ganho, econômico e político, trazidos nesse bojo. O Twitter, o facebook e o Instagram são remunerados pela adesão social que recebem de seus participantes. A possibilidade de pagamento por mídia é avaliado pelo público que consome o 'produto'. [...] verificar os gostos e preferências de seus usuários é desde sempre, questão central da política econômica desses meios de comunicação. Apresentar a eles 'produtos' compatíveis com as suas tendências facilitam a intoxicação do usuário [...] Produtos que cativam o público geralmente são aqueles que o 'pegam' pelo viés emocional/passional" (CRUZ; SILVA; GIBSON, 2020, p. 41-43). Não por acaso as *big techs* assumiram postura tão crítica (e criticável) ao PL das Fake News, por elas descrito como "PL da Censura" e "contrário à liberdade de expressão". A construção de um marco regulatório contra a disseminação de *fake news* e discursos de ódio, assim, foi simplesmente esvaziada pela indústria que mais lucra com a liberdade irrestrita na arena digital da internet. Nesse sentido, *vide* https://www.estadao.com.br/politica/arthur-lira-diz-que-google-meta-ultrapassaram-limites-lobby-pl-2630-fake-news-nprp/ e https://www.cartacapital.com.br/politica/a-justificativa-de-arthur-lira-para-interromper-a-tramitacao-do-pl-das-fake-news/. Acesso em: jun. 2023.

Sejamos um pouco mais explícitos. Cotidianamente, mesmo em meio a críticas dirigidas contra o autoritarismo de Bolsonaro, Paulo Guedes e sua equipe eram sempre poupados pela mídia de massa dita "liberal". Pintados como a "ala técnica" do governo, seriam essencialmente diferentes da "ala ideológica"[59] e também da "ala militar", porquanto responsáveis por propostas lastreadas na "ciência econômica mais avançada", "apresentadas" como estratégias de "modernização do país", destinadas a recuperar a economia brasileira. Logo, na *Rede Globo*, no *Estadão* e na *Folha de S.Paulo*, as críticas ao governo Bolsonaro sempre chegavam pela metade. Já entre as mídias de massa de extrema-direita, simbolizadas no Brasil pela *Jovem Pan, Rede Record, CNN* e, alternativamente, pelos *avatares* reacionários do *Facebook, Instagram, Twitter* e *YouTube*,[60] a esparrela neoliberal era não apena ovacionada como "antipetista", mas vendida como "grande novidade" a um público inflamado de fãs/eleitores, cada vez menos empáticos a políticas públicas igualitárias e inclusivas.

Dessa forma, também a opinião pública (em geral) que passou a imperar na esfera pública, pela influência exercida por um amplo setor da mídia de massa, tornou-se receptiva e começou a reverberar os ideais e todo o ferramental neoliberal como verdadeira panaceia. Foi também assim que o neoliberalismo aglutinou setores heterogêneos de nossa sociedade e catalisou os ataques que passaram a ser dirigidos cotidianamente contra a Constituição e nossas instituições, contribuindo para uma verdadeira escavação dos direitos fundamentais, principalmente sociais, no campo das narrativas de fundamentação e aplicação.

No entanto, essa é apenas uma explicação parcial da violência operada pelo neoliberalismo, a qual pretendemos desvelar com maior profundidade no tópico seguinte.

2.2 O neoliberalismo como ideologia simbólica: violência e dominação

As considerações anteriores, de viés histórico e sociológico, conquanto essenciais ao desiderato que almejamos alcançar, respondem apenas parcialmente às perguntas que formulamos na introdução deste artigo.

Elas realmente explicam *porque* o ideário e o ferramental neoliberais, a um só tempo, atuaram como agente aglutinador e catalisador da crise democrático-constitucional no Brasil, pois elucidam como eles aglutinaram setores heterogêneos de nossa sociedade e catalisaram os ataques que passaram a ser dirigidos cotidianamente contra os ideais igualitários e inclusivos extraíveis de nossa Constituição. Aliás, isso não ocorreu apenas

---

[59] Evidentemente, a "ala técnica" era também "ideológica". Não há ferramentas puramente objetivas e a própria adesão ou escolha por uma ou outra estratégia de ação (ou inação) já pressupõe valoração. Desde Heidegger, as coisas-no-mundo jamais seriam *objetos simplesmente dados*, mas "frutos da circunvisão" do *Dasein*, "que necessita da possibilidade manual de, a cada passo, fazer anunciar o mundo circundante para a circunvisão, mediante o que está à-mão" (HEIDEGGER, 1988, p. 124). O objeto, ao invés de um "elemento externo" simplesmente dado, passava, então, a ser um "um-para", o *Dasein* (DUBOIS, 2004, p. 36-37). Daí ser acertada a exortação de Alexandre de Morais da Rosa (2008, p. 25), no sentido de que "há uma astúcia neoliberal na colocação dos problemas e nas soluções adrede articuladas e mostradas como 'o novo caminho, da servidão'. Daí é que com Zizek é preciso reinventar o espaço jurídico-econômico-político suspendendo a compreensão de neutralidade que alimenta os discursos naturalizados, confrontando-os diretamente com seu fundamento ideológico. Não há uma posição neutra, dado que esta escolha já é implicada ideologicamente".

[60] Esses meios, sobretudo as redes sociais, ganharam grande notoriedade com a ascensão do *tecnopopulismo* de direita, inclusive como forma de desacreditar "os meios midiáticos tradicionais". Nesse sentido, *vide* Da Empoli (2020); Mounk (2019, p. 169-183); e Levitsky e Ziblat (2018, p. 62-63; 150-151; 166; 211).

no Brasil, mas onde quer que o ideário neoliberal, com sua pretensão totalizante, tenha assentado suas bases.[61]

Entretanto, a devida compreensão de *como* o neoliberalismo assume a feição de ideário anticonstitucional e simbólico ainda merece maior aprofundamento, a fim de que possamos responder às indagações subsequentes: como seria possível que uma entre tantas vertentes econômicas assumisse tamanha proeminência e adesão, a ponto de servir de base para a des-diferenciação sistêmica do direito pela economia, tanto no âmbito das narrativas de fundamentação, quanto de aplicação? Como serviu, anos a fio, como *pano de fundo* ideológico de uma fraude continuada à Constituição? Como contribuiu para uma verdadeira escavação dos direitos fundamentais, principalmente sociais, no campo das narrativas de fundamentação e aplicação? Neste e nos tópicos seguintes, pretendemos contribuir para a elucidação de aspectos ainda encobertos do neoliberalismo, cujo *desvelamento* pode qualificar o nível de reflexão de nossos leitores, em busca de respostas mais satisfatórias a essas perguntas. Para tanto, mostra-se essencial uma maior interface com a filosofia e a filosofia política.

Comecemos, pois, por uma reflexão sobre o porquê de o neoliberalismo servir, anos a fio, como *pano de fundo* ideológico de uma fraude continuada à Constituição. Isso se mostra essencial para aprofundar a tese de que os dois efeitos antes apresentados (aglutinador e catalisador) estão intimamente imbricados com o *aspecto anticonstitucional do ideário neoliberal*, além de revelar uma de suas *facetas simbólicas* mais profundas, operada no campo pragmático pela propagação de *uma ética utilitário-economicista*.

Sem dúvida, não há como desatrelar *a faceta simbólica (de dominação) do ferramental neoliberal* da constatação de que, *como ideário anticonstitucional*, ele se presta à colonização do *mundo da vida*, da *esfera pública* e de todos os *subsistemas sociais*, inclusive do direito, em prol da defesa dos interesses da "elite econômica do atraso", para usar a expressão cunhada por Jesse Souza. O neoliberalismo, portanto, *não se presta apenas à doutrinação da massa "pela mudança da mente", mas, precipuamente, à manutenção dos privilégios dos agentes do mercado financeiro.*[62] Ele apresenta não apenas uma naturalização, mas uma justificação da desigualdade, da concentração de renda e da manutenção de privilégios históricos. Trata-se, pois, de uma *racionalidade*, para citar Pierre Dardot e Christian Laval (2016, p. 17): "O neoliberalismo, antes de ser uma ideologia ou uma política econômica, é em primeiro lugar e fundamentalmente uma racionalidade e, como tal,

---

[61] Nesse sentido, *vide*, por exemplo, Mounk (2019) e Sandel (2014; 2020).

[62] Estamos a nos referir, sobretudo, à "elite rentista" que efetivamente "dita as regras" em nosso país. Para falar com Jessé Souza (2019, p. 242), "quem comanda o assalto à população é a fração financeira do capital e da propriedade por meio de uma dívida pública que só cresce e pelo mecanismo de transferência de renda vias juros e controle do orçamento público. Como as outras frações dos proprietários, como a indústria, o comércio e o agronegócio, retiram o lucro grande também da especulação financeira, isso explica que o comando de todo o processo econômico e político seja exercido pela fração dos rentistas. [...] Em meio à crise atual, por exemplo, em agosto de 2017, o Bradesco e o Itaú, os dois maiores bancos brasileiros, registraram lucros estratosféricos. Em 2015, quando o país afundava na maior crise de sua história, o Itaú teve seu maior lucro, somando 23,35 bilhões de reais ou 15,4% a mais em relação a 2014, ano em que já tinha batido o recorde anterior com mais de 20 bilhões. O Bradesco veio logo atrás. [...] Todo o orçamento público e toda a arrecadação tributária, que é obtida onerando precisamente os mais pobres no Brasil, segundo pesquisa do IPEA, foram capturados para o serviço dessa dívida de origem obscura e secreta. A balela de que as altas taxas de juros servem ao controle da inflação é desmentida pelo fato de que os componentes principais do IPCA têm impacto quase nulo na taxa de juros".

tende a estruturar e organizar não apenas a ação dos governantes, mas até a própria conduta dos governados".

Assim, a devida compreensão dessa dimensão do neoliberalismo requer uma análise sob uma perspectiva que mostre como essa *nova razão* acaba por colonizar (Habermas) a própria noção de *lebenswelt* (*mundo da vida*), lançando as pessoas em uma relação na qual a noção de alteridade deixa de existir. Nesse sentido, qualquer reclame de efetiva construção de uma comunidade resta prejudicado – *dentro da ótica neoliberal não se tratam de pessoas a viver em um mesmo mundo, ao contrário, cada qual, imiscuído em um projeto pessoal de sobrevivência, aprisionado em um presenteísmo sufocante,*[63] *se direciona ao outro enquanto um rival, um competidor dentro da sociedade que, por se destinar apenas ao desempenho, se torna uma sociedade do cansaço.*

Porém, antes de aprofundarmos essas considerações, importa trazer à baila alguns argumentos que melhor explicam essas questões, conforme apresentado por Byung-Chul Han. Apostaremos, aqui, na enunciação de alguns termos-chave para a compreensão de como o mecanismo neoliberal atua no sujeito e, por conseguinte, se impõe *a nova razão do mundo.*

O conceito então de *psicopolítica* do filósofo sul-coreano contribui para essa percepção, no sentido de que, diferentemente do que propunha Michel Foucault, a percepção de dominação empreendida pela biopolítica não alcança hoje o regime de dominação que o neoliberalismo empreende, uma vez que, para além de um regime de disciplinamento, a psicopolítica não oblitera ante o sujeito a sua noção de liberdade. Ao contrário, sustentado também naquilo que Han chama de capitalismo da emoção, o sujeito se perde de qualquer forma de vida que não esteja atrelada a um ganho em jeito daquilo que o mercado espera.

> A técnica de poder do regime neoliberal assume uma forma sutil. Não se apodera do indivíduo de forma direta. Em vez disso, garante que o indivíduo, por si só, aja sobre si mesmo de forma que reproduza o contexto de dominação dentro de si e o interprete como liberdade. Aqui coincidem a otimização de si e a submissão, a liberdade e a exploração [...]. As pessoas são controladas pela técnica de dominação neoliberal, que visa explorar não apenas a jornada de trabalho, mas a pessoas por completo, a atenção total, e até a própria vida. O *ser humano* é descoberto e tornado objeto de exploração, *acrescentaríamos, auto exploração.* (HAN, 2018, p. 44)

Portanto, e aqui se enuncia um ponto importante a ser deslindado, se, de um lado, o prisma, a grelha ou o filtro a que o direito contemporâneo deveria passar está amalgamado(a) por uma série de garantias constitucionais, que, no caso brasileiro, claramente aduzem a uma efetivação de bem-estar social, de outro, esses mesmos sujeitos (e é importante anotar que apenas se é sujeito, porque, assujeitado), embevecidos pela lógica do mercado, opõem-se, eles mesmos, a qualquer projeto emancipador que perpasse a relação com o outro; uma vez que este deixou de ser lido, visto, tocado,

[63] "naquilo que se acostumou contemplar com o termo *hipertrofia do presente* (HARTOG, 1997), uma espécie de alienação individual no agora dentro da qual as pessoas submergem, impedidas de construção de laços, de afetos, senão, aqueles que as conduzam ao progresso – impedidos de sonhar, pois, sempre de olhos abertos, assim se perde uma dose de humanidade em um presente amorfo e sem diálogo, sem narrativa, sem ritos e/ou cerimônias" (NOGUEIRA; NONATO; NOVAES, 2023).

como pessoa, e passa a ser considerado competidor – o laço democrático se esgarça por dentro, na medida em que se perde qualquer chance de relação que não aquela que melhore o desempenho.

> O imperativo neoliberal de otimização pessoal serve apenas a um funcionamento perfeito do sistema. Bloqueios, debilidades e erros devem ser removidos terapeuticamente para melhorar a eficiência e o desempenho. Assim, tudo é comparável, mensurável e está sujeito à lógica do mercado. Nenhuma preocupação com a boa vida impulsiona a otimização pessoal. Sua necessidade resulta apenas de coerções sistêmicas a partir da lógica do sucesso mercantil quantificável. (HAN, 2018, p. 45)

Quer dizer, qualquer imperativo que comande uma ação não se sustenta por uma fundamentação outra que não aquela que serve à otimização dos processos, à agilidade da efetivação de tarefas e a um narcisismo entranhado na *psique*, furtada pelas telas que condicionam ações, modos de se relacionar e lançam para o outro lado da linha abissal a dimensão de alteridade que reclama o outro. Se o disciplinamento fora a marca da biopolítica, a "liberdade" comparece como a marca da psicopolítica.

Lá havia um incômodo, uma vez que os corpos estavam sendo submetidos a doses de violência subjetiva – para falarmos em idioma de Salovj Zizek; aqui, no âmbito da psicopolítica, sequer há a noção de violência, efetivando aquilo que Zizek chamaria de uma violência objetiva, que, por sua vez, é sub-reptícia, não se mostra como tal, mas se sustenta em uma coação, que poderíamos dizer invisível – esse é um dos pontos no qual a lógica neoliberal se encontra com o direito.

> Se há uma tese unificadora nas reflexões que se seguem, é a de que existe um paradoxo semelhante no que diz respeito à violência. Os sinais mais evidentes de violência que nos vêm à mente são atos de crime e terror, confrontos civis, conflitos internacionais. Mas devemos aprender a dar um passo atrás, e desembaraçar-nos do engodo fascinante dessa violência "subjetiva" diretamente visível, exercida por um agente claramente identificável. Precisamos ser capazes de perceber os contornos dos cenários que engendram essas explosões. O passo para trás nos permite identificar uma violência que subjaz aos nossos próprios esforços que visam combater a violência. (ZIZEK, 2014, p. 17)

Ainda com Zizek, parece-nos interessante anotar que a psicopolítica narrada por Han atende a um imperativo contemporâneo que a torna, talvez, mais efetiva que a noção de biopoder de Foucault, levando Han a dizer que a naturalização é tamanha que nos dias de hoje seria impossível pensar em uma ideia de revolução.

Permitam-nos uma breve reflexão sobre essa afirmação. Nos parece importante, pois, como Marx anunciou em seu *Manifesto*, às avessas, contemporaneamente, um *espectro ronda o mundo, o espectro do neoliberalismo.* Assim, em diálogo com Antonio Negri, Han consigna, como viemos dizendo, que o sistema disciplinar ou sociedade disciplinar era repressivo(a), ao passo que o sistema neoliberal tem um poder que não pede que corpos sejam docilizados; contemporaneamente eles são objetos estéticos, livres, prontos para a próxima performance.

Logo, a violência, a coação, que se sustenta no regime neoliberal não se impõe aos sujeitos; eles de maneira aparentemente livre se submetem – a dimensão de alienação é elevada à potência vertiginosa, pois, não há separação entre os termos *liberdade, vigilância* e *dominação*. Ao contrário, na era do capitalismo de vigilância, se há algo que necessita ser docilizado são os dados e não mais os corpos.

> Paradoxalmente, é o sentimento de liberdade que assegura a dominação. Nisso se distingue fundamentalmente o regime da informação do regime disciplinar. *A dominação se faz no momento em que liberdade e vigilância coincidem.* O regime de informação se garante sem uma coação disciplinar [...] Não são as pessoas que são realmente livres, mas as informações. O paradoxo da sociedade de informação é: *as pessoas estão aprisionadas nas informações.* Afivelam elas mesmas os grilhões ao se comunicarem e ao produzirem informações. *O presídio digital é transparente.* (HAN, 2022, p. 14)

Em outras palavras, entregam-se os dados de forma livre, sem que haja coação; porém, dentro das mais perversas formas de obtenção, esses são armazenados, *minerados* (para usar um termo comum nas Minas Gerais) e, depois, são vendidos na forma dos produtos que serão consumidos, sejam esses produtos, pessoas, ideias, ideologias, bens de consumo ou algo que será inventado após a obsolescência de cada dia. Assim, não há no regime disciplinar qualquer coação, o *slogan* da visibilidade, da transparência, paradoxalmente permite a dominação, pois, ao invés de prisões fechadas, há redes sem fim de doação de dados; logo, paradoxalmente, quanto mais livres, mais dominados.

Ante o debate com Negri, Han explicita que não é possível uma revolução nos dias de hoje, pois, o incômodo, que, por exemplo, as opressões biopolíticas geravam, hoje não comparece; e esse é um dado que necessita ser bastante bem percebido, senão vejamos, e por aqui as pistas de captura da subjetividade que se expressam no *modus operandi* da interpretação jurídica aliançada pelo argumento neoliberal.

Um dos primeiros pontos a serem mostrados está na construção de um sujeito – que assim não se compreende, assujeitado – que não consegue vislumbrar claramente *contra* quem insurgir, ou seja, se outrora o opressor era visto claramente, por exemplo, na figura do empregador, hoje, com a certeza de que se tornou em um *empresário de si mesmo*, o sujeito fica impedido de resistir, de se revoltar, e o mais grave, se assim o faz, olha para si, entendendo-se como uma pessoa que fracassou e que não conseguiu se destacar em um mundo livre e com oportunidades para todos.[64]

[64] Aqui é conveniente uma rápida digressão, com base na reflexão de Jesse de Souza (2019), o qual, de certa forma, bem explica como esse processo de autoalienação se iniciou ainda no movimento de *lean production*, do toyotismo japonês. Segundo Jessé (2019, p. 169-171), "o maio desafio da reestruturação do capitalismo financeiro e flexível foi [...] uma completa redefinição das relações entre capital e trabalho. [...] o toyotismo japonês [...] 'patriotismo de fábrica', que subordinava os trabalhadores aos objetivos da empresa. [...] lean production (produção flexível) [...] A secular luta de classes dentro da fábrica, que exigia gastos crescentes de controle, vigilância e repressão, aumentando os custos de produção e diminuindo a produtividade, deveria ser substituída pela completa mobilização dos trabalhadores em favor do engrandecimento e maior lucro possível da empresa. O que está em jogo no capitalismo flexível é transformar a rebeldia secular da força de trabalho em completa obediência ou, mais ainda, em ativa mobilização total do exército de trabalhadores em favor do capital. O toyotismo pós-fordista permitia não apenas cortar gastos com controle e vigilância, mas, mais importante ainda, ganhar corações e mentes dos próprios trabalhadores. [...] As novas empresas da lean production no Ocidente preferem contratar mão de obra jovem, sem passado sindical, com cláusulas explícitas de quebra de contrato em caso de greve: em suma, o novo trabalhador deve ser desenraizado, sem identidade de classe e sem vínculo de pertencimento à sociedade maior. É esse trabalhador que vai poder ver na empresa o lugar de produção de identidade, autoestima e de pertencimento".

A esse fenômeno, Han, chama de *sociedade paliativa*, na qual a doença é vista como individual, e, assim, de paliativos, ansiolíticos e antidepressivos em diante, a população brasileira já se apresenta como das mais adoecidas mentalmente do mundo – ao olhar para si como fracassado, não percebe a estrutura aviltante na qual o sujeito está inserido em busca do próximo *like*. Logo, não é possível uma revolução.

O neoliberalismo moldou o trabalhador oprimido em um "empreendedor livre", termo que induz a uma percepção falseada de liberdade. Neste sentido, ao procurar o outro, contra o qual se revoltar, ou mesmo, ao procurar o outro, com o qual se irmanar, o sujeito não mais o encontra, uma vez que essa dimensão de alteridade se encontra esboroada em dados, os quais, sem face, sem rosto, impedem-no de qualquer negatividade. O outro some, tornando-se o mundo um imenso espelho dentro do qual se habita só – em busca do melhor desempenho de si, do consumo mais exótico, da performance mais bem conseguida; aliás, quanto melhor se performa, maior o número de *likes*, logo, maior a chance de monetização.

Cansado, o humano no tempo neoliberal não possui forças e tampouco saúde para a revolução de massa – perdido de si porque perdido do outro que o constitui, engendra-se em uma forma de existência que se assimila ao próprio estado de natureza, de uma *bellum omnium contra omnes*, que, se por um lado aumenta a produtividade, por outro, ato contínuo, esmigalha a noção de solidariedade estribada pelo ideário constitucional e outros princípios regentes de uma vida boa[65] (Aristóteles), evidenciando a vida neoliberal como uma vida inconstitucional, *de per si*, lançando o humano para uma linha abissal de si.[66]

Mais uma vez, o furto da subjetividade desmorona o argumento humanista da relação e impõe um *modus* de produtividade, no qual o resultado não é outro, senão, o que se experiencia na contemporaneidade, ou seja, "a concorrência absoluta aumenta tremendamente a produtividade, mas acaba destruindo a *solidariedade e o senso cívico. De indivíduos esgotados, depressivos e isolados não se pode formar nenhuma revolução* [...]" (HAN, 2021, p. 37).

Assim, o verbo utilizado pelo neoliberalismo em face da liberdade é outro. Se outrora ela era oprimida, aqui ela é apenas explorada; não há oposição à liberdade, ao

---

[65] Essa também é uma constatação a que chegou Sandel (2018), ao criticar o que chamou de marquetização ou camarotização da vida. Segundo ele, a lógica mercadológica tende a corroer valores como "altruísmo, generosidade, solidariedade e espírito cívico", dos quais "depende a cidadania democrática" (SANDEL, 2018, p. 328). Em suas palavras, "altruísmo, generosidade, solidariedade e espírito cívico não são como mercadorias que se esgotam com o uso. Mais se assemelham a músculos que se desenvolvem e se tornam mais fortes com o exercício. Um dos problemas de uma sociedade movida pelo mercado é que tende a permitir a degenerância dessas virtudes" (SANDEL, 2014, p. 128-129). Em síntese, Sandel (2014, p. 202) alerta que "numa época de crescente desigualdade, a marquetização de tudo significa que as pessoas abastadas e as de poucos recursos levam vidas cada vez mais separadas. Vivemos, trabalhamos, compramos e nos distraímos em lugares diferentes. Nossos filhos vão a escolas diferentes. Estamos falando de uma espécie de camarotização da vida americana. Não é bom para a democracia e nem sequer é uma maneira satisfatória de levar a vida. Democracia não quer dizer igualdade perfeita, mas de fato exige que os cidadãos compartilhem uma vida em comum. O importante é que pessoas de contextos e posições sociais diferentes encontrem-se e convivam na vida cotidiana, pois é assim que aprendemos a negociar e respeitar as diferenças ao cuidar do bem comum".

[66] "O narcisismo crescente impede a experiência de ressonância. A ressonância não é um eco de si mesmo. A ele é inerente a dimensão do outro. Significa acorde. A depressão se origina no ponto zero da ressonância. A crise atual da comunidade é uma crise de ressonância. A comunicação digital consiste de câmeras de eco nas quais antes do que nada se ouve apenas a si mesmo" (HAN, 2021a, p. 24).

contrário, ela é suscitada e levada a uma dimensão de euforia, inclusive, a primeira fase do *burnout* é exatamente a euforia.

Nesta mesma linha, em seu *A sociedade paliativa a dor hoje*, o autor ensina que há hoje uma espécie de *algofobia*, que se explica como uma fobia pela dor. Quer dizer, a dor é sempre vista como algo a ser erradicado, e nesta mesma dimensão, se esvai o outro, o negativo, quer dizer, com a vinda do outro, há uma necessidade de ruptura com o eu, neste sentido, há dor, logo, na sociedade do curtir, a felicidade como imperativo não permite dores – alérgica à dor, anestesiada por *likes* e/ou antidepressivos – a felicidade imperativa se impõe de maneira totalitária, significando ao mesmo tempo o fim do outro e a perda de noção do limite, da construção de experiência – o resultado é o mesmo, doença, cansaço e depressão.

Porém, ainda importa mostrar um outro argumento. Na sociedade paliativa, há outro impedimento à revolução: como o imperativo da felicidade está entrelaçado com o imperativo da produtividade, quando há uma falha, uma ruptura, o sujeito novamente olha para si, pois, desatado de qualquer relação de fraternidade, lançado ao estado de natureza digital, procura dentro o erro, onde falhou e como pode tornar-se melhor que seu competidor – seu semelhante – e, assim, se entrega docilmente à exploração de si.

Logo, a sociedade paliativa impede a revolução na medida que individualiza a dor; impedindo que esta seja partilhada, falta um solo comum de habitação. Logo, falta o catalisador da revolução, há uma ausência dos laços democráticos, de comunhão de mundo; nestes termos, o indivíduo doente se medica, trata de olhar para dentro e, logo, não denuncia a estrutura que o adoeceu – pois, não pode se mostrar fraco e/ou em qualquer estado que evidencie a fragilidade.

> A sociedade paliativa coincide com a sociedade do desempenho. A dor é vista como um *sinal de fraqueza*. Ela é algo que deve ser ocultado ou ser eliminado por meio da otimização [...]. Ela não é compatível com o desempenho. A *passividade do sofrer* não tem lugar na sociedade ativa dominada pelo poder [...]. Hoje se remove à dor qualquer possibilidade de expressão. Ela é, além disso, condenada a *calar-se*. A sociedade paliativa não permite avivar, verbalizar a dor em uma *paixão*. (HAN, 2021b, p. 14)

A *agonia do Eros* é um dos efeitos da sociedade do cansaço, e também título de outra obra de Han; neste rumo, vê-se que o vilipendio do social brota também da otimização da alma, termo que o autor utiliza para denunciar como a *psicologia positiva* desidrata a dor, chama o revés de oportunidade, "prega" resiliências de todas as ordens em vistas de uma adequação; logo, a revolução não é possível, pois, os sujeitos se encontram em busca do próximo *workshop* que ensinará técnicas de melhoria da performance ante os outros.

Logo, ao invés de mirar na estrutura que o sufoca, o sujeito realiza diariamente traqueostomias, sem se dar conta de que o ar que falta só falta por estar poluído, ou privatizado. O negativo não pode existir na sociedade paliativa – tudo é uma oportunidade de se renovar, se reciclar – o empreendedor de si não dorme.[67] Cansado e depressivo, não faz amor e não faz revolução.

> Assim, a psicologia positiva sela o *fim da revolução.* Não revolucionários, mas treinadores de motivação tomam o palco, e cuidam para que não surja nenhum descontentamento [...] A medicalização e a farmacologização exclusiva da dor impedem que ela se torne *fala,* sim, *crítica.* Elas tiram a dor o caráter objetivo, *o caráter social.* Com a insensibilização induzida medicinal ou medialmente, a sociedade paliativa se imuniza contra a crítica [...] O cansaço na sociedade do desempenho neoliberal é não político porque representa um *cansaço-do-Eu* [...] Ele é um sintoma do sujeito do desempenho sobrecarregado e narcísico. *Ele individualiza as pessoas, em vez de ligá-las em um Nós [Wir-Müdigkeit], que promove a comunidade. O cansaço-do-Eu é a melhor profilaxia contra a revolução.* (HAN, 2021b, p. 30-31) (Grifos nossos)

Nos dias atuais, ao invés de um controle dos corpos, há um controle de nossa *psique.* Logo, como uma espécie de captura do imaginário, um sem fim de consequências se anunciam, inclusive a ausência de imaginação, ora, se de um lado, estamos absolutamente livres nas redes, em que informarmos nossos gostos e desgostos, de outro, há uma parafernália de mecanismos de vigilância, o que se tem chamado hoje de um capitalismo da vigilância; que nada mais é do que o controle do tráfego de informação para criação de produtos a serem consumidos, padrões estéticos a serem seguidos, ideologias a serem reproduzidas; assim, a união da liberdade com a vigilância gera uma dominação sutil, que, como a fuligem da maresia do mar, penetra em nossa subjetividade, amoldando nossa percepção de mundo.

> O regime da informação, porém, cujo surgimento Foucault evidentemente não percebeu, não segue uma *biopolítica.* Seu interesse não está no corpo. Apoderar-se da *psique* pela *psicopolítica* [...]. O regime da informação se apodera das camadas pré-reflexivas, pulsionais, emotivas, do comportamento antepostas às ações conscientes. Sua psicopolítica dado-pulsional intervém em nosso comportamento, sem que fiquemos conscientes dessa intervenção. (HAN, 2022, p. 10-30)

Neste rumo, o efeito é complexo, pois o humano se efetiva no mundo também por sua capacidade imagética. Sabemos, por exemplo, com Sidarta Ribeiro, que o sono é categoria importante para esse momento de invenção, e, sem sono, sem sonho, acabamos por apenas reproduzir padrões já armadilhados pelo regime de informação. O efeito disso é a sociedade do cansaço. Não em vão, o autor mostra em um documentário[68] acerca de sua obra que, na Coreia do Sul, seu pais de origem, se pode ver pessoas

---

[67] "Em sua profunda inutilidade e intrínseca passividade, com perdas incalculáveis para o tempo produtivo, a circulação e o consumo, o sono estará sempre a contrapelo das demandas de um universo 24/7. O fato de passarmos dormindo um bom período da vida, libertos de um atoleiro de carência simuladas, subsiste como uma das grandes afrontas humanas à voracidade do capitalismo contemporâneo. O sono é um hiato incontornável no roubo de tempo a que o capitalismo nos submete. A maior parte das necessidades aparentemente irredutíveis da vida humana – fome, sede, desejo sexual e, recentemente, a necessidade de amizade – se transformou em mercadoria ou investimento. O sono afirma a ideia de uma necessidade humana e de um intervalo que não pode ser colonizado nem submetido a um mecanismo monolítico de lucratividade, e desse modo permanece uma anomalia incongruente e um foco de crise no presente global" (CRARY, 2016, p. 20).

[68] Disponível em: https://www.youtube.com/watch?v=VbPvH515KoY&feature=youtu.be. Acesso em: 27 jul. 2023.

dormindo por todos os lados nos mais diversos horários – e qual a diferença disso para os transportes públicos em nosso país?

O conceito de sociedade do desempenho fora tratado por Crary (2016) em seu livro *24/7 – Capitalismo tardio e os fins do sono*. Nesta obra, o autor mostra como o sono ainda seria uma trincheira contra o neoliberalismo que atua sempre em metas, e, de algum modo, levamos essa lógica para nossas vidas, e de tanto querermos desempenhar o melhor papel, performar da maneira mais bem conseguida, acabamos perdidos de nós e correndo rapidamente para um abismo que aniquila o outro, que de semelhante passa a adversário. Isto, no direito, nas relações pessoais e no amor, este último, tratado no livro de Han *A agonia do eros*, que, de forma lapidar diz, *o eros vence a depressão*. Essa frase é importante, pois só estamos no mundo na dimensão do outro, e no mundo da positividade, do desempenho, não se permitem falhas, lacunas, desejos conflitantes, tudo se aniquila em busca do melhor desempenho, que, ao fim, não passa de um narcisismo infindo, que, ao rejeitar a negatividade do outro, nega a chance do amor.

Isso também vem claro na estética, que é outra análise de Han, na obra *A salvação do belo*, texto no qual o autor nos ensina acerca de uma estética do liso, a superfície plana, sem rasuras, sem rugas, sem fraturas, tudo a serviço de uma perfeição virtual que por ser irreal necessita anular o outro; já dizia a canção: "vamos pedir piedade [...] pra quem não sabe amar, vive esperando alguém que caiba nos seus sonhos [...]", ou seja, o liso, o desempenho, a ausência do sonho, do sono, levam ao fim do outro, assim, da justiça, da democracia, do amor...

> O liso é a marca do presente [...]. Por que achamos belo, nos dias de hoje, o liso? Além do efeito estético, nele se reflete o imperativo social universal. Ele corporifica a *sociedade da positividade* atual. O liso não *quebra*. Também não opõe resistência. Ele exige *likes*. O objeto liso *extingue contrários. Toda negatividade é posta de lado.* (HAN, 2019, p. 7)

Falando de democracia, Han diz-nos que nesta, dentro do enxame de informações, nascidas em bolhas algorítmicas, não há chance de narrativa, de debate, de contraditório, isso por vários motivos, mas também pelo fato de que, aprisionados livremente em nossos espaços virtuais, nos acostumamos a sorver apenas o que nos agrada, pois, se desagrada, apenas deixamos de seguir – tornamo-nos pessoas que não aceitam a diferença, o outro, a democracia.

Além disso, a noção de verdade se perde. Nas redes sem qualquer controle, no *tweet*, não há tempo para discursos, debates ou dissensos, sobretudo porque apenas *seguimos* aquelas ou aqueles que nos convêm. Mas isso em escala micro, pois, desde a obra *Os engenheiros do caos*, sabemos que os gabinetes de produções de notícias falaciosas operam desde a lógica do algoritmo pautando o debate – seja lá o que isso for. Assim, não se discute se o dito é verdade ou não, importa apenas aquilo que viraliza, fazendo justiça ao dito popular de que a mentira dá volta ao mundo enquanto a verdade amarra o sapato.

> A digitalização do mundo da vida avança, implacável. Submete a uma mudança radical nossa percepção, nossa relação com o mundo, nossa convivência. Ficamos atordoados pela embriaguez de comunicação e informação. O tsunami de informação desencadeia

forças destrutivas. Abrange também, nesse meio tempo, âmbitos políticos e leva a fraturas e disrupções massivas no processo democrático. *A democracia se degenera em infocracia.* (HAN, 2022, p. 25)

Assim, ao se tornar infocracia, a democracia perde sua dimensão dialógica e sua relação com as questões efetivamente importantes, pois, o debate sai da rua e vai para a próxima notícia que irá viralizar, e tal e qual. E é neste rumo que convidamos Jacques Derrida a nos dizer que não há democracia sem literatura, e essa frase importa muito, pois, na sociedade do desempenho, não há tempo para grandes narrativas, o miúdo da vida está perdido ante a velocidade das informações, e por isso mesmo, grande parte de habilidades críticas e/ou imagéticas são perdidas tendo em vista sempre estarmos em busca de uma metodologia *smart*, que pode ser dita como aquela que custa menos, explora mais o trabalhador, tem potencial viralizante e é rápida. Ao contrário, a fabulação, o amor e a justiça demoram, pois brotam de reflexão de alteridade, ética e atenção ao que é ínfimo, como nos ensina o poeta Manoel de Barros.

Ao perdermos a atenção a isto, deixamos de ter memória, logo, perdemos a chance de aprender que o tempo não é o tempo do trabalho, e que, por isso mesmo, não somos apenas mônadas individuais em busca do melhor desempenho. O tempo nos mostra que somos, em verdade, frágeis, codependentes e que a construção existencial não é uma disputa. Mas para essa crítica, o pensamento neoliberal tem seus paliativos, ora, se estamos desassossegados com isso tudo, há sempre um ansiolítico para tal – para o dia ou para a noite.

E assim, de paliativos em paliativos, de emoções individuais e momentâneas em diante, perdemos a chance de uma crítica à estrutura que conduz a tal situação: de sujeitos do cansaço, nascidos do desempenho e cuidados por paliativos, ou seja, um estado de natureza neoliberal no qual cada qual vivesse como se o outro fosse sempre uma ameaça à sua melhor performance – impedindo a construção de ideias comuns. A precariedade da existência no contexto neoliberal coage o sujeito a uma vida sem contornos éticos e/ou comuns; reafirmando que o imperativo do desempenho inventa uma espécie de *dasein* contemporâneo, quer dizer, à coação por produção, Han alia a coação de autenticidade, que, segundo o autor, se instaura sob a assinatura de que apenas o *eu* pode se efetivar enquanto tal, em sua singularidade, em sua autenticidade.

No entanto, anota Han, essa autenticidade se mostraria como algo alérgico à sociedade, fazendo, assim, eco ao problema aludido alhures, fazendo brotar, no seio do *inferno do igual*, o sujeito do desempenho, coirmão dos não lugares e não pessoas, o que mais uma vez comprova o paradoxo que alimenta a sociedade da *self*: ubíquo e autêntico e ao mesmo tempo invisível e igual – sem ressonância.

E, assim, a construção do direito, que não se confunde com a justiça, e que como ensina Derrida, é sempre justiça do outro, e como o amor, é impossível, mas não aquele impossível insosso do regime neoliberal que se mede por algoritmos de "0 -1", não; se trata aqui de entender que o outro, eticamente, espera sempre por justiça, que, como a democracia, é sempre por vir, e isso significa que sempre se pode alcançar o impossível com um esforço a mais por justiça, e isso não é abstração filosófica; e, neste sentido, as fábulas nos ensinam muito, vez que elas não narram humanos por dados gerais, supostamente sem uma colocação no mundo, cor, raça, sexo, condição social. Logo, importa dizer sempre, o mercado não é global, impessoal, nem natural, tampouco sempre esteve por aqui; ou mesmo, não é vestido sem cor, raça, gênero e localização territorial, ao contrário, ele tem todo esse DNA que necessita de bastante espetáculo para se explicar – de outro lado, quem duvida que, desde as fábulas de La Fontaine até os poemas de Drummond ou Manoel de Barros, a humanidade já se tenha mostrado absolutamente avessa aos determinismos insípidos dos neoliberais, logo, para que a justiça possa se manter por vir, em via do outro, sugerimos, junto de Han, uma revolução do tempo, para que não estejamos presos ao que sustenta o neoliberalismo que é o...

> O Medo Global
>
> Os que trabalham têm medo de perder o trabalho.
>
> Os que não trabalham têm medo de nunca encontrar trabalho.
>
> Quem não tem medo da fome, tem medo de comida.
>
> Os motoristas têm medo de caminhar e os pedestres têm medo de serem atropelados.
>
> A democracia tem medo de lembrar e a linguagem tem medo de dizer.
>
> Os civis têm medo dos militares, os militares têm medo da falta de armas, as armas têm medo da falta de guerras.
>
> É o tempo do medo.
>
> Medo da mulher da violência do homem e medo do homem da mulher sem medo.
>
> Medo dos ladrões, medo da polícia.
>
> Medo da porta sem fechaduras, do tempo sem relógios, da criança sem televisão, medo da noite sem comprimidos para dormir e medo do dia sem comprimidos para despertar.
>
> Medo da multidão, medo da solidão, medo do que foi e do que pode ser, medo de morrer, medo de viver. (Eduardo Galeano, *De Pernas Pro Ar – A Escola do Mundo ao Avesso*)

3 Conclusão: um breve acerto de contas

Palavras sem contexto são mero pretexto. Palavras precisam de um pano de fundo para ter significado. Palavras são filhas de um mundo da vida para adquirirem sentido. O presente texto deixou claro que o neoliberalismo nem de longe é uma "nova" aparição do liberalismo. A semelhança entre elas é uma armadilha semântica da qual precisamos escapar.

O liberal ostenta com orgulho a defesa da liberdade. Liberdade de crença foi conquistada com sangue nas guerras religiosas na Europa. Liberdade de contratar e de trabalho são a tônica para a superação da servidão feudal e da escravidão formal. A liberdade de expressão de pensamento, opiniões e ideias é o fundamento central de qualquer regime que se pretende democrático. Não é desarrazoado pensar que ideias, forças de tal natureza, tenham conquistado tantas pessoas. O presente texto, contudo, lança luzes sobre o risco parasitário de uma semântica com pragmática inversa.

A liberdade tomou-se um embuste para o "assalto" aos cofres públicos do capitalismo de estado. Aos amigos do rei, tudo! A eles corresponde um Estado máximo, pleno de prerrogativas, isenções, imunidades, crédito barato e incentivos. Aos demais, sobra um Estado mínimo da violência pública, da indignidade dos presídios, do frio nas noites dos moradores de rua, da invisibilidade de povos originários, "tribais" e tradicionais. Do desprezo para com as prostitutas e os pedintes. Do esquecimento de crianças de rua e de idosos. Saúde e educação preteridos pelo sistema bancário na partilha do orçamento público.

A liberdade de expressão transformou-se de uma só vez na liberdade de refletir valores únicos de um neoconservadorismo que flerta a todo momento com o autoritarismo. A mídia, instrumento maior para veicular a expressão, tomou-se, na lição de Byung-Chul Han, na gaiola que aprisiona essa liberdade. A compulsão por ser, por compartilhar, por aparecer e por ser lembrado aprisiona. A necessidade de ser aceito por determinado grupo cega os indivíduos que perdem noção de onde e de como expressar seus papéis sociais. Essa nova servidão torna o pobre arauto dos interesses do rico! Toma o cristão favorável à tortura! Toma parlamentares favoráveis ao arbítrio e à ditadura!

Biotecnopoder dos algoritmos capitalistas difusores de uma ética utilitarista, que objetifica seres humanos e que suga nossa inserção no ecossistema da natureza. O indivíduo atomizado do liberalismo perde sua condição racional de *homus economicus* e se torna mais um a aderir ao que os avatares do tecnopopulismo divulgam.

A pressão por cassação de direitos sociais ganha a adesão do próprio oprimido, que se vê no espelho como um "empreendedor livre". Não há contra quem se insurgir, exceto contra aquele que pretende ajudá-lo a sair de seu cárcere.

O neoliberalismo ultrapassa o com-ser-vadorismo (com: juntos/sociedade; ser: modo de ação; dor: que produz dor). O neoliberalismo naturaliza o arbítrio. O neoliberalismo ofende até aos liberais e libertários. O neoliberalismo transforma a liberdade de expressão no direito de enganar, mentir, injuriar e caluniar. E a inteligência artificial se torna o nosso passo para o aprofundamento da questão.

Nesses 35 anos de Constituição, precisamos buscar um pouco mais sobre solidariedade, república, empatia e alteridade. Precisamos repensar o caminho que nos levou à beira da marginalidade dos próprios direitos humanos. Denunciar – sempre – a fábula de uma liberdade de expressão castradora e violenta típica de um neoliberalismo utilitário que vê com escárnio e desprezo as linhas desse próprio texto.

Referências

ARENDT, Hannah. *Eichmann em Jerusalém*: um relato sobre a banalidade do mal. Tradução de José Rubens Siqueira. São Paulo: Companhia das Letras, 1999.

ARENDT, Hannah. *Origens do totalitarismo* – Antissemitismo, imperialismo, totalitarismo. Tradução de Roberto Raposo. São Paulo: Companhia das Letras, 1989.

CRARY, Jonathan. *24/7*: capitalismo tardio e os fins do sono. São Paulo: Ubu, 2016.

CRUZ, Álvaro Ricardo de Souza. *A resposta correta*: incursões jurídicas e filosóficas sobre as teorias da justiça. Belo Horizonte: Arraes, 2011.

CRUZ, Álvaro Ricardo de Souza. *O discurso científico na modernidade*: o conceito de paradigma é aplicável ao direito? 1. ed. Rio de Janeiro: Lumen Juris, 2009.

CRUZ, Álvaro Ricardo de Souza; DUARTE, Bernardo Augusto Ferreira. *Além do positivismo jurídico*. Belo Horizonte: Arraes, 2013.

CRUZ, Álvaro Ricardo de Souza; BACHA E SILVA, Diogo; GIBSON, Sérgio Armanelli. *A linguagem do ódio*: a democracia em risco. [s.l.]: [s.n.], 2020.

CRUZ, Álvaro Ricardo de Souza; WIKROTA, Leonardo Martins. *O pensamento jurídico e suas crenças*. Belo Horizonte. Arraes, 2018.

DA EMPOLI, Giuliano. *Os engenheiros do caos*. Tradução de Arnaldo Bloch. 1. ed. 2. reimpr. São Paulo: Vertígio, 2020.

DARDOT, Pierre. *A nova razão do mundo*: ensaio sobre a sociedade neoliberal. São Paulo: Boitempo, 2016.

DUARTE, Bernardo Augusto Ferreira; VIEIRA, Bruno Santos Arantes; CARVALHO, Ana Clara Mansur. A Constituição em jogo. *In*: CRUZ, Álvaro Ricardo de Souza; RODRIGUES, Poliana Lino. *Trinta anos de Constituição e 130 anos de Lei Áurea*: avanços e retrocessos. Rio de Janeiro: Lumen Juris, 2019.

DUARTE, Bernardo Augusto Ferreira; ZOUEIN, Luís Henrique Linhares. *Porque a defensoria é o melhor modelo de assistência jurídica gratuita*. Belo Horizonte: Conhecimento, 2020.

GALBRAITH, John Kenneth. *1929*: a grande crise. Tradução de Clara A. Colotto. São Paulo: Larousse do Brasil, 2010.

HAN, Byung-Chul. *A salvação do belo*. Tradução de Gabriel S. Philipson. Petrópolis: Vozes, 2019.

HAN, Byung-Chul. *Capitalismo e impulso de morte*: ensaios e entrevistas. Tradução de Gabriel S. Philipson. Petrópolis: Vozes, 2021a.

HAN, Byung-Chul. *Infocracia*: digitalização e a crise da democracia. Tradução de Gabriel S. Philipson. Petrópolis: Vozes, 2022.

HAN, Byung-Chul. *Psicopolítica* – O neoliberalismo e as novas técnicas de poder. Tradução de Maurício Liesen. Belo Horizonte: Âyiné, 2018.

HAN, Byung-Chul. *Sociedade paliativa*: a dor hoje. Petrópolis: Vozes, 2021b.

HAYEK, Friedrich August von. *O caminho da servidão*. Tradução e revisão de Anna Maria Capovilla, José Ítalo Stelle e Liane de Morais Ribeiro. 5. ed. Rio de Janeiro: Instituto Liberal, 1990.

HESSE, Konrad. *A força normativa da Constituição*. Tradução de Gilmar Ferreira Mendes. Porto Alegre: Sergio Antonio Frabris Editor, 1991.

HUNT, Emery Kay; MARK Lautzenheiser. *História do pensamento econômico*. Tradução de André Arruda Villela. Rio de Janeiro: Elsevier, 2013.

LEVITSKY, Steven; ZIBLATT, Daniel. *Como as democracias morrem*. Tradução de Renato Aguiar. 1. ed. Rio de Janeiro: [s.n.], 2018.

MAGALHAES, José Luis Quadros. *Direito constitucional*. 1. ed. Belo Horizonte: Mandamentos, 2002. t. I.

MOUNK, Yascha. *O povo contra a democracia*: por que nossa liberdade corre perigo e como salvá-la. Tradução de Cássio de Arantes Leite, Débora Landsberg. 1. ed. São Paulo: Companhia das Letras, 2019.

MURPHY, Liam; THOMAS, Nagel. *O mito da propriedade*: os impostos e a justiça. Tradução de Marcelo Brandão Copolla. São Paulo: Martins Fontes, 2005.

NEVES, Marcelo. A força simbólica dos direitos humanos. *In*: SARMENTO, Daniel; SOUZA NETO, Cláudio Pereira de (Org.). *Direitos sociais*. Fundamentos, judicialização e direitos sociais em espécie. Rio de Janeiro: Lumen Juris, 2008.

NOGUEIRA, B. G. B.; NONATO, E. M. N.; NOVAES, E. C. A invenção do tempo: diálogos no precipício do texto. *Educação e Filosofia*, Uberlândia, v. 36, n. 78, p. 1863-1876, 2023. DOI: 10.14393/REVEDFIL.v36n78a2022-65341. Disponível em: https://seer.ufu.br/index.php/EducacaoFilosofia/article/view/65341. Acesso em: 13 jul. 2023.

ROSA, Alexandre de Morais da. A Constituição no país do jeitinho: 20 anos à deriva do discurso neoliberal (law and economics). *In: 20 anos de constitucionalismo democrático* – E agora? Porto Alegre: Instituto de Hermenêutica Jurídica, 2008.

SAMPAIO, José Adércio Leite. *Direitos fundamentais*: retórica e historicidade. Belo Horizonte: Del Rey, 2004.

SAMPAIO, José Adércio Leite. *Teoria da Constituição e dos direitos fundamentais*. Belo Horizonte: Del Rey, 2013.

SANDEL, Michael. *A tirania do mérito*: o que aconteceu com o bem comum? Tradução de Bhuvi Lubanio. 1. ed. Rio de Janeiro: Civilização Brasileira, 2020.

SANDEL, Michael. *Justiça*: o que e fazer a coisa certa. Tradução de Heloísa Matias e Maria Alice Máximo. 25. ed. Rio de Janeiro: Civilização Brasileira, 2018.

SANDEL, Michael. *O que o dinheiro não compra*: os limites morais do mercado. Tradução de Clovis Marques. 6. ed. Rio de Janeiro: Civilização Brasileira, 2014.

SARMENTO, Daniel; SOUZA NETO, Cláudio Pereira de. *Direito constitucional*. Teoria, história e métodos de trabalho. Belo Horizonte: Fórum, 2012.

SHERMER, Michael. *Cérebro e crença de fantasmas e deuses à política e às conspirações* – Como o cérebro constrói nossas crenças e as transforma em verdades. Tradução de Eliana Rocha. 2. ed. São Paulo: JSN, 2012.

SOUZA, Jessé. *A elite do atraso*. Rio de Janeiro: Estação Brasil, 2019.

SOUZA, Rodrigo Farias de. National Review, o moderno conservadorismo americano e a luta para 'salvar' os EUA do comunismo, do liberalismo e da integração racial (1955-1959). *Revista de História*, São Paulo, 25 maio 2021. DOI: 10.11606/issn.2316-9141.rh.2021.167096. Disponível em: https://www.revistas.usp.br/revhistoria/article/view/167096/176848. Acesso em: jul. 2023.

WAPSHOTT, Nicholas. *Keynes x Hayek*: as origens – e a herança – do maior duelo econômico da história. Tradução de Ana Maria Mandim. 3. ed. Rio de Janeiro: Record, 2019.

ZIZEK, Slavoj. *Violência*: seis reflexões laterais. São Paulo: Boitempo, 2014.

Sites

Disponível em: https://brasil.elpais.com/brasil/2018/09/13/politica/1536853605_958656.html. Acesso em: jun. 2023.

Disponível em: https://economia.uol.com.br/noticias/bbc/2019/03/23/bolsonaro-no-chile-como-a-escola-de-chicago-transformou-pais-latino-americano-em-laboratorio-do-neoliberalismo.htm. Acesso em: jul. 2023.

Disponível em: https://exame.com/brasil/chanceler-ernesto-araujo-afirma-que-nazismo-e-de-esquerda/. Acesso em: jun. 2023.

Disponível em: https://g1.globo.com/politica/noticia/2019/04/02/bolsonaro-diz-nao-haver-duvida-de-que-nazismo-era-de-esquerda.ghtml. Acesso em: jun. 2023.

Disponível em: https://g1.globo.com/politica/noticia/2020/05/22/ministro-do-meio-ambiente-defende-passar-a-boiada-e-mudar-regramento-e-simplificar-normas.ghtml. Acesso em: jun. 2023.

Disponível em: https://veja.abril.com.br/politica/bolsonaro-afirma-que-nazismo-sem-duvidas-e-de-esquerda. Acesso em: jun. 2023.

Disponível em: https://www.bbc.com/portuguese/brasil-47784368. Acesso em: jun. 2023.

Disponível em: https://www.cartacapital.com.br/politica/a-justificativa-de-arthur-lira-para-interromper-a-tramitacao-do-pl-das-fake-news/. Acesso em: jun. 2023.

Disponível em: https://www.estadao.com.br/politica/arthur-lira-diz-que-google-meta-ultrapassaram-limites-lobby-pl-2630-fake-news-nprp/ Acesso em: jun. 2023.

Informação bibliográfica deste texto, conforme a NBR 6023:2018 da Associação Brasileira de Normas Técnicas (ABNT):

CRUZ, Álvaro Ricardo de Souza; DUARTE, Bernardo Augusto Ferreira; NOGUEIRA, Bernardo Gomes Barbosa. 35 anos da Constituição de 1988: um acerto de contas com o neoliberalismo. *In*: FACHIN, Luiz Edson; BARROSO, Luís Roberto; CRUZ, Álvaro Ricardo de Souza (Coord.). *A Constituição da democracia em seus 35 anos*. Belo Horizonte: Fórum, 2023. p. 287-318. ISBN 978-65-5518-597-3.

CONSTRUÇÃO DA INCLUSÃO SOCIAL E TRANSFORMAÇÃO PELA ALFABETIZAÇÃO: ANÁLISE DA EDUCAÇÃO DE JOVENS E ADULTOS NO BRASIL DESDE A PROMULGAÇÃO DA CONSTITUIÇÃO DE 1988 E PERSPECTIVAS FUTURAS

ÁLVARO RICARDO DE SOUZA CRUZ
JULIA LAUREANO BELAN MURTA
EBE FERNANDES CARVALHO

1 Introdução

O tempo é marcado. Datado. Medido. O impacto aumenta em nossas retinas quando saltam aos olhos os algarismos 0 (zero) e 5 (cinco). É o caso da presente obra, que exige de cada um dos autores um juízo de valor sobre o que se passou desde o 5.10.1988. Trinta e cinco anos de vigência. Inúmeros desafios, vitórias e derrotas de um povo. Dúvidas sobre o que se passa no presente. Projetos para o futuro. Contudo, não há bom vento para um barco que não sabe para onde ir. E não se sabe o destino sem reconhecermos o que somos. Nesse sentido, nossa identidade parte daquilo que lembramos. A presente obra nos demanda um exercício de memória. Não existe "co-memoração" sem "re-memoração". É lugar comum acreditar que resgatamos nossas memórias. Um erro comum, pois a memória é uma construção. Um exercício, no qual selecionamos aquilo que mereça/deva vir à tona. E o vastíssimo tema da educação não poderia ficar de fora. E, se sabemos que esse tema – assim como tudo – é infinito, optamos por um recorte menos ousado e ainda assim corajoso: checar os avanços da alfabetização em nosso país nesses últimos 35 anos.

A alfabetização emerge como um indicador fundamental do desenvolvimento educacional e social de um país, capaz de desencadear transformações profundas na inclusão e equidade. No contexto brasileiro, o país enfrenta desafios e conquista avanços notáveis no âmbito da alfabetização de jovens e adultos. Nesse cenário, a Educação de Jovens e Adultos (EJA) se destaca como um campo estratégico para promover a inclusão social e proporcionar igualdade de oportunidades.

O primeiro capítulo aborda a importância central da Constituição brasileira de 1988 no contexto da educação, e destaca como ela estabelece a educação como um direito fundamental e dever do Estado. Sublinha-se a vital contribuição desse direito para o desenvolvimento pleno do indivíduo, bem como o reconhecimento da Educação de Jovens e Adultos (EJA) como um direito social e cidadão, essencial na formação integral dos indivíduos, e o compromisso contínuo do poder público na garantia desse direito.

No segundo, são delineadas as principais políticas públicas voltadas para a Educação de Jovens e Adultos (EJA) e a alfabetização, implementadas ao longo das últimas três décadas. São abordados marcos importantes, como a Lei de Diretrizes e Bases da Educação Nacional (LDBEN), o Programa Brasil Alfabetizado (PBA), o Fundo de Manutenção e Desenvolvimento da Educação Básica e de Valorização dos Profissionais da Educação (Fundeb) e as metas estabelecidas no Plano Nacional de Educação (PNE), bem como seus aprimoramentos ao longo do tempo.

Em seguida, aprofunda-se na análise concreta, com a investigação da evolução do índice de alfabetização entre jovens e adultos no Brasil, por meio de dados coletados pelo Instituto Brasileiro de Geografia e Estatística (IBGE), desde 1988. Esta pesquisa traça um panorama das transformações ocorridas ao longo desse período e evidencia a importância dos indicadores de qualidade da educação.

No capítulo subsequente, a análise ganha amplitude ao explorar as valiosas contribuições de Paulo Freire, consagrado autor da influente obra *Pedagogia do oprimido*. Sob essa abordagem, Freire introduz a emblemática "concepção bancária da educação", uma metáfora que delineia a abordagem educacional convencional, contrastando-a com o princípio de "dialogicidade", que enfatiza a relevância intrínseca do diálogo e da interação mútua no processo de aprendizado. Por meio dos conceitos de Freire, arquiteta-se a ideia da alfabetização como motor de transformação.

Por fim, são tecidas considerações e inquietações acerca dos desafios e das perspectivas que se delineiam no horizonte da educação no Brasil. Surge o questionamento sobre a capacidade da educação contemporânea em efetivamente equipar os jovens para enfrentar um mundo em constante evolução, permeado por tecnologias emergentes e exigências complexas.

Nesse sentido, esta pesquisa tem como objetivo enriquecer o diálogo educacional e oferecer perspectivas que inspiram a contínua busca por uma educação mais inclusiva, igualitária e alinhada com as necessidades das gerações presentes e futuras.

2 Inserção da Educação de Jovens e Adultos (EJA) como direito na Constituição de 1988

A Constituição brasileira de 1988, um marco relevante na consolidação democrática do país, conferiu à educação um *status* fundamental, elevando-a como um elemento central na construção de uma sociedade mais justa e equitativa. No seu art. 205, a Constituição garante o direito à educação como dever do Estado, e estabelece a igualdade de oportunidades no acesso à escola, independentemente da faixa etária, um princípio que reafirma o compromisso com a plena cidadania e a redução das disparidades sociais.

A educação, como componente essencial dos direitos sociais, cujo princípio norteador reside na busca pela equidade entre os cidadãos, encontra consolidação no art. 6º da Constituição. Nesse preceito, que enumera a educação juntamente com a saúde, a alimentação, o trabalho, a moradia, o transporte, o lazer, a segurança, a previdência social, a proteção à maternidade e à infância, a assistência aos desamparados, recai sobre o Estado a responsabilidade de garantir uma educação de qualidade a todos os brasileiros e assegura a valorização da Educação de Jovens e Adultos (EJA) como um direito social essencial.

Sob este enfoque, o art. 205 postula que "a educação, direito de todos e dever do Estado e da família, será promovida e incentivada com a colaboração da sociedade, visando ao pleno desenvolvimento da pessoa, seu preparo para o exercício da cidadania e sua qualificação para o trabalho". Depreende-se, do texto, a educação como impulsionadora do exercício da cidadania.

Neste contexto, o poder público desempenha um papel de fiscalização e tutela desse direito, fomentando campanhas e programas educacionais que erijam a educação ao *status* de prioridade nacional. A educação é uma competência partilhada por todos os entes federativos e um direito público subjetivo de cada indivíduo.

Ademais, a Constituição de 1988 consagrou um passo relevante ao reconhecer a Educação de Jovens e Adultos (EJA) como um direito social e cidadão. O art. 205, ao enfocar a preparação para a cidadania e a capacitação profissional, realça a importância de considerar a educação ao longo da vida como um componente integral do direito à educação. Esta visão abrangente pavimenta o caminho para o reconhecimento da EJA e sua importância na formação integral dos indivíduos.

3 Políticas públicas voltadas para EJA e alfabetização

Desde a promulgação da Constituição brasileira em 1988, o Brasil trilha um trajeto significativo na promoção da Educação de Jovens e Adultos (EJA), evidenciado pelo desenvolvimento e implementação de políticas públicas voltadas para a ampliação do acesso, a qualidade do ensino e a transformação social. Esse compromisso foi marcado por uma série de marcos legais e programas que refletem o engajamento do país em proporcionar oportunidades educacionais inclusivas e abrangentes.

Este capítulo aborda as principais políticas públicas implementadas, desde a promulgação da CF de 1988 até o momento atual.

3.1 Lei de Diretrizes e Bases da Educação Nacional (LDBEN)

A Lei de Diretrizes e Bases da Educação Nacional (LDBEN), de 1996 desempenhou um papel de relevância na esfera educacional ao conferir particular ênfase à Educação de Jovens e Adultos (EJA) como modalidade específica de ensino. Este reconhecimento legal dirige-se de maneira primordial àqueles que, em virtude de contingências variadas, não tiveram a oportunidade de frequentar ou concluir os níveis de instrução em idade convencional. Estabelece, assim, os fundamentos jurídicos para a provisão e promoção dessa vertente educativa.

Além disso, merece destaque o disposto no art. 4º, especialmente em seus incs. VI e VII. O inc. VI prevê a disponibilização de ensino noturno regular, adaptado às condições de cada educando. Já o inc. VII estabelece a oferta de educação escolar regular voltada para jovens e adultos, moldada de acordo com suas necessidades e disponibilidades. Essa disposição enfatiza a obrigação essencial de proporcionar uma instrução escolar adequada, com formatos e modalidades que atendam às especificidades dos indivíduos em processo educacional, incluindo a facilitação do acesso e permanência na escola para aqueles que são trabalhadores, especialmente por meio do ensino noturno modelado conforme as particularidades dos alunos.

O arcabouço legal mencionado encontra também sua base no art. 37 da mesma legislação, o qual ressalta a Educação de Jovens e Adultos como um componente essencial para a educação e desenvolvimento contínuos ao longo da vida. Esse dispositivo consagra a missão da EJA em preencher a lacuna educacional daqueles que, por variados motivos, não puderam concluir seus estudos nos níveis fundamental e médio durante a fase apropriada. O §1º desse artigo reafirma a responsabilidade dos sistemas de ensino em garantir de maneira gratuita oportunidades educacionais adequadas aos jovens e adultos que não tiveram a oportunidade de completar seus estudos na idade regular. Essas oportunidades devem levar em consideração as particularidades do corpo discente, seus interesses, condições de vida e trabalho, por meio de cursos e exames.

O Poder Público, alinhado com os preceitos legais, está igualmente incumbido, conforme expresso no §2º do art. 37, de incentivar e estimular o acesso e a permanência dos trabalhadores no âmbito educacional. Tal empenho implica a implementação de ações coordenadas e complementares, com vistas a viabilizar a efetiva participação e integração destes indivíduos no ambiente escolar, contribuindo, assim, para a eficácia e alcance das metas delineadas pela LDBEN.

3.2 Programa Brasil Alfabetizado (PBA)

O Programa Brasil Alfabetizado (PBA), instituído pelo Ministério da Educação (MEC), desempenha um papel crucial na promoção da alfabetização de jovens, adultos e idosos. Lançado em 2003, o programa se estende por todo o território nacional, priorizando municípios com altos índices de analfabetismo, com destaque para o Nordeste, onde cerca de 90% desses casos estão concentrados. A adesão ao PBA ocorre mediante resoluções específicas e segue o respaldo legal do art. 37 da Lei de Diretrizes e Bases da Educação Nacional (LDBEN), que estabelece a educação de jovens e adultos como um meio fundamental de aprendizado ao longo da vida.

O PBA tem como principal objetivo a erradicação do analfabetismo entre jovens a partir dos 15 anos, adultos e idosos. Isso reconhece o direito inalienável à educação e enfatiza a importância da alfabetização como base para o desenvolvimento contínuo. No escopo do programa, há o apoio técnico e financeiro para projetos de alfabetização propostos por estados, municípios e o Distrito Federal. A adesão é realizada por meio do Sistema Brasil Alfabetizado, com coordenação das secretarias de educação locais.

A última alteração significativa no PBA ocorreu por meio do Decreto nº 10.959 de 2022. Este decreto estabelece diretrizes para a reformulação do programa, na busca de aprimorar suas abordagens e impacto na luta contra o analfabetismo. Entre essas diretrizes, está a priorização da alfabetização em localidades com maiores índices de analfabetismo, buscando eficiência e foco na sua execução.

Além da alfabetização em si, o PBA busca fornecer formação adequada aos alfabetizadores, capacitando-os para o ensino eficaz da leitura e da escrita a jovens e adultos. Também há um destaque para a formação em matemática básica, assegurando que os alfabetizadores possam oferecer um aprendizado abrangente e de qualidade.

O Programa Brasil Alfabetizado atua como um pilar essencial na luta contra o analfabetismo entre jovens e adultos e contribui para a construção de uma sociedade mais igualitária e preparada para os desafios educacionais presentes e futuros.

3.3 O Fundo de Manutenção e Desenvolvimento da Educação Básica e de Valorização dos Profissionais da Educação (Fundeb)

O Fundo de Manutenção e Desenvolvimento da Educação Básica e de Valorização dos Profissionais da Educação (Fundeb) desempenha um papel central no financiamento da educação básica no Brasil. Criado em substituição ao Fundo de Manutenção e Desenvolvimento do Ensino Fundamental e de Valorização do Magistério (Fundef), o Fundeb foi instituído em janeiro de 2007 e passou por significativas mudanças com a Emenda Constitucional (EC) nº 108, de 26.8.2020.

O principal objetivo do Fundeb é promover a redistribuição dos recursos vinculados à educação, levando em consideração o desenvolvimento social e econômico das diferentes regiões do país. Ele opera mediante a destinação de uma parcela dos impostos arrecadados pela União, estados, Distrito Federal e municípios, além de outras receitas, para compor o fundo. Esses recursos são então distribuídos entre os entes federativos com base no número de alunos matriculados na educação básica, conforme dados do censo escolar do ano anterior.

A EC nº 108 trouxe mudanças importantes para o Fundeb e, por consequência, para a Educação de Jovens e Adultos (EJA). Um dos aspectos relevantes é a nova forma de distribuição dos recursos da complementação da União. Antes da emenda, a União complementava os fundos dos estados e municípios em percentuais fixos. Com a EC nº 108, a complementação passou a ser calculada de maneira escalonada, levando em consideração a insuficiência de recursos por aluno nas redes de ensino.

No contexto da EJA, a EC nº 108 e a reformulação do Fundeb são particularmente significativas. A educação de jovens e adultos é uma modalidade educacional voltada para pessoas que não concluíram seus estudos na idade regular. Com as mudanças no Fundeb, a destinação de recursos para a EJA é impactada positivamente, uma vez que os critérios de distribuição passaram a considerar indicadores de melhoria nos resultados de aprendizagem e aumento da equidade, incluindo o nível socioeconômico dos educandos.

Ressalta-se a importância de assegurar as verbas destinadas ao Fundeb e a necessidade de que estas não estejam sujeitas ao teto de gastos. Garantir um financiamento adequado e estável é essencial para a continuidade e aprimoramento das políticas educacionais, incluindo aquelas voltadas para a Educação de Jovens e Adultos. Além disso, a preocupação com a efetiva utilização desses recursos, com foco na promoção da equidade e qualidade na educação, também se coloca como um desafio importante.

Em resumo, o Fundeb, após a alteração promovida pela Emenda Constitucional nº 108, fortalece a Educação de Jovens e Adultos ao direcionar recursos de forma mais equitativa e transparente, valorizar os profissionais envolvidos e promover melhorias nos indicadores educacionais. Essas mudanças contribuem para a construção de uma educação básica mais inclusiva e de qualidade em todas as fases da vida, incluindo a EJA.

3.4 O Plano Nacional de Educação (PNE) e suas metas: foco na alfabetização e Educação de Jovens e Adultos (EJA)

O Plano Nacional de Educação (PNE), instituído pela Lei nº 13.005/2014, surge como um instrumento estratégico na promoção da educação de qualidade em todas as suas dimensões. Entre as metas elencadas, a Meta 9 assume um papel de destaque ao direcionar esforços para a alfabetização e educação de jovens e adultos (EJA), com o objetivo ambicioso de elevar a taxa de alfabetização da população com 15 anos ou mais para 93,5% até 2015, erradicar o analfabetismo absoluto até o final da vigência do PNE e reduzir em 50% a taxa de analfabetismo funcional.

Entretanto, a análise dos indicadores atuais revela um cenário que aponta para desafios na concretização de algumas metas. No que tange à Meta 9, que propunha elevar a taxa de alfabetização para 93,5% até o ano de 2015, constata-se que essa meta não foi alcançada. De acordo com os dados disponíveis no Sistema Integrado de Monitoramento, Execução e Controle do Ministério da Educação (Simec), a taxa de alfabetização da população de 15 anos ou mais de idade no Brasil situa-se em 91,5%, demonstrando a necessidade de aprimoramento das políticas e estratégias voltadas para a alfabetização de jovens e adultos, a fim de que a educação alcance um número significativamente maior de indivíduos e eleve os patamares de alfabetização no país.

A Meta 10, por sua vez, almeja a oferta de, no mínimo, 25% das matrículas da Educação de Jovens e Adultos (EJA) de forma integrada à educação profissional nos ensinos fundamental e médio. No entanto, o indicador atual de percentual de matrículas da EJA nessa modalidade apresenta-se em apenas 2,8%, muito aquém da meta estabelecida. Essa discrepância sinaliza desafios na promoção da articulação entre a educação de jovens e adultos e a formação profissional, bem como a necessidade de políticas que estimulem e ampliem a integração dessas duas esferas educacionais.

A análise desses indicadores suscita a reflexão acerca das estratégias implementadas até o momento para atingir as metas do PNE relacionadas à alfabetização e educação de jovens e adultos. É essencial considerar que a superação desses desafios requer uma abordagem multidimensional, que abarque não apenas o aspecto pedagógico, mas também questões socioeconômicas, culturais e estruturais que impactam o acesso e a permanência dos jovens e adultos na educação.

Resumindo, a análise dos indicadores revela que, apesar dos esforços empreendidos, algumas metas do PNE relacionadas à alfabetização e educação de jovens e adultos não foram nem serão alcançadas conforme inicialmente previsto. Diante desse cenário, torna-se necessário rever as estratégias em andamento, fortalecer políticas específicas e direcionadas, bem como renovar a atenção para as particularidades e obstáculos enfrentados por esse segmento da população. Essas ações visam garantir a plena realização do direito à educação ao longo de toda a vida.

4 Evolução do índice de alfabetização de jovens e adultos no Brasil

O objetivo deste capítulo consiste na investigação da trajetória do analfabetismo no Brasil, destacando as principais mudanças nas taxas de analfabetismo relativas à população com 15 anos ou mais, com base em dados coletados entre 1988 e 2022.[1]

4.1 Materiais e métodos

Os dados utilizados neste estudo foram coletados de fontes oficiais, como os censos demográficos realizados pelo Instituto Brasileiro de Geografia e Estatística (IBGE) e outras publicações governamentais. Foram utilizados os números relativos ao analfabetismo, expressos em porcentagem, da população de 15 anos ou mais.

4.2 Resultados e discussão

A Figura 1 apresenta a evolução das taxas de analfabetismo no Brasil entre os anos de 1988 a 2022.

De acordo com o Instituto Brasileiro de Geografia e Estatística (IBGE), a taxa de analfabetismo no Brasil tem apresentado uma tendência de queda ao longo desses anos, mas ainda persistem desafios significativos.

Em 1988, a taxa de analfabetismo no Brasil para a população com 15 anos ou mais era de aproximadamente 18,9%. Já em 2022, essa taxa diminuiu para cerca de 5,6%. Esses números indicam uma redução considerável do analfabetismo no período de 1988 a 2022.

Figura 1 – Taxa de analfabetismo de 15 anos ou mais de idade – 1988-2022

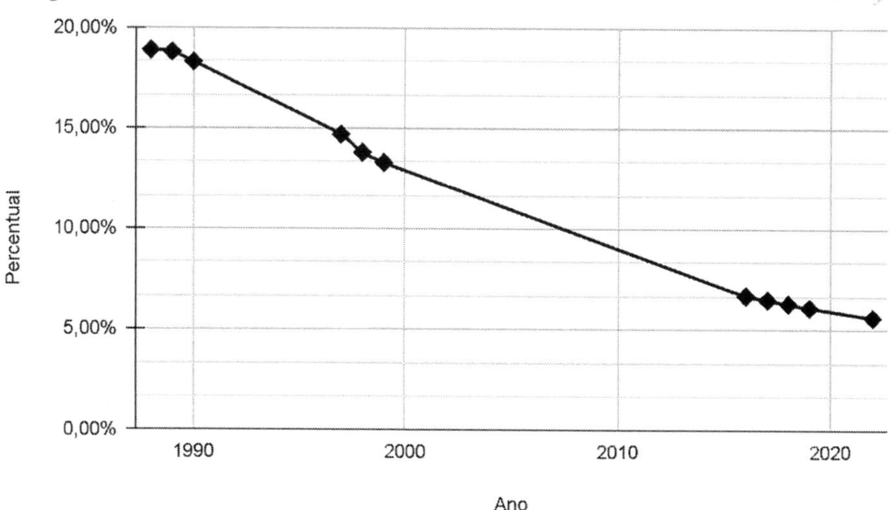

[1] Para esta análise, empregam-se informações coletadas ao longo de um amplo período, que abrange desde 1988 até 2022, de anos-chave como 1989, 1990, 1997, 1998, 1999, 2016, 2017, 2018, 2019, 2020 e 2021. É válido destacar que os dados disponíveis e encontrados para esta investigação estão concentrados nesses anos específicos, com a ressalva de que no contexto da pandemia não foram realizadas coletas de dados. Essa ausência de informações adiciona um elemento de complexidade à apreciação das tendências do analfabetismo ao longo deste extenso período.

Como pode ser observado na Figura 1, a taxa de analfabetismo no Brasil apresentou uma tendência de declínio ao longo do período analisado. Em 1988, a taxa era de 18,90%, mostrando que quase um quinto da população com 15 anos ou mais não sabia ler e escrever. No entanto, ao longo dos anos seguintes, houve uma diminuição constante nesse índice.

Em 1999, a taxa de analfabetismo já havia caído para 13,30%, o que representou um declínio de aproximadamente 5,6 pontos percentuais em relação a 1988. Essa redução significativa pode ser atribuída a diversos fatores, como investimentos em educação, expansão de programas de alfabetização e melhoria da infraestrutura educacional – três anos após a entrada em vigor da Lei de Diretrizes e Bases da Educação Nacional (LDBEN), de 1996.

A partir de 1999, a taxa de analfabetismo continuou a diminuir gradualmente. Em 2016, o país registrou um índice de 6,70%, marcando uma redução expressiva de 11,20 pontos percentuais em relação a 1988. Esse resultado demonstra o impacto positivo das políticas públicas de educação implementadas nas últimas décadas.

A tendência de queda persistiu nos anos subsequentes, com índices de analfabetismo de 6,50% em 2017, 6,30% em 2018, e 6,10% em 2019, revelando o comprometimento contínuo do país em promover a alfabetização e a inclusão educacional.

Em 2020 e 2021, o índice de analfabetismo não foi disponibilizado (N/A%) devido à pandemia de Covid-19, que impactou a coleta e divulgação de dados estatísticos em diversas áreas.

Finalmente, em 2022, o dado relativo ao analfabetismo teve queda para 5,60%, o que representa uma melhoria contínua e demonstra a resiliência das políticas educacionais em enfrentar os desafios impostos pelo contexto pandêmico.

Os resultados desta análise indicam que o Brasil tem feito progressos significativos na redução do analfabetismo ao longo das últimas décadas, até 2022. Desde 1988, a taxa de analfabetismo caiu de 18,90% para 5,60% em 2022, o que representa uma melhoria substancial na educação e na inclusão social do país.

É importante destacar, novamente, que, durante os anos de 2020 e 2021, não foram disponibilizados dados devido à pandemia de Covid-19, que afetou a coleta e a divulgação de informações estatísticas. Essa ausência de dados representa uma limitação deste estudo e sugere a necessidade de futuras pesquisas para avaliar o impacto da pandemia nas taxas de analfabetismo no país.

Esses avanços podem ser atribuídos a diversos fatores, como investimentos em educação, programas de alfabetização, expansão da oferta de vagas escolares e políticas públicas focadas na inclusão educacional (LDBEN, PBA, Fundeb, PNE). No entanto, é essencial que os esforços para combater o analfabetismo sejam contínuos e sustentáveis, garantindo que todos os brasileiros tenham acesso a uma educação de qualidade e oportunidades para se desenvolverem plenamente.

Portanto, a análise dos dados disponíveis reforça a importância de políticas educacionais eficientes e de longo prazo, visando à erradicação completa do analfabetismo e a construção de uma sociedade mais justa e igualitária. Além disso, enfatiza-se a necessidade de acompanhar e monitorar continuamente os indicadores educacionais, especialmente em períodos desafiadores, para que as políticas educacionais possam ser adaptadas e reforçadas, garantindo o progresso contínuo na luta contra o analfabetismo no Brasil.

5 Diálogos com Paulo Freire em "pedagogia do oprimido" e a alfabetização como motor de transformação social

A alfabetização de jovens e adultos transcende a mera aquisição de habilidades linguísticas; é um processo que tem o potencial de empoderar indivíduos e transformar comunidades inteiras. Nesse contexto, a abordagem educacional desempenha um papel crucial, influenciando a maneira como os educandos percebem o conhecimento, a si mesmos e o mundo ao seu redor. Este capítulo mergulha nas perspectivas antagônicas da dialogicidade e da concepção bancária da educação, tal como apresentadas por Paulo Freire em sua obra *Pedagogia do oprimido*.

Paulo Freire critica a abordagem educacional conhecida como "concepção bancária" da educação. Nessa abordagem, o educador é o detentor do conhecimento, e os educandos são vistos como recipientes vazios a serem preenchidos com esse conhecimento. O educador transmite informações de maneira autoritária, e os educandos são apenas receptores passivos, memorizando e repetindo o que lhes é dito. Isso resulta em uma educação mecânica e alienante, na qual não há espaço para a criatividade, a busca ativa pelo conhecimento e a transformação.

Freire argumenta que essa visão "bancária" da educação nega a verdadeira essência da aprendizagem, que é um processo de busca constante e interação entre educadores e educandos. Ele critica a divisão rígida entre quem sabe e quem não sabe, enfatizando que o conhecimento não deve ser tratado como uma doação dos supostos sábios aos ignorantes. Ao contrário, ele enfatiza que o conhecimento é construído por meio da busca ativa, da interação com o mundo e com os outros, e da reinvenção constante:

> A narração, de que o educador é o sujeito, conduz os educandos à memorização mecânica do conteúdo narrado. Mais ainda, a narração os transforma em "vasilhas", em recipientes a serem "enchidos" pelo educador. Quanto mais vá "enchendo" os recipientes com seus "depósitos", tanto melhor educador será. Quanto mais se deixem docilmente "encher", tanto melhores educandos serão.
>
> Desta maneira, a educação se torna um ato de depositar, em que os educandos são os depositários e o educador o depositante. Em lugar de comunicar-se, o educador faz "comunicados" e depósitos que os educandos, meras incidências, recebem pacientemente, memorizam e repetem. [...] não há criatividade, não há transformação, não há saber. Só existe saber na invenção, na reinvenção, na busca inquieta, impaciente, permanente, que os homens fazem no mundo, com o mundo e com os outros. Busca esperançosa também.
>
> Na visão "bancária" da educação, o "saber" é uma doação dos que se julgam sábios aos que julgam nada saber. Doação que se funda numa das manifestações instrumentais da ideologia da opressão – a absolutização da ignorância, que constitui o que chamamos de alienação da ignorância, segundo a qual esta se encontra sempre no outro.
>
> O educador, que aliena a ignorância, se mantém em posições fixas, invariáveis. Será sempre o que sabe, enquanto os educandos serão sempre os que não sabem. A rigidez destas posições nega a educação e o conhecimento como processos de busca. (FREIRE, 1987, p. 37)

Freire observa que a visão "bancária" perpetua a alienação da ignorância, em que o educador mantém posições fixas e invariáveis de superioridade, enquanto os educandos são relegados à posição de ignorância. Essa rigidez nega a educação como um processo de busca e criação, e impede a transformação do conhecimento em algo vivo e mutável.

Em contrapartida, a dialogicidade, um dos pilares fundamentais da pedagogia de Paulo Freire, desafia a tradicional concepção bancária da educação e se torna uma poderosa ferramenta na alfabetização de jovens e adultos. Essa abordagem propõe um diálogo horizontal e participativo, no qual educadores e educandos se engajam em uma troca de experiências, ideias e conhecimentos, criando um espaço para a construção coletiva do saber:

> Assim é que, enquanto a prática bancária, como enfatizamos, implica numa espécie de anestesia, inibindo o poder criador dos educandos, a educação problematizadora, de caráter autenticamente reflexivo, implica num constante ato de desvelamento da realidade. A primeira pretende mante a imersão; a segunda, pelo contrário, busca a emersão das consciências, de que resulte sua inserção crítica na realidade.
>
> Quanto mais se problematizam os educandos, como seres no mundo e com o mundo, tanto mais se sentirão desafiados. Tão mais desafiados, quanto mais obrigados a responder ao desafio.
>
> Desafiados, compreendem o desafio na própria ação de captá-lo. Mas, precisamente porque captam o desafio como um problema em suas conexões com outros, num plano de totalidade e não como algo petrificado, a compreensão resultante tende a tornar-se crescentemente crítica, por isto, cada vez mais desalienada. (FREIRE, 1987, p. 44)

Na perspectiva da dialogicidade, a educação é entendida como um ato de criação conjunta, no qual educadores e educandos se envolvem em um processo recíproco de aprendizado. Freire destaca que "Ninguém educa ninguém, ninguém educa a si mesmo, os homens se educam entre si, mediatizados pelo mundo" (FREIRE, 1987, p. 44).

O diálogo autêntico não é apenas uma troca de palavras, mas sim um espaço onde as vozes individuais são ouvidas e valorizadas. É um processo de mútua escuta, reflexão e ação.

Nesse sentido, a alfabetização não é apenas uma habilidade técnica, mas um processo de conscientização que capacita os educandos a interpretar criticamente sua realidade.

A palavra escrita se torna uma ferramenta de empoderamento, e permite que os educandos expressem suas experiências, sonhos e aspirações. Ela os capacita a nomear as injustiças e desafios que enfrentam, e a colaborar na busca por soluções coletivas. Por meio da palavra, os educandos se tornam agentes ativos na transformação social.

A dialogicidade na alfabetização de jovens e adultos não é apenas um método pedagógico, mas sim uma abordagem que reverbera nas esferas sociais mais amplas. Ao criar espaços de diálogo e reflexão, a dialogicidade fomenta a consciência crítica e a ação coletiva. Os educandos não apenas decodificam a realidade, mas a reinterpretam e a transformam, buscando soluções para os desafios que enfrentam em suas comunidades.

No prefácio da obra de Paulo Freire (1987), o Professor Ernani Maria Fiori explora o conceito de significação das palavras e enfatiza que a "codificação" e a "descodificação" possibilitam ao alfabetizando integrar o sentido das palavras geradoras em seu contexto existencial:

> A "codificação" e a "descodificação" permitem ao alfabetizando integrar a significação das respectivas palavras geradoras em seu contexto existencial – ele a redescobre num mundo expressado em seu comportamento. Conscientiza a palavra como significação que se constitui em sua intenção significante, coincidente com intenções de outros que significam o mesmo mundo. Este – o mundo – é o lugar do encontro de cada um consigo mesmo e os demais. (FIORI, 1987, p. 6)

A dialogicidade se converte, assim, em um motor de transformação social, pois capacita os educandos a romperem com o ciclo da opressão e a se tornarem líderes ativos na construção de uma sociedade mais justa e igualitária. A palavra, como instrumento de diálogo e conscientização, se torna a ferramenta por excelência na busca por mudança e empoderamento.

6 Considerações finais

É indubitavelmente lamentável que, em pleno século XXI e no ano de 2023, o Brasil se veja imerso em debates sobre a persistência do analfabetismo. Essa constatação, por si só, suscita uma reflexão de profundidade considerável. A abordagem delineada nesta exposição busca não apenas elucidar as melhorias implementadas, mas também fomentar um diálogo tanto interno quanto externo, suscitando indagações acerca dos motivos subjacentes à manutenção do analfabetismo em uma era que almeja avanços substanciais. No contexto de um cenário que aspira a progresso e transformações significativas, a permanência desta problemática ressalta uma inquietante preocupação que, à primeira vista, poder-se-ia supor já superada em uma nação com aspirações de desenvolvimento e inclusão educacional.

No âmbito contemporâneo, caracterizado por transformações sociais, tecnológicas e econômicas aceleradas, surgem interrogações de substância sobre o papel da educação como agente catalisador de transformação social.

Nas palavras de Ciro Ferreira Gomes (2020), no contexto de um mundo em constante transformação tecnológica, a educação contemporânea deve priorizar a capacidade de aprender a aprender e analisar de forma crítica o excesso de informações:

> Defendo convictamente que a principal habilidade a ser desenvolvida pela educação no mundo atual é a capacidade de aprender a aprender e de lidar criticamente com o excesso de informações.
>
> Num mundo com tecnologias em permanente mudança, o brasileiro do presente e do futuro precisa ter uma capacidade adaptativa que só o pensamento crítico genuíno, fonte de todo o conhecimento humano, pode dar. Não existe mais lugar no mundo para o professor reprodutor de fórmulas e informações, simplesmente porque um volume incomensurável de informações está à distância de um clique. O professor, no entanto, retém seu papel fundamental de tutor de um aluno perdido num mar de dados sem saber como avaliá-los ou relacioná-los, de interlocutor individual capaz de identificar e intervir em dificuldades particulares de aprendizado, mostrando ao aluno a falha particular de pensamento que o impede de dominar determinado conteúdo ou habilidade. Enfim, cabe ao professor sempre ajudar a desenvolver no aluno o genuíno espírito crítico que, bem longe de ser a doutrinação ideológica que muitas vezes o termo esconde, é exatamente seu inverso: ensinar a abordar o mesmo problema ou conteúdo de pontos de vista diferentes. (GOMES, 2020, p. 111-112)

No cenário desafiador que se apresenta, perguntas ecoam: estamos realmente progredindo ou retrocedendo? A sociedade está no limiar de uma transformação genuína, ou estamos apenas perpetuando dinâmicas neocoloniais? Em meio a esses dilemas educacionais, desponta uma indagação de extrema relevância: será que estamos autenticamente alinhados com as necessidades da aprendizagem, ou estamos nos tornando passivos depósitos de informações, abraçando um modelo reminiscente da educação bancária de Paulo Freire? Somos forjados como produtos ou, em contrapartida, estamos trilhando um caminho que prioriza a construção crítica do conhecimento? Esses questionamentos nos desafiam a reexaminar o papel essencial da educação em nossa sociedade e a explorar como efetivamente podemos preparar as gerações vindouras para prosperar em um mundo em constante metamorfose.

Será o Brasil capaz de providenciar uma educação capaz de habilitar os jovens a enfrentar os desafios iminentes do mercado de trabalho em um ambiente crescentemente tecnológico e interconectado? Estarão os jovens devidamente munidos das competências e habilidades necessárias para prosperar numa sociedade permeada por algoritmos e inteligência artificial? Pesquisas como o *The Future of Jobs Report 2023* do Fórum Econômico Mundial (2023) apontam que até um quarto dos empregos mude nos próximos cinco anos, e:

> Ao mesmo tempo, as funções em declínio mais rápido também estão sendo impulsionadas pela tecnologia e pela digitalização, sendo que as funções administrativas ou de secretariado, incluindo caixas de banco, caixas e funcionários de entrada de dados, deverão sofrer o declínio mais rápido. (FÓRUM ECONÔMICO MUNDIAL, 2023)

Essa constatação ressalta a urgente necessidade de uma educação que promova habilidades como pensamento crítico, resolução de problemas e colaboração, proporcionando aos jovens as ferramentas necessárias para prosperar no futuro mercado de trabalho.

Qual é o grau efetivo de investimento em termos de tecnologia no contexto educacional? A abordagem educacional atual encontra-se suficientemente atualizada para permitir que os discentes naveguem e alavanquem as tecnologias? Enquanto países como Suíça, Estados Unidos, Suécia, Reino Unido e Países Baixos lideram a classificação mundial de inovação e ocupam as primeiras posições, faz-se crucial observar a posição do Brasil nesse cenário. O país encontra-se na 54ª posição no Índice Global de Inovação (OMPI, 2022).

Nesse contexto, as palavras de Ciro Ferreira Gomes (2020), expressas em seu livro *Projeto Nacional: o dever da esperança*, ressoam de maneira significativa. Ciro destaca a percepção comum de que o Brasil é muitas vezes subestimado em sua capacidade de gerar inovação tecnológica. No entanto, ele nos lembra que a nação já ocupou a vanguarda tecnológica em diversos setores. Salienta que essas realizações seguem os mesmos padrões de inovação observados em descobertas norte-americanas, frequentemente alcançadas por órgãos estatais ou em projetos financiados pelo Estado.

> Muitos imaginam o Brasil incapaz de produzir tecnologia inovadora, mas a verdade é que já estivemos na vanguarda tecnológica em muitos setores.

> Desenvolvemos não só a fibra óptica como também a tecnologia de exploração de petróleo em águas profundas, novos biocombustíveis, o carro a álcool, uma técnica própria e barata de enriquecimento de urânio, e adaptamos várias modalidades de grãos ao nosso cerrado. Esses avanços seguiram os mesmos padrões das descobertas norte-americanas: foram obtidos ou por órgãos estatais ou no bojo de projetos bancados pelo Estado. (GOMES, 2020, p. 109)

A contínua diáspora de talentos brasileiros para outros países, especialmente aqueles com economias em franca ascensão, tal como a China, suscita uma preocupação mais profunda. Estará o Brasil destinado a exportar perpetuamente, sejam produtos agrícolas sejam mentes brilhantes?

Até os dias atuais, o Brasil ainda se depara com a problemática do analfabetismo. A trajetória delineada por Paulo Freire sugere que, caso o Brasil não se antecipe devidamente, estaremos fadados a uma condição de opressão. Num universo em constante evolução, a educação figura como a chave para habilitar as gerações vindouras e para edificar uma nação mais justa, inclusiva e habilitada a encarar os desafios presentes e futuros.

Referências

BRASIL. *Constituição da República Federativa do Brasil*. Brasília: Senado Federal. Disponível em: https://www.planalto.gov.br/ccivil_03/constituicao/constituicao.htm. Acesso em: 18 maio 2023.

BRASIL. Decreto nº 10.959, de 8 de fevereiro de 2022. Dispõe sobre o Programa Brasil Alfabetizado. *Diário Oficial da União*, Brasília, DF, 9 fev. 2022. Disponível em: http://www.planalto.gov.br/ccivil_03/_ato2019-2022/2022/decreto/D10959.htm. Acesso em: 18 maio 2023.

BRASIL. *Emenda Constitucional nº 108/2020*. Disponível em: https://www.planalto.gov.br/ccivil_03/constituicao/emendas/emc/emc108.htm. Acesso em: 5 jun. 2023.

BRASIL. *Lei de Diretrizes e Bases da Educação Nacional (LDBEN) nº 9394/1996*. Disponível em: https://www.planalto.gov.br/ccivil_03/leis/l9394.htm. Acesso em: 4 jun. 2023.

BRASIL. *Lei nº 13.005/2014* – Plano Nacional de Educação. Disponível em: http://www.planalto.gov.br/ccivil_03/_ato2011-2014/2014/lei/l13005.htm. Acesso em: 5 jun. 2023

Brasil. Lei nº 14.113, de 25 de dezembro de 2020. Regulamenta o Fundo de Manutenção e Desenvolvimento da Educação Básica e de Valorização dos Profissionais da Educação (Fundeb), de que trata o art. 212-A da Constituição Federal; revoga dispositivos da Lei nº 11.494, de 20 de junho de 2007; e dá outras providências. *Diário Oficial da União*, Brasília, DF, 28 dez. 2020. Acesso em: https://www.planalto.gov.br/ccivil_03/_ato2019-2022/2020/lei/l14113.htm.

BRASIL. Ministério da Educação. Fundeb – Fundo de Manutenção e Desenvolvimento da Educação Básica e de Valorização dos Profissionais da Educação. *Portal do Ministério da Educação*. Disponível em: http://portal.mec.gov.br/fundeb. Acesso em: 8 jun. 2023.

BRASIL. Ministério da Educação. *Programa Brasil Alfabetizado*. 2022. Disponível em: https://www.gov.br/mec/pt-br/acesso-a-informacao/institucional/secretarias/secretaria-de-alfabetizacao/programa-brasil-alfabetizado. Acesso em: 18 jul. 2023.

BRASIL. Ministério da Educação. *Sistema Integrado de Monitoramento, Execução e Controle (Simec)* – Indicadores do Plano Nacional de Educação (PNE). Disponível em: https://simec.mec.gov.br/pde/grafico_pne.php. Acesso em: 10 jun. 2023.

FIORI, Maria Ernani. Aprender a dizer a sua palavra. *In*: FREIRE, Paulo. *Pedagogia do oprimido*. 17. ed. Rio de Janeiro: Paz e Terra, 1987.

FÓRUM ECONÔMICO MUNDIAL. *The Future of Jobs Report 2023*. Disponível em: https://www3.weforum.org/docs/WEF_Future_of_Jobs_2023_News_Release_Pt_BR.pdf. Acesso em: 1º jul. 2023.

FREIRE, Paulo. *Pedagogia do oprimido*. 17. ed. Rio de Janeiro: Paz e Terra, 1987.

GOMES, Ciro Ferreira. *Projeto nacional*: o dever da esperança. São Paulo: LeYa, 2020.

IBGE. *Dados Educacionais* – 1980 a 2000. Disponível em: https://seculoxx.ibge.gov.br/populacionais-sociais-politicas-e-culturais/busca-por-temas/educacao.html. Acesso em: 1º maio 2023.

IBGE. *Dados Educacionais* – 2016 a 2022. Disponível em: https://painel.ibge.gov.br/pnadc/. Acesso em: 1º maio 2023.

OMPI – ORGANIZAÇÃO MUNDIAL DA PROPRIEDADE INTELECTUAL. *Índice Global de Inovação 2022*: Suíça, Estados Unidos e Suécia lideram a classificação mundial de inovação; China se aproxima dos 10 primeiros colocados; Índia e Türkiye aceleram o passo; Inovações de impacto são necessárias em tempos turbulentos. Genebra, 29 set. 2022. Disponível em: https://www.wipo.int/pressroom/pt/articles/2022/article_0011.html. Acesso em: 10 jul. 2023.

Informação bibliográfica deste texto, conforme a NBR 6023:2018 da Associação Brasileira de Normas Técnicas (ABNT):

CRUZ, Álvaro Ricardo de Souza; MURTA, Julia Laureano Belan; CARVALHO, Ebe Fernandes. Construção da inclusão social e transformação pela alfabetização: análise da Educação de Jovens e Adultos no Brasil desde a promulgação da Constituição de 1988 e perspectivas futuras. *In*: FACHIN, Luiz Edson; BARROSO, Luís Roberto; CRUZ, Álvaro Ricardo de Souza (Coord.). *A Constituição da democracia em seus 35 anos*. Belo Horizonte: Fórum, 2023. p. 319-332. ISBN 978-65-5518-597-3.

O ESTADO DE DIREITO E O ESTADO DE EXCEÇÃO: REFLEXÕES SOBRE A DEMOCRACIA BRASILEIRA

ÁLVARO RICARDO DE SOUZA CRUZ
DANIEL GUIMARÃES MEDRADO DE CASTRO

I Introdução

O Estado de direito democrático consiste em baliza estruturante da nossa sociedade contemporânea, com a percepção de que é preciso um sistema responsável de respeito às liberdades capaz de frear as constantes investidas autoritárias. Nos tempos mais atuais de nossa República, tem sido rememorado a todo instante, com a ratificação de que não é possível construir uma sociedade civilizada se não pelo caminho da observância da democracia.

Os últimos 35 anos foram regidos pela tentativa de superação do regime de incúria às liberdades individuais para uma democracia por vir, que é sempre um caminhar incessante e que nos exige constante adaptação de rotas e desvios dos anseios autocráticos que insistem em permear o nosso cotidiano. A Constituição de 1988 não trouxe a "democracia de volta", como afirmam alguns,[1] mas tão somente nos fez rememorar que qualquer trilha que fique às margens do Estado democrático, por mais encantador que possa parecer, traz profundos estragos para a nossa sociedade.

Os recentes atos antidemocráticos de 8.1.2023 – quando milhares de pessoas invadiram os prédios do Supremo Tribunal Federal, do Palácio do Planalto e do Congresso Nacional, destruindo bens públicos no interior desses espaços pela discordância dos resultados das eleições presidenciais – reavivaram as discussões sobre o Estado de direito, as suas limitações e a possibilidade de adoção de medidas extremas para resguardar a estabilidade das instituições.

Logo após os eventos do fatídico dia, houve uma reação imediata dos poderes constituídos, com a decretação da intervenção federal pelo presidente da República na área da segurança pública do Distrito Federal e a determinação pelo ministro do Supremo Tribunal Federal, Alexandre de Moraes, de uma série de medidas responsivas,

---

[1] Aqui não pretendemos nos agarrar ao rigor científico. Os *alguns* são sujeitos sem rostos.

como a imediata detenção de manifestantes que estavam na frente dos quartéis por todo o país, a prisão do comandante-geral da Polícia Militar do Distrito Federal e do secretário de Segurança Pública do Distrito Federal, bem como o afastamento por 90 dias do governador distrital.

A resposta imediata dada das instituições, até mesmo com o objetivo de dar um recado de intolerância a tentativas de rupturas institucionais, acabou por trazer à baila alguns questionamentos jurídicos sobre a conformidade dos atos com o direito ou se havia a instauração de medidas de exceção e se essas seriam justificáveis em razão da excepcionalidade dos fatos.

O que se pretende cotejar é a renovação do debate sobre o Estado de direito e a sua indispensabilidade na construção da democracia por vir, bem como a adoção de medidas de exceção para resguardar o Estado de direito.

Embora por vezes pareça tão somente figura de linguagem aposta em discursos de legitimação, o Estado de direito se apresenta como evolução civilizatória, transitando de uma estrutura de poder firmada na força para uma sociedade que tem a razão como elemento de centralidade. Ainda que, como veremos a seguir, essa razão tenha sido edificada em um campo movediço da crença de sua pureza, não se pode refutar a relevância do giro da modernidade para o fortalecimento das instituições.

Em igual medida, não desconsideramos as relevantes contribuições do filósofo franco-argelino Jacques Derrida na compreensão de que o direito se forja pela violência e com o uso inegável da força. Força deslocada da pessoalidade do soberano para a institucionalidade da soberania.

Como corolário lógico do Estado de direito, em que se pressupõe que o agir estatal estará sempre balizado no direito e não na vontade unipessoal do governante, surge o princípio da legalidade, que passa a ser uma moeda de duas caras. De um lado, a garantia conferida ao indivíduo de que a sua liberdade somente será limitada pelo direito, sendo a lei o instrumento capaz de condicionar o comportamento do sujeito. Do outro lado, sabe-se que o Estado somente poderá atuar na forma estatuída pela norma, sendo-lhe vedado ultrapassar os limites especificados na lei.

Contudo, valem trazer algumas percepções sobre as condições adversas não previstas no ordenamento jurídico, como alude Agamben (1998, p. 16), ao refazer a leitura do pensamento de Carl Schmidt, para quem não haveria aplicabilidade do direito durante o caos. Segundo o autor, insurreições, desastres naturais ou emergências econômicas tornam a vida social extremamente instável para que haja a exigência de aplicabilidade da lei, que tem a sua criação direcionada para momentos de normalidade social.

O presente trabalho, portanto, tem por escopo passar pela formação do Estado de direito, encontrando os seus fundamentos teóricos até avançar na concepção do princípio da legalidade. Em seguida, a pretensão é de trazer outras correntes de pensamento que se contrapuseram ao racionalismo moderno, apresentando um sentido da legalidade para além do formalismo jurídico. Em seguida, buscar-se-ão algumas reflexões sobre o estado de exceção, incluindo a avaliação de decisões tomadas no bojo dos atos antidemocráticos de 8.1.2022.

II O surgimento do Estado de direito e o papel da legalidade

O final do século XIV e o século XV foram marcados pela desestruturação das relações feudais, crise da idade média e o início da denominada idade moderna, que desaguará no surgimento do denominado Estado moderno. O Professor José Luiz Quadros de Magalhães (2012) busca imprimir um marco temporal inicial desta fase, indicando o ano de 1492, que teria como fato a expulsão dos mouros e judeus da península ibérica em busca de uma uniformização identitária, que mais adiante firmaria a base da nacionalidade.

Embora a indicação temporal seja um mecanismo interessante para marcar o início e término de evento histórico, preferimos caminhar com a visão de Álvaro Ricardo de Souza Cruz (2014), para quem a modernidade seria fruto de uma série de acontecimentos que desaguariam no pensamento moderno. Para Cruz (2014), o que apontaria para a mudança paradigmática seriam (a) a reforma protestante; (b) a consolidação do capitalismo; (c) a revolução científica; (d) o racionalismo filosófico.

A reforma protestante teria como papel relevante a desmistificação da Igreja enquanto intermediadora com as diretrizes divinas, conferindo ao homem a possibilidade de dialogar diretamente com Deus. Balizado na premissa da igualdade dos homens, o movimento capitaneado por Martin Luther (ou Martinho Lutero) teve o condão de desmistificar o conhecimento das escrituras e questionar os privilégios pautados na religião.

Por sua vez, o desenvolvimento do capitalismo teria desembocado na dissolução das relações feudais, colocando fim aos contratos de suserania e a necessidade de depositar em uma instituição o dever de proteger o cidadão e, sobretudo, a sua propriedade.

O giro copernicano e os ensaios de Galileu cumprem um papel relevante para a formação do pensamento moderno, pugnando por uma separação entre a ciência e a religião. Tentativa que se consolida no pensamento de Descartes que, em seu *Discurso sobre o método*, indica que a racionalidade seria capaz de explicar tudo, separando o sujeito cognoscente do objeto conhecido. O pensamento cartesiano foi a pedra de fundação do racionalismo moderno, que influenciou o constitucionalismo e o processo de codificação legislativa, conferindo contornos ao jusnaturalismo e ao positivismo contemporâneo.

Na separação entre o científico e os demais campos sociais, o direito natural foi sendo incorporado pelo direito positivo e as relações de poder firmadas com base na referência do indivíduo em sociedade foram sendo substituídas pelo primado da lei.

Esse giro firmou, como aponta José Adércio Leite Sampaio (2013), o primeiro trilhar do constitucionalismo moderno, que possui em sua centralidade a razão emprestada pelo direito. Nessa perspectiva, o individualismo, o contratualismo e a juridicização da política seriam ideias centrais nessa virada do modelo medieval para a criação de uma sociedade balizada pelo direito.

Seriam os eventos que permitiram a movimentação de um estado hobbesiano, no qual a figura do soberano seria a representação do poder pela sua divindade, para um modelo de Estado de direito, no qual os anseios do governante seriam limitados por um poder anterior a ele e que seria constituído pela razão. O misticismo em torno do governante, que impunha a sua vontade com base na concepção que era a própria vontade divina e que os castigos impostos em Terra seriam livramento dos pecados para que se pudesse alcançar a vida eterna nos Céus.

O governante no Estado hobbesiano teria como única fonte de limitação do seu poder a vontade de Deus, sendo este o fundamento de todo e qualquer agir estatal. Mesmo que aqui tenhamos alguns traços da racionalidade devido ao contratualismo que norteia o pensamento de Hobbes, vale anotar que não havia um Estado de direito propriamente dito, haja vista que a pactuação do indivíduo com o Estado seria na transição do estado de natureza para o estado civil, inexistindo a partir daí elementos mundanos capazes de condicionar o poder real.

Evidente que a construção do Estado de direito traz apenas a ilusão de conformidade absoluta do governante ao primado da lei, como se a racionalidade pura que estruturou o pensamento do Estado de direito nos indicasse que o governante somente poderia atuar em contrariedade com o direito quando o próprio direito lhe outorgasse tal possibilidade. A justificação legitimadora inexoravelmente deveria estar na própria ordenação jurídica.

Chamamos a atenção para os apontamentos de Tim Christiaens (2021), que anota que o estado de exceção estaria presente na própria ordem jurídica, uma vez que a estrutura normativa é direcionada a casos específicos e que a previsão de exceções a sua aplicabilidade daria ao soberano a possibilidade de escolha da sua não aplicabilidade.

> Agamben (1998, 20), however, agrees with Carl Schmitt (10) that the application of these rules to real-life situations is problematic. General abstract rules can be applied to particular cases only through the mediation of a decision (McLoughlin 2009, 246; Whyte, 60). The applicability of a particular law makes sense only if the decision maker can also choose not to apply the rule. The authorities can make an exception to a law by refusing to apply it in a specific case. In that instance, the case is excluded from that law but is included in the sphere of sovereign authority that decides whether this event falls under the law. The same argument holds for the legal order as a whole, where this inclusive exclusion constitutes the state of exception (Agamben 1998, 21). The applicability of the legal order depends on the sovereign's willingness to apply the law and thus also on his capacity to withdraw this applicability (DeCaroli, 50): "The sovereign exception... is the presupposition of the juridical reference in the form of its suspension". (AGAMBEN 1998, p. 21)

Com efeito, embora neste momento do trabalho a pretensão seja de seguir uma linha histórica tradicional, não podemos nos furtar dos indicativos de inadequação de um conceito linear do Estado de direito como se a ordem jurídica fosse capaz de delinear integralmente o agir do governante, não lhe confiando uma série de instrumentos que apenas legitimam a sua condução em inobservância ao direito.

Talvez o elemento metafísico da divindade que era utilizado como legitimador do comportamento estatal tenha se travestido no cientificismo que o direito finge carregar, como se cada conduta que destoasse da normalidade institucional fosse sopesada como válida ou não com fulcro no encontro das razões do direito. Sai-se, na teoria, de uma valoração doxática para uma validação epistêmica, ainda que, por vezes, a episteme seja detectável pela capacidade retórica típica dos sofistas.

As "pedaladas fiscais"[2] podem assumir contornos de legalidade ou de ilegalidade a depender da capacidade aglutinadora do soberano. O que queremos evidenciar é que a atuação em conformidade ou desconformidade do direito, quando analisada sob o aspecto do comportamento do soberano, dependerá inevitavelmente da sua habilidade política, trazendo ao convencimento político-jurídico-social que seu agir está balizado pelo direito.

Sabemos que a perspectiva neste momento não é discutir em detalhes o Estado de direito e as suas aporias, mas apresentar ao leitor uma visão já inicial de que a concepção unidimensional do Estado de direito encontra algumas barreiras consideráveis, uma vez que o jurídico não é sinônimo de razão.

Apesar dessa crítica, apresentaremos alguns elementos que tradicionalmente são apontados como cruciais para a formação do Estado de direito. Aos poucos, com os avanços das reformas promovidas pelo pensamento iluminista, passa-se a exigir que o fundamento do poder estatal desvie da divindade para encontrar respaldo exclusivo na razão.

A Inglaterra do século XVII evidencia bem essa transição de modelo, começando pelo Caso Bonhan (1610),[3] passando pelos diversos instrumentos limitadores do poder real até chegar na Revolução Gloriosa, com a queda da Dinastia dos Stuart e a assunção de Guilherme de Orange, com poderes limitados pelo Parlamento, que editou o *Bill of Rights* como condicionante para o exercício do poder real.

Nada obstante costumeiramente vermos esses eventos históricos com uma lanterna com intensidade mediana, a qual é capaz de apontar apenas para o fundamento social justificador do giro paradigmático, não podemos nos olvidar dos elementos políticos que permeiam essas mudanças.

A quebra da divindade como elemento justificador não decorre apenas como um movimento do racionalismo moderno, mas da própria briga de espaço político entre os agentes. Seria absolutamente impossível definir todas as razões que motivaram os documentos limitadores do poder monárquico, mas o que nos parece clarividente é que a governabilidade continua tendo por fundamento a capacidade de exercício do poder e não as delimitações trazidas pela lei. Para tratarmos na linha de Agamben (2003), continua a ser uma questão de *autoritas* e *potestas*.

O *Rule of Law* tem por pressuposto que a inexistência de uma normatividade da conduta do agente estatal implica avanço autoritário, pois a ausência de limites expressos e bem delimitados impulsiona para um agir descompromissado com o coletivo. Como bem anota Wykrota (2017), a lei simbolizaria a certeza e a segurança típica da ciência

---

2 Aqui fazemos remissão ao debate que ocasionou o *impeachment* da então Presidente da República Dilma Rousseff, que foi retirada do cargo sob a alegação de ter violado os preceitos do direito financeiro e, consequentemente, incorrido em crime de responsabilidade. Prática essa, todavia, que vinha sendo realizada há vários mandatos, sendo que apenas a então mandatária restou penalizada.

3 Diferentemente das interpretações de Cappelletti e de Elival da Silva Ramos, há autores que sustentam que o Juiz Coke pretendeu, sim, fixar as bases de um controle judicial sobre atos do rei e sobre atos do Parlamento, todavia, não o teria feito com base no *common law*, simplesmente considerado, mas com fundamento na Magna Carta, desde 1215 assinada por cerca de 32 (trinta e dois) monarcas. Seria essa a doutrina da *higher law* ou *fundamental law*, a qual teria servido como fundamento posterior ao surgimento do *judicial review* nos Estados Unidos da América. Alguns a identificam diretamente com a Magna Carta, como antecedente da ideia de Constituição, outros baseiam a ideia de uma lei fundamental na doutrina do direito natural (VICTOR, 2013, p. 30).

moderna, sendo que a sua abstração e universalidade apresentariam uma razão descolada da vontade unipessoal do monarca.

As doses concentradas de individualismo presentes no pensamento iluminista, sobretudo no século XVIII, acabam por ser ingrediente importante na receita revolucionária que abodegou os franceses na queda da Bastilha e os americanos na festa do chá. O Estado de direito gerado em solo britânico passa a ganhar contornos materiais, sendo que, mais do que limitado pelo direito, o Estado teria uma pactuação constitutiva condicionante para a própria produção legiferante. O Estado passa a ter no direito a sua crença maior, como se passasse a ser governado pela razão.

> Montesquieu, assim como Hobbes, Rousseau e Locke, cada um dentro das especificidades de suas obras, sustentou a sacralidade da lei dentro de um princípio de universalização das ações estatais e privadas, em uma versão forte, isto é, tanto o Executivo quanto o Judiciário deveriam acatar a vontade do legislador na aplicação da lei (CRUZ, 2014, p. 74). O estado seria concebido nessa proposta como uma "máquina", tendo no poder legislativo seu principal componente (já que expressaria a vontade do povo). As leis, pensadas como ápice da racionalidade humana, passam a ser o elemento central da previsibilidade da conduta, abrindo espaço, também, para investigações sobre as formas de interpretá-las e aplicá-las. (WYKROTA, 2017, p. 156)

Nesse diapasão, temos o surgimento das bases daquilo que na contemporaneidade seria chamado de princípio da legalidade, que confere ao indivíduo a liberdade para agir desde que não esteja limitado pela lei e, na outra ponta, impõe ao Estado e aos seus agentes uma conduta que esteja milimetricamente prevista em algum instrumento normativo.

A legalidade passa a ser o alicerce da sociedade e, para conferir estabilidade institucional por meio da previsibilidade da conduta pública, passa-se a vislumbrar uma isomorfia do texto editado na forma de lei com a realidade enfrentada, como se não houvesse campo para permitir o arbítrio do representante estatal. Como aponta Montesquieu (1996, p. 132), "a liberdade é o direito de se fazer aquilo que as leis permitem", denotando uma preocupação para que o Executivo e o Judiciário sejam meros executores da vontade da lei.

Embora essa percepção esteja absolutamente desconstruída na contemporaneidade, a ideia de separação das estruturas do Estado que fossem movidas pela razão é marco central da modernidade na ciência política, desvelando que as estruturas sociais buscavam balizamento na razão pura, firmada na crença de que o processo legislativo seria fruto natural da razão de homens que possuíam a legitimidade institucional para inserir no texto normativo a vontade representada da sociedade. As demais estruturas estatais tinham o compromisso de aplicar a norma editada sem aposição de suas subjetividades e interesses pessoais. O mundo máquina refletido nas instituições.

A lei no Estado de direito, precipuamente em uma perspectiva liberal, ganha contornos de proteção ao indivíduo em face da fúria do Estado, de modo que o representante estatal deve moldar o seu agir pela consonância absoluta com a norma. A Administração Pública recebe a diretriz de que somente será válida a sua conduta se respaldada em uma lei específica.

O Estado é balizado no direito, que foi amplamente seduzido pela ideia de estruturação lógico-formal da realidade captada pela mente e reproduzida no conceito abstrato, o que supostamente daria à norma jurídica a previsibilidade exigida pela segurança jurídica. Como seria possível apenas uma única interpretação lógica, o afastamento dessa hipótese seria um tergiversar ilegítimo, pois o intérprete estaria desvirtuando o sentido da norma e pessoalizando a aplicação do direito.

O receio de regresso à aplicação coletiva da vontade unipessoal nos faz agarrar ao mastro da legalidade, acreditando que a lei é capaz de trazer todos os elementos cognoscíveis e que, portanto, garante-nos previsibilidade do agir estatal. O exercente do poder não será arbitrário, pois está subordinado à lei e, sobretudo, à Constituição! Incrível como a infância se esvai, mas o ficcionismo se mostra presente na mente humana, que acreditou nos contos "perraultianos" da racionalidade pura capaz de encontrar o isomorfismo entre o signo/significante/significado.

Passamos a ter a crença em um sistema luhmaniano em que a resposta para a conformação e validação da conduta do agente público dar-se-ia no próprio sistema jurídico. Mais uma vez iludidos, pois, ao final, o que se criou foi a existência de um estado de exceção constitucional, no qual se busca o fundamento no próprio direito para a não aplicação do direito.

No próprio modelo de Estado liberal, Alexander Keyssar, em sua obra *The right to vote: the contested history of democracy in the United States*, apresenta uma percepção de que a concessão de direitos e a abertura para a participação mais democrática se dão embasadas na avaliação política momentânea de importância de determinado grupo integrar a composição decisória do Estado.

Enfim, o que queremos evidenciar é que a pretensão de certeza e segurança típica do Estado de direito não passa de canto de sereia, sendo impossível distanciar o olhar do jurista aos fenômenos sociais e políticos para avaliação da conformidade jurídica do agir do agente estatal. O estado de exceção não é declarável aprioristicamente.

III As fissuras no referencial originário do Estado de direito

Essa busca por uma segurança presente no texto normativo encontrou alguns obstáculos no decorrer do pensamento contemporâneo, sobretudo no giro linguístico-pragmático e na fenomenologia, que apontam para a ausência de uma correção vislumbrada objetivamente e aprioristicamente, como se fosse resultado lógico obtido a partir de um processo puramente racional. Desconsiderar o jogo de linguagem ou os existenciais do *Dasein* na construção aplicativa da norma se desvela como caminho arruinado. Como aponta Wykrota (2017, p. 171):

> A pretensão de correção, ao modo jusnaturalista e positivista exegético, funciona como algo dado, um pressuposto embutido na ideia de que tanto a subsunção quanto o fundamento moral jusnaturalista conduzirão "obviamente" a uma resposta correta. Não é à toa que a grande preocupação desses dois modelos se dá com a estrutura normativa e o método de aplicação do direito. O que se tem, aí, é uma pretensão de correção a priori, funcionando em um esquema binário. Com a expressão "a priori", queremos nos referir à pretensão de correção vista como puro pressuposto de aplicação do direito, especialmente perceptível

no jusnaturalismo e juspositivismo exegético. Com a expressão "esquema binário", nos referimos a uma pretensão de correção do tipo "tudo ou nada", na qual a questão seria apenas saber se o profissional do direito está de boa ou má-fé no exercício de sua profissão. A profissionalização crescente do Direito e a ausência daquela que seria uma solução contundente para um método jurídico-científico que garantisse "a" resposta correta em todo e qualquer caso abrem espaço para preocupações com as teorias da argumentação e da decisão, sob novos ares vindos com o giro linguístico na hermenêutica contemporânea e da virada institucional, sobre a qual falaremos mais adiante.

A linguagem, no final do século XIX, passa a assumir a centralidade nos debates filosóficos, insurgindo-se contra o idealismo transcendental, que tinha por principal expositor Immanuel Kant.[4]

O giro linguístico rompe com a filosofia da consciência, para a qual o sujeito seria capaz de inferir mentalmente o conceito do objeto, tendo a linguagem uma função meramente representativa da realidade. Vigorava-se, então, a relação sujeito/objeto.

Com essa ruptura, passa-se a visualizar a relação intersubjetiva como indispensável para a formação do conhecimento, formando-se a relação sujeito/sujeito. A linguagem deixa de ter uma função meramente representativa.

> A partir daí, a linguagem passa a ser vista como aquilo que possibilita a compreensão do indivíduo no mundo, de modo que essa mesma linguagem é necessariamente fruto de um processo de comunicação envolvendo uma relação de intersubjetividade, isto é onde antes havia uma relação sujeito/objeto, instaura-se uma relação sujeito/sujeito. Além disso, a própria linguagem começa a ser compreendida como elemento de mediação das interações existentes na sociedade. Assim, a linguagem não se resume a uma racionalidade epistemológica, mas transborda essa esfera ao se apresentar como condição para uma racionalidade prática, de modo a unir a racionalidade teórica a uma racionalidade prática. (PEDRON, 2011)

Realizando um pulo cronológico do conhecimento, furtando de realizar uma reconstrução das escolas filosóficas mais pertinentes devido à pretensão reduzida do presente trabalho, passa-se a discorrer sobre a reviravolta linguístico-pragmática de Wittgenstein.

Para o nosso filósofo, em sua segunda fase,[5] a linguagem não possui uma função meramente denotativa, configurando um instrumento de transmissão de conteúdos acabados (OLIVEIRA, 2010, p. 240). Ao contrário, apenas com a utilização pragmática, com o supedâneo de um jogo de linguagem[6] específico, é que se poderia alcançar o real conteúdo de uma fala.

---

[4] Segundo o filósofo, em trivial narrativa, seria possível a universalização do agir humano por meio das normas advindas do imperativo categórico, que configuravam o comportamento do indivíduo de forma livre. Em outras palavras, a sua conduta moral era aquela norteada exclusivamente pela razão, e assim agia porque a sua consciência livre o capitaneava para aquele agir.

[5] Fala-se em segunda fase de Wittgenstein, tendo em vista que em um primeiro momento ele aderiu à denominada linguagem matematizada, dando à linguagem uma função denotativa da realidade empírica.

[6] "É essencial lembrar que Wittgenstein, coerentemente com sua teoria, recusou-se a apresentar um conceito ou uma definição do que seja um 'jogo de linguagem'. Desse modo, a noção surge através da comparação com o 'jogo': 'No jogo sabemos que o jogador não joga isoladamente e arbitrariamente. Eles [os jogos de linguagem] constituem um quadro de referência intersubjetiva que delimita as fronteiras das ações possíveis e, por outro lado, possibilita, ao jogador, um espaço para as iniciativas individuais' (ROHDEN, 2002:57-58). Condé (2004:52)

Assim, torna-se impossível a compreensão apriorística dos termos linguísticos, uma vez que estes não possuem uma correspondência preestabelecida com um signo, detendo um conteúdo fixo, unívoco. Seria, portanto, impossível uma transmissão exata do conhecimento, por meio de uma estruturação "ontológica, exata e atemporal entre signo e significado, tal qual propunha o neopositivismo" (OLIVEIRA, 2010, p. 241).

Revela-se impraticável, portanto, a busca legislativa de termos linguísticos que possam conter essencialmente o conteúdo pleiteado, tendo em vista que não é a essência de um objeto que o identifica como tal, mas a sua utilização em um contexto específico.[7]

> Atento à importância das relações contextuais, o autor argumentou que apenas durante a utilização pragmática de um termo lingüístico esse adquire seu verdadeiro conteúdo provisório. De forma simplificada, apenas "falando" colabora-se com a edificação de significado dos termos falados. Eis a razão de Wittgenstein firmar que "o sentido de uma palavra é o seu uso na linguagem" (WITTGENSTEIN, 2002, p. 207). (OLIVEIRA, 2010, p. 241)

Desta sorte, a busca pelo legislador pelo desvelamento de uma linguagem capaz de expressar com exatidão um comportamento desejável, apto à mera subsunção do intérprete, registra como inalcançável. Além disso, não podemos deixar desapercebido o elemento do *ser-aí* (HEIDEGGER, 2015) na formação compreensiva da norma. As noções do *Dasein* como existente em-um-mundo nos permitirão escancarar as fissuras presentes nos pilares científicos que sustentam o pensamento da legalidade enquanto conceito abstrato classificatório.

Essa ausência de resposta correta e a necessidade de perquirir pela validação interpretativa da norma têm sido debatidas pelas correntes constitucionais, como o caminho adotado por Dworkin em um consequencialismo fraco, em que elementos da moralidade seriam preponderantes no reconhecimento da legitimidade de aplicação da norma, como por Posner e o seu consequencialismo forte, em que há o ceticismo e o experimentalismo como elementos balizadores da pretensão de legitimidade.

Essas correntes de pensamento, todavia, implicam investigar a aplicação da norma sobretudo pelo Judiciário enquanto intérprete aplicador do direito. Aliás, tanto com uma perspectiva quanto em outra, presenciamos diuturnamente a aplicação do consequencialismo nas sentenças judiciais, podendo citar como exemplo a decisão do Supremo Tribunal Federal sobre a prisão após a condenação em segunda instância.

Na referida oportunidade, a Suprema Corte avaliou que, nada obstante o texto constitucional trouxesse a presunção de inocência (e consequentemente a impossibilidade lógica de antecipação do cumprimento da pena considerada ainda incerta), vislumbrou-se

afirma que a compreensão da linguagem presente na obra Investigações Filosóficas abandona uma concepção de cálculo, adotada e desenvolvida no Tractatus" (PEDRON, 2011).

7 "Se, no exemplo clássico de Wittgenstein (1979:22), não é a forma da peça de xadrez que distingue o 'rei' de um 'cavalo', mas sim seu uso dentro da dinâmica do jogo; no Direito, esse fenômeno se repete: o Direito não apresenta a priori nenhuma distinção, por exemplo, entre direitos de públicos ou direitos privados, ou mesmo uma separação convincente entre direitos individuais, coletivos e difusos, por meio de uma justificação ontológica limitada ao nível de uma semântica, ao contrário do que quer uma dogmática que, lançando mão de um rol de conceitos e classificações exaustivos, quase poderia concorrer com a Botânica ou com a Entomologia" (PEDRON, 2011).

que a efetividade do sistema punitivo estatal imporia a admissão da mencionada prisão quando deliberada por órgão colegiado.

Ao analisarmos a tecitura do voto do eminente Ministro Celso de Mello na ADC nº 43/DF, podemos vislumbrar a procura por uma solução jurídica considerada consequencialmente adequada para o caso posto em análise naquela corte. A nítida pretensão é de dar uma resposta imediata à sociedade, ainda que com pouca adesão constitucional ao dispositivo expressamente debatido, sob o socialmente e politicamente elevado valor do combate à corrupção. Mesmo compreendendo que transcrições diretas tiram do leitor a capacidade de compreensão melhor da visão empreendida pelo autor, cometo aqui essa inconsistência técnica dolosa:

> 1. "O direito do cidadão ao governo honesto": a corrupção governamental e o perigo de captura das instituições estatais por organização criminosa Os elementos de informação que vêm sendo coligidos ao longo de diversos procedimentos de investigação penal instaurados no contexto da denominada "Operação Lava a Jato" evidenciam que a corrupção impregnou-se, profundamente, no tecido e na intimidade de algumas agremiações partidárias e das instituições estatais, contaminando o aparelho de Estado, transformando-se em método de ação governamental e caracterizando-se como conduta administrativa endêmica, em claro (e preocupante) sinal de degradação da própria dignidade da atividade política, reduzida por esses agentes criminosos ao plano subalterno da delinquência institucional. O efeito imediato que resulta desses comportamentos alegadamente delituosos justifica o reconhecimento de que as práticas ilícitas perpetradas por referidos agentes têm um só objetivo: viabilizar a captura das instituições governamentais por determinada organização criminosa, constituída para dominar os mecanismos de ação governamental, em detrimento do interesse público e em favor de pretensões inconfessáveis e lesivas aos valores ético-jurídicos que devem conformar, sempre, a atividade do Estado. Convenço-me, cada vez mais, Senhor Presidente, de que os fatos delituosos objeto de investigação e de persecução penais no âmbito da "Operação Lava a Jato" nada mais constituem senão episódios criminosos que, anteriores, contemporâneos ou posteriores aos do denominado "Mensalão", compõem um vasto e ousado painel revelador do assalto e da tentativa de captura do Estado e de suas instituições por uma organização criminosa, identificável, em ambos os contextos, por elementos que são comuns tanto ao "Petrolão" quanto ao "Mensalão". Daí a corretíssima advertência do eminente Professor CELSO LAFER, para quem nenhum cidadão poderá viver com dignidade numa comunidade política corrompida.

A mesma resposta consequencial foi dada pela Suprema Corte nos eventos do dia 8.1.2023 que, como já mencionado, consubstanciaram verdadeiro ataque às instituições do Estado brasileiro. Embora não se discuta a gravíssima conduta dos criminosos que invadiram as instituições públicas, independentemente do pretexto utilizado, ao avaliarmos o voto do eminente Ministro Alexandre de Moraes, podemos identificar que as medidas cautelares determinadas no próprio dia 8 de janeiro foram tomadas de ofício, sem que houvesse a devida representação da Procuradoria-Geral da República ou da Polícia Federal.

> Na presente hipótese, verifico haver necessidade de se impor medida cautelar diversa da prisão – uma vez que não houve representação da PF ou requerimento da PGR pela prisão preventiva – consistente na suspensão do exercício da função pública do agente público

que teria tido, ao menos pelos elementos de prova inicialmente coligidos e amplamente divulgados, envolvimento com os fatos descritos, ainda que por omissão dolosa. Diversos e fortíssimos indícios apontam graves falhas na atuação dos órgãos de segurança pública do Distrito Federal, pelos quais é o responsável direto o Governador do Distrito Federal, IBANEIS ROCHA, dentre os quais é possível listar, até o momento, os seguintes fatos principais:

A decisão do Ministro Alexandre de Moraes, posteriormente ratificada pelo plenário do Supremo Tribunal Federal, identificou no fenômeno antidemocrático a necessidade de uso da coercitividade e de medidas excepcionais que precisariam ser fundamentadas no próprio direito, ainda que a sua aplicabilidade necessitasse de certo contorcionismo hermenêutico.

Usando da figura de linguagem já utilizada em outra oportunidade pelos professores Álvaro Ricardo de Souza Cruz e Bernardo Duarte, a decisão acaba por buscar na caixa variada de chocolates do direito o sabor que melhor se adequava ao momento, de modo que o fundamento jurídico serviu apenas como legitimador para uma decisão que estava pronta antes mesmo de ser colocada no papel.

A descrição da anormalidade institucional serviu como balizamento para que o atropelo processual fosse justificado e que a utilização de instrumentos prescritos em norma desse os devidos parâmetros de conformidade jurídica. Como se a situação de anormalidade justificasse medidas de exceção.[8]

Dessa maneira, o que se aponta é que o Estado de direito governado pela norma deixou se possuir uma compreensão reduzida de que a limitação do agir estatal está na estrutura gramatical de um texto normativo para buscar balizas de legitimação em elementos externos ao direito. O princípio da legalidade deixou de ter uma compreensão de estrutura léxica, para busca de legitimação da interpretação conferida.

IV Conclusão

Impossível tracejar cada linha definidora da democracia. Não há conceito que permita o encaixe perfeito na concepção de democracia, que é um por vir permanente, uma busca pela perfectibilidade do regime que atribui a todos o exercício do poder.

Nos últimos 35 anos, a nossa democracia vem sendo moldada com toques e retoques de recaídas autoritárias e de tentativas de enfraquecimento das nossas instituições. Na melhor linha de Daron Acemoglu e James A. Robinson, os ensaios de desestabilização das nossas instituições democráticas direcionam para um fracasso do nosso Estado, do nosso Estado de direito.

Inexiste uma fórmula mágica que nos indique cada passo que devamos dar em direção à democracia, mas existem as trilhas que não podem ser seguidas. Os atos de 8 de janeiro nos revelaram a essencialidade de se vilipendiar as tentativas de ataque

[8] "The exception appears in its absolute form when a situation in which legal prescriptions can be valid must first be brought about. Every general norm demands a normal, everyday frame of life to which it can be factually applied and which is subjected to its regulations. The norm requires a homogenous medium. [...] There exists no norm that is applicable to chaos" (SCHMITT *apud* AGAMBEN, 1998, p. 16).

às nossas instituições, mas também nos trouxeram o alerta de que o Estado de direito constitucional é valor inarredável na busca pela democracia perdida.

Referências

AGAMBEN, Giorgio. *Estado de exceção*. Tradução de Iraci D. Poleti. São Paulo: Boitempo, 2004.

AGAMBEN, Giorgio. *Homo Sacer*. Stanford: Stanford University Press, 1998.

BARACHO JUNIOR, J. A. O.; GUERRA, A. M. E. S.; CRUZ, Álvaro Ricardo de Souza. *Supremo Tribunal Federal*: Jurisdição constitucional e comum a serviço do combate à corrupção. *In*: CRUZ, Álvaro Ricardo de Sousa; RODRIGUES, Poliana Lino (Org.). *30 anos de Constituição e 130 anos de Lei Áurea*. 1. ed. Rio de Janeiro: Lumen Juris, 2019. v. 1. p. 481-531.

BARACHO JUNIOR, J. A. O.; LIMA, E. M. O Estado democrático de direito e a necessária reformulação das competências materiais e legislativas dos Estados. *Revista de Informação Legislativa*, v. 186, p. 153-169, 2010.

BARROSO, Luís Roberto. Judicialização, ativismo judicial e legitimidade democrática. *Anuario Iberoamericano de Justicia Constitucional*, n. 13, p. 17-32, 2009.

BONAVIDES, Paulo. *Do Estado liberal ao Estado social*. 7. ed. São Paulo: Malheiros, 2004.

CANOTILHO, J. J. Gomes. *Direito constitucional*. 5. ed. Coimbra: Livraria Almedina, 2002.

CASTRO, Daniel Guimarães Medrado de. *Tipicidade e conceito jurídico abstrato*: um olhar jurídico-filosófico. Rio de Janeiro: Lumen Juris, 2017.

CHRISTIAENS, T. Agamben's Theories of the State of Exception: From Political to Economic Theology. *Cultural Critique*, v. 110, n. 1, p. 49-74, 2021. Disponível em: https://doi.org/10.1353/cul.2021.0002.

CRUZ, Álvaro Ricardo de Souza. *Jurisdição constitucional democrática*. Belo Horizonte: Del Rey, 2004.

DWORKIN, Ronald. *Império do direito*. Tradução de Jefferson Luiz Camargo. São Paulo: Martins Fontes, 2007.

DWORKIN, Ronald. *Justice in robes*. London: Harvard University Press, 2006.

HEIDEGGER, Martin. *Ser e tempo*. Petrópolis: Vozes; Bragança Paulista: EDUSF, 2015.

HINTIKKA, Jaakko; HINTIKKA, Merrill. *Uma investigação sobre Wittgenstein*. Tradução de Enid Abreu Dobranzky. Campinas: Papirus, 1994.

INWOOD, Michael. *Dicionário Heidegger*. Tradução de Luísa Buarque de Holanda. Rio de Janeiro: Jorge Zafar Ed., 2002.

MAGALHÃES, José Luiz Quadros de. *O Estado plurinacional e o direito internacional moderno*. Curitiba: Juruá, 2012.

MONTESQUIEU, Charles de Secondat. *O espírito das leis*. Tradução de Gabriela de Andrada Dias Barbosa. São Paulo: Ediouro, 1996.

PEDRON, Flávio Quinaud. O giro linguístico e a autocompreensão da dimensão hermenêutico-pragmática da linguagem jurídica. *Revista Eletrônica da PUC Serro*, 2011. Disponível em: http://periodicos.pucminas.br/index.php/DireitoSerro/article/view/2002/2173.

PEREIRA, Rodolfo Viana. *Hermenêutica filosófica e constitucional*. Belo Horizonte: Del Rey, 2001.

POSNER, Richard A. *Direito, pragmatismo e democracia*. Tradução de Teresa Dias Carneiro. Rio de Janeiro: Forense, 2010.

SAMPAIO, José Adércio Leite. *Teoria da Constituição e dos direitos fundamentais*. Belo Horizonte: Del Rey, 2013.

WITTGENSTEIN, Ludwig. *Tratado lógico-filosófico e investigações filosóficas*. Tradução e Prefácio de M. S. Lourenço. Introdução de Tiago de Oliveira. Lisboa: Fundação Calouste Gulbenkian, 2002.

WYKROTA, Leonardo Martins. *Direito constitucional contemporâneo e análise institucional do Judiciário*: um diálogo à luz da Neurociência, da teoria da evolução e do pragmatismo. Tese (Doutorado) – Programa de Pós-Graduação em Direito, Pontifícia Universidade Católica de Minas Gerais, Belo Horizonte, 2017.

Informação bibliográfica deste texto, conforme a NBR 6023:2018 da Associação Brasileira de Normas Técnicas (ABNT):

CRUZ, Álvaro Ricardo de Souza; CASTRO, Daniel Guimarães Medrado de. O Estado de direito e o estado de exceção: reflexões sobre a democracia brasileira. *In*: FACHIN, Luiz Edson; BARROSO, Luís Roberto; CRUZ, Álvaro Ricardo de Souza (Coord.). *A Constituição da democracia em seus 35 anos*. Belo Horizonte: Fórum, 2023. p. 333-345. ISBN 978-65-5518-597-3.

O *AMICUS CURIAE* ESPECIALISTA NO PROCESSO CONSTITUCIONAL

SÉRGIO CRUZ ARENHART

1 O processo constitucional e suas especificidades

O processo constitucional tem-se caracterizado, cada vez mais, por especificidades que o afastam do processo civil tradicional. Ao contrário de resolver uma controvérsia determinada, destina-se a levar a um terceiro imparcial a análise da compatibilidade com a Constituição – e, portanto, com as diretrizes básicas admitidas como legítimas pela sociedade nacional – dos atos praticados em determinado país.

Nesse contexto, o processo constitucional deixa transparecer sua faceta democrática, revelando-se como importante palco de discussão ampla dos atos praticados, sobretudo, pelos governantes.[1]

Obviamente, se a função desse modelo de processo transborda a simples solução da controvérsia, atingindo valores essenciais de uma sociedade, não podem os institutos processuais aqui incidentes ser pensados de modo estreito, como simples técnicas voltadas a subsidiar o Estado-Juiz com ferramentas para bem decidir. É necessário enxergar aí técnicas que, de fato, cumpram a função de expressar a vontade e a presença da sociedade e de ampliar os horizontes do julgamento, permitindo que ele emule, no mínimo, o mesmo espaço de decisão que se teria no ambiente legislativo ou administrativo.

Evidentemente, enxergando o processo constitucional como essa arena para o debate amplo da sociedade, impõe-se pensar em mecanismos que permitam a participação social. Afinal, ao contrário do que ocorre com o processo tradicional, não se espera aqui apenas o confronto entre as "partes litigantes". Não há, propriamente, partes em conflito; o que existe é uma divergência – por vezes ampla – a respeito dos valores fundamentais da sociedade e da maneira adequada de interpretar a vontade soberana da população. Por isso, pensar na participação da sociedade no debate processual constitucional é,

---

[1] V., por todos, MARINONI, Luiz Guilherme. *Processo constitucional e democracia*. São Paulo: RT, 2021, *passim*; MITIDIERO, Daniel. *Processo constitucional*: do controle ao processo, dos modelos ao sistema. São Paulo: RT, 2022, *passim*.

acima de tudo, pensar na participação de toda a sociedade no processo que conduzirá esses sujeitos imparciais a contribuir na definição dos rumos que o Estado deve tomar.

Há, sem dúvida, inúmeras ferramentas que podem contribuir para levar essas várias visões da sociedade ao processo constitucional.[2] Entre esses vários mecanismos, porém, sobressai o papel do *amicus curiae*, sobretudo por conta de sua plasticidade e sua função multifacetada.

Neste texto, não se pretende examinar a intervenção do amigo da corte de modo amplo. O objetivo desta análise é apenas o de destacar *uma das formas que pode assumir esse amicus curiae*, examinando de que modo ele pode contribuir para a determinação das questões relevantes no processo constitucional.

2 Quem é esse *amicus curiae*?

Desde logo, parece fundamental extremar as figuras do *amicus curiae* daquele que aqui será chamado de *terceiro especialista*.

A importação do *amicus curiae* para o sistema nacional ocorreu, de modo mais explícito, por meio do art. 7º, §2º, da Lei nº 9.868/99, autorizando que nas ações de inconstitucionalidade o Supremo Tribunal Federal pudesse, à luz da "relevância da matéria" e da "representatividade dos postulantes", admitir "a manifestação de outros órgãos ou entidades", dado que é ali vedada a intervenção de terceiros.[3] Após outras experiências semelhantes, a figura foi finalmente encampada, de modo amplo, pelo Código de Processo Civil, que estatui em seu art. 138:

> o juiz ou o relator, considerando a relevância da matéria, a especificidade do tema objeto da demanda ou a repercussão social da controvérsia, poderá, por decisão irrecorrível, de ofício ou a requerimento das partes ou de quem pretenda manifestar-se, solicitar ou admitir a participação de pessoa natural ou jurídica, órgão ou entidade especializada, com representatividade adequada, no prazo de 15 (quinze) dias de sua intimação.

A nota essencial da participação do *amicus curiae* tem sido vista como o "interesse institucional"[4] no debate de determinada questão. Trata-se, como já observado, de evidente concretização da *vertente democrática* que alicerça o Estado constitucional (art. 1º, *caput*, da CF).

---

[2] V., por exemplo, ARENHART, Sérgio Cruz. Processo multipolar, participação e representação de interesses concorrentes. *In*: ARENHART, Sérgio Cruz; JOBIM, Marco Félix (Org.). *Processos estruturais*. 3. ed. Salvador: JusPodivm, 2021, *passim*.

[3] A ideia, porém, da intervenção de órgãos ou instituições especialistas em certas matérias em processos, com o intuito de prestar esclarecimentos técnicos e, assim, colaborar com a decisão do Judiciário, já estava presente em outros diplomas anteriores. É o caso, por exemplo do art. 31, da Lei nº 6.385/76, que autoriza a Comissão de Valores Mobiliários a intervir em processos judiciais que discutam temas de sua competência, para prestar esclarecimentos, ou do art. 5º, da Lei nº 9.469/97, que autoriza as pessoas jurídicas de direito público a intervir em processos que possam repercutir sobre interesses públicos, "para esclarecer questões de fato e de direito". Posteriormente à Lei nº 9.868/99, outras leis permanecem autorizando a intervenção de entes especializados em processos específicos. Tal é o que sucede, por exemplo, com o Cade, autorizado a intervir em qualquer processo no qual se discuta a aplicação da lei que regula a ordem econômica (art. 118, da Lei nº 12.529/11, repetindo o que dispunha o art. 89, da Lei nº 8.884/94).

[4] A expressão é de Cássio Scarpinella Bueno (*Amicus curiae no processo civil brasileiro*. 3. ed. São Paulo: Saraiva, 2012. p. 504 e ss.).

Pelo desenho legal oferecido a essa figura, o *amicus curiae* é um terceiro que pode participar do processo a fim de *oferecer razões* para a sua *adequada solução* ou mesmo para formação de um *precedente*. O que o move é o interesse institucional: o interesse no adequado debate em juízo de determinada questão nele debatida.[5]

Aparentemente, a figura abrange um conjunto de atores que ingressam no processo para contribuir com a corte na solução da causa. No entanto, bem lida a regra hoje em vigor, nota-se a presença de várias situações distintas, tratadas sob o mesmo manto e sob a mesma denominação de "amigo da corte".

Embora o código não o diga de modo expresso, é possível ver que a regra mencionada se refere, ao menos, a duas espécies diferentes de *amicus curiae*. Há o clássico "amigo da corte", assim considerado aquele que – convocado pelo Tribunal ou comparecendo espontaneamente – vem, em condição *imparcial*, contribuir para a melhor solução da controvérsia. Esse sujeito não se liga a nenhum dos polos da demanda nem lhe interessa o sucesso ou o fracasso da pretensão deduzida no processo. Participa no processo, em regra, na condição de especialista sobre certo assunto, contribuindo para que o tribunal ou o juiz possa ter melhor visão do problema e, assim, para que ele possa decidir melhor a questão.[6] Tratando-se de *expert* no tema, normalmente convidado a oferecer alguma diretriz para a solução da controvérsia, não há razão para a aferição da representatividade adequada. A utilidade da participação desse "amigo" está em seu conhecimento técnico ou em sua especialidade em certo tema, de modo que sua intervenção pode ajudar o tribunal a decidir melhor. Ele é, na verdade, um *terceiro especialista* que vem colaborar diretamente com a corte no esclarecimento de informações técnicas relevantes.

Ao lado desse, todavia, pode-se ter aquele sujeito (também chamado pela lei de *amicus curiae*) que comparece *no intuito de defender certa posição relevante*, pertencente a alguma coletividade que possa beneficiar-se ou ser prejudicada pela decisão. Trata-se aqui de um *amicus curiae* "interessado". Aqui, o amigo da corte se apresenta no objetivo explícito de defender certa orientação ou certa solução para a causa. Sua intervenção se dá – e é muito útil – para ampliar o espectro do debate, aportando ao Tribunal visões diferentes e, eventualmente, interesses não representados pelas partes formais do processo.[7] É para esses casos que a análise de representação adequada tem alguma

---

[5] Sobre o assunto, v., entre tantos outros, BUENO, Cassio Scarpinella. *Amicus curiae no processo civil brasileiro*. 3. ed. São Paulo: Saraiva, 2012, *passim*; BISCH, Isabel da Cunha. *O amicus curiae, as tradições jurídicas e o controle de constitucionalidade*. Um estudo comparado à luz das experiências americana, europeia e brasileira. Porto Alegre: Livraria do Advogado, 2010, *passim*; CABRAL, Antonio do Passo. Pelas asas de Hermes: a intervenção do amicus curiae, um terceiro especial. *Revista de Direito Administrativo*, n. 234, *passim*; USTÁRROZ, Daniel. *A intervenção de terceiros no processo civil brasileiro*. 2. ed. Porto Alegre: Livraria do Advogado, 2018, *passim*.

[6] É a esse amigo da corte que se referia o Min. Teori Zavascki, no conhecido voto proferido a respeito do tema no julgamento dos Embargos de Declaração na Ação Direta de Inconstitucionalidade nº 3.460/DF, quando ponderava que a participação desse sujeito "ocorre e se justifica, não como defensor de interesses próprios, mas como agente habilitado a agregar subsídios que possam contribuir para a qualificação da decisão a ser tomada pelo Tribunal. A presença de *amicus curiae* no processo se dá, portanto, em benefício da jurisdição, não configurando, consequentemente, um direito subjetivo processual do interessado" (STF, Pleno. ADI nº 3.460/DF-ED. Rel. Min. Teori Zavascki. *DJe*, 11 mar. 2015).

[7] Esse aspecto foi bem ressaltado pelo Ministro Edson Fachin, ao apreciar o Agravo Regimental na Ação Direta de Inconstitucionalidade nº 4.858/DF, ao apontar que, "como é sabido, a interação dialogal entre o STF e pessoas naturais ou jurídicas, órgãos ou entidades especializadas, que se apresentem como amigos da Corte, tem um potencial epistêmico de apresentar diferentes pontos de vista, interesses, aspectos e elementos nem sempre

utilidade. É imperioso que aquele que se apresenta "em nome de certo direito ou de certa coletividade" de fato *representa os interesses daquele grupo*; fala em nome daquele grupo.[8] Já para o *amicus* especialista, soa estranho exigir dele "representatividade adequada", tal como faz a lei, na medida em que sua intervenção não se dá porque ele representa, de modo adequado, certo interesse em juízo, mas sim porque ele é notório especialista na matéria, sendo por isso capaz de oferecer uma visão acadêmica, científica ou técnica a respeito do assunto. Para esse sujeito, a exigência não pode ser a "representatividade adequada", mas sim o seu conhecimento notório, o seu reconhecimento pela comunidade (acadêmica, científica ou técnica) e a sua imparcialidade, revelada pela apresentação de qualquer causa que possa comprometer sua isenção na análise da matéria (aí incluído o dever de revelação próprio desse ambiente).

Logicamente, para quem examina essas duas figuras, fica evidente que elas *não podem ser confundidas*. Seja na sua essência, seja em relação à forma de sua intervenção, há diferenças colossais que não podem ser desconsideradas.

Assim, por exemplo, se há algum sentido em imaginar a irrecorribilidade da decisão do relator que admite ou não a intervenção (art. 138, *caput*, do CPC) do *amigo imparcial* – na medida em que sua intervenção só se faz para *auxiliar a corte a decidir melhor* – a situação muda completamente quando se pensa no amigo parcial. Afinal, se o *amicus curiae* intervém para *representar adequadamente algum grupo ou interesse*, é evidente que sonegar sua participação é (se a participação daquele grupo ou interesse é legítima) infringir a garantia constitucional do contraditório.

O mesmo raciocínio é aplicável quando se pensa na limitação de poderes do amigo, operada pelo juiz ou pelo relator (art. 138, §2º, do CPC). Se isso tem sentido para o amigo imparcial, é claramente descabido para o parcial, na medida em que isso pode importar ofensa à garantia da ampla defesa.

Dessa forma, vê-se que a legislação processual atual trata, como se fosse uma só figura, dois institutos nitidamente diversos *e que reclamam regimes jurídicos distintos*.[9]

---

alcançados, vistos ou ouvidos pelo Tribunal diretamente da controvérsia entre as partes em sentido formal, possibilitando, assim, decisões melhores e também mais legítimas do ponto de vista do Estado Democrático de Direito" (STF, Pleno. ADI nº 4.858/DF-AgR. Rel. Min. Edson Fachin. *DJe*, 3 abr. 2017). Idêntica é a ponderação do Min. Celso de Mello, ao analisar a ADPF nº 187 (STF, Pleno. ADPF nº 187. Rel. Min. Celso de Mello. *DJe*, 29 maio 2014).

8 Sobre a questão, v. ARENHART, Sérgio Cruz. Processo multipolar, participação e representação de interesses concorrentes. *In*: ARENHART, Sérgio Cruz; JOBIM, Marco Félix (Org.). *Processos estruturais*. 3. ed. Salvador: JusPodivm, 2021, passim.

9 O Supremo Tribunal Federal já apontou para a diferença defendida no texto. Todavia, deixou de aplicar a necessária diversidade de tratamento, insistindo em oferecer regime único para as duas figuras. Consignou, ao apreciar o Agravo Regimental no Recurso Extraordinário nº 602.584/DF: "AGRAVO REGIMENTAL NO RECURSO EXTRAORDINÁRIO. PROCESSO SUBJETIVO. PEDIDO DE INGRESSO COMO AMICUS CURIAE. INTERESSE INSTITUCIONAL COLABORATIVO E DEMOCRÁTICO. INDEFERIMENTO. AUSÊNCIA DE LESIVIDADE JURÍDICA. IRRECORRIBILIDADE. ART. 138 DO CPC. AGRAVO NÃO CONHECIDO. 1. Cabe ao amicus oferecer sua opinião sobre a causa, sobretudo nas questões técnico-jurídicas de maior complexidade. Assim, a tradução literal para 'amigo da corte', ainda que possa ser insuficiente para expressar o papel que desempenha, bem sintetiza a razão de ser eminentemente colaborativa do instituto. 2. O instituto do amicus curiae, historicamente, caracterizava-se pela presunção de neutralidade de sua manifestação, tanto na experiência romano-germânica, quanto na tradição anglo-saxônica. 3. Aos amici cabia apresentar elementos de fato e de direito que, por qualquer razão, escapassem do conhecimento dos juízes, assegurando a paridade de armas entre as partes, atuando de forma presumidamente imparcial. 4. A experiência norte-americana demonstra que os amici curiae ao longo do tempo perderam sua presumida imparcialidade (SORENSON, Nancy Bage, The Ethical Implications of Amicus Briefs, 30 St. Mary's L.J. 1225-1226. 1999). 5. A Suprema Corte americana alterou sua Rule 37 com o fito de clarificar

Em verdade, a confusão entre as duas figuras – enxertadas na ideia ampla de *amicus curiae* – decorre de sua própria origem histórica no direito anglo-americano. O direito inglês antigo servia-se do *amicus curiae* como instrumento de aconselhamento a respeito do emprego de precedentes e leis que pudessem não ser do conhecimento dos magistrados.[10] Já no direito norte-americano, a figura sofreu paulatina modificação, para permitir a intervenção em processos judiciais de sujeitos que representariam o interesse do Estado e, posteriormente, até mesmo interesses privados.[11]

Por isso, o instituto, que originalmente havia sido concebido para efetivamente colaborar com os magistrados na elaboração da melhor decisão, passou a receber outras funções, desdobrando-se em figura com finalidades distintas, que não podem ser resumidas a um só papel.

Fato é, no entanto, que não se deve confundir a figura do sujeito que intervém no processo a fim de representar determinados interesses ou grupos (que tenham interesse em alguma específica solução para a questão levada a juízo) e a do especialista que atua na corte para contribuir com seu conhecimento para a melhor solução da causa, a partir

---

quais os aspectos aptos a justificar a atuação da figura, independentemente de seus eventuais interesses: '1. A manifestação de amicus curiae que chame a atenção do Tribunal para uma questão relevante que ainda não tenha sido comunicada pelas partes pode ser de grande ajuda para o Tribunal. A manifestação de amicus curiae que não sirva a este propósito sobrecarrega o Tribunal, e sua juntada não é recomendável. A manifestação de amicus curiae pode ser apresentada apenas por um advogado admitido a praticar perante este Tribunal, conforme previsto na regra 5.' (Rules of The Supreme Court of The United States. Part VII. Rule 37. Brief for an Amicus Curiae) 6. A doutrina do tema reconhece que há uma multiplicidade de interesses a orientar a atuação do colaborador da Corte, o que não macula a ratio essendi da participação. O eventual interesse individual não pode ser o fundamento a justificar seu ingresso; não se confundindo com o interesse tipicamente subjetivado das partes, nem com o interesse institucional, de viés colaborativo e democrático, que constitui o amicus como um representante da sociedade. (SCARPINELLA BUENO, Cássio. Amicus Curiae no Processo Civil brasileiro: um terceiro enigmático. 2012. p. 121-122). 7. O amicus curiae presta sua potencial contribuição com a jurisdição, mas não se submete à sucumbência – nem genérica, nem específica - apta a ensejar o interesse de recorrer da decisão que, apreciando o pedido de ingresso, não vislumbra aptidão contributiva suficiente para a participação no caso concreto. A manifestação do amicus não pode ser imposta à Corte, como um inimigo da Corte. 8. O ingresso do amicus curiae, a par do enquadramento nos pressupostos legais estabelecidos Código de Processo Civil – notadamente que a causa seja relevante, o tema bastante específico ou tenha sido reconhecida a repercussão geral –, pode eventualmente ser obstado em nome do bom funcionamento da jurisdição, conforme o crivo do relator, mercê não apenas de o destinatário da colaboração do amicus curiae ser a Corte, mas também das balizas impostas pelas normas processuais, dentre as quais a de conduzir o processo com eficiência e celeridade, consoante a análise do binômio necessidade-representatividade. 9. O legislador expressamente restringiu a recorribilidade do amicus curiae às hipóteses de oposição de embargos de declaração e da decisão que julgar o incidente de resolução de demandas repetitivas, conforme explicita o artigo 138 do CPC/15, ponderados os riscos e custos processuais. 10. É que o amicus curiae não se agrega à relação processual, por isso não exsurge para ele uma expectativa de resultado ou mesmo uma lesividade jurídica a ensejar a recorribilidade da denegação de seu ingresso. O status de amicus encerra-se no momento em que se esgota – ou se afere inexistir – sua potencialidade de contribuição ou sugestão (COVEY, Frank. Amicus Curiae: Friend of The Court. 9 DePaul Law Review, nº 30. 1959, p. 30). 11. A irrecorribilidade da decisão do Relator que denega o ingresso de terceiro na condição de amicus curiae em processo subjetivo impede a cognoscibilidade do recurso sub examine, máxime porque a possibilidade de impugnação de decisão negativa em controle subjetivo encontra óbice (i) na própria ratio essendi da participação do colaborador da Corte; e (ii) na vontade democrática exposta na legislação processual que disciplina a matéria. 12. Agravo regimental não conhecido" (STF, Pleno. RE nº 602.584-AgR/DF. Rel. para o acórdão Min. Luiz Fux. *DJe*, 20 mar. 2020).

[10] ANDERSON, Helen A. Frenemies of the Court: The many faces of amicus curiae. *University of Richmond Law Review*, v. 49, 2015. p. 367; MOHAN, S. Chandra. The amicus curiae: friends no more? *Singapore Journal of Legal Studies*, 2010. p. 356; BUENO, Cassio Scarpinella. *Amicus curiae no processo civil brasileiro*. 3. ed. São Paulo: Saraiva, 2012. p. 114.

[11] ANDERSON, Helen A. Frenemies of the Court: The many faces of amicus curiae. *University of Richmond Law Review*, v. 49, 2015. p. 368 e ss.; BUENO, Cassio Scarpinella. *Amicus curiae no processo civil brasileiro*. 3. ed. São Paulo: Saraiva, 2012. p. 116 e ss.

de aportes *técnicos imparciais* que enriqueçam o debate no processo. Reservar-se-á apenas à primeira figura o nome de *amicus curiae*, na medida em que é com esse perfil que os *amici* têm sido comumente admitidos em processos, sobretudo no debate constitucional. O segundo tipo de interveniente é denominado, aqui, de *especialista*, especialmente porque seu papel é o de emprestar a visão técnica de alguma ciência, colaborando para a mais profunda aferição do caso a ser julgado.

Estabelecidas essas premissas, nota-se que a intervenção do amigo da corte *parcial* (aquele que representa certo interesse específico e determinado no processo) se assemelha mais à intervenção de um terceiro interessado. Ainda que haja particularidades em sua intervenção, não se pode imaginar que sua função no processo – sobretudo no processo constitucional – se revista de função instrutória. Já a intervenção do terceiro especialista ocorre precipuamente para instruir e contribuir com a corte na formulação de uma decisão mais adequada, mais informada e mais ampla a respeito da questão que lhe é submetida à análise. Por isso, é interessante examinar de que modo e em que limite pode ocorrer a intervenção desse sujeito no processo judicial.

3 O estado da ciência e a manifestação de especialista

Desde logo, é importante notar que o terceiro especialista que intervém no processo – seja no constitucional, seja em outro processo judicial qualquer – não se confunde com a figura do perito judicial, amplamente conhecido. Aqui também se tem um especialista em certa área do conhecimento (que não é do conhecimento do homem médio) ouvido perante o Tribunal. Todavia, ao contrário do que sucede com a intervenção do perito, o papel desse especialista não é o de debruçar-se a respeito de um *fato específico*, tirando a partir dele conclusões a respeito do que ocorreu ou poderá ocorrer. No depoimento de especialista, a função do *expert* é a de oferecer à corte o *estado da arte* de certo tema em determinado ramo da ciência.

Assim, por exemplo, se o especialista é chamado para avaliar o estado atual de alguma doença em certo paciente ou os efeitos de certa medicação que possa ser-lhe ministrada, tem-se a análise de *fato* específico, que constitui o campo da prova pericial. Se, porém, esse especialista é chamado para informar o pensamento atual da medicina a respeito das formas de tratamento disponíveis para aquela mesma doença ou das consequências do fumo para o doente de modo geral, espera-se do especialista a apresentação de uma *opinião genericamente aceita naquele domínio da ciência a respeito de uma ideia ou de uma prática*. Não se trata de avaliar o fato concreto, mas de apresentar o pensamento dominante em certa área do conhecimento a respeito de um tema que possa ser relevante para a definição da questão constitucional.

Examinando os debates ocorridos na Arguição de Descumprimento de Preceito Fundamental nº 54, em que se discutia o aborto de fetos anencefálicos, nota-se que o relator do caso, Min. Marco Aurélio, admitiu a intervenção de vários *amici curiae* que sustentavam posição específica a respeito da matéria – defendendo interesses de grupos determinados – e também de outros sujeitos que emprestaram conhecimento e base científica para a formação da decisão. Assim, ao lado da admissão de entidades que representavam o predomínio do direito à vida (Conferência Nacional dos Bispos do Brasil,

Frente Parlamentar em Defesa da Vida – Contra o Aborto, Associação Médico-Espírita Internacional e Associação Médico-Espírita do Brasil, por exemplo) e daquelas que defendiam o direito da mulher à escolha na interrupção da gravidez (como foi o caso do representante da Igreja Universal do Reino de Deus e da ONG Católicas pelo Direito de Decidir), foram também admitidos a intervir *diversos órgãos e pessoas especialistas na matéria* (especialmente ligados à medicina), como o Conselho Federal de Medicina, a Federação Brasileira das Associações de Ginecologia e Obstetrícia, a Sociedade Brasileira de Medicina Fetal, a Sociedade Brasileira de Genética Clínica.[12]

Nesse caso específico, as intervenções de especialistas permitiram esclarecer várias nuances relevantes para a decisão da causa. Conforme se lê do relatório apresentado pelo Min. Marco Aurélio, o Conselho Federal de Medicina narrou os problemas decorrentes da judicialização da medicina e do risco na demora da decisão a respeito da interrupção da gravidez. Além disso, o representante ouvido atentou "para o fato de que parcela dos médicos, não obstante se mostrar favorável à tese de não ser a interrupção da gravidez de feto anencéfalo enquadrável no Código Penal, recusa-se a realizar a intervenção por recear a responsabilização no âmbito criminal". A seu turno, o representante da Federação Brasileira das Associações de Ginecologia e Obstetrícia esclarecia que "as mulheres gestantes de feto anencéfalo apresentam maiores variações do líquido amniótico, hipertensão e diabetes, durante a gestação, bem como aumento das complicações no parto o no pós-parto e consequências psicológicas severas, com oito vezes mais risco de depressão". Também oferecendo a visão da ciência a respeito da questão, a Sociedade Brasileira de Medicina Fetal pontuava que é possível "identificar a patologia fetal a partir da oitava semana gestacional, desde que o médico possua razoável conhecimento de embriologia e exista à disposição um bom aparelho de ultrassonografia". Dizia, ainda que "para a medicina, o feto anencéfalo pode ser considerado natimorto neurológico, diante da inviabilidade de alteração no diagnóstico e de formação de massa encefálica". Enfim, o representante da Sociedade Brasileira de Genética Clínica mencionou:

> a anencefalia é a maior causa de má-formação congênita no primeiro trimestre de gestação e que, a cada três horas, nasce, no Brasil, uma criança anencéfala. Fez comentários, ainda, a respeito de como e por que acontece a anencefalia; quais as más-formações a ela associadas; quando e como pode ser prevenida e qual o papel desempenhado pelo médico geneticista durante todo este processo. Salientou a impossibilidade de doação dos órgãos de feto anencéfalo.[13]

De modo semelhante foram as intervenções de diversos profissionais médicos, também ouvidos em audiência, como os doutores Ieda Therezinha, Lia Zanotta Machado, Cinthia Macedo Specian e Dernival da Silva Brandão.

---

[12] Curiosamente, alguns dos intervenientes "técnicos", cuja participação deveria dar-se de forma imparcial, acabaram por explicitamente assumir a defesa de uma posição específica ao longo de sua intervenção. É o caso da Sociedade Brasileira para o Progresso da Ciência, que expressamente defendia a liberdade dos pais em optar ou não pelo aborto diante de diagnóstico de anencefalia. Também é o caso da Febrasgo, que expressamente defendia que o aborto, no caso específico, seria um "direito de cidadania".

[13] Todos os trechos mencionados foram extraídos do relatório apresentado pelo Min. Marco Aurélio na ADPF nº 54 (STF, Pleno. *DJe*, abr. 2013).

Em todas essas intervenções, o que se vê é que o *amicus curiae* participa *não para defender um ponto de vista de algum grupo determinado, interessado, mas, sim, para esclarecer dados técnicos a propósito da matéria examinada, oferecendo subsídios para que se profira a melhor decisão possível para o caso.*

Por outras palavras, esses sujeitos não intervêm para sustentar o ponto de vista de algum grupo determinado de interesses na solução do processo. Intervêm como elemento de prova, oferecendo aos julgadores a opinião genérica da ciência a respeito de pontos que podem ser importantes para a formação da convicção judicial.

Nesse sentido, o depoimento de especialista também não deve ser confundido com a chamada perícia informal ou com o *expert witness*, conhecido do direito norte-americano e do processo arbitral. Tanto em uma como em outra forma, tem-se nessas duas figuras exemplos de prova pericial, voltada à demonstração de *fatos concretos* que exigem análise especializada. Já no depoimento de especialista, de que aqui se trata, o objeto da prova não são fatos, mas os *conceitos* e o *estado da arte* de certo tema, na visão de alguma ciência.

4 A produção do depoimento de especialista no processo constitucional

Assim, esses especialistas não comparecem em juízo para examinar tecnicamente um fato específico; comparecem sim para trazer a opinião da ciência a respeito de certa matéria.

Por conta desta última circunstância, e considerando que a ciência pode muito bem *não ter uma opinião unívoca a respeito da questão*, o depoimento de especialista deve sempre respeitar dois elementos cruciais. Em primeiro lugar, deve sempre submeter-se ao contraditório dos sujeitos participantes do processo, para que estes possam eventualmente refutar o conteúdo do depoimento ou demonstrar que a visão apresentada não é a única ou a mais adequada. Em segundo lugar, deve ser "plural", no sentido de que, sempre que possível, deve-se estimular a oitiva de *mais de um especialista*, exatamente para que se possa aferir se há ou não unanimidade no pensamento científico trazido a juízo.

Com efeito, é indispensável que o depoimento dos especialistas seja submetido a efetivo e concreto contraditório,[14] de modo que os sujeitos parciais tenham a oportunidade de conhecer previamente o objeto das declarações – para que possam preparar-se para eventuais arguições e mesmo refutações necessárias. Exige-se também que esse contraditório se estenda, obviamente, ao momento da própria produção da prova, quando os especialistas serão ouvidos; isso implica dizer que os sujeitos parciais devem poder participar ativamente da colheita desses depoimentos, se necessário formulando indagações para o esclarecimento de pontos relevantes. Ademais, impõe-se que esse

---

[14] O Superior Tribunal de Justiça, examinando a extensão do contraditório em relação ao *expert witness* em processos arbitrais, alude à necessidade de se preservar o "contraditório participativo". Conforme salientou o julgado, "Por contraditório participativo compreende-se a postura cooperativa das partes para com o árbitro e deste para com aquelas, de modo que a coordenação dos atos processuais e as decisões, ainda que se refiram a matérias cognoscíveis de ofício, sejam exaradas após a oitiva das partes, garantindo-lhes não apenas a informação/ciência a seu respeito, mas, principalmente, a possibilidade de se manifestar, de agir, bem como de influir no vindouro provimento arbitral. Essa salutar e conveniente interação entre as partes e o árbitro impede não apenas a prolação de uma "decisão-surpresa", mas também obsta, por outro lado, que as partes apresentem comportamento e pretensões incoerentes com a postura efetivamente externada durante todo o diálogo processual travado no procedimento arbitral" (STJ, 3ª Turma. REsp nº 1.903.359/RJ. Rel. Min. Marco Aurélio Bellizze. *DJe*, 14 maio 2021).

contraditório seja exercido depois da colheita das declarações, de sorte a submeter o conteúdo da opinião oferecida à análise dos sujeitos parciais, que devem poder oferecer argumentos que eventualmente desdigam os depoimentos prestados.[15]

De outra parte, para assegurar a idoneidade das opiniões prestadas – e para assegurar que elas realmente revelam o estado da arte daquela específica ciência –, é sempre desejável que se autorize o depoimento de mais de um especialista na área. Afinal, em vários ramos da ciência é possível que haja mais de uma corrente de pensamento e, provavelmente, a fim de determinar a ocorrência dessa situação, será útil que esses vários pontos de vista sejam apresentados.

A par de tudo isso, é fundamental para o sucesso dessa prova prestar atenção em quem será o especialista escolhido. Quando se pensa na prova pericial, tradicionalmente se enfatiza a necessidade de que o *expert* escolhido seja alguém da confiança do órgão jurisdicional. Para cá, porém, o realce deve estar em outro elemento: a credibilidade e a relevância do depoente junto à área de especialidade por ele representada.

Assim, menos que a *confiança pessoal* que o órgão jurisdicional deposite no especialista, importa avaliar qual o grau de confiança que ele tem junto à comunidade científica. É imprescindível que o profissional escolhido, realmente, goze de conceito e respeitabilidade amplos em seu meio, o que pode contribuir para que as informações prestadas não reflitam apenas um pensamento pessoal, mas de fato representem a impressão sedimentada daquele ramo da ciência.

Ainda para preservar essa idoneidade do especialista, impõe-se aplicar aqui as mesmas advertências que acima se fez em relação à figura do perito. Para além dessa credibilidade, é sempre importante preservar a imparcialidade desse especialista. Aplicam-se, assim, as mesmas causas de impedimento e suspeição próprias do perito (arts. 467, 148, incs. II e III, 144 e 146, do CPC). Também na mesma linha, impõe-se a observância do dever de revelação, de modo que o especialista indicado deve, antes de prestar o depoimento, apresentar qualquer causa que possa ser vista como impediente da necessária isenção dele esperada.

5 Depoimentos de especialistas e pseudociências

Tema recorrente no trato das provas científicas – a exemplo da prova pericial e também do depoimento de especialistas, aqui analisado – é a determinação de qual ramo do conhecimento pode ser considerado ciência para fins probatórios. A questão é relevante porque a história vem demonstrando crescente ampliação no campo das áreas do saber que adquirem ares científicos e, assim, passam a ser tratados como matéria de domínio específico em campos nos quais é possível a obtenção do chamado "conhecimento científico".

De fato, no passado, as perícias estavam limitadas a poucos e específicos domínios, a exemplo da medicina ou da engenharia. Atualmente, porém, esse campo cresce

[15] É curioso observar que, no caso antes indicado (ADPF nº 54, referente ao aborto de fetos anencéfalos), os depoimentos de especialistas foram considerados na decisão – e mencionados expressamente no acórdão – sem que tenha havido qualquer contraditório das partes anterior a seu respeito. Ainda que tenha sido aberta oportunidade para alegações finais no processo, não houve um específico momento processual para que essas provas fossem devidamente debatidas pelas partes e também pelos *amici curiae* parciais intervenientes.

substancialmente. De um lado, porque tais áreas aprofundaram, sofisticaram e desenvolveram seu conhecimento, o que fez surgir um sem-número de subdivisões e especialidades. De outro, porque o campo das chamadas "ciências flexíveis" (a exemplo da economia, da sociologia e da antropologia) vem paulatinamente ganhando espaço nas provas técnicas,[16] sobretudo quando se pensa no controle de constitucionalidade.

Diante dessa realidade, impõe-se pensar em mecanismos aptos a separar aquilo que efetivamente possa ser considerado ciência (ou "boa ciência) daquilo que se poderia chamar de pseudociência (ou "má ciência" ou ainda *junk science*).[17] Sobretudo em razão da força que tem a prova científica no meio jurídico, é evidente que uma afirmação respaldada por um especialista pode ser decisiva para a solução de uma causa. Se, no entanto, esse especialista não vem ancorado em verdadeiro método científico ou se suas afirmações são mera conjectura e especulação, há enorme chance de que a conclusão judicial seja errada ou tome por verdadeira informação sem nenhum respaldo adequado.

Parece dispensável dizer que essa situação não é exclusiva de falsos cientistas ou de pessoas mal-intencionadas. Também cientistas respeitáveis podem incidir nesse mesmo problema, sobretudo quando – valendo-se de sua credibilidade ou notoriedade – apresentam afirmações infundadas, falseiam dados ou simplesmente desconsideram as dúvidas postas pelos seus pares aos estudos propostos. Em outras palavras, tratar da má ciência não é apenas excluir do ambiente da prova técnica as informações trazidas por farsantes ou embusteiros. É também apresentar critérios para que as informações prestadas por especialistas ofereçam o rigor necessário para serem enxergadas como dados confiáveis.

Para prosseguir nesse debate, é impossível não fazer referência ao conhecido caso *Daubert v. Merrell Dow Pharmaceuticals Inc.*, examinado pela Suprema Corte dos Estados Unidos em 1993. O caso discutia possíveis efeitos deletérios causados pela medicação Bendectin, um medicamento contra náuseas aprovado para uso em mulheres grávidas, que supostamente teria sido responsável pela má-formação de fetos. Superando o entendimento antes firmado – de admitir como prova técnica o conhecimento decorrente da "aceitação geral" da ciência –[18] o caso *Daubert* revela uma tentativa de criar filtros de barreira, capazes de separar o que se possa tomar como ciência "confiável" (boa ciência) da pseudociência. Na forma dos novos parâmetros estabelecidos no caso *Daubert*, a investigação a respeito do caráter científico de alguma afirmação está atrelada à avaliação sobre se a racionalidade subjacente ou a metodologia empregada deve ser considerada cientificamente válida e à aplicabilidade dessas razões à matéria em exame. A fim de determinar essa viabilidade, dever-se-ia incumbir ao juiz o papel de fiscal na admissão da prova (*gatekeeper*, ou porteiro) competindo-lhe apreciar algumas condições

---

[16] TARUFFO, Michele. *A prova*. Tradução de João Gabriel Couto. Madri: Marcial Pons, 2014. p. 95.

[17] V., a respeito, HUBER, Peter W. *Galileo's revenge*: junk Science in the courtroom. New York: Basic Books, 1993, *passim*.

[18] O critério da aceitação geral, como prova, de informações que gozassem da "aceitação geral de área relevante" havia sido firmado, nos Estados Unidos, no julgamento do caso *Frye v. United States*, decidido em 1923 (293, F. 1013 (D.C.Cir. 1923)). Este caso examinava a situação de pessoa que havia sido condenada por homicídio e que pretendia a aplicação de um tipo de teste (de decréscimo de pressão sistólica) que poderia atestar que suas declarações (de não ter cometido o crime) seriam verdadeiras. O Tribunal de apelação entendeu por recusar a viabilidade do uso da prova, por entender que só se deve aceitar provas técnicas em que a dedução tivesse sido suficientemente estabelecida "to have ganined general acceptance in the particular field in which it belongs".

do estudo apresentado, a exemplo dos seguintes: a) se a teoria ou a técnica em questão pode ser (ou já foi) testada; b) se ela já foi submetida à revisão de pares (*peer review*) e à publicação; c) seu índice de erro potencial ou conhecido; d) a existência e manutenção de padrões de controle para sua execução; e e) se ela atraiu a aceitação geral dentro de uma comunidade científica relevante.

Os critérios estabelecidos no caso *Daubert* foram alvo de intenso debate na doutrina norte-americana e acabaram por levar, em 2000, a uma alteração no art. 702 das *Federal Rules of Evidence*, que estendeu esse papel fiscalizatório do juiz a qualquer informação técnica (e não apenas ao depoimento de cientistas) e que especificou alguns critérios concretos para a valoração dessa admissibilidade.[19]

Os parâmetros fixados no caso mencionado são muito criticados, seja por sua fluidez, seja porque restringem sobremaneira o conceito de ciência para os padrões atuais.[20] Ainda assim, não há dúvida de que o esforço da Suprema Corte norte-americana em fixar parâmetros para a admissão de uma prova técnica é relevante para demonstrar a necessidade de filtrar as informações supostamente técnicas trazidas para o processo.[21]

Desse modo, a aceitação da prova técnica – com o seu valor adequado – pressupõe não exatamente aferir *quem é o especialista que oferece a informação*. Embora esse dado possa ser relevante porque a notoriedade e a credibilidade do técnico podem ser vistas como elemento importante para denotar a qualidade dos dados prestados, ele é insuficiente. Exige-se atenção para a metodologia aplicada, para os dados que embasam as conclusões e para a sujeição daquele conhecimento à área de conhecimento específica. Exige-se, enfim, que se tomem *criticamente* essas informações, de sorte a evitar que opiniões pessoais, muitas vezes sem base concreta ou aceitabilidade geral, possam ser vistas como dados incontestáveis da ciência.

Ainda para garantir esse grau "científico" da informação, sempre que possível, deve-se autorizar a participação de mais de um especialista, que pode servir como instrumento de "controle recíproco" da qualidade do conhecimento informado. Essa técnica, eventualmente aliada a outras medidas, pode servir como importante mecanismo para assegurar a qualidade das informações prestadas pelo especialista.

Entre essas outras medidas, alude-se, por exemplo, à figura da *metaperícia* (ou perícia sobre perícia), em que se usa da realização de prova pericial – formal ou informal – para controlar a exatidão das informações prestadas por informações técnicas anteriores. É o que que fez a Suprema Corte de Justiça do Uruguai na análise da Sentença nº 70/2021. O caso envolvia divergência de duas informações técnicas – uma, emitida pela Faculdade de Química da Universidade da República e outra, realizada pela Divisão de Laboratórios Veterinários do Ministério da Pecuária, Agricultura e Pesca do Uruguai. Foi então determinada a realização de prova pericial sobre esses dois informes técnicos, o que

[19] "Rule 702. A witness who is qualified as an expert by knowledge, skill, experience, training, or education may testify in the form of an opinion or otherwise if: (a) the expert's scientific, technical, or other specialized knowledge will help the trier of fact to understand the evidence or to determine a fact in issue; (b) the testimony is based on sufficient facts or data; (c) the testimony is the product of reliable principles and methods; and (d) the expert has reliably applied the principles and methods to the facts of the case" (a regra está aqui reproduzida em sua redação atual, depois da emenda redacional de 2011).

[20] V., por uma extensa crítica a esse caso, VAZQUEZ, Carmen. *Prova pericial*. Salvador: JusPodivm, 2021. p. 176 e ss.

[21] TARUFFO, Michele. *A prova*. Tradução de João Gabriel Couto. Madri: Marcial Pons, 2014. p. 97-98.

permitiu ao Judiciário verificar qual das perícias trazia metodologia mais adequada e dados seguros, de sorte a subsidiar a solução da causa. Metaperícias também podem ser empregadas em caso de suspeita de manipulação de dados e de informações contidas em perícias. Nesses casos, a figura exerce verdadeiro papel de controle da precisão das informações técnicas apresentadas pela perícia e podem então servir como filtro para a qualidade das perícias realizadas.

6 Acareação entre especialistas

Ainda no campo da colheita do depoimento de especialistas, é possível cogitar sobre outra prova atípica, consistente na acareação entre peritos e especialistas.

Em muitas situações que reclamem o controle de constitucionalidade ou a aplicação de regras científicas, informações técnicas – seja por meio de análises de fatos determinados, seja pelo aporte do estado de conhecimento de certa área do saber – podem ser decisivas para a solução do caso. No entanto, pode suceder que, convocado especialista (para realizar a prova pericial ou para prestar depoimento, na forma vista no item anterior), a questão ainda não esteja suficientemente elucidada. Isso pode ocorrer porque, tanto pela intervenção dos sujeitos parciais, como pela análise crítica do Judiciário, não se tem segurança a respeito da adequação da metodologia empregada, da suficiência das informações ou dados coletados ou mesmo das conclusões oferecidas.

Em tais casos, pode-se pensar na elaboração de segunda perícia (art. 480, do CPC) ou de metaperícia (tal como visto no item antecedente). Em alguns casos, porém, isso poderá implicar a indefinida nomeação de novos *experts* para o esclarecimento das provas anteriores, em um indesejável círculo vicioso que poderia forçar, a cada nova manifestação técnica, a elucidação por outro especialista das informações presentes nas conclusões anteriores.

Outra solução, então, que pode ser útil é a acareação de especialistas. Essa figura consiste em colocar, frente a frente, os especialistas com visões diferentes, a fim de esclarecer suas manifestações e permitir ao Judiciário e aos sujeitos parciais avaliar o conteúdo de cada uma das manifestações.

6.1 A acareação de especialistas em outros sistemas jurídicos

A acareação de especialistas não é medida comum nos ordenamentos jurídicos atuais. A ampla maioria dos sistemas jurídicos evita enfrentar o problema, na esperança de que esse tipo de situação nunca ocorra.[22]

Todavia, como visto, a ciência nem sempre é capaz de oferecer respostas precisas e uniformes a todos os problemas e situações. Ademais, pode haver casos em que vieses cognitivos impactem o juízo do *expert* e façam com que suas informações ou conclusões venham contaminadas. Por isso, é sim mais do que necessário que se trate dessa possibilidade de acareação.

O direito inglês é um dos poucos ordenamentos em que a medida é expressamente regulada. Nos termos do art. 35.12, das *Civil Procedure Rules*, é admissível que o Tribunal,

---

[22] VAZQUEZ, Carmen. *Prova pericial*. Salvador: JusPodivm, 2021. p. 454.

em qualquer fase do processo, ponha os peritos em debate sempre que for necessário "a) identificar e discutir as questões técnicas no processo; e b) quando possível, atingir uma opinião concordante sobre essas questões". Para perfectibilizar essa discussão, a regra ainda permite que os peritos possam preparar declarações para a corte, fixando os pontos em que há concordância ou não. E, ademais, prevê-se também que, mesmo que os peritos cheguem a um acordo a respeito das questões técnicas postas, essa concordância não é vinculante para as partes (salvo quando elas convencionem de forma diversa). A *Practice Direction 35*, a sua vez, esclarece que a função desse debate não é a de permitir que os especialistas resolvam o caso posto a julgamento, mas aparem as divergências em suas manifestações técnicas, especialmente para esclarecer a extensão da concordância entre suas opiniões e dos pontos de divergência (com razões breves para esses desacordos), para sugerir a adoção de ações que possam ser adotadas para a solução dessas divergências e para apresentar eventuais questões relevantes não apontadas anteriormente, bem como a extensão de sua concordância a seu respeito (item 9.2). O comando ainda determina que, se um dos peritos alterar substancialmente sua opinião, deve apresentar manifestação que explique adequadamente essa mudança.

Também o sistema australiano conhece há muito tempo a figura do *concurrent evidence* (também conhecido como *hot-tubbing*).[23] Possivelmente o berço da medida, o sistema australiano começou a desenvolver esse instrumento nos anos 1970, recebendo legislação positivada entre 2005 e 2006. A medida consiste em um debate, presidido pelo juiz, em que os especialistas, as partes, seus advogados e o próprio juiz, em que se pretende identificar arestas na prova técnica realizada, buscando formas de aparás-las. Não sendo possível chegar a um acordo, ao menos se consegue a informação qualificada prestada pelos especialistas, sem as formalidades próprias do processo, filtrada pelo contraditório dos demais sujeitos.

Por outras palavras, os especialistas sentam-se lado a lado, determinando a questão em conjunto, formulando perguntas reciprocamente e dialogando com o juiz e as partes. Levados pelo tom de certa informalidade, os participantes conseguem assim otimizar a análise técnica realizada, focando nos aspectos mais importantes e aclarando as diferenças e convergências entre as manifestações técnicas realizadas.

A prática, dado seu sucesso, acabou por disseminar-se ainda em outros países de *common law*, como Hong Kong, Singapura, Nova Zelândia e Canadá. Também constitui medida comum em cortes arbitrais e internacionais. A prática, porém, não é disseminada em países de *civil law*, onde a prova pericial tende a ser tratada com rigor e formalismo.

A metodologia, porém, não é infensa a críticas. Alguns autores[24] sugerem que essa informalidade pode conduzir a uma prova superficial, na medida em que os peritos estão premidos pelo tempo e precisam responder rapidamente aos questionamentos

---

[23] Em verdade, a doutrina tradicionalmente aponta a Austrália como o berço dessa lógica de realizar a prova pericial em conjunto, permitindo aos especialistas que debatam amplamente o objeto da prova técnica (v., assim, YARNALL, Megan A. Dueling scientific experts: is Australia's hot tub method a viable solution for the American Judiciary? *Oregon Law Review*, v. 88. p. 312; 323 e ss.). V., na mesma linha, WELCH, Scott. From witness box to the hot tub: How the 'hot tub" approach to expert witness might relax an American finder of fact. *Journal of International Commercial Law and Technology*, v. 5, n. 3, 2010, *passim*;

[24] EDMOND, Gary. Merton and the hot tub: scientific conventions and expert evidence in Australian civil procedure. *Law and Contemporary Problems*, v. 72, n. 1, 2009. p. 170 e ss.

postos. Dado que a medida busca encontrar consenso, é também possível que os temas não sejam suficientemente problematizados entre os especialistas, sobretudo quando houver alguma relação de hierarquia ou de reverência entre eles. Sob outro viés, essa mecânica pode levar à falsa impressão de que o conhecimento científico é sempre unívoco e capaz de conduzir a uma única "verdade dos fatos". Por fim, esse debate pode também ocultar a questão da escolha dos peritos, fazendo supor que o debate possa ser sempre suficiente para reduzir as divergências (quando, por vezes, esses vieses cognitivos estão na base do próprio conhecimento de cada um dos especialistas).

6.2 A acareação de especialistas no direito brasileiro

No regime previsto pelo Código de Processo Civil, apenas se prevê a acareação entre testemunhas e partes (art. 461, inc. II, do CPC). No campo do processo penal, mesmo analisando a figura prevista no art. 229, do CPP, vê-se que a legislação apenas se interessa pela acareação entre "acusados, entre acusado e testemunha, entre testemunhas, entre acusado ou testemunha e a pessoa ofendida, e entre as pessoas ofendidas". Logo, também perante aquele regime, a acareação entre *experts* deve ser qualificada como prova atípica, não possuindo regulamentação legal no direito brasileiro.

Poder-se-ia imaginar que a figura tivesse apoio na perícia informal, de que tratam os §§2º a 4º, do art. 464, do CPC. Note-se, todavia, que ali não se trata da hipótese de um "confronto" entre especialistas, mas apenas na oitiva de um só *expert*, de regra escolhido pelo juiz, sobre o ponto controvertido. Também, portanto, aquele preceito não acolhe a figura em apreço.

Embora carente de disciplina legal, é evidente a utilidade da medida. Particularmente no campo do controle de constitucionalidade – e diante de informações técnicas relevantes – colocar frente a frente dois especialistas que apresentam visões ou versões distintas do dado ou do conhecimento científico pode ser de relevância extrema. Diante desse interesse e dado o fato de que não há proibição à sua realização, é de se admitir a possibilidade de recorrer a esse expediente.[25]

Na falta de disciplina específica, essa acareação deve ocorrer na forma regida pelo art. 461, §§1º e 2º, do CPC. Assim, os *experts* – apontados pelo órgão jurisdicional e pelos sujeitos parciais, indistintamente – serão questionados a respeito dos pontos controvertidos, especialmente de modo a evidenciar os elementos de convergência e de divergência entre eles. O objetivo é o de propiciar o adequado esclarecimento dos fatos ou das opiniões lançadas. Se necessário, é possível o emprego de videoconferência ou de outros recursos tecnológicos (na esteira, aliás, do que também prevê o art. 464, §4º, do CPC, para a perícia informal), desde que essas ferramentas não encubram o necessário debate que se espera da acareação.

---

[25] A jurisprudência brasileira é oscilante a respeito da admissão dessa modalidade de acareação. Há julgados que concluem que, à falta de previsão legal ela não deve ser deferida (*v.g.*, TJRJ, 4ª Câmara Criminal. AP nº 0007567-59.1995.8.19.0000. Rel. Des. Adolphino Ribeiro. *DJe*, 2 out. 1995; TJSP, 31ª Câmara de Direito Privado. AP nº 0180355-84.2009.8.26.0100. Rel. Des. Paulo Ayrosa. *DJe*, 5 ago. 2014) e há decisões que entendem viável seu emprego, ao menos em tese (*v.g.*, STJ, 5ª Turma. REsp nº 628.730/SP. Rel. Min. Gilson Dipp. *DJU*, 13 jun. 2005, p. 333; TJRS, 18ª Câmara Cível. AI nº 7005.6837032. Rel. Des. Pedro Celso Dal Prá. *DJe*, 16 out. 2013). De regra, porém, mesmo nesses últimos casos a tendência dos tribunais é de não enxergar relevância nessa medida.

Não se deve supor, de todo modo, que a partir da acareação as divergências sejam *sempre* resolvidas. Em verdade, o conhecimento científico nem sempre permite levar a *uma única conclusão verdadeira*, seja sobre o estado de arte da ciência, seja sobre a determinação de um fato específico. O fundamental é que, por meio dessa prova, se consiga determinar a possível existência de mais de uma opinião ou orientação válida para a questão, os fundamentos para tanto e as consequências dessa divergência.

Com base nessas informações, tem-se lastro mais seguro para a determinação do fato ou da opinião científica relevante. Se a divergência for sanada, então se terá a determinação de uma só voz científica, que permite resolver adequadamente o ponto a ser resolvido em juízo. Se não o for, tem-se a presença de divergência fundada no campo científico, que poderá permitir ao Judiciário avaliar qual das orientações deve ser adotada. Até mesmo, em casos extremos, essa situação poderá levar à impossibilidade de o Judiciário substituir-se ao conhecimento especializado e, talvez, à inviabilidade de resolver o caso constitucional de modo definitivo.

7 Apoio técnico para a solução de questões jurídicas

Ao concluir esta breve análise, deve-se ter por certo, como acentua Luiz Guilherme Marinoni,[26] que o processo constitucional depende em grande medida da análise de fatos e de conceitos técnicos.

Para esse fim, é preciso que os processos que reclamem o controle de constitucionalidade – ou mesmo que demandem a apreciação abstrata de textos normativos – sejam permeáveis às técnicas tradicionais instrutórias e também a novos mecanismos, que possam traduzir ao Judiciário elementos que lhe são normalmente desconhecidos.

Nessa linha, o papel do *amicus curiae* desempenhado por um terceiro especialista é fundamental. Ele não pode ser confundido com o *amicus* parcial, que defende certo interesse específico no processo, mas deve ser enxergado como importante elemento instrutório, que pode oferecer ao Judiciário a visão geral do estado da arte da ciência, o que pode contribuir para uma decisão mais segura a respeito de questões complexas. Seu regime jurídico deve assemelhar-se (embora não se identificar) ao tratamento do perito, porque também o especialista figura como sujeito "imparcial" no processo, alinhado com a perspectiva de colaborar com a confecção de uma melhor decisão para a causa.

Para esse objetivo, importa sobretudo avaliar a imparcialidade desse sujeito e seu reconhecimento e trânsito na comunidade científica. Esses são os dados que o habilitam a trazer, da forma mais ampla, plural e completa possível, a visão científica do problema, que pode ser importante para que o Judiciário decida questões difíceis que, em grande medida, envolvam áreas espinhosas das várias ciências (naturais ou sociais).

Mais do que o *expert* que oferece, na prática, a última palavra a respeito de *fatos específicos de índole técnica*, o terceiro especialista deve funcionar como uma luz para o Judiciário, clareando conceitos e debates existentes no meio acadêmico, científico e técnico. Esclarecido o alcance do que realmente ocorre nesse ambiente, sem dúvida,

[26] MARINONI, Luiz Guilherme. Fatos constitucionais e prova. *In*: VITORELLI, Edilson *et al.* (Org.). *Coletivização e unidade do direito*. Londrina: Toth, 2022. v. III, *passim*.

o Judiciário terá a percepção mais exata da dimensão de sua decisão e de possíveis repercussões decorrentes da solução escolhida.

Isso, por certo, contribuirá para uma atuação mais consistente, consequente e adequada do Judiciário na solução da controvérsia, o que inquestionavelmente leva a um aperfeiçoamento da atividade dessa instituição e a uma mais ampla legitimação social.

Referências

ANDERSON, Helen A. Frenemies of the Court: The many faces of amicus curiae. *University of Richmond Law Review*, v. 49, 2015.

ARENHART, Sérgio Cruz. Processo multipolar, participação e representação de interesses concorrentes. *In*: ARENHART, Sérgio Cruz; JOBIM, Marco Félix (Org.). *Processos estruturais*. 3. ed. Salvador: JusPodivm, 2021.

BISCH, Isabel da Cunha. *O amicus curiae, as tradições jurídicas e o controle de constitucionalidade*. Um estudo comparado à luz das experiências americana, europeia e brasileira. Porto Alegre: Livraria do Advogado, 2010.

BUENO, Cassio Scarpinella. *Amicus curiae no processo civil brasileiro*. 3. ed. São Paulo: Saraiva, 2012.

CABRAL, Antonio do Passo. Pelas asas de Hermes: a intervenção do amicus curiae, um terceiro especial. *Revista de Direito Administrativo*, n. 234.

EDMOND, Gary. Merton and the hot tub: scientific conventions and expert evidence in Australian civil procedure. *Law and Contemporary Problems*, v. 72, n. 1, 2009.

HUBER, Peter W. *Galileo's revenge*: junk Science in the courtroom. New York: Basic Books, 1993.

MARINONI, Luiz Guilherme. Fatos constitucionais e prova. *In*: VITORELLI, Edilson *et al*. (Org.). *Coletivização e unidade do direito*. Londrina: Toth, 2022. v. III.

MARINONI, Luiz Guilherme. *Processo constitucional e democracia*. São Paulo: RT, 2021.

MITIDIERO, Daniel. *Processo constitucional*: do controle ao processo, dos modelos ao sistema. São Paulo: RT, 2022.

MOHAN, S. Chandra. The amicus curiae: friends no more? *Singapore Journal of Legal Studies*, 2010.

TARUFFO, Michele. *A prova*. Tradução de João Gabriel Couto. Madri: Marcial Pons, 2014.

USTÁRROZ, Daniel. *A intervenção de terceiros no processo civil brasileiro*. 2. ed. Porto Alegre: Livraria do Advogado, 2018.

VAZQUEZ, Carmen. *Prova pericial*. Salvador: JusPodivm, 2021.

WELCH, Scott. From witness box to the hot tub: How the 'hot tub" approach to expert witness might relax an American finder of fact. *Journal of International Commercial Law and Technology*, v. 5, n. 3, 2010.

YARNALL, Megan A. Dueling scientific experts: is Australia's hot tub method a viable solution for the American Judiciary? *Oregon Law Review*, v. 88.

Informação bibliográfica deste texto, conforme a NBR 6023:2018 da Associação Brasileira de Normas Técnicas (ABNT):

ARENHART, Sérgio Cruz. O amicus curiae especialista no processo constitucional. *In*: FACHIN, Luiz Edson; BARROSO, Luís Roberto; CRUZ, Álvaro Ricardo de Souza (Coord.). *A Constituição da democracia em seus 35 anos*. Belo Horizonte: Fórum, 2023. p. 347-362. ISBN 978-65-5518-597-3.

CONSTITUIÇÃO FEDERAL, 35 ANOS: AINDA UMA DISPUTA POR POSIÇÕES INTERPRETATIVAS

JOSÉ GERALDO DE SOUSA JUNIOR

Acolho o ensejo proporcionado pelo convite dos editores, Ministro Edson Fachin e Desembargador Álvaro Ricardo de Souza Cruz, que organizam esta obra celebratória de 35 anos de promulgação da Constituição Federal de 1988, para uma reflexão sobre o cumprimento de sua promessa.

Conforme diz o Ministro Fachin, na carta que me enviou:

> a Constituição de 1988 é inequivocamente um marco histórico na trajetória do país em direção à democracia e à garantia dos direitos fundamentais. A partir da promulgação da Constituição, a sociedade brasileira conquistou avanços significativos no que diz respeito à consolidação de um Estado de Direito Democrático, da participação popular na gestão pública e do reconhecimento de direitos fundamentais como o acesso à educação, saúde e moradia. A celebração dos 35 anos da Constituição brasileira é uma oportunidade importante para refletir sobre a relevância desses avanços e sobre os desafios que ainda precisam ser enfrentados para que esses direitos sejam efetivamente garantidos a toda a população brasileira.

Trata-se de um debate público atual sobre importantes questões sociais, econômicas e políticas em tempos de dissolução de direitos, que há três décadas foram garantidos pela aprovação da Constituição brasileira. E fica a reflexão de qual papel estratégico e político devem os movimentos sociais assumir neste projeto ainda em construção para romper o atraso neocolonialista do país. De minha parte, ele é uma continuidade da avaliação que fiz, em evento semelhante, a propósito de celebrar os 30 anos da mesma Constituição, ocasião em que focalizei minha leitura, com uma perspectiva interpelante, inscrita na indagação: *Constituição 30 anos: uma promessa vazia?*

Começo, pois, este texto, tomando como ponto de partida a reflexão iniciada por ocasião dos 30 anos da Constituição, mas tendo em vista a proposta comemorativa de 35 anos da Constituição Federal de 1988, e o faço para confidenciar um sentimento. Cada vez mais, em novos auditórios, expor acerca desse tema – isto é, o processo constituinte que legou a *Constituição Cidadã* – vai deixando de ser um exercício de memória para se constituir também um registro de história. Boa parte desses auditórios, hoje, é formada por uma geração nascida muito depois dos acontecimentos que demarcam o período no qual a Constituinte se realizou. Sabe-se dela pelos livros, assim como outros eventos do passado.

Eu, entretanto, vivenciei esses acontecimentos, com ampla participação nos debates e nas avaliações na universidade, como membro da Comissão de Estudos e de Acompanhamento da Constituinte que a UnB instalou à época e como integrante do grupo pedagógico para a preparação do curso a distância Constituinte & Constituição. Esse projeto permitiu aos participantes do curso levarem ao Congresso Nacional propostas para discussão, em entrega solene ao presidente da Assembleia Nacional Constituinte Ulisses Guimarães, e devidamente consideradas no debate, conforme atesta o relatório de uma das subcomissões que as examinou. Participei ativamente também na Conferência Nacional dos Bispos do Brasil (CNBB) como membro da Comissão de Acompanhamento da Constituição que a entidade criou para assessorar seus dirigentes e seu Conselho Episcopal de Pastoral. Na Comissão Brasileira de Justiça e Paz, fui indicado para prestar depoimento numa das 24 subcomissões criadas para organizar o trabalho propositivo dos parlamentares constituintes. Depois, nos anos que se seguiram, tive participação em mais de uma audiência pública em comissões mistas, nas quais se discutiram projetos de emendas para revisão parcial ou total da Constituição aprovada.

Essa combinação de memória e de história dá uma vivacidade singular ao significado político da realização constitucional como expressão de momentos marcantes da historicidade de um país e da maturidade de seu projeto de sociedade. Contribuí para discernir os sinais que indicam a emergência constituinte desses momentos singulares, quando as crises aceleram o perecimento das formas arcaicas de organização da política e tornam possível desabrochar as formas novas que a própria crise fecunda. É o momento constituinte que vai pavimentar o movimento formidável que as contradições desencadeiam quando do esgotamento das motivações corporativas, elitistas, intolerantes, odiosas, discriminatórias que atingem as multidões e que fazem com que elas se transformem em povo.

O que a Constituição ainda tem a oferecer?

No meu entender, o que mais se projeta da Constituição no tempo presente é a promessa ainda não realizada de concretizar direitos em percurso instituinte, aqueles que, conforme o §2º de seu art. 5º, derivam do regime e dos princípios que moldam a arquitetura da própria Constituição, notadamente os que se fundam no movimento solidário e mundializado de afirmação dos direitos humanos.

A Constituição é ainda o projeto de construção de uma sociedade que se comprometa com a superação das desigualdades, da pobreza que exclui, aliena e desumaniza, que rompa com o atraso colonialista que infantiliza, tutela, espolia e oprime o trabalhador (subalternização pela classe), o gênero (subordinação patriarcal da mulher e segmentos identitários) e as etnias (desumanização pelo racismo e pelas discriminações de todos os matizes).

Ela é ainda a promessa de instituição de um projeto de sociedade que supere a cultura do favor, do apadrinhamento, do clientelismo, do nepotismo, do cunhadismo, do prebendalismo (leia-se Raymundo Faoro, Darcy Ribeiro, Sérgio Buarque de Holanda, Victor Nunes Leal), enquanto aponta para a construção de uma sociedade plural, fundada na dignidade, na cidadania e nos direitos.

Ela é a contraposição entre a afirmação censitária (a "Constituição da Mandioca", de 1824, do período escravista), dos homens letrados, de bem (porque proprietários), heterossexuais assim declarados, confessionais, fascinados pelos imperativos de acumulação possessiva de um sistema de mercado que tudo coisifica, para se realizar, e as lutas sociais depois, a "Constituição Cidadã", que qualifica a democracia e a radicaliza pela participação popular deliberativa, supervisora das funções públicas e do controle social das políticas, nas formas previstas e inventadas a partir da dinâmica desses processos que configuram os direitos não como quantidades estocáveis em prateleiras de um almoxarifado legislativo, mas como relações que se ressignificam em experimentalismos emancipatórios.

Processos esses motivados por uma expectativa distributivista solidária, que avalia as coisas como base para a realização das esperanças e dos sonhos humanizadores que moldam projetos de vida. Isso é o que a Constituição simboliza e é o horizonte de sentido que oferece para nortear o trânsito político nas crises, nas descontinuidades e nas tensões sociais e institucionais próprias da República.

Resta ainda, e muito fortemente, o apelo à democracia como processo político de construção permanente de direitos, expresso no seu art. 5º. De fato, o pensamento crítico mais avançado tem caracterizado a democracia como uma invenção (Claude Lefort, Marilena Chauí, Chantal Mouffe, Boaventura de Sousa Santos), porque ela é por experimentação a possibilidade de criação permanente de liberdades e de direitos, muitas vezes contra o constituído. Basta ver a norma de definição de família e das relações que a formalizam, material e subjetivamente: casamento em contraposição à união estável de afetos; a relação homem e mulher, em contraposição a outras formas conjugais não confinadas à diferenciação sexual, ou contra o legislado, basta considerar as variações relativas ao acesso à propriedade, terra e território, abrindo contraposição entre o invadir que criminaliza e o ocupar que politiza todo o processo, em consequência da promessa constitucional de moradia e de reforma agrária.

Certamente para a compreensão dessa possibilidade é indispensável abrir-se a exigências próprias à disputa narrativa de realização da Constituição e de categorias que deem conta de aferir as aberturas que a política proporcione para projetar as disposições constitucionais para o futuro. É assim, portanto, que se pode compreender a decisão do Ministro Fachin, um dos coordenadores esta obra, de *repensar a dimensão política da função judicial* e reconhecer que "são os sujeitos coletivos que conferem sentido à soberania popular", e que afirmam uma "'participação política da comunidade [indígena]' expressão dessa subjetividade coletiva que se faz titular de direitos em perspectiva inter-sistêmica, juridicamente plural", conforme seu voto no TSE (segundo semestre de 2022), por ocasião do julgamento de recurso especial eleitoral (Processo nº 0600136-96.2020.6.17.0055 – Pesqueira – Pernambuco).

E, desse modo, completa o seu entendimento, agora valendo-se de consideração sobre "a dimensão política da função judicial, apontada por Antônio Escrivão Filho e José Geraldo Souza Junior (Para um debate teórico-conceitual e político sobre os direitos humanos. Belo Horizonte: Editora D'Plácido, 2016)" para, não só afastar "o mito de neutralidade e buscando processos de democratização da justiça a partir, inclusive, da sua reorientação aproximada da realidade brasileira, mas para afirmar, nesse passo, que são os sujeitos coletivos que conferem sentido à soberania popular", e que afirmam uma "participação política da comunidade [indígena]", expressão dessa subjetividade coletiva que se faz titular de direitos em perspectiva intersistêmica, juridicamente plural.

Direitos são promessas, mas não podem se tornar promessas vazias, e o apelo democrático do art. 5º leva a essa consciência, ou seja, a de que é a cidadania protagonista, ativa, insurgente, achada na rua, o núcleo de uma subjetividade coletiva (sujeitos coletivos de direito), em movimento (movimentos sociais emancipatórios), a razão legitimadora do processo político e realizadora contínua do processo de afirmação de direitos já conquistados e de criação de novos direitos.

Impasses atuais

Em minhas intervenções sobre esse tema, desde sempre, procurei deixar claro que a Constituição de 1988 se inscrevia num movimento de transição entre a Ditadura instalada em 1964, por meio do golpe que a tornou possível, e as ações de recuperação civil e republicana da política, em direção a um projeto de reconstrução democrática, tensa, com descontinuidades, com avanços, e retrocessos, perdas e reconquistas, em disputa histórica de um projeto de sociedade e de país. Nessas intervenções, procurei deixar claro a condição de transição experimentada, por mediações razoáveis – a luta pela anistia, pela constituinte e pela memória, verdade e justiça –, num processo sem garantias. O que impõe ter postura de engajamento, resistir em face de ameaças e avançar sem temer enfrentamentos, sabendo que as energias utópicas acumuladas nessa experiência podem animar o protagonismo que mobilize, nas crises, as forças emancipatórias do social. Dou um exemplo atual. Quando o ministro da educação ameaçou intervir nas universidades para censurar a liberdade de ensino e de cátedra em face da criação de disciplina para estudar o golpe de 2016, houve uma reação espontânea e imediata galvanizada pela exigência de resistência em defesa do espaço critico universitário que se espalhou pelas instituições, e eu próprio, com parlamentares e juristas, imediatamente representei contra o ministro na Comissão de Ética Pública e na Procuradoria-Geral da República, para salvaguardar a autonomia universitária protegida pela própria Constituição.

O golpe, continuamente tentado, parece estar se deslocando do horizonte de possibilidade no Brasil hoje, em face desse movimento que se materializou na eleição de 2022 e, sobretudo, na concertação interinstitucional em defesa da própria Constituição, experimentada contra os atos desconstituintes e desdemocratizantes de 8.1.2023, mas nós não vamos deter o avanço. Estamos estudando encaminhar à Relatoria do Brasil designada para o monitoramento das ações de violações à Convenção Americana de Direitos Humanos a reivindicação de inclusão do tema na agenda das audiências e da visita ao Brasil, porque se mostra afetada à própria condição do valor democracia no projeto de sociedade.

Reformas trabalhista e previdenciária – Como compreender essa mudança de rumo?

Essas reformas em curso se inscrevem num programa que se procura construir na forma de um golpe institucional-parlamentar-judiciário-midiático, no interesse de um projeto de acumulação. Que se trata de um golpe, cuidei de o caracterizar em várias oportunidades, em ações políticas de resistência e críticas, sempre procurando demonstrar de que modo o processo em curso, que teve início com o procedimento artificioso de afastamento da presidenta da República eleita, se faz atentado à democracia, à Constituição e, em última análise, aos trabalhadores, com a Constituição arguida contra a própria Constituição. Ou, ainda, com iniciativas de reformas constitucionais e legislativas, retirando direitos, transferindo ativos e reorientando o orçamento público para transferir o financiamento de políticas sociais para subsidiar a lucratividade financeira e industrial em um nítido movimento de estrangeirização da economia popular.

A questão que fica, então, nessa conjuntura, é a de avaliar como a Constituição Federal, em vez de ser um instrumento mediador do direito, foi capturada institucionalmente e quase que exclusivamente pelo Poder Judiciário, transformando-se em uma justificativa de retirada de direitos. Já tratei desse tema em algumas intervenções que fiz, especialmente em entrevista para o Instituto Humanitas, da Universidade de São Leopoldo. O fiz também ao tempo em que fui um dos organizadores do *Observatório da Constituição e da Democracia*, editado pela Faculdade de Direito da UnB, um tabloide de 24 páginas, que fizemos circular por cerca de três anos, no qual sempre havia uma entrevista. Em pergunta que dirigi ao Professor José Joaquim Gomes Canotilho, o mais notável constitucionalista em língua portuguesa, indaguei a ele se a multiplicidade de sujeitos que se movem no debate constitucional contemporâneo tende a abrir expectativas de diálogo político estruturado na linguagem do direito. E complementei, usando uma expressão sua, que trago para título deste artigo, indagando quais as principais "posições interpretativas da Constituição" que emergem desse processo? A resposta que me deu vale para a questão aqui proposta:

> Em trabalhos anteriores demos conta de que a "luta constituinte" era (e é) uma luta por posições constituintes e de que a lógica do "pluralismo de intérpretes" não raro escondia que essa luta continuava depois de aprovada a Constituição. A interpretação seria afinal um "esquema de revelações" de pré-compreensões políticas. Continuamos a considerar que a metódica jurídica reflete todas as dimensões de criação e aplicação das normas jurídicas e a prova disso é a de que as diferenças entre legislação (*legislatio*), jurisprudência (*jurisdictio*) e doutrina (jurídica e política) surgem cada vez mais imbricadas e flexíveis. De qualquer forma, o elemento central da nossa posição reconduz-se ainda à ideia de conformação constitucional dos problemas segundo o princípio democrático e não de acordo com princípios a priori ou transcendentais. Se vemos bem as coisas, as dificuldades da metódica jurídica residem mais na sua rotina e falta de comunicação com outros horizontes de reflexão como as da sociologia e da filosofia do que nos seus pontos de partida quanto à investigação e extrinsecação do sentido das normas para efeito da sua aplicação prática.

Em direção a um constitucionalismo achado na rua

A todo momento, uma série de obstáculos é posta pela resistência elitista e conservadora em todos os âmbitos. Exemplo disso é a edição de decreto legislativo com o fim de suspender iniciativa do Poder Executivo (Governo Dilma) com o objetivo de constituir procedimentos, como método de governança e de gestão, de medidas de abertura e regulamentação dos instrumentos de participação na Administração Pública, "denunciando" o caráter "bolivariano" das medidas adotadas, sem inovar, apenas cumprindo o já estabelecido na Constituição e em leis.

Apesar disso, os mecanismos de participação permanecem como método e estratégia de comunicação com o social, para ações de controle, supervisão e deliberativas, nos três níveis de atuação do Estado, bastando ver a realização de conferências, instalação de conselhos, audiências públicas, comissões, gestão de planos, consultas, *amici curiae* etc., formando um extenso leque de intervenções vinculantes do social no processo da governança, legislativo e de administração da Justiça. Sem deixar de mencionar aqueles institucionalmente previstos na Constituição, cujos frutos são notáveis, por exemplo, as leis de iniciativa popular, entre elas, a que resultou na constitucionalização do direito de morar ou a de inabilitação eleitoral denominada Lei da Ficha Limpa.

Também *O direito achado na rua* enquanto compreensão teórico-política do jurídico pode se inscrever nessa categoria de prática democrática de ampliação da cidadania e dos direitos, e são inúmeros os registros de inscrição nos repertórios normativos de novas categorias que emergem do processo de reconhecimento do processo social instituinte de novas juridicidades. Isso explica, em boa parte, a exaltação ultimamente ressonante, inclusive no espaço do Supremo Tribunal Federal, que logo identificou nesse fundamento uma contraposição ideológica, ética e epistemológica às razões que têm sido esgrimidas para funcionalizar o jurídico para embalar a substantividade de formas de atribuição de titularidades, de modos de aquisição patrimonial ou investidura de prerrogativas que já não respondem ao substrato material que devam informá-las, em face de profundas transformações na infraestrutura do sistema econômico de acumulação ou do sistema jurídico de legitimação do poder político.

O direito achado na rua prossegue, teórica e politicamente, a designar a ampliação de espaços de sociabilidade para as relações de reciprocidade legitimadas que permitem instituir-se novas sociabilidades e novos direitos; a contribuir para reconhecer a legitimidade dos protagonismos sociais desses sujeitos contra a tentação de criminalizar as suas formas de intervenção e a oferecer categorias de enquadramento jurídico para as invenções democráticas desses novos direitos (CF, art. 5º, §2º). É uma disputa de narrativa e, como lembra Canotilho, na entrevista citada, aludindo exatamente a *O direito achado na rua*, para a acentuar, trata-se de afrontar a insensibilidade dos juristas à perspectiva antinormativista dos cultores das teorias críticas. Estes têm apontado para a necessidade de o sujeito de direito se aproximar dos "sujeitos densos" da vida real e para o pluralismo e diferença de regulações no contexto global e "alteromundial", até que seja sacudida e se mostre disposta a ir para o meio da rua.

O *constitucionalismo achado na rua* vem aliar-se à teoria constitucional, que percorre o caminho do retorno à sua função social. Uma espécie de devolução conceitual para a sociedade, da função constitucional de atribuir o sentido político do direito, através do reconhecimento teórico-conceitual da luta social como expressão cotidiana da soberania popular.

Recebi de meu colega Gladstone Leonel Silva Junior, amigo e coautor em muitas incidências editoriais, o PDF do livro *Sociologia do novo constitucionalismo latino-americano: debates e desafios contemporâneos* (organizado por Gustavo Menon, Maurício Palma e Douglas Zaidan).

Dadas as características da obra, replico o texto da apresentação assinada pelos organizadores:

> A partir das décadas de 1980 e 1990, com os movimentos de redemocratização, o constitucionalismo latino-americano observou a promulgação de constituições em diferentes países em que novas demandas se expressaram para a afirmação do princípio da dignidade humana e a materialização de direitos fundamentais, afastando-se de experiências ditatoriais. Por outro lado, as formações do mais recente constitucionalismo latino-americano merecem uma análise sociologicamente distinta. Com efeito, elas parecem ser fruto de um processo de engajamento da Sociedade civil e da articulação de diferentes classes sociais, havendo a proposição de novas categorias de direitos constitucionais e de tentativa de se romper com dinâmicas imperialistas. Ao lado disso, em determinados Estados da região, crescem forças conservadoras políticas e jurídicas de oposição aos novos horizontes oriundos de constituições e organizações de movimentos sociais. Nesse diapasão, influenciadas por categorias europeias, as constituições latino-americanas surgidas a partir dos anos 1980 podem ser compreendidas como expressões do processo de redemocratização, disputas e rearranjos entre as frações de classes dominantes e reproduziram, em grande medida, "compromissos institucionais e respostas jurídicas forjadas a partir de problemas formatados pelo discurso jurídico europeu, reeditando na América Latina uma ideologia constitucional que apresenta dificuldades quanto à realização de suas promessas. Exemplos são os constitucionalismos brasileiro de 1988, o guatemalteco de 1985 e o argentino, nos termos de sua reforma constitucional de 1994. Com a ascensão de governos de esquerda na América do Sul, diante do contexto da virada do milênio, novas cartas constitucionais foram promulgadas a partir de processos com notória participação popular. As atuais constituições da Venezuela (1999), Equador (2008), Bolívia (2009) e, mais recentemente, de Cuba (2019), buscam apresentar perspectivas inéditas para o constitucionalismo da região, objetivando romper com o legado e a herança do constitucionalismo europeu. Impulsionadas por demandas populares, as novas constituições e os debates constituintes levam em consideração elementos de multiculturalidade, plurinacionalidade e, ao mesmo tempo, tentam superar as dinâmicas entre países ricos e pobres (BARBOSA, Maria Lúcia; TEIXEIRA, João Paulo Allain. Neoconstitucionalismo e Novo Constitucionalismo Latino-Americano: dois olhares sobre igualdade, diferença e participação. Revista Direito e Práxis [online]. 2017, v. 8, n. 2 [acessado: 01 de fevereiro de 2022], pp. 1113-1142. Disponível em: https://doi.org/10.12957/dep.2017.23083).

Em seguida os organizadores sumariam as contribuições da obra, e desse sumário ponho em relevo a síntese que fazem de meu texto com Leonel da Silva Júnior. Conforme os organizadores, esse texto que abre o livro traz

> uma reflexão sobre o constitucionalismo latino-americano à luz da corrente do Direito Achado na Rua, um "Constitucionalismo Achado na Rua", como propõem. Realizam tal

tarefa por meio de uma ampla reconstrução teórica, sociológica e histórica, iniciando com uma revisão da própria noção de Direito Achado na Rua, esta entendida como espaço de criatividade democrática, jurídica e política. O Constitucionalismo Achado na Rua parte da tensão entre democracia e constituição e alça a pluralidade de sujeitos ao patamar de poder constituinte. O novo constitucionalismo latino-americano, enquanto popular, é colocado ao lado de experiências revolucionárias históricas, como a Constituição de 1976 que se seguiu à Revolução dos Cravos. Para os autores, deve a constituição prover sentido político ao direito, garantindo legitimidade a sujeitos subalternos inseridos na luta de classes, num processo de construção e modificação social do direito posto, o que poderia culminar, inclusive, em uma "constituinte achada na rua".

Considero que se fortalece um constitucionalismo propriamente latino-americano descolonizador, garantindo espaço constitucional a movimentos ligados a lutas políticas populares. Por isso passam os autores, a partir do texto de Fajardo, a analisar experiências do constitucionalismo latino-americano desde a década de 1980, concordando com o fato de que o mais recente movimento na região formou atores constituintes concretos vindos debaixo, especialmente se analisadas as constituições equatoriana, boliviana e venezuelana. O caso brasileiro passa a ser enfocado. Neste, a constituição encontrar-se-ia aberta a certos sujeitos populares, devendo a luta social ser reconhecida, academicamente, como a constituir a soberania popular: "O constitucionalismo Achado na Rua vem aliar-se à Teoria Constitucional que percorre o caminho do retorno à sua função social em um primeiro momento, para quem sabe constituir força para extravasá-la". Para os autores, após o "soluço" de 2016 a 2019, o Brasil deveria retomar os rumos do constitucionalismo achado na rua, e o constitucionalismo latino-americano estar "a serviço" da população subalterna.

Não é emulativa essa consideração. Agora, ao final de 2022, a *Revista de Direito do Programa de Pós-Graduação da Faculdade de Direito da UnB* lançou edição especial inteiramente dedicada a *O direito achado na rua e sua contribuição para a teoria crítica do direito*. Nesse e em outros trabalhos, vai transparecer que muito da fortuna crítica dessa proposta teórica se concentra no cuidado de perceber os "achados" que têm permitido a atualização de suas linhas de pesquisa. O constitucionalismo achado na rua pode ser considerado um desses achados.

Na edição comemorativa da *Revista Insurgência* (v. 8, n. 2, 2022), Dossiê: "IPDMS, 10 anos de história e desafios", tive o ensejo, a propósito dessa designação, de alinhar os pontos que foram demarcando sua origem e desenvolvimento.

A partir da publicação, no Dossiê, do artigo de Leura Dalla Riva (p. 406-421), doutoranda em *Diritto Comparato e Processi di Integrazione* pela Università degli Studi della Campania Luigi Vanvitelli, Itália, mestre em Direito pela Universidade Federal de Santa Maria (UFSM), especialista em Direito Ambiental e Sustentabilidade pela Faculdade Educacional da Lapa (FAEL), bacharel em Direito pela Universidade Regional de Blumenau (FURB), pesquisadora do CONSTINTER-FURB e da REDEMARX, que tem como título *Bem viver e o "Constitucionalismo Achado na Rua": um olhar a partir da teoria da ruptura metabólica*, fui fazendo o alinhavo desse percurso, inteiramente aberto. Esse material serviu a meus alunos de graduação na UnB, da disciplina Pesquisa Jurídica, do semestre 2/2022, que prepararam para a *Wikipédia* o verbete "constitucionalismo achado na rua" (assim como seus colegas de semestres anteriores já editaram os verbetes "direito achado na rua", Roberto Aguiar e "sujeito coletivo de direito"). Na mesma agenda programática os alunos de pós-graduação (Mestrado e Doutorado), da disciplina O Direito Achado na Rua, da Faculdade de Direito e do Centro de Estudos Avançados Multidisciplinares, da UnB, estão preparando o volume 7 da Coleção Direito Vivo, da Editora Lumen Juris, cuja retranca é O Direito Achado na Rua (o vol. 2 da coleção é O Direito Achado na Rua: Concepção e Prática; o vol. 5, O Direito Achado na Rua: Emergências, Revisitações e Travessias; o 6, O Direito Achado na Rua: Sujeitos Coletivos de Direito; o 7, O Direito Achado na Rua: Constitucionalismo Achado na Rua (em preparo).

Voltando ao Dossiê do IPDMS, tomo o resumo do artigo de Leura Dalla Riva. Assim, temos que a autora parte de uma análise da crise ecológica hodierna como resultado da ruptura metabólica existente entre seres humanos e natureza e suas consequências, focalizando o desenvolvimento do novo constitucionalismo latino-americano como um movimento "achado na rua". A pesquisa tem como problema de pesquisa: em que medida o novo constitucionalismo latino-americano abre caminhos para a superação da ruptura metabólica ao consagrar a ideia de bem viver? Para tanto, utiliza-se abordagem dedutiva. Primeiramente, aborda-se a categoria "ruptura metabólica" com especial foco na exploração da natureza na América Latina, o que envolve a abordagem de questões como capitalismo dependente no continente e o histórico extrativismo. Num segundo momento, analisa-se qual o papel das constituições da Bolívia e do Equador como construtoras de um constitucionalismo achado na rua e apresentam-se origens, conceitos e aspectos principais da ideia de "bem viver" a partir dos povos latino-americanos. Por fim, aborda-se em que aspectos essas constituições apontam para a superação da ruptura metabólica em prol da ideia de bem viver.

Desde logo, uma mais estendida e circunstanciada aproximação entre *o direito achado na rua* e o *direito insurgente* foi apresentada pelo professor De la Torre Rangel, durante o Seminário Internacional O Direito como Liberdade 30 Anos do Projeto O Direito Achado na Rua, em sua contundente comunicação *Constitucionalismo Achado na Rua en México: de los acuerdos de San Andrés al concejo indígena de gobierno.*

As experiências registradas no México, tendo como base as lutas sociais por emancipação, têm o caráter de uma revisão crítica da historiografia do país, na percepção da insurgência e do processo instituinte de direitos, repondo o tema do constitucionalismo desde baixo, nas anotações de planos e acordos estabelecidos nos embates para estabelecer projetos de sociedade. Relevo para os acordos de San Andrés, pela conformação constitucional que os caracterizam.

Como anota a peruana Raquel Yrigoyen Fajardo, aferindo as experiências constitucionais na América Latina, incluindo o Canadá, há um primeiro ciclo caracterizado como "constitucionalismo multicultural" (Canadá, 1982), Guatemala, 1985, Nicarágua 1987 e Brasil, 1988). O segundo ciclo referente ao "constitucionalismo pluricultural" (Colômbia, 1991, México e Paraguai, 1992, Peru, 1993, Bolívia e Argentina, 1994, Equador, 1996 e 1998 e Venezuela, 1999). E o terceiro ciclo, finalmente, é reconhecido pelo alcance de um "constitucionalismo plurinacional", a partir das inovadoras constituições do Equador (2008) e Bolívia (2009), nas quais, diz Raquel, já se trata de um ciclo pluricultural, plurinacional e ecológico, em que "se pluraliza a definição de direitos, a democracia e a composição dos órgãos públicos e as formas de exercício do poder".

Raquel Yrigoyen, que já inscrevera em sua concepção a tese de um constitucionalismo plurinacional, tem avançado fortemente, desde seu diálogo com as cosmogonias e cosmovisões dos povos ancestrais, em direção a um constitucionalismo ecológico ou ecoconstitucionalismo, sem, contudo, abdicar de suas teses originais sobre o pluralismo jurídico.

Ainda que nessa passagem o foco da leitura do pluralismo jurídico, desde a leitura de Raquel Yrigoyen, compreendido propriamente como pluralismo jurídico igualitário (consulte-se entre outros estudos, os escritos fundamentais com aberturas inéditas para a aplicação dessa categoria, de Boaventura de Sousa Santos – sempre presente nas atividades do IIDS), até o mais recente de Antonio Carlos Wolkmer e de Maria de Fatima S. Wolkmer, se dirija aos povos indígenas e originários, essa acepção, orientada "por uma racionalidade jurídica diferente", alcança também os ronderos campesinos, em enfoque autoral bem conhecido.

Outro claro exemplo de racionalidade jurídica diferente resulta em palavras de Yrigoyen, "de las Rondas Campesinas, que si bien nacen em uma primera etapa, como respuesta a uma demanda de seguridade, frente al robo y el abigeato se traduce finalmente, en prácticas sociales de auto administración de justicia".

Tal como dissemos eu e meu colega Antonio Escrivão Filho, mais que reconhecimento de direitos, tais ciclos tratam do grau de abertura à efetiva participação constituinte das distintas identidades, aliado à efetiva incorporação de seus valores sociais, econômicos, políticos e culturais não apenas no ordenamento jurídico, mas no desempenho institucional dos poderes, entes e entidades públicos e sociais.

Ou seja, a partir do que atualmente, com as experiências constituintes em curso na América Latina, com as novidades trazidas pela proposta de Constituição do Chile, aprofundam-se temas emergentes de um constitucionalismo em chave decolonial, anota Antonio Carlos Wolkmer em texto recente – *Notas para Pensar la Descolonización del Constitucionalismo en Latinoamérica*.

A novidade que vem do Chile, mesmo com o *rechazo*, aponta para o que Wolkmer identifica como propostas de um constitucionalismo crítico na ótica do sul global, referida a aportes do *constitucionalismo transformador* de que fala Boaventura de Sousa Santos, do *constitucionalismo andino, pluralista, horizontal decolonial, comunitário da alteridade, ladino-amefricano* e, ainda, *do constitucionalismo achado na rua*.

É a partir dessa perspectiva, algo que deixo como sugestão ao autor para suas pesquisas futuras, considerando que o que vou dizer não se colocava quando o trabalho foi publicado. Ou seja, a partir do que atualmente, com as experiências constituintes em curso na América Latina, aprofundar temas emergentes de um *constitucionalismo em chave decolonial*.

Para Wolkmer,

> la propuesta de un constitucionalismo crítico bajo la óptica del sur global puede ser contemplada en los aportes innovadores de la propuesta del consti tucionalismo transformador de Sousa Santos, B. de y de las variaciones presentes que tienen en cuenta las epistemologías del sur y, más directamente, del constitucionalismo andino, ya sea en la vertiente del

constitucionalismo pluralista (Yrigoyen Fajardo, 2011; Wolkmer, 2013, p. 29; Brandão, 2015), del constitucionalismo horizontal descolonial (Médici, 2012), constitucionalismo comunitario de la alteridad (Radaelli, 2017), constitucionalismo crítico de la liberación (Fagundes, 2020), constitucionalismo ladino-amefricano (Pires, 2019) o aún del constitucionalismo hallado en la calle (Leonel Júnior, 2018).

Realmente, Gladstone Leonel Junior trouxe essa designação, ainda sem a aprofundar em seu livro de 2015, reeditado – *Novo Constitucionalismo Latino-Americano: um estudo sobre a Bolívia*. Na segunda edição, novas questões ensejam novas análises para a construção de um projeto popular para a América Latina a partir do que a experiência na Bolívia e em outros países nos apresenta. Das novidades dessa edição, a editora e o autor destacam: Um capítulo a mais. Esse quarto capítulo debate "O Constitucionalismo Achado na Rua e os limites apresentados em uma conjuntura de retrocessos". A importância dele está na necessidade de configurar um campo de análise jurídica que conjugue a teoria constitucional na América Latina com o direito achado na rua, situando então, o constitucionalismo achado na rua.

O livro, aliás, pavimenta o caminho para estudos e pesquisas nessa dimensão do constitucionalismo, e o próprio Professor Gladstone Leonel, em sua docência na Faculdade de Direito da Universidade Federal Fluminense, criou a disciplina "O Constitucionalismo Achado na Rua e as epistemologias do Sul", ofertada no programa de pós-graduação em Direito Constitucional na UFF. O programa da disciplina e maiores informações podem ser obtidos no seguinte *site*: http://bit.ly/2NqaABn.

Resenhei esse percurso em http://estadodedireito.com.br/novo-constitucionalismo-latino-americano-um-estudo-sobre-bolivia/. Claro que em *O Direito Achado na Rua: Concepção e Prática*, volume 2, no capítulo (Parte IV): O Direito Achado na Rua: Desafios, Tarefas e Perspectivas Atuais, já inscrevemos uma anotação programática nessa direção, ao indicar (p. 224):

> Essas experiências refletem uma espécie de "Constitucionalismo Achado na Rua", em que os atores constituintes, os protagonistas desses processos, que envolveram povos indígenas, feministas, campesinas e campesinos, trabalhadoras e trabalhadores e setores historicamente excluídos, arrancam do processo constitucional novas formas de pluralismo jurídico e conquistas de Direitos.

Com Gladstone eu também trabalhei o tema, procurando fixar a sua mais precisa enunciação. Assim, em *Revista Direito e Práxis* (*on-line version*, ISSN 2179-8966 http://old.scielo.br/scielo.php?pid=S2179-89662017000201008&script=sci_abstract&tlng=pt), valendo o resumo:

> A crise política brasileira, evidenciada a partir de junho 2013, enseja novas reflexões para a conjuntura recente. A reforma do sistema político é necessária e um das formas de viabilizá-la é por meio de uma Assembleia Constituinte. Sobretudo, se observado os movimentos político-jurídicos dos últimos 15 anos nos países da América Latina. Cabe refletir sobre o momento e as possibilidades dessa aposta pautando-se em um "constitucionalismo achado na rua".

Quase que simultaneamente, também com Gladstone, publicamos em *La Migraña... Revista de Análisis Político*, nº 17/2016. Vicepresidencia del Estado Plurinacional de Bolívia: La Paz, o artigo La lucha por la constituyente y reforma del sistema político em Brasil: caminhos hacia um 'constitucionalismo desde la calle'.

Com essas referências, alcança-se o patamar que, juntamente com Antonio Escrivão Filho, especialmente no Capítulo V – América Latina, desenvolvimento e um Novo Constitucionalismo Achado na Rua (p. 123-150), enunciamos, vale dizer, que

> o Constitucionalismo Achado na Rua vem aliar-se à Teoria Constitucional que percorre o caminho de retorno a sua função social. Uma espécie de devolução conceitual para a sociedade, da função constitucional de atribuir o sentido político do Direito, através do reconhecimento teórico-conceitual da luta social como expressão cotidiana da soberania popular. Um reencontro entre a Teoria Constitucional, e o Direito compreendido como a enunciação dos princípios de uma legítima organização social da liberdade (p. 149).

Com pesquisadores do Grupo de Pesquisa O Direito Achado na Rua (Diretório de Grupos de Pesquisa do CNPq), organizamos o livro *O Direito Achado na Rua: questões emergentes, revisitações e travessias*, um capítulo é dedicado ao tema: Constitucionalismo Achado na Rua, com os temas A Democracia Constitucional e a Proposta para um Constitucionalismo Inclusivo no Brasil, de Bárbara R. R. C. de Oliveira, Jean Patrício da Silva, João Paulo Santos Araújo, Samuel Barbosa dos Santos e Betuel Virgílio Mvumbi; e O Constitucionalismo Achado na Rua, os Sujeitos Coletivos Instituintes de Direito e o Caso APIB na ADPF nº 709, de Marconi Moura de Lima Barum, Mauro Almeida Noleto, Priscila Kavamura Guimarães de Moura e Renan Sales de Meira.

É sempre estimulante poder construir com os compromissos de engajamento, sobretudo epistemológico, escoras teóricas para avançar nessas emergências, revisitações e travessias, em arcos de cooperação não apenas orgânicos – os grupos de pesquisa –, mas nos encontros conjunturais com aliados acadêmicos nos eventos, disciplinas e projetos que nossos coletivos de ensino, extensão e pesquisa proporcionam.

É nesse ambiente que podemos localizar abordagens instigantes que acolhem os achados desse processo, assimilando-os às suas estruturas de análise e de aplicação, e prorrogando seu alcance heurístico para novos níveis de discernimento. Assim, nesse recorte aqui realizado, o texto de Antonio Carlos Bigonha (Subprocurador-Geral da República, atua na 2ª Seção do Superior Tribunal de Justiça, proferindo pareceres em Direito Privado. Foi presidente da Associação Nacional dos Procuradores da República [2007/2011] e coordenador da 6ª Câmara de Populações Indígenas e Comunidades Tradicionais da PGR [2019/2021], além de destacado compositor, pianista e mestre em Música pela Universidade de Brasília):

> A interpretação constitucional que setores retrógrados da magistratura e do Ministério Público adotaram para o exercício arbitrário de suas prerrogativas e atribuições, ao longo dos últimos 30 anos, faria corar monges de mármore, para usar uma expressão muito referida pelo ministro Gilmar Mendes, em sessões de julgamento no STF. Desconheço em que fonte foram beber seu fundamento teórico, fruto talvez de uma corrupção semântica, resultado da leitura equivocada da matriz germânica ou estadunidense. Neste contexto, o Direito Achado na Rua afirma-se como um poderoso vetor hermenêutico, uma abertura capaz de

barrar os exageros do neoconstitucionalismo e oferecer novas epistemologias que conduzam à interpretação da Constituição e das leis do País para a afirmação e o fortalecimento dos direitos humanos, segundo uma agenda comprometida com os interesses do nosso povo. E ouso supor que Darcy Ribeiro e Machado Neto subscreveriam, novamente, esta virada hermenêutica.

Em comunicação oral realizada no GT 12 – Constitucionalismo achado na rua, por ocasião do Seminário Internacional O Direito como Liberdade – 30 Anos do Projeto O Direito Achado na Rua, Menelick de Carvalho Netto e Felipe V. Capareli, com o título "O Direito Encontrado na Rua, a Luta por um Constitucionalismo Plural e Inclusivo, e a necessidade de enfrentar o risco autoritário de uma política simplista e privatizante. Visão dicotômica do Estado e do Direito", também extraem consequências dessa dimensão constitucional estabelecida na rua.

É com esse acumulado que chegamos ao Seminário Internacional O Direito como Liberdade: 30 Anos do Projeto O Direito Achado na Rua, realizado em Brasília, na UnB, em dezembro de 2019. No programa, toda uma seção (Seção III) para o tema Pluralismo Jurídico e Constitucionalismo Achado na Rua. Esse material veio para o volume 10 da Série O Direito Achado na Rua: Introdução Crítica ao Direito como Liberdade. Brasília: Editora UnB/Editora da OAB Nacional, 2021. Na seção podem ser conferidos os textos: Pluralismo Jurídico Comunitário-Participativo: processos de descolonização desde o Sul, de Antonio Carlos Wolkmer; A Contribuição do Direito Achado na Rua para um Constitucionalismo Democrático, de Menelick de Carvalho Netto; Constitucionalismo Achado na Rua em México: de los acuerdos de San Andrés al concejo indígena de gobierno, de Jesús Antonio de la Torre Rangel; O Direito à Alimentação como um Direito Humano Coletivo dos Povos Indígenas, de Raquel Z. Yrigoyen Farjado; e Constitucionalismo Achado na Rua: reflexões necessárias, de Gladstone Leonel Júnior, Pedro Brandão, Magnus Henry da Silva Marques.

Uma nota singular é tributada a meus alunos da disciplina Pesquisa Jurídica que integra a base curricular do primeiro semestre do curso de Direito, da Faculdade de Direito da UnB. Com esses jovens debutantes da educação jurídica tenho exercitado a diretriz sugerida pelo colega e sociólogo Pedro Demo para quem não há aprendizagem sem que se conjuguem dois fundamentos: a pesquisa e a autoria. Por isso que tenho aplicado esse duplo fundamento em meu plano de curso, o que já valeu duas premiações conferidas pela Fundação Getúlio Vargas (Direito SP), em seu prestigioso prêmio Esdras de Ensino do Direito fundado em metodologias ativas. Com esse sentido de pesquisa e autoria os alunos da disciplina têm participado de outra atividade de intensa autonomia cognitiva: redigir verbetes para a *Wikipédia*.

Num retrospectivo e circunstanciado esboço os estudantes-autores demarcam a inserção decolonial do enunciado, na senda de um constitucionalismo de transformação, intercultural, ecológico, latino-americano, achado na rua. Para arrematarem:

> O Direito Achado na Rua, de cujos fundamentos e prática deriva o conceito do Constitucionalismo Achado na Rua, trouxe uma série de noções e categorias para a teoria do Constitucionalismo Achado na Rua. No âmbito acadêmico, encontrou lastro em inúmeros projetos que visavam enriquecer o universo jurídico para além de seus vícios estruturais. A corrente de pensamento originada na década de 80 encontra relevância na

atualidade, visto que, no cenário contemporâneo da política brasileira é nítido a ausência de representatividade política que contribui para a perpetuação de problemas crônicos e estruturais da sociedade brasileira, carecendo de um maior "constitucionalismo achado na rua" em suas dimensões sociopolíticas.

O surgimento do Constitucionalismo Achado na Rua é resultado da necessidade de romper com o histórico de colonialismo, que está intrinsecamente presente na formação econômica, social, política, jurídica e burocrática do Estado. Além disso, o Constitucionalismo Achado na Rua visa, também, superar a concepção positivista e estatal do direito, que não assegura os direitos dos grupos coletivos e mantém uma opressão e espoliação em relação aos grupos socialmente desfavorecidos, portanto, a iniciativa popular nas políticas públicas atuais é considerada um instrumento crucial para transformar a realidade e garantir a efetivação dos direitos que devem ser assegurados a todos.

O Constitucionalismo Achado na Rua representa um avanço na justiça social, já que se realiza enquanto teoria crítica de Direito, que extrai a problemática sobre as estruturas sociais e políticas, que perpetuam a desigualdade. Portanto, a teoria em questão possibilita maior visibilidade para a justiça, a qual se realiza de forma emancipatória e transformadora.

É importante:

recordar que o constitucionalismo é permanente tentativa de se instaurar e se efetivar concretamente a exigência idealizante que inaugura uma modernidade no nível da organização de uma sociedade complexa, incapaz de lançar mão de fundamentos absolutos e que, por isso, só pode legitimar seu próprio sistema de direitos na medida em que os potenciais podem se reconhecer como coautores e autoras das normas que os regem. Ou seja, ou o direito é constitucionalmente achado na rua e nas ruas, e com as ruas, é construído e reconstruído de forma plural e inclusiva, ou, sem dúvida, tende-se a privatizar o próprio Estado, mediante a colonização do direito por uma lógica simplista binária de cunho plebiscitário e na da democrática, pois infensa a qualquer eficaz de bate.

O poder constituinte para ser soberano e democrático não se fecha em normas estatais, mas se mantém na atualização constante dos processos de libertação que se expressam em direitos. Por isso que se diz que é incompleto o processo de transição democrática iniciado pela Constituição de 1988, que mesmo os recentes episódios jurídicos-políticos não devem lograr provocar o seu rompimento.

As intermitências, na transição ainda não completada entre um regime autoritário que havia se instalado no Brasil em 1964 e em direção a uma institucionalidade democrática, convivem com esses sobressaltos. A democracia, como se aprende na política, é uma obra inconclusa, nunca acabada, insatisfeita de si própria e que desafia a atualização continuada, em sua materialidade (os direitos alimentares) e em sua forma (os direitos elementares), como dizia, em seu tempo, João Mangabeira, a propósito da retomada democrática em 1946 depois do soluço autoritário de 1937, com a ditadura e a tremenda repressão dos agentes do Estado Novo, como poderemos dizer nós, quando se retome o percurso democrático, após o soluço de governança de 2016 a 2022, para que se realizem as promessas ainda não cumpridas do projeto de sociedade inscrito na Constituição de 1988.

Informação bibliográfica deste texto, conforme a NBR 6023:2018 da Associação Brasileira de Normas Técnicas (ABNT):

SOUSA JUNIOR, José Geraldo de. Constituição Federal, 35 anos: ainda uma disputa por posições interpretativas. *In*: FACHIN, Luiz Edson; BARROSO, Luís Roberto; CRUZ, Álvaro Ricardo de Souza (Coord.). *A Constituição da democracia em seus 35 anos*. Belo Horizonte: Fórum, 2023. p. 363-377. ISBN 978-65-5518-597-3.

"CONVÍVIO DEMOCRÁTICO": UTOPIA INSTITUCIONAL E CHAVE HERMENÊUTICA DA CONSTITUIÇÃO DE 1988

JOSÉ RODRIGO RODRIGUEZ

1 Introdução

Em 2022, o Brasil passou por uma eleição em que a falta de alternativas, a falta de um projeto de país, tem feito com que forças políticas de esquerda e de direita oscilem entre a justa denúncia de opressões e diagnósticos cada vez mais radicais que defendem mudanças sociais rápidas e autoritárias em nossas instituições formais e informais. A desvalorização social do processo de negociar democraticamente soluções possíveis para os conflitos sociais faz com que a política seja vista como um beco sem saída, como mera repetição do que já existe, e posições extremistas ganhem cada vez mais destaque.

Mãe Luiza, construindo o otimismo: a construção de um novo sol (LINS, 2022), livro que conta com uma ficção de Paulo Lins (autor de *Cidade de Deus*) e textos de análise sobre a comunidade Mãe Luiza em Natal/RN, desmente de forma eloquente este diagnóstico ao relatar um caso de sucesso no campo social e no campo político. Mãe Luiza é uma comunidade maranhense que se organizou, a princípio, ao redor da inciativa de um padre católico. A partir deste impulso inicial, a comunidade tem sabido utilizar, por mais de 30 anos, fontes privadas e públicas de recursos – principalmente privadas – para resolver seus problemas em um processo contínuo de luta por direitos. É verdade que ainda estamos diante de uma comunidade vulnerável, mas que hoje se organiza a partir de baixo e tem promovido avanços em todas as áreas, como o livro demonstra detalhadamente.

Provavelmente esta obra despontará para o anonimato. Nos dias de hoje, ganham destaque nos meios de comunicação, principalmente, denúncias de opressão e violência e diagnósticos pessimistas de nossa sociedade. Estamos perdendo a capacidade de imaginar como construir uma vida cada vez melhor para todos e todas, utilizando os recursos e as instituições já existentes para construir novos direitos e novas políticas públicas. Não é este o caso de Mãe Luiza: o livro mostra que a organização comunitária de pautas e prioridades e a ação de ir buscar soluções no poder público e na inciativa privada podem produzir toda sorte de efeitos positivos, inclusive no longo prazo.

Pensar a emancipação humana a partir da materialidade do mundo e das instituições postas pode soar como um amesquinhamento da imaginação para quem clama por soluções globais para os problemas da humanidade. Mas a imaginação desligada das lutas sociais, abstrata e solipsista, por assim dizer, exagerando o argumento, pode tender a um delírio totalmente desligado do horizonte de sentido dos agentes sociais em concreto. Por isso mesmo, é possível ler *Mãe Luiza, construindo o otimismo* como uma provocação de Paulo Lins e dos demais autores do livro à desvalorização da atividade política por teorias normativas da sociedade que não partem da experiência humana concreta para construir seus critérios.

Com efeito, eventuais transformações sociais devem ser pensadas a partir dos conflitos sociais, a partir das pessoas que os protagonizam com a finalidade de imaginar como as instituições formais existentes, Constituição de 1988 inclusive, poderiam acolher seus desejos e interesses e estabilizá-los na forma de direitos (RODRIGUEZ, 2019). Para realizar esta tarefa será preciso, muitas vezes, transformá-las. Sem esse exercício político materialista seremos incapazes de antecipar o que devemos fazer. Seremos incapazes de imaginar quais são as transformações concretas necessárias para mudar o mundo em geral e mudar o nosso mundo em concreto ao tratar as pessoas como objeto de forças sociais ou mera resultante de estruturas, não como protagonistas do processo político e da gestão da coisa pública.

Qualquer modalidade de pensamento emancipatório, toda imagem utópica da emancipação, devem ser construídas de baixo para cima, no meio das coisas do mundo, *in media res*, apostando na construção coletiva de instituições a partir da experiência social concreta, insistimos, e não a partir de uma régua abstrata a ser aplicada de cima para baixo a uma realidade idealizada. A emancipação humana depende de um repensar criativo e reiterado dos elementos que já estão postos no mundo, pois não há criatividade em abstrato (CSIKSZENTMIHALYI, 2009), neste caso, descolada da materialidade das instituições. A construção de novas instituições não resulta de milagres, não coincide com a chegada de um suposto messias, não nasce do nada, mas é o resultado de uma construção política cotidiana consolidada passo a passo, de uma luta incessante por direitos e por políticas públicas que devem ter o povo como seu protagonista, não como simples objeto passivo.

Nesse sentido, o objetivo central de uma utopia preocupada com o protagonismo popular é o engajamento do pensamento contemporâneo com a sociedade como ela é; um engajamento com o imanente, com as imagens de sociedade que movem os agentes e os grupos sociais. Todos os elementos que constituem uma utopia com estas feições devem apontar para baixo, não para cima, devem nos dirigir para o presente, não para o futuro; devem nos sugerir contatos horizontais e não verticais, devem despertar a vontade de construir, não a de aplicar normas mecanicamente, devem induzir o movimento e não a parada; devem ter a forma de esboço, não de projeto acabado: devem ser como um *Bicho*, escultura de Ligia Clark. Os bichos que são como esqueletos que estruturam movimentos, são condições de possibilidade de uma série de movimentos possíveis. Analogamente, podemos dizer que o direito estrutura variadas transformações sociais.

Os mesmos textos legais, a mesma Constituição, fundamentam a construção de normas jurídicas presentes e futuras por meio da interpretação, pois regulam sociedades em mutação em que pessoas e ideias nascem e morrem, em que formas de vida surgem e desaparecem. Como nos ensinou Hart, o sentido dos textos normativos é definido pela comunidade de intérpretes, cuja composição varia no tempo e inclui advogados, agentes do Estado e os participantes da esfera pública que questionam o direito posto e propõem demandas renovadas ao Poder Judiciário.

O objetivo deste texto é apresentar uma imagem de emancipação humana que chamaremos de "convívio democrático" e mostrar como ela pode nos ajudar a dar sentido às instituições do Estado democrático de direito brasileiro, em especial à Constituição de 1988. Para realizar este objetivo, em primeiro lugar, mostraremos em que sentido a noção de "convívio democrático" pode ser concebida como uma utopia que deve incluir, necessariamente, uma dimensão jurídica, ao contrário da tradição sobre este tema (item 2).

A seguir, mostraremos substantivamente o que significa "convívio democrático" e esboçaremos uma interpretação dos principais componentes do Estado democrático de direito – direitos fundamentais e separação de poderes – como tecnologia de convívio para construir o que consideramos a melhor interpretação da Constituição de 88 (item 3). Este artigo não tem como objetivo oferecer solução para problemas jurídicos específicos, mas estabelecer um quadro geral que oriente a construção de argumentos em casos concretos, sugerindo a abertura de uma pauta de pesquisa que ajude a atualizar o sentido da Constituição de 1988 para o momento atual.

2 Utopia institucional e Estado democrático de direito

Críticos da sociedade em várias épocas elaboraram visões antecipadas de uma vida em comum ideal com a finalidade de criticar e, em certos casos, construir alternativas para uma realidade injusta. Modelos de cidade ideal que incluíam regras sobre a melhor maneira de governar e muitas outras dimensões da existência humana, como a alimentação, a vida sexual, a formação de famílias e a criação dos filhos.

Por esta razão, este modo de pensar foi acusado de autoritário ou totalitário por alguns representantes da tradição liberal. De acordo com essas críticas, modelos de sociedade substantivos e detalhados deixariam pouco espaço para a escolha individual dos membros da comunidade política, ainda mais se implementados de cima para baixo, sem levar em conta cada contexto.

Uma das características centrais do liberalismo político é, de fato, defender a separação entre sociedade e Estado e a tentativa de construir instituições – basicamente, a separação de poderes e os direitos fundamentais – que façam com que o Estado responda aos interesses e desejos dos cidadãos. A tradição utópica foi desqualificada por críticos influentes como Karl Popper, Ralf Dahrendorf, Friedrich von Hayek e Milton Friedman e identificada com o fracasso das revoluções de inspiração socialista de maneira geral, ainda que Karl Marx e Friedrich Engels também tenham criticado o que eles chamaram de *socialismo utópico* (CHAUÍ, 2008).

No entanto, vale a pena observar, tal crítica não deixou de servir a um pensamento revolucionário que defendia a coincidência futura entre indivíduo e Estado, um pensamento que não considerava a distinção entre sociedade e Estado como elemento central da emancipação humana. De fato, na tradição marxista, poucos autores incorporam positivamente este elemento do liberalismo político, a saber, Franz L. Neumann e Jürgen Habermas. Ao contrário, talvez seja razoável dizer que este elemento é visto como aquele que deve ser superado em uma sociedade emancipada, daí as críticas liberais ao pensamento utópico.

Em linhas gerais, o pensamento utópico propõe a construção de uma sociedade perfeita em oposição completa à cidade existente ou a construção de um projeto cuja finalidade é a de suprimir alguns de seus aspectos negativos e desenvolver alguns de seus elementos positivos (CHAUÍ, 2008). Nos dois casos, é fundamental que consideremos ser possível construir uma sociedade nova na qual haverá coincidência entre norma e vida, entre sociedade e Estado, entre indivíduo e comunidade.

A primeira manifestação deste modo de pensar foi o livro *Utopia*, de Thomas Morus, que pode ser considerado uma reação aos conflitos violentos que marcaram a Reforma protestante e a Contrarreforma católica, um tempo de lutas políticas entre facções. Morus imagina uma cidade ideal que elimine as desigualdades e as facções e seus conflitos, ou seja, uma cidade em que não há nem propriedade privada nem separação entre Estado, sociedade e igrejas.

Para o autor, a utopia é uma democracia direta fundada na vontade coletiva, onde reina a tolerância religiosa, uma cidade guiada por homens virtuosos que se dedicam ao trabalho e não se entregam ao ócio. Morus propõe o planejamento da produção econômica e a distribuição igualitária dos bens, imagina a organização do tempo livre como momento não apenas de lazer e entretenimento, mas de dedicação à ciência e às artes, para que os homens possam viver segundo a razão e em harmonia com a natureza (CHAUÍ, 2008).

No século XIX, o pensamento utópico passa a fundamentar-se na ciência, apresentando seus projetos de cidade ideal com características de ciência aplicada, inclusive com a rejeição explícita do termo "utopia" por autores como Proudhon, que pretendeu compreender as leis do desenvolvimento econômico. Marx e Engels também fundamentam seu pensamento na ciência, buscando desvendar as causas materiais (econômicas e sociais) da humilhação e da opressão. O socialismo científico marxista teria desvendado o funcionamento do modo de produção capitalista, fundado na luta de classes, as quais são definidas pela propriedade privada dos meios sociais de produção e pela posição das pessoas em relação ao processo produtivo.

Para Proudhon, a construção de uma sociedade ideal gira em torno do que ele chama de razão coletiva que nasceria das contradições da razão individual, mas sem dissolver o individual no coletivo. A razão coletiva deveria se expressar em uma sociedade mutualista gerida pela coletividade, ou seja, uma sociedade baseada na reciprocidade em que o Estado fosse destruído e todos os problemas fossem geridos pela sociedade. É este tipo de reflexão que motiva o autor a propor a ideia de federação como união de sujeitos sociais que possuem um objetivo em comum (PROUDHON, 2006; 2018).

A federação é a aplicação do sistema mutualista a setores de abrangência geral que normalmente chamamos "serviços públicos". Para Proudhon, não haveria mais políticos, mas delegados da federação, não existiria mais uma constituição fixa, mas um pacto positivo, efetivo, que foi realmente proposto, discutido, votado, adotado e que se pode modificar regularmente de acordo com a vontade dos contraentes, o que pressupõe o consenso entre os cidadãos e prescinde da mediação do direito em sua concepção liberal (PROUDHON, 2006; 2018).

Para Marx e Engels, a revolução socialista consistiria na passagem à propriedade social dos meios sociais de produção como resultado da ação política da classe economicamente explorada quando, por sua organização, conhecer-se a si mesma como classe. Não se trata, portanto, de uma especulação a respeito de como uma sociedade futura poderia ser, mas de uma crítica imanente que procura demonstrar a possibilidade de transformar a sociedade a partir da realidade já existente, ou seja, a partir de atividades materiais expressas pela categoria "trabalho" sob o capitalismo (MARX, 2017).

Não há uma imagem clara da sociedade futura em Marx, pois ele está mais preocupado em liberar as forças que tornariam a sociedade futura possível por meio da crítica da religião, da economia política e do direito de origem liberal para afirmar a autonomia dos seres humanos, negada pelo modo de produção capitalista. Ainda assim, a noção de um autogoverno dos produtores de mercadorias presente em Marx, por exemplo, nos *Manuscritos econômicos-filosóficos*, também pressupõe a superação da oposição entre indivíduo e coletividade, entre sociedade e Estado.

As utopias que pretendem superar tal oposição tendem a ser antijurídicas ou, no mínimo, não são compatíveis com a visão de direito que se constitui com o constitucionalismo liberal e informa a compreensão do que significa um Estado democrático de direito. Vale mencionar a complexidade das relações entre direito e utopia, complexidade que se deve, para começar, ao fato de que os sentidos de "direito" e de "utopia" variam de autor para autor e com o contexto histórico (CUNHA, 1996).

Em extensa monografia sobre o assunto, Paulo Ferreira da Cunha nos ensina que as utopias sempre são críticas do direito positivo, pois almejam a construção de um outro regime político. Muitas delas desdenham dos juízes e tribunais, considerando-os corruptos e incompetentes e, quando amam o direito, o fazem sob a forma de leis claras e perfeitas; leis que não precisam da interpretação, da mediação dos juristas para revelar seu sentido e orientar a vida social. As leis na tradição utópica deveriam, portanto, ser capazes de revelar a alma da sociedade: são leis divinizadas, sagradas, que não podem ser objeto de controvérsia, muito menos de interpretação (CUNHA, 1996, p. 158; 161; 164). Tal visão nos parece incompatível com a visão contemporânea de Estado democrático de direito.

É importante observar que toda esta discussão a respeito de utopia se deu antes do advento dos regimes autoritários europeus da primeira metade do século XX. Regimes abertamente antiliberais, que tinham em comum com vários pensadores utópicos e socialistas o objetivo de superar a distinção entre indivíduo e sociedade, em favor de um modelo orgânico de política fundado em uma ideia de bem comum definido para além dos interesses e desejos individuais. Definido com base em conhecimentos supostamente científicos que apontavam para a superioridade da raça ariana e de seu direito a um espaço para viver e se expandir (CHAPOUTO, 2022).

Foi justamente este o projeto que o nazismo tentou implementar, mesmo que mediante o controle da educação, a proibição de qualquer tipo de divergência política e a eliminação física ou expulsão da Alemanha de pessoas com deficiência e de pessoas que não tinham origem ariana. Também perseguindo juízes que divergiam do regime, criando tribunais de exceção para julgar casos de maneira sumária e dificultando a prática da advocacia (RODRIGUEZ, 2009).

Não foi por outra razão que Franz L. Neumann caracterizou o nazismo como regime jusnaturalista e promoveu uma reavaliação da tradição jurídica de origem liberal em seu livro *O império do direito*, escrito em 1936, para identificar seu potencial emancipatório, ou seja, a sua ligação possível com uma utopia socialista. Pois é justamente separação entre Estado e sociedade, entre indivíduo e coletividade, garantida pelo Estado democrático de direito, que permite a existência e a conivência conflituosa entre várias formas de vida e a disputa entre várias posições políticas. Em uma palavra, o assim chamado formalismo de certa concepção liberal do direito, ao menos aquela que se forma com o constitucionalismo, possui uma afinidade eletiva com regimes políticos pluralistas e marcados pela diversidade (NEUMANN, 2013; RODRIGUEZ, 2019).

A separação entre poderes e a garantia de direitos fundamentais (direitos civis, políticos e sociais) para todas as pessoas fornecem instrumentos para que qualquer pessoa ou grupo resista ao poder público ou privado em nome de seus valores e participe do poder do Estado para definir as normas que irão regular sua existência, a par de outas pessoas e grupos. Desta forma, são criados obstáculos para que este mesmo Estado e entes privados criem sociedades homogêneas. Por exemplo, no segundo caso, por meio do combate à formação de monopólios privados pela via do direito concorrencial, pelo combate à influência do grande capital sobre a cultura e sobre a política com a criação de políticas públicas e por meio do estabelecimento de limites para doação de dinheiro para campanhas; também pela criação de financiamento público de partidos e candidaturas.

Nesse sentido, a persistência do conflito, do dissenso, desde que regulado pelo direito para que não degenere em violência, torna-se uma característica desejável de qualquer sociedade ideal futura. A persistência de conflitos entre indivíduos e grupos abre espaço para que surjam novas demandas que servem de veículo para interesses e desejos de novas formas de vida e de individualidades dissidentes. Tais demandas podem promover transformações no desenho das instituições formais, motivar a criação de novos direitos e novas interpretações de leis já existentes (RODRIGUEZ, 2019).

A tradição mais recente do pensamento utópico, como acabamos de dizer, pensou a construção de sociedades ideais a partir de conhecimentos científicos, ou seja, como desdobramentos de conhecimentos a respeito da natureza da sociabilidade humana ou, ao menos, imaginou possível criar leis sagradas e inquestionáveis que expressassem o espírito da sociedade. A construção de uma imagem de sociedade emancipada no mundo atual não pode mais ter essa pretensão.

Ao menos desde David Hume, sabemos que não é possível obter um conhecimento científico totalmente objetivo das leis da sociedade. O que se pode fazer, no máximo, é elaborar hipóteses a respeito da correlação entre fenômenos sociais, que poderão ser refutadas por estudos posteriores. Isso significa que a organização da sociedade como um todo, o seu regime político, serão definidos por escolhas humanas relativamente indeterminadas que podem se orientar pela da ciência, mas que jamais serão definidas por estudos científicos.

Por isso mesmo, para marcar essa diferença entre um uso científico e um uso político da utopia, utilizamos a expressão "imagens da emancipação". Uma imagem da emancipação, portanto, não expressa verdade alguma sobre a organização da sociedade, apenas veicula uma imagem ideal de sociedade que se considera desejável, em nosso caso, tendo em vista a construção de um convívio democrático em cada contexto específico. Tal imagem auxilia a argumentação a favor da emancipação humana ao oferecer um modelo para organizar a sociedade que antecipa algumas características da sociedade futura, características que se consideram, insisto, desejáveis por contribuírem para efetivar um convívio democrático.

As imagens da emancipação devem ser construídas a partir das disputas políticas e devem ser renovadas com elas, ou seja, devem ser utopias concretas que partem das instituições postas em determinado contexto e momento histórico, como nos escritos e projetos de pesquisa de Erik Olin Wright (2010). Além disso, tais imagens também podem se alimentar da reflexão sobre práticas militantes que pretendam evidenciar que uma vida diferente é possível, um modelo de ativismo político que inspira, principalmente, movimentos anarquistas contemporâneos (BEY, 2018; GRAEBER, 2004); também de práticas como as da comunidade Mãe Luiza, que não nasceram do ativismo político.

O uso de elementos diferentes de argumentos racionais no campo da filosofia é um problema antigo, que remonta aos debates sobre a diferença entre mito e pensamento, entre sofistas e filósofos na Grécia antiga. Para utilizar uma referência mais próxima deste momento histórico, podemos citar as críticas de Iris Young e de outras feministas à concepção de esfera pública de Jürgen Habermas, crítica que foi incorporada pelo autor (RODRIGUEZ, 2019).

Para Young, Habermas teria acertado ao pensar a política democrática a partir da interação entre pessoas, interação que deve estar na origem de todas as normas que regulam a sociedade. No entanto, a visão habermasiana dessas interações seria excessivamente centrada em argumentos racionais, fechando espaço para a produção de imagens, relatos de experiência de vida, performances e outros recursos, inclusive não verbais, para intervir no debate público e construir acordos políticos.

Podemos justificar a construção de imagens utópicas da emancipação com fundamento neste debate. Como já dito, tais imagens procuram engajar a reflexão política normativa com as instituições existentes para que sejamos capazes de imaginar uma sociedade mais democrática. Ao invés de lidar apenas com critérios abstratos, as imagens permitem antecipar as características institucionais de um convívio democrático e, assim, talvez, motivar indivíduos e grupos a defenderem o aprofundamento da democracia.

3 Uma imagem da emancipação agônica e socializante

3.1 Convívio democrático

Chamaremos de "convívio democrático" a imagem da emancipação de uma sociedade agônica, em conflito permanente, na qual os desejos e interesses de todas as pessoas são tematizados e merecem consideração pelas instituições formais e informais, cuja função é:

(I) ampliar o convívio social: (a) pela criação e proteção de lugares protegidos (COLLINS, 2019), em que novos desejos e interesses possam surgir e se organizar politicamente e as pessoas possam reafirmar sua identidade após contatos desafiadores com o outro; (b) pela repressão a toda tentativa de exclusão e subordinação de indivíduos e grupos;

(II) promover o convívio social com a criação e a manutenção de lugares de contato em que indivíduos e grupos confrontem diretamente o outro, seja para promover sua conversão a seus valores, seja para engajar-se em seu convencimento racional por meio de argumentos;

(III) manter o convívio social por meio de mecanismos jurisdicionais de ajustamento que encontrem a melhor distribuição de recursos simbólicos e materiais entre indivíduos e grupos sociais a cada momento histórico, mantendo as normas indeterminadas o suficiente para se adaptarem a casos concretos.

Uso a expressão "imagem da emancipação" em um sentido normativo deflacionado, como em Franz L. Neumann ("socialismo democrático"), Ivan Illich ("convivialidade"), Jürgen Habermas ("democracia radical"), Iris Young ("cidade não opressiva"). Em todos esses autores, ao contrário das utopias clássicas, trata-se de uma visão de sociedade futura que não se pretende expressão da ciência, mas de uma construção política contínua. São imagens que não detalham as características de uma sociedade futura e, principalmente, que não têm como objetivo eliminar os conflitos sociais. Não almejam promover a reconciliação entre todas as pessoas, prescindindo, por isso mesmo, de juízes, tribunais e outros mecanismos de solução de conflitos.

Não estamos diante, portanto, de teorias da justiça compreendidas como teorias que projetam o estado ideal para toda e qualquer sociedade. Como mostra Iris Young (2011), a construção de uma teoria da justiça exige a abstração dos desejos e interesses das pessoas concretas na forma de sujeitos desencarnados, supostamente capazes de construir racionalmente critérios para distribuir recursos materiais e recursos simbólicos.

Em sentido diverso, o pensamento que propomos aqui parte da diversidade dos desejos e interesses em concreto, que tendem a se renovar com o surgimento de novos agentes e grupos sociais, apostando na construção de arranjos entre eles no contexto de determinada forma institucional que estimule a diversidade social e o pluralismo político. Arranjos que podem resultar ou não de argumentos racionais, sentimentos e outras narrativas de justificação, por exemplo, de natureza mítica.

O pensamento que propomos e praticado pelos mencionados autores e autoras parece ter aprendido com o nazismo e com outras formas de autoritarismo que a supressão da tensão entre Estado e sociedade, a tentativa de suprimir o conflito social em favor de uma artificial unidade de valores, tendem a eliminar a diversidade humana, o pluralismo político, em suma, a liberdade política. Com o fim da liberdade também ficam inviabilizados todos os mecanismos de controle social sobre o governo e sobre a burocracia que dependem de uma sociedade livre, de uma política democrática e de uma esfera pública ativa e crítica do governo para funcionar bem.

A presente visão do "convívio democrático" deve afirmar, portanto, o Estado democrático de direito como elemento central da emancipação humana. Trata-se, portanto, de uma imagem jurídica da emancipação, uma imagem que as instituições do Estado democrático de direito como politicamente desejáveis por permitirem que as demandas sociais se transformem em conflitos os quais, muitas vezes, ameaçarão os interesses das classes dominantes por terem o potencial de promover mudanças significativas no modo de produção e na distribuição de recursos materiais e simbólicos. É justamente este processo de questionamento e mudança que permite legitimar o regime político, fazendo avançar a democracia.

A imagem de convívio democrático parte do pressuposto de que é preciso haver uma esfera pública livre em funcionamento para que seja possível construir e veicular demandas sociais para que possam ter impacto sobre as instituições. Também para que a imagem mesma de um convívio democrático possa circular entre as pessoas interessadas e eventualmente influenciar sua reflexão e seu comportamento.

Não há espaço aqui para tratar dos graves problemas que o debate público enfrenta no mundo de hoje, especialmente em razão da expansão de novas mídias como a internet e as redes sociais que fragmentam o público e disputam sua atenção em nome de interesses mercantis e não para realizar objetivos culturais. Em entrevista de 2018, Jürgen Habermas diz com toda a clareza que sem uma esfera pública ativa não pode haver pensamento crítico (HERMOSO, 2018).

O Estado democrático de direito protege a formação de novos indivíduos e grupos sociais e legitima seus desejos e interesses na condição de demandas por novos direitos, os quais podem pôr em questão a atual distribuição de recursos materiais e simbólicos e o desenho das instituições formais e informais. O direito em sua forma democrática não soluciona definitivamente conflito algum, ao contrário, ele os produz continuamente ao oferecer uma gramática para que qualquer pessoa reivindique novos direitos e novos desenhos para as instituições, sempre em nome de um tratamento igualitário entre todas as pessoas e dependentes da aprovação pelos mecanismos do sistema político, principalmente Parlamento e Judiciário (RODRIGUEZ, 2019).

O Estado democrático de direito oferece uma gramática e instituições capazes de transformar, por exemplo, conflitos de afetos e de sangue, conflitos que poderiam terminar em violência e morte, em divergências sobre a criação e o alcance de determinados direitos. E os conflitos sobre direitos podem ser solucionados por mecanismos judiciais capazes de criar ajustes entre eventuais demandas conflitantes que se considerem igualmente fundadas nas leis. No limite, por exemplo, ao invés de permitir que as pessoas duelem e vinguem agressões físicas ou prejuízos materiais com ações de mesma natureza, o direito constrói institutos e instituições que servem para imputar penas a crimes previstos em lei e permitem reconhecer pedidos de indenização pelos danos causados a alguém.

Para que o Estado democrático de direito possa de fato promover um convívio democrático entre cidadãos e cidadãs, será necessário politizar a decisão de investir, ou seja, será necessário estabelecer limites sobre o poder do capital para definir os destinos da sociedade (OLIVEIRA, 1988). Caso contrário, será o capital e não a vontade das pessoas o responsável por estabelecer unilateralmente os padrões de convivência na sociedade, transformando o mundo todo em consumidor de mercadorias produzidas em massa. Um mundo em que tudo se torna mercadoria a ser negociada no mercado.

É o investimento – público e privado – que irá definir qual será a matriz energética mundial nos próximos anos, como será a regulação dos novos meios de comunicação, qual será o espaço para avanços na saúde e na educação, qual será o destino dos povos originários, enfim, quais serão as prioridades para a vida humana como um todo. Para politizar a decisão de investir, é necessário utilizar o aparelho estatal, instituições internacionais e criar instrumentos capazes de impor limites a ordens normativas transnacionais que operam para além das fronteiras dos Estados nacionais e fora do alcance das organizações internacionais.

A ideia de convívio democrático está, portanto, em tensão com o capitalismo. Não necessariamente com o mercado, mas certamente com o capitalismo compreendido como maneira de organizar a sociedade em que a racionalidade do mercado domina todas as relações sociais e se torna o padrão para o convívio entre as pessoas nas diversas áreas de sua vida. Por isso mesmo, o capitalismo também entra em tensão com formas de viver que não se definem pela produção de mercadorias para o mercado. Formas de viver que não se organizam para produzir mercadorias para o consumo com o objetivo de acumular riquezas a partir de um trabalho alienado (POSTONE, 2014).

Manifestada desta maneira, a racionalidade de mercado impõe formas de trabalho alienado que limitam a autonomia das pessoas ao submeter suas escolhas compulsoriamente a critérios econômicos. O exemplo clássico desta limitação é o das pessoas que precisam trabalhar em funções em que não se sentem realizadas, realizando atividades que não fazem sentido em si mesmas e que ocupam quase todo o seu tempo livre, oferecendo uma renda insuficiente para gozar de uma vida confortável, compatível com a sociedade em que vivem.

Cabe dizer que, na periferia do capitalismo, vários estudiosos mostraram que formas não capitalistas de viver podem ser integradas ao capitalismo por garantir uma reprodução mais barata de mão de obra, por exemplo na fronteira de expansão agrícola, locais em que é muito caro criar condições materiais para o trabalho assalariado (MARTINS, 2009), mas não apenas nesses espaços sociais (OLIVEIRA, 2015; FRANCO, 1997). Por exemplo, o trabalho escravo ainda hoje surge em países pobres e periféricos, mas integrado a cadeias globais de produção de mercadorias (SAKAMOTO, 2020).

Retomando o fio da exposição, cada vez mais as pessoas trabalham em múltiplas funções em tempo parcial apenas para sobreviver e não tem tempo ou recursos para conviver e cuidar de sua família, manter relações de afeto, se dedicar à própria educação e usufruir de momentos de lazer. Com a progressiva destruição do direito a uma jornada limitada de trabalho em um emprego decente, ou seja, em que sejam garantidos direitos sociais mínimos, a discussão sobre capitalismo, natureza e tempo de trabalho e o seu impacto sobre a autonomia das pessoas voltou a se tornar central (ANTUNES, 2018).

Não há espaço para examinar este problema em detalhes neste texto, mas é fato conhecido que a Constituição de 1988 não criou uma sociedade de mercado radicalmente individualista (art. 1º). Ao contrário, consagrou o mercado e a livre inciativa (art. 1º, IV), a par da proteção social em nome da dignidade humana (art. 1º, III) para criar uma sociedade livre, justa e solidária (art. 3º, I) que promova o bem de todos sem preconceitos de origem, raça, sexo, cor e idade (art. 3º, IV).

A proteção da dignidade humana demanda a criação de uma série de políticas públicas universais que limitam o alcance do mercado e criam um conceito jurídico de cidadania (art. 1º, II) que não se limita às regras da livre concorrência com o objetivo de promover o desenvolvimento nacional (art. 3º, II), erradicar a pobreza, a marginalização e reduzir as desigualdades regionais e sociais (art. 3º, III). Além disso, ao consagrar o pluralismo político (art. 1º, V) a Constituição abre espaço para que o sentido de seu texto e a criação de leis sejam disputadas pela sociedade.

Tal configuração de nossa Carta Magna foi chamada de "constituição sem vendedores", justamente por propor uma convivência e a tentativa de ajustamento entre valores os mais variados, promovida pela ação do Estado (RODRIGUEZ, 2019). Nesse sentido, o projeto da Constituição de 1988 aponta para uma realidade de "convívio democrático" em que os conflitos de valores não se resolvem, ao contrário, se renovam continuamente e precisam ser objeto de novos ajustes em nome da democracia.

Como já dito, a utopia de um convívio democrático não pode ter um conteúdo substantivo detalhado. Para que seja possível reconhecer e ajustar demandas formuladas na gramática dos direitos, é preciso manter uma sociedade organizada com fundamento em normas que não consagrem nenhuma forma de viver em especial e possam ser constantemente modificadas: a democracia não pode permanecer necessariamente ligada a nenhuma forma de governo (RANCIÈRE, 2014).

Mas dizer isso não basta, pois é preciso imaginar maneiras de pôr em prática essa imagem utópica, é preciso dar-lhe uma forma concreta no contexto atual. Justamente por isso, defendemos que a imagem utópica de um convívio democrático deve ter a forma de Estado democrático de direito, sem excluir a possibilidade de que haja arranjos provenientes de outras culturas e arranjos futuros que exerçam funções semelhantes.

Afinal, em um Estado democrático de direito, para além das normas que regulam o convívio, as normas que permitem que a sociedade demande, crie direitos e promova ajustes entre eles, as demais normas devem permanecer mutáveis e relativamente indeterminadas para serem capazes de abarcar a diversidade humana e o pluralismo político e religioso (RODRIGUEZ, 2019).

A substância de um convívio democrático é a afirmação do valor universal e simultâneo de todas as formas de vida, de todas as manifestações do humano e de seus desejos e interesses, exceto os que visarem suprimir ou limitar arbitrariamente o convívio democrático, cometendo violências contra a livre estruturação dos sujeitos e dos grupos sociais e limitando indevidamente suas demandas por direitos. O valor dos animais e da natureza, diga-se, é afirmado nessa racionalidade pela mediação humana dos movimentos sociais ocidentais ou de cosmogonias não ocidentais, pois nem a natureza nem os animais são fonte autônoma de valores éticos ou de qualquer tipo de normatividade prática.

3.2 Tecnologias de convívio: stress democrático, lugares protegidos, lugares de contato e multinormatividade

O convívio democrático não é e não pode ser pacífico. Seja em uma comunidade marcada pela unidade de valores ou pela centralidade de uma narrativa mítica, seja em uma sociedade civil marcada por conflitos entre valores e indivíduos, as pessoas discordam umas das outras. Discordam sobre como relacionar casos concretos a normas abstratas e divergem sobre quais valores devem prevalecer nos mais diversos campos da ação humana. Em uma sociedade democrática, em que as pessoas vivem tanto em comunidade quanto em outros arranjos sociais, toda sorte de conflito terá lugar.

Justamente por isso, os recursos materiais e simbólicos são objeto de demandas renovadas, nossos interesses e desejos são permanentemente confrontados, nossos valores e nossa fé são postos à prova e, muitas vezes, abertamente questionados, nossas convicções e crenças são desafiadas, em suma, nossa identidade é posta permanentemente em risco. No mundo moderno, que é notoriamente instável, como nos ensina Bauman (2022), "a tentação de interromper o movimento, de conduzir a perpétua mudança a uma pausa, de instaurar uma ordem segura contra todos os desafios futuros, torna-se esmagadora e irresistível".

Por exemplo, há etnografias que relatam as dificuldades de grupos marcados pela igualdade entre seus membros, como os participantes do candomblé, de se engajaram na política de uma sociedade democrática. A política faz nascer o medo do surgimento de hierarquias entre a liderança que eventualmente irá ocupar cargos públicos e os demais membros, gerando desconfiança em relação a esta pessoa e ao processo político em geral (GOLDMAN, 2021).

Por isso mesmo, parece fazer sentido afirmar que toda sociabilidade diversa e plural será necessariamente acompanhada do que chamarei de *stress democrático*. Consequentemente, toda comunidade política que se pretenda diversa e plural deve desenvolver instituições capazes de nomear e gerir o *stress democrático* para evitar que as pessoas desenvolvam sentimentos de medo, repulsa ou ódio em relação à democracia, ou seja, para que as necessárias transformações sociais que a democracia provoca não sejam motivo para que as sociedades tendam a evitar o engajamento político ou mesmo o abandono do regime democrático.

De fato, a democracia promove uma profusão de demandas que pressiona os governos e os cidadãos em suas posições sociais e identidades, sem que seja possível estabilizar os conflitos pela distribuição de recursos materiais e simbólicos pela adoção de uma concepção substantiva e estável de interesse comum. De certa forma, o que provoca a crise da democracia é a intensidade mesma da vida democrática (RANCIÈRE, 2014). A intensidade da democracia tensiona a posição social das pessoas, ameaçando não apenas a distribuição de recursos, mas sua identidade, que se define, afinal, em relação aos demais membros da sociedade.

A luta social no campo das identidades se dá a partir de normas hegemônicas que contribuem para conformar os sujeitos, mas nunca os definem completamente, como comprova a existência, por exemplo, de performances de gênero diferentes da norma hegemônica, como nos ensina Judith Butler. A existência de formas de existência que estão, por assim dizer, fora da norma, abre espaço para a luta política em favor de outras maneiras de ser e de viver (BUTLER, 1990; 1993).

Uma luta que exige que as identidades impostas pelas normas hegemônicas sejam desafiadas na arena política, ação que certamente irá provocar tensões e reações dos beneficiados por elas. Afinal, o eventual reconhecimento de novas identidades terá impacto sobre a atribuição de direitos e pelo acesso a políticas públicas, ou seja, sobre a distribuição de recursos materiais. Por exemplo, a possibilidade de que pessoas do mesmo sexo se casem tem efeitos sobre a proteção previdenciária devida aos cônjuges, assim como o reconhecimento de direitos a pessoas trans abre espaço para que lutem pelo direito de trabalhar por meio do estabelecimento, por exemplo, de percentuais mínimos de contratação pelos empregadores públicos e privados.

É justamente por isso que chamarei de *lugares protegidos* os espaços reais ou simbólicos em que as pessoas encontram condições materiais e mentais para refirmar ou transformar sua posição social e sua identidade após interações estressantes. Em lugares protegidos as pessoas podem refletir sobre sua experiência individual, identificar eventuais injustiças e, eventualmente, organizar-se coletivamente na forma de sujeitos políticos para lutar por direitos ou para resistir a demandas que ameaçam a sua identidade e a sua posição social.

Exemplos de espaços que podem funcionar como lugares protegidos são as bibliotecas, os locais de estudo, de exposição e de lazer em geral, as famílias, desde que não violentas, as igrejas, locais de culto e de realização de oferendas, os coletivos políticos, os movimentos sociais, as organizações civis, os partidos políticos, os sindicatos.

Nesse sentido, a Constituição Federal, por exemplo, protege a intimidade e a vida privada e a casa das pessoas (art. 5º, X, XI), garante liberdade de consciência e liberdade de culto (art. 5º, VI, VII, VIII) e isenção fiscal para templos de qualquer culto, partidos e fundações partidárias, entidades sindicais e instituições de educação e assistência social (art. 150, VI, "b", "c"), considera que a família é a base de nossa sociedade (art. 226), garante acesso universal à educação e a aparelhos de cultura e desporto (arts. 205 e seguintes) e garante a liberdade de reunião e ampla liberdade de associação (art. 5º, XVI a XXI).

Por exemplo, nos Estados Unidos contemporâneos, tem ficado claro que as bibliotecas das escolas funcionam como lugares protegidos para jovens que buscam informações sobre a sua sexualidade. Não é por outra razão que a direita radical local está se esforçando para proibir ilegalmente que as bibliotecas mantenham em seus acervos, por exemplo, livros que discutam problemas de gênero, com a finalidade evidente de impedir o livre exercício da sexualidade e a autodefinição da própria identidade por todos os cidadãos e cidadãs (CRUZADA..., 2022).

Como mencionado acima, os espaços protegidos cumprem também a função de proteger o pensamento dissidente, individual e coletivo. Ajudam a promover o dissenso ao proteger os seres disfuncionais, os marginais, os "monstros", dissidentes e desviantes de toda espécie, em nome do dever moral e jurídico de ampliar o convívio democrático, de respeitar todas as formas de vida, tarefa que exige uma renovação constante do alcance e do desenho das instituições formais e informais, cuja função é procurar lidar, simultaneamente, com todos os desejos e interesses sociais (RODRIGUEZ, 2019).

A existência de lugares protegidos deve ser equilibrada com a construção e a manutenção de *lugares de contato* para que as pessoas não naturalizem sua posição social e sua identidade, evitando passar por experiências significativas e colocar em jogo os recursos materiais e simbólicos disponíveis. Trata-se de evitar que sejam criados obstáculos para a liberdade individual e coletiva com a construção de verdadeiras jaulas de ferro que reproduzam acriticamente formas de vida, impedindo a livre constituição e transformação de indivíduos e grupos sociais e a livre disputa pelos recursos.

Lugares de contato, portanto, são espaços reais ou simbólicos em que indivíduos e grupos são expostos à diversidade humana e ao pluralismo político (ou seja, lugares em que a diversidade e o pluralismo, de certa forma, podem ser gerados continuamente) e precisam lidar abertamente com ambos. Precisam arriscar sua identidade e posição social em novas experiências que podem servir para reafirmá-las, para promover sua transformação racional ou sua conversão a outros modos de pensar e ser. Ainda, nos lugares de contato, as pessoas e grupos podem estabelecer relações com pessoas semelhantes ou não e, eventualmente, formar alianças e coalizões existenciais que se estendam para a luta política.

Podemos citar como exemplos as escolas e universidades, as feiras e festas, os circos, as ruas, praças e outros lugares públicos, a internet e outros espaços de comunicação eletrônica, eventos públicos de debate e discussão de ideias, a imprensa livre, em suma, a esfera pública e todos os espaços físicos que a efetivam.

Assim como é importante para uma democracia proteger divergentes e dissidentes em nome da criação de um espaço de convívio democrático ampliado que abrigue mais e mais formas de vida, também é crucial evitar o insulamento excessivo de indivíduos e grupos. A reprodução de identidades não pode ser acrítica ou compulsória, imposta mediante abusos e violências; tampouco o acesso aos recursos materiais e simbólicos deve ser naturalizado. É preciso colocá-los em jogo continuamente para que novos desejos e interesses possam ser atendidos, por exemplo, mediante uma nova divisão dos recursos entre indivíduos e grupos.

Os indivíduos devem ter o direito de deixar suas famílias e outros grupos que se tornem inconvenientes ou violentos, mediante a utilização do apoio e da coerção estatal se necessário (por exemplo, via bolsas de estudos e intercâmbios e via sistema de justiça), para reafirmar ou transformar livremente sua subjetividade e, inclusive, formar novas comunidades e associações. Da mesma forma, os indivíduos e grupos devem ser confrontados com outras formas de vida e levados a justificar a sua sempre que provocados.

Importante observar que a articulação da criação e da proteção das tecnologias de convívio, as quais estamos chamando de lugares protegidos e de lugares de contato, deve se dar a partir de uma visão multinormativa da sociedade e de suas instituições formais e informais. O direito estatal deve desenvolver mecanismos que permitam o florescimento e a reprodução de outras normatividades, algumas delas com sentido jurídico reconhecido, desde que não atinjam valores considerados centrais para a convivência democrática. Por exemplo, as normas que regulam a vida de comunidades originárias e as normas que disciplinam fenômenos transnacionais como a internet e a *lex mercatoria*, entre outras (SEN, 2010; FURTADO, 1974; BERMANN, 2018; RODRIGUEZ, 2019).

Em certos casos, a melhor maneira de proteger dissidentes e divergentes em seus lugares protegidos será proteger a sua cultura ou ordem normativa como um todo, considerada tal normatividade de caráter existencial como ordem normativa com sentido jurídico. Ou, ainda, proteger formas de regulação criadas autonomamente para atender a determinadas necessidades humanas, inclusive normatividades de caráter técnico e não existencial, como é o caso de ordens normativas de alcance transnacional ou global que regulam a internet e o comércio internacional.

De fato, a Constituição reconhece a sociedade como fonte de normas que regulam a vida das pessoas no contexto de religiões e de associações. Consagra explicitamente direitos para povos originários, inclusive o de reproduzir sua cultura, o que exige manter suas terras e afastá-las do mercado capitalista (arts. 231 e 232 da CF e 68 do Ato das Disposições Transitórias).

Nesse sentido, tendo como referência a utopia de um convívio democrático, ordens normativas podem surgir e funcionar como lugares protegidos para garantir o florescimento da diversidade humana e do pluralismo. De fato, o reconhecimento do direito à autorreprodução de comunidades originárias e de outras formas de vida que não se organizam, principalmente, para produzir mercadorias, relaciona-se também com os debates sobre desenvolvimento e os limites da natureza, que muitos autores têm chamado de antropoceno (VEIGA, 2023).

Como nos alertou Celso Furtado ainda na década de 70, a expansão do modelo de desenvolvimento dos países ricos para todo o planeta não passa de um mito, porque a Terra não possui recursos naturais suficientes para que essa tarefa seja realizada, também em razão da estrutura de poder que domina o capital, já naquela época, marcada por grandes monopólios. Nesse sentido, estimular e manter formas de vida não mercantis, mais ainda, reorganizar nosso modo de produção para expandir estas formas de viver, pode ser crucial para a sobrevivência humana sobre o planeta.

Além disso, além de construir e manter lugares protegidos, será preciso também criar medidas que descentrem indivíduos e grupos, mesmo que com a utilização de coerção, para promover seu encontro com a diversidade e o pluralismo e a eventual promoção de ajustamentos entre os desejos e interesses de todas as pessoas afetadas pelos eventuais conflitos que surgirão. Uma democracia não pode permitir que lugares protegidos se tornem lugares de insulamento, nem que lugares de contato se tornem lugares de vulneração.

Como já dissemos acima, os direitos individuais, direitos políticos e direitos sociais podem ser reinterpretados em sua função de promover o convívio democrático. Afinal, eles protegem indivíduos e grupos da ingerência do Estado e de particulares em seu livre processo de autoconstituição, reprodução e transformação, fornecendo-lhes meios de subsistir fisicamente e culturalmente e instrumentos para participar da formação das regras que disciplinam as suas vidas individuais e coletivas.

O financiamento desses direitos, ou seja, o financiamento do sistema de justiça, da polícia, do sistema político, de serviços públicos de educação, saúde e cultura, entre outros direitos sociais, está diretamente ligado ao debate sobre a tributação em seu papel de redistribuir riquezas. A submissão de parte dos recursos econômicos a critérios políticos, ou seja, ao "fundo público de financiamento", como diz Francisco de Oliveira, é fundamental para garantir igualdade de oportunidades entre todas as pessoas, diminuindo assim as desigualdades sociais, e para limitar o alcance do mercado ao submeter, no limite, setores inteiros da atividade econômica a critérios não mercantis.

Os diversos ramos do direito também podem ser reinterpretados na condição de técnicas para constituir, manter a ampliar o convívio democrático. Por exemplo, talvez não faça mais sentido falar em "direito de família" ou "das famílias" e, sim, de um "direito dos lugares protegidos", para incluir outros espaços em que a livre subjetivação pode encontrar proteção. Talvez o termo "família" não consiga comunicar bem estruturas de auxílio afetivo e material mútuo e coletivo, como as praticadas por grupos originários e outros, as quais merecem proteção de mesmo *status* que o das famílias no sentido tradicional.

A separação de poderes também é um pressuposto necessário para a constituição de um convívio democrático ao instaurar a diferença entre "norma" e "vida", ou seja, ao abrir espaço para várias formas de subjetivação e de vida, e não uma só, sob a regulação do Estado democrático de direito compreendido como uma institucionalidade formal. A identidade entre "norma" e "vida", ou seja, entre instituições formais e não formais, diga-se, tem alto potencial autoritário. É justamente esta diferença que faz com que novos sujeitos e novas formas de vida surjam, percebam-se fora da norma, ou seja, fora do âmbito de regulação do que está posto, e sejam mobilizados a se transformarem em sujeitos políticos para lutarem por direitos.

O Estado democrático de direito deve ser capaz de proteger a constituição desses novos sujeitos políticos desde a sua eventual manifestação como "monstros", indivíduos socialmente rejeitados e discriminados por serem praticantes de formas de vida e de pensamento dissidente, até a sua eventual organização coletiva e política a partir de narrativas e normas que expressem seus valores. Será preciso contar com um Poder Legislativo e um Poder Executivo capazes de captar essa jurisgênese, ou seja, esse processo de subjetivação e politização incessante com a criação de novas leis e políticas públicas que criem e mantenham em funcionamento lugares protegidos e lugares de contato.

Também será necessário contar com um Poder Judiciário capaz de lidar com os inevitáveis conflitos de um convívio democrático. A criação de mecanismos judiciais de ajustamento (por exemplo, conceitos dogmáticos e interpretações de normas jurídicas), sempre em nome da ampliação do convívio democrático, deve favorecer a preservação de todas as formas de vida, todos os indivíduos, grupos e seus respectivos interesses, ou seja, todas as ordens normativas existentes em determinado espaço social.

Por isso mesmo, sempre que possível, os mecanismos judiciais de ajustamento devem remeter os conflitos para serem solucionados pela ordem normativa na qual tiveram origem. A jurisdição deve ser jurispática, ou seja, deve eliminar normas e ordens normativas apenas quando elas forem claramente incompatíveis com valores fundamentais do convívio democrático, preferindo interpretações que permitam que suas normas aparentemente incompatíveis sigam válidas, vigentes e eficazes.

Em uma sociedade multinormativa haverá mecanismos jurisdicionais públicos e privados, internos eu externos a determinada ordem jurídica. A ideia de multinormatividade abre espaço para a existência de múltiplas jurisdições atuando em paralelo e em constante comunicação com a finalidade de promover ajustes entre normatividades. Tais ajustes podem exigir que se negue a validade de determinadas normas, mas podem também promover interpretações de normas criadas por ordens normativas diferentes de modo a abrir espaço para que convivam sem conflitos terminais.

4 Conclusão

A construção de uma imagem de convívio democrático tem como objetivo, conforme já dito acima, apresentar ao debate público traços de instituições politicamente desejáveis com a finalidade de influenciar a escolha do regime político das sociedades contemporâneas. Apresentamos tal imagem em suas instituições básicas sem detalhar a sua configuração em concreto, pois pretendemos que ela funcione como motivo para o debate e a eventual construção de desenhos institucionais e de interpretações das leis.

A articulação de lugares protegidos e lugares de contato em um ambiente multinormativo parte do pressuposto de que o convívio humano em sociedades diversas e plurais é marcado por conflitos que desafiam nossa identidade e nossa posição social e que, portanto, gera o que chamei de *stress democrático*. Em sua manifestação mais aguda, o *stress* democrático pode fazer com que as pessoas abracem agendas antidemocráticas para preservar a sua identidade e os recursos simbólicos e materiais a que têm acesso, em face da agudização dos conflitos sociais. Não examinamos neste texto as imagens antidemocráticas de sociedade que têm sido oferecidas para as pessoas, por assim dizer, eventuais distopias antidemocráticas que prometem eliminar o *stress* democrático, ou seja, neutralizar os problemas decorrentes da diversidade humana e do pluralismo político.

Do ponto de vista de quem valoriza o convívio democrático, essa é uma agenda de pesquisa central para a promoção e a manutenção do Estado democrático de direito. Forças políticas retrógradas têm sido capazes de construir narrativas que justificam imagens de sociedade relativamente homogênea, as quais oferecem um suposto alívio para a instabilidade que caracteriza o convívio democrático. Identificar tais narrativas e enfrentar essas imagens distópicas é fundamental para manter e fazer avançar a democracia.

Não consideramos razoável caracterizar esse tipo de proposta, como fascismo ou totalitarismo, de maneira simplória, deixando de lado a preocupação necessária com os riscos do estresse democrático para estigmatizar as pessoas que se alinhem com visões conservadoras ou retrógradas da sociedade. Propostas que se pretendam democráticas não podem ignorar os riscos existenciais e materiais que a democracia impõe a todas as pessoas que pretendam viver sob esse regime.

Por isso mesmo, não faz sentido simplesmente impor a todas as pessoas interessadas em viver democraticamente a tarefa de lidar individualmente com a diversidade e com o pluralismo, sem construir instituições capazes de apoiar os indivíduos e grupos que se dedicam a esta tarefa. Para a maior parte dos autores, este problema se resolveria com a educação, uma educação voltada para a democracia.

Apostar na educação nos parece insuficiente para lidar com o problema das distopias. Nem a educação formal nem a socialização bem-sucedida serão capazes de eliminar o medo democrático de perder a própria identidade e de ver abalada a própria posição social diante de conflitos graves com outros indivíduos e grupos que convivem na mesma sociedade. O medo da indeterminação das normas que regulam nossas vidas se renova a cada vez que nos deparamos com novas narrativas sobre o que é certo e o que é errado e percebemos que tais narrativas podem alterar as opiniões a respeito dos valores que devem orientar a ação individual e organizar a vida social.

Nesse sentido, ainda que não haja espaço para desenvolver esse tema, aqui toda formação e socialização devem ser consideradas projetos inacabados e sujeitos a riscos de retrocesso. Mesmo indivíduos que, em determinado momento da vida, se mostrem equilibrados e senhores de seus valores e projetos de vida poderão, logo adiante, ser desestabilizados por acontecimentos da vida e pelo embate com outras visões de mundo. Nesse sentido, talvez reinterpretando a célebre frase de Theodor Adorno, não é mais possível educar ninguém depois de Auschwitz: a formação é uma noção que caducou definitivamente com as tragédias da primeira metade do século XX, que deveria marcar um momento de humildade do pensamento racional. Considerar-se formado ou considerar alguém ou algo – um país, quem sabe – completamente formado é abrir espaço para o fascismo. Toda formação deve perceber-se como incompleta.

Infelizmente, é provável que os próximos anos sejam pródigos em exemplos, também nos países ricos, localizados no centro do capitalismo. Nesse sentido, e este é um outro tema que emerge dessas páginas, mas que não teremos tempo de tratar aqui, o desejo das elites brasileiras de imitar as elites estrangeiras e degradar a realidade local, no limite, visando emigrar – talvez utilizando a condição de brasileiro como *asset*, como um ativo, na disputa por espaço nas instituições estrangeiras e internacionais – ou visando integrar-se ao sistema internacional de exploração capitalista, justificando, de alguma forma, a truculência e o racismo da exploração local do trabalho (SCHWARZ, 2002), está se revelando e vai se revelar cada vez mais patético.

É provável que sejamos em breve obrigados a voltar a pensar em nós mesmos como unidade autônoma, por mais indesejável que isso possa soar para uma parcela de nossas elites econômicas, políticas e intelectuais que nunca tiveram interesse em conviver e ajustar seus desejos e interesses às necessidades e aspirações do povo brasileiro. Mas talvez seja o que reste fazer em face da decadência econômica e do avanço do ódio à democracia e aos estrangeiros nos países ocidentais. De qualquer forma, sempre será possível apelar para a boa vontade de todos aqueles e aquelas obrigados a ficar por aqui, a maior parte da população, brasileira por falta de opção, um contingente de pessoas que não participa dos dilemas existenciais de nossas elites, a despeito de ser diretamente afetado por suas ações.

Referências

ANTUNES, Ricardo. *Adeus ao trabalho?*: ensaio sobre as metamorfoses e centralidade do mundo do trabalho. São Paulo: Cortez, 2018.

BAUMAN, Zygmunt. *O mal-estar da pós-modernidade*. Rio de Janeiro: Zahar, 2022.

BERMAN, Paul Schiff. Global legal pluralism as a normative Project. *University of California Irvine Law Review*, v. 8, n. 149, p. 149-171, 2018.

BEY, Hakin. *TAZ*: Zona de Autônoma Temporária. São Paulo: Veneta, 2018.

BUTLER, Judith. *Bodies that matter*. On the discursive limits of 'sex'. Nova York: Routledge, 1993.

BUTLER, Judith. *Gender trouble*. Feminism and the subversion of identity. Nova York: Routledge, 1990.

CHAPOUTO, Johann. *Revolução cultural nazista*. Rio de Janeiro: Da Vinci, 2022.

CHAUÍ, Marilena. Notas sobre utopia. *Ciência e Cultura*, v. 60, p. 7-12, 2008. Número especial.

COLLINS, Patricia Hill. *Pensamento feminista negro*. São Paulo: Boitempo, 2019.

CRUZADA contra os livros nos EUA. *Outras Palavras*, 21 out. 2022.

CSIKSZENTMIHALYI, Mihaly. *Creativity*: flow and the psychology of discovery and invention. New York: Harper Collins, 2009.

CUNHA, Paulo Ferreira da. *Constituição, direito e utopia*. Coimbra: Coimbra Editora, 1996.

FRANCO, Maria Sylvia. *Homens livres na ordem escravocrata*. São Paulo: Unesp, 1997.

FURTADO, Celso. *O mito do desenvolvimento econômico*. Rio de Janeiro: Paz e Terra, 1974.

GOLDMAN, Márcio. *Como funciona a democracia*: uma teoria etnográfica da política. Rio de Janeiro: 7 Letras, 2021.

GRAEBER, David. *Fragments of an anarchist anthropology*. Cambridge: Prickly Paradigm Press, 2004.

HABERMAS, Jürgen. *Facticidade e validade*. Contribuições para uma teoria discursiva do Estado democrático de direito. São Paulo: Ed. UNESP, 2020.

HERMOSO, Borja. Jürgen Habermas: "Não pode haver intelectuais se não há leitores". *El País*, 8 maio 2018. Disponível em: https://brasil.elpais.com/brasil/2018/04/25/eps/1524679056_056165.html.

ILLICH, Ivan. *Tools for conviviality*. Nova York: Harper & Row Publishers, 1973.

LINS, Paulo *et alii*. *Mãe Luiza*: construindo o otimismo. Rio de Janeiro: Gryphus, 2022.

MARTINS, José de Souza. *Fronteira*: a degradação do outro nos confins do humano. São Paulo: Cortez, 2009.

MARX, Karl. *Manuscritos econômico-filosóficos*. Lisboa: Almedina, 2017.

NEUMANN, Franz. *O império do direito*: teoria política e sistema jurídico na sociedade moderna. São Paulo: Quartier Latin, 2013.

OLIVEIRA, Francisco de. *Crítica à razão dualista/O ornitorrinco*. São Paulo: Boitempo, 2015.

OLIVEIRA, Francisco de. Surgimento do antivalor: capital, força de trabalho e fundo público. *Novos Estudos CEBRAP*, n. 22, p. 8-28, out. 1988.

POSTONE, Moishe. *Tempo, trabalho e dominação social*: uma reinterpretação da teoria crítica de Marx. São Paulo: Boitempo, 2014.

PROUDHON, Pierre-Joseph. A democracia mutualista. *Ecopolítica*, n. 21, p. 100-177, 2018.

PROUDHON, Pierre-Joseph. Sobre o princípio de associação. *Verve*, n. 10, p. 44-74, 2006.

RANCIÈRE, Jacques. *Ódio à democracia*. São Paulo: Boitempo, 2014.

RODRIGUEZ, José Rodrigo. *Direito das lutas*: democracia, diversidade, multinormatividade. São Paulo: LiberArs, 2019.

RODRIGUEZ, José Rodrigo. *Fuga do direito*: um estudo sobre o direito contemporâneo a partir de Franz Neumann. São Paulo: Saraiva, 2009.

SAKAMOTO, Leonardo (Org.). *Escravidão contemporânea*. São Paulo: Contexto, 2020.

SCHWARZ, Roberto. Nacional por subtração. *In*: SCHWARZ, Roberto. *Que horas são?* São Paulo: Cia das Letras, 2002. p. 29-48.

SEN, Amartya. *Desenvolvimento como liberdade*. São Paulo: Cia das Letras, 2010.

VEIGA, José Eli da. *O antropoceno e as humanidades*. São Paulo: Ed. 34 Letras, 2023.

WRIGHT, Erik Olin. *Envisioning real utopias*. London and New York: Verso, 2010.

YOUNG, Iris. *Justice and the politics of difference*. Princeton, N.J.: Princeton University Press, 2011.

Informação bibliográfica deste texto, conforme a NBR 6023:2018 da Associação Brasileira de Normas Técnicas (ABNT):

RODRIGUEZ, José Rodrigo. "Convívio democrático": utopia institucional e chave hermenêutica da Constituição de 1988. *In*: FACHIN, Luiz Edson; BARROSO, Luís Roberto; CRUZ, Álvaro Ricardo de Souza (Coord.). *A Constituição da democracia em seus 35 anos*. Belo Horizonte: Fórum, 2023. p. 379-398. ISBN 978-65-5518-597-3.

A AUTONOMIA DO BANCO CENTRAL E A CONSTITUIÇÃO

GILBERTO BERCOVICI
VIVIANE ALVES DE MORAIS

1 A autonomia do Banco Central e o final do ciclo iniciado em 1964

A autonomia ou "independência" do Banco Central é um projeto das elites financeiras brasileiras que, com alguns percalços, vem sendo construído desde 1964. A Superintendência da Moeda e do Crédito (Sumoc), instituída pelo Decreto-Lei nº 7.293, de 2.2.1945, foi criada como uma espécie de embrião do Banco Central, com a natureza jurídica de autarquia, vinculada ao Ministério da Fazenda. A Sumoc atuou como ente responsável pela política monetária e creditícia até o advento do golpe militar.[1] Em 1964, uma das principais reformas implementadas pelo PAEG (Plano de Ação Econômica do Governo)[2] de Roberto Campos e Octávio Gouvêa de Bulhões foi a criação, pela Lei nº 4.595, de 31.12.1964, do Banco Central do Brasil como órgão de defesa da moeda nacional, juntamente com o Banco do Brasil, dotado, ainda, de algumas funções de fomento econômico e com uma diretoria "independente", com mandato fixo, não coincidente com o mandato presidencial. Esta primeira tentativa de instituir um banco central "independente", no entanto, fracassou já no governo seguinte ao do Marechal Castelo Branco (1964-1967), o do Marechal Costa e Silva (1967-1969).[3] Durante o período militar, o orçamento monetário consistia na peça em que eram fixadas as

---

[1] Para a atuação da Sumoc, *vide* RAPOSO, Eduardo. *Banco Central do Brasil*: o Leviatã ibérico (uma interpretação do Brasil contemporâneo). São Paulo/Rio de Janeiro: Hucitec/Ed. PUC-Rio, 2011. p. 35-91; 230-234 e KUPERMAN, Esther. *Velha Bossa Nova*: a Sumoc e as disputas políticas no Brasil dos anos 50. Rio de Janeiro: Garamond, 2012. p. 237-278.

[2] Sobre o PAEG, *vide* MARTONE, Celso L. Análise do Plano de Ação Econômica do Govêrno (PAEG) (1964-1966). *In*: LAFER, Betty Mindlin (Org.). *Planejamento no Brasil*. São Paulo: Perspectiva, 1970. p. 69-89; NUNES, António José Avelãs. *Industrialização e desenvolvimento*: a economia política do "modelo brasileiro de desenvolvimento". São Paulo: Quartier Latin, 2005. p. 351-413 e IANNI, Octavio. *Estado e planejamento econômico no Brasil*. 5. ed. Rio de Janeiro: Civilização Brasileira, 1991. p. 229-242; 261-288.

[3] GOUVÊA, Gilda Portugal. *Burocracia e elites burocráticas no Brasil*. São Paulo: Paulicéia, 1994. p. 133-148; NOVELLI, José Marcos Nayme. *Instituições, política e idéias econômicas*: o caso do Banco Central do Brasil (1965-1998). São Paulo: Annablume, 2001. p. 129-133 e RAPOSO, Eduardo. *Banco Central do Brasil*: o Leviatã ibérico (uma interpretação do Brasil contemporâneo). São Paulo/Rio de Janeiro: Hucitec/Ed. PUC-Rio, 2011. p. 118-126.

metas quantitativas das duas autoridades monetárias, o Banco Central e o Banco do Brasil, era definido pelo Conselho Monetário Nacional (CMN)[4] e era operado pela conta-movimento do Banco do Brasil, criada em março de 1965.[5]

Esta estrutura financeira durou até a crise econômica mundial da década de 1970, em que se altera o padrão de funcionamento do sistema econômico mundial. A partir da crise dos anos 1970, uma série de reformas serão estruturadas para alterar o padrão de financiamento do Estado brasileiro, em um contexto de busca de maior controle e equilíbrio dos gastos públicos. No final da ditadura, inclusive, houve uma tentativa frustrada de tornar o Banco Central a única autoridade monetária, sem as funções de fomento ao desenvolvimento que então possuía, focando a atuação do banco no combate à inflação.

Com a redemocratização, o processo de reestruturação financeira se acelera, motivado pela crise econômica profunda herdada pela Nova República. Em 1986, é criada a Secretaria do Tesouro Nacional, que passa a administrar os fundos e programas de fomento até então gerenciados pelo Banco Central. Em 1986, a conta-movimento do Banco do Brasil tem encerradas suas atividades, e, com o "Plano Bresser", de 1987, com os decretos nºs 94.443 e 94.444, ambos de 12.6.1987, e o Decreto-Lei nº 2.376, de 25.11.1987, a gestão da dívida pública sai da esfera de competências do Banco Central, passando para o Ministério da Fazenda. Além disto, o Banco Central também deixa de ser financiador do Tesouro Nacional e são extintas suas funções de fomento, medidas que, posteriormente, seriam consolidadas no art. 164 da Constituição de 1988.[6]

De acordo com a Constituição de 1988, a função de emissão de moeda[7] é um serviço público monopolizado pelo Estado (arts. 21, VII; 22, VI e 164, *caput* da Constituição). As relações financeiras entre a União e o Banco Central do Brasil, assim como a regulamentação da carteira de títulos mantidos pelo Banco Central para a condução

---

[4] Sobre a atuação do Conselho Monetário Nacional no período, *vide*, por todos, VIANNA, Maria Lúcia Teixeira Werneck. *A Administração do "milagre"*: o Conselho Monetário Nacional – 1964-1974. Petrópolis: Vozes, 1987 e GUIMARÃES, César; VIANNA, Maria Lúcia Teixeira Werneck. Planejamento e centralização decisória: o Conselho Monetário Nacional e o Conselho de Desenvolvimento Econômico. *In*: LIMA JR., Olavo Brasil de; ABRANCHES, Sérgio Henrique (Coord.). *As origens da crise*: Estado autoritário e planejamento no Brasil. São Paulo/Rio de Janeiro: Vértice/IUPERJ, 1987. p. 20-34; 47-52.

[5] Sobre a conta-movimento do Banco do Brasil, *vide* FRANÇA, Paulo. A "Conta de Movimento" entre o Banco Central e o Banco do Brasil. *Conjuntura Econômica*, v. 40, n. 3, mar. 1986. p. 47-48.

[6] Art. 164 da Constituição de 1988: "A competência da União para emitir moeda será exercida exclusivamente pelo banco central. §1º É vedado ao banco central conceder, direta ou indiretamente, empréstimos ao Tesouro Nacional e a qualquer órgão ou entidade que não seja instituição financeira. §2º O banco central poderá comprar e vender títulos de emissão do Tesouro Nacional, com o objetivo de regular a oferta de moeda ou a taxa de juros. §3º As disponibilidades de caixa da União serão depositadas no banco central; as dos Estados, do Distrito Federal, dos Municípios e dos órgãos ou entidades do Poder Público e das empresas por ele controladas, em instituições financeiras oficiais, ressalvados os casos previstos em lei".

[7] Sobre a emissão monetária como tarefa estatal, *vide* NUSSBAUM, Arthur. *Das Geld in Theorie und Praxis des deutschen und ausländischen Rechts*. Tübingen, J. C. B. Mohr (Paul Siebeck), 1925. p. 15-17; DE CHIARA, José Tadeu. *Moeda e ordem jurídica*. Tese (Doutorado) – Faculdade de Direito, USP, São Paulo, 1986. Mimeo. p. 32-41 e DI PLINIO, Giampiero. *Diritto Pubblico dell'Economia*. Milano: Giuffrè, 1998. p. 371-387. *Vide*, ainda, embora sob perspectivas distintas, KNAPP, Georg Friedrich. *Staatliche Theorie des Geldes*. 4. ed. München/Leipzig: Duncker; Humblot, 1923. p. 20-36 e GUDIN, Eugênio. *Princípios de economia monetária*. 9. ed. Rio de Janeiro: Agir, 1976, v. I. p. 25-26; 215-221. Sobre o papel essencial que os bancos emissores possuem na política econômica, *vide* COTTELY, Esteban. *Derecho bancario*: conceptos generales e historia. Buenos Aires: Ediciones Arayú, 1956. p. 171-183 e PFLEIDERER, Otto. Die Notenbank im System der wirtschaftspolitischen Steuerung. *In*: KAISER, Joseph H. (Org.). *Planung III*: Mittel und Methoden planender Verwaltung. Baden-Baden: Nomos Verlagsgesellschaft, 1968. p. 409-427.

da política monetária, foram reguladas pelas leis nº 11.803, de 5.11.2008, e nº 13.820, de 3.5.2019, com atribuição de amplíssima autonomia ao Banco Central.

Ainda sob a Constituição de 1988, a centralização da autoridade monetária no Banco Central foi efetivamente garantida após a política de estímulo à privatização dos bancos estaduais transcorrida durante a década de 1990.[8] Na realidade, o problema deste processo de reestruturação da política monetária foi o fato de que a recomposição da capacidade de intervenção pública se esgotou na tentativa de controle sobre os gastos públicos.

A função de presidente do Banco Central do Brasil, inclusive, foi equiparada à de ministro de Estado com a edição da Medida Provisória nº 207, de 13.8.2004, convertida na Lei nº 11.036, de 22.12.2004. Isso gerou certa confusão institucional: um presidente de autarquia federal vinculada ao Ministério da Fazenda se torna equiparável a ministro de Estado, ou seja, com as mesmas prerrogativas de função daquele que supostamente era seu superior hierárquico na Administração Pública, o ministro da Fazenda.

Para completar a confusão administrativa, foi aprovada a chamada autonomia do Banco Central (Lei Complementar nº 179, de 24.2.2021), medida proposta, até então sem sucesso, desde o Governo Fernando Henrique Cardoso. Pela nova legislação, o presidente e a diretoria do Banco Central passam a ter mandatos fixos e não coincidentes com o mandato do presidente da República, que perde o poder de nomear e demitir os ocupantes dessas funções quando bem entender.

A nova legislação cria uma entidade "Frankenstein" na estrutura administrativa brasileira: uma autarquia não subordinada ao presidente ou a nenhum ministro, um órgão que paira no ar, sem vínculos, sem controles. A aprovação dessa ampliação da autonomia do Banco Central é o término de um ciclo, iniciado em 1964, de esvaziamento do poder da Presidência da República sobre a política monetária e de afastamento de todo e qualquer controle democrático sobre a atuação da autoridade monetária.

2 A posição do Supremo Tribunal Federal e a quebra constitucional

A Lei Complementar nº 179/2021, fruto da discussão do PLP nº 19/2019, de autoria do Senador Plínio Valério (PSDB-AM), iniciou sua tramitação em fevereiro de 2019 no Senado Federal. O relator, o então Senador Telmário Mota (PROS-RR), ampliou os temas tratados no projeto de lei. O projeto foi aprovado pelo Senado Federal em novembro de 2020, quando seguiu para a Câmara dos Deputados. O PLP foi aprovado em 10.2.2021 na Câmara, sendo sancionado com vetos em 24.2.2021 pelo Presidente Jair Bolsonaro como Lei Complementar nº 179.

Enquanto o PLP nº 19/2019 tramitava no Senado Federal, o Poder Executivo encaminhou outro projeto de lei complementar sobre a autonomia do Banco Central, o PLP nº 112/2019, cuja tramitação se iniciou em abril de 2019 na Câmara dos Deputados. Este projeto foi apensado ao PLP nº 19/2019, já aprovado no Senado e em discussão na

[8] A questão dos bancos estaduais é extremamente relevante, pois indica o "grau de tolerância" da política econômica federal com a autonomia financeira que devem possuir os entes federados, bem como diz respeito à centralização da autoridade monetária no Banco Central. *Vide*, especialmente, SOLA, Lourdes; GARMAN, Christopher; MARQUES, Moises. Central banking, democratic governance and political autority: the case of Brazil in a comparative perspective. *Revista de Economia Política*, v. 18, n. 2, p. 115-128, abr./jun. 1998.

Câmara em 9.2.2021, mas teve esta operação considerada prejudicada em virtude da aprovação do PLP nº 19/2019 pelo plenário da Câmara dos Deputados e foi arquivado em 10.2.2021.

Em suma, o projeto de lei complementar sobre a autonomia do Banco Central, debatido e aprovado no Congresso Nacional, tem sua origem em uma proposta de iniciativa do Senado, não da Presidência da República. Houve, assim, uma violação do devido processo legislativo[9] e o descumprimento do disposto no art. 61, §1º, II, "a" e "e" da Constituição,[10] ou seja, uma usurpação do poder de iniciativa legislativa exclusiva do Poder Executivo.

O Partido dos Trabalhadores e o Partido Socialismo e Liberdade ingressaram com uma ação direta de inconstitucionalidade (ADI nº 6.696 – DF), questionando a Lei Complementar nº 179/2021. O relator original, Ministro Enrique Lewandowski, corretamente expôs os vícios na tramitação do projeto de lei e entendeu que a usurpação do poder de iniciativa do Presidente da República acarretava a inconstitucionalidade da lei complementar. No entanto, o Ministro Luís Roberto Barroso pediu vistas e elaborou voto em sentido contrário.[11] O Ministro Barroso argumenta em seu voto que a matéria "autonomia do Banco Central" não diz respeito à organização administrativa, mas ao sistema financeiro nacional, portanto não seria tema de iniciativa legislativa exclusiva do Poder Executivo. Além disso, rompeu com a tradição jurisprudencial do Supremo Tribunal Federal sobre vício de iniciativa legislativa ao desconsiderar o efetivo trâmite do projeto de lei. Em sua manifestação, o ministro entendeu que bastaria a demonstração inequívoca da vontade política do presidente da República em encaminhar projeto de lei similar ao que estava sendo debatido no Senado Federal para que se atendesse à exigência constitucional da iniciativa legislativa.[12]

Em julgamento concluído em 26.8.2021, a maioria dos ministros seguiu o voto do Ministro Barroso, vencidos os ministros Lewandowski e Rosa Weber, decidindo o Supremo Tribunal Federal pela constitucionalidade da Lei Complementar nº 179/2021. Esta decisão do Supremo Tribunal Federal, no entanto, não se justifica perante o

---

[9] Sobre a importância do devido processo legislativo no Estado democrático de direito, *vide* OLIVEIRA, Marcelo Andrade Cattoni de. *Devido Processo legislativo*: uma justificação democrática do controle jurisdicional de constitucionalidade das leis e do processo legislativo. 3. ed. Belo Horizonte: Fórum, 2015.

[10] Art. 61, §1º, II, "a" e "e" da Constituição de 1988: "A iniciativa das leis complementares e ordinárias cabe a qualquer membro ou Comissão da Câmara dos Deputados, do Senado Federal ou do Congresso Nacional, ao Presidente da República, ao Supremo Tribunal Federal, aos Tribunais Superiores, ao Procurador-Geral da República e aos cidadãos, na forma e nos casos previstos nesta Constituição. §1º São de iniciativa privativa do Presidente da República as leis que: II - disponham sobre: a) criação de cargos, funções ou empregos públicos na administração direta e autárquica ou aumento de sua remuneração; [...] e) criação e extinção de Ministérios e órgãos da administração pública, observado o disposto no art. 84, VI".

[11] Para uma análise sobre as posições do Ministro Barroso e sua contribuição para o desmonte da estrutura constitucional de 1988, *vide* BELLO; Enzo; BERCOVICI, Gilberto; LIMA, Martonio Mont'Alverne Barreto. O fim das ilusões constitucionais de 1988? *Revista Direito e Práxis*, v. 10, n. 3, p. 1773-1801, 2019.

[12] Em suas palavras: "Porém, o envio de mensagem presidencial, durante a tramitação da matéria, com projeto de lei substancialmente idêntico ao que se encontrava em curso no Congresso Nacional, configura situação diversa. Isso porque revela inequívoca vontade política do chefe do Executivo em deflagrar o processo legislativo, ficando atendida a exigência constitucional da iniciativa" (ADI nº 6.696/DF – Inteiro teor do acórdão, p. 63. Voto-Vista do Ministro Luís Roberto Barroso, p. 13).

ordenamento constitucional brasileiro. Pelo contrário, ela consiste em uma verdadeira quebra constitucional (*Verfassungsdurchbrechung*).[13]

Em primeiro lugar, a questão do poder de iniciativa legislativa não pode ser menosprezada. A iniciativa legislativa é o poder de escolher quais matérias ou quais interesses serão regulamentados pela lei, ou seja, é o poder de propor a adoção de uma lei.[14] Desta maneira, enquanto ato de escolha, a iniciativa legislativa é um ato de poder, de declaração de vontade.[15] O conteúdo material, ou pretensão imediata, do poder de iniciativa legislativa é a pretensão de que o Poder Legislativo se pronuncie sobre o projeto. Já o conteúdo formal, ou pretensão mediata, consiste em o proponente ver uma lei editada com determinado conteúdo em torno da matéria que foi objeto da regulamentação solicitada. Assim, o poder de iniciativa implica pretensão ao procedimento legislativo. Isto não significa que o órgão destinatário deva limitar-se a um mero exame do projeto, mas cabe a ele proceder ao exame e à deliberação sobre o projeto apresentado. O proponente tem direito a uma deliberação legislativa, seja qual for, sobre seu projeto de lei.[16]

A iniciativa legislativa refere-se à iniciativa da lei, não ao projeto de lei (que é apenas o instrumento formal de atuação do poder de iniciativa). O seu objetivo é a lei, refere-se sempre ao ato final do processo legislativo. Processo este iniciado tendo em vista uma transformação ou renovação da ordem jurídica.[17]

A iniciativa legislativa geral é o poder do seu titular de propor a adoção de direito novo sobre qualquer matéria, exceto as reservadas por determinação constitucional.[18] A iniciativa reservada, ou exclusiva, compete a apenas um só dos titulares do poder de iniciativa, excluindo-se qualquer outro. A decisão de propor a adoção de direito novo em matérias de seu interesse preponderante constitucionalmente fixadas é resguardada ao seu titular com exclusividade. Cabe apenas ao titular do poder escolher a melhor oportunidade para exercê-lo.[19] Os casos de iniciativa reservada acabaram aumentando como contrapartida à extensão dos titulares do poder de iniciativa legislativa.[20]

O poder de iniciativa legislativa faz parte da concretização do programa governamental, que reflete a ideologia das políticas do governo. O poder de iniciativa legislativa

---

[13] *Vide* LEIBHOLZ, Gerhard. Die Verfassungsdurchbrechung. *In*: LEIBHOLZ, Gerhard. *Strukturprobleme der modernen Demokratie*. 3. ed. reimpr. Frankfurt-am-Main: Athenäum Fischer Taschenbuch Verlag, 1974. p. 185-198; HAUG, Hans. *Die Schranken der Verfassungsrevision*: Das Postulat der richtigen Verfassung als normative Schranke der souveränen verfassunggebenden Gewalt (Betrachtung zum Wiederaufbau einer materialen Rechtslehre). Zürich: Schulthess & CO. AG., 1947. p. 166-168; LOEWENSTEIN, Karl. *Über Wesen, Technik und Grenzen der Verfassungsänderung*. Berlin: Walter de Gruyter, 1961. p. 40-41; EHMKE, Horst. Verfassungsänderung und Verfassungsdurchbrechung. *In*: EHMKE, Horst. *Beiträge zur Verfassungstheorie und Verfassungspolitik*. Königstein: Athenäum Verlag, 1981. p. 142-172 e HESSE, Konrad. *Grundzüge des Verfassungsrechts der Bundesrepublik Deutschland*. 20. ed. reimpr. Heidelberg: C. F. Müller Verlag, 1999. p. 29-30; 290-292.

[14] SILVA, José Afonso da. *Processo constitucional de formação das leis*. 2. ed. São Paulo: Malheiros, 2006. p. 104-106; 135-136 e FERREIRA FILHO, Manoel Gonçalves. *Do processo legislativo*. 3. ed. São Paulo: Saraiva, 1995. p. 71.

[15] FERREIRA FILHO, Manoel Gonçalves. *Do processo legislativo*. 3. ed. São Paulo: Saraiva, 1995. p. 202.

[16] SILVA, José Afonso da. *Processo constitucional de formação das leis*. 2. ed. São Paulo: Malheiros, 2006. p. 169-170; 187-188.

[17] SILVA, José Afonso da. *Processo constitucional de formação das leis*. 2. ed. São Paulo: Malheiros, 2006. p. 136.

[18] FERREIRA FILHO, Manoel Gonçalves. *Do processo legislativo*. 3. ed. São Paulo: Saraiva, 1995. p. 203.

[19] SILVA, José Afonso da. *Processo constitucional de formação das leis*. 2. ed. São Paulo: Malheiros, 2006. p. 136-139; 185-187 e FERREIRA FILHO, Manoel Gonçalves. *Do processo legislativo*. 3. ed. São Paulo: Saraiva, 1995. p. 203-204.

[20] FERREIRA FILHO, Manoel Gonçalves. *Do processo legislativo*. 3. ed. São Paulo: Saraiva, 1995. p. 144-145.

conferido ao Executivo irá permear-se da ideologia do governo, que informa o seu programa de políticas públicas. Portanto, a tarefa administrativa do Poder Executivo seria praticamente de impossível realização sem que este pudesse indicar o conteúdo das leis que considera necessárias para a concretização de seu programa governamental.[21]

Em relação à iniciativa legislativa, ainda, cumpre destacar que parte da doutrina, representada por autores como Temístocles Brandão Cavalcanti,[22] Pontes de Miranda,[23] Miguel Seabra Fagundes[24] e, contemporaneamente, Menelick de Carvalho Netto,[25] tem manifestado o entendimento de que um projeto de lei apresentado por um parlamentar ou através de iniciativa popular no âmbito de matérias cuja iniciativa é exclusiva do Executivo tem o vício inicial suprido através da sanção do Poder Executivo, convalidando o projeto em tese viciado. Esse entendimento chegou a ser consagrado na Súmula nº 5, do Supremo Tribunal Federal.[26]

Esta posição, no entanto, foi combatida por vários autores, como Francisco Campos,[27] Caio Tácito,[28] Moniz de Aragão[29] e Manoel Gonçalves Ferreira Filho.[30] Para esta corrente, o poder de iniciativa legislativa significa o comando final e definitivo naquelas matérias constitucionalmente atribuídas ao Poder Executivo. Não é possível aplicar a teoria das nulidades do direito privado e do direito administrativo a uma questão constitucional.[31] Afinal, trata-se da violação de uma competência constitucional, ou seja, de atribuições indelegáveis. Não se está diante de uma irregularidade no processo legislativo, mas de uma invasão de um poder na competência de outro poder, o que acarreta a nulidade.[32] Portanto, o vício inicial de "usurpação" do poder de iniciativa é

---

[21] SILVA, José Afonso da. *Processo constitucional de formação das leis*. 2. ed. São Paulo: Malheiros, 2006. p. 134-135; 139-144.

[22] CAVALCANTI, Temístocles Brandão. Lei de Aumento de Vencimentos – Iniciativa do Poder Executivo – Sanção – Ratificação e homologação. *Revista de Direito Administrativo*, v. 72, p. 417-423, 1963.

[23] PONTES DE MIRANDA, Francisco Cavalcanti. "Parecer sôbre Sanção da Lei e Infração do Art. 61, §2º, da Constituição de 1946, ou do Art. 78 da Constituição do Estado de São Paulo, ou do Art. 33 da Lei Orgânica dos Municípios (Lei Estadual, de 18 de setembro de 1947)" (Parecer nº 311, de 18 de junho de 1961). *In*: PONTES DE MIRANDA, Francisco Cavalcanti. *Questões forenses* (direito constitucional, administrativo, penal, processual e privado). Rio de Janeiro: Borsoi, 1962. t. VII. p. 277-283.

[24] FAGUNDES, Miguel Seabra. Lei – Iniciativa do Poder Executivo – Sanção – Delegação e Usurpação de Podêres. *Revista de Direito Administrativo*, v. 72, p. 423-427, 1963.

[25] CARVALHO NETTO, Menelick de. *A sanção no procedimento legislativo*. 2. ed. Belo Horizonte: Conhecimento, 2022. p. 261-302.

[26] Súmula nº 5: "A sanção do projeto supre a falta de iniciativa do Poder Executivo", aprovada em 13 de dezembro de 1963.

[27] CAMPOS, Francisco. Poder Executivo – Iniciativa de projetos de lei – Sanção – Nulidades no direito público – Atos inconstitucionais. *Revista de Direito Administrativo*, v. 73, p. 380-391, 1963.

[28] TÁCITO, Caio. Lei – Iniciativa do Poder Executivo – Sanção – Criação de cargos e aumento de vencimentos. *Revista de Direito Administrativo*, v. 68, p. 341-354, 1962.

[29] ARAGÃO, E. D. Moniz de. Poder de iniciativa e inconstitucionalidade da lei. *Revista de Direito Administrativo*, v. 64, 1961. p. 354-357.

[30] FERREIRA FILHO, Manoel Gonçalves. *Do processo legislativo*. 3. ed. São Paulo: Saraiva, 1995. p. 210-217.

[31] TÁCITO, Caio. Lei – Iniciativa do Poder Executivo – Sanção – Criação de cargos e aumento de vencimentos. *Revista de Direito Administrativo*, v. 68, p. 341-354, 1962. p. 347; 350-353 e CAMPOS, Francisco. Poder Executivo – Iniciativa de projetos de lei – Sanção – Nulidades no direito público – Atos inconstitucionais. *Revista de Direito Administrativo*, v. 73, p. 380-391, 1963. p. 381-391.

[32] TÁCITO, Caio. Lei – Iniciativa do Poder Executivo – Sanção – Criação de cargos e aumento de vencimentos. *Revista de Direito Administrativo*, v. 68, p. 341-354, 1962. p. 348-349 e CAMPOS, Francisco. Poder Executivo – Iniciativa de projetos de lei – Sanção – Nulidades no direito público – Atos inconstitucionais. *Revista de Direito Administrativo*, v. 73, p. 380-391, 1963. p. 391.

insanável, mesmo com a sanção do Executivo.[33] Esta posição, que superou há muitos anos a Súmula nº 5,[34] era a consagrada pelo próprio Supremo Tribunal Federal até a prevalência do voto do Ministro Barroso no julgamento da ADI nº 6.696-DF.

Em seu voto, o Ministro Barroso afirma, ainda, que a autonomia do Banco Central não é matéria de organização administrativa, mas sim relativa ao sistema financeiro nacional, portanto, devendo ser regulamentada por lei complementar nos termos do art. 192 da Constituição.[35]

A regulamentação do sistema financeiro nacional por meio de leis complementares se justifica pela sua importância para a organização do processo econômico como um todo. O art. 192 é a projeção da ordem econômica constitucional no tempo, ao cuidar do crédito e do sistema financeiro. O conflito projeta-se temporalmente, diferindo a escassez no tempo, pois se define, pelo crédito, como os recursos serão distribuídos, em suma, quem irá receber recursos no momento presente e quem não irá ou quando outros setores terão (ou não) estes recursos. O Estado contemporâneo não pode se limitar a uma atuação mínima, mas deve dimensionar seus recursos de maneira a satisfazer o mais amplamente possível as necessidades sociais. Neste contexto, o funcionamento do crédito, que estende o campo das trocas do presente e dos bens disponíveis para o futuro e aos bens a produzir, é essencial como instrumento de direção da política econômica tendo em vista a manutenção da atividade econômica, o crescimento e a ampliação das oportunidades de emprego.[36] Por sua importância, a política de crédito no Brasil é de competência exclusiva da União (arts. 21, VIII e 22, VII, da Constituição).

Nunca é demais ressaltar como os bancos públicos são essenciais para a política monetária, creditícia e fiscal do Estado brasileiro, especialmente no que diz respeito ao crédito, historicamente instrumentalizado, em sua maior parte, por intermédio dos

---

[33] José Afonso das Silva reviu sua posição e passou também a entender que a inconstitucionalidade por vício de iniciativa legislativa não é solucionada pela via da sanção do Poder Executivo ao projeto aprovado. Cf. SILVA, José Afonso da. *Processo constitucional de formação das leis*. 2. ed. São Paulo: Malheiros, 2006. p. 346-351. Em texto publicado em 2004, eu também defendi o entendimento de que a sanção supriria o vício de iniciativa. *Vide* BERCOVICI, Gilberto. Breves Considerações sobre o Poder de Iniciativa Legislativa do Executivo. *Revista da Procuradoria Geral do Município de Fortaleza*, v. 12, 2004. p. 44-45. Entendo esta posição hoje equivocada, tendo já revisto meu posicionamento no artigo BERCOVICI, Gilberto. Projeto de lei de iniciativa popular – Criação do Sistema Nacional de Habitação de Interesse Social – Ausência de vício de iniciativa legislativa – Constitucionalidade. *Revista de Direito Administrativo*, v. 241, 2005. p. 363-365.

[34] *Vide*, por exemplo, Rep. nº 890-GB (Rel. Min. Oswaldo Trigueiro, j. 27.3.1974), Rep. nº 1.051-GO (Rel. Min. Moreira Alves, j. 15.5.1981), MC ADI nº 1.381-AL (Rel. Min. Celso de Mello, j. 7.12.1995), MC ADI nº 2.192-ES (Rel. Min. Marco Aurélio, j. 4.8.2000), RE nº 217.194-PR (Rel. Min. Maurício Corrêa, j. 17.4.2001), ADI nº 2.867 (Rel. Min. Celso de Mello, j. 3.12.2003).

[35] Art. 192 da Constituição de 1988: "O sistema financeiro nacional, estruturado de forma a promover o desenvolvimento equilibrado do País e a servir aos interesses da coletividade, em todas as partes que o compõem, abrangendo as cooperativas de crédito, será regulado por leis complementares que disporão, inclusive, sobre a participação do capital estrangeiro nas instituições que o integram" (redação dada pela Emenda Constitucional nº 40, de 29.5.2003). A necessidade de lei complementar diz respeito às novas leis que deverão ser elaboradas pelo Congresso Nacional sobre o sistema financeiro nacional. Até que esta lei ou leis sejam elaboradas, seguindo as exigências do processo legislativo no tocante à elaboração de lei complementar, continua em vigor a Lei nº 4.595/1964, sob pena de instaurar-se uma verdadeira anomia no que diz respeito ao setor financeiro da economia.

[36] VIDIGAL, Geraldo de Camargo. *Fundamentos do direito financeiro*. São Paulo: RT, 1973. p. 38-39; 42-43; 51; 199-203; 276-277. Para o papel do Estado na política de crédito, *vide*, ainda, FARJAT, Gérard. *Droit Économique*. Paris: PUF, 1971. p. 215-221. Sobre a organização constitucional do sistema financeiro nacional, *vide* COMPARATO, Fábio Konder. Ordem econômica na Constituição brasileira de 1988. *Revista de Direito Público*, n. 93, jan./mar. 1990. p. 273-274.

bancos públicos.[37] As atividades desenvolvidas no sistema financeiro nacional por parte dos bancos públicos são atividade econômica em sentido estrito (art. 173, *caput*, da Constituição), visando à consecução de objetivos de política econômica do Estado brasileiro, além da preservação do mercado e das relações econômicas no Brasil.

O objeto da regulamentação do sistema financeiro nacional é essencialmente a política de crédito e as atividades executadas por instituições financeiras,[38] cuja definição está no art. 17 da Lei nº 4.595/1964.[39] O regime jurídico-administrativo do Banco Central não é matéria relativa ao sistema financeiro nacional. A natureza jurídica do Banco Central (autarquia), assim como a natureza jurídica dos bancos públicos (sociedade de economia mista ou empresa pública) são matérias relativas à organização administrativa do Estado, não ao sistema financeiro nacional.

No entanto, segundo o voto do Ministro Barroso, a Lei Complementar nº 179/2021 não versou sobre matéria de organização administrativa por não ter modificado o regime jurídico dos servidores do Banco Central e por não ter criado ou extinguido algum órgão da Administração Pública.[40] Deste modo, não teria ocorrido vício de iniciativa legislativa.

O voto do Ministro Barroso limita o poder de organização administrativa à estruturação do regime jurídico dos servidores públicos e à criação ou extinção de órgão administrativo. A mudança das relações jurídico-administrativas do Banco Central do Brasil com o restante da Administração Pública Federal com a sua "independência" e a não subordinação ao Ministério da Fazenda (art. 6º da Lei Complementar nº 179/2021),[41] segundo a decisão do Supremo Tribunal Federal na ADI nº 6.696, não é matéria de organização administrativa, portanto, de iniciativa legislativa exclusiva do presidente da República. A autonomia mais ampla de uma autarquia virou tema relativo ao sistema

---

[37] Sobre o predomínio do setor bancário público (particularmente o Banco Nacional de Desenvolvimento Econômico e Social – BNDES, o Banco do Brasil e a Caixa Econômica Federal) na oferta de crédito para o setor privado (especialmente pequenas e médias empresas) e no financiamento de longo prazo no Brasil, *vide* STALLINGS, Bárbara; STUDART, Rogerio. *Finance for Development: Latin America in Comparative Perspective*. Washington/Santiago: Brookings Institution Press/United Nations – Economic Commission for Latin America and the Caribbean, 2006. p. 230-234; 241-247; 252-255.

[38] *Vide*, por todos, DE CHIARA, José Tadeu. Disciplina jurídica das instituições financeiras. *Revista de Direito Público*, n. 41/42, jan./jun. 1977. p. 289-307. Sobre as várias classificações possíveis das operações exercidas pelas instituições financeiras, *vide* COTTELY, Esteban. *Derecho bancario*: conceptos generales e historia. Buenos Aires: Ediciones Arayú, 1956. p. 185-202.

[39] Art. 17 da Lei nº 4.595/1964: "Consideram-se instituições financeiras, para os efeitos da legislação em vigor, as pessoas jurídicas públicas ou privadas, que tenham como atividade principal ou acessória a coleta, intermediação ou aplicação de recursos financeiros próprios ou de terceiros, em moeda nacional ou estrangeira, e a custódia de valor de propriedade de terceiros. Parágrafo único. Para os efeitos desta lei e da legislação em vigor, equiparam-se às instituições financeiras as pessoas físicas que exerçam qualquer das atividades referidas neste artigo, de forma permanente ou eventual".

[40] Conforme afirmado em seu voto: "A LC nº 179/2021 não dispôs sobre o regime jurídico dos servidores públicos do Banco Central do Brasil, que continua a ser disciplinado pela Lei nº 8.112/1990, aplicável a todos os servidores públicos civis da União, das autarquias e das fundações públicas federais, e pela Lei nº 9.650/1998, que trata do plano de carreira dos servidores do Banco Central. Não houve qualquer alteração normativa nessas leis. A lei complementar tampouco criou ou extinguiu ministérios ou órgãos da Administração Pública. O Banco Central do Brasil continua a existir, com natureza jurídica de autarquia especial federal" (ADI nº 6.696/DF – Inteiro Teor do Acórdão, p. 57. Voto-Vista do Ministro Luís Roberto Barroso, p. 7).

[41] Art. 6º da Lei Complementar nº 179/2021: "O Banco Central do Brasil é autarquia de natureza especial caracterizada pela ausência de vinculação a Ministério, de tutela ou de subordinação hierárquica, pela autonomia técnica, operacional, administrativa e financeira, pela investidura a termo de seus dirigentes e pela estabilidade durante seus mandatos, bem como pelas demais disposições constantes desta Lei Complementar ou de leis específicas destinadas à sua implementação".

financeiro nacional, devendo ser regulamentado por lei complementar. Trata-se de uma decisão sem nenhum fundamento, menosprezando toda a estruturação constitucional da Administração Pública e contrariando a jurisprudência do próprio Supremo Tribunal Federal.

Em termos gerais, o poder de organização administrativa do Estado[42] inclui a competência para formar, estabelecer, criar, alterar e extinguir pessoas jurídicas de direito público e seus órgãos, autoridades e cargos, para determinar sua estrutura interna, seus recursos pessoais e materiais e suas relações entre si. O poder de organização do Estado implica o direito de organização administrativa em sentido amplo, que inclui o direito de criar órgãos, sua estrutura interna, seu *status* legal, suas relações internas e seus procedimentos, bem como o direito de nomear pessoas para exercer as funções dos órgãos e determinar sua posição, juntamente com o fornecimento dos recursos materiais necessários. Já o direito de organização administrativa em sentido estrito diz respeito à competência de formar, estabelecer, estruturar, alterar e extinguir órgãos e entidades administrativas e sua posição na organização administrativa do Estado.[43]

A vinculação da autarquia Banco Central do Brasil ao Ministério da Fazenda não foi determinada pela Lei nº 4.595/1964, mas pelo art. 189, I do Decreto-Lei nº 200, de 25.2.1967,[44] ou seja, pela norma que trata da organização administrativa da União. A modificação da posição hierárquico-administrativa da autarquia Banco Central do Brasil e as consequências jurídicas dessa alteração são, obviamente, matéria de organização administrativa e implicam novas relações jurídico-administrativas.[45] Não foi criado ou extinto nenhum órgão novo nem foi alterado o regime jurídico dos seus servidores, mas houve uma mudança na estrutura administrativa da União, sem nenhuma sombra de dúvida. A maior ou menor autonomia dos vários órgãos administrativos é uma questão de organização administrativa, assim como a atribuição de objetivos, tarefas ou competências aos órgãos administrativos.

Não por acaso, a atribuição do *status* de ministro de Estado ao presidente do Banco Central do Brasil, uma questão de organização administrativa, não relativa ao sistema financeiro nacional, foi feita por meio de medida provisória (a Medida Provisória nº 207/2004, posteriormente convertida na Lei nº 11.036/2004), não por lei complementar. Afinal, organização administrativa não é matéria de lei complementar, ou seja, pode

---

[42] Sobre os aspectos dogmáticos gerais do poder de organização do Estado, tanto em sua função, abrangência e espécies, *vide* o estudo clássico de BÖCKENFÖRDE, Ernst-Wolfgang. *Die Organisationsgewalt im Bereich der Regierung*: Eine Untersuchung zum Staatsrecht der Bundesrepublik Deutschland. 2. ed. Berlin: Duncker & Humblot, 1998. p. 38-52. Especificamente sobre o poder de organização como fundamento da organização administrativa, *vide* WOLFF, Hans J.; BACHOF, Otto; STOBER, Rolf; KLUTH, Winfried. *Verwaltungsrecht II*: Ein Studienbuch. 7. ed. München: C. H. Beck, 2010. p. 207-224.

[43] Para a distinção entre direito de organização administrativa em sentido amplo e em sentido estrito, *vide* WOLFF, Hans J.; BACHOF, Otto; STOBER, Rolf; KLUTH, Winfried. *Verwaltungsrecht II*: Ein Studienbuch. 7. ed. München: C. H. Beck, 2010. p. 219.

[44] Art. 189, I, do Decreto-Lei nº 200/1967: "Sem prejuízo de sua subordinação técnica à autoridade monetária nacional, os estabelecimentos oficiais de crédito manterão a seguinte vinculação: I - Ministério da Fazenda: - Banco Central da República; - Banco do Brasil; - Caixas Econômicas Federais".

[45] Sobre as relações jurídicas administrativas, *vide*, por todos, LIMA, Ruy Cirne. *Princípios de direito administrativo*. 5. ed. São Paulo: RT, 1982. p. 51-60; ACHTERBERG, Norbert. *Allgemeines Verwaltungsrecht*: Ein Lehrbuch. 2. ed. Heidelberg: C. F. Müller Juristischer Verlag, 1986. p. 367-397, especialmente, p. 381-387; 391-394 e GARCÍA DE ENTERRÍA, Eduardo; FERNÁNDEZ, Tomás-Ramón. *Curso de derecho administrativo*. 15. ed. Madrid: Civitas/ Thomson Reuters, 2011. v. 1. p. 50-55.

ser alterada pela via da medida provisória, não incorrendo na vedação do art. 62, §1º, III da Constituição de 1988.[46] O próprio Supremo Tribunal Federal decidiu pela constitucionalidade desta alteração na posição administrativa do presidente do Banco Central ao entender, corretamente, que a modificação da natureza da relação jurídica administrativa entre a autarquia Banco Central do Brasil e a Administração Pública da União não altera o sistema financeiro nacional.[47]

Outro exemplo de alteração na organização administrativa das instituições financeiras públicas pela via da medida provisória, tendo em vista que não se trata de tema relativo ao sistema financeiro nacional, foi a ocorrida com a Medida Provisória nº 443, de 21.10.2008, posteriormente convertida na Lei nº 11.908, de 3.3.2009, que autoriza a sociedade de economia mista Banco do Brasil e a empresa pública Caixa Econômica Federal a constituírem subsidiárias integrais ou controladas, bem como a adquirirem participação em instituições financeiras, públicas ou privadas, incluindo empresas de ramos complementares às do setor financeiro. A alteração legislativa concedeu uma autorização ampla para a criação de subsidiárias e participação em outras sociedades pelas duas instituições financeiras públicas federais e também expressamente determinou a dispensa de licitação no caso de venda de participação acionária em instituições financeiras públicas para o Banco do Brasil e a Caixa Econômica Federal.

Ao contrário do que foi argumentado no voto vencedor da ADI nº 6.696, a autonomia do Banco Central é uma questão de organização administrativa, não é matéria relativa ao sistema financeiro nacional. As duas consequências desta constatação são que as normas que estruturam a chamada autonomia ou "independência" do Banco Central não regulam matéria de lei complementar, podendo ser alteradas via medida provisória, e por ser uma questão de organização administrativa da União, não há como negar a usurpação do poder de iniciativa legislativa do Poder Executivo no caso da elaboração da Lei Complementar nº 179/2021, ou seja, a sua inconstitucionalidade.

3 Questões essenciais trazidas pela autonomia do Banco Central

Interessa compreender, ainda, como a chamada autonomia ou "independência" do Banco Central também foi veículo da transferência de competências do Conselho Monetário Nacional para o Banco Central do Brasil, atribuindo aos agora "independentes" presidente e diretores desta autarquia amplos poderes sobre a política monetária, inclusive com larga capacidade normativa capaz de obstar a implementação de políticas projetadas pelos integrantes do Poder Executivo eleitos democraticamente. As mudanças na estrutura administrativa promovidas pela Lei Complementar nº 179/2021, destinadas a colher como efeito a chamada "autonomia" do Banco Central, são parte de um processo de mudança na forma, nos objetivos e no uso dos instrumentos que permitem estabilizar as oscilações do poder de compra da moeda e na redução da capacidade de execução

---

[46] Art. 62, §1º, III da Constituição de 1988: "Em caso de relevância e urgência, o Presidente da República poderá adotar medidas provisórias, com força de lei, devendo submetê-las de imediato ao Congresso Nacional. §1º É vedada a edição de medidas provisórias sobre matéria: [...] III - reservada a lei complementar" (redação dada pela Emenda Constitucional nº 32, de 11.9.2001).

[47] *Vide* ADI nº 3.289-DF e ADI nº 3.290-DF, ambas relatadas pelo Ministro Gilmar Mendes e julgadas em 5.5.2005.

dos planos dos governos eleitos. O resultado final das mudanças levadas a cabo pela lei complementar retirou do Poder Executivo Federal a possibilidade de induzir situações conjunturais de crescimento, em termos de política monetária, capazes de adequar os mecanismos de organização dos cenários conjunturais atinentes à moeda (condições sobre operações para oferta de liquidez às instituições financeiras, por exemplo) e diretrizes de adequação das emissões às necessidades da economia nacional, finalidade que, aliás, foi revogada do rol de objetivos imputados legalmente ao Conselho Monetário Nacional.

Para que esta redução dos objetivos da política monetária produza tal efeito, atribuiu-se ao Banco Central do Brasil "independente" a competência privativa para impor regras sobre as operações realizadas por ele próprio referentes a títulos da dívida pública, redescontos e sobre operações de câmbio, inclusive *swaps*, todas elas anteriormente abrigadas sob a competência do Conselho Monetário Nacional, que agora não possui mais competência normativa sobre tais temas, assim como o Ministério da Fazenda ou até mesmo o presidente da República. Este quadro restou consolidado com a alteração de dispositivos da Lei nº 4.595/1964, proposta pelo então Senador Telmário Mota na Emenda nº 18 ao PLP nº 19/2019, apresentada no Relatório nº 157/2020, transformado no Projeto Substitutivo nº 157/2020.

Os arts. 7º e 12 contidos no projeto substitutivo apresentado no Relatório nº 157/2020 propuseram a revogação de objetivos e competências do Conselho Monetário Nacional referentes à elaboração da política monetária; ao mesmo tempo, estabeleceram proposta de ampliação das competências privativas do Banco Central do Brasil, que se propunha administrativamente independente, sobre a fixação das condições negociais impostas a operações de redesconto e empréstimo com instituições financeiras públicas e privadas e de compra e venda de títulos públicos federais, sem que houvesse vinculação do Banco Central do Brasil aos objetivos anteriormente imputados ao Conselho Monetário. Este processo de ampliação da capacidade normativa de conjuntura[48] do Banco Central do Brasil, por meio da edição de resoluções, ou seja, atos administrativos, reduziu a política monetária nacional a um único propósito: o cumprimento das metas inflacionárias.

Obteve-se tal efeito da conjugação da reforma da estrutura administrativa, associada à revogação dos incs. I, II e III do art. 3º da Lei nº 4.595/1964, que atribuíam ao Conselho Monetário Nacional objetivos associados (i) à adaptação do volume de meios de pagamento às necessidades da economia nacional, (ii) à regulação do valor interno

---

[48] Por capacidade normativa de conjuntura, entenda-se o exercício da função normativa atribuída à Administração Pública no exercício do dever-poder que envolve "a definição de condições operacionais e negociais, em determinados setores dos mercados" sempre que a instabilidade de situações e estados econômicos, sujeitos a flutuações consideradas conjunturais, exija o manejo de instrumentos normativos flexíveis, destinados à correção dos desvios no processo econômico, conforme a definição de GRAU, Eros Roberto. Crítica da 'separação dos poderes': as funções estatais, os regulamentos e a legalidade no direito brasileiro, as 'leis-medidas'. *In*: GRAU, Eros Roberto. *O direito posto e o direito pressuposto*. 8. ed. São Paulo: Malheiros, 2011. p. 228. As flutuações nos níveis de massa monetária, liquidez das instituições que compõem o sistema financeiro e nos níveis de rentabilidade sobre títulos da dívida pública federal são exemplos de situações conjunturais capazes de interferir no funcionamento da atividade econômica. As normas expedidas para sua correção são, portanto, normas exaradas no exercício da capacidade normativa de conjuntura destinada à correção de tais desvios. No entanto, justamente por servirem à correção dentro do processo econômico no curso da implementação da política monetária, elas se subordinam à condução geral das políticas instituídas pelo Poder Executivo, daí a atribuição originária de competências desta natureza ao Conselho Monetário Nacional, órgão de composição colegiada que, a depender de sua composição instituída por lei, contém a presença de integrantes dos ministérios do Governo Federal, da sociedade civil e de órgãos técnicos, diferentemente da composição da diretoria do Banco Central do Brasil.

da moeda ante fenômenos conjunturais e (iii) a seu valor externo em prol do equilíbrio da balança de pagamentos com vistas a conferir empenho adequado dos recursos disponíveis em moeda estrangeira. Tais revogações tornaram o Conselho Monetário Nacional, órgão político responsável pela estruturação da política monetária, mero fixador de metas inflacionárias, cabendo a partir de então ao Banco Central do Brasil, no exercício de suas competências privativas, "suavizar as flutuações do nível de atividade econômica", com vistas à garantia da estabilidade dos preços,[49] termos repisados na redação do projeto substitutivo aprovada como Lei Complementar nº 179/2021. A moeda, conceito juridicamente definido que se presta às funções a ela atribuídas pela própria ordem jurídica,[50] passa a objeto de controle de suas oscilações por atos de uma autarquia "independente", cujo objetivo fundamental atende ao controle da oscilação do poder de compra da moeda nacional segundo parâmetros e métodos escolhidos por sua própria diretoria e presidente, para o alcance de certas metas inflacionárias – estas, sim, única competência efetivamente restante ao Conselho Monetário Nacional.

A intenção abrigada na revogação de objetivos e competências do Conselho Monetário Nacional foi vedar o exercício de políticas de incentivo ao consumo pela expansão inicial de instrumentos monetários, tal como a justificativa para a autonomia administrativa do Banco Central afirma.[51] Mas isso não seria atingido apenas pela concessão de maior autonomia administrativa. Era preciso retirar os elementos políticos da norma jurídica infraconstitucional, mais precisamente reduzir o alcance das decisões do Conselho Monetário Nacional – órgão político – relacionadas à fixação da política monetária nacional, representativas, por exemplo, do atendimento das "exigências da atividade produtiva e da circulação de riqueza no País".[52] Revogaram-se, assim, as competências do Conselho Monetário Nacional sobre o exercício do poder emissor (art. 4º, incs. I e II da Lei nº 4.595/1964), com vistas a impedir o manejo de política monetária indutiva de crescimento no curto prazo, independentemente de sua necessidade ou

---

[49] Esta afirmação decorre da justificativa apresentada no Parecer nº 157/2020-PLEN/SF, p. 3, que apresentou o projeto substitutivo ao PLP nº 19/2019. No parecer, o resumo dos debates em torno das emendas anteriores esclarece ter sido aprovada no âmbito da Comissão de Assuntos Econômicos do Senado Federal a emenda apresentada pelo Senador Tasso Jereissati, que propôs o acréscimo do parágrafo único ao art. 1º do PLP, com a seguinte redação: "[...] sem prejuízo de seu objetivo fundamental, *o Banco Central do Brasil também tem por objetivos suavizar as flutuações do nível de atividade econômica* e zelar pela solidez e eficiência do Sistema Financeiro Nacional", em complemento ao objetivo fundamental do Banco Central do Brasil: a estabilidade dos preços.

[50] Segundo José Tadeu De Chiara: "[...] em termos conceituais, na ordem jurídica a moeda se constitui em expressão da linguagem que encontra sentido unicamente quando utilizada sob certas regras de direito e em certo sistema de direito positivo. [...] Será, então, a moeda na sua conceituação jurídica, a unidade ideal definida como tal no âmbito de uma ordem jurídica considerada. É, antes, um conceito que se pode denominar unidade ideal cuja função é expressar preços e quantificar relações de crédito e débito, como entende A. Nussbaum. A moeda é, pois, produto da linguagem jurídica". Cf. DE CHIARA, José Tadeu. *Moeda e ordem jurídica*. Tese (Doutorado) – Faculdade de Direito, USP, São Paulo, 1986. Mimeo. p. 58.

[51] Consta no projeto substitutivo apresentado pelo então Senador Telmário Mota no Parecer nº 157/2020-PLEN/SF, a seguinte afirmação, p. 5: "Trata-se [a questão da independência da diretoria do Banco Central] de uma questão importante, particularmente em anos eleitorais e quando há, no poder, *governos com viés populista*, seja ele de direita ou de esquerda", seguida de explanação sobre como estes "governos populistas" podem ou não manejar as políticas monetárias de curto prazo em seu favor. A fim de vedar esta prática, extirpou-se do Poder Executivo Federal um conjunto de instrumentos de política monetária por meio de uma reforma administrativa.

[52] Texto do dispositivo anteriormente contido no art. 4º, I da Lei nº 4.595/1964, revogado pela Lei Complementar nº 179/2021.

não.[53] Assim, no Brasil, instituiu-se o paradoxo de o Estado criar a moeda soberana, emitindo-a, mas sem poder imputar às relações dela decorrentes objetivos outros que não sejam a estabilidade dos preços.

Também foram revogadas as competências do Conselho Monetário Nacional contidas nos incs. XIV, XVII e XIX do art. 4º da Lei nº 4.595/1964, associadas ao recolhimento de depósitos de instituições financeiras, à regulamentação de operações de redesconto e empréstimos realizadas por instituições financeiras públicas e privadas de natureza bancária e à fixação de normas a serem observadas pelo Banco Central do Brasil em suas transações com títulos públicos. Obviamente, a revogação dos objetivos de política monetária atribuídos à ação do Conselho Monetário Nacional também deveria ter sua correlação na redução dos instrumentos desta mesma política sob sua tutela, como demonstra a alteração aprovada nos incs. V e XII do art. 10 da Lei nº 4.595/1964, trazida pelo art. 7º do projeto substitutivo, que conferiu ao Banco Central a competência para *estabelecer, por regulamento editado pela própria autarquia, a remuneração, limites, prazos, garantias* e *formas de negociação* sobre operações de redesconto e empréstimo com instituições financeiras públicas e privadas e de compra e venda de títulos públicos federais. Em suma, retirou-se do órgão político (Conselho Monetário Nacional) competência para regulamentar operações ao passo em que se atribuiu ao Banco Central competência para não só regulamentar, mas também estabelecer, por ato administrativo, as condições inerentes à operacionalização dos instrumentos de oferta de liquidez imediata para instituições financeiras e de rentabilidade sobre operações com títulos públicos federais por ele próprio ofertados.

À guisa de exemplo, veja-se o resultado produzido pela redução das competências do Conselho Monetário Nacional sobre as operações de revenda de títulos públicos federais e instituídas mediante autorização do Conselho Monetário Nacional, destinadas a conferir liquidez às instituições financeiras. O Banco Central foi autorizado, pelo Conselho Monetário Nacional, a realizar com instituições financeiras titulares de conta de liquidação (i) operações de redesconto de títulos públicos intradia nos termos da sessão realizada em 25.8.2011 pelo Conselho Monetário Nacional e publicizada pela Resolução BCB nº 4.022, de 25.8.2011, e (ii) operações com prazo de 1 (um) dia, conforme sessão realizada pelo Conselho Monetário Nacional em 28.2.2013, publicizada pela Resolução nº 4.191, de 28.2.2013. Em ambas as operações, o preço de compra e o preço de revenda foi fixado pelo Conselho Monetário Nacional. Para as operações intradia, o preço de

[53] Segundo a justificativa do projeto substitutivo apresentado pelo então Senador Telmário Mota no Parecer nº 157/2020-PLEN/SF, p. 6: "Bancos centrais devem ser isolados da influência política para evitar a utilização de política monetária inadequada com objetivo de gerar crescimento insustentável de curto prazo, ao sabor das influências advindas do ciclo político [...]" e "[...] a busca do pleno emprego tem maiores possibilidades de ser bem-sucedida numa economia em que as flutuações do nível de atividade econômica são graduais, o sistema financeiro é robusto e funciona de maneira eficiente e a moeda soberana retém o seu valor". A concepção expressa o tipo de política monetária desejada, consagrada na estabilidade monetária como retenção do valor – poder de compra – da moeda, com rejeição a qualquer manejo conjuntural anticíclico com expansão da massa monetária mesmo que para o pagamento de bens e serviços adquiridos pelo próprio Estado na implementação de políticas expansionistas, posto que, nesta situação, a emissão de moeda significaria aumento da dívida pública (a moeda emitida representa um passivo na contabilidade da União).

compra e o preço de revenda deveriam ser iguais,[54] e para as operações intradia, o preço de compra seria divulgado pelo Banco Central do Brasil e o preço de revenda

> equivaleria ao preço de compra adicionado de valor correspondente à aplicação, sobre o preço de compra, da taxa obtida pela composição da Taxa Selic, definida consoante a regulamentação em vigor, apurada para o dia útil da operação, com taxa fixada pela Diretoria Colegiada do Banco Central do Brasil e válida na data da realização da operação.

Autorizado pelo Conselho Monetário, o Banco Central então instituiu a taxa de acréscimo (remuneração) de 1% (um por cento) ao ano sobre as operações com prazo de 1 (um) dia útil.[55]

Após a aprovação da Lei Complementar nº 179/2021, o Banco Central "independente" aprovou em reunião de sua Diretoria Colegiada o Voto nº 315/2021, elaborado pelo diretor de Política Monetária, que deu base à edição da Resolução BCB nº 175, de 15.12.2021, na qual o Banco Central, no exercício de suas novas competências privativas, emitiu regras sobre as "operações de redesconto com instituições financeiras, conforme condições estabelecidas em regulamentação editada por esta Autarquia".[56] A Resolução BCB nº 175/2021 consolidou as normas relativas às operações de redesconto no âmbito do Banco Central, revisando condições inerentes à operação, alterando a taxa de remuneração a elas aplicável e revogando dispositivos normativos das anteriores resoluções emitidas pelo Conselho Monetário Nacional. Em seu voto, o diretor de Política Monetária do Banco Central opinou favoravelmente – e obteve aprovação daquela diretoria – sobre a dispensa de elaboração de Análise de Impacto Regulatório (AIR) sobre tais operações, "uma vez que se trata de ato normativo dispondo estritamente sobre política monetária".[57] Tudo isso sem a análise do Ministério da Fazenda ou do Conselho Monetário Nacional.

Não se trata aqui de uma crítica à consolidação normativa ou aos efeitos da redução da taxa de anteriormente fixada sobre as operações de que trata a resolução. Ora, o art. 164, §2º da Constituição Federal já atribuía ao Banco Central o exercício exclusivo da competência da União para "comprar e vender títulos de emissão do Tesouro Nacional, com o objetivo de regular a oferta de moeda ou a taxa de juros". No entanto, as condições para a realização de tais compras e vendas eram definidas pelo Conselho Monetário Nacional, órgão colegiado em que a participação, por exemplo, de membros do ministério conferia alguma capacidade de interação entre a política do governo eleito e a política monetária em curso. Com a revogação do inc. XIX do art. 4º da Lei nº 4.595/1964 e a alteração do inc. XII do art. 10 da mesma lei, cuja nova redação confere ao Banco Central competência privativa para "efetuar, como instrumento de política monetária, operações de compra e venda de títulos públicos federais, consoante remuneração, limites, prazos, formas de negociação e outras condições estabelecidos

[54] Art. 3º, incs. I e II da Resolução BCB nº 4.022, de 25.8.2011: "Nas operações de compra com compromisso de revenda de que trata esta Resolução, serão observados os seguintes parâmetros de negociação: I - preço de compra: divulgado diariamente pelo Banco Central do Brasil; e II - preço de revenda: igual ao respectivo preço de compra".

[55] Circular BCB nº 3.631, de 21.2.2013, art. 1º, I.

[56] Voto nº 315/2021–BCB, de 14.12.2021, item "1" de sua fundamentação.

[57] Voto nº 315/2021–BCB, de 14.12.2021, item "12" de sua fundamentação.

em regulamentação por ele editada [...]", a diretoria do Banco Central, sem a opinião dos ministros ligados à área econômica, passou a decidir sobre a massa de recursos monetários em circulação e essenciais à oferta de operações de redesconto sobre títulos públicos federais para conferir liquidez ao sistema financeiro sem que isso, dentro da perspectiva da inconstitucional (frise-se sempre) da Lei Complementar nº 179/2021, atenda a objetivos como o desenvolvimento, utilizando o Banco Central de seus recursos, quais sejam, recursos monetários pertencentes ao Estado brasileiro. Nunca é demais lembrar que a moeda é uma construção de linguagem jurídica destinada a permitir a troca, formular reserva de valor e instrumentalizar o exercício de posições de liquidez dentro de dado ordenamento jurídico soberano. Ela é, em todas as suas derivações, a expressão do exercício do poder do Estado sobre o produto social riqueza em sua expressão financeira.[58]

Mas isto não é tudo. Para que ocorresse a redução final das competências atribuídas ao Conselho Monetário Nacional de modo a produzir o efeito econômico desejado pelos partidários da autonomia do Banco Central, descasando o controle das oscilações do valor da moeda do exercício da política econômica nacional, era preciso ainda conferir poder a esta autarquia especial sobre as relações de câmbio. A mesma Lei Complementar nº 179/2021 inseriu no art. 10 da Lei nº 4.595/1964 o inc. XV, que conferiu ao Banco Central competência privativa para

> efetuar, como instrumento de política cambial, operações de compra e venda de moeda estrangeira e operações com instrumentos derivativos no mercado interno, consoante remuneração, limites, prazos, formas de negociação e outras condições estabelecidos em regulamentação por ele editada.

Logo, o Banco Central do Brasil passou a fixar condições sobre operações por ele realizadas com moeda estrangeira, igualmente sem a análise do Conselho Monetário Nacional.

Faltava, por fim, conferir poder ao Banco Central do Brasil sobre a normatização das operações cambiais de modo geral. Esta alteração veio então com a edição da Lei nº 14.286, de 29.12.2021, que, ao redefinir a disciplina jurídica do câmbio, revogou o inc. XXXI do art. 4º da Lei nº 4.595/1964, retirando do Conselho Monetário a competência para "baixar normas que regulamentam as operações de câmbio, inclusive swaps, fixando limites, taxas, prazos e outras condições". Com isso, o Conselho Monetário Nacional perdeu sua última competência associada à capacidade para regrar o poder de compra da moeda nacional com vistas a atingir objetivos de política econômica, agora associados à matéria cambial, para além da fixação das metas inflacionárias.

E assim se completa o objetivo final da Lei Complementar nº 179/2021: extrair do Poder Executivo democraticamente eleito a capacidade de manejar a política monetária dedicada à persecução dos objetivos constitucionalmente positivados. A política monetária, atualmente, é mera derivação da busca pela mítica estabilidade monetária,

[58] Sobre o tema, mais uma vez, *vide* DE CHIARA, José Tadeu. *Moeda e ordem jurídica*. Tese (Doutorado) – Faculdade de Direito, USP, São Paulo, 1986. Mimeo. p. 30-33; 86-97.

tornando-se objeto exclusivo do controle de uma autarquia "independente" da política econômica adotada pelos governos eleitos.

A "independência" do Banco Central produziu, entre outras questões, dois problemas essenciais. O primeiro deles é o descolamento entre a política monetária e as demais políticas de Estado, consagrado pelo novo regime administrativo conferido aos dirigentes do Banco Central do Brasil. O segundo, que só se expressa pela análise das revogações e alterações produzidas pela Lei Complementar nº 179/2021 na Lei nº 4.595/1964, decorre da revogação de objetivos essenciais à política monetária e da ampliação das competências privativas atribuídas ao Banco Central do Brasil, submetidas única e exclusivamente à busca da estabilidade monetária.

4 A solução para a autonomia do Banco Central

Os defensores de um Banco Central "independente" talvez achem que o órgão terá maiores preocupações com o crescimento da economia e que existiria um controle político e democrático sobre a sua atuação pelo fato de ter sido introduzido na lei complementar, entre seus objetivos, o fomento ao pleno emprego (art. 1º, parágrafo único da Lei Complementar nº 179/2021).[59] No entanto, este objetivo nada tem de especial. Basta recordar que a Constituição de 1988 prevê entre seus fundamentos o valor social do trabalho (art. 1º, IV), estabelece que a valorização do trabalho é também fundamento da ordem econômica constitucional (art. 170, *caput*) e da ordem social constitucional (art. 193, *caput*) e tem a busca do pleno emprego como princípio dessa mesma ordem econômica (art. 170, VIII). Não bastasse isto, a análise concreta da atuação dos bancos centrais "independentes" demonstra justamente o contrário: em países que adotaram políticas de "independência" dos seus bancos centrais, aumentaram as desigualdades econômicas e sociais.[60]

A pergunta que realmente deve ser feita é: o Banco Central deve ser independente de quem? Ao que parece, independente do sistema político e de todo e qualquer controle democrático. A chamada "independência" do Banco Central nada mais é que mais uma medida que visa garantir os privilégios do sistema financeiro em relação à democracia. Tanto faz quem as urnas elejam, a política monetária será sempre a que privilegia os interesses privados em detrimento de qualquer política de desenvolvimento e de distribuição de renda. A relação extremamente próxima existente entre dirigentes do Banco Central e o setor bancário privado, a chamada "porta giratória", é um elemento comprobatório da preponderância de interesses privados setoriais sobre o interesse

---

[59] Sobre as dificuldades da atribuição de objetivos genéricos a entes autônomos, como os bancos centrais "independentes", *vide* TUCKER, Paul. *Unelected power*: the quest for legitimacy in central banking and the regulatory state. Princeton/Oxford: Princeton University Press, 2018. p. 334-348.

[60] *Vide*, por todos, o estudo produzido pelo insuspeito Banco Mundial em que se comprova que a "independência" dos bancos centrais tem impacto direto no aumento da desigualdade: AKLIN, Michaël; KERN, Andreas; NEGRE, Mario. Does Central Bank Independence Increase Inequality? *Policy Research Working Paper*, n. 9522, p. 2-23, jan. 2021. Disponível em: https://documents1.worldbank.org/curated/en/422091611242015974/pdf/Does-Central-Bank-Independence-Increase-Inequality.pdf.

público na gestão da política monetária brasileira.[61] Os privilégios concedidos para o setor financeiro são absolutamente injustificáveis.

Aliás, o próprio liberalismo não os admite. Às vésperas da Revolução Francesa, em seu texto *Ensaio sobre os privilégios* (*Essai sur les Privilèges*), publicado em novembro de 1788, Sieyès afirma que a desigualdade pertencente aos privilégios é fruto de uma esfera arbitrária que deve ser eliminada pelos direitos do homem. A nação moderna é uma instituição econômica, fundada na hierarquia dos valores do mercado, devendo a esfera política privilegiar a dimensão econômico-produtiva. A liberdade é a possibilidade de cada um perseguir e satisfazer seus próprios interesses vitais, por meio da divisão do trabalho, da troca e da dependência recíproca dos homens.[62] Ou seja, nem mesmo os grandes pensadores liberais defendem os privilégios que classes ou grupos sociais, como os rentistas, têm assegurados em países como o Brasil.

Há alguma possibilidade de se reverter esse quadro? Sim, a articulação de um projeto político alternativo que busque retomar o desenvolvimento e a reconstrução nacional é essencial para que, caso vitorioso nas urnas, o representante desse projeto possa encerrar esse ciclo de garantia dos privilégios do sistema financeiro.

Juridicamente, a solução é muito simples. Nada que uma medida provisória revogando estas medidas não resolva. Afinal, conforme já demonstrado acima, a autonomia do Banco Central é uma questão de organização administrativa, não é assunto relativo ao sistema financeiro nacional, portanto, não é matéria de lei complementar. Não há, assim, nenhuma vedação constitucional ao emprego da medida provisória para modificar o regime jurídico administrativo da autarquia Banco Central do Brasil.

Outra forma possível de enfrentamento seria a revisão da composição do Conselho Monetário Nacional, órgão responsável por estabelecer as metas da política monetária (art. 2º da Lei nº 4.595/1964 e art. 2º da Lei Complementar nº 179/2021). O Banco Central pode ter seu papel de executor da política determinada pelo Conselho Monetário Nacional mais bem controlado se a composição dos integrantes do Conselho Monetário Nacional fosse ampliada para incluir representantes dos setores produtivos (indústria, agricultura etc.) e, especialmente, dos trabalhadores e da sociedade civil organizada.

Essa composição já foi historicamente mais ampla,[63] paradoxalmente durante a ditadura militar (art. 6º da Lei nº 4.595/1964), e foi reduzida com o Plano Real para o ministro da Fazenda, o ministro do Planejamento e o presidente do Banco Central (art. 8º da Lei nº 9.069, de 29.6.1995) e, posteriormente, para o ministro da Economia, o presidente do Banco Central e o secretário especial de Fazenda do Ministério da Economia (art. 63 da Lei nº 13.844, de 18.6.2019). A Medida Provisória nº 1.158, de 12.1.2023, revogava o art. 63 da Lei nº 13.844/2019, com o intuito de incluir novamente o ministro do Planejamento e Orçamento no Conselho Monetário Nacional. No entanto,

---

[61] Para uma pesquisa que analisa o funcionamento desses mecanismos de circulação de agentes entre o setor público e o mercado, *vide* CODATO, Adriano; DANTAS, Eric Gil; PERISSINOTTO, Renato; CAVALIERI, Marco. A porta giratória do Banco Central do Brasil. In: CODATO, Adriano; ALBUQUERQUE, Mateus de (Org.). *Os mandarins da economia*: presidentes e dirtetores do Banco Central do Brasil. São Paulo: Edições 70, 2023. p. 93-130.

[62] SIEYÈS, Emmanuel-Joseph. Essai sur les Privilèges. *In*: SIEYÈS, Emmanuel-Joseph. *Écrits Politiques*. Bruxelles: Éditions des Archives Contemporaines, 1994. p. 93-111.

[63] Sobre as mudanças na composição e número de integrantes do Conselho Monetário Nacional no decorrer de sua existência, *vide* RAPOSO, Eduardo. *Banco Central do Brasil*: o Leviatã ibérico (uma interpretação do Brasil contemporâneo). São Paulo/Rio de Janeiro: Hucitec/Ed. PUC-Rio, 2011. p. 234-255.

esta medida provisória não foi votada pelo Congresso Nacional e perdeu seus efeitos a partir de 15.6.2023, conforme o Ato Declaratório do Presidente da Mesa do Congresso Nacional nº 39, de 15.6.2023. Finalmente, a Lei nº 14.600, de 19.6.2023, em seu art. 68, restaurou a redação original do art. 8º da Lei nº 9.069/1995, definindo como integrantes do Conselho Monetário Nacional os ministros da Fazenda e do Planejamento e Orçamento e o presidente do Banco Central do Brasil. Toda a confusão legislativa demonstra apenas que, na prática, não existe mais o Conselho Monetário Nacional.

Não foi por acaso que a composição mais ampla do Conselho Monetário Nacional foi retirada explicitamente da legislação pela Lei Complementar nº 179/2021. Além disso, como vimos acima, várias das competências do Conselho Monetário Nacional, previstas na Lei nº 4.595/1964, foram deliberadamente revogadas pela Lei Complementar nº 179/2021, devendo ser restauradas ou ampliadas para que este órgão colegiado possa efetivamente cumprir com sua competência legal que é formular a política monetária e creditícia do país. Todas essas mudanças podem ser restauradas ou introduzidas por projeto de lei encaminhado ao Congresso Nacional.

O problema da "independência" do Banco Central, no entanto, não é jurídico, é essencialmente político. Para que seja superada essa tentativa de captura da política econômica brasileira pelo sistema financeiro é necessário um presidente da República com coragem e apoio político e popular suficientes para resgatar o controle democrático sobre a moeda, instrumento central da política econômica de qualquer Estado.[64]

Informação bibliográfica deste texto, conforme a NBR 6023:2018 da Associação Brasileira de Normas Técnicas (ABNT):

BERCOVICI, Gilberto; MORAIS, Viviane Alves de. A autonomia do Banco Central e a Constituição. *In*: FACHIN, Luiz Edson; BARROSO, Luís Roberto; CRUZ, Álvaro Ricardo de Souza (Coord.). *A Constituição da democracia em seus 35 anos*. Belo Horizonte: Fórum, 2023. p. 399-416. ISBN 978-65-5518-597-3.

[64] *Vide* DE CHIARA, José Tadeu. *Moeda e ordem jurídica*. Tese (Doutorado) – Faculdade de Direito, USP, São Paulo, 1986. Mimeo. p. 84-85. A título de comparação, para a análise do caso de Portugal, Estado que perdeu sua soberania monetária e, consequentemente, sua soberania econômica, *vide* NUNES, António José Avelãs. Algumas incidências constitucionais da institucionalização da união econômica e monetária. *Revista da Faculdade de Direito da UFPR*, v. 40, p. 27-53, 2004.

APONTAMENTOS SOBRE A CONSENSUALIDADE ADMINISTRATIVA NA CONSTITUIÇÃO DA REPÚBLICA DE 1988

LEONARDO DE ARAÚJO FERRAZ
DANIEL MARTINS E AVELAR

1 Introdução

Recentemente, o Supremo Tribunal Federal, na decisão de mérito do Tema nº 1.043 da Repercussão Geral, sedimentou o entendimento de que "é constitucional a utilização da colaboração premiada, nos termos da Lei 12.850/2013, no âmbito civil, em ação civil pública por ato de improbidade administrativa movida pelo Ministério Público" (BRASIL, 2023). Naquela assentada, o Ministro Alexandre de Moraes fez uma escorreita digressão, no plano normativo, acerca da introdução gradual e da evolução ampliativa dos mecanismos negociados (*v.g.*, a própria colaboração premiada e os acordos de leniência) em diversos domínios afetos à atuação do Estado, conferindo-se *status* privilegiado à solução consensual dos litígios.[1]

Desse modo, para além dos contornos e das balizas estabelecidos na tese fixada e de suas relevantes repercussões de ordem prática, a referida decisão referenda, na perspectiva institucional do Poder Judiciário, a hipótese defendida neste trabalho: a Constituição Cidadã de 1988 representa uma ruptura paradigmática[2] com as experiências constitucionais anteriores no que diz respeito à conformação estrutural e funcional da Administração Pública no Brasil, em especial pela passagem de um modelo forjado na imperatividade e unilateralidade por outro cuja bússola é a consensualidade e o diálogo – não sem resistências e percalços.

---

[1] Ao se referir à novel legislação que regula a temática improbidade administrativa no Brasil, o ministro afirma em seu voto que "a recente legislação afastou a proibição de realização de 'transação, acordo ou conciliação', introduzindo uma nova hipótese de justiça consensual ou negocial, o 'acordo de não persecução cível' no âmbito do combate à improbidade administrativa" (BRASIL, 2023).

[2] "Paradigma é aqui referenciado nos termos trabalhados por Thomas S. Kuhn em sua obra A estrutura das Revoluções científicas de 1862 e pode ser compreendido em linhas gerais como '...visões ou recortes do mundo modelares em determinado domínio do saber, estabilizados e referenciáveis temporalmente'" (FERRAZ, 2009, p. 19).

Compreender o consenso como avanço e conquista pressupõe reconstituir as especificidades da gênese da Administração Pública no Brasil (e do seu consorte direito administrativo) para além dos manuais oficiais. Afigura-se costumeiro ensinar nas universidades que o direito administrativo, sobretudo de inspiração francesa, teria nascido como corolário do Estado de direito,[3] tendo por finalidade precípua proteger o cidadão das potestades públicas. Essa assertiva, porém, tem sido, em tempos mais recentes, cada vez mais confrontada na doutrina nacional e estrangeira, em que se aponta a origem autoritária desse ramo do direito, mais vocacionado, em face da atuação do Conselho de Estado no exercício da jurisdição/contencioso administrativo, a preservar as potestades públicas herdadas do *Ancién Régime* do que propriamente contê-las e limitá-las em benefício do cidadão, como se poderia imaginar dos ventos libertários trazidos por pensadores como Locke, Montesquieu ou Rousseau.

Originariamente, o ato administrativo, de caráter unilateral, emerge como conceito central do direito administrativo francês, modelando a ação da Administração Pública, em face dos particulares, a partir da imperatividade. Em outras palavras, pelo menos no plano da atividade administrativa do Estado liberal nascente, a completa cisão entre o corpo estatal e o cidadão – inobstante o fascínio iluminista com a tutela do indivíduo haurida da Declaração de Direitos do Homem e do Cidadão – paradoxalmente milita em favor da manutenção das idiossincrasias e vicissitudes do regime sobrepujado.

Trabalhar ou trasladar essas premissas para o Brasil ganha contornos de complexidade, na medida em que fica patente a ausência de um sólido legado acerca do modelo de Estado, e consequentemente de Administração Pública, no período anterior à chegada da Família Real portuguesa no início do século XIX. Não obstante, essa institucionalização tardia trouxe, após a independência de 1822 e a Constituição de 1824, a emergência de uma singular configuração que conferia ao imperador, por meio do Poder Moderador, toda a centralidade e a última palavra na gestão das questões administrativas. Por certo, essa construção apartou a gênese de uma Administração Pública genuinamente brasileira dos interesses do cidadão, aproximando-a do seu referencial francês, no qual prevaleciam a unilateralidade e o caráter imperativo de sua atuação. A passagem do Império para a República não mitigou essa perspectiva – entendida como rescaldo da pujança do Poder Moderador, ainda que formalmente extinto. Isso se observa, inclusive, guardadas as especificidades de cada período histórico, nas Constituições brasileiras pré-1988, seja por um lacunoso ordenamento acerca das disposições atinentes à organização administrativa, seja pelo estabelecimento de disposições que materializam o viés de confirmação do modelo imperativo. Nesse particular, afirmam Baptista e Accioly (2018, p. 51):

---

[3] Nesse sentido, a abrangência do conceito de Estado de direito/*rule of law*, necessariamente, passa pela percepção de que "The most important demand of the Rule of Law is that people in positions of authority should exercise their power within a constraining framework of well-established public norms rather than in an arbitrary, *ad hoc*, or purely discretionary manner on the basis of their own preferences or ideology. It insists that the government should operate within a framework of law in everything it does, and that it should be accountable through law when there is a suggestion of unauthorized action by those in power. But the Rule of Law is not just about government. It requires also that citizens should respect and comply with legal norms, even when they disagree with them. When their interests conflict with others' they should accept legal determinations of what their rights and duties" (STANFORD, 2016).

no período anterior à Constituição de 1988, o direito administrativo brasileiro tinha no autoritarismo seu principal traço característico. Com poucas exceções e críticas, a matéria era dominada por uma visão organicista que sobrepujava o Estado em detrimento do cidadão.

Essa análise crítica e realista do passado não impede, porém, de se reconhecer a evolução, ainda que inconclusa, do direito administrativo, que caminha, nas últimas décadas, em sentido oposto ao da imperatividade e ao encontro da consensualidade, passando pela ressignificação e transformação do papel do Estado no Brasil. Com efeito, em todo período pré-1988, a Administração Pública brasileira nunca conseguiu se desvencilhar verdadeiramente da imperatividade clássica, mantendo um problemático antagonismo em face dos particulares. Somente com a Constituição de 1988, instituiu-se verdadeiro estatuto administrativo de índole constitucional, com princípios e regras próprias, focadas, no plano normativo, no cidadão e nas ideias de consensualidade e colaboração entre Poder Público e sociedade civil. No período pós-1988, não por acaso, houve sensível evolução legislativa, doutrinária e jurisprudencial a respeito da consensualidade administrativa.

O presente artigo, divido em cinco tópicos, analisa o modelo de Administração Pública instituído pela Constituição da República de 1988, com foco no consenso e na participação, em contraposição ao modelo de Administração extraível das Constituições anteriores, focado nas ideias de imperatividade e unilateralidade. Inicialmente, aborda-se a gênese do direito administrativo de matriz francesa, demonstrando-se as suas características fundamentais clássicas, notadamente a imperatividade e unilateralidade. No tópico seguinte, demonstra-se como essa lógica imperativa e unilateral prevaleceu, ainda que com especificidades, nas Constituições brasileiras do período pré-1988 (Constituições de 1824, 1891, 1934, 1937, 1946 e 1967). Como fundamento central do artigo, no quarto tópico, defende-se que a Constituição de 1988 constitui marco paradigmático de uma Administração Pública com feição participativa e consensual no Brasil, com base em um Estado transformado que elegeu a eficiência como norma constitucional por meio da EC nº 19/98, destacando-se ainda a legislação editada nessa perspectiva sob a sua vigência e o entendimento do Supremo Tribunal Federal manifestado no Tema nº 1.043 da repercussão geral. Ao final, apresentam-se as conclusões. Adotam-se a vertente dogmática-jurídica e os tipos metodológicos jurídico-histórico e jurídico-interpretativo, apresentando-se, assim, um trabalho de cunho teórico.

2 Gênese imperativa do direito administrativo de matriz francesa

O ponto de partida para a contextualização histórica do direito administrativo no Ocidente são as revoluções liberais burguesas, que romperam com os regimes absolutistas e deram gênese aos Estados liberais na Europa. Na França e na Inglaterra, a supressão do Estado absoluto e a emergência do Estado de direito ocorreram como desdobramento da Revolução Francesa (1789) e da Revolução Gloriosa (1688), respectivamente. A partir daí, o Estado de direito passa a ser a pedra angular de todo Ocidente democrático. Essa diversidade de origens históricas produzirá uma dualidade de formas de concreção do Estado de direito. Na Inglaterra, a lei a que se submete a Administração será a lei privada, à diferença do que ocorrerá na França, onde a Administração se encontrará submetida a um direito com características próprias, qual seja o direito administrativo. Pela peculiar idiossincrasia de cada um desses povos e a diferença de trajetória histórica que seguem ao longo do século XIX, o sistema inglês reduzirá seu âmbito de aplicação ao país em que nasce e àqueles outros em que se fala a língua inglesa, enquanto o sistema francês terminará por se implantar em toda a Europa continental (CUESTA, 1995, p. 50-51).

Não se pode negar que os movimentos liberais deixaram importante legado para as instituições públicas da sociedade moderna, especialmente no âmbito dos poderes Legislativo e Judiciário. O primeiro, por influência dos valores desenvolvidos na Inglaterra, "seguiu uma linha coerente de crescente harmonização entre os padrões de ação estabelecidos pelo Estado", por um lado, "e as liberdades e direitos inerentes à sociedade", por outro. Já o segundo, aperfeiçoou-se como a "mais preciosa das instituições liberais, referência de todas as demais e pedra fundamental do Estado de Direito" (MOREIRA NETO, 2000, p. 9). Todavia, e infelizmente, o Poder Executivo "não apresentou qualquer destaque significativo nessa mesma linha de efetiva absorção dos princípios liberais" (MOREIRA NETO, 2000, p. 9). Bem diferente disso, a Administração Pública foi estruturada, no Estado liberal, com base em princípios de autoridade, como poder de império, atuação discricionária, exclusão do administrado na formação do processo decisório, executoriedade e autotutela (MOREIRA NETO, 2000, p. 9), tudo isso com foco na figura isolada do ato administrativo, que emerge, então, como pilar do direito administrativo.[4]

No cenário pós-revolução da França, a ideologia do Estado mínimo, como repulsa ao Estado absolutista, que fora o motor dos movimentos liberais, acaba por se associar ao "entendimento da Administração como realidade agressiva dos direitos dos particulares, atuando através de meios autoritários" (SILVA, 2003, p. 61-62). Daí que a Administração Pública vem a modelar a sua atuação em torno do ato administrativo, de caráter imperativo, como "modo normal", "praticamente exclusivo" de atuação, entendido "como uma manifestação autoritária do poder estadual relativamente a um particular determinado" (SILVA, 2003, p. 40). Tal visão nasce e consolida-se no âmbito do contencioso administrativo francês, "uma espécie de berço, no qual germinou e se desenvolveu a noção de decisão jurídico-pública" (SILVA, 2003, p. 11).

Com efeito, o contencioso administrativo, em sua concepção original, foi fruto da "combinação de novas ideias liberais com velhas receitas do Antigo Regime" (SILVA, 2003, p. 13) e representou, em certa medida, a "continuidade entre as instituições do Estado absoluto e do Estado liberal" (SILVA, 2003, p. 28). A própria teorização desse modelo de Estado apresentava uma "costela autoritária" ao lado de "uma costela liberal", que resultou num "compromisso entre princípios liberais, ao nível da organização do poder político, e princípios autoritários, ao nível do funcionamento e controle da Administração" (SILVA, 2003, p. 16). Os revolucionários, conscientes da experiência anterior, "receavam que o controle da atuação da Administração pelos tribunais ordinários pudesse por em causa a 'nova ordem' estabelecida, criando desnecessários entraves à atuação das autoridades administrativas" (SILVA, 2003, p. 23). Dessa forma, a

---

[4] Para Gustavo Binenbojm (2006, p. 11), "a criação de um direito especial da Administração Pública resultou não da vontade geral, expressa pelo legislativo, mas de decisão vinculativa do próprio Executivo, uma vez que é insuspeita a postura insubmissa do Conselho de Estado Francês perante o parlamento".

criação do contencioso administrativo espelha "a tendência, tipicamente francesa, para a concentração e centralização do poder político, que surge ligada à ideia de independência (e primazia) da Administração perante o poder judicial" (SILVA, 2003, p. 26).[5] O modelo revela-se, assim, não propriamente uma invenção liberal, determinada pelo princípio da separação de poderes, mas uma herança do Antigo Regime (SILVA, 2003, p. 24).[6]

Nesse contexto, o direito administrativo, criado e modelado pelo próprio contencioso administrativo, tem por objetivo inicial assegurar a proeminência e os privilégios especiais da Administração e não propriamente proteger os direitos dos particulares (SILVA, 2003, p. 36). Realmente, àquela época, vigia a ideia absoluta de subordinação do indivíduo, própria de um Estado e de uma Administração Pública cuja primazia constituía premissa indiscutida e indiscutível. Tratava-se da ingênua primazia do Estado administrador como uma constante, um dado prévio (SCHMIDT-ASSMAN, 2003, p. 19). A partir disso, consolida-se o princípio da supremacia do interesse público sobre o privado, que "proclama a superioridade do interesse da coletividade, firmando a prevalência dele sobre o do particular, como condição, até mesmo, da sobrevivência e asseguramento deste último" (BANDEIRA DE MELLO, 2010, p. 69).

Essa origem, ironicamente chamada de "infância difícil" do direito administrativo (SILVA, 2003, p. 36), não foi das mais promissoras, mas, surpreendentemente, ainda que em virtude de um longo e conturbado processo, ainda em andamento, vem a se converter num "duplo milagre". Duplo porque uma instituição (jurisdição/contencioso administrativo), que nasceu com o objetivo de proteger a Administração do controle dos tribunais, se transforma num verdadeiro tribunal, dando, simultaneamente, origem a um direito administrativo cujo fim não é, ou não deve ser mais, a defesa da Administração, mas a garantia dos particulares. Trata-se de uma "transformação, lenta e progressiva, de normas e instituições surgidas para proteger a Administração em instrumentos de garantia dos particulares perante o poder administrativo", que acaba por ocasionar a própria transformação do direito da administração em direito administrativo (SILVA, 2003, p. 35; 37).

---

[5] "O Conselho de Estado é na França uma instituição que surgiu em fins da Idade Média sob a denominação de Conselho do Rei e que, após breve eclipse ao tempo da Revolução Francesa, foi restabelecido em 1800 por Napoleão, em sua forma moderna com o nome de Conselho de Estado para, a seguir, varar todos os regimes: monarquias constitucionais, impérios e repúblicas, até os nossos dias. Essas longínquas origens explicam algumas de suas características, à primeira vista, bastante paradoxais. Concebido como instituição de inspiração autoritária, destinada a auxiliar o poder forte, rei ou imperador, a governar firmemente o país, o Conselho de Estado mediante lenta e contínua transformação se tornou, nos tempos atuais, um dos maiores baluartes do liberalismo democrático e dos direitos dos homens. Criado muito antes de Montesquieu e da Declaração dos Direitos do Homem e do Cidadão em 1789, o Conselho de Estado sempre ignorou e continua a ignorar a separação dos poderes, colaborando (simultaneamente) com o Legislativo, o Executivo e o Judiciário" (GAZIER, 2017).

[6] Nesse sentido, Gustavo Binenbojm (2005) afirma: "O surgimento do direito administrativo, e de suas categorias jurídicas peculiares (supremacia do interesse público, prerrogativas da Administração, discricionariedade, insindicabilidade do mérito administrativo, dentre outras), representou antes uma forma de reprodução e sobrevivência das práticas administrativas do Antigo Regime que a sua superação. A juridicização embrionária da Administração Pública não logrou subordiná-la ao direito; ao revés, serviu-lhe apenas de revestimento e aparato retórico para sua perpetuação fora da esfera de controle dos cidadãos".

3 A natureza autoritária e impositiva da Administração Pública nas Constituições brasileiras do período pré-1988

Decerto, trasladar a perspectiva do tópico anterior para o Brasil ultrapassa uma mera atividade de subsunção, porque aqui se padece da inexistência de um padrão referencial antecedente à vinda da Família Real portuguesa ao Brasil, em 1808, considerado por boa parte da doutrina (LIMA; SILVA FILHO, 2020, p. 80) o "início da institucionalização do Estado Brasileiro", concluída com a Constituição outorgada de 1824. Nesse particular, a inovação trazida por essa carta constitucional "nativa" é a instituição do chamado Poder Moderador, Quarto Poder, Poder Imperial ou Poder Real (ALMEIDA NETO, 2022, p. 60), em função do qual a Administração Pública, ainda que não totalmente estruturada, era concentrada na figura do imperador.[7] Esse desenho, com maior ou menor estabilidade em função de contextos históricos distintos,[8] prevaleceu durante todo o império e adentrou pelo regime republicano, significando a centralidade da figura do chefe do Executivo na tomada das decisões de cunho administrativo, espelhando-se, ainda que com outros temperos, o modelo autoritário e imperativo de Administração pública de matriz francesa.

Com efeito, "tendo em vista não apenas a origem dogmática comum do próprio Direito Administrativo, mas também a intensificação dos processos de globalização econômica e jurídica", pode-se concluir que "as grandes linhas de evolução do direito da organização administrativa também se fazem no âmbito do Direito Administrativo brasileiro" (BITENCOURT NETO, 2018, p. 72). Revelam-se, nesse processo evolutivo, "as grandes linhas que caracterizam a Administração Pública contemporânea e que se ligam às transformações do Estado de Direito verificadas um pouco por toda parte, não sendo um Brasil uma exceção" (BITENCOURT NETO, 2018, p. 75).

Na Constituição de 1891, a primeira da era republicana, claramente inspirada no modelo liberal europeu de Administração Pública,[9] [10] mesmo sem a instituição de um

---

[7] "Decorre daí a máxima do Barão de Itaboraí, quando afirmou que no Brasil, diferentemente das demais monarquias constitucionais instituídas no mundo a partir das Revoluções Burguesas, o rei reina, governa e administra" (LIMA; SILVA FILHO, 2020, p. 85).

[8] "No entanto, a primeira Constituição Republicana, não obstante extinguir o Poder Moderador, ainda deixava nas mãos do Poder Executivo, agora já descentralizado e compartilhado com os Governadores dos Estado-Membros, todo feixe de atribuições que o monarca de outrora pretensamente possuía" (LIMA; SILVA FILHO, 2020, p. 90).

[9] Ressalva-se que "esta ideia de separação rígida entre público e privado, sobre a qual se assentava o ideário do Estado Liberal, embora seja útil para compreensão de uma série de conceitos e institutos jurídicos e políticos surgidos no cenário norte-atlântico e depois importados para o país, nunca ocorreu na experiência nacional. Muito pelo contrário, os grandes estudiosos da história e da alma brasileiras costumam apontar, como uma das características essenciais da nossa formação, a existência de uma arraigada confusão entre o público e o privado, caracterizada pela penetração na esfera estatal da lógica do patrimonialismo, na qual as relações de confiança, amizade e compadrio, mantidas sob a égide do tradicional 'jeitinho', quase sempre prevaleceram sobre a ordenação impessoal dos interesses que deveriam pautar a ação do governo e de seus agentes" (SARMENTO, 2005, p. 38).

[10] Pode soar deveras estranho sustentar que a Constituição de 1891 teve em suas disposições influxos da Europa continental, mormente quando se reconhece que a primeira Carta republicana teve como referencial teórico o modelo norte-americano. Para além da instituição de uma federação (neste caso, centrífuga na origem, pois se constitui a partir da descentralização de poder político de um Estado Unitário), da forma republicana de governo e do sistema presidencialista, Almeida Neto (2022, p. 77) afirma que "com forte inspiração norte-americana, a Constituição de 1891 dividiu o sistema legislativo entre a Câmara dos Deputados e o Senado Federal [...]. No Judiciário, introduziu o modelo da *judicial review* no controle de constitucionalidade das leis e atos normativos federais e estaduais [...], e, respeitado o espírito federalista, concedeu autonomia aos Estados, de forma que ficasse

contencioso administrativo típico,[11] eram poucas as regras relativas ao Poder Executivo. O art. 6º dispunha que "O Governo federal não poderá intervir em negócios peculiares aos Estados", salvo nas hipóteses excepcionais previstas no próprio texto constitucional. A Sessão II, que tratava do Poder Executivo, limitava-se a instituir as condições para se elegerem presidente e vice-presidente da República, bem como as atribuições e responsabilidades desses agentes e de seus ministros. Não havia um desenho constitucional de Administração Pública, cujo âmbito interno era impermeável e praticamente imune ao direito. Externamente, Estado e sociedade civil eram contrapostos e somente deveriam se relacionar em hipóteses excepcionais, geralmente para o exercício de poder de polícia. Em suma, tratava-se de "uma administração externa marcadamente autoritária e uma administração interna extrajurídica" (BITENCOURT NETO, 2018, p. 72).

A Constituição de 1934 representa o início da (tentativa de) passagem do Estado liberal para o social,[12] já anunciando, no preâmbulo, que o seu objetivo era assegurar não apenas a liberdade, mas também "a justiça e o bem-estar social e econômico". O povo foi reconhecido como titular de "todos os poderes" (art. 2º). Estabeleceram-se competência legislativa para edição de normas de assistência social e judiciária, sendo que esta última foi alçada a direito fundamental (art. 5º, inc. XIX, alínea "c" e art. 113 item 32), e competência material para "cuidar da saúde e assistência públicas" (art. 10, inc. II) e favorecer e animar o desenvolvimento das ciências, das artes, das letras e da cultura em geral, proteger os objetos de interesse histórico e o patrimônio artístico do país, bem como prestar assistência ao trabalhador intelectual (art. 148). Previu-se a criação dos fundos de educação, "para auxílios a alunos necessitados, mediante fornecimento gratuito de material escolar, bolsas de estudo, assistência alimentar, dentária e médica, e para vilegiaturas". Determinou-se a edição de lei para promoção do amparo da produção e estabelecimento das condições do trabalho, na cidade e nos campos, tendo em vista a proteção social do trabalhador e os interesses econômicos do país, estabelecendo-se, como preceito da legislação do trabalho, "assistência médica e sanitária ao trabalhador e à gestante", "instituição de previdência" "a favor da velhice,

---

assegura a autonomia dos municípios, em tudo quanto respeito ao seu peculiar interesse". Deve-se reforçar, pois, que a influência europeia aqui tratada diz respeitos aos contornos da organização administrativa.

[11] Segundo Cretella Júnior (1971), "o Brasil-Colônia conheceu ambos os tipos de jurisdição; a denominada jurisdição una, em que a função judicante cabia por excelência ao Poder Judiciário e a denominada jurisdição dúplice, em que, ao lado do Judiciário existe o Executivo julgando, ou seja, o sistema do contencioso administrativo" e que era "inegável a existência do contencioso administrativo na época imperial", muito embora fosse "inequívoca também a oposição sistemática ao instituto, ao mesmo tempo que claro o apoio ao sistema da jurisdição uma". Nesse contexto, a Constituição de 1891 representou a "abolição do contencioso administrativo brasileiro", sendo que "nunca mais, a partir dessa época, foi revivido o instituto do contencioso administrativo, entre nós, visto que prevaleceu ininterruptamente o sistema da jurisdição una".

[12] É cediço que o exaurimento do modelo de Estado liberal clássico, a partir de uma profunda agudização das desigualdades sociais e da maior exploração do homem pelo homem que se tem notícia na história, fomenta a luta pela implementação dos chamados direitos sociais – cujo foco é a chamada igualdade material, o que, não sem resistências, leva ao surgimento, no plano conceitual, do chamado Estado (de bem-estar) Social, Estado Providência, Estado Interventor, cujo arquétipo se baseia em um aumento de estrutura e atribuições para, com foco em prestações positivas, mitigar o fosso estrutural entre "ricos" e "pobres". No plano constitucional europeu, esse novo paradigma encontra seu marco inicial na Constituição de Weimar de 1919, com eco na Constituição espanhola de 1931, que inclusive servem de inspiração para a nossa carta de 1934, na medida em que nela foram incluídos pela primeira vez "direitos fundamentais" de cunho social, com a intervenção do Estado brasileiro na economia, se assim fosse necessário para os imperativos de uma ordem socialmente justa. Já na sua ementa, a Constituição traz o termo "bem-estar social", designando seu comprometimento com os direitos sociais já amparados na Alemanha e Espanha" (LIMA; SILVA FILHO, 2020, p. 91).

da invalidez, da maternidade e nos casos de acidentes de trabalho ou de morte" (art. 121, §1º, alínea "h). Fala-se, pela primeira vez no plano constitucional, em contratos públicos (art. 79, parágrafo único, item 2º) e concessão federal (art. 81, alínea "c"). Em relação ao desenho institucional da Administração Pública e de sua relação com a sociedade civil, porém, não houve avanço.

A Constituição "polaca" de 1937[13] rompe com o regime democrático, tendo sido "decretada" diretamente pelo presidente da República, sem a instituição de Assembleia Nacional, inaugurando-se, assim, o Estado Novo, de cunho notadamente autoritário e, pretensamente, social. O art. 1º dispunha que "o poder político emana do povo e é exercido em nome dele e no interesse do seu bem-estar, da sua honra, da sua independência e da sua prosperidade". Segundo o art. 135, "a intervenção do Estado no domínio econômico só se legitima para suprir as deficiências da iniciativa individual e coordenar os fatores da produção". O art. 147 alude aos "serviços públicos explorados por concessão". As competências legislativas e materiais relacionadas à atividade de "prestação" da Constituição anterior foram basicamente mantidas, instituindo-se um Estado autoritário de perfil social. Mas a verdade é que os poderes foram concentrados na figura do presidente da República, consagrando-se, uma vez mais, e com ainda mais contundência, a impermeabilidade da Administração Pública em seu âmbito interno, bem como uma clara posição de supremacia desta em relação à sociedade civil. A abertura da Administração Pública à participação externa também não se efetivou, uma vez que esta é incompatível com o autoritarismo e decorre da própria virtualidade do princípio democrático (BITENCOURT NETO, 2017a, p. 68).

A Constituição de 1946 representa o retorno ao regime democrático e à independência dos poderes instituídos. Repetindo a fórmula das suas antecessoras, desde a de 1934, estatuiu que "todo poder emana do povo e em seu nome será exercido" (art. 1º). Determinou-se que "a ordem econômica deve ser organizada conforme os princípios da justiça social, conciliando a liberdade de iniciativa com a valorização do trabalho humano" (art. 145), que "a União poderá, mediante lei especial, intervir no domínio econômico e monopolizar determinada indústria ou atividade", sendo que "a intervenção terá por base o interesse público e por limite os direitos fundamentais assegurados nesta Constituição" (art. 146) e que "o uso da propriedade será condicionado ao bem-estar social". Sobre as relações contratuais entre Poder Público e sociedade civil, alude-se ao "regime das empresas concessionárias de serviços públicos federais, estaduais e municipais" (art. 151). Uma vez mais, o desenho institucional da Administração Pública foi negligenciado. O capítulo que trata do Poder Executivo (Capítulo III) apenas estatui regras a respeito do "Presidente e do Vice-Presidente da República" (Seção I), "Das Atribuições do Presidente da República" (Seção II), "Da Responsabilidade do Presidente da República" (Seção III) e "Dos Ministros de Estado" (Seção IV).

A Constituição de 1967, seguida da Emenda Constitucional nº 1/1969,[14] na prática uma nova Carta emendada e outorgada, à margem do Congresso Nacional, que já havia

---

[13] "Em alusão à Constituição da Polônia de 23 de abril de 1935, com traços autoritários e fascistas, com acentuada superposição do Poder Executivo em relação à Câmara baixa e ao Senado, e conferiu poderes ao presidente para destituir o parlamento antes do final da legislatura" (ALMEIDA NETO, 2022, p. 101).

[14] "Pela primeira vez, em nosso regime republicano, aparece, num texto constitucional, a expressão contencioso administrativo (art. 111, da Emenda nº 1, de 1969)", mas "a expressão contencioso administrativo, usada pelo

feito papel de fantoche na Carta de 1967 (ALMEIDA NETO, 2022, p. 137) e dos sucessivos atos institucionais, novamente rompe com o regime democrático, instalando-se, por meio de golpe de Estado, a ditadura militar. Nesse particular, segundo Almeida Neto (2022, p. 137), José Afonso da Silva afirmava:

> [...] a Carta de 1967 sofreu poderosa influência da Carta Política de 1937, preocupando-se "... fundamentalmente com a segurança nacional. Deu mais poderes à União e ao Presidente da República, [...], reduzindo a "... autonomia individual, permitindo a suspensão dos direitos políticos e garantias constitucionais, no que se revela mais autoritária do que as anteriores, salvo a de 1937".

Dessa breve digressão, extrai-se que o Brasil sempre esteve, de alguma forma, no período pré-1988, assombrado pela magnitude da força representada pelo Poder Moderador, de sorte que nem mesmo a sua supressão pela Carta republicana de 1891 foi capaz de mitigar seus efeitos na organização administrativa.[15] Isso se revela pelo descaso dos constituintes com os contornos estruturais e funcionais da Administração Pública nos textos constitucionais e na afirmação da centralidade e imperatividade do Poder Executivo nas relações com os administrados, sem qualquer abertura para o diálogo e construção conjunta de soluções em matéria de políticas públicas e demais ações governamentais. Tal cenário só viria a mudar com o advento da Constituição de 1988.

4 A Constituição de 1988, o telos eficiência de um Estado transformado e os paradigmas da participação e do consenso na Administração Pública

A Constituição de 1988, conhecida como Constituição Cidadã, representa o restabelecimento do regime democrático. Já no preâmbulo, asseguram-se o "exercício dos direitos sociais e individuais", "o bem-estar", "o desenvolvimento", "a igualdade e a justiça" como "valores supremos de uma sociedade fraterna, pluralista e sem preconceitos, fundada na harmonia social e comprometida, na ordem interna e internacional, com a solução pacífica das controvérsias". O art. 1º define como fundamentos da República a "dignidade da pessoa humana" e "os valores sociais do trabalho e da livre iniciativa" (incs. III e IV). O art. 3º define como objetivos fundamentais da República a promoção de "uma sociedade livre, justa e solidária", a garantia do "desenvolvimento nacional", a erradicação da pobreza e da marginalização, a redução das "desigualdades sociais e regionais" e a promoção do "bem de todos, sem preconceitos de origem, raça, sexo, cor, idade e quaisquer outras formas de discriminação". Para além dos amplos direitos individuais e coletivos, previstos no art. 5º, instituíram-se, como direitos sociais,

---

legislador de 1969, não foi empregada em seu sentido técnico, de acordo com o que preceituam a doutrina e a prática administrativa". Na verdade, "o instituto previsto no artigo 111 da emenda, denominado impropriamente de contencioso administrativo, nada mais seria do que uma Justiça Administrativa Trabalhista, subordinada ao Poder Judiciário, a quem caberia resolver os litígios decorrentes da relação de emprego, na órbita federal, sendo partes da relação processual, de um lado, a União, ou autarquia federal, ou empresa pública federal, de outro lado o servidor vinculado a uma dessas entidades" (CRETELLA JÚNIOR, 1971).

[15] Talvez fosse mais adequado falar em "não só na organização administrativa", uma vez que se observa, até os dias atuais, uma disputa insepulta sobre a "melhor" interpretação do art. 142 da CR/88, cuja discussão ultrapassa os limitados contornos deste artigo.

"a educação, a saúde, a alimentação, o trabalho, a moradia, o transporte, o lazer, a segurança, a previdência social, a proteção à maternidade e à infância, a assistência aos desamparados" (art. 6º). No art. 7º, institui-se amplo rol de direitos dos trabalhadores urbanos e rurais, além de outros que visem à melhoria de sua condição social. Criou-se, ainda, título específico para a "ordem social" (Título VIII), que "tem como base o primado do trabalho, e como objetivo o bem-estar e a justiça sociais" (art. 193), com disposições sobre seguridade social (Capítulo II), educação, cultura e desporto (Capítulo III), ciência, tecnologia e inovação (Capítulo IV), comunicação social (Capítulo V), meio ambiente (Capítulo VI), família, criança, adolescente, jovem e idoso (Capítulo VII) e "índios" (Capítulo VIII).

Sob o ponto de vista da organização administrativa, houve expressivo avanço com o desenho institucional da Administração Pública promovido no Título III ("Da organização do Estado"). Para além das regras de competência e responsabilidade, típicas das Constituições anteriores, estabeleceu-se a base de organização própria dos entes federativos e dos territórios (capítulos I a V). Indo ainda mais além, instituiu-se capítulo específico sobre a Administração Pública (Capítulo VII), com princípios próprios, além de diversas disposições gerais e específicas acerca de contratos administrativos, servidores públicos, civis e militares, regime próprio de previdência, entidades da Administração indireta, serviços públicos, regiões (Seções I a IV). Promoveu-se, assim, verdadeira "constitucionalização do Direito Administrativo", com uma "vasta quantidade de normas constitucionais voltadas para a disciplina da Administração Pública", "com censurável grau de detalhamento e contendo um verdadeiro estatuto dos servidores públicos" (BARROSO, 2012).

Em suma, "a Constituição de 1988 inaugurou um capítulo dedicado à Administração Pública", identificando-se "a presença de um regime jurídico constitucional-administrativo fundado em princípios constitucionais expressos: legalidade, impessoalidade, moralidade, publicidade e eficiência" (BACELLAR FILHO, 2011, p. 436), este último inserido pela Emenda Constitucional n.º 19/98. Essa "disciplina constitucional administrativa" traz consigo "novos arsenais jurídicos para alteração do quadro tradicional de uma Administração Pública marcada pela pouca atenção dispensada aos direitos e garantias do cidadão administrado" (BACELLAR FILHO, 2011, p. 436).

Ainda sob o prisma normativo, pode-se dizer que os cidadãos e as entidades da sociedade civil foram chamados para efetivamente participar da Administração Pública. Para além dos contratos administrativos (art. 37, inc. XXI) e das concessões de serviço público (art. 175), a Constituição da República de 1988 previu a "cooperação das associações representativas no planejamento municipal" (art. 29, inc. XII) e estabeleceu modelo de gestão democrático e descentralizado, com participação popular, nas áreas de seguridade social (art. 194, parágrafo único, inc. VII), saúde (art. 198, inc. III), assistência social (art. 204, inc. II) e educação (art. 206, inc. VI). Ademais, a própria Constituição criou conselhos de participação popular, como exemplo, o Conselho da República, com a participação de seis cidadãos, "como órgão superior de consulta do Presidente da República" (art. 89, inc. VII).

Entretanto, mais importante do que analisar essas formas específicas de participação da sociedade no texto constitucional, é perceber a consagração sistemática de um novo modelo de atuação administrativa, em especial a partir da constatação de que

> [...] sob um viés pragmático, decerto o exaurimento do modelo de um Estado (social) tipicamente prestacional[16] (vg. extensa plêiade de direitos sociais) chancelado pelo Constituinte originário - com o rompimento de uma relação sustentável entre carga tributária e entregas do Poder Público aos cidadãos – levou à necessidade da ressignificação do Estado brasileiro a partir de novas bases, naquilo que se convencionou denominar reforma do aparato estatal, ainda na década de 1990. (FERRAZ, 2020a, p. 111)

Portanto, deve-se considerar essa perspectiva como mola propulsora da transformação do Estado brasileiro (e da Administração), com o florescimento das bases materiais para o giro em direção ao diálogo e ao consenso na Administração Pública pós-1988, sobretudo pelo esgotamento do modelo do Estado-Providência, incapaz, também ele, de continuar a dar uma resposta satisfatória aos mais recentes problemas colocados pela evolução da sociedade (SILVA, 2023, p. 122). O excessivo endividamento dos Estados, que abusaram da fórmula keynesiana de absorção de poupança e uso do crédito, levou à crise da Administração prestacional e deu ensejo ao retorno do ideal de equilíbrio orçamentário, "precisamente pela edição de normas tendentes a limitar os gastos públicos e aliviar o gigantismo das estruturas estatais" (FERRAZ, 2020b, p. 83-84).

A Constituição de 1988, notadamente após as reformas administrativas da década de 90, modela o que pode ser denominado Estado pós-social no Brasil, "que se pretendeu isento de participar das atividades de mercado", dando lugar aos "processos de privatização e de retirada da participação estatal no domínio econômico: *downsizing*" (FERRAZ, 2020b, p. 84). O direito administrativo e a própria Administração Pública naturalmente mutaram-se, adequando-se ao novo modelo estatal, mas isso não significou um completo retorno ao modelo liberal. Na realidade, o novo modo do atuar administrativo surge como meio de se alcançar de modo efetivo os objetivos centrais do Estado brasileiro, diante dos desafios da atual quadra histórica, notadamente as sucessivas crises financeiras (BITENCOURT NETO, 2017b). O Estado, assim, deve adequar o seu comportamento às novas exigências da sociedade e aos novos desafios nacionais, renovando-se suas missões, organização e formas de comunicação na busca do atingimento das finalidades públicas (DROMI, 1996, p. 149), com a (re)descoberta da eficiência[17] como força motriz e fator de legitimação das entregas, a (res)significar

---

[16] Quando se aponta para o esgotamento de um modelo de Estado que abarca múltiplas e complexas prestações positivas, é necessário mencionar o alto custo na execução das políticas públicas, que leva ao aumento do endividamento, a ineficiência da gestão, intimamente associada à ausência de controles (primários e de outras ordens), o distanciamento da concepção das ações, programas e políticas da realidade nacional, bem como o aparelhamento de instituições que desempenham funções de Estado em pautas sabidamente corporativistas.

[17] Não obstante a opção constituinte por uma Carta de "cunho social", não se pode deixar de registrar que já desde a sua gênese havia preocupação (ou sinalização) com o aspecto teleológico da atuação estatal (vinculada à sua performance) que deveria estar conjugada com a prestação positiva em si, por parte do Estado. Nesse particular, Moreira Neto (2016, p. 79-80) aduz que "a Constituição de 1988, com louvável antecipação, já estabelece todo fundamento necessário para a afirmação e a aplicação, em nosso País, da doutrina, da assim denominada, administração de resultado, ou seja, confere uma base institucional da legalidade [...] [ou] juridicidade finalística, no direito público brasileiro" (FERRAZ, 2020a, p. 111).

o alcance de pacto entre governantes e governados materializado pelo triunfo do constitucionalismo.[18]

A Administração passa a ser entendida como infraestrutural[19] e a atuar por meio de atos genéricos, notabilizando-se pelas "decisões-plano, que surgem como como a mais característica forma de atuação desta Administração conformadora" (SILVA, 2023, p. 128). Essa nova Administração Pública, para além do caráter infraestrutural, caracteriza-se como procedimentalizada,[20] multipolar (interna[21] e externamente),[22] em rede,[23] eficiente[24] e concertada. O enxugamento da máquina pública reclamou diálogo institucionalizado entre Poder Público e particulares, bem como entre os diversos atores do aparato administrativo (FERRAZ, 2020b, p. 89), reforçando, assim, a ideia de consensualidade e de contratualização.

Outrossim, para além dos contratos típicos, em que o Estado figura como cliente dos particulares, abre-se "senda = da administração por acordos, ou dos contratos sobre o exercício de poderes públicos, compondo um amplo rol do que se pode chamar Administração concertada" (BITENCOURT NETO, 2017b). Consolida-se uma nova relação com o indivíduo, como cidadão, usuário, consumidor e contribuinte, por meio de mecanismos renovados de participação, descentralização, desregulação, fiscalização, legitimação e proteção (DROMI, 1996, p. 149). A transformação do direito administrativo, nesse particular, atinge a participação política, que, para além da eleição

---

[18] "Com isso, verificou-se que, entre as transformações que perpassam o Direito Público atual, esse novo contexto jurídico permite reconhecer a existência de um dever de consensualidade quando da decisão imperativa e unilateral puder resultar prejuízos ao Estado (não apenas de cunho financeiro, mas também quando violar o interesse público em outros aspectos) ou menor efetividade no seu cumprimento do que uma negociação administrativa" (NEVES; FERREIRA FILHO, 2018, p. 79).

[19] "As transformações operadas nas estruturas do Estado moderno implicam em novos desafios à Administração Pública, como a necessidade de atuar, cada vez mais, como conformadora geral da ordem econômica e social, para além de uma atuação tópica e individualizada" (BITENCOURT NETO, 2017b).

[20] "Se a Administração Pública do século XXI prossegue múltiplos e, muitas vezes, concorrentes interesses públicos, o procedimento administrativo se consolida como a matriz principal de uma atuação racional, aberta, participativa e com meios de sopesamento dos distintos valores e interesses em jogo. Não se trata de mero itinerário formal funcionalizado a uma decisão final, ou mesmo de instrumento de viabilização do contraditório em situações adversativas" (BITENCOURT NETO, 2017b).

[21] "No primeiro caso, tem-se o fenômeno da multipolaridade quando a Administração atua de modo genérico, no campo da chamada atividade reguladora ou infraestrutural, na medida em que as decisões administrativas atingem um número muitas vezes indeterminado de pessoas" (BITENCOURT NETO, 2017b).

[22] "Outra dimensão da multilateralidade da Administração contemporânea manifesta-se em sua atuação interna, em que a clássica divisão estanque de atribuições e competências entre os vários serviços e órgãos públicos é paulatinamente substituída, ao menos no que toca aos grandes serviços, pela interpenetração de atribuições e pela intersetorialidade das políticas públicas a serem realizadas ou reguladas pelas estruturas da Administração Pública. A multipolaridade interna da atuação administrativa decorre da transversalidade de boa parte dos serviços administrativos contemporâneos, perdendo sentido uma organização administrativa setorizada e estanque, com importantes reflexos para as noções de unidade e hierarquia administrativas" (BITENCOURT NETO, 2017b).

[23] "Num contexto de pluralidade de interesses públicos e de arrefecimento de uma compreensão do interesse público como monopólio do Estado, a organização administrativa piramidal, vinculada a uma lógica de comando desde o vértice, não é suficiente, em muitos casos, para assegurar uma atuação eficaz. A necessidade de um tráfego contínuo de informações, especialmente no âmbito de interesses transversais a várias instituições públicas e privadas, aponta para a substituição de atuações impositivas por decisões concertadas" (BITENCOURT NETO, 2017b).

[24] "O objetivo central é transformar os modos de gestão pública, a partir de um processo de privatizações e do uso de instrumentos de gestão privada, como a ampliação de autonomias de gestão, a sujeição de serviços públicos à lógica de competição, a instituição de entes reguladores, o controle de resultados, o gerenciamento intensivo das políticas públicas, a busca da transformação de uma cultura formalista e burocratizante em uma cultura de flexibilidade e inovação" (BITENCOURT NETO, 2017b).

direta dos representantes, passa a englobar formas de democracia semidireta, como iniciativa popular, consulta popular, referendo, plebiscito e ação popular. Atinge, ainda, a participação social, que se amplia por meio de associações de usuários e consumidores, conselhos econômicos e sociais, programas de propriedade participada, e a participação administrativa, que se manifesta em tendência de simplificação do procedimento administrativo, notadamente por meio digital (DROMI, 1996, p. 151-152).

Essa nova ótica assenta-se na "dialogicidade", ou seja, na "abertura da Administração Pública ao diálogo franco com o mercado, os cidadãos e a sociedade civil" e na "contratualização", "a denotar a crescente utilização da técnica contratual em variados domínios da atuação administrativa" (FERRAZ, 2020b, p. 90). Em suma, "a Constituição de 1988 pretende a promoção da sociedade pacífica, apta a resolver, por meio preferencial de negociações probas, as disputas públicas e privadas" (FREITAS, 2018, p. 235), de modo eficiente.

Desse modo, sob a égide da Constituição de 1988, a Administração Pública não está submetida a um princípio de primazia da decisão unilateral sobre o acordo. O texto constitucional não adotou modelo teórico exclusivo – imperativo ou consensual, mas um modelo misto, em que as distintas modalidades de funcionamento do Estado entram em conexão. Daí que o direito administrativo moderno deva escapar de uma visão reducionista, meramente defensiva, ante as expressões da Administração consensual. Nesse ângulo, tão legítima é a consensualidade como indisponíveis são as responsabilidades do Estado (SCHMIDT-ASSMAN, 2003, p. 326). Em outras palavras, o consenso e a decisão unilateral são, hoje, opções igualmente legítimas, de mesma estatura jurídica.

Nesse cenário renovado, não parece ser coincidência o fato de que a maioria – senão a totalidade – dos instrumentos de atuação administrativa consensual tenha sido instituída no Brasil no período pós-Constituição de 1988. Em 1990, o termo de ajustamento de conduta[25] foi inserido na Lei nº 7.347/85 (Lei da Ação Civil Pública) pela Lei nº 8.078/90. Em 1994, o acordo de leniência foi instituído no âmbito do Conselho Administrativo de Defesa Econômica, pela Lei nº 8.884/94 e, no ano de 2013, no âmbito dos processos de responsabilização de pessoas jurídicas, pela Lei nº 12.846/13, em ambos os casos, como meio de colaboração efetiva do investigado com as investigações.[26] Em 1998, o

[25] "Com efeito, tradicionalmente utilizados na tutela do meio ambiente e das relações de consumo, os TAC objetivam acordar a correção extrajudicial e/ou judicial de vícios detectados ou interpretações jurídicas conflitantes no exercício da atividade administrativa a fim de evitar sua ocorrência ou continuidade. O resultado deles, com natureza jurídica de título executivo extrajudicial" (FERRAZ, 2020, p. 214-215).

[26] "Os pontos de convergência entre o acordo de leniência do CADE e do art. 16 da Lei n. 12.846/13 são: a empresa beneficiária deve ser a primeira a se qualificar para o acordo (*'first come, first serve'*); a empresa deve cessar completamente seu envolvimento na infração noticiada a partir da data de propositura do acordo (compromisso de cessação de conduta); a empresa deve admitir sua participação no ilícito e cooperar com as investigações e o processo administrativo (confissão de participação e cooperação processual); o acordo deve estipular as condições necessárias para assegurar a efetividade da colaboração e o resultado útil do processo (utilidade prática da colaboração); os efeitos do acordo estendem-se às empresas do mesmo grupo econômico, de fato ou de direito (efeito empresarial trasladativo); as propostas de acordo não se tornam públicas, salvo no interesse das investigações e do processo administrativo (sigilo das propostas de leniência); o descumprimento do acordo impede o beneficiário de celebrar novo acordo de leniência pelo prazo de três anos, contado da data de seu julgamento (cumprimento da 'quarentena')" (FERRAZ, 2020, p. 221-222).

"contrato interno",[27] para fins de ampliação de autonomia gerencial, orçamentária e financeira dos órgãos e entidades da Administração direta e indireta, foi inserido na Constituição pela Emenda Constitucional nº 19/1998.

Em 2015, a mediação[28] foi instituída como meio de solução de controvérsias entre particulares e autocomposição de conflitos no âmbito da Administração Pública, por meio da Lei nº 14.140/15. Em 2017, a Medida Provisória nº 703 havia possibilitado a celebração de acordo em matéria de improbidade administrativa, ao revogar a regra proibitiva contida no art. 17, §1º, da Lei nº 8.429/92, mas veio a encerrar sua vigência sem conversão em lei. Já no ano de 2019, o acordo de não persecução cível[29] foi efetivamente instituído na Lei nº 8.429/92, pela Lei nº 13.964/19. Em 2018, a possibilidade de celebração de compromissos[30] para eliminação de irregularidade, incerteza jurídica ou de situação contenciosa na aplicação do direito público foi inserida na Lei de Introdução às Normas do Direito Brasileiro – LINDB pela Lei nº 13.655/2018. Finalmente, em 2021, foi inserida na Lei nº 9.784/99 a figura da "decisão coordenada"[31] nos casos em que a competência decisória seja compartilhada por três ou mais setores, bem como a possibilidade de utilização de "meios alternativos"[32] para solução de controvérsias no âmbito dos contratos administrativos, pela Lei nº 14.133/21.

Essa nova visão consensual do direito administrativo foi recentemente sufragada pelo Supremo Tribunal Federal no julgamento do Tema nº 1.043 da repercussão geral, que trata da "utilização da colaboração premiada no âmbito civil, em ação civil pública por ato de improbidade administrativa movida pelo Ministério Público em face do princípio da legalidade (CF, art. 5º, II)". No julgamento de mérito do caso, firmou-se

---

[27] "Em síntese, quanto à sua vertente interorgânica, trata-se de instrumento de fim gerencial, tributário da eficiência administrativa, que contém uma auto-vinculação de superiores hierárquicos para programar, de modo acordado, o exercício dos poderes de direção, mediante a assunção, pelos inferiores, de compromissos quanto ao cumprimento de metas de desempenho. O prazo, o conteúdo básico e os parâmetros de tal acordo devem ser fixados em lei" (BITENCOURT NETO, 2017a, p. 387-388).

[28] "Considera-se mediação a atividade técnica exercida por terceiro imparcial sem poder decisório, que, escolhido ou aceito pelas partes, as auxilia e estimula a identificar ou desenvolver soluções consensuais para a controvérsia" (TONIN, 2019, p. 191).

[29] "A alteração legislativa trazida pela Lei n. 13.946/19 resolve definitivamente a questão da possibilidade de aplicação dos instrumentos consensuais no âmbito da ação de improbidade administrativa. O acordo de não persecução cível deixa patenteado que tanto na esfera extrajudicial – inquérito civil, penal, administrativo – quanto na esfera judicial é possível a solução do conflito com aplicação do princípio da consensualidade" (FERRAZ, 2020, p. 217).

[30] "A Lei n. 13.655/2018 consagra a dinâmica de atuação ao estabelecer permissivo genérico para que toda a Administração Pública, independentemente de lei ou regulamento específico, celebre compromissos. [...] o compromisso da LINDB se aproxima se aproxima da figura do acordo substitutivo, voltado à terminação consensual do processo administrativo. O nome 'substitutivo' deve-se ao fato de este acordo substituir a instauração do processo, o processo em curso ou a decisão deste processo, inclusive em fase recursal" (GUERRA; PALMA, 2018).

[31] "Em casos de coautoria, pode haver hipótese de concertação interorgânica que se reconduza à natureza de ato complexo. É o caso da concertação terminativa de um procedimento administrativo visando à edição de normas administrativas no âmbito de competências comunicantes ou transversais. Ao fim de um procedimento para a edição de uma portaria conjunta de dois ministérios, o ato final corresponde a uma hipótese de concertação administrativa interorgânica e terá a natureza de ato administrativo complexo" (BITENCOURT NETO, 2017a, p. 411).

[32] "A Lei n. 14.133, de 2021, em seu art. 151, trouxe previsão específica a respeito da utilização dos chamados 'meios alternativos de prevenção e solução de controvérsia'. No *caput*, há previsão genérica para tais meios alternativos, estabelecendo de forma exemplificativa, pois utiliza a expressão 'notadamente', os institutos da conciliação, mediação, comitê de resolução de disputas e a arbitragem. Ou seja, não houve limitação de hipóteses de solução alternativa de controvérsias, podendo ser estabelecidas outras com esse objetivo de solução consensual dos conflitos" (DANIEL, 2022, p. 260-261).

tese no sentido de que "é constitucional a utilização da colaboração premiada, nos termos da Lei 12.850/2013, no âmbito civil, em ação civil pública por ato de improbidade administrativa movida pelo Ministério Público", desde que observada, entre outras, a seguinte diretriz: "regularidade, legalidade e voluntariedade da manifestação de vontade, especialmente nos casos em que o colaborador está ou esteve sob efeito de medidas cautelares, nos termos dos §§6º e 7º do artigo 4º da referida Lei 12.850/2013" (BRASIL, 2023).[33]

Veja-se que o Supremo Tribunal Federal não apenas admitiu a utilização do acordo de colaboração premiada em improbidade administrativa, mesmo sem lei específica a regulá-lo para tal finalidade, como deu especial enfoque à necessidade de "voluntariedade da manifestação de vontade" (BRASIL, 2023), o que, em certa medida, consiste em flexibilização do princípio da legalidade estrita. Certamente, no período clássico do direito administrativo, não se cogitaria da utilização dos conceitos de voluntariedade e vontade, típicos do direito privado, para se decidir controvérsia em matéria de direito administrativo para além do que dispõe a lei. Acresça-se que o precedente trata de consensualidade em matéria de poder administrativo sancionador, que talvez seja o que mais espelha a face imperativa e agressiva da Administração Pública, com grande resistência às transações, inclusive em tempos atuais.[34] Destarte, a tese do Tema nº 1.043, por sua atualidade e especificidade, serve aqui como *gran finale*, a demonstrar que a evolução constitucional e legislativa, acima referida, também se apresenta em âmbito jurisprudencial.

Pode-se dizer, por fim, que o direito administrativo passou e ainda passa por processo de mutação, desencadeado, em grande medida, a partir de um fator sociopolítico ("advento da sociedade participativa")[35] e de um fator juspolítico ("afirmação do constitucionalismo").[36] Esse direito administrativo transformado, pós-moderno, para usar a expressão de Maria Tereza Fonseca Dias (2003), é estruturado a partir de novos princípios, de ordem política (subsidiariedade e participação política),[37] técnica

[33] BRASIL. Supremo Tribunal Federal. *ARE 1175650*. Relator Min. Alexandre de Moraes. Plenário. Julgado em 1.7.2023.

[34] Alude-se ao veto presidencial ao inc. II do §1º do art. 26, da LINDB, que seria acrescido pelo art. 1º do Projeto de Lei nº 7.448, de 2017, que veio a originar a Lei nº 13.655/18. O dispositivo autorizaria a "transação quanto a sanções e créditos relativos ao passado", mas foi vetado supostamente por aplicação do princípio da "reserva legal", e por se considerar que o permissivo "poderia representar estímulo indevido ao não cumprimento das respectivas sanções, visando posterior transação".

[35] "Está-se diante de um poderosíssimo fator de mudança diretamente influente sobre a legitimidade das decisões políticas, denotando uma retomada da ação e da responsabilidade da sociedade na condução desses processos, não obstante ter ficado deles durante tanto tempo afastada, afogada sob as vagas avassaladoras das ditaduras, das ideologias de esquerda e de direita, e das burocracias e tecnocracias autocráticas que devastaram a vida política no século vinte" (MOREIRA NETO, 2000, p. 13).

[36] "O segundo fator vem a ser a afirmação do constitucionalismo evoluindo da legalidade para a legitimidade. Um constitucionalismo não apenas como foi classicamente concebido, restrito a declarar liberdades, direitos e garantias, organizar poderes estatais e a estabelecer metas programáticas, instituidor de um Estado de Direito, mas um constitucionalismo expandido, desenvolvido para instilar valores e processos legitimatórios e prestigiar a cidadania, em todas as suas manifestações e sob todos os seus aspectos, inclusive entronizar a licitude do comportamento público como valor constitucional, para instituir também, um Estado Democrático" (MOREIRA NETO, 2000, p. 15-16).

[37] "Quanto ao princípio da participação política, também denominado *tout court* de participação, incluindo, além das modalidades legislativas e judiciais, as administrativas, está diretamente referindo à expansão da consciência social e ao natural anseio de influir de algum modo nas decisões de poder que repercutirão sobre as pessoas interessadas, como acima se expôs" (MOREIRA NETO, 2000, p. 21).

(autonomia e profissionalização) e jurídica (transparência e consensualidade).[38] A participação dos particulares passa a ser vista como essencial para as democracias contemporâneas, afirmando-se a "ascensão da sociedade civil", por meio "da densificação da consciência de seus interesses e de ser ela própria a origem e destinatária do poder político" (MOREIRA NETO, 2000, p. 27).

5 Conclusão

A origem autoritária do direito administrativo de matriz francesa, com os temperos da peculiar situação colonial e imperial brasileira, contaminou todas as Constituições do período pré-1988. De 1822 a 1967, não houve a definição de um estatuto constitucional da Administração Pública, nem a institucionalização do consenso e da participação para efeito de construção das decisões jurídico-administrativas. Bem diferente disso, prevaleceu a quase total separação entre Poder Público e sociedade civil, modelando-se a atuação administrativa exclusivamente pelo prisma da imperatividade.

A Constituição de 1988 rompe com esse paradigma, instituindo capítulo específico da Administração Pública, com princípios e regras próprios, focados no consenso e na participação do cidadão – e da sociedade civil como um todo – na atuação administrativa. A dialogicidade e a contratualização emergem como alguns dos novos conceitos centrais do direito administrativo, notadamente sob o aspecto da Administração Pública infraestrutural, típica do modelo de Estado pós-social, focada na eficiência. Esse paradigma constitucional dá fundamento a diversos mecanismos consensuais de atuação administrativa instituídos nas décadas seguintes à promulgação da Constituição.

A decisão do Supremo Tribunal Federal no Tema nº 1.043 da repercussão geral bem reflete esse cenário, ao admitir os acordos de colaboração premiada em matéria de improbidade administrativa, fundamentalmente por legitimá-los a partir da voluntariedade da manifestação de vontade das partes – o que pressupõe diálogo prévio (dialogicidade) e decisão administrativa por consenso (contratualização). A consolidação jurisprudencial desse entendimento na mais alta Corte do país fortalece a nova concepção de direito administrativo aqui defendida, afastando-se da visão imperativa e unilateral de épocas passadas.

Referências

ALMEIDA NETO, Manoel Carlos. *O colapso das constituições no Brasil*: uma reflexão pela democracia. Belo Horizonte: Fórum, 2022.

BACELLAR FILHO, Romeu Felipe. Processo administrativo como instrumento do direito disciplinar. *In*: CELY, Martha Lúcia Bautista; SILVEIRA, Raquel Dias da. *Direito disciplinário internacional*: estudos sobre a formação, profissionalização, disciplina, transparência, controle e responsabilidade da função pública. Belo Horizonte: Fórum, 2011. v. 1.

BANDEIRA DE MELLO, Celso Antônio. *Curso de direito administrativo*. 27. ed. rev. e atual. até a Emenda Constitucional 64, de 4.2.2010. São Paulo: Malheiros, 2010.

---

[38] "Quanto ao princípio da consensualidade, sua aplicação leva à substituição, sempre que possível, da imperatividade pelo consenso nas relações Estado-sociedade e à criação de atrativos para que os entes da sociedade civil atuem em diversas formas de parceria com o Estado" (MOREIRA NETO, 2000, p. 26).

BAPTISTA, Patrícia; ACCIOLY, João Pedro. A administração pública na Constituição de 1988. Trinta anos depois: disputas, derrotas e conquistas. *Revista de Direito Administrativo*, Rio de Janeiro, v. 277, n. 2, p. 45-74, maio/ago. 2018.

BARROSO, Luís Roberto. A constitucionalização do direito e suas repercussões no âmbito administrativo. *In*: ARAGÃO, Alexandre Santos de; MARQUES NETO, Floriano de Azevedo (Coord.). *Direito administrativo e seus novos paradigmas*. Belo Horizonte: Fórum, 2012. p. 31-63. ISBN 978-85-7700-186-6.

BINENBOJM, Gustavo. Da supremacia do interesse público ao dever de proporcionalidade: um novo paradigma para o direito administrativo. *Revista de Direito Administrativo*, Rio de Janeiro, v. 239, p. 1-31, jan./mar. 2005. Disponível em: https://bibliotecadigital.fgv.br/ojs/index.php/rda/article/view/43855/44713. Acesso em: 30 jul. 2023.

BINENBOJM, Gustavo. *Uma teoria do direito administrativo*: direitos fundamentais, democracia e constitucionalização. Rio de Janeiro: Renovar, 2006.

BITENCOURT NETO, Eurico. *Concertação administrativa interorgânica, direito administrativo e organização no século XXI*. São Paulo: Almedina, 2017a.

BITENCOURT NETO, Eurico. Transformações do direito da organização administrativa e a constituição de 1988. *In*: DI PIETRO, Maria Sylvia Zanella; MOTTA, Fabrício (Coord.). *O direito administrativo nos 30 anos da Constituição*. Belo Horizonte: Fórum, 2018.

BITENCOURT NETO, Eurico. Transformações do Estado e a Administração Pública no século XXI. *Revista de Investigações Constitucionais*, Curitiba, v. 4, n. 1, p. 207-225, jan./abr. 2017b.

BRASIL. Supremo Tribunal Federal. *ARE 1175650*. Relator Ministro Alexandre de Moraes. Julgado em: 3 jul. 2023.

CRETELLA JÚNIOR, José. O contencioso administrativo na Constituição de 1969. *Revista de Direito Administrativo*, Rio de Janeiro, v. 104, p. 30-48, abr./jun. 1971.

CUESTA, Rafael Entrena. *Curso de derecho administrativo* – Concepto, fuentes, relación jurídico-administrativa e justiça administrativa. 11. ed. Madrid: Tecnos, 1995. v. I.

DANIEL, Felipe Alexandre Santa Anna Mucci. *O direito administrativo sancionador aplicado aos contratos da Administração Pública e os acordos substitutivos de sanção*. Curitiba: Íthala, 2022.

DROMI, Roberto. *Derecho administrativo*. 5. ed. Buenos Aires: Edicionoes Ciudad Argentina, 1996.

FERRAZ, Leonardo de Araújo. A transparência como ferramenta da legitimação do agir estatal por meio do impulsionamento da eficiência e integridade governamentais. *In*: ZENKNER, Marcelo; CASTRO, Rodrigo Pironti Auguirre de (Coord.). *Compliance no setor público*. Belo Horizonte: Fórum, 2020a.

FERRAZ, Leonardo de Araújo. *Da teoria à crítica*. Princípio da proporcionalidade: uma visão com base nas teorias de Robert Alexy e Jürgen Habermas. Belo Horizonte: Dictum, 2009.

FERRAZ, Luciano. *Controle e consensualidade*. 2. ed. Belo Horizonte: Fórum, 2020b.

FREITAS, Juarez. Negociação proba na esfera administrativa: dever constitucional de promoção da sociedade pacífica. *In*: DI PIETRO, Maria Sylvia Zanella; MOTTA, Fabrício (Coord.). *O direito administrativo nos 30 anos da Constituição*. Belo Horizonte: Fórum, 2018.

GAZIER, François. A experiência do Conselho de Estado francês. *Revista do serviço público*, v. 41, n. 2, p. 63-67, 2017. Disponível em: https://doi.org/10.21874/rsp.v41i2.2127.

GUERRA, Sérgio; PALMA, Juliana Bonacorsi de. Art. 26 da LINDB: novo regime jurídico de negociação com a Administração Pública. *Rev. Direito Adm.*, Rio de Janeiro, p. 135-169, nov. 2018. Edição Especial: Direito Público na Lei de Introdução às Normas de Direito Brasileiro – LINDB (Lei nº 13.655/2018).

LIMA, Martônio Mont'Alverne Barreto Lima; SILVA FILHO, Edson Alves. O pensamento constitucional do período imperial e a formação da Administração Pública no Brasil. *Revista de Pós-Graduação em Direito da UFBA*, v. 30, n. 2, p. 79-96, jul./dez. 2020.

MOREIRA NETO, Diogo de Figueiredo. *Cidadania e administração de resultados*. Direito administrativo e Controle prospectivo no planejamento e nas ações do Estado. Novas mutações juspolíticas. Belo Horizonte: Fórum, 2016.

MOREIRA NETO, Diogo de Figueiredo. *Mutações do direito administrativo*. Rio de Janeiro: Renovar, 2000.

NEVES, Cleuler Barbosa das; FERREIRA FILHO, Marcílio da Silva. Dever de consensualidade na atuação administrativa. *RIL*, Brasília, ano 55, n. 218, p. 63-84, abr./jun. 2018.

OLIVEIRA, Gustavo Justino de; SCHWANCA, Cristiane. A Administração consensual como nova face da Administração Pública no séc. XXI: fundamentos dogmáticos, formas de expressão e instrumentos de ação. *Revista da Faculdade de Direito da Universidade de São Paulo*, v. 104, p. 303-322, jan./dez. 2009.

SARMENTO, Daniel. Interesses públicos vs. Interesses privados na perspectiva da teoria e da filosofia constitucional. *In*: SARMENTO, Daniel (Org.). *Interesses públicos versus interesses privados*: desconstruindo o princípio da supremacia do interesse público. Rio de Janeiro: Lumen Juris, 2005.

SCHMIDT-ASSMAN, Eberhard. *La teoria general del Derecho Administrativo como sistema*: objeto y fundamentos de la construcción sistemática. Madrid: INAP-Marçal Pons, 2003.

SILVA, Vasco Manuel Pascoal Dias Pereira da. *Em busca do acto administrativo perdido*. Coimbra: Almedina, 2003.

STANFORD. *Encyclopedia of Philosophy*. Disponível em: https://plato.stanford.edu/entries/rule-of-law/. Acesso em: 31 jul. 2023.

TONIN, Maurício Morais. *Arbitragem, mediação e outros métodos de solução de conflitos envolvendo o poder público*. São Paulo: Almedina, 2019.

VISCARDI, Cláudia Maria Ribeiro. *Unidos perderemos*: a construção do federalismo republicano brasileiro. Curitiba: [s.n.], 2017.

Informação bibliográfica deste texto, conforme a NBR 6023:2018 da Associação Brasileira de Normas Técnicas (ABNT):

FERRAZ, Leonardo de Araújo; AVELAR, Daniel Martins e. Apontamentos sobre a consensualidade administrativa na Constituição da República de 1988. *In*: FACHIN, Luiz Edson; BARROSO, Luís Roberto; CRUZ, Álvaro Ricardo de Souza (Coord.). *A Constituição da democracia em seus 35 anos*. Belo Horizonte: Fórum, 2023. p. 417-434. ISBN 978-65-5518-597-3.

A ATIVIDADE PARLAMENTAR E A REFORMA CONSTITUCIONAL: OS 35 ANOS DE ATUAÇÃO DO CONGRESSO NACIONAL COMO CONSTITUINTE DERIVADO[1]

BÁRBARA BRUM NERY
JOÃO TRINDADE CAVALCANTE FILHO
BONIFÁCIO JOSÉ SUPPES DE ANDRADA

1 Reforma constitucional e alocação de competências

A opção por um modelo rígido não impediu que, em menos de 35 anos de vigência,[2] a Constituição da República Federativa do Brasil ("Constituição") de 1988 fosse reformada formalmente em pelo menos *138* (cento e trinta e oito) *oportunidades*: *6* (seis) *emendas de revisão* (art. 3º do ADCT), *3* (três) *convenções/tratados sobre direitos humanos, com força de emenda constitucional* (art. 5º, §3º, da Constituição),[3] e *129* (cento e vinte e nove) *emendas constitucionais* (art. 60 da Constituição).

Se, por um lado, as recorrentes alterações no texto confirmam a constatação clássica de que rigidez e estabilidade constitucionais não se confundem,[4] por outro, evidenciam

---

[1] Ainda que com recorte mais limitado e dados empíricos atualizados, o presente artigo é baseado em e reproduz conclusões extraídas de pesquisa previamente publicada: NERY, Bárbara Brum. *O controle político da reforma constitucional*: uma análise do papel do parlamento na garantia da juridicidade da Constituição. Belo Horizonte: Fórum, 2022.

[2] Até julho de 2023.

[3] (i) Convenção Interamericana contra o Racismo, a Discriminação Racial e Formas Correlatas de Intolerância, adotada na Guatemala, por ocasião da 43ª Sessão Ordinária da Assembleia Geral da Organização dos Estados Americanos, em 5.6.2013, aprovada pelo Decreto Legislativo nº 1/2021 e promulgada pelo Decreto nº 10.932/2022, (ii) Tratado de Marraqueche para Facilitar o Acesso a Obras Publicadas às Pessoas Cegas, com Deficiência Visual ou com outras Dificuldades para Ter Acesso ao Texto Impresso, aprovado pelo Decreto Legislativo nº 261/2015 e promulgado pelo Decreto nº 9.522/2018 e (iii) Convenção Internacional sobre os Direitos das Pessoas com Deficiência e seu Protocolo Facultativo, assinados em Nova York, em 30.3.2007, aprovados pelo Decreto Legislativo nº 186/2008 e promulgados pelo Decreto nº 6.949/2009.

[4] BRYCE, James. *Constituiciones Flexibles y Constituciones rígidas*. 2. ed. Madrid: Instituto de Estudios Políticos, 1962.

como as definições institucionais sobre os limites formais e materiais balizadores da reforma constitucional são relevantes para a garantia de sua juridicidade.[5]

Ainda que do ponto de vista estritamente normativo a reforma constitucional brasileira seja tarefa afeta ao Poder Legislativo, a opção constituinte por um controle de constitucionalidade judicial abrangente, somada ao contexto de crescente judicialização da política e descrença na lisura da atividade parlamentar, fizeram com que a alocação de competências para a reforma constitucional adotasse um arranjo que privilegia a atuação do Poder Judiciário na definição de quais são os limites materiais para alteração da Constituição.[6]

Entretanto, quando estão em pauta aspectos procedimentais/formais da reforma constitucional, as definições mais relevantes não seguem a regra geral da judicialização. Ainda que referida "escolha institucional"[7] decorra da atuação do próprio Poder Judiciário, a garantia de regularidade da tramitação de proposições legislativas depende (quase exclusivamente) das normas e costumes parlamentares.

Isso porque, apesar de admitir a possibilidade de controle judicial do devido processo legislativo, o Supremo Tribunal Federal, em regra, somente o faz quando verifica ofensa direta a dispositivo expresso do texto constitucional; quando a hipótese é de inobservância de normas contidas nos regimentos internos das casas legislativas, o Tribunal adota uma postura, por assim dizer, *passivista*.

É este o caso das definições a respeito dos limites formais de alteração do texto da Constituição, pois a operacionalização do procedimento de reforma é matéria afeta aos regimentos internos da Câmara dos Deputados e do Senado Federal. São normas classificadas por parte da doutrina como normas constitucionais "interpostas"[8] ou "adscritas"[9] (ou atribuídas) que, apesar de muitas vezes terem conteúdo materialmente constitucional, acabam ficando submetidas ao exclusivo controle do parlamento em razão do arranjo institucional vigente.

Tal constatação conflita com naturalização da revisão judicial no Brasil e com a pouca credibilidade dada aos parlamentares. Afinal, o senso comum concebe o Congresso Nacional como um ambiente inóspito cujas deliberações são pautadas por interesses escusos e individualistas; geralmente se minimiza a visão dos legisladores como um grupo de pessoas empenhadas em debater ideias, fiscalizar, legislar em prol da sociedade e garantir a juridicidade da Constituição.

Contudo, independentemente da veracidade ou não de uma conclusão (ou valoração) ética sobre a atuação pessoal de cada legislador e de seus respectivos interesses (se legítimos ou ilegítimos), esses indivíduos somente possuem poder formal de emitir determinações vinculantes aos concidadãos e de operar como intérpretes constitucionais,

---

[5] O termo *juridicidade constitucional* será utilizado ao longo do artigo em seu sentido amplo: a ideia de Constituição como um documento (também) jurídico e não meramente político.

[6] Para maior detalhamento dos dados empíricos e referências citadas: NERY, Bárbara Brum. *O controle político da reforma constitucional*: uma análise do papel do parlamento na garantia da juridicidade da Constituição. Belo Horizonte: Fórum, 2022.

[7] GARRETT, Elizabeth; VERMEULE, Adrian. Institutional design of a Thayerian Congress. *Duke Law Journal*, v. 50, p. 1277-1333, 2001.

[8] LAVAGNA, Carlo. *Istituzioni di diritto pubblico*. 6. ed. Torino: UTET, 1993.

[9] ALEXY, Robert. *Teoria dos direitos fundamentais*. Tradução de Virgílio Afonso da Silva. São Paulo: Malheiros, 2012.

quando *atuam dentro da estrutura coletiva*, que é o parlamento. Assim, o "*design* dessa estrutura institucional determina de forma mais poderosa as capacidades interpretativas do Congresso do que a consciência individual de qualquer legislador".[10]

Nesse contexto, o presente trabalho pretende apresentar um panorama preponderantemente institucional e pragmático da atuação do Congresso Nacional como constituinte derivado ao longo da vigência da Constituição.

2 Um retrato das propostas de emendas à Constituição (PEC)

Até julho de 2023, tramitaram nas casas legislativas milhares de propostas de emenda à Constituição na forma do seu art. 60: mais precisamente *3.679* (três mil, seiscentos e setenta e nove) na Câmara do Deputados e *1.957* (mil, novecentos e cinquenta e sete) no Senado Federal.

Historicamente, em ambas as casas legislativas, a apresentação de proposições sobre reforma constitucional atinge o ápice[11] no primeiro ano das legislaturas e o ponto mínimo no último ano, quando as questões eleitorais ganham mais espaço dentro e fora dos corredores do Congresso Nacional e a atividade legislativa ordinária é substancialmente reduzida ou estrategicamente direcionada.

Gráfico 1 – PECs distribuídas por sessão legislativa

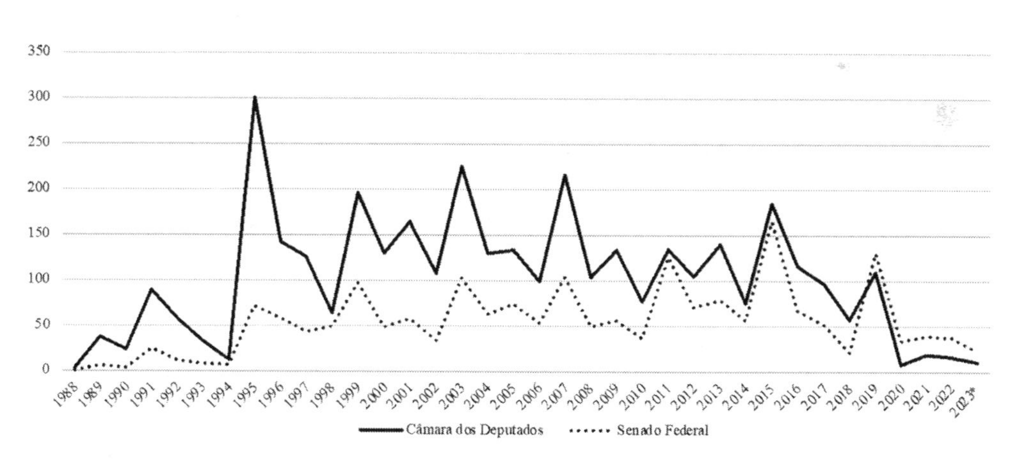

No gráfico acima, chama a atenção a significativa redução no número de PECs apresentadas a partir de 2020, especialmente na Câmara dos Deputados. Neste ponto, ainda que seja prematuro para uma conclusão dado o breve recorte temporal, é possível cogitar que a maior celeridade conferida pela pandemia de Covid-19 à digitalização do procedimento legislativo contribuiu e talvez ainda continue contribuindo para a redução e racionalização do volume de PECs em tramitação.

---

[10] "The design of that institutional structure more powerfully determines Congress's interpretive capacities than does any individual legislator's conscience" (GARRETT, Elizabeth; VERMEULE, Adrian. Institutional design of a Thayerian Congress. *Duke Law Journal*, v. 50, p. 1277-1333, 2001. p. 1281. Tradução dos autores).

[11] Ressalvada a sessão legislativa de 2013, quando o aumento do número de proposições apresentadas na Câmara do Deputados coincide com o excepcional contexto de reivindicações e manifestações da sociedade civil.

Diante da nova dinâmica imposta pela situação epidemiológica, *as proposições legislativas passaram a ser subscritas e apresentadas por meio eletrônico*; a caótica praxe de coleta de assinaturas dos parlamentares nos corredores do Congresso Nacional foi substituída pela formalização do ato por meio do Autenticador do Sistema de Tramitação e Informação Legislativas[12] e do Sistema de Protocolo Eletrônico (Sedol).[13]

Essa singela alteração acabou por mitigar consequências provenientes da pretérita e ostensiva forma de coleta de assinaturas e da pouca importância atribuída pelos parlamentares ao limite formal de iniciativa (apoiamento de um terço dos membros da casa legislativa); ambos fatores que contribuem significativamente para a distribuição e simultâneo processamento de um impraticável número de PECs.

O caráter "simbólico" conferido por alguns parlamentares ao limite formal de iniciativa é corroborado pela análise dos próprios avulsos e relatórios de conferência de assinaturas das PECs "pré-pandêmicas" – não era incomum que uma mesma pessoa assinasse duas (ou até três vezes) a mesma proposta de emenda à Constituição.[14]

Em geral, a pesquisa empírica demonstra que a tramitação da maior parte das proposições é interrompida (bem) antes da fase plenária de deliberação. O motivo mais comum é o arquivamento das PECs ao final da legislatura (art. 105 do RICD e art. 332 do RISF); as proposições também podem ser devolvidas ao autor pela presidência se não estiverem devidamente formalizadas, versarem sobre matéria alheia à competência da Câmara, evidentemente inconstitucional ou antirregimental, ou ser impugnadas pelo presidente do Senado (respectivamente, art. 137 do RICD e art. 48, IX, do RISF); podem ser consideradas prejudicadas (art. 163 do RICD e art. 334 do RISF); inadmitidas por decisão das respectivas CCJs[15] (art. 202, §1º, do RICD, e arts. 101, §1º, e 254, ambos do RISF); retiradas pelo autor (art. 104 do RICD e art. 244 do RISF); e, mais raramente, convertidas em projeto de lei.[16]

Em (quase) 35 anos, a *Câmara dos Deputados* recebeu um total de *3.679* (três mil, seiscentos e setenta e nove) propostas de emenda à Constituição de 3 (três) diferentes

---

12 BRASIL. Câmara dos Deputados. *Ato da Mesa nº 126, de 2020*. Altera o Ato da Mesa nº 123, de 20 de março de 2020, para estabelecer que as proposições sejam apresentadas por meio do módulo Autenticador do Sistema de Tramitação e Informação Legislativas (lnfoleg Autenticador), da Câmara dos Deputados. Brasília: Câmara, 2020. Disponível em: https://www2.camara.leg.br/legin/int/atomes/2020/atodamesa-126-13-abril-2020-790047-publicacaooriginal-160393-cd-mesa.html. Acesso em: 20 jul. 2023.

13 BRASIL. Senado Federal. *Instrução Normativa da SGM nº 13, de 2020*. Dispõe sobre os procedimentos para a apresentação de proposições e documentos legislativos de forma remota, na Secretaria-Geral da Mesa, durante a emergência epidemiológica do vírus Covid-19. Brasília: Senado Federal, 2020; e BRASIL. Senado Federal. *Instrução Normativa da SGM nº 14, de 2020*. Dispõe sobre os procedimentos para a apresentação de proposições e documentos legislativos de forma remota, perante a Secretaria-Geral da Mesa do Senado Federal. Brasília: Senado Federal, 2020.

14 Exemplificativamente, entre as PECs distribuídas na Câmara dos Deputados, no ano de 2018, e analisadas, *todas* possuíam alguma assinatura repetida (ao menos uma), sendo que alguns relatórios de conferência de assinaturas indicam que, em alguns casos, o número chega a mais de 4 (quatro) dezenas (*i.e.*, PECs nºs 447/2018, 441/2018 e 431/2018). No Senado Federal, onde o menor número de subscrições necessárias faz com que as assinaturas fiquem concentradas muitas vezes em duas ou três folhas, somente, a situação é bem mais incomum, apesar de também acontecer (*i.e.*, PECs nºs 2/2018 e 13/2018).

15 Comissão de Constituição, Justiça e Cidadania (Senado Federal) e Comissão de Constituição e Justiça e de Cidadania (Câmara dos Deputados).

16 Sobre mecanismos formais e informais de controle preventivo de constitucionalidade pelo Legislativo, cf. CAVALCANTE FILHO, João Trindade. Controle preventivo de constitucionalidade e de legística pelas Comissões de Constituição e Justiça: importância, perspectivas e desafios. *In*: BARBOSA, Maria Nazaré Lins *et al.* (Org.). *Legística*: estudos em homenagem ao professor Carlos Blanco de Morais. São Paulo: Almedina Brasil, 2020.

origens: *75* (setenta e cinco) do *Poder Executivo*, *3.454* (três mil, quatrocentos e cinquenta e quatro) subscritas por *deputados federais* e *150* (cento e cinquenta) vindas do *Senado Federal*.

Já o Senado Federal recebeu nesse período um total *1.957* (mil, novecentos e cinquenta e sete) de 3 (três) diferentes origens: *1* (uma) das *assembleias legislativas* dos estados na forma do art. 60, III da CRFB/1988,[17] *1.860* (mil, oitocentos e sessenta) distribuídas por *senadores* e *96* (noventa e seis) vindas da *Câmara dos Deputados*, sendo *25* (vinte e cinco) destas de iniciativa do *presidente da República*.

Desse total, em julho de 2023, 803 (oitocentas e três) proposições estavam em tramitação na Câmara dos Deputados e 201 (duzentas e uma) no Senado Federal.

O controle de constitucionalidade parlamentar tanto no Senado Federal, quanto na Câmara dos Deputados ocorre ordinariamente em dois principais momentos no processo legislativo: (i) no despacho inicial pelo presidente da Casa Legislativa e (ii) nas Comissões de Constituição Justiça, estando, via de regra, as respectivas decisões sujeitas a recurso para o plenário.

Na Câmara dos Deputados, pelo menos[18] 221 (duzentas e vinte e uma) propostas de emenda à Constituição apresentadas até março de 2020 foram remetidas ao arquivo por não conterem o número mínimo de assinaturas de parlamentares, conforme previsto no art. 60, I, da Constituição, sendo que a última devolução aconteceu em março de 2020, antes da digitalização do procedimento de subscrição das proposições.

Além dos casos de devolução ao autor por vício de inconstitucionalidade formal ou por inobservância da vedação de reapresentação de matéria prejudicada ou rejeitada na mesma sessão legislativa (art. 60, §5º, da Constituição), uma PEC foi devolvida na forma do art. 137, §1º, inc. II, alínea "b", do RICD, por inconstitucionalidade material.[19]

No Senado Federal, não há registro de qualquer proposição impugnada pela Presidência da Casa em razão de ofensa a limites de iniciativa (art. 48, XI, do RISF), já que, via de regra, essas proposições nem sequer chegam a ser autuadas a Secretaria-Geral da Mesa, sendo que apenas 1 (uma) proposição foi arquivada após decisão inicial da Presidência por vício de inconstitucionalidade material.[20]

3 A aprovação das PECs e como as casas legislativas interpretam a Constituição

Dos milhares de propostas de emenda à Constituição que tramitaram no Congresso Nacional ao longo das últimas décadas, *129* (cento e vinte e nove) foram *formalmente*

---

[17] PEC nº 47/2012, subscrita pela Câmara Legislativa do Distrito Federal e pelas assembleias legislativas dos estados do Amapá, Ceará, Espírito Santo, Goiás, Maranhão, Minas Gerais, Paraná, Pará, Piauí, Rio de Janeiro, Rondônia, Roraima, Santa Catarina e São Paulo, cujo objeto é a alteração de algumas competências legislativas previstas na CRFB/1988.

[18] Em razão da ausência de informações na ficha de tramitação e no dossiê disponibilizados na página eletrônica da Câmara dos Deputados, em 5 (cinco) casos não foi possível especificar qual a natureza do vício que motivou a determinação presidencial para a devolução de proposição ao autor.

[19] BRASIL. Câmara dos Deputados. *Proposta de Emenda à Constituição nº 311/2017*. Altera o Art. 5º, alínea C, Inciso XLVII da Constituição Federal, suprimindo a expressão "trabalhos forçados" e dá outras providências. Brasília, Câmara, 2017.

[20] SUASSUNA, Ney. *Proposta de Emenda Constitucional nº 22 de 2003*. Altera o inciso XLVII do artigo 5º da Constituição Federal, para suprimir a letra "b" instituindo a pena de caráter perpétuo. Brasília, DF: Senado Federal, 2003.

incorporadas ao texto constitucional. Não há dúvida de que a atuação do parlamento brasileiro como constituinte derivado é bastante expressiva e recorrente, ao menos do ponto de vista quantitativo.[21]

Historicamente, a aprovação de emendas constitucionais na forma do art. 60 da Constituição pode ser assim ilustrada:

Gráfico 2 – Emendas à Constituição por sessão legislativa

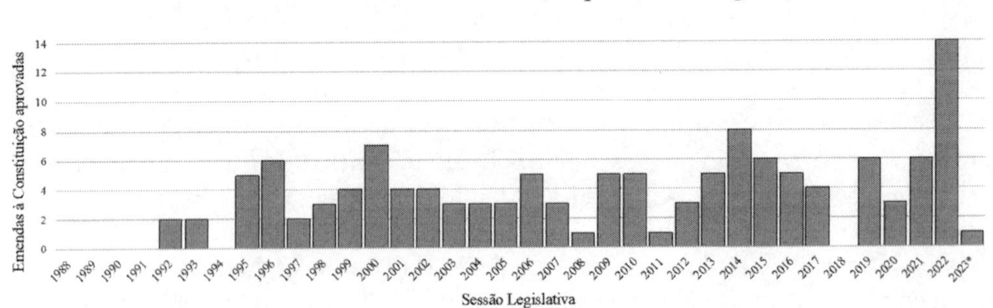

Ressalvados os anos de 1994 e 2018, desde a primeira emenda à Constituição em 1992, as mesas da Câmara dos Deputados e do Senado Federal promulgaram anualmente pelo menos uma EC aprovada na forma de seu art. 60.

A lacuna em *1994* é apenas aparente. Nesse período, a atuação do parlamento como constituinte derivado foi lastreada em previsão constitucional específica, disposta no art. 3º do ADCT[22] e regulamentada pela Resolução nº 1/1993:[23] a *Revisão Constitucional*. Durante os trabalhos, o Congresso Nacional aprovou *6* (seis) *emendas* constitucionais *de revisão*, todas provenientes de iniciativa do próprio Legislativo.

Já em *2018*, a atividade legislativa esteve circunstancialmente limitada pelo disposto no art. 60, §1º, da Constituição, em razão da vigência de *intervenção federal* no estado do Rio de Janeiro, decretada logo no início da sessão legislativa, em fevereiro de 2018,[24] e revogada apenas em julho de 2019. Em dezembro do mesmo ano, vigorou também intervenção federal no estado de Roraima.[25]

---

[21] Sobre a discussão acerca dos impactos qualitativos dessas mudanças, cf. GODOY, Guilherme Baena Fernandes. *A Constituição Catedral*: uma análise das sucessivas emendas à Constituição e a preservação do seu núcleo essencial. Dissertação (Mestrado) – IDP, Brasília, 2023.

[22] "Art. 3º A revisão constitucional será realizada após cinco anos, contados da promulgação da Constituição, pelo voto da maioria absoluta dos membros do Congresso Nacional, em sessão unicameral".

[23] BRASIL. Congresso Nacional. Câmara dos Deputados. *Resolução nº 1, de 18 de novembro 1993*. Dispõe sobre o funcionamento dos trabalhos de revisão constitucional e estabelece normas complementares específicas. Brasília: Lex, 1993.

[24] BRASIL. *Decreto nº 9.288, de 16 de fevereiro de 2018*. Decreta intervenção federal no Estado do Rio de Janeiro com o objetivo de pôr termo ao grave comprometimento da ordem pública. Brasília: Presidência da República, 2018. Disponível em: https://www.planalto.gov.br/ccivil_03/_ato2015-2018/2018/decreto/d9288.htm. Acesso em: 23 jul. 2023.

[25] BRASIL. *Decreto nº 9.602, de 8 de dezembro de 2018*. Decreta intervenção federal no Estado de Roraima com o objetivo de pôr termo a grave comprometimento da ordem pública. Brasília: Presidência da República, 2018. Disponível em: https://www.planalto.gov.br/ccivil_03/_Ato2015-2018/2018/Decreto/D9602.htm. Acesso em: 31 jul. 2023.

No extremo oposto, as duas sessões legislativas com o maior número de emendas constitucionais promulgadas coincidem com os anos das eleições presidenciais que tiveram os resultados mais acirrados do período: *2014*, com a promulgação de 8 emendas constitucionais, e *2022*, com 14 emendas constitucionais.

Nota-se, ainda, que expressivo número de proposições aprovadas em 2022 –correspondente a mais de 10% (dez por cento) do total de emendas à Constituição aprovadas desde 1988 – não é um indicador isolado, integra o perfil da legislatura que mais alterou o texto constitucional.

Gráfico 3 – Emendas à Constituição promulgadas por legislatura

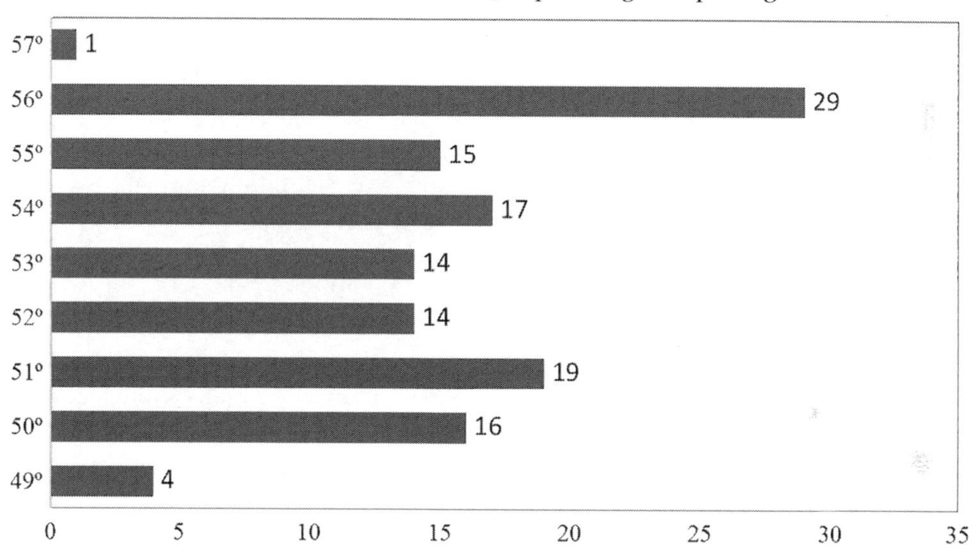

A variação no número de proposições aprovadas, por certo, não pode ser atribuída a um fator único ou interpretada de modo isolado. Fatores externos ao parlamento, a relação entre poderes, as demandas sociais e até o contexto sanitário/epidemiológico são relevantes para a estabilidade constitucional. Do mesmo modo, questões internas relacionadas à interpretação dos limites formais de reforma também podem contribuir para maior ou menor celeridade na aprovação de emendas à Constituição, algumas vezes a despeito de sua juridicidade.

3.1 O parlamento como ponto de flexibilização de limites formais: a extinção do interstício entre os turnos de votação

Em uma análise focada no procedimento legislativo das proposições efetivamente convertidas em emendas constitucionais, as normas regimentais materialmente constitucionais mais desrespeitadas explicitamente, tanto na Câmara dos Deputados, quanto no Senado Federal, são aquelas que preveem o interstício entre os turnos de votação.[26] [27]

Em síntese, a Constituição prevê, entre os limites formais à reforma constitucional, que a proposta será discutida e votada em cada casa do Congresso Nacional, *em dois turnos*, considerando-se aprovada se obtiver, em ambos, três quintos dos votos dos respectivos membros. A definição do intervalo apto a caracterizar o que seriam "dois turnos" de votação ficou a cargo dos regimentos internos das casas legislativas.

Afastado um improvável entendimento de que a norma constitucional objetiva, neste ponto, evitar erros ou "ato falho" no registro do voto – como ocorre, por exemplo, quando uma ficha de cadastro *on-line* pede a confirmação da senha digitada, ou um programa de computador indaga ao usuário se "tem certeza" de que quer praticar algum ato –, não há justificativa apta a sustentar que o limite imposto pela exigência de *dois turnos* de votação para a aprovação de uma norma esteja satisfatoriamente atendida pelo registro de *dois votos* pelo *mesmo parlamentar* com *minutos* ou *horas* de *diferença* entre eles.

Explicitamente, não foi essa a escolha dos regimentos internos da Câmara dos Deputados e do Senado Federal, que previram interstícios mínimos entre os turnos de votação de 5 (cinco) *sessões* e 5 (cinco) *dias úteis*, respetivamente.

Nos corredores do Congresso, contudo, a prática parlamentar é outra.

3.1.1 Senado Federal

As propostas de emenda à Constituição não estão sujeitas à tramitação em regime de urgência, seja aquele decorrente da previsão constitucional (art. 64, §1º, da Constituição), seja a chamada urgência regimental (art. 336 e seguintes do RISF), que possibilitam a inobservância dos prazos ordinários e de outras formalidades.

Não obstante, no Senado Federal consolidou-se a viabilidade de aprovação de requerimento de dispensa de interstício ou de se definir o chamado "calendário especial" para votação das PECs. Nestas hipóteses, a aprovação do requerimento significa a formalização do desrespeito aos prazos regimentais.

Em julho de 1996, foi aprovado por unanimidade o primeiro requerimento de dispensa de interstício.[28] A aparência de consenso transmitida pelo registro formal de unanimidade na votação é afastada pelos debates que se seguiram ao ato, nos quais

---

[26] Ainda que numericamente menos representativo, outro embate relevante diz respeito à interpretação e constitucionalidade de normas (e possíveis "manobras") regimentais que operacionalizam o disposto no §5º do art. 60 da Constituição – que veda a apresentação de nova proposição com o mesmo objeto e na mesma sessão legislativa, caso a matéria tenha sido "rejeitada ou havida por prejudicada". Sobre o tema: NERY, Bárbara Brum. *O controle político da reforma constitucional*: uma análise do papel do parlamento na garantia da juridicidade da Constituição. Belo Horizonte: Fórum, 2022; BUSTAMANTE, Thomas; BUSTAMANTE, Evanilda Godoi. Jurisdição constitucional na Era Cunha: entre o passivismo procedimental e o ativismo substancialista do Supremo Tribunal Federal. *Revista Direito & Praxis*, Rio de Janeiro, v. 7, n. 13, p. 346-388, 2016. Ministro Marco Aurélio no Mandado de Segurança nº 22.503-3/DF: BRASIL. Supremo Tribunal Federal. *Mandado de Segurança nº 22503-3/DF*. Mandado de segurança impetrado contra ato do presidente da câmara dos deputados, relativo à tramitação de emenda constitucional. Alegação de violação de diversas normas do regimento interno e do art. 60, §5º, da constituição federal. Relator: Min. Marco Aurélio, 8 maio 1996. Brasília, DF: STF, 1996, entre outros.

[27] Sobre normas regimentais que concretizam normas materialmente constitucionais, especialmente em relação à categorização proposta por Vicenzo Longi, cf. MONTEIRO NETO, José Trindade. *O conceito judicial do devido processo legislativo*. Dissertação (Mestrado) – IDP, Brasília, 2020. p. 55.

[28] BRASIL. Requerimento nº 673/1996. *Diário do Senado Federal*, Brasília, v. 51, n. 126, 1996.

fica evidenciado que alguns senadores desconheciam por completo o conteúdo do que haviam acabado de aprovar.

Quadro – Debates que sucederam a votação do Requerimento nº 673/1996

Julho de 1996 DIÁRIO DO SENA

O SR. EPITACIO CAFETEIRA - Sr. Presidente, peço a palavra pela ordem.

O SR. PRESIDENTE (Ney Suassuna) - Tem V. Exª a palavra.

O SR. EPITACIO CAFETEIRA (PPB-MA. Pela ordem. Sem revisão do orador.) - Sr. Presidente, gostaria que V. Exª notasse que não perguntou quem concordava com o requerimento ou não. Colocou-o em votação e, em seguida, declarou-o aprovado. Nem pude votar contrariamente, e quero fazê-lo.

O SR. PRESIDENTE (Ney Suassuna) - Já está registrada a manifestação de V. Exª.

O SR. EPITACIO CAFETEIRA - Talvez outros Senadores tenham o mesmo pensamento e não queiram proceder da mesma forma que eu.

O SR. JOSÉ EDUARDO DUTRA - Sr. Presidente, peço a palavra pela ordem.

O SR. PRESIDENTE (Ney Suassuna) - Tem V. Exª a palavra.

O SR. JOSÉ EDUARDO DUTRA (PT-SE. Pela ordem. Sem revisão do orador.) - Sr. Presidente, gostaria que a Mesa informasse novamente o que foi votado neste momento, em relação a que o Senador Epitacio Cafeteira votou contrariamente.

O SR. PRESIDENTE (Ney Suassuna) - A matéria e o parecer foram distribuídos e estão sobre a bancada, aos quais V. Exª tem acesso. Trata-se de um requerimento do Senador Bello Parga.

O SR. JOSÉ EDUARDO DUTRA - Solicito então a V. Exª que registre meu voto contrário ao requerimento.

O SR. PRESIDENTE (Ney Suassuna) - Pois não, Excelência. Está registrado.

O SR. PEDRO SIMON - Sr. Presidente, apenas desejo dizer que não sei o que votei.

Fonte: Requerimento nº 673/1996.[29]

Ao Requerimento nº 673, de 1996, seguiram-se diversos outros. Contudo, os casos de "quebra da regra regimental não pareciam ser suficientes para reduzir o tempo das reformas".[30] Surge, então, a figura do denominado Calendário Especial, que "é um Calendário aprovado em Plenário por unanimidade, a partir de um Requerimento das

[29] BRASIL. Requerimento nº 673/1996. *Diário do Senado Federal*, Brasília, v. 51, n. 126, 1996.

[30] CARVALHO, Heraldo Pereira de. *A subtração do tempo de interstício entre turnos de votação de proposta de emenda à Constituição de 1988*: uma contextualização de interesses segmentados em detrimento do direito da cidadania. 2010. Dissertação (Mestrado em Direito) – Universidade de Brasília, Brasília, 2010. p. 102.

Lideranças e permite a dispensa dos interstícios regimentais e a elaboração do Parecer de Admissibilidade em Plenário".[31]

A primeira referência a esse modelo de fixação de datas para tramitação das propostas de emenda à Constituição se deu no ano de 2001, durante o processo legislativo da PEC nº 2A/1995, que originou a EC nº 35/2001.

Na oportunidade, manifestando sua posição contrária à adoção do procedimento abreviado, o então Senador Jefferson Peres impetrou o Mandado de Segurança nº 24.154,[32] perante o STF, distribuído à relatoria do Ministro Nelson Jobim, que negou seguimento à ação constitucional, nos termos do art. 21, §1º, do RISTF, por entender tratar-se de matéria *interna corporis*.

A partir da aprovação do Requerimento nº 768/2001, outras emendas constitucionais foram aprovadas nos mesmos moldes. Atribui-se[33] a consolidação da possibilidade de adoção do Calendário Especial ao Esclarecimento do Senado Federal nº 4, de 9.6.2004, oriundo de questão de ordem posta pelo Senador Jefferson Peres, que refutava a possibilidade de supressão do referido prazo regimental, no caso da votação da PEC nº 55A, de 2001.

Nessa oportunidade, a justificativa para a adoção do Calendário Especial foi forjada em uma interpretação – pouco clara – do art. 412, III, do RISF, que prevê a possibilidade de prevalência de acordo de liderança ou de decisão do plenário sobre normas regimentais, em caso de aprovação *unânime*, mediante voto *nominal* de, no mínimo, 3/5 dos membros da Casa.

Se a adoção desse entendimento, no caso de normas regimentais que visam a efetivar limites constitucionais de reforma, já é de duvidosa constitucionalidade, verifica-se que, no caso do paradigma citado, nem sequer foi isso o que realmente aconteceu, uma vez que o Requerimento nº 711, de 2004,[34] não se deu pela forma nominal, havendo, inclusive, manifestação expressa de discordância sobre o tema, em discurso proferido pelo Senador Almeida Lima.

O caso chegou ao STF por meio do Mandado de Segurança nº 24.949, distribuído ao então Ministro Joaquim Barbosa, que, monocraticamente, negou a concessão liminar da ordem, por entender que o objeto da impetração não se enquadraria nas exceções aptas a justificarem a revisão judicial de questão *interna corporis*, porquanto a "apreciação do pedido implicaria fixar a interpretação dos dispositivos do Regimento Interno do Senado Federal [...]".[35]

A proposta de emenda à Constituição foi rejeitada em segundo turno, tendo a impetração perdido seu objeto antes da análise do mérito pelo órgão colegiado. Contudo, a partir de então, a formulação de Calendário Especial se tornou lugar comum na tramitação de proposições relativas à reforma constitucional.

---

31 Informação prestada por Pesquisas Legislativas do Senado Federal, após requerimento de informação por meio da Mensagem nº 19000413682, enviada ao Serviço de Relacionamento Público Alô Senado.

32 BRASIL. Supremo Tribunal Federal. *Mandado de Segurança nº 24154/DF*. Relator: Min. Nelson Jobim, 4 abr. 2002. Brasília, DF: STF, 2002.

33 Informação prestada por Pesquisas Legislativas do Senado Federal, após requerimento de informação por meio da Mensagem nº 19000413682, enviada ao Serviço de Relacionamento Público Alô Senado.

34 BRASIL. Senado Federal. Requerimento nº 711. *Diário do Senado Federal*, Brasília, v. 59, n. 94, 2004.

35 BRASIL. Supremo Tribunal Federal. *Mandado de Segurança nº 24949/DF*. Relator: Min. Joaquim Barbosa, 27 ago. 2004. Brasília, DF: STF, 2004.

Fato é que, das 129 (cento e vinte e nove) emendas constitucionais aprovadas entre os anos de 1991 e 2023, 89 (oitenta e nove) observaram o Calendário Especial, tiveram requerimento de dispensa de interstício aprovado ou simplesmente flexibilizaram os turnos de votação durante a tramitação no Senado Federal

3.1.2 Câmara dos Deputados

Na Câmara dos Deputados, o histórico de supressão do interstício entre os turnos de votação[36] previstos na Constituição para a reforma constitucional se inicia durante a tramitação da PEC nº 559/2002,[37] com aprovação de requerimento dos líderes "no sentido de ser dispensado o interstício regimental de cinco sessões para a votação em segundo turno da Proposta de Emenda à Constituição nº 559/02".[38] Na mesma data, a proposição foi submetida ao segundo turno de votação, obtendo a maioria necessária para seu encaminhamento à promulgação, dando origem à Emenda Constitucional nº 39, de 2002.[39]

Durante os debates, os então deputados federais Jair Bolsonaro e Luiza Erundina se opuseram à aprovação do requerimento de dispensa de interstício e apresentaram, respectivamente, os recursos nºs 257 e 258, posteriormente arquivados, sem julgamento do mérito.

Após a dispensa do interstício entre turnos na tramitação da PEC nº 559/2002,[40] outras 42 (quarenta e duas) *emendas constitucionais* foram votadas em segundo turno após a aprovação de requerimento da mesma natureza ou com a flexibilização do prazo regimental que regulamenta os turnos de votação. Das 30 (trinta) ECs promulgadas entre 2019 e 2023, 27 (vinte e sete) delas estão nessa situação.

4 Conclusão

A pesquisa desenvolvida neste texto integra um projeto mais amplo em que se investiga quais fatores influenciam o exercício da função legislativa como garantidor da juridicidade da Constituição, em especial aqueles que favorecem ou dificultam o controle de constitucionalidade durante a tramitação das PECs.

---

[36] Entre as propostas de emenda à Constituição aprovadas, há registro anterior de supressão de outro interstício regimental que acaba interferindo na tramitação entre turnos, como é o caso do intervalo de duas sessões para a votação da redação final para o segundo turno da proposição, nos termos do art. 150 do RICD (i.e., PEC nº 33/1995).

[37] CARVALHO, Heraldo Pereira de. *A subtração do tempo de interstício entre turnos de votação de proposta de emenda à Constituição de 1988*: uma contextualização de interesses segmentados em detrimento do direito da cidadania. 2010. Dissertação (Mestrado em Direito) – Universidade de Brasília, Brasília, 2010.

[38] BOLSONARO, Jair. *Recurso nº 257, de 2002 (apenso Recurso nº 258, de 2002)*. Relator: Deputado José Eduardo Cardozo. Brasília: Comissão de Constituição e Justiça e de Redação, 2003.

[39] BRASIL. *Emenda Constitucional nº 39 de 19 de dezembro de 2002*. Acrescenta o art. 149-A à Constituição Federal (Instituindo contribuição para custeio do serviço de iluminação pública nos Municípios e no Distrito Federal). Brasília, DF: Presidência da República, 2002.

[40] DIAS, Álvaro. *Proposta de Emenda à Constituição 559/2002*. Acrescenta o art. 149-A à Constituição Federal (instituindo contribuição para custeio do serviço de iluminação pública nos Municípios e no Distrito Federal). Brasília: Câmara dos Deputados, 2002.

Os dados empíricos apurados demonstram um considerável número de PECs em tramitação no Poder Legislativo desde a promulgação da Constituição. A propositura de uma PEC apresenta certo padrão, concentrando-se e reduzindo-se, respectivamente, no início e ao final de cada legislatura. Dados mais recentes apontam para uma mudança neste comportamento, possivelmente decorrente das alterações regimentais implementadas em razão da pandemia.

Para além das descobertas quantitativas, outra evidência relevante destacada nesta pesquisa diz respeito à maneira com que a Câmara dos Deputados e o Senado Federal interpretam e aplicam as normas constitucionais – no recorte específico, o sentido de *interstício* – e quais são as consequências, práticas e estratégicas, na tramitação de uma PEC.

A interpretação empregada pelas duas casas legislativas é particularmente determinante, uma vez que o STF usualmente abstém-se de realizar o controle de constitucionalidade em casos derivados de processo legislativo, sob o pretexto de se tratar de matéria própria do Poder Legislativo (assunto *interna corporis*).

Referências

ALEXY, Robert. *Teoria dos direitos fundamentais*. Tradução de Virgílio Afonso da Silva. São Paulo: Malheiros, 2012.

BRYCE, James. *Constituiciones Flexibles y Constituciones rígidas*. 2. ed. Madrid: Instituto de Estudios Políticos, 1962.

BUSTAMANTE, Thomas da Rosa; BUSTAMANTE; Evanilda Nascimento de Godoi. As emendas aglutinativas na Era Cunha: o devido processo legal entre a proteção da segurança jurídica e a da autonomia política. *In*: BOLONHA, Carlos; BONIZZATO, Luigi; MAIA, Fabiana (Org.). *Teoria institucional e constitucionalismo contemporâneo*. Curitiba: Juruá, 2016.

BUSTAMANTE, Thomas; BUSTAMANTE, Evanilda Godoi. Jurisdição constitucional na Era Cunha: entre o passivismo procedimental e o ativismo substancialista do Supremo Tribunal Federal. *Revista Direito & Praxis*, Rio de Janeiro, v. 7, n. 13, p. 346-388, 2016.

CAVALCANTE FILHO, João Trindade. Controle preventivo de constitucionalidade e de logística pelas comissões de constituição e justiça: importância, perspectivas e desafios. *In*: CONGRESSO INTERNACIONAL DE DIREITO CONSTITUCIONAL: "30 ANOS DE CONSTITUIÇÃO: UM BALANÇO", 21., 2018; MENDES, Gilmar Ferreira; BRANCO, Paulo Gustavo Gonet (Org.). *Anais*... Brasília: IDP, 2019. Disponível em: http://www.idp.edu.br/wp-content/uploads/2019/10/e-book_XXI-Congresso-Internacional-de-Direito-Constitucional-do-IDP-final.pdf. Acesso em: 23 jul. 2023.

DUGUIT, Léon. *Manual de derecho constitucional*. Granada: Comares, 2005.

FUNDAÇÃO GETULIO VARGAS. Diretoria de Análise de Políticas Públicas. *O dilema do brasileiro*: entre a descrença no presente e a esperança no futuro. Coordenação de Marco Aurélio Ruediger. Rio de Janeiro: FGV, DAPP, 2017. Disponível em: http://dapp.fgv.br/wp-content/uploads/2017/10/FGV_DAPP_dilema_2017-10-10_BV_pag-simples_web.pdf. Acesso: 23 jul. 2023.

GARRETT, Elizabeth; VERMEULE, Adrian. Institutional design of a Thayerian Congress. *Duke Law Journal*, v. 50, p. 1277-1333, 2001.

HIRSCHL, Ran. O novo constitucionalismo e a judicialização da política pura no mundo. *Revista de Direito Administrativo – RDA*, Belo Horizonte, n. 251, p. 139-178, maio/ago. 2009.

HIRSCHL, Ran. The political origins of the new constitutionalism. *Indiana Journal of Global Legal Studies*, v. 11, iss. 1, article 4, p. 71-108, 2004.

KRAMER, Larry. Democracia deliberativa e constitucionalismo popular: James Madison e o "Interesse do Homem". *In*: BIGONHA, Antônio Carlos Alpino; MOREIRA, Luiz (Org.). *Limites do controle de constitucionalidade*. Rio de Janeiro: Lumen Juris, 2009.

KRAMER, Larry. Popular Constitutionalism. Circa 2004. *California Law Review*, v. 92, n. 4, July 2004. Disponível em: http://scholarship.law.berkeley.edu/californialawreview/vol92/iss4/1. Acesso em: 23 jul. 2023..

LA PALOMBARA, Joseph G. *A política no interior das nações*. Brasília: Ed. Universidade de Brasília, 1982.

LAVAGNA, Carlo. *Istituzioni di diritto pubblico*. 6. ed. Torino: UTET, 1993.

MARMOR, Andrei. As Constituições são legítimas? *Pensar*, Fortaleza, v. 16, n. 1, jan./jun. 2011. Disponível em: https://periodicos.unifor.br/rpen/article/view/2147/1747. Acesso em: 23 jul. 2023.

MENDES, Conrado Hubner. Abomináveis cunhadas. *O Estado de São Paulo*, São Paulo, 14 jul. 2015. Opinião. Disponível em: https://opiniao.estadao.com.br/noticias/geral,abominaveis--cunhadas,1724498. Acesso em: 23 jul. 2023.

MENDES, Conrado Hübner. *Direitos fundamentais, separação de poderes e fundamentação*. 2008. Tese (Doutorado em Direito) – Faculdade de Filosofia, Letras e Ciências Humanas, Universidade de São Paulo, São Paulo, 2008.

NERY, Bárbara Brum. *O controle político da reforma constitucional*: uma análise do papel do parlamento na garantia da juridicidade da Constituição. Belo Horizonte: Fórum, 2022.

NERY, Barbara Brum. *Rigidez constitucional no estado democrático de direito*: um debate acerca dos limites formais e materiais à reforma constitucional. 2015. 201 f. Dissertação (Mestrado em Direito) – Programa de Pós-Graduação em Direito, Pontifícia Universidade Católica de Minas Gerais, Belo Horizonte, 2015.

PIMENTEL FILHO, José. Emendas aglutinativas e procedimentos de aprovação de PEC na Câmara Federal: o desconcertante precedente. *Revista Thesis Juris – RTJ*, São Paulo, v. 5, n. 3, p. 682-702, set./dez. 2016. Disponível em: http://www.revistartj.org.br/ojs/index.php/rtj/article/view/453/pdf. Acesso em: 15 ago. 2019.

POGREBINSCHI, Thamy. *Judicialização ou representação política, direito e democracia no Brasil*. Rio de Janeiro: Elsevier, 2011.

SAMPAIO, José Adércio Leite. Práticas parlamentares e convenções constitucionais. *In*: BARACHO JÚNIOR, José Alfredo de Oliveira; PEREIRA, Bruno Cláudio Penna Amorim (Org.). *Direito parlamentar*: discussões contemporâneas. Belo Horizonte: Vorto, 2018.

SISTEMA DE INFORMAÇÃO AO CIDADÃO. *Conect nº 19792*. Destinatário: Bárbara Brum Nery. Brasília, 5 ago. 2019. 1 mensagem eletrônica.

VIEIRA, Oscar Vilhena. *A Constituição e sua reserva de justiça*: um ensaio sobre os limites materiais ao poder de reforma. São Paulo: Malheiros, 1999.

VIEIRA, Oscar Vilhena. Constituição como reserva de justiça. *Revista Lua Nova*, São Paulo, n. 42, p. 53-97, 1997.

VIEIRA, Oscar Vilhena. Supremocracia: um ensaio sobre os limites materiais ao poder de reforma. *Revista Direito GV*, São Paulo, jul./dez. 2008. Disponível em: http://www.scielo.br/pdf/rdgv/v4n2/a05v4n2.pdf. Acesso em: 23 jul. 2023.

WALDRON, Jeremy. *A dignidade da legislação*. São Paulo: Martins Fontes, 2003.

WALDRON, Jeremy. Disagreement and precommitment. *In*: ALEXANDER, Larry (Org.). *Philosophical foundations*. New York: Cambridge University Press, 2001. p. 271-299.

WALDRON, Jeremy. O judicial review e as condições de democracia. *In*: BIGONHA, Antônio Carlos Alpino; MOREIRA, Luiz (Org.). *Limites do controle de constitucionalidade*. Rio de Janeiro: Lumen Juris, 2009.

ZAGREBELSKY, Gustavo; MARCENÒ, Valeria. *Justicia constitucional*: história, princípios e interpretaciones. 2. ed. Boloña: Zela, 2018. v. 1.

Informação bibliográfica deste texto, conforme a NBR 6023:2018 da Associação Brasileira de Normas Técnicas (ABNT):

NERY, Bárbara Brum; CAVALCANTE FILHO, João Trindade; ANDRADA, Bonifácio José Suppes de. A atividade parlamentar e a reforma constitucional: os 35 anos de atuação do Congresso Nacional como constituinte derivado. *In*: FACHIN, Luiz Edson; BARROSO, Luís Roberto; CRUZ, Álvaro Ricardo de Souza (Coord.). *A Constituição da democracia em seus 35 anos*. Belo Horizonte: Fórum, 2023. p. 435-447. ISBN 978-65-5518-597-3.

A EVOLUÇÃO DO CONTROLE SOCIAL DA ADMINISTRAÇÃO PÚBLICA NOS 35 ANOS DA CONSTITUIÇÃO DE 1988: AMPLIAÇÃO E EFETIVIDADE

GUSTAVO COSTA NASSIF
MARIANA BUENO RESENDE

1 Introdução

A Constituição da República de 1988 tem como característica determinante a instituição, no Brasil, de um Estado democrático de direito, exigindo que a Administração Pública, para além de estar condicionada à atuação conforme a lei, vedando práticas arbitrárias por parte dos gestores públicos, esteja também submetida à ideia de soberania popular, que impõe a participação popular efetiva tanto na eleição dos seus representantes quanto na formação da vontade estatal.

Ao ressaltar a centralidade da dignidade da pessoa humana e dos direitos fundamentais, a nova ordem constitucional contribuiu para a transformação da atuação da Administração Pública unilateral e verticalizada para uma atuação consensual, que busca dialogar com a sociedade. Diante das novas exigências, o ordenamento jurídico brasileiro incorpora, cada vez mais, a ideia de permeabilidade do Estado ao criar canais de comunicação com a sociedade, reconhecendo a importância da colaboração privada na prestação dos serviços, na definição de políticas públicas e no controle da atividade administrativa.

Para tanto, o art. 74 da Constituição Federal impõe a adoção de um sistema integrado de controle interno a toda Administração Pública, inclusive na avalição de resultados da gestão governamental, incluindo todos os poderes da República, além de assegurar o direito fundamental dos cidadãos de participar no controle da gestão e denunciar as irregularidades e ilegalidades perante os órgãos competentes.

Nesse cenário, a Emenda Constitucional nº 19/1998 acrescentou o §3º ao art. 37 da CR/88, remetendo à legislação infraconstitucional a disciplina das formas de relação do poder público com a sociedade, o que resultou em um arcabouço de normas de controle social que possibilita o acesso à informação e a participação do usuário na prestação dos serviços públicos, de modo a ampliar as formas de atuação cidadã na condução das atividades públicas.

Entre as legislações promulgadas, ressalta-se a Lei nº 13.460/2017, que criou o Código de Defesa do Usuário do Serviço Público, prevendo como um dos principais direitos dos usuários o controle da qualidade dos serviços públicos e da atuação dos agentes neles envolvidos mediante canais de comunicação implementados pelas ouvidorias públicas, órgãos essenciais para possibilitar um Estado efetivamente democrático e aberto às demandas sociais.

Ao reconhecer a participação popular na Administração Pública como mecanismo fundamental para legitimar as escolhas estatais e para promover a melhoria da gestão pública, o presente estudo buscará tratar das transformações impulsionadas pela Constituição da República de 1988, nos seus 35 anos de vigência, no âmbito do controle social dos serviços públicos.

2 A Constituição de 1988 e a efetivação da participação cidadã na Administração Pública

Na modernidade, as revoluções liberais buscaram conter o poder estatal com a criação do Estado de direito, organizado e submetido à lei para garantia das liberdades individuais. Naquele momento, público e privado eram vistos "como ordens distintas [...] o público é meramente convencional e existe para garantir o livre curso do privado" (CARVALHO NETTO, 2003).

Havia, portanto, uma separação bem definida entre a esfera privada (fundada sobre a livre iniciativa individual e estruturada em torno das relações de interação que se estabelecem entre os indivíduos e os grupos) e a esfera pública, que condensava as relações de autoridade e de coerção necessárias para realização das funções incumbidas ao Estado de direção e gestão da coletividade (CHEVALLIER, 2009, p. 82).

A contraposição entre os interesses particulares e o interesse geral atribuído à esfera pública levava ao entendimento de que as formas consensuais não eram propícias a atingir o interesse público, em razão da impossibilidade de que o Estado acordasse com particulares acerca de interesses que só a ele eram atribuídos (NETTO, 2005, p. 30). Dessa forma, as decisões acerca da atuação estatal eram centradas nos governantes.

No entanto, no decorrer da história, com as transformações ocorridas na sociedade, nas funções do Estado e no direito, essas fronteiras (as esferas de atuação), inicialmente estabelecidas entre o público e o privado, foram se diluindo.

As mudanças sociais ocorridas no século XIX e início do século XX, sobretudo os avanços tecnológicos, as guerras mundiais e a crise econômica, com a percepção das desigualdades geradas pela autorregulação do mercado, levaram a que se exigisse do Estado a realização material dos direitos já consagrados no plano formal.

As Constituições do início do século XX (Constituição mexicana, de 1917, e Constituição alemã de Weimar, de 1919) sistematizaram, ao lado dos direitos individuais, o conjunto de direitos sociais do homem, como o direito ao trabalho, à educação, à previdência social, demandando atuação do Estado de forma a propiciar a realização desses direitos. Assim, no Estado social, a Administração assumiu atividades que antes não lhe incumbiam, com a ampliação da prestação de serviços públicos e a intervenção direta no domínio econômico.

Naquele cenário, a cidadania deixou de ser apenas o direito formal ao voto e passou a ser o direito à materialização do acesso aos direitos sociais. No entanto, como leciona Menelick de Carvalho Netto (2002), ainda que o conceito de cidadania tivesse ganhado outros contornos, a população ainda era tratada como destinatária de programas sociais, cuja autoria era apenas estatal, e não como sujeito atuante no processo decisório.

O alargamento do Estado e sua ampla ingerência na vida social não foram acompanhados da ampliação da participação nas decisões estatais. A soberania popular se restringia ao sufrágio universal, ao direito de escolha dos representantes por meio do voto. No mesmo sentido, Maria Coeli Simões Pires (2005, p. 40) assevera que a cidadania, no Estado social, perdeu "densidade no tratamento de massa, em que o Estado lida com os cidadãos em seu conjunto, na condição de destinatários dos megaprogramas oficiais, sem admiti-los como sujeitos do processo de construção dessa cidadania global".

A atribuição de inúmeras atividades ao Estado levou ao crescimento acentuado da máquina administrativa e ao alargamento da base tributária, não acompanhados da efetiva realização das demandas sociais. "O alargamento desmesurado da actividade administrativa de prestação conduziu à sobrecarga e ineficiência da Administração Pública" (ESTORNINHO, 1999, p. 47), acarretando a necessidade de repensar a máquina administrativa e as funções estatais.

Em razão da insuficiência dos modelos anteriores, busca-se um Estado pautado pelo direito, que atue de forma legítima, democrática, atendendo aos interesses plurais existentes na sociedade e que efetivamente seja capaz de realizar as demandas sociais. Nesse sentido, Augustín Gordillo (2003, p. 11-14) assevera que os clássicos esquemas de democracia representativa não são abandonados, mas se mostram insuficientes, acarretando a necessidade de criação de novas e adicionais formas de influência do povo no poder, de tal forma que sua influência nele não se limite às eleições.[1]

No Brasil, a Constituição de 1988 é marco histórico e jurídico para a efetivação de um Estado democrático de direito: amplia o conteúdo do princípio da legalidade para abranger os valores e princípios constitucionais[2] e prevê a necessidade de participação popular não só por meio do voto, mas mediante colaboração na formulação de políticas públicas, na execução de atividades administrativas e no controle da Administração Pública. Há, no texto constitucional, a valorização da figura do indivíduo e dos seus direitos ante o Estado.

---

[1] Roberto Dromi (1996, p. 82) afirma que "A democracia, como forma civilizada de viver, aspira à plena realização do homem em liberdade, para isso requer uma 'participação integral', não só política nem simplesmente eleitoral, mas também administrativa, econômica e social. O homem deve ser 'partícipe' da gestão pública em seus diferentes níveis institucionais" (tradução nossa).

[2] Nesse sentido, Luís Roberto Barroso (2012, p. 42-43) ensina que "A partir de 1988, e mais notadamente nos últimos cinco ou dez anos, a Constituição passou a desfrutar já não apenas da supremacia formal que sempre teve, mas também de uma supremacia material, axiológica, potencializada pela abertura do sistema jurídico e pela normatividade de seus princípios. Com grande ímpeto, exibindo força normativa sem precedente, a Constituição ingressou na paisagem jurídica do país e no discurso dos operadores jurídicos. [...] a Constituição figura hoje no centro do sistema jurídico, de onde irradia sua força normativa, dotada de supremacia formal e material. Funciona, assim, não apenas como parâmetro de validade para a ordem infraconstitucional, mas também como vetor de interpretação de todas as normas do sistema".

No atual paradigma constitucional, a participação popular não se traduz apenas na escolha dos governantes para formulação de leis e tomada de decisões, uma vez que exige constante e efetiva permeabilidade da atuação estatal à sociedade, por meio da previsão de diversos mecanismos de participação popular ativa.

O mais importante é que esse estímulo à participação democrática se baseie nas condições de comunicação a fim de alcançar resultados racionais, não simplesmente pelo autoentendimento recíproco dos valores compartilhados pelos membros da sociedade, mas pela busca da estabilização dos diversos interesses conflitantes voltados para o consenso, ou seja, o procedimento adotado para o acordo é que confere legitimidade à institucionalização da opinião e da vontade.

Diogo de Figueiredo Moreira Neto (2008, p. 127), sobre a consensualidade na Administração Pública, aponta como fundamentos essenciais do Estado democrático de direito a reposição dos indivíduos como protagonistas da política e do direito, e uma democracia efetiva, que mais do que um simples método de escolha coletiva dos governantes e da lei que deve reger a sociedade, constitui-se em "uma exigência de resultados coerentes com os valores que a informam". Para o autor:

> A participação e a consensualidade tornam-se decisivas para as democracias contemporâneas, pois contribuem para aprimorar a governabilidade (eficiência); propiciam mais freios contra o abuso (legalidade); garantem atenção a todos os interesses (justiça); proporcionam decisão mais sábia e prudente (legitimidade); desenvolvem a responsabilidade das pessoas (civismo); e tornam os comandos estatais mais aceitáveis e facilmente obedecidos (ordem). (MOREIRA NETO, 2001, p. 41)

A legitimidade, que no passado resultava da investidura legítima dos representantes populares, ganha novos contornos na atualidade, abarcando também o exercício legítimo do poder e a obtenção de resultados legítimos com o emprego do poder. Exige-se, portanto, não apenas uma democracia formal, mas uma democracia substancial, em que ganham destaque três aspectos: o da participação, o da eficiência e o do controle.

A contestação da Administração Pública como exclusiva definidora e executora do interesse público levou à construção de espaços de ingerência privada na atuação administrativa, seja na influência da tomada de decisões, seja no controle amplo ou na atuação colaborativa. A participação[3] direta dos cidadãos na gestão dos interesses da coletividade ganha importância na atualidade, constituindo fator essencial para a realização dos direitos e garantias fundamentais. A grande questão a ser colocada é "a cidadania como processo, como participação efetiva" (CARVALHO NETTO, 2002).

Dessa forma, mesmo a contragosto de alguns dos seus críticos, a sugestão é que seja compreendido e adotado o modelo de democracia procedimental, conforme proposto por Habermas,[4] com a participação dos envolvidos no processo decisório

---

[3] Santamaría Pastor (*apud* PÉREZ MORENO, 1989, p. 126) atenta para a amplitude do conceito de participação, que pode abranger: a colaboração dos particulares no exercício de funções públicas, as formas de participação no procedimento administrativo, a inserção de representantes de organizações de interesses nos órgãos consultivos da administração e um infindável número de técnicas inclassificáveis, como a negociação coletiva, formas de democracia direta etc.

[4] O Professor Álvaro Ricardo de Souza Cruz (2006, p. 23-24), ao analisar a obra de Jürgen Habermas, afirma que o projeto emancipatório do autor "pode ser sintetizado por meio de uma reflexão crítica para a reconstrução da

da Administração Pública. Segundo o filósofo alemão, por meio de canais de eleições gerais e formas de participação específica colocadas à disposição dos cidadãos, "as diferentes formas de opinião pública convertem-se em poder comunicativo, o qual exerce um duplo efeito: a) de autorização sobre o legislador, e b) de legitimação sobre a administração reguladora" (HABERMAS, 2003, p. 187). Dessa forma, a legitimidade democrática é alcançada pela possibilidade de acordos extraídos do debate político dos diversos membros sociais, de modo que "a discussão argumentada deve prevalecer sobre as decisões individuais e voluntárias do poder" (NASSIF, 2009).

Marcelo Andrade Cattoni de Oliveira (2015, p. 80), ao mesmo tempo, sintetiza:

> A Teoria Discursiva da Democracia sustenta que o êxito da política deliberativa depende da institucionalização jurídico-constitucional dos procedimentos e das condições de comunicação correspondentes, e considera os princípios do Estado Constitucional como resposta consistente à questão de como podem ser institucionalizadas as exigentes formas comunicativas de uma formação democrática da vontade e da opinião políticas. Uma soberania popular reconstruída em termos procedimentalistas e um sistema político ligado às redes periféricas da esfera pública andam de mãos dadas com uma imagem de sociedade descentrada. O modelo procedimental reinterpreta a esfera público-política enquanto arena para a detecção, identificação e interpretação os problemas que afetam a sociedade.

Assim, tanto as identidades subjetivas, quanto as sociais compartilham e se relacionam mediante um canal de reconhecimento recíproco, estruturado na comunicação linguística. A ética discursiva é caracterizada pela intersubjetividade social e não pela autonomia privada de concepções individuais sobre o bem ou pela autonomia pública de valores compartilhados dos membros da comunidade, isoladamente. Habermas afirma que a legitimidade está na garantia a todo cidadão da autonomia privada e da autonomia pública simultaneamente. Segundo o autor:

> [...] é necessário perguntar se tal 'democratização' da administração – que ultrapassa o simples dever de informar e que complementou o controle parlamentar e judicial da administração a partir de dentro – implica apenas a participação decisória de envolvidos, *a ativação de ombudsmen*, de processos análogos ao tribunal, de interrogatório e etc., ou se implica, além disso, outros tipos de arranjo num domínio tão suscetível a estorvos e onde a eficiência conta tanto. Tudo isso é questão de um jogo que envolve tanto a fantasia institucional, como a experimentação cuidadosa. (HABERMAS, 2003, p. 85) (Grifos nossos)

No Brasil, a Constituição de 1988, além das previsões contidas no art. 31 e nos arts. 70 e 74, também contemplou formas de participação e controle social na atividade estatal, a exemplo da previsão de ações constitucionais como mandado de segurança (art. LXIX), mandado de injunção (art. 5º, LXXI) e ação popular (art. 5º, LXXIII), que permitem o acionamento do Poder Judiciário; o direito de petição aos poderes públicos em defesa de direitos ou contra a ilegalidade ou abuso de poder (art. 5º, XXXIV); a

---

substância ética de vida boa, pelo fortalecimento de instituições capazes de orientar a modernidade em favor de uma postura humanista e não opressiva e, finalmente, pela procura de uma alternativa crítica favorável a uma resposta positiva no tocante a questões ecológicas e humanas face à dominação irracional de um socialismo pan-ótico e de um capitalismo desumanizado levado às últimas consequências pela globalização".

participação dos trabalhadores e empregadores nos colegiados de órgãos públicos para o debate e deliberação referentes a direitos profissionais e previdenciários (art. 10); a possibilidade de denúncia aos tribunais de contas acerca de quaisquer irregularidades e ilegalidades (art. 74, §2º); a participação da comunidade na organização dos serviços públicos de saúde (art. 198, III) e a colaboração da sociedade na promoção da educação (art. 205),[5] entre outras autorizações que estimulam a participação social. A norma constitucional tratou, portanto, de criar institutos de forte inclusão da cidadania nas esferas de controle dos atos administrativos.

Ao proferir seu voto no julgamento da medida cautelar na Ação Direta de Inconstitucionalidade nº 6.121/DF, concedida para suspender parcialmente a eficácia de decreto presidencial que extinguia órgãos colegiados de caráter deliberativo ou consultivo instituídos para acompanhar a condução de políticas públicas, o Ministro Edson Fachin (2019) sustentou:

> Da conjugação desses dispositivos [art. 10 e art. 194, parágrafo único, VII da CR/88] com a dicção do parágrafo único do artigo 1º (*Todo o poder emana do povo, que o exerce por meio de representantes eleitos ou diretamente, nos termos desta Constituição*), depreende-se, ao menos nesse juízo de prelibação, que a Carta Constitucional espelha uma dimensão conflitual de democracia, acolhendo o dissenso ínsito à sociedade pluralista que ela busca constituir.
>
> Em outras palavras, a abertura à participação do povo nos canais institucionais de formação da vontade estatal não só não é vedada pela Constituição, mas encorajada, como é possível compreender-se de suas disposições acima citadas. (Grifos no original)

Dessa forma, a jurisprudência ratifica o que o legislador constitucional positivou: a participação popular como instrumento de controle da Administração Pública; a supressão do déficit de legitimação democrática; a promoção da desburocratização e da transparência; o diálogo permanente entre cidadãos e a Administração Pública e o estímulo à melhoria da prestação dos serviços públicos.

No âmbito da atividade administrativa e do controle da prestação dos serviços à sociedade, a nova ordem constitucional, assentada nos princípios basilares do Estado democrático de direito, possibilitou a participação popular por meio da criação de ouvidorias públicas, entendidas, atualmente, como uma das macrofunções do controle interno.[6]

Na esfera federal, foi criada, pela Lei nº 8.490/1992, a Ouvidoria-Geral da República, inicialmente pertencente ao Ministério Justiça e transferida em 2003 para a Controladoria-Geral da União (CGU),[7] modelo que foi implementado nos estados e municípios. Posteriormente, o nome do órgão foi alterado para Ouvidoria-Geral da União (OGU).

---

[5] Nesse sentido, o Supremo Tribunal Federal já observou que "Além das modalidades explícitas, mas espasmódicas, de democracia direta – o plebiscito, o referendo e a iniciativa popular (art. 14) – a Constituição da República aventa oportunidades tópicas de participação popular na administração pública (*v.g.*, art. 5º, XXXVIII e LXXIII; art. 29, XII e XIII; art. 37, §3º; art. 74, §2º; art. 187; art. 194, § único, VII; art. 204, II; art. 206, VI; art. 224)" (BRASIL, 2002).

[6] O controle interno tem se estruturado em quatro macrofunções: auditoria, controladoria, corregedoria e ouvidoria.

[7] Ressalta-se que a primeira ouvidoria no Brasil nos moldes adotados atualmente foi criada no Município de Curitiba, por meio do Decreto nº 215/1986.

Com a promulgação da Emenda Constitucional nº 45, de 30.12.2004, determinou-se a criação de ouvidorias no âmbito do Poder Judiciário e do Ministério Público para receber reclamações e denúncias de qualquer interessado contra seus membros, órgão ou contra seus serviços auxiliares, representando diretamente ao Conselho Nacional de Justiça e ao Conselho Nacional do Ministério Público, respectivamente.

Com o advento da reforma da Administração Pública, implementada a partir do Plano Diretor da Reforma do Estado, elaborado pelo Ministério da Administração Federal e da Reforma do Estado (Mare), que buscava alterar o exercício da função administrativa,[8] introduziu-se, por meio da Emenda Constitucional nº 19/98, "O Princípio Constitucional da Eficiência" no *caput* do art. 37 da CR/88. A alteração constitucional intentou operacionalizar a transição da Administração Pública burocrática, rígida e ineficiente para uma Administração gerencial e flexível, baseada em conceitos de eficiência e voltada para o controle dos resultados.

Assim, foi adicionado o §3º ao art. 37, dispondo:

> §3º A lei disciplinará as formas de participação do usuário na administração pública direta e indireta, regulando especialmente:
>
> I - as reclamações relativas à prestação dos serviços públicos em geral, asseguradas a manutenção de serviços de atendimento ao usuário e a avaliação periódica, externa e interna, da qualidade dos serviços;
>
> II - o acesso dos usuários a registros administrativos e a informações sobre atos de governo, observado o disposto no art. 5º, X e XXXIII;
>
> III - a disciplina da representação contra o exercício negligente ou abusivo de cargo, emprego ou função na administração pública.

Verifica-se, portanto, que o constituinte reformador compreendeu que a eficiência da prestação dos serviços públicos perpassa não apenas a alteração do modelo de funcionamento da máquina estatal, mas também a necessária participação do usuário por meio de manifestações que objetivem assegurar a qualidade do serviço, o acesso constante às informações e a possibilidade de representar contra a atuação negligente e abusiva dos agentes públicos.

O referido dispositivo constitucional foi inserido para tornar efetivo o bom funcionamento do Estado, na medida em que orienta e estimula a condução das políticas públicas e a prestação dos serviços públicos mediante a participação cidadã, com a abertura da Administração Pública à sociedade por meio do diálogo.

Para viabilizar o controle social da Administração Pública, foi promulgada a Lei Complementar nº 131/2009, que estabeleceu normas de finanças públicas voltadas para a responsabilidade na gestão fiscal a fim de determinar a disponibilização, em tempo real, de informações pormenorizadas sobre a execução orçamentária e financeira da

---

[8] Bresser Pereira (2008), então ministro da Administração e Reforma do Estado, explicava que "Os objetivos das políticas públicas, entretanto, podem ser alcançados de forma efetiva mas não eficiente; é o que acontecia com a Administração Pública burocrática, para a qual o critério da efetividade – da capacidade do Estado de garantir a lei – domina o da eficiência. Já para a Administração Pública gerencial esse segundo critério é essencial: não basta que a Administração Pública garanta a execução da lei, ou, mais amplamente, das políticas públicas; é necessário efetivá-las com eficiência, ou seja, com uma satisfatória relação entre a quantidade e a qualidade dos serviços de um lado e seus custos de outro".

União, dos estados, do Distrito Federal e dos municípios (Lei da Transparência), também denominada de transparência ativa, com o estímulo à participação popular (art. 1º, parágrafo único, I).

Nos anos que se seguiram, foi promulgada a Lei nº 12.527/2011 (Lei de Acesso à Informação), que objetiva, nos termos dos art. 37, §3º, II, da CR/88, e de outros dispositivos constitucionais, que os dados acerca da atividade administrativa sejam disponibilizados aos cidadãos (transparência passiva), que podem acompanhar e fiscalizar a atuação estatal.

Observa-se que, junto à mencionada legislação, o tema tem ganhado efetividade, especialmente com a edição de novas leis, como a Lei nº 14.129/2021 (Lei do Governo Digital), que dispõe sobre princípios, regras e instrumentos para o aumento da eficiência da Administração Pública, especialmente por meio da desburocratização, da inovação, da transformação digital e da participação do cidadão, bem como a Lei nº 14.133/2021 (Nova Lei de Licitações e Contratos), que estabelece a utilização dos meios eletrônicos para divulgação da informação, de práticas contínuas e permanentes de gestão de riscos e de controle preventivo, ao mesmo tempo em que privilegia e facilita o acesso e controle dos cidadãos.

Outro importante marco legislativo foi a edição da Lei nº 13.460/2017 (Código de Defesa dos Usuários do Serviço Público), que regulamentou o art. 37, §3º, da CR/88, com o intuito de estabelecer normas básicas para participação, proteção e defesa dos direitos do usuário dos serviços públicos prestados direta ou indiretamente pela Administração Pública. Para tanto, além de prever direitos e deveres dos usuários, a legislação positivou as ouvidorias públicas como órgãos essenciais para a integração do cidadão à atividade estatal, conforme se verá a seguir.

No mesmo sentido de abertura da Administração Pública à sociedade, a Emenda Constitucional nº 108/2020 acrescentou o parágrafo único ao art. 193 da CR/88 para dispor que a participação social nos processos de formulação, monitoramento, controle e avaliação das políticas sociais deverá ser assegurada na forma da lei.

3 A Lei nº 13.460/2017 e o controle social da atividade estatal

O Código de Defesa dos Usuários do Serviço Público, aplicável à Administração Pública direta e indireta da União, dos estados, do Distrito Federal e dos municípios, determina que os serviços públicos[9] e o atendimento do usuário devem ser realizados de forma adequada, observando os princípios da regularidade, continuidade, efetividade, segurança, atualidade, generalidade, transparência e cortesia.

Entre os direitos do usuário –[10] pessoa física ou jurídica que se beneficia ou utiliza, efetiva ou potencialmente, de serviço público –, destaca-se a participação no

[9] "Art. 2º Para os fins desta Lei, consideram-se: [...] II - serviço público – atividade administrativa ou de prestação direta ou indireta de bens ou serviços à população, exercida por órgão ou entidade da administração pública; [...]".

[10] Maria Sylvia Zanella Di Pietro (2019) destaca que, "Apesar da demora na promulgação da lei, os direitos dos usuários, nesse período de omissão do legislador, não ficaram inteiramente desprotegidos, porque o §3º do art. 37 (introduzido pela referida emenda) consagra alguns princípios que podiam ser aplicados independentemente de lei, até porque decorrem de outros preceitos da Constituição. Trata-se do direito à informação, já assegurado pelo art. 5º, XXXIII, da Constituição, e do direito de representação, também garantido pelo art. 5º, XXXIV. Com base nesses dispositivos, pode sempre o usuário de serviço público de qualquer natureza, exercer, pela

acompanhamento da prestação e na avaliação dos serviços, podendo garantir seus direitos por meio de manifestações à Administração Pública e da criação dos conselhos de usuários.[11]

As manifestações dos usuários podem se materializar por meio de reclamações, denúncias, sugestões, elogios e demais pronunciamentos acerca da prestação dos serviços públicos e da conduta dos agentes na prestação e fiscalização de tais serviços, dirigidos às ouvidorias verbalmente, por meio eletrônico ou correspondência convencional.

A legislação estabelece que os procedimentos administrativos relativos à análise das manifestações devem buscar sua efetiva resolução de forma eficiente e célere, o que compreende: a) recepção da manifestação no canal de atendimento adequado; b) emissão de comprovante de recebimento da manifestação; c) análise e obtenção de informações, quando necessário; d) decisão administrativa final; e e) ciência ao usuário.

Tendo em vista que o acesso à informação é pressuposto para participação e fiscalização dos usuários, foi previsto o direito à obtenção de informações precisas e de fácil acesso nos locais de prestação do serviço e na internet. Ademais, os órgãos e entidades devem divulgar a Carta de Serviços ao Usuário com o objetivo de informar o usuário sobre os serviços prestados, as formas de acesso a esses serviços e seus compromissos e padrões de qualidade de atendimento ao público.

Para intermediar a comunicação entre os usuários e a Administração Pública, a Lei nº 13.460/2017 previu a existência das ouvidorias com as seguintes atribuições principais:

> I - promover a participação do usuàrio na administração pública, em cooperação com outras entidades de defesa do usuário;
>
> II - acompanhar a prestação dos serviços, visando a garantir a sua efetividade;
>
> III - propor aperfeiçoamentos na prestação dos serviços;
>
> IV - auxiliar na prevenção e correção dos atos e procedimentos incompatíveis com os princípios estabelecidos nesta Lei;
>
> V - propor a adoção de medidas para a defesa dos direitos do usuário, em observância às determinações desta Lei;
>
> VI - receber, analisar e encaminhar às autoridades competentes as manifestações, acompanhando o tratamento e a efetiva conclusão das manifestações de usuário perante órgão ou entidade a que se vincula; e
>
> VII - promover a adoção de mediação e conciliação entre o usuário e o órgão ou a entidade pública, sem prejuízo de outros órgãos competentes.

O Código de Defesa dos Usuários do Serviço Público consagrou, dessa forma, as ouvidorias como órgãos responsáveis por realizar a interação entre a Administração

---

via administrativa ou judicial, o direito à informação, como também pode representar perante as autoridades administrativas, o Tribunal de Contas, o Ministério Público, as ouvidorias, sobre as irregularidades na prestação dos serviços públicos, para fins de responsabilização civil, penal ou administrativa, além da responsabilidade por improbidade administrativa".

[11] "Art. 18. Sem prejuízo de outras formas previstas na legislação, a participação dos usuários no acompanhamento da prestação e na avaliação dos serviços públicos será feita por meio de conselhos de usuários. Parágrafo único. Os conselhos de usuários são órgãos consultivos dotados das seguintes atribuições: I - acompanhar a prestação dos serviços; II - participar na avaliação dos serviços; III - propor melhorias na prestação dos serviços; IV - contribuir na definição de diretrizes para o adequado atendimento ao usuário; e V - acompanhar e avaliar a atuação do ouvidor".

Pública e os usuários dos serviços públicos, possibilitando o controle social da atividade estatal e o aprimoramento da gestão pública.[12] Para tanto, as ouvidorias devem criar canais de comunicação, receber as manifestações dos usuários, realizar o tratamento das informações, acionar os setores responsáveis e fornecer resposta ao usuário.[13]

Embora as ouvidorias já estivessem em funcionamento em várias entidades e esferas da Administração Pública, a nova legislação trouxe relevo a esses órgãos e contribuiu para lhes dar maior visibilidade, de forma a ampliar o conhecimento da sociedade sobre os meios de interação com o Estado.

Segundo Valmir Gomes Dias ([s.d.]), que ocupou o cargo de Ouvidor-Geral da União, "A Lei nº 13.460, de 2017, representa o primeiro passo para dotar as ouvidorias públicas de um lastro normativo concreto, sobre o qual práticas comuns começam a se consolidar".

A Lei nº 13.460/2017 estabeleceu, ainda, a obrigatoriedade de que as ouvidorias realizem avaliação continuada dos serviços públicos mediante pesquisas de satisfação dos usuários no mínimo uma vez ao ano e que elaborem, anualmente, relatório de gestão,[14] documento por meio do qual serão consolidadas as informações oriundas das manifestações, além de apontar falhas e sugerir melhorias na prestação dos serviços públicos.

Nesse sentido, verifica-se um processo dialógico com a sociedade, por meio do qual as manifestações dos usuários contribuem para a avaliação e aprimoramento do agir estatal. Vasco Manuel Pascoal Días Pereira da Silva (2016, p. 305-306) ensina que a principal transformação do procedimento administrativo se verifica na colaboração entre as autoridades administrativas e particulares que:

> [...] se exprime e manifesta na própria elaboração da escolha e, mais precisamente, na (participação na) predisposição do seu material através, sobretudo, da exibição de interesses e de factos que são recolhidos, definidos, comparados e compostos num quadro de prevalência ou de coexistência, do qual decorre necessariamente a escolha administrativa.

As ouvidorias contribuem para a participação cidadã na medida em que convertem "um discurso social informal em um discurso social formal e institucionalizado" que "assegura uma sociedade aberta de intérpretes da Constituição" (NASSIF, 2009). Em obra anterior, já discorremos:

> O instituto das Ouvidorias Públicas constitui-se em processo administrativo de participação aberto a qualquer indivíduo ou grupos sociais determinados, com vista ao aperfeiçoamento

---

[12] Em âmbito federal, o Decreto nº 9.492/2018 regulamentou a Lei nº 13.460/2017 e instituiu o Sistema de Ouvidoria do Poder Executivo federal, que possui como um dos seus objetivos propor e coordenar ações para desenvolver o controle social dos usuários sobre a prestação dos serviços públicos e facilitar seu acesso aos instrumentos de participação na gestão e na defesa dos seus direitos.

[13] "Art. 16. A ouvidoria encaminhará a decisão administrativa final ao usuário, observado o prazo de trinta dias, prorrogável de forma justificada uma única vez, por igual período".

[14] "Art. 15. O relatório de gestão de que trata o inciso II do caput do art. 14 deverá indicar, ao menos: I - o número de manifestações recebidas no ano anterior; II - os motivos das manifestações; III - a análise dos pontos recorrentes; e IV - as providências adotadas pela administração pública nas soluções apresentadas. Parágrafo único. O relatório de gestão será: I - encaminhado à autoridade máxima do órgão a que pertence a unidade de ouvidoria; e II - disponibilizado integralmente na internet".

da prestação de serviços públicos e à legitimação das decisões da administração pública. Em face do princípio constitucional do controle, a fiscalização por intermédio do administrado conduz o poder público às melhores decisões a respeito dos interesses pessoais e coletivos. [...] Por isso as Ouvidorias Públicas foram incorporadas em países com tendência democrática, em especial no ordenamento jurídico brasileiro, como complemento aos institutos de proteção do cidadão e de controle da administração pública. [...]. (NASSIF, 2009)

Sob o ponto de vista organizacional, as ouvidorias, como órgãos centrais de acesso à Administração, possibilitam o contato permanente entre a sociedade civil e o poder público, quebrando a lógica das atuações prestacionais normalmente pontuais e específicas. As ouvidorias, nesse aspecto, representam canal perene de comunicação com a Administração Pública, à disposição dos cidadãos.

Sobre o tema, Álvaro Ricardo de Souza Cruz (2006, p. 111) salienta:

> [...] se se souber ouvir as pessoas mais carentes social, pedagógica e economicamente, os representantes das minorias religiosas, étnicas, de origem, de gênero, as crianças, os idosos e até mesmo os portadores de deficiência, essas pessoas serão atendidas, não por caridade e sim por uma exigência/dever do princípio da integração social constituidor da legitimidade, da democracia e do Estado de Direito. A democracia se torna elemento de integração social quando afasta do governo e dos políticos práticas meramente plebicitárias diante da população mais carente.

Como o amadurecimento dessa função de escuta e acolhimento do cidadão, as ouvidorias atraíram para si funções complementares que na atualidade integram o seu escopo, na potencialização do acesso à informação, na governança de serviços, na promoção da integridade, na gestão de riscos, no funcionamento em rede e na proteção de dados pessoais dos usuários de serviços públicos.

Dessa forma, a Lei nº 13.460/2017, ao ressaltar as ouvidorias como órgãos de interlocução entre a sociedade e o poder público e estabelecer a obrigatoriedade de que as informações, sugestões, denúncias, reclamações e elogios apresentados pelos usuários do serviço público sejam utilizados como substrato para a tomada de decisões estatais e melhoria dos serviços públicos, contribuiu para ampliar o controle social, efetivando o Estado democrático de direito.

4 Considerações finais

Como se viu, a Constituição da República de 1988 propiciou a abertura da Administração Pública à participação da sociedade, conferindo amplo conteúdo ao conceito de cidadania, que deixou de ser apenas o direito à escolha dos governantes e à fruição de serviços essenciais para configurar também o direito à participação no processo de tomada de decisão estatal e no controle da atividade administrativa.

As novas alterações constitucionais e legislativas ocorridas nos últimos 35 anos contribuíram para que essa participação fosse ampliada, sobretudo por meio do incentivo à instituição das ouvidorias, alçadas a órgão fundamental pela Lei nº 13.460/2017, que criou o Código de Defesa do Usuário do Serviço Público.

Portanto, diante da crise de efetividade dos direitos fundamentais e do déficit de cidadania, uma boa saída foi a criação de instrumentos capazes de institucionalizar o discurso para garantir a todos os atores sociais o direito de participar, de tomar decisões e de construir o direito pelo qual ele será também o destinatário.

Assim, as ouvidorias constituem canal permanente de interlocução entre a sociedade e o poder público e contribuem para o aprimoramento da prestação dos serviços públicos, na medida em que as manifestações enviadas pelos cidadãos são examinadas e utilizadas para correção e prevenção de falhas e configuram substrato para a tomada de decisões acerca da condução das políticas públicas.

Esse instituto de caráter não jurisdicional contribui para promover a garantia dos direitos em geral e das liberdades públicas traduzidas como direitos fundamentais e a restauração dos direitos violados em casos particulares. Ademais, dentro de uma visão crítico/sistêmica, promove o apontamento das disfunções que ocorrem nas mais variadas órbitas da Administração Pública.

Observa-se que seu poder de recomendação pode alcançar também os mais variados órgãos de produção legislativa e de execução administrativa por influência de um diálogo aberto com os atores sociais.

No entanto, a edição de normas voltadas à participação social e a criação de órgãos destinados a operacionalizá-la, por si sós, não são capazes de tornar efetivo o controle social da Administração Pública. É indispensável o amadurecimento da sociedade, que necessita (re)conhecer seus direitos e compreender a relevância da sua participação. Conforme ensina Menelick de Carvalho Netto (2002), "É preciso ver que a experiência democrática é sempre uma experiência de aprendizado para qualquer povo".

Referências

BARROSO, Luís Roberto. A constitucionalização do direito e suas repercussões no âmbito administrativo. *In*: ARAGÃO, Alexandre Santos de; MARQUES NETO, Floriano de Azevedo (Coord.). *Direito administrativo e seus novos paradigmas*. Belo Horizonte: Fórum, 2012.

BRASIL. Congresso Nacional. *Emenda Constitucional nº 108, de 26 de agosto de 2020*. Altera a Constituição Federal para estabelecer critérios de distribuição da cota municipal do Imposto sobre Operações Relativas à Circulação de Mercadorias e sobre Prestações de Serviços de Transporte Interestadual e Intermunicipal e de Comunicação (ICMS), para disciplinar a disponibilização de dados contábeis pelos entes federados, para tratar do planejamento na ordem social e para dispor sobre o Fundo de Manutenção e Desenvolvimento da Educação Básica e de Valorização dos Profissionais da Educação (Fundeb); altera o Ato das Disposições Constitucionais Transitórias; e dá outras providências. Disponível em: https://www.planalto.gov.br/ccivil_03/constituicao/emendas/emc/emc108.htm. Acesso em: 14 jun. 2023.

BRASIL. Congresso Nacional. *Emenda Constitucional nº 19, de 4 de junho de 1998*. Modifica o regime e dispõe sobre princípios e normas da Administração Pública, servidores e agentes políticos, controle de despesas e finanças públicas e custeio de atividades a cargo do Distrito Federal, e dá outras providências. Disponível em: https://www.planalto.gov.br/ccivil_03/constituicao/Emendas/Emc/emc19.htm. Acesso em: 14 jun. 2023.

BRASIL. Congresso Nacional. *Emenda Constitucional nº 45, de 30 de dezembro de 2004*. Altera dispositivos dos arts. 5º, 36, 52, 92, 93, 95, 98, 99, 102, 103, 104, 105, 107, 109, 111, 112, 114, 115, 125, 126, 127, 128, 129, 134 e 168 da Constituição Federal, e acrescenta os arts. 103-A, 103B, 111-A e 130-A, e dá outras providências. Disponível em: http://www.planalto.gov.br/ccivil_03/constituicao/emendas/emc/emc45.htm. Acesso em: 14 jun. 2023.

BRASIL. Presidência da República. *Constituição da República Federativa do Brasil de 1988*. Disponível em: www.planalto.gov.br/ccivil_03/constituicao/constituicao.htm. Acesso em: 14 jun. 2023.

BRASIL. Presidência da República. *Lei Complementar nº 131, de 27 de maio de 2009*. Acrescenta dispositivos à Lei Complementar nº 101, de 4 de maio de 2000, que estabelece normas de finanças públicas voltadas para a responsabilidade na gestão fiscal e dá outras providências, a fim de determinar a disponibilização, em tempo real, de informações pormenorizadas sobre a execução orçamentária e financeira da União, dos Estados, do Distrito Federal e dos Municípios. Disponível em: https://www.planalto.gov.br/ccivil_03/leis/lcp/lcp131.htm. Acesso em: 30 jun. 2023.

BRASIL. Presidência da República. *Lei nº 12.527, de 18 de novembro de 2011*. Regula o acesso a informações previsto no inciso XXXIII do art. 5º, no inciso II do §3º do art. 37 e no §2º do art. 216 da Constituição Federal; altera a Lei n. 8.112, de 11 de dezembro de 1990; revoga a Lei n. 11.111, de 5 de maio de 2005, e dispositivos da Lei n. 8.159, de 8 de janeiro de 1991; e dá outras providências. Disponível em: www.planalto.gov.br/ccivil_03/_ato2011-2014/2011/lei/l12527.htm. Acesso em: 30 jun. 2023.

BRASIL. Presidência da República. *Lei nº 13.460, de 26 de junho de 2017*. Dispõe sobre participação, proteção e defesa dos direitos do usuário dos serviços públicos da administração pública. Disponível em: https://www.planalto.gov.br/ccivil_03/_ato2015-2018/2017/lei/l13460.htm. Acesso em: 30 jun. 2023.

BRASIL. Presidência da República. *Lei nº 14.129, de 29 de março de 2021*. Dispõe sobre princípios, regras e instrumentos para o Governo Digital e para o aumento da eficiência pública e altera a Lei nº 7.116, de 29 de agosto de 1983, a Lei nº 12.527, de 18 de novembro de 2011 (Lei de Acesso à Informação), a Lei nº 12.682, de 9 de julho de 2012, e a Lei nº 13.460, de 26 de junho de 2017. Disponível em: https://www.planalto.gov.br/ccivil_03/_ato2019-2022/2021/lei/l14129.htm#:~:text=Art.,e%20da%20participa%C3%A7%C3%A3o%20do%20cidad%C3%A3o. Acesso em: 30 jun. 2023.

BRASIL. Presidência da República. *Lei nº 14.133, de 1º de abril de 2021*. Lei de Licitações e Contratos Administrativos. Disponível em: www.planalto.gov.br/ccivil_03/_ato2019-2022/2021/lei/l14133.htm. Acesso em: 30 jun. 2023.

BRASIL. Presidência da República. *Lei nº 8.490, de 19 de novembro de 1992*. Dispõe sobre a organização da Presidência da República e dos Ministérios e dá outras providências. Disponível em: https://www.planalto.gov.br/ccivil_03/LEIS/L8490.htm. Acesso em: 30 jun. 2023.

BRASIL. Supremo Tribunal Federal. Tribunal Pleno. Ação Direta de Inconstitucionalidade nº 244. Rel. Min. Sepúlveda Pertence, j. 11.9.2002. *DJ*, 31 out. 2002.

BRASIL. Supremo Tribunal Federal. Tribunal Pleno. Medida Cautelar na Ação Direta de Inconstitucionalidade nº 6121/DF. Rel. Min. Marco Aurélio, j. 13.6.2019. *DJ*, 28 nov. 2019.

CARVALHO NETTO, Menelick de. A contribuição do direito administrativo enfocado da ótica do administrado para uma reflexão acerca dos fundamentos do controle de constitucionalidade das leis no Brasil: um pequeno exercício de teoria da Constituição. *Revista do Tribunal Superior do Trabalho*, Porto Alegre, v. 68, n. 2, p. 67-84, abr./jun. 2002.

CHEVALLIER, Jacques. *O Estado pós-moderno*. Belo Horizonte: Fórum, 2009.

CRUZ, Álvaro Ricardo de Souza. *Habermas e o direito brasileiro*. 2. ed. Rio de Janeiro: Lumen Juris, 2006.

DI PIETRO, M. S. Os direitos dos usuários de serviço público no direito brasileiro. *Revista do Tribunal Regional Federal da 1ª Região*, v. 31, n. 1, p. 97-107, 2019. Disponível em: https://revista.trf1.jus.br/trf1/article/view/23. Acesso em: 17 jul. 2023.

DIAS, Maria Tereza Fonseca. As transformações do conceito de desapropriação à luz dos paradigmas do direito. *Revista Jurídica: Revista do Curso de Direito da Fundação Comunitária de Ensino Superior de Itabira*, v. 1, p. 49-69, 2002.

DIAS, Valmir Gomes. *Modelo de maturidade em ouvidoria pública* – Referencial teórico. [s.d.]. Disponível em: www.gov.br/ouvidorias/pt-br/ouvidorias/modelo-de-maturidade-em-ouvidoria-publica/referencial-teorico. Acesso em: 20 jul. 2023.

DROMI, Roberto. *Derecho administrativo*. 5. ed. Buenos Aires: Edicionoes Ciudad Argentina, 1996.

ESTORNINHO, Maria João. *A fuga para o direito privado*. Coimbra: Livraria Almedina, 1999.

GORDILLO, Augustín. *Tratado de derecho administrativo*. Parte General. Belo Horizonte: Del Rey, 2003. t. 1.

HABERMAS, Jürgen. *Direito e democracia*: entre facticidade e validade. 2. ed. Rio de Janeiro: Tempo Brasileiro, 2003. 2 v.

MOREIRA NETO, Diogo de Figueiredo. *Quatro paradigmas do direito administrativo pós-moderno*. Belo Horizonte: Fórum, 2008.

MOREIRA NETTO, Diogo de Figueiredo. *Mutações do direito administrativo*. 2. ed. Rio de Janeiro: Renovar, 2001.

NASSIF, Gustavo Costa. A democratização da Administração Pública por intermédio das ouvidorias públicas baseada na visão procedimental de J. Habermas. *In*: NASSIF, Gustavo Costa (Org.). *Tópicos especiais de direito público e privado*: direito, democracia e cidadania. Rio de Janeiro: Lumen Juris, 2011.

NASSIF, Gustavo Costa. As ouvidorias públicas no contexto de um novo modelo de governança. *Revista do Tribunal de Contas do Estado de Minas Gerais*, v. 73, n. 4, p. 45-60, dez. 2009.

NETTO, Luísa Cristina Pinto e. *A contratualização da função pública*. Belo Horizonte: Del Rey, 2005.

OLIVEIRA, Gustavo Justino de. Governança pública e parcerias do Estado: a relevância dos acordos administrativos para a nova gestão pública. *Revista Brasileira de Direito Público – RBDP*, Belo Horizonte, ano 6, n. 23, out./dez. 2008. Disponível em: www.forumconhecimento.com.br/v2/revista/P129/E10388/14206?searchpage=1. Acesso em: 11 jun. 2023.

OLIVEIRA, Marcelo Andrade Cattoni de. *Devido processo legislativo*. 3. ed. Belo Horizonte: Fórum, 2015.

PASTOR, Santamaria *apud* PÉREZ MORENO, Alfonso. Crisis de la Participación Administrativa. *Revista de Administración Pública*, n. 119, p. 91-132, 1989.

PEREIRA, Luiz Carlos Bresser. Os primeiros passos da reforma gerencial do Estado de 1995. *Revista Brasileira de Direito Público – RBDP*, Belo Horizonte, ano 6, n. 23, out./dez. 2008. Disponível em: www.forumconhecimento.com.br/v2/revista/P129/E10388/14205?searchpage=1. Acesso em: 13 de jul. 2023.

PIRES, Maria Coeli Simões. *Direito adquirido e ordem pública*: segurança jurídica e transformação democrática. Belo Horizonte: Del Rey, 2005.

SILVA, Vasco Manuel Pascoal Días Pereira da. *Em busca do acto administrativo perdido*. Coimbra: Almedina, 2016.

Informação bibliográfica deste texto, conforme a NBR 6023:2018 da Associação Brasileira de Normas Técnicas (ABNT):

NASSIF, Gustavo Costa; RESENDE, Mariana Bueno. A evolução do controle social da Administração Pública nos 35 anos da Constituição de 1988: ampliação e efetividade. *In*: FACHIN, Luiz Edson; BARROSO, Luís Roberto; CRUZ, Álvaro Ricardo de Souza (Coord.). *A Constituição da democracia em seus 35 anos*. Belo Horizonte: Fórum, 2023. p. 449-462. ISBN 978-65-5518-597-3.

A PUBLICIDADE NO PROCESSO DELIBERATIVO DOS TRIBUNAIS: UMA ANÁLISE CRÍTICO-COMPARATIVA ENTRE O TRIBUNAL CONSTITUCIONAL DA ESPANHA E O SUPREMO TRIBUNAL FEDERAL DO BRASIL

GLÁUCIO MACIEL GONÇALVES
VALBER ELIAS SILVA

Introdução

Este artigo foi elaborado a partir de pesquisa bibliográfica, para uma análise crítico-comparativa entre o modelo secreto de deliberação do Tribunal Constitucional da Espanha e o modelo amplamente público adotado pelo Supremo Tribunal Federal do Brasil.

Para tanto, apresenta breve exposição acerca da importância jurisdicional constitucional para a defesa da Constituição e do princípio da publicidade para realização democrática. No segundo momento, aborda o Tribunal Constitucional da Espanha, desde seu contexto de criação, do modelo de controle de constitucionalidade, das suas competências e, principalmente, do modelo sigiloso de deliberação. Na sequência, traça panorama geral acerca do Supremo Tribunal Federal do Brasil, sua criação, competências e seu modelo amplamente aberto de deliberações.

Por fim, o trabalho se propõe a fazer uma análise crítico-comparativa, ainda que não exaustiva, sobre os modelos de deliberação no Tribunal Constitucional da Espanha e no Supremo Tribunal Federal do Brasil.

1 A importância da jurisdição constitucional para a defesa da Constituição e o princípio da publicidade para realização democrática

A jurisdição constitucional é imprescindível para preservar uma Constituição e dela se extraem dois modelos: (1) o norte-americano, fundamentado no critério de controle difuso de constitucionalidade, não podendo ser considerado jurisdição constitucional em sua plenitude, posto que o controle de constitucionalidade se opera para o caso concreto, e não propriamente para a salvaguarda da Constituição; e (2) o europeu, com a institucionalização das cortes constitucionais, para o controle concentrado de constitucionalidade a ser exercido unicamente por elas, em resposta a ataques políticos e ideológicos à Constituição.

Na Espanha, o modelo adotado é o de controle concentrado de constitucionalidade. O Brasil, por sua vez, seguiu primeiramente o modelo norte-americano (controle difuso de constitucionalidade) e, posteriormente, adotou modelo misto (controle difuso realizado em concreto pelos juízes e tribunais para solução do caso e controle concentrado pelo Supremo Tribunal Federal). Em ambos os tribunais, a publicidade é essencial para realização do princípio democrático, contudo, de formas distintas em relação ao momento de sua realização (extensão). Segundo André Rufino do Vale (2015, p. 117), "as diversas teses se fundamentam em argumentos a favor e contra a publicidade dos votos particulares, centrando-se nas vantagens e/ou inconvenientes de sua adoção em cada ordenamento jurídico".

A publicidade permite que o povo (jurisdicionado) tome pleno conhecimento dos motivos (fundamentação) que ampararam determinada conclusão adotada pelo tribunal, como ato de expressão de poder, que, portanto, necessita de confirmação democrática por meio dessa publicização e fundamentação, para que não se transforme em um ato de violência institucional. A publicidade, então, consiste numa "[...] ferramenta principiológica imprescindível para o controle democrático dos atos estatais, inclusive àqueles relacionados ao Poder Judiciário" (RESENDE NETO, 2016, p. 30).

2 O modelo de deliberação secreta no Tribunal Constitucional espanhol

Após a ditadura do General Francisco Franco, que ocorreu de 1939 a 1976, houve o restabelecimento da democracia, com a promulgação da Constituição dois anos depois, em 1978, vigente até hoje, constituindo a Espanha em Estado social e democrático de direito, conforme art. 1.1.

Com a missão de ser o intérprete supremo da Constituição espanhola de 1978, o Tribunal Constitucional recebeu previsão expressa nos arts. 159 a 165 da referida Constituição, tendo sido inaugurado em 12.7.1980 e com início de funcionamento 2 (dois) dias depois, em 14.7.1980. Até então, não havia instituição assemelhada na ordem constitucional espanhola, tendo sido inovação inspirada nas experiências de alguns países da Europa continental, como os tribunais constitucionais da Áustria, Alemanha e Itália. Segundo André Rufino do Vale (2015, p. 141-143), o Tribunal Constitucional da Espanha tem tido papel ímpar na edificação e confirmação das instituições democráticas da Espanha, após mais de 3 (três) décadas da ditadura franquista.

Situado em Madrid, o Tribunal Constitucional da Espanha tem jurisdição sobre todo o país e é regido pela Lei Orgânica nº 2, de 3.10.1979. É um tribunal *sui generis*, pois, apesar de exercer atividade jurisdicional, é órgão constitucional, não integra o Poder Judiciário, nem está submetido ao Conselho-Geral do Poder Judicial da Espanha. Profere decisões irrecorríveis e com eficácia *erga omnes* em matéria constitucional (TERRA, 2017, p. 565).

O modelo adotado na Espanha é o do controle concentrado de constitucionalidade, "de modo que compete apenas ao Tribunal Constitucional decidir se uma lei ou preceito guarda compatibilidade com a Lei Fundamental do país" (ANDRADE, 2018, p. 54).

Se, no decorrer de um julgamento, algum órgão judicial vislumbrar norma aplicável ao caso e de cuja validez dependa a decisão e possa haver, ainda que hipoteticamente, incompatibilidade com a Constituição, caberá a ele remeter a questão ao Tribunal Constitucional e suspender o feito até a decisão da Corte (art. 163 da Constituição espanhola de 1978). Cuida-se de avaliação incidental da inconstitucionalidade da norma, a ser promovida pelo Tribunal Constitucional, pois não há margem para o controle difuso (ANDRADE, 2018, p. 55), como ocorre no Brasil.

Conforme art. 161 da Constituição espanhola de 1978 e Lei Orgânica nº 2/1979, compete ao Tribunal Constitucional da Espanha: (1) conhecer de recurso de inconstitucionalidade contra leis e disposições normativas com força de lei (equivale a uma ação direta de inconstitucionalidade e está previsto no art. 162 da Constituição espanhola de 1978, inclusive com rol específico de legitimados para sua interposição); (2) conhecer de recurso de amparo por violação dos direitos e liberdades constitucionais (qualquer pessoa, natural ou jurídica, pode manejá-lo, desde que tenha legítimo interesse, assim como pelo defensor do povo ou pelo Ministério Público, para a proteção de direitos fundamentais, mediante controle direto de constitucionalidade); (3) conhecer de conflitos de competência entre Estado e comunidades autônomas; (4) conhecer de conflitos entre órgãos constitucionais do Estado; (5) conhecer de declaração de constitucionalidade de tratados internacionais.

Logo, segundo Lenio Streck (2019, p. 70), "de duas formas ocorre o controle de constitucionalidade: por via de ação, direta e abstrata, denominada de 'recurso de inconstitucionalidade'; e incidental ou concreta, denominado 'questão de inconstitucionalidade', feita por juízes ou tribunais". Com isso, o exame de constitucionalidade é realizado pelo Tribunal Constitucional, mesmo quando provocado via incidental por juízes ou tribunais (questão de inconstitucionalidade), não havendo previsão para análise difusa.

Em sua composição, os magistrados não ostentam cargos vitalícios, mas mandatos de 9 (nove) anos, sendo 1/3 de sua composição renovada trienalmente. A teor do art. 159.1 da Constituição espanhola de 1978, o Tribunal Constitucional conta com 12 (doze) magistrados nomeados pelo rei, sendo: 4 (quatro) propostos pelo Senado, 4 (quatro) propostos pelo Congresso de Deputados, 2 (dois) propostos pelo Governo (Poder Executivo) e 2 (dois) propostos pelo Conselho Geral do Poder Judicial (CGPJ) da Espanha.

No Anteprojeto da Constituição espanhola de 1978, havia sido proposta a composição por 11 (onze) magistrados, tendo sido elevado ao número total de 12 (doze), para igualar as indicações do Senado e do Congresso de Deputados (VALE, 2015, p. 144). Outrossim, de acordo com o art. 159.2 da Constituição espanhola de 1978, os membros deverão ser nomeados entre magistrados, fiscais, funcionários públicos, advogados, procuradores, todos eles com reconhecida competência e com mais de 15 (quinze) anos de experiência profissional. Por força do art. 159.5 da referida Constituição, são previstas as garantias de independência e de inamovibilidade dos magistrados.

A sede do Tribunal Constitucional consiste num prédio de 6 (seis) andares, sendo 2 (dois) gabinetes de magistrados e correspondentes secretarias por andar. No terceiro andar, a metade do prédio, situa-se o centro nuclear do Tribunal Constitucional: os gabinetes da Presidência e da Vice-Presidência e o *Salón del Pleno*, em que ocorrem as deliberações, consistindo numa sala ocupada com uma grande mesa com 12 (doze) lugares, destinados, portanto, apenas aos magistrados (VALE, 2015, p. 144-145).

O fato de o *Salón del Pleno* comportar apenas essa grande mesa com 12 (doze) lugares não é mera coincidência: o Tribunal Constitucional da Espanha adota o modelo de deliberação secreta, em que as reuniões são realizadas apenas entre os magistrados, disponibilizando-se e publicando-se posteriormente os textos das decisões *per curiam* (*las sentencias*) no *Boletín Oficial del Estado*, semelhante ao *Diário da Justiça* (presente no Brasil), e no sítio eletrônico do Tribunal Constitucional espanhol (MELLO, 2019, p. 451).

O caráter secreto das deliberações (discussões e votos) está previsto tanto no art. 139 da Lei nº 1/2000 ("As deliberações dos tribunais colegiados são secretas. Será também o resultado das votações, sem prejuízo do disposto na lei sobre a publicidade dos votos particulares" – tradução livre) e no art. 197.1 ("Nos tribunais colegiados, a discussão e votação das deliberações serão dirigidas pelo Presidente e ocorrerão sempre a portas fechadas" – tradução livre) da *Ley de Enjuiciamiento Civil*, como no art. 233 da *Ley Orgánica 6/1985 del Poder Judicial* (LOPJ) ("As deliberações dos Tribunais são secretas. Será também o resultado das votações, sem prejuízo do disposto nesta Lei sobre a publicação dos votos particulares" – tradução livre), sendo supletivamente aplicáveis essas disposições ao Tribunal Constitucional da Espanha, por força do art. 80 da Lei Orgânica do Tribunal Constitucional.

Nessas reuniões secretas, é apresentado pelo magistrado *ponente* (figura semelhante ao relator da justiça brasileira) o projeto de texto (*proyecto*), com a exposição do caso (*antecedentes*) e a proposta de decisão, com seus fundamentos jurídicos. Todavia, esse projeto de texto, que já é elaborado em conjunto com assessores (*letrados*) do *ponente*, já circulou entre gabinetes de outros magistrados e seus respectivos assessores (*letrados*). Para melhor aproveitamento da troca de projeto de texto, ele é dividido não apenas em páginas, mas em linhas, sendo deixados espaços para outros magistrados e seus *letrados* participarem da construção textual e preencherem com suas observações e propostas, especialmente por aqueles magistrados que têm o gabinete situado fisicamente no mesmo andar que o magistrado *ponente*, autor do *proyecto* (VALE, 2015, p. 162-163).

Desse modo, a sessão secreta acontece com uma fase preliminar de deliberação prévia; os magistrados já se reúnem com certas premissas definidas e até mesmo com maior amadurecimento cognitivo sobre a questão, o que tende a otimizar o tempo das reuniões e a própria prática deliberativa.

No entanto, havendo dissenso, considerando o modelo de decisão *per curiam*, o voto dissidente será lavrado e integrará a decisão. A dissidência se divide em *concorrência* (magistrado concorda com a solução, mas por outros fundamentos, com os quais a maioria não concordou em incorporar na decisão final, *sentencia*) ou *divergência* (magistrado discorda da solução da maioria), nos dizeres de André Rufino do Vale (2015, p. 295). O voto dissidente é lavrado inclusive com a identificação do magistrado, possibilitando-se que a sociedade tome conhecimento da autoria do dissenso, até para melhor compreendê-lo. É imprescindível que a dissidência seja manifestada na reunião secreta, para que ela possa ser incluída, conforme art. 90 da Lei Orgânica do Tribunal Constitucional, de modo a não ser permitida a dissidência surpresa (*dissents sorpresa*). Com isso, é de se sustentar que o sigilo da votação acaba sendo mitigado, com a disponibilização e a identificação do voto dissidente (SOUZA, 2011).

Posteriormente, como já assinalado, a decisão (*la sentencia*) é publicada no *Boletín Oficial del Estado* (inclusive com os votos particulares), conforme art. 164 da Constituição espanhola de 1978, e no sítio eletrônico do Tribunal Constitucional espanhol.

Nessa situação, para a Espanha, a publicidade do julgamento se concretiza com a publicação do texto final (*la sentencia*) e é sobre ele que recai toda a atividade deliberativa.

3 O modelo de deliberação amplamente pública no Supremo Tribunal Federal brasileiro

O Supremo Tribunal Federal foi instituído como órgão de cúpula do Poder Judiciário, pela Constituição Provisória (Decreto nº 510, 1890), com previsão também no Decreto nº 848, de 11.10.1890, que regulamentava a Justiça federal. Estabelecido na então capital da República, e composto por 15 (quinze) juízes, a maioria proveniente do antigo Supremo Tribunal de Justiça do Império, o Supremo Tribunal Federal foi instalado em 28.2.1891.

Na Constituição do Brasil de 1891, o Supremo Tribunal Federal recebeu previsão do poder constituinte nos arts. 55 a 59, sendo mantido como órgão de cúpula do Poder Judiciário e tendo delimitadas, no art. 59, as suas competências jurídicas *originárias e privativas* ("I - processar e julgar originária e privativamente: a) o Presidente da República nos crimes comuns, e os Ministros de Estado nos casos do artigo 52; b) os Ministros Diplomáticos, nos crimes comuns e nos de responsabilidade; c) as causas e conflitos entre a União e os Estados, ou entre estes uns com os outros; d) os litígios e as reclamações entre nações estrangeiras e a União ou os Estados; e) os conflitos dos Juízes ou Tribunais Federais entre si, ou entre estes e os dos Estados, assim como os dos Juízes e Tribunais de um Estado com Juízes e Tribunais de outro Estado"), *recursais* ("II - julgar, em grau de recurso, as questões resolvidas pelos Juízes e Tribunais Federais, assim como as de que tratam o presente artigo §1º, e o artigo 60") e *revisionais* ("III - rever os processos, findos, nos termos do artigo 81"). Entre tais competências, pode-se dizer que a mais inovadora à época foi o controle de constitucionalidade das leis, o que até então era exercido pelo Poder Legislativo do Império (VALE, 2015, p. 223).

Após 69 (sessenta e nove) anos de sede no Rio de Janeiro, tendo havido a mudança da capital da República para Brasília, em 1960, no mesmo ano, precisamente em 21.4.1960, o Supremo Tribunal Federal foi nela instalado, com edifício-sede na Praça dos Três Poderes, em frente aos edifícios da Presidência da República (Palácio do Planalto) e do Congresso Nacional (Câmara dos Deputados e Senado Federal), simbolizando-se a independência e harmonia dos poderes da União (VALE, 2015, p. 222), a que se refere o art. 2º da Constituição Federal de 1988.

Na Ditadura Militar, o Supremo Tribunal Federal teve o número de ministros aumentado para 16 (dezesseis), por meio do Ato Institucional nº 2, de 27.10.1965, o que restou mantido pela Constituição de 1967. Posteriormente, com o Ato Institucional nº 5, de 13.12.1968, em 1969 foram aposentados 3 (três) ministros. Pelo Ato Institucional nº 6, de 1º.2.1969, o número de ministros foi reduzido para 11 (onze), número esse que prevalece até hoje.

Com a promulgação da Constituição Federal de 1988 e a instituição do Estado democrático de direito, o Supremo Tribunal Federal ostenta até hoje previsão constitucional nos arts. 101 a 103, sendo considerado o Tribunal competente para conferir a última interpretação possível da Constituição, salvaguardando-a de diversos interesses e forças que orbitam na sociedade.

De acordo com a Constituição de 1988, os ministros são escolhidos entre cidadãos com mais de 35 (trinta e cinco) e menos de 70 (setenta) anos de idade, de notável saber jurídico e reputação ilibada (art. 101), sendo nomeados pelo presidente da República após a escolha pela maioria absoluta do Senado Federal. Empossado, o ministro ostenta garantia de vitaliciedade e somente poderá perder o cargo por renúncia, aposentadoria compulsória ou processo de *impeachment* (VALE, 2015, p. 224).

No âmbito das competências do Supremo Tribunal Federal (art. 102), estão disciplinadas as competências originárias (inc. I) e recursais, provenientes de recursos ordinários (inc. II) e recursos extraordinários (art. III), exigindo-se da segunda espécie recursal a demonstração, em preliminar formal da peça, e posterior reconhecimento, pelo Supremo Tribunal Federal, da existência de repercussão geral (§3º do art. 102), isto é, que a controvérsia do recurso ultrapassa os limites subjetivos da causa.

O Supremo Tribunal Federal não pode ser considerado uma corte constitucional, porque o ordenamento brasileiro adotou o modelo misto de constitucionalidade, ou seja, o controle de constitucionalidade, além da via concentrada pelo Supremo Tribunal Federal, pode ser realizado pela via difusa por qualquer juiz e tribunal, no caso concreto, por via prejudicial em exceção, além do fato de o Supremo Tribunal Federal acumular funções de corte suprema, ao julgar recursos extraordinários e ordinários.

Nessa ordem de ideias, fato é que desde a instituição do Supremo Tribunal Federal, ou seja, há mais de 130 (cento trinta) anos, o modelo de deliberação é amplamente público e de decisão *seriatim*, não tendo correspondência com outros sistemas de jurisdição constitucional (VALE, 2015, p. 138).

O Regimento Interno do STF já dispunha, em 1891, no art. 29, que "as sessões e votações serão públicas, salvo nos casos exceptuados neste Regimento, ou quando no interesse da justiça ou da moral resolver o Presidente, com aprovação do Tribunal, em que se discuta e vote em sessão secreta". Referida previsão de publicidade ampla do processo deliberativo foi mantida no art. 33 do Regimento Interno de 1909, no art. 57 do Regimento Interno de 1940 e no art. 129 do Regimento Interno de 1970. Atualmente, o Regimento Interno de 1980, com suas respectivas alterações até a Emenda Regimental nº 57/2020, dispõe a publicidade do processo deliberativo do Supremo Tribunal Federal no art. 124, com redação no sentido que "as sessões serão públicas, salvo quando este Regimento determinar que sejam secretas, ou assim o deliberar o Plenário ou a Turma".

Para André Rufino do Vale (2015, p. 224-225), outra circunstância que corrobora a ampla publicidade das deliberações no Supremo Tribunal Federal, dando ideia de transparência como seu valor característico, é o projeto arquitetônico do edifício-sede do órgão (conhecido por Palácio do STF). Trata-se de um patrimônio cultural da humanidade, concebido pelo arquiteto Oscar Niemeyer, com corpo central de 3 (três) andares, todo revestido de grandes vidraças transparentes, que permitem ampla visão sobre seu interior, composto pelos salões nobres, gabinete da presidência e o espaço central e mais importante (VALE, 2015, p. 257-258). O prédio principal foi recentemente reformado, depois de ataques de pessoas a diversos edifícios na capital federal, ocorridos em 8.1.2023, ainda em investigação.

O Salão do Plenário é onde ocorrem as sessões de julgamento, com as deliberações pelos ministros, às portas abertas, não só para as partes envolvidas e comunidade jurídica, como também de modo amplo para a sociedade geral. De acordo com Vale (2015), é possível visualizar as sessões no Salão do Plenário do Supremo Tribunal Federal, que ocorrerem às quartas e quintas-feiras, mediante simples caminhada perto do local ou mesmo de carro pelas pistas do Eixo Monumental da Praça dos Três Poderes, em Brasília. No mesmo sentido, no Salão do Plenário, sequer há alguma separação física entre as cadeiras do público e a bancada dos ministros, competindo ao presidente a fiscalização sobre o cerimonial e a segurança de todos os presentes (VALE, 2015, p. 257-258).

Com o advento da Constituição Federal de 1988, essa publicidade, que já era regra pela história regimental do Supremo Tribunal Federal e pelo conjunto arquitetônico de seu edifício-sede, foi endossada pelo Poder Constituinte em diversos momentos do texto constitucional. O art. 5º, inc. LX, prevê que "a lei só poderá restringir a publicidade dos atos processuais quando a defesa da intimidade ou o interesse social o exigirem". Correspondendo a prestação jurisdicional a um serviço público (ANDRADE, 2020, p. 186), a ela se aplica o art. 37, segundo o qual um dos princípios a ser observado é o da publicidade. Ademais, o art. 93, inc. IX, determina que "todos os julgamentos dos órgãos do Poder Judiciário serão públicos, e fundamentadas todas as decisões, sob pena de nulidade, podendo a lei limitar a presença, em determinados atos, às próprias partes e a seus advogados, ou somente a estes [...]".

Malgrado se tenha dito que o modelo de deliberação do Supremo Tribunal Federal, desde sua instituição, tenha sido amplamente público, o que, aliás, persiste até hoje, uma peculiaridade precisa ser esclarecida. Antes da deliberação pública em sessão plenária, era possível que os ministros solicitassem reunião administrativa de caráter secreto entre eles, para discutir algum caso de maior complexidade e relevância, livre dos olhares da imprensa e do público em geral. Nessas reuniões, dada a natureza secreta de sua prática, a ata continha apenas a data de sua ocorrência e o nome dos ministros presentes. Posteriormente à sessão secreta, deveria ocorrer o julgamento mediante sessão pública, sendo por isso correto dizer que não há na história do Supremo Tribunal Federal um julgamento que tenha ocorrido de modo secreto, o que não se confunde com as reuniões prévias secretas, fase preliminar da deliberação.

O Regimento Interno de 1970 do Supremo Tribunal Federal, nos arts. 156 e 157, possibilitava essa prática, estando vigente até hoje pelo Regimento Interno de 1980, nos arts. 151 a 153. Contudo, por diversos fatores, essa prática deixou de acontecer no âmbito do Supremo Tribunal Federal. Segundo pesquisa de campo (entrevista) realizada por André Rufino do Vale (2015, p. 139) a 8 (oito) magistrados que integravam – e, alguns deles, até hoje integram em atividade – o Supremo Tribunal Federal, ministros Carlos

Velloso, Ilmar Galvão, Nelson Jobim, Marco Aurélio, Gilmar Mendes, Joaquim Barbosa, Ricardo Lewandowski e Dias Toffoli, um ministro que assumiu o cargo em 1989, ou seja, no contexto de recém-vigência da Constituição de 1988, que albergou a ampla publicidade da deliberação nos órgãos do Poder Judiciário, recusou-se a participar dessas reuniões secretas, o que redundou no fim dessa prática no início dos anos 90 (VALE, 2015, p. 229).

Em sentido diametralmente oposto a essa prática preliminar de deliberação, que deixou de existir no cenário pós-Constituição de 1988, mas cuja previsão regimental até hoje vige, a ampla publicidade do processo deliberativo do Supremo Tribunal Federal se intensificou ainda mais com a criação da TV Justiça, pelo advento da Lei Federal nº 10.461/2002, sancionada pelo Ministro Marco Aurélio, no exercício interino da Presidência da República durante o governo de Fernando Henrique Cardoso. Trata-se de canal de TV a cabo não lucrativo, com início das atividades em 11.8.2002, tendo sido "a primeira emissora no mundo a exibir uma programação exclusivamente relacionada ao Poder Judiciário" (MACHADO, 2013, p. 42). Na TV Justiça, são transmitidas sincronamente as sessões de julgamento e as audiências públicas do Supremo Tribunal Federal, além de outras programações como boletins informativos, programas didáticos, entrevistas, debates e telejornal. No sítio eletrônico da TV Justiça, consta que ela "trabalha na perspectiva de informar, esclarecer e ampliar o acesso à Justiça, buscando tornar transparentes suas ações e decisões. Este é o maior propósito da emissora do Judiciário".

Logo em seguida à criação da TV Justiça, houve a fundação da Rádio Justiça, com início das atividades em 5.5.2004, consistindo numa emissora pública, podendo ser sintonizada na frequência FM em Brasília, pela internet pela URL www.radiojustica.jus.br e via satélite. De acordo com as informações constantes do sítio eletrônico da Rádio Justiça, "ao tratar os temas jurídicos em profundidade, a Rádio Justiça busca evitar que assuntos importantes e complexos sejam abordados superficialmente", sendo abordados temas como jornalismo, educação, cultura, cidadania e prestação de serviço. Tanto a TV Justiça como a Rádio Justiça estão situados no subsolo do edifício-sede do Supremo Tribunal Federal.

Além disso, o Supremo Tribunal Federal conta com canal no YouTube, denominado STF (@STF_oficial), desde 16.11.2005; com página no Twitter, denominada STF (@STF_oficial), desde agosto de 2009; e com página no Instagram, denominada STF-Supremo Tribunal Federal (@supremotribunalfederal), desde outubro de 2020.

Como se vê, no âmbito do Supremo Tribunal Federal brasileiro, foi adotada a ampla publicidade da deliberação nos julgamentos da referida corte de justiça, sendo considerado vanguardista na ampla publicização de suas sessões de julgamento, especialmente por meio televisivo com a criação de canal próprio e específico (TV Justiça). Essa ampla publicização, embora guarde relação umbilical com o elemento democrático que deve existir no Poder Judiciário, especialmente no Supremo Tribunal Federal, que acumula perante a Federação as funções de tribunal supremo e de tribunal constitucional, não é imune de questionamentos e até mesmo de críticas e discordâncias, a respeito de possível teatralização e influência negativa nos votos e resultados de julgamento, em razão da alta exposição das sessões de julgamento.

4 Análise crítico-comparativa entre Tribunal Constitucional espanhol e Supremo Tribunal Federal brasileiro

Como se vê, a argumentação do modelo de deliberação (secreto e público) em ambos os tribunais analisados (Tribunal Constitucional da Espanha e Supremo Tribunal Federal do Brasil) parte de um pressuposto comum: a publicidade deve ser resguardada no julgamento. A divergência repousa, portanto, na extensão da publicidade: se deve ser deixada para a publicação da decisão final, inclusive com voto dissidente, se houver (caso do Tribunal Constitucional da Espanha), ou se deve abarcar a deliberação, ou seja, a discussão e a decisão do caso pelos julgadores (caso do Supremo Tribunal Federal do Brasil).

No caso do Tribunal Constitucional da Espanha, os argumentos tecidos são no sentido de a votação secreta ser uma tradição da Europa continental, de se resguardarem a unidade e a autoridade do tribunal (para não se revelarem desnecessariamente divergências ou falhas internas, que poderiam fornecer à sociedade ideia de fratura e vulnerabilidade do Tribunal), de se buscar uma argumentação mais rica, mais original e mais suscetível ao intercâmbio argumentativo, por meio de um ambiente resguardado, livre da pressão externa da mídia e do público, favorecendo as mudanças de votos (VALE, 2015, p. 151).

Além disso, há uma percepção de que o princípio da colegialidade seria exercido mais intensamente nesse modelo, pois os magistrados iriam à sessão mais dispostos a repensarem a ideia inicial do voto de cada qual, podendo deliberar após ampla discussão interna, sem expectadores. Porém, não se pode dizer que o Tribunal Constitucional da Espanha adote um modelo de deliberação secreta em absoluto, pois a previsão de disponibilização do voto dissidente mitiga o sigilo e possibilita que visões dissidentes fiquem registradas e possam ter a apreciação da sociedade, até mesmo para que, eventualmente, no futuro, consagrem-se visões majoritárias e prevalentes, por meio de virada jurisprudencial (SOUZA, 2011).

Por sua vez, no caso do Supremo Tribunal Federal do Brasil, os argumentos se baseiam na necessidade de amplo conhecimento, pela população, de todo o processo deliberativo, para fins de *accountability* (OKU, 2021, p. 67), cultivando-se transparência, participação e controle da sociedade, em seus diversos seguimentos (VALE, 2015, p. 238), e com maior responsabilidade do julgador sobre aquilo que decide. Inclusive, já se entendeu que essa publicidade é verificada nos julgamentos em plenário virtual, casos em que os votos são disponibilizados no sistema e podem ser acompanhados em tempo real, antes mesmo do término do julgamento, sistema inovador, o qual oxalá venha a ser instituído nos outros tribunais do país.

Embora se reconheça a consistência argumentativa de ambos os modelos, é de se reconhecer que cada um bem se adapta à realidade democrática vivida em seu respectivo país (VALE, 2015, p. 365), de sorte com que não há que falar em melhor ou pior modelo. No caso do Brasil, a ampla publicidade dos atos do Poder Judiciário decorre da cultura anteriormente vivenciada no país (VALE, 2015, p. 227-228) e foi erigida, pela Constituição de 1988, à categoria das garantias fundamentais, decorrente do devido processo legal (art. 5º, inc. LV), estando prevista tanto no art. 5º, inc. LX, como no art. 93, inc. IX, além de poder ser extraída como princípio da Administração Pública (art. 37, *caput*), pois é reluzente que a justiça se enquadra em um serviço público prestado pelo Estado ao usuário-jurisdicionado. Assim, é notório que essas previsões constitucionais, além de se amoldarem ao Estado democrático de direito, contextualizam um cenário de ganhos relevantes à democracia, após anos de ditadura, de opressão e de autoritarismo, pois expressam um direito subjetivo à transparência e ao controle da sociedade perante o Poder Judiciário, cujos membros não são eleitos diretamente pelo povo.

Quando se fala em análise de direito comparado, é necessária muita parcimônia na busca de institutos em sistemas estrangeiros, para que não se faça a importação de mecanismos que podem ter excelente funcionamento no exterior, mas que efetivamente se adaptam àquela realidade, não à realidade brasileira.

É verdade que a legitimidade democrática se alcança mediante a fundamentação das decisões, contudo, o referido princípio tem ligação intrínseca com a publicidade, a fim de que a sociedade possa conhecer todo o processo técnico-cognitivo que levou os julgadores ao voto que proferiram, assim como o modo como cada julgador interpretou a controvérsia constitucional posta a crivo do Supremo Tribunal Federal do Brasil. Noutras palavras, "ao lado da motivação, a publicidade é fonte de legitimidade e garantia de controle, pelas partes e pela sociedade, das decisões judiciais" (MENDES; STRECK, 2018, p. 142).

Respeitado o entendimento de parcela doutrinária que entende que a ampla publicidade dos julgamentos, positivada pelo Poder Constituinte de 1988, não alcançaria o processo deliberativo, mas apenas o resultado dele, isto é, a decisão em si (CÂMARA; MARÇAL, 2020, p. 49), não parece ser a melhor interpretação para a realidade constitucional brasileira. O inc. IX do art. 93 é explícito ao mencionar que "todos os julgamentos dos órgãos do Poder Judiciário serão públicos, e fundamentadas todas as decisões, sob pena de nulidade [...]", ou seja, o emprego do vocábulo "julgamentos" deixa claro que inclui todo o processo decisório, não apenas a decisão; do contrário, teria sido empregado o vocábulo "julgados", no lugar de "julgamentos".

Da mesma forma, não se pode concordar que a publicidade, extraída dos dispositivos constitucionais de 1988 acima citados, não corresponderia a uma garantia fundamental e, com isso, não seria cláusula pétrea, de modo com que poderia ser passível de emenda constitucional para sua modulação no tocante à extensão (âmbito de abrangência) (CÂMARA; MARÇAL, 2020, p. 49). É reiterado na doutrina constitucional que os direitos e garantias fundamentais (que, por sua natureza, não são passíveis de emenda constitucional, conforme art. 60, §4º, inc. IV, constituindo-se *cláusulas pétreas*) não se limitam àqueles listados exemplificativamente no art. 5º da Constituição de 1988, estando espraiados por todo texto constitucional (MENDES, 2017, p. 133). No caso da publicidade, cuida-se de garantia fundamental para que o devido processo legal (art. 5º, inc. LIV) possa ser efetivamente assegurado; impossível – ao menos para uma realidade democrática, o caso do Brasil – se cogitar devido processo legal, sem que haja publicidade.

No entanto, mesmo que fossem ultrapassados esses argumentos expendidos acima, é possível afirmar que não há necessidade de alteração do modelo de deliberação no âmbito do Supremo Tribunal Federal brasileiro. Na pesquisa empírica realizada por André Rufino do Vale, antes citada, verifica-se que o modelo de deliberação pública sequer é questionado entre os ministros (VALE, 2015, p. 235-236). Nesse mesmo trabalho científico, também foi indicada a falta de disponibilidade temporal dos ministros para uma reunião prévia, dado o acúmulo de serviços e atribuições (VALE, 2015, p. 241-242).

A existência de entendimentos dissidentes (sejam eles concorrentes ou divergentes) espelha, efetivamente, o pluralismo que se espera e é próprio da sociedade que se vive, reconhecido inclusive no preâmbulo da Constituição de 1988, ínsito à democracia.

Outro ponto a ser considerado é que na Espanha o Tribunal Constitucional é composto por magistrados com mandato temporário, enquanto, no Brasil, o cargo dos ministros do Supremo Tribunal Federal brasileiro é vitalício, o que demonstra que a própria estrutura e o funcionamento de ambos os tribunais são distintos quando comparados entre si (SOUZA, 2011).

Não se desconhecem estudos científicos que apontam que a ampla abertura do processo deliberativo do Supremo Tribunal Federal do Brasil possa ter levado a, pelo menos, aumento da extensão dos votos (HARTMANN; ALMEIDA; VALIM, 2017, p. 45-46), fazendo com que cada ministro leve seu voto pronto, e gerando nos ministros um maior dever de se justificar, até com maior prioridade não a seus pares, mas à sociedade que os assiste, seja presencialmente, seja pela TV Justiça seja por outros canais de comunicação. Contudo, o fato de ministros atuarem isoladamente, com a edição de votos individuais, fazendo com que acórdãos adquiram grandes extensões, colocando em dúvida qual ponto de vista efetivamente teria prevalecido no âmbito colegiado, poderá ser mais bem tratado, a partir do compartilhamento prévio de votos e do incentivo para que o relator, quando possível, adote os fundamentos convergentes que espelhem o entendimento da maioria.

Dessa forma, seja do ponto de vista constitucional (impossibilidade de modificação da ampla publicidade dos julgamentos do Poder Judiciário brasileiro), seja do posto de vista democrático a partir da experiência vivida no Brasil, não parece possível cogitar em um modelo de deliberação secreta para o Supremo Tribunal Federal do Brasil. Claro que esta constatação não tem o intuito exaustivo sobre a questão, que, por sua complexidade advinda da reconhecida consistência argumentativa de cada modelo, merece intensa e contínua reflexão.

Conclusão

A jurisdição constitucional é intrínseca à proteção da Constituição, à proteção da democracia e, em última instância, da sociedade em si, em face de abusos já vistos especialmente em épocas de autoritarismo. Cada modelo de deliberação, por sua Corte de Justiça, melhor se conforma à realidade histórica e cultural vivida no respectivo país analisado neste trabalho.

O modelo de deliberação secreta do Tribunal Constitucional da Espanha advém da tradição da Europa continental, enquanto o modelo de ampla publicidade da deliberação, presente no Supremo Tribunal Federal do Brasil, provém de tribunais portugueses e especialmente da antiga Casa da Suplicação e do Supremo Tribunal de Justiça do Império do Brasil, como antecessores históricos do Supremo Tribunal Federal.

Por isso, mesmo que sem intenção exaustiva, o modelo de deliberação secreta não se coaduna com a realidade democrática brasileira, em que historicamente foi cultivada a ampla publicidade, inclusive com a criação do primeiro canal televisivo (TV Justiça), para aproximação da sociedade em relação ao Supremo Tribunal Federal do Brasil, responsável por conferir a interpretação suprema à Constituição e a seus direitos fundamentais nela positivados.

Essa maior proximidade da sociedade em relação ao Supremo Tribunal Federal do Brasil possibilita maior conscientização política e fomenta o exercício da cidadania, permitindo que o indivíduo tenha mais facilidade para tomar consciência das pautas discutidas em temas de notória relevância nacional em matéria política, econômica, social e jurídica. Os direitos fundamentais são essenciais à promoção da dignidade humana e de uma sociedade livre, justa e solidária, o que só é possível mediante essa conscientização política.

Além disso, é válido considerar que diversas decisões do Supremo Tribunal Federal ostentam caráter vinculante, conforme art. 927 do Código de Processo Civil de 2015. Logo, conhecer o ambiente deliberativo tem o condão de melhor propiciar a interpretação do raciocínio que levou à conclusão adotada pelo Supremo Tribunal Federal, inclusive para favorecer o estudo científico pela academia.

Não está sendo dito aqui que o modelo de votação secreta, existente no Tribunal Constitucional da Espanha, não se coadune com valores democráticos, mas, sim, que a publicidade pode se manifestar de diferentes formas em diferentes ordenamentos jurídicos, desde que respeitado o núcleo essencial, ou seja, o amplo conhecimento da população sobre o que foi decidido, ao lado da necessária fundamentação das decisões.

Enfim, é preciso que toda a análise comparativa de institutos e procedimentos estrangeiros seja feita com bastante parcimônia, a fim de preservar a realidade democrática, a história e a cultura do ordenamento jurídico brasileiro.

Referências

ANDRADE, Érico. Gestão processual flexível, colaborativa e proporcional: cenários para implementação das novas tendências no CPC/2015. *Revista da Faculdade de Direito da UFMG*, Belo Horizonte, n. 76, p. 183-212, jan./jun. 2020.

ANDRADE, Flávio da Silva. Apontamentos sobre o Sistema Judicial do Reino da Espanha: a Organização Judiciária do Estado Autonômico Espanhol. *In*: GONÇALVES, Gláucio Ferreira Maciel; ANDRADE, Érico (Coord.). *Organização judiciária no direito comparado*: Alemanha, Espanha, Estados Unidos da América, França, Grã-Bretanha, Itália e Portugal. Rio de Janeiro: Lumen Juris, 2018.

CÂMARA, Alexandre Freitas; MARÇAL, Felipe Barreto. Repensando os dogmas da publicidade e do sigilo na deliberação na justiça brasileira. *Revista de Processo*, São Paulo, v. 299, p. 43-68, jan. 2020.

ESPANHA. Poder Judicial da Espanha. Conselho Geral do Poder Judicial. *Missão*. Disponível em: https://www.poderjudicial.es/cgpj/es/Poder-Judicial/Consejo-General-del-Poder-Judicial/Informacion-Institucional/Que-es-el-CGPJ/Mision-/. Acesso em: 9 dez. 2022.

HARTMANN, Ivar Alberto; ALMEIDA, Guilherme da Franca Couto Fernandes de; VALIM, Beatriz Nunes. A influência da TV Justiça no processo decisório do STF. *Revista de Estudos Empíricos em Direito*, São Paulo, v. 4, n. 3, p. 38-56, out. 2017.

MACHADO, Joana de Souza. Luz, câmera, jurisdição: tecnologia de comunicação e o mito da justiça transparente no Brasil. *Boletim Cedes*, p. 41-48, jul./set. 2013.

MELLO, Patrícia Perrone Campos. O Supremo Tribunal Federal: um tribunal de teses. *Revista EMERJ*, Rio de Janeiro, v. 21, n. 3, t. 2, p. 443-467, set./dez. 2019.

MENDES, Gilmar Ferreira. *Curso de direito constitucional*. 9. ed. São Paulo: Saraiva, 2017.

MENDES, Gilmar; STRECK, Lenio Luiz. Art. 93. *In*: CANOTILHO, J. J. Gomes *et al*. *Comentários à Constituição do Brasil*. São Paulo: Saraiva Educação, 2018.

OKU, Enio Nakamura. Accountability judicial e o design para os Tribunais de Justiça. *Fórum Administrativo – FA*, Belo Horizonte, ano 21, n. 242, p. 55-86, abr. 2021.

RESENDE NETO, Osvaldo. O princípio da publicidade como medida essencial ao controle dos atos estatais. *Revista de Processo, Jurisdição e Efetividade da Justiça*, Brasília, v. 2, n. 1, p. 22-42, jan./jun. 2016.

SILVA, José Afonso da. *Curso de direito constitucional positivo*. 41. ed. rev. e atual. até a Emenda Constitucional n. 99, de 14.12.2017. São Paulo: Malheiros, 2018.

SOUZA, Raphael Ramos Monteiro de. Cortes constitucionais e a publicidade das deliberações: um panorama Brasil-Espanha. *Fórum Administrativo – FA*, Belo Horizonte, ano 11, n. 124, jun. 2011.

STRECK, Lenio Luiz. *Jurisdição constitucional*. 6. ed. Rio de Janeiro: Forense, 2019.

TERRA, Felipe Mendonça. Tribunal Constitucional da Espanha. *In*: BRANDÃO, Rodrigo (Org.). *Cortes constitucionais e supremas cortes*. Salvador: JusPodivm, 2017.

VALE, André Rufino. *Argumentação constitucional*: um estudo sobre a deliberação nos Tribunais Constitucionais. 2015. 415 f. Tese (Doutorado) – Programa de Pós-Graduação em Direito, Faculdade de Direito, Universidade de Brasília/Universidad de Alicante (UA), Brasília/Alicante, 2015.

Informação bibliográfica deste texto, conforme a NBR 6023:2018 da Associação Brasileira de Normas Técnicas (ABNT):

GONÇALVES, Gláucio Maciel; SILVA, Valber Elias. A publicidade no processo deliberativo dos tribunais: uma análise crítico-comparativa entre o Tribunal Constitucional da Espanha e o Supremo Tribunal Federal do Brasil. *In*: FACHIN, Luiz Edson; BARROSO, Luís Roberto; CRUZ, Álvaro Ricardo de Souza (Coord.). *A Constituição da democracia em seus 35 anos*. Belo Horizonte: Fórum, 2023. p. 463-475. ISBN 978-65-5518-597-3.

A ERA DO ALGORITMO E IMPACTOS SOBRE AS DECISÕES HUMANAS: OS DESAFIOS À DEMOCRACIA E AO CONSTITUCIONALISMO

JOSÉ ADÉRCIO LEITE SAMPAIO
ANA CAROLINA MARQUES TAVARES COSTA

1 Introdução

O presente artigo busca, em primeiro momento, entender como os algoritmos têm se apropriado das emoções, por meio dos dados digitais, para conduzir, de forma irrefletida e acrítica, as ações e os pensamentos humanos.

Serão, em seguida, apresentados os riscos da automatização das decisões. A formação de bolhas informacionais e a obscuridade das operações algorítmicas, essas, muitas vezes, propulsoras de desigualdades estruturais, evidenciam a necessidade de um olhar desconfiado sobre a era digital, que, apesar dos avanços no campo da ciência e da economia, anuncia a sua face nociva sob o aspecto social, jurídico e político.

Objetiva-se, ainda, investigar a existência de formas de mitigação dessas ameaças à integridade democrática e aos direitos fundamentais, sendo expostas, ao fim, algumas propostas teóricas de recondução da participação humana nos processos decisórios sistematizados.

A investigação se utiliza da metodologia teórico-jurídica com raciocínio dedutivo, fundada em revisão bibliográfica, tendo, como marco teórico, os conceitos desenvolvidos por Rouvroy e Berns (2015) e Castro (2018).

2 O controle algorítmico

A definição de um algoritmo é bastante complexa. Considerar-se-á, neste estudo, o algoritmo como o "plano de ação pré-definido a ser seguido pelo computador, de maneira que a realização contínua de pequenas tarefas simples possibilitará a realização da tarefa solicitada sem novo dispêndio de trabalho humano" (VALENTINI, 2017, p. 43). O algoritmo compõe-se de uma série de instruções que, a partir da análise de probabilidades, gera modelos independentes de previsão.

No ambiente virtual, a coleta de dados ocorre de forma incansável e correspondente à celeridade exigida em resposta às constantes transformações sociais, cujos influxos informacionais não são totalmente absorvidos pela cognição humana. É preciso buscar formatos eletrônicos autônomos que suportem a lógica 3Vs – (i) volume (o volume de dados produzido pelas interações virtuais é inestimável); (ii) variedade (são diversas as fontes de produção e captação de dados) e (iii) velocidade (a coleta dos dados deve ser instantânea) (DONEDA; ALMEIDA, 2018).

Resgatando o conceito de governamentalidade de Foucault,[1] denominou-se governamentalidade algorítmica o novo paradigma regido por três tempos: coleta de dados (*dataveillance*), produção de saberes estatísticos (*datamining*) e elaboração de perfis (*profiling*) (ROUVROY; BERNS, 2015). Rompendo com as imprevisibilidades e subjetividades cotidianas, busca-se a predição como produto da hipervigilância (ZUBOFF, 2021), isto é, a inferência das intenções, preferências e vontades humanas para fins de antecipação do comportamento. Esse resultado é fruto do tratamento do *big data*, quando se torna possível a "produção de saber (saberes estatísticos constituídos de simples correlações) a partir de informações não classificadas e, portanto, perfeitamente heterogêneas" (BRUNO *et al.*, 2018).

A governamentalidade algorítmica não encontra fundamento legal normativo, mas se sustenta na otimização do comportamento pela categorização dos rastros obtidos no meio digital (ALVES; ANDRADE, 2022). É "um tipo de racionalidade (a)normativa ou (a)política que repousa sobre a coleta, agregação e análise automatizada de dados em quantidade massiva" (ROUVROY; BERNS, 2015, p. 42), destinada à produção de conhecimento de elevada acurácia, posteriormente convertido em lucro.

Os algoritmos invadem, assim, os desejos dos usuários com base na experiência individual de navegação. Influenciam no processo, cada vez mais sofisticado, de previsão de dinâmicas de consumo, passando a ser exitosa a venda que mais reflete as interações digitais, ou seja, a que mais se adapta às emoções e às preferências individuais. A inteligência artificial é utilizada para a análise de personalidade e para a dedução de padrões de comportamento dos cidadãos, configurando aquilo que passou a ser denominado psicometria (RODRIGUES *et al.*, 2020). A coleta de dados e metadados por *softwares* inteligentes permite a identificação de sentimentos (raiva, ansiedade, medo, fome), orientação sexual, origem étnica, opinião religiosa e política.

O modo de percepção do mundo, o estilo de vida, as escolhas diárias e as opiniões passaram a ser moldados por programadores e algoritmos desenvolvidos para a captura da atenção humana pelo maior tempo possível, "tanto na dimensão social como na

[1] Segundo o filósofo, a governamentalidade explica o surgimento do Estado e as suas práticas governamentais. Define-se como "[...] conjunto constituído pelas instituições, os procedimentos, análises e reflexões, os cálculos e as táticas que permitem exercer essa forma bem específica, embora muito complexa, de poder que tem por alvo principal a população, por principal forma de saber a economia política e por instrumento técnico essencial os dispositivos de segurança. Em segundo lugar, por "governamentalidade" entendo a tendência, a linha de força que, em todo o Ocidente, não parou de conduzir, e desde há muito, para a preeminência desse tipo de poder que podemos chamar de "governo' sobre todos os outros- soberania, disciplina- e que trouxe, por um lado, o desenvolvimento de toda uma serie de aparelhos específicos de governo [e por outro lado], o desenvolvimento de toda uma serie de saberes. Enfim, por 'governamentalidade' creio que se deveria entender o processo, ou antes, o resultado do processo pela qual o Estado de justiça da Idade Média, que nos séculos XV e XVI se tornou o Estado administrativo, viu-se pouco a pouco 'governamentalizado'" (FOUCAULT, 2008, p. 143-144).

dimensão do desejo" (COSTA, 2021, p. 24). As publicidades e os conteúdos condizem com as ideias pré-selecionadas e pré-aprovadas pelo internauta, que, pelas ferramentas de seleção, limita o alcance ao que lhe é familiar (PEDROSA; BARACHO JÚNIOR, 2021).

Um fenômeno que decorre da seleção algorítmica automatizada é o da individualização dos processos e dos resultados e a crescente personalização das realidades construídas. Com base em características dos próprios usuários, obtidas por meio de *big data* e em comportamentos anteriores (ou rastros deixados no meio digital), os internautas são, inconscientemente, unidos àqueles que pensam de forma semelhante.

Isso significa que os algoritmos estabelecem previamente o que será encontrado e o que será relevante para cada indivíduo. Uma forma de governamentalidade caracterizada, essencialmente, por seleções e omissões estratégicas de informações, aptas a afetar diretamente o comportamento humano, inclusive os padrões de consumo (ZUBOFF, 2021). A gratuidade dos serviços digitais é uma armadilha na medida em que os algoritmos se destacam "[...] cada vez mais performativos, dissimulados e adequados à biografia individual, articulando valores de mercado com modelação comportamental" (COSTA, 2021, p. 25).

A sofisticação e a capacidade infindável de armazenamento e processamento tornam as categorizações atuais singulares. A nova governamentalidade dispensa qualquer poder disciplinar estatal porque a vigilância não busca a punição e o controle de ações pretéritas, mas está voltada a governar o futuro, despindo-o das incertezas (ALVES; ANDRADE, 2022).

Em *The threat of algocracy: reality, resistance and accommodation*, John Dahaner (2016) questiona a legitimidade moral e política dos processos decisórios predominantemente programados pela rede mundial de computadores, ao que denomina "algocracia" (para referenciar o poder dos algoritmos de condução da vida humana). Isso significa que os algoritmos funcionam como ferramenta hábil ao processamento, à organização e à seleção dos dados sobre os quais as decisões são tomadas, moldando as relações humanas potencialmente afetadas e, com isso, o respectivo processo de compreensão/aceitação racional. É como se o algoritmo firmasse o indivíduo "como o seu próprio produto, um sujeito bem sistematizado, portanto, mais previsível e ao mesmo tempo mais facilmente manipulado" (COSTA, 2021, p. 28).

A seleção algorítmica decorre do uso de diversos aplicativos e influencia o pensamento e as realidades humanas. Como verdadeiras instituições de poder e fatores estratégicos na formação da ordem e da realidade social, os algoritmos manipulam a consciência individual e interferem no processo de formação da própria consciência coletiva e de edificação dos valores culturais e sociais (JUST; LATZER, 2017). À cadeia de informação, agrega-se um novo elemento, a opacidade, responsável por tornar, aos esforços humanos, a decodificação dos resultados e combinações algorítmicas uma tarefa difícil (PASQUALE, 2015).

Julio Cesar Lemes de Castro (2018) prefere a expressão "governança algorítmica" para explicar o fenômeno de "esfacelamento da unidade individual" por um modelo de gestão de múltiplos atores institucionais, que confronta (e ultrapassa) a jurisdição do Estado Nacional. A governança seria, então, o termo que melhor traduziria o sentido de distribuição em rede e horizontalização dos centros de comando. São três as dimensões fundamentais que a caracterizam: a relacional, a vetorial e a agenciadora.

Quanto ao primeiro aspecto, a governança algorítmica consiste na segmentação do indivíduo a partir dos traços comportamentais revelados pelos vestígios digitais. A ênfase não é no indivíduo, mas nas variadas associações que podem ser feitas a partir dos dados – perfis múltiplos, situados além do indivíduo, são gerados, a depender do recorte realizado, isto é, dos filtros introduzidos e dos traços selecionados ou descartados para cada combinação. Na dimensão vetorial, a governança algorítmica direcionaria a conduta humana sem que nenhuma escolha racional a anteceda, como o que ocorre com as ferramentas de recomendação das mídias sociais e de formação de públicos baseados ("amigos que você talvez conheça"). A dimensão agenciadora traduziria o intento da governança algorítmica: a influência comportamental pela terceirização das escolhas humanas aos padrões estatísticos extraídos das condutas dos usuários. As vidas humanas estariam, pelo aprisionamento da liberdade de escolha, fadadas a replicar, no futuro, as escolhas passadas.

Dessa forma, os dados combinados aos algoritmos alteraram os processos de tomada de decisão para automatizar, com maior eficiência, as análises de risco com base em prognose do comportamento humano futuro (MENDES; MATIUZZO, 2019). Essa nova dimensão estatística da realidade, de eliminação do possível e do provável, trouxe, contudo, grandes desafios e riscos, retratados não só pela personalização do conteúdo, como pela difusão, nada transparente, de desigualdades.

3 Os riscos da governança algorítmica

A partir da análise/mineração de um grande volume de dados, como forma de captação dos padrões das preferências dos usuários, a economia e a política beneficiam-se de um novo modelo de negócios preditivo baseado em curadoria e publicidade direcionada. Eli Pariser (2012, p. 14) pontua que o surgimento da bolha informacional ocorre pela união entre as ferramentas de busca/filtros e os mecanismos de previsão. Esses "criam e refinam constantemente uma teoria sobre quem somos e sobre o que vamos fazer ou desejar a seguir", a partir da criação de "um universo de informações exclusivo para cada um de nós [...] que altera constantemente o modo como nos deparamos com ideias e informações".

De maneira prática, o fenômeno pode ser desenhado pela diferença entre os resultados obtidos em uma mesma ferramenta de busca, a exemplo do Google. No Brasil, um indivíduo branco, apaixonado por esportes, ao procurar pelas palavras "atentados" e "Afeganistão" encontraria informações muito diversas de um argentino, negro, engajado em manifestações culturais, apesar da absoluta coincidência dos parâmetros utilizados pelos dois indivíduos (MAGRANI, 2020).

Há três modelos de desempenho das bolhas informacionais. Primeiro, verifica-se a existência de uma força centrífuga responsável pelo isolamento de cada usuário, o qual, apesar de compartilhar interesses comuns, encontra-se solitário em sua própria bolha. Em um segundo momento, a dinâmica da bolha é invisível. O usuário tem a falsa impressão de que, embora não consiga controlar os mecanismos utilizados pelos algoritmos, as informações que a ele se apresentam são verdadeiras, confiáveis e imparciais. Na realidade, quando inseridos em bolhas, os cidadãos não conseguem depreender o grau de imparcialidade da personalização. Por fim, as escolhas pessoais são dispensáveis na dinâmica, pois, independentemente do controle ou da atenção dos usuários, é extremamente difícil bloquear a ação dos filtros geradores de lucro às empresas (PARISER, 2012).

Não podem ser desprezadas as facilidades e as benesses das bolhas, que, com uma rapidez bastante favorável, geram maior comodidade aos usuários: em questão de poucos segundos, é possível acessar qualquer conteúdo desejável. É o que acontece, por exemplo, com os sistemas de recomendação da Netflix e da Amazon, plataformas digitais que usam os dados para promover sugestões baseadas no perfil e no histórico de visualizações/compras.

Ao lado dessa conveniência, porém, sem qualquer grau de consciência, os indivíduos se distanciam de pontos de vista divergentes, que poderiam ser relevantes para o processo de debate na esfera pública virtual (MAGRANI, 2014). Perde-se um possível enriquecimento e pluralização do debate democrático. Com o reforço das concepções individualistas e egocêntricas no meio digital, as ideias divergentes parecem não transcender os limites da bolha informacional e não dialogar entre si. Os usuários se prendem às convicções pessoais prévias, que somente são reforçadas pelas propagandas e anúncios que chegam ao seu alcance – resultados de um processo intencional de mapeamento de perfil (MARTINS; TATEOKI, 2019).

Sob a ótica política, essa conjuntura parece desfavorecer o consenso em um ambiente pluralista. O direcionamento de conteúdos anuncia a subtração da coesão social e da racionalidade dos processos deliberativos porque a razão algorítmica, além de desconhecida, é recepcionada de forma acrítica. No mundo digital, pensamentos diversos encontram-se mais desconexos em razão do distanciamento promovido pelo universo personalizado (HELBING *et al.*, 2017). Lucia Santaella (2018) alerta sobre o prejuízo das bolhas para o discurso cívico, sobretudo pelas crescentes manipulações que se fortalecem com a desinformação:

> No nível coletivo, os filtros são formas de manipulação que colocam o usuário mal informado sobretudo a serviço de interesses políticos escusos. De fato, pesquisas realizadas por fontes confiáveis confirmaram que máquinas de buscas e mídias sociais promovem a segregação ideológica, pois o usuário acaba por se expor quase exclusivamente a visões unilaterais dentro do espectro político mais amplo. Quando muito arraigada devido à repetição ininterrupta do mesmo, a unilateralidade de uma visão acaba por gerar crenças fixas, amortecidas por C hábitos inflexíveis de pensamento, que dão abrigo à formação de seitas cegas a tudo aquilo que está fora da bolha circundante. (SANTAELLA, 2018, p. 7)

Com o silenciamento das visões diversas, há uma tendência generalizada de radicalização dos posicionamentos políticos, desafetos ao contraponto. Na bolha, há menos espaço para encontros ocasionais (SUNSTEIN, 2007). Trata-se, na realidade, de um mundo personalizado, nada propenso aos novos conhecimentos, limitado às reproduções infindáveis do que já é familiar (PARISER, 2012).

Sob a constatação de que a realidade seja espelho das crenças pessoais, forja-se a pluralidade social como fruto de um prévio consenso. Dos usuários, nas bolhas informacionais, oculta-se o necessário e mostra-se o útil. O "caráter prejudicialmente paternalista pode implicar em restrições a direitos e a garantias fundamentais, a autonomia dos indivíduos e a liberdade de expressão" (MAGRANI, 2020, p. 119). Partindo da importância dos processos deliberativos ativos (HABERMAS, 2020), em esferas públicas nas quais ideias conflitantes são acessíveis e não previamente "filtradas", as bolhas informacionais passam a representar ameaça ao regime democrático.

A polarização dos espaços de debate fragmentados pode ser "o embrião para o extremismo ideológico e nocivo para a esfera pública democrática" (MAGRANI, 2020, p. 125). O isolamento serve de substrato à atividade de grupos sociais e políticos radicais, fenômeno que vem sendo chamado de balcanização.

Ainda sobre os riscos das bolhas informacionais, aponta-se a possibilidade de saturação informacional. Os filtros, intencionalmente, prendem a atenção do usuário pelo maior tempo possível, em assuntos, temas e notícias de seu interesse, mecanismo suficiente para torná-lo ávido, cada vez mais, por mais conteúdo (ZUBOFF, 2021).

A preocupação da governamentalidade (ou governança) algorítmica também reside na falta de transparência ou ética das práticas de manipulação dos dados pessoais, conforme os resultados políticos e econômicos visados. É dizer, com isso, que, de uma função de ferramenta, os algoritmos passaram a assumir uma função de intelecto, criando uma nova concepção mundana, na qual não prevalece mais a qualidade ou veracidade do discurso em si, mas sim, a figura do "mais patrocinado, do mais engajado, do que mais cresce, ou daquele que mais captura atenção" (COSTA, 2021, p. 24).

Kate Crawford (2016), como pesquisadora da Microsoft dedicada aos estudos de combate aos padrões utilizados pela inteligência artificial, assegura que os algoritmos marginalizam as minorias e reproduzem desigualdades sociais, em um sistema fechado. Os algoritmos, não só moldam as nossas interações interpessoais, como também produzem "públicos calculados", isto é, incitam a formação de um grupo que parece ter alguma afinidade, muito embora nada se conheça sobre a escolha que o uniu. Isso faz das classificações sociais algorítmicas algo questionável, sobretudo pelas ramificações políticas desses públicos. Nessa perspectiva, a atuação da Amazon e do Facebook, por exemplo, concentra-se, unicamente, no fato de que o algoritmo produz decisões autocráticas, de única saída. Os algoritmos se comportam de forma imprevisível, inviabilizando até mesmo a compreensão dos programadores quanto à forma de criação do público imaginário e a história por trás do elo que liga os interesses particulares e comuns.

O método estatístico definido para a identificação das correlações algorítmicas pode conduzir a resultados discriminatórios. O perfilamento e as decisões automatizadas reproduzem padrões resgatados da sociedade em forma de realidades objetivas, cujas variações e especificidades são descartadas. É o que ocorre, por exemplo, com a adoção do gênero como um dos parâmetros de um *software* encarregado de substituir o processo seletivo humano. A sistemática de otimização de desempenho e de maior economia busca, objetivamente, uma resposta, o que pode criar preferências injustas e discriminatórias, em razão de generalizações estatísticas inconsistentes (MENDES; MATTIUZO, 2019).

As técnicas de aprendizado da máquina são, muitas vezes, desconhecidas pelo próprio programador ou desenvolvedor. Os algoritmos podem refletir vieses em processos de aprovação de empréstimos, contratações trabalhistas, acesso a universidades, ações policiais, sob o manto da imparcialidade, da objetividade e da neutralidade. A obscuridade das técnicas utilizadas perpetua as desigualdades e os preconceitos sociais, como o que ocorreu em 2015 com o Google Fotos, mecanismo de compartilhamento e organização de imagens. À época, constatou-se que a ferramenta classificava como "gorilas" pessoas negras (SILVA; OLIVEIRA JÚNIOR, 2023).

4 É possível controlar os danos?

Mesmo os países do Norte global, como membros da União Europeia, que apresentam modelos jurídicos mais estruturados sobre a responsabilidade corporativa e a defesa dos direitos humanos em questões envolvendo o uso da inteligência artificial, enfrentam dificuldades de regulamentação. A legislação pré-digital, ainda que robusta, passa a ser insuficiente nesse contexto dinâmico e altamente mutável; e quando existe legislação, como é o caso do Regulamento Geral de Proteção de Dados, enfrenta-se a dificuldade de responsabilização das empresas (afinal, as multas já são contabilizadas como custos inerentes ao negócio). As respostas dos Estados ainda são bastante instintivas, tendentes a ser provocadas por escândalos (GURUMURTHY *et al.*, 2019).[2]

Sem desconsiderar os benefícios do sistema algorítmico, Dahaner (2016) adota uma postura que supera a resistência pessimista em torno dos avanços tecnológicos. Para ele, a "acomodação" traduz uma percepção mais ajustável à ideia de que o algoritmo pode ser, sim, muito eficiente para questões que demandem certa previsibilidade ou outras competências de precisão e rapidez inalcançáveis pelo trabalho humano. Sem abandonar a visão de que os algoritmos podem ser preferíveis aos sistemas humanos em alguns casos, quando não mais justos, o autor sugere uma visão em que se busca o equilíbrio entre as perdas de participação humana nos processos decisórios e os ganhos em resultado, de forma a acalmar os abalos frutos da ameaça algorítmica (*how to accommodate the threat*).

Dahaner (2016) vislumbra quatro hipóteses nas quais os humanos preservariam, no sistema algorítmico, o seu poder de influência por participação ativa no circuito: *(i)* por meio da revisão humana de qualquer sistema automatizado em uma espécie de supervisão reguladora dos algoritmos; *(ii)* por meio da compreensão de que as tecnologias podem aumentar a legitimidade processual dos processos decisórios públicos; *(iii)* por meio do uso de tecnologias de vigilância às elites econômicas e políticas que monitoram os algoritmos; e *(iv)* por meio da formação de parcerias individuais com os algoritmos.

Ponderando a insuficiência de cada solução sob uma ótica isolada, o autor defende que, apenas em várias combinações, essas hipóteses poderiam ser consideradas

---

[2] Na China, o Ministério de Transportes só criou uma plataforma nacional de supervisão dos antecedentes criminais dos motoristas de carona cadastrados na Didi quando, em 2018, duas passageiras foram assassinadas e estupradas. No Uruguai, a regulamentação do setor de empréstimos P2P surgiu de uma forte pressão da mídia sobre o fato de o setor se tornar um Uber Financeiro (GURUMURTHY *et al.*, 2019).

eficientes e de grande valia no equilíbrio entre os benefícios dos sistemas algorítmicos e as preocupações em torno da compreensão/participação humana.

Eduardo Magrani (2020) lembra a existência de um recurso que pode ser útil à exclusão do rastreamento automático, denominado *do not track*, que pode ser encontrado em alguns navegadores como o Mozilla Firefox. Essa seria, assim, uma forma de eliminação dos rastros de navegação, indispensáveis à coleta de informações que abastecem as bolhas informacionais. Em prol do direito de privacidade do usuário, esse mecanismo, apesar de não ser uma solução de fato, inclusive para a polarização, pode, sim, reduzir, de alguma forma, a complexidade da personificação algorítmica.

Pariser (2012) defende a escolha racional por *sites* que proporcionem maior transparência sobre a forma como os dados pessoais são utilizados. Ou, até mesmo, por *sites* geradores de interação ativa, nos quais o usuário poderá fazer a sua própria personificação e ajuste voluntário do conteúdo que lhe é oferecido. Por meio de abas como "only stuff I like" – "assuntos de que eu gosto" e "stuff other people like that I'll probably hate" – "assuntos de que outras pessoas gostem, que eu, provavelmente, deteste", o usuário poderá, a partir de referências pessoais, ter algum controle sobre o conteúdo que chega ao seu alcance. Isso, sem descartar a criação de leis mais rígidas de controle da privacidade dos dados.

Os dados pessoais estão sendo indevidamente apropriados em uma conjuntura de concentração de mercado e injustiça econômica. A governança de dados é reduzida a um ponto único da agenda de definição de limites à exploração comercial dos dados pessoais. É preciso evoluir a estrutura de nível nacional para a governança de dados como um recurso de propriedade comum, reconhecendo o direito soberano de controle dos dados como parte integrante do desenvolvimento humano (GURUMURTHY *et al.*, 2019).

Em uma sociedade conectada, exposta aos riscos dos avanços tecnológicos, passou-se a discutir a importância da autonomia e da liberdade decisória para a definição dos limites de acesso e uso dos dados pessoais.

O direito à autodeterminação informacional foi incorporado, desde 1970, às Constituições de Portugal e Espanha e, mais tarde, em 1983, foi reconhecido também pelo Tribunal Constitucional Federal Alemão. Apesar de não ter reconhecimento expresso na Constituição Federal de 1988, respalda-se no princípio da dignidade da pessoa humana, fundamento do Estado democrático de direito, e no princípio do livre desenvolvimento da personalidade, positivado na Declaração Universal dos Direitos do Homem de 1948. A elevação do direito à autodeterminação informacional como garantia fundamental, a partir de uma interpretação sistemática de dispositivos constitucionais (§2º do art. 5º da CF/88), é proposta como proteção dos usuários da internet em situações de violação à esfera íntima ou privada (FREITAS *et al.*, 2020).

O cidadão teria, assim, condições de escolher o grau de exposição de informações sobre a sua personalidade, interesses e atividades, deixando a condição de redução a um objeto de experimentação social, que, privando-se de qualquer análise crítica, age de forma instintiva e irrefletida (SILVA, 2023).

Alguns autores argumentam que as concretas ameaças à dignidade humana seriam suficientes a justificar a transparência da base de dados e do funcionamento do algoritmo.

A transparência seria fundamental para a responsabilização das condutas discriminatórias. A implantação de um sólido sistema regulatório de combate às práticas obscuras parece fundamental. Se pessoas são afetadas pelos processos decisórios algorítmicos, é preciso conscientizá-las dos impactos provocados e muni-las de mecanismos eficientes de fiscalização e reparação (MENDES; MATTIUZO, 2019). O controle da filtragem, por exemplo, geraria maior confiança nos algoritmos. A exposição das formas de operação do algoritmo fomentaria a comoção e a rejeição social quanto à reprodução de vieses discriminatórios.

A maioria das ferramentas voltadas a combater as ameaças dos algoritmos passa pela governança não dos algoritmos em si, mas dos dados objeto das operações. É o que ocorre, por exemplo, com as legislações de proteção de dados, que, reforçando a necessidade de serem estabelecidos critérios de maior transparência, faz do consentimento uma exigência para o tratamento e uso dos dados pessoais (DONEDA; ALMEIDA, 2018).

Ido Kilovaty (2019) destaca a importância da autonomia individual e da privacidade para a compreensão e mensuração do uso dos dados para fins econômicos e políticos. Para o autor, a segurança cibernética, amparada na notificação dos cidadãos em caso de violação dos dados, facilitaria a responsabilização das empresas, criando o incentivo indireto de reforço das políticas de segurança de dados, bem como permitiria a mitigação dos riscos por parte dos indivíduos. Na Lei Geral de Proteção de Dados, por exemplo, o titular deve ser notificado na hipótese de violação que envolva os seus dados pessoais, obrigatoriedade também existente em relação à Autoridade Nacional de Proteção de Dados (BRASIL, 2018). Essa publicização serviria como alerta aos usuários, mais conscientes e ativos nos processos decisórios automatizados.

As alternativas são muitas. O contexto ainda é novo e sobre ele pairam muitas incertezas. É essencial que a sociedade avance os estudos sobre a compreensão das implicações culturais, sociais e democráticas desse novo modelo, que parece ser insustentável quando abandona a ingerência humana sobre os processos de escolhas, tomadas de decisão e formação de opinião.

A complexidade do tema anuncia a importância de diferentes abordagens, a exemplo dessas aqui tratadas, sobretudo quando os prejuízos da governança algorítmica são, convenientemente, negligenciados por uma sociedade eufórica com os confortos propiciados pelas inovações tecnológicas.

5 Considerações finais

Na sociedade digital, os algoritmos ficaram encarregados da execução de tarefas complexas e infindáveis, até então inatingíveis aos esforços humanos. A delegação dos processos decisórios aos algoritmos tornou possível o aprimoramento da ferramenta de personalização do conteúdo – cada vez mais representativa dos anseios e vontades individuais, sobretudo relacionados ao consumo e às crenças políticas.

A automatização dos processos de tomada de decisões públicas deve, contudo, ser objeto de questionamento, quando interesses comerciais e governamentais que respaldam a indesejada falta de transparência dos algoritmos se somam à pouca ou, até mesmo, ausente ingerência humana para selecionar as regras ou princípios que os orientam. Foram demonstradas, neste artigo, algumas das consequências da maximização da automação decisória, não só sob o aspecto democrático, mas em relação ao sistema de direitos fundamentais.

Observou-se que a governamentalidade ou governança algorítmica, apesar dos comodismos, acirrou a fragmentação social por meio de universos filtrados dificultadores da manifestação de pluralidade, cerne da democracia. Os filtros-bolha, produtos da curadoria algorítmica, têm fragilizado a legitimidade dos processos deliberativos, seja pela radicalização de pensamentos, seja pela manipulação da vontade política, dado o prejuízo à autonomia e à liberdade de decisão individual.

Os algoritmos vêm criando decisões autocráticas, completamente invisíveis aos cidadãos, que acabam apresentando uma visão singular e enviesada sobre as escolhas políticas. O trabalho de determinar o vencedor do discurso é invisível aos cidadãos, limitados ao alcance de um único resultado previamente selecionado e ordenado. Todos os critérios usados pelos algoritmos para determinar a avaliação das escolhas são obscurecidos.

O risco não é apenas de desintegração democrática pela polarização e deformação das consciências políticas; contempla também os direitos fundamentais, ameaçados pela ofensa à liberdade de informação e opinião e pela violação à dignidade humana (sob os obscuros arbítrios da seleção algorítmica, os cidadãos estão sujeitos a discriminações e desigualdades estruturais).

No contexto do aprisionamento tecnológico, surgem propostas relevantes para o maior controle das operações algorítmicas e, com isso, a proteção dos direitos humanos, dos valores democráticos e da diversidade: regulamentação do uso dos dados pessoais, reforço da fiscalização, instrumentalização da transparência e incentivo à maior participação humana nos processos decisórios. Regular as inovações tecnológicas e despertar as vidas por elas absortas são formas de mitigação dos riscos da manipulação algorítmica, cujo funcionamento exige adaptação, compreensão e conscientização.

Referências

ALVES, Marco Antonio Souza; ANDRADE, Otávio Morato de. Autonomia individual em risco? Governamentalidade algorítmica e a constituição do sujeito. *Cad. Metrop.*, São Paulo, v. 24, n. 55, p. 1007-1023, set./dez. 2022. Disponível em: https://www.scielo.br/j/cm/a/MhymSLPFzLcpSbWFcYBdpqy/#. Acesso em: 15 out. 2022.

BRASIL. *Lei nº 13.709, de 14 de agosto de 2018*. Lei Geral de Proteção de Dados Pessoais (LGPD). Brasília, 2018. Disponível em: https://www.planalto.gov.br/ccivil_03/_ato2015-2018/2018/lei/l13709.htm. Acesso em: 28 jul. 2023.

BRUNO, Fernanda *et al. Tecnopolíticas da vigilância*: perspectivas da margem. Tradução de Heloísa Cardoso Mourão. 1. ed. São Paulo: Boitempo, 2018.

CASTRO, Julio Cesar Lemes de. Redes sociais como modelo de governança algorítmica. *Matrizes*, v. 12, n. 2, 2012. Disponível em: https://www.revistas.usp.br/matrizes/article/view/140890. Acesso em: 17 jul. 2023.

COSTA, Pedro Rodrigues. Da ferramenta ao intelecto algorítmico: sobreviver entre dilemas digitais. *Journal of Digital Media & Interacion*, v. 4, n. 10, p. 21-37, 2021.

CRAWFORD, Kate. Can an algorithm be agonistic? Ten scenes from life in calculated publics. *Science, Technology, & Human Values*, v. 41, n. 1, p. 77-92, 2016. Disponível em: https://journals.sagepub.com/doi/abs/10.1177/0162243915589635?casa_token=JAoDJ92DdcYAAAAA%3ALmz7Ceroq09Tdn7OQ3Gq5foFHp8WCZNeal4DTRi8iZQC6of9hA5sZwyxZ4mLVtKx4DmPmHWpYYT7FZI&journalCode=sthd. Acesso em: 27 jan. 2022.

DANAHER, John. The threat of algocracy: reality, resistance and accommodation. *Philosophy & Technology*, v. 29, n. 3, p. 245-268, 2016. Disponível em: https://philpapers.org/archive/DANTTO-13.pdf. Acesso em: 28 jan. 2022.

DONEDA, Danilo; ALMEIDA, Virgilio A. F. O que é governança de algoritmos? *In*: BRUNO, Fernanda *et al*. *Tecnopolíticas da vigilância*: perspectivas da margem. Tradução de Heloísa Cardoso Mourão. 1. ed. São Paulo: Boitempo, 2018.

FOUCAULT, Michel. *Segurança, território e população*. Tradução de Eduardo Brandão. São Paulo: Martins Fontes, 2008.

FREITAS, Cinthia O. de; FERREIRA, Heline Sivi; CEVEDON, Ricardo. A bolha informacional e os riscos dos mecanismos na busca na personalização do usuário de internet: reflexões sobre o direito à autodeterminação informacional. *Revista Brasileira de Direito*, Passo Fundo, v. 16, n. 3, p. 1-24, set./dez. 2020.

GURUMURTHY, Anita; BHARTHUR, Deepti; CHAMI, Nandini; VIPRA, Jai; ANWAR, Ira. *Platform planet*: development in the intelligence economy. Nov. 2019. Disponível em: https://ssrn.com/abstract=3872499. Acesso em: 10 jul. 2023.

HABERMAS, Jürgen. *Facticidade e validade*: contribuições para uma teoria discursiva do direito e democracia. Tradução de Felipe Gonçalves Silva e Rúrion Melo. São Paulo: Editora Unesp, 2020.

JUST, Natascha; LATZER, Michael. Governance by algorithms: reality construction by algorithmic selection on the internet. *Media, Culture & Society*, v. 39, n. 2, p. 238-258, 2016. DOI: 10.1177/016344371664315. Disponível em: https://ssrn.com/abstract=3871903. Acesso em: 10 maio 2022.

MAGRANI, Eduardo. *Democracia conectada*: a internet como ferramenta de engajamento político-democrático. 2014. 224 f. Tese (Doutorado em Direito) – FGV Direito Rio, Curitiba, 2014. Disponível em: https://bibliotecadigital.fgv.br/dspace/handle/10438/14106. Acesso em: 20 jan. 2022.

MARTINS, Marcelo Guerra; TATEOKI, Victor Augusto. Proteção de dados pessoais e democracia: fake news, manipulação do eleitor e o caso da Cambridge Analytica. *Revista Eletrônica Direito e Sociedade*, Canoas, v. 7, n. 3. 2019. Disponível em: https://revistas.unilasalle.edu.br/index.php/redes/article/view/5610. Acesso em: 28 jan. 2022

MENDES, Laura Schertel; MATTIUZZO, Marcela. Discriminação algorítmica: conceito, fundamento legal e tipologia. *Direito Público*, v. 16, n. 90, 2019. Disponível em: https://www.portaldeperiodicos.idp.edu.br/direitopublico/article/view/3766. Acesso em: 15 jul. 2023.

PARISER, Eli. *O filtro invisível*: o que a internet está escondendo de você. Tradução de Diego Alfaro. Rio de Janeiro: Zahar, 2012.

PASQUALE, Frank. *The black box society*: the secret algorithms that control money and information. Cambridge: Harvard University Press, 2015.

PEDROSA, Clara Bonaparte; BARACHO JÚNIOR, José Alfredo de Oliveira. Algoritmos, bolha informacional e mídias sociais: desafios para as eleições na era da sociedade da informação. *Revista Theses Juris*, v. 10, n. 1, jan./jun. 2021.

RODRIGUES, Theófilo Codeço Machado; BONONE, Luana Meneguelli; MIELLI, Renata. Desinformação e crise da democracia no Brasil. *Revista Interdisciplinar de Sociologia e Direito*, Niterói, v. 22, n. 3, p. 30-52, 2020. Disponível em: https://webcache.googleusercontent.com/search?q=cache:CTRoYnd4roQJ:https://periodicos.uff.br/confluencias/article/download/45470/27124+&cd=2&hl=pt-BR&ct=clnk&gl=br. Acesso em: 30 jan. 2022.

ROUVROY, Antoinette; BERNS, Thomas. Governamentalidade algorítmica e perspectivas de emancipação: o díspar como condição de individuação pela relação? *Revista Eco Pós*, v. 18, n. 2, p. 35-56, 2015. Disponível em: https://revistas.ufrj.br/index.php/eco_pos/article/view/2662. Acesso em: 22 ago. 2021.

SANTAELLA, Lucia. *A pós-verdade é verdadeira ou falsa?* Barueri: Estação das Letras e Cores, 2018.

SILVA, Ana Luíza Diniz; OLIVEIRA JÚNIOR, José Alfredo de. Discriminação digital: a inteligência artificial e os algoritmos enviesados. *In*: CABRAL, Ana Luiza Novais; CRUZ, Álvaro Ricardo de Souza; HORSTH, Henrique Severgnini (Org.). *Minorias visíveis*. São Paulo: Dialética, 2023. 456 p.

SILVA, Camila Celestino. *De adversários a inimigos*: riscos à autenticidade dos processos eleitorais e à integridade democrática pelo agir estratégico da comunicação política nas mídias digitais. Orientador: Alvaro Ricardo de Souza Cruz. Dissertação (Mestrado) – Programa de Pós-Graduação, PUC Minas, 2022.

SUNSTEIN, Cass R. *Republic.com 2.0*. Princeton: Princeton University Press, 2007. 272 p.

VALENTINI, Rômulo Soares. *Julgamento por computadores?* As novas possibilidades da juscibernética no século XXI e suas implicações para o futuro do direito e do trabalho dos juristas. 2017. 152 f. Tese (Doutorado em Direito) – Universidade Federal de Minas Gerais, Belo Horizonte, 2017.

ZUBOFF, S. A *Era do capitalismo de vigilância*: uma luta por um futuro humano na nova fronteira do poder. 1. ed. Rio de Janeiro: Intrínseca, 2021.

Informação bibliográfica deste texto, conforme a NBR 6023:2018 da Associação Brasileira de Normas Técnicas (ABNT):

SAMPAIO, José Adércio Leite; COSTA, Ana Carolina Marques Tavares. A era do algoritmo e impactos sobre as decisões humanas: os desafios à democracia e ao constitucionalismo. *In*: FACHIN, Luiz Edson; BARROSO, Luís Roberto; CRUZ, Álvaro Ricardo de Souza (Coord.). *A Constituição da democracia em seus 35 anos*. Belo Horizonte: Fórum, 2023. p. 477-488. ISBN 978-65-5518-597-3.

O QUE DEIXAMOS DE FAZER: CONSTITUIÇÃO, SEGURANÇA PÚBLICA E FORÇAS ARMADAS

DANIEL SARMENTO
JOÃO GABRIEL MADEIRA PONTES

Temos ódio à ditadura. Ódio e nojo.
(Ulysses Guimarães, discurso de promulgação da Constituição)

1 Introdução

Na celebração dos 35 anos da Constituição de 1988, há, de fato, o que comemorar. Temos eleições regulares com alternância do poder, judiciário e instituições de controle independentes, ampla liberdade de expressão e imprensa livre, sociedade civil dinâmica e pujante, sistema público de saúde que atende a toda a população e robusta proteção jurídica para grupos sociais vulnerabilizados. Também há de se celebrar a resiliência da Constituição, que sobreviveu ao maior ataque que já tinha sofrido, desferido pelo governo autoritário de extrema direita de Jair Bolsonaro.

Infelizmente, alguns problemas fundamentais do país não foram equacionados sob a égide da Carta de 88. O Brasil continua sendo um país profundamente desigual, marcado pela concentração brutal de renda e de riqueza e pelo racismo estrutural. O efetivo gozo de direitos e liberdades é ainda muito assimétrico, dependendo da classe social, da raça e de outros marcadores. O patrimonialismo e a corrupção continuam muitíssimo vivos. Nesses pontos, porém, a culpa não é do texto constitucional, que tem firme compromisso tanto com a igualdade, nas suas múltiplas dimensões, como com os valores republicanos. O problema está na falta de efetividade da Constituição, que não logra transformar a realidade na medida necessária.

Há, todavia, campos em que os valores democráticos não penetraram devidamente – e ao menos parte da culpa é do próprio texto constitucional. Neste breve artigo, examinaremos rapidamente dois desses campos, talvez os mais problemáticos: segurança pública e Forças Armadas.

Entendemos que, nessas áreas, a Carta de 88 preservou desenhos institucionais herdados do regime autoritário, que dificultam a plena democratização do país. A literatura costuma dar a essa herança maldita os mais variados nomes: "entulho autoritário",[1] "cacos antidemocráticos",[2] "artigos constitucionais não liberais ou iliberais",[3] entre outros. O nosso processo incompleto de transição política envolveu concessões excessivas aos agentes do antigo regime em searas relevantes e delicadas, abrindo-se margem, assim, para a formação de grandes feudos autoritários em que os valores da Constituição de 1988 não conseguem penetrar.

Isso, contudo, não significa dizer que, sem mudanças no texto constitucional, seja impossível progredir na necessária e tardia democratização dessas áreas. Há, sim, muitos avanços possíveis, que decorreriam da incidência de valores democráticos e de direitos fundamentais sobre a atuação das instituições militares e do campo da segurança pública. Afinal, o princípio da unidade da Constituição preconiza que todas as suas normas precisam ser lidas em conjunto, à luz dos seus princípios básicos. E, na Carta de 88, os princípios mais elementares são os do constitucionalismo democrático e igualitário, que também têm de fecundar esses dois campos.

Um dos problemas que dificultam essa fecundação não se liga propriamente às normas jurídicas, mas à cultura institucional, que se mantém praticamente inalterada desde os tempos da ditadura. Muitas pessoas que estão nessas instituições – nas polícias, nas Forças Armadas – nutrem visões antiquadas e autoritárias sobre o seu papel. Na área da segurança pública, enxergam a sua missão como uma "guerra contra os bandidos" – bandidos pobres, quase sempre negros, é claro –, em que vale tudo, menos o respeito aos direitos humanos. Já os integrantes das Forças Armadas ainda se veem como tutores da nação, com legitimidade para intervir sobre o poder civil e sobre a política nacional, além de se pautarem pela lógica superada da doutrina de segurança nacional, preocupada com o "comunismo" e com "subversivos" encontrados em toda parte: nos indígenas, nas ONGs ambientalistas etc. Tais ideias continuam sendo reproduzidas nessas instituições nos dias atuais. Os seus novos integrantes ainda são socializados com base nesses valores, que, por isso, não se alteram ao longo do tempo.

Alguns desses problemas foram notados, mais recentemente, com a crise da democracia brasileira, agravada pela eleição de Jair Bolsonaro para a Presidência da República.[4] Destaca-se, a propósito, a atuação absolutamente antidemocrática das Forças Armadas, que, nos últimos anos, vinham buscando interferir na vida política do país, seja por meio da ocupação de milhares de cargos em instituições civis, seja pela via da ameaça direta a órgãos como o Supremo Tribunal Federal e o Tribunal Superior Eleitoral, com o objetivo de constranger os seus integrantes a obedecer às ordens da caserna. Décadas depois do fim da ditadura militar e da promulgação da Constituição de 1988, generais ambiciosos, unidos a um presidente abertamente autoritário, trouxeram de volta ao Brasil o fantasma do pretorianismo e o medo do golpe.

---

[1] PINHEIRO, Paulo Sérgio. Autoritarismo e transição. *Revista USP*, n. 9, 1991. p. 47.

[2] REIS, Daniel Aarão. As armadilhas da memória e a reconstrução democrática. *In*: ABRANCHES, Sérgio *et al*. *Democracia em risco?*: 22 ensaios sobre o Brasil hoje. São Paulo: Companhia das Letras, 2019. p. 275.

[3] ZAVERUCHA, Jorge. Relações civil-militares: o legado autoritário da Constituição de 1988. *In*: TELES, Edson; SAFATLE, Vladimir (Org.). *O que resta da ditadura*: a exceção brasileira. São Paulo: Boitempo, 2010. p. 48.

[4] Sobre a crise da democracia brasileira, cf. SARMENTO, Daniel. *Crise democrática e a luta pela Constituição*. Belo Horizonte: Fórum, 2020; PONTES, João Gabriel Madeira. *Democracia militante em tempos de crise*. Rio de Janeiro: Lumen Juris, 2020; e SOUZA NETO, Cláudio Pereira de. Democracia em crise no Brasil: valores constitucionais, antagonismo político e dinâmica institucional. Rio de Janeiro e São Paulo: EdUERJ/Contracorrente, 2020.

Todavia, vicejando nas brechas da Constituição, há aspectos do autoritarismo brasileiro que já eram visíveis desde sempre. Trata-se de disfunções *crônicas*, como a violência policial contra os moradores das periferias e favelas brasileiras e o racismo endêmico dos órgãos de segurança pública. Porém, como as vítimas dessa atuação inconstitucional integram camadas excluídas da população, as violações de direitos muitas vezes sequer são percebidas, pois naturalizadas por uma sociedade que também é profundamente marcada pelo preconceito contra negros e pobres. A invisibilidade dessas gravíssimas e generalizadas violações aos direitos mais básicos de parcelas da população ensejava que alguns de nós, constitucionalistas, celebrassem com otimismo excessivo o pleno sucesso da Constituição de 1988 e a solidez da democracia brasileira, mas a verdade é que, infelizmente, em termos de segurança pública, as garantias do constitucionalismo democrático nunca chegaram às favelas e às periferias.

Diante desse contexto, o presente artigo examina esses dois campos em que o constitucionalismo brasileiro não penetrou suficientemente. Em primeiro lugar, são analisados os obstáculos que impedem a construção e a implementação de um projeto de segurança pública compatível com os direitos fundamentais, o que afeta, de maneira desproporcional, a população negra e pobre do país. Em segundo lugar, discute-se a relação entre as escolhas do constituinte e a dificuldade de submissão das Forças Armadas brasileiras ao efetivo controle do poder civil e aos princípios da democracia constitucional.

2 Constituição, segurança pública e direitos fundamentais

Mesmo depois da promulgação da Constituição de 1988, persiste, na cultura institucional das corporações policiais, uma visão bélica de segurança pública, segundo a qual o papel da polícia seria combater supostos inimigos internos, e para a qual as favelas consistiriam em territórios hostis, onde vale tudo, desde invasões a domicílio até execuções sumárias, passando pela tortura. Nos confrontos armados, perecem inocentes – crianças, inclusive –, mas tais mortes são consideradas meros danos colaterais, que deveriam ser mansamente suportados pela população pobre e negra das comunidades periféricas. Já em áreas elitizadas, a postura dos agentes policiais é completamente diferente: a violência brutal no morro não encontra paralelo no asfalto.

A concepção militarizada e anti-igualitária de segurança pública combina os legados da escravidão negra e da ditadura. A cultura que permeia a atuação das forças de segurança passa longe das preocupações com a cidadania. Nela se misturam autoritarismo e desigualdade.

Os desenhos institucionais mantidos pela Constituição não contribuem para resolver esse problema. Ao contrário, a redação do art. 144 da CF/88, que trata do tema, é muito inadequada. Por um lado, em seu §5º, o dispositivo confere às polícias militares as tarefas de policiamento ostensivo e de preservação da ordem pública, dissociando-as das polícias civis, às quais cabe realizar funções investigativas, nos termos do §4º. Em outras palavras, a norma replicou a estrutura militarizada do aparato de policiamento ostensivo, antes instituída pelo art. 13, §4º, da Constituição de 1967, na redação dada pela Emenda Constitucional nº 1/1969, e pelo art. 3º, *caput* e alínea "a", do Decreto-Lei nº 667/1969, ainda hoje em vigor.

Tal divisão de funções é perniciosa porque, legalmente impedida de apurar crimes, a polícia militar precisa prender em flagrante para mostrar produtividade. Com isso, o seu foco se volta aos delitos que podem ser mais facilmente detectados enquanto estão sendo praticados, como o comércio de drogas ilícitas e os crimes patrimoniais cometidos em vias públicas. Desse modo, os alvos da ação policial tornam-se os jovens pobres e negros, uma vez que o preconceito os transforma em suspeitos por excelência. Em síntese, uma arquitetura institucional inadequada, que contribui para a criminalização da pobreza e para a reprodução do racismo.[5]

Essa lógica é potencializada pela chamada "guerra às drogas", que vem sendo implementada no Brasil, por influência de doutrinas importadas dos Estados Unidos.[6] Na prática, o combate ao tráfico não surte efeitos sobre o consumo de substâncias entorpecentes, que só aumenta ao longo do tempo –[7] diferentemente do que ocorre com o do cigarro, que, desestimulado por regulação inteligente, vem caindo de modo significativo. Esse modelo de guerra às drogas gera muitas mortes, violência policial, domínio territorial de áreas pobres por facções criminosas e hiperencarceramento, que penaliza, sobretudo, a população jovem, pobre e negra.[8]

Quando a Constituição de 1988 foi promulgada, o Brasil tinha menos de 90 mil presos. Ao final de 2022, segundo dados oficiais da Secretaria Nacional de Políticas Penais, a população carcerária alcançou a trágica marca de 832 mil pessoas, entre as quais 648.692 estão em celas físicas, mesmo com déficit de 171.636 vagas.[9] De acordo com o Fórum Brasileiro de Segurança Pública, a taxa de presos por 100 mil habitantes, que em 2017 estava em 349,8, saltou para 384,7.[10] Por isso, o Brasil hoje amarga o terceiro lugar no *ranking* mundial de países com maior contingente de pessoas presas, considerando os números absolutos – uma competição, vale dizer, em que todos são perdedores.

Nas cadeias superlotadas, proliferam-se doenças de todas as espécies. O acesso à água potável e a produtos básicos de higiene praticamente não existe. Homicídios, torturas, espancamentos e estupros são naturalizados. Há perseguição de minorias, como homossexuais e transexuais. São frequentes os motins e as rebeliões. É precário o acesso à assistência judiciária, à educação, à saúde e ao trabalho. E o domínio das facções criminosas faz com que as prisões se convertam em verdadeiras "escolas do crime", com altas taxas de reincidência pós-encarceramento, muitas vezes consubstanciadas na prática de delitos mais graves. Jovens são presos como pequenos traficantes, e saem da prisão muito mais perigosos, recrutados por facções, tudo isso financiado pelos recursos públicos que mantêm o sistema carcerário.

---

[5] Cf. SOARES, Luiz Eduardo. Por que tem sido tão difícil mudar as polícias? *In*: SOARES, Luiz Eduardo. *Desmilitarizar*: segurança pública e direitos humanos. São Paulo: Boitempo, 2019. p. 39-52.

[6] Cf. VALOIS, Luís Carlos. *O direito penal da guerra às drogas*. São Paulo: D'Plácido, 2021.

[7] Cf. CONSUMO de drogas registra aumento em todo o mundo. *O Globo*, 7 jun. 2023.

[8] O tema está na pauta do Supremo Tribunal Federal, que discute a descriminalização do porte de drogas para consumo pessoal no âmbito do RE nº 635.659.

[9] Disponível em: https://www.gov.br/senappen/pt-br/servicos/sisdepen.

[10] Cf. FBSP. *Anuário Brasileiro de Segurança Pública 2022*, p. 398.

Não à toa, o Supremo Tribunal Federal, em decisão proferida no âmbito da ADPF nº 347, já reconheceu o estado de coisas inconstitucional dos presídios brasileiros.[11] E os martírios desse inferno dantesco não recaem igualmente sobre todos os cidadãos. Conforme o Fórum Brasileiro de Segurança Pública, o recorte de raça na série histórica da população carcerária evidencia que, de 2014 para 2021, a parcela de negros aumentou de 61,7 para 67,5 % do total de presos.[12]

Por outro lado, em seu §6º, o art. 144 da CF/88 estabelece que as polícias militares são forças auxiliares e reservas do Exército, enquanto, nas democracias, costuma-se separar as funções policiais das atribuições das Forças Armadas, a fim de se evitar a confusão entre a defesa do cidadão e a defesa da pátria, característica dos regimes autoritários.[13] É dizer: depois de optar equivocadamente por uma divisão externa de trabalho entre as polícias, o art. 144 da Constituição ainda delega a tarefa de preservação da ordem pública ao órgão obrigado a se organizar e a se comportar como linha auxiliar do Exército.

Nas polícias civis, a realidade não é muito diferente. Isso porque a militarização da segurança pública é um fenômeno cultural, que transcende as fronteiras organizacionais de cada corporação para colonizar o modo de pensar, de agir e de se identificar de todos os agentes policiais.[14] O resultado disso é o fortalecimento da lógica da guerra nos órgãos de segurança pública, com o aumento da violência policial, especialmente contra a população pobre e negra das favelas.

Veja-se o caso do Estado do Rio de Janeiro, esse epicentro da violência policial no Brasil, na caracterização da *Human Rights Watch*.[15] Apenas em 2019, uma em cada três mortes em território fluminense foi de autoria da polícia, contabilizando a cifra astronômica de mais de 1.800 homicídios por intervenção policial naquele ente federativo,[16] o que representa quase o dobro dos óbitos provocados pela soma de todas as forças de segurança dos Estados Unidos durante o mesmo período.[17] Entre as vítimas, apontam os dados oficiais do Instituto de Segurança Pública que 78% eram pretas ou pardas,[18] atestando o componente racial da violência institucionalizada.

Realmente, o racismo estrutural que marca o país tem, na segurança pública, a sua expressão mais hedionda.[19] Assim como são majoritariamente negros os corpos trancafiados em cadeias superlotadas, são quase sempre negras as vítimas da atuação dos órgãos policiais, negros os corpos atingidos por balas perdidas, negras as residências em que nunca se respeita a inviolabilidade do domicílio. E é em territórios negros que

---

[11] Cf. STF. ADPF nº 347-MC, Tribunal Pleno, Rel. Min. Marco Aurélio. *DJe*, 19 fev. 2016. Advertimos o leitor de que somos advogados do autor da ADPF nº 347, o Partido Socialismo e Liberdade – PSOL.

[12] Cf. FBSP. *Anuário Brasileiro de Segurança Pública 2022*, p. 388.

[13] Cf. ZAVERUCHA, Jorge. *FHC, Forças Armadas e polícia*: entre o autoritarismo e a democracia (1999-2002). Rio de Janeiro: Record, 2005. p. 69.

[14] Cf. FLORES-MACÍAS, Gustavo; ZARKIN, Jessica. The militarization of law enforcement: evidence from Latin America. *Perspectives on Politics*, v. 19, n. 2, p. 519-538, 2022.

[15] Cf. RJ é o 'epicentro do problema da violência policial' no país, diz Human Rights Watch. *G1*, 17 jan. 2020.

[16] Cf. NOGUEIRA, Italo. Polícia do RJ supera criminosos paulistas em taxa de mortes. *Folha de S.Paulo*, 28 jan. 2020.

[17] De acordo com levantamento feito pelo jornal norte-americano *Washington Post*, o número nos EUA, atualizado até o dia 10.8.2020, foi de 999 mortos por policiais (Disponível em: https://www.washingtonpost.com/graphics/2019/national/police-shootings-2019/).

[18] Cf. RODRIGUES, Matheus; COELHO, Henrique. Pretos e pardos são 78% dos mortos em ações policiais no RJ em 2019: 'É o negro que sofre essa insegurança', diz mãe de Ágatha. *G1*, 6 jun. 2020.

[19] Cf. ALMEIDA, Silvio. *O que é racismo estrutural?* Belo Horizonte: Letramento, 2018. p. 94.

as polícias fazem operações tão violentas e letais, sem cuidados mínimos com a vida e com a segurança da população. Nessas áreas, vige uma espécie de estado de exceção permanente, no qual a Constituição e os direitos fundamentais não valem de verdade.

O cenário se revela ainda mais dramático devido à leniência das instituições de controle – interno e externo – em face da violência policial. Mesmo diante de claros indícios do cometimento de crimes contra a população civil, os agentes não são responsabilizados pelas respectivas corregedorias. A isso, soma-se a ineficiência do controle externo da atuação policial, que, por força do art. 129, inc. VII, da CF/88, cabe ao Ministério Público. São raríssimos os casos de mortes cometidas pela polícia que se transformam em ações penais. Ainda mais raras – beirando a irrelevância estatística – são as condenações judiciais. A impunidade impera, absoluta.

De toda maneira, a incidência dos valores constitucionais sobre as atividades de segurança pública não se esgota no art. 144 da CF/88. É que os direitos fundamentais devem limitar e balizar todas as atividades do Estado, porque são o horizonte de sentido da Constituição, compondo o centro de gravidade da ordem jurídica democrática. Por isso, tais direitos também são aplicáveis no campo da segurança pública, tema tão sensível e central para a vida da população, e que envolve diretamente uma das funções mais importantes do constitucionalismo: proteger as pessoas da violência, inclusive da violência estatal. A incidência dos direitos fundamentais deve ressignificar a segurança pública no Brasil, afastando-a de modelos bélicos para aproximá-la da ideia de um serviço público, a ser prestado de forma universal e igualitária, com respeito à dignidade humana de todas as pessoas, sobretudo dos grupos socialmente marginalizados.[20]

Na verdade, a própria segurança pública é um direito fundamental, consagrado nos arts. 5º, *caput*, e 6º, *caput*, da Constituição. As pessoas têm o direito de que o Estado as proteja diante de ameaças e ataques à sua vida, à sua dignidade, à sua liberdade e ao seu patrimônio. Essa, aliás, é talvez a mais clássica função do Estado, invocada pelos filósofos contratualistas para justificar a sua existência.[21] O direito à segurança pública tem de ser garantido a todos, sem discriminações. Ademais, as atividades de polícia estão limitadas por outros direitos fundamentais que a Constituição também assegura, como o direito à vida, à igualdade, à liberdade de ir e vir, à inviolabilidade do domicílio, à integridade corporal, entre tantos outros. O Estado, quando presta os serviços de segurança pública, não pode jamais violar esses direitos.

Não é outra a jurisprudência do Supremo Tribunal Federal. Nos autos da ADPF nº 635, também conhecida como "ADPF das Favelas", ajuizada para sanar o quadro de violações sistemáticas de direitos fundamentais ocasionado pela política de segurança pública do Rio de Janeiro, a Corte decidiu, com acerto, que, por ser direito de todos os cidadãos e dever inarredável do Estado, a segurança exige do Poder Público que não

---

[20] Cf. SOUZA NETO, Cláudio Pereira de. A segurança pública na Constituição Federal de 1988: conceituação constitucionalmente adequada, competências federativas e órgãos de execução das políticas. *In*: SOUZA NETO, Cláudio Pereira de. *Constitucionalismo democrático e governo das razões*. Rio de Janeiro: Lumen Juris, 2011. p. 273-319.

[21] Cf., *e.g.*, HOBBES, Thomas. *Leviatã ou matéria, forma e poder de uma república eclesiástica e civil*. Organização de Richard Tuck. Tradução de João Paulo Monteiro e Maria Beatriz Nizza da Silva. São Paulo: Martins Fontes, 2019.

a viole, bem como demanda das autoridades estatais que adotem práticas capazes de concretizá-la no plano material, sem que, para isso, afrontem outros direitos.[22]

Ainda assim, seria importante empreender reformas estruturais, até mesmo no próprio texto constitucional. A ideia de segurança como serviço público centrado na defesa de direitos seria mais facilmente implementada com a revisão do modelo atual de partilha de tarefas entre os órgãos policiais, com a consequente desmilitarização do aparato de policiamento ostensivo.

Não bastasse, também é essencial colocar em prática, desde já, soluções voltadas a furar a couraça autoritária e racista que envolve todas as forças de segurança pública, não só as polícias militares. Cuida-se de medidas que devem se propor a alterar a própria cultura institucional desses órgãos, substituindo o *ethos* da guerra deflagrada por uma concepção cidadã de segurança pública, como exemplo, a reformulação dos currículos das academias policiais, a ampliação do controle da sociedade civil sobre a área de segurança pública e o aperfeiçoamento do controle externo do Ministério Público sobre a atividade policial.

Se a sociedade brasileira não repensar a arquitetura, a formação e a atuação das suas polícias, os valores humanistas da Constituição de 1988 continuarão convivendo com instituições violentíssimas, marcadas pela cultura do conflito e pelo racismo. E, em uma democracia, isso é inadmissível.

3 Forças Armadas, poder civil e democracia

A superação de regimes autoritários envolve o que a literatura especializada chama de "justiça de transição" para a nova ordem democrática. Apesar de não existir um modelo universal de política transicional, pode-se identificar, a partir das diversas experiências locais, alguns eixos temáticos em comum, a saber: (i) a punição dos responsáveis pela prática de crimes durante o período de exceção; (ii) a adoção de medidas que visam à busca da verdade histórica; (iii) a reparação das vítimas; e (iv) a promoção de reformas institucionais, que removam o entulho autoritário, assegurando que a atuação dos órgãos estatais se afaste dos vícios do passado para se alinhar ao espírito democrático.[23]

No Brasil, a opção por um processo de "transição pela transação" –[24] no qual os militares consentiram em renunciar ao poder de forma "lenta, gradual e segura", mas, ao mesmo tempo, garantiram que não seriam alijados das negociações que redefiniriam os rumos do país – deixou marcas profundas. Como se sabe, criamos mecanismos de indenização às vítimas da ditadura, porém não punimos os agentes de Estado que praticaram bárbaras violações de direitos humanos naquele período. Na realidade, foi concedida anistia "a todos quantos, no período compreendido entre 02 de setembro de 1961 e 15 de agosto de 1979, cometeram crimes políticos ou conexo com estes", nos

[22] Cf. STF. ADPF nº 635-MC-ED, Tribunal Pleno, Rel. Min. Edson Fachin. *DJe*, 3.6.2022; ADPF nº 635-MC, Tribunal Pleno, Rel. Min. Edson Fachin. *DJe*, 2.6.2022; e ADPF nº 635-MC-TPI-Ref. *DJe*, 9.11.2020. Advertimos o leitor de que somos advogados do autor da ADPF nº 635, o Partido Socialista Brasileiro – PSB.

[23] Cf. TEITEL, Ruti G. *Transitional justice*. Oxford: Oxford University Press, 2000. p. 6-9.

[24] Cf. SHARE, Donald; MAINWARING, Scott. Transição pela transação: democratização no Brasil e na Espanha. *Dados*, v. 29, n. 2, p. 207-236, 1986.

termos do art. 1º, *caput*, da Lei nº 6.683/1979, recepcionada pela CF/88, no entendimento do STF.[25] Com isso, assassinos, torturadores e estupradores fardados restaram impunes.

Devido aos limites deste texto, não conseguiremos discutir, com o grau de profundidade necessário, as nuances morais e jurídicas que pairam sobre a questão tormentosa da responsabilização criminal dos agentes da repressão. Do ponto de vista estritamente pragmático, é possível dizer que a escolha por um modelo amplo, geral e irrestrito de anistia facilitou a saída dos militares do poder.[26] Entretanto, sob outra perspectiva, herdamos dessa escolha uma concepção acrítica de perdão, que desmobiliza o compromisso ético que deveria existir com relação às vítimas da ditadura e às suas famílias.[27]

A opção pelo perdão sem pena também gerou reflexos negativos sobre o processo de consolidação da verdade acerca dos fatos ocorridos a partir de 1964.[28] Ainda hoje, para além da dificuldade de acesso a documentos históricos que continuam sob sigilo formal ou informal, a sociedade brasileira se divide entre diferentes versões sobre o que aconteceu durante a ditadura militar, abrindo-se margem, inclusive, para que os anos de chumbo sejam lembrados como supostos "anos de ouro". A naturalidade assombrosa com que pessoas como Jair Bolsonaro defendem a tortura institucionalizada, elogiam o regime militar, mistificam agentes da repressão e repaginam o ideário anticomunista para contestar opositores das mais diversas ideologias, descende diretamente do revisionismo que só se tornou possível porque este país teima em soterrar o seu passado.

Nessa frente, tentou-se avançar por meio de iniciativas como a Comissão Nacional da Verdade, bem como outros comitês instalados em âmbito estadual, municipal e setorial. No entanto, não se implementou uma política oficial de memória, com a ampla construção de museus, monumentos e memoriais voltados a denunciar os crimes cometidos pelo Poder Público durante o regime militar, diferentemente do que fizeram os nossos vizinhos latino-americanos.[29] Quanto a esse aspecto, portanto, o nosso processo de transição também deixou a desejar.

E, talvez mais importante, não promovemos reformas institucionais nas Forças Armadas. Tal circunstância é especialmente grave porque, ao invés de se assegurar a subordinação dos militares ao poder civil e à Constituição, deu-se a eles a oportunidade de manter a sua influência sobre a vida política do país, enquanto continuam insubmissos aos valores centrais da democracia.

A Constituição de 1988, em seu art. 142, *caput*, prevê:

> [A]s Forças Armadas, constituídas pela Marinha, pelo Exército e pela Aeronáutica, são instituições nacionais permanentes e regulares, organizadas com base na hierarquia e na

---

[25] Cf. STF. ADPF nº 153, Tribunal Pleno, Rel. Min. Eros Grau. *DJe*, 6.8.2010.

[26] Cf. ACKERMAN, Bruce. *The future of the liberal revolution*. New Haven: Yale University Press, 1992. p. 3-4.

[27] Cf. LEMOS, Tayara Talita. *Por um constitucionalismo transicional*: ditadura, memória e promessa. Belo Horizonte: D'Plácido, 2019. p. 147.

[28] Cf. REIS, Daniel Aarão. As armadilhas da memória e a reconstrução democrática. *In*: ABRANCHES, Sérgio *et al*. *Democracia em risco?*: 22 ensaios sobre o Brasil hoje. São Paulo: Companhia das Letras, 2019. p. 274-286; e STARLING, Heloisa Murgel. O passado que não passou. *In*: ABRANCHES, Sérgio *et al*. *Democracia em risco?*: 22 ensaios sobre o Brasil hoje. São Paulo: Companhia das Letras, 2019. p. 337-354.

[29] Cf. PONTES, João Gabriel Madeira. *Democracia militante em tempos de crise*. Rio de Janeiro: Lumen Juris, 2020. p. 304-309.

disciplina, sob a autoridade suprema do Presidente da República, e destinam-se à defesa da Pátria, à garantia dos poderes constitucionais e, por iniciativa de qualquer destes, da lei e da ordem.

Trata-se de dispositivo muito semelhante aos arts. 90 e 91 da Constituição de 1967, na redação dada pela Emenda Constitucional nº 1/1969.

Nas democracias, os militares têm atribuição muito específica, limitada à defesa do país em face de ataques externos. Ocorre que a CF/88, aos moldes do texto constitucional que a antecedeu, também fez alusão ao papel das Forças Armadas "[na] garantia dos poderes constitucionais e, por iniciativa de qualquer destes, da lei e da ordem". Essa referência vem sendo utilizada por setores com poucas credenciais democráticas para sustentar que competiria aos militares a suposta função de "poder moderador", cabendo-lhes dar a última palavra nos casos de conflito entre Executivo, Legislativo e Judiciário.[30]

A tese, contudo, é absurda,[31] como já disseram os ministros Luís Roberto Barroso e Luiz Fux, em decisões monocráticas sobre o tema.[32] Verdadeiro "terraplanismo jurídico", na irônica expressão do Min. Barroso. Não apenas se cuida de um anacronismo grosseiro, que transporta para a República brasileira do século XXI um instituto do Brasil imperial do século XIX, como também ignora que as Forças Armadas não constituem um poder autônomo, mas sim meros órgãos da Administração Pública federal. Ademais, a leitura sistemática da Constituição, segundo a qual "o direito não se interpreta em tiras, aos pedaços",[33] infirma esse entendimento, na medida em que, de acordo com o próprio texto constitucional, as Forças Armadas se subordinam à autoridade suprema do presidente da República e só podem atuar na garantia da lei e da ordem mediante iniciativa dos poderes da República.

Em última análise, a tese do poder moderador se vale de uma interpretação originalista nada sofisticada do art. 142, *caput*, da CF/88. É que, dos debates da Assembleia Constituinte, depreende-se que houve um esforço malsucedido dos setores progressistas no sentido de extirpar da redação do dispositivo o trecho que faz menção "à garantia dos poderes constitucionais e, por iniciativa de qualquer destes, da lei e da ordem". Desse insucesso pontual, há quem extraia uma suposta vontade originária da Constituição de alçar os militares à categoria de tutores da democracia brasileira.

Mais uma vez, o argumento não procede. Em primeiro lugar, porque a interpretação sistemática e teleológica da Constituição é francamente incompatível com essa leitura enviesada. É absurdo ler, em uma Constituição que se propôs a redemocratizar o país e restituir o poder aos civis, previsão de poder moderador para militares.

---

[30] Cf., *e.g.*, MARTINS, Ives Gandra da Silva. Cabe às Forças Armadas moderar os conflitos entre os Poderes. *Conjur*, 28 maio 2020.

[31] Cf. BINENBOJM, Gustavo; COÊLHO, Marcus Vinicius Furtado; SCALETSKY, Felipe Santa Cruz Oliveira. Parecer Jurídico. *Conselho Federal da Ordem dos Advogados do Brasil*, 2 jun. 2020; e LYNCH, Christian Edward Cyril. Entre o judiciarismo e o autoritarismo: o espectro do poder moderador no debate político republicano (1890-1945). *Revista do Instituto Brasileiro de História do Direito*, v. 2, n. 3, p. 82-116, 2021.

[32] Cf., respectivamente, STF. MI nº 7.311, Decisão Monocrática, Rel. Min. Roberto Barroso. *DJe*, 15.6.2020; e STF. ADI nº 6.457-MC, Decisão Monocrática, Rel. Min. Luiz Fux. *DJe*, 16.6.2020.

[33] GRAU, Eros Roberto. *Ensaio e discurso sobre a interpretação/aplicação do direito*. São Paulo: Malheiros, 2002. p. 41.

O originalismo é uma excentricidade do constitucionalismo estadunidense, que não é adotado no Brasil.[34] Contudo, mesmo em perspectiva originalista, as leituras históricas da Constituição, para terem legitimidade jurídica, devem ostentar "o mesmo grau de abstração do próprio texto", nas palavras de Jack Balkin.[35] Disso se pode inferir que, para se compreender a real vontade do constituinte, é preciso atentar não apenas para detalhes da discussão histórica em torno da redação deste ou daquele dispositivo, mas, acima de tudo, para o sentido global da vontade do constituinte, que, no caso da Constituição de 1988, perpassa o "ódio e nojo" à ditadura civil-militar, como bem sintetizou Ulysses Guimarães no seu discurso de promulgação da Carta Constitucional.[36]

A referência à atuação das Forças Armadas na garantia "da lei e da ordem", decorrente do art. 142, *caput*, da CF/88, também contribui para aprofundar os problemas relacionados à segurança pública no Brasil. Afinal, é com base nessa cláusula que os militares são convocados para desempenhar funções de polícia, na forma do art. 15 da Lei Complementar nº 97/1999. Embora esse dispositivo legal preveja que o emprego das Forças Armadas na segurança pública só pode ocorrer de maneira extraordinária e episódica, em área previamente estabelecida e por tempo determinado, a realidade demonstra que o uso de operações de garantia da lei e da ordem é reiterado: de 1992 a 2022, foram aplicadas 145 GLOs em todo o país, segundo o atual ministro da defesa.[37]

Causa justa perplexidade que os militares, versados na gramática do combate armado ao inimigo externo com vistas à sua destruição, venham sendo convocados, com tamanha frequência, para lidar com questões internas de segurança, que envolvem a vida, a saúde e o patrimônio de civis. Não são raros os casos de violações de direitos humanos cometidas pelas Forças Armadas nas operações de garantia da lei e da ordem, que, apesar de denunciadas pelas populações negras e pobres das comunidades periféricas onde ocorrem essas incursões, não geram a punição dos responsáveis.[38]

Por vezes, a atuação militar na segurança pública também serve como trampolim eleitoral para oficiais que desejam ingressar na política. Talvez o caso mais notório seja o do General Walter Braga Netto. Designado pelo então Presidente Michel Temer para ser o interventor federal na segurança pública do Estado do Rio de Janeiro, Braga Netto lançou-se em uma carreira política meteórica: no governo Bolsonaro, ocupou os cargos de ministro-chefe da Casa Civil e de ministro da defesa para se tornar, nas eleições de 2022, candidato a vice-presidente da República, com chances reais de êxito.

Aliás, a participação de integrantes das Forças Armadas em cargos, empregos e funções civis é outro impasse que a democracia brasileira não resolveu. Assim, possibilitou-se a crescente militarização da máquina pública, sobretudo durante as

---

34 Para o originalismo, a Constituição deve ser interpretada de acordo com a intenção dos autores do seu texto, ou com o sentido que tinham as palavras e expressões usadas no momento em que a norma constitucional foi editada, e não o seu sentido atual. Cf. BORK, Robert. H. *The Tempting of America*: The political seduction of the law. New York: Free Press, 1990; e SCALIA, Antonin. *A matter of interpretation*. Princeton: Princeton University Press, 1997.

35 BALKIN, Jack M. *Living originalism*. Cambridge: Harvard University Press, 2011. p. 14 (tradução livre).

36 Disponível em: https://www.camara.leg.br/radio/programas/277285-integra-do-discurso-presidente-da-assembleia-nacional-constituinte-dr-ulysses-guimaraes-10-23/.

37 Cf. HOLANDA, Marianna. Múcio diz que há 'uma fobia' de operações GLO após 8 de janeiro. *Folha de S.Paulo*, 17 maio 2023.

38 Cf. VIANA, Natalia. *Dano colateral*: a intervenção dos militares na segurança pública. São Paulo: Objetiva, 2021.

gestões de Michel Temer e de Jair Bolsonaro à frente da Presidência da República. De acordo com dados oficiais do Tribunal de Contas da União divulgados em 2021, mais de 6.000 membros das Forças Armadas ocupavam postos no Governo federal.[39]

A presença excessiva de militares em cargos civis desequilibra a balança das relações civis-militares. De um lado, a cidadania perde o controle sobre os quartéis, que "pesam exageradamente na estrutura estatal, fazem representar-se no Executivo, preservam suas doutrinas de influências societárias indesejáveis".[40] De outro lado, surgem, entre os integrantes da caserna, "a vontade e a propensão de fornecer soluções para problemas nacionais (e, por vezes, internacionais) baseadas no *ethos* militar".[41]

Esse desequilíbrio reforça aspectos negativos da nossa própria experiência histórica. A tradição das Forças Armadas brasileiras não é de submissão à cidadania e aos valores democráticos, mas de interferência irregular na política nacional, com a quebra da ordem constitucional em inúmeras oportunidades.[42] Essa tradição, que remonta à agenda da mocidade militar republicana da virada do século XIX,[43] tem como substrato ideológico a crença em uma suposta superioridade do espírito de corpo castrense e do estamento fardado em relação à cultura democrática e às instituições civis, vistas como incompetentes e merecedoras de tutela constante.[44]

Tal crença militarista, "que coloca as instituições e os métodos militares acima dos modos da vida civil, transpondo a mentalidade e as maneiras de agir e de decidir da caserna para a esfera da cidadania",[45] não surge no vácuo, ao contrário: é incutida nos aspirantes a oficiais dentro das academias militares. Novamente, o nosso processo de transição falhou, porque, ainda hoje, a cidadania não exerce nenhuma ingerência sobre o conteúdo dos currículos que norteiam o processo de "formação das almas" dos integrantes das Forças Armadas, o que torna a caserna impermeável aos valores centrais da Constituição e da democracia.

Existem diferenças ontológicas entre a vida democrática e a cultura dos quartéis que não podem ser desconsideradas. Democracias são caracterizadas pela transparência, pela horizontalidade e pelo dissenso, ao passo que o mundo castrense é opaco e informado pelos valores da hierarquia e da disciplina.[46] Enquanto as democracias aspiram ao pluralismo de ideias, a socialização na caserna tem caráter totalizante, visando à domesticação dos corpos e à homogeneização dos pensamentos.[47]

---

[39] Cf. MAIS militares assumiram cargos no Executivo no governo Bolsonaro. *Jota*, 10 jun. 2022.

[40] OLIVEIRA, Eliézer Rizzo de. *Democracia e Defesa Nacional*: a criação do Ministério da Defesa na Presidência de FHC. Barueri: Manole, 2005. p. 81.

[41] NUNN, Frederick M. *The Time of Generals*: Latin American professional militarism in world perspective. Lincoln: University of Nebraska Press, 1992. p. xi (tradução livre).

[42] Cf. CARVALHO, José Murilo de. *Forças Armadas e política no Brasil*. São Paulo: Todavia, 2019.

[43] Cf. CASTRO, Celso. *Os militares e a República*: um estudo sobre cultura e ação política. Rio de Janeiro: Zahar, 1995.

[44] Cf. LOVEMAN, Brian. Historical foundations of civil-military relations in Spanish America. *In*: PION-BERLIN, David (Ed.). *Civil-Military Relations in Latin America*: New analytical perspectives. [s.l.]: [s.n.], [s.d.]. p. 246-274.

[45] VAGTS, Alfred. *A History of Militarism*: Civilian and military. Revised Edition. Nova York: Free Press, 1959. p. 17 (tradução livre).

[46] Cf. AMORIM NETO, Octavio; ACÁCIO, Igor. De volta ao centro da arena: causas e consequências do papel político dos militares sob Bolsonaro. *Journal of Democracy em Português*, v. 9, n. 2, 2020. p. 5.

[47] Cf. CASTRO, Celso. Goffman e os militares: sobre o conceito de instituição total. *Militares e Política*, v. 1, p. 1-7, 2007.

Logo, é preciso demarcar certas fronteiras entre esses dois universos, a fim de evitar criações monstruosas, como a doutrina de segurança nacional, que, por décadas, manteve a perene confusão entre defesa externa e ordem interna, justificando censuras, perseguições e assassinatos.[48] Recentemente, revogou-se a última Lei de Segurança Nacional, aprovada no fim da ditadura. Porém, o legado duradouro dessa doutrina ainda se faz presente na tentativa dos militares de intervir em assuntos que não lhes dizem respeito, como a preservação da Amazônia e a demarcação de terras indígenas, gerando tensões com militantes da causa ambiental e com representantes dessas minorias étnicas.

Por fim, não se empreendeu a revisão do alcance das competências e do desenho institucional da Justiça Militar. Previsto pelos arts. 122 a 124 da Constituição de 1988, esse ramo peculiar do Poder Judiciário se fundamenta no regime jurídico especial dos integrantes das Forças Armadas, calcado em princípios próprios, como a hierarquia e a disciplina. Entretanto, são muitos os debates acerca da compatibilidade entre esse ramo do Poder Judiciário – marcado por um *ethos* institucional favorável à lógica da caserna e com composição em que predominam magistrados militares, sem formação jurídica obrigatória – e valores constitucionais como o devido processo legal, a imparcialidade do juiz e o dever de proteção efetivo aos direitos humanos.[49]

Não por outro motivo, em outros países, a Justiça Militar foi extinta ou teve o seu leque de competências drasticamente reduzido. Na contramão dessa tendência, o Brasil vem aumentando as hipóteses de atuação desse ramo do Poder Judiciário, que hoje julga membros das Forças Armadas até mesmo em crimes contra civis, bem como os próprios civis em supostos delitos contra interesses da caserna. Muitos desses casos, inclusive, já ocupam a pauta do Supremo Tribunal Federal, como a ADI nº 5.032, que impugna a constitucionalidade do julgamento, pela Justiça Militar, de infrações penais cometidas por militares no exercício de funções subsidiárias, como a garantia da lei e da ordem; a ADPF nº 289, que versa sobre o julgamento de civis pela Justiça Militar; e a ADI nº 5.901, que questiona a validade do julgamento, pela Justiça Militar, de crimes dolosos contra a vida de civis, praticados por membros das Forças Armadas.[50]

Algumas medidas podem contribuir para solucionar ou amenizar os problemas apontados. Em primeiro lugar, deve-se alterar a redação do art. 142 da CF/88, com o objetivo de afastar teses absurdas como a do "poder moderador" das Forças Armadas e de criar parâmetros mais rígidos para a atuação da caserna no campo da segurança pública. Em segundo lugar, é necessário estabelecer restrições à participação dos militares em outras funções administrativas e, ao mesmo tempo, assegurar maior presença de civis no Ministério da Defesa – tanto na chefia política da pasta, mediante a constitucionalização da obrigatoriedade de que um civil ocupe o posto de ministro, quanto em funções mais técnicas, com a realização de concursos públicos para o provimento de cargos de especialistas civis em defesa.

---

48 Cf. DAL RI JÚNIOR, Arno. O conceito de segurança nacional na doutrina jurídica brasileira usos e representações do Estado Novo à ditadura militar brasileira (1935-1985). *Revista de Direitos Fundamentais e Democracia*, v. 14, n. 14, p. 525-543, 2013.

49 Cf. GOMES, Juliana Cesario Alvim Gomes; DEL RÍO, Andrés. Direitos humanos e relações cívico-militares: o caso da expansão da competência da Justiça Militar no Brasil. *Mural Internacional*, v. 11, e48807, 2020.

50 Advertimos o leitor de que somos advogados do *amicus curiae* Tortura Nunca Mais na ADI nº 5.032 e na ADPF nº 289.

Em terceiro lugar, cumpre redefinir a grade curricular das academias militares, garantindo às autoridades civis papel central nesse processo. E, em quarto lugar, importa repensar as funções da Justiça Militar no Brasil, de sorte a, pelo menos, reduzir as suas competências aos casos que envolvam militares em desempenho de tarefas estritamente castrenses e que digam respeito à preservação da hierarquia e da disciplina nos quartéis. Neste último ponto, pensamos, inclusive, que sequer é necessária reforma constitucional ou legal, já que as competências da Justiça Militar estão definidas em leis infraconstitucionais, que são incompatíveis com princípios da Constituição de 1988, bem como com tratados internacionais de direitos humanos de que o Brasil é signatário, revestidos de hierarquia supralegal. Basta que o STF exerça, com coragem, o seu papel de guardião da Constituição.

Em termos de urgência, a pauta da reforma das Forças Armadas figura próxima ao topo da lista de afazeres da democracia brasileira. Como os últimos anos comprovaram, ignorá-la é fazer um pacto com o atraso e com o obscurantismo, em detrimento da concretização do projeto político emoldurado na Constituição de 1988.

4 Conclusão

Nas palavras do escritor italiano Primo Levi, "um regime desumano difunde e estende a sua desumanidade em todas as direções";[51] e, assim, a narrativa esperançosa de mudança rumo a dias melhores, que anima a Constituição de 1988, viu-se em risco pelo entulho autoritário que sobrevivera à queda da ditadura. Contudo, mais que preservar o nosso legado ditatorial, certas opções do constituinte aprofundaram as raízes atávicas do autoritarismo brasileiro. Cuida-se, como bem diagnosticou Conrado Hübner Mendes, da transformação do entulho em estoque autoritário: "Não houve somente a continuidade do velho, uma simples apropriação do entulho. No ventre da democracia de 1988 foram criadas formas renovadas e originais de autoritarismo".[52]

Demonstrou-se no presente artigo que parcela significativa desse estoque de perversões está particularmente relacionada com o que herdamos da ditadura militar nos campos da segurança pública e das instituições militares. Portanto, é urgente que a sociedade e os poderes civis se engajem nas discussões acerca das medidas necessárias para aproximar os órgãos policiais e os militares da democracia e dos valores do constitucionalismo. Algumas dessas medidas independem de reforma constitucional: para que sejam implementadas, basta interpretar corretamente a Constituição e ter vontade política e coragem para enfrentar o obscurantismo. Outras, todavia, exigiriam mudanças no texto da Constituição.

De toda forma, não é mais hora de procrastinar; é hora de fazer o dever de casa.

---

[51] LEVI, Primo. *The Drowned and the Saved*. Tradução para o inglês de Raymond Rosenthal. New York: Simon & Schuster Paperbacks, 2017. p. 98 (tradução livre).

[52] MENDES, Conrado Hübner. O entulho autoritário era estoque. *Quatro Cinco Um*, ano 4, n. 31, 2020. p. 25.

Informação bibliográfica deste texto, conforme a NBR 6023:2018 da Associação Brasileira de Normas Técnicas (ABNT):

SARMENTO, Daniel; PONTES, João Gabriel Madeira. O que deixamos de fazer: Constituição, segurança pública e Forças Armadas. *In*: FACHIN, Luiz Edson; BARROSO, Luís Roberto; CRUZ, Álvaro Ricardo de Souza (Coord.). *A Constituição da democracia em seus 35 anos*. Belo Horizonte: Fórum, 2023. p. 489-502. ISBN 978-65-5518-597-3.

A TUTELA DOS DIREITOS HUMANOS NAS RELAÇÕES PRIVADAS

GUSTAVO TEPEDINO[1]

I Introdução: projeção dos direitos humanos e dos direitos fundamentais sobre o direito privado

Os primeiros registros do uso da expressão "direitos humanos" no direito brasileiro datam de meados do século passado, especialmente a partir da década de 1960, muito embora os termos "direitos humanos" e "direitos fundamentais" fossem ainda referidos apenas como direitos de proteção do cidadão em face do Estado, não se aplicando em relações entre particulares. Apenas com a promulgação da Constituição de 1988, consolidou-se no Brasil o entendimento de que as normas constitucionais são dotadas de força normativa (tendo sido, anteriormente, consideradas simples disposições político-filosóficas, de conteúdo programático).[2] Essa mudança de perspectiva mostrou-se fundamental para que doutrina e jurisprudência passassem a reconhecer nos direitos fundamentais extraídos do texto constitucional a fonte para a efetiva e imediata tutela da pessoa humana, estabelecendo, inclusive, direitos subjetivos prestacionais em face do Estado.

Paralelamente, também com a Constituição de 1988, o princípio da dignidade da pessoa humana, previsto no art. 1º, III, foi alçado à posição de valor máximo do ordenamento, justificando a tutela prioritária de interesses existenciais em face de direitos patrimoniais e oferecendo, com isso, o fundamento axiológico e jurídico necessário para a tutela dos direitos humanos de modo amplo e imediato.[3] Nessa esteira, as normas

---

[1] O autor agradece vivamente à Professora Danielle Tavares Peçanha, Mestre em Direito Civil pela Faculdade de Direito da Universidade do Estado do Rio de Janeiro – UERJ, pela pesquisa doutrinária e jurisprudencial, bem como pela interlocução ao longo da preparação do texto.

[2] TEPEDINO, Gustavo. Premissas metodológicas para a constitucionalização do direito civil. *In*: TEPEDINO, Gustavo. *Temas de direito civil*. Rio de Janeiro: Renovar, 2008. t. 1. p. 18; BARROSO, Luís Roberto. *O novo direito constitucional brasileiro*. Belo Horizonte: Fórum, 2013. p. 28; SOUZA NETO, Cláudio Pereira de; SARMENTO, Daniel. *Direito constitucional*: teoria, história e métodos de trabalho. Belo Horizonte: Fórum, 2012. p. 198.

[3] FACHIN, Luiz Edson; RUZYK, Carlos Eduardo Pianovski. A dignidade da pessoa humana no direito contemporâneo: uma contribuição à crítica da raiz dogmática do neopositivismo constitucionalista. *Revista Trimestral de Direito Civil*, Rio de Janeiro, v. 35, jul./set. 2008.

constitucionais passaram a ocupar posição de centralidade no ordenamento jurídico brasileiro, o que permitiu a aceitação da incidência dos direitos fundamentais também nas relações privadas. Em outras palavras, e sem embargo de menção bissexta em decisões judiciais nas décadas anteriores, apenas após a Constituição atual, os direitos humanos e os direitos fundamentais tiveram reconhecidas sua importância e abrangência no ordenamento jurídico brasileiro e, particularmente, nas relações privadas.

Não existe no direito brasileiro qualquer definição legal de direitos humanos ou direitos fundamentais.[4] De modo geral, o Brasil parece não destoar da terminologia corrente no constitucionalismo europeu, reputando-se *direitos humanos* os direitos básicos da pessoa humana previstos em tratados ou convenções internacionais; e *direitos fundamentais* aqueles que, estabelecidos como garantias individuais indisponíveis pelo Texto Constitucional, se constituem em fundamento da ordem pública interna.[5]

A rigor, a sinergia entre as duas categorias se deve ao processo de internacionalização dos direitos humanos no sistema pátrio, notadamente no pós-2ª Guerra Mundial, quando nasce "a certeza de que a proteção dos direitos humanos não deve se reduzir ao âmbito reservado de um Estado, porque revela tema de legítimo interesse internacional".[6] Por força desta distinção baseada especificamente na natureza (internacional ou constitucional) da norma, muitos direitos podem ser considerados, simultaneamente, humanos e fundamentais, ainda que não haja correspondência perfeita, devendo-se dar preferência ao primeiro termo para direitos da pessoa humana antes de sua constitucionalização ou positivação.[7]

A Constituição da República faz referência ao termo "direitos humanos" em seu art. 4º,[8] ao passo que seu Título II se dirige à previsão dos "Direitos e Garantias

---

4 Em doutrina, reputam-se direitos humanos "um conjunto mínimo de direitos necessário para assegurar uma vida do ser humano baseada na liberdade, igualdade e dignidade" (RAMOS, André de Carvalho. *Teoria geral dos direitos humanos na ordem internacional*. Rio de Janeiro: Renovar, 2005. p. 19). A expressão, de certo modo redundante, justifica-se: "O pleonasmo da expressão direitos humanos, ou direitos do homem, é assim justificado, porque se trata de exigências de comportamento fundadas essencialmente na participação de todos os indivíduos do gênero humano, sem atenção às diferenças concretas de ordem individual ou social, inerentes a cada homem" (COMPARATO, Fábio Konder. Fundamentos dos direitos humanos. *Revista Consulex*, ano IV, v. 1, n. 48, 2000).

5 Afirma-se, nesse sentido, que direitos fundamentais são "os direitos humanos reconhecidos como tal pelas autoridades às quais se atribui o poder político de editar normas, tanto no interior dos Estados, quanto no plano internacional; são os direitos humanos positivados nas Constituições, nas leis, nos tratados internacionais" (COMPARATO, Fábio Konder. *A afirmação histórica dos direitos humanos*. São Paulo: Saraiva, 2000. p. 46). No entanto, vale ressaltar, "as expressões 'direitos fundamentais' e 'direitos humanos' (ou similares), em que pese sua habitual utilização como sinônimas, se reportam a significados distintos. No mínimo, para os que preferem o termo 'direitos humanos', há que se referir – sob pena de correr-se o risco de gerar uma série de equívocos – se eles estão sendo analisados pelo prisma do direito internacional ou na sua dimensão constitucional positiva" (SARLET, Ingo Wolfgang. *A eficácia dos direitos fundamentais*. Porto Alegre: Livraria do Advogado, 1999. p. 35).

6 Assinala, ainda, a autora: "A barbárie do totalitarismo representou a ruptura do paradigma dos direitos humanos, através da negação do valor da pessoa humana como valor fonte do Direito. Diante desta ruptura, emerge a necessidade de reconstrução dos direitos humanos, como referencial e paradigma ético que aproxime o direito da moral. [...] Neste prisma, a violação a direitos humanos não pode ser aceita como questão doméstica do Estado, mas deve ser enfrentada como problema de relevância internacional" (PIOVESAN, Flávia. A proteção internacional dos direitos humanos e o direito brasileiro. *In*: PIOVESAN, Flávia; GARCIA, Maria (Org.). *Doutrinas essenciais de direitos humanos*. São Paulo: Revista dos Tribunais, 2011. v. 6. p. 199-210).

7 BONAVIDES, Paulo. Os direitos humanos e a democracia. *In*: SILVA, Reinaldo Pereira e (Org.). *Direitos humanos como educação para a justiça*. São Paulo: LTr, 1998. p. 16.

8 CR, "Art. 4º A República Federativa do Brasil rege-se nas suas relações internacionais pelos seguintes princípios: [...] II - prevalência dos direitos humanos".

Fundamentais". O art. 5º, em seu inc. XLI e também no §1º,[9] faz referência a "direitos e garantias fundamentais", voltando a mencionar "direitos humanos" no §3º.[10] Finalmente, no tocante às cláusulas pétreas, ou seja, comandos insuscetíveis de reforma legislativa ou constitucional pelo constituinte derivado, alude a "direitos e garantias fundamentais" novamente.[11] Em nenhum desses dispositivos se faz distinção quanto às chamadas gerações de direitos fundamentais.[12]

A despeito da variedade de significantes que se possam observar nos diferentes diplomas, não há dúvidas de que tais direitos assumem, a um só tempo, relevância imprescindível, voltados à expansão protetiva da dignidade humana, a demandarem convergência dos diversos planos protetivos para a sua realização. Vale dizer, na medida em que "a concepção contemporânea da proteção dos direitos humanos inaugurou uma nova esfera da responsabilidade quanto à sua implementação", foram alcançados o direito constitucional e todos os ramos do direito, demandando-se o "alargamento da visão tradicional, segundo a qual apenas os Estados guardam responsabilidades por direitos e somente para com seus cidadãos".[13]

Os direitos humanos e fundamentais têm recebido ampla aplicação no direito brasileiro, seja em sua incidência indireta (como parâmetro interpretativo para a legislação infraconstitucional e limite ao exercício de prerrogativas individuais por particulares), seja em sua eficácia direta (atuando como normas geradoras de direitos individuais juridicamente exigíveis).[14] Tem-se considerado essa categoria de direitos, em geral enunciada na forma de princípios, responsável pela inserção de valores na ordem jurídica, a serem tutelados com prioridade pelo intérprete no momento da aplicação do direito.[15] Por outro lado, muito ainda há a ser feito em matéria de efetivação dos

---

[9] CR, "Art. 5º [...] XLI - a lei punirá qualquer discriminação atentatória dos direitos e liberdades fundamentais. [...] §1º As normas definidoras dos direitos e garantias fundamentais têm aplicação imediata".

[10] CR, "Art. 5º [...] §3º Os tratados e convenções internacionais sobre direitos humanos que forem aprovados, em cada Casa do Congresso Nacional, em dois turnos, por três quintos dos votos dos respectivos membros, serão equivalentes às emendas constitucionais".

[11] CR, "Art. 60. [...] §4º Não será objeto de deliberação a proposta de emenda tendente a abolir: [...] IV - os direitos e garantias individuais".

[12] Afigura-se bastante difundida a distinção entre as chamadas "gerações" de direitos fundamentais, correspondendo os direitos de primeira geração aos direitos individuais e políticos, os de segunda geração aos direitos sociais e os de terceira geração aos coletivos. Atualmente, afirma-se mesmo a existência de direitos fundamentais de quarta geração, relativos à engenharia genética (BOBBIO, Norberto. *A era dos direitos*. Rio de Janeiro: Elsevier, 2004. p. 5-6) ou, para outros autores, atinentes à democracia, ao pluralismo e à informação (BONAVIDES, Paulo. *Curso de direito constitucional*. São Paulo: Malheiros, 2006. p. 571), e, ainda, segundo parte da doutrina, direitos de quinta geração, associados ao combate contra o terrorismo e à preservação da paz (BOBBIO, Norberto. *A era dos direitos*. Rio de Janeiro: Elsevier, 2004. p. 5). Trata-se de classificação que reflete o caráter histórico e relativo dos direitos humanos, relacionando-se à mudança de concepção do papel do Estado e à evolução da sociedade e das tecnologias.

[13] FACHIN, Melina Girardi. Constitucionalismo multinível: diálogos e(m) direitos humanos. *Revista Ibérica do Direito*, v. 1, n. 1, 2020. p. 53-68. No texto, a autora se dedica à construção de base teórica que dê conta da expansão e emancipação constitucional que se propõe com o projeto multinível do constitucionalismo a partir dos direitos humanos.

[14] Sobre o tema, v. TEPEDINO, Gustavo. Normas constitucionais e relações de direito civil na experiência brasileira. *In*: TEPEDINO, Gustavo. *Temas de direito civil*. Rio de Janeiro: Renovar, 2006. t. 2. Cf., em perspectiva publicista, BARROSO, Luís Roberto. *O novo direito constitucional brasileiro*. Belo Horizonte: Fórum, 2013. p. 212.

[15] A jurisprudência brasileira considera, inclusive, imprescritíveis os danos morais decorrentes de violações a direitos humanos, como a tortura. Curiosamente, reconhece o STF tratar-se de questão infraconstitucional (STF, 1ª T., Ag. Rg. no RE nº 715.268. Rel. Min. Luiz Fux, j. 6.5.2014; e STF, 2ª T., ARE nº 983.148. Rel. Min. Edson Fachin, j. 24.5.2021). A jurisprudência do Superior Tribunal de Justiça, porém, mais de uma vez já reconheceu a

direitos humanos.[16] Noticia-se, por exemplo, que mais de 90% dos crimes contra a vida acontecidos na zona rural no Brasil restam impunes, com progressiva e perigosa escalada da violação aos direitos humanos no campo.[17]

Na esfera privada, não raro se atribui aos direitos humanos e, de uma maneira geral, aos direitos fundamentais da pessoa humana, a designação *direitos da personalidade*,[18] emanações diretas do princípio da dignidade da pessoa humana (considerado o valor máximo do ordenamento jurídico brasileiro e um dos fundamentos da República, nos termos do art. 1º, III da Constituição). Compreendem-se, sob a denominação de direitos da personalidade, os direitos atinentes à tutela da pessoa humana, considerados essenciais à sua dignidade e integridade física e psicológica. Trata-se, portanto, da resposta jurídica ao interesse à existência digna e ao livre desenvolvimento da vida consorciada.[19] Alguns direitos da personalidade encontram-se tipificados nos arts. 11 a 21 do Código Civil.[20] Parte deles, como os direitos à imagem, à honra e à privacidade, integram, também, o rol dos direitos fundamentais, segundo a dicção do art. 5º, X da Constituição.

Independentemente, contudo, dos direitos subjetivos típicos, a Constituição da República, ao estabelecer, como fundamento da República, o já aludido princípio da

---

imprescritibilidade dos danos morais decorrentes de tortura. A respeito, v. STJ, 1ª T., REsp nº 1.815.870. Rel. Min. Sérgio Kukina, j. 23.9.2019, afirmando-se que "Este Superior Tribunal de Justiça tem entendimento no sentido de que 'a prescrição quinquenal, disposta no art. 1º do Decreto 20.910/1932, é inaplicável aos danos decorrentes de violação de direitos fundamentais, que são imprescritíveis, principalmente quando ocorreram durante o Regime Militar, época na qual os jurisdicionados não podiam deduzir a contento suas pretensões'"; e, ainda, STJ, 2ª T., REsp nº 2.022.981/PB. Rel. Min. Francisco Falcão, j. 21.3.2023; STJ, 1ª T., Ag. Rg. no Ag. no REsp nº 85.158. Rel. Min. Benedito Gonçalves, j. 18.3.2014; STJ, 2ª T., Ag. Rg. no Ag. no REsp nº 266.082. Rel. Min. Herman Benjamin, j. 11.6.2013.

[16] Ao propósito, aduz-se: "Há a certeza de que a Democracia política, ainda que fundamental à vigência (ou à eficácia) dos direitos humanos, não basta porquanto insuficiente. Requer-se e demanda-se a Democracia social, econômica e cultural; a Democracia de gênero (entre homens e mulheres); a Democracia étnica, e assim por diante" (PIOVESAN, Flavia; FREITAS JÚNIOR, Antônio Rodrigues de. Direitos humanos na era da globalização. *In*: PIOVESAN, Flávia; GARCIA, Maria (Org.). *Doutrinas essenciais de direitos humanos*. São Paulo: Revista dos Tribunais, 2011. v. 1. p. 1247-1258).

[17] Destaca-se que dos 1.496 crimes praticados por violência entre 1985 e 2018 na zona rural no Brasil, somente 120 (8%) receberam julgamentos, cenário com progressiva e perigosa escalda da violação aos direitos humanos no campo. De fato, houve incremento de tais conflitos em 23% entre 2018 e 2019, maior taxa dos últimos cinco anos (CAMARGOS, Daniel. Após um ano, 61% das investigações de assassinatos no campo não foram concluídas; ninguém foi condenado. *Repórter Brasil*, 2021. Disponível em: https://reporterbrasil.org.br/2021/01/impunidade-violencia-campo-indigenas-sem-terra-ambientalistas-ninguem-condenado/#:~:text=De%20fato%2C%20o%20n%C3%BAmero%20de,recorde%20dos%20%C3%BAltimos%20cinco%20anos.&text=Apenas%20em%202019%2C%20foram%20tr%C3%AAs,e%20Marciano%20dos%20Santos%20Fosaluza. Acesso em: 18 jul. 2023).

[18] Destaque-se, todavia, que a separação rígida entre as categorias (direitos humanos, direitos fundamentais e direitos da personalidade) vem sendo objeto de críticas por diversos estudiosos do tema, veja-se: "Tradicionalmente direitos humanos são terminologia predileta da arena internacional, direitos fundamentais do âmbito constitucional e direitos da personalidade da seara privada do direito civil. Esta abordagem estanque não combina, todavia, com os influxos multinivelados que influenciam o fenômeno jurídico contemporâneo. Resta claro, portanto, que se está a tratar de categorias inequivocadamente próximas – afastadas por um tratamento legislativo codificado ainda inspirado em valores de antanho – sendo que seus sentidos podem – e devem – se somar em busca da efetiva proteção da pessoa humana no caso concreto" (FACHIN, Melina Girardi; GONÇALVES, Marcos Alberto Rocha. De fora, de cima e de baixo – todos os sentidos da dignidade no discurso dos direitos. *Revista Brasileira de Direitos e Garantias Fundamentais*, v. 2, n. 2, jul./dez. 2016. p. 78-94).

[19] Sobre os direitos da personalidade na experiência brasileira, v. TEPEDINO, Gustavo. A tutela da personalidade no ordenamento civil-constitucional brasileiro. *In*: TEPEDINO, Gustavo. *Temas de direito civil*. Rio de Janeiro: Renovar, 2008. t. 1. p. 23 e ss.

[20] A saber, o direito à integridade física e ao próprio corpo (arts. 13-15), o direito ao nome (arts. 16-19), o direito à imagem e à honra (art. 20) e o direito à vida privada (art. 21).

dignidade da pessoa humana, *ex vi* do art. 1º, III,[21] constitui cláusula geral de tutela e promoção da pessoa humana, tomada como valor máximo pelo ordenamento, de modo a superar a técnica da tipificação de direitos subjetivos e proteger, de maneira irrestrita, a pessoa humana, sua personalidade e seu pleno desenvolvimento na vida social.[22] Verifica-se, portanto, que, sob ângulos distintos, os direitos humanos no âmbito internacional, os direitos fundamentais no direito público interno, e os direitos da personalidade nas relações privadas, constituem instrumentos convergentes e sobrepostos de proteção da dignidade humana e das relações existenciais, amparados, no ordenamento brasileiro, pela Constituição da República.[23]

Em tal perspectiva, a aplicação dos direitos humanos no âmbito do direito privado afigura-se bastante ampla, a partir da incidência direta das normas constitucionais, gradualmente reconhecida pela jurisprudência. Tornou-se emblemática, por exemplo, a hipótese de exclusão de associado por infração de norma estatutária que, embora aplicada regularmente pela Associação, não atendida aos princípios do contraditório e da ampla defesa.[24] Por outro lado, a proteção constitucional do direito à moradia justificou o reconhecimento da impenhorabilidade do único imóvel residencial de devedores solteiros, ainda que a regulamentação legal previsse tal proteção apenas para bens em que residissem entidades familiares.[25]

De outra parte, a proteção à igualdade e a garantia do acesso à terra como necessidade fundamental à existência humana já serviu de fundamento a decisões acerca de

---

[21] Assim como o disposto no art. 5º, §2º, no sentido de integrar à ordem interna os direitos fundamentais decorrentes dos demais princípios e do regime democrático, e os direitos humanos previstos em tratados internacionais: "Os direitos e garantias expressos nesta Constituição não excluem outros decorrentes do regime e dos princípios por ela adotados, ou dos tratados internacionais em que a República Federativa do Brasil seja parte".

[22] TEPEDINO, Gustavo. A tutela da personalidade no ordenamento civil-constitucional brasileiro. *In*: TEPEDINO, Gustavo. *Temas de direito civil*. Rio de Janeiro: Renovar, 2008. t. 1. p. 50.

[23] Vale ressaltar, por exemplo, que os entendimentos da Corte Interamericana de Direitos Humanos costumam ser levados em consideração pela jurisprudência brasileira em matéria de direitos da personalidade, como no caso em que o STF apreciava a exigibilidade de diploma universitário e inscrição em conselho profissional para o exercício da profissão de jornalista: "A Corte Interamericana de Direitos Humanos proferiu decisão no dia 13 de novembro de 1985, declarando que a obrigatoriedade do diploma universitário e da inscrição em ordem profissional para o exercício da profissão de jornalista viola o art. 13 da Convenção Americana de Direitos Humanos, que protege a liberdade de expressão em sentido amplo (cf 'La colegiación obligatoria de periodistas' - Opinião Consultiva OC-5/85, de 13 de novembro de 1985). Também a Organização dos Estados Americanos - OEA, por meio da Comissão Interamericana de Direitos Humanos, entende que a exigência de diploma universitário em jornalismo, como condição obrigatória para o exercício dessa profissão, viola o direito à liberdade de expressão" (STF, Tribunal Pleno, RE nº 511.961. Rel. Min. Gilmar Mendes, j. 17.6.2009).

[24] Na ocasião, entendeu o Supremo Tribunal Federal que "os direitos fundamentais assegurados pela Constituição vinculam diretamente não apenas os poderes públicos, estando direcionados também à proteção dos particulares em face dos poderes privados" (STF, 2ª T., RE nº 201.819. Rel. Min. Ellen Gracie. Rel. para Ac. Min. Gilmar Mendes, j. 11.10.2005).

[25] Na dição da Lei nº 8.009/1990, em seu art. 1º, "o imóvel residencial próprio do casal, ou da entidade familiar, é impenhorável e não responderá por qualquer tipo de dívida civil, comercial, fiscal, previdenciária ou de outra natureza, contraída pelos cônjuges ou pelos pais ou filhos que sejam seus proprietários e nele residam, salvo nas hipóteses previstas nesta lei". No entanto, a Corte Suprema do país estendeu essa proteção também a devedores solteiros, entendendo que o escopo da norma não é propriamente a proteção da família, mas "a proteção de um direito fundamental da pessoa humana: a moradia" (STF, 4ª T., RE nº 182.233. Rel. Min. Sálvio de Figueiredo Teixeira, j. 6.2.2002). Tal entendimento restou consagrado também no Enunciado nº 364 da súmula do STJ, em que se lê: "O conceito de impenhorabilidade de bem de família abrange também o imóvel pertencente a pessoas solteiras, separadas e viúvas".

temas tão diversos quanto a demarcação de terras indígenas;[26] a resolução de conflitos possessórios entre o Estado e possuidores quilombolas,[27] entre outros. Cite-se, ainda, o debate acerca do direito à saúde,[28] relativamente ao conteúdo da cobertura oferecida por planos de saúde;[29] ou à pretensão, em face do Poder Público, ao fornecimento de remédios ou a serviços de saúde.[30] Na mesma linha protetiva de direitos fundamentais, numerosas demandas indenizatórias asseguram reparação civil por danos morais com base na violação aos direitos à imagem e à privacidade.[31]

Diante da tábua axiológica do ordenamento jurídico brasileiro, não há limites expressos para a incidência constitucional na proteção dos direitos fundamentais. Ao contrário, uma vez que a Constituição Federal elegeu como um dos fundamentos da República a dignidade da pessoa humana (art. 1º, III), entende-se que os direitos fundamentais gozam de prevalência na ordem constitucional brasileira, devendo ser

---

[26] STF, Tribunal Pleno, Pet n. 3.388. Rel. Min. Carlos Ayres Britto, j. 19.3.2009. No julgamento da controvérsia, que versava sobre a demarcação da terra indígena Raposa Serra do Sol, sustentou-se que "Os arts. 231 e 232 da Constituição Federal são de finalidade nitidamente fraternal ou solidária, própria de uma quadra constitucional que se volta para a efetivação de um novo tipo de igualdade: a igualdade civil-moral de minorias, tendo em vista o proto-valor da integração comunitária. Era constitucional compensatória de desvantagens historicamente acumuladas, a se viabilizar por mecanismos oficiais de ações afirmativas. No caso, os índios a desfrutar de um espaço fundiário que lhes assegure meios dignos de subsistência econômica para mais eficazmente poderem preservar sua identidade somática, linguística e cultural".

[27] STJ, 1ª T., REsp nº 931.060. Rel. Min. Benedito Gonçalves, j. 17.12.2009, em que se afirmou: "A Constituição de 1998, ao consagrar o Estado Democrático de Direito em seu art. 1º como cláusula imodificável, fê-lo no afã de tutelar as garantias individuais e sociais dos cidadãos, através de um governo justo e que propicie uma sociedade igualitária, sem nenhuma distinção de sexo, raça, cor, credo ou classe social. [...] Essa novel ordem constitucional, sob o primado dos direitos humanos, assegura aos remanescentes das comunidades dos quilombos a titulação definitiva de imóvel sobre o qual mantém posse de boa-fé há mais de 150 (cento e cinquenta) anos, consoante expressamente previsto no art. 68 do Ato das Disposições Constitucionais Transitórias".

[28] Acerca do conteúdo constitucional do princípio da proteção à saúde, leciona-se: "na esfera da proteção constitucional, conclui-se que o direito à saúde: (a) submete-se ao regime jurídico dos direitos fundamentais; (b) é salvaguardado por cláusula pétrea; (c) demanda do Estado o dever de adotar medidas que visem à redução do risco de doença e outros agravos; e (d) requer serviços para sua promoção, proteção e recuperação" (PIOVESAN, Flávia; SUBDBRACK, Umberto Guaspari. Direito à saúde e o dever de informar. *Revista de Direito do Consumidor*, v. 77, jan./mar. 2011. p. 341-369).

[29] Ilustrativamente, v. STJ, 4ª T., Ag. Rg. no Ag. no REsp nº 422.417. Rel. Min. Maria Isabel Gallotti, j. 24.4.2014; e, ainda, STJ, 4ª T., Ag. Rg. no Ag. no REsp nº 192.612. Rel. Min. Marco Buzzi, j. 20.3.2014. Neste último, que versava sobre a recusa de plano de saúde da cobertura de tratamento de radioterapia, sustentou-se: "revela-se abusivo o preceito do contrato de plano de saúde excludente do custeio dos meios e materiais necessários ao melhor desempenho do tratamento clínico ou do procedimento cirúrgico coberto ou de internação hospitalar".

[30] Cf., por exemplo: "O direito à saúde, expressamente previsto na Constituição Federal de 1988 e em legislação especial, é garantia subjetiva do cidadão, exigível de imediato, em oposição a omissões do Poder Público. O legislador ordinário, ao disciplinar a matéria, impôs obrigações positivas ao Estado, de maneira que está compelido a cumprir o dever legal. [...] A falta de vagas em Unidades de Tratamento Intensivo - UTIs no único hospital local viola o direito à saúde e afeta o mínimo existencial de toda a população local, tratando-se, pois, de direito difuso a ser protegido" (STJ, 2ª T., REsp nº 1.068.731. Rel. Min. Herman Benjamin, j. 17.2.2011). A questão ganha especial destaque no contexto de disseminação do coronavírus, sobretudo diante da aposição de cláusulas contratuais de plano de saúde que preveem carência para a utilização de serviços médicos. Nesse cenário, relativamente ao direito à saúde, destaque-se julgado recente do STJ, aplicando o Enunciado nº 597 de sua súmula, datada de 2017, no sentido de que "a cláusula contratual de plano de saúde que prevê carência para utilização dos serviços de assistência médica nas situações de emergência ou de urgência é considerada abusiva se ultrapassado o prazo máximo de 24 horas contado da data da contratação" (STJ, 4ª T., AgInt no AgInt no AREsp nº 1.721.541/AM. Rel. Min. Maria Isabel Gallotti, j. 26.4.2021).

[31] Muitas vezes confundem-se, no caso concreto, os direitos à imagem e à privacidade. Entre muitos outros exemplos, cite-se o caso em que o Superior Tribunal de Justiça (Corte responsável pela uniformização da aplicação da lei infraconstitucional federal no Brasil) reconheceu serem devidos danos morais a uma mulher cuja imagem havia sido veiculada por jornal televisivo, em imagens de arquivo, beijando antigo namorado, com o qual não mais se relacionava (STJ, 3ª T., REsp nº 1.291.865. Rel. Min. Sidnei Beneti, j. 25.6.2013).

protegidos preferencialmente. Deste modo, o único limite à proteção dos direitos fundamentais da pessoa reside justamente na proteção de outros direitos fundamentais, sendo necessário ponderar tais direitos na hipótese de colisão. Entretanto, quando a tutela dos direitos fundamentais acarreta a exigibilidade de prestações positivas por parte do Estado, não raro o Poder Público invoca a chamada "reserva do possível", alegando não haver recursos materiais ou orçamentários para tais prestações. Nesses casos, cabe ao Judiciário valorar as pretensões a prestações positivas em tutela dos direitos fundamentais em face das limitações orçamentárias do Estado, procurando otimizar os recursos em favor da pessoa humana.[32]

Destaque-se, ainda, o papel dos direitos fundamentais no controle de legitimidade das leis e dos atos normativos. A legislação infraconstitucional não pode contrariar a tutela conferida aos direitos fundamentais pela Constituição; nem ao Poder Legislativo é autorizado modificar a Constituição no que tange a esses direitos, que figuram como cláusulas pétreas (por força do já aludido art. 60, §4º, IV, CR), insuscetíveis de modificação pelo constituinte derivado. Afinal, como se sabe, o controle de constitucionalidade no Brasil realiza-se tanto em modalidade difusa (mediante recursos interpostos em casos concretos) quanto concentrada (quando a constitucionalidade de dispositivos normativos é questionada diretamente ao Supremo Tribunal Federal).

Por outro lado, o Brasil tornou-se signatário de diversas convenções e tratados internacionais sobre direitos humanos, como a Convenção Americana sobre Direitos Humanos (Pacto de San José da Costa Rica), o Pacto Internacional sobre Direitos Civis e Políticos, o Pacto Internacional dos Direitos Econômicos, Sociais e Culturais, a Convenção contra a Tortura, a Convenção sobre a Eliminação da Discriminação Racial, a Convenção da Eliminação da Discriminação contra a Mulher, a Convenção dos Direitos da Criança, entre outros. Verifica-se assim ampla acolhida das normas internacionais sobre a matéria, dispondo a Constituição Federal, inclusive, no §3º de seu art. 5º, que "Os tratados e convenções internacionais sobre direitos humanos que forem aprovados, em cada Casa do Congresso Nacional, em dois turnos, por três quintos dos votos dos respectivos membros, serão equivalentes às emendas constitucionais".

Mesmo as normas internacionais sobre direitos humanos (provenientes de tratados dos quais o Brasil é signatário) que não tenham seguido tal trâmite legislativo interno, embora não se reputem de hierarquia constitucional, são consideradas aptas a revogar leis ordinárias internas. Assim aconteceu, por exemplo, com a proibição à prisão civil do depositário infiel, decorrente do disposto no art. 7º, n. 7 do Pacto de San José da Costa

[32] A respeito, decidiu-se, de modo contundente: "a reserva do possível não configura carta de alforria para o administrador incompetente, relapso ou insensível à degradação da dignidade da pessoa humana, já que é impensável que possa legitimar ou justificar a omissão estatal capaz de matar o cidadão de fome ou por negação de apoio médico-hospitalar. A escusa da 'limitação de recursos orçamentários' frequentemente não passa de biombo para esconder a opção do administrador pelas suas prioridades particulares em vez daquelas estatuídas na Constituição e nas leis, sobrepondo o interesse pessoal às necessidades mais urgentes da coletividade. O absurdo e a aberração orçamentários, por ultrapassarem e vilipendiarem os limites do razoável, as fronteiras do bom- senso e até políticas públicas legisladas, são plenamente sindicáveis pelo Judiciário, não compondo, em absoluto, a esfera da discricionariedade do Administrador, nem indicando rompimento do princípio da separação dos Poderes" (STJ, 2ª T., REsp nº 1.068.731. Rel. Min. Herman Benjamin, j. 17.2.2011). Na mesma direção, STJ, 1ª S., MS nº 26.588/DF. Rel. Min. Sérgio Kukina, j. 10.12.2021.

Rica, que revogou o art. 652 do Código Civil,[33] segundo decisão do Supremo Tribunal Federal no julgamento do Recurso Extraordinário nº 466.343, em 2008.[34]

II A influência dos direitos humanos e fundamentais no direito contratual

O direito contratual brasileiro, na esteira das codificações europeias do século XVII e XIX, tem por fundamento três grandes princípios: a autonomia privada, que garante aos particulares a liberdade para celebrar negócios típicos e atípicos,[35] a relatividade dos pactos (representado pela expressão *res inter alios acta*), que restringe os efeitos dos contratos a partes que se obrigaram mediante o respectivo instrumento;[36] e a obrigatoriedade dos pactos (expressão do brocardo latino *pacta sunt servanda*), pela qual as partes estão adstritas ao cumprimento do previsto no contrato.[37]

Ao lado de tais fundamentos da teoria contratual, a Constituição da República de 1988 fixa valores e princípios hierarquicamente superiores, que informam a atividade privada, estatuindo, em seu art. 170, como o fundamento da ordem econômica, a valorização do trabalho humano e da livre iniciativa, tendo por fim assegurar a todos existência digna, conforme os ditames da justiça social, e observados diversos princípios, entre os quais, a função social da propriedade; a defesa do consumidor; a defesa do meio ambiente, a redução das desigualdades regionais e sociais.

Tal dispositivo deve ser interpretado em consonância com os arts. 1º a 4º da Constituição, que fixam, entre os fundamentos e objetivos da República, os princípios da dignidade da pessoa humana (art. 1º, III, CR), da solidariedade social (art. 3º, I, CR) e da igualdade substancial (art. 3º, III, CR). Dessa maneira, o constituinte vincula a legitimidade da atividade contratual à promoção de interesses extrapatrimoniais alcançados pelo contrato, informando as normas do Código Civil, especialmente as cláusulas gerais que fixam os princípios da boa-fé objetiva (arts. 113 e 422, Código Civil), da função social do contrato (art. 421) e do equilíbrio das prestações (arts. 317 e 478).[38]

---

[33] CC/2002, "Art. 652. Seja o depósito voluntário ou necessário, o depositário que não o restituir quando exigido será compelido a fazê-lo mediante prisão não excedente a um ano, e ressarcir os prejuízos".

[34] STF, Tribunal Pleno, RE nº n. 466.343. Rel. Min. Cezar Peluso, j. 3.12.2008.

[35] Na feliz síntese de Caio Mário da Silva Pereira, tal liberdade abrange "a faculdade de contratar e de não contratar, isto é, o arbítrio de decidir, segundo os interesses e conveniências de cada um, se e quando estabelecerá com outrem um negócio jurídico contratual"; "a escolha da pessoa com quem fazê-lo, bem como do tipo de negócio a efetuar"; e "o poder de fixar o conteúdo do contrato, redigidas as suas cláusulas ao sabor do livre jogo da conveniência dos contratantes" (PEREIRA, Caio Mário da Silva. *Instituições de direito civil*. Rio de Janeiro: Forense, 2007. v. III. p. 22-23).

[36] Sobre o ponto, e especialmente sobre a não oponibilidade do conteúdo do contrato a terceiros, v., entre outros, GOMES, Orlando. *Contratos*. Rio de Janeiro: Forense, 2001. p. 43; RODRIGUES, Silvio. *Direito civil*: dos contratos e das declarações unilaterais de vontade. São Paulo: Saraiva, 2004. p. 17; LOPES, Miguel Maria de Serpa. *Curso de direito civil*. Rio de Janeiro: Freitas Bastos, 2001. v. 3. p. 129-133.

[37] "O contrato obriga os contratantes. Lícito não lhes é arrependerem-se; lícito não é revogá-lo senão por consentimento mútuo [...]. O princípio da força obrigatória do contrato contém ínsita uma ideia que reflete o máximo de subjetivismo que a ordem legal oferece: a palavra individual, enunciada na conformidade da lei, encerra uma centelha de criação, tão forte e tão profunda, que não comporta retratação, e tão imperiosa, que depois de adquirir vida, nem o Estado mesmo, a não ser excepcionalmente, pode intervir, com o propósito de mudar o curso de seus efeitos" (PEREIRA, Caio Mário da Silva. *Instituições de direito civil*. Rio de Janeiro: Forense, 2007. v. III. p. 6).

[38] Sobre a evolução dogmática do direito contratual, v. TEPEDINO, Gustavo; KONDER, Carlos Nelson; BANDEIRA, Paula Greco. *Fundamentos do direito civil*: contratos. 4. ed. Rio de Janeiro: Forense, 2021. v. 3.

Desses denominados novos princípios contratuais, o mais difundido é a boa-fé objetiva,[39] a qual, em sua tríplice função, cria deveres de cooperação entre as partes desde as tratativas negociais, ao longo da execução contratual e posteriormente à extinção do contrato; serve ainda como parâmetro interpretativo para os negócios jurídicos e impõe limites ao exercício dos direitos. A boa-fé objetiva aparece, assim, como cláusula geral que, assumindo diferentes funções, impõe às partes o dever de colaborarem mutuamente para a consecução dos fins perseguidos com a celebração do contrato e zelarem por sua segurança recíproca.[40] Embora até o advento do Código Civil de 2002 fosse prevista apenas no Código Comercial e no Código de Defesa do Consumidor, a ampla aplicação da boa-fé às relações de direito civil, por obra da jurisprudência e da doutrina, revelou força expansiva capaz de permear toda a teoria contratual, tornando-se instrumento de tutela de direitos fundamentais nas relações privadas.[41]

Importante aplicação do princípio da boa-fé objetiva consiste, ainda, em sua relevância para fins de responsabilidade civil no caso da ruptura injustificada de tratativas, a denominada responsabilidade pré-contratual. Compreende-se que o princípio da boa-fé irradia seus efeitos também para a fase anterior à conclusão do contrato, com conteúdo técnico capaz de vincular as partes aos compromissos assumidos mesmo antes da celebração do contrato, reconhecendo-se a incidência dos deveres anexos (entre eles, e principalmente, o dever de lealdade) também sobre o momento das tratativas. A fixação de padrão razoável de comportamento fundada na boa-fé fornece ao intérprete instrumento objetivo de aferição valorativa do exercício da ruptura, não relegando essa ponderação a juízos de índole subjetiva, que buscassem perquirir elementos psicológicos ou atribuir culpa à parte que tenha interrompido as negociações.[42] Tais padrões de

---

[39] A respeito, cf. TEPEDINO, Gustavo. As relações de consumo e a nova teoria contratual. *In*: TEPEDINO, Gustavo. *Temas de direito civil*. Rio de Janeiro: Renovar, 2003. p. 232.

[40] Permita-se remeter a: TEPEDINO, Gustavo; SILVA, Rodrigo da Guia. Dever de informar e ônus de se informar: a boa-fé objetiva como via de mão dupla. *Migalhas*, 9 jun. 2020. Disponível em: https://migalhas.uol.com.br/depeso/328590/dever-de-informar-e-onus-de-se-informar--a-boa-fe-objetiva-como-via-de-mao-dupla. Acesso em: 19 jul. 2023.

[41] A referida tripartição funcional, inspirada nas funções do direito pretoriano romano, foi adotada no Brasil por autorizada doutrina. V. AZEVEDO, Antonio Junqueira de. Insuficiências, deficiências e desatualização do projeto de Código Civil na questão da boa-fé objetiva nos contratos. *Revista Trimestral de Direito Civil*, Rio de Janeiro, v. 1, jan./mar. 2000. p. 7: "Essa mesma tríplice função existe para a cláusula geral de boa--fé no campo contratual, porque justamente a ideia é ajudar na interpretação do contrato, adjuvandi, suprir algumas das falhas do contrato, isto é, acrescentar o que nele não está incluído, supplendi, e eventualmente corrigir alguma coisa que não é de direito no sentido de justo, corrigendi". No mesmo sentido, AGUIAR JÚNIOR, Ruy Rosado de. A boa-fé na relação de consumo. *Revista de Direito do Consumidor*, São Paulo, v. 14, 1995. p. 25.

[42] Emblemático nesta matéria foi o acórdão do Tribunal de Justiça do Rio Grande do Sul que reconheceu a responsabilidade por culpa *in contrahendo*: TJRS, 5ª C.C., Ap. Civ. nº 591.028.295. Rel. Des. Ruy Rosado de Aguiar Júnior, j. 6.6.1991. Na decisão, sustentou-se que "decorre do princípio da boa-fé objetiva, aceito pelo nosso ordenamento jurídico [...], o dever de lealdade durante as tratativas e a consequente responsabilidade da parte que, depois de suscitar na outra a justa expectativa da celebração de certo negócio, volta atrás e desiste de consumar a avença". Na mesma direção, remeta-se a julgado do STJ, em se destacou que "O princípio da boa-fé objetiva já incide desde a fase de formação do vínculo obrigacional, antes mesmo de ser celebrado o negócio jurídico pretendido pelas partes. Na verdade, antes da conclusão do negócio jurídico, são estabelecidas entre as pessoas certas relações de fato, os chamados 'contatos sociais', dos quais emanam deveres jurídicos, cuja violação importa responsabilidade civil" (STJ, 3ª T., REsp nº 1.367.955/SP. Rel. Min. Paulo de Tarso Sanseverino, j. 18.3.2014). Na mesma direção, em caso envolvendo a conduta da franqueadora na fase pré-contratual, que deixou de prestar informações que auxiliariam na tomada de decisão pela franqueada: "os deveres anexos, decorrentes da função integrativa da boa-fé objetiva, resguardam as expectativas legítimas de ambas as partes na relação contratual, por intermédio do cumprimento de um dever genérico de lealdade, que se manifesta especificamente, entre outros, no dever de informação, que impõe que o contratante seja alertado sobre fatos que a sua diligência ordinária não

procedimento serão fornecidos, no caso da ruptura imotivada de negociações, pelos deveres decorrentes da boa-fé.

A função social do contrato, por sua vez, informada pela solidariedade constitucional, exige que as partes busquem promover, no âmbito da relação contratual, não apenas seus próprios interesses patrimoniais, mas também interesses socialmente úteis alcançados pelo contrato.[43] Esses interesses extracontratuais dizem respeito, entre outros, aos consumidores, à livre concorrência, ao meio ambiente, às relações de trabalho.[44]

Finalmente, o princípio do equilíbrio das prestações contratuais, que visa a preservar a racionalidade econômica planejada pelas partes. O princípio do equilíbrio econômico das relações obrigacionais decorre diretamente dos princípios constitucionais do valor social da livre iniciativa (art. 1º, IV, CF), da solidariedade social (art. 3º, I) e da igualdade (art. 3º, III, CF), que fundamentam a ordem econômica nacional e a livre iniciativa (art. 170, CF). Como expressão do equilíbrio objetivo entre as prestações, protege-se o contratante que tenha sido vítima de lesão (art. 157 do Código Civil),[45] vale dizer, aquele que, por inexperiência ou necessidade, obrigou-se à prestação manifestamente desproporcional à contraprestação.

Do mesmo modo, no sentido de manter o equilíbrio econômico pretendido originalmente pelas partes contratantes, autoriza-se a revisão ou a resolução do contrato na hipótese de desequilíbrio superveniente, capaz de tornar as prestações excessivamente onerosas para uma das partes, com excessiva vantagem para a outra. Em outras palavras, quando, por motivos imprevisíveis, sobrevier desproporção manifesta entre o valor da prestação devida e o do momento de sua execução, poderá o juiz corrigi-lo, a pedido da parte, de modo que assegure, quanto possível, o valor real da prestação (art. 317 do Código Civil).[46] Além disso, nos contratos cuja execução se protrai no tempo, caso a prestação de uma das partes se torne excessivamente onerosa, com extrema vantagem para a outra, por força de acontecimentos extraordinários e imprevisíveis, admite-se que ela peça a resolução do contrato (arts. 478 e 480 do Código Civil).[47] No panorama contratual brasileiro, a revisão e resolução contratuais vêm sendo utilizadas amplamente.

---

alcançaria isoladamente. O princípio da boa-fé objetiva já incide desde a fase de formação do vínculo obrigacional, antes mesmo de ser celebrado o negócio jurídico pretendido pelas partes" (STJ, 3ª T., REsp nº 1.862.508/SP. Rel. Min. Ricardo Villas Bôas Cueva, j. 24.11.2020). Destaque-se, ainda, o Enunciado nº 25 da I Jornada de Direito Civil do CJF: "O art. 422 do Código Civil não inviabiliza a aplicação pelo julgador, do princípio da boa-fé objetiva nas fases pré e pós-contratual".

[43] Cfr. TEPEDINO, Gustavo. Relações contratuais e a funcionalização do direito civil. *Revista Pensar*, Fortaleza, v. 28, n. 1, jan./mar. 2023. p. 1-10.

[44] A respeito, v. TEPEDINO, Gustavo. Crise de fontes normativas e técnica legislativa na parte geral do Código Civil de 2002. *In*: TEPEDINO, Gustavo. *Temas de direito civil*. Rio de Janeiro: Renovar, 2006. t. 2. p. 20. Sobre a função social do contrato na doutrina brasileira, v. TEPEDINO, Gustavo. Notas sobre a função social dos contratos. *In*: TEPEDINO, Gustavo. *Temas de direito civil*. Rio de Janeiro: Renovar, 2009. t. 3. p. 145 e ss.

[45] CC/2002, "Art. 157. Ocorre a lesão quando uma pessoa, sob premente necessidade, ou por inexperiência, se obriga a prestação manifestamente desproporcional ao valor da prestação oposta [...]".

[46] CC/2002, "Art. 317. Quando, por motivos imprevisíveis, sobrevier desproporção manifesta entre o valor da prestação devida e o do momento de sua execução, poderá o juiz corrigi-lo, a pedido da parte, de modo que assegure, quanto possível, o valor real da prestação".

[47] CC/2002, "Art. 478. Nos contratos de execução continuada ou diferida, se a prestação de uma das partes se tornar excessivamente onerosa, com extrema vantagem para a outra, em virtude de acontecimentos extraordinários e imprevisíveis, poderá o devedor pedir a resolução do contrato. Os efeitos da sentença que a decretar retroagirão à data da citação. [...] Art. 480. Se no contrato as obrigações couberem a apenas uma das partes, poderá ela pleitear que a sua prestação seja reduzida, ou alterado o modo de executá-la, a fim de evitar a onerosidade excessiva".

Incorporadas aos arts. 317, 478 e 479 do CC, constituem-se em mecanismo deflagrado todas as vezes em que fatos exógenos ao acordo de vontade tornem, para uma das partes, excessivamente onerosa a prestação convencionada.[48]

Tais normas do Código Civil tornam-se, assim, mecanismos para a promoção de direitos fundamentais, consideradas expressão da solidariedade jurídica nas relações contratuais. Diante dos mencionados princípios constitucionais, os três princípios fundamentais acima citados do regime contratual – a autonomia privada, a força obrigatória dos contratos e a relatividade obrigacional –, embora prestigiados pelo sistema, adquirem novos contornos, mitigados pelos princípios da boa-fé objetiva, função social do contrato e equilíbrio das prestações. Verifica-se, nessa direção, a gradual alteração conceitual do princípio da relatividade, impondo-se efeitos contratuais que extrapolam a avença negocial. Ou seja, o respeito à disciplina contratual torna-se oponível terceiros, ao mesmo tempo em que os contratantes devem respeitar os titulares de interesses socialmente relevantes alcançados pela órbita do contrato.[49]

O Código Civil prevê, ainda, a interpretação do contrato de modo mais favorável ao aderente no âmbito dos contratos de adesão, tendo em conta a inexistência de negociação prévia à celebração desse tipo de avença (art. 423 do Código Civil).[50] Do mesmo modo, consideram-se nulas as cláusulas contratuais em contratos de adesão que prevejam a renúncia antecipada a direitos pelo aderente (art. 424 do Código Civil).[51]

Igualmente nas relações de consumo, em que o consumidor é considerado vulnerável, a proteção do consumidor, expressamente incluída nos acima aludidos princípios da ordem econômica (art. 170, V, CR), é expressão do direito fundamental à igualdade substancial nas contratações de massa. O Código de Defesa do Consumidor, estatuído pela Lei nº 8078/90, torna-se o instrumento legislativo para tal proteção, de índole constitucional, e oferece intensa proteção ao consumidor, considerado pelo legislador presumidamente vulnerável na contratação com fornecedores de produtos e serviços. A lei prevê, por isso, uma série de cláusulas contratuais consideradas abusivas (art. 51, CDC), a possibilidade de inversão do ônus da prova em favor do consumidor se verossímeis as suas alegações ou comprovada a sua hipossuficiência (art. 6º, VIII),[52] a possibilidade de desistência pelo consumidor nos primeiros sete dias após a celebração do contrato fora de estabelecimento comercial (art. 49, CDC),[53] a responsabilidade

---

[48] Para a análise do instituto, especialmente no cenário da pandemia de Covid-19, permita-se remeter a TEPEDINO, Gustavo; OLIVA, Milena Donato; DIAS, Antônio Pedro. A proteção do consumidor em tempos de pandemia: a atualidade dos remédios previstos no Código de Defesa do Consumidor. *In*: BENJAMIN, Antônio Herman; MARQUES, Claudia Lima; MIRAGEM, Bruno (Org.). *O direito do consumidor no mundo em transformação*. São Paulo: Revista dos Tribunais, 2020. p. 301-316.

[49] TEPEDINO, Gustavo. Novos princípios contratuais e a exegese da cláusula to the best knowledge of the sellers. *In*: NERY JUNIOR, Nelson (Org.). *Soluções práticas de direito*. São Paulo: Revista dos Tribunais, 2012. v. III. p. 431.

[50] CC/2002, "Art. 423. Quando houver no contrato de adesão cláusulas ambíguas ou contraditórias, dever-se-á adotar a interpretação mais favorável ao aderente".

[51] CC/2002, "Art. 424. Nos contratos de adesão, são nulas as cláusulas que estipulem a renúncia antecipada do aderente a direito resultante da natureza do negócio".

[52] CDC, "Art. 6º São direitos básicos do consumidor: [...] VIII - a facilitação da defesa de seus direitos, inclusive com a inversão do ônus da prova, a seu favor, no processo civil, quando, a critério do juiz, for verossímil a alegação ou quando for ele hipossuficiente, segundo as regras ordinárias de experiências [...]".

[53] CDC, "Art. 49. O consumidor pode desistir do contrato, no prazo de 7 dias a contar de sua assinatura ou do ato de recebimento do produto ou serviço, sempre que a contratação de fornecimento de produtos e serviços ocorrer fora do estabelecimento comercial, especialmente por telefone ou a domicílio [...]".

solidária de todos os componentes da cadeia de fornecimento do produto (art. 12),[54] entre outros instrumentos de proteção ao consumidor.

III A influência dos direitos humanos e fundamentais na responsabilidade civil

A responsabilidade civil tem sido objeto de profunda evolução no direito brasileiro nas últimas décadas, ampliando-se cada vez mais a reparação pelos danos injustos, no âmbito contratual e extracontratual. O sistema brasileiro encontra-se estruturado de forma dualista, admitindo-se lado a lado a imputação subjetiva, traduzida na responsabilidade baseada na culpa (responsabilidade subjetiva, que tem por fonte o ato ilícito, expressão do antigo princípio do *nemem ledere*), e a imputação objetiva de responsabilidade, baseada no risco da atividade (responsabilidade objetiva, independentemente da prova de culpa do agente causador do evento danoso). A partir da Constituição da República de 1988, consolidou-se a tendência à objetivação da responsabilidade civil, seja mediante a ampliação das hipóteses da responsabilidade objetiva; seja mediante construção interpretativa em que, na responsabilidade subjetiva, a culpa do agente é identificada a partir – não de sua intenção volitiva, mas – da contrariedade a comportamento razoavelmente esperado em determinada situação concreta na qual se originou o ato danoso. Alude-se, ao propósito, à chamada culpa normativa. Tal processo evolutivo encontra-se intensamente permeado pela incidência dos princípios constitucionais da solidariedade social e da igualdade substancial (arts. 3º, I e III), destinados a ampliar a proteção das vítimas dos danos injustos.

Nesta perspectiva, destaca-se o princípio da reparação integral, segundo dispõe o art. 944 do Código Civil (a vítima deve ser ressarcida pela integralidade do prejuízo sofrido).[55] Além disso, para se deflagrar o dever de reparar, adota-se a teoria da necessariedade da causa, segundo a qual só haverá reparação quando for estabelecido

---

[54] CDC, "Art. 12. O fabricante, o produtor, o construtor, nacional ou estrangeiro, e o importador respondem, independentemente da existência de culpa, pela reparação dos danos causados aos consumidores por defeitos decorrentes de projeto, fabricação, construção, montagem, fórmulas, manipulação, apresentação ou acondicionamento de seus produtos, bem como por informações insuficientes ou inadequadas sobre sua utilização e riscos [...]".

[55] CC/2002, "Art. 944. A indenização mede-se pela extensão do dano [...]". A respeito, já se afirmou que: "No direito brasileiro, em termos de responsabilidade civil, a indenização mede-se pela extensão do dano. Tal princípio, consubstanciado no art. 944 do CC/2002, expressa regra fundamental da civil law, incorporada em nossa tradição jurídica na liquidação de danos, tanto no regime do Código Civil de 1916 quanto no atual. De tal assertiva decorre, por um lado, a rejeição de danos hipotéticos, exigindo a doutrina que os danos ressarcíveis sejam atuais (ou seja, que já tenham ocorrido no momento em que se pretende a reparação) e determináveis (ou seja, suscetíveis de mensuração econômica). Por outro lado, em contrapartida, o direito brasileiro não limita a liquidação, admitindo a indenização de todos os danos necessariamente resultantes de determinada causa" (TEPEDINO, Gustavo. Princípio da reparação integral e quantificação das perdas e danos derivadas da violação do acordo de acionistas. *In*: NERY JUNIOR, Nelson (Org.). *Soluções práticas de direito*. São Paulo: Revista dos Tribunais, 2012. v. I. p. 315).

nexo de causalidade necessária entre o evento danoso e a causa à qual se pretende imputar a responsabilidade civil.[56] [57]

No âmbito da ampliação dos interesses tutelados, destacam-se os danos causados por violação à privacidade. O direito à privacidade encontra-se tutelado tanto pela Constituição Federal (art. 5º, X)[58] quanto pelo Código Civil (art. 21).[59] Sua proteção admite não apenas a reparação pecuniária na hipótese de lesão, mas também a tutela preventiva e outros mecanismos compensatórios, como a condenação do causador do dano à retratação pública. Não raro, a tutela da privacidade colide com pretensões baseadas no direito à liberdade de expressão, igualmente protegida pelo texto constitucional. Neste caso, não existe regra preestabelecida para a solução do conflito, sendo necessário ponderar ambos os princípios à luz dos elementos do caso concreto, para que se torne possível determinar qual dos direitos (a privacidade ou a liberdade de expressão) deve ceder espaço ao outro.[60] Critérios comumente empregados para este fim dizem respeito à notoriedade do titular do direito à privacidade, o local em que o fato que se deseja

---

[56] CC/2002, "Art. 403. Ainda que a inexecução resulte de dolo do devedor, as perdas e danos só incluem os prejuízos efetivos e os lucros cessantes por efeito dela direto e imediato, sem prejuízo do disposto na lei processual". A causalidade direta e imediata, porém, encontra-se mitigada no direito brasileiro por interpretação específica que se costuma designar subteoria da necessariedade: "Com efeito, a expressão 'direta e imediata' excluiria a ressarcibilidade do chamado dano indireto ou dano remoto, gerando, em certos casos, alguma dificuldade prática. Desenvolveu-se, assim, no âmbito da teoria da causalidade direta e imediata, a chamada subteoria da necessariedade da causa, que entende as expressões dano direto e dano imediato como reveladoras de um liame de necessariedade entre a causa e o efeito. Haverá, assim, dever de reparar, quando o evento danoso for efeito necessário de determinada causa. Desta forma, podem-se identificar danos indiretos, passíveis de ressarcimento, desde que sejam consequência necessária da conduta tomada como causa" (TEPEDINO, Gustavo. A causalidade nas ações de responsabilidade atribuídas ao hábito de fumar. *In*: NERY JUNIOR, Nelson (Org.). *Soluções práticas de direito*. São Paulo: Revista dos Tribunais, 2012. v. I. p. 284). A respeito, v. tb. CRUZ, Gisela Sampaio. *O problema do nexo causal na responsabilidade civil*. Rio de Janeiro: Renovar, 2005.

[57] Sobre o tema, merece especial destaque decisão do Supremo Tribunal Federal, por maioria de votos, em julgamento sob a sistemática de repercussão geral, em que se negou o dever de reparação do Estado por danos causados por foragido do sistema carcerário. A Corte reformou decisão do TJMG que condenara o Estado à indenização por danos morais e materiais em razão de latrocínio praticado por criminoso que, cumprindo pena em regime fechado, evadira do presídio 3 meses antes do crime. Embora de forma nem sempre clara e sem consenso semântico quanto às categorias dogmáticas adotadas, o Supremo manteve acertadamente o entendimento jurisprudencial que consagra a responsabilidade objetiva do Estado, prevista no art. 37, §6º, da Constituição, mesmo na hipótese de comportamento omisso. Além disso, reafirmou-se, em linha com o célebre precedente do RE nº 130.764, de 7.8.1992, da relatoria do Min. Moreira Alves, a teoria da causalidade necessária para a deflagração da responsabilidade civil. No caso, embora fossem incontroversos a quebra do dever de custódia do apenado e o crime por ele praticado, outras causas intercorreram na preparação do assalto, na definição do plano criminoso com outros comparsas e na aquisição de armas, interrompendo, assim, o nexo de causalidade entre a fuga e o latrocínio. Segundo tal entendimento, mesmo havendo muitas causas potencialmente danosas, somente deve ser imputado o dever de reparar ao agente cujo comportamento ou atividade acarretou necessariamente o resultado danoso (STF, Tribunal Pleno, RE nº 608.880/MT. Rel. Min. Marco Aurélio, j. 8.9.2020). Para análise pormenorizada da discussão, cf. TEPEDINO, Gustavo. Nexo de causalidade e o dano indireto no direito brasileiro. *In*: PIRES, Fernanda Ivo (Org.). *Da estrutura à função da responsabilidade civil*: uma homenagem do Instituto Brasileiro de Estudos de Responsabilidade Civil (IBERC) ao Professor Renan Lotufo. São Paulo: Foco, 2021. p. 235-244.

[58] CR, "Art. 5º [...] X - são invioláveis a intimidade, a vida privada, a honra e a imagem das pessoas, assegurado o direito a indenização pelo dano material ou moral decorrente de sua violação [...]".

[59] CC/2002, "Art. 21. A vida privada da pessoa natural é inviolável, e o juiz, a requerimento do interessado, adotará as providências necessárias para impedir ou fazer cessar ato contrário a esta norma".

[60] A respeito, cf. BARROSO, Luís Roberto. Colisão entre liberdade de expressão e direitos da personalidade. Critérios de ponderação. Interpretação constitucionalmente adequada do Código Civil e da Lei de Imprensa. *Revista Trimestral de Direito Civil*, Rio de Janeiro, v. 16, out./dez. 2004.

noticiar ocorreu (se público ou privado), a finalidade da divulgação da informação, o interesse social na divulgação da informação, entre outros.[61]

Como expressão do princípio da reparação integral, passou-se a admitir, após longa evolução jurisprudencial e legislativa, a reparação do dano moral. Embora inicialmente se compreendesse que danos de natureza não patrimonial não fossem passíveis de reparação (uma vez que tais danos não admitem quantificação precisa, como os danos patrimoniais ou ressarcimento propriamente dito),[62] o direito brasileiro evoluiu para a plena admissibilidade da reparação por danos morais, hoje prevista na Constituição Federal no art. 5º, X.[63] A proteção aos direitos fundamentais e aos direitos humanos desempenhou papel fundamental neste processo, consagrando-se o entendimento segundo o qual as lesões à dignidade humana, por se tratar de valor maior do ordenamento jurídico brasileiro, pilar dos direitos fundamentais, deveriam ser reparadas independentemente da inexistência de dano patrimonial indenizável.

Assim, toda espécie de violação à personalidade humana, nas suas mais variadas manifestações (integridade física, integridade psíquica, privacidade, imagem, honra, nome etc.), enseja reparação dos danos morais.[64] Do mesmo modo, e sempre na esteira da já aludida cláusula geral de tutela da personalidade humana, não há tipificação ou critérios legais limitativos da reparação dos danos morais, a qual, conforme já estabelecido pelo Supremo Tribunal Federal, não se sujeita a limites legislativos para a sua quantificação, devendo ser livremente aferida e estipulada pelo juiz de acordo com as circunstâncias do caso concreto.[65]

---

[61] "Em se tratando de pessoa ocupante de cargo público, de notória importância social, como o é o de magistrado, fica mais restrito o âmbito de reconhecimento do dano à imagem e sua extensão, mormente quando utilizada a fotografia para ilustrar matéria jornalística pertinente, sem invasão da vida privada do retratado" (STJ, 4ª T., REsp nº 801.109. Rel. Min. Raul Araújo, j. 12.6.2012).

[62] Para o panorama do processo evolutivo, v. CAVALIERI FILHO, Sergio. *Programa de responsabilidade civil*. São Paulo: Atlas, 2007. p. 78 e ss.

[63] CR, "Art. 5º [...] X - são invioláveis a intimidade, a vida privada, a honra e a imagem das pessoas, assegurado o direito a indenização pelo dano material ou moral decorrente de sua violação". Em fase posterior da aceitação jurisprudencial do dano moral, passou-se a admitir a cumulação deste com a reparação de danos patrimoniais. V., ilustrativamente: "A nova Carta da República conferiu ao dano moral status constitucional ao assegurar, nos dispositivos sob referência, a sua indenização quando decorrente de agravo à honra e à imagem ou de violação à intimidade e à vida privada. A indenização por dano moral é admitida de maneira acumulada com o dano material, uma vez que têm pressupostos próprios, passando pelo arbítrio judicial tanto na sua aferição quanto na sua quantificação" (STF, 1ª T., RE nº 192.593. Rel. Min. Ilmar Galvão, j. 11.5.1999).

[64] A propósito, o Superior Tribunal de Justiça editou a Súmula nº 647, os termos da qual: "São imprescritíveis as ações indenizatórias por danos morais e materiais decorrentes de atos de perseguição política com violação de direitos fundamentais ocorridos durante o regime militar". Tal enunciado se recobre de valores morais e democráticos universais à experiência humana. Vale dizer, ainda que todas as violações à personalidade provoquem dano moral, mensurado consoante o valor do bem jurídico atacado e o grau da lesão, é notório que a complexidade social existente enseja implicações de profundidades diversidades. Dessa maneira, há de se verificar a categorização entre as situações de violação passíveis de conversão pecuniária para fins reparatórios, sobre as quais incide a prescrição; e aquelas nas quais dano se revela extremo e, portanto, alastra-se por toda a vida da vítima. Nessas hipóteses, como são os casos de tortura, resta justificada a imprescritibilidade.

[65] Assim decidiu o Supremo Tribunal Federal a respeito da tarifação de danos morais causados pelo extravio de bagagem no âmbito de transporte aéreo, prevista pela Convenção de Varsóvia: "Indenização. Dano moral. Extravio de mala em viagem aérea. Convenção de Varsóvia. Observação mitigada. Constituição Federal. Supremacia. O fato de a Convenção de Varsóvia revelar, como regra, a indenização tarifada por danos materiais não exclui a relativa aos danos morais. Configurados esses pelo sentimento de desconforto, de constrangimento, aborrecimento e humilhação decorrentes do extravio de mala, cumpre observar a Carta Política da República – incisos V e X do artigo 5º, no que se sobrepõe a tratados e convenções ratificados pelo Brasil" (STF, 2ª T., RE nº 172.720. Rel. Min. Marco Aurélio, j. 6.2.1996).

O princípio da reparação integral tem sido mitigado na hipótese do art. 944, parágrafo único[66] do Código Civil, de acordo com o qual, se houver excessiva desproporção entre a gravidade da culpa e o dano, o juiz poderá reduzir a indenização com base na equidade. Vale dizer, se as consequências danosas do ato culposo extrapolam os efeitos razoavelmente imputáveis à conduta do agente, o legislador autoriza o magistrado e reduzir o valor do dano, valendo-se da equidade, considerando que nestes casos haveria uma espécie de extrapolação da expectativa de causalidade razoável para tal comportamento.[67]

Para alguns autores, o preceito legal introduziu no direito brasileiro, em certa medida, a relevância da graduação da culpa para fins de ressarcimento, admitindo-se, ao menos na hipótese do art. 944, CC, a influência do grau de culpa (culpa, *lata*, *leve* ou *levissima*) no valor indenizatório.[68] Entretanto, como acima sublinhado, tendo em conta que a disciplina da responsabilidade civil, na tradição brasileira, não releva do grau da culpa para fins de responsabilidade civil (*v.g.*, art. 403, Código Civil), parece mais consentâneo com o sistema atribuir ao dispositivo legal um limite à causalidade razoavelmente esperada para determinadas situações, autorizando-se o magistrado, com o uso da equidade, deixar de aplicar o princípio da reparação integral, em hipóteses excepcionais, sempre que constatar consequências danosas superiores aos efeitos razoavelmente esperados para certo comportamento, ainda que se trate de ilícito. Tratar-se-ia, portanto, de limite de equidade para o nexo de causalidade necessária.

Como afirmado anteriormente, assiste-se à tendência à objetivação da responsabilidade civil (admitindo-se que o dever de indenizar seja imputado a determinados agentes independentemente de sua culpa na produção do dano). Tal orientação decorre do princípio da solidariedade social, que autoriza a distribuição do ônus econômico dos danos produzidos no âmbito de certas atividades por toda a sociedade, imputando-se tal ônus a determinados agentes econômicos que podem diluí-lo na remuneração de suas atividades ou no recurso a sistemas securitários. Esse raciocínio tem sido especialmente aplicado às hipóteses de proteção de vulneráveis, com particular ênfase nas relações de consumo. Assim, por exemplo, mesmo a vítima de acidente de consumo que não tenha

---

[66] CC/2002, "Art. 944. A indenização mede-se pela extensão do dano. Parágrafo único. Se houver excessiva desproporção entre a gravidade da culpa e o dano, poderá o juiz reduzir, equitativamente, a indenização".

[67] Assim, "o dispositivo contempla determinadas hipóteses em que as consequências danosas do ato culposo extrapolam os efeitos razoavelmente imputáveis à conduta do agente. Revela-se, então, a preocupação do legislador com a reparação justa, sobrepondo à disciplina do dano uma espécie de limite de causalidade legítima, de modo a autorizar o magistrado a, excepcionalmente, mediante juízo de equidade, extirpar da indenização o quantum que transcenda os efeitos razoavelmente atribuídos, na percepção social, à conta de determinado comportamento" (PEREIRA, Caio Mário da Silva. *Responsabilidade civil*. Rio de Janeiro: GZ, 2011. p. 101).

[68] Cf., sobre o ponto, BANDEIRA, Paula Greco. Notas sobre o parágrafo único do artigo 944 do Código Civil. *Revista da EMERJ*, v. 11, 2008. p. 227-249. Cf. PEREIRA, Caio Mário da Silva. *Responsabilidade civil*. Rio de Janeiro: GZ, 2011. p. 15. Revela-se comum o recurso, pelos tribunais, às "condições econômicas das partes" e à "função pedagógica da imposição de indenização por ato ilícito" como critérios de fixação da indenização por dano moral (STJ, 1ª T., REsp nº 945.369. Rel. Min. Denise Arruda. Rel. p/ Ac. Min. Benedito Gonçalves, j. 5.10.2010). Na mesma direção, aludindo ao "potencial econômico da ofensora" e ao "caráter punitivo- compensatório da indenização" como parâmetros, cf. STJ, 4ª T., Ag. Rg. no REsp nº 1.243.202. Rel. Min. Raul Araújo, j. 16.5.2013. Ainda, já se afirmou que "a função punitiva – sancionamento exemplar ao ofensor – é, aliada ao caráter preventivo – de inibição da reiteração da prática ilícita" (STJ, 3ª T., REsp nº 1.737.412/SE. Rel. Min. Nancy Andrighi, j. 5.2.2019); ou, ainda: que no dano moral "a fixação da verba reparatória deve observar os critérios da razoabilidade e da proporcionalidade, sem perder de vista a dupla função punitiva e pedagógica" (TJRJ, 19ª C.C., Ap. Cív. nº 0003414-43.2018.8.19.0075. Rel. Des. Lucia Regina Esteves, j. 4.2.2021).

contratado diretamente com o fornecedor do produto será indenizada em regime especial de responsabilidade civil objetiva, pois é considerada consumidora por equiparação e, por isso, merecedora de proteção especial, sendo a proteção ao consumo um direito fundamental previsto na Constituição (art. 5º, XXXII).[69] No âmbito do Código de Defesa do Consumidor, por outro lado, as hipóteses de responsabilidade objetiva não alcançam as atividades desenvolvidas por profissionais liberais, como é o caso da responsabilidade médica, em que a diligência permanece como o fator preponderante, prevalecendo o regime da responsabilidade subjetiva, vinculada ao comportamento culposo do agente.[70]

Destaque-se, ainda, a tendência atual à prevenção de danos, na tentativa de evitar, sempre que possível, a sua ocorrência e a necessidade de reparação pecuniária, esta substituída, crescentemente, pela reparação *in natura*, mecanismo mais eficaz para a compensação da vítima do que a prestação indenitária, especialmente em crimes contra a honra.

Por outro lado, na tutela dos interesses difusos e coletivos, têm-se desenvolvido os princípios da precaução e da prevenção, no sentido de prevenir os danos injustos e estabelecer atividades econômicas compatíveis com o meio ambiente equilibrado e maior harmonia nas relações de consumo. Nessa mesma direção, têm sido estimuladas reparações indenizatórias em favor de fundos coletivos, em benefício de toda a sociedade, constituídos em favor dos interesses coletivos danificados.[71]

IV A influência dos direitos humanos e fundamentais no direito de propriedade

A Constituição brasileira considera, como direitos fundamentais, a propriedade privada (art. 5º, XXX) e a sua função social (art. 5º, XXX). Vincula-se, desse modo, a tutela da propriedade privada à utilidade social do seu aproveitamento econômico, estabelecendo-se o controle pelo Judiciário acerca do exercício do direito de propriedade. Em consequência, destacam-se dois aspectos da propriedade, o estrutural e o funcional. De um lado, a estrutura do direito subjetivo, destinada a garantir o conteúdo econômico

---

[69] Dispõe a Constituição: "Art. 5º [...] XXXII - o Estado promoverá, na forma da lei, a defesa do consumidor [...]".

[70] Assim dispõe o Código de Defesa do Consumidor: "Art. 14. [...] §4º A responsabilidade pessoal dos profissionais liberais será apurada mediante a verificação de culpa". A aplicação do diploma consumerista, no entanto, à atividade dos profissionais liberais, autorizando a inversão do ônus da prova contra eles, acaba aproximando, na prática, sua responsabilidade do regime objetivo, muito embora se afirme tratar-se de responsabilidade subjetiva (já que a prova da ausência de culpa ainda se mostra relevante, muito embora se presuma inicialmente o agir culposo). Sobre o tema, cf. RENTERIA, Pablo. *Obrigações de meios e de resultado*. São Paulo: Método, 2011. p. 111 e ss. Especificamente sobre o caso da responsabilidade civil do médico, cf. Gustavo Tepedino: "não obstante ser subjetiva a responsabilidade, a tendência de ampliação do dever de reparar faz-se presente, de maneira marcante, na jurisprudência, mediante o mecanismo de inversão da carga probatória, cada vez mais utilizado" (TEPEDINO, Gustavo. A responsabilidade médica na experiência brasileira contemporânea. *In*: TEPEDINO, Gustavo. *Temas de direito civil*. Rio de Janeiro: Renovar, 2006. t. 2. p. 86).

[71] Assim, por exemplo, a reparação por dano moral coletivo aos trabalhadores pode ser revertida ao Fundo de Amparo ao Trabalhador, conforme reconheceu o Tribunal Regional do Trabalho da 1ª Região: "Ação civil pública. Defesa de interesses difusos e coletivos. Indenização por dano moral coletivo reversível ao fundo de amparo ao trabalhador (FAT). Possibilidade. A condenação dos réus em pecúnia visa, não somente a reparação exemplar do ato ilícito cometido, mas, também, a inibição de práticas futuras da mesma natureza, obstativas ao fortalecimento da categoria obreira. Simultaneamente, amplia os recursos através dos quais o FAT auxilia os trabalhadores que a ele recorrem. Apelo autoral parcialmente provido" (TRT-1, 10ª T., RO nº 1206008420085010012. Rel. Des. Rosana Salim Villela Travesedo, j. 28.3.2012).

do domínio (senhoria). Com o propósito de impedir a ingerência alheia no domínio, assegura-se a oponibilidade em face de terceiros e a publicidade no sistema registral (propriedade como *garantia*).[72]De outro lado, o aspecto funcional da propriedade condiciona a legitimidade do aproveitamento econômico à promoção de interesses socialmente relevantes e que se traduzem no *acesso a direitos fundamentais*, como a moradia e o trabalho (propriedade como *acesso*).[73]

Na jurisprudência, embora a efetivação da função social do direito de propriedade (propriedade como acesso a direitos fundamentais) se encontre em permanente colisão com a garantia ao direito subjetivo de propriedade privada, igualmente tutelado como direito fundamental pela Constituição (propriedade como garantia) existem precedentes importantes privilegiando a tutela da posse produtiva de determinados bens em detrimento do direito de seus proprietários, quando estes não cumprem a função social. O tema é especialmente desafiador em matéria de conflitos fundiários.[74] De fato, compreende-se que a proteção da posse de bens imóveis tenha implicações diretas sobre a tutela da dignidade humana, na medida em que repercute na criação de uma sociedade mais justa e igualitária, reduzindo-se a concentração fundiária.[75] No conflito entre duas pretensões possessórias sobre o mesmo bem, será a busca daquela que melhor promove sua função social que deverá ser tutelada com prioridade.[76]

---

[72] A respeito dos princípios orientadores dos direitos reais no ordenamento brasileiro, cf. TEPEDINO, Gustavo; MONTEIRO FILHO, Carlos Edison do Rêgo; RENTERIA, Pablo. *Fundamentos do direito civil*: direitos reais. 4. ed. Rio de Janeiro: Forense, 2021. v. 5. Reflexões sobre o papel desses princípios no direito civil contemporâneo podem também ser encontradas em: MAIA, Roberta Mauro Medina. *Teoria geral dos direitos reais*. São Paulo: Revista dos Tribunais, 2013.

[73] Conforme anotado em outra sede, "verifica-se, assim, alteração radical da dogmática tradicional da propriedade, compreendendo-se a função social não já como limitação externa, contraposta à liberdade (supra legislativa e sagrada) do proprietário, mas como fator de legitimidade do exercício da própria liberdade, qualificando-a e justificando a atuação do proprietário" (TEPEDINO, Gustavo. A função social da propriedade e o meio ambiente. *Revista Trimestral de Direito Civil*, Rio de Janeiro, v. 37, jan./mar. 2009. p. 138).

[74] Sobre a distinção entre propriedade como garantia e como acesso, v. MAURO, Roberta. A propriedade na Constituição de 1988 e o Problema do Acesso aos Bens. *In*: TEPEDINO, Gustavo; FACHIN, Luiz Edson (Org.). *Diálogos sobre direito civil*. Rio de Janeiro: Renovar, 2008. v. II. p. 49. As dificuldades atinentes à consideração da função social como critério relevante para a resolução de conflitos fundiários, ainda pouco absorvida pela jurisprudência brasileira, são abordadas em detalhe por DANTAS, Marcus. Função social na tutela possessória em conflitos fundiários. *Revista Direito GV*, v. 18, 2013. Para análise da usucapião enquanto instrumento de consagração da autonomia da posse, remeta-se, também, a TEPEDINO, Gustavo; PEÇANHA, Danielle Tavares. Usucapião extraordinária como instrumento de consagração da autonomia da posse. *Revista Justiça & Cidadania*, 3 maio 2021.

[75] Ilustrativamente, na jurisprudência: "Direito civil. Ação de reintegração de posse. Imóvel. Programa de habitação. Litígio entre particulares. Função social da posse. 1. A proteção da posse per se, quando emanada na valorização da personalidade humana, busca proporcionar a concretização dos fundamentos da constituição, como a redução das desigualdades sociais e a obtenção uma sociedade mais justa e igualitária. 2. O direito de posse auferido em programa habitacional deve ser destinado à parte que demonstrar melhor usufruir o bem, em cumprimento à função social da propriedade" (TJDFT, 3ª T. Cív., AC nº 2009 03 10 32040-3. Rel. Des. Mario-Zam Belmiro, j. 6.2.2013).

[76] É ver-se: "A questão possessória ora discutida desborda os limites da relação jurídica processual e atinge uma coletividade de pessoas que, em composse vivia pacificamente na área em questão, nela criando seu gado e trabalhando a terra. A repercussão social da demanda não poderia ser maior, estando em foco a dignidade das pessoas que residiam e exploravam economicamente o local. A posse, aqui, não é apenas da consecução de um bem da vida, ou da satisfação de um interesse material, mas do meio de sobrevivência, da manutenção não de uma, mas de várias famílias, não de uma, mas de várias gerações. [...] Atualmente, o conceito da função social já ultrapassou a esfera da propriedade e alcançou também a posse, de maneira que já se fala em função social da posse. No meu entendimento, já se pode perquirir sobre a função social da posse quando, como no caso em apreço, se dá destinação econômica, aproveitamento dos recursos naturais, sustento e trabalho a uma coletividade de pessoas em razão da posse da terra. [...]" (TJMG, 10ª C.C., Ap. Cív. nº 2.0000.00.492967-3/000. Rel. Des. Alberto

O direito brasileiro tem procurado otimizar o aproveitamento econômico dos bens, incentivando-se seu uso compatível com a sua função social, para propiciar a diversificação de direitos (e consequentes formas de aproveitamento) sobre uma mesma coisa. Tem-se privilegiado a posse de bens para fins de moradia ou trabalho (havendo mesmo duas modalidades específicas de aquisição por usucapião da propriedade para essas finalidades, que exigem prazos mais exíguos de posse contínua e seguem regime diferenciado).[77] O Código Civil também prevê modalidade especial de usucapião para a moradia familiar, beneficiando o cônjuge ou companheiro separado que permanece no imóvel da família.[78] Procedimento administrativo específico de usucapião urbana foi introduzido pela Lei nº 11.977/2009, que criou o programa governamental de regularização fundiária e incentivo à aquisição de novas unidades habitacionais denominado Programa Minha Casa Minha Vida.[79]

Vale ressaltar, ainda, o entendimento de que o patrimônio, para além da garantia geral dos credores do indivíduo, como tradicionalmente compreendido pelo direito civil, desempenha papel relevante para a subsistência e para o desenvolvimento da personalidade humana. Em consequência, o patrimônio deve ser especialmente protegido quando desempenhar a função essencial de garantia de direitos fundamentais – no que se tem designado *patrimônio mínimo*.[80] Alguns reflexos desse entendimento têm encontrado respaldo legislativo, especialmente no caso do *bem de família legal*, previsto

---

Vilas Boas, j. 13.12.2005). E, mais recentemente: "Diante do impasse instaurado, o pleito de reintegração deve ser garantido à parte que demonstre o exercício da melhor posse. Na hipótese, a ré, embora ostentasse justo título, deixou o imóvel em situação de abandono por anos, enquanto a autora/apelada, agindo de boa-fé e com animus domini, estava erigindo sua moradia, assim, conferiu função social à propriedade, cabendo-lhe, destarte, a proteção possessória" (TJDFT, 6ª T. Cív., Processo nº 00042812020168070017. Rel. Soníria Rocha Campos D'Assunção, j. 23.2.2023).

[77] Ambas as modalidades se encontram previstas nos seguintes dispositivos do Código Civil: "Art. 1.239. Aquele que, não sendo proprietário de imóvel rural ou urbano, possua como sua, por cinco anos ininterruptos, sem oposição, área de terra em zona rural não superior a cinquenta hectares, tornando-a produtiva por seu trabalho ou de sua família, tendo nela sua moradia, adquirir-lhe-á a propriedade"; "Art. 1.240. Aquele que possuir, como sua, área urbana de até duzentos e cinquenta metros quadrados, por cinco anos ininterruptamente e sem oposição, utilizando-a para sua moradia ou de sua família, adquirir-lhe-á o domínio, desde que não seja proprietário de outro imóvel urbano ou rural. §1º O título de domínio e a concessão de uso serão conferidos ao homem ou à mulher, ou a ambos, independentemente do estado civil. §2º O direito previsto no parágrafo antecedente não será reconhecido ao mesmo possuidor mais de uma vez".

[78] CC/2002, "Art. 1.240-A. Aquele que exercer, por 2 (dois) anos ininterruptamente e sem oposição, posse direta, com exclusividade, sobre imóvel urbano de até 250m² (duzentos e cinquenta metros quadrados) cuja propriedade divida com ex-cônjuge ou ex-companheiro que abandonou o lar, utilizando-o para sua moradia ou de sua família, adquirir-lhe-á o domínio integral, desde que não seja proprietário de outro imóvel urbano ou rural [...]".

[79] Trata-se de procedimento que dispensa o recurso ao Judiciário para o reconhecimento da prescrição aquisitiva, conforme previsto na referida lei: "Art. 60. Sem prejuízo dos direitos decorrentes da posse exercida anteriormente, o detentor do título de legitimação de posse, após 5 (cinco) anos de seu registro, poderá requerer ao oficial de registro de imóveis a conversão desse título em registro de propriedade, tendo em vista sua aquisição por usucapião, nos termos do art. 183 da Constituição Federal. §1º Para requerer a conversão prevista no caput, o adquirente deverá apresentar: I - certidões do cartório distribuidor demonstrando a inexistência de ações em andamento que versem sobre a posse ou a propriedade do imóvel; II - declaração de que não possui outro imóvel urbano ou rural; III - declaração de que o imóvel é utilizado para sua moradia ou de sua família; e IV - declaração de que não teve reconhecido anteriormente o direito à usucapião de imóveis em áreas urbanas. §2º As certidões previstas no inciso I do §1º serão relativas à totalidade da área e serão fornecidas pelo poder público [...]".

[80] Ao propósito, cfr. FACHIN, Luiz Edson. *Estatuto jurídico do patrimônio mínimo*. Rio de Janeiro: Renovar, 2006.

pela Lei nº 8.009/1990, que torna, em regra, impenhorável o imóvel residencial da entidade familiar, ressalvadas exceções expressamente previstas em lei.[81]

Toda essa mudança de paradigmas remete também à função desempenhada pelos *commons* (ou bens comuns), cuja disciplina tem sido submetida a transformações profundas. Os *commons* constituem-se em bens que, diante de sua importância vital para as pessoas, devem ser postos à disposição para aproveitamento por toda a coletividade, superando-se a tradicional lógica dicotômica entre propriedade pública e propriedade privada.[82]

Conforme ressaltado pelo Professor Stefano Rodotà, os *commons* traduzem *o oposto da propriedade*,[83] rejeitando, em sua etiologia, a lógica binária da propriedade pública ou privada. Daqui decorre o imprescindível desenvolvimento de instrumentos institucionais de acesso, a partir da identificação de bens diretamente necessários à satisfação de necessidades vitais, os quais devem ser admitidos como insuscetíveis de apropriação privada ou pública.[84] No atual cenário normativo, vale dizer, há de se recorrer, em determinadas hipóteses, aos princípios constitucionais para a garantia de acesso a direitos fundamentais independentemente da sua titularidade.[85]

---

[81] Dispõe a referida lei: "Art. 1º O imóvel residencial próprio do casal, ou da entidade familiar, é impenhorável e não responderá por qualquer tipo de dívida civil, comercial, fiscal, previdenciária ou de outra natureza, contraída pelos cônjuges ou pelos pais ou filhos que sejam seus proprietários e nele residam, salvo nas hipóteses previstas nesta lei [...]".

[82] TEPEDINO, Gustavo. Posse e propriedade na constitucionalização do direito civil: função social, autonomia da posse e bens comuns. *In*: SALOMÃO, Luis Felipe; TARTUCE, Flávio (Org.). *Direito civil*: diálogos entre a doutrina e a jurisprudência. São Paulo: Altas, 2018. p. 477-506.

[83] Veja-se: "Diritti fondamentali, accesso, beni comuni disegnano una trama che ridefinisce il rapporto tra il mondo delle persone e il mondo dei beni. Questo, almeno negli ultimi due secoli, era stato sostanzialmente affidato alla mediazione proprietaria, alle modalità con le quali ciascuno poteva giungere all'appropriazione esclusiva dei beni necessari. Proprio questa mediazione viene ora revocata in dubbio. La proprietà, pubblica o privata che sia, non può comprendere ed esaurire la complessità del rapporto persona/beni. Un insieme di relazioni viene ormai affidato a logiche non proprietarie" (RODOTÁ, Stefano. *Il terribile diritto*. Studi sulla proprietà privata e i beni comuni. Bologna: Il Mulino, 2013. p. 464).

[84] Nesta perspetiva, RODOTÁ, Stefano. *Il terribile diritto*. Studi sulla proprietà privata e i beni comuni. Bologna: Il Mulino, 2013. p. 469.

[85] Nessa direção, os tribunais brasileiros vêm relativizando o poder do proprietário, que deixa de ser absoluto e imune a interferências externas. O Superior Tribunal de Justiça, por exemplo, analisou ação civil pública que se opôs à transformação, pelo Poder Público municipal, de uma praça, bem de uso comum do povo, para a categoria de bem dominical, com vistas a permitir a doação do imóvel ao Instituto Nacional do Seguro Social – INSS, que lá instalaria a nova agência do órgão federal. Destacou o STJ, a despeito da aparente legalidade da pretendida operação, que o pouco uso do espaço público pela população não pode servir de justificativa para o ato de desafetação, uma vez que a finalidade desses locais públicos não se resume nem se esgota na efetiva utilização do bem pela comunidade, justificando-se pelo potencial acesso e disponibilização do espaço à coletividade do presente e do futuro. Há aqui relevante alteração de paradigma em relação à lógica proprietária tradicional. O Tribunal afirmou, ainda, com desassombro, que a desafetação do bem público, se efetuada sem critérios sólidos e objetivos, como no caso em tela, torna-se "vandalismo estatal", considerado mais condenável que a deterioração privada, uma vez que o domínio público deveria encontrar no Estado o seu maior protetor. Ou seja, retirar da praça a natureza de publicamente acessível, *loci publici* ou *loci communes*, não pode ser considerado ato banal por parte do governo, mas grave opção que importa consequências drásticas à coletividade (STJ, 2ª T., REsp nº 1.135.807/RS. Rel. Min. Herman Benjamin, j. 15.4.2010). Para aprofundamento da matéria, cf. TEPEDINO, Gustavo; PEÇANHA, Danielle Tavares; DANA, Simone Cohn. Os bens comuns e o controle de desafetação de bens públicos. *Revista de Direito da Cidade*, v. 13, p. 427-445, 2021.

V A influência dos direitos humanos e fundamentais no direito de família

O direito de família brasileiro submeteu-se à intensa evolução nos últimos anos, especialmente após a promulgação da Constituição de 1988, à luz de um novo conjunto de princípios constitucionais que permitiram superar alguns tradicionais dogmas culturais, religiosos e jurídicos. Nessa esteira, a distinção entre filhos foi superada pela igualdade de tratamento da prole, da mesma forma que a determinação da igualdade entre cônjuges permitiu o arrefecimento do antigo modelo patriarcal que conferia proeminência ao marido como chefe de família. Por outro lado, na afirmação dos princípios da igualdade e da solidariedade no âmbito das famílias, tem-se conferido amplo reconhecimento a novas estruturas familiares, distintas da família fundada no casamento, todas igualmente dignas de proteção jurídica.[86] A liberdade para constituição da vida afetiva foi estendida às uniões entre pessoas do mesmo sexo, que passaram a ser consideradas entidades familiares com paradigmática decisão do Supremo Tribunal Federal datada de 2011.[87]

Também no que tange ao desfazimento do vínculo conjugal, a liberdade individual tem-se imposto sobre as tradições religiosas. No passado, a separação judicial se situava como situação intermediária entre o fim da vida afetiva e o divórcio. Este, contudo, não mais depende de prévia separação judicial, por força de alteração realizada no art. 226, §6º da Constituição pela Emenda Constitucional nº 66, de 2010, que permite o pedido unilateral de divórcio a qualquer tempo. Dessa forma, reconhece o constituinte que o casamento é vínculo instrumental para a proteção de valores existenciais, isto é, torna-se tutelado desde que se constitua em instrumento de promoção da livre e igualitária convivência familiar, voltada à plena afirmação da personalidade de cada um de seus integrantes.[88]

Por outro lado, o art. 226, §7º da Constituição determina que o planejamento familiar, fundado nos princípios da dignidade humana e da paternidade responsável, "é livre decisão do casal, competindo ao Estado propiciar recursos educacionais e científicos

---

[86] Sobre o tema, TEPEDINO, Gustavo; TEIXEIRA, Ana Carolina Brochado, *Fundamentos do direito civil*: direito de família. 4. ed. Rio de Janeiro: Forense, 2021. v. 6. p. 8. E, ainda, em sede jurisprudencial: "A família deve cumprir papel funcionalizado, servindo como ambiente propício para a promoção da dignidade e a realização da personalidade de seus membros, integrando sentimentos, esperanças e valores, servindo como alicerce fundamental para o alcance da felicidade. No entanto, muitas vezes este mesmo núcleo vem sendo justamente o espaço para surgimento de intensas angústias e tristezas dos entes que o compõem, cabendo ao aplicador do direito a tarefa de reconhecer a ocorrência de eventual ilícito e o correspondente dever de indenizar" (STJ, 4ª T., REsp nº 1.760.943. Rel. Min. Luís Felipe Salomão, j. 15.8.2019).

[87] Ação Direta de Inconstitucionalidade (ADIn) nº 4.277 e Ação por Descumprimento de Preceito Fundamental (ADPF) nº 132, ambas relatadas pelo Ministro Carlos Ayres Britto. Destaque-se o Enunciado Interpretativo nº 641, redigido na VIII Jornada de Direito Civil, segundo o qual não há equivalência exata entre o instituto do casamento e o da união estável. Veja-se o seu teor: "A decisão do Supremo Tribunal Federal que declarou a inconstitucionalidade do art. 1.790 do Código Civil não importa equiparação absoluta entre o casamento e a união estável. Estendem-se à união estável apenas as regras aplicáveis ao casamento que tenham por fundamento a solidariedade familiar. Por outro lado, é constitucional a distinção entre os regimes, quando baseada na solenidade do ato jurídico que funda o casamento, ausente na união estável".

[88] Sob relatoria do Ministro Ruy Rosado de Aguiar, a 4ª Turma, em julgado paradigmático, decretou a separação de um casal sem a imputação de culpa a nenhuma das partes. Nesse sentido: "Separação. Ação e reconvenção. Improcedência de ambos os pedidos. Possibilidade da decretação da separação. Evidenciada a insuportabilidade da vida em comum, e manifestado por ambos os cônjuges, pela ação e reconvenção, o propósito de se separarem, o mais conveniente é reconhecer esse fato e decretar a separação, sem imputação da causa a qualquer das partes" (STJ, 4ª T., REsp nº 467.184/SP. Rel. Min. Ruy Rosado de Aguiar, j. 5.12.2002).

para o exercício desse direito, vedada qualquer forma coercitiva por parte de instituições oficiais ou privadas". Além disso, o direito à convivência familiar é reconhecido a toda criança e adolescente, conforme o art. 227 da Constituição[89] e o art. 4º do Estatuto da Criança e do Adolescente (Lei nº 8.069/1990).[90]

Por dizer respeito diretamente a interesses existenciais da pessoa humana (cuja dignidade é reputada um dos fundamentos da República brasileira pelo art. 1º, III da Constituição), o direito de família encontra-se diretamente galvanizado, como imperativo para se conferir maior proteção aos interesses existenciais sobre os interesses patrimoniais.

Em outras palavras, a tutela prioritária da dignidade humana com base na incidência dos direitos humanos e dos direitos fundamentais tornou-se particularmente intensa no direito de família. Nessa direção, como acima já observado, os princípios da democracia na família, da igualdade entre os cônjuges e entre os filhos e o respeito à orientação sexual, para admissão de casamento entre pessoas do mesmo sexo se afirmam paulatinamente, por força da doutrina e da jurisprudência, informados pela tábua de valores constitucionais.

O direito fundamental à isonomia tem sido também aplicado ao direito das sucessões, afastando, por inconstitucionalidade, a interpretação literal de certos dispositivos do Código Civil brasileiro sobre a matéria. Exemplo significativo consiste no art. 1.790 do Código Civil,[91] que prevê o direito sucessório do companheiro de forma desigual em relação aos direitos hereditários do cônjuge. O STF declarou a inconstitucionalidade do dispositivo,[92] firmando o entendimento de que o regime sucessório previsto no art. 1.829, do Código Civil deve ser aplicável ao casamento e à união estável, com base na isonomia entre os tratamentos jurídicos de cônjuges e companheiros para fins sucessórios.[93]

[89] CR, "Art. 227. É dever da família, da sociedade e do Estado assegurar à criança, ao adolescente e ao jovem, com absoluta prioridade, o direito à vida, à saúde, à alimentação, à educação, ao lazer, à profissionalização, à cultura, à dignidade, ao respeito, à liberdade e à convivência familiar e comunitária, além de colocá-los a salvo de toda forma de negligência, discriminação, exploração, violência, crueldade e opressão".

[90] ECA, "Art. 4º É dever da família, da comunidade, da sociedade em geral e do poder público assegurar, com absoluta prioridade, a efetivação dos direitos referentes à vida, à saúde, à alimentação, à educação, ao esporte, ao lazer, à profissionalização, à cultura, à dignidade, ao respeito, à liberdade e à convivência familiar e comunitária".

[91] CC/2002, "Art. 1.790. A companheira ou o companheiro participará da sucessão do outro, quanto aos bens adquiridos onerosamente na vigência da união estável, nas condições seguintes: I - se concorrer com filhos comuns, terá direito a uma quota equivalente à que por lei for atribuída ao filho; II - se concorrer com descendentes só do autor da herança, tocar-lhe-á a metade do que couber a cada um daqueles; III - se concorrer com outros parentes sucessíveis, terá direito a um terço da herança; IV - não havendo parentes sucessíveis, terá direito à totalidade da herança". Compare-se o dispositivo com os artigos que tratam da sucessão pelo cônjuge sobrevivente: "Art. 1.832. Em concorrência com os descendentes [...] caberá ao cônjuge quinhão igual ao dos que sucederem por cabeça, não podendo a sua quota ser inferior à quarta parte da herança, se for ascendente dos herdeiros com que concorrer. [...] Art. 1.837. Concorrendo com ascendente em primeiro grau, ao cônjuge tocará um terço da herança; caber-lhe-á a metade desta se houver um só ascendente, ou se maior for aquele grau. Art. 1.838. Em falta de descendentes e ascendentes, será deferida a sucessão por inteiro ao cônjuge sobrevivente".

[92] STF, Tribunal Pleno, RE nº 878.694. Rel. Min. Luís Roberto Barroso, j. 10.5.2017; e STF, Tribunal Pleno, RE nº 646.721. Rel. Min. Marco Aurélio, j. 10.5.2017. Para análise pormenorizada do itinerário acerca da sucessão do companheiro no sistema atual, v. TEPEDINO, Gustavo; NEVARES, Ana Luiza Maia; MEIRELES, Rose Melo. *Fundamentos do direito civil*: direito das sucessões. 4. ed. Rio de Janeiro: Forense, 2021. v. 7. p. 111-130.

[93] A respeito, NEVARES, Ana Luísa Maia. Os direitos sucessórios do cônjuge e do companheiro no código civil de 2002: uma abordagem à luz do direito civil-constitucional. *Revista Brasileira de Direito de Família*, Belo Horizonte, v. 36, 2006. p. 163-164. No mesmo sentido, cf. TEPEDINO, Gustavo. Controvérsias sobre a sucessão do cônjuge e do companheiro. *Revista Pensar*, Fortaleza, v. 17, 2012. p. 153, em que se sustentou "a ilegitimidade da opção codificada, na contramão da tendência da tutela das pluralidades familiares (art. 226, §3º, CF), ao conferir tratamento diferenciado no que diz respeito à sucessão hereditária do cônjuge e do companheiro, resultando daí a inconstitucionalidade do artigo 1.790".

De outra parte, tem-se procurado mitigar o rigor formal que tradicionalmente era aplicado à sucessão hereditária,[94] para que, tanto na sucessão testamentária quanto na sucessão legítima, sejam levadas em conta as necessidades específicas de cada herdeiro e a racionalização da utilização dos bens que compõem o acervo hereditário.[95] Pretende-se privilegiar, assim, as formas de partilha que melhor atendam à funcionalidade dos bens em relação à vocação, necessidades pessoais e potencialidades de cada herdeiro. Cuida-se de perspectiva funcional do direito de sucessões, capaz de torná-lo instrumento de proteção das situações existenciais, a traduzir a melhor tutela dos direitos fundamentais, informada pelos princípios constitucionais da isonomia substancial (art. 3º, III, CR) e da solidariedade social (art. 3º, I, CR).

Em matéria de direito de família e sucessões, portanto, a jurisprudência brasileira tem desempenhado papel de vanguarda, promovendo significativa alteração axiológica em um curto período de tempo. Graças ao trabalho jurisprudencial, promoveu-se a efetivação dos direitos humanos e fundamentais no âmbito da família e sucessório.

VI Conclusão

A Constituição da República de 1988 consagrou, como fundamentos e objetivos da República, os princípios da dignidade da pessoa humana (art. 1º, III, CR), da solidariedade social (art. 3º, III) e da igualdade substancial (art. 3º, I), bem como o robusto elenco de direitos fundamentais, inseridos no ordenamento como garantias individuais inderrogáveis (art. 5º), de forma não taxativa, a serem acrescidas pelos direitos humanos internacionalmente reconhecidos (art. 5º, §3º, CR), inscritos como cláusulas pétreas (art. 60, §4º, CR) e, como tal, insuscetíveis de revogação pelo legislador ou mesmo por reforma constitucional.

Dessa maneira, também nas relações jurídicas de direito privado, os direitos fundamentais e os direitos humanos, internacionalmente reconhecidos, tornam-se diretamente vinculantes. A Constituição brasileira proíbe que a atividade econômica privada, embora constitucionalmente protegida (arts. 170 e ss., CR), possa ser desenvolvida de maneira prejudicial à promoção da dignidade da pessoa humana e à justiça social. Rejeita, igualmente, que os espaços privados, como a família, a empresa e a propriedade, possam se constituir em reduto de autonomia despido de deveres e insuscetível de controle de merecimento de tutela na legalidade constitucional.

Em tal perspectiva, o direito civil, e especialmente as relações patrimoniais, deixam de ter justificativa e legitimidade em si mesmos, devendo ser funcionalizados

---

[94] O planejamento sucessório ganha importância e atualidade a cada dia, seja pela crescente complexidade dos regimes tributários, seja pela necessidade de compatibilização do regime sucessório com a reconstituição das famílias, a partir da legalização do divórcio na maior parte dos países nos últimos 50 anos, associada à pluralidade de proles de uma mesma pessoa, que traduzem necessidades, e peculiaridades distintas, inclusive em termos de convivência; seja, enfim, pela profunda alteração na teoria dos bens, ampliando-se sobremaneira a variedade de bens jurídicos, suas funções e peculiaridades, com particular valorização econômica de bens móveis e de estoques acionários de grande valor, inseridos em complexas estruturas societárias, circunstâncias que desafiam a autonomia privada para o melhor direcionamento sucessório dos acervos hereditários, para além da regulamentação legal. Sobre o tema, cf. TEIXEIRA, Danielle Chaves. *Arquitetura do planejamento sucessório*. Rio de Janeiro: Fórum, 2020. t. II.

[95] Ao propósito, cf. NEVARES, Ana Luísa Maia. *A função promocional do testamento*. Rio de Janeiro: Renovar, 2009.

a interesses existenciais e sociais contidos no Texto Constitucional e integrantes da ordem pública interna. Nessa esteira, a Constituição da República incide diretamente, no plano hermenêutico, nas relações econômicas, na família, nas relações de trabalho, na empresa, nas relações de consumo, permitindo que a proteção dos direitos fundamentais seja promovida na esfera privada. Esse caminho tem sido trilhado pela jurisprudência brasileira, embora o processo evolutivo não seja linear nem simples, exigindo redobrada atenção do jurista para evitar retrocessos tendentes a retirar os espaços privados da interferência das normas constitucionais e, em consequência, da efetiva proteção dos direitos fundamentais.

Referências

AGUIAR JÚNIOR, Ruy Rosado de. A boa-fé na relação de consumo. *Revista de Direito do Consumidor*, São Paulo, v. 14, 1995.

AZEVEDO, Antonio Junqueira de. Insuficiências, deficiências e desatualização do projeto de Código Civil na questão da boa-fé objetiva nos contratos. *Revista Trimestral de Direito Civil*, Rio de Janeiro, v. 1, jan./mar. 2000.

BANDEIRA, Paula Greco. Notas sobre o parágrafo único do artigo 944 do Código Civil. *Revista da EMERJ*, v. 11, 2008.

BARROSO, Luís Roberto. Colisão entre liberdade de expressão e direitos da personalidade. Critérios de ponderação. Interpretação constitucionalmente adequada do Código Civil e da Lei de Imprensa. *Revista Trimestral de Direito Civil*, Rio de Janeiro, v. 16, out./dez. 2004.

BARROSO, Luís Roberto. *O novo direito constitucional brasileiro*. Belo Horizonte: Fórum, 2013.

BOBBIO, Norberto. *A era dos direitos*. Rio de Janeiro: Elsevier, 2004.

BONAVIDES, Paulo. *Curso de direito constitucional*. São Paulo: Malheiros, 2006.

BONAVIDES, Paulo. Os direitos humanos e a democracia. *In*: SILVA, Reinaldo Pereira e (Org.). *Direitos humanos como educação para a justiça*. São Paulo: LTr, 1998.

CAVALIERI FILHO, Sergio. *Programa de responsabilidade civil*. São Paulo: Atlas, 2007.

COMPARATO, Fábio Konder. *A afirmação histórica dos direitos humanos*. São Paulo: Saraiva, 2000.

COMPARATO, Fábio Konder. Fundamentos dos direitos humanos. *Revista Consulex*, ano IV, v. 1, n. 48, 2000.

DANTAS, Marcus. Função social na tutela possessória em conflitos fundiários. *Revista Direito GV*, v. 18, 2013.

FACHIN, Luiz Edson. *Estatuto jurídico do patrimônio mínimo*. Rio de Janeiro: Renovar, 2006.

FACHIN, Luiz Edson; RUZYK, Carlos Eduardo Pianovski. A dignidade da pessoa humana no direito contemporâneo: uma contribuição à crítica da raiz dogmática do neopositivismo constitucionalista. *Revista Trimestral de Direito Civil*, Rio de Janeiro, v. 35, jul./set. 2008.

FACHIN, Melina Girardi. Constitucionalismo multinível: diálogos e(m) direitos humanos. *Revista Ibérica do Direito*, v. 1, n. 1, 2020.

FACHIN, Melina Girardi; GONÇALVES, Marcos Alberto Rocha. De fora, de cima e de baixo – todos os sentidos da dignidade no discurso dos direitos. *Revista Brasileira de Direitos e Garantias Fundamentais*, v. 2, n. 2, jul./dez. 2016.

GOMES, Orlando. *Contratos*. Rio de Janeiro: Forense, 2001.

LOPES, Miguel Maria de Serpa. *Curso de direito civil*. Rio de Janeiro: Freitas Bastos, 2001. v. 3.

MAIA, Roberta Mauro Medina. *Teoria geral dos direitos reais*. São Paulo: Revista dos Tribunais, 2013.

MONTEIRO FILHO, Carlos Edison do Rêgo. *Elementos de responsabilidade civil por dano moral*. Rio de Janeiro: Renovar, 2000.

MORAES, Maria Celina Bodin de. *Danos à pessoa humana*. Rio de Janeiro: Renovar, 2003.

NEVARES, Ana Luísa Maia. *A função promocional do testamento*. Rio de Janeiro: Renovar, 2009.

NEVARES, Ana Luísa Maia. Os direitos sucessórios do cônjuge e do companheiro no código civil de 2002: uma abordagem à luz do direito civil-constitucional. *Revista Brasileira de Direito de Família*, Belo Horizonte, v. 36, 2006.

PEREIRA, Caio Mário da Silva. *Instituições de direito civil*. Rio de Janeiro: Forense, 2007. v. III.

PEREIRA, Caio Mário da Silva. *Responsabilidade civil*. Rio de Janeiro: GZ, 2011.

PIOVESAN, Flávia. A proteção internacional dos direitos humanos e o direito brasileiro. *In*: PIOVESAN, Flávia; GARCIA, Maria (Org.). *Doutrinas essenciais de direitos humanos*. São Paulo: Revista dos Tribunais, 2011. v. 6.

PIOVESAN, Flávia. Tratados internacionais de proteção dos direitos humanos: jurisprudência do STF. *Revista do Instituto de Hermenêutica Jurídica*, v. 6, 2008.

PIOVESAN, Flavia; FREITAS JÚNIOR, Antônio Rodrigues de. Direitos humanos na era da globalização. *In*: PIOVESAN, Flávia; GARCIA, Maria (Org.). *Doutrinas essenciais de direitos humanos*. São Paulo: Revista dos Tribunais, 2011. v. 1.

PIOVESAN, Flávia; SUBDBRACK, Umberto Guaspari. Direito à saúde e o dever de informar. *Revista de Direito do Consumidor*, v. 77, jan./mar. 2011.

RAMOS, André de Carvalho. *Teoria geral dos direitos humanos na ordem internacional*. Rio de Janeiro: Renovar, 2005.

RENTERIA, Pablo. *Direito de penhor*: realidade, função e autonomia privada. Tese (Doutorado) – Programa de Pós-Graduação em Direito, Universidade do Estado do Rio de Janeiro, Rio de Janeiro, 2014.

RODRIGUES, Silvio. *Direito civil*: dos contratos e das declarações unilaterais de vontade. São Paulo: Saraiva, 2004.

SARLET, Ingo Wolfgang. *A eficácia dos direitos fundamentais*. Porto Alegre: Livraria do Advogado, 1999.

SOUZA NETO, Cláudio Pereira de; SARMENTO, Daniel. *Direito constitucional*: teoria, história e métodos de trabalho. Belo Horizonte: Fórum, 2012.

TEPEDINO, Gustavo *et alii*. *Código Civil interpretado conforme a Constituição da República*. Rio de Janeiro: Renovar, 2008. v. II.

TEPEDINO, Gustavo. A função social da propriedade e o meio ambiente. *Revista Trimestral de Direito Civil*, Rio de Janeiro, v. 37, jan./mar. 2009.

TEPEDINO, Gustavo. *Comentários ao Código Civil*. São Paulo: Saraiva, 2010. v. XIV.

TEPEDINO, Gustavo. Controvérsias sobre a sucessão do cônjuge e do companheiro. *Revista Pensar*, Fortaleza, v. 17, 2012.

TEPEDINO, Gustavo. Relações contratuais e a funcionalização do direito civil. *Revista Pensar*, Fortaleza, v. 28, n. 1, jan./mar. 2023.

TEPEDINO, Gustavo. *Soluções práticas de direito*. São Paulo: Revista dos Tribunais, 2012. v. I-III.

TEPEDINO, Gustavo. *Temas de direito civil*. Rio de Janeiro: Renovar, 2008. t. 1.

TEPEDINO, Gustavo. *Temas de direito civil*. Rio de Janeiro: Renovar, 2006. t. 2.

TEPEDINO, Gustavo. *Temas de direito civil*. Rio de Janeiro: Renovar, 2009. t. 3.

Informação bibliográfica deste texto, conforme a NBR 6023:2018 da Associação Brasileira de Normas Técnicas (ABNT):

TEPEDINO, Gustavo. A tutela dos direitos humanos nas relações privadas. *In*: FACHIN, Luiz Edson; BARROSO, Luís Roberto; CRUZ, Álvaro Ricardo de Souza (Coord.). *A Constituição da democracia em seus 35 anos*. Belo Horizonte: Fórum, 2023. p. 503-526. ISBN 978-65-5518-597-3.

SOBERANIA ECONÔMICA, DIREITOS HUMANOS E OS TRATADOS DE INTEGRAÇÃO: POR UMA NOVA INTERPRETAÇÃO DO ART. 4º, PARÁGRAFO ÚNICO DA CONSTITUIÇÃO DE 1988

ANDRÉ DE CARVALHO RAMOS
DENISE NEVES ABADE

Introdução: a proposta do artigo

Este artigo visa a releitura, em homenagem aos trinta e cinco anos da edição de nossa Constituição (1988-2023), do alcance do parágrafo único do art. 4º, o qual estabelece, expressamente, que a "República Federativa do Brasil buscará a integração econômica, política, social e cultural dos povos da América Latina, visando à formação de uma comunidade latino-americana de nações". Esse artigo é inédito na história constitucional brasileira e lança os pilares da autorização constitucional a uma integração ampla, que, por necessariamente envolver Estados estrangeiros, deve ser realizada pelo *direito internacional da integração*.

A releitura desse dispositivo constitucional será feita em conjunto com o art. 1º, I, que menciona a "soberania" como fundamento do Estado democrático de direito brasileiro, e o art. 3º, II, pelo qual a garantia do "desenvolvimento nacional" é objetivo fundamental da República Federativa do Brasil, bem como do art. 4º, II, que exige o respeito aos direitos humanos nas relações internacionais manejadas pelo Brasil.

A pergunta inicial que direciona o desenvolvimento deste artigo é a seguinte: a abertura ao direito internacional da integração (em especial o direito do Mercado Comum do Sul – Mercosul) concilia-se com o respeito à soberania (e sua dimensão econômica) e ainda promove os direitos humanos, na sua faceta social associada ao desenvolvimento e fomento dos direitos sociais?

Caso a resposta seja positiva, de que modo os tratados mercosulinos podem ser fortalecidos internamente no Brasil, em especial quanto à hierarquia dos tratados incorporados ao ordenamento jurídico nacional?

Para tanto, dividiu-se o presente artigo em quatro partes. Na primeira parte, analisa-se a temática da soberania e seu possível "amesquinhamento" gerado pela cooperação entre Estados e pelos processos integracionistas. Após, será analisado o processo de formação do Mercosul e, em seguida busca-se refletir sobre a inter-relação entre a integração e a promoção de direitos humanos, forjando-se uma integração *pro persona* (inclusiva). Em seguida, analisa-se a nova leitura da hierarquia dos tratados integracionistas, de modo a se evitar retrocessos na formação de uma integração econômica que assegure melhores desenvolvimento material e promoção de direitos.

1 Soberania e a cooperação entre os Estados

Em geral, a cooperação entre Estados é firmada, inicialmente, por razões pragmáticas de defesa de interesses próprios, o que conduz a normas jurídicas internacionais que regem a colaboração recíproca.[1] Para Loewenstein, em passagem de artigo dos anos cinquenta do século passado, a defesa do interesse nacional exige cooperação com outros Estados.[2] A cooperação internacional é demonstração viva de um *enlightened nationalism*[3] e resposta aos desafios de um mundo dominado por eventos transfronteiriços, em uma era globalizada.

A globalização pode ser entendida como processo de redução das distâncias entre Estados, que cria toda sorte de eventos transfronteiriços, com a intensificação das trocas de informações, bens e fluxo de pessoas.[4] No plano jurídico, já é verdadeiro truísmo afirmar que a globalização gera a necessidade de se reavaliar os tradicionais conceitos de fronteiras nacionais e soberania, uma vez que os fenômenos transfronteiriços são uma realidade incontestável e, para regular eventos que possuem ramificações para além de suas fronteiras, os Estados necessitam cooperar.

No Brasil, Faria aponta que o Estado é obrigado a partilhar sua soberania, "sob pena de acabar ficando à margem da economia globalizada", tendo que reformular a estrutura do seu direito positivo e a redimensionar a jurisdição de seu sistema de justiça.[5]

Por outro lado, a cooperação entre os Estados – cujo exemplo mais complexo e profundo é a opção pela integração econômica e política –, longe de representar um amesquinhamento ou relativização da soberania, pode ser considerada um reforço à própria independência do Estado e seu poder popular. Para Abade, o século XXI assiste a fenômenos integracionistas em que os Estados utilizam a cooperação como forma de fortalecer seus próprios anseios em um mundo interdependente.[6]

Nesse sentido, Carvalho Ramos cita um caso que retrata o cenário: a Espanha, após inesperada virada eleitoral e ascensão de um governo socialista em abril de 2004,

---

1 ABADE, Denise Neves. *Direitos fundamentais na cooperação jurídica internacional*. São Paulo: Saraiva, 2013. p. 31.

2 LOEWENSTEIN, Karl. Sovereignty and international cooperation. *American Journal of International Law*, n. 48, p. 222-244, 1954, em especial, p. 224.

3 LOEWENSTEIN, Karl. Sovereignty and international cooperation. *American Journal of International Law*, n. 48, p. 222-244, 1954, em especial, p. 224.

4 GIDDENS, Anthony. *The consequences of modernity*. Stanford: Stanford University, 1990. p. 64.

5 FARIA, José Eduardo. Direito e globalização econômica: notas para uma discussão. *Estudos Avançados*, v. 30, n. 11, p. 43-53, 1997, em especial, p. 47.

6 ABADE, Denise Neves. *Direitos fundamentais na cooperação jurídica internacional*. São Paulo: Saraiva, 2013. p. 33.

ordenou a retirada imediata de suas tropas do Iraque, contrariando seus antigos aliados, Estados Unidos e Reino Unido. Borrel, secretário-geral do Partido Socialista espanhol na época, então no governo, declarou que essa mudança de política só foi possível porque a Espanha havia adotado a moeda comum europeia, o euro, o que evitou, na sua visão, que houvesse qualquer ataque especulativo contra uma hipotética moeda espanhola, impondo sérios gravames à economia espanhola. Nas palavras de Borrel, "sem o euro, os Estados Unidos teriam impedido a Espanha de abandonar o Iraque".[7] O mesmo autor menciona que o presidente eleito da República Dominicana, que também enviou tropas ao Iraque, declarou, também em 2004, que era contrário à guerra. Porém, seu país, fragilizado economicamente, não teria forças para se opor aos Estados Unidos.[8]

Sob essa ótica, a cooperação entre os Estados não desrespeita a soberania dos envolvidos, que, em alguns casos, possui até estatura constitucional, como exemplo, o Brasil (art. 1º, inc. I, da Constituição brasileira). A cooperação envolve um exercício de soberania compartilhada pelos Estados, ou seja, ao invés de uma relativização da soberania, temos uma soberania compartilhada expandida. Nesse diapasão, sustenta José Afonso da Silva:

> [...] inserir-se num tipo de comunidade como a Comunidade Europeia não significa perder soberania, mas assumir uma nova forma de soberania comunitariamente compartilhada. Tem-se, então, um exercício comum da soberania dos Estados componentes, um exercício comunitário da soberania. Na verdade, antes de redução de soberania, temos uma expansão das soberanias particulares, tem-se, para cada um dos Estados-membros, uma soberania expandida.[9]

No plano do direito internacional, a participação do Estado em sofisticados processos de integração por meio da celebração de tratados é justamente o reflexo do exercício de sua soberania. Conforme a lição da Corte Permanente de Justiça Internacional, a elaboração de tratados, em qualquer tema, inclusive na seara da integração econômica, não pode ser vista como amesquinhamento da soberania, mas sim a sua plena manifestação, pois a celebração de um tratado é justamente um dos mais importantes exercícios de soberania por parte do Estado.[10]

2 A integração econômica e o Mercado Comum do Sul

Grosso modo, o direito internacional da integração consiste em um conjunto de atos normativos internacionais de caráter inicialmente econômico e comercial (mas não exclusivamente, podendo inclusive incluir atos normativos referentes a direitos, como veremos a seguir), que visa promover, no limite, a maior união possível entre as economias de dois ou mais países.

---

7 RAMOS, André de Carvalho. *Direitos humanos na integração regional*. Rio de Janeiro: Renovar, 2008. p. 18.

8 RAMOS, André de Carvalho. *Direitos humanos na integração regional*. Rio de Janeiro: Renovar, 2008. p. 18.

9 SILVA, José Afonso da. Direito regional econômico, direitos humanos e direito comunitário. *In*: PIOVESAN, Flávia (Org.). *Direitos humanos, globalização econômica e integração regional*. São Paulo: Max Limonad, 2002. p. 17-38, em especial, p. 27.

10 Corte Permanente de Justiça Internacional, Caso S. S. Wimbledon, sentença de 17.8.1923, P.C.I.J, Série, A, n. 1 (1923). p. 25.

De acordo com a clássica tipologia de Balassa,[11] é possível classificar os diversos processos de integração econômica entre Estados nas seguintes espécies: área ou zona de livre comércio, na qual são eliminadas as tarifas e restrições não tarifárias ao comércio entre os Estados associados; união aduaneira, na qual, além do já atingido na zona de livre comércio, é criada uma tarifa externa comum aos bens importados de outros Estados; mercado comum, que, além da união aduaneira, permite também a livre circulação dos fatores de produção; união econômica e monetária, que adiciona ao mercado comum a coordenação da política econômica e estabelecimento de uma moeda única.[12] Nada impede que haja, inclusive, uma nova modalidade (no futuro) que seria próxima da união política ou mesmo da criação de uma federação, dissolvendo os Estados participantes.

Nota-se que, da zona de livre comércio à união econômica e monetária há uma tendência à integração e eliminação de barreiras.[13] Há uma progressão de medidas rumo à maior aproximação entre as economias até que se alcance, se desejada for, a união econômica e monetária.

Há vários impulsos (políticos e econômicos) que podem motivar cada uma das diversas etapas da integração. Em geral, a doutrina cita vantagens econômicas geradas por um processo de integração, as quais seriam reflexos das economias de escala geradas pelo aumento do mercado consumidor, da maior produtividade e eficiência suscitadas pela especialização produtiva e competição entre agentes econômicos dos países do bloco.[14] Quanto aos motivos políticos, destaca-se o da obtenção da paz entre países vizinhos, sepultando-se um passado de guerras e sangue, como ocorreu na Europa, entre França e Alemanha. Ou mesmo de fortalecer a importância geopolítica dos Estados (agora unidos em um processo de integração) no capitalismo global da Quarta Revolução Industrial.

No caso brasileiro, o processo de integração mais ambicioso do qual o país participa é o do Mercado Comum do Sul – Mercosul. O Mercosul pode ser entendido como a "continuação de um processo, e assim não representa uma ruptura histórica",[15] com raízes remotas nas aspirações de Simon Bolívar, que ambicionava o estabelecimento de grande federação de países recém-independentes na América Latina.[16]

A integração Brasil-Argentina é o antecedente imediato do Mercosul, tendo sido nota marcante da década de 80 do século XX. Nesse período histórico, as lideranças civis, recém-empossadas no poder depois de anos de ditaduras militares, perceberam a necessidade de estabelecer uma integração mais profunda entre Brasil e Argentina,

---

[11] BALASSA, Bela. *Teoria da integração econômica*. Tradução de Maria F. Gonçalves e Maria E. Ferreira. Lisboa: Livraria Clássica Editora, 1972.

[12] Ver quadro dos tipos de integração econômica, em SEITENFUS, Ricardo. *Relações internacionais*. São Paulo: Manole, 2004. p. 206-207.

[13] CASELLA, Paulo Borba. *Mercosul*: exigências e perspectivas. Integração e consolidação de espaço econômico. São Paulo: Ltr, 1996. p. 34.

[14] CAMPOS, João Mota de; CAMPOS, João Luiz Mota de. *Manual de direito comunitário*. 4. ed. Lisboa: Fundação Calouste Gulbenkian, 2004. p. 518.

[15] BAPTISTA, Luiz Olavo. *O Mercosul* – Suas instituições e ordenamento jurídico. São Paulo: Ltr, 1998, em especial, p. 25 e 36.

[16] Sobre o histórico da integração latino-americana, ver MELLO, Celso D. de Albuquerque. *Direito internacional americano*. Rio de Janeiro: Renovar, 1995. p. 63-100.

superando as animosidades (históricas) e a busca destrutiva pela hegemonia na zona, que havia acarretado várias divergências geopolíticas bilaterais, como o uso hídrico e energético da Bacia do Rio Paraná, bem como o desenvolvimento de usinas nucleares, o que criou o fantasma da corrida atômica. Ademais, o contexto econômico internacional da época (aguda crise da balança de pagamentos e estagflação) ensejou a celebração de vários acordos bilaterais que servissem como alavanca externa para auxiliar o desenvolvimento econômico interno.

Como resultado das intensas negociações, foi assinado, em 26.3.1991, por Brasil, Argentina, Uruguai e Paraguai, o "Tratado de Assunção para Constituição do Mercado Comum do Sul". O tratado foi aprovado pelo Congresso Nacional em 25.9.1991 (Decreto Legislativo nº 197/91) e promulgado pelo presidente da República pelo Decreto nº 350/91 de 22 de novembro do mesmo ano. Depois do depósito das devidas ratificações, o Tratado de Assunção entrou em vigor em 29.11.1991.

O Tratado de Assunção de 1991 é um marco no processo de integração entre as economias dos Estados do Cone Sul americano ao estabelecer, como objetivo final, a constituição de um mercado comum entre o Brasil, Argentina, Paraguai e Uruguai.[17] De acordo com o preâmbulo do tratado para a constituição do Mercosul (Mercado Comum do Sul), os Estados contratantes almejam a ampliação das atuais dimensões de seus mercados nacionais através da integração, o que constitui condição fundamental para acelerar seus processos de desenvolvimento econômico com justiça social. O exemplo europeu de integração econômica é mencionado, indiretamente, no preâmbulo do Tratado de Assunção, pois os Estados levaram em consideração "a evolução dos acontecimentos internacionais, em especial a consolidação de grandes espaços econômicos, e a importância de lograr uma adequada inserção internacional para seus países".

Desde então se almeja a livre circulação de bens, serviços, pessoas e capital entre os países membros (as chamadas "quatro liberdades"), bem como a adoção de uma política comercial comum em face de Estados terceiros, além de coordenação e harmonização de políticas econômicas gerais e setoriais. Os Estados decidiram constituir um mercado comum, com liberdade de movimentação dos "bens, serviços e fatores produtivos entre os países" (art. 2º do tratado).

No Mercosul, os elementos intergovernamentais preponderam: todas as decisões são realizadas por consenso e os órgãos decisórios são compostos por representantes dos Estados. Contudo, o sistema de solução de controvérsia, aprimorado pelo Protocolo de Olivos, fornece já um elemento de supranacionalidade: os árbitros, mesmo que indicados pelos Estados, devem exercer as funções decisórias com independência funcional. Já no Protocolo de Brasília, os tribunais arbitrais *ad hoc* eram órgãos de natureza supranacional, uma vez que os árbitros atuavam com independência funcional, os laudos eram emitidos por maioria e obrigavam os Estados mesmo contra a vontade deles.

Por outro lado, o Tratado de Assunção marcou o início da chamada fase provisória ou de transição do Mercosul, que deveria durar até 31.12.1994, quando a estrutura institucional definitiva e o mercado comum já teriam sido concretizados. Em dezembro de 1994, foi realizada a Cúpula de Ouro Preto, na qual foi assinado pelos Estados-Partes o

---

[17] Art. 1º do Tratado de Assunção.

Protocolo de Ouro Preto (POP), pelo qual o Mercosul ganhou uma estrutura institucional definitiva, visando à consecução do Mercado Comum.

No Protocolo de Ouro Preto, houve a formatação definitiva dos órgãos do Mercosul e do sistema de tomada de decisões, bem como houve o aperfeiçoamento do sistema de solução de controvérsias já engendrado pelo Protocolo de Brasília (1991). O Protocolo de Olivos (2004) aperfeiçoou o mecanismo de solução de controvérsias, criando o Tribunal Permanente de Revisão.

Com o enraizamento do Mercosul em processo que, em 2023, já perdura por mais de 30 anos, cabe agora um novo olhar, que venha a substituir o viés economicista e voltado a uma integração meramente econômica entre os Estados do bloco. Não se pode falar de processos de integração entre Estados sem que a promoção do bem-estar e fomento de direitos estejam também incluídos. As decisões de eliminação de barreiras econômicas entre os Estados geram efeitos dos mais diversos sobre as pessoas, que podem ser positivos (diminuição de preços; maior acesso a bens de consumo) ou negativos (destruição de empregos é o mais evidente).

A seguir, é imperiosa a análise da relação do direito da integração com a proteção de direitos humanos, com foco no desenvolvimento econômico e social, como se verá a seguir. Tal análise é importante para que se evite um "integracionismo selvagem", que não leve em consideração as pessoas.

Somente com uma integração *pro persona* é que se pode inclusive defender que o Mercosul cumpre o disposto no art. 4º, parágrafo único da Constituição, que não pode ser lido de modo desconectado com a promoção da dignidade da pessoa humana (art. 1º, III) da mesma CF/88.

3 O direito da integração e a proteção dos direitos humanos: a melhoria das condições sociais e econômicas dos indivíduos como objetivo final da integração

A construção de um mercado comum como existente na Europa de hoje ou como aquele objetivado pelo Mercosul envolve, necessariamente, apreciação de direitos humanos. Como visto acima, a construção de um mercado comum em um processo de integração econômica regional exige que haja, entre dois ou mais Estados, a liberdade de circulação de bens e serviços, de capitais e de estabelecimento, também conhecidas como as "quatro liberdades econômicas".

Essas liberdades econômicas possuem, em várias ocasiões, conteúdo idêntico ao dos direitos fundamentais reconhecidos em diplomas nacionais e internacionais. Assim, a liberdade de estabelecimento confunde-se com a liberdade de locomoção e o livre exercício de uma profissão. Afinal, é possível separar a matéria atinente à integração econômica daquela relacionada à proteção de direitos fundamentais? A resposta é negativa.

Em primeiro lugar, os direitos humanos compõem as liberdades econômicas. De início, é fácil comprovar que os direitos econômicos[18] formam parte das liberdades

[18] Os direitos ditos econômicos, por seu turno, são aqueles relacionados com a organização da vida econômica de um Estado, na ótica produtor-consumidor (RAMOS, André de Carvalho. *Curso de direitos humanos*. 10. ed. São Paulo: Saraivajur, 2023).

econômicas. Basta citar o direito de propriedade, bem como os direitos relativos ao trabalho e ao exercício de atividade profissional. Além disso, os direitos civis e políticos também compõem as liberdades econômicas, pois é evidente que, por exemplo, o direito à igualdade de trato é *conditio sine qua non* da livre circulação dos fatores de produção. Admitir tratamentos discriminatórios significa impedir que as liberdades econômicas sejam efetivamente concretizadas.

Por exemplo, é obrigação dos Estados combater práticas discriminatórias que afetem a livre circulação dos fatores de produção. Foi o que decidiu o então Tribunal de Justiça das Comunidades Europeias (TJCE) no Caso *Brickel*, no qual um cidadão *alemão* e outro *austríaco* exigiram o mesmo tratamento dado, em *processo penal italiano* (ou seja, matéria distante das atividades econômicas), aos nacionais de origem germânica. No caso, os italianos de origem germânica na região do Tirol italiano utilizam o alemão, sem intérpretes, perante a Justiça local, que possui funcionários (inclusive juízes) conhecedores do idioma. O Tribunal de Justiça europeu determinou que tal prerrogativa de usar o idioma alemão perante a Justiça italiana no Tirol fosse estendida a todos os cidadãos dos Estados-Membros, pois considerou que tal restrição a residentes em solo italiano seria violação da livre circulação de pessoas. Só que, ao mesmo tempo em que se violava uma das "liberdades econômicas", era também ofendido o direito à igualdade.[19]

Essa é a faceta dita positiva dos direitos humanos em um processo de integração. A proteção de direitos humanos implica facilitar ou mesmo concretizar a integração.

Em segundo lugar, os direitos humanos servem para condicionar o delineamento normativo das liberdades econômicas. Uma política comum de defesa da concorrência necessária para concretizar a real liberdade de circulação de bens e serviços é condicionada, como mostra o exemplo europeu, pela necessidade de observância do direito de defesa, contraditório e de recurso, ou seja, do devido processo legal. Cita Carvalho Ramos um caso do então denominado Tribunal de Justiça das Comunidades Europeias (hoje Tribunal de Justiça da União Europeia), no qual se aceitou a restrição à livre circulação de revistas alemãs contendo jogos ou premiações, em nome da necessidade de preservação da liberdade de expressão, considerando tais revistas uma ameaça à sobrevivência das pequenas editoras austríacas e consequentemente um perigo à liberdade de expressão e informação.[20]

Deve-se reconhecer que os direitos fundamentais possuem, de início, uma dimensão subjetiva que limita o exercício do poder e, por conseguinte, afetam qualquer tipo de ato estatal, mesmo aqueles relacionados com a atividade econômica.

Essa é a faceta dita negativa dos direitos humanos em um processo de integração, que não deveria, no afã de criar um mercado comum, violar os direitos conquistados e já reconhecidos no plano nacional (Constituições) e internacional (direito internacional dos direitos humanos).

Em resumo, não é possível elaborar uma política integracionista, objetivando a criação de um mercado comum ou ainda uma união econômica mais profunda, sem, ao

---

19 Julgamento do Tribunal de Justiça das Comunidades Europeias de 24.11.1998, Procédure pénale contre Horst Otto Bickel et Ulrich Franz. Caso C-274/96. Recueil de jurisprudence 1998. p. I-07637. Conferir mais sobre esse caso em RAMOS, André de Carvalho. *Direitos humanos na integração econômica*. Rio de Janeiro: Renovar, 2008. p. 33

20 RAMOS, André de Carvalho. *Direitos humanos na integração econômica*. Rio de Janeiro: Renovar, 2008. p. 196.

mesmo tempo, influenciar e atingir os direitos dos indivíduos. Há identidade e influência recíproca entre o conteúdo das liberdades econômicas e os direitos titularizados pelos indivíduos.

Assim, a proteção de direitos humanos é parte essencial em qualquer projeto de integração econômica. Negar tal realidade é uma opção política que, longe de ser pragmática ou funcionalista, conspira contra uma união mais profunda, pois justamente impede que haja uma reação coordenada contra as violações de direitos humanos, que impedem o fluxo livre dos fatores de produção e que obstaculizam a defesa da qualidade de vida e dignidade humana nos diversos Estados integrantes do processo.

4 A proteção de direitos e sua carga legitimadora do processo de integração

A ausência de uma proteção efetiva e coerente dos direitos humanos em um processo de integração deslegitima o próprio processo e cria um fator de desconfiança e temor de que eventual transferência de poder do Estado aos órgãos integracionistas possa ser um fator de vulneração de direitos e erosão das garantias já conquistadas a *duras penas* no plano interno.

A vulnerabilidade de um processo de integração que não seja orientado em face da concretização dos direitos humanos é, então, flagrante. Carvalho Ramos sustenta que "[...] As comunidades de excluídos logo percebem que o processo de integração não as atinge, e mais, as exclui".[21]

Para desarmar tais críticas, é importante que os processos de integração assumam, como um de seus pilares, a defesa de direitos humanos, fonte legitimadora de um ordenamento jurídico. A proteção de direitos humanos reforça o desejo de integração entre os povos dos países membros, já que o tema dos direitos humanos é verdadeira carga legitimadora de um ordenamento jurídico.

No caso do Mercosul, por exemplo, a inclusão da defesa dos direitos fundamentais da pessoa humana no processo de desenvolvimento do bloco vem complementar o anseio de integração dos países envolvidos. A temática dos direitos humanos é, antes de tudo, um mecanismo de obtenção de justiça social e respeito à dignidade da pessoa humana, em tese dois fins maiores do Mercosul.

No cenário atual de globalização e internacionalização intensa dos diversos ramos do ordenamento jurídico,[22] os Estados participam dos processos de integração econômica para tentar, ao menos, cumprir os programas constitucionais, reforçando a capacidade de implementação do Estado. Como assinala Cançado Trindade:

> [...] A construção da moderna "cidadania" se insere assim no universo dos direitos humanos, e se associa de modo adequado ao contexto mais amplo das relações entre os direitos

---

[21] Ver RAMOS, André de Carvalho. Direitos humanos e o Mercosul. *In*: CASELLA, Paulo Borba (Org.). *Mercosul, integração regional e globalização*. Rio de Janeiro: Renovar, 2000. p. 867-897, em especial, p. 885.

[22] Para Dupuy, a expansão do direito internacional possui três facetas: expansão normativa (temas outrora de domínio reservado do Estado são hoje objeto de normas internacionais), expansão subjetiva (multiplicação de atores) e expansão dos mecanismos de implementação (*enforcement*) (DUPUY, Pierre-Marie. The danger of fragmentation or unification of the international legal system and the International Court of Justice. *New York University Journal of International Law and Politics*, n. 31, p. 791-807, 1999, em especial, p. 795).

humanos, a democracia e o desenvolvimento, com atenção especial ao atendimento das necessidades básicas da população (a começar pela superação da pobreza extrema) e à construção de uma nova cultura de observância dos direitos humanos.[23]

Logo, a maior contribuição a ser extraída da integração econômica (no caso brasileiro, o Mercosul) é a melhoria das condições de vida dos habitantes dos Estados parceiros do processo. Conforme ensina Lewandowski, tratando especificamente do Mercosul e a situação social de suas populações:

> [...] não se deve olvidar que o maior serviço que o Mercosul poderá prestar aos países que o integram será tornar realidade a proposta que consta do preâmbulo de seu documento fundante, qual seja, a de "modernizar as suas economias para ampliar a oferta e a qualidade de bens e serviços disponíveis, a fim de melhorar as condições de vida de seus habitantes", em grande parte ainda ferreteados pelo estigma da pobreza e da exclusão social.[24]

Concluímos esta parte do estudo, destacando que a busca pelo progresso econômico é instrumento de respeito à dignidade da pessoa humana. Cabe lembrar que o texto constitucional brasileiro afirma que toda a ação econômica tem como finalidade assegurar a todos uma *existência digna*, como se lê no seu art. 170.[25]

Respondida positivamente a pergunta inicial sobre a preservação da soberania e ainda o fomento da proteção de direitos pelos processos de integração (com foco no Mercosul), resta analisar o que pode ser feito para fortalecer esse processo, em especial no que tange à hierarquia interna dos tratados de integração já ratificados e incorporados pelo Brasil.

Isso porque, em que pese o objetivo ambicioso (criar um mercado comum) e do viés de uma integração *pro persona*, não houve alteração constitucional no Brasil que possibilitasse um novo patamar normativo aos tratados mercosulinos, que os imunizasse de eventuais maiorias momentâneas capazes de obstaculizar ou mesmo impedir o processo de integração.

Assim, será estudado a seguir o tratamento normativo atual da hierarquia dos tratados integracionistas e analisadas as possibilidades de giro jurisprudencial do Supremo Tribunal Federal, para, sem a aprovação de emenda constitucional, reconhecer ao menos o estatuto normativo supralegal dos tratados de integração, à luz do art. 4º, IX, e parágrafo único da Constituição de 1988.

---

23 TRINDADE, Antônio Augusto Cançado. Memória da Conferência Mundial de Direitos Humanos (Viena, 1993). *Revista Brasileira de Estudos Políticos*, n. 80, p. 149-225, 1995, em especial, p. 207.

24 LEWANDOWSKI, Enrique Ricardo. A proteção dos direitos humanos no Mercosul. *In*: PIOVESAN, Flávia (Org.). *Direitos humanos, globalização econômica e integração regional*. São Paulo: Max Limonad, 2002. p. 253-283, em especial, p. 283.

25 Art. 170. "A ordem econômica, fundada na valorização do trabalho humano e na livre iniciativa, tem por fim assegurar a todos existência digna, conforme os ditames da justiça social [...]".

5 O direito da integração e a Constituição de 1988

5.1 O Supremo Tribunal Federal e o estatuto normativo dos tratados do Mercosul: equiparados à lei interna

O estatuto normativo de tratado internacional (com a exceção dos tratados de direitos humanos, que têm regime próprio) já incorporado internamente, é de mera lei ordinária, conforme jurisprudência reiterada do Supremo Tribunal Federal.[26]

Para Carvalho Ramos, no Brasil, há certa omissão de nossa Constituição em determinar, com clareza, o estatuto normativo interno tanto das normas internacionais convencionais quanto não convencionais.[27] Com isso, a decisão sobre o estatuto normativo dos tratados internacionais foi transferida para o Supremo Tribunal Federal. Para o Supremo Tribunal Federal, então:

> [...] as normas previstas nos atos, tratados, convenções, ou pactos internacionais devidamente aprovadas pelo Poder Judiciário e promulgados pelo Presidente da República ingressam no ordenamento jurídico brasileiro como atos normativos infraconstitucionais, de mesma hierarquia às leis ordinárias.[28]

Assim, como regra geral, não há a prevalência automática dos atos internacionais em face da lei ordinária, já que, para a atual jurisprudência do Supremo Tribunal Federal, a ocorrência de conflito entre essas normas deve ser resolvida pela aplicação do critério cronológico (*later in time*; a normatividade posterior prevalece) ou pela aplicação do critério da especialidade. Tal posição atual do STF foi consolidada após o julgamento do Recurso Extraordinário nº 80.004/77. Como ensina Mercadante:

> nas decisões mais recentes, o Supremo Tribunal Federal vem contrariando a doutrina dominante entre os internacionalistas brasileiros, no sentido de considerar o tratado internacional quanto aos seus efeitos equiparável à lei federal, e dentro dessa interpretação decidir que os tratados revogam as leis anteriores que lhes sejam contrárias, mas podem ser revogados pela legislação posterior.[29]

Magalhães critica tal posicionamento do Supremo Tribunal Federal, sustentando:

> ao decidir que tratado revoga lei e que esta revoga tratado, mesmo não tendo sido denunciado, o STF faz incorrer a responsabilidade do Estado brasileiro perante a ordem internacional e os compromissos assumidos pelo país [...]. Essa interpretação afronta a delegação conferida

---

26 MAGALHÃES, José Carlos de. *O Supremo Tribunal Federal e o direito internacional*: uma visão crítica. Porto Alegre: Livraria do Advogado, 2000. p. 57 e seguintes; RANGEL, Vicente Marotta. Os conflitos entre o direito interno e os tratados internacionais. *Boletim da Sociedade Brasileira de Direito Internacional*, n. 45/46, p. 29-64, 1967; FRAGA, Mirtô. *O conflito entre tratado internacional e norma de direito interno*. Rio de Janeiro: Forense, 1998.

27 RAMOS, André de Carvalho. *Teoria geral dos direitos humanos na ordem internacional*. 7. ed. São Paulo: Saraivajur, 2019, em especial, p. 326.

28 SUPREMO TRIBUNAL FEDERAL. Ação Direta de Inconstitucionalidade nº 1480-3. Rel. Min. Celso de Mello, j. 4.9.1997, public. 18.5.2001.

29 MERCADANTE, Araminta de Azevedo. Processualística internacional e a Constituição de 1988. *In*: CASELLA, Paulo Borba (Coord.). *Contratos internacionais e o direito econômico no Mercosul*. São Paulo: LTr, 1996. p. 458-505, em especial, p. 487.

pela comunidade nacional ao Estado, que não pode se considerar tenha-o autorizado a deixar de cumprir compromissos internacionais celebrados em seu nome.[30]

Casella, por seu turno, acusa a falta no ordenamento brasileiro de um dispositivo de caráter geral que afirme a prevalência do tratado sobre a lei, em especial em um processo de integração, pois

> [...] Se mesmo em relação ao direito internacional positivo, coloca-se a lei interna superveniente como base para revogação de estipulação contida em tratado internacional, certamente não se poderá pretender estruturar adequadamente esforço de integração, nos moldes de mercado comum, onde necessariamente devam ser transferidas competências legislativas e jurisdicionais, bem como administrativas e executivas, em favor de entidades supranacionais às quais competiria zelar pela implementação da integração.[31]

Reis sustenta que, se é exagerado pretender vislumbrar para os tratados constitutivos do Mercosul uma hierarquia constitucional, pode-se concluir, com base na regra do art. 4º, parágrafo único, que tais tratados possuem hierarquia *supralegal*. Assim, para o autor mencionado, não pode o legislador editar lei de retrocesso, podendo qualquer juiz deixar de aplicar norma posterior que venha a ferir os tratados do Mercosul, bem como podendo ser tal lei declarada inconstitucional no controle concentrado de constitucionalidade perante o Supremo Tribunal Federal.[32]

No caso do Mercosul, parte da doutrina também critica a ausência de primazia da norma mercosulina em face do direito interno, sustentando que o direito da integração deve merecer tratamento normativo diferenciado e, além disso, eventual conflito entre tratado de integração e norma interna deve ser resolvido pelo recurso ao princípio da *norma mais favorável à integração*.[33] [34]

Para os autores do presente artigo, não se pode olvidar a existência de um princípio constitucional explícito favorável ao processo de integração latino-americano (art. 4º, parágrafo único). Ao considerar tal princípio norma programática e sem maiores consequências, nega-se vigência a tal comando constitucional, especialmente se considerarmos que a única integração constitucionalmente e convencionalmente adequada (sob a perspectiva da defesa de direitos humanos, como visto acima) é a integração *pro persona*.

---

[30] MAGALHÃES, José Carlos de. *O Supremo Tribunal Federal e o direito internacional*: uma visão crítica. Porto Alegre: Livraria do Advogado, 2000. p. 67.

[31] CASELLA, Paulo Borba. *Mercosul*: exigências e perspectivas. Integração e consolidação de espaço econômico. São Paulo: Ltr, 1996. p. 223; 225.

[32] REIS, Márcio Monteiro. Interpretação constitucional do conceito de soberania. As possibilidades do Mercosul. *In*: CASELLA, Paulo Borba (Org.). *Mercosul*. Integração regional e globalização. Rio de Janeiro: Renovar, 2000. p. 915-969, em especial, p. 950.

[33] Em clara analogia ao princípio da "norma mais favorável ao indivíduo" no campo do direito internacional dos direitos humanos. Sobre o princípio da norma mais favorável ao indivíduo (vítima), ver RAMOS, André de Carvalho. *Teoria geral dos direitos humanos na ordem internacional*. 7. ed. São Paulo: Saraivajur, 2019. p. 141 e seguintes.

[34] DREYZIN DE KLOR, Adriana; FERNÁNDEZ ARROYO, Diego P. O Brasil diante da institucionalização e ao direito do Mercosul. *In*: MENEZES, Wagner (Org.). *O direito internacional e o direito brasileiro*. Homenagem a José Francisco Rezek. Ijuí: Editora Unijuí, 2004. p. 318-353, em especial, p. 352-353

O fato é que o direito da integração não possui, na visão atual do Supremo Tribunal Federal, características distintivas que o separem, no plano constitucional, do tratamento dado ao direito internacional geral, no que tange à hierarquia normativa, afastando, no conceito trazido por Abade, o paradigma da confiança e do reconhecimento na cooperação mercosulina.[35]

5.2 Por uma nova visão do direito da integração: a supralegalidade como solução de compromisso

O direito internacional é conhecedor da tradicional "ambiguidade" brasileira em sua seara; o Brasil ratifica os tratados, mas não consegue cumprir internamente seus comandos normativos, o que pode implicar sua responsabilidade internacional. Em voto proferido no HC nº 72.131, o Min. Rezek reconheceu expressamente a possibilidade de responsabilização internacional do Brasil nos seguintes termos:

> É claríssimo – e obras doutrinárias diversas o dizem – que ele [tratado internacional] convive hierarquicamente com a lei federal, e que, na hipótese de conflito material entre seu texto e aquele da Carta, é o primeiro que deve ser sacrificado. Dá-se prevalência sempre a Carta, embora isso não nos exonere de responder, internacionalmente, pelo ato ilícito – consistente em adotar, pelos meios rotineiros, um compromisso que não poderíamos honrar, culpa da inadvertência dos poderes políticos do Estado.[36]

Fica claro que o Poder Judiciário repassa a carga do descumprimento do tratado internacional aos poderes políticos sem levar em consideração eventual alternativa interpretativa que poderia ter adotado.

Não que tal busca pela integração possa vir a ser feita sem freios ou medidas, somente pela invocação do parágrafo único do art. 4º como fundamento. Há limites estabelecidos em outros princípios e regras constitucionais.

A Constituição brasileira não autoriza a busca da integração sem escrúpulos, violando direitos essenciais dos jurisdicionados no afã de se construir um mercado comum.

Assim, é imprescindível a observância, na esteira do pensamento de Cármen Lúcia, dos princípios superiores do Estado brasileiro, em especial, no que tange ao presente estudo, à prevalência dos direitos humanos (art. 4º, inc. II).[37] Para a autora, "Também não se pode desconhecer que os direitos humanos e os direitos sociais têm que ter prioridade absoluta no processo da integração, considerando-se uns e outros na contingência latino-americana e não como se passa a sua garantia em outros Estados".[38]

Por outro lado, houve viragem jurisprudencial no Supremo Tribunal Federal referente aos tratados de direitos humanos. O art. 5º, §3º, da CF/88 motivou *revisão* do posicionamento do STF sobre a hierarquia dos tratados de direitos humanos no Brasil.

---

[35] ABADE, Denise Neves. *Direitos fundamentais na cooperação jurídica internacional*. São Paulo: Saraiva, 2013. p. 322-323.

[36] Ver HC 72.131/RJ, j. 22.11.95. *DJU*, 1º ago. 2003.

[37] ROCHA, Cármen Lúcia Antunes. Constituição, soberania e Mercosul. *Revista de Informação Legislativa*, n. 139, p. 283-304, 1998, em especial, p. 301.

[38] ROCHA, Cármen Lúcia Antunes. Constituição, soberania e Mercosul. *Revista de Informação Legislativa*, n. 139, p. 283-304, 1998, em especial, p. 303.

No julgamento do RE nº 466.343, em 2008, a maioria de votos dos ministros sustentou novo patamar normativo para os tratados internacionais de direitos humanos, *inspirada* pelo §3º do art. 5º da CF/88 introduzido pela EC nº 45/2004.

A nova posição prevalecente no STF foi capitaneada pelo Min. Gilmar Mendes, que, retomando a visão pioneira de Sepúlveda Pertence (em seu voto no HC nº 79.785-RJ), sustentou que os tratados internacionais de direitos humanos, que não forem aprovados pelo Congresso Nacional pelo rito especial do art. 5º, §3º, da CF/88, têm natureza *supralegal*: abaixo da Constituição, mas acima de toda e qualquer lei.

Já os tratados aprovados pelo Congresso pelo rito especial do §3º ao art. 5º (votação em dois turnos nas duas casas do Congresso, com maioria de três quintos) terão *estatuto constitucional*.

Em 2009, a Corte Especial do Superior Tribunal de Justiça adotou o mesmo entendimento firmado pelo Supremo Tribunal Federal no RE nº 466.343/SP, no sentido de que os tratados de direitos humanos, ratificados e incorporados internamente, têm *força supralegal*, o que resulta em que toda lei antagônica às normas emanadas de tratados internacionais sobre direitos humanos é considerada inválida (STJ, REsp nº 914.253/SP, Rel. Min. Luiz Fux, Corte Especial, j. 2.12.2009, *DJe* de 4.2.2010).

Ficou consagrada a teoria do duplo estatuto dos tratados de direitos humanos: natureza constitucional, para os aprovados pelo rito do art. 5º, §3º; natureza supralegal, para todos os demais, quer sejam anteriores, quer sejam posteriores à Emenda Constitucional nº 45 e que tenham sido aprovados pelo rito comum (maioria simples, turno único em cada casa do Congresso).

Essa viragem jurisprudencial pode ser aplicada ao direito da integração, inspirando possível mutação constitucional do alcance dado, até o momento, ao parágrafo único do art. 4º. A crescente interdependência da economia brasileira e o aumento do volume do comércio intrazona no Mercosul (com claras vantagens à economia brasileira) pode servir de estímulo para uma nova interpretação deste pouco prestigiado princípio da integração dos povos.

Assim, ao melhor estilo da doutrina do estatuto *supralegal* dos tratados de direitos humanos, podemos avançar e estabelecer que os tratados integracionistas devem também possuir estatuto normativo superior ao das leis, fundado no parágrafo único do art. 4º.

Só assim poderíamos compatibilizar o disposto nos arts. 102, III, "b" e 105, III, "a" que servem como suporte normativo à doutrina do "estatuto legal" dos tratados internacionais com o disposto no parágrafo único do art. 4º.

Ademais, o estatuto supralegal dos tratados integracionistas (e, oxalá, de todos os tratados), além de conferir certa eficácia a um quase olvidado dispositivo da Constituição (o parágrafo único do art. 4º), ainda impede retrocessos da integração ao sabor de maiorias momentâneas do Parlamento brasileiro. Por outro lado, o eventual estatuto constitucional almejado dependeria de um avanço legislativo a ser introduzido por emenda constitucional, tal qual ocorreu em vários países europeus.

O STF parece se dar conta disso. Em decisão monocrática, em 2009, o Ministro Gilmar Mendes reconheceu:

> Portanto, parece evidente que a possibilidade de afastar a aplicação de normas internacionais por meio de legislação ordinária (*treaty override*), inclusive no âmbito estadual e municipal,

está defasada com relação às exigências de cooperação, boa-fé e estabilidade do atual cenário internacional e, sem sombra de dúvidas, precisa ser revista por essa Corte.[39]

Conclusão

A título de conclusão, vê-se que a integração mercosulina seria beneficiada pela maior segurança e estabilidade conferidas pelo estatuto supralegal dos tratados integracionistas, cujo fundamento constitucional pode ser encontrado em uma nova leitura do parágrafo único do art. 4º da Constituição.

Até que seja feita uma reforma constitucional, o exemplo dos tratados de direitos humanos aprovados *sem* o rito especial do art. 5º, §3º pode ser seguido, sendo adotado o estatuto supralegal dos tratados mercosulinos.

Esse novo estatuto pode evitar (mesmo que parcialmente) eventuais retrocessos no processo de integração, que não mais ficará a sabor de maiorias de momento. Por outro lado, esse estatuto superior exige uma contrapartida: que o processo de integração seja orientado a favor da inclusão dos mais vulneráveis, consagrando um integracionismo *pro persona*, compatibilizando o art. 4º, parágrafo único da Constituição com o art. 1º, III (dignidade da pessoa humana) e art. 4º, II (prevalência dos direitos humanos nas relações internacionais).

Referências

ABADE, Denise Neves. *Direitos fundamentais na cooperação jurídica internacional*. São Paulo: Saraiva, 2013.

BALASSA, Bela. *Teoria da integração econômica*. Tradução de Maria F. Gonçalves e Maria E. Ferreira. Lisboa: Livraria Clássica Editora, 1972.

BAPTISTA, Luiz Olavo. *O Mercosul* – Suas instituições e ordenamento jurídico. São Paulo: Ltr, 1998.

CAMPOS, João Mota de; CAMPOS, João Luiz Mota de. *Manual de direito comunitário*. 4. ed. Lisboa: Fundação Calouste Gulbenkian, 2004.

CASELLA, Paulo Borba. *Mercosul*: exigências e perspectivas. Integração e consolidação de espaço econômico. São Paulo: Ltr, 1996.

DREYZIN DE KLOR, Adriana; FERNÁNDEZ ARROYO, Diego P. O Brasil diante da institucionalização e ao direito do Mercosul. *In*: MENEZES, Wagner (Org.). *O direito internacional e o direito brasileiro*. Homenagem a José Francisco Rezek. Ijuí: Editora Unijuí, 2004. p. 318-353.

DUPUY, Pierre-Marie. The danger of fragmentation or unification of the international legal system and the International Court of Justice. *New York University Journal of International Law and Politics*, n. 31, p. 791-807, 1999.

FARIA, José Eduardo. Direito e globalização econômica: notas para uma discussão. *Estudos Avançados*, v. 30, n. 11, p. 43-53, 1997.

FRAGA, Mirtô. *O conflito entre tratado internacional e norma de direito interno*. Rio de Janeiro: Forense, 1998.

GIDDENS, Anthony. *The consequences of modernity*. Stanford: Stanford University, 1990.

LOEWENSTEIN, Karl. Sovereignty and international cooperation. *American Journal of International Law*, n. 48, p. 222-244, 1954.

[39] STF. AC nº 2.436 MC-PR, incidental ao RE nº 460.320, j. 3.9.2009, public. 15.9.2009 – Decisão monocrática do Min. Gilmar Mendes.

MAGALHÃES, José Carlos de. *O Supremo Tribunal Federal e o direito internacional*: uma visão crítica. Porto Alegre: Livraria do Advogado, 2000.

MELLO, Celso D. de Albuquerque. *Direito internacional americano*. Rio de Janeiro: Renovar, 1995.

MERCADANTE, Araminta de Azevedo. Processualística internacional e a Constituição de 1988. *In*: CASELLA, Paulo Borba (Coord.). *Contratos internacionais e o direito econômico no Mercosul*. São Paulo: LTr, 1996. p. 458-505.

RAMOS, André de Carvalho. *Curso de direitos humanos*. 10. ed. São Paulo: Saraivajur, 2023.

RAMOS, André de Carvalho. Direitos humanos e o Mercosul. *In*: CASELLA, Paulo Borba (Org.). *Mercosul, integração regional e globalização*. Rio de Janeiro: Renovar, 2000. p. 867-897.

RAMOS, André de Carvalho. *Direitos humanos na integração regional*. Rio de Janeiro: Renovar, 2008.

RAMOS, André de Carvalho. *Teoria geral dos direitos humanos na ordem internacional*. 7. ed. São Paulo: Saraivajur, 2019.

RANGEL, Vicente Marotta. Os conflitos entre o direito interno e os tratados internacionais. *Boletim da Sociedade Brasileira de Direito Internacional*, n. 45/46, p. 29-64, 1967.

REIS, Márcio Monteiro. Interpretação constitucional do conceito de soberania. As possibilidades do Mercosul. *In*: CASELLA, Paulo Borba (Org.). *Mercosul*. Integração regional e globalização. Rio de Janeiro: Renovar, 2000. p. 915-969.

ROCHA, Cármen Lúcia Antunes. Constituição, soberania e Mercosul. *Revista de Informação Legislativa*, n. 139, p. 283-304, 1998.

SEITENFUS, Ricardo. *Relações internacionais*. São Paulo: Manole, 2004.

SILVA, José Afonso da. Direito regional econômico, direitos humanos e direito comunitário. *In*: PIOVESAN, Flávia (Org.). *Direitos humanos, globalização econômica e integração regional*. São Paulo: Max Limonad, 2002. p. 17-38.

TRINDADE, Antônio Augusto Cançado. Memória da Conferência Mundial de Direitos Humanos (Viena, 1993). *Revista Brasileira de Estudos Políticos*, n. 80, p. 149-225, 1995.

Informação bibliográfica deste texto, conforme a NBR 6023:2018 da Associação Brasileira de Normas Técnicas (ABNT):

RAMOS, André de Carvalho; ABADE, Denise Neves. Soberania econômica, direitos humanos e os tratados de integração: por uma nova interpretação do art. 4º, parágrafo único da Constituição de 1988. *In*: FACHIN, Luiz Edson; BARROSO, Luís Roberto; CRUZ, Álvaro Ricardo de Souza (Coord.). *A Constituição da democracia em seus 35 anos*. Belo Horizonte: Fórum, 2023. p. 527-541. ISBN 978-65-5518-597-3.

O ART. 167, IV (NÃO AFETAÇÃO), EM 35 ANOS DA CONSTITUIÇÃO DE 1988

FERNANDO FACURY SCAFF

Introdução

1 Uma das normas financeiras mais importantes da Constituição de 1988 é o art. 167, IV, que prevê o princípio da não afetação, que consigna a liberdade do legislador orçamentário, ao estabelecer que o legislador eleito (membros do Poder Legislativo e chefe do Poder Executivo) possa dispor de toda a massa de recursos arrecadados para fazer frente ao plano de governo e às políticas públicas durante seu mandato.

Exatamente por isso é que tais recursos *não são afetados a órgãos, fundos ou despesas específicas*, devendo a receita estar liberada para a execução dos planos de governo dos representantes eleitos. Há um sentido de *proteção financeira intertemporal* nessa norma, que comporta as exceções normativamente previstas.

O objeto deste texto são as alterações normativas no art. 167, IV, e sua interpretação pelo STF ao longo de 35 anos de sua vigência na Constituição de 1988, apresentando ao final algumas diretrizes para sua análise, envolvendo espaço (federalismo), tempo (orçamento) e prioridade (direitos fundamentais).

I Mudanças normativas no art. 167, IV, até seu texto atual

2 O *caput* do art. 167 encontra-se redigido sob a forma de *vedação* a diversos comportamentos que possam vir a ser adotados pelo Poder Público, listados ao longo de vários incisos, constando a *não afetação* no inc. IV.

A *não afetação* foi prevista na Constituição de 1967 (art. 65, §3º),[1] e não foi alterada pela vasta Emenda Constitucional nº 1/69. A grande diferença *estrutural* entre os dois textos é que, na CF 67, a não afetação abrangia a receita de todos os *tributos*, enquanto na

---

[1] CF 67: "§3º Ressalvados os impostos únicos e as disposições desta Constituição e de leis complementares, nenhum tributo terá a sua arrecadação vinculada a determinado órgão, fundo ou despesa. A lei poderá, todavia, instituir tributos cuja arrecadação constitua receita do orçamento de capital, vedada sua aplicação no custeio de despesas correntes".

Constituição de 1988 é previsto apenas para a receita dos *impostos*, o que gera substancial modificação financeira.[2]

Antes desse mais recente período autoritário,[3] as constituições brasileiras não continham norma semelhante, embora prescrevessem a *unidade orçamentária*, como se vê na democrática Constituição de 1946 (art. 73);[4] na inaplicada Constituição de 1937 (art. 68);[5] na breve Constituição de 1934 (art. 50)[6] e na primeira republicana, de 1891 (art. 34, §1º).[7] A Constituição Imperial de 1824 (art. 172) estabeleceu o princípio da *especialização*.[8]

3 Poucos artigos constitucionais foram tantas vezes alterados durante a vigência da Constituição de 1988, sempre visando ampliar as exceções (*ressalvas*) ao princípio da não afetação, sem modificar diretamente seu comando normativo, que permanece igual desde a redação original, assim grafado: "É vedada: a vinculação de receita de impostos a órgão, fundo ou despesa".

Na origem as *exceções* visavam afastar a não afetação, ressalvando:

> a repartição do produto da arrecadação dos impostos a que se referem os arts. 158 e 159, a destinação de recursos para manutenção e desenvolvimento do ensino, como determinado pelo art. 212, e a prestação de garantias às operações de crédito por antecipação de receita, previstas no art. 165, §8º.

---

2 Uma das mais sensíveis modificações dessa modificação *estrutural* sugere alteração da interpretação do art. 4º, II, do CTN (Lei nº 5.172/66), que surgiu em decorrência da Emenda Constitucional nº 18 à Constituição de 1946, tendo sido instituída como lei ordinária, recebendo posteriormente a denominação de Código Tributário Nacional (o que ocorreu pelo art. 7º do Ato Complementar nº 36, de 13.3.1967). Foi a jurisprudência do STF que lhe reconheceu o *status* de *norma geral de direito tributário*, suprindo o requisito surgido com a EC nº 1/69 (art. 18, §1º), que exigia que este tipo de normas gerais passasse a ser veiculada através de lei complementar, o que não existia no texto original da CF/67. Neste sentido *o art. 4º, II, do CTN, teve seu sentido restringido pelo art. 167, IV, da Constituição de 1988, restrito apenas aos impostos*. Desta maneira, o art. 4º do CTN deve ser lido no sentido de que: a) a natureza jurídica específica do tributo é determinada pelo fato gerador da respectiva obrigação, b) porém, *a destinação legal do produto da sua arrecadação somente é importante para a qualificação dos impostos, e não dos tributos em geral*, pois a *liberdade de conformação do legislador* para a construção do orçamento deixou livre apenas os impostos, e não os demais tributos, que permanecem vinculados à finalidade que gerou sua criação. Caso não seja destinado o produto da arrecadação dos tributos (excetuados os impostos) à finalidade que os criou, haverá inconstitucionalidade por violação ao art. 167, IV. Para esse aspecto, ver: SCAFF, Fernando Facury. Para além dos direitos fundamentais do contribuinte: o STF e a vinculação das contribuições. *In*: SCHOUERI, Luís Eduardo (Org.). *Direito tributário*: Homenagem a Alcides Jorge Costa. 1. ed. São Paulo: Quartier Latin, 2003. v. 2. p. 1125-1146.

3 Sobre a trajetória constitucional brasileira e suas crises, ver ALMEIDA NETO, Manoel Carlos de. *O colapso das constituições do Brasil*: uma reflexão pela democracia. Belo Horizonte: Fórum, 2022. 200 p.

4 CF 1946: "Art. 73. O orçamento será uno, incorporando-se à receita, obrigatoriamente, todas as rendas e suprimentos de fundos, e incluindo-se discriminadamente na despesa as dotações necessárias ao custeio de todos os serviços públicos".

5 CF 1937: "Art. 68. O orçamento será uno, incorporando-se obrigatoriamente à receita todos os tributos, rendas e suprimentos de fundos, incluídas na despesa todas as dotações necessárias ao custeio dos serviços públicos".

6 CF 1934: "Art. 50. O orçamento será uno, incorporando-se obrigatoriamente à receita todos os tributos, rendas e suprimentos dos fundos e incluindo-se discriminadamente na despesa todas as dotações necessárias ao custeio dos serviços públicos".

7 CF 1891: "Art. 34. [...] §1º As leis de orçamento não podem conter disposições estranhas a previsão da receita e á despeza fixada para os serviços anteriormente creados".

8 Constituição Imperial de 1824: "Art. 172. O Ministro de Estado da Fazenda, havendo recebido dos outros Ministros os orçamentos relativos ás despezas das suas Repartições, apresentará na Camara dos Deputados annualmente, logo que esta estiver reunida, um Balanço geral da receita e despeza do Thesouro Nacional do anno antecedente, e igualmente o orçamento geral de todas as despezas publicas do anno futuro, e da importancia de todas as contribuições, e rendas publicas".

4 Com a Emenda Constitucional nº 3, de 1993, foi acrescido nas ressalvas o texto: "bem assim o disposto no §4º deste artigo". Esta EC também acresceu o §4º ao art. 167, a fim de permitir a vinculação da receita do ICMS e do ISS, bem como a dos Fundos de Participação dos Estados e Municípios, do Fundo de IPI-Exportação, e das transferências das quotas-parte de ICMS aos municípios, para a prestação de garantia ou contragarantia de empréstimos à União, e a efetivação de pagamentos.

É igualmente fruto dessa EC nº 3/93 a modificação do parágrafo único do art. 160, que originalmente permitia à União condicionar a entrega de recursos desses Fundos ao pagamento de seus créditos. Com a alteração passou a ser permitido também, aos estados e às autarquias federais e estaduais, que condicionem a entrega desses recursos aos municípios. Essa norma passou a ter essa redação em decorrência da enorme crise financeira interfederativa que grassava à época da implantação do Plano Real.[9] Esse parágrafo único do art. 160 teve nova alteração em 2021, através da Emenda Constitucional nº 109, correlacionado a outros fatores que não dizem respeito ao objeto ora analisado.

5 No ano 2000, fruto da Emenda Constitucional nº 29, foram ampliadas as exceções à não afetação, inserindo a possibilidade de virem a ser vinculados recursos de impostos para as ações e serviços públicos de saúde, previstos no art. 198, §2º. Isso consolidou uma garantia financeira para a efetivação de dois direitos fundamentais prestacionais, uma vez que, desde a redação originária, já constava fonte de financiamento perene para a manutenção e o desenvolvimento do ensino.[10]

6 Em 2003, por decorrência da Emenda Constitucional nº 42, foi novamente ampliado o rol de exceções à não afetação para incluir a "realização de atividades da administração tributária", as quais se encontram previstas no 37, XXII, que igualmente foi acrescido ao texto constitucional pela mesma emenda, estabelecendo as administrações tributárias dos entes federados como "atividades essenciais ao funcionamento do Estado, exercidas por servidores de carreiras específicas, (que) terão recursos prioritários para a realização de suas atividades e atuarão de forma integrada, inclusive com o compartilhamento de cadastros e de informações fiscais, na forma da lei ou convênio".

7 Desse modo, fruto dessas diversas alterações constitucionais, a redação atual do art. 167, IV, é a seguinte:

> Art. 167. São vedados: [...]
>
> IV - a vinculação de receita de impostos a órgão, fundo ou despesa, ressalvadas a repartição do produto da arrecadação dos impostos a que se referem os arts. 158 e 159, a destinação de recursos para as ações e serviços públicos de saúde, para manutenção e desenvolvimento do ensino e para realização de atividades da administração tributária, como determinado, respectivamente, pelos arts. 198, §2º, 212 e 37, XXII, e a prestação de garantias às operações de crédito por antecipação de receita, previstas no art. 165, §8º, bem como o disposto no §4º deste artigo.

---

[9] Ver FONSECA, Rafael Campos Soares da. *Judicialização da dívida pública federativa no Supremo Tribunal Federal*. Belo Horizonte: D'Plácido, 2022.

[10] SCAFF, Fernando Facury. A efetivação dos direitos sociais no Brasil: garantias constitucionais de financiamento e judicialização. *In*: SCAFF, Fernando Facury; ROMBOLI, Roberto; REVENGA, Miguel (Coord.). *A eficácia dos direitos sociais* – I Jornada Internacional de Direito Constitucional Brasil/Espanha/Itália. São Paulo: Quartier Latin, 2009. v. 1. p. 22-53.

I.1 A vinculação para ensino e para ciência e tecnologia do art. 218, §5º, CF/88

8 Além das ressalvas do próprio texto do art. 167, IV, existem outras veiculadas no art. 218, §5º, que mantêm a redação originária da Constituição de 1988:

> §5º É facultado aos Estados e ao Distrito Federal vincular parcela de sua receita orçamentária a entidades públicas de fomento ao ensino e à pesquisa científica e tecnológica.

O art. 218, §5º, traz exceções à não afetação do art. 167, IV, ao permitir que os entes federados intermediários (estados e Distrito Federal) vinculem parcela de sua receita orçamentária para financiar *duas* diferentes atividades: a de *ensino* e a de *pesquisa* científica e tecnológica, desde que seja feito a entidades públicas de fomento.

A fonte financeira dessa vinculação não são apenas as receitas tributárias, mas as *receitas orçamentárias* que vierem a ser estabelecidas por lei do ente federativo em favor de instituições públicas que fomentem atividades de ensino e de pesquisa nas áreas científica e tecnológica. Não há especificação se tais instituições sejam fundações, autarquias ou outras – a única exigência é que sejam instituições públicas que fomentem estas atividades, isto é, que promovam, desenvolvam ou estimulem o ensino ou a pesquisa científica e tecnológica.

Destaca-se nessa norma o respeito ao princípio federativo constante do texto original da Constituição de 1988, pois permite que os estados vinculem mais do que a receita de impostos, estabelecendo como parâmetro sua receita orçamentária, de acordo com sua autonomia.

I.2 O art. 167, IV, CF/88: vinculação, afetação, referibilidade, priorização, rateio federativo e despesas obrigatórias

9 A primeira parte do inc. IV do art. 167 consagra o princípio da liberdade do legislador orçamentário, conforme exposto.

Trata-se de uma regra que veicula o valor *liberdade*, pois permite que o legislador orçamentário disponha, durante seu mandato, de recursos financeiros para implementar seu programa de governo, consoante as diretrizes estabelecidas pela Constituição.[11] Ou seja, a regra geral é a não afetação, também conhecida por não vinculação.

Para sua perfeita compreensão, é necessário distinguir alguns conceitos.

10 *Vinculação* corresponde a um *liame normativo* (constitucional ou legal), unindo a *receita* a certa *despesa, órgão* ou *fundo*. Trata-se de um conceito *relacional*. No Brasil, Pós-Constituição de 1988, é *vedada* a vinculação da receita de *impostos*, sendo admitida a vinculação das demais espécies de receita.[12]

---

[11] TORRES, Heleno. *Teoria da Constituição Financeira*. São Paulo: RT, 2014. p. 75: "A Constituição Financeira visa garantir a certeza do direito e a estabilidade sistêmica ao longo de toda aplicabilidade das competências do direito financeiro, segundo princípios e valores uniformes, nos limites dos direitos e liberdades fundamentais, com a máxima efetividade das Constituições Econômica, Político-Federativa e Social".

[12] OLIVEIRA, Regis Fernandes de. *Curso de direito financeiro*. 3. ed. São Paulo: Malheiros, 2010. p. 366: "O salutar princípio significa que não pode haver mutilação de verbas públicas. O Estado deve ter disponibilidade da massa de dinheiro arrecadado, destinando-o a quem quiser, dentro dos parâmetros que ele próprio elege como objetivos

É fato que nunca se viu a utilização desse mecanismo aplicado de maneira tão generalizada,[13] embora alguns dos conceitos utilizados para *afetar* essas *vinculações* sejam de tal maneira abertos e vagos,[14] que possibilitam uma gama de opções para escolhas públicas difíceis.[15]

11 Outro conceito correlato, mas não idêntico, é o de *afetação*, que diz respeito às *finalidades*. Enquanto a *vinculação* cria um *liame normativo* entre receita e despesa, a *afetação* diz respeito a uma finalidade a ser realizada com aquela despesa. *Afetar* é estabelecer uma finalidade, *vincular* é criar um elo financeiro que une receitas àquela finalidade.

Na prática, os dois conceitos se entrelaçam, embora tenham conotações distintas. Por exemplo, na Constituição brasileira, há *vinculação* (liame) de 18% da receita de impostos federais *afetados* (finalidade) à manutenção e desenvolvimento do ensino, por força do art. 212.

A *vinculação de receita* obedece a um critério *relacional*, que congrega a receita ao estabelecimento de uma finalidade. *Afetação é o estabelecimento dessa finalidade, que ocorre através da vinculação* financeira de uma receita *a uma despesa, órgão ou fundo, obedecidas as restrições normativas.*

12 Conceito próximo ao de *afetação* é o de *referibilidade*, aplicável às contribuições, espécie tributária cuja caraterística principal é estabelecer uma destinação para a sua arrecadação, sem que haja uma vinculação *formal* (um *liame* financeiro) entre receita e despesa. Pode-se dizer que a *referibilidade das contribuições* é um tipo de *afetação* sem liame normativo formal e específico. O *liame* da *referibilidade* decorre do próprio *tipo tributário* das contribuições.

Assim, a arrecadação do PIS deve ser *referida* aos gastos com o seguro-desemprego; a arrecadação das contribuições previdenciárias deve ser utilizada para custeio do regime de aposentadoria e pensões, e assim por diante.

Quando o Estado opta por arrecadar através de contribuições, já traz uma necessária *referência* quanto à sua aplicabilidade no tipo de gasto que gerou a imposição através da via tributária eleita.

Pode ocorrer, contudo, que seja previsto um liame *vinculativo formal*, como ocorre no caso da Cide, art. 177, §2º, II, CF, que estabelece destinação específica para sua arrecadação.

13 Outro conceito é o de *priorização* de certas atividades, que se identifica quando a norma destaca uma atividade que deve ser tratada de maneira favoravelmente diferenciada por parte dos poderes públicos, o que pode ou não se referir diretamente à matéria financeira. Trata-se de uma espécie de *recomendação* normativa, que corresponde a um *destaque* que aquela atividade deve receber.

---

primordiais. Não se pode colocar o Estado dentro de uma camisa de força, minguando seus recursos, para que os objetivos traçados não fiquem ou não venham a ser frustrados. Deve haver disponibilidade para agir".

[13] GIACOMONI, James. Receitas vinculadas, despesas obrigatórias e rigidez orçamentária. *In*: CONTI, José Mauricio; SCAFF, Fernando Facury (Coord.). *Orçamentos públicos e direito financeiro*. São Paulo: RT, 2011. p. 354.

[14] COSTA, Franselmo Araújo; TOLINI, Hélio Martins. Vinculações das receitas orçamentárias: teoria e prática. *In*: CONTI, José Mauricio; SCAFF, Fernando Facury (Coord.). *Orçamentos públicos e direito financeiro*. São Paulo: RT, 2011. p. 953. Registram ou autores que há "grande flexibilidade alocativa 'por dentro' dessas vinculações, que permite a escolha de distintos programas ou ações como beneficiárias desses recursos".

[15] SCAFF, Fernando Facury. *Orçamento republicano e liberdade igual* – Ensaio sobre direito financeiro, república e direitos fundamentais no Brasil. Belo Horizonte: Fórum, 2018.

14 Deve-se distinguir os conceitos de *afetação* e de *vinculação*, de outro, que diz respeito à *distribuição do produto da arrecadação*, que é pertinente ao sistema de *repartição* da receita, de federalismo fiscal, de rateio de valores entre entes federados.

A *distribuição do produto da arrecadação* obedece a um critério espacial, geográfico. No rateio federativo (distribuição do produto arrecadado), não há uma finalidade diretamente estabelecida, mas a expressão do *federalismo cooperativo* da Constituição de 1988 para financiamento dos entes subnacionais, parte do qual contém *vinculações* à saúde e ao ensino.[16]

15 Conceito distinto dos anteriores é o de *despesa obrigatória*, ou *gasto obrigatório*, também conhecido como *despesas de execução obrigatória*. "Diferentemente da vinculação da receita, a despesa obrigatória resulta da legislação que cria benefícios independentemente da existência de fonte de recursos para atendê-la".[17]

Nas *despesas obrigatórias* não existe uma vinculação *direta* à fonte de recursos. São despesas dessa natureza os gastos com pessoal, os encargos da dívida pública e os gastos com aposentadorias e pensões,[18] entre outras, e que verdadeiramente engessam o orçamento,[19] fazendo com que a discussão sobre sua natureza obrigatória ou vinculada tenha ficado apenas nas franjas das disponibilidades econômicas remanescentes.[20]

16 Dessa forma, são *seis* os conceitos envolvidos e correlatos:

(1) *vinculação*, que permite a criação do *liame* normativo entre receita e despesa;
(2) *afetação*, que estabelece a *finalidade* da despesa/destinação dos recursos, sem que exista um liame normativo;
(3) *referibilidade das contribuições*, que decorre da própria espécie tributária adotada, que cria uma espécie de *afetação* entre receita e despesa, própria da espécie tributária *contribuições*;
(4) *priorização* de certas atividades;

[16] Regis Fernandes de Oliveira distingue o sistema de fundos de participação, pelos quais se distribui o produto da arrecadação de forma interfederativa, do sistema de fundos de destinação, que cria vinculação da receita, afetando-a a um fundo (OLIVEIRA, Regis Fernandes de. *Curso de direito financeiro*. 3. ed. São Paulo: Malheiros, 2010. p. 312 e ss.).

[17] GIACOMONI, James. Receitas vinculadas, despesas obrigatórias e rigidez orçamentária. *In*: CONTI, José Mauricio; SCAFF, Fernando Facury (Coord.). *Orçamentos públicos e direito financeiro*. São Paulo: RT, 2011. p. 354.

[18] Esses dois exemplos, inclusive, encontram-se "blindados" no sistema orçamentário brasileiro, pois a Constituição impede que o Congresso Nacional modifique a proposta de lei orçamentária anual enviada pelo Poder Executivo quanto ao que tiver sido estabelecido para gastar nessas rubricas – art. 166, §3º, II. Trata-se de algumas das cláusulas pétreas orçamentárias, conceito desenvolvido na obra: SCAFF, Fernando Facury. *Orçamento republicano e liberdade igual* – Ensaio sobre direito financeiro, república e direitos fundamentais no Brasil. Belo Horizonte: Fórum, 2018.

[19] ROCHA, Francisco Sergio. Orçamento e planejamento: a relação de necessidade entre as normas do sistema orçamentário. *In*: CONTI, José Mauricio; SCAFF, Fernando Facury (Coord.). *Orçamentos públicos e direito financeiro*. São Paulo: RT, 2011. p. 742: "O orçamento é muito mais do que uma previsão de receita e estimativa de despesa em um contexto de controle político, surgindo como um mecanismo de planejamento, aplicação e controle sobre o recurso público, procedendo a uma interação entre Executivo e Legislativo na efetivação das políticas públicas em observância ao comando da Constituição".

[20] DALLARI, Adilson de Abreu. Orçamento impositivo. *In*: CONTI, José Mauricio; SCAFF, Fernando Facury (Coord.). *Orçamentos públicos e direito financeiro*. São Paulo: RT, 2011. p. 327: "O antigo debate sobre o caráter autorizativo ou impositivo do orçamento não tem mais sentido, diante da pletora de normas que não deixam sombra de dúvida quanto ao fato de que o sistema de orçamentos é, na verdade, um subsistema do conjunto articulado de projetos e programas que devem orientar o planejamento governamental, o qual, nos termos do art. 174 da CF, é determinante para o setor público".

(5) *rateio federativo* de parcela do que é arrecadado pela União; e o
(6) *gasto obrigatório*, que obriga a realização de uma despesa sem que necessariamente existam recursos a ela diretamente *vinculados* por um elo normativo.

Feitas estas considerações, passa-se à análise das *ressalvas* ao princípio da não afetação na CF/88, que, como será visto, *trata de quatro das espécies acima referidas: rateio federativo, vinculação, priorização* e *afetação.*

II Exegese das exceções previstas no art. 167, IV, CF/88

17 O mesmo inciso que consagra em sua parte inicial o princípio da liberdade do legislador orçamentário, instituindo a não afetação de impostos a despesa, fundo, órgão ou função, estabelece diversas ressalvas excepcionando seu comando geral. Tais ressalvas demonstram que a *liberdade do legislador orçamentário* não é completa. Para facilitar a explanação, é adequado dividir a norma em diferentes partes, assim:

(1) É *vedada* a *vinculação* de receita de impostos a órgão, fundo ou despesa.
(2) São ressalvados:
  (a) o *rateio federativo* (repartição do produto da arrecadação) dos impostos a que se referem os arts. 158 e 159;
  (b) a *vinculação* de recursos para as ações e serviços públicos de saúde (como determinado) pelo art. 198, §2º; e para manutenção e desenvolvimento do ensino (como determinado) pelo art. 212; além do que estabelece o art. 218, §5º, o qual permite que estados e o Distrito Federal *vinculem* parcela de sua receita orçamentária a entidades públicas de fomento ao ensino e à pesquisa científica e tecnológica;
  (c) a *priorização* de recursos para realização de atividades da administração tributária, como determinado pelo art. 37, XXII;
  (d) a *afetação* para a *prestação de garantias às operações de crédito por antecipação de receita*, previstas no art. 165, §8º, bem como o disposto no §4º deste artigo.

A *primeira* exceção, a rigor, se refere às *transferências intergovernamentais*, entregues pela União aos estados e aos municípios, através dos fundos de participação dos estados (FPE) e dos municípios (FPM). Como referido, não se trata de uma *vinculação*, mas da *transferência de recursos ínsita ao modelo federativo brasileiro*, a qual se torna *receita própria* desses entes federados e comporá a liberdade do legislador orçamentário estadual e municipal.

A *segunda* exceção é uma *vinculação* de recursos para o financiamento da saúde e do ensino, conforme determinado pelo art. 198, §2º e pelo art. 212, CF, bem como a que trata da vinculação de recursos orçamentários de estados e do Distrito Federal para instituições públicas que fomentem o ensino ou a pesquisa científica e tecnológica (art. 218, §5º).

Uma *terceira* ressalva é a *recomendação de prioridade* para a "realização de atividades da administração tributária, como determinado", pelo art. 37, XXII, CF. Neste caso, não há *vinculação* por *carência de liame financeiro entre receita e despesa específicas*, havendo apenas uma *recomendação de priorização* dessas atividades em face das demais, não havendo *uma fonte específica de recursos* para financiar estas atividades de administração tributária. Não há *liame* prévio entre *receita* e *despesa*, e sequer afetação de recursos.

A *quarta* ressalva diz respeito à *afetação* para a prestação de *garantias*, isto é, *permite que sejam prestadas nas operações de crédito que forem realizadas* através de *antecipação de receita orçamentária*, pois estas se caracterizam como operação financeira de *hot money*, aquele valor que se obtém para pagamento em curto prazo, o que é característico das operações de ARO – Antecipação de Receita Orçamentária, *rigidamente* reguladas pelo art. 38 da Lei de Responsabilidade Fiscal, ou as que se refiram a operações de crédito interfederativo, reguladas também pelos arts. 167, IV e §4º, e 160, CF.

III A interpretação do art. 167, IV, pelo STF

III.1 Não afetação apenas para impostos

18 Confirmando que o art. 167, IV, da atual Constituição apenas se refere à não afetação de *impostos*, o STF já decidiu pela constitucionalidade da afetação de *taxas*, como se vê na ADI nº 3.643, Ministro Ayres Britto,[21] julgamento realizado em 2006. E, nas ADIs nºs 2.556 e 2.568, foi considerada constitucional a *contribuição social* instituída pela LC nº 110/01, Ministro Joaquim Barbosa,[22] julgada em 2012. Foi decidido ser absolutamente irrelevante para a declaração de sua inconstitucionalidade, se a vinculação ocorre antes ou depois da arrecadação dos impostos, conforme a ADI nº 1.750, julgada em 2006, relatada pelo Ministro Eros Grau acerca de uma lei distrital sobre IPVA.[23]

Nas ADIs nºs 2.059 e 2.129, julgadas em 2006, e no RE nº 570.513-AgR, julgado em 2008, todos relatados pelo Ministro Eros Grau,[24] foi permitido destinar *emolumentos* a fundos.

Mesmo sem caracterizar um imposto específico, já foi declarada inconstitucional pela ADI nº 1.759, relativamente ao Estado de Santa Catarina, relatada pelo Ministro Gilmar Mendes, a vinculação de "parte da receita do Estado", mesmo que através de emenda constitucional estadual, destinada a programas de desenvolvimento do setor primário da economia.[25] Também na ADI nº 2.123, julgada em 2001 e relatada

---

[21] ADI nº 3.643, Ministro Ayres Brito: "É constitucional a destinação do produto da arrecadação da taxa de polícia sobre as atividades notariais e de registro, ora para tonificar a musculatura econômica desse ou daquele órgão do Poder Judiciário, ora para aportar recursos financeiros para a jurisdição em si mesma. O inciso IV do art. 167 da Constituição passa ao largo do instituto da taxa, recaindo, isto sim, sobre qualquer modalidade de imposto".

[22] ADI nº 2.556 e ADI nº 2.568, excerto do voto do relator, Ministro Joaquim Barbosa, em ambas: "As restrições previstas nos arts. 157, II e 167, IV da Constituição são aplicáveis aos impostos, e, no caso em exame, trata-se da espécie tributária contribuição, nitidamente caracterizada pela prévia escolha da destinação específica do produto arrecadado".

[23] ADI nº 1.750, Ministro Eros Grau: "irrelevante se a destinação ocorre antes ou depois da entrada da receita nos cofres públicos". No mesmo sentido: ADI nº 3.576/RS, Rel. Min. Ellen Gracie, j. 2007.

[24] RE nº 570.513-AgR, Ministro Eros Grau: "1. Preceito de lei estadual que destina 5% [cinco por cento] dos emolumentos cobrados pelas serventias extrajudiciais e não oficializadas ao Fundo Estadual de Reaparelhamento e Modernização do Poder Judiciário – FUNDESP não ofende o disposto no art. 167, IV, da Constituição do Brasil Precedentes".

[25] ADI nº 1.759, Ministro Gilmar Mendes: "Ação direta de inconstitucionalidade contra o inciso V do §3º do art. 120 da Constituição do Estado de Santa Catarina, com a redação dada pela EC 14, promulgada em 10-11-1997. Vinculação, por dotação orçamentária, de parte da receita corrente do Estado a programas de desenvolvimento

pelo Ministro Marco Aurélio, foi declarada inconstitucional a vinculação dos valores de Imposto de Renda Retido na Fonte dos servidores do Poder Judiciário estadual, destinados ao Fundo Especial do Tribunal de Justiça do Espírito Santo.

A vinculação para a concessão de *incentivos tarifários* foi considerada inconstitucional pelo menos duas vezes. Na ADI nº 2848, julgada em 2003, relatada pelo Ministro Ilmar Galvão,[26] foi declarada inconstitucional norma do Estado do Rio Grande do Norte que buscava reduzir o custo fiscal da energia elétrica para consumidores de baixa renda por meio do ICMS. Pela ADI nº 4.511, relatada pelo Ministro Edson Fachin[27] e julgada em 2016, foi declarado inconstitucional *incentivo tarifário*, igualmente ancorado no ICMS, para grandes consumidores industriais de água, envolvendo norma do Distrito Federal.

III.2 Vinculação ao ensino, universidades, ciência e tecnologia

19 O STF efetuou interpretação *restritiva* no que se refere à não afetação de recursos ao ensino em um caso envolvendo a UERJ – Universidade do Estado do Rio de Janeiro e a FAPERJ – Fundação de Amparo à Pesquisa do Estado do Rio de Janeiro, dissociando a expressa menção efetuada ao *ensino* no art. 218, §5º.

Isso ocorreu na ADI nº 780, relatada de forma cautelar pelo Ministro Carlos Mário Velloso,[28] julgada em 1993, na qual se discutiam duas diferentes vinculações: para a FAPERJ e para a UERJ. O percentual atribuído à FAPERJ foi presumido constitucional, amparado no art. 218, §5º, porém o referente à UERJ foi declarado inconstitucional, por violar o art. 167, IV. Em 2008, o Ministro Celso de Mello, em substituição ao Ministro Carlos Mário, julgou prejudicada a ADI nº 780 em razão do advento da Emenda Constitucional nº 4 à Constituição do Estado do Rio de Janeiro.

Em 2008, foi proposta nova ADI pelo governador do Estado do Rio de Janeiro, atacando os mesmos dispositivos. Por decisão monocrática, em face de estar no exercício da Presidência da Corte, o Ministro Gilmar Mendes deferiu liminar na ADI nº 4.102 para suspender a vinculação à UERJ, mantendo a da FAPERJ, nos exatos termos em que havia sida deferido cautelarmente na ADI nº 780. A liminar foi submetida a referendo pela relatora, Ministra Cármen Lúcia, tendo sido confirmada à unanimidade. A decisão de mérito, julgada em 2014, manteve o que havia sido decidido anteriormente quanto

---

da agricultura, pecuária e abastecimento. Inconstitucionalidade. Afronta à iniciativa privativa do chefe do Poder Executivo em tema de diretrizes orçamentárias. Precedentes. Violação ao art. 167, IV, da Constituição. Precedentes".

[26] ADI nº 2.848, Ministro Ilmar Galvão: "A lei potiguar impugnada, ao instituir programa de fornecimento gratuito de energia elétrica financiado com parcela da arrecadação do ICMS, produziu vinculação da receita de imposto, vedada pelo mencionado dispositivo constitucional".

[27] ADI nº 4.511, Ministro Edson Fachin: "1. A jurisprudência desta Corte é pacífica no sentido de que a presente situação normativa representa burla direta à vedação de vincular a arrecadação de impostos a finalidades específicas e não previstas em nível constitucional, nos termos do art. 167, IV, da Constituição da República. Precedentes: ADI nº 2529, Rel. Min. Gilmar Mendes, DJe 06.09.2007; ADI nº 1750, Rel. Min. Eros Grau, DJ 13.10.2006; ADI nº 2848 MC, Rel. Min. Ilmar Galvão, DJ 02.05.2003; e ADI nº 1848, Rel. Min. Ilmar Galvão, DJ 25.10.2002".

[28] ADI nº 780, Ministro Carlos Mário Velloso: "Indeferimento da cautelar no que concerne ao art. 329, que estabelece que o Estado manterá Fundação de Amparo à Pesquisa, atribuindo-lhe dotação mínima correspondente a 2% da receita tributária, para aplicação no desenvolvimento científico e tecnológico. É que, no ponto, a Constituição Federal faculta aos Estados e ao Distrito Federal vincular parcela de sua receita orçamentaria a entidades públicas de fomento ao ensino e a pesquisa Cientifica e tecnológica. C.F., art. 212, §5º. *Precedentes* do STF: ADIns nº 550-2-MT, 336-SE e 422".

à presunção de constitucionalidade da vinculação para a Faperj, ancorada no art. 218, §5º, e de ser inconstitucional a vinculação para a UERJ, por violar o art. 167, IV.

Observa-se nesse julgamento uma clara *dependência de trajetória* (*path dependence*) *na jurisprudência* do STF sobre o tema, pois o que havia sido discutido na Medida Cautelar da ADI nº 780 foi mantido na decisão monocrática, no referendo e na decisão de mérito na ADI nº 4.120. O ponto central é que não foi feita nenhuma correlação sequer, em nenhum desses julgamentos, ao fato de que a UERJ é uma "entidade pública de fomento ao ensino [...]", a teor do que expressamente consta no art. 218, §5º, que amparou a vinculação à FAPERJ, na frase seguinte do mesmo artigo: "[...] e à pesquisa científica e tecnológica". O debate sequer foi cogitado, até mesmo para eventualmente ser afastado – é como se a palavra "ensino" não constasse da referida norma.

É curioso observar que, nesse meio tempo, em 2009, havia sido proferida decisão reconhecendo a constitucionalidade da vinculação ao ensino, embora não tenha sido cogitado no debate o art. 218, §5º. Por meio da ADI nº 2.447, relatada pelo Ministro Joaquim Barbosa,[29] não foi reconhecida violação ao art. 167, IV, de Emenda à Constituição do Estado de Minas Gerais que estabelecia vinculação de 2% da receita orçamentária corrente ordinária para a Universidade Estadual de Minas Gerais e para a Universidade Estadual de Montes Claros e outros 7,5% para serem usados prioritariamente para a criação e implantação de cursos superiores nos vales do Jequitinhonha e do Mucuri. Tais percentagens estavam inseridas no percentual de 25% que a Constituição Federal obriga os estados a vincularem aos gastos com ensino, consoante o art. 212.

Ocorre que, mesmo tendo sido declarada constitucional a vinculação para as universidades estaduais de Minas Gerais em 2009, passou a ser dominante o caso UERJ, julgado no mérito em 2014 (ADI nº 4.120, com o precedente da ADI nº 780, este de 1993), sendo a interpretação das duas vinculações ao ensino analisadas de forma *isolada*, e não *sistemática*.

A *dependência de trajetória* (*path dependence*) sobre esse tema pode ser constatada na ADI nº 6.275, pela qual se discutia Emenda Constitucional do Estado de Mato Grosso que havia vinculado até 2% de sua receita corrente líquida para a UNEMAT – Universidade do Estado de Mato Grosso, bem como ampliado para 35% o montante a ser destinado pelo estado ao ensino. O despacho liminar foi concedido pelo Ministro Alexandre de Moraes em dezembro de 2019, e julgado o mérito em 2020. Entre os diversos acórdãos mencionados para demonstrar a inconstitucionalidade, alguns discutiam vinculação para saúde (ADI nº 6.059 e ADI nº 5.897), outros a subvinculação para obras na área de ensino (ADI nº 820), vinculação de precatórios (ADI nº 584), vício de iniciativa legislativa sobre a matéria (ADI nº 2.247, na qual a vinculação para o ensino foi mantida), fundo de combate às desigualdades regionais (ADI nº 3.576), até se chegar ao precedente da UERJ (ADI nº 4.102). Todos esses casos convergem para a análise do art. 167, IV, não tendo sido sequer referida a vinculação para o ensino prevista no art. 218, §5º. Na ADI nº 6.275, o STF declarou inconstitucionais as vinculações, vencido o Ministro Edson

---

[29] ADI nº 2.447, Ministro Joaquim Barbosa: "Norma constitucional estadual que destina parte das receitas orçamentárias a entidades de ensino. [...] Inexistência de violação material, em relação aos arts. 167, IV, e 212 da Constituição, na medida em que não há indicação de que o valor destinado (2% sobre a receita orçamentária corrente ordinária) excede o limite da receita resultante de impostos do Estado (25% no mínimo)".

Fachin, que não identificou impedimento constitucional na ampliação do financiamento do direito ao ensino, e o Ministro Ricardo Lewandowski.

20 Fruto desse entendimento, constata-se que nos julgamentos no STF há prevalência da presunção de constitucionalidade quando se analisa a vinculação à ciência e tecnologia, de acordo com o permissivo do art. 218, §5º, CF.

Tudo indica, à míngua de outras referências, que o *leading case* adveio da ADI-MC nº 336, relatada pelo Ministro Célio Borja, com referência ao Estado de Sergipe. Registra-se em seu voto a *correlação*[30] entre o art. 167, IV e o art. 218, §5º para indeferir a liminar pleiteada que buscava declaração de inconstitucionalidade da vinculação para o financiamento de ciência e tecnologia. Esta *correlação* não foi levada em consideração nos julgamentos subsequentes sobre *ensino*, como exposto.

Outras decisões advieram favoravelmente à vinculação para ciência e tecnologia, como a ocorrida em 1993, através da ADI nº 780, relatada pelo Ministro Carlos Mário Velloso como medida cautelar, já comentada, acerca de Fundo criado pelo Estado do Rio de Janeiro em prol da FAPERJ. O mesmo sentido foi adotado em 2002, pela ADI nº 550, relatada pelo Ministro Ilmar Galvão, acerca do Estado de Mato Grosso. Em 2010, a ADI nº 336 foi relatada pelo Ministro Eros Grau, relativamente ao Estado de Sergipe, confirmando o que havia decidido o Ministro Célio Borja na medida cautelar.[31] Em 2019, foi apreciada demanda semelhante quanto ao Espírito Santo, pela ADI nº 422, relatada pelo Ministro Luiz Fux.[32]

Registra-se que pelo ARE nº 1.326.785, relatado pelo Ministro Edson Fachin em 2023, foi declarada inconstitucional vinculação indireta para tecnologia criada pelo Município de Goiânia com recursos do ISS.[33] Na decisão, foi observada violação ao art. 167, IV, restando silente quanto ao art. 218, §5º, que poderia ter sido utilizado até mesmo para o afastar, pois se refere ao âmbito estadual, e o caso em apreço era municipal.

---

[30] ADI-MC nº 336, Ministro Célio Borja: "Não vejo, *data venia*, em que a determinação para que seja criado 'um fundo estadual de apoio à ciência e pesquisa tecnológica' (expressão criticada no §1º, art. 235, *supra*) possa violar o disposto no art. 167, IV da Constituição Federal, que veda 'a vinculação de receita de impostos a órgão, fundou despesa'. Quanto à determinação constante do citado art. 235, §2º (destinação, para tal fim, de uma parcela da receita anual 'nunca inferior a meio por cento da arrecadação tributária do Estado, dela deduzidas as transferências feita ao Município'), penso que, à vista do disposto no §5º do art. 218 da Constituição Federal não é de suspender-se a eficácia do §2º do art. 235 da Constituição do Estado de Sergipe".

[31] ADI nº 336, Ministro Eros Grau: "3. Ação direta julgada improcedente em relação: ii) ao disposto no artigo 235, §§1º e 2º, que versa sobre a criação de fundo estadual de apoio à ciência e pesquisa tecnológica, bem como sobre o limite da receita anual a ser destinado a esse fim. [...]. O §5º do artigo 218 da CB/88 permite a destinação de receita orçamentária a entidades públicas de fomento à pesquisa científica e tecnológica".

[32] ADI nº 422, Ministro Luiz Fux: "3. O artigo 218, §5º, da Constituição Federal faculta aos Estados membros e ao Distrito Federal a vinculação de parcela de suas receitas orçamentárias a entidades públicas de fomento ao ensino e à pesquisa científica e tecnológica. *Precedentes*: ADI nº 550, Rel. Min. Ilmar Galvão, Plenário, DJ de 18/10/2002; e ADI nº 336, Rel. Min. Eros Grau, Plenário, DJ de 17/9/2010; e ADI nº 3.576, Rel. Min. Ellen Gracie, Plenário, DJ de 2/2/2007. 4. O artigo 197, §2º, da Constituição do Estado do Espírito Santo determina a destinação anual de percentual da receita orçamentária estadual ao fomento de projetos de desenvolvimento científico e tecnológico, hipótese que encontra fundamento no artigo 218, §5º, da Constituição Federal".

[33] ARE nº 1.326.785, Ministro Edson Fachin: "1. No caso em questão, a previsão de renúncia ou benefício fiscal condicionado a gastos pelo contribuinte a fim específico configura, de forma indireta, vinculação de valores devidos a título de imposto, ainda que essa destinação ocorra antes da arrecadação do tributo. 2. Situação normativa que representa burla direta à vedação de vincular a arrecadação de impostos a finalidades específicas e não previstas em nível constitucional, nos termos do art. 167, IV, da Constituição Federal. 3. Agravos regimentais a que se nega provimento".

21 Assunto assemelhado e correlato às vinculações é o das *desvinculações*. Em 2020 foi julgado inconstitucional decreto fluminense que buscava desvincular recursos do Fundo gerido pela FAPERJ, através do Ag.Reg. no RE nº 1.244.992, que teve por relator o Ministro Alexandre de Morais.[34] Foi preservada a fonte de recursos vinculada, sem a possibilidade de aplicação de desvinculação naquela ocasião.

22 Situação peculiar ocorreu no julgamento da ADI nº 820, em 2008, relatada pelo Ministro Eros Grau. O art. 202 da Constituição do Estado do Rio Grande do Sul previa patamar de 35% da receita de impostos e transferências (superior ao mínimo de 25% estabelecido pela Constituição Federal) na manutenção e desenvolvimento do ensino. Porém, seu §2º previa uma *subvinculação* estabelecendo que, pelo menos, 10% "serão aplicados na manutenção e conservação das escolas públicas estaduais, através de transferências trimestrais de verbas às unidades escolares, [...]". No caso, foi declarada inconstitucional essa *subvinculação* prevista no §2º do art. 202 da Constituição gaúcha, por infringência ao art. 167, IV, CF.[35]

III.3 Vinculação à saúde

23 Sobre esse tema, o problema central identificado diz respeito à *ampliação* da vinculação da receita para o setor de saúde, além dos parâmetros estabelecidos na Constituição Federal.

Verifica-se tal posição na ADI nº 1.848, relatada pelo Ministro Ilmar Galvão[36] em 2002, referente à norma do Estado de Rondônia que determinava o percentual de 10% da receita de impostos para o Sistema Estadual de Saúde, vinculando os municípios. Foi entendido que tal determinação violava o que estabelecia o art. 167, IV.

Em 2019 foram julgadas a ADI nº 5.897, relatada pelo Ministro Luiz Fux, acerca de norma do Estado de Santa Catarina,[37] e a ADI nº 6.059, relatada pelo Ministro Alexandre de Moraes, envolvendo norma do Estado de Roraima,[38] ambas declarando

---

[34] Ag. Reg. no RE nº 1.244.992, Rel. Min. Alexandre de Morais: "3. Em contrapartida, o art. 218, §5º, da Constituição da República permite a destinação de receita orçamentária a entidades públicas de fomento à pesquisa científica e tecnológica. 4. Portanto, o Decreto 45.874/2016, ao desvincular 30% da receita orçamentária destinada à Fundação de Amparo à Pesquisa – FAPERJ, violou o art. 332 da Constituição do Estado do Rio de Janeiro, bem como os arts. 2º (separação de poderes) e art. 165, III (limites da atuação do Poder Executivo no processo legislativo orçamentário), ambos da Constituição Federal".

[35] ADI nº 820, Ministro Eros Grau: "Manutenção e desenvolvimento do ensino público. Aplicação mínima de 35% da receita resultante de impostos. Destinação de 10% desses recursos à manutenção e conservação das escolas públicas Estaduais. [...] A determinação de aplicação de parte dos recursos destinados à educação na 'manutenção e conservação das escolas públicas estaduais' vinculou a receita de impostos a uma despesa específica – afronta ao disposto no art. 167, IV, da CF/1988".

[36] ADI nº 1.848, Ministro Ilmar Galvão: "A disposição da Constituição do Estado de Rondônia, ao prever que se aplique nunca menos de dez por cento da receita de impostos, compreendida a proveniente de transferências, no sistema de saúde, vincula a receita tributária em hipótese não enquadrada nas ressalvas do inc. IV do art. 167 da Constituição Federal. Cautelar deferida".

[37] ADI nº 5.897, Ministro Alexandre de Moraes: "5. O artigo 167, IV, da Constituição Federal veda o estabelecimento de vinculação de receitas proveniente de impostos, quando não previstas ou autorizadas na Constituição Federal, porquanto cerceia o poder de gestão financeira do chefe do Poder Executivo e obsta o custeio das despesas urgentes, imprevistas ou extraordinárias, que se façam necessárias ao longo do exercício financeiro, tanto mais que deve dar-se aplicação aos recursos de receita pública consoante critérios de responsabilidade fiscal consentâneos com os anseios democráticos. Precedentes: ADI nº 1.759, Rel. Min. Gilmar Mendes, Plenário, DJe de 20/8/2010; ADI nº 1.750, Rel. Min. Eros Grau, Plenário, DJ de 13/10/2006".

[38] ADI nº 6.059, Ministro Alexandre de Moraes: "2. As vinculações previstas no art. 198, §2º, da CF não poderiam ser disciplinadas pelas Constituições Estaduais ou pelas Leis Orgânicas, sob pena de indesejado engessamento

inconstitucionais a vinculação a ações de saúde em percentual *superior* ao indicado pelo art. 167, IV, e art. 198, CF, em linha com a Lei Complementar nº 141, de 2012.

Tais decisões merecem críticas ao interpretar como *teto* o percentual *mínimo* criado pela Constituição Federal e pela Lei Complementar nº 141/12, pois se referem ao direito fundamental à saúde, que necessariamente deve ser interpretado de forma ampliativa, em conjunto com o respeito à *autonomia federativa* de estados e municípios. Trata-se de percentagem *mínima*, e não máxima.

Idêntico raciocínio deve ser usado para o direito fundamental ao ensino, que pode vincular até mesmo parcelas da receita *orçamentária*, a teor do art. 218, §5º, conceito distinto de receita de *impostos*.

III.4 Não vinculação a fundos

24 O STF já decidiu que a afetação de impostos a fundos específicos é inconstitucional, excetuados os referentes à ciência e tecnologia, conforme exposto.

Colacionam-se, entre outros, casos relatados pelo Ministro Eros Grau, ADI nº 1.750, em 2006, relativamente ao financiamento de esportes no Distrito Federal;[39] ADI nº 3.576, Ministra Ellen Gracie, julgada em 2006, sobre norma do Estado do Rio Grande do Sul que criou o Fundo Partilhado de Combate às Desigualdades Sociais e Regionais naquele estado;[40] ADI nº 2.529, Ministro Gilmar Mendes, julgada em 2007, referente ao financiamento da cultura no Estado do Paraná;[41] Ag. Reg. no RE com Ag. nº 665.291, Ministro Roberto Barroso, relativo à norma do Município de Tupandi, no Estado do Rio Grande do Sul, que vinculava quota-parte de ICMS para aplicação em saúde, declarada inconstitucional em 2016;[42] ADI nº 553, Ministra Cármen Lúcia, julgada em 2018, acerca do Fundo para o Desenvolvimento de Pequenas e Médias Empresas do Estado do Rio de Janeiro;[43] ADI nº 3.550, Ministro Dias Toffoli, julgada em 2019, que

---

do processo legislativo para aprovação de tais normas, em prejuízo da reavaliação dos índices a cada quinquênio, conforme determina expressamente o art. 198, §3º, da CF".

[39] ADI nº 1.750, Ministro Eros Grau (que confirmou a medida cautelar concedida anteriormente, cujo relator fora o Ministro Nelson Jobim): "É inconstitucional a lei complementar distrital que cria programa de incentivo às atividades esportivas mediante concessão de benefício fiscal às pessoas jurídicas, contribuintes do IPVA, que patrocinem, façam doações e investimentos em favor de atletas ou pessoas jurídicas. O ato normativo atacado faculta a vinculação de receita de impostos, vedada pelo art. 167, IV, da CB/1988. Irrelevante se a destinação ocorre antes ou depois da entrada da receita nos cofres públicos".

[40] ADI nº 3.576, Ministra Ellen Gracie: "As normas em estudo, ao possibilitarem o direcionamento, pelos contribuintes, do valor devido a título de ICMS para o chamado Fundo Partilhado de Combate às Desigualdades Sociais e Regionais do Estado do Rio Grande do Sul, compensando-se, em contrapartida, o valor despendido sob a forma de crédito fiscal presumido, criaram, na verdade, um mecanismo de redirecionamento da receita de ICMS para a satisfação de finalidades específicas e predeterminadas, procedimento incompatível, salvo as exceções expressamente elencadas no art. 167, IV, da Carta Magna, com a natureza dessa espécie tributária. Precedentes: ADI nº 1.750-MC, Rel. Min. Nelson Jobim, ADI nº 2.823-MC e ADI nº 2.848-MC, Rel. Min. Ilmar Galvão".

[41] ADI nº 2.529, Ministro Gilmar Mendes: "Ação direta de inconstitucionalidade. Lei 13.133/2001 do Estado do Paraná que instituiu o Programa de Incentivo à Cultura, vinculando parte da receita do ICMS ao Fundo Estadual de Cultura. Violação ao art. 167, IV, da CF. Precedentes. Ação direta julgada procedente".

[42] Ag. Reg. no RE com Ag. nº 665.291, Ministro Roberto Barroso: "1. Nos termos da jurisprudência da Corte, é inconstitucional a destinação de receitas de impostos a fundos ou despesas, ante o princípio da não afetação aplicado às receitas provenientes de impostos. 2. Pretensão de, por vias indiretas, utilizar-se dos recursos originados do repasse do ICMS para viabilizar a concessão de incentivos a empresas".

[43] ADI nº 553, Ministra Cármen Lúcia: "O Supremo Tribunal Federal assentou serem inconstitucionais as normas que estabelecem vinculação de parcelas das receitas tributárias a órgãos, fundos ou despesas, por desrespeitarem a vedação contida no art. 167, inc. IV, da Constituição da República".

previa a concessão de créditos tributários de ICMS como contrapartida ao Fundo de Aplicações Econômicas e Sociais do Estado do Rio de Janeiro.[44]

Discrepa desse rol a ADI nº 7363-MC, de 2023, relativamente a um Fundo do Estado de Goiás (Fundeinfra). O Ministro Dias Toffoli havia concedido a liminar sustando a vinculação da arrecadação determinada pela lei goiana, tomando por base a infringência ao art. 167, IV. Ao submeter sua decisão ao referendo do Plenário, o Ministro Edson Fachin liderou a divergência sob o argumento da falta de *fumus boni juris*,[45] posição que se tornou majoritária, vencidos os Ministros Dias Toffoli (relator original), Roberto Barroso e André Mendonça. A peculiaridade distintiva no presente caso, que o faz ser divergente dos anteriores, diz respeito ao fato de que este fundo implica *majoração* da carga tributária, enquanto nos demais houve sua *redução*. Naqueles houve declaração de inconstitucionalidade, e no Fundeinfra foi negada a tutela liminar por ausência de *fumus boni juris*.

O paralelo utilizado pelo Ministro Edson Fachin foi o Fundersul, ADI nº 2.056, relatada pelo Ministro Gilmar Mendes[46] em 2007, na qual lei do Estado de Mato Grosso do Sul havia conservado sua presunção de constitucionalidade ao instituir *diferimento condicionado de ICMS*, mediante o pagamento de certa contribuição que não foi considerada *tributo*, assim, afastada do âmbito de incidência do art. 167, IV.

Constata-se que nem sempre o STF perquire a espécie tributária para estabelecer a inconstitucionalidade do vínculo. Em 2007, foi declarada inconstitucional lei do Estado de Santa Catarina, RE nº 218.874, Ministro Eros Grau,[47] pela qual eram vinculados *superávits arrecadatórios do ICMS* para reajuste de vencimentos de servidores públicos, despregando a vinculação dos conceitos formais de direito tributário. Situação semelhante ocorreu no julgamento da ADI nº 6.045, Ministro Marco Aurélio,[48] em 2020, referente ao Estado de Roraima, tendo sido declarada inconstitucional norma que buscava vincular

---

[44] ADI nº 3.550, Ministro Dias Toffoli: "3. Declara-se a inconstitucionalidade do art. 12 da Lei nº 4.546/2005 do Estado do Rio de Janeiro, que concede créditos presumidos de ICMS aos contribuintes que destinarem recursos para o denominado Fundo de Aplicações Econômicas e Sociais do Estado do Rio de Janeiro (FAES), criado pela mesma lei, em igual proporção às contribuições realizadas, mecanismo que consiste em indevida vinculação de receita de impostos a fundo, ao arrepio do art. 167, IV, da Constituição".

[45] ADI nº 7363-MC, Ministro Edson Fachin: "1. Alegada violação à vedação constitucional *a* vinculação de receita de impostos a fundo (artigo 167, inciso IV, da Constituição Federal), parâmetro de controle de constitucionalidade insuficiente em sede de juízo cautelar. 2. Ausência de *fumus boni iuris*. Em sede de juízo cautelar não há elementos suficientes para definição da natureza jurídica da exação do FUNDEINFRA, quanto ao menos de eventual espécie tributária e seus consectários jurídicos. 3. Existência de *periculum in mora inverso* diante do cenário atual do federalismo fiscal brasileiro na pauta deste Eg. Supremo Tribunal Federal. 4. Manifestação pelo não referendo da medida cautelar".

[46] ADI nº 2.056, Ministro Gilmar Mendes: "A contribuição criada pela lei estadual não possui natureza tributária, pois está despida do elemento essencial da compulsoriedade. Assim, não se submete aos limites constitucionais ao poder de tributar".

[47] RE nº 218.874, Ministro Eros Grau: "Reajuste automático de vencimentos vinculado à arrecadação do ICMS e a índice de correção monetária. Inconstitucionalidade. LC 101/1993 do Estado de Santa Catarina. Reajuste automático de vencimentos dos servidores do Estado-membro, vinculado ao incremento da arrecadação do ICMS e a índice de correção monetária. Ofensa ao disposto nos arts. 37, XIII; 96, II, b; e 167, IV, da CB. Recurso extraordinário conhecido e provido para cassar a segurança, declarando-se, incidentalmente, a inconstitucionalidade da LC 101/1993 do Estado de Santa Catarina".

[48] ADI nº 6.045, Ministro Marco Aurélio: "Conflita com a Constituição Federal norma a direcionar, a fundo voltado ao pagamento de despesas do Judiciário, em caráter automático e compulsório, saldo orçamentário positivo, considerada a vedação à 'vinculação de receita de impostos a órgão, fundo ou despesa' – artigos 2º e 167, inciso IV, da Lei Maior".

ao Poder Judiciário estadual *saldos orçamentários positivos*. O mesmo se verificou na ADI nº 1.759, relativa ao Estado de Santa Catarina, Ministro Gilmar Mendes, na qual se declarou inconstitucional a vinculação de "parte da receita do Estado", mesmo que através de emenda constitucional estadual, destinada a programas de desenvolvimento do setor primário da economia.

Em todos esses casos, o STF considerou inconstitucional a norma estadual por violação ao art. 167, IV, CF, embora a vinculação não fosse diretamente referida à arrecadação dos impostos, mas ao *superávit arrecadatório* ou a *saldos orçamentários positivos*, que pode ocorrer sobre diversas formas, através de receitas tributárias de taxas ou de receitas patrimoniais. Os julgamentos na ADI nº 6.045, no RE nº 218.874 e na ADI nº 1.759 contrastam com a posição majoritária do STF no julgamento da ADI nº 7363-MC (Fundeinfra), pela qual se busca a natureza tributária da exação para determinar o liame vinculativo da receita a um fundo.

III.5 Vínculos obrigatórios determinados pelos estados aos municípios

25 Caso interessante do ponto de vista federativo fiscal pode ser visto na tentativa de estados vincularem receitas dos municípios.

Na ADI nº 1.689, foi declarada inconstitucional norma do Estado de Pernambuco que vinculava recursos dos municípios para financiar ações em prol das crianças e adolescentes, relatada pelo Ministro Sydney Sanches[49] e julgada em 2003.

Na ADI nº 2.355-MC, relatada pelo Ministro Celso de Mello e julgada em 2002, o Estado do Paraná determinava que os municípios aplicassem em áreas indígenas 50% do ICMS a eles transferido por determinação constitucional, o que foi declarado inconstitucional na medida cautelar[50] e confirmado em 2022 na decisão de mérito, relatada pelo Ministro Nunes Marques.[51]

Em 2011, pela ADI-MC nº 4.597, relatada pelo Ministro Marco Aurélio, foi decidido que norma do Estado do Ceará que vinculava recursos estaduais para o Fundo Estadual de Atenção Securitária à Saúde era inconstitucional, pois não ressalvava a parcela que deveria ser destinada aos municípios, o que infringia a autonomia municipal.[52]

---

[49] ADI nº 1.689, Ministro Sydney Sanches: "Por outro lado, interferindo no orçamento dos Municípios, não deixa de lhes afetar a autonomia (art. 18 da CF), inclusive no que concerne à aplicação de suas rendas (art. 30, III) sendo certo, ademais, que os artigos 25 da parte permanente e 11 do ADCT exigem que os Estados se organizem, com observância de seus princípios, inclusive os relativos à autonomia orçamentária dos Municípios".

[50] ADI-MC nº 2.355, Ministro Celso de Mello: "Transgressão à cláusula constitucional da não afetação da receita oriunda de impostos (CF, art. 167, IV) e ao postulado da autonomia municipal (CF, art. 30, III). Vedação constitucional que impede, ressalvadas as exceções previstas na própria Constituição, a vinculação a órgão, fundo ou despesa do produto da arrecadação de impostos. Inviabilidade de o Estado- -membro impor ao Município a destinação de recursos e rendas que a este pertencem por direito próprio. Ingerência estadual indevida em tema de exclusivo interesse do Município".

[51] ADI nº 2.355, Ministro Nunes Marques: "1. A parcela devida aos Municípios em razão da repartição constitucional de receitas lhes pertence de pleno direito. 2. Viola a autonomia municipal norma estadual que dispõe sobre a destinação dos recursos recebidos pelos Municípios a título de repartição constitucional de ICMS".

[52] ADI-MC nº 4.597, Ministro Marco Aurélio: "Surge a plausibilidade do pedido e o risco, uma vez versada, na norma atacada, vinculação imprópria, porque estranha à Constituição Federal, e a assunção, pelo Estado, da administração de valores que devem ser repassados, integralmente, aos municípios".

Estas decisões são coerentes com o princípio federativo, pois os estados não podem intervir na autonomia dos municípios, conforme decidido no RE nº 572.762,[53] relatado pelo Ministro Ricardo Lewandowski e julgado em 2008, em caso do Município de Timbó contra o Estado de Santa Catarina, no qual foi vedada a concessão de incentivos fiscais de ICMS que incluíam a parcela que deveria ser transferida aos municípios, o que ficou conhecido como *cortesia com o chapéu alheio*. Nesse sentido, foi correta a declaração de inconstitucionalidade da vinculação pelos estados de verbas dos municípios, por infringir o princípio federativo.

Essas decisões discrepam com o que foi decidido no Ag. Reg. no RE com Ag. nº 665.291, Ministro Roberto Barroso, relativo à norma do Município de Tupandi, no Estado do Rio Grande do Sul (já referida), e que foi declarada inconstitucional em 2016. Neste caso, foi o próprio município que vinculou sua quota-parte de ICMS para aplicação em ações de saúde, não tendo havido uma imposição do estado. Esta decisão foi contrária ao princípio federativo, que consagra a autonomia municipal.[54]

III.6 A possibilidade de destinação na LOA

26 Um aspecto extremamente importante na análise diz respeito à possibilidade de estabelecer destinação anual, através da LOA – lei orçamentária anual.

Isso se identifica em um caso relativo ao Estado de São Paulo, com distintas leis e diversos julgamentos.

No RE nº 183.906/SP, julgado em 1997, Ministro Marco Aurélio, foi declarada inconstitucional a Lei paulista nº 6.556/89, por violação do art. 167, IV, CF,[55] que havia majorado a alíquota do ICMS de 17% para 18%, e o vinculado ao aumento de capital da Caixa Econômica do Estado e sua utilização para o financiamento de programas de habitação popular. Decisão pela inconstitucionalidade foi proferida nos RE nºs 188.443 e 213.739, julgados em 1998, igualmente relatados pelo Ministro Marco Aurélio, com relação às leis estaduais paulistas nºs 7.003/90, 7.646/91 e 8.207/92, envolvendo o mesmo assunto.

A solução normativa paulista foi, ao invés de *vincular* o aumento da alíquota à determinada finalidade, estabelecer que esse valor deveria ser objeto de norma específica acerca da aplicação dos recursos decorrentes da majoração do tributo. No RE nº 585.535, Ministra Ellen Gracie, julgado em 2010, a norma estadual manteve sua presunção de

---

[53] RE nº 572.762, Ministro Ricardo Lewandowski: "I – A parcela do ICMS a que se refere o art. 158, IV, da Carta Magna, pertence de pleno direito aos Municípios. II – O repasse da quota constitucionalmente devida aos Municípios não pode sujeitar-se à condição prevista em programa de benefício fiscal de âmbito estadual". Sobre o tema, ver SCAFF, Fernando Facury; SILVEIRA, A. C. Competência tributária, transferências obrigatórias e incentivos fiscais. *In*: CONTI, José Mauricio; SCAFF, Fernando Facury; BRAGA, Carlos Eduardo Faraco (Org.). *Federalismo fiscal* – Questões contemporâneas. 1. ed. Florianópolis: Conceito, 2010. p. 285-302.

[54] Sobre a inclusão do município como ente federado na Constituição de 1988, ver SCAFF, Fernando Facury. O surgimento do município como ente federado na constituinte de 1988. *In*: CHAVES, Aloysio. *O município e a constituinte*: relatório, parecer e anteprojeto da subcomissão dos municípios e regiões. Belém: IEL/PA, 2022. p. 15-31. p. 15-31.

[55] RE nº 183.906, Ministro Marco Aurélio: "A teor do disposto no inciso IV do artigo 167 da Constituição Federal, é vedado vincular receita de impostos a órgão, fundo ou despesa. A regra apanha situação concreta em que lei local implicou majoração do ICMS, destinando-se o percentual acrescido a um certo propósito - aumento de capital de Caixa Econômica, para financiamento de programa habitacional. Inconstitucionalidade dos artigos 3º, 4º, 5º, 6º, 7º, 8º e 9º da Lei nº 6.556, de 30 de novembro de 1989, do Estado de São Paulo".

constitucionalidade, pois não teria havido infringência ao art. 167, IV, uma vez que não haveria vinculação do tributo a uma prévia e específica despesa, mas sim dentro do plano geral de governo do estado.[56]

Esse caso realça um aspecto muito peculiar ao direito financeiro, no que tange à *temporalidade* do conjunto de leis orçamentárias, sendo uma delas a LOA – Lei Orçamentária Anual, que, como o próprio nome indica, tem vigência ânua como regra, e visa estabelecer a aplicação dos recursos auferidos nas despesas que serão realizadas.

É o que ocorre, por exemplo, com o financiamento das universidades paulistas, USP, UNESP e Unicamp. Ao invés de atrelar as receitas de ICMS de forma perene ao financiamento dessas unidades educacionais, como permite o art. 218, §5º, CF/88, o estado, a cada ano, inclui na Lei de Diretrizes Orçamentárias um percentual da arrecadação estadual para custear essas universidades, que deve servir de base na elaboração da LOA estadual. Assim, tradicionalmente, há vários anos, através de consenso político, juridiciza-se na LDO e na LOA paulista o percentual de 9,57% da arrecadação do ICMS, vinculando-o ao custeio das universidades estaduais mencionadas.

Conclusões: as necessárias diretrizes de espaço (federalismo), tempo (orçamento) e prioridade (direitos fundamentais) na análise do art. 167, IV

27 Constata-se da análise efetuada que o STF muitas vezes decide de forma *restritiva*, sem considerar que a interpretação do art. 167, IV, deve ocorrer de forma *sistemática*, e *não* de forma *isolada*. Muitas vezes, nos julgamentos são analisadas diversas normas, o que não acarreta necessariamente uma análise sistemática, mas de diversos dispositivos isolados, apenas decididos ao mesmo tempo. Interpretação sistemática implica analisar o *conjunto* normativo de forma interconectada, distinguindo e aproximando normas e aplicando o direito.

Nesse sentido, é adequado relembrar o alerta do Ministro Eros Grau na ADPF nº 101 sobre o processo de exegese do direito: *não se interpreta o direito em tiras; não se interpreta textos normativos isoladamente, mas sim o direito, no seu todo* – marcado, na dicção de Ascarelli, pelas suas premissas implícitas.

Pelo menos três diretrizes deveriam ser levadas em conta pelo STF na análise dos casos envolvendo o art. 167, IV, e que não têm sido consideradas, referentes à: (1) *espaço*, o que nos conduz ao *federalismo*, que implica a repartição territorial do poder, gerando distintas atribuições e competências; (2) *tempo*, pois deve ser levada em consideração a diferença entre vinculações criadas por normas *perenes* e aquelas estabelecidas com *predeterminado prazo de vigência*, como é o caso das normas orçamentárias, e (3) a *prioridade* que necessariamente deve ser concedida na análise dos *direitos fundamentais*. Como é sabido, estas diretrizes estão presentes em diversas normas da Constituição de 1988.

---

[56] RE nº 585.535, Ministra Ellen Gracie: "1. A Lei paulista 9.903, de 30.12.1997, apenas impôs a divulgação, pelo Chefe do Executivo, do emprego dos recursos provenientes do aumento da alíquota de 17 para 18%, previsto no mesmo diploma. 2. A proibição de vinculação de receita de impostos prevista no art. 167, IV, da Constituição Federal, impede a fixação de uma prévia destinação desses recursos, o que não se verificou no presente caso. 3. Recurso extraordinário conhecido e improvido".

28 A primeira diretriz diz respeito ao federalismo. Avaliando a jurisprudência do STF, verifica-se que a não afetação tem sido judicializada apenas com referência a estados, Distrito Federal e municípios, o que aponta para o centralismo *financeiro* da Constituição de 1988.

Uma suposição para a ausência da União nessa judicialização, que requer novas investigações, é que esta possui diversos mecanismos financeiros e tributários que os demais entes federados não possuem, como as contribuições e a desvinculação de receitas, o que lhe permite maior flexibilidade na gestão financeira. Tal hipótese pode ser o motivo pelo qual o art. 167, IV, não é infringido no âmbito federal. O fato é que há um *desbalanceamento financeiro* que impõe uma necessária ponderação jurisprudencial sobre nossa federação *faticamente assimétrica*, mas que possui normas financeiras tendentes à *simetria*.[57]

Há uma *crença* de que a simetria é vinculada à perfeição, à organização e à ordem, e a assimetria, ao que é imperfeito, à desorganização. A simetria foi desenvolvida pelos gregos, como uma forma racional de explicar a beleza, com proporção, equilíbrio e harmonia, sendo usada por eles em diversos campos, como na arte. O problema ocorre quando se aplica a simetria para âmbitos de produção e de distribuição de poder,[58] o que diz respeito ao federalismo em sociedades marcadamente desiguais, como a brasileira. Isso deve ser correlacionado ao art. 3º, III, CF, que estabelece como um dos objetivos de nossa sociedade a redução das desigualdades *regionais*, além das sociais.

O tratamento *normativo* financeiramente simétrico é prejudicial para o desenvolvimento nacional, pois alguns entes federados necessitam de mais recursos do que outros, e a simetria, tal como normatizada, implica tratar os desiguais de forma igual, o que é contra o princípio da isonomia, que determina tratamento desigual buscando igualar situações desiguais, visando reduzi-las.[59]

Conforme o levantamento jurisprudencial realizado, a diretriz federativa não vem sendo considerada. A liberdade do legislador orçamentário, consagrada no art. 167, IV, não se refere apenas ao âmbito federal, mas para cada ente federativo, que deve ter sua autonomia reconhecida para decidir como utilizar seus recursos próprios. A cláusula pétrea do federalismo necessita ser levada em consideração nos julgamentos realizados pelo STF.

Esta diretriz deve ser analisada em conjunto com as demais, no âmbito normativo constitucional, conforme se expõe a seguir.

---

[57] O sistema normativo financeiro brasileiro é obcecado pela simetria. Um singelo exemplo pode facilitar a compreensão. Norma do Senado estabelece que os Estados podem se endividar em até 2,0 vezes sua receita corrente líquida. É possível acreditar que as necessidades de endividamento dos diferentes Estados brasileiros sejam iguais, visando à necessidade de alavancar o desenvolvimento em seus territórios? O mesmo ocorre com os municípios, que, pela mesma norma, podem se endividar até 1,2 de sua receita corrente líquida. Não basta a diferenciação da base de cálculo (a *receita corrente líquida*), é necessário fazer, como no direito tributário, em matéria de tributação da renda, também variar as alíquotas, para permitir mitigar o efeito das desigualdades federativas.

[58] LABANCA, Marcelo. *Jurisdição constitucional e federação*. Rio de Janeiro: Elsevier, 2009. Relata o autor o cerne do problema, que "surge quando se aplica o valor da simetria para âmbitos de produção de poder. Notadamente no que tange à distribuição territorial do poder" (LABANCA, Marcelo. *Jurisdição constitucional e federação*. Rio de Janeiro: Elsevier, 2009. p. 8).

[59] Sobre o tema, ver: SCAFF, Fernando Facury. *Da igualdade à liberdade* – Considerações sobre o princípio da igualdade. Belo Horizonte: D'Plácido, 2022.

29 A segunda diretriz diz respeito ao *tempo*, isto é, deve-se considerar que há uma diferença entre as normas orçamentárias, que possuem, por definição, *prazo de vigência determinado*, e as normas em geral, cujo prazo de vigência normalmente é *indeterminado*. Isso gera diferenças substanciais.

O planejamento financeiro da ação governamental no Brasil é composto de três diferentes normas, obrigatórias para todas as esferas federativas: o PPA – Plano Plurianual, cuja vigência é de quatro anos; a LDO – Lei de Diretrizes Orçamentárias, que, a despeito de ser anual, tem seus efeitos projetados no tempo, no que se refere à previsão dos impactos das medidas econômicas e financeiras nela contidas; e a LOA, Lei Orçamentária Anual.

Sendo a não afetação uma forma de proteção intertemporal, de modo a permitir que os legisladores tenham recursos disponíveis para a implementação das políticas durante seu mandato, eventual afetação em leis orçamentárias, que são normas *temporárias* desde sua gênese, não tem o condão de violar o art. 167, IV. A temporalidade dos mandatos coincide com o da mais longeva das leis de planejamento orçamentário, o PPA, que vigora por quatro anos – embora haja pequena descoincidência com os mandatos políticos, pois seu último ano de vigência alcança o primeiro ano de mandato do sucessor. Isso é positivo, pois respeita a continuidade dos serviços públicos, e permite ao sucessor preparar novo plano de ação governamental, o qual também vigorará até o final do primeiro ano de mandato de seu sucessor, e assim por diante.

Nesse sentido, eventual *vinculação financeira temporal*, limitada ao período do mandato político, constante do PPA ou da LDO, não infringe o art. 167, IV.

Essa diretriz também deve ser lida em conjunto com as demais.

30 A terceira diretriz diz respeito à *priorização*, estabelecida na Constituição para a concretização dos *direitos fundamentais*. É inegável que existe um acirrado debate sobre o rol de direitos fundamentais, porém, para fins da presente análise, constata-se que o art. 167, IV, expressamente ressalva a não afetação para permitir que sejam vinculados recursos para a saúde e o ensino, este, inclusive, é novamente mencionado no art. 218, §5º, ao lado da pesquisa em ciência e tecnologia.

Esse sentido de priorização nos leva a interpretar de forma ampliativa o art. 167, IV, CF. Observa-se que, para a saúde, não é nele estabelecido diretamente o percentual a ser vinculado, deixando-o para lei complementar, que atualmente é a Lei Complementar nº 141/12, que correta e *expressamente* determina percentuais *mínimos* para aplicação em ações de saúde. O STF não vem considerando dessa forma, pois o interpreta como um *teto* a ser seguido pelos entes federados.

Do mesmo modo, constata-se o *esquecimento* do art. 218, §5º, na análise das vinculações para o *ensino*, descartando o financiamento para as universidades, sendo considerado apenas para fins de pesquisa nas áreas de ciência e tecnologia. Interpreta-se como se o *ensino* superior não fosse ensino, e que nas universidades públicas não se realizasse pesquisa científica e tecnológica, ignorando o art. 217, CF, sobre a indissociabilidade entre ensino, pesquisa e extensão.

31 A conjugação dessas três diretrizes, que possuem amparo constitucional, não vem sendo considerada nos julgamentos do STF acerca do art. 167, IV. Seguramente, algumas das decisões seriam proferidas em sentido diverso, caso tais diretrizes tivessem sido levadas em consideração por meio da interpretação sistemática.

Alguns exemplos podem esclarecer. As ADI nºs 4.120 e 6.275 declararam inconstitucionais as vinculações para o ensino estabelecidas em normas estaduais para a Universidade do Estado do Rio de Janeiro (UERJ) e para a Universidade do Estado de Mato Grosso (UNEMAT), ignorando o art. 218, §5º. As ADI nºs 5.897 e 6.059 julgaram inconstitucionais normas estaduais por terem estabelecido percentuais *superiores* ao *mínimo*, para ações de saúde.

Mecanismos jurídicos processuais, como o da *modulação de efeitos*, poderiam permitir a validação de diversas normas de estados e municípios limitando sua vigência ao período das leis orçamentárias, que praticamente coincide com os mandatos eletivos, respeitando, com isso, a *autonomia federativa* e a *temporalidade* do planejamento financeiro das ações governamentais.

32 Em apertada síntese: é necessário que na análise dos casos envolvendo o art. 167, IV, o STF realize *efetiva* interpretação *sistemática* da Constituição, levando em consideração a questão federativa, a temporalidade das leis orçamentárias e priorizando o financiamento dos direitos fundamentais protegidos. Deve-se evitar a interpretação isolada desse artigo, bem como a enunciação de precedentes que não possuem direta correlação com a matéria em debate, o que ocasiona perniciosa dependência de trajetória.

Cada norma levada à pauta do STF possui características próprias, que devem ser sopesadas em razão das múltiplas diretrizes possíveis, algumas das quais ora indicadas. Isso conduz a possibilidades de validação de normas *temporárias*, a priorização dos direitos fundamentais expressamente destacados no texto, e o respeito ao princípio federativo, peça importante não só na *construção*, mas também na *dinâmica* da Constituição de 1988.

Referências

ALMEIDA NETO, Manoel Carlos de. *O colapso das constituições do Brasil*: uma reflexão pela democracia. Belo Horizonte: Fórum, 2022. 200 p.

COSTA, Franselmo Araújo; TOLINI, Hélio Martins. Vinculações das receitas orçamentárias: teoria e prática. *In*: CONTI, José Mauricio; SCAFF, Fernando Facury (Coord.). *Orçamentos públicos e direito financeiro*. São Paulo: RT, 2011.

DALLARI, Adilson de Abreu. Orçamento impositivo. *In*: CONTI, José Mauricio; SCAFF, Fernando Facury (Coord.). *Orçamentos públicos e direito financeiro*. São Paulo: RT, 2011.

FONSECA, Rafael Campos Soares da. *Judicialização da dívida pública federativa no Supremo Tribunal Federal*. Belo Horizonte: D'Plácido, 2022.

GIACOMONI, James. Receitas vinculadas, despesas obrigatórias e rigidez orçamentária. *In*: CONTI, José Mauricio; SCAFF, Fernando Facury (Coord.). *Orçamentos públicos e direito financeiro*. São Paulo: RT, 2011.

LABANCA, Marcelo. *Jurisdição constitucional e federação*. Rio de Janeiro: Elsevier, 2009.

OLIVEIRA, Regis Fernandes de. *Curso de direito financeiro*. 3. ed. São Paulo: Malheiros, 2010.

ROCHA, Francisco Sergio. Orçamento e planejamento: a relação de necessidade entre as normas do sistema orçamentário. *In*: CONTI, José Mauricio; SCAFF, Fernando Facury (Coord.). *Orçamentos públicos e direito financeiro*. São Paulo: RT, 2011.

SCAFF, Fernando Facury. A efetivação dos direitos sociais no Brasil: garantias constitucionais de financiamento e judicialização. *In*: SCAFF, Fernando Facury; ROMBOLI, Roberto; REVENGA, Miguel (Coord.). *A eficácia dos direitos sociais* – I Jornada Internacional de Direito Constitucional Brasil/Espanha/Itália. São Paulo: Quartier Latin, 2009. v. 1. p. 22-53.

SCAFF, Fernando Facury. *Da igualdade à liberdade* – Considerações sobre o princípio da igualdade. Belo Horizonte: D'Plácido, 2022.

SCAFF, Fernando Facury. O surgimento do município como ente federado na constituinte de 1988. *In*: CHAVES, Aloysio. *O município e a constituinte*: relatório, parecer e anteprojeto da subcomissão dos municípios e regiões. Belém: IEL/PA, 2022. p. 15-31.

SCAFF, Fernando Facury. *Orçamento republicano e liberdade igual* – Ensaio sobre direito financeiro, república e direitos fundamentais no Brasil. Belo Horizonte: Fórum, 2018.

SCAFF, Fernando Facury. Para além dos direitos fundamentais do contribuinte: o STF e a vinculação das contribuições. *In*: SCHOUERI, Luís Eduardo (Org.). *Direito tributário*: Homenagem a Alcides Jorge Costa. 1. ed. São Paulo: Quartier Latin, 2003. v. 2. p. 1125-1146.

SCAFF, Fernando Facury; SILVEIRA, A. C. Competência tributária, transferências obrigatórias e incentivos fiscais. *In*: CONTI, José Mauricio; SCAFF, Fernando Facury; BRAGA, Carlos Eduardo Faraco (Org.). *Federalismo fiscal* – Questões contemporâneas. 1. ed. Florianópolis: Conceito, 2010. p. 285-302.

TORRES, Heleno. *Teoria da Constituição Financeira*. São Paulo: RT, 2014.

Informação bibliográfica deste texto, conforme a NBR 6023:2018 da Associação Brasileira de Normas Técnicas (ABNT):

SCAFF, Fernando Facury. O art. 167, IV (não afetação), em 35 anos da Constituição de 1988. *In*: FACHIN, Luiz Edson; BARROSO, Luís Roberto; CRUZ, Álvaro Ricardo de Souza (Coord.). *A Constituição da democracia em seus 35 anos*. Belo Horizonte: Fórum, 2023. p. 543-563. ISBN 978-65-5518-597-3.

DESAFIOS PARA A DEFESA DOS DIREITOS HUMANOS PELO MINISTÉRIO PÚBLICO NA CONSTITUIÇÃO DE 1988

AURÉLIO VIRGÍLIO VEIGA RIOS

Poucas instituições tiveram a sua missão, o seu perfil e modelo de atuação alterados de forma tão incisiva pela Constituição Federal de 1988 como o Ministério Público.

De suas parcas atribuições em defesa da ordem jurídica pela ordem constitucional anterior, o Ministério Público passou a ser o guardião da democracia, do equilíbrio e pleno funcionamento dos poderes da República, dos direitos humanos e das minorias, notadamente das populações indígenas, e também convocado a atuar firmemente em defesa do meio ambiente, dos interesses sociais, dos direitos coletivos, difusos e individuais indisponíveis.

Pode-se dizer, sem medo de errar, que o Constituinte de 1988 confiou demasiadamente no Ministério Público como órgão de promoção da cidadania e de defesa de interesses maiores e mais sensíveis da sociedade, abarcando uma significativa parcela do que chamamos de *ombudsman*.

Sem largar mão de ser o promotor de justiça e órgão de persecução penal do estado em relação aos crimes comuns, cuja atribuição cabe, em geral, aos ministérios públicos do estado, a nova Constituição incumbiu o procurador-geral da República, além de propor as ações ampliadas de controle concentrado das leis, zelar pela aplicação da lei penal a um considerável número de autoridades com fórum privilegiado no STF e demais tribunais superiores. E essa atribuição criminal exclusiva do chefe do Ministério Público da União tem tomado um tempo e energia do órgão, assim como do Supremo Tribunal Federal e do Superior Tribunal de Justiça.

No tocante ao processo de redemocratização brasileiro e à necessidade de garantir a proteção dos direitos humanos dos cidadãos ante a Administração Pública, o desenvolvimento constitucional não fugiu muito daquele ocorrido no resto da América Latina e sul da Europa, a partir de meados dos anos setenta do século passado, com a particularidade de que a figura do *ombudsman* foi incorporada não na forma de *Defensorías del Pueblo*, como no caso dos seus pares ibero-americanos, mas incluída nas funções de uma instituição já existente e consolidada no ordenamento jurídico brasileiro: o Ministério Público.

Por ocasião dos preparativos para a Constituinte brasileira no ano de 1987/1988, a Comissão Provisória de Estudos Constitucionais (conhecida como Comissão Afonso Arinos) sugeriu a inclusão da Defensoria do Povo no ordenamento jurídico brasileiro, e uma proposta neste sentido foi apresentada pelo então Deputado Federal Plínio de Arruda Sampaio, tendo sido rejeitada pela Assembleia Constituinte, em prol da tese que pugnava pela ampliação das funções do Ministério Público para abarcar a defesa dos direitos humanos, coletivos e individuais indisponíveis.

Aos Constituintes pareceu ser mais seguro confiar ao Ministério Público a defesa dos direitos da cidadania e da sociedade em geral, principalmente por conta da autonomia institucional, e a independência funcional. O resultado dessa escolha foi a fusão das duas instituições (Ministério Público e *ombudsman*) em uma só, criando uma figura de natureza híbrida, com capacidade para atuar tanto na área da persecução criminal quanto da promoção de direitos civis.

Assim, o Ministério Público brasileiro, tal como consagrado na Constituição Federal de 1988, é uma instituição atípica, com características diferenciadas de um Ministério Público clássico (que tem como atuação quase exclusiva a persecução criminal). O *parquet* brasileiro é uma instituição dotada de independência funcional, administrativa e financeira, cujos membros têm como garantia constitucional a vitaliciedade no cargo, a inamovibilidade, salvo por motivo de interesse público e irredutibilidade de subsídio.

As funções de *ombudsman* do Ministério Público brasileiro foram incorporadas no art. 129, II da Carta Magna brasileira, segundo o qual são funções institucionais do Ministério Público: "[...] zelar pelo efetivo respeito dos Poderes Públicos e dos serviços de relevância pública aos direitos assegurados nesta Constituição, promovendo as medidas necessárias a sua garantia".

Não se pode esquecer, no curso do debate, de que a opção da assembleia nacional constituinte em dotar o Ministério Público de atribuições típicas do *ombudsman* foi decidida pelo próprio parlamento, que preferiu que outra instituição, que não ele, ou por designação dele, exercesse a relevante função de proteger os direitos da cidadania.

Entre outras instituições como as defensorias públicas, cabe ao Ministério Público dar efetividade ao comando do art. 3º, incs. I a IV, da Constituição Federal, que expressa constituírem objetivos da República Federativa do Brasil: construir uma sociedade livre, justa e solidária; erradicar a pobreza e a marginalização e reduzir as desigualdades sociais e regionais; promover o bem de todos, sem preconceitos de origem, raça, sexo, cor, idade e quaisquer formas de discriminação.

Quando o Ministério Público defende os direitos humanos, ele cumpre o que dele espera a Constituição ao lutar em favor de pessoas vulneráveis, aquelas com deficiência, as minorias, indígenas, quilombolas, moradores de rua, mulheres, crianças, idosos, contra o arbítrio, o abuso, a violência, não importa qual origem, de gênero, racial, orientação sexual etc. Em outras palavras, busca-se, por meio de uma recomendação ou ação judicial, a prevenção ou reparação de um mal feito a uma categoria de pessoas ou de um dano à cidadania e a defesa dos direitos individuais indisponíveis.

Ao longo do tempo, verifica-se que a Procuradoria Federal de Defesa do Cidadão, criada pela Lei Complementar nº 75/93, e outros órgãos similares existentes nas carreiras do Ministério Público dos estados e da União têm se empenhado em exercer a função de *ombudsman* perante a Administração Pública dos diversos entes políticos, mas é certo que muitos ofícios criminais e de combate à corrupção nem sempre se guiam rumo à mesma direção, havendo uma busca permanente de harmonização e integração das diversas atribuições do Ministério Público.

Como compatibilizar as relevantes e diversas funções do Ministério Público em defesa da ordem jurídica, especialmente em relação às violações às leis penais, e a defesa da cidadania e dos direitos humanos é uma questão que remanesce desde a promulgação da Constituição.

Os valores constitucionais da liberdade de expressão, do direito de ir e vir e do devido processo legal podem ter leituras diversas entre os ofícios internos do Ministério Público dos estados e da União e também dos seus órgãos de coordenação. Por exemplo, o direito à migração e ao refúgio podem sofrer severos limites da lei penal ou por meio de uma interpretação restrita pelos agentes do estado que cabem fiscalizar e controlar o acesso de estrangeiros ao país ou permitir ou não que estes entrem dignamente no país se reunidas as condições para tanto.

O discurso do ódio com ameaças virtuais ou concretas às pessoas e instituições pode vir disfarçado de "exercício pleno da liberdade de expressão" ou buscar amparo nela para práticas ilícitas que estão muito distantes de servirem ao propósito de fomentar o debate democrático ou de expor diferentes pontos de vista sobre o mesmo assunto.

Não é incomum os ofícios de persecução criminal relevarem ou atenuarem denúncias de tortura e maus-tratos aos cidadãos na abordagem policial e nos casos de prisão em flagrante ou mesmo de ações letais provocadas pelas forças de segurança, quando, sabe-se, ao Ministério cabe exercer o controle externo da atividade policial (art. 129, inc. VII, da CF), assim como a defesa do devido processo legal, que não autoriza a violação dos diretos humanos das pessoas, estejam elas nas ruas, em suas casas ou sob custódia do Estado.

As mesmas dicotomias e contradições aparecem no exercício da atribuição do procurador-geral da República no controle concentrado de constitucionalidade das leis, em que a opinião do chefe do Ministério Público da União pode dissociar-se da iniciativa proposta pelo seu antecessor ou por outros órgãos legitimados para tanto, segundo o art. 103, incs. I a IX da Constituição Federal.

A inquietante pergunta que nos assombra desde outubro de 1988 é qual a opinião do Ministério Público sobre os temas constitucionais mais relevantes ou candentes do país, considerando que o princípio da independência funcional pode gerar entendimentos contraditórios entre membros do *parquet* em ações diversas com o mesmo objeto ou, ainda – e pior –, numa mesma ação, em que integrantes do Ministério Público opinam diversamente entre si nas instâncias judiciais ordinárias e superiores.

Alguns podem dizer que uma das virtudes dos sistemas jurídicos contemporâneos é permitir a coexistência de opiniões e decisões distintas, deixando aos tribunais superiores a tarefa de uniformizar os julgados das instâncias ordinárias e pacificar as questões polêmicas ou controvertidas levadas à Justiça.

Outros, com igual certeza, podem afirmar que tantas opiniões e decisões judiciais contraditórias sobre o mesmo assunto não propiciam uma adequada compreensão do funcionamento do sistema de justiça por parte dos cidadãos, uma vez que alguma coerência ou segurança jurídica há de se buscar no duro ofício de se pleitear e obter uma resposta definitiva da Justiça sobre uma matéria qualquer, sem falar no longo tempo de indefinição sobre a procedência ou não de um direito coletivo ou individual.

Se a independência funcional, como princípio, é o combustível que leva adiante as teses mais criativas e inovadoras do Ministério Público, ao permitir aos seus membros opinar e agir livremente, de acordo com a sua consciência jurídica e moral, sem interferência superior ou externa, também é verdade que ela é o veneno que nos mata aos poucos, quando se verifica que teses previamente discutidas em diversas reuniões de trabalho e encontros temáticos organizados pelos órgãos de coordenação interna do Ministério Público e junto à sociedade civil possam ser afastadas com base num entendimento individual de membro do *parquet*, muitas vezes com viés personalista ou ideológico, em prejuízo a outro princípio constitucional de igual importância, a unidade institucional.

A compatibilização dos princípios da independência funcional, unidade e indivisibilidade dos órgãos do Ministério Público é tema controvertido de que há muito se ocupam os órgãos internos de coordenação de ofícios e, mais recentemente, o Conselho Nacional do Ministério Público, não havendo uma fórmula clara e definitiva para se resolver o dilema quando há riscos de a balança pender demasiadamente para um lado, como o da unidade institucional, e comprometer o outro, da independência funcional e vice-versa.

Por outro lado, a defesa dos direitos humanos, especialmente daquele rol extenso de direitos individuais postos no art. 5º, e seus incisos, e os direitos sociais previstos nos arts. 6º e 7º da Constituição não pode ser flexibilizada ou abandonada por quem tem a obrigação de protegê-los. Se foi dado ao Ministério Público o poder de zelar pelos direitos individuais e coletivos, há de ser garantido, por igual, os meios e as condições para o exercício adequado dessa missão tão relevante à sociedade.

Não cabe neste artigo aferir a eficácia e a utilização adequada dos instrumentos legais para a defesa dos direitos da cidadania à disposição do Ministério Público, mas a busca pela proteção integral dos direitos humanos não pode ser obstada por questões de foro íntimo ou orçamentárias.

Os órgãos internos correcionais e o CNMP devem assegurar que a balança não se desequilibre tão drasticamente e evitar, como regra, a intervenção na atividade-fim dos membros, sem descuidar dos casos mais graves de omissão ou de ações desviantes da missão do *parquet* de defesa dos direitos difusos, coletivos e individuais indisponíveis.

Como visto, os desafios para o fiel cumprimento da Constituição não são poucos, mas não deve ser menor a disposição de seus membros e dos órgãos internos de buscar coerência na atuação e eficácia na permanente luta pela efetivação de direitos coletivos e individuais. Não é simples desejo ou faculdade dos membros do Ministério Público, mas obrigação institucional que não pode ser menosprezada ou diminuída por quem tem o dever cívico de lutar pela democracia e pelos direitos humanos em toda a sua dimensão.

Informação bibliográfica deste texto, conforme a NBR 6023:2018 da Associação Brasileira de Normas Técnicas (ABNT):

RIOS, Aurélio Virgílio Veiga. Desafios para a defesa dos direitos humanos pelo Ministério Público na Constituição de 1988. *In*: FACHIN, Luiz Edson; BARROSO, Luís Roberto; CRUZ, Álvaro Ricardo de Souza (Coord.). *A Constituição da democracia em seus 35 anos*. Belo Horizonte: Fórum, 2023. p. 565-569. ISBN 978-65-5518-597-3.

O DIREITO FUNDAMENTAL À CIDADE, RAZÕES DE SUA (IN)EFETIVIDADE E CAMINHOS PARA A SUA CONCRETIZ(AÇÃO)

CRISTIANA FORTINI
MARIA FERNANDA VELOSO PIRES

1 Introdução

Em meio a uma conjuntura de avanços trazidos pela Constituição da República Federativa do Brasil de 1988, especialmente no que se refere aos direitos sociais e fundamentais, tem-se o direito à cidade, tema central deste artigo, analisado sob a perspectiva da sua fundamentalidade e de sua exígua efetividade.

Considerando-se o cenário acima mencionado, o objetivo deste artigo é analisar o direito à cidade como direito fundamental, bem assim, as razões de sua baixa efetividade em que pese os já passados 35 anos de vigência da Constituição da República e 22 anos do Estatuto da Cidade, propugnando, ao fim e ao cabo, por caminhos que levem à mudança da atual situação.

2 Direito fundamental à cidade

O direito à cidade sustentável visa garantir às pessoas que nela habitam – e às as futuras gerações – condições dignas de vida, de exercitar plenamente a cidadania e os direitos humanos (civis, políticos, econômicos, sociais, culturais e ambientais), de participar da gestão da cidade e de viver num meio ambiente ecologicamente equilibrado.

Com o Estatuto da Cidade (Lei nº 10.257/01), transforma-se em um novo direito fundamental, instituído em decorrência das funções sociais da cidade, constituindo-se em interesse difuso, uma vez que todos os munícipes são afetados pelas atividades, funções e impactos desempenhados no seu território.

O desenho assumido pelo direito à cidade ao ser analisado em sua dimensão jurídica e incorporado como instituto jurídico há de ser vislumbrado com espeque nos arts. 182 e 183 da Carta da República e no Estatuto da Cidade, que estabelecem a proteção e promoção da cidade como um bem jurídico-constitucional que merece tutela jurídica e, portanto, também judicial, deixando evidenciada a existência de um direito à cidade na ordem jurídica brasileira.

O direito à cidade é concebido com objetivos e elementos próprios, integrando a categoria dos direitos difusos, ou seja, é transindividual, de natureza indisponível, cujos titulares são pessoas indeterminadas ligadas pela circunstância fática de habitarem o mesmo espaço físico e político (art. 81, parágrafo único, inc. I, da Lei nº 8.078/90).

Reconhecido como direito fundamental, seu exercício não mais poderá ser afastado, seja pela aplicação do princípio da proibição de retrocesso, seja pela sua classificação como cláusula pétrea.

São elementos do conteúdo normativo do direito à cidade: o direito à moradia adequada; a serviços públicos adequados; à gestão democrática da cidade; à mobilidade urbana; ao planejamento urbano; à proteção do patrimônio histórico, artístico, cultural e paisagístico da cidade; à proteção do meio ambiente no espaço urbano; ao saneamento básico; ao lazer.

Constitui-se, ainda, em norma de ordem pública e interesse social, além de conformar a função social da propriedade (constante do art. 5º, inc. XXIII, da CRFB/1988), razão pela qual guarda em seu núcleo a categoria de direito fundamental.

Como direito fundamental, converte-se em garantia contra a indevida intervenção do Poder Público e impõe uma postura ativa do Estado, obrigando-o a disponibilizar prestações de natureza jurídica e material, visando ao exercício efetivo dos direitos constitucionalmente assegurados.

Contudo, mesmo quando é discutido em termos jurídicos e como instituto, não há um consenso sobre sua definição. Orlando Alves dos Santos Júnior e Cristiano Müller, na Coleção *Cartilhas de Direitos Humanos*, volume VI, que aborda o direito humano à cidade, afirmam que a sua definição na América Latina é de um conjunto de direitos que devem ser aplicados no âmbito urbano. No rol de direitos que o comporiam, os autores apontam, por exemplo, "o direito a participar na elaboração do orçamento municipal; o direito a participar na propriedade do território urbano, o uso socialmente justo e ambientalmente equilibrado do espaço e solo urbano; o direito a participar na mais-valia urbana".[1]

Por outro prisma, Thiago Aparecido Trindade[2] afirma que o princípio da função social da propriedade "é o princípio que define o Direito à Cidade em termos legais". O autor aponta a existência de duas dimensões nas quais o direito à cidade pode ser analisado. A primeira dimensão deve ser interpretada a partir do credo político do direito, é a dimensão política e filosófica, desenvolvida por Henri Lefebvre em 1968 e outros autores, como David Harvey, e a segunda dimensão é a dimensão normativa, que se materializa, conforme dito anteriormente, no princípio da função social da propriedade.[3]

---

[1] SANTOS JÚNIOR, Orlando Alves; MÜLLER, Cristiano. *Direito humano à cidade*. Curitiba: Plataforma Dhesca Brasil, 2010.

[2] TRINDADE, Thiago Aparecido. Direitos e cidadania: reflexões sobre o direito à cidade. *Lua Nova*, São Paulo, n. 87, p. 139-165, 2012. p. 140.

[3] TRINDADE, Thiago Aparecido. Direitos e cidadania: reflexões sobre o direito à cidade. *Lua Nova*, São Paulo, n. 87, p. 139-165, 2012. p. 140.

Sua identificação como um direito coletivo também encontra importante respaldo na Carta Mundial pelo Direito à Cidade, de 2006, quando, em seu art. 1º, prevê que o direito à cidade "é um direito coletivo dos habitantes da cidade". Por outro lado, o item 3 do art. 1º dispõe que "a cidade é um espaço coletivo culturalmente rico e diversificado que pertence a todos os seus habitantes".[4]

Ainda que a carta não tenha normatividade jurídica, porque não foi incorporada ao sistema de fontes do direito nacional e internacional, ela sinaliza um modo de compreender o direito à cidade também como um direito coletivo.[5]

Compreender e garantir o direito à cidade é promover a justiça social, fomentar o desenvolvimento sustentável e a inclusão social, dando eficácia aos princípios da dignidade da pessoa humana (art. 1º, III, CRFB/1988) e da redução paulatina das desigualdades sociais e regionais (art. 3º, III, CRFB/1988). É interdependente a todos os direitos humanos internacionalmente reconhecidos, concebidos integralmente, e inclui, portanto, todos os direitos civis, políticos, econômicos, sociais, culturais e ambientais que já estão regulamentados nos tratados internacionais de direitos humanos.

Para assegurar o pleno desenvolvimento das funções sociais da cidade como interesse difuso de todos os seus habitantes e permitir a todos o efetivo gozo do direito à cidade sustentável, se faz necessário renovar o pensamento jurídico e conferir eficácia aos instrumentos processuais existentes, o que infelizmente ainda não acontece, a despeito, repita-se, do suficiente embasamento legislativo.

3 Razões da (in)efetividade

Apesar de possuirmos um sistema jurídico que assegura e objetiva garantir a necessidade de criação de espaços urbanos sustentáveis e justos, não necessariamente o texto constitucional e seus comandos normativos são refletidos na realidade. Daí se afirmar que, apesar de possuirmos um excelente conjunto normativo tratando da ordem urbanística, estamos muito longe de garantir a justiça social e de solucionar os inúmeros conflitos decorrentes do processo de ocupação do solo urbano.

Nessa quadra, constatar a inefetividade não é tarefa difícil, assim como suas possíveis causas também não o são. É óbvio também que as razões são inúmeras e deitam raízes, no caso da política urbana, aos primórdios da urbanização do país.

Se o problema não é legislativo, porque, como se vê, há arcabouço legislativo adequado, perquire-se se o problema está no reconhecimento do instituto, e/ou na existência ou não de medidas que permitam implantar o referido direito, sob a ótica da exigibilidade. A dificuldade em dar caráter prático ao direito fundamental inscrito é um dos maiores desafios – talvez o maior – das constituições contemporâneas, sendo certo que não é prerrogativa única do direito à cidade, mas também de outros direitos fundamentais.

A aplicabilidade dos instrumentos urbanísticos previstos no Estatuto da Cidade é ainda mais incipiente. Instrumentos como a transferência do direito de construir

---

[4] FÓRUM SOCIAL MUNDIAL POLICÊNTRICO DE 2006. *Carta Mundial pelo Direito à Cidade*.

[5] MELLO, Cláudio Ari. Elementos para uma teoria jurídica do direito à cidade. *Revista de Direito da Cidade*, v. 9, n. 2. p. 437-462, 2017. p. 445.

e a concessão de uso especial de moradia são uma realidade em menos de 10% dos municípios brasileiros. *Idem* no que se refere ao IPTU progressivo, presente em apenas 25 municípios brasileiros. Os instrumentos de parcelamento, edificação e utilização compulsórios foram instituídos em apenas 110 cidades brasileiras, mas somente 25 delas regulamentaram o instrumento de forma a torná-lo aplicável.

Claudio Carvalho e Raoni Rodrigues chegam a algumas conclusões sobre o assunto:

> a) quanto mais o instrumento impõe ao particular o cumprimento da função social da propriedade, menor é a chance de ele ser regulamentado por um município;
>
> b) mesmo que os instrumentos urbanísticos sejam instituídos em Planos Diretores municipais, não existe garantia de que eles tenham sido regulamentados a ponto de se tornarem aplicáveis;
>
> c) muitos dos instrumentos são utilizados para combater o não cumprimento da função social, mas o próprio conceito de função social é tratado de modo muito superficial pelo EC/2001 e pela CRFB/1988, cabendo aos municípios darem especificidade – ou não – a tal definição; e
>
> d) a não obrigatoriedade de se instituírem os instrumentos urbanísticos faz com que a maioria deles ainda não seja regulamentada em grande parte das cidades brasileiras.[6]

Sobre o tema, Edésio Fernandes analisa as dificuldades de implementação do Estatuto da Cidade 10 anos depois de a lei ter entrado em vigor (atualmente já são 22 anos).[7] Aponta a descentralização do federalismo brasileiro como dificultador desse processo, pois a materialização efetiva desse novo marco jurídico inovador foi colocada em grande medida nas mãos das administrações municipais: anteriormente à aprovação da lei federal, a enorme maioria dos municípios não tinha um marco jurídico minimamente adequado para a disciplina dos processos de uso, ocupação, parcelamento, desenvolvimento, preservação, conservação, construção e regularização do solo urbano. A maioria dos municípios não tinha sequer dados e informações básicas, mapas, fotos aéreas e outros materiais relevantes sobre seus próprios territórios e processos socioespaciais.

Interessante observação faz Claudio Carvalho e Raoni Rodrigues, parafraseando o filósofo alemão Nietzsche[8] e comparando o Estatuto da Cidade a uma "nova opinião numa casa velha": "À derrubada das opiniões não segue imediatamente a derrubada das instituições; as novas opiniões habitam por muito tempo a casa de suas antecessoras, agora desolada e sinistra, e até mesmo a preservam, por falta de moradia".[9]

Essa exatamente a hipótese aqui versada. O Estatuto da Cidade ainda é a nova opinião vivendo na casa velha, representada pela hierarquizada estrutura urbana brasileira, desorganizada, desigual e excludente. Não é tarefa fácil alterar esse *status*

---

[6] CARVALHO, Claudio; RODRIGUES, Raoni. O Estatuto da Cidade e seus 15 anos: opiniões novas na casa velha. *Revista Paranaense de Desenvolvimento*, Curitiba, v. 37, n. 131, p. 53-65, jul./dez. 2016.

[7] FERNANDES, Edesio. Reforma urbana e reforma jurídica no Brasil: duas questões para reflexão. *In*: COSTA, Geraldo Magela; MENDONÇA, Jupira Gomes de (Org.). *Planejamento urbano no Brasil*: trajetória, avanços e perspectivas. Belo Horizonte: Arte, 2008. p. 123-135.

[8] CARVALHO, Claudio; RODRIGUES, Raoni. O Estatuto da Cidade e seus 15 anos: opiniões novas na casa velha. *Revista Paranaense de Desenvolvimento*, Curitiba, v. 37, n. 131, p. 53-65, jul./dez. 2016.

[9] NIETZSCHE, Friedrich Wilhelm. *Humano, demasiado humano*: um livro para espíritos livres. São Paulo: Companhia das Letras, 2003.

de coisas. Não é a sobrevinda de uma lei, por melhor que seja, que irá resolver todos esses problemas de natureza estrutural. No que se referem aos demais mandamentos contidos no Estatuto da Cidade, vislumbram-se vários problemas, alguns deles oriundos da própria lei e outros externos a ela.

Já se sabe que vários dos dispositivos ainda não foram regulamentados e, se regulamentados, padecem de aplicação. Além disso, há problemas na produção da norma em nível municipal, já que são complexas e demandam maior qualificação de seus autores. Em um país de dimensões continentais e diferenças abissais, muito difícil que nos seus rincões se tenham edis e servidores públicos preparados técnica e politicamente para a produção dos normativos que permitam a adequada aplicação do Estatuto da Cidade.

Outro problema que se vislumbra diz respeito à incapacidade desses mesmos atores em enxergar além dos limites do próprio município, o que gera consequências de ordem prática, já que várias questões afetam mais de uma localidade, precisando de tratamento de forma metropolitana ou regional.

A legislação urbanística de um município se restringe ao seu território, não exercendo influência sobre vizinhos, que podem, de acordo com seus interesses, gerar impactos involuntários sobre a infraestrutura urbana e serviços ofertados pelo vizinho.

Outra dificuldade é a primazia do valor de troca sobre o valor de uso da terra urbana, o que já alertava Henri Lefebvre desde a década de 1960.[10] Muitos dos instrumentos inseridos no Estatuto da Cidade não são utilizados nas legislações urbanísticas municipais por limitarem o exercício do direito de propriedade, ainda entendido como absoluto no país. Essa compreensão equivocada de que o direito de propriedade se confunde com o direito de construir, apesar de já superada no Estatuto da Cidade, ainda não foi adotada como verdade na prática, o que inviabiliza o uso de instrumentos urbanísticos previstos no próprio Estatuto. Como esses instrumentos precisam ser regulamentados em nível municipal para terem validade, o que se faz é simplesmente não os votar e, assim, deixam de existir na prática, ou melhor, de ser exigíveis.

Não se pode deixar, ainda, de citar as tensões existentes entre grupos políticos antagônicos que se sucedem no poder local e as disputas entre os poderes Executivo e Legislativo, movimentos sociais e empresariado. A instabilidade política local gera desconfianças e dificulta a aplicação de diretrizes previstas nas legislações urbanísticas municipais. Entretanto, há ainda a falta de articulação de grupos comunitários em contraposição à pressão exercida de forma orquestrada pelos setores produtivos por novos espaços voltados para as suas atividades. A necessidade de viabilizar novas receitas municipais capazes de fazer com que planos sejam realizados muitas vezes contradiz o previsto no próprio plano. Por outro lado, os grupos comunitários, pouco articulados e sem participação efetiva na gestão do plano, sofrem com as alterações ditadas pelos interesses econômicos em jogo.[11]

---

[10] FERNANDES, Edesio. Reforma urbana e reforma jurídica no Brasil: duas questões para reflexão. *In*: COSTA, Geraldo Magela; MENDONÇA, Jupira Gomes de (Org.). *Planejamento urbano no Brasil*: trajetória, avanços e perspectivas. Belo Horizonte: Arte, 2008. p. 123-135.

[11] RODRIGUES, Lessandro Lessa. Estatuto da Cidade: quinze anos se passaram, mas o Brasil urbano continua desigual e excludente. *Archdaily*, 15 abr. 2016.

Há também dificuldade no quesito participação na gestão, conforme previsto no Estatuto da Cidade. Se a cidade é, afinal, resultado de disputas e interações políticas e sociais, estas devem ser partes integrantes da elaboração de um plano que preveja diretrizes do desenvolvimento e planejamento urbano.

No entanto, embora a norma simbolize a valorização que o legislador tenha dado a essa integração, ela não garante, por si só, a execução de seus fins. Na prática, como visto, esses prescritivos traduzem apenas um simbolismo legal, sem eficácia prática.

O que se observa, entretanto, é que a gestão dos planos não conta com a participação efetiva das comunidades destinatárias. Pelo contrário, essa participação é formal, visando apenas ao atendimento das exigências legais, por isso mesmo, frágil e inadequada.

Outro grande problema na efetivação do Estatuto da Cidade está na ausência da articulação da legislação urbanística com as demais políticas setoriais. Essa pouca atenção à questão orçamentária faz o município não somente negligenciar o plano e sua relação com os investimentos, mas também, na outra ponta, desconsiderar receitas advindas de instrumentos previstos no Estatuto da Cidade, a exemplo dos já citados IPTU progressivo e da outorga onerosa do direito de construir e da alteração de uso.

Daí a crítica de que os instrumentos urbanísticos previstos no Estatuto da Cidade têm sido cooptados pela iniciativa privada e, assim, ao invés de contribuir para a promoção de inclusão socioespacial, estariam contribuindo para o processo crescente de mercantilização das cidades brasileiras.

Infelizmente, o que ocorre é que, apesar de inovador e abrangente em conteúdo, o Estatuto da Cidade não tem sido capaz de dar as respostas para as questões que ele se propôs a resolver, mesmo que 22 anos depois.

No Judiciário, o desafio está na compreensão da função social umbilicalmente conectada com o direito de propriedade. Tal associação implicaria trazer força para exigir dos proprietários o cumprimento da função social de seus imóveis, mas, infelizmente, raras são as decisões que assim compreendem e julgam. Ao nos deparar com algumas dessas poucas decisões, as vemos como "pequenos espaços de esperança", para fazer uso da expressão título da obra de David Harvey.

Até hoje a função social da propriedade é um dos temas tormentosos do direito. Rios de tinta já foram gastos para tentar definir os contornos do que seria essa função social. Sendo o nosso um sistema jurídico de viés eminentemente voluntarista, centrado no instituto do direito subjetivo, a função social da propriedade aparece primordialmente como uma limitação externa, mais do que algo que seja inerente à estrutura do próprio direito de propriedade.

Como demonstrado, é grande o desafio que se apresenta. É o que bem disseram Raoni Rodrigues e Cláudio Carvalho ao se referirem à "ideia nova na casa velha". A casa velha é a lógica corporativa e patrimonialista de gestão das cidades, é a inércia quanto às mudanças do antigo modelo de desenvolvimento urbano, é o jogo de forças políticas denunciado na obra de Henri Lefebvre, é a ausência de atuação eficaz do Poder Público porque dependente de um planejamento urbano eficaz que está sob o poder regulatório do Estado, que deve limitar as liberdades individuais em nome do interesse público.

Apesar disso, não resta dúvida de que não se trata de aplicar um ordenamento jurídico pura e simplesmente sem repensar o sistema político, de financiamento, planejamento e gestão do território que definem essas questões no âmbito do Estado brasileiro.

Sucede, entretanto, que a cidade tem deixado de ser vista como espaço de vivência e passado a ser considerada como espaço de negócio. Substitui-se a política pela gestão empresarial, a lei pelo contrato, o cidadão pelo consumidor. Nesse contexto, o tão esperado Estatuto da Cidade padece e perece, e, com ele, o direito à cidade deixa de ser reconhecido e efetivado, e os possíveis pequenos "espaços de esperança" deixam de existir.

Várias são as razões da reconhecida inefetividade do direito à cidade. Vejamos pontualmente algumas delas:

Eficácia limitada das normas para produzir efeitos jurídicos, enquanto a aplicabilidade, a virtude de a norma ser realizável, de causar efeitos práticos.

A incompatibilidade entre a autonomia jurídico-formal dos municípios e as regras de repartição das receitas tributárias. Por meio da Constituição Federal de 1988, ganha o município contornos de ente político-jurídico, integrando a federação com autonomia antes jamais recebida, conferindo caráter peculiar ao federalismo pátrio. A Constituição Federal de 1988, em seus artigos 18, 29 e 30, revela a autonomia municipal consubstanciada nas capacidades de auto-organização, capacidade de autogoverno (trata-se de esfera federativa que possui representantes do Poder Executivo e Legislativo), capacidade de autoadministração (por meio de suas normas e de seus administradores, tem autonomia para resolução de questões de interesse local). E, ainda, está expressa a capacidade de legiferar ou capacidade normativa, por meio da produção normativa de leis que tangem seus interesses. Para que o federalismo cooperativo expresse a descentralização de funções, de atribuições, a capacidade legislativa e a autonomia dos entes federados, é necessário que os recursos financeiros destes entes federativos possam efetivamente servir à realização de suas competências, à consecução de inúmeros serviços, planos, programas e políticas públicas. Logo, a autonomia financeira é correlata à autonomia política dos entes integrantes da federação e sabe-se que a maioria dos municípios brasileiros não possuem autonomia financeira, logo, não há independência para a gestão dos assuntos locais. Obsta-se a sustentabilidade dos espaços locais que, autônomos juridicamente, dependem de repasse de verbas pelo governo central para sobreviver. A autossuficiência financeira é relativa porque diretamente dependente das verbas da União e dos Estados-membros. Nesse sentido, a falta de autonomia jurídico-financeira é óbice à concretização dos princípios e regras constitucionais para o desenvolvimento urbano.

As competências concorrentes como desafio à implementação do direito à cidade sustentável. Os municípios brasileiros, diante de inúmeras atribuições para o desenvolvimento urbano e planejamento de políticas urbanas – prestação de serviços públicos de interesse local, planejamento territorial, proteção do patrimônio histórico-cultural local e do patrimônio cultural brasileiro, proteção ao meio ambiente, organização dos sistemas de ensino e criação de programas de educação pré-escolar e de ensino fundamental, serviços de atendimento à saúde da população –, devem concretizar essas atribuições apesar dos escassos recursos financeiros estatais, da inexistência de um planejamento adequado que consiga abranger as influências do binômio rural e urbano, do aumento das áreas periféricas, que abrigam grande parte da população carente, do inadequado uso do solo, da degradação do meio ambiente, da pobreza, da criminalidade, da insegurança, da especulação imobiliária, da diminuição da oferta de empregos, da falta de planejamento e de políticas para a circulação e para a mobilidade, da falta de infraestrutura e de políticas de saneamento básico universal, do aumento da poluição, da diminuição da qualidade de vida, da escassa participação política. No entanto, ainda que o município tenha grande responsabilidade para tratar dos problemas decorrentes da ocupação do solo urbano e de sua organização, não se pode ter uma postura acrítica em pensar que os problemas urbanos estão encerrados no âmbito municipal. Os problemas urbanos são problemas locais que possuem, por consequência, efeitos no âmbito nacional, assim como a falta de políticas nacionais para o trato de questões que envolvem planejamento urbano tem direto efeito sobre os espaços locais. Logo, não somente o município é o responsável para ordenar o pleno desenvolvimento das funções sociais da cidade para a garantia da qualidade de vida e do bem-estar de sua população! Apesar de ter sido delegada ao município a função precípua de executar a política de desenvolvimento urbano municipal, este não poderá fazê-la com esmero se as diretrizes e princípios em nível nacional e regional forem obscuros ou inexistentes; da mesma forma que a política de desenvolvimento urbano municipal será restrita e ineficaz, se não estiver consubstanciada nos planos e metas nacional e regional para o desenvolvimento urbano. Apesar da competência concorrente para o trato da questão urbana, ainda não existe, no Brasil, política de desenvolvimento urbano coerente e sistematizada, em que estejam claramente definidas e devidamente cumpridas as atribuições, tanto legislativas como administrativas, para o tratamento da questão urbana. Quanto à divisão de competências no federalismo cooperativo brasileiro, em vez de o sistema jurídico-administrativo servir de forma eficiente para execução de planos, programas e políticas públicas, observa-se que as competências concorrentes se tornam verdadeiro óbice à consecução de atividades racionalmente integradas.

A inexistência de planejamento para a implementação de políticas públicas e a falta de efetividade do plano diretor municipal. Assim como ainda não existe uma política de desenvolvimento urbano que expresse o sistema federativo harmônico, funcional, eficaz e coerentemente integrado, da mesma forma, no âmbito municipal, o planejamento ainda não é visto como importante ferramenta para o enfrentamento dos complexos problemas urbanos. As políticas públicas são realizadas aleatoriamente e o plano diretor, instituto primordial para se traçar as diretrizes e regras para a implementação de políticas de desenvolvimento e expansão urbana, ainda não ganhou a relevância necessária nos municípios brasileiros.

A incipiente democracia participativa. Outro problema que tem direta relação com a criação e implementação de políticas públicas para os espaços urbanos é o fato de que, apesar de o texto constitucional ter tratado da necessidade de participação popular para o fortalecimento do poder local, a participação política no desenvolvimento de políticas urbanas ainda é muito frágil.

Viu-se, portanto, que, apesar de o Brasil possuir normas consideradas das mais promissoras em nível nacional e internacional, é fato que grande parte delas ainda não saiu efetivamente do papel, mesmo após 35 anos da promulgação da Constituição da República e 22 anos após a entrada em vigor do Estatuto da Cidade.

4 Caminhos para a efetivação e para a concretização

Constatada a (in)efetividade do direito à cidade, cumpre traçar caminhos para a sua concretização.

Conforme exposto acima, no campo jurídico e institucional houve o reconhecimento do direito à cidade por meio do capítulo da política urbana na Constituição de 1988 e da aprovação, em 2001, do Estatuto da Cidade.

A positivação de direitos fundamentais no texto constitucional torna o Estado devedor de uma série de prestações que, justamente por estarem inseridas no ordenamento jurídico, tornam-se judicialmente exigíveis. E, neste sentido, há que se reconhecer que o

Poder Judiciário não pode manter-se inerte, ou mesmo afastado das questões sociais.[12] Isso posto, diante da inefetividade das normas que preveem direitos fundamentais, um caminho que se apresenta plausível é buscar sua concretização via medidas judiciais.

A tutela judicial do direito à cidade resolver-se-á, em regra, pela postulação judicial de condenação do Poder Público à execução de políticas públicas ou medidas administrativas, ou por meio da invalidação de uma lei ou de um ato administrativo que provoque lesão aos elementos normativos do direito à cidade ou, nos termos da Lei nº 7.347/85, à ordem urbanística.

Isso porque, em se tratando de um direito coletivo, a tutela judicial deve se dar por meio dos instrumentos judiciais apropriados, especialmente a ação civil pública e a ação popular, embora eventualmente se possa recorrer, quando necessário, às ações típicas do controle abstrato de constitucionalidade de atos do Poder Público, como a ação direta de inconstitucionalidade e a arguição de descumprimento de preceito fundamental.

O direito à cidade envolve a imposição de obrigações positivas ao Poder Público, como políticas públicas, programas governamentais e medidas administrativas. Ainda assim, exatamente por demandar obrigações estatais positivas complexas, é que a justeza do direito à cidade está fadada a se defrontar com argumentos de resistência à proteção judicial dos direitos positivos, como as limitações orçamentárias, dificuldades operacionais, a preferência funcional das escolhas legislativas e administrativas sobre as judiciais, a discricionariedade do legislador e do administrador público.

Fundamental, portanto, não é apenas aquilo que o texto constitucional formalmente diz que é, mas também as ferramentas que instrumentalizam e asseguram a prática real desses direitos fundamentais.

O caminho do Judiciário como solução para a concretização de direitos fundamentais traz dúvidas quanto à viabilidade de atuação do Poder Judiciário nessa seara quanto à qualidade das respostas dele advindas, bem como sobre a legitimidade de uma atividade judicial voltada para políticas públicas.

É certo que inércias legislativas e executivas não podem mais ser aceitas nesta quadra da história, especialmente pela extensa positivação de direitos fundamentais de todas as gamas no texto constitucional. Não há mais de se compreender essas normas fundamentais como mero programa de intenções, mas dando-lhes normatividade plena e se exigindo do Estado o seu devido cumprimento, ainda que tal tarefa envolva a realização de prestações positivas. Dessa feita, a atividade jurisdicional ligada às questões sociais adquire legitimidade a partir da visão constitucional de que o processo judicial pode ser uma resposta democrática para a realização de direitos fundamentais negligenciados por outros órgãos e poderes.

Claro que esse caminho também enfrenta problemas, a exemplo da discussão sobre a possibilidade de o Poder Judiciário lançar mão das decisões judiciais para efetivar os direitos sociais, garantindo sua máxima realização. Há muitas críticas ao chamado ativismo jurídico e à possibilidade de atribuir a condição de direitos subjetivos aos chamados direitos sociais previstos constitucionalmente. Maiores ainda são as dúvidas quanto à possibilidade de obrigar o Estado a remanejar verbas orçamentárias para

---

[12] PASOLD, Cesar Luiz. *Função social do Estado contemporâneo*. 3. ed. Florianópolis: OAB/SC Editora; Editora Diploma Legal, 2003. p. 47.

atendimento das decisões judiciais, vindo à tona, nessa questão específica, a teoria da separação dos poderes.

O constitucionalismo tem reiterado a primazia do Poder Executivo na condução das políticas públicas. O Judiciário é mero paliativo de omissões dessa ordem. As críticas ofertadas pela teoria das capacidades institucionais são enormes.[13]

A expansão da atuação do Poder Judiciário suscita, ainda, o questionamento da separação de poderes (art. 2º, CRFB/1988) a partir do debate dos limites do exercício da atividade jurisdicional dentro de uma seara de competência típica do Poder Executivo – a definição e implementação das políticas públicas –, agente político legitimado pela escolha do cidadão através do processo eletivo próprio.

Outra dificuldade que se apresenta diz sobre a vagueza do conteúdo da norma. Entretanto, não existem motivos para negar os efeitos pretendidos pelas normas constitucionais, por mais vagos que sejam os enunciados normativos ou imprecisos os signos linguísticos, principalmente quanto àquelas que enunciam os direitos fundamentais.

Por fim, há de se enfrentar o dogma da vedação da atuação do juiz como legislador positivo, centrada nos princípios da separação dos poderes e da reserva legal. Contudo, não se pode perder de vista que, no caso dos direitos sociais previstos na Constituição Federal, estes não se submetem ao princípio da reserva legal, já que a própria Carta informa que eles serão gozados "nos termos da Constituição".

Visando à efetividade do direito fundamental, é possível sim que o Judiciário atue positivamente, não se tratando da anulação do político pelo jurídico, mas simplesmente de limitação quando necessário, via análise casuística da situação posta em juízo.

Quanto à teoria da separação de poderes, que impede a análise do mérito das escolhas administrativas realizadas sob o crivo da discricionariedade administrativa, o entendimento mais atual muda o enfoque da análise da atuação do Poder Público, na medida em que passa a ser possível não somente verificar os pressupostos de legalidade, mas o administrador passa a ter o dever de agir qualitativamente, de modo que a sua atuação suscita questionamentos de caráter finalístico.

Quanto à impossibilidade do controle judicial das questões políticas, também respaldada pela teoria da repartição dos poderes, é claro que tanto Executivo quanto Legislativo também devem obediência à CRFB/1988 e a seus valores, e qualquer desvio ilícito enseja a correção por parte do Judiciário. Não obstante, há de se ter limites à atuação judicial quando se tratar de ato discricionário em que não seja possível identificar a solução mais eficaz a ser adotada pelo administrador público. Não é crível substituir o mérito da escolha do administrador público pelo mérito da escolha do juiz.

Há, ainda, as ações civis públicas, o mandado de segurança e o mandado de injunção que podem ser utilizados para a proteção do direito fundamental negligenciado.

Pelo que se vê, o Judiciário também não é capaz de oferecer respostas concretas e absolutas às questões que lhe são postas, a demonstrar que a inefetividade da norma, no Brasil, é assunto muito mais complexo do que se possa imaginar, que vai além das teorias de eficácia, vigência e validade da norma, que ultrapassa a competência jurisdicional.

---

[13] Para melhor compreender o tema, ver: SUNSTEIN, C. R.; VERMEULE, A. Interpretation and institutions. *John M. Olin Law & Economics Working Paper*, Chicago, n. 156, 2002.

Este é, pois, outro caminho a ser apontado, qual seja, maior cuidado no processo legislativo que precede a promulgação da lei como meio de minimizar os efeitos deletérios relativos a eventuais inconstitucionalidades, ilegalidades, ausência de validade, eficácia e efetividade das normas, todas questões formais, mas que também dificultam a adequada aplicação da norma.

Outra importante questão diz respeito à participação dos cidadãos. Vale dizer, a falta de reconhecimento ou efetividade do conteúdo normativo de uma lei pode ser minimizada se fomentadas a participação das pessoas e a representação de seus mais variados interesses no processo legislativo no intuito de legitimá-la. Parece evidente que a probabilidade de uma lei ter adesão social aumenta na medida em que aumentam as expectativas sociais e normativas dirigidas ao seu processo de elaboração. Verdade é que a falta de participação de todos os envolvidos no tema faz com que falte ao projeto de lei consistência técnica e democrática, ou seja, legitimidade.

Entretanto, a questão que se apresenta é a razão da ausência de participação, a despeito de o Estatuto da Cidade ter fixado como uma das diretrizes gerais a "gestão democrática por meio da participação da população e de associações representativas dos vários segmentos da comunidade na formulação, execução e acompanhamento de planos, programas e projetos de desenvolvimento urbano" (art. 2º, inc. II).

A ideia de participação é que a cidadania transcenda o momento de votação nas eleições e seja aplicada socialmente na colaboração do espaço público, na discussão de novas leis e deliberação sobre demandas de políticas públicas.

Esse baixo comprometimento de setores governamentais também contribui para uma falta de integração e coordenação entre os processos participativos. Muitas vezes as deliberações tomadas em conferência ou conselhos de áreas diferentes são contraditórias entre si. Muitas vezes também a divulgada participação social se reduz à mera consulta, sem de fato se apresentar como processo de discussão e consolidação da democracia no Brasil. Para isso, faz-se mister, além da disponibilidade da informação, um processo de formação e de capacitação desses representantes, que na maioria das vezes não a possuem nem a recebem.

A participação social, até agora, permitiu somente romper formalmente com esse modelo, construindo um arcabouço legal extremamente progressista, mas, na prática, permanecem as relações de exclusão e segregação.

Uma estrutura de participação nas políticas públicas pressupõe a existência de organizações da sociedade civil fortalecidas e autônomas. Para atuar, técnica e politicamente, em conselhos e conferências são necessários recursos humanos qualificados. Infelizmente, há uma lacuna de processos de formação política e educação popular.

Outra importante questão que pode auxiliar no caminho da efetividade das normas está na competência deferida ao Executivo para a produção de regulamentos, isto é, normas que especificam o comando contido nas leis. No caso da política urbana, a maior parte dos comandos constitucionais e legais a respeito do tema depende precipuamente de regulamentação em nível municipal, a cargo dos chefes dos executivos municipais, mas também das câmaras municipais, na medida em que vários instrumentos dependem de lei.

A participação precisa sair do discurso do politicamente correto e adentrar o universo da experiência material, real e concreta da Administração Pública brasileira.

Infelizmente, a técnica de representação política dos cidadãos nem sempre corresponde aos seus verdadeiros interesses. Ao contrário, muitas vezes observa-se a política sendo articulada de forma a beneficiar determinados grupos sociais em detrimento de outros.

Nesse ínterim, a previsão da gestão democrática da cidade é de grande importância para a desconcentração do poder por parte dos representantes eleitos, e para atribuir à própria sociedade as responsabilidades das decisões tomadas, garantindo oportunidade de participação e esclarecimento. Trata-se de importante instrumento hábil a fortalecer a soberania popular, de modo a construir a cidade a partir de uma concepção pluralista e aberta, considerando as diferentes necessidades, percepções e maneiras de ser, especialmente das classes menos favorecidas, que de fato mais carecem de mudanças.

Outro meio de concretização do direito à cidade é via participação direta dos habitantes nos processos de tomadas de decisões importantes nas cidades sobre orçamento, realização de obras públicas, elaboração de planos urbanísticos, aprovação de empreendimentos que vão gerar impactos negativos urbanos e ambientais.

A proteção do direito à cidade também deve ser pauta do Ministério Público e Defensoria Pública. Os organismos universitários de direitos humanos, como núcleos de prática jurídica, escritórios modelos, clínicas de direitos humanos que atuam no campo da advocacia popular, também podem promover a proteção desse direito.[14]

Isso, porque, de uma perspectiva inicialmente revolucionária, o direito à cidade foi adquirindo ao longo dos anos um caráter institucional, inspirando normas e políticas públicas visando minimizar os perversos efeitos da segregação urbana, resultantes, entre outros fatores, do violento processo de mercantilização das cidades.

Outro importante caminho é o do planejamento. Há relação intrínseca entre planejamento e política urbana, pois o planejar pode ser visto como um processo político-administrativo de governo, que, apesar de estar calcado em conhecimentos teóricos, precisa estar delineado em políticas, diretrizes práticas, sistemas e mecanismos adequados de integração, descentralização e democratização dos organismos governamentais de gestão de políticas públicas.

O planejamento público consiste em uma atividade que orienta possibilidades, arranjos institucionais e políticos. Planejar é um processo, enquanto o plano é um registro momentâneo desse processo e o planejador é seu facilitador. Quando um governo planeja, os propósitos devem ser claros e compatíveis com os princípios e diretrizes estabelecidos pela Constituição emanada da soberania popular.

Para tanto, o caminho são as diretrizes contidas no art. 2º, I, da Lei nº 10.257/01. Na prática, que nem sempre se caracteriza pela realização plena de todas as posições jurídicas (individuais e coletivas) envolvidas, sua consagração passa pelo enfrentamento de contextos, necessidades e desafios diversos, em regra marcados pela escassez de recursos, o que impõe a consagração de prioridades de atuação.

[14] LIBÓRIO, Daniela Campos; SAULE JÚNIOR, Nelson. Direito à cidade e institutos de proteção dos territórios urbanos de grupos sociais vulneráveis. *In*: CAMPILONGO, Celso Fernandes; GONZAGA, Alvaro de Azevedo; FREIRE, André Luiz (Coord.). *Enciclopédia jurídica da PUC-SP*. 1. ed. São Paulo: Pontifícia Universidade Católica de São Paulo, 2017. Tomo Direito Administrativo e Constitucional. Disponível em: https://enciclopediajuridica.pucsp.br/verbete/66/edicao-1/direito-a-cidade-e-institutos-de-protecao-dos-territorios-urbanos-de-grupos-sociais-vulneraveis.

Vale dizer que o Estatuto da Cidade estabelece as linhas gerais do direito à cidade, os caminhos para a efetivação, as direções a serem tomadas, deixando que a normatização se faça em nível estadual e principalmente municipal, onde mais de perto o direito se apresente necessário.

Desse modo, é possível afirmar que sua garantia como diretriz confirma que seu conteúdo, inserido na Lei nº 10.257/01, deve ser adequado a cada realidade municipal. Não é viável considerar a noção de direito à cidade como feixe de direitos e garantias estáveis e com conteúdo predeterminado.

É a eleição concreta de prioridades e o equilíbrio dinâmico entre os diversos componentes que permitem precisar o conteúdo do direito à cidade em cada caso. Nessa condição, a noção complexa desse direito constitui diretriz (premissa) para a estruturação da organização ou da ordem urbanística local e apresenta conteúdo relativamente aberto.

Considera-se, assim, que o processo de definição e realização do direito à cidade desenvolve-se basicamente pela concepção e execução do planejamento urbano, com a consagração de determinada política urbana que realize e assegure certo conjunto de direitos aos habitantes e usuários do meio urbano em geral, ao tempo em que estipula a observância de deveres fundamentais dos sujeitos privados, a partir do modelo constitucional de urbanismo solidarista.

Outra importantíssima medida de concretização do direito à cidade é o compatível financiamento e suficientes investimentos públicos para atender às demandas de infraestrutura urbana, prestação adequada, acessibilidade a serviços públicos, moradia, mobilidade, transporte e saneamento ambiental.

Se se reconhece a existência de deveres a serem assumidos pelo Estado no meio urbano, não são exatamente claras as posições jurídicas efetivamente exigíveis que daí se extraem, isto é, quais são as pretensões concretas, individuais e coletivas, asseguradas aos cidadãos ou por eles exigíveis.

Nessa seara, até é possível e viável reconhecer a ilegitimidade de uma omissão absoluta do Estado. Porém, é problemático definir qual deve ser o conteúdo das ações estatais a serem promovidas e até que ponto é possível demandar do Estado uma ou outra direção. Essa é uma resposta que, em regra, depende da conjuntura local. Daí se afirmar que, para realizar o fim de promover o desenvolvimento sustentável da cidade, o Poder Público assume a tarefa de estabelecer e concretizar uma política urbana específica, que abrange o planejamento e a ordenação urbana aptos a identificar e consagrar os direitos a serem observados.

Há de se ter em mente que se vive o tempo do direito com o direito do seu tempo. A força que a Constituição detém vem daqueles que a invocam. É a sociedade que deve buscar realizar sua vontade. Essa realização se dá na dialética e nos confrontos entre pessoas que lutam pelos seus direitos e defendem caminhos para vê-los concretizados.

5 Considerações finais

Sendo o direito à cidade o local de encontro de múltiplos direitos fundamentais, que nele coexistem e formam uma diretriz de otimização das cidades, à outra conclusão não se chega senão que o direito à cidade é mesmo um direito fundamental.

Assim, para que a construção do direito à cidade seja consolidada de fato e de direito, é preciso superar as amarras existentes na gestão urbana, lutando pela eficácia social da ordem jurídico-urbanista existente como condição para efetivação da justiça social, da inclusão social e do desenvolvimento sustentável, colocando-se como imperativo para a democracia no Brasil.

A questão urbana brasileira se insere num quadro amplo, dominado por conflitos socioambientais complexos, que precisam ser resolvidos com auxílio de um pensamento em rede, visto que estão em jogo culturas, estilos de vida, interesses e modelos de civilização.

A cidade que se quer depende de uma governança responsável e ética e, ainda, da participação dos cidadãos como artífices da cidade e titulares do direito à cidade presente e futuro, de cidadãos que demonstrem que é possível viver na cidade de outra forma, que desenvolvam a capacidade de pensar, valorizar, agir e participar da política urbana, que pensem a cidade como valor de uso em vez de troca, ainda que no sistema capitalista, que acreditem nos valores e ideais inseridos na Carta republicana de 1988 e no Estatuto da Cidade, e que se reconheçam nesses valores e propugnem pela efetivação do que ali está contido, enfim, de cidadãos do mundo e para o mundo, indivíduos comprometidos eticamente, responsáveis e solidários com o outro e com a cidade na qual vivem.

Referências

CARVALHO, Claudio; RODRIGUES, Raoni. O Estatuto da Cidade e seus 15 anos: opiniões novas na casa velha. *Revista Paranaense de Desenvolvimento*, Curitiba, v. 37, n. 131, p. 53-65, jul./dez. 2016.

FERNANDES, Edesio. Reforma urbana e reforma jurídica no Brasil: duas questões para reflexão. *In*: COSTA, Geraldo Magela; MENDONÇA, Jupira Gomes de (Org.). *Planejamento urbano no Brasil*: trajetória, avanços e perspectivas. Belo Horizonte: Arte, 2008. p. 123-135.

LIBÓRIO, Daniela Campos; SAULE JÚNIOR, Nelson. Direito à cidade e institutos de proteção dos territórios urbanos de grupos sociais vulneráveis. *In*: CAMPILONGO, Celso Fernandes; GONZAGA, Alvaro de Azevedo; FREIRE, André Luiz (Coord.). *Enciclopédia jurídica da PUC-SP*. 1. ed. São Paulo: Pontifícia Universidade Católica de São Paulo, 2017. Tomo Direito Administrativo e Constitucional. Disponível em: https://enciclopediajuridica.pucsp.br/verbete/66/edicao-1/direito-a-cidade-e-institutos-de-protecao-dos-territorios-urbanos-de-grupos-sociais-vulneraveis.

MELLO, Cláudio Ari. Elementos para uma teoria jurídica do direito à cidade. *Revista de Direito da Cidade*, v. 9, n. 2. p. 437-462, 2017.

NIETZSCHE, Friedrich Wilhelm. *Humano, demasiado humano*: um livro para espíritos livres. São Paulo: Companhia das Letras, 2003.

PASOLD, Cesar Luiz. *Função social do Estado contemporâneo*. 3. ed. Florianópolis: OAB/SC Editora; Editora Diploma Legal, 2003.

RODRIGUES, Lessandro Lessa. Estatuto da Cidade: quinze anos se passaram, mas o Brasil urbano continua desigual e excludente. *Archdaily*, 15 abr. 2016.

SANTOS JÚNIOR, Orlando Alves; MÜLLER, Cristiano. *Direito humano à cidade*. Curitiba: Plataforma Dhesca Brasil, 2010.

SUNSTEIN, C. R.; VERMEULE, A. Interpretation and institutions. *John M. Olin Law & Economics Working Paper*, Chicago, n. 156, 2002.

TRINDADE, Thiago Aparecido. Direitos e cidadania: reflexões sobre o direito à cidade. *Lua Nova*, São Paulo, n. 87, p. 139-165, 2012.

Informação bibliográfica deste texto, conforme a NBR 6023:2018 da Associação Brasileira de Normas Técnicas (ABNT):

FORTINI, Cristiana; PIRES, Maria Fernanda Veloso. O direito fundamental à cidade, razões de sua (in) efetividade e caminhos para a sua concretiz(ação). *In*: FACHIN, Luiz Edson; BARROSO, Luís Roberto; CRUZ, Álvaro Ricardo de Souza (Coord.). *A Constituição da democracia em seus 35 anos*. Belo Horizonte: Fórum, 2023. p. 571-585. ISBN 978-65-5518-597-3.

DEMOCRATIZAÇÃO DO ACESSO À PROPRIEDADE RURAL NA CONSTITUIÇÃO DE 1988: IMPASSE QUE PERMANECE

ELA WIECKO V. DE CASTILHO

As reflexões deste artigo foram suscitadas por dois fatos políticos que ocorreram no primeiro semestre de 2023. O primeiro deles, a criação da Comissão Parlamentar de Inquérito (CPI) para investigar o Movimento dos Trabalhadores Rurais Sem-Terra (MST).[1] De acordo com a notícia veiculada pelo *Canal Rural*, "o principal objetivo da CPI é o aumento das *invasões de terra* no país neste ano. Apenas no mês de abril, o MST contabiliza ao menos 11 propriedades rurais, além de uma área de unidade de pesquisa da Embrapa em Petrolina (PE)". A notícia traz declaração do presidente da Frente Parlamentar da Agropecuária (FPA), Deputado federal Pedro Lupion (PP-PR), de que a CPI

> vai investigar *invasões de propriedades*. Existem três, quatro movimentos que se tem notícias de estarem praticando esses atos. Precisamos saber quem está pagando essa conta e se há participação do Estado brasileiro. São atitudes que causam danos à cidade e passam *insegurança no campo*. (Grifos nossos)

O segundo fato foi a aprovação do Projeto de Lei nº 490/2007, pela Câmara dos Deputados, estabelecendo o dia 5.10.1988 como marco temporal para o reconhecimento dos direitos indígenas sobre terras tradicionalmente ocupadas.[2] Segundo o relator, Deputado Arthur Maia (União-BA): "Cada índio atualmente tem direito a 390 hectares.

---

1 Pelo menos três CPI já investigaram o MST. A primeira, instaurada em 2003, no início do primeiro governo Lula, a CPI da Terra, no Senado, teve como justificativa as "ações ilícitas, com sucessivas e violentas invasões de terras"; a segunda em 2009 e agora a terceira, especificamente direcionada ao MST. Uma das primeiras deliberações desta última foi o compartilhamento de todo material, inclusive sob sigilo, produzido pelas Comissões Parlamentares de Inquérito, inclusive mista, que versaram sobre o Incra, Funai, MST e Reforma Agrária (2005, 2009, 2016 e 2017).

2 O referido projeto tramita agora no Senado como PL nº 2.903/2023. A relatora, Senadora Soraya Thronicke (Podemos-MS) defende que a aprovação do PL "corresponderá, por uma parte, à solução mais adequada para viabilizar a resolução das questões legais e constitucionais envolvendo demarcação de terras indígenas no Brasil, e, por outra, à melhor forma para garantir previsibilidade, segurança jurídica e *desenvolvimento* ao país" (Agência Senado, 2023) (grifos nossos).

Caso não prevaleça a nossa vitória do PL 490 e se acabe com o marco temporal, teríamos a demarcação de mais do dobro da quantidade de terras indígenas já demarcadas, e cada índio teria 790 hectares de terra" (Agência Câmara de Notícias, 2023).

Movimentos de trabalhadores rurais e de povos indígenas participaram ativamente nas mobilizações sociais para o texto que foi promulgado como Constituição da República Federativa do Brasil. Passados 35 anos, esses fatos políticos revelam a resistência à democratização do acesso à propriedade rural no Brasil e a força do modelo de desenvolvimento agroexportador.

Daí a decisão de incursionar no tema agrário, rememorando as demandas de acesso à terra (propriedade) rural discutidas pela Assembleia Nacional Constituinte, o que o texto constitucional aprovado estabeleceu e as principais questões jurídicas que foram submetidas ao Supremo Tribunal Federal desde então. Tenho como premissa que as denominadas "invasões de terras" guardam relação com uma política constitucional do acesso à terra rural cuja ambiguidade precisa ser afastada pelo Supremo Tribunal Federal.

O estudo terá como ponto de partida as demandas do MST, formalmente criado em 1984 e que historicamente polariza com a União Democrática Ruralista (UDR), criada em 1985. Essa escolha permite verificar que demandas do MST foram discutidas pela Assembleia Nacional Constituinte, se acolhidas ou não no texto final promulgado e quais as questões que, no decurso dos 35 anos, são objeto de disputa política e jurídica. Nesse aspecto, serão examinadas as alterações socioeconômicas ocorridas no mundo rural e, também, as questões levadas ao Supremo Tribunal Federal. Por fim, ver-se-á se as transformações na economia global infirmam a diretriz constitucional sobre a reforma agrária e a função social da propriedade e qual a possibilidade de a diretriz se concretizar.

1 As demandas do MST e as mudanças no mundo rural brasileiro, de 1985 a 2023

Neste item, de forma breve, serão colocadas as demandas do MST ao Estado brasileiro e como elas foram se modificando no curso do tempo diante da conjuntura política e das mudanças no mundo rural brasileiro.

A história do campesinato brasileiro nos reporta a vários movimentos e organizações, mas, sem dúvida, atualmente, o MST representa para a opinião pública a oposição aos proprietários rurais do modelo do agronegócio. O MST nasceu de um processo de enfrentamento e resistência contra a política de desenvolvimento agropecuário, implantada durante o regime militar, de 1979 a 1984, assumindo o caráter mais geral, de luta contra a exploração capitalista. Foi criado formalmente no Primeiro Encontro Nacional de Trabalhadores Sem Terra, realizado de 21 a 24.1.1984, em Cascavel (PR). Os objetivos ali definidos foram ratificados no ano seguinte, no I Congresso Nacional, em Curitiba. Em síntese: lutar pela terra, pela Reforma Agrária[3] e pela construção de uma sociedade mais justa, sem explorados nem exploradores (FERNANDES, 2012, p.

---

[3] Bernardo Fernandes (2012, p. 22) diz que a luta pela terra acontece independentemente da luta pela reforma agrária, mas as duas são interativas: "Um movimento social pode desenvolver a luta pela terra sem a existência de um projeto de reforma agrária. A luta pela reforma agrária é uma luta mais ampla, de toda a sociedade.

17). No II Encontro Nacional, em maio de 1990, em Brasília, consolidaram-se as palavras de ordem: "ocupar, resistir e produzir". Nesse momento, para além da reforma agrária, a educação no campo passou a ser um dos seus principais focos, de tal importância que Roseli Salete Caldart (2001, p. 213) reflete sobre duas ideias-força imbricadas. A primeira, de que "existe uma pedagogia que se constitui no movimento de uma luta social" e a segunda, de que "uma luta social é mais educativa, ou tem um peso formador maior, à medida que seus sujeitos conseguem entranhá-la no movimento da história". Desse modo, participar do movimento de luta possibilita "fazer-se e refazer-se a si próprio, enquanto contesta a ordem estabelecida, problematiza e propõe valores, transforma a realidade e se produz como sujeito da história" (CALDART, 2001, p. 214).

Na segunda metade da década de 1990, ocorreu uma nova configuração socioeconômica e territorial da questão agrária brasileira (FERNANDES, 2012, p. 32). Nessa mudança de conjuntura, em 1995, no III Congresso Nacional, o MST reelaborou os objetivos gerais nos seguintes termos:

> 1 Construir uma sociedade sem exploradores e onde o trabalho tem supremacia sobre o capital; 2 A terra é um bem de todos. E deve estar a serviço de toda a sociedade; 3 Garantir trabalho a todos, com justa distribuição da terra, da renda e das riquezas; 4 Buscar permanentemente a justiça social e a igualdade de direitos econômicos, políticos, sociais e culturais; 5 Difundir os valores humanistas e socialistas nas relações sociais; 6 Combater todas as formas de discriminação social e buscar a participação igualitária da mulher. (FERNANDES, 2012, p. 24-25)

Estes objetivos estão contidos na palavra de ordem: "Reforma Agrária, uma luta de todos".

Cabem aqui algumas informações sobre a UDR. Conforme consta do verbete publicado pela FGV, trata-se de uma associação civil criada em 1985 por grandes proprietários de terras, contra a proposta de reforma agrária da Nova República (Governo Sarney), no período 1985-1990, nos termos do Estatuto da Terra e que elegera a desapropriação como instrumento principal do processo reformista. Os grandes proprietários de terra sentiram-se ameaçados por uma possível reedição do movimento a favor das reformas de base do final dos anos 1950 e início dos 1960.

A UDR atuava prioritariamente através das principais entidades de representação patronal, em especial a Confederação Nacional da Agricultura (CNA), a Organização das Cooperativas do Brasil (OCB) e a Sociedade Rural Brasileira (SRB). O seu principal mote foi a defesa da intocabilidade do regime de propriedade existente. As primeiras metas foram no sentido de impedir os procedimentos de desapropriação, promovendo enfrentamento direto com os trabalhadores rurais nas regiões de conflito e a desqualificação das instituições favoráveis à reforma agrária, especialmente a Igreja católica, representada pela Comissão Pastoral da Terra (CPT). Preparou-se para um conflito armado no campo e incentivou a violência contra os trabalhadores rurais.

Sua capacidade de mobilização e de angariar filiados e simpatizantes foi surpreendente. O sucesso é explicável:

A luta pela terra é mais específica, desenvolvida pelos sujeitos interessados. A luta pela reforma agrária contém a luta pela terra. A luta pela terra promove a luta pela reforma agrária".

contava com uma retaguarda administrativa e financeira que lhe permitia circular e se fazer presente nacionalmente, além de manter uma estrutura de assessores e consultores jurídicos, apoio logístico, política de propaganda agressiva e bem montada, com uso intenso do *marketing*.

Na análise de Guilherme Delgado (2014, p. 31-32), nos anos 2000 ocorre

> um processo intenso de valorização dos preços das terras e arrendamentos fundiários em todo o Brasil, puxados pelos mercados de *commodities* e por fatores internos brasileiros – a remontagem do sistema de crédito público (SNCR) e a desmontagem ou não montagem do sistema de regularização fundiária, preconizado pelo texto constitucional.

À inação administrativa do Poder Executivo se contrapõe o protagonismo do Poder Legislativo com projetos de emendas constitucionais em temas de meio ambiente, terras indígenas e trabalho escravo, enquanto o Poder Judiciário "é extremamente lento em interpretar o regime fundiário; ou ainda faz obsequioso silêncio sobre o efetivo não cumprimento da função social da propriedade fundiária" (DELGADO, 2014, p. 32). Configura-se um período de transição que Delgado (2014) chama de "modernização conservadora à economia do agronegócio".

Assim, no último censo agropecuário do Brasil, realizado em 2017, ficou evidenciado o alto grau de concentração da estrutura fundiária brasileira, que se manteve, praticamente, inalterado entre 1985 e 2006, e cresceu a partir de então. O índice de Gini, indicador da desigualdade no campo, registrou 0,867 pontos, patamar mais elevado em relação aos dados verificados nas pesquisas anteriores: 0,854 (2006), 0,856 (1995-1996) e 0,857 (1985). Quanto mais perto essa medida está do número 1, maior é a concentração na estrutura fundiária (IBGE, 2019).

O crescimento observado guarda relação com o que descreve Porto-Gonçalves (2017, p. 107):

> Desde o ano 2000, no Brasil e na América Latina como um todo, se inicia o processo de reprimarização das economias com a queda da participação industrial na formação do Produto Interno Bruto (PIB) que, diga-se de passagem, vinha aumentando desde finais dos anos 1980. Verificamos, portanto, um aumento da participação no PIB do setor mineral e agropecuário, este último com a expansão dos latifúndios capitalistas monocultores de exportação de *commodities*.

A alta desigualdade da distribuição da propriedade das terras agrícolas no Brasil foi analisada, em 2020, com base em informações geoespaciais de imóveis rurais. Sob o título "Quem são os poucos donos das terras agrícolas no Brasil – o mapa da desigualdade", o estudo resultou da colaboração de pesquisadores de várias instituições públicas. A desigualdade é maior nos estados com produção de *commodities* em grandes imóveis (Mato Grosso, Mato Grosso do Sul, Bahia e região do Matopiba) e é mais baixa nos estados com maior presença da agricultura familiar e diversificação agrícola, como Santa Catarina, Amapá e Espírito Santo.

O estudo aponta que o estrato dos 10% maiores imóveis ocupam 73% da área agrícola do Brasil, enquanto o estrato dos restantes 90% menores imóveis ocupa somente 27% da área. Em todos os estados brasileiros os 10% maiores imóveis detêm mais de 50% da área. Em 6 estados e no Matopiba os 10% maiores imóveis detêm mais de 70% da área.

Mostra ainda que os assentamentos de reforma agrária colaboram pouco para diminuir a desigualdade, "uma vez que estes não são sistematicamente resultado da distribuição de imóveis privados, mas frequentemente resultados de projetos de colonização e ocupação de terras públicas".

O estudo conclui que medidas de regularização fundiária (como a MP nº 910)[4] não atendem aos grupos vulneráveis e excluídos da agricultura brasileira. Os esforços para uma política agrária deveriam, portanto, enfatizar "a distribuição estrutural de imóveis privados com uso ilegal ou irresponsável".

O MST foi se adaptando aos novos desafios. Os seus militantes se engajaram em programas de agroecologia em assentamentos da reforma agrária e na luta contra as transnacionais do agronegócio. Houve uma campanha nacional contra o uso de agrotóxicos (SANSON, 2011).

Em 2019, na comemoração dos 35 anos do MST, na Escola Nacional Florestan Fernandes, em Guararema (SP), o MST publicou uma *Carta ao Povo Brasileiro*, da qual transcrevo os dois parágrafos finais, representativos de sua pauta atual:

> Nos comprometemos em fortalecer a Frente Brasil Popular e todas as iniciativas de luta da classe trabalhadora que confrontem a exploração, a subordinação e a opressão, nos somando na luta cotidiana das mulheres, da população urbana e camponesa, dos negros e negras, dos povos indígenas e dos sujeitos LGBT.
>
> Lutaremos pela democracia, pela justiça, pela igualdade, pela defesa dos bens da natureza, pela democratização da terra e pela produção de alimentos saudáveis para alimentar o povo brasileiro. (PINA, 2019)

2 Convergências e divergências sobre a questão agrária na Assembleia Nacional Constituinte

Neste tópico será apresentada de forma sintética a pesquisa realizada por Brancolina Ferreira e João Gabriel Teixeira (1989, p. 105-128), nos meses de maio a dezembro de 1987, com deputados e senadores, visando a subsidiar o então Ministério da Reforma e do Desenvolvimento Agrário (Mirad) nas negociações relativas à questão agrária na ANC. Ferreira e Teixeira fazem um relato e uma análise das opiniões dos parlamentares sobre direito de propriedade em geral e direito à propriedade rural especificamente; reforma agrária, suas formas e objetivos; alteração da estrutura fundiária brasileira e possíveis instrumentos dessa alteração, inclusive o conceito de módulo rural; relações entre reforma agrária e política agrícola em termos de precedência e conteúdo; mecanismos para realização da reforma agrária ou do ordenamento da estrutura fundiária

[4] "Altera a Lei nº 11.952, de 25 de junho de 2009, que dispõe sobre a regularização fundiária das ocupações incidentes em terras situadas em áreas da União, a Lei nº 8.666, de 21 de junho de 1993, que institui normas para licitações e contratos da administração pública, e a Lei nº 6.015, de 31 de dezembro de 1973, que dispõe sobre os registros públicos". Perdeu eficácia em decorrência do término de prazo de sua votação no Congresso.

(indenização, tributação, titulação, financiamento e justiça agrária); questões relativas a indígenas e meio ambiente.

No primeiro ponto, surpreendeu o fato de que quase 75% dos entrevistados subordinaram o direito à propriedade (em geral e no campo) ao cumprimento de sua função social. Entretanto "seu descumprimento não constitui justificativa para desapropriação para fins de reforma agrária" (FERREIRA; TEIXEIRA, 1989, p. 13).

No segundo ponto, 93,2% concordaram que a estrutura fundiária do país deveria ser alterada. Mas, na análise de Ferreira e Teixeira (1989, p. 14), o alto percentual revela apenas

> o costumeiro mecanismo de defesa daqueles que não querem ser rotulados como anti-RA ou reacionários e que, num primeiro momento, aceitam a necessidade de alteração, mas revelam a sua posição conservadora quando instados a responderes questões mais específicas relativas ao tema.

Sobre a necessidade de uma reforma agrária no país, as respostas favoráveis ultrapassaram 94%. Quanto à indagação sobre a RA como "mecanismo adequado para iniciar transformações de vulto na sociedade brasileira", 20% se pronunciaram ser a opção adequada para promover a justiça social; 18%, adequada para aumentar a produção de alimentos; 15%, redistribuir riqueza, 15,4% acabar com conflitos e violência e 28,4% não responderam (FERREIRA; TEIXEIRA, 1989, p. 118).

Acerca das modalidades preferenciais de reforma agrária, houve um total de quase 47% de respostas favoráveis à expropriação de terras privadas ociosas ou que estejam inadequadamente exploradas. Note-se, porém, que tal posição não se confirmou na votação final (FERREIRA; TEIXEIRA, 1989, p. 119).

Quanto aos instrumentos para mudar a estrutura fundiária brasileira, a desapropriação, seguida da tributação sobre as terras ociosas, foram os instrumentos considerados mais eficazes para realizar essa mudança (mais de 63% das respostas). Nesse aspecto, os parlamentares mostraram-se mais progressistas nas entrevistas do que as votações demonstraram (FERREIRA; TEIXEIRA, 1989).

Sobre a aplicação do conceito de módulo rural e a limitação da extensão da propriedade, os parlamentares entrevistados se dividiram quanto à possibilidade de utilização do módulo rural enquanto limitado na extensão da propriedade fundiária privada. A divisão apontava a polarização que veio a ocorrer na ANC acerca do tema. Note-se que mais de 53% dos parlamentares não responderam à pergunta específica da limitação da extensão a 60 módulos (FERREIRA; TEIXEIRA, 1989, p. 120).

Quanto aos mecanismos de RA, a indenização foi defendida "por todos os que, de alguma maneira, admitem a necessidade de o Estado poder intervir no direito de propriedade. Contudo existem variações relativas às formas ou modalidades que a mesma deve assumir". A indenização da terra nua a preços de mercado e em títulos de dívida agrária (TDA) contou com o maior número de adesões (43,8%), seguida com a do cálculo com base no valor que o proprietário declarou para fins de pagamento do Imposto Territorial Rural (ITR) e sob a forma de TDA (FERREIRA; TEIXEIRA, 1989, p. 120).

No tema da tributação, a maioria dos entrevistados admitiu "uma política tributária para a área rural que, a partir de critérios seletivos, isentasse determinadas propriedades: ou por serem pequenas, ou familiares ou produtivas" (FERREIRA; TEIXEIRA, 1989, p. 122).

A respeito de como deveriam ser tituladas as terras objeto de RA, a maioria admitia titulações individuais e de grupos associados de beneficiários (64%). Houve uma variabilidade de respostas quanto às formas da titulação: cessão de uso por tempo determinado, cessão com garantia da posse vitalícia, venda da terra a preços subsidiados, com prazo de carência, cessão (FERREIRA; TEIXEIRA, 1989, p. 122-123).

Para a maioria dos entrevistados, os recursos necessários à implementação da RA deveriam vir de um "Fundo Nacional de Reforma Agrária", constituído por dotação consignada no Orçamento-Geral da União, a ser fixada através de um percentual sobre a receita da União (74,1%) (FERREIRA; TEIXEIRA, 1989, p. 123).

A maioria dos constituintes entrevistados via como necessária a criação de uma justiça agrária (66,7%). Sua atribuição principal seria a de resolver os conflitos agrários (49,3%) (FERREIRA; TEIXEIRA, 1989, p. 124).

Por fim, algumas pinceladas sobre os temas das terras indígenas, meio ambiente e política agrícola. Ferreira e Teixeira (1989, p. 124) afirmam que "compondo e confundindo-se com a questão agrária brasileira, a das terras indígenas tem suscitado polêmica". Na questão ambiental, mais de 70% dos entrevistados disse ser favorável a mecanismos capazes de garantir o meio ambiente contra todas as agressões e de punir os infratores. Contudo, uma parcela de 21% defendia uma legislação que protegesse o meio ambiente, "mas que não colocasse obstáculos ao desenvolvimento de atividades que, com frequência, não podem ser totalmente controladas" (FERREIRA; TEIXEIRA, 1989, p. 126).

No tocante à política agrícola, mais de 45% de parlamentares se posicionaram a favor de que também contemplasse mudanças na estrutura fundiária do país. Em posição inversa, 26,5% defenderam uma política agrícola subordinada à reforma agrária. Portanto, no posicionamento majoritário, a reforma agrária seria um sucedâneo da política agrícola, o que "se tornou explícito no desejo das forças conservadoras que posteriormente se aglutinaram na ANC de forma que não se aprovassem os preceitos constitucionais permitidores de uma alteração fundiária massiva e radical" (FERREIRA; TEIXEIRA, 1989, p. 126).

3 A propriedade da terra rural e o acesso a ela na Constituição de 1988

As questões acima colocadas tiveram o seguinte desenlace no texto constitucional promulgado em 5.10.1988,[5] sendo as normas inseridas no Título II, Dos Direitos e

[5] *Vide* também a Lei Complementar nº 76, de 6.7.1993, que dispõe sobre o procedimento contraditório especial, de rito sumário, para o processo de desapropriação de imóvel rural, por interesse social, para fins de reforma agrária; Lei Complementar nº 88, de 23.12.1996, que altera a redação dos arts. 5º, 6º, 10 e 17 da LC nº 76/93; Lei Complementar nº 93, de 4.2.1998; Lei nº 8.629, de 25.2.1993, que dispõe sobre a regulamentação dos dispositivos constitucionais relativos à reforma agrária, previstos no Capítulo III, Título VI da Constituição Federal; Lei nº 13.001, de 20.6.2014, que dispõe sobre a liquidação de créditos concedidos aos assentados da reforma agrária; concede remissão nos casos em que especifica e altera diversas leis; Lei nº 13.465, de 11.7.2017, que dispõe sobre a regularização fundiária rural e urbana, sobre a liquidação de créditos concedidos aos assentados da reforma

Garantias Fundamentais (art. 5º), e no Título VII, Da Ordem Econômica e Financeira (art. 184 e ss.):

> Art. 5º [...]
>
> XXII - é garantido o direito de propriedade;
>
> XXIII - a propriedade atenderá a sua função social;
>
> XXVI - a pequena propriedade rural, assim definida em lei, desde que trabalhada pela família, não será objeto de penhora para pagamento de débitos decorrentes de sua atividade produtiva, dispondo a lei sobre os meios de financiar o seu desenvolvimento; [...]
>
> Art. 184. Compete à União desapropriar por interesse social, para fins de reforma agrária, o imóvel rural que não esteja cumprindo sua função social, mediante prévia e justa indenização em títulos da dívida agrária, com cláusula de preservação do valor real, resgatáveis no prazo de até vinte anos, a partir do segundo ano de sua emissão, e cuja utilização será definida em lei.
>
> §1º As benfeitorias úteis e necessárias serão indenizadas em dinheiro.
>
> §2º O decreto que declarar o imóvel como de interesse social, para fins de reforma agrária, autoriza a União a propor a ação de desapropriação.
>
> §3º Cabe à lei complementar estabelecer procedimento contraditório especial, de rito sumário, para o processo judicial de desapropriação.
>
> §4º O orçamento fixará anualmente o volume total de títulos da dívida agrária, assim como o montante de recursos para atender ao programa de reforma agrária no exercício.
>
> §5º São isentas de impostos federais, estaduais e municipais as operações de transferência de imóveis desapropriados para fins de reforma agrária.
>
> Art. 185. São insuscetíveis de desapropriação para fins de reforma agrária:
>
> I - a pequena e média propriedade rural, assim definida em lei, desde que seu proprietário não possua outra;
>
> II - a propriedade produtiva.
>
> Parágrafo único. A lei garantirá tratamento especial à propriedade produtiva e fixará normas para o cumprimento dos requisitos relativos a sua função social.
>
> Art. 186. A função social é cumprida quando a propriedade rural atende, simultaneamente, segundo critérios e graus de exigência estabelecidos em lei, aos seguintes requisitos:
>
> I - aproveitamento racional e adequado;
>
> II - utilização adequada dos recursos naturais disponíveis e preservação do meio ambiente;
>
> III - observância das disposições que regulam as relações de trabalho;
>
> IV - exploração que favoreça o bem-estar dos proprietários e dos trabalhadores.
>
> Art. 187. A política agrícola será planejada e executada na forma da lei, com a participação efetiva do setor de produção, envolvendo produtores e trabalhadores rurais, bem como dos setores de comercialização, de armazenamento e de transportes, levando em conta, especialmente: [...]
>
> Art. 188. A destinação de terras públicas e devolutas será compatibilizada com a política agrícola e com o plano nacional de reforma agrária.

---

agrária e sobre a regularização fundiária no âmbito da Amazônia Legal; institui mecanismos para aprimorar a eficiência dos procedimentos de alienação de imóveis da União, altera diversas leis e revoga dispositivos da LC nº 76/93; Lei nº 14.119, de 2021, que institui a Política Nacional de Pagamento por Serviços Ambientais e altera leis, entre elas a Lei nº 8.629; Decreto nº 2.250, de 11.6.1997, que dispõe sobre a vistoria em imóvel rural destinado à reforma agrária.

> §1º A alienação ou a concessão, a qualquer título, de terras públicas com área superior a dois mil e quinhentos hectares a pessoa física ou jurídica, ainda que por interposta pessoa, dependerá de prévia aprovação do Congresso Nacional.
>
> §2º Excetuam-se do disposto no parágrafo anterior as alienações ou as concessões de terras públicas para fins de reforma agrária.
>
> Art. 189. Os beneficiários da distribuição de imóveis rurais pela reforma agrária receberão títulos de domínio ou de concessão de uso, inegociáveis pelo prazo de dez anos.
>
> Parágrafo único. O título de domínio e a concessão de uso serão conferidos ao homem ou à mulher, ou a ambos, independentemente do estado civil, nos termos e condições previstos em lei.
>
> Art. 190. A lei regulará e limitará a aquisição ou o arrendamento de propriedade rural por pessoa física ou jurídica estrangeira e estabelecerá os casos que dependerão de autorização do Congresso Nacional.
>
> Art. 191. Aquele que, não sendo proprietário de imóvel rural ou urbano, possua como seu, por cinco anos ininterruptos, sem oposição, área de terra, em zona rural, não superior a cinquenta hectares, tornando-a produtiva por seu trabalho ou de sua família, tendo nela sua moradia, adquirir-lhe-á a propriedade.
>
> Parágrafo único. Os imóveis públicos não serão adquiridos por usucapião.

Na avaliação de Bernardo Mançano Fernandes (2012, p. 13), o capítulo sobre a reforma agrária sofreu um enorme retrocesso, considerando o Estatuto da Terra (1964):

> Embora a sociedade organizada tenha apresentado uma emenda popular com mais de um milhão e duzentas mil assinaturas, acabou por prevalecer os interesses dos latifundiários. Interesses agora representados não apenas pelos "coronéis", mas também pelos empresários que se apropriaram de grandes extensões de terras durante os anos de ditadura militar. Dessa forma, as forças conservadoras representadas pela UDR, conseguiram aprovar um "dispositivo genérico, tornando a propriedade produtiva intocável. Espertamente, a definição do conceito de propriedade produtiva ficou a cargo da legislação complementar. A viabilização da reforma agrária ficou condicionada à aprovação de uma lei regulamentando estes artigos da Constituição e de outra Lei Complementar definindo o Rito Sumário 12 das desapropriações".

Entretanto, do ponto de vista jurídico, o retrocesso é aparente. É importante observar que as normas sobre propriedade estão topograficamente situadas no Título I, Dos Direitos e Garantias Fundamentais. Nesse contexto, consoante José Afonso da Silva (2010, p. 119), o direito de propriedade não é subordinado ao direito civil, mas à Constituição, a qual concebe a função social como "princípio ordenador da propriedade privada". Ainda, para a Constituição, a propriedade "não constitui uma instituição única, mas várias instituições diferenciadas, em correlação com os diversos tipos de bens e de titulares, de onde ser cabível falar não em 'propriedade', mas em 'propriedades'" (SILVA, 2010, p. 121). Um desses tipos é a propriedade rural, que é foco desta análise.

A instituição da propriedade privada e sua função social também foram inscritas como princípios da ordem econômica.

> Art. 170. A ordem econômica, fundada na valorização do trabalho humano e na livre iniciativa, tem por fim assegurar a todos existência digna, conforme os ditames da justiça social, observados os seguintes princípios: [...]

II - propriedade privada;
III - função social da propriedade; [...].

José Afonso da Silva (2010, p. 726) destaca a importância desse fato, porque impede considerar a propriedade privada como "puro direito individual", uma vez que se vincula à consecução da finalidade de "assegurar a todos existência digna". Observa:

> insistiram para que a propriedade privada figurasse como um dos princípios da ordem econômica, sem perceber que, com isso, estavam relativizando o conceito de propriedade, porque submetendo-o aos ditames da justiça social - de sorte que se pode dizer que ela só é legítima enquanto cumpra uma função dirigida à justiça social.

Divino Fideles Júnior (2014, p. 62) registra que a discussão passou a girar em torno de a função social ser um ônus da propriedade que, se não cumprida, implicaria a desapropriação como sanção (DERANI, 2002), ou ser elemento essencial na definição da propriedade, de modo que sem função social inexistiria propriedade (CORTIANO JÚNIOR, 2002).

Todavia, como já percebido na pesquisa de Ferreira e Teixeira (1989) com os constituintes, ainda que a maioria das pessoas concorde com a ideia da função social, inexiste consenso sobre a sua operacionalização em concreto. O dogma liberal da propriedade como um direito absoluto do proprietário ainda é resistente e orienta as decisões judiciais e administrativas. Ele opôs na Constituinte o MST e a UDR e conseguiu inserir no texto constitucional o art. 185, II, segundo o qual imóvel produtivo é insuscetível à desapropriação para a reforma agrária, a lei garantirá tratamento especial e fixará normas para o cumprimento dos requisitos relativos à sua função social. Conseguiu inserir também o art. 184 sobre a prévia e justa indenização da terra em títulos de dívida agrária e, em dinheiro, das benfeitorias.

Estabeleceu-se uma discussão hermenêutica que tem obstaculizado a reforma agrária no Brasil. Um parecer da Consultoria Jurídica do Ministério do Desenvolvimento Agrário (PINTO JÚNIOR; FARIAS, 2005) supera a aparente contradição das normas constitucionais, sustentando que a propriedade rural, embora "produtiva" sob o ponto de vista economicista, é passível de desapropriação-sanção para fim de reforma agrária, se constatado o descumprimento das condicionantes da função social previstas nos incs. II, III e IV do art. 186. Seguiram-se decretos de desapropriação de imóveis rurais que não cumpriam ao menos uma condicionante. Foram contestados judicialmente, mas nenhum caso chegou ao STF (FIDELES JÚNIOR, 2014, p. 68).[6]

Atualmente, imóveis do agronegócio são, a princípio, produtivos, mas altamente impactantes ao meio ambiente e à saúde humana, devido à retirada da cobertura florestal, uso excessivo de agrotóxicos, contaminação das águas e dos cultivares, alta concentração fundiária, entre outros fatores. A interpretação jurídica dominante os imuniza da desapropriação-sanção. Autuações ambientais e trabalhistas carecem de força dissuasória suficiente.

---

[6] Fideles Júnior (2014) cita como exemplos a Fazenda Castanhal Cabaceiras, em Marabá/PA, Fazenda Campo do Paiol, em Taió/SC, Fazenda Nova Alegria, em Felisburgo/MG, Fazenda Juliana ou Escalada do Norte, em Rio Maria/PA, Fazenda Santa Elina, em Chipinguaia/RO.

Em pesquisa no *site* do STF sobre a jurisprudência existente no tema da função social da propriedade rural, não localizei, nesses 35 anos de vigência da Constituição de 1988, decisão que, de forma objetiva e consistente, dirimisse a dúvida sobre a possibilidade de desapropriação de imóveis produtivos quando não cumpram a função social.

4 Interpretações do STF no período 1989-2023

Entretanto, o STF produziu jurisprudência que vale referir, porquanto se formou, como demonstrado por Manoel V. de Castilho (2007, p. 38-43), devido às ações de "ocupação", do MST como estratégia política de sensibilização e pressão em face das autoridades administrativas encarregadas da política de reforma agrária. E acabou por introduzir no processo judicial de desapropriação por interesse social para fins de reforma agrária (Lei nº 8.629, de 25.2.1993) um componente não previsto na Constituição.

Esse elemento é a proibição de vistoria, avaliação ou desapropriação do imóvel objeto de esbulho possessório ou invasão motivada por conflito agrário ou fundiário de caráter coletivo, nos dois anos seguintes à desocupação.

A "invasão" ou ocupação de terras de terceiros por trabalhadores rurais sem-terra já era, antes dessa alteração legislativa, objeto de alegações dos proprietários de que a verificação da produtividade e do cumprimento da função social da propriedade ficam prejudicados se o imóvel tiver sido invadido no período objeto da vistoria. Por isso, mesmo antes do regime da MP nº 2.183-56, o STF assentara que a invasão capaz de descaracterizar a apuração da função social inviabilizava a vistoria e por consequência também a desapropriação, anulando o decreto.

É desse tempo o Decreto nº 2.250, de 11.6.1997, que dispunha:

> Art. 4º O imóvel rural que venha a ser objeto de esbulho não será vistoriado, para fins do art. 2º da Lei nº 8.629, de 24 de fevereiro de 1993, enquanto não cessada a ocupação, observados os termos e as condições estabelecidos em Portaria do Presidente do Instituto Nacional de Colonização e reforma Agrária – Incra.

O decreto era manifestamente ilegal, mas serviu, durante bom período, de argumento para a discussão da invasão/ocupação por trabalhadores rurais sem-terra, embora o STF, fugindo da declaração de invalidade do decreto, tivesse desenvolvido entendimento de que a ocupação ou invasão tida por ilegal impedia a vistoria e a desapropriação, porque se constituía em fator de força maior na forma prevista no §7º do art. 6º da mesma Lei nº 8.629/1993.

Uma vez editada a Medida Provisória nº 2.027-38, de 2000, a contestação das providências de desapropriação passou a ser feita com base em lei, ainda que de discutível constitucionalidade.

O STF, enfrentando variadas alegações, construiu precedentes que criaram óbices à desapropriação para a reforma agrária sem enfrentar diretamente o tema da produtividade.

Na ADIn nº 2.213/DF – Medida Cautelar (Relator Ministro Celso de Mello, julgada em 4.4.2002), a Corte adotou uma postura "proprietarista", a despeito das ressalvas do relator quanto à nova dimensão constitucional da propriedade. Prevaleceu o entendimento de que:

> a exigência de inocorrência de ocupação ilícita – identificada, esta última, pelo esbulho possessório – não institui um novo tipo de propriedade imune à desapropriação para fins de reforma agrária, mas qualifica-se como requisito de ordem negativa, a ser constatado no procedimento que visa a aferir o atendimento, pelo imóvel rural a ser vistoriado, da função social que lhe é inerente, por efeito de expressa determinação constitucional. [...] essa vistoria administrativa é ditada pela necessidade de garantir, ao proprietário, a observância da cláusula constitucional do devido processo legal, sob pena de configuração de vício radical, apto a projetar-se sobre todas as fases subsequentes do procedimento de expropriação [... em ordem a gerar, por ausência de base jurídica idônea, a própria invalidação do decreto presidencial consubstanciador de declaração expropriatória. (*RTJ*, v. 190, p. 177-178)

O Ministro Sepúlveda Pertence proferiu corretamente voto contrário:

> [...] trata-se a meu ver, essa imunidade temporária, dobrada em caso de reincidência do esbulho possessório ou da invasão decorrente de conflitos agrários, segundo o §6º, de uma estranha sanção: é uma sanção difusa, uma sanção por classe social. Não se sancionam os partícipes da invasão. Sancionam-se todos os excluídos da propriedade rural que reivindicam acesso a terra mediante um prêmio ao proprietário, por menos que a sua propriedade seja produtiva, por mais distante que esteja essa propriedade do cumprimento de sua função social, condição constitucional de sua proteção. Premia-se o proprietário com a imunidade e se pune difusamente a quem quer que possa ter a expectativa da expropriação desta propriedade morta, socialmente morta, para fins de reforma agrária. (*RTJ*, v. 190, p. 207)

O STF "acabou às avessas por construir uma hipótese em que, sem poder apreciar questão de fato, presumiu, ao não descaracterizá-la, o cumprimento da função social e passou a deferir ordem de proibição de desapropriação" (CASTILHO, 2007, p. 41).

A jurisprudência examinou diversas situações relativas à "invasão": anterior à vistoria e posterior a ela; invasão anterior à lei nova e posterior a ela; invasão não provada no sentido da jurisprudência; invasão ínfima e incapaz de descaracterizar objetivamente a produtividade ou improdutividade do imóvel. Duas questões ainda mereceram a atenção: a necessidade de prévia notificação para a realização da vistoria e acompanhamento pelo proprietário e a pessoalidade da notificação.

Quanto a estas últimas, a notificação é tida pelo Tribunal como formalidade essencial para a validade da vistoria, apesar da ressalva do Ministro Pertence, e notificação pessoal não significa que esta tenha de ser feita a ambos os cônjuges, valendo se só um deles for notificado, assim como não é necessário que todos os condôminos o sejam, bastando que seja feita ao inventariante ou até ao administrador e representante deles no imóvel. A esse respeito, o STF discutiu longamente o tema no MS nº 24.547-6/DF, em caso em que a notificação havia sido regularmente efetuada, mas, por empecilhos, não se realizara a vistoria na data aprazada (aparentemente os próprios proprietários haviam obstruído a estrada para impedir os trabalhos), vindo a realizar-se – sem nova notificação – alguns dias depois sem o acompanhamento do proprietário. Assentou-se ser indispensável que a notificação prevista no §2º do art. 2º, da Lei nº 8.629/93 "seja feita com antecedência, de modo a permitir a efetiva participação do proprietário, ou de seu preposto por ele designado, nos trabalhos de levantamento de dados que tem por objetivo a determinação da produtividade do imóvel".

Que a vistoria tenha de ser prévia, também não há dúvida, pois a lei dá ao proprietário a oportunidade de acompanhar os trabalhos e eventualmente fornecer elementos que auxiliem os vistoriadores, de modo que a notificação só recebida depois da vistoria (MS nº 23.855-1/MS e MS nº 22.965-9/SP), ou que não refere data de início ou período certo de realização (MS nº 24.110-1/DF) pode importar em nulidade.

A Administração definiu o período de comprovação do cumprimento da função social como o ano imediatamente anterior (entendimento que o STF admitiu no MS nº 23.523-3/SC e no MS nº 22.193) de maneira que a apuração da produtividade só poderia ser afetada se a "invasão" fosse relacionada com esse período de apuração. Assim, a "invasão" que não prejudica o período de apuração da produtividade não tem qualificação para afastar a desapropriação, tal qual a "invasão" posterior à vistoria (MS nº 23.872-1/DF; MS nº 24.933-1/DF e MS nº 24.136-5/DF, entre outros).

Quando a "invasão" aconteceu antes da proibição legal, não se pode invocá-la contra a Administração pelo princípio da anterioridade da lei, embora o Tribunal por outra vertente considerasse a "invasão" um fator de força maior capaz de alterar a feição do imóvel e, se compatível em extensão e intensidade, impedir a desapropriação.

A "invasão" posterior à MP nº 2.027-38/2000 submete-se, desde então, à força da redação nova do art. 2º, §2º da Lei nº 8.629/1993. A jurisprudência consolidou-se no sentido de que as ocupações posteriores à MP referida se submetem ao seu regime formalmente tanto que a simples "invasão" do imóvel, exceto se em porção mínima, torna inviável a vistoria. Essa "invasão" ínfima, isto é aquela cuja expressão não é capaz de alterar a forma e o conjunto do aproveitamento do imóvel de acordo com a jurisprudência predominante, deixa assim de constituir obstáculo para a vistoria e desapropriação, embora não exista nos precedentes um padrão claro de referência para a identificação da porção mínima, o que pode, portanto, variar de acordo com as circunstâncias e características do imóvel.

5 Considerações finais

Defensores do agronegócio, como Buainain *et al.* (2014), afirmam que a terra não tem, "hoje, a mesma importância de outrora no desenvolvimento rural", mas as ações políticas deste setor

> mostram o contrário com a expansão de sua área cultivada, com o incremento de produtividade e também com as investidas que realizam contra direitos que ordenam o fundo territorial do país, consagrados na Constituição de 1988, a saber: legislação ambiental; direitos territoriais dos povos indígenas; direitos territoriais das comunidades quilombolas, a definição do índice de produtividade para garantir a função social da terra. (PORTO-GONÇALVES, 2017, p. 110)

Observa-se uma lógica que "prima pela dimensão econômica em detrimento da dimensão social e da diversidade cultural e territorial, bem como atualiza e afirma o federalismo conservador que conforma a geografia política interna da sociedade brasileira" (PORTO-GONÇALVES, 2017, p. 110).

Alcançando a primeira quadra do século XXI, a questão agrária no Brasil continua irresolvida e a reforma agrária inviável de realizar-se por meio de desapropriações. Guilherme Delgado (2014, p. 38-39) afirma que "a ordem jurídica brasileira instituída em 1988 é plenamente receptiva a uma reforma da estrutura agrária de caráter 'desmercadorizante'". Contraditoriamente, o pacto político concertado especialmente nos anos 2000, "pelos proprietários de terra, cadeias agroindustriais e Estado, nega fortemente a realização da reforma da estrutura agrária, segundo o conceito de sua função social e ambiental". Instalou-se um impasse que reflete a "contínua e crescente instabilidade social e insustentabilidade ambiental do sistema de 'terra mercadoria' face às necessidades de proteção e salvaguarda das populações e dos bens da natureza".

Por sua vez, Bernardo Mançano (2014, p. 50-52) diferencia campesinato ou agricultura familiar e agronegócio, dado que são formas e modos de produção diversos e inconciliáveis. Acredita que os problemas socioambientais criados pelo modelo do agronegócio e pelo atual modelo urbano-industrial obrigam a sociedade global a pensar o futuro da humanidade. Nesse contexto, "ganham forças as perspectivas do campesinato na proposição de seu modelo de agricultura que pode mudar a questão agrária atual".

Difícil fazer uma previsão segura. Espera-se, porém, que a superação do impasse não se concretize com a catástrofe climática planetária decorrente da exploração predatória da natureza.

Referências

BRASIL. *Constituição da República Federativa do Brasil*. Brasília, 1988.

BUAINAIN, A. M. *et al*. *O mundo rural no Brasil do século 21*. A formação de um novo padrão agrário e agrícola. Brasília: Embrapa, 2014.

CALDART, Roseli Salete. O MST e a formação dos sem terra: o movimento social como princípio educativo *Estudos Avançados*, v. 15, n. 43, p. 207-224, 2001.

CASTILHO, Manoel Lauro Volkmer de. *Revista de Direito Agrário*, ano 20, n. 19, p. 29-47, 2007.

DELGADO, Guilherme. Questão agrária hoje. Reforma Agrária. *Revista da Associação Brasileira de Reforma Agrária – ABRA*, ano 35, v. 1, n. 2, p. 27-40, out. 2014. ISSN 0102-1184.

FERNANDES, B. M. A. A territorialização do MST – Movimento dos Trabalhadores Rurais Sem Terra – Brasil. *Revista Nera*, n. 1, 2012. DOI: 10.47946/rnera.v0i1.1495. Disponível em: https://revista.fct.unesp.br/index.php/nera/article/view/1495. Acesso em: 18 ago. 2023.

FERREIRA, Brancolina; TEIXEIRA, João Gabriel L. C. Constituinte e reforma agrária: uma pesquisa de opinião. *R. Inf. Legisl.*, Brasília, ano 26, n. 103, p. 105-128, jul./set. 1989.

FIDELIS JÚNIOR, Divino. Função social da terra na Constituição de 1988: a interpretação que mata o direito. *Revista da Associação Brasileira de Reforma Agrária – ABRA*, ano 35, v. 1, n. 2, p. 55-78, out. 2014. ISSN 0102-1184.

IBGE. *Estrutura fundiária*. 2019. Disponível em: https://www.ibge.gov.br/apps/atlasrural/pdfs/02_00_Texto.pdf. Acesso em: 16 ago. 2023.

MANÇANO, Bernardo. Questão agrária e capitalismo: o debate paradigmático de modelos de desenvolvimento para o campo. *Revista da Associação Brasileira de Reforma Agrária – ABRA*, ano 35, v. 1, n. 2, p. 41-54, out. 2014. ISSN 0102-1184.

PINA, Rute. MST comemora 35 anos e divulga "Carta ao Povo Brasileiro". *Brasil de Fato*, 2019. Disponível em: https://www.brasildefato.com.br/2019/01/26/mst-comemora-35-anos-e-divulga-carta-ao-povo-brasileiro.

PINTO JÚNIOR, Joaquim Modesto; FARIAS, Valdez Adriani. Parecer Conjunto/CPALNP-CGAPJP/CJ/MDA/ Nº 11/2004 (VAF/JMPJ). *In*: PINTO JÚNIOR, Joaquim Modesto; FARIAS, Valdez Adriani. *Função social da propriedade*. Dimensões ambiental e trabalhista. Brasília: Instituto Interamericano de Cooperación para la Agricultura (IICA); Ministério do Desenvolvimento Agrário (MDA); Núcleo de Estudios Agrarios e Desenvolvimento Agrário Rural (NEAD), 2005. Série NEAP Debates. Disponível em: https://repositorio.iica.int/handle/11324/20162.

PORTO-GONÇALVES, Carlos. Brasil. Marco Geral: a luta por terra e território para além do debate Progressismo vs Neoliberalismo. *In*: BAUTISTA DURÁN, Ruth. *Informe 2016 Acceso a la tierra y territorio em Sudamérica*. La Paz: Instituto para el Desarrollo Rural de Sudamérica, 2017. p. 107-150. ISBN 978-99954-88-93-2.

SANSON, Cesar. O movimento dos sem-terra tende a ser cada vez mais o movimento dos assentados da reforma agrária. *Instituto Humanitas Unisinos*, 2011. Disponível em: https://www.ihu.unisinos.br/noticias/505243-o-movimento-dos-sem-terra-tende-a-ser-cada-vez-mais-o-movimento-dos-assentados-da-reforma-agraria. Acesso em: 18 ago. 2023.

SILVA, José Afonso da. *Comentário contextual à Constituição*. 7. ed. atual. até a EC 66, de 13.7.2010. São Paulo: Malheiros, 2010.

Sites

Disponível em: https://mst.org.br/2021/07/24/memoria-3-congresso-nacional-do-mst/. Acesso em: 18 ago. 2023.

Disponível em: https://www.camara.leg.br/noticias/967185-RELATOR-DEFENDE-QUE-STF-SE-ABSTENHA-DE-JULGAR-MARCO-TEMPORAL-APOS-VOTACAO-NA-CAMARA. Acesso em: 18 ago. 2023.

Disponível em: https://www.idace.ce.gov.br/2020/05/13/estudo-mostra-o-mapa-da-desigualdade-da-distribuicao-de-terras-no-brasil/. Acesso em: 18 ago. 2023.

Disponível em: https://www12.senado.leg.br/noticias/materias/2023/08/11/relatora-na-cra-defende-marco-temporal-para-demarcacao-de-terras-indigenas. Acesso em: 18 ago. 2023.

Disponível em: https://www18.fgv.br/cpdoc/acervo/dicionarios/verbete-tematico/uniao-democratica-ruralista-udr. Acesso em: 18 ago. 2023.

Disponível em: www.stf.jus.br.

Informação bibliográfica deste texto, conforme a NBR 6023:2018 da Associação Brasileira de Normas Técnicas (ABNT):

CASTILHO, Ela Wiecko V. de. Democratização do acesso à propriedade rural na Constituição de 1988: impasse que permanece. *In*: FACHIN, Luiz Edson; BARROSO, Luís Roberto; CRUZ, Álvaro Ricardo de Souza (Coord.). *A Constituição da democracia em seus 35 anos*. Belo Horizonte: Fórum, 2023. p. 587-601. ISBN 978-65-5518-597-3.

DERROTABILIDADE DAS NORMAS CONSTITUCIONAIS

JOSÉ ARTHUR CASTILLO DE MACEDO

Introdução

Nestes trinta cinco anos de vigência da Constituição, a mudança se fez presente. Mudanças demográficas em um país plural, diverso em origens e credos; mudanças radicais na tecnologia da comunicação (dos orelhões e telefones fixos aos *smartphones*); mudanças sociais – com relativa redução de desigualdades – e seu retorno; mudanças das relações das pessoas com seus direitos, suas dignidades e a relação com as instituições públicas que devem protegê-las. Por outro lado, houve a permanência e, em diversos momentos, a piora da violência, contra mulheres, pessoas da comunidade LGBTQIA+, e contra a sua população jovem, negra e periférica.

Ao longo desses anos, a Constituição foi desafiada, seja para demandar maior efetividade de suas disposições, seja para desrespeitá-la ou deliberadamente desafiar a sua vigência com práticas anticonstitucionais, realizadas, inclusive, por agentes públicos em altos cargos da República.

Neste contexto, discutiu-se, por algum tempo, se, e como, as normas constitucionais deveriam ser efetivas. Todavia, não houve igual reflexão a respeito das situações nas quais poderia, justificadamente, não ser aplicada uma norma constitucional. Não se trata de avaliar as condições sociais que poderiam justificar a inefetividade constitucional. O problema é de outra ordem.

Nestes trinta e cinco anos, a ênfase a respeito da efetividade das normas, da eficácia dos direitos fundamentais e do papel do Poder Judiciário na implementação de tais direitos não contribuiu para enfrentar a questão da derrotabilidade das normas constitucionais. O debate a respeito desse conceito se dá, geralmente, a partir da teoria e da filosofia do direito analíticas. No presente texto, refletirei sobre o conceito de derrotabilidade e sua aplicação ao direito constitucional em diálogo com autores da tradição analítica.

No presente texto, enfrento as perguntas: todas as normas constitucionais são derrotáveis? Se sim, quais as consequências disso, especialmente para a validade das normas e para a estrutura do ordenamento jurídico?

Para responder a essas questões e para auxiliar a sua resposta, outras indagações serão feitas, como: quais os sentidos atribuídos ao termo *derrotabilidade*? Eles são diversos entre si? Eles variam a depender do referencial teórico do autor ou da autora? Qual é a sua relação com o debate a respeito das regras e dos princípios? Por que o debate brasileiro sobre regras e princípios não avançou para discutir a derrotabilidade?

Perscrutar a possibilidade de derrotar normas constitucionais é relevante e atual. Relevante teoricamente, pois pode trazer luz para os debates a respeito da derrotabilidade na teoria do direito e para o direito constitucional. Do ponto de vista prático, ela sobressai, pois contribui para que se tenha maior clareza a respeito da aplicação da Constituição e das estratégias utilizadas pelas autoridades responsáveis por sua aplicação.

É atual porque se verifica uma lacuna nos debates a respeito da derrotabilidade, o enfrentamento de questões relativas às normas constitucionais em geral, e, em especial, em relação às normas sobre a produção jurídica, bem como suas implicações a respeito da validade, conforme afirmam Beltrán e Ratti.[1]

O texto está divido em duas partes. Na primeira, é apresentada, de forma sintética, a controvérsia a respeito da derrotabilidade em geral, nela também são estabelecidos os principais sentidos do termo utilizado ao longo do texto.

Na segunda parte, é enfrentada, primeiro, a questão da derrotabilidade das normas constitucionais à luz do direito brasileiro e do debate nacional a respeito das normas constitucionais. Nesse ponto, são apresentadas e respondidas questões sobre a forma como ocorreu o debate sobre o tema no Brasil. Depois, num segundo momento, discute-se a possibilidade de derrotabilidade das normas constitucionais brasileiras. Ele é dividido em duas sessões. Na primeira sessão são apresentados dois casos nos quais o Supremo Tribunal Federal (STF) empreendeu a derrotabilidade de duas regras de direitos fundamentais. Depois, na segunda sessão, demonstra-se porque é possível afirmar que diversas normas constitucionais não são derrotáveis. Para tanto, são analisadas as normas sobre a produção jurídica, bem como sua relação com a validade e derrotabilidade. Após, são apresentadas considerações finais.

I Controvérsias sobre derrotabilidade

É conhecida a gênese do debate sobre derrotabilidade. Por isso, não é necessário reconstruir, integralmente, a gênese e a evolução desse debate. Não obstante, cumpre esclarecer três pontos para que se possa compreender as controvérsias.

Foi Herbert Hart que introduziu a derrotabilidade como um conceito relevante para a teoria do direito. Em seu texto *The ascription of responsibility and rights*,[2] Hart afirma que seria possível afirmar que os conceitos jurídicos poderiam ser essencialmente derrotáveis.[3] Tal afirmação é reforçada pelos exemplos que ele apresenta, típicos do

---

1 FERRER BELTRÁN, Jordi; BATTISTA RATTI, Giovanni. Defeasibility and legality: a survey. *In*: FERRER BELTRÁN, Jordi; BATTISTA RATTI, Giovanni (Ed.). *The logic of legal requirements*: essays on defeasibility. Oxford: Oxford, 2012. p. 11-39.

2 HART, Herbert L. A. The ascription of responsibility and rights. *Proceedings of the Aristotelian Society*, n. 49, p. 171-194, 1948-1949.

3 HART, Herbert L. A. The ascription of responsibility and rights. *Proceedings of the Aristotelian Society*, n. 49, p. 171-194, 1948-1949. p. 174 e ss.

direito privado, como é o caso da discussão sobre a validade de um contrato, que, em um primeiro momento, parece ser validamente constituído, porém, posteriormente, descobre-se que ele foi fruto de coação, ou de alguma outra condição que venha a invalidá-lo ou a restringir seus efeitos. Nesse sentido, conceitos e arranjos jurídicos poderiam ser analisados sobre o ponto de vista de condições positivas (que devem estar presentes) e de condições negativas (que devem estar ausentes) para que eles possam ter suas plenas consequências lógicas.[4]

Não foi Hart que deu continuidade a essas teorizações. Pelo contrário, na obra *O conceito de direito*, ele afirma textualmente que uma regra que contenha uma cláusula de exceção ao final "salvo se..." ainda é uma regra,[5] o que afastaria as teorizações iniciais sobre derrotabilidade.

Na sequência, o debate tomou dois rumos principais. O primeiro, vinculado à lógica, passou a trabalhar a derrotabilidade como forma de descrever e analisar de forma mais sofisticada as práticas jurídicas e suas inferências. Nesse sentido, César Serberna destaca a relação desse debate com a lógica não monotônica[6] e a possibilidade de trabalhar com exceções implícitas partindo da premissa de que o conhecimento é limitado.

Por outro lado, na teoria do direito, a derrotabilidade ganhou dois caminhos que se cruzam. No primeiro caminho, houve e ainda há o debate se a derrotabilidade é inerente à natureza do direito, isto é, trata-se de uma característica essencial ao direito ou se é algo contingente. Autores como Neil MacCormick afirmaram o caráter derrotável dos arranjos jurídicos,[7] o que também foi debatido em outros países.[8] Frederick Schauer, Brian Bix e Juan Carlos Bayón afirmaram o caráter contingente da derrotabilidade, sendo que para Bayón algumas normas seriam inderrotáveis, isto é, não derrotáveis.[9]

O segundo caminho foi o debate a respeito das regras e princípios. A partir do famoso caso *Rigs v. Palmer* narrado por Dworkin, em seu *Levando os direitos a sério*, houve um debate sobre o caráter definitivo, ou não, das regras e de quais os limites para o uso dos princípios para afastá-las. Por exemplo, no famoso capítulo em que debate a derrotabilidade, no seu *Retórica e Estado de direito*, Neil MacCormick usa o caso *Riggs*

---

[4] Note-se que poderia ser utilizada a terminologia lógica, segundo a qual os arranjos jurídicos possuem condições necessárias e suficientes para se realizarem.

[5] HART, Herbert L. A. *O conceito de direito*. Tradução de Antônio de Oliveira Sette-Câmara. São Paulo: Martins Fontes, 2009.

[6] SERBENA, Cesar Antonio. Normas jurídicas, inferência e derrotabilidade. *In*: SERBENA, Cesar Antonio (Org.). *Teoria da derrotabilidade*: pressupostos teóricos e aplicações. Curitiba: Juruá, 2012. Sobre o tema, cf., também: SARTOR, Giovanni. *Defeasibility in legal reasoning*. Rechtstheorie. Berlin: Duncker & Humblot, 24, S. 281-316, 1993.

[7] MACCORMICK, Neil. *Institutions of law*: an essay in legal theory. New York: Oxford, 2007. p. 159; 163; MACCORMICK, Neil. *Retórica e o Estado de direito*: uma teoria da argumentação jurídica. Tradução de Conrado Hübner Mendes e Marcos Paulo Veríssimo. Rio de Janeiro: [s.n.], 2008.

[8] Conferir, SERBENA, Cesar Antonio. Normas jurídicas, inferência e derrotabilidade. *In*: SERBENA, Cesar Antonio (Org.). *Teoria da derrotabilidade*: pressupostos teóricos e aplicações. Curitiba: Juruá, 2012 e VASCONCELLOS, Fernando Andreoni. *Hermenêutica jurídica e derrotabilidade*. Curitiba: Juruá, 2010.

[9] SCHAUER, Frederick. On the supposed defeasibility of legal rules. *Current Legal Problems*, v. 51, Issue 1, p. 223-240, 1998; SCHAUER, Frederick. Is defeasibility an essential property of law? *In*: FERRER BELTRÁN, Jordi; BATTISTA RATTI, Giovanni (Ed.). *The logic of legal requirements*: essays on defeasibility. Oxford: Oxford, 2012. p. 77-88 e SCHAUER, Frederick. *Playing by the rules*. Oxford: Oxford, 1992; BIX, Brian H. Defeasibility and open texture. *In*: FERRER BELTRÁN, Jordi; BATTISTA RATTI, Giovanni (Ed.). *The logic of legal requirements*: essays on defeasibility. Oxford: Oxford, 2012. p. 193-202; BAYÓN, Juan Carlos. Derrotabilidad, indeterminación del derecho y positivismo jurídico. *Isonomía: Revista de Teoría y Filosofía del Derecho*, n. 13, p. 87-117, out. 2000.

para explicar que uma regra pode ser afastada caso haja um princípio mais forte que justifiquei sua não aplicação ou o afastamento das consequências jurídicas das regras no caso concreto. Em seguida, apresenta o caso da viúva homicida que quase enganou o órgão de seguridade escocês ao cometer homicídios para receber a pensão dos seus maridos falecidos.

Por outro lado, em uma série de trabalhos, Frederick Schauer vai demonstrar como as regras têm uma relevante função de entrincheirar a possiblidade de mudanças, ancorando a tomada de decisões, além de realizar os propósitos subjacentes dos princípios.[10]

A pluralidade de sentidos é tamanha, que Pierligui Chiassoni afirma que uma tentativa de listar os temas que são permeados pelo debate da derrotabilidade incluiria pelo menos oito sentidos.[11] Eles não serão explicados aqui, mas trago a lista para explicitar essa complexidade: 1) a relação entre regras e exceções; 2) o realismo e a epistemologia da ciência do direito; 3) a concepção condicional da forma lógica das normas jurídicas; 4) a concepção aristotélica dos conceitos como conjuntos de condições necessárias e suficientes; 5) certo universalismo normativo ingênuo (*naif*); 6) o debate sobre o papel da lógica, se dedutiva ou não monotônica; 7) certa concepção linear sobre o raciocínio jurídico; 8) a tese da separação sobre direito e moral.

O autor italiano prossegue e afirma que o ideal regulativo para uma teoria da derrotabilidade é que ela explicite quatro pontos: i) os objetos da derrotabilidade; ii) as suas fontes; iii) as noções formais da derrotabilidade; iv) os problemas que a derrotabilidade produz para a teoria jurídica e para a política jurídica.

Diante dessa complexidade, é necessário reduzi-la para tornar a continuidade da análise possível.

Por isso, a título de organização e de sistematização, proponho duas distinções.

A primeira é a respeito da natureza da derrotabilidade. Há três posições possíveis: a) quem defenda que todas as normas podem ser derrotadas (derrotabilidade intrínseca ao direito); b) quem defenda que algumas normas podem ser derrotadas (caráter contingente); c) nenhuma norma poderia ser derrotável (postura possível, porém não foi encontrada quem a defendesse).

A segunda distinção diz respeito ao objeto da derrotabilidade. Eis o ponto que gera maiores controvérsias, porquanto o conceito de derrotabilidade e o seu objeto podem determinar a compreensão sobre a sua natureza intrínseca ou contingente. Em regra, parte-se da noção de que derrotabilidade é uma situação de uma exceção implícita, isto é, não prevista expressamente pela norma jurídica, o que, em tese, excluiria normas de final aberto. Tais normas não possuem um rol exemplificativo de exceções possíveis, diferentemente das normas de final fechado, as quais possuem um rol taxativo de exceções possíveis. Portanto, faria sentido falar em derrotabilidade se a norma for de final aberto. Também não faz sentido afirmar a derrotabilidade de princípios, pois eles estariam sujeitos à ponderação e não à aplicação subsuntiva típica das regras.

---

[10] Sobretudo em SCHAUER, Frederick. *Playing by the rules*. Oxford: Oxford, 1992.

[11] Para mais detalhes, cf.: CHIASSONI, Pierluigi. Defeasibility and legal indeterminacy. *In*: FERRER BELTRÁN, Jordi; BATTISTA RATTI, Giovanni (Ed.). *The logic of legal requirements*: essays on defeasibility. Oxford: Oxford, 2012. p. 151-181.

Outro ponto fundamental é: a situação fática enquadra-se na descrição da norma, porém, por algum motivo implícito (descoberto no momento da aplicação, por exemplo), as suas consequências não são aplicadas, seja porque poderão produzir um dano maior, seja porque há algum fato ou ato (jurídico inclusive) que as afaste.[12]

Portanto, com a finalidade de esclarecer a problemática, ao longo do texto analisarei a derrotabilidade das normas constitucionais a partir dos seguintes sentidos para o termo "derrotabilidade": i) *derrotabilidade das regras* – compreendida como a possibilidade de se afastar as consequências das regras, o que inclui a interpretação literal; neste sentido, estão incluídos casos de interpretação da regra; ii) *derrotabilidade do raciocínio* – a derrotabilidade do raciocínio jurídico no curso dos processos judiciais; iii) a relação entre a *derrotabilidade e validade do direito.*

Antes, porém, de enfrentar o problema central do texto, é necessário esclarecer o possível motivo pelo qual o debate brasileiro sobre regras e princípios não prosseguiu para discutir a derrotabilidade. Isso se afigura necessário, para que se possa compreender melhor a possibilidade, ou não, da derrotabilidade das normas constitucionais brasileiras.

II Normas constitucionais inderrotáveis

II.1 Derrotabilidade e o debate brasileiro sobre regras e princípios

Diante de um debate internacional tão rico e plural, por que o tema da derrotabilidade das normas em geral e, especialmente, para os fins deste texto, a discussão a respeito da derrotabilidade das normas constitucionais não avançaram, ou avançaram muito pouco, no Brasil? É claro, há que se reconhecer as obras de Humberto Ávila, bem como os trabalhos de Ana Paula de Barcellos e de Thomas Bustamante, que, de algum modo, analisaram a possibilidade de derrotabilidade de normas jurídicas.[13] Apesar dessas contribuições, o debate estagnou. Uma possível explicação para o não desenvolvimento desse debate é a influência de teorizações de Robert Alexy e de Klaus Günther na primeira década do século XXI.[14] Conforme apresentarei a seguir, segundo as teorias desses autores, não há sentido em afirmar a derrotabilidade das normas constitucionais.

Em sua influente obra *Teoria dos direitos fundamentais*, Robert Alexy utiliza-se da distinção entre regras e princípios proposta por Dworkin como elemento central para desenvolver a sua teoria dos direitos fundamentais para o direito constitucional alemão.

---

[12] Essa descrição se adequaria, por exemplo, em autores bem distintos como MacCormick, Schauer, Bayón, Serbena e Vasconcellos.

[13] Os dois primeiros trabalhando sobretudo a questão da possível superação e superabilidade (Ávila) das regras constitucionais ou a não aplicação de todas as consequências das regras a partir de situações excepcionais (teoria da imprevisão) (Barcellos), ou, ainda, a não aplicação e a aplicação *contra legem* no caso de Bustamante (ÁVILA, Humbert. *Teoria dos princípios*: da definição à aplicação dos princípios jurídicos. 20. ed. São Paulo: Malheiros, 2021; BARCELLOS, Ana Paula de. *Eficácia jurídica dos princípios constitucionais*: o princípio da dignidade da pessoa humana. 2. ed. Rio de Janeiro: Renovar, 2008; BUSTAMANTE, Thomas da Rosa de. *Argumentação contra legem*: a teoria do discurso e a justificação jurídica nos casos mais difíceis. Rio de Janeiro: Renovar, 2005).

[14] Nessa primeira década do século XXI, o direito constitucional brasileiro foi muito influenciado por parcela da produção jurídica alemã e pelas divergências entre Alexy e Günther. Na década seguinte, autores e instituições estadunidenses ganharam mais prestígio no debate constitucional nacional, cf. nesse sentido: BARROSO, Luís Roberto. A americanização do direito constitucional e seus paradoxos: teoria e jurisprudência constitucional no mundo contemporâneo. *In*: SARMENTO, Daniel (Coord.). *Filosofia e teoria constitucional contemporânea*. Rio de Janeiro: Lumen Juris, [s.d.]. p. 309-346.

Alexy afirma que se trata de dois tipos de normas jurídicas e desenvolve o papel central que a máxima da proporcionalidade desempenha para a aplicação dos princípios em situações diversas.

Como se sabe, essas contribuições foram globalizadas e passaram a desempenhar relevante papel no debate constitucional de diversos países,[15] inclusive do Brasil, tanto na academia,[16] como nos tribunais brasileiros, inclusive no Supremo Tribunal Federal.

Além disso, conforme afirmado, segundo essa teoria, não é possível conceber as normas de direitos fundamentais como normas derrotáveis, por isso a sua relevância para este texto.

Segundo Alexy, podem se conceber as normas de direitos fundamentais, do ponto de vista de sua estrutura, como regras e princípios. Ele afirma que regras determinam *deveres definitivos*, ou, conforme a formulação de Ronald Dworkin, na forma do *tudo ou nada* (*all or nothing*).[17] Por sua vez, os princípios apresentariam deveres *prima facie*, porquanto eles constituem mandamentos de otimização cuja medida de satisfação depende das possibilidades fáticas e jurídicas.[18] Logo, os princípios podem ser restringidos em face das circunstâncias do caso, o que não ocorre com as regras, pois elas *são normas que são sempre satisfeitas ou não satisfeitas. Se uma regra vale, então deve se fazer exatamente aquilo que ela exige; nem mais, nem menos.*

No caso dos princípios, é utilizada a máxima da proporcionalidade para verificar quais as possibilidades de concretização no caso. Para tanto, é feita a análise das regras da adequação, da necessidade e da proporcionalidade em sentido estrito, as quais permitem identificação, pelo intérprete, do ponto de maior efetivação (ponto ótimo). Segundo Alexy, o resultado dessa análise é a formulação, pelo intérprete, de uma regra de precedência condicionada (RPC), cuja estrutura será: no caso X, dada as circunstâncias fáticas e jurídicas Y, o princípio Z deve ser interpretado na forma W. Note-se que se trata de uma regra, pois se aplica na forma do tudo ou nada, que impõe um dever definitivo para o caso, e, por isso, deve ser feito *exatamente aquilo que ela exige.*

Por exemplo, é possível que um(a) magistrado(a) de Florianópolis determine que num caso haja direito à indenização por dano moral por violação ao direito à imagem por publicação em *site* de fofocas, redes sociais (Instagram, Twitter) e jornal impresso de foto na qual a banhista é fotografada fazendo *top less*. Sendo que a foto só foi possível,

---

[15] Cf.: JACKSON, Vicki. Constitutional law in an age of proportionality. *The Yale Law Journal*, v. 124, n. 8, p. 3094-3196, June 2015; JACKSON, Vicki; TUSHNET, Mark. *Proportionality*: new frontiers, new challenges. Cambridge: Cambridge, 2017.

[16] Sobre debates iniciais, ver: ÁVILA, Humbert. *Teoria dos princípios*: da definição à aplicação dos princípios jurídicos. 11. ed. São Paulo: Malheiros, 2010; SILVA, Virgílio Afonso da. O proporcional e o razoável. *Revista dos Tribunais*, São Paulo, n. 798, p. 23-50, abr. 2002; SILVA, Virgílio Afonso da. Princípios e regras: mitos e equívocos acerca de uma distinção. *Revista Latino-Americana de Estudos Constitucionais*, n. 1, p. 607-629, jan./jul. 2003; SILVA, Virgílio Afonso da. *Direitos fundamentais*: conteúdo essencial, restrições e eficácia. São Paulo: Malheiros, 2009.

[17] DWORKIN, Ronald. *Levando os direitos a sério*. Tradução de Nelson Boeira. São Paulo: Martins Fontes, 2002. Ao contrário do que se divulga, é importante ressaltar que a classificação entre padrões normativos como regras, princípios e políticas não foi continuada por Dworkin em obras posteriores à obra *Levando os direitos a sério*. Além disso, essa classificação não seria imprescindível para a compreensão do projeto do direito como integridade, nesse sentido, ver: CRUZ, Álvaro Ricardo de Souza; GUIMARÃES, Ana Carolina Pinto Caram. Regras e princípios: uma visão franciscana. *In*: CRUZ, Álvaro Ricardo de Souza (Coord.). *(O) outro (e) (o) direito*. Belo Horizonte: Arraes, 2015. v. I. p. 117-118.

[18] ALEXY, Robert. *Teoria dos direitos fundamentais*. Tradução de Virgílio Afonso da Silva. São Paulo: Malheiros, 2008.

pois foi tirada a distância, por uma câmera teleobjetiva, sem seu consentimento, e nela pode ser identificado o seu rosto.[19]

No mesmo verão, foi ajuizada ação que pleiteava indenização por danos morais e violação do direito à imagem de uma deputada federal conservadora de Santa Catarina cujo lema é "família, tradição e bons costumes". A deputada praticava *top less* numa praia de Florianópolis e foi flagrada pelo fotógrafo que tirou a outra foto. Todavia, neste caso, entendeu-se que a violação do direito à imagem deveria ser indenizada, mas isso não justificaria indenização autônoma por dano moral, pois o veículo de imprensa exercera de forma legítima o direito à informação, divulgando notícia sobre o comportamento da deputada que contradiz seu discurso, o que pode interessar a todo o eleitorado.

Para Alexy, há duas RPCs distintas em razão da diversidade das circunstâncias fáticas (pessoa privada e agente política, com discurso a respeito de costumes) e jurídicas (direito à imagem em ambos e o direito à informação no caso da agente política). Logo, não é possível afirmar que a norma foi *derrotada*, que haveria uma exceção implícita ou considerações nessa linha, tendo em vista que os casos são distintos e devem ser julgados de forma distinta. Portanto, não há sentido em afirmar que as normas de direitos fundamentais seriam derrotáveis, pois, se forem regras, se aplicam imediatamente, e, se forem princípios, se aplicam conforme a máxima da proporcionalidade, o que, ao final, resulta na aplicação idêntica das regras.

Esse é, aliás, um dos pontos do debate que ocorreu entre Virgílio Afonso da Silva e Humberto Ávila. Ávila afirma que tanto as regras, como os princípios seriam superáveis se tomados em consideração as circunstâncias fáticas e jurídicas e os critérios formais e materiais para a sua superação.[20] Por outro lado, Virgílio afirmou que, segundo a concepção alexyana, regras são mandamentos definitivos, não comportando, portanto, superação nos termos propostos por Ávila.[21]

Não obstante, há que se ter claros os limites dessas críticas, pois os autores partem de conceitos distintos de regras, princípios e de sua forma de aplicação na prática. Por isso, não é possível avaliar as contradições entre conceitos. Provavelmente a ausência de acordo semântico a respeito dos conceitos de regras e de princípios foi um dos empecilhos para que o debate a respeito da derrotabilidade das normas constitucionais avançasse.

Outro fator relevante foi a crítica habermasiana à concepção alexyana sobre a dimensão objetiva dos direitos fundamentais como ordem de valores e do uso da ponderação como técnica para tomada de decisões no âmbito da jurisdição constitucional, especialmente para a resolução de colisões de direitos fundamentais.

Em sua teoria sobre o direito e da democracia,[22] Habermas combina os trabalhos desenvolvidos por Klaus Günther com as ideias de Ronald Dworkin, as quais seriam

---

[19] Com algumas adaptações, o caso foi extraído do livro de SCHREIBER, Anderson. *Direitos da personalidade*. 3. ed. São Paulo: Atlas, 2014

[20] ÁVILA, Humbert. *Teoria dos princípios*: da definição à aplicação dos princípios jurídicos. 11. ed. São Paulo: Malheiros, 2010; ÁVILA, Humbert. *Teoria dos princípios*: da definição à aplicação dos princípios jurídicos. 20. ed. São Paulo: Malheiros, 2021.

[21] SILVA, Virgílio Afonso da. Princípios e regras: mitos e equívocos acerca de uma distinção. *Revista Latino-Americana de Estudos Constitucionais*, n. 1, p. 607-629, jan./jul. 2003 e SILVA, Virgílio Afonso da. *Direitos fundamentais*: conteúdo essencial, restrições e eficácia. São Paulo: Malheiros, 2009.

[22] HABERMAS, Jürgen. *Between facts and norms*: contributions to a discourse theory of law and democracy. Tradução de William Regh. Cambridge: MIT Press, 1998.

mais adequadas para a compreensão do processo de adjudicação (tomada de decisão) na jurisdição constitucional.[23] Especificamente em relação à derrotabilidade, importa explicitar a compreensão de Günther, que se contrapõe a de Alexy, mas que também não afirma a derrotabilidade das normas constitucionais.

Ao refletir sobre o discurso moral e sua aplicação,[24] Günther afirma que não é possível, seja no direito seja na moral, partir de uma regra perfeita, isto é, uma regra que leve em consideração todas as possíveis situações de aplicação (*all things considered*).[25]

Para Gunther, é necessário diferenciar os discursos de justificação e de aplicação das normas. O discurso de justificação ocorre no momento de formulação de uma norma, ele traz razões que a fundamentem e deve levar em conta a perspectiva de todos os possíveis afetados pela norma em elaboração.[26] Após a formulação das regras, entra em cena o discurso de aplicação, o qual deve produzir a adequação da norma ao caso concreto, levando em consideração todas as circunstâncias e as nuances do caso, já que cada caso é único e irrepetível. Logo, a adequação da norma ao caso também deve sê-lo. Por isso, é necessário haver um senso de aplicação dessas normas ao caso, que considerará o ineditismo e as peculiaridades do caso.[27]

É possível afirmar que, para Gunther, não há que se falar em derrotabilidade das normas, sejam elas morais ou jurídicas, pois o senso de adequação para cada norma ao caso concreto é inescapável, logo, a cada novo caso haverá uma compreensão adequada da norma para resolvê-lo. Eventual expectativa a respeito da aplicação da norma, naquilo que se compreende como a sua literalidade, ou a finalidade que ele visa realizar, é, tão somente, uma expectativa que pode ser confirmada ou infirmada diante das circunstâncias do caso. De modo que, em outros casos, novas interpretações serão necessárias, que adequarão a previsão normativa abstrata ao caso, por isso, estaria inviabilizada a ideia de exceções implícitas ou de outras circunstâncias que derrotariam a norma, uma vez que o plano de justificação das normas não se confunde com o plano da aplicação. A inaplicabilidade de uma norma a um caso ou a sua adequação não produzem consequências imediatas no plano da justificação e na sua forma abstrata.

---

[23] Cf. nota anterior, resposta a essas críticas, sobretudo em relação à ordem concreta de valores, pode ser encontrada em: SILVA, Virgílio Afonso da; MENDES, Conrado Hübner. Habermas e a jurisdição constitucional. *In*: NOBRE, Marcos; TERRA, Ricardo (Org.). *Direito e democracia*: um guia de leitura de Habermas. São Paulo: Malheiros, 2008.

[24] GÜNTHER, Klaus. Un concepto normativo de coherencia para una teoría de la argumentación jurídica. *Doxa: Cuadernos de filosofía del derecho*, Alicante, n. 17-18, p. 271-302, 1995; GÜNTHER, Klaus. *Teoria da argumentação no direito e na moral*: justificação e aplicação. Tradução de Claudio Molz. São Paulo: Landy, 2004.

[25] GÜNTHER, Klaus. *Teoria da argumentação no direito e na moral*: justificação e aplicação. Tradução de Claudio Molz. São Paulo: Landy, 2004.

[26] Para críticas por não respeitar as diferenças entre os discursos de justificação e de aplicação, o que, por sua vez, violaria a separação dos poderes e o princípio democrático, ver: GÜNTHER, Klaus. Un concepto normativo de coherencia para una teoría de la argumentación jurídica. *Doxa: Cuadernos de filosofía del derecho*, Alicante, n. 17-18, p. 271-302, 1995; GÜNTHER, Klaus. *Teoria da argumentação no direito e na moral*: justificação e aplicação. Tradução de Claudio Molz. São Paulo: Landy, 2004; CRUZ, Álvaro Ricardo de Souza. *Jurisdição constitucional democrática*. Belo Horizonte: Del Rey, 2004; CRUZ, Álvaro Ricardo de Souza. *Hermenêutica jurídica e(m) debate*: o constitucionalismo brasileiro entre a teoria do discurso e a ontologia existencial. Belo Horizonte: Fórum, 2007.

[27] CARVALHO NETTO, Menelick de; SCOTTI, Guilherme. *Os direitos fundamentais e a (in)certeza do direito*: a produtividade das tensões principiológicas e a superação do sistema de regras. Belo Horizonte: Fórum, 2011.

No Brasil, tais ideias foram divulgadas pela chamada Escola Mineira de Direito Constitucional,[28] que dirigia suas críticas aos discursos acadêmicos e às decisões do STF que defendiam a aplicação da teoria alexyana. Isso pode ter contribuído para que o debate a respeito da derrotabilidade constitucional não avançasse a partir do seu referencial estritamente analítico.

Por outro lado, há que se registrar que outros autores, como José Reinaldo Lima Lopes,[29] Álvaro Ricardo de Souza Cruz e Ana Guimarães,[30] têm enfatizado a dimensão hermenêutica e o caráter narrativo da decisão judicial, afastando-se da lógica racionalista e ênfase metodológica que subjaz à ponderação. Em razão disso, quiçá seja possível afirmar que não é sequer possível debater a "derrotabilidade" de uma norma, porquanto tal ideia pressuporia a existência de sentidos que antecederiam a interpretação da situação fática e a reconstrução dos sentidos normativos à luz do caso em análise. Portanto, é possível afirmar que se trata de uma não questão.

Não obstante, para dar continuidade à análise empreendida, não avançarei a respeito dessas – relevantes – contribuições. Logo, para discutir se é possível ocorrer a derrotabilidade das normas constitucionais, na próxima parte, não adotarei as teorias tratadas neste item, tendo em vista que para elas a questão não faz sentido.

II.2 Derrotabilidade das normas constitucionais brasileiras

As constituições contemporâneas possuem disposições que vão além da prescrição de direitos e garantiras individuais e da organização do poder. Longe de serem constituições sintéticas, formais ou meramente políticas,[31] como algumas do século XIX, as constituições promulgadas no final do século XX e início do século XXI possuem uma diversidade de disposições que disciplinam o poder político e econômico, criam programas, estabelecem nortes e instituem diversos direitos fundamentais.

Por isso, sabe-se que se analisarmos todas as disposições constitucionais encontraremos não só regras e princípios,[32] mas também prescrições que instituem diretrizes e políticas ou que criam entidades. Essas disposições podem ser chamadas de normas

---

[28] Autores como Menelick de Carvalho Netto, Marcelo Cattoni, Cristiano Paixão, Álvaro Souza Cruz, Maria Fernanda Repolês, Marcelo Galuppo, entre outros.

[29] LOPES, José Reinaldo Lima. Entre a teoria da norma e a teoria da ação. *In*: STORCK, Alfredo Carlos; LISBOA, Wladimir Barreto (Org.). *Norma, moralidade e interpretação*: temas de filosofia política e direito. 1. ed. Porto Alegre: Linus, 2009. v. 1. p. 43-80.

[30] CRUZ, Álvaro Ricardo de Souza; GUIMARÃES, Ana Carolina Pinto Caram. Regras e princípios: uma visão franciscana. *In*: CRUZ, Álvaro Ricardo de Souza (Coord.). *(O) outro (e) (o) direito*. Belo Horizonte: Arraes, 2015. v. I. p. 117-118.

[31] Algumas das constituições do século XIX disciplinavam exclusivamente os poderes do Estado e os direitos fundamentais em face do Estado, eram curtas e serviam como declarações políticas sem possuir plena força normativa (jurídica). Evidentemente, não é o que se passa hoje, pelo menos no Brasil.

[32] Tornou-se um costume afirmar que as regras constitucionais ou são regras ou princípios, na linha da formulação de Dworkin e de Alexy. Tal concepção foi popularizada pelo constitucionalista português José Joaquim Gomes Canotilho, em sua obra *Direito constitucional e teoria da Constituição*. É oportuno mencionar a crítica de José Reinaldo Lima Lopes, sobre a forma excessivamente simplista de conceber a Constituição ao classificar, a partir exclusivamente do seu texto, as suas disposições como regras e princípios.

constitutivas[33] ou regras constitucionais ônticas, segundo José Afonso da Silva.[34] Tais distinções são relevantes para verificar quais normas constitucionais podem, ou não, ser derrotadas.

Para verificar a (im)possibilidade de derrotabilidade das normas constitucionais, analisarei dois domínios relevantes para o direito constitucional: i) casos de direitos fundamentais; ii) normas sobre a produção jurídica – genericamente chamadas de regras de competência. A apresentação de áreas diversas nas quais as normas constitucionais são aplicadas contribuirá para explicitar a complexidade da afirmação ou da negação de que as normas constitucionais são derrotáveis. Inclusive, diferentemente do que se tem afirmado, ficará claro que algumas normas constitucionais não podem ser derrotadas. Essa análise se dará a partir das disposições da Constituição Federal brasileira e de casos julgados pelo STF.

II.2.1 Direitos fundamentais

II.2.1.1 Uniões estáveis homoafetivas

No julgamento conjunto da ADPF nº 132-RJ e da ADI nº 4.277-DF, o Supremo Tribunal Federal aplicou a técnica de interpretação conforme à Constituição ao art. 1.723 do Código Civil,[35] cuja redação é: "Art. 1.723. É reconhecida como entidade familiar a união estável entre o homem e a mulher, configurada na convivência pública, contínua e duradoura e estabelecida com o objetivo de constituição de família".

Para fins deste estudo, a decisão é relevante porque configura caso de derrotabilidade do sentido literal do texto constitucional. Isso se dá, pois, o ponto de partida e um dos parâmetros do controle de constitucionalidade para esses casos é o §3º do art. 226 da Constituição Federal,[36] que prevê regra específica na Constituição a respeito da proteção da "união estável entre o homem e a mulher como entidade familiar". De modo que não há dúvida sobre a existência dos vocábulos "homem" e "mulher" no enunciado constitucional. Houve autores que, apesar de concordarem com o sentido e o alcance social da decisão, afirmavam o seu caráter problemático, pois ela afastou a literalidade do texto. Para autores de tradições distintas, analíticos ou hermenêuticos, o sentido literal do texto constitui um limite à interpretação.[37] Portanto, não se trata de questão irrelevante.

---

[33] Para Guastini, as normas constitutivas constituem entidades e instituições e se distinguem das normas prescritivas, pois não possuem uma sanção. Cf.: GUASTINI, Riccardo. *Le fonti del diritto*: fondamenti teorici. Milano: Giuffrè, 2010. Trattato di Diritto Civile e Commerciale. p. 22.

[34] José Afonso da Silva segue a classificação proposta por Gregorio Robles a respeito das normas e designa de regra constitucionais ônticas as regras que constituem entidades, como exemplo, a regra do art. 32 da Constituição Federal, que afirma que Brasília é a capital do país. Para os fins deste texto, não há maiores distinções entre as normas constitutivas e as regras ônticas. Para o pensamento de José Afonso da Silva a respeito do tema, cf.: SILVA, José Afonso da. *Teoria do conhecimento constitucional*. São Paulo: Malheiros, 2014.

[35] BRASIL. ADPF nº 132-RJ e ADI nº 4.277-DF, Rel. Min. Carlos Ayres Britto, j. 5.5.2011. *DJe*, 14 out. 2011.

[36] "Art. 226. A família, base da sociedade, tem especial proteção do Estado. §3º Para efeito da proteção do Estado, é reconhecida a união estável entre o homem e a mulher como entidade familiar, devendo a lei facilitar sua conversão em casamento".

[37] SILVA, Virgílio Afonso da. La unión entre personas del mismo género: ¿cuan importantes son los textos y las instituciones? *Discusiones*, v. 15, p. 171-203, 2014; STRECK, Lenio Luiz; LIMA, Rogério Montai de. O direito de conversão da união estável em casamento nas relações homoafetivas. *Migalhas*. Disponível em: http://www.

Sob esse debate teórico de fundo, a Corte proferiu decisão unânime, na qual afirmou que o art. 1.723 do Código Civil deve ser interpretado de modo que não se discriminem as uniões estáveis entre pessoas do mesmo sexo. Em outras palavras, entendeu-se que viola a Constituição garantir exclusivamente a casais heteroafetivos a possibilidade de constituir união estável.[38] Essa disposição viola objetivos fundamentais da República de não discriminação, além de outros princípios constitucionais que demandam a proteção da igualdade e da liberdade no âmbito afetivo e familiar.

Na fundamentação de seus votos, os ministros e ministras da Corte enfrentaram o óbice argumentativo que se extrai da regra do §3º do art. 226, isto é, a própria Constituição da República menciona "o homem e a mulher" como integrantes da união estável. Tal questão não era irrelevante.

Sem adentrar na exposição e análise de cada um dos votos, o que se pode afirmar é que há um afastamento da literalidade do §3º do art. 226, o qual é interpretado à luz de outras disposições da Constituição. Não se trata, aqui, somente de uso da interpretação sistemática. Há, também, o afastamento de uma regra em razão de outros princípios e padrões constitucionais que orientaram a decisão. Foi reconhecido que a literalidade do texto discrimina uniões estáveis para homens e mulheres. Todavia, os objetivos da República Federativa do Brasil de não discriminar, em qualquer sentido, a cláusula de abertura, os tratados internacionais de direitos humanos de que o Brasil é signatário (art. 5º, §2º),[39] além de princípios como a liberdade e a igualdade no campo afetivo demandam que não se proceda à *mera* leitura literal. Tudo isso fundamenta a leitura de que as normas constitucionais não devem ser lidas com o propósito de discriminar grupos ou minorias.

Ademais, há que se compreender que a inclusão do §3º do art. 226 à Constituição na época da constituinte significou um avanço em termos de inclusão das pessoas que viviam nesse arranjo familiar, mas cujos direitos eram limitados pela legislação civil vigente à época (1988).

Por tais razões, verifica-se que, neste caso, a literalidade, ou, se se preferir, a interpretação literal das normas constitucionais foi derrotada pelas razões expostas.[40]

---

migalhas.com.br/dePeso/16,MI137382,41046-O+direito+de+conversao+da+uniao+estavel+em+casamento+nas+relações. Acesso em: 20 maio 2023.

[38] Conforme se extrai da decisão, foi conferida interpretação conforme à Constituição do art. 1.723 do Código Civil para: "excluir do dispositivo em causa qualquer significado que impeça o reconhecimento da união contínua, pública e duradoura entre pessoas do mesmo sexo como família. Reconhecimento que é de ser feito segundo as mesmas regras e com as mesmas consequências da união estável heteroafetiva".

[39] Cf. art. 5º, §2º: "Os direitos e garantias expressos nesta Constituição não excluem outros decorrentes do regime e dos princípios por ela adotados, ou dos tratados internacionais em que a República Federativa do Brasil seja parte". Note-se que esse parágrafo não é uma norma com final aberto. Pelo contrário, é uma regra que se espraia para todos os direitos e garantias da Constituição, por isso é chamada de cláusula de abertura, não só para os tratados internacionais de direitos humanos, mas também para outros implícitos ao regime constitucional brasileiro.

[40] É interessante verificar que, neste caso, assim como no caso anterior do salário-maternidade, a descrição do afastamento da literalidade das normas pode se dar por matrizes teóricas distintas como as de Schauer e Ávila, no que eles têm em comum, de um lado, e, do outro, de Ronald Dworkin. Isto é, essa leitura da regra foi afastada por ser contra os seus propósitos originais e porque traria resultados ruins (Schauer e Ávila), ou porque violaria princípios relevantes da comunidade, como a liberdade e a igualdade (Dworkin). Nos dois casos, também, há questões relevantes sobre as formas com as quais a sociedade concebe papéis sociais.

Portanto, houve, na prática, o uso da derrotabilidade para afastar a literalidade de normas constitucionais (originárias).

II.2.1.2 Inviolabilidade de domicílio

Do enunciado do art. 5º, XI, da Constituição Federal (CF), é possível extrair o comando (a norma) de que a Constituição Federal assegura o direito aos cidadãos de que o seu domicílio não pode ser violado, isto é, que não se pode adentrar o domicílio sem o consentimento do morador, a não ser que esteja presente uma das exceções previstas no inc. XI, caso contrário, haverá violação à prescrição constitucional.

Deste mesmo inc. XI, do art. 5º, interpretam-se como exceções constitucionalmente autorizadas as seguintes situações: i) flagrante de crime; ii) casos de desastre; iii) para prestar socorro; iv) com ordem judicial (durante o dia).[41] Portanto, não há dúvida de que se trata de norma com final fechado, cujo rol de exceções é taxativo.

Não obstante, em novembro de 2015, ao julgar o Recurso Extraordinário nº 603.616, o Supremo Tribunal Federal inclui o que, segundo o raciocínio da maioria da Corte, seria uma exceção implícita e firmou a seguinte tese de julgamento:

> a entrada forçada em domicílio sem mandado judicial *só é lícita, mesmo em período noturno,* quando amparada em fundadas razões, devidamente justificadas a posteriori, que indiquem que dentro da casa ocorre situação de flagrante delito, sob pena de responsabilidade disciplinar, civil e penal do agente ou da autoridade e de nulidade dos atos praticados.[42]

Não discutirei se é correta a decisão da Corte,[43] pretendo, somente, explicitar dois pontos relevantes. Antes de apresentá-los, é importante explicitar os requisitos impostos pelo STF nesta decisão com repercussão geral. Para que haja a entrada forçada no domicílio é necessário que se verifique as seguintes condições – são 3 requisitos e uma consequência:

> 1) deve haver fundadas razões;
>
> 2) tais razões devem ser devidamente *justificadas a posteriori, e devem indicar que dentro da casa ocorre situação de flagrante delito;*
>
> 3) *elas podem ocorrer para os seguintes crimes permanentes:* há o depósito ou porte de drogas, extorsão mediante sequestro e cárcere privado, ou seja, situações que exigem ação imediata da polícia.

---

[41] Cf. art. 5º, XI, CF: "a casa é asilo inviolável do indivíduo, ninguém nela podendo penetrar sem consentimento do morador, salvo em caso de flagrante delito ou desastre, ou para prestar socorro, ou, durante o dia, por determinação judicial".

[42] BRASIL. Recurso Extraordinário 603.616/2015. Rel. Min. Gilmar Mendes, j. 5.11.2015. *DJe*, 14 out. 2016.

[43] Registre-se, todavia, que a decisão é questionável, do ponto de vista teórico – da teoria do direito e constitucional –, jurídico, político e social. Sobre os aspectos teóricos, questiona-se o afastamento de uma regra com final fechado, o que se conecta com os aspectos jurídicos, políticos e sociais: a garantia de inviolabilidade de domicílio é uma das garantias fundamentais que assegura a liberdade e a privacidade das pessoas, excepcioná-la implica excepcionar a liberdade também. Por fim, do ponto de vista social, há que se considerar que tal decisão afetará pessoas que já têm essa garantia relativizada em diversas circunstâncias, por morarem em bairros periféricos ou em situações precárias. Não se imagina a aplicação de tal regra em regiões ricas das cidades brasileiras, o que reforça a possível violação à igualdade, que se constitui em problema político e jurídico.

Consequência: sob pena de responsabilidade disciplinar, *civil e penal* do agente ou da autoridade e de *nulidade dos atos praticados.*

Primeiro, dados esses requisitos, verifico que seria possível extrair dessa regra de final fechado uma exceção implícita quando há flagrante em crimes permanentes. Ela pode ser extraída da regra explícita de que a ocorrência de crimes em flagrante é uma exceção à inviolabilidade de domicílio. No caso do inc. XI, do art. 5º, da Constituição, tal exceção é, inclusive, enunciada na forma clássica: "salvo em...". Portanto, o que a Corte fez foi explicitar em quais tipos de crimes essa ocorrência seria mais provável, criando requisitos para aferir essa hipótese excepcional.

O segundo ponto relevante é que as razões serão devidamente justificadas *a posteriori*, isto é, na audiência de custódia e devem constar na descrição do flagrante. E, se não houver o relaxamento da prisão, deverá compor o inquérito e o processo judicial que dele decorram. Se essa justificativa não for apresentada a contento, surgirão as consequências: a possibilidade de responsabilização do agente ou autoridade e a nulidade dos atos praticados.

Em termos descritivos, esse segundo ponto demonstra a dinâmica argumentativa descrita por Neil MacCormick, por César Serbena e Fernando Andreoni, vale dizer, no curso de um processo judicial, ou, como prefere MacCormick, na pragmática dos processos judiciais, os argumentos apresentados podem demonstrar que o domicílio foi invadido, com violência ("entrada forçada") e que não havia fundadas razões para que houvesse suspeita de que lá se praticavam algum dos crimes permanentes descritos. A consequência de tal comprovação é a possível decretação da nulidade do processo e a responsabilidade dos agentes.

Assim, verifica-se que o entendimento exarado pelo Supremo Tribunal Federal no Recurso Extraordinário nº 603.616 constituiu uma exceção implícita à regra – de final fechado – da inviolabilidade de domicílio, com as possíveis consequências que dela devem decorrer. Portanto, na prática, para ser integralmente compreendida, a prescrição dessa regra é a soma da literalidade do seu texto e dos entendimentos judiciais que a interpretam, sobretudo o Recurso Extraordinário nº 603.616, que criou outra exceção a ela, com possíveis consequências em caso de sua violação.

Até aqui foram descritos casos nos quais é possível afirmar de forma descritiva a derrotabilidade das normas constitucionais. Neles, demonstrou-se que a derrotabilidade descreve situações nas quais a literalidade, a interpretação ou a aplicação das normas constitucionais é derrotada em casos de direitos fundamentais fundados em regras.

No próximo item, serão expostos os limites à ideia de derrotabilidade de todas as normas constitucionais, porquanto serão analisadas as normas sobre a produção normativa. Nesses casos, ficará claro que nem todas as normas constitucionais podem ser derrotadas.

II.2.2 Normas sobre a produção normativa

Riccardo Guastini descreve que as normas sobre a produção jurídica podem ser de duas espécies: normas formais e normas materiais. Cada uma delas pode ser dividida em duas subespécies.[44]

De um lado, as normas formais podem ser normas que: i) conferem competências; ii) regulam (disciplinam) o exercício de tais competências. As normas que conferem competências estabelecem a qual órgão é atribuída determinada função,[45] e as que regulam o seu exercício determinam o procedimento de formação de tais atos. Por exemplo, regra que define quantas votações são necessárias e qual é o quórum para a aprovação de uma espécie normativa do art. 59 da Constituição é norma de formação das espécies normativas previstas.

Por outro lado, as normas materiais sobre a produção jurídica podem ser normas relativas ao objeto de regulação das diversas fontes, isto é, suas disposições tratam do tema que será objeto de regulação;[46] e podem ser normas relativas ao modo de disciplinar os diversos objetos, por exemplo, vedando discriminações,[47] ou normas que estabelecem diretrizes para as atividades legislativas.[48]

Descritas essas categorias, demonstrarei a seguir porque as normas sobre a produção jurídica, sejam elas formais sejam materiais, não podem ser derrotadas. Para tanto, tratarei primeiro das normas formais sobre a produção jurídica, e apresentarei um exemplo que fornece elementos para afirmar que algumas normas constitucionais são inderrotáveis. Depois, apresentarei porque não pode se afirmar a derrotabilidade das normas materiais sobre a produção jurídica, seja no sentido de descrever um fenômeno, seja no sentido de prescrevê-lo, isto é, de afirmar que a derrotabilidade dessas normas deve ocorrer.

II.2.2.1 Normas formais sobre a produção jurídica

Principiemos pelas normas formais sobre a produção jurídica. O art. 60 da Constituição prescreve as regras para a aprovação de uma proposta de emenda à Constituição (PEC) de forma válida no direito brasileiro. Assim como a aprovação de outras espécies normativas, o procedimento pressupõe três fases: a iniciativa, a constitutiva e a complementar.

Imaginemos duas situações. As PECs nºs 123 e 171 foram propostas por um terço dos senadores. Iniciaram o seu trâmite no Senado, foram aprovadas em dois turnos de votação com o voto de três quintos dos senadores e encaminhada à Câmara dos

---

[44] GUASTINI, Riccardo. *Le fonti del diritto*: fondamenti teorici. Milano: Giuffrè, 2010. Trattato di Diritto Civile e Commerciale. p. 25-35.

[45] Pode ser citado como exemplo de norma que confere competência o art. 44 da Constituição, que atribui o poder de legislar ao Congresso Nacional, o qual prevê: "Art. 44. O Poder Legislativo é exercido pelo Congresso Nacional, que se compõe da Câmara dos Deputados e do Senado Federal".

[46] Autores ligados à tradição kelseniana costumam chamar de âmbito material da norma a temática que será objeto de sua regulação.

[47] Cf., p. ex., o inc. XLI, do art. 5º da CF: "a lei punirá qualquer discriminação atentatória dos direitos e liberdades fundamentais; [...]".

[48] Por exemplo, o parágrafo único do art. 185, que prevê tratamento especial para a propriedade produtiva e atribui à lei a tarefa de estabelecer os requisitos para o cumprimento da função social da propriedade rural, os quais têm seus parâmetros constitucionais estabelecidos no art. 186 da Constituição.

Deputados. Lá, a PEC nº 123 foi votada em dois turnos de votação, com o quórum de três quintos dos deputados, sem alterações, sendo considerada aprovada.

A PEC nº 171, por sua vez, foi votada e aprovada em primeiro turno com o quórum de três quintos. Alguns minutos depois, no segundo turno de votação, oito deputados saíram antes de encerrar a votação, pois foram chamados a mediar conflito urgente com suas bases eleitorais naquele momento. Assim, não foi atingido o quórum necessário para a aprovação da PEC. Não obstante, a PEC nº 171 foi considerada aprovada, tendo em vista que os deputados aprovaram o mesmo texto alguns minutos antes e só se ausentaram das dependências do Congresso para mediar o conflito urgente e inédito de suas bases. No dia seguinte, ambas foram promulgadas pelas Mesas da Câmara dos Deputados e do Senado Federal, com o respectivo de ordem, conforme preceitua o art. 60, §3º.

Parece evidente que a PEC nº 123 foi corretamente aprovada e que a PEC nº 171 desrespeitou as regras a respeito da sua produção, devendo ser considerada inválida. Poder-se-ia argumentar que os deputados faltantes concordavam com o teor do projeto, conforme demonstraram na primeira votação e depois expressaram publicamente, em entrevistas e em redes sociais. Poder-se-ia argumentar, ainda, que os deputados faltantes foram atender a uma emergência extrema e imprevisível que demandava a sua participação, e que a excepcionalidade da situação justificaria que seus votos fossem contados como se eles efetivamente estivessem no Plenário da Câmara, quando, na verdade, não estavam.

Outros exemplos a respeito do processo legislativo poderiam constituir verdadeiras variações sobre esse mesmo tema, qual seja, o fato de que as normas formais sobre a produção jurídica que regulam a elaboração de atos legislativos não podem ser derrotadas, e por diversas razões.

As normas constitucionais que estabelecem o procedimento a ser adotado para a aprovação de atos normativos fundados diretamente na Constituição estipulam condições necessárias para a elaboração de tais atos. Como tal, se alguma de suas condições não estiver presente, não será possível afirmar que o ato existe ou que ele é válido.

A essa ideia poderia ser objetado o fato de que a PEC nº 171 foi promulgada e está vigente. Se ela não fosse promulgada, pelo vício do quórum, poder-se-ia imaginar e trazer como contra-argumento o fato de que há diversos projetos de lei complementar, ordinária ou de conversão de medidas provisórias com problemas idênticos – de quórum.[49]

Seria possível afirmar que tais atos são válidos e existentes até que seja declarada a sua inconstitucionalidade pelo Supremo Tribunal Federal, ou que seja operada a sua revogação pelo Congresso Nacional. Em tese, nessa situação, a derrotabilidade descreveria o que de fato ocorre em diversas democracias constitucionais, nas quais existe controle de constitucionalidade, ou seja, as normas são consideradas constitucionais, portanto, válidas até que sejam declaradas inconstitucionais pelo órgão competente.

---

[49] O exemplo realça problemas de quórum porque eles envolvem uma questão de fácil constatação que é o número de parlamentares que estavam presentes e votaram. Porém, poderiam ser outros os problemas na elaboração dessa (EC) ou de outras espécies legislativas.

Todavia, conforme demonstrado por diversos autores, não se deve vincular a existência do ato normativo e a sua validade, como fez Kelsen.[50] Atos normativos podem existir no ordenamento jurídico e ser elaborados de forma a desrespeitar o seu procedimento de formulação, configurando-se, pois, a sua invalidade.[51] E, tratando-se de desrespeito a regras constitucionais sobre a produção normativa, o ato será maculado pela inconstitucionalidade. É evidente, contudo, que isso não implica afirmar que a inconstitucionalidade será declarada imediatamente. As duas situações não se confundem.

Contemporaneamente, sabe-se que não é necessário vincular pertencimento (existência) ao ordenamento jurídico e validade das normas, como fez Kelsen. Não obstante, há um ponto relevante, apontado por Beltrán e Ratti: a relação entre derrotabilidade e validade.

Os dois autores enfrentam a questão relativa à norma de reconhecimento do ordenamento, o que não é o foco aqui. O que importa ressaltar é o fato de que, na maioria das democracias contemporâneas, há um conjunto de normas constitucionais que prescrevem como as espécies normativas serão elaboradas. Tais regras possuem alto grau de entrincheiramento, e, na minha opinião, não podem ser derrotadas.

O exemplo acima evidencia que não é possível derrotar as normas que disciplinam o procedimento a ser adotado na elaboração das espécies normativas previstas na Constituição.

Se isso fosse possível, dissolver-se-iam as distinções entre leis complementares, leis ordinárias – cuja distinção é o quórum de aprovação e as matérias objeto de sua regulação, entre outras espécies normativas.

Outro fator ainda mais relevante constitui-se no fato de que o próprio conceito de Constituição rígida pressupõe a hierarquia material e formal das normas constitucionais. Como se sabe, as constituições rígidas se distinguem das constituições flexíveis justamente porque possuem um procedimento diferenciado – mais complexo e/ou gravoso – para a sua alteração, diverso do processo de elaboração de leis ordinárias. A indistinção entre processo de reforma da Constituição e de aprovação de leis ordinárias erode a diferença constituinte do constitucionalismo moderno.

A distinção entre Constituição e atos normativos infraconstitucionais pressupõe, pelo menos, a hierarquia formal, instituída pela Constituição ao disciplinar o processo legislativo, o qual assegura a condição de superioridade às normas constitucionais em relação à legislação ordinária.

Portanto, afirmar que todas as normas são derrotáveis, incluindo as normas constitucionais, é afirmar que tais normas podem ter excepcionadas ou que podem ter as consequências jurídicas limitadas em face de circunstâncias extraordinárias. Esse argumento não se sustenta em países que possuem, como o Brasil, uma Constituição rígida. Se ele fosse admitido, seria o equivalente a aceitar raciocínio que viola a racionalidade que decorre da adoção de uma Constituição rígida, isto é, poder-se-ia afastar em uma situação concreta as normas constitucionais formais sobre a produção jurídica,

---

[50] KELSEN, Hans. *Teoria pura do direito*. Tradução de João Baptista Machado. São Paulo: Martins Fontes, 2006. Visão bastante difundida também pela influência de Bobbio no ensino jurídico brasileiro, ver: BOBBIO, Norberto. *Teoria geral do direito*. Tradução de Denise Agostinetti. São Paulo: Martins Fontes, 2008.

[51] NEVES, Marcelo. *Teoria da inconstitucionalidade das leis*. São Paulo: Saraiva, 1988. p. 39-52; GUASTINI, Riccardo. *Le fonti del diritto*: fondamenti teorici. Milano: Giuffrè, 2010. Trattato di Diritto Civile e Commerciale. p. 267.

o que equivale a dizer que se estaria autorizado a desrespeitar ou, se se preferir, a não cumprir a Constituição em uma situação – supostamente – excepcional.

Resta claro que derrotar as normas formais sobre a produção jurídica é enfraquecer a lógica do direito moderno e das democracias contemporâneas, nas quais há Estados democráticos de direito com constituições que diferenciam o que é constitucional e quais normas são infraconstitucionais.

A derrotabilidade de tais normas não implica "mera" inconstitucionalidade, elas erodem as bases das democracias constitucionais e do direito contemporâneo. Logo, quem afirma a derrotabilidade de todas as normas, ou a sua potencial derrotabilidade, provavelmente, não levou em consideração tal situação.

II.2.2.2 Normas materiais sobre a produção jurídica

Em relação às normas materiais sobre a produção jurídica, entendo que não é possível verificar a derrotabilidade no sentido: i) de afastar a aplicação da regra; ou ii) para fins de raciocínio e de argumentação jurídica, na pragmática dos processos judiciais.

Eventualmente, defensores da derrotabilidade da interpretação poderiam afirmar a sua ocorrência em relação às normas materiais. Entendo, contudo, que quando houver normas materiais não se está a tratar de derrotabilidade, o que está em análise é a interpretação das disposições constitucionais.

Essas interpretações podem ser as interpretações ordinárias da Constituição ou podem resultar de mudanças fáticas, científicas e sociais e podem operar sem a mudança da literalidade do texto da Constituição, fenômeno que é designado por processo informal de mudança da Constituição, ou mutação constitucional.

De todo modo, não será possível analisar as normas materiais de produção jurídica sem interpretá-las, não só no sentido trivial de que todas as disposições da Constituição – inclusive as normas formais de produção jurídica – precisam ser interpretadas. Elas demandam interpretação para identificar seus limites e os deveres que impõem, conforme ficará mais claro a seguir.

Assim, conforme explicado acima, as normas materiais sobre a produção jurídica podem ser relativas ao objeto de regulação das diversas fontes; e podem ser normas relativas ao modo de disciplinar os diversos objetos.

As normas materiais relativas ao modo de disciplinar os diversos objetos prescrevem limites ou diretrizes materiais que devem ser seguidas pelos legisladores quando da elaboração de uma espécie normativa. Além dos exemplos citados acima, há casos de parâmetros que podem ensejar inconstitucionalidades por omissão, como é o caso da previsão a respeito do salário mínimo (art. 7º, IV), ou as diversas proibições constitucionais às formas de discriminação por gênero (art. 5º, I), nas relações trabalhistas art. 7º, XXX (proibição de diferença de salários, de exercícios de funções e de critérios de admissão por motivo de sexo, idade, cor ou estado civil) ou da pessoa com deficiência (art. 7º, XXI), ou, enfim, a vedação a criação de preferência entre brasileiros (art. 19, III). Tais disposições norteiam materialmente a atividade legislativa.

Contudo, deve-se ter claro que o descumprimento de tais disposições ensejará uma inconstitucionalidade, assim como a violação às normas formais de produção jurídica; mas serão inconstitucionalidades materiais. Não obstante, nunca é demais ressaltar que as normas formais e materiais de produção jurídica reclamarão algum grau de interpretação das disposições constitucionais e do ato legislativo para que haja a correta identificação se houve, ou não violação da Constituição.

A dimensão interpretativa fica ainda mais clara nas normas materiais sobre a produção jurídica relativas ao objeto de regulação das diversas fontes, isto é, as disposições que prescrevem quais são os âmbitos materiais de regulação.

Um dos pontos mais relevantes da organização dos poderes nas constituições é o regime constitucional de repartição de competências. Este regime disciplina a quem estarão distribuídas competências legislativas e materiais, bem como a forma de exercê-las.

Em países que são Estados unitários, as funções legislativas costumam estar concentradas no Parlamento e nos Executivos nacionais com algum grau de delegação para outras entidades. Entretanto, em federações como o Brasil, o regime constitucional de repartição de competências divide as competências privativas ou exclusivas de cada ente e dispõe sobre quais competências são compartilhadas entre mais de um ente da federação.

O ponto central aqui são as disposições constitucionais que determinam quais serão as temáticas sobre as quais cada ente da federação poderá legislar privativamente ou de forma compartilhada. Por exemplo, os arts. 22; 25, §1º; 30, I, prescrevem competências privativas da União, dos estados e dos municípios, respectivamente. O art. 24 prescreve competências concorrentes – compartilhadas – entre União, estados e Distrito Federal.

Inúmeros conflitos podem surgir a respeito do exercício das competências concorrentes ou privativas. Por exemplo: legislar sobre a cobrança pelo serviço de estacionamento em *shopping centers* e supermercados é uma norma de direito civil ou de direito do consumidor? Se for direito civil, a competência privativa para legislar será da União, logo, a lei estadual editada sobre o tema será inconstitucional.

Mas também podem ocorrer dificuldades interpretativas a respeito da identificação das competências privativas. Por exemplo: uma lei federal que, entre outros temas, veda o uso da imagem do empregado pelo empregador é uma disposição sobre direito civil ou do trabalho? Ainda que ambas sejam de competência da União (art. 22, I), a compreensão de qual área elas integram pode ter consequências. Leis como essas, multitemáticas, geram dificuldades para identificá-las como integrantes de um só "ramo" do direito.

Em razão dessas características, entendo, no mesmo sentido que Beltrán e Schauer,[52] que os problemas de competência são interpretativos. Por isso, a identificação do âmbito material, isto é, de qual matéria uma norma material sobre a produção jurídica dispõe, é um problema de interpretação sobre se a matéria X é um caso de ou está incluída na matéria X', cuja competência é do ente ou órgão Y (União, estados, DF ou municípios).

Note-se que nesses casos não há que se falar de uma norma que pode ser excepcionada, pois a cada novo caso são feitas distinções que selecionam de modo a incluir ou a excluir o que pode ser concebido como direito civil, do trabalho etc. Tais inclusões e exclusões se dão por um processo de interpretação dos parlamentos ao exercerem

[52] FERRER BELTRÁN, Jordi. *Las normas de competencia*: un aspecto de la dinámica jurídica. Madrid: CEPEC, 2000. p. 146.

suas prerrogativas (competências) e dos tribunais, sobretudo as cortes que exercem o controle de constitucionalidade de tais atos.

Ao decidir que leis estaduais sobre estacionamentos em *shopping centers* são regras de direito civil, o Supremo Tribunal Federal definiu o que está incluído no âmbito material do direito civil, e o que não é direito do consumidor. Cada âmbito de regulação será constituído na decisão de cada caso, ou quando da edição de uma lei por um ente da federação, o que se faz *vis-à-vis* aos outros âmbitos de regulação. Nesse sentido, pode-se dizer que essa interpretação é constituinte desse âmbito de regulação.[53]

Ao proceder dessa forma, as normas materiais sobre produção jurídica não regulam condutas propriamente, o que torna mais difícil, para não dizer impossível, a possibilidade de derrotá-las ou de afastar as suas consequências, porquanto a maior dificuldade interpretativa é, justamente, definir se há adequação ao âmbito material da norma ou não.

Neil MacCormick afirma que a aplicação do direito pode envolver decisões de classificação, de interpretação ou de ambas.[54] Eu acrescentaria que decisões sobre a criação de atos normativos em geral também implica decisões de classificação e de interpretação sobre e o agente é competente, ou não, para criar o ato. Assim como implicará a verificação pelo tribunal, por exemplo, o STF, se o agente era, ou não, competente à luz da Constituição para legislar sobre o tema X ou Y.

Não há espaço aqui para condições necessárias ou suficientes, no sentido apresentado por MacCormick para haver derrotabilidade, nem consequências a serem afastadas e não há condutas claras a serem atribuídas aos agentes legislativos. O que há é a delimitação de um âmbito de regulação, cujos contornos serão confirmados ou infirmados a cada ato emanado, como uma espécie de cerca que expande e se contrai. Ou, na interessante metáfora de Robert Williams, o regime constitucional de repartição de competências funciona como uma sanfona que expande e contrai a autonomia de um ou de outro ente,[55] de uma ou de outra área – ramo – do direito.

Não há, portanto, derrotabilidade de tais normas, também.

Por fim, a conexão entre as normas de produção jurídica e a questão da validade parece estar clara, no que diz respeito às possíveis inconstitucionalidades e consequências práticas. Porém, há num nível mais abstrato outro ponto a ser levado em consideração.

Além disso, para compreender a relação entre derrotabilidade e validade, deve-se ter claro que uma "regra" de reconhecimento não é uma regra de conduta. Segundo Riccardo Guastini, trata-se de um critério de validade, isto é, de um critério de identificação de quais normas produzidas seguem esse critério. Para ele, esse critério poderia ser enunciado, *grosso modo*: "Toda norma criada conforme as normas sobre a produção jurídica (formalmente superiores) N1, N2, N3, ..., e compatíveis com as normas (materialmente superiores) Na, Nb, Nc, ..., é válida".[56]

---

[53] Constituinte tanto no sentido jurídico, como político de criar esse âmbito material de regulação.

[54] MACCORMICK, Neil. *Retórica e o Estado de direito*: uma teoria da argumentação jurídica. Tradução de Conrado Hübner Mendes e Marcos Paulo Veríssimo. Rio de Janeiro: [s.n.], 2008. p. 78.

[55] WILLLIAMS, Robert. F. Teaching and researching comparative subnational constitutional law. *Penn State Law Review*, v. 115, n. 4, p. 1109-1131.

[56] GUASTINI, Riccardo. *Le fonti del diritto*: fondamenti teorici. Milano: Giuffrè, 2010. Trattato di Diritto Civile e Commerciale. p. 272.

Dessa forma mais abstrata, vislumbra-se como não é possível derrotar as normas de produção jurídica sem prejudicar a hierarquia formal e material do ordenamento jurídico. É claro que aprofundar essa questão poderia demandar enfrentar o debate a respeito da vinculação necessária ou contingente do direito com a moral e o seu caráter intrinsecamente – ou não – justo, mas esses pontos vão muito além do escopo desse trabalho.[57]

Considerações finais

Ao longo do texto, ficou claro como a temática de derrotabilidade atravessa diversos temas da teoria do direito contemporânea. Exposta essa complexidade, operei algumas distinções a fim de analisar a possibilidade de derrotar normas constitucionais.

Ainda que pouco discutido na teoria constitucional brasileira, esse debate está intimamente conectado com os temas das regras, dos princípios e sobre as formas de interpretação e aplicação da Constituição.

Ficou claro, também, a posição adotada que afirma o caráter contingente da derrotabilidade, na linha de Schuaer e Bayón. Além das ideias desses autores, a exposição dos casos de direitos fundamentais permitiu verificar que há espaço para o uso dessa noção no âmbito do direito constitucional, sobretudo quando se discute a interpretação e aplicação de direitos fundamentais, mesmo que suas disposições veiculem aquilo que designamos por regras.

Por outro lado, conforme se expôs, não é possível afirmar a derrotabilidade das normas formais e materiais sobre a produção jurídica. Foi demonstrado que a derrotabilidade das normas formais pode ensejar a erosão da validade jurídica e política da Constituição, bem como o a desconstituição das relações hierárquicas (formais) que a Constituição demanda.

Em relação às normas materiais, demonstrou-se que se trata de problemas de interpretação e que eventual uso do termo *derrotabilidade* para descrevê-las é, no mínimo, fraco ou faz pouco sentido, pois são hipóteses tradicionais de interpretação da Constituição e do direito, debatidas há pelo menos dois séculos – nos Estados Unidos da América, por exemplo. Portanto, o uso da noção de derrotabilidade para tanto enfraquece a própria derrotabilidade e não traz melhores descrições ou orientações sobre como pensar e trabalhar com o direito.

Por fim, há que se ressaltar o ganho de clareza que esse debate traz, contribuindo para que se compreenda melhor a dinâmica real e efetiva de aplicação e de elaboração de normas, assim como a contínua melhora do ordenamento e da construção do direito. Todavia, há outros temas que ainda demandam análise neste ponto de encontro entre a derrotabilidade e o direito constitucional; o principal deles é, sem dúvida, a jurisdição constitucional. Investigações futuras poderão trazer reflexões sobre esse tema.

---

[57] Sobre o tema, cf.: WALUCHOW, Wilfrid J. Defeasibility and legal positivism. *In*: FERRER BELTRÁN, Jordi; BATTISTA RATTI, Giovanni (Ed.). *The logic of legal requirements*: essays on defeasibility. Oxford: Oxford, 2012. p. 254-267.

Referências

ALEXY, Robert. *Teoria dos direitos fundamentais*. Tradução de Virgílio Afonso da Silva. São Paulo: Malheiros, 2008.

ÁVILA, Humbert. *Teoria dos princípios*: da definição à aplicação dos princípios jurídicos. 11. ed. São Paulo: Malheiros, 2010.

ÁVILA, Humbert. *Teoria dos princípios*: da definição à aplicação dos princípios jurídicos. 20. ed. São Paulo: Malheiros, 2021.

BARCELLOS, Ana Paula de. *Eficácia jurídica dos princípios constitucionais*: o princípio da dignidade da pessoa humana. 2. ed. Rio de Janeiro: Renovar, 2008.

BARROSO, Luís Roberto. A americanização do direito constitucional e seus paradoxos: teoria e jurisprudência constitucional no mundo contemporâneo. *In*: SARMENTO, Daniel (Coord.). *Filosofia e teoria constitucional contemporânea*. Rio de Janeiro: Lumen Juris, [s.d.]. p. 309-346.

BAYÓN, Juan Carlos. Derrotabilidad, indeterminación del derecho y positivismo jurídico. *Isonomía: Revista de Teoría y Filosofía del Derecho*, n. 13, p. 87-117, out. 2000.

BIX, Brian H. Defeasibility and open texture. *In*: FERRER BELTRÁN, Jordi; BATTISTA RATTI, Giovanni (Ed.). *The logic of legal requirements*: essays on defeasibility. Oxford: Oxford, 2012. p. 193-202.

BOBBIO, Norberto. *Teoria geral do direito*. Tradução de Denise Agostinetti. São Paulo: Martins Fontes, 2008.

BRASIL. ADPF nº 132-RJ e ADI nº 4.277-DF, Rel. Min. Carlos Ayres Britto, j. 5.5.2011. *DJe*, 14 out. 2011.

BRASIL. Constituição (1988). *Constituição da República Federativa do Brasil*. Brasília, DF: Senado Federal, 2007.

BRASIL. Recurso Extraordinário 603.616/2015. Rel. Min. Gilmar Mendes, j. 5.11.2015. *DJe*, 14 out. 2016.

BUSTAMANTE, Thomas da Rosa de. *Argumentação contra legem*: a teoria do discurso e a justificação jurídica nos casos mais difíceis. Rio de Janeiro: Renovar, 2005.

CARVALHO NETTO, Menelick de; SCOTTI, Guilherme. *Os direitos fundamentais e a (in)certeza do direito*: a produtividade das tensões principiológicas e a superação do sistema de regras. Belo Horizonte: Fórum, 2011.

CHIASSONI, Pierluigi. Defeasibility and legal indeterminacy. *In*: FERRER BELTRÁN, Jordi; BATTISTA RATTI, Giovanni (Ed.). *The logic of legal requirements*: essays on defeasibility. Oxford: Oxford, 2012. p. 151-181.

CRUZ, Álvaro Ricardo de Souza. *Hermenêutica jurídica e(m) debate*: o constitucionalismo brasileiro entre a teoria do discurso e a ontologia existencial. Belo Horizonte: Fórum, 2007.

CRUZ, Álvaro Ricardo de Souza. *Jurisdição constitucional democrática*. Belo Horizonte: Del Rey, 2004.

CRUZ, Álvaro Ricardo de Souza; GUIMARÃES, Ana Carolina Pinto Caram. Regras e princípios: uma visão franciscana. *In*: CRUZ, Álvaro Ricardo de Souza (Coord.). *(O) outro (e) (o) direito*. Belo Horizonte: Arraes, 2015. v. I. p. 117-118.

DWORKIN, Ronald. *Law's Empire*. Cambridge: Harvard, 1986.

DWORKIN, Ronald. *Levando os direitos a sério*. Tradução de Nelson Boeira. São Paulo: Martins Fontes, 2002.

DWORKIN, Ronald. *O império do direito*. Tradução de Jeferson Luiz Camargo. São Paulo: Martins Fontes, 2014.

FERRER BELTRÁN, Jordi. *Las normas de competencia*: un aspecto de la dinámica jurídica. Madrid: CEPEC, 2000.

FERRER BELTRÁN, Jordi; BATTISTA RATTI, Giovanni. Defeasibility and legality: a survey. *In*: FERRER BELTRÁN, Jordi; BATTISTA RATTI, Giovanni (Ed.). *The logic of legal requirements*: essays on defeasibility. Oxford: Oxford, 2012. p. 11-39.

GUASTINI, Riccardo. *Il giudice e la legge*: lezioni di diritto costituzionale. Torino: G. Giappichelli, 1995.

GUASTINI, Riccardo. *Le fonti del diritto*: fondamenti teorici. Milano: Giuffrè, 2010. Trattato di Diritto Civile e Commerciale.

GÜNTHER, Klaus. *Teoria da argumentação no direito e na moral*: justificação e aplicação. Tradução de Claudio Molz. São Paulo: Landy, 2004.

GÜNTHER, Klaus. Un concepto normativo de coherencia para una teoría de la argumentación jurídica. *Doxa: Cuadernos de filosofía del derecho*, Alicante, n. 17-18, p. 271-302, 1995.

HABERMAS, Jürgen. *Between facts and norms*: contributions to a discourse theory of law and democracy. Tradução de William Regh. Cambridge: MIT Press, 1998.

HART, Herbert L. A. *O conceito de direito*. Tradução de Antônio de Oliveira Sette-Câmara. São Paulo: Martins Fontes, 2009.

HART, Herbert L. A. The ascription of responsibility and rights. *Proceedings of the Aristotelian Society*, n. 49, p. 171-194, 1948-1949.

JACKSON, Vicki. Constitutional law in an age of proportionality. *The Yale Law Journal*, v. 124, n. 8, p. 3094-3196, June 2015.

JACKSON, Vicki; TUSHNET, Mark. *Proportionality*: new frontiers, new challenges. Cambridge: Cambridge, 2017.

KELSEN, Hans. *Teoria pura do direito*. Tradução de João Baptista Machado. São Paulo: Martins Fontes, 2006.

LOPES, José Reinaldo Lima. Entre a teoria da norma e a teoria da ação. *In*: STORCK, Alfredo Carlos; LISBOA, Wladimir Barreto (Org.). *Norma, moralidade e interpretação*: temas de filosofia política e direito. 1. ed. Porto Alegre: Linus, 2009. v. 1. p. 43-80.

MACCORMICK, Neil. *Institutions of law*: an essay in legal theory. New York: Oxford, 2007.

MACCORMICK, Neil. *Retórica e o Estado de direito*: uma teoria da argumentação jurídica. Tradução de Conrado Hübner Mendes e Marcos Paulo Veríssimo. Rio de Janeiro: [s.n.], 2008.

NEVES, Marcelo. *Teoria da inconstitucionalidade das leis*. São Paulo: Saraiva, 1988.

SARTOR, Giovanni. *Defeasibility in legal reasoning*. Rechtstheorie. Berlin: Duncker & Humblot, 24, S. 281-316, 1993.

SCHAUER, Frederick. Is defeasibility an essential property of law? *In*: FERRER BELTRÁN, Jordi; BATTISTA RATTI, Giovanni (Ed.). *The logic of legal requirements*: essays on defeasibility. Oxford: Oxford, 2012. p. 77-88.

SCHAUER, Frederick. On the supposed defeasibility of legal rules. *Current Legal Problems*, v. 51, Issue 1, p. 223-240, 1998.

SCHAUER, Frederick. *Playing by the rules*. Oxford: Oxford, 1992.

SCHREIBER, Anderson. *Direitos da personalidade*. 3. ed. São Paulo: Atlas, 2014.

SERBENA, Cesar Antonio. Normas jurídicas, inferência e derrotabilidade. *In*: SERBENA, Cesar Antonio (Org.). *Teoria da derrotabilidade*: pressupostos teóricos e aplicações. Curitiba: Juruá, 2012.

SILVA, José Afonso da. *Teoria do conhecimento constitucional*. São Paulo: Malheiros, 2014.

SILVA, Virgílio Afonso da. *Direitos fundamentais*: conteúdo essencial, restrições e eficácia. São Paulo: Malheiros, 2009.

SILVA, Virgílio Afonso da. La unión entre personas del mismo género: ¿cuan importantes son los textos y las instituciones? *Discusiones*, v. 15, p. 171-203, 2014.

SILVA, Virgílio Afonso da. O proporcional e o razoável. *Revista dos Tribunais*, São Paulo, n. 798, p. 23-50, abr. 2002.

SILVA, Virgílio Afonso da. Princípios e regras: mitos e equívocos acerca de uma distinção. *Revista Latino-Americana de Estudos Constitucionais*, n. 1, p. 607-629, jan./jul. 2003.

SILVA, Virgílio Afonso da; MENDES, Conrado Hübner. Habermas e a jurisdição constitucional. *In*: NOBRE, Marcos; TERRA, Ricardo (Org.). *Direito e democracia*: um guia de leitura de Habermas. São Paulo: Malheiros, 2008.

STRECK, Lenio Luiz; LIMA, Rogério Montai de. O direito de conversão da união estável em casamento nas relações homoafetivas. *Migalhas*. Disponível em: http://www.migalhas.com.br/dePeso/16,MI137382,41046-O+direito+de+conversao+da+uniao+estavel+em+casamento+nas+relações. Acesso em: 20 maio 2023.

VASCONCELLOS, Fernando Andreoni. *Hermenêutica jurídica e derrotabilidade*. Curitiba: Juruá, 2010.

WALUCHOW, Wilfrid J. Defeasibility and legal positivism. *In*: FERRER BELTRÁN, Jordi; BATTISTA RATTI, Giovanni (Ed.). *The logic of legal requirements*: essays on defeasibility. Oxford: Oxford, 2012. p. 254-267.

WILLLIAMS, Robert. F. Teaching and researching comparative subnational constitutional law. *Penn State Law Review*, v. 115, n. 4, p. 1109-1131.

Informação bibliográfica deste texto, conforme a NBR 6023:2018 da Associação Brasileira de Normas Técnicas (ABNT):

MACEDO, José Arthur Castillo de. Derrotabilidade das normas constitucionais. *In*: FACHIN, Luiz Edson; BARROSO, Luís Roberto; CRUZ, Álvaro Ricardo de Souza (Coord.). *A Constituição da democracia em seus 35 anos*. Belo Horizonte: Fórum, 2023. p. 603-625. ISBN 978-65-5518-597-3.

A CONSTITUIÇÃO, O STF E A DEMOCRACIA PARTICIPATIVA NA ADMINISTRAÇÃO PÚBLICA

ASSUSETE MAGALHÃES
MARCO TÚLIO REIS MAGALHÃES

1 Introdução

Em 5.10.2023, a Constituição Federal brasileira de 1988 completa 35 anos de vigência, sendo a mais longeva de nossas cartas constitucionais republicanas. Desde o seu advento, tem servido como pilar central de nosso Estado democrático de direito, seja como diretriz, seja como parâmetro de controle, guiando o cumprimento dos objetivos fundamentais de nossa República,[1] reforçando os seus fundamentos,[2] bem como exigindo o respeito aos direitos fundamentais.

No seu nascedouro, veio consolidar a transição democrática, a afirmação da cidadania e a centralidade dos direitos fundamentais para enfrentar os novos desafios, como vaticinava Ulysses Guimarães, a partir das ideias de "Constituição Coragem" e "Constituição Cidadã".[3] No decorrer dos anos de sua vigência, seguiu-se a estabilização democrática do país, com muitos avanços, mas também vários ajustes, desgastes e desafios, muitas vezes refletidos nas inúmeras emendas constitucionais.[4] De fato, não foram poucos os episódios a desafiar a higidez de nossa ordem constitucional democrática. Passamos por dois *impeachments* presidenciais, estabilizamos a moeda nacional e controlamos a inflação, enfrentamos graves casos de corrupção de repercussão nacional e internacional, assistimos a uma série de protestos e manifestações populares

---

[1] *Vide* art. 3º, I a IV, da CF/88: construir uma sociedade livre, justa e solidária; garantir o desenvolvimento nacional; erradicar a pobreza e a marginalização e reduzir as desigualdades sociais e regionais; promover o bem de todos, sem preconceitos de origem, raça, sexo, cor, idade e quaisquer outras formas de discriminação.

[2] *Vide* art. 1º, I a V, da CF/88: soberania, cidadania, dignidade da pessoa humana, valores sociais do trabalho e da livre iniciativa, pluralismo político.

[3] Cf. LIMA, João Alberto de Oliveira *et al. A gênese do texto da Constituição de 1988*. Brasília: Senado Federal, 2013. v. II. p. viii.

[4] Cf. TAVARES, André Ramos. *Curso de direito constitucional*. 21. ed. São Paulo: SaraivaJur, 2023. p. 87-95; BARROSO, Luís Roberto. *Um outro país*: transformações no direito, na ética e na agenda do Brasil. Belo Horizonte: Fórum, 2018. p. 353-355.

em 2013, em todo o Brasil. Mais recentemente, atravessamos eleições nacionais muito acirradas e polarizadas, enfrentamos embates entre os poderes da República e muitos ataques a instituições e agentes políticos.[5] Em 2023, assistimos ao triste e grave episódio dos atos antidemocráticos de 8 de janeiro, em Brasília, que resultaram na depredação de prédios, bens e símbolos dos três poderes da República, mas que estão a receber firme, imediata e proporcional resposta das instituições republicanas e democráticas e dos órgãos de controle contra qualquer tentativa de atentado ao regime constitucional e democrático.

De todo modo, chama a atenção o fato de que o cumprimento das normas constitucionais, a garantia da democracia no Brasil e o respeito aos direitos fundamentais têm demandado intensa atuação institucional de todos os poderes e o controle de suas respectivas atividades, ante inúmeros desgastes e desafios, muitas vezes persistentes, a serem equacionados.[6] Esses desafios, próprios do viver em sociedade, por vezes são hiperbolizados por eventos que os ignoram, mas que os impactam profundamente, como a recente pandemia da Covid-19 e as mudanças climáticas, a ameaçar a própria sobrevivência humana na Terra.

Na doutrina política e jurídica, desde os anos 1980, é possível vislumbrar certa sucessão de temas discutidos sobre o desenvolvimento democrático dos países: transições democráticas, estabilizações democráticas, qualidade e performance das democracias, erosão e crise das democracias e, nesse último aspecto, mais recentemente, o acento na discussão do conceito de democracia defensiva, ou de resistência ou militante.[7] Essa discussão mais ampla sobre a democracia caminha lado a lado com outra mais específica sobre a importância e a qualidade das instituições, ou mesmo da institucionalidade, como meio de fortalecer e cumprir valores, objetivos e direitos albergados em nossa Constituição contra toda sorte de desgastes e desafios que possam reduzi-los ou esvaziá-los.[8]

---

[5] Cf. BARROSO, Luís Roberto. *O controle de constitucionalidade no direito brasileiro*: exposição sistemática da doutrina e análise crítica da jurisprudência. 9. ed. São Paulo: SaraivaJur, 2022. p. 443 *et seq*.

[6] Ilustrativamente, entre desgastes e desafios ainda hoje perceptíveis, destacamos: (i) a harmonia entre os poderes tem-se forjado com tensões e vívidos debates; (ii) os problemas econômicos e sociais crônicos, e também os novos, não cessam nem se reduzem facilmente; (iii) dificuldade de se manter um grau adequado de governabilidade; (iv) recrudescimento da qualidade do sistema político-partidário brasileiro; (v) aumento do acirramento político-ideológico e polarizado para extremos (no Brasil e em outros países); (vi) desigualdade econômico-social; (vii) notória dificuldade de se gerir as contas públicas de forma equilibrada e sustentável; (viii) dificuldade de se garantir um mínimo existencial digno a todos os brasileiros; (ix) dificuldade de vontade e consenso políticos para adoção de reformas estruturais do país; (x) contínuo desafio de prover segurança jurídica em compasso com desenvolvimento econômico, social e ambiental; (xi) mais recentemente, os desafios da era digital, do mundo virtual, das redes sociais e da inteligência artificial abrem novas frentes de preocupação, não obstante o incrível potencial tecnológico positivo que também comportam. Cf. BARROSO, Luís Roberto. *Um outro país*: transformações no direito, na ética e na agenda do Brasil. Belo Horizonte: Fórum, 2018. p. 275-298.

[7] Cf. LEVITSKY, Steven; ZIBLATT, Daniel. *Como as democracias morrem*. Tradução de Renato Aguiar. Rio de Janeiro: Zahar, 2018. p. 7 *et seq*.; BARROSO, Luís Roberto. *Revolução tecnológica, crise da democracia e Constituição*: direito e políticas públicas num mundo em transformação. Belo Horizonte: Fórum, 2021. p. 35-39; 50-57; WELZEL, Christian. Demokratisierung/Demokratisierungswellen. *In*: FUCHS, Dieter; ROLLER, Edeltraud (Org.). *Lexikon Politik*: Hundert Grundbegriffe. Weinsberg: Reclam, 2007. p. 43-47. Especificamente quanto à democracia defensiva, que tem no direito constitucional alemão importante referência a partir do conceito de *streitbare Demokratie* ou *wehrhafte Demokratie*, consultar: BADURA, Peter. *Staatsrecht*. 6. ed. München: C. H. Beck, 2015. p. 341; KLOEPFER, Michael. *Verfassungsrecht*. München: C. H. Beck, 2011. v. I. p. 207.

[8] Cf. BARROSO, Luís Roberto. *Revolução tecnológica, crise da democracia e Constituição*: direito e políticas públicas num mundo em transformação. Belo Horizonte: Fórum, 2021. p. 25-31.

Nesse contexto, insere-se o tema aqui discutido. A nosso ver, a democracia participativa é uma dimensão fundamental do nosso modelo democrático e foi talhada de forma singular na Constituição Federal de 1988, em equilíbrio com a democracia representativa, servindo de base essencial nas diversas fases do desenvolvimento democrático e ante os desafios que se colocam a cada momento. A garantia de sua realização passa primordialmente pela atuação da Administração Pública, especialmente por seus colegiados vinculados à realização de políticas públicas.

Pretende-se, assim, discutir o fortalecimento das instituições democráticas a partir de diretrizes de democracia participativa na Constituição Federal de 1988, voltadas à Administração Pública, e do controle de constitucionalidade brasileiro, com análise de algumas decisões do Supremo Tribunal Federal (STF) nos últimos cinco anos, nas quais os temas relativos à importância e à qualidade das instituições democráticas participativas ganham relevo, *e.g.*, ADI nº 6.121 MC, ADPF nº 622, ADPF nº 623 e ADPF nº 651.

Antes de adentrar o tema propriamente dito, mister ressaltar que o presente texto é oferecido para compor obra coletiva que celebra os 35 anos da Constituição da República Federativa do Brasil, que se completam em 5.10.2023, pelo que os autores agradecem o honroso convite e parabenizam a iniciativa promovida pelo Ministro Edson Fachin (STF) e pelo Desembargador Federal Álvaro Ricardo de Souza Cruz (TRF/6ª Região), coordenadores desta oportuna e valorosa obra doutrinária comemorativa.

2 Democracia participativa na Constituição federal de 1988

Há 35 anos o advento da Constituição Federal de 1988 aglutinou uma mudança estrutural no Brasil, um momento histórico de virada política, jurídica, social, institucional, econômica, ambiental, entre outras. Revisitar esse momento pode se comparar, metaforicamente, ao retorno a um local sagrado, em que se desvenda a fonte de como decidimos nos constituir como sociedade livre, justa e democrática e que propósitos, direitos e deveres decidimos assumir como indivíduos, cidadãos, sociedade civil e Estado democrático de direito.

Um denominador comum de todas essas viradas reside na ideia central de soberania popular, claramente ancorada no parágrafo único do primeiro artigo da Constituição Federal de 1988, ao assim dispor: "Todo o poder emana do povo, que o exerce por meio de representantes eleitos ou diretamente, nos termos desta Constituição". Essa é uma opção constitucional muito enfática, em comparação às nossas Constituições anteriores, e que também guarda inspiração na famosa concepção de Abraham Lincoln.[9] Além disso, a análise desse dispositivo constitucional realça três referenciais. O primeiro deles é constante, perene e intransponível: todo o poder emana do povo! O segundo deles é dinâmico, variável ao longo do tempo, mas sempre orientado pelo primeiro referencial:

---

[9] Trata-se da referência ao famoso discurso de Gettysburg (Pensilvânia), proferido em 19.11.1863 pelo então presidente dos Estados Unidos, Abraham Lincoln, no contexto da guerra civil americana, e considerado um marco na história do constitucionalismo democrático: "[...] It is rather for us to be here dedicated to the great task remaining before us – that from these honored dead we take increased devotion to that cause for which they gave the last full measure of devotion – that we here highly resolve that these dead shall not have died in vain – that this nation, under God, shall have a new birth of freedom – and that government of the people, by the people, for the people, shall not perish from the earth". Cf. *The Gettysburg Address* (Disponível em: http://www.abrahamlincolnonline.org/lincoln/speeches/gettysburg.htm. Acesso em: 31 jul. 2023).

o poder deve ser democraticamente exercido, tanto de forma representativa, quanto de forma direta. Não apenas de um modo ou de outro, mas sempre por meio de um balanço equilibrado entre essas duas formas de exercício do poder democrático. Mas como se guiar para definir esse balanço? Aqui surge o terceiro referencial, que evidencia que o balanço almejado deve dar-se nos termos da Constituição. Este último ponto merece destaque: a Constituição contém diretrizes, princípios, objetivos, direitos e deveres que, explicita e implicitamente, orientam a calibragem desse balanço de formas entre democracia representativa e participativa.[10] Essa orientação constitucional serve de norte para a sociedade civil, para o Poder Legislativo, para o Poder Executivo, bem como para o Poder Judiciário.

A ênfase na soberania popular, aqui identificada como nosso denominador comum, tem forte relação com o movimento de transição democrática ocorrido na América Latina desde a década de 1980, com a queda de regimes autoritários, bem como guarda pertinência com o debate mais amplo de crise da concepção do Estado de bem-estar social, muitas vezes desvirtuado para padrões paternalistas e clientelistas, que limitam os cidadãos à condição de meros administrados, sem cidadania ativa.[11] No contexto brasileiro isso se evidenciaria de forma mais direta com a tentativa de superação de uma série de desafios, como a crise de um modelo de Estado centralizador, autoritário e excludente, bem como a mudança nas relações entre Estado e sociedade, com intensificação da demanda pelo processo de redemocratização.[12]

Parte dessa superação esteve – e está – ancorada na opção constitucional expressa de descentralizar e aumentar a participação dos cidadãos e de atores sociais na concretização tanto de políticas públicas, quanto de processos de tomada de decisão, no âmbito da Administração Pública. Sem olvidar que essa opção constitucional não se traduz em certeza absoluta de uma receita de sucesso (a famosa discussão sobre as consequências da democratização),[13] fato é que a participação popular está escudada constitucionalmente no princípio democrático, deixando de ser apenas uma meta, para também ser reconhecida como prerrequisito necessário de aperfeiçoamento institucional e das políticas públicas no Brasil.[14]

---

[10] Cf. SILVA, José Afonso da. *Curso de direito constitucional positivo*. 44. ed., rev. e atual. São Paulo: Malheiros, 2022. p. 147-148.

[11] Cf. LEVITSKY, Steven; ZIBLATT, Daniel. *Como as democracias morrem*. Tradução de Renato Aguiar. Rio de Janeiro: Zahar, 2018. p. 7-8; CARVALHO NETTO, Menelick de. A hermenêutica constitucional sob o paradigma do estado democrático de direito. *In*: OLIVEIRA, Marcelo Andrade Cattoni de (Coord.). *Jurisdição e hermenêutica constitucional no Estado democrático de direito*. Belo Horizonte: Mandamentos, 2004. p. 25-44; HABERMAS, Jürgen. *Direito e democracia*: entre facticidade e validade. 2. ed. Tradução de Flávio Beno Siebeneichler. Rio de Janeiro: [s.n.], 2003. v. II. p. 144-145.

[12] TATAGIBA, Luciana; TEIXEIRA, Ana Claudia Chaves. Democracia representativa y participativa: ¿complementariedad o combinación subordinada? Reflexiones acerca de las instituciones participativas y La gestión pública en La ciudad de São Paulo (2000-2004). *In*: CLAD; GOBIERNO DE ESPAÑA. *Contraloria y participación social en La gestión pública*. Venezuela: CLAD, 2007. p. 22-23.

[13] A envolver, ilustrativamente, a pergunta sobre aquilo que a democracia pode efetivamente oferecer, pois a expectativa de reformar um sistema político apenas com foco em maior democracia, descuidando-se de uma série de outros importantes fatores, pode trazer efeitos negativos que afetam a própria democracia, mas que não decorrem de sua maior intensidade (CARBONE, Giovanni. The consequences of democratization. *Journal of Democracy*, Washington DC, Baltimore, v. 20, n. 2, p. 123-137, abr. 2009. p. 124-125).

[14] TATAGIBA, Luciana; TEIXEIRA, Ana Claudia Chaves. Democracia representativa y participativa: ¿complementariedad o combinación subordinada? Reflexiones acerca de las instituciones participativas y La

A análise do processo de formação da nova Constituição reforça a importância dessa opção constitucional. Não obstante a força da representação constituinte de elites burocráticas do Estado, pela tendência de decisões centristas num momento de redemocratização, com a tentativa de acomodar interesses diversos, em vez de enfrentar questões estruturais,[15] a participação popular – *e.g.*, movimentos populares e sociais, organizações sindicais e profissionais – exerceu papel fundamental para exigir o fomento e a institucionalização de práticas participativas na esfera governamental.[16] A atuação da sociedade civil no contexto da Assembleia Constituinte impulsionou, no texto constitucional, o controle social e a participação cidadã ativa, especialmente quanto à formulação, à deliberação, ao monitoramento, à avaliação e ao financiamento de diversas políticas públicas.[17]

Todo esse esforço popular buscou evitar uma divisão estanque entre Estado e sociedade civil, ao mesmo tempo em que procurou resguardar tanto a proteção de espaços privados em face do Estado, quanto a proteção de espaços públicos em face da apropriação privada.[18] Mas esse equacionamento constitucional não poderia pressupor a ausência de conflitos e tensões ante a concorrência natural de distintos projetos políticos. Em verdade, ele buscou evitar formatos institucionais inadequados, combatendo a criação de barreiras contra a participação popular (tecnocracia, autofechamento estatal, restrição e exclusão da cidadania ativa), fomentando atuação conjunta e complementar.[19] A Constituição Federal de 1988 conseguiu se abrir para a demanda de democratização do Estado. Não ficou limitada à ideia de democracia meramente representativa, mas avançou em favor de novas formas possíveis de democracia participativa e deliberativa.[20] A novidade de destaque se evidenciaria na adoção do termo "diretamente", pelo parágrafo único do art. 1º da Constituição Federal de 1988.

No âmbito político, temos exemplos de importantes práticas democráticas institucionalizadas (semidiretas) na atuação legislativa e na condução da política governamental – referendo, plebiscito, iniciativa popular –, em todos os níveis federativos.[21] Além do âmbito político, em que há especial destaque ao art. 14 da Constituição Federal de 1988,[22] há muitos outros importantes exemplos de concretização do princípio democrático no

---

gestión pública en La ciudad de São Paulo (2000-2004). *In*: CLAD; GOBIERNO DE ESPAÑA. *Contraloria y participación social en La gestión pública*. Venezuela: CLAD, 2007. p. 22-25.

[15] LOPES, Júlio Aurélio Vianna. *A Carta da democracia*: o processo constituinte na ordem pública de 1988. Rio de Janeiro: Topbooks, 2008. p. 43-65; 61-62.

[16] CUNHA, Eleonora Schettini M.; PINHEIRO, Marcia Maria Biondi. Conselhos nacionais: condicionantes políticos e efetividade social. *In*: AVRITZER, Leonardo (Org.). *Experiências nacionais de participação social*. São Paulo: Cortez, 2009. p. 144-145.

[17] MORONI, José Antônio. O direito à participação no governo Lula. *In*: AVRITZER, Leonardo (Org.). *Experiências nacionais de participação social*. São Paulo: Cortez, 2009. p. 109.

[18] BARROSO, Luís Roberto. *Curso de direito constitucional contemporâneo*. São Paulo: Saraiva, 2009. p. 59-68.

[19] DAGNINO, Evelina. Sociedade civil, espaços públicos e a construção democrática no Brasil: limites e possibilidades. *In*: DAGNINO, Evelina (Org.). *Sociedade civil e espaços públicos no Brasil*. São Paulo: Paz e Terra, 2002. p. 279-301.

[20] MORONI, José Antônio. O direito à participação no governo Lula. *In*: AVRITZER, Leonardo (Org.). *Experiências nacionais de participação social*. São Paulo: Cortez, 2009. p. 159-160.

[21] BENEVIDES, Maria Victoria de Mesquita. *A cidadania ativa*: referendo, plebiscito e iniciativa popular. São Paulo: Ática, 1991. p. 11-12; cf. SILVA, José Afonso da. *Curso de direito constitucional positivo*. 44. ed., rev. e atual. São Paulo: Malheiros, 2022. p. 143-144.

[22] "Art. 14. A soberania popular será exercida pelo sufrágio universal e pelo voto direto e secreto, com valor igual para todos, e, nos termos da lei, mediante: I - plebiscito; II - referendo; III - iniciativa popular [...]".

texto constitucional, envolvendo institutos de participação legislativa, administrativa e judicial.[23] Nesse sentido, há o reconhecimento da democracia, como participação cidadã ativa, em diversos dispositivos constitucionais que espelham diferentes facetas: cidadão eleitor, cidadão como agente de poder, cidadão colaborador, cidadão seduzido, cidadão censor, cidadão propriamente participante.[24]

3 Democracia participativa e Administração Pública

Merece destaque a abertura constitucional à democratização, no âmbito da Administração Pública. Nesse sentido, a soberania popular também se projeta para influenciar a função administrativa do Estado, evidenciada a partir da ideia de participação administrativa. Em outras palavras, a participação popular na gestão e no controle da Administração Pública destaca-se, no âmbito do Estado democrático de direito brasileiro, desde 1988.[25]

A consolidação da democracia representativa na Constituição Federal de 1988 não impede nem inibe o fomento de práticas de democracia participativa no âmbito da Administração, embora esta última necessite de outros pressupostos e formatações, como a garantia de direitos procedimentais, a abertura e fomento à participação pública, a mudança do perfil de gestão da Administração Pública.[26] A despeito de algumas hipóteses mais claramente indicadas no texto constitucional (*e.g.*, art. 10, art. 11, art. 29, XII e XIII, art. 37, §3º, art. 194, VII, art. 206, VI, art. 216, §1º, art. 225, *caput*, todos da CF/88),[27] a Constituição não impede uma atuação criativa e inovadora da Administração em fomentar novas formas de participação, que possam ir além de participações mediatizadas, bem como em incrementar e em aperfeiçoar modelos já existentes, a exemplo dos diversos colegiados administrativos, consultivos e deliberativos, no âmbito da Administração Pública.[28]

Nesse contexto, uma recente modificação constitucional merece atenção. A Emenda Constitucional nº 8/2020[29] introduziu um parágrafo único ao art. 193 da Constituição Federal de 1988,[30] com o seguinte teor: "O Estado exercerá a função de planejamento das políticas sociais, assegurada, na forma da lei, a participação da sociedade nos processos de formulação, de monitoramento, de controle e de avaliação dessas políticas". Ocorre

---

[23] Para um estudo pormenorizado, com destaque a quais dispositivos e a abrangência de sua aplicação: MOREIRA NETO, Diogo de Figueiredo. *Direito da participação política*. Rio de Janeiro: Renovar, 1992. p. 159-183.

[24] CLÈVE, Clèmerson Merlin. O cidadão, a administração pública e a nova Constituição. *Revista de Informação Legislativa*, Brasília, n. 106, p. 81-98, abr./jun. 1990. p. 84-90.

[25] DI PIETRO, Maria Sylvia Zanella. Participação popular na Administração Pública. *Revista de Direito Administrativo*, Rio de Janeiro, v. 191, p. 26-39, jan./mar. 1993. p. 38.

[26] CLÈVE, Clèmerson Merlin. O cidadão, a administração pública e a nova Constituição. *Revista de Informação Legislativa*, Brasília, n. 106, p. 81-98, abr./jun. 1990. 93-95. Segundo Clève, essa meta encontra fundamento, inclusive, na nova concepção de liberdade disposta em nossa Constituição, em que se evidencia uma síntese entre a liberdade-participação (dos antigos) e a liberdade-autonomia (dos modernos).

[27] Cf. SILVA, José Afonso da. *Curso de direito constitucional positivo*. 44. ed., rev. e atual. São Paulo: Malheiros, 2022. p. 145.

[28] Cf. CLÈVE, Clèmerson Merlin. O cidadão, a administração pública e a nova Constituição. *Revista de Informação Legislativa*, Brasília, n. 106, p. 81-98, abr./jun. 1990. p. 96-97.

[29] Emenda Constitucional nº 108, de 26.8.2020. *DOU*, 27 ago. 2020 (Seção 1).

[30] O art. 193, *caput*, da CF/88 tem o seguinte teor: "A ordem social tem como base o primado do trabalho, e como objetivo o bem-estar e a justiça sociais".

que o art. 193 da Constituição Federal de 1988 é o único dispositivo constitucional a tratar de disposições gerais (Capítulo I) no âmbito da Ordem Social (Título VIII), o que evidentemente lhe confere um caráter abrangente, principiológico e inclusivo, a nosso ver não limitado a uma índole meramente programática. Assim, a exigência constitucional de participação da sociedade civil em todas as políticas públicas inseridas no contexto do título da Ordem Social foi reforçada, inclusive em termos de democracia participativa no âmbito da Administração Pública, pois deve ser conservado um núcleo mínimo de garantia de participação, ainda que a sua forma possa variar conforme a lei.[31] Em outras palavras, a remissão constitucional à lei não diz respeito à possibilidade de participação – sempre assegurada –, mas apenas à forma de sua concretização. Assim, a exclusão de participação da sociedade civil ou o seu esvaziamento, explícito ou implícito, não encontra fundamento na Constituição Federal de 1988.

A abertura constitucional à democratização, no âmbito da Administração Pública, também tem permitido a experimentação de práticas participativas positivas. Um bom exemplo é a prática do orçamento participativo no âmbito local, que agrega elementos de democracia representativa, participativa e deliberativa, ainda que em intensidades, combinações e formatos diferenciados, em cada experiência concreta.[32] No âmbito do governo federal, destaca-se o exemplo da atual Plataforma Brasil Participativo, que coleta propostas e votos da população para o Plano Plurianual 2024-2027, sendo considerada a maior experiência de participação social digital do Poder Executivo federal.[33]

Outro interessante exemplo decorre do desenvolvimento tecnológico e da chamada digitalização da Administração Pública, que também têm impulsionado novos formatos de interação entre sociedade civil e Estado, nos últimos anos, em parte até acelerados em razão das restrições de contato impostas durante o período da pandemia da Covid-19.[34]

---

[31] A proposição legislativa originária (PEC nº 15/2015), que se transformou na EC nº 108/2020, estava originariamente voltada à política educacional (mais precisamente interessada na institucionalização do Fundo de Manutenção e Desenvolvimento da Educação Básica e de Valorização dos Profissionais da Educação – Fundeb, conforme registrado na justificação da PEC nº 15/2015). Contudo, a redação do parágrafo único do art. 193 da CF/88, introduzido pela EC nº 108/2020, no capítulo de Disposição Geral do Título da Ordem Social, tem disposição genérica (não limitada à política educacional) e faz alusão – no plural – a políticas públicas.

[32] Costuma-se destacar o pioneirismo da experiência do orçamento participativo da cidade de Porto Alegre desde 1989. Outras grandes capitais, como Belo Horizonte, São Paulo e Recife, também adotam modelos de orçamento participativo. Também há experiências em diversos outros munícipios brasileiros. De todo modo, a configuração do orçamento participativo dá-se em diferentes formatos, sendo comum parte da verba estar destinada a decisões coletivas. De forma geral, o orçamento participativo é pautado pelas seguintes características: participação de todos os interessados; combinação de democracia direta e representativa, com definição das regras internas pelos próprios participantes; alocação financeiro-orçamentária segundo aspectos técnicos e gerais, respeitados espaços de ação governamental e limites financeiros. Cf. FERREIRA, Yan Megale. Orçamento participativo: conceito e princípios. *Boletim de orçamento e finanças*, v. 16, n. 180, p. 342-344, abr. 2020; SANTOS, Boaventura de Sousa; AVRITZER, Leonardo. Para ampliar o cânone democrático. *In*: SANTOS, Boaventura de Sousa (Org.). *Democratizar a democracia*: os caminhos da democracia participativa. Rio de Janeiro: Civilização Brasileira, 2002. p. 65-67. Nos últimos anos, a doutrina tem apontado certo declínio na utilização do orçamento participativo por municípios brasileiros, por diversas razões. Cf. AZEVEDO, Ricardo R. de *et al*. Efeitos políticos na descontinuidade do orçamento participativo em municípios. *Revista de Administração Pública (RAP)*, v. 56, n. 3, p. 349-372, maio/jun. 2022. p. 366. Disponível em: https://periodicos.fgv.br/rap/article/view/85835/80927. Acesso em: 31 jul. 2023.

[33] A referida iniciativa não se enquadra como típico modelo de orçamento participativo, pois não tem como objeto a lei orçamentária anual, mas sim o plano plurianual. De todo modo, é uma iniciativa válida (Disponível em: https://brasilparticipativo.presidencia.gov.br/. Acesso em: 31 jul. 2023).

[34] Ilustrativamente, menciona-se a Lei nº 13.989, de 15.4.2020, que dispunha sobre o uso da telemedicina durante a crise causada pelo coronavírus (SARS-CoV-2), a qual foi posteriormente revogada pela Lei nº 14.510, de 27.12.2022, que veio a autorizar e disciplinar, de forma permanente, a prática da telessaúde em todo o território nacional.

No âmbito do governo federal, por exemplo, tem crescido a facilitação do acesso a informações eletrônicas, a serviços e a soluções digitais, como certidões e documentos digitais, sessões e reuniões virtuais, atendimento remoto, telemedicina e telessaúde, oferecidos pela Administração Pública, literalmente disponibilizados nas mãos do cidadão via *sites*[35] e aplicativos[36] de telefone celular.[37] Nesse ponto, segundo dados do governo federal, vale destacar que o telefone celular com acesso à internet tem sido o aparelho mais utilizado no Brasil para acessar a internet.[38]

Em 2021 foi aprovada a chamada Lei do Governo Digital, aplicável a todos os poderes da República e respectivos órgãos, que dispôs sobre "princípios, regras e instrumentos para o aumento da eficiência da administração pública, especialmente por meio da desburocratização, da inovação, da transformação digital e da participação do cidadão".[39] Entre os princípios da referida lei, destacam-se o incentivo à participação social no controle e na fiscalização da Administração Pública, o uso de linguagem clara e compreensível a qualquer cidadão e o fomento à inclusão digital da população.[40] A Lei do Governo Digital dispôs ainda que a "administração pública utilizará soluções digitais para a gestão de suas políticas finalísticas e administrativas e para o trâmite de processos administrativos eletrônicos".[41] Como último interessante destaque, há previsão legal de que os

> entes públicos poderão instituir laboratórios de inovação, abertos à participação e à colaboração da sociedade para o desenvolvimento e a experimentação de conceitos, de ferramentas e de métodos inovadores para a gestão pública, a prestação de serviços públicos, o tratamento de dados produzidos pelo poder público e a participação do cidadão no controle da administração pública.[42]

Tais laboratórios de inovação terão diversas diretrizes, como colaboração interinstitucional e com a sociedade, foco na sociedade e no cidadão, fomento à participação social e à transparência pública, incentivo à inovação, apoio a políticas públicas orientadas por dados e com base em evidências, a fim de subsidiar a tomada de decisão e melhorar a gestão pública.[43]

---

[35] No âmbito federal, especialmente o *site* denominado "portal único gov.br": www.gov.br, o qual integra a chamada "Plataforma gov.br", que originalmente era intitulada "Plataforma da Cidadania Digital". Cf. Decreto nº 8.936, de 19.12.2016.

[36] No âmbito federal, há a indicação de uma galeria de aplicativos, disponível em: https://www.gov.br/pt-br/apps/@@galeria-de-aplicativos. Acesso em: 31 jul. 2023.

[37] Para uma visão geral do incremento progressivo dos serviços digitais do governo federal, consultar: LISTAS gerais com os serviços transformados por ano. *Gov.br*. Disponível em: https://www.gov.br/governodigital/pt-br/transformacao-digital/lista-servicos-digitais. Acesso em: 31 jul. 2023.

[38] Consultar: CELULAR segue como aparelho mais utilizado para acesso à internet no Brasil. *Brasil Participativo*. Disponível em: https://brasilparticipativo.presidencia.gov.br/. Acesso em: 31 jul. 2023.

[39] Lei nº 14.129, de 29.3.2021, art. 1º. Para uma visão geral de decretos regulamentares, portarias e resoluções vinculados à referida lei, consultar: https://www.gov.br/governodigital/pt-br/legislacao/legislacao-governanca-digital. Acesso em: 31 jul. 2023.

[40] Lei nº 14.129, de 29.3.2021, art. 3º, V, VII, XX.

[41] Lei nº 14.129, de 29.3.2021, art. 5º, *caput*.

[42] Lei nº 14.129, de 29.3.2021, art. 44, *caput*.

[43] Lei nº 14.129, de 29.3.2021, art. 45, I, IV, V, VI, VIII.

De todo modo, o desafio está em garantir participação que vá além da mera consulta ou oitiva dos cidadãos, a fim de que ela possa efetivamente ocorrer na tomada de decisão. A doutrina costuma definir a participação administrativa como "a intervenção individual ou coletiva dos cidadãos na gestão dos órgãos e entidades que integram a Administração Pública, com reflexos no conteúdo das decisões deles emanadas".[44] Muitos aspectos devem ser considerados na definição da configuração e da intensidade dessa participação administrativa, como: (1) principais funções, problemas e inconvenientes; (2) aspectos materiais e procedimentais; (3) momentos (instrução, decisão, execução), graus de intensidade (cooperação, codecisão, prevalência da vontade do participante ou não) e efeitos (vinculantes ou não) da participação; legitimidade pelo procedimento e pela participação; interconexões entre participação, descentralização e negociação.[45]

Além disso, defende-se que a Administração Pública deve se aperfeiçoar, buscando ser mais democrática, dialógica, responsiva, inclusiva, consensual, prospectiva e eficiente. Novos parâmetros vão se incorporando ao seu controle, como juridicidade, precaução, justiça intergeracional, proporcionalidade – como proibição da proteção insuficiente e como proibição do excesso –, proibição do retrocesso institucional. O controle social deve ser alargado não só pela via do controle jurisdicional da Administração Pública,[46] mas também pelos órgãos de cúpula e gestão de outros poderes e instituições, como a possibilidade de o cidadão acionar, por diversos meios, o Conselho Nacional de Justiça e o Conselho Nacional do Ministério Público.[47]

Essas ideias reforçadoras da democracia participativa na Administração Pública também encontram ressonância no direito administrativo de outras nações democráticas, especialmente no que diz respeito ao caráter dinâmico, multiforme e cooperativo que deve pontuar a relação entre Estado e sociedade civil. No direito espanhol, fala-se em *corresponsabilidad*, como responsabilidade conjunta e correlatada;[48] no direito alemão, fala-se em formação de redes (*Bildung von Netzwerken*) que se configurem de forma aberta e pluralista;[49] no direito italiano, fala-se em "arena pública", como contraposição a um paradigma bipolar.[50] Em última análise, do ponto de vista constitucional, essa questão perpassa a contínua discussão acerca da adequada interpretação do princípio da repartição no Estado de direito, que não se encerra numa divisão absolutamente estanque entre Estado e sociedade civil.[51]

---

[44] OLIVEIRA, Gustavo Justino de. Participação administrativa. *Boletim de Direito Administrativo*, São Paulo, ano XXI, n. 11, p. 1248-1266, nov. 2005. p. 1256.

[45] OLIVEIRA, Gustavo Justino de. Participação administrativa. *Boletim de Direito Administrativo*, São Paulo, ano XXI, n. 11, p. 1248-1266, nov. 2005. p. 1256-1263.

[46] Cf. MEDAUAR, Odete. *Controle da Administração Pública*. 2. ed. rev., atual. e ampl. São Paulo: Revista dos Tribunais, 2012. p. 187-188.

[47] *Vide* art. 103-B, §4º, II e III, e §5º, I, e art. 130-A, §2º, II e III, e §3º, I, todos da CF/88.

[48] MENDOZA, Xavier; VERNIS, Alfred. El Estado relacional y la transformación de las administraciones públicas. *In*: LONGO, Francisco; YSA, Tamyko (Ed.). *Los escenarios de la gestión pública del siglo XXI*. Barcelona: Bellaterra, 2008. p. 52-53.

[49] APPEL, Ivo. *Staatliche Zukunfts-* und Entwicklungsvorsorge: Zum Wandel der Dogmatik des Öffentlichen Rechts am Beispiel des Konzepts der nachhaltigen Entwicklung im Umweltrecht. Tübingen: Mohr Siebeck, 2005. p. 372-373.

[50] CASSESE, Sabino. *A crise do Estado*. Tradução de Ilse Paschoal Moreira e Fernanda Landucci Ortale. Campinas: Saberes, 2010. p. 89.

[51] Cf. BÖCKENFÖRDE, Ernst-Wolfgang. *Die verfassungstheoretische Unterscheidung von Staat und Gesellschaft als Bedingung der individuellen Freiheit*. Opladen: Westdeutscher Verlag, 1973. p. 34-37.

No Brasil, a Constituição Federal de 1988 albergou muitos canais que potencializam a participação administrativa, como: (1) os conselhos em geral (órgãos colegiados com função deliberativa e/ou com função consultiva), comissões e comitês participativos; (2) as audiências públicas; (3) as consultas públicas; (4) o orçamento participativo. Haveria, também, a ouvidoria pública, o referendo e/ou plebiscito administrativo, a eleição popular para cargos de direção e as organizações sociais.[52] Em suma, ao lado da participação mediatizada, por colaboração ou delegação, busca-se o fortalecimento da participação direta – individual ou coletiva – e efetiva na gestão e no controle da Administração Pública.[53]

4 O papel do STF na defesa constitucional da democracia participativa: o exemplo dos colegiados administrativos que formulam, deliberam e decidem sobre políticas públicas

Como foco de experimentação e de fortalecimento da democracia participativa no âmbito da Administração, destacam-se os variados colegiados que formulam, deliberam, decidem e controlam a execução de políticas públicas. A Constituição Federal de 1988 tem importantes parâmetros normativos ligados à participação pública e federativa em variadas políticas públicas de envergadura constitucional que se relacionam com diversos direitos fundamentais. Nesse sentido, a institucionalidade por detrás dessas políticas públicas acaba por se materializar como parte da dimensão objetiva de muitos direitos fundamentais e, nessa medida, atrair não só a ideia de constitucionalização do direito administrativo, mas também viabilizar um controle de constitucionalidade mais intenso da Administração Pública, sem que isso configure ofensa ao princípio da separação de poderes.

Um bom exemplo está na discussão relativa à possibilidade de o chefe do Poder Executivo federal legitimamente reorganizar a estrutura administrativa (art. 84, VI, "a", da CF/88), visto que tal liberdade de conformação do presidente da República encontra limites, expressos e implícitos, na própria Constituição. O governo federal, desde 2019 (primeiro ano de mandato da gestão 2019-2022), buscou realizar uma ampla reorganização administrativa no âmbito federal, por meio de muitas mudanças via decretos do presidente da República, sob o mote de racionalização e eficiência administrativas, o que gerou muitas críticas.[54] Ocorre que, independentemente do debate sobre um eventual viés político-ideológico mais ou menos explícito que possa substanciar determinada proposta governamental, fato é que a adoção de uma régua geral, ampla e irrestrita para viabilizar esse tipo de proposta, especialmente quando aplicada indistintamente a uma enorme quantidade de casos, por vezes, pode desigualar situações semelhantes, impactar a higidez, a qualidade e o funcionamento adequado

---

[52] PEREZ, Marcos Augusto. *A Administração Pública democrática*: institutos de participação popular na Administração Pública. Belo Horizonte: Fórum, 2004. p. 96.

[53] DI PIETRO, Maria Sylvia Zanella. Participação popular na Administração Pública. *Revista de Direito Administrativo*, Rio de Janeiro, v. 191, p. 26-39, jan./mar. 1993. p. 32-33.

[54] Cf. BARROSO, Luís Roberto. *Revolução tecnológica, crise da democracia e Constituição*: direito e políticas públicas num mundo em transformação. Belo Horizonte: Fórum, 2021. p. 187-189.

de instituições, afetar políticas públicas relevantes, prejudicar direitos fundamentais e, consequentemente, atrair o controle de sua constitucionalidade pelo STF.[55] É o que se verificou, também desde o ano de 2019, em razão de uma grande quantidade de ações de controle concentrado de constitucionalidade ajuizadas no STF a respeito desse tema, as quais têm permitido à Suprema Corte debruçar-se com maior intensidade sobre essas questões e produzir interessante, aprofundada e robusta jurisprudência que fortalece a importância da democracia participativa na Administração e no contexto da ordem constitucional brasileira.[56] Nesse sentido, alguns exemplos são analisados a seguir.

4.1 O caso da ADI nº 6.121 MC – Extinção, via decreto, de colegiados previstos em lei

O primeiro caso aqui destacado refere-se ao julgamento da Medida Cautelar na Ação Direta de Inconstitucionalidade nº 6.121 (ADI nº 6.121 MC), em junho de 2019. No caso, discutia-se a constitucionalidade do Decreto nº 9.759/2019, do presidente da República, que extinguia, de forma geral, ampla e irrestrita, diversos colegiados no âmbito da Administração Pública federal, criados antes de 1º.1.2019, bem como estabelecia novas diretrizes, regras e limitações para (re)criação ou ampliação deles, além de expressamente revogar o Decreto nº 8.243/2014, que instituía a Política Nacional de Participação Social e o Sistema Nacional de Participação Social. De um lado, o argumento contido na exposição de motivos do referido decreto era de racionalização e eficiência administrativas: a impossibilidade de se precisar quantos e quais seriam esses colegiados, o desperdício financeiro e de pessoal em constantes e supérfluas reuniões de colegiados, o excesso de normas com pouco rigor técnico, a causar muitos inconvenientes administrativos e judiciais, a existência de muitos grupos de pressão, internos e externos, a tentar cooptar os colegiados a votar "pleitos que não estão conforme a linha das autoridades eleitas democraticamente". O presidente da República e a Advocacia-Geral da União defendiam tratar-se de competência privativa do chefe do Poder Executivo a tarefa de reestruturação da Administração, com foco nos princípios da eficiência e da segurança jurídica. De outro lado, o partido político autor da referida ação direta alegava violação aos seguintes dispositivos: art. 1º, *caput*, e parágrafo único, art. 5º, II e XXXVI, art. 10, art. 48, XI, art. 84, VI, "a", e art. 88, todos da Constituição Federal de 1988. A Procuradoria-Geral da República, em concordância com os fundamentos da ADI, opinou pela concessão da medida cautelar.

O entendimento cautelar majoritário do STF foi no sentido da plausibilidade de inconstitucionalidade formal do ato impugnado,[57] tendo em vista que, em face do princípio da separação de poderes:

---

[55] BARROSO, Luís Roberto. *Revolução tecnológica, crise da democracia e Constituição*: direito e políticas públicas num mundo em transformação. Belo Horizonte: Fórum, 2021. p. 448.

[56] BARROSO, Luís Roberto. *Revolução tecnológica, crise da democracia e Constituição*: direito e políticas públicas num mundo em transformação. Belo Horizonte: Fórum, 2021. p. 448.

[57] Em acórdão, por maioria de votos, o Plenário do STF deferiu parcialmente a medida cautelar "para, suspendendo a eficácia do §2º do artigo 1º do Decreto nº 9.759/2019, na redação dada pelo Decreto nº 9.812/2019, afastar, até o exame definitivo desta ação direta de inconstitucionalidade, a possibilidade de ter-se a extinção, por ato unilateralmente editado pelo Chefe do Executivo, de colegiado cuja existência encontre menção em lei em sentido formal, ainda que ausente expressa referência 'sobre a competência ou a composição', e, por arrastamento, suspendeu a eficácia

conflita com a Constituição Federal a extinção, por ato unilateralmente editado pelo Chefe do Executivo, de órgãos colegiados que, contando com menção em lei em sentido formal, viabilizem a participação popular na condução das políticas públicas – mesmo quando ausente expressa "indicação de suas competências ou dos membros que o compõem".

O relator do caso, Ministro Marco Aurélio, após acentuar a dimensão da democracia participativa e a relevância da participação social na Constituição Federal de 1988, em somatório à democracia representativa, assentou que não se trataria de mera regulamentação da gestão interna administrativa, afetando-se colegiados de caráter deliberativo ou consultivo instituídos "com o propósito de contribuir para o processo decisório institucional de condução de políticas públicas", cuja previsão legal decorreria da expressa vontade do Parlamento, não sujeita à ingerência unilateral do chefe do Poder Executivo. Assim, ele não poderia unilateralmente extinguir colegiados previstos em lei, conforme o art. 88 da Constituição Federal de 1988. Ademais, ao se referir aos argumentos do presidente da República, o Ministro Marco Aurélio acentuou que os fins não justificariam os meios, descabendo "fulminá-los de cambulhada, sob pena de apanhar-se órgãos em pleno e efetivo funcionamento". Por sua vez, o Ministro Alexandre de Moraes acompanhou o entendimento do Ministro Marco Aurélio, ressaltando a teoria dos poderes implícitos e da reserva da Administração, relembrando ser legítima a possibilidade de o chefe do Poder Executivo federal reorganizar a Administração Pública em sua gestão (inerente "à alternância de Poder" e "à própria soberania popular"), o que não significaria que se possa extinguir o que foi criado por lei, aprovada pelo Congresso Nacional.

Contudo, deve-se ressaltar que cinco ministros do STF também concluíram pela plausibilidade de inconstitucionalidade material do Decreto nº 9.759/2019,[58] além da mencionada inconstitucionalidade formal, conforme a divergência aberta pelo voto do Ministro Edson Fachin, acolhendo as alegações de violação ao art. 1º, parágrafo único, da Constituição Federal de 1988, especificamente a violação aos princípios republicano, democrático e da participação popular. No aspecto formal, acentuou ele que a previsão legal de colegiados envolvendo a sociedade civil exige que o chefe do Poder Executivo venha a implementá-los, em vez de excluí-los. No aspecto material, após destacar o caráter fundamental da democracia participativa na Constituição Federal de 1988, afirmou que a extinção indiscriminada, geral e irrestrita de "um número inestimável de colegiados que operam dentro da estrutura governamental, e que fomentam a participação social nos assuntos de interesse de toda a população", não seria medida razoável nem democrática, feriria o direito de participação popular no governo, exigiria do Poder Executivo um ônus majorado por acarretar um déficit democrático, sendo incompatível com "uma hermenêutica constitucional que dá tão grande amplitude ao princípio democrático". O Ministro Roberto Barroso, também invocando o princípio republicano na dimensão de exigência de uma transparência mínima, relembrou que

---

de atos normativos posteriores a promoverem, na forma do artigo 9º do Decreto nº 9.759/2019, a extinção dos órgãos" (ADI nº 6.121 MC/DF. Rel. Min. Marco Aurélio, Tribunal Pleno, j. 13.6.2019. *DJe*, 28.11.2019).

[58] Conforme a divergência inaugurada pelo Ministro Edson Fachin, no que foi acompanhado pelos ministros Roberto Barroso, Rosa Weber, Cármen Lúcia e Celso de Mello. A inconstitucionalidade formal também foi externada pelo parecer oferecido pela Procuradoria-Geral da República.

todo ato estatal está submetido à Constituição e que a forma indiscriminada de extinção de colegiados, adotada pelo presidente da República, teria "um nível de opacidade, de obscuridade, que impede o Congresso Nacional e a sociedade de saberem exatamente o que está sendo feito", visto que, como se colheria dos autos, "ninguém sabe mesmo quantos são; quais são; e quais as motivações para extingui-los". Haveria, ainda, possível inobservância do princípio da proporcionalidade, como vedação ao excesso de poder, por se adotar uma fórmula de "extinção ampla, geral e irrestrita", incompatível com a proteção dos direitos fundamentais.

A existência de precedentes posteriores a esse julgamento, que aprofundam a tese de inconstitucionalidade material, ao lado do aspecto formal, em situações assemelhadas, associada a mudanças na composição do STF desde o julgamento da ADI nº 6.121 MC, pode ensejar decisão final de mérito que vá além do entendimento adotado na decisão cautelar.

4.2 O caso da ADPF nº 622 – Alteração da composição e do funcionamento do Conanda

O segundo caso ora analisado refere-se ao julgamento da Arguição de Descumprimento de Preceito Fundamental nº 622 (ADPF nº 622), ajuizada pela Procuradoria-Geral da República para impugnar o Decreto nº 10.003/2019, do presidente da República, que alterou as regras de composição e funcionamento do Conselho Nacional da Criança e do Adolescente – Conanda. Em dezembro de 2019, houve o deferimento parcial da medida cautelar, em decisão monocrática do Ministro Roberto Barroso,[59] que veio a ser ratificada no julgamento de mérito do caso, em março de 2021, para declarar a inconstitucionalidade, formal e material, do ato impugnado.[60] As manifestações do presidente da República e da AGU, em boa medida, assemelham-se àquelas oferecidas para o debate anteriormente travado no julgamento da ADI nº 6.121 MC, embora a Corte tenha avançado quanto a particularidades do caso em questão.

Conforme o entendimento fixado no julgamento de mérito do caso pelo STF, embora a estruturação da Administração federal esteja inserida na competência discricionária do chefe do Poder Executivo, tal competência encontra limites na Constituição e nas

---

[59] ADPF nº 622 MC/DF. Rel. Min. Roberto Barroso, j. 19.12.2019. *DJe*, 3.2.2020.

[60] Em acórdão, o Plenário do STF declarou "a inconstitucionalidade (i) dos artigos 79; 80, *caput* e §3º, e 81 do Decreto nº 9.579/2018, com a redação dada pelo Decreto nº 10.003/2019 (razão pela qual esta decisão não implica repristinação do art. 79, §3º, do Decreto nº 9.579/2018, em sua redação original); bem como (ii) do art. 2º do Decreto nº 10.003/2019". Por consequência do referido entendimento, o acórdão do STF "restabeleceu: (i) o mandato dos antigos conselheiros até o seu termo final; (ii) a eleição dos representantes das entidades da sociedade civil em assembleia específica, disciplinada pelo Regimento Interno do Conanda; (iii) a realização de reuniões mensais pelo órgão; (iv) o custeio do deslocamento dos conselheiros que não residem no Distrito Federal; e (v) a eleição do Presidente do Conanda por seus pares, na forma prevista em seu Regimento Interno. Foi firmada a seguinte tese de julgamento: 'É inconstitucional norma que, a pretexto de regulamentar, dificulta a participação da sociedade civil em conselhos deliberativos'. Por fim, o Tribunal deixa de acolher o pedido quanto: (i) à redução paritária do número de representantes do Poder Público e da sociedade civil, que valerá, contudo, apenas a partir do início dos novos mandatos (não há que se falar, portanto, em repristinação do art. 79, §3º, do Decreto nº 9.579/2018); (ii) ao voto de qualidade do Presidente do Conanda; e (iii) à impossibilidade de recondução de representantes da sociedade civil. Tudo nos termos do voto do Relator, vencido o Ministro Marco Aurélio, que julgava improcedente o pedido" (ADPF nº 622 MC/DF. Rel. Min. Roberto Barroso, Tribunal Pleno, j. 1º.3.2021. *DJe*, 21.5.2021).

leis do país. No caso, as novas regras aplicadas ao Conanda, a pretexto de regulá-lo, frustrariam

> a participação das entidades da sociedade civil na formulação de políticas públicas em favor de crianças e adolescentes e no controle de sua execução, como exigido pela Constituição. Tais regras contrariam norma constitucional expressa, que exige tal participação, e colocam em risco a proteção integral e prioritária da infância e da juventude (art. 227, *caput* e §7º, e art. 204, II, da CF/88).

Segundo o STF, as modificações operadas via decreto do presidente da República esvaziariam e inviabilizariam a participação popular e o adequado funcionamento do Conanda (*e.g.*, seleção pelo Poder Público, em vez de eleições para representantes da sociedade civil; recusa de custeio de deslocamento de conselheiros que não residam no Distrito Federal; redução do número de reuniões do Conselho, de doze reuniões anuais para quatro; destituição imotivada de conselheiros eleitos que representavam a sociedade civil, com mandato em curso para o biênio 2019-2020), frustrando os mandamentos constitucionais relativos ao tema, notadamente o controle de execução de políticas públicas, bem como violariam o princípio da legalidade, ao desconsiderar exigências específicas previstas na Lei nº 8.242/1991 (criadora do Conanda) e na Lei nº 8.069/1990 (Estatuto da Criança e do Adolescente), especialmente no que se refere à participação popular paritária, por ignorar os critérios legais criados por meio da vontade soberana do Congresso Nacional.

O entendimento fixado no caso foi sintetizado pelo Plenário do STF conforme a seguinte tese: "É inconstitucional norma que, a pretexto de regulamentar, dificulta a participação da sociedade civil em conselhos deliberativos". Na fundamentação do acórdão, merece destaque a vinculação do papel da jurisdição constitucional com a expressa preocupação de se evitar os riscos de um "constitucionalismo abusivo" – compreendido como a "prática que promove a interpretação ou a alteração do ordenamento jurídico, de forma a concentrar poderes no Chefe do Executivo e a desabilitar agentes que exercem controle sobre a sua atuação" –, que estaria associado, no âmbito internacional, à ideia de retrocesso democrático e à violação de direitos fundamentais.

4.3 O caso da ADPF nº 623 – Alteração da composição e do funcionamento do Conama

O terceiro caso aqui examinado refere-se ao julgamento da ADPF nº 623, ajuizada pela Procuradoria-Geral da República para impugnar o Decreto nº 9.806, de 28.5.2019, editado pelo presidente da República, que alterou as regras de composição e funcionamento do Conselho Nacional do Meio Ambiente – Conama. Em março de 2021, iniciou-se o julgamento, com voto proferido pela Ministra Relatora Rosa Weber, declarando inconstitucional o ato impugnado, no que foi acompanhada pelos votos dos ministros Edson Fachin, Alexandre de Moraes e Marco Aurélio, tendo havido subsequente pedido de vista pelo Ministro Nunes Marques, com suspensão do julgamento. Em 17.12.2021, a Ministra Relatora Rosa Weber proferiu decisão monocrática para deferir a medida cautelar, suspendendo a eficácia do decreto do presidente da República, até julgamento final, ainda que o julgamento de mérito estivesse suspenso, em razão de pedido de vista.[61] Em maio de 2023 foi retomado e concluído o julgamento pelo Plenário do STF, decidindo-se no sentido de declarar a inconstitucionalidade do ato impugnado, vencido o Ministro Nunes Marques quanto à preliminar de perda de objeto da ADPF.[62]

As manifestações do presidente da República, do Ministério do Meio Ambiente e da AGU assemelham-se àquelas oferecidas para o debate anteriormente travado no julgamento da ADI nº 6.121 MC e da ADPF nº 622, embora a Corte tenha avançado quanto a particularidades do caso em questão. Em síntese, eles defendiam a constitucionalidade do decreto do presidente da República, pois o decreto seria ato de natureza regulamentar e fundado na racionalização e eficiência da estrutura administrativa; tratar-se-ia de competência constitucional privativa do chefe do Poder Executivo, em atuação discricionária legítima; a mudança na composição e funcionamento não prejudicaria a representatividade da sociedade civil e de outros entes federativos, nem o funcionamento do Conama; inexistiria violação ao princípio do retrocesso. Em contraposição, o autor da ADPF defendeu que as mudanças operadas pelo ato impugnado[63] violariam o princípio da participação popular direta (art. 1º, parágrafo único, da CF/88), o princípio da proibição do retrocesso institucional, que decorreria dos direitos insculpidos no art. 1º, *caput*, e III, art. 5º, XXXVI e §1º, e art. 60, §4º, IV, todos da CF/88, o direito à igualdade (art. 5º, I, da CF/88), o direito ao meio ambiente ecologicamente equilibrado (art. 225 da CF/88) e a natureza material constitucional dos tratados e convenções de direitos humanos incidentes no caso (Convenção Americana sobre Direitos Humanos, Protocolo Adicional à Convenção Americana sobre Direitos Humanos, Convenção sobre Diversidade Biológica, Declaração de Joanesburgo sobre Desenvolvimento Sustentável, Convenção-Quadro das Nações Unidas sobre a Mudança Climática e Acordo-Quadro do Mercosul sobre Meio Ambiente), que imporiam o controle de convencionalidade da legislação brasileira.

O voto da Ministra Relatora Rosa Weber, que serviu de suporte para o acórdão do STF, tem fundamentação robusta e complexa, pautada em quatro principais premissas jurídico-constitucionais, além de outras referidas em semelhantes casos julgados (*e.g.*,

---

[61] Segundo a referida decisão, que fez expressa menção aos precedentes firmados na ADPF nº 622 e na ADI nº 6.121 MC para justificar a plausibilidade da medida cautelar, a superveniência de determinados fatos novos "consuma o perigo de lesão grave e, por conseguinte, exige atuação jurisdicional provisória deste Supremo Tribunal Federal a fim de afastar outros perigos e mesmo a completa concentração de poderes governamentais no CONAMA, com a exclusão da participação da sociedade civil, e suas heterogeneidades, bem como da comunidade científica, ao arrepio da normatividade constitucional" (ADPF nº 623 MC/DF. Rel. Min. Rosa Weber, j. 17.12.2021. *DJe*, 10.1.2022).

[62] ADPF nº 623/DF. Rel. Min. Rosa Weber, Tribunal Pleno, j. 22.5.2023. *DJe*, 18.7.2023.

[63] Segundo o acórdão do STF, as alterações alegadas como inconstitucionais seriam: "(i) redução de 11 para 4 representantes de entidades ambientalistas com assento no Conselho; (ii) redução do mandato das entidades ambientalistas de 2 anos para 1 ano, passando a ser vedada a recondução; (iii) substituição do método de escolha das entidades representantes desse setor, que se fazia por processo eleitoral dentre as organizações cadastradas perante o Ministério do Meio Ambiente, pelo método de sorteio; (iii) substituição do método de escolha das entidades representantes desse setor, que se fazia por processo eleitoral dentre as organizações cadastradas perante o Ministério do Meio Ambiente, pelo método de sorteio; (v) perda de assento no Conselho de órgãos de ligação estreita com o meio ambiente, como o Instituto Chico Mendes da Biodiversidade (ICMBio) e a Agência Nacional de Águas (ANA), bem como do Ministério da Saúde e de entidades ligadas à questão indígena; (vi) redução de assentos para os Estados, que tinham direito a indicar um representante cada, para apenas cinco, sendo um para cada região geográfica; (vii) redução dos assentos dos Municípios de oito para apenas duas vagas, restritas às capitais (o que desconsidera os Municípios do interior); e (viii) extinção dos cargos de conselheiros sem direito a voto, que eram ocupados por representantes do Ministério Público Federal, dos Ministérios Públicos estaduais e da Comissão de Meio Ambiente e Desenvolvimento Sustentável da Câmara dos Deputados".

ADPF nº 622 e ADI nº 6.121 MC). A primeira premissa do acórdão decorreria do perfil conceitual e funcional do Conama e do seu papel na governança ambiental – órgão consultivo e deliberativo com poder normativo para políticas públicas ambientais –, no sentido de que "a dimensão procedimental e de estruturação do colegiado importa no contexto de uma democracia constitucional como a brasileira".[64] A segunda premissa adotada consistiria na adequada compreensão do "quadro de regras, instituições e procedimentos formais e informais da democracia tal como desenhado na ordem constitucional brasileira". A terceira premissa do acórdão se basearia na "igualdade política na organização-procedimental". A quarta premissa adotada se assentaria nos "direitos ambientais procedimentais e de participação na governança ambiental".

De acordo com tais premissas, o entendimento fixado pelo STF adotou uma série de fundamentos, sendo alguns deles destacados a seguir. Inicialmente, a compreensão jurídica, constitucional e legal do Conama deve dar-se no sentido de ser um colegiado que reflete uma instância administrativa coletiva, consultiva e deliberativa, categorizada como "autêntico fórum público de criação de políticas ambientais amplas e setoriais, de vinculatividade para o setor ambiental e para a sociedade, com obrigação de observância aos deveres de tutela do meio ambiente". Desse modo, a governança ambiental exercida pelo Conama deve ser expressão da democracia, a ser refletida e potencializada em sua composição e funcionamento. A democracia participativa, nesse âmbito, deve ser estimulada para oferecer alternativas procedimentais e "suprir as assimetrias e deficiências do modelo democrático representativo e partidário". A ideia de igualdade política deve ser observada na composição e no funcionamento do Conama, com paridade representativa entre Estado e sociedade civil e efetiva participação desta última, não se podendo isolar (com intenção ou não) a capacidade ativa da participação popular. Deve ser observada a expressa exigência constitucional de participação da coletividade nesse tema (art. 225, *caput*, da CF/88), que "assume o status de dever fundamental", enquanto decorrência tanto da "dimensão objetiva do direito fundamental ao meio ambiente", quanto do "projeto constitucional de democracia participativa na governança ambiental". A dimensão organizacional dos órgãos colegiados públicos com função normativa, como o Conama, deve ajustar-se às suas finalidades institucionais e aos direitos fundamentais procedimentais (no caso, ambientais), sendo que instrumentos do direito internacional do meio ambiente e dos direitos humanos reforçam essa perspectiva. A discricionariedade do chefe do Poder Executivo para reestruturar a Administração Pública encontra limites na Constituição e nos direitos fundamentais, especialmente no que se refere à organização procedimental de colegiados, como garantia da contenção do poder estatal ante a participação popular, não se admitindo intervenção ou regulação desproporcionais. Do mesmo modo, a Constituição Federal de 1988 "não negocia retrocessos, sob a justificativa de liberdade de conformação decisória administrativa", bem como não admite desenho institucional de uma Administração Pública de perfil concentrado e autoritário.

---

[64] Ainda segundo a referida premissa inicial: "A participação social nos processos decisórios públicos responsáveis e responsivos pela formulação das políticas públicas é elemento mínimo e estruturante de qualquer dimensão procedimental da democracia".

Com base nessas premissas e fundamentos gerais, o STF concluiu que as mudanças operadas, a pretexto de regular a composição e o funcionamento do Conama, evidenciaram violação a diversos preceitos fundamentais, pois "obstaculizam, quando não impedem, as reais oportunidades de participação social na arena decisória ambiental, ocasionando um déficit democrático, procedimental e qualificativo, irrecuperável", bem como conferiram ao Poder Executivo posição de hegemonia e controle do processo decisório do Conama, inviabilizando a deliberação com setores sociais e representantes de outros entes federativos, visto que o "arranjo amplifica a voz governamental e isola a participação social e federativa, ao colocá-las em um espaço de figuração". A assimetria procedimental no poder de voto prejudicaria, a um só tempo, a participação da sociedade civil, dos entes subnacionais, das populações indígenas e tradicionais, dos trabalhadores, da comunidade científica, da força policial. Haveria evidente prejuízo na representatividade dos interesses relativos aos diversos biomas brasileiros e suas respectivas regiões, incapazes de serem reduzidos a um retrato nacional único ou ao interesse de uma única entidade ambiental nacional. Ademais, ainda que inexistente lei expressando o critério paritário para o Conama, ele se justificaria "em razão da aplicação da eficácia dos direitos fundamentais procedimentais nas estruturas decisórias públicas", encontrando a eventual reestruturação administrativa do Conama limites "na moldura da democracia constitucional", que, no caso, estaria espelhada na impossibilidade de restrição substancial da participação popular assegurada no âmbito de proteção do direito ao meio ambiente ecologicamente equilibrado, sob pena de ofensa ao princípio do retrocesso institucional e indevida afetação do núcleo essencial do referido direito fundamental. Do mesmo modo, tanto o método de sorteio, em vez de métodos baseados na liberdade de escolha e autodeterminação do colegiado, quanto as regras desiguais relativas à recondução de mandatos seriam desproporcionais e ofenderiam regras e procedimentos democráticos.

Colhem-se da fundamentação do acórdão da ADPF nº 623 importantes destaques. Em primeiro lugar, o evidente reforço de entendimentos adotados em precedentes semelhantes (ADI nº 6.121 MC e ADPF nº 622), anteriormente analisados, que acentuam a centralidade da participação popular e do controle social em colegiados como expressão da democracia participativa, fundada na ordem constitucional brasileira. Em segundo lugar, uma interpretação inovadora e aprofundada da democracia participativa, no específico contexto da proteção ambiental, que não se reduziria ao Conama, mas expressamente referir-se-ia a todo e qualquer órgão assemelhado e integrante do Sistema Nacional do Meio Ambiente, tanto no âmbito federal, quanto no âmbito de outros entes federativos. Em terceiro lugar, o destaque para o papel de vigilância e de diálogo interinstitucional da Suprema Corte em prol da "legalidade democrática", pois a supressão de marcos regulatórios democráticos e procedimentais mínimos configuraria quadro normativo de aparente retrocesso institucional, especialmente no contexto ambiental analisado, e não se confundiria com mera reformulação ou reestruturação administrativa. Em outras palavras, o papel ativo do STF para a defesa da democracia.[65] Em quarto lugar, o reconhecimento de que não cabe à Suprema Corte

[65] Segundo a Ministra Rosa Weber: "E é dever deste Supremo Tribunal Federal, como instituição que tem por função precípua a guarda da Constituição, conferir legitimidade aos padrões comportamentais e práticas necessários

dizer "qual a organização-procedimental a ser adotada, mas a marcação da moldura democrática e dos direitos fundamentais a serem respeitados". Em quinto lugar, o papel argumentativo de destaque das manifestações de diversos *amici curiae*, as quais foram importantes para a fundamentação do entendimento do STF. Em último lugar, a importância da aplicação do entendimento de excepcional não reconhecimento da perda de objeto da ADPF em casos como o presente,[66] a despeito da posterior revogação do ato impugnado, haja vista não só a constatação de já se ter iniciado o julgamento, mas também o fato de se tratar de controvérsia constitucional de extrema relevância e de absoluta essencialidade,

> a exigir o pronunciamento do Supremo Tribunal Federal, para proporcionar a fixação de interpretação, com eficácia *erga omnes* e efeito vinculante, que forneça adequado direcionamento, aos demais Poderes da República, quanto à composição de órgãos deliberativos de caráter decisório.

4.4 O caso da ADPF nº 651 – Alteração da composição e do funcionamento do Conselho Deliberativo do Fundo Nacional do Meio Ambiente, do Conselho Nacional da Amazônia Legal, e extinção do Comitê Orientador do Fundo Amazônia

O quarto caso ora estudado refere-se ao julgamento da ADPF nº 651, ajuizada por partido político, em 10.2.2020, inicialmente em face do Decreto do Presidente da República nº 10.224/2020, com aditamento posterior do pedido inicial, em 3.6.2020, para inserir também impugnação aos decretos nºs 10.223/2020 e 10.239/2020, os quais, em síntese, seriam inconstitucionais, por excluírem de colegiados vocacionados à concretização de políticas públicas ambientais tanto a sociedade civil quanto governadores de estados da Amazônia Legal, bem como por extinguirem outro colegiado com semelhante finalidade institucional.

De um lado, na ADPF nº 651, as manifestações da Procuradoria-Geral da República, do presidente da República e da AGU igualmente se assemelham àquelas oferecidas no julgamento da ADI nº 6.121 MC, da ADPF nº 622 e da ADPF nº 623, sintetizadas na ideia de racionalidade e eficiência administrativas e de poder discricionário do chefe do Poder Executivo para estruturação da Administração, embora a Corte também tenha avançado quanto a particularidades do caso em julgamento. De outro lado, o autor da ADPF alegou que os atos impugnados violariam os princípios da participação popular direta (art. 1º, parágrafo único, da CF/88) e da proibição do retrocesso institucional (decorrência do art. 1º, *caput*, e III, art. 5º, XXXVI, e §1º, e art. 60, §4º, IV, todos da CF/88), o direito à igualdade (art. 5º, I, da CF/88) e o direito à proteção do meio ambiente (art. 225 da CF/88).

---

para a operação da democracia e para a proteção adequada e suficiente dos seus direitos fundamentais, como o direito ao meio ambiente e à cidadania política na área decisória pública".

66 À semelhança do que decidido na ADPF nº 449/CE. Rel. Min. Luiz Fux, Tribunal Pleno. *DJe*, 2.9.2019. Excepcionalidade também aplicável para outras situações, como: evitar eventual tentativa de fraude à jurisdição constitucional (ADI nº 3.306/DF. Rel. Min. Gilmar Mendes, Tribunal Pleno. *DJe*, 7.6.2011) e permitir julgamento de normas de eficácia temporária, quando impugnadas a tempo e modo, estando incluída a ação em pauta e já iniciado o julgamento (ADI nº 4.426/CE. Rel. Min. Dias Toffoli. *DJe*, 18.5.2011).

Em 28.4.2022, o Plenário do STF decidiu por converter a análise da medida cautelar em apreciação direta do mérito da demanda e concluiu o julgamento da ADPF nº 651, que foi conhecida como ação direta de inconstitucionalidade (ADI), tendo sido julgada procedente, por maioria, para declarar inconstitucionais as normas impugnadas dos três decretos presidenciais que alteraram a estrutura e a composição de conselhos ambientais federais, acentuando a inconstitucionalidade: (i) do art. 5º do Decreto nº 10.224/2000, no ponto em que excluiu a representatividade da sociedade civil na composição do Fundo Nacional do Meio Ambiente (FNMA), restabelecendo-se o quadro normativo anterior; (ii) do Decreto nº 10.239/2020, no ponto em que excluiu a participação dos governadores dos estados que compõem a Amazônia Legal do âmbito do Conselho Nacional da Amazônia Legal (CNAL), restabelecendo-se o quadro normativo anterior; (iii) do inc. CCII do art. 1º do Decreto nº 10.223/2020, no ponto em que extinguiu o Comitê Orientador do Fundo Amazônia (COFA).[67] Houve ainda, após julgamento de subsequentes embargos declaratórios, a modulação dos efeitos da aludida decisão.[68]

Em mais uma oportunidade, o STF expressamente reiterou os fundamentos adotados nos precedentes aqui analisados, ressaltando a centralidade da democracia participativa em colegiados que implementam políticas públicas ambientais, pois não se permite a frustração da participação popular e da participação federativa na tomada de decisões e no controle das políticas ambientais, sob pena de violação ao princípio da participação popular, da vedação do retrocesso institucional, da igualdade e do princípio federativo. Do mesmo modo, o poder do chefe do Poder Executivo federal para reorganizar a estrutura administrativa encontra limites na Constituição, na lei e nos direitos fundamentais, o que permite seu controle e não viola o princípio da separação de poderes.

Extraem-se da fundamentação do acórdão da ADPF nº 651 relevantes observações. Em primeiro lugar, o STF assentou que, no campo da (re)organização administrativa ambiental, o administrador público está autorizado apenas a aperfeiçoar as instituições e órgãos ambientais, sendo vedado enfraquecê-los e esvaziá-los. A Suprema Corte avançou aqui em seu entendimento a favor da democracia participativa, não se limitando a realizar controle apenas com base na previsão (ou não) de colegiado em lei em sentido formal (a impedir sua exclusão unilateral), ou mesmo com base na sua mera supressão (sem alternativa substitutiva), mas evoluindo para adicionalmente controlar o seu enfraquecimento institucional e democrático (intencional ou não), especialmente em relação a políticas públicas constitucionalmente asseguradas e que reclamam participação popular e federativa, como é o caso do direito ao meio ambiente e da política ambiental. Em segundo lugar, há o reconhecimento de muitos parâmetros normativos supranacionais e internacionais que exigem um comportamento estatal propulsor e garantidor de ampliação da participação e que não podem ser ignorados, tendo a jurisprudência do STF desenvolvido, nesse sentido, importantes precedentes que realçam o delineamento de um princípio de proibição do retrocesso ambiental

---

[67] ADPF nº 651/DF. Rel. Min. Cármen Lúcia, Tribunal Pleno, j. 28.4.2022. *DJe*, 29.8.2022.

[68] Acolhidos parcialmente os embargos declaratórios da AGU, para modular os efeitos do acórdão de mérito do STF, fixando a sua eficácia a partir da data da publicação da ata de julgamento de mérito da ADI. Cf. ADPF nº 651 ED/DF. Rel. Min. Cármen Lúcia, Tribunal Pleno, j. 18.10.2022. *DJe*, 25.10.2022.

pautado nesses parâmetros e no texto constitucional. Nesse ponto, a Ministra Relatora Cármen Lúcia ressaltou que o direito ambiental contemporâneo se pautaria em três princípios centrais: reverência à ciência, necessária participação popular e cooperação internacional. Em terceiro lugar, o voto do Ministro André Mendonça realçou importante fundamento pautado na mudança constitucional ocorrida em 2020, por meio da qual se incluiu um parágrafo único ao art. 193 da Constituição Federal de 1988, cuja normatividade reforçaria a participação popular em políticas públicas, evidenciaria a opção expressa do Parlamento nesse sentido, bem como vedaria a total exclusão da participação popular no caso, em interpretação conjunta com o art. 225 da mesma Constituição. Em quarto lugar, o voto do Ministro Edson Fachin trouxe relevante reflexão a partir da ideia de "vício transversal" dos atos impugnados, quando editados dentro de um mesmo contexto e propósito governamental, que nos permite refletir que, por vezes, a experimentação pontual e cautelosa – em contraste com uma mudança geral e irrestrita, em um grande número de colegiados – pode ser mais proveitosa, prudente e reveladora de ganhos objetivos. Em quinto lugar, o voto do Ministro Roberto Barroso merece destaque não só por ter contextualizado a discussão ambiental global e brasileira, com foco na discussão da região amazônica e no desmatamento, mas também por ter ressaltado a normatividade vinculante do art. 225 da Constituição Federal de 1988, que não se reduziria a uma norma meramente programática e puramente dependente de deliberação política. Em sexto lugar, merece igualmente destaque o voto do Ministro Gilmar Mendes, por acentuar que o ato impugnado iria na contramão da experiência internacional e das legislações setoriais aprovadas pelo Congresso Nacional. Segundo ele, no que se refere ao FNMA, haveria prejuízo ao fundo ambiental mais longevo da América Latina, cuja missão institucional é de extrema relevância para a política ambiental, por ser órgão que "ocupa posição de centralidade no regime constitucional de proteção ambiental", o que levaria à obrigatoriedade de se garantir espaço adequado à participação da sociedade civil, não obstante a possibilidade de mudanças que busquem maior racionalização administrativa. Por fim, deve-se ressaltar o voto do Ministro Luiz Fux, quando acentuou que "a participação popular na formulação de políticas públicas em diversos setores constitui o elemento da mais alta relevância ao regime democrático insculpido na Constituição de 1988, sendo esta premissa que deve balizar a conclusão da presente arguição".

5 Conclusão

Os 35 anos de vigência da Constituição Federal de 1988 merecem ser comemorados em diversos aspectos. Um deles é a contínua abertura constitucional a instrumentos e experiências de democracia participativa, especialmente no âmbito da Administração Pública. O art. 1º, parágrafo único, da Carta é fundamental nesse tema, ao estipular que nosso Estado democrático de direito deve fundar-se num balanço equilibrado entre democracia representativa e participativa, nos termos da Constituição. Essa compreensão tem sido reforçada pela doutrina e jurisprudência nacionais, não se limitando apenas a instrumentos de participação semidireta. Além disso, a recente Emenda Constitucional nº 108/2020, ao inserir um parágrafo único no art. 193 da Constituição Federal de

1988 – que assegura participação da sociedade na função estatal de planejamento das políticas sociais –, é claramente reforçadora dessa opção constitucional.

A Constituição Federal de 1988 traz diretrizes, princípios, objetivos, direitos e deveres que, explicita e implicitamente, orientam a calibragem do balanço entre democracia representativa e participativa. Eles servem de norte para a sociedade civil e para os poderes da República. A democracia participativa é opção constitucional expressa, que serve tanto como diretriz, quanto como parâmetro de controle, e que deixou de ser apenas uma meta, para também ser reconhecida como princípio constitucional. Algumas experiências, como orçamento participativo e digitalização da Administração Pública (Governo Digital), têm trazido importantes avanços e ganhos objetivos para a cidadania ativa.

Os variados colegiados que formulam, deliberam, decidem e controlam a execução de políticas públicas também trazem decisiva contribuição para a democracia participativa, no âmbito da Administração Pública. O STF tem afirmado que muitos parâmetros procedimentais e materiais relativos à composição e ao funcionamento desses colegiados decorrem diretamente da Constituição Federal, pois eles viabilizam políticas públicas de envergadura constitucional e que se relacionam com a garantia de direitos fundamentais. Nesse sentido, há uma constitucionalização do direito administrativo, especialmente porque a institucionalidade por detrás dessas políticas públicas é assegurada pela dimensão objetiva de muitos direitos fundamentais. Consequentemente, viabiliza-se um controle de constitucionalidade mais intenso da Administração Pública, em harmonia com o princípio da separação de poderes.

Nesse contexto, é exemplar a discussão sobre o poder de o presidente da República legitimamente reorganizar a estrutura administrativa, visto que tal liberdade de conformação é assegurada constitucionalmente (art. 84, VI, "a", da CF/88), embora ela encontre limites, expressos e implícitos, na própria Constituição. Esse tema tem sido objeto de aprofundado debate e julgamento pelo STF, nos últimos cinco anos, conforme os quatro casos aqui analisados (ADI nº 6.121 MC, ADPF nº 622, ADPF nº 623, ADPF nº 651). O entendimento do STF nesses casos é convergente e incremental, pois parte da base comum de que a democracia participativa decorre da Constituição e se faz necessária em tais colegiados, não obstante peculiaridades que possam existir em cada caso. De certa forma, pode-se concluir que a discussão aqui se aproxima do pensamento pautado no binômio "se-como". O entendimento do STF não tergiversa sobre "se" deve haver participação popular, pois a Constituição exige que essa seja sempre assegurada, estimulada e aperfeiçoada. O espaço de liberdade de conformação do Poder Executivo, nesses casos, está apenas no "como" estruturar os colegiados, sendo que tal estruturação não pode excluir a participação popular, a participação federativa, quando pertinente, bem como não pode alterar a sua composição e o seu funcionamento, a ponto de inviabilizar as políticas públicas ou enfraquecer e excluir instituições que promovem a democracia participativa.

Tal entendimento reconhece o valor fundamental da democracia participativa em nosso país, talhada na Constituição Federal de 1988 desde o seu nascedouro, bem como acentua que ela deve ser aperfeiçoada e incrementada, em vez de reduzida ou excluída. Ele também segue fiel às origens de nossa Constituição, pois, como vaticinava Ulysses

Guimarães, em 1988, "a Constituição durará com a democracia e só com a democracia sobrevivem para o povo a dignidade, a liberdade e a justiça".[69]

Referências

APPEL, Ivo. *Staatliche Zukunfts-* und Entwicklungsvorsorge: Zum Wandel der Dogmatik des Öffentlichen Rechts am Beispiel des Konzepts der nachhaltigen Entwicklung im Umweltrecht. Tübingen: Mohr Siebeck, 2005.

AZEVEDO, Ricardo R. de *et al*. Efeitos políticos na descontinuidade do orçamento participativo em municípios. *Revista de Administração Pública (RAP)*, v. 56, n. 3, p. 349-372, maio/jun. 2022. Disponível em: https://periodicos.fgv.br/rap/article/view/85835/80927. Acesso em: 31 jul. 2023.

BADURA, Peter. *Staatsrecht*. 6. ed. München: C. H. Beck, 2015.

BARROSO, Luís Roberto. *Curso de direito constitucional contemporâneo*. São Paulo: Saraiva, 2009.

BARROSO, Luís Roberto. *O controle de constitucionalidade no direito brasileiro*: exposição sistemática da doutrina e análise crítica da jurisprudência. 9. ed. São Paulo: SaraivaJur, 2022.

BARROSO, Luís Roberto. *Revolução tecnológica, crise da democracia e Constituição*: direito e políticas públicas num mundo em transformação. Belo Horizonte: Fórum, 2021.

BARROSO, Luís Roberto. *Um outro país*: transformações no direito, na ética e na agenda do Brasil. Belo Horizonte: Fórum, 2018.

BENEVIDES, Maria Victoria de Mesquita. *A cidadania ativa*: referendo, plebiscito e iniciativa popular. São Paulo: Ática, 1991.

BÖCKENFÖRDE, Ernst-Wolfgang. *Die verfassungstheoretische Unterscheidung von Staat und Gesellschaft als Bedingung der individuellen Freiheit*. Opladen: Westdeutscher Verlag, 1973.

BRASIL. STF. ADI 6121 MC/DF. Rel. Min. Marco Aurélio, Tribunal Pleno. *DJe*, 28.11.2019.

BRASIL. STF. ADPF 622 MC/DF. Rel. Min. Roberto Barroso. *DJe*, 03.02.2020.

BRASIL. STF. ADPF 622/DF. Rel. Min. Roberto Barroso, Tribunal Pleno. *DJe*, 21.05.2021.

BRASIL. STF. ADPF 623 MC/DF. Rel. Min. Rosa Weber. *DJe*, 10.01.2022.

BRASIL. STF. ADPF 623/DF. Rel. Min. Rosa Weber, Tribunal Pleno. *DJe*, 18.07.2023.

BRASIL. STF. ADPF 651 ED/DF. Rel. Min. Cármen Lúcia, Tribunal Pleno. *DJe*, 25.10.2022.

BRASIL. STF. ADPF 651/DF. Rel. Min. Cármen Lúcia, Tribunal Pleno. *DJe*, 29.08.2022.

CARBONE, Giovanni. The consequences of democratization. *Journal of Democracy*, Washington DC, Baltimore, v. 20, n. 2, p. 123-137, abr. 2009.

CARVALHO NETTO, Menelick de. A hermenêutica constitucional sob o paradigma do estado democrático de direito. *In*: OLIVEIRA, Marcelo Andrade Cattoni de (Coord.). *Jurisdição e hermenêutica constitucional no Estado democrático de direito*. Belo Horizonte: Mandamentos, 2004. p. 25-44.

CASSESE, Sabino. *A crise do Estado*. Tradução de Ilse Paschoal Moreira e Fernanda Landucci Ortale. Campinas: Saberes, 2010.

CLÈVE, Clèmerson Merlin. O cidadão, a administração pública e a nova Constituição. *Revista de Informação Legislativa*, Brasília, n. 106, p. 81-98, abr./jun. 1990.

CUNHA, Eleonora Schettini M.; PINHEIRO, Marcia Maria Biondi. Conselhos nacionais: condicionantes políticos e efetividade social. *In*: AVRITZER, Leonardo (Org.). *Experiências nacionais de participação social*. São Paulo: Cortez, 2009. p. 142-156.

[69] LIMA, João Alberto de Oliveira *et al*. *A gênese do texto da Constituição de 1988*. Brasília: Senado Federal, 2013. v. II. p. viii.

DAGNINO, Evelina. Sociedade civil, espaços públicos e a construção democrática no Brasil: limites e possibilidades. *In*: DAGNINO, Evelina (Org.). *Sociedade civil e espaços públicos no Brasil*. São Paulo: Paz e Terra, 2002. p. 279-301.

DI PIETRO, Maria Sylvia Zanella. Participação popular na Administração Pública. *Revista de Direito Administrativo*, Rio de Janeiro, v. 191, p. 26-39, jan./mar. 1993.

FERREIRA, Yan Megale. Orçamento participativo: conceito e princípios. *Boletim de orçamento e finanças*, v. 16, n. 180, p. 342-344, abr. 2020.

HABERMAS, Jürgen. *Direito e democracia*: entre facticidade e validade. 2. ed. Tradução de Flávio Beno Siebeneichler. Rio de Janeiro: [s.n.], 2003. v. II.

KLOEPFER, Michael. *Verfassungsrecht*. München: C. H. Beck, 2011. v. I.

LEVITSKY, Steven; ZIBLATT, Daniel. *Como as democracias morrem*. Tradução de Renato Aguiar. Rio de Janeiro: Zahar, 2018.

LIMA, João Alberto de Oliveira *et al*. *A gênese do texto da Constituição de 1988*. Brasília: Senado Federal, 2013. v. II.

LOPES, Júlio Aurélio Vianna. *A Carta da democracia*: o processo constituinte na ordem pública de 1988. Rio de Janeiro: Topbooks, 2008. p. 43-65.

MEDAUAR, Odete. *Controle da Administração Pública*. 2. ed. rev., atual. e ampl. São Paulo: Revista dos Tribunais, 2012.

MENDOZA, Xavier; VERNIS, Alfred. El Estado relacional y la transformación de las administraciones públicas. *In*: LONGO, Francisco; YSA, Tamyko (Ed.). *Los escenarios de la gestión pública del siglo XXI*. Barcelona: Bellaterra, 2008. p. 37-62.

MOREIRA NETO, Diogo de Figueiredo. *Direito da participação política*. Rio de Janeiro: Renovar, 1992.

MORONI, José Antônio. O direito à participação no governo Lula. *In*: AVRITZER, Leonardo (Org.). *Experiências nacionais de participação social*. São Paulo: Cortez, 2009. p. 107-141.

OLIVEIRA, Gustavo Justino de. Participação administrativa. *Boletim de Direito Administrativo*, São Paulo, ano XXI, n. 11, p. 1248-1266, nov. 2005.

PEREZ, Marcos Augusto. *A Administração Pública democrática*: institutos de participação popular na Administração Pública. Belo Horizonte: Fórum, 2004.

SANTOS, Boaventura de Sousa; AVRITZER, Leonardo. Para ampliar o cânone democrático. *In*: SANTOS, Boaventura de Sousa (Org.). *Democratizar a democracia*: os caminhos da democracia participativa. Rio de Janeiro: Civilização Brasileira, 2002. p. 65-82.

SILVA, José Afonso da. *Curso de direito constitucional positivo*. 44. ed., rev. e atual. São Paulo: Malheiros, 2022.

TATAGIBA, Luciana; TEIXEIRA, Ana Claudia Chaves. Democracia representativa y participativa: ¿complementariedad o combinación subordinada? Reflexiones acerca de las instituciones participativas y La gestión pública en La ciudad de São Paulo (2000-2004). *In*: CLAD; GOBIERNO DE ESPAÑA. *Contraloria y participación social en La gestión pública*. Venezuela: CLAD, 2007. p. 15-60.

TAVARES, André Ramos. *Curso de direito constitucional*. 21. ed. São Paulo: SaraivaJur, 2023.

WELZEL, Christian. Demokratisierung/Demokratisierungswellen. *In*: FUCHS, Dieter; ROLLER, Edeltraud (Org.). *Lexikon Politik*: Hundert Grundbegriffe. Weinsberg: Reclam, 2007. p. 43-47.

Informação bibliográfica deste texto, conforme a NBR 6023:2018 da Associação Brasileira de Normas Técnicas (ABNT):

MAGALHÃES, Assusete; MAGALHÃES, Marco Túlio Reis. A Constituição, o STF e a democracia participativa na Administração Pública. *In*: FACHIN, Luiz Edson; BARROSO, Luís Roberto; CRUZ, Álvaro Ricardo de Souza (Coord.). *A Constituição da democracia em seus 35 anos*. Belo Horizonte: Fórum, 2023. p. 627-649. ISBN 978-65-5518-597-3.

Álvaro Ricardo de Souza Cruz
Pós-Doutor pela UFMG. Mestre e Doutor em Direito pela UFMG. Desembargador do Tribunal Regional Federal da 6ª Região. Professor adjunto da Pontifícia Universidade Católica de Minas Gerais.

Ana Carolina Marques Tavares Costa
Mestranda na linha Constitucionalismo Democrático do programa de pós-graduação em Direito da Pontifícia Universidade Católica de Minas Gerais (PUC Minas). Bolsista Capes Taxa. Advogada. Graduada em Direito pela PUC Minas. Integrante do Grupo de Estudos Avançados em Direitos Fundamentais, Processo Democrático e Jurisdição Constitucional vinculado ao PPGD da PUC Minas. Integrante do grupo de estudos Constitucionalismo e Direitos na Era Digital – Algolatr.IA, vinculado ao PPGD PUC Minas. O presente trabalho foi realizado com o apoio da Coordenação de Aperfeiçoamento de Pessoal de Nível Superior – Brasil (Capes) – Código de Financiamento 001.

André de Carvalho Ramos
Professor Associado da Faculdade de Direito da Universidade de São Paulo (Largo São Francisco). Professor titular de pós-graduação *stricto sensu* e Coordenador de mestrado acadêmico da UNIALFA. Doutor e Livre-Docente em Direito Internacional (USP). Coordenador da Cátedra Sérgio Vieira de Mello da Universidade de São Paulo. Procurador Regional da República. Primeiro Secretário de Direitos Humanos da Procuradoria-Geral da República (2017-2019). Coordenador do grupo "Migração e Refúgio" da Procuradoria Federal dos Direitos do Cidadão. Observador do Ministério Público Federal no Comitê Nacional para os Refugiados (Conare/Ministério da Justiça e Segurança Pública). Acadêmico titular da Academia Paulista de Letras Jurídicas. Diretor da International Law Association – Ramo brasileiro. Diretor da Sociedade Brasileira de Direito Internacional (SBDI).

Assusete Magalhães
Ministra integrante da Segunda Turma e Presidente da Primeira Seção do Superior Tribunal de Justiça. Presidente da Comissão Gestora de Precedentes e de Ações Coletivas da Corte e integrante do Conselho da Justiça Federal.

Aurélio Virgílio Veiga Rios
Subprocurador-Geral da República. Ex-Procurador Federal dos Direitos do Cidadão. Formado em Direito na Universidade de Brasília. Mestre em Direito pela Universidade de Bristol – Inglaterra (*LLM in Public Law*). Professor de Direitos Difusos do IACT/UDF desde 1999.

Bárbara Brum Nery
Mestre e Doutora em Direito Público pelo Programa de Pós-Graduação em Direito da Pontifícia Universidade Católica de Minas Gerais. Especialista em Direito Processual e Graduada em Direito pela PUC Minas. Professora universitária. Advogada criminalista.

Benedito Gonçalves
Formado em Ciências Jurídicas e Sociais pela Faculdade Nacional de Direito, da Universidade Federal do Rio de Janeiro (UFRJ). Especialista em Direito Processual Civil. Mestre em Direito. Ministro do Superior Tribunal de Justiça (STJ). Corregedor-Geral da Justiça Eleitoral (CGE).

Bernardo Augusto Ferreira Duarte
Mestre em Direito pela Pontifícia Universidade Católica de Minas Gerais. Especialista em Direito Constitucional pelo Instituto de Educação Continuada – PUC Minas. Professor universitário. Defensor Público no Estado de Pernambuco.

Bernardo Gomes Barbosa Nogueira
Doutor em Teoria do Direito pela PUC Minas. Mestre em Ciências Jurídico-Filosóficas pela Faculdade de Direito da Universidade de Coimbra. Professor do curso de Direito e do programa de pós-graduação em Gestão Integrada do Território da Universidade Vale do Rio Doce. Membro do NIESD – Núcleo Interdisciplinar Educação, Saúde e Direitos. Mediador judicial.

Bonifácio José Suppes de Andrada
Doutor em Direito do Estado pela Universidade de São Paulo. Advogado.

Camile Sabino
Bacharel em Ciência Política pela Universidade de Brasília. Bacharel em Direito pelo Centro Universitário Unieuro. Pós-Graduada em Contratos e Responsabilidade Civil pelo Instituto de Desenvolvimento e Pesquisa – IDP. Especialista em Governo e Direito pela Universidad Autonoma de Madrid. Especialista em Administração Pública pela École Nationale D'administration – L'ÉNA, em Paris. Ex-Subconsultora jurídica da Consultoria Jurídica do Distrito Federal. Assessora de Gabinete do Ministro Benedito Gonçalves.

Cristiana Fortini
Advogada. *Visiting Scholar* pela George Washington University. Doutora em Direito Administrativo pela UFMG. Professora da Graduação, Mestrado e Doutorado da UFMG. Professora visitante da Università di Pisa. Presidente do Instituto Brasileiro de Direito Administrativo (IBDA). Sócia da Pires, Fortini Advogados.

Cristiano Zanin Martins
Ministro do Supremo Tribunal Federal. Graduado em Direito pela Pontifícia Universidade Católica de São Paulo. Atuou como advogado, com publicações de diversos artigos e obras jurídicas.

Daniel Guimarães Medrado de Castro
Doutorando e Mestre em Direito Público pela Pontifícia Universidade Católica de Minas Gerais. Especialista em Direito Público: Transparência, Controle e Contas pela Escola do Tribunal de Contas do Estado de Minas Gerais. Advogado. Foi Secretário de Estado Adjunto de Saúde de Minas Gerais, Vice-Presidente da Fundação Ezequiel Dias, Procurador-Chefe da Fundação Estadual de Meio Ambiente e Ouvidor de Prevenção e Combate à Corrupção do Estado de Minas Gerais. Atualmente é Ouvidor de Polícia do Estado de Minas Gerais.

Daniel Martins e Avelar
Mestrando em Direito Administrativo pela Universidade Federal de Minas Gerais. Subcontrolador de Correição do Município de Belo Horizonte/MG.

Daniel Sarmento
Advogado. Professor titular de Direito Constitucional da UERJ. Mestre e Doutor em Direito pela UERJ. Foi *Visiting Scholar* da Yale Law School. Coordena a Clínica de Direitos Fundamentais da UERJ.

Denise Neves Abade
Professora da Faculdade de Direito da Universidade Presbiteriana Mackenzie. Professora colaboradora do Programa de Pós-Graduação *stricto sensu* do IDP (Doutorado). Doutora em Direito pela Universidad de Valladolid (Espanha). Mestre em Direito pela Faculdade de Direito da USP (Largo São Francisco). Procuradora Regional da República. Coordenadora do Grupo

Equity & Criminal Justice, do Berkeley Center on Comparative, Equality & Anti-Discrimination Law (Faculdade de Direito da Universidade de Califórnia, Berkeley). Coordenadora Nacional do Grupo "Preso Estrangeiro" da 7ª Câmara de Coordenação e Revisão do Ministério Público Federal. Representante do Ministério Público Federal na Rede de Gênero da Associação Ibero-Americana de Ministérios Públicos. Secretária adjunta da Secretaria de Cooperação Jurídica Internacional da Procuradoria-Geral da República (2017-2019).

Diogo Bacha e Silva
Realizou estágio de Pós-Doutorado em Direito na UFMG. Doutor em Direito pela UFRJ. Mestre em Direito pela FDSM. Membro do OJB/FND e da Rede para o Constitucionalismo Democrático Latino-Americano. *E-mail*: diogobacha@gmail.com.

Ebe Fernandes Carvalho
Advogada.

Ela Wiecko V. de Castilho
Subprocuradora-Geral da República aposentada. Integrou o Fórum contra a Violência no Campo enquanto Coordenadora de Direitos Humanos da Secretaria de Coordenação de Direitos Individuais e Interesses Difusos do Ministério Público Federal (SECODID). Na qualidade de Procuradora Federal dos Direitos do Cidadão, integrou o Conselho Nacional dos Direitos da Pessoa Humana (CNDDPH). Docente e pesquisadora dos cursos de pós-graduação de Direito e de Direitos Humanos e Cidadania da Universidade de Brasília (UnB).

Fernando Facury Scaff
Professor titular de Direito Financeiro da Universidade de São Paulo. Advogado sócio de Silveira, Athias, Soriano de Mello, Bentes, Lobato & Scaff – Advogados.

Gilberto Bercovici
Professor titular de Direito Econômico e Economia Política da Faculdade de Direito da Universidade de São Paulo. Professor do programa de pós-graduação em Direito da Universidade Nove de Julho – Uninove. Doutor em Direito do Estado e Livre-Docente em Direito Econômico pela Universidade de São Paulo. Advogado.

Gláucio Maciel Gonçalves
Professor associado de Processo Civil da UFMG. Mestre e Doutor em Direito pela UFMG, com estudos de pós-doutorado na Universidade de Freiburg, Alemanha. Juiz federal em Belo Horizonte. *E-mail*: gfmg@ufmg.br.

Guilherme Ferreira Silva
Doutor em Direito pela UFMG. Mestre e Graduado em Direito Público pela PUC Minas. Professor de Direito. Chefe de Gabinete no TRF6. *E-mail*: guilherme.direito@yahoo.com.br.

Gustavo Costa Nassif
Doutor e Mestre em Direito Público pela PUC Minas, com pós-doutoramento pela Universidade Nova de Lisboa. Subcontrolador de Ouvidoria do Município de Belo Horizonte/MG. Presidente do Instituto de Defesa da Cidadania e da Transparência – IDCT. Professor.

Gustavo Tepedino
Professor Titular de Direito Civil e Ex-Diretor da Faculdade de Direito da Universidade do Estado do Rio de Janeiro (UERJ). Sócio-Fundador do Escritório Gustavo Tepedino Advogados.

Humberto Martins
Ministro do Superior Tribunal de Justiça.

João Gabriel Madeira Pontes
Advogado, Doutorando e Mestre em Direito pela UERJ. Integra a Clínica de Direitos Fundamentais da UERJ.

João Trindade Cavalcante Filho
Doutor em Direito do Estado pela Universidade de São Paulo. Consultor legislativo do Senado Federal. Professor dos programas de graduação e de pós-graduação *stricto sensu* do Instituto Brasileiro de Ensino, Desenvolvimento e Pesquisa.

Joel Ilan Paciornik
Doutorando em Direito. Mestre em Direito pela Universidade Federal do Rio Grande do Sul/RS. Palestrante e Conferencista. Ministro do Superior Tribunal de Justiça.

José Adércio Leite Sampaio
Pós-Doutor pela Universidad de Castilla la Mancha. Doutor em Direito. Coordenador do curso de mestrado e doutorado em Direito da Escola Superior Dom Helder Câmara. Professor da PUC Minas e ESDHC/Brasil. Procurador da República. Coordenador do grupo de estudos Constitucionalismo e Direitos na Era Digital – Algolatr.IA, vinculado ao PPGD PUC Minas.

José Antonio Dias Toffoli
Ministro do Supremo Tribunal Federal. Ex-Presidente do Supremo Tribunal Federal e do Conselho Nacional de Justiça (2018-2020). Ex-Presidente do Tribunal Superior Eleitoral (2014-2016). Ex-Advogado-Geral da União (2007-2009). Ex-Subchefe para Assuntos Jurídicos da Casa Civil da Presidência da República (2003-2005).

José Arthur Castillo de Macedo
Professor de Direito no IFPR – *Campus* Colombo. Pesquisador do CCONS – Centro de Estudos da Constituição (PPGD-UFPR) e do Constate – Centro de Estudos de Federalismo e Direito Estadual. Assessor no Supremo Tribunal Federal.

José Geraldo de Sousa Junior
Professor titular (jubilado) da Faculdade de Direito e Ex-Reitor da Universidade de Brasília (2008-2012). Membro benemérito do Instituto dos Advogados Brasileiros. Coordenador do Projeto O Direito Achado na Rua.

José Rodrigo Rodriguez
Professor da Unisinos (graduação, mestrado e doutorado). Pesquisador do Cebrap. Autor de *Páginas livres* (LiberArs, 2022), *Direito das lutas* (LiberArs, 2019), *Como decidem as cortes?* (FGV, 2013) e *Fuga do direito* (Saraiva, 2009). Foi Pesquisador-Visitante no Instituto Latino-Americano da Universidade Livre de Berlim e Professor-Visitante na Universidade Goethe de Frankfurt. É Pesquisador-Associado do Mecila (Maria Sibylla Merian Centre Conviviality-Inequality In Latin America), centro de pesquisa financiado pelo Ministério de Educação e Pesquisa da Alemanha (BMBF), coordenado pela Universidade Livre de Berlim e integrado pela Universidade de Colônia, pelo Instituto Ibero-Americano (Stiftung Preußischer Kulturbesitz), além da Universidade de São Paulo, do Centro Brasileiro de Análise e Planejamento, do El Colegio do México e do Instituto de Investigaciones en Humanidades y Ciencias Sociales (Conicet) da Universidad Nacional de La Plata.

Julia Laureano Belan Murta
Advogada atuante. Pós-Graduanda em Direito Empresarial pela Escola Brasileira de Direito.

Leonardo de Araújo Ferraz
Doutor e Mestre em Direito Público pela PUC Minas, com pós-doutoramento pela Universidade Nova de Lisboa. Controlador-Geral do Município de Belo Horizonte/MG.

Luis Felipe Salomão
Ministro do Superior Tribunal de Justiça. Corregedor Nacional de Justiça. Foi Ministro do Tribunal Superior Eleitoral e Corregedor-Geral da Justiça Eleitoral. Coordenador do Centro de Inovação, Administração e Pesquisa do Judiciário da Fundação Getúlio Vargas (FGV). Presidente do Conselho Editorial da *Revista Justiça & Cidadania*.

Luís Roberto Barroso
Professor titular de Direito Constitucional da Universidade do Estado do Rio de Janeiro – UERJ. Professor do Centro Universitário de Brasília – UniCeub. Doutor e Livre-Docente pela UERJ. Mestre pela Yale Law School. *Senior Fellow* na Harvard Kennedy School.

Luiz Alberto Gurgel de Faria
Doutor e Mestre em Direito Público pela Universidade Federal de Pernambuco (UFPE). Graduado pela Universidade Federal do Rio Grande do Norte (UFRN). Professor de Direito Tributário na UFRN, atualmente em colaboração com a Universidade de Brasília (UnB), e no Instituto Brasileiro de Ensino, Desenvolvimento e Pesquisa (IDP). Professor do Programa de Pós-Graduação em Direito (PPGD) da Universidade Nove de Julho (Uninove). Membro da Academia Norte-Rio-Grandense de Letras (ANRL), da Academia de Letras Jurídicas do Rio Grande do Norte (ALEJURN) e do Instituto Potiguar de Direito Tributário (IPDT). Ministro do Superior Tribunal de Justiça (STJ).

Luiz Edson Fachin
Ministro do STF. *Alma mater*: UFPR.

Luiz Fux
Ministro do Supremo Tribunal Federal (STF). Ex-Presidente do Tribunal Superior Eleitoral (TSE). Professor Titular de Direito Processual Civil da Universidade do Estado do Rio de Janeiro (UERJ). Doutor e Livre-Docente em Direito Processual Civil pela Universidade do Estado do Rio de Janeiro (UERJ). Membro da Academia Brasileira de Letras Jurídicas. Membro da Academia Brasileira de Filosofia.

Marcelo Costenaro Cavali
Professor de Direito Penal da Fundação Getúlio Vargas. Consultor legislativo do Senado Federal.

Marco Túlio Reis Magalhães
Doutor e Mestre em Direito do Estado. Procurador Federal.

Maria Fernanda Veloso Pires
Mestre em Direito Administrativo pela UFMG. Doutora em Direito Público pela PUC Minas. Professora da Pós-Graduação em Direito da PUC Minas. Sócia da Pires, Fortini Advogados.

Maria Thereza Rocha de Assis Moura
Professora Doutora de Processo Penal da Universidade de São Paulo. Ministra Presidente do Superior Tribunal de Justiça.

Mariana Bueno Resende
Mestra em Direito e Administração Pública pela Universidade Federal de Minas Gerais (UFMG). Pós-Graduada em Finanças Públicas pela Escola de Contas do Tribunal de Contas do Estado de Minas Gerais e em Direito Ambiental e Urbanístico pela PUC Minas. Assessora de Conselheiro no Tribunal de Contas do Estado de Minas Gerais (TCEMG). Professora.

Mauro Luiz Campbell Marques
Bacharel em Direito pelo Centro Universitário Metodista Bennett (UniBennett). Foi membro do Ministério Público do Amazonas de 1987 a 2008, e por três oportunidades foi Procurador-Geral de Justiça; Secretário de Justiça; Secretário de Segurança Pública; Controlador-Geral, todos cargos

do mesmo ente federativo. Foi Corregedor-Geral da Justiça Federal entre 2016 e 2017 e Ministro do Tribunal Superior Eleitoral entre 2020 e 2022. É presidente da Segunda Turma e Membro da Primeira Seção e da Corte Especial do STJ. É Diretor-Geral da Escola Nacional de Formação e Aperfeiçoamento de Magistrados e Ministro do Superior Tribunal de Justiça desde junho de 2008.

Mônica Drumond
Assessora de Ministro e Analista Judiciária no Superior Tribunal de Justiça. Especialista em Direito Administrativo Contemporâneo e Gestão Pública pelo Centro de Ensino Unificado de Brasília – Uniceub. Graduada em Direito pela Universidade Federal de Viçosa/MG. Licenciada em Legal Writing Course pela University of California, Berkeley, EUA. Pós-Graduanda em Direito Público, GovTech e RegTech pelo Instituto New Law. Aluna especial do curso de mestrado em Direito no Centro de Ensino Unificado de Brasília – Uniceub.

Paulo Dias de Moura Ribeiro
Ministro do Superior Tribunal de Justiça. Conselheiro do Conselho da Justiça Federal. Pós-Doutor em Direito pela Universidade de Lisboa. Doutor em Direito Civil pela PUC-SP. Mestre em Direito Civil pela PUC-SP. Coordenador científico do curso de Direito da Unisa. Professor titular da FDSBC. Professor do curso de pós-graduação da Uninove.

Regina Helena Costa
Livre-Docente em Direito Tributário. Doutora e Mestre em Direito do Estado pela PUC-SP. Professora Associada de Direito Tributário da mesma universidade. Ministra do Superior Tribunal de Justiça. Autora dos livros *Curso de direito tributário – Constituição e Código Tributário Nacional* (Saraiva, 13ª ed., 2023); e *Código Tributário Nacional comentado em sua moldura constitucional* (Forense, 3ª ed., 2023), entre outros.

Rodrigo Maia da Fonte
Mestre do Mestrado Profissional em Direito do PPGPD da Escola Nacional de Formação e Aperfeiçoamento de Magistrados – Enfam. Graduado pela Universidade Federal de Pernambuco (UFPE). Juiz federal do TRF da 5ª Região.

Rosa Weber
Presidente do Supremo Tribunal Federal e do Conselho Nacional de Justiça.

Sérgio Cruz Arenhart
Procurador Regional da República. Professor da UFPR. Mestre, Doutor e Pós-Doutor em Direito.

Valber Elias Silva
Mestrando em Direito pela UFMG. Bacharel em Direito pela Universidade Federal de Lavras (UFLA). Advogado. *E-mail*: valberelias@uol.com.br.

Valdir Ricardo Lima Pompeo Marinho
Doutorando em Direito. Mestre em Direito pela Universidade Metropolitana de Santos-SP (Unimes). Especialista em Direito Processual Penal (ITE). Coordenador regional e Professor do curso de pós-graduação em Direito Processual Penal da Escola Paulista da Magistratura (EPM). Juiz auxiliar no Superior Tribunal de Justiça.

Viviane Alves de Morais
Mestre em História Econômica, Doutora em Direito Civil e Pós-Doutoranda em Direito Econômico pela Universidade de São Paulo. Advogada.

Esta obra foi composta em fonte Palatino Linotype, corpo 10
e impressa em papel Offset 75g (miolo) e Supremo 300g (capa)
pela Gráfica Formato.